실용 한-영 불교용어사전

The Practical Dictionary of Korean-English Buddhist Terms

The Practical Dictionary of Korean-English Buddhist Terms

실용 한-영 불교용어사전

박영의 편저
by Park Young-eui, Ph.D.

도서출판 좋은인연

수정 증보판을 내면서

내 나이 금년 80이다. 따라서 이것이 마지막이라는 생각에서 초심으로 돌아가 정성을 다하여 꼼꼼히 수정 보완을 했다. 표제어標題語도 200개 이상 새로 추가하였으며, 따라서 전체 분량도 새로 추가한 부록附錄과 함께 1,001쪽에서 1,221쪽으로 220쪽이 늘어났다. 한 가지 욕심이 있다면, 모든 분들이 서가에 꽂아놓지만 말고, 재미있는 강의를 듣는다는 생각으로 단 한 번이라도 처음에서 끝까지 통독해주었으면 하는 것이다. 하루에 15쪽씩만 읽어도 3개월이면 가능하다. 많은 것을 배우게 될 것이다.

이 사전엔 경전經典과 고승들의 게송偈頌 및 주역周易과 노장사상老莊思想, 그런가 하면 사서삼경四書三經과 동서고금 성인들의 주옥같은 시와 인용들이 100개 이상 나온다. 한 가지 예를 들면, 영국의 문호 Shakespeare의 작품에서만 9번의 인용이 나온다. 이유는 어려운 불교용어와 부처님의 깊은 가르침에 대한 이해를 돕는 동시에 감동을 주기 위해서였으며, 이것도 불교의 지성화知性化 및 대중화大衆化 그리고 특히 세계화世界化를 위한 하나의 좋은 방편이라 생각했다. 어느 큰 스님이 간화선에 대해 '공갈치지 말라.'고 하신 말씀이 생각난다. 이에 한마디 더 첨가하면, 한국불교와 간화선의 세계화를 위해서는 그 나라의 문화와 정서 그리고 풍토에 적응하는 것이 다소 필요하다고 생각한다.

출가자나 불교학자도 아닌 영문학자가 겁도 없이 20권에 가까운 불서佛書를 영어로 번역하면서 그 어떤 외부의 도움 없이 혼자서 불교사전을 편찬하겠다고 뛰어든 이유는 한국불교의 세계화에 대한 간절한 소망에서였다. 전공이 영문학이라서 영문으로 된 불교관련 서적을 많이 읽었다. 그런데 그 어디에도 'Korean Buddhism'이라는 말을 찾아보기 힘들었다. 한국불교가 세계무대에선 마치 고아처럼 느껴졌다. 이렇게 무시당할 수가 있느냐는 생각이 들었다. 간화선의 세계화? 그것도 낯선 이국땅에선 쉽지 않을 것이다. 너무 고집부리지 않았으면 한다. 음식을 상대방 입에 욱여넣는 식이 되어서는 성공할 수 없다는 것이다.

이 사전의 편찬과 불서를 영어로 번역하면서 쉽고 재미있게 공부할 수 있도록 최선을 다한 것도 그러한 의미에서였다. 불교에는 발원發願이라는 좋은 말이 있다. 아무쪼록 이 사전이 한국불교의 대중화 및 현대화 그리고 세계화에 다소나마 도움이 되었으면 하는 것이 편자의 소박한 소망이다.

끝으로 그동안 부족했던 이 사전의 초판을 사랑해주신 모든 분들과, 이 수정 증보판을 대구에 있는 한국불교대학 大관음사 부속 도서출판 〈좋은 인연〉에서 출판하기로 흔쾌히 승낙해주신 無一 又學 스님께 진심으로 감사의 말씀을 드린다.

曉山 박영의 합장

Preface to the Revised and Enlarged Edition

I am eighty years old now, and I thought it is the last chance to revise and supplement the book, and tried my best to go over every word from the first page to the last to check and revise the contents. During the work, I added about 200 additional Buddhist terms, and consequently the volume of the book with Appendixes expanded from 1001 pages to 1,221 pages. There are many characteristics of this dictionary. To mention just one example, there are nine quotations from Shakespeare to help understand the difficult Buddhist terms and Buddha's profound teaching.

I am a retired English professor, not a monastic or a Buddhist scholar, and the reason I jumped into the alien field of scholarship to compile the Buddhist dictionary besides translating about 20 volumes of Buddhist text into English was to spread the Korean Buddhism abroad far and wide. That was my sincere wish, and started the work all by myself without any help from outside, which took me seven years. I really wish that this dictionary will be of some help for the globalization as well as modernization of the Korean Buddhism.

I also sincerely wish to extend my gratitude to all the readers of the first edition of this dictionary, which was published in a hurry to meet the ceremonial date of electing the huge Amitabha Buddha statue on the top of the dome of Homgbeopsa Temple in Busan, and to Venerable Woohak Sunim, who gladly accepted my proposal of publishing this revised and enlarged edition by Joheun Inyeon Publishing, which is in affiliation with the Korea Buddhist College and the Great Avalokitesvara Monastery.

Hyosan Park Young-eui, Ph. D.

추천의 글

『실용 한-영 불교용어사전』의 출간은 고루하고 답답한 한국불교계에 충격을 주는 큰 사건입니다. 저자 박영의 거사님은 영문학을 전공한 교수로서 이미 세수 80을 넘기신 고령임에도 불구하고 대단히 열정적인 분입니다. 자주 뵙고 말씀을 나눌라치면 그 패기가 20대 청년과 같은 인상을 받습니다. 제 개인의 책 5권을 번역해주셨는데 영어를 좀 한다는 사람들이 보고는 감탄을 금치 못했습니다. 남이 번역한 것을 쉽게 비평할 수는 있지만 실제로 번역 작업을 하기는 예삿일이 아니기 때문에 더욱 그러하다는 것입니다.

거사님은 종단宗團의 그 누구도 할 수 없었던 경허선사 어록을 단시간에 번역하신 분으로 널리 알려져 있을 만큼 대단합니다. 거사님의 말씀대로 전생부터의 원력과 복력이 아닌가 생각합니다.

이 『실용 한-영 불교용어사전』은 제목부터 실용적입니다. 불교에서 흔히 애독되는 문장이 많이 실려져 있어서 이 한 권의 사전이 불교 영어 교재가 될 수 있을 만큼 실용성이 있습니다.

제가 이 추천서를 쓰고 있는 곳은 한국불교대학 大관음사의 뉴욕도량입니다. 한국불교의 세계화를 모토를 내걸고 영어권에 여러 도량을 운영하고 있지만 정말 절실한 문제는 한문 위주 불교술어의 정확한 영어번역임을 자주 느낍니다. 그러한 입장에서 이 『실용 한-영 불교용어사전』이 세계의 불국토 건설에 큰 기여를 할 것으로 확신합니다.

6-7년의 긴 세월의 정진 끝에 만들어낸 대 역작에 참으로 경의를 표합니다. 누구의 도움도 받지 않고 혼자서 1200쪽이 넘는 이 큰 사전이 나왔다는 사실 자체가 불가사의 합니다. 모든 우리 불교도들은 박영의 노거사님의 신심과 원력에 동참하신다는 생각으로 이 『실용 한-영 불교용어사전』을 많이 아껴주시길 부탁 말씀드립니다. 교수님 정말 수고하셨습니다.

관세음보살

관세음보살

관세음보살

한국불교대학 大관음사

회주 無一 우학 합장

Foreword

Publication of the Practical Dictionary of Korean-English Buddhist Terms by an old English professor was a great event in the publication history of Buddhist text in Korea, because it was the first publication of its kind. So far there was no such dictionary available in Korea.

Another unbelievable fact is his great vigor, who is already past eighty. I had a several occasions to talk with him, and found that his vitality was more vigorous than young people, both physically and spiritually. In fact, I had a good fortune to ask him translate five volumes of my books into English. I showed his translation of my books to a few friends of mine who are in good commend of English, and they were all amazed at the superb job of his translation. Everyone knows how difficult it is to translate the Buddhist texts.

In fact, he has translated more than twenty volumes of Buddhist texts in the past seven years including the Buddhist sutras and sayings of great masters besides compiling the Practical English-Korean Buddhist dictionary. However, the translation that made him most eminent in translation of Buddhist texts was the translation of Collected Writings of the Great Seon Master Gyeongheo (1584-1912), who revived the Korean Buddhism from its ruin due to almost six hundred years of oppression by the Yi Dynasty and Japanese colonial policy.

The Jogye Order tried to find a translator for three years in vain, and people were aghast when Dr. Park finished the translation, which turned out to be more than 500 pages in two volumes, prose and verse, in three month. Such miracle was perhaps, as he says, due to the great vow and merits of his previous lives.

The Practical Dictionary of English-Korean Buddhist Terms is, as the title indicates, very practical and easy to study with the help of more than 200 quotations from the writings of great sages of the East-West and great Buddhist masters. Can anyone imagine there are nine beautiful verses from Shakespeare? Besides as a Buddhist dictionary, I am sure that it could be used as a good text for studying English from his excellent explications of Buddhist terms and Buddha's teaching.

I am writing this letter from New York where a branch monastery of Korea Buddhist College and Great Avalokistevara Monastery is. We have a several branch monasteries overseas to propagate the Korean Buddhism, and one of the great difficulties we are having now is a good translation of the difficult original Chinese version of Buddhist texts. In this sense, I firmly believe that this dictionary will be of great asset in the propagation of Buddhism all over the world.

It took over six years for Dr. Park to complete the dictionary besides translating more than twenty volumes of Buddhist texts as mentioned above, and he did all these works all by himself without any help whatsoever both financially and physically from outside. It is truly a great mystery.

I hope that everyone will join in his great effort for propagation of Buddhism for the peace of the world and study with his marvelous dictionary, and humbly pray for his continued success and great achievements for humankind all over the world in the name of Sakyamuni Buddha. I also take refuge in the great compassion of Avalokistevara!

Abbot Muil Woohak
Korea Buddhist College & Great Monastery
of Avalokistevara

한국불교 세계화를 위한 초석

曉山 박영의 교수님은 15종이 넘는 불교전적을 영역 출판하시었고, 또 한국에서 출판되고 있는 유일한 영문불교학술지 International Journal of Buddhist Thought & Culture의 편집자문위원으로서 국제 수준의 불교영문저널을 발행하는 일에 기여하고 있는 영문학자이자 불교학자입니다. 曉山 선생님의 평생의 원력과 노력이 깃들어 있는 『실용한-영 불교용어사전(The Practical Dictionary of Korean-English Buddhist Terms)』의 출간은 한국불교의 세계화를 위한 초석을 놓은 시의적절한 쾌거가 아닐 수 없습니다.

서구의 불교학은 문헌학과 역사비평적 방법론을 바탕으로 태동되었기 때문에 처음부터 그 주요 관심은 빠알리와 산스크리트 불교 문헌의 번역에 집중되어 있었습니다. 1881년에 빠알리 성전협회가 설립되어 남방불교 성전들이 영역되기 시작했으며. 막스 뮐러가 편찬한 『동방성서(Sacred Books of the East)』 50권의 발간에 힘입어 많은 불전이 서구어로 번역되었습니다. 이러한 작업은 서구학자들의 불교 원전언어에 관한 연구와 사전적 용어 번역 작업이 그 기초가 되었던 것입니다.

최근에는 티베트 불전은 물론 중국, 일본 등의 한자 문화권 불전도 다수 영역되고 있어 구미의 대학 도서관에 가보면, 일본불교와 중국불교, 그리고 티베트 불교에 관한 문헌이 상당수 서가에 진열되어 있습니다. 그러나 한국불교 관련 서적은 찾아보기 힘든 실정입니다. 이는 그동안 한국 전통불교의 국제화 노력이 거의 없었다는 점을 방증하고 있는 예라 할 것입니다. 아무리 한국불교의 우수성과 독특성이 있다고 해도 이를 소개한 영문 문헌이 별로 없기 때문에 서구의 불교학자들조차도 한국불교의 실상을 잘 모르고 있습니다.

국제화 시대를 맞이하여, 그동안 한국불교학의 세계화에 대한 논의는 많았으나 막상 이를 위한 한국불교 관련 영문서적 발간은 큰 진전이 없는 상태에 있습니다. 한국불교를 세계에 알리기 위해서는 한국불교학을 대표할 만한 저술이나 연구논문이 국제 공용어인 영어로 번역 출간되어야 할 것입니다. 그러기 위해서는 무엇보다도 우수한 불교영어 사전이 편찬되어야 합니다.

1934년 서구에서 『한영불학대사전漢英佛學大辭典』이 발간된 이래 10여 종이 넘는 불교영어사전이 발간되었으나 아직 한국불교학을 중심으로 한 불교영어사전 편찬은 만족할 만한 성과가 없었습니다. 이제 다행히 曉山 선생님의 원력으로 상재되는 『실용한-영 불교용어사전』을 갖게 된 한국불교학계는 앞으로 이 사전을 십분 활용하여 한국불교의 국제화 사업에 진일보 매진할 수 있게 되었습니다.

번역이란 서로 다른 언어로 된 두 텍스트 간에 동일한 가치와 의미를 부여하려는 시도이므로 번역자는 필수적으로 두 텍스트간의 언어와 문화의 차이점, 시대적 거리, 정신적 가치관의 차이 등을 고려하여야 합니다. 불교 영어의 번역은 단지 영어의 언어체계만 가지고 적용할 수 없는 분야가 많습니다. 특히 한국불교학의 고전어인 한문이 지닌 다양한 의미 체계, 포괄적이며 모호한 언어의 특성을 어떻게 명료한 표현을 지향하는 영어에 알맞게 번역할 것인가 하는 문제는 실로 난제가 아닐 수 없습니다.

이 사전은 이러한 번역의 난삽함을 극복하고 일반 재가 불자의 신행생활과 밀접하게 연관된 표제어를 중심으로 편찬되었고, 그 내용도 여러 경전과 조사어록에 나오는 게송과 경구를 풍부하게 인용하고 있어서 영어를 통해 불교교리와 문화를 익힐 수 있게 한 점이 특징이라 하겠습니다. 모쪼록 이 사전의 출간을 계기로 한국불교의 국제화 사업이 무진등처럼 이어지길 기원합니다.

2010년 초가을

사단법인 한국불교학회장 김용표

The Cornerstone of Korean Buddhism and Globalization

Dr. Park has translated more than 15 volumes of Buddhist scriptures, Dharma talks of the eminent masters, and other Buddhist texts into English. He is also the advisor to the editorial committee of *International Journal of Buddhist Thought & Culture,* the only English Buddhist international journal published in Korea. Meanwhile he also has been working on *The Practical Dictionary of Korean-English Buddhist Terms* for years, and I am confident that its timely publication will serve as a foundation for the globalization of Korean Buddhism.

The Buddhist study by the Western world was initiated first as a study of the historical and textual background of the Buddhist canon. Therefore, it was natural for them to focus their study on the translation of Pali and Sanskrit Buddhist texts. Pali Text Society was founded in 1881, and started translating the Theravadan Sacred Books into English, and the publication of *The Sacred Books of the East* in 50 volumes by Max Muller was the forerunner of the translation of the Buddhist literature into Western language by Buddhist scholars. Both efforts helped establish the foundation of the study of the language of the original texts of the Buddhist canon and translation of technical Buddhist terms.

Recently many Buddhist texts of Tibet, China and Japan have been translated into English, and it is easy to find them in the libraries of Western countries, but unfortunately not English translations of Korean Buddhist texts. It indicates the lack of earnest effort of the Korean Buddhist scholars in that field. No matter how illustrious and unique Korean Buddhism may be, if there are no English translations, or in the Western language, there is no way for the Westerners to know its existence and understand it.

To meet the demand of the global age, there have been many

discussions regarding this matter, but not many English translations about the Korean Buddhism have been published. The only way to introduce the Korean Buddhism to the Western countries is to translate the research papers and books on Korean Buddhism into the officially acknowledged international language of English. However, before such efforts begin, it is necessary for the publication of the comprehensive Buddhist-English dictionary. Since the first English Buddhist dictionary published in 1934, more than 10 English Buddhist dictionaries have been published. However, so far no authoritative Korean-English Buddhist dictionary has ever been published. For this reason, publication of *The Practical Dictionary of Korean-English Buddhist Terms* by Dr. Park will be a great contribution in our efforts of globalization of the Korean Buddhism.

Translation of a text into another language requires a great deal of knowledge about the differences of not only the syntax of the two languages but also the differences in cultural, historical, and spiritual values. In other words, translation of a language into another language requires more than a language skill, especially in the translation of the Buddhist texts, the technical terms of which are sometimes vague and too inclusive.

In this sense, *The Practical Dictionary of Korean-English Buddhist Terms* by Dr. Park seems to satisfy all these requirements. In addition, you will find more than two hundred beautiful verses and quotations from the sutras, treatises, Dharma talks of the eminent masters, and the classics of the ancient sages of the East and West to help the readers understand difficult Buddhist terms and Buddha's words. It is my sincere wish that this dictionary will illuminate the future of Korean Buddhism as an everlasting lamp of the unsurpassable Buddha's teachings.

September 2010
Kim Yong-pyo
President Korean Association for Buddhist Studies

머리말

이 사전은 학술적인 것이나 전문가들을 위한 것이라기보다는 국내외의 재가불자와 일반 대중을 위한 것이라는 것을 미리 밝히며, 전통적인 개념의 사전을 떠나 누구나 즐기면서 쉽게 공부할 수 있는 사전을 만들려고 고심했음도 아울러 밝힌다. 따라서 불교에 관심있는 분들에게는, 한국인이든 외국인이든, 불교개론 또는 불교입문의 교재로서도 요긴하게 쓰여 질 수 있을 것이라 믿으며, 약간 표현의 차이는 있지만, 간결한 영문 해설을 통해 경우에 따라서는 어려운 불교용어의 뜻을 오히려 쉽게 이해할 수도 있을 것이다. 이렇듯 이 사전은 학술적이라기보다는 실용성과 대중성에 초점을 맞추었으며, 이에 따라 학습자의 눈높이에 맞추려고 노력했다. 따라서 일반 사람들이 알 수도 없는 빨리어와 산스크리트어 등은, 중요한 것 이외에는 최대한 생략했으며, 해설도 지나치게 어려운 학술적인 설명을 피하고, 또 딱딱하고 지루하지 않도록 하기 위해 가끔 착어着語와 평창評唱과 비슷한 주제 넘는 촌평寸評과, 경전 및 고승들의 법어와 동서고금의 고전으로부터의 게송偈頌 또는 짧은 인용과 함께 쉽고 재미있게 설명하려고 노력했다. 또 경우에 따라서는 초학자初學者들을 위해 경전에서처럼 반복과 자상한 부연설명도 곁들이고 있음을 밝힌다.

그리고 무엇보다도 이 사전의 특징은, 사전을 펴보면 금방 알 수 있듯이, 불교용어에 대한 영문 해설과 똑같이 자세한 우리말 해설을 겸하고 있다는 것이다. 다시 말해 이 사전은 한글과 영문 겸용이라는 것이다. 두 가지 언어로 된 이런 불교사전은 이 지구상에 없다. 이 사전의 또 하나의 특징은, 실질적인 학습을 위해 사전에 없는 것도 그 내용과 함께 소개했다는 점이다. 예를 들면, 경전이나 조사들의 법어집에 나오는 감동적인 구절과 함께, 십종무심공부十種無心功夫와 16가지 참선공덕參禪功德, 16가지 참선인 일용중점검參禪人 日用中點檢, 승만부인勝鬘夫人 십대서원十大誓願 등이다. 그런가 하면, 다른 불교용어와의 상호관계에서 보다 명확하고 깊이 있는 공부를 할 수 있도록, 중요한 것들은 용어설명 끝에 다른 용어들을 참조할 것을 계속 지시하고 있다. 그리고 이 사전의 또 한 가지 특징을 든다면, 불교용어의 우리말 설명과 영문 설명이 똑같지 않은 경우가 많다는 것이다.

우리말 설명은 한국 사람이 필요한 내용을 이해하기 쉬운 말로 설명하고, 영문 설명은 우리말 설명의 자구字句 번역을 피해, 영어의 특성과 외국인들의 문화와 정서에 맞추어 그들이 필요한 내용을 이해하기 쉽도록 간략하게 설명을 했다. 따라서 영어를 아시는 분들은 다양한 설명을 접할 수 있을 뿐만 아니라, 영어공부와 함께 공부하는데 지루하지 않은 장점이 있다. 그리고 어느 의미에서 이 사전의 가장 특이한 점은, 약 4,500개의 모든 표제용어表題用語의 우리말 발음을 외국인들이 배울 수 있도록, 영어설명 맨 앞에 음역을 하여 이태릭체로 괄호 안에 담았다는 것이다. 한국에 오면 선禪은 Zen이 아니라 Seon이라 말하고, 스님은 Monk나 Priest가 아니라 Sunim(Snim)이라 부르라는 것이다.

끝으로 꼭 이야기하고 싶은 것은 대전 國恩寺에 계신 妙峰 스님의 지도와 격려, 그리고 대구 동화사 강주로 계셨던 지운스님께서 바쁘신 중에도 친절히 초벌 감수를 보아주신데 대해 진심으로 감사드리며, 간절한 기도와 함께 힘내라고 금산 홍삼 즙을 매달 한 상자씩 보내주신 西臺山 孝心寺 성담스님께도 진심으로 감사드리며, 고등학교 학생들의 경전 영어감상문 발표대회 등 청소년 포교에 남다른 열정을 가지고 계시며, 이 사전의 성공을 위해 항상 기도를 해주시는 대전 연화사 주지 종실스님께도 감사의 말씀을 드리고 싶다.

그리고 완벽하고 좋은 사전이 나오기를 간절히 바라면서 음양으로 도와주신 한국불교영어번역연구원 원장이신 전옥배 선생님, 영어부분 교정을 도와주신 Charles Lacy와 Annie N. Shapiro 선생님, 한글 부분 교정을 도와준 동국대학교 BK21 세계화시대불교학교육연구단 조교 김은영 선생님에게 감사의 말씀을 드리고 싶으며, 또 이 사전이 세상의 빛을 볼 수 있도록 자청해서 출판을 도와주신 부산 弘法寺 深山 주지스님께 삼배와 함께 감사의 말씀을 드리고자 한다. 그리고 그 누구보다도 이 책에 대한 서문을 써주신 김용표 한국불교학회 회장님, 우리말 부분 감수를 보아주신 조계종 불학연구소장 원철스님, 영문부분에 대한 감수를 보아주신 승가대학 미산스님께 심심한 감사의 말씀을 드리고 싶다.

불기 2554 (2010)년 9월

曉山 박영의 합장

Compiler's Preface

I want to make it clear that this book is not designed for scholars and professionals but for lay people, both Koreans and Westerners, who are interested in Buddhism. Hence, I tried my best to make it easy to read, understand, and enjoy, sparing the unfamiliar Pali and Sanskrit Buddhist terms. Therefore, this book may be used as a good introduction to a comprehensive study of Buddhism for lay people at home and abroad. You will find some non-Buddhist terms. The reason I included them is to help the readers understand Korean Buddhism in connection with traditional Korean and Asian thought, art, and culture.

There are about 4,500 entries. In a sense, it is not an ordinary conception of a dictionary, because there are a great number of short comments or criticism in the explications of the terms, and quite a few quotes from the sutras, treatises, and even quotes of the saints from the world classics of the East and West, including half a dozen quotes from the works of Shakespeare at the end of some of the explications of important Buddhist terms. I also transcribed all the Korean Buddhist terms in English in the parenthesis at the head of the English explanations so that Westerners may learn and able to pronounce those Buddhist terms in Korean.

My sincere wish is to donate copies of this book to all the Buddhist temples in the Korean Armed Forces and to the Buddhist cadets in the Armed Forces Academies, our hope and the future of Korean Buddhism, so that they may study themselves with this book in their spare times. It would be a good opportunity for them to study both Buddhism and English while serving in the Armed Forces.

I also sincerely hope that this book will be of some help for the globalization of Korean and Mahayana Buddhism so that we can build a more peaceful and happy world free from war and strife among nations and tribes.

Lastly I would like to thank the Venerable Myobong Sunim who encouraged me to write this book, and the Venerable Jiwoon Sunim at Dongwhasa Temple in Daegu for editing the first draft of the manuscript of this book. I would also like to extend my gratitude to the Venerable Simsan Sunim, abbot of Hongbeopsa Temple in Busan, who played a decisive role in the publication of this dictionary. But I would like to express my greatest gratitude to Dr. Kim Yong-pyo, President, Korean Association for Buddhist Studies, who kindly wrote "Foreword" for this dictionary, and the Venerable Woncheol Sunim, the Director of the Research Institute of Buddhism of Jogye Order, who edited the Korean text in this book, and the Venerable Misan Sunim, Professor at Jung-Ang Sangha University who edited the English text. Lastly, I would like to express my sincere gratitude for Charles Lacy and Annie N. Shapiro for their superb job of correction and editing the English translation, without whose help the urgent publication of this dictionary would not have been possible to meet the date of the dedication ceremony of the giant gilt-bronze statue of Maitreya, the largest in the nation (21m), at the top of the dome of the Main Buddha Hall which was performed on the tenth of October, 2010.

September 2010

Park Young-eui, Ph.D.

목차 Contents

* 아무리 바쁘시더라도 아래 용어들만은 꼭 읽어보시기 바라며, 영문설명도 꼭 읽어보시기 바랍니다. 좋은 영어공부가 될 것입니다. 그리고 '이 뭣고?'와 지성어린 불사 佛事도 좋지만, 한국불교의 미래를 위해서는 먼저 부처님의 위없는 가르침과 불교교리의 핵심공부도 중요하다고 생각합니다.

【가】 假 가 / 假名 가명 / 假想 가상 / 覺 각 / 看話禪 간화선 / 看話念佛 간화염불 / 乾屎橛 권시궐 / 苦 고 / 空 공 / 空假中 공가중 / 公案 공안 / 觀法 관법 / 求法僧 구법승 / 口業 구업 / 九品往生 구품왕생 /

【나】 老母不見佛 노모불견불 / 泥牛 니우 /

【다】 단멸요가 / 丹青 단청 / 達磨 달마 / 道 도 /

【마】 麻三斤 마삼근 / 心 마음 / 萬物 만물 / 萬法歸一 만법귀일 / 末那識 말나식 / 無念 무념 / 無明 무명 / 無鼻孔 무비공 / 無事人 무사인 / 無常 무상 / 無爲 무위 / 無爲自然 무위자연 / 無位眞人 무위진인 / 無一物 무일물 / 無自性 무자성 / 無底鉢 무저발 / 無情說法 무정설법 / 默照禪 묵조선 / 迷悟一如 미오일여 /

【바】 波羅密多 바라밀다 / 方便 방편 / 方下着 방하착 / 拜 배 / 百尺竿頭進一步 백척간두진일보 / 煩惱卽菩提 번뇌즉보리 / 凡所有相 皆是虛妄 범소유상 개시허망 / 梵我一如 범아일여 / 法界實相 법계실상 / 法界緣起 법계연기 / 法句經 법구경 / 法多義 人多機 법다의 인다기 / 法性 법성 / 遍計所執相 변계소집상 / 遍修行 변수행 / 菩提 보리 / 菩提心 보리심 / 菩薩 보살 / 富貴榮華 부귀영화 / 不可得空 불가득공 / 不可得不可說 불가득불가설 / 不見心相是名正定 불견심상시명정정 / 佛教 불교 / 不二法門 불이법문 / 佛畵 불화 /

【사】 四界九地 사계구지 / 死句 사구 / 四料簡 사료간 / 四禪天 사선천 / 四十八願 사십팔원 / 四尋思觀 사심사관 / 山是山兮水是水 산시산혜수시수 / 四種緣起 사종연기 / 三界九地 삼계구지 / 三昧 삼매 / 三密瑜伽 삼밀유가 / 三世因果 삼세인과 / 三身 삼신 / 三諦 삼제 / 三千大天世界 삼천대천세계 / 三玄 삼현 / 相待 상대 / 相生 상생 / 色卽是空 空卽是色 색즉시공 공즉시색 / 生死卽涅槃 생사즉열반 / 生活佛教 생활불교 / 西山大師 서산대사 / 禪 선 / 禪病 선병 / 禪門五宗 선문오종 / 禪外禪 선외선 / 禪定十種功德 선정십종공

덕 / 世論 세론 / 世俗五戒 세속오계 / 小乘 소승 / 所言覺義者 謂心體離念 소언각의자 위심체이념 / 數息觀 수식관 / 手印 수인 / 勝鬘夫人 十大誓願 승만브인 십대서원 / 實無所得 실무소득 / 實相無相 실상무상 / 實用佛敎 실용블교 / 尋牛圖 심우도 / 心齋 심재 / 心卽是佛 심즉시불 / 心地 심지 / 十二 십간 / 十大願 십대원 / 十不二門 십불이문 / 十玄門 십현문 /

【아】 阿毘達磨 아비달마 / 安居 안거 / 眼光落地 안광낙지 / 藥師十二大願 약사십이대원 / 業 업 / 如來禪 여래선 / 如來藏 여래장 / 逆說 역설과 論理 논리 / 涅槃 열반 / 涅槃無名 열반무명 / 涅槃頌 열반송 / 念 염 / 念佛禪 염불선 / 念誦 염송 / 禮佛順序 예불순서 / 悟道頌 오도송 / 五蘊 오온 / 五慾 오욕 / 五種禪 오종선 / 옴 / 요가 / 欲界 욕계 / 柳綠花紅 유록화홍 / 輪廻卽涅槃 윤회즉열반 / 離苦得樂 이고득락 / 理事無碍 이사무애 / 離卽離非 是卽非卽 이즉이비 시즉비즉 / 異次頓 이차돈 / 因果 인과 / 人生 인생 / 一心 일심 / 一中一切多中一 一卽一切多卽一 일중일체다중일 일즉일체다즉일 / 一卽一切 一切卽一 일즉일체 일체즉일

【자】 自燈明 法燈明 자등명 법등명 / 自性 자성 / 自性三寶 자성삼보 / 自我 자아 / 自然 자연 / 傳法 전법 / 傳法偈 전법게 / 傳法度生 전법도생 / 帝網刹海 제망찰해 / 諸法皆空 제법개공 / 諸法實相 제법실상 / 祖師禪 조사선 / 種子 종자 / 宗派 종파 / 坐忘 좌망 / 坐禪 좌선 / 主人公 주인공 / 中道 중도 / 至人 지인 / 智慧 지혜 / 眞空妙有 진공묘유 / 執着 집착 / 卽 즉

【차】 參禪功德 참선공덕 / 參禪人 日用中點檢 참선인 일용중점검 / 懺悔偈 참회게 / 初發心時便正覺 초발심시변정각 / 他力 타력 / 八解脫 팔해탈 / 天 천 / 薦度齋 천도재 /

【파】 八不中道 팔부중도 / 八識 팔식 / 平常心是道 평상심시도 /

【하】 下心 하심 / 解憂所 해우소 / 幸福 행복 / 協侍佛 협시불 / 慧能 혜능 / 慧超 혜초 / 話頭參究 화두참구 / 華嚴法界 화엄법계 / 活句 활구 / 休息萬事 휴식만사 / 힌두교 /

I

산문山門과 삼보三寶

Entrances to the Temple & the Three Jewels

일주문 一柱門 기둥을 한 줄로 세운 사찰 입구에 서 있는 문. 이것은 우리의 청정무구淸淨無垢한 일심一心, 곧 일체의 상대적인 것을 초월한 절대 진리를 상징하므로 불이문不二門이라고도 말함. 부처님께 예배드리기 전에 합장하고 마음을 비우도록.

(Iljumun) The One Pillar Gate, or the Dharma-gate of Non- duality: This is symbolic of the journey towards the one mind, or the ultimate reality of the universe. Whosoever passes through this gate is entering the sacred precinct of the Buddha. One should empty one's mind before entering the gate.

천왕문 天王門 사천왕문四天王門이라고도 말함. 절과 불법佛法을 수호하기 위해 동서남북의 사천왕四天王을 만들어 좌우에 세운 문.

(Cheonwangmun) The gate of the four heavenly guardians, who protect the temple and the Buddha-dharma.

금강문/인왕문 金剛門/仁王門 불법을 수호하는 천신天神인 금강역사金剛力士를 양편에 모신 사찰문. 금강역사를 인왕仁王이라고도 말함. 이 문이 없는 사찰도 있으나, 이 문을 통과하게 되면 불이문不二門, 즉 불국토의 해탈문을 만나게 된다.

(Geumgang/Inwangmun) The Diamond Deva Gate: The gate possessing the enormous power of the Devas who with the four heavenly guardians guard the Buddha-dharma and the temple. The Diamond Deva is also called the Deva of Benevolence.

불이문/ 해탈문 不二門/ 解脫門 공空, 무상無常, 무원無願 등 삼종三種의 선정禪定을 뜻하며, 이 세 가지는 열반에 들어가는 문이기 때문에 이렇게 이름 한다. 다시 말해 이 문을 통과하면 중생과 부처가 둘이 아니며, 생과 사가 둘이 아니며, 번뇌와 보리菩提 또한 둘이 아닌 불국토가 전개되니, 이 진리를 깨닫는 것이 곧 해탈.

(Bulimun/Haetalmun) The Non-duality Gate: Other names for this gate are the Enlightenment Gate, or Nirvana Gate. "One who sees the law of non-duality will see the Buddha and attain enlightenment," the sutra says.

삼보 三寶 불자佛子가 받들고 공양供養하여야 할 부처님과 부처님의 교법 教法 그리고 승가僧家.

(Sambo) Triratna: The Three Jewels, or the three treasures of Buddhism.

1) 불佛: (Bul) The Buddha.

2) 법法: (Beop) The Dharma (Buddha's teaching)

3) 승僧: (Seung) The Sangha (Brotherhood, or the Buddhist community)

삼보사찰 三寶寺刹 삼보三寶를 모신 우리나라 사찰寺刹.

(Sambosachal) Tri-Gem temples in Korea:

1) 양산 통도사梁山 通度寺: 불보佛寶
Tongdosa Monastgery in Yangsan (Buddha)

2) 합천 해인사陜川 海印寺: 법보法寶
Haeinsa Monastery in Hapcheon (Dharma)

3) 순천 송광사昇州 松廣寺: 승보僧寶
Songgwangsa Monastery in Sooncheon (Sangha)

Ⅱ

전각殿閣

Dharma Halls and Shrines

적멸보궁 寂滅寶宮 불상佛像을 모시지 않고 부처님의 진신사리眞身舍利를 모신 불전佛殿. 한국에는 공식적으로 인정된 다섯 곳의 보궁寶宮이 있다. 양산梁山 통도사通度寺, 강원도 오대산五臺山 중대中臺의 상원사上院寺, 설악산 봉정암鳳頂庵, 태백산 정암사淨巖寺, 그리고 사자산獅子山 법흥사法興寺.

(Jeokmyeol Bogung) The Hall of Sublime Equanimity where Buddha's genuine sariras are enshrined instead of a Buddha image. There are five such temples in Korea: Tongdo Temple in Yangsan, Sangwon Temple on Mt. Odae, Bongjeongam Hermitage on Mt. Seorak, Jeong-am Temple on Mt. Taebaek, and Beopheung Temple on Mt. Saja (Lion).

대웅전/대웅보전 大雄殿/大雄寶殿 대웅전에는 중심에 불상을 모시는 수미단須彌壇과 신중神衆을 모시는 신중단神衆壇이 있고, 각 단마다 탱화幀畵를 모시며, 촛대와 향로 등의 불구佛具를 마련해 두며, 법문을 포함한 중요한 불사가 대개 이곳에서 거행된다.

본존불인 석가모니불에는 좌우에 협시불協侍佛을 모시는데, 문수보살과 보현보살을 모시기도 하고, 아미타불과 약사여래를 모시기도 한다. 이중 후자의 경우에는 격을 높이여 대웅보전이라 한다. 그러나 문수·보현보살 대신 부처님의 자비를 상징하는 미륵보살과 관세음보살 또는 지장보살을 모시기도 한다. 한편 아미타불과 약사여래를 협시불로 모실 경우는, 각 여래상 좌우에 다시 협시불을 세우기도 한다. 그리고 옛날에는 금당金堂이라고도 불렀다.

(Daeungjeon) The Great Hero Hall, or the Main Buddha Hall: It is dedicated to the historical Buddha Sakyamuni. Attendant Bodhisattvas vary according to the temple. The most commonly seen are Manjusri (the Bodhisattva of Wisdom) and Samantabhadra(the Bodhisattva of Great Action) on the left and the right of the main Buddha.

But when it is called the Great Treasure Hall, the attendant Buddhas and Bodhisattvas are Amitabha and Medicine Buddhas, and they are flanked again by another set of attendant Bodhisattvas. At times, Manjusri and Samantabhadra are replaced by Maitreya and the Bodhisattva of Great Compassion. In the past it was called the Golden Hall.

Behind the main Buddha hangs a painting of Buddha and Bodhisattvas. The Buddhist paintings are also hung behind the altar of the divine guardians of the Dharma on the right side of the wall. Most Dharma assemblies and services take place in the Great Hero Hall, including the Dharma talks.

대적광전 大寂光殿 대적광전은 화엄경의 사상을 바탕으로 진리의 빛이 가득하고 무명과 번뇌가 사라진 대적정大寂靜의 세계를 의미하는 연화장蓮華藏 세계를 표현하고 있다. 대광명전大光明殿이라고도 하는 대적광전에는 청정법신淸淨法身인 비로자나불을 주존主尊으로 모시며, 좌우 협시불로는 아미타불과 석가모니불을 모시는 것이 일반적이다. 그러나 우리나라 선종禪宗 사찰에서는 청정법신 비로자나불, 원만보신 노사나불, 천백억화신 석가모니불을 모시기도 한다. 문수보살과 보현보살을 좌우 협시脇侍로 모시는 경우도 있는데, 이때는 전각의 명칭을 비로전毘盧殿이라 부른다. 그러나 사찰에 따라서는 다섯 분에서 여섯 분의 협시脇侍를 모시는 경우도 있다.

(Daejeok Gwangjeon) The Hall of Great Peace and Light, or the Supreme Buddha Hall is based on the Flower Adornment Sutra, and it is dedicated to Vairochana Buddha, or Manifestation of Dharma, who radiates the light of truth in every direction of the universe. In Seon (Zen) Buddhism, this is the Hall of the Three Bodies of a Buddha, Dharmakaya (Vairochana) or the Dharma-body Buddha who is in the center; on the left is Sambhokaya (Rocana) or the Delight-body Buddha, and on the right is Nirmanakaya (Sakyamuni) or the Transformation -body Buddha.

But usually, we see Amitabha Buddha as an attendant Bodhisattva in place of Sambbhokaya or Rocana, and sometimes there is a grand scale of five to six attendant Buddhas and Bodhisattvas on the altar of the great hall.

관음전 觀音殿/원통전 圓通殿 대자대비의 상징인 관세음보살을 모신 불전

(Gwaneumjeon or Weontongjeon) Avalokitesvara Hall, or the Hall of the Bodhisattva of Great Compassion: Another name given to the Hall is the Hall of Perfect Penetration.

극락전 極樂殿 아미타 부처님을 모신 불전佛殿. 무량수전無量壽殿, 미타전彌陀殿 참조.

(Geuknakjeon) The Hall of Utmost Bliss, or the Paradise Hall is dedicated to Amitabha Buddha. *Cf.* The Hall of Infinite Life, and the Amitabha Hall.

나한전 羅漢殿/응진전 應眞殿 영산회상靈山會上의 모습을 재현하여 중앙에 석가모니 부처님을 모시고 좌우에 부처님의 十大 제자 혹은 十六大 아라한을 모신 불전.

(Nahanjeon or Eungjinjeon) The Hall of Disciples and Arhats: This is a recapitulation of the sermon on Vulture Peak Mountain with ten major disciples and sixteen Arhats.

대장각 大藏閣 대장경大藏經을 모신 전각殿閣. 해인사海印寺 참조.

(Daejanggak) Tripitaka Repository. *Cf. (Haeinsa)* Haeinsa Temple

명부전 冥府殿 지장보살을 주존主尊으로 모시고, 사후死後 중생들을 심판할 십대왕十大王을 모신 불전. 이곳에서 영가천도靈駕遷度를 지냄. 지장전地藏殿 참조.

(Myeongbujeon) The Hall of Ksitigarbah Bodhisattva, or the Hall of the Bodhisattva of Hell: It is also called the Judgement Hall where ten kings are enshrined to judge the fates of the deceased according to their deeds in this life. *Cf. (Jijangjeon)* The Ksitigarbha Hall.

무량수전 無量壽殿 서방정토西方淨土에 계시는 아미타 부처님을 모신 불전佛殿.

(Muryangsujeon) The Hall of Infinite Life: This Hall is dedicated to Amitabha or the Buddha of Infinite Life, who abides in the Western Pure Land.

미륵전 彌勒殿/용화전 龍華殿 앞으로 오실 미륵 부처님을 모신 불전佛殿.

(Mirukjeon or Yonghwajeon) Maitreya Hall, or the Hall of the Future Buddha: Another name given to this hall is Nagavrksa, or the Dragon Garland Hall.

미타전 彌陀殿 아미타 부처님을 모신 불전. 극락전極樂殿 참조.

(Mitajeon) The Amitabha Hall: This is another name given to the Hall of Infinite Life.

비로전 毘盧殿 비로자나불을 모신 불전佛殿.

(Birojeon) The Vairochana Hall.

설법전 說法殿 교법敎法을 강설講說하는 곳.

(Seolbeopjeon) The Preaching Hall.

약사전 藥師殿 약사여래를 모신 불전佛殿. 유리전琉璃殿, 보광전普光殿, 만월보전滿月寶殿이라고도 말함.

(Yaksajeon) The Hall of Medicine or Healing Buddha who takes care of the sickness and sufferings of sentient beings. He is always depicted carrying a flagon of medicine in his hand. It is also called Yulijeon, Bogwangjeon, and Manweoljeon.

영산전 靈山殿 나한전羅漢殿 또는 응진전應眞殿에 대한 다른 이름.

(Yeongsanjeon) This is another name given to the Hall of Disciples or Arhats.

조사전 祖師殿 조사祖師들을 모신 전각殿閣. 조사당祖師堂이라고도 말함.

(Josajeon) The Shrine of Patriarchs. It is also called Josadang or the Patriarch Shrine.

지장전 地藏殿 지장보살을 모신 불전으로 명부전冥府殿에 대한 다른 이름. 시왕전十王殿이라고도 말함.

(Jijangjeon) The Ksitigarbha Hall, or the Judgement Hall. It is also called the Hall of the Nether World or the Hall of Ten Kings.

천불전 千佛殿 천불千佛을 모신 불전佛殿.

(Cheonbuljeon) The Hall of a Thousand Buddhas.

판전/각 版殿/閣 경판經板을 보존하는 전각殿閣.

(Pan-jeon / gak) The Buddhist Hall or Shrine where the woodblocks of the tripitaka are preserved.

팔상전 八相殿 석가모니 부처님의 일생을 여덟 가지 그림으로 나누어 모신 전각殿閣.

(Palsangjeon) The Hall of Eight Aspects of Sakyamuni Buddha's life.

독성각 獨聖閣 나반존자那畔尊者를 모신 전각殿閣. 나반존자 참조.

(Dokseonggak) The Solitary Sage Shrine. *Cf. (Nabanjonja)* Pratyeka-Buddha or the Solitary Awakened Sage.

범종루/각 梵鐘樓/閣 종을 매달아 놓은 전각殿閣.

(Beomjongnu/gak) The Bell Pavilion.

산신각 山神閣 산신山神을 모신 전각殿閣.

(Sansin-gak) The Mountain Spirit Shrine.

삼성각 三聖閣 산신山神, 칠성七星, 독성獨聖 (나반존자那畔尊者)를 모신 전각殿閣. 경우에 따라서는 이들을 따로 모시기도 함.

(Samseonggak) The Three Sages Shrine (the Mountain Spirit, the Spirit of the Big Dipper, and the Pratyeka-buddha or the Solitary Sage):

They are enshrined together or sometimes in separate shrine.

장경각 藏經閣 경전經典을 보존하는 전각殿閣.

(Janggyeonggak) The Pavilion or Repository of Sutras.

진영각 眞影閣 고승高僧이나 선지식善知識의 초상肖像을 모시는 전각殿閣.

(Jinyeonggak) The Portrait Hall: The shrine where the portraits of venerable priests and the great enlightened masters are enshrined.

칠성각 七星閣 곧 칠성七星님을 모신 전각殿閣. 칠성七星은 북두칠성北斗七星을 가리키며, 도교道敎에서는 인간의 길흉화복吉凶禍福을 칠성七星이 맡고 있다함. 그리고 이 칠성七星이 곧 칠성여래七聖如來인 동시에 칠원성군七元星君이라 말함.

(Chilseonggak) The Seven Stars Shrine: This is the shrine where the seven saints or Tatathagatas of the Big Dipper are enshrined. In Daoism, it is believed that the Seven Stars govern good or bad luck and the fortunes or misfortune of the people. This is also called the Seven Sages of Tathagata, or the Seven Original Kings of Stars.

III

불상佛像과 보살상菩薩像

Buddha & Bodhisattva Statues

관세음보살 觀世音菩薩 대자대비를 근본 서원誓願으로 하는 대보살의 이름. 관세음이란 고통에 시달리고 있는 중생의 음성을 들으신다는 뜻이며, 이를 줄여서 관음觀音이라고도 말함. 이 외에 관자재보살觀自在菩薩을 포함하여 여러 가지 이름이 있다. 왼손에 든 연꽃은 중생이 본래 갖춘 불성佛性을 상징하며, 그 꽃이 활짝 핀 것은 불성이 드러나 성불했다는 뜻이며, 봉오리는 불성이 장차 필 것을 나타냄. 아미타불의 왼편에 모시는 보살로서 부처님의 자비를 나타냄. 관음전觀音殿 또는 원통전圓通殿에 모셔있음. 육관음六觀音 참조.

(Gwanseumbosal) Avalokiteshvara: The Bodhisattva of Great Compassion, or the Goddess of Mercy at the Hall of the Bodhisattva of Hearing the Sound of the World, or the Hall of Perfect Penetration. A Sanskrit word for the Bodhisattva who perceives the sounds of the world. He saves all beings by hearing their voices of suffering and cries for help. There are many names for this Bodhisattva of Great Compassion, and he is also an attendant Bodhisattva sitting on the left of Amitabha Buddha. *Cf. (Yukgwaneum)* Six Bodhisattvas of Great Compassion.

노사나불 盧舍那佛 보신報身의 형상화로 광명불光明佛이라고도 말하며 화엄경의 주불主佛. 보신報身과 삼신三身 참조.

(Nosanabul) This is an alternate name for Sambhogakaya or the Body of Pure Light. *Cf. (Bosin)* The Body of Bliss and *(Samsin)* Trikaya or the Three Bodies of a Buddha.

다보여래 多寶如來 보살로 있을 때에 내가 성불하여 멸도滅度한 뒤, 시방세계 十方世界에서 법화경을 설하는 곳에는 나의 보탑寶塔이 솟아나와 그 설법을 증명하리라고 서원하신 부처님.

(Daboyeorae) Prabhutaratna, or the Buddha of Abundant Treasure: The ancient Buddha who made a great vow when he was a Bodhisattva that when he enters Nirvana after having attained Buddhahood, his pagoda of abundant treasure would rise from the ground wherever the Lotus Sutra is read to ensure its truth.

대세지보살 大勢至菩薩 아미타 부처님의 바른편 보처補處. 아미타 부처님의 지혜를 대표하며, 대정진大精進 또는 득대세得大勢라고도 번역. 아미타불에게 자비문과 지혜문이 있는데, 관세음은 자비문을, 대세지는 지혜문을 대표한다. 그리고 이

보살의 지혜 광명이 모든 중생들에게 비치어 삼도三道를 여의고 위없는 힘을 얻게 하므로 대세지라 함.

(Daesejibosal) Mahasthamaprapta, or the Bodhisattva of Great Power of Wisdom: The great Bodhisattva who is on the right of Amitabha Buddha. His great power of wisdom delivers all beings from the three evil ways (ignorance, anger, and greed) by rendering to them his wisdom.

대일여래 大日如來 진언종眞言宗 또는 밀교의 본존本尊. 마하비로자나摩訶毘盧遮那라고 음역. 비로자나는 태양의 별명이고 마하는 크다는 뜻. 따라서 이를 대일여래라 부르며, 또 이것은 우주에 변만遍滿한 법성法性을 인격화人格化시킨 것.

(Daeilyeorae) Mahavairochana: Maha means great, and it is the main Buddha of the True Word Sect, or Esoteric Buddhism. It is also an alternate name for Vairochana Buddha, or the Buddha of Cosmic Energy, the personification of the Dharma-nature or the nature of myriad things that pervades the whole universe.

무량광불 無量光佛 극락전極樂殿에 모셔있음. 아미타불의 다른 이름으로, 무량수불無量壽佛의 호號를 무량광불이라 함. 아미타불 참조.

(Muryanggwangbul) Amitabha Buddha: The Buddha of Infinite Light at the Hall of Infinite Bliss. "Amita" means "infinite, and "bha, "light".

무량수불 無量壽佛 무량수전無量壽殿에 모셔있음. 아미타불의 다른 이름.

(Muryangsubul) Amitayus Buddha, or the Buddha of Infinite Life at the Hall of Infinite Life. "yus" indicates "life."

문수보살 文殊菩薩 왼손에는 연꽃을 들고 있으며 사대四大 보살 가운데 한 분으로 지혜 제일. 묘희妙喜라고도 번역.

(Munsubosal) Manjusri Bodhisattva, or the Bodhisattva of Great Wisdom: One of the four great Bodhisattvas. He is also the chief of the Bodhisattvas and the chief disciple of the Buddha. He is also called the Wondrous Joy.

미륵불 彌勒佛 '미륵'이란 본래 '자비'를 뜻함. 석가모니 부처님이 입멸하신 후, 56억 7천만년 후에 나타나시어 석존釋尊의 교화에서 빠진 모든 중생을 제도濟度하신다는 미래불. 지금은 욕계사천欲界四天인 도솔천에서 천인 天人들을 교화하고 계시다. 수인手印은 시무외인施無畏印 또는 여원인與願印. 미륵전彌勒殿에 모셔있음.

(Mireukbosal) Maitreya: The Bodhisattva of Future Buddha at the Hall of Maitreya Buddha. Maitreya (lit. "Loving One") was predicted by Sakyamuni Buddha to be the next Buddha on earth. In order to save all living beings who did not find salvation through the teachings of the Sakyamuni Buddha, he was designed to reign in the Tushita heaven and preach to heavenly beings until his incarnation, which, according to Buddhist belief, will occur 5670 million years after the Lord Buddha's demise. His hand seals are the fulfilling-wishes mudra and the dispelling-fear mudra.

미타삼존불 彌陀三尊佛 미타삼존불彌陀三尊佛이란 아미타 부처님을 중심으로 해서 왼편으로는 관세음보살을 모시고, 오른편으로는 대세지보살을 모신 것을 말함.

(Mitasamjonbul) The Triad Buddha which is Amitabha Buddha flanked by two attendant Bodhisattvas: Avalokiteshvara, or the Bodhisattva of Great Compassion on the left and Mahasthamaprapta, or the Bodhisattva of Great Power of Wisdom on the right of the main Buddha in the center.

보현보살 普賢菩薩 사대보살四大菩薩 중의 하나이며 행원제일行願第一.

(Bohyeonbosal) Samantabhadra, Visvabhadra, or the Bodhisattva of Great Vow and Action: One of the four great Bodhisattvas.

본존불 本尊佛 숭배의 중심이 되는 불상, 또는 한 절에서 공양 예배하는 여러 불상 중에 특히 중요한 불상佛像.

(Bonjonbul) The main Buddha of worship, or the main Buddha of a temple.

부동여래 不動如來 아촉불阿閦佛 참조.

(Budong Yeorae) Tathagata Aksobhya, or the Immovable Tathagata. *Cf. (Achokbul)* Akshobhya.

불공성취불 不空成就佛 금강계金剛界 오불五佛의 하나. 금강계金剛界 만다라 북방 월륜月輪의 주불主佛.

(Bulgong Seongchwibul) Amoghasiddhi: The main Buddha of the moon orb in the north of the diamond mandala, who unerringly achieves his goal. He is also one of the five transcendental Buddhas,

비로자나불 毘盧遮那佛 화엄경의 주불主佛로 법신法身에 대한 다른 이름. 변일체처遍

一切處 또는 광명변조光明遍照라고 번역. 우주에 두루 차서 큰 광명을 내비추어 중생을 제도하시는 부처인 동시에 가없는 우주의 본원체. 대적광전大寂光殿에 모셔있음. 수인手印은 지권인智拳印. 삼신三身 참조.

(Biroojanabul) Vairochana Buddha, the Buddha of Cosmic Energy, or the Wisdom of the Universal Law at the Hall of Great Tranquil Light: A personification of Dharmakaya. His hand seal is the gesture of unity mudra. *Cf. (Samsin)* Trikaya, or the Three Bodies of the Buddha.

삼존불 三尊佛 본존本尊과 본존의 양편에 모시고 있는 보살을 함께 일컫는 말. 여기에는 세 가지가 있다.

1) 미타 삼존彌陀 三尊 (아미타불-관세음보살-대세지보살)
2) 석가 삼존釋迦 三尊 (석가여래-문수보살-보현보살)
3) 약사 삼존藥師 三尊 (약사여래-일광보살-월광보살)

(Samjonbul) The Triad-Buddha: The main Buddha flanked by two attendant Bodhisattvas. There are three Triad-Buddhas:

1) Amitabha Buddha with the Bodhisattva of Great Compassion on the left and the Bodhisattva of Great Power on the right.
2) Sakyamuni Buddha with Manjusri Bodhisattva on the left and the Bodhisattva Samantabhadra on the right.
3) Medicine Buddha with the Sunlight Bodhisattva on the left and the Moonlight Bodhisattva on the right.

석가모니불 釋迦牟尼佛 석가는 종족種族의 이름. 석가모니라 함은 석가족의 성자란 뜻. 대웅전大雄殿에 모셔있음. 수인手印은 항마촉지인降魔觸地印, 선정인禪定印 또는 전법륜인轉法輪印 등. 석가모니 참조.

(Seokgamonibul) Sakyamuni Buddha at the Main Great Hall: His mudras (hand shapes) are the gesture of touching the earth and the subjugation of maras; the gesture of samadhi or meditation mudra; the gesture of turning the wheel of the illustrious teaching, or the turning-wheel of Dharma. *Cf. (Seokgamoni)* Sakyamuni.

석가모니 삼존불 釋迦牟尼 三尊佛 석가모니 부처님의 왼쪽에 문수보살과 오른쪽에 보현보살을 모신 삼존불을 말함.

(Seokgamoni Samjonbul) Triad Buddha of Sakyamuni Buddha flanked by two attendant Bodhisattvas: Manjusri Bodhisattva on the left and

Samantabhadra Bodhisattva on the right of the main Buddha in the center.

아미타불 阿彌陀佛 서방정토西方淨土에 계시다는 대승불교의 중요한 부처님. 줄여서 미타彌陀라고도 부르며, 무량수불無量壽佛 또는 무량광불無量光佛이라고도함. 모든 중생들을 제도하겠다는 대원大願을 세운 부처님. 이 부처님의 이름을 지성으로 외우면, 죽은 후에 극락세계에 태어난다고 함. 법장비구法藏比丘와 48서원 참조. 수인手印은 구품인九品印. 아미타전阿彌陀殿에 모셔 있음.

(Amitabul) Amitabha Buddha, or Amitayus Buddha at the Amitabha Hall: Amitabha Buddha (infinite light), or the Buddha Amitayus (infinite life), the most important and popular Buddha of Mahayana. The name "Infinite Light" symbolizes infinite wisdom, while the name "Infinite Life" symbolizes infinite compassion. His mudras are divided into nine classes according to the merits of sentient beings. *Cf. (Beopjang Bhikku),* the name of the Bodhisattva who later became Amitabha Buddha. *Cf.* also his Forty Eight Great Vows.

아촉불 阿閦佛 동방東方의 극락 아비라티에 머물러 현재 설법하고 계시는 부처님. 부동不動, 무동無動, 무노불無怒佛이라 번역. 아촉阿閦의 국토를 선쾌善快, 환희歡喜, 묘락妙樂이라 함은 아비과제 (abhirata)의 번역.

(Achokbul) Akshobhya: The Buddha who reigns over the Eastern Paradise Abhirati. His name means immovable and no-anger. The Eastern Paradise is also called the land of exhilaration, the extreme joy, and the exquisite pleasure.

약사삼존불 藥師三尊佛 약사여래 부처님을 중심으로 일광보살日光菩薩은 왼쪽, 월광보살月光菩薩은 오른쪽에 모신 약사여래 삼존을 말함.

(Yaksa Samjonbul) Triad Buddha of Medicine or Healing Buddha flanked by two attendant Bodhisattvas: The Sunlight Bodhisattva on the left and the Moonlight Bodhisattva on the right of the main Buddha in the center.

약사여래 藥師如來 약사유리광여래藥師瑠璃光如來의 약칭으로, '약왕藥王'이라는 뜻. 동방東方 극락에 계시며, 중생의 미혹한 불성을 치료하여 완성하시는 부처님. 왼손은 약병을 들고 오른손은 시무외인施無畏印을 하고 계시다. 약사전藥師殿에 모셔있음. 약사여래는 흔히 석가모니불과 아미타불과 함께 삼존불三尊佛로 등장하며, 이 경우 약사여래는 석가모니의 왼편에 위치하고 아미타불은 오른편에 위치한다.

(Yaksayeorae) Bhaisajyaraja: Lit. "King of Medicine," the Bodhisattva of Medicine or Healing Buddha who cures all diseases and lengthens life, or perfects the quality of Buddhahood of all living beings at the Hall of Medicine Buddha. He is the Buddha in the Pure Land of the Paradise of the East. He often appears on the left of Sakyamuni as a part of a triad with Sakyamuni and Amitabha. His right hand seal is the gesture of four fearlessnesses, or the dispelling-fear mudra, and he is always depicted holding a vessel of medicine in his left hand.

연등불 燃燈佛 세존께서 전생에 보살로 계실 때, 이 부처님께서 미래세에 반드시 성불하리라는 수기授記를 주셨다고 함. 정광여래定光如來라고도 말함.

(Yeondeungbul) Dipamkara Buddha, or the Lantern Lighter Buddha: The Buddha who predicted to Sakyamuni Buddha when he was a Bodhisattva in the former life that he would achieve a Buddhahood in the future life.

와불 臥佛 석가모니의 열반상涅槃像. 오른쪽으로 누워서 오른팔을 베고 머리는 북쪽으로, 얼굴은 서쪽으로 하고 있음. 석가모니께서 사라쌍수에서 열반에 든 편안한 모습으로 예수님의 십자가에 매달린 고난상苦難像과는 너무나 대조적이다.

(Wabul) The Reclining Buddha: The image of the parinirvana (passing on) of Sakyamuni Buddha, reclining on his right side under the twin sala trees with his head towards the North and his face towards the West. The peacefulness of the image is quite contrasting with Jesus Christ on the cross.

월광보살 月光菩薩 약사여래의 좌우협사左右脇士 중 오른쪽에 모시는 보살.

(Weolgwangbosal) Bodhisattva of the Moonlight: One of the two attendant Bodhisattvas on the right of the Medicine Buddha.

위음왕불 威音王佛 법화경法華經 상불경常不輕 보살품에 있음. 과거 장엄겁莊嚴劫 최초의 부처님 이름. 한없이 오랜 옛적, 또는 맨 처음이라는 뜻으로 쓰이기도 하며, 선종禪宗에서는 이 부처님으로서 요원한 옛날을 표시하고, 이 부처님 이전을 인류 본유本有의 순정純正한 정신세계의 경계에 비유하기도 함.

(Wieum Wangbul) The Buddha of Majestic Voice: The first Buddha to attain enlightenment in eons of kalpas before. It also implies the infinite past, or the first things to ever appear. In Seon Buddhism, it also means the immaculate spiritual realm before the creation of the universe.

일광보살 日光菩薩 약사여래의 좌우협사左右脇士 중 왼쪽에 모시는 보살.

(Ilgwangbosal) Bodhisattva of the Sunlight: One of the two attendant Bodhisattvas on the left of Medicine Buddha.

지장보살 地藏菩薩 석가모니 부처님의 부촉咐囑을 받아, 도리천忉利天에서 매일 선정禪定에 들어 중생의 근기를 살펴, 석가모니 부처님의 입멸入滅 후 미륵보살이 오실 때까지 부처 없는 세계에 머물러 육도중생六道衆生을 교화한다는 보살. 삭발한 머리 모양으로 육환장六環杖을 들고 계시다. 지장전地藏殿에 모셔있음. 법장비구法藏比丘 참조.

(Jijangbosal) Ksitigarbha, or the Earth Treasury King of Great Vow Bodhisattva at the Hall of the Bodhisattva of Hell: One of the four great Bodhisattvas who saves all beings in hell before the coming of Maitreya or the future Buddha. His head is shaved, and he holds a staff with six rings suspended from it. *Cf. Beopjang Bhikku,* the name of the Bodhisattva who later became Amitabha Buddha.

천수천안관자재보살 千手千眼觀自在菩薩 보통 천수상千手像은 두 눈과 두 손 밖 양쪽에 각각 20수手가 있고, 손바닥마다 눈이 하나씩 있다. 천수관음千手觀音이라고도 말하며, 관음전觀音殿에 모셔있음.

(Cheonsucheonan Gwanjajebosal) The Bodhisattva of a Thousand Eyes and Hands at the Hall of Perfect Penetration: The Bodhisattva has twenty hands on each side with an eye on each palm.

협시불 脇侍佛 본존불本尊佛을 양 옆에서 모시고 있는 불보살. 보처補處라고도 말함. 그러나 이들 불보살佛菩薩을 모시는 바가 그 목적에 따라 다양하다.

(Hyeopsibul) The attendant Buddha, or Bodhisattva on both sides of the main Buddha at the Dharma Hall. But they may vary greatly according to the main Buddha.

Ⅳ

경전經典 및 논장論藏

Sutras & Shastras

계경戒經 부처님께서 수행자들의 계율과 윤리를 가르친 경전.

(Gyegyeong) The Vinaya Sutra: Precepts and ethical codes of monks and nuns prescribed by the Buddha.

고려대장경 高麗大藏經 고려 때 외침을 막기 위해 만든 불경총집 佛經總集.

(Goryeo Daejanggyeong) The Tripitaka Koreana: It was inscribed during the Goryeo Dynasty to defend the country from Mongolian invasion.

관무량수경 觀無量壽經 정토종淨土宗의 근본 성전聖典인 삼부경三部經 중의 하나. 다른 둘은 무량수경無量壽經과 아미타경阿彌陀經. 석가모니 부처님이 마갈타摩揭陀 국왕 빈바사라頻婆沙羅의 왕비 위제희韋提希에게 설법한 극락왕생에 관한 가르침. 위제희韋提希 왕비는 마침내 500명의 시녀와 함께 무생인無生忍을 얻어 왕생한다는 내용.

(Gwan Muryangsugyeong) The Amitayurdhyana Sutra, the Sutra of Meditation on the Buddha of Immeasurable Life, or the Sutra on Visualization of the Buddha of Infinite Life: It is one of the three main sutras for the Pure Land Sect. It is the Sutra Buddha taught to Queen Vaidehi, who, upon hearing the Buddha's discourse, attained the tolerance of birthlessness of Dharmas along with her 500 lady-attendants. It describes how to be reborn in the Pure Land through the Sixteen Contemplations.

관세음경 觀世音經 줄여서 관음경觀音經이라고 말함. 구마라집이 번역한 것으로 법화경 속에서 관세음보살 보문품만을 따로 만든 것. 관세음보살이 삼십이신三十二身으로 화현하여 자비로서 중생의 재난을 구제하고 소원을 이루도록 설한 경.

(Gwaneumgyeong) The Avalokiteshvara Sutra, or the Sutra of the Bodhisattva of Great Compassion: It is translated by Kumarajiva (339/344-413), and is an excerpt of a section of the Gateway to Every Direction of the Goddess of Mercy from the Lotus Sutra. It features the discourse on the deliverance of sentient beings from all kinds of calamities and helps them achieve their wishes by manifesting in 32 bodies.

금강경 金剛經 금강반야바라밀경金剛般若波羅密經의 준말. 선종禪宗의 소의경전所依經典으로, 공空과 혜慧로써 체體를 삼고, 일체법一切法이 무아無我, 곧 자성自性이 없음을 밝힘. 사구게四句偈 범소유상 개시허망凡所有相 皆是虛妄 참조. 402년 구마라집鳩摩羅什이 한문으로 번역한 것 외에 다섯 가지 한역본漢譯本이 있으며, 우리나라에선 조선조 제 7대 선조 8년 (1575)에 간경도감刊經都監에 의해 한글로 번역됨.

(Geumganggyeong) The Vajracchedika Prajnaparamita Sutra, or the Diamond Sutra: One of the chief texts of Seon (Ch'an or Zen) Buddhism, which focuses on emptiness and the non-substantiality of things and forms. *Cf.* "Wheresoever are material characteristics, there is delusion." It was first translated into Chinese in 402 C.E. by Kuramajiva and there now exist five different Chinese versions. It was also translated into Korean in 1575 during the reign of King Seonjo, the 7th King of the Joseon Dynasty.

금강정경 金剛頂經 대일경大日經과 함께 밀교의 이대二大 소의경所衣經. 대일경大日經 참조.

(Gumgang Jeonggyeong) The Vajrasekhara-Sutra, or the Topmost Diamond Sutra: One of the two chief sutras of Esoteric Buddhism.

금광명경 金光明經 금고경金鼓經이라고도 말하며, 담무착曇無着을 시작으로 다섯 차례 한문으로 번역되다. 이 경을 독송하면 사천왕四天王에 의해 나라를 보호받는다고 함.

(Geumgwang Myeonggyeong) The Suvarnaprabhasa Sutra, or the Sutra of Golden Light: The chanting of this sutra is believed to ensure nation's safety by the Guardians of the Four Quarters.

능가경 愣伽經 중국 선종禪宗의 시조始祖 보리달마가 제자들에게 세상은 모두 정신 현상의 투사投射라는 사실을 가르치기 위해 의지했던 경經으로, 이 경을 그의 제자인 중국 선종禪宗 제 2 조祖 혜가慧可에게 전하다. 공사상空思想에 대한 필독서. 능가경의 설법 시기는 법화경 이후 능엄경 이전으로 본다.

(Neunggagyeong) The Lankavatara Sutra, or the Sutra on the Descent to Sri Lanka: The chief discourse in this sutra is based on the theory that all phenomena are the projection of the mind. Bodhidharma transmitted this sutra to his Dharma disciple Huike, the Second Patriarch of the Chinese Ch'an Buddhism.

능엄경 愣嚴經 비록 이 경經의 진위眞僞에 관한 논쟁은 있으나, 선종禪宗의 주요 경전經典으로, 인연과 만유萬有에 관해 설함. 한문 번역본만이 현존함.

(Neungeomgyeong) The Surangama Sutra, or the Sutra of the Heroic Ones which is existent only in Chinese translation, and its authenticity is disputed by some.

대반야경 大般若經 대반야바라밀다경의 준말. 반야般若를 설명한 여러 경전을 집대성한 것으로, 모든 법은 공하다는 사상을 밝히고 있으며, 분량면에서 전 반야경전의 3/4를 차지할 뿐만 아니라, 반야般若, 곧 '지혜智慧'라는 대승불교의 근본 철학을 설하고 있다.

(Daebanyagyeong) Mahaprajnaparamita Sutra, or the Perfection of Transcendental Wisdom: This collection includes sixteen sutras, or three fourths of all the Perfection of Wisdom Scriptures. It is the fundamental philosophical work of Mahayana Buddhism, or the formulation of wisdom.

대반열반경 大般涅槃經 소승과 대승의 두 가지가 있다. 소승 경전에서는 주로 석존釋尊의 입멸入滅 전후에 관하여 자세히 설명하고 있으며, 대승 경전에서는 주로 법신불 상주法身佛 常住와 사덕四德, 일체의 존재에 내재된 불성론佛性論 및 그 외 대승불교의 중심 개념들을 다루고 있다. 대승경전의 핵심 내용으로는 : 1) 불신상주佛身常住. 2) 열반의 사덕四德 (상락아정 常樂我 淨). 3) 일체중생 실유불성 一切衆生 悉有佛性. 4) 삼신三身 (法身, 報身, 化身) 5) 열반의 삼사三事 (法身, 般若, 解脫) 등이 있다.

(Daeban Yeolbangyeong) The Maha-Parinirvana Sutra, or Sutra of the Great Demise: This sutra has two versions, Hinayana and Mahayana. The Hinayana version deals chiefly with the last years of the life of the historical Buddha: his death, the cremation of his body, and distribution of his relics.

On the other hand, the Mahayana version deals with the everlasting existence of Dharmakaya, or the universal Buddha essence; the four virtues of Nirvana; the doctrine of the inborn Buddha-nature of all beings; the Trikaya or the Three Buddhas, and the three pillars, or three virtues of Nirvana.

대승방등경전 大乘方等經典 대승 경전의 총칭으로, 화엄경과 법화경 등을 말함.

(Daeseung·Bandeung Gyeongjeon) The Extensive Mahayana Sutra: It

denotes all the characteristics of Mahayana sutras.

대승장엄보왕경 大乘莊嚴寶王經 4권. 송宋나라의 천귀재天鬼災가 번역함. 관자재보살의 위신력威神力과 육자대명다라니六字大明陀羅尼인 〈옴마니반메훔〉의 공덕을 설한 것으로, 한국 밀교종단의 소의경전所依經典.

(Daeseung Jangeom Bowanggyeong) The Mahayana Sutra of Dharani for Adorning the Treasury King, or the Six-Syllable Incantation Sutra: It is in 4 volumes, and was translated into Chinese by Tianquizai of the Sung Dynasty. It is a commentary on the merit of the Six Syllable Great Dharani of Om mani padme hum. It is also the main text of the Esoteric Buddhism in Korea.

대일경 大日經 금강정경金剛頂經과 함께 밀교의 기본 경전. 이들 두 경전이 나타남으로써 밀교는 뛰어난 이론체계와 완벽한 수행체계를 갖추게 됨.

(Daeilgyeong) The Mahavairochana Sutra, or the Sutra of the Great Radiant One: It is one of the two fundamental texts of Esoteric Buddhism. Together with the Topmost Diamond Sutra, it established the firm ground for the theoretical system of the sect.

대장경 大藏經 불교관계의 모든 서적을 모은 총칭. 줄여서 장경藏經 또는 삼장경三藏經이라고도 말함.

(Daejanggyeong) The Complete Collection of Buddhist Sutras, Laws, and Treatises: It is sometimes called simply Janggyeong The Basket of Sutra, or Samjanggyeong Tripitaka.

묘법연화경 妙法蓮華經 이 경을 일승경一乘經이라고 말할 정도로 일승사상을 그 주지主旨로 삼고 있음. 천태종의 소의경전所依經典인 동시에 법화종法華宗의 소의경전이기도 하며, 일불승一佛乘, 회삼귀일會三歸一, 제법실상 諸法實相 등을 설함. 도道를 이루신 부처님께서 세상에 나오신 참뜻을 말씀하신 중요한 대승경전의 하나.

법화경은 언설로 된 교리와 체계를 갖춘 도그마 또는 교화의 목적으로 사용된 갖가지 가설架設 등은 궁극적 가치가 아니라는 점을 지적하면서, 무지를 극복하고 인생과 우주 법계의 진리를 깨달을 것을 강조한다. 구마라집鳩摩羅什이 한문으로 번역함.

(Myobeop Yeonhwagyeong) The Saddharmapundarika Sutra, the Sutra of the Lotus of the Wonderful Dharma, the Lotus of the True Law,

or simply the Lotus Sutra: The basic text of the Tientai Sect, or the Celestial Platform Sect. Its chief tenet is: the One-vehicle, or the Buddha-vehicle is the principal body of the Threefold-vehicle and the true reality of things.

It is one of the earliest and most revered of Mahayana texts and discredits the ultimate value of doctrines and their expedient discourses. The lotus flower symbolizes the brightness as well as the pureness of the One Buddha-dharma, or the Buddha-vehicle. It was translated into Chinese by Kuramajiva.

무량공덕다라니경 無量功德陀羅尼經 조·송대趙·宋代의 법현法賢이 번역. 이 다라니를 염송하면 관세음보살과 무량불無量佛을 친견한다고 함.

(Mulyanggongdeok Daranigyeong) The Dharani of Immeasurable Merit: It was translated into Chinese by Faxian during the Zhao and Sung dynasties. It is believed that we will meet the Bodhisattva of Great Compassion and innumerable Buddhas if we recite this dharani.

무량수경 無量壽經 법장비구法藏比丘가 수행 중에 세운 48본원本願을 성취하여 아미타불이 되고, 그 아미타불이 세운 극락정토에 생명을 지닌 모든 중생들이 태어나는 경위를 자세하게 설명하고 있다. 또 극락정토에 왕생하기 위해서는 부처님의 자비를 믿고 '나무아미타불'을 염하라고 설한다. 손에 감로수병을 들고 계시는 것이 이 부처님의 특징.

(Muryangsugyeong) The Larger Sutra on Amitayus, or the Sutra of Infinite Life: It is one of the main sutras of the Pure Land Sect. It stipulates the Forty-eight Vows of Amitabha Buddha, which give rise to the characteristics of the Pure Land of Utmost Bliss in the West. This Buddha is depicted as holding a bottle of holy nectar in his hand.

반야경 般若經 반야바라밀의 깊은 이치를 설한 경전의 총칭. 구역舊譯에는 반야바라밀경이라 하고, 신역新譯에는 반야바라밀타경이라 번역함. 모두 600권에 이른다. 이 경의 내용은, 만유萬有, 곧 모든 현상은 우리가 실물처럼 보는 것과 같은 존재가 아니라, 모두 공하여 모양이 없는 것임을 설함. 대승경전의 근본이 되는 경전.

(Banyagyeong) The Prajna Paramita Scriptures, or the Perfection of Wisdom Scriptures: This is the term for a series of about 600 volumes of Mahayana Sutras gathered together under this name, because they all deal with the realization of paramita, or perfection. The main tenet of the sutras is that everything in the whole universe is empty without any substance. Things look real but, in truth, they are not. Everything is empty without any self entity or true substance. These scriptures are the nucleus of Mahayana Buddhism.

반야심경 般若心經 마하반야바라밀다심경摩訶般若波羅密多心經의 준말. 260자로 이루어져 있으며, 40개의 반야바라밀경 가운데 가장 짧은 경전으로 주로 독송용으로 사용되고 있으나, 금강경金剛經과 함께 처음에서 끝까지 철저하게 공空 사상이 강조되고 있는 것이 특징.

(Banyasimgyeong) The Heart Sutra, a shortened term of the Maha Prajna Paramita Heart Sutra: It is the shortest of the forty Prajna-paramita Sutras (only 260 Chinese characters), which, with the Diamond Sutra, stresses emptiness. Maha means great, Prajna means wisdom, and paramita means "going beyond" or perfection.

It is chanted in every Mahayana and Seon monastery in the world. It is commonly chanted at the beginning of a Dharma talk, or at the end of prayer chanting and formal Buddhist ceremonies.

방광대장엄경 方廣大莊嚴經 부처님 일대의 전기傳記를 기록.

(Banggwang Daejangeumgyeong) Lalitavistara: A detailed depiction of the life of Buddha.

범망경 梵網經 제불諸佛이 중생을 구제함이 마치 거미줄처럼 빠짐이 없다는 뜻이며, 대승계大乘戒의 근본 경전. 하권에 나오는 10重禁戒와 48輕戒 참조.

(Beommanggyeong) The Brahamajala Sutra, or the Sutra of Brahma's Net, the basic teaching on discipline and morality. It contains ten obligations for every Buddhist and 48 minor commandments.

법구경 法句經 아함경阿含經 등에서 석가모니 부처님의 금언金言을 모아 적은 것.

(Beopgugyeong) The Dhammapada, the Dharma Phrase Sutra, or the Way of Virtue: A traditional collection of the teachings of Buddha.

보살계경 菩薩戒經 범망경梵網經의 하권만을 분리한 것. 보살계본菩薩戒本이라고도 말함.

(Bosalgyegyeong) The Bodhisattva Silla Sutra, or the Bodhisattva

Precepts Sutra: It is actually a separate text excerpted from the second volume of the Sutra of Brahma's Net.

보적경 寶積經 보물을 쌓아 놓은, 곧 '법보法寶의 누적'이라는 뜻을 가진 경전으로 보통 원명을 따라 대보적경大寶積經이라 하며, 한역漢譯과 티베트본만이 전한다. 가장 오래된 대승경전 중의 하나로 120권으로 편집되어 있으며, 이것은 단독경이 아니라 여러 경들을 모아 편집한 혼합경이다. 내용은 엄밀한 의미에서 보살의 실천덕목과 보리심의 행위 등을 주제로 하고 있다.

(Bojeokgyeong) The Rantrna-Kuta Sutra, or the Sutra of the Heap of Jewels: It is one of the oldest sutras of Mahayana, and is actually a collection of forty-nine independent sutras. It is preserved only in Chinese and Tibetan translations. In this sutra, the thought of the Middle Way is developed, which later became the basis for the Middle Way School teaching of Nagarjuna. The content of the sutra consists mostly of the merits and enlightened mind of Bodhisattva.

본사경 本事經 여시어如是語 또는 여시설如是說이라고도 번역. 십이부경十二部經의 하나. 부처님이 제자, 보살 그리고 성문들에게 과거에 행한 업을 설한 경문經文을 말함.

(Bonsagyeong) A record of Sakyamuni Buddha's karmic activities in his previous lives: Sakyamuni Buddha told these stories to his disciples, Bodhisattvas, and the Sound-hearers.

본생경 本生經 십이부경十二部經의 하나. 부처님의 전생前生에 관한 전기적傳記的 기록.

(Bonsaenggyeong) Jataka: The birth stories of Sakyamuni Buddha's previous lives and related biographical records.

부정관경 不淨觀經 달마다라선경達摩多羅禪經의 다른 이름. 사문沙門 달마다라達摩多羅와 불조佛祖가 서로 전한 불심인佛心印을 우리의 수양修養으로 얻을 수 있는 구전口傳을 보인 것.

(Bujeonggwan Gyeong) The Sutra of the Contemplation on Impurity: A work by Dharmatrata. It says the true teachings of the Buddha and the patriarchs are beyond words and expressions, but they are rendered by means of words for the benefit of common people.

불본행경 佛本行經 불본행찬전佛本行讚傳, 또는 줄여서 본행경本行經이라고도 말함.

부처님의 일대의 모습을 찬양한 게문偈文.

(Bulbonhaeng Gyeong) The Sutra of the Collection of the Original Acts of the Buddha: It is in verse and praises the entire life of the Buddha.

불유교경 佛遺敎經 구마라집이 변역. 1권으로서 약칭해서 유교경遺敎經이라고도 말함. 부처님이 사라쌍수 사이에서 입멸하려 하실 때에 모든 제자들을 위하여 최후의 유계遺誡를 한 경으로 부처님의 유언이라고 말할 수 있으며, 간략하게 말하여 방일放逸하지 말고 항상 적정한 곳을 구하여 정진할 것을 말한 것.

(Bulyugyogyeong) The Sutra of Buddha's Last Will or Dying Injunctions: Translated into Chines by Kumarajiva. This is the last will of the Buddha the Lord left to disciples at the root of the twin bodhi-trees not to be idle and practice hard all the time selecting a quiet place.

사념처경 四念處經 선정禪定을 일으키는 가장 효과적인 방법에 관한 것으로 소승小乘에서 매우 중요시하는 경전.

(Sanyeomcheo Gyeong) The Satipatthana Sutra: The sutra on the four bases of mindfulness, the most important forms of meditation in the Hinayana.

사십이장경 四十二章經 담무참曇無懺과 가섭迦葉에 의해 편집되고 번역된 것으로 전해지며, 산스크리트어에서 한문으로 번역된 첫 대승경전大乘經典.

(Sasipijanggyeong) The Dvachatvarimshat-khanda Sutra, or the Sutra in Forty-two Chapters: The first Mahayana sutra translated into Chinese from Sanskrit.

삼부경 三部經 삼경三經이라고도 말함. 경전經典 중에서 삼부三部를 가린 것.

1) 정토淨土의 삼부경은 무량수경無量壽經, 관무량수경觀無量壽經, 아미타경阿彌陀經.
2) 법화法華의 삼부경은 무량의경無量義經, 법화경法華經, 관보현경觀普賢經.
3) 진호국가鎭護國家의 삼부경은 법화경法華經, 금광명경金光明經, 인왕경仁王經.
4) 대일大日의 삼부경은 대일경大日經, 금강정경金剛頂經, 소실지경蘇悉地經.
5) 미륵彌勒의 삼부경은 상생경 上生經, 하생경下生經, 성불경成佛經 등을 말함.

(Sambugyeong) The triple division of sutras:

1) Three divisions of Pure Land Sutra: The Larger Sutra on Amitayus, the Sutra of Meditation on the Buddha of Immeasurable Life, and

the Amitabha Buddha Sutra.

2) Three divisions of Lotus Sutra: The Sutra of Immeasurable Meaning, the Lotus Sutra, and the Sutra on Visualization of the Bodhisattva of Samantabhadra.

3) Three divisions of Protection of the Nation Sutra: The Lotus Sutra, the Sutra of Golden Light, and the Benevolent King Sutra,

4) Three divisions of Sutras of the Great Radiant One: The Sutra of the Great Radiant One, the Topmost Diamond Sutra, and the Sutra of Susiddhi, or the Sutra of Marvelous Accomplishment.

5) Three divisions of Maitreya Sutra: The Sutra on the Ascent of Maitreya, the Sutra on the Descent of Maitreya, and the Sutra of Realization of the Buddhahood.

삼장 三藏 경장經藏, 율장律藏, 논장論藏.

(Samjang) Tripitaka or Three Baskets: The Sutra, the Vinaya or precepts, and classic commentaries on the sutras; or the three bodies of writings that together make up the complete corpus of Buddhist scriptures.

수따니빠타 부처님의 말씀: '수따'는 '날실,' 곧 경經의 뜻이 있고, '니빠따'는 집성集成의 뜻이 있다. 부처님께서 밝힌 영원한 진리를 전하는 말이라는 뜻. 불교의 많은 경전 가운데서도 가장 옛 것이며 역사적 고따마 붓다의 말에 가장 가까운 시구詩句를 모은 성전聖典의 하나.

(Sutta Nipata) The teaching of Buddha in verse, the earliest and most authentic words spoken by Sakyamuni Buddha. "Sutta" and "Nipata" mean "sutra" and "collection or compilation" respectively, which implies that it is the collection of everlasting truth uttered by the Buddha.

승만경 勝鬘經 대승불교 경전으로, 승만사자후일승대방편방광경勝鬘獅子吼一乘大方便方廣經의 약칭. 커사라 왕국의 공주 승만 부인이 부처님의 허락을 받아 대승불교의 이상을 역설한 형식으로 되어있으며, 일승一乘을 특히 강조하고 있는 것이 가장 큰 특징.

(Seungmangyeong) The Lion's Roar of Queen Srimala: The doctrine of the One-vehicle, discoursed by Queen Srimala with permission by the Buddha, is so important in Srimala that fully half of the entire scripture can be considered the development of the One-vehicle theory. According to Srimala, the One-vehicle is the Great-vehicle, or Buddha-vehicle which incorporates all vehicles.

십이부경 十二部經 십이분경十二分經 또는 십이분교十二分敎라고도 말함. 부처님의 일대교설을 그 경문經文의 성질과 형식으로 구분하여 십이부 十二部로 나눈 것. 십이분교十二分敎 참조.

(Sip-ibugyeong) The Twelve Types of Scripture: All sutras are classified into twelve categories according to the nature of their content and form. *Cf. (Sipibungyo)* Twelve Divisions of Buddhist Canon.

아미타경 阿彌陀經 정토삼부경淨土三部經의 하나로, 아미타불의 명호를 부르면 아미타불이 계시는 서방정토에 환생한다는데 가르침의 초점을 두고 있다. 대개의 경전이 여시아문如是我聞으로 시작하는 부처님과 제자 간의 대화형식인데 비해, 이 경전은 그렇지 않음이 특징. 구마라집鳩摩羅什이 한역漢譯함.

(Amitagyeong) The Amitabha Buddha Sutra: This is one of the basic texts of the Pure Land School of Buddhism, which is focused on the chanting of the name of Amitabha Buddha and on rebirth in the Pure Land in the West. It is believed to be the only sutra that Sakyamuni preached without being asked for the sake of facilitating living beings to practice and to cultivate the Buddha way. It was translated into Chinese by Kumarajiva.

아함경 阿含經 석가모니 부처님의 언행록言行錄으로, 소승불교의 경전인 사아함四阿含 또는 오아함五阿含의 총칭. 다섯 종류가 있다. 여기에서 소아함경 小阿含經을 뺀 것을 사아함四阿含이라 말함. 범어로는 Agama, 팔리어로는 Nikaya라 부르며, Nikaya란 부파部派를 뜻함. 소승이십부小乘二十部 참조.

1) 장아함경長阿含經 (34권으로 구성되어 있다)
2) 중아함경中阿含經 (125권으로 구성되어 있으며, 주로 사제四諦와 십이인연十二因緣 등의 교의敎義를 설한 것)
3) 잡아함경雜阿含經 (붓다의 삶 및 행적과 관련된 일들을 다루는 수많은 짧은 권들로 구성되어 있다)
4) 증일아함경增一阿含經 (단편의 경전 2198가지를 1法 부터 11法 까지, 법수의 순서대로 나열하고 있다)

5) 소아함경小阿含經 (법구경法句經, 본생담本生譚 등과 같이 잘 알려진 경을 포함하여 15가지의 경전으로 구성되어 있으며, 이것은 한역 아함경에는 없는 부분이다. 본생담은 붓다의 전생前生과 제자들 그리고 그들에 관한 전기적 기록이다. 그러나 이보다 더 중요한 것은, 전생의 행위가 어떻게 업의 법칙에 따라 현생現生의 상황에 그 영향이 미치는지를 보여준다는데 있다)

(Ahamgyeong) Agama (Skt), Nikaya (P): This is the basic teaching of Hinayana, when the Buddha set forth in his first discourse. It is composed of five Agamas (scriptures), but Agamas omitting the Short Collection is called the Four Agamas. Nikaya means a Hinayana sect. *Cf. (Soseung Isipbu)* Twenty Hinaya Sects.

1) Diga-nikaya, or Long Collection: It is composed of thirty-four sutras.
2) Majjhima-nikaya, or Middle Length Collection: It is composed of 152 sutras of medium length. It is composed mostly of the Four Noble Truths and the Twelve Links of Dependent Origination.
3) Samyutta-nikaya, or Unified Collection: It is composed of a number of short texts dealing with incidents connected with the life and work of the Buddha.
4) Anguttrara-nikaya, Graduated Collection, or Numerical Collection: It is composed of 2198 sutras organized numerically according to the subjects that appear either in singly or in groups.
5) Khuddaka-nikaya, or Short Collection: It is composed of fifteen short sections including the well known sutras such as the Dharmapada, and an anthology of statements from Buddha's teaching, and the Jataka which literally means the birth stories. It is a biographical document about the previous lives of the Buddha and of his followers and foes. They show how the acts of former lives influence the circumstances of the present life according to the law of karma.

안반수의경 安般守意經 이 경전은 147년 중국에 온 페르시아 출신 수행자 안세고安世高가 1257년 무렵 중국에서 최초로 번역한 소승小乘 경전이다.

(Anban Suuigyeong) Anapana Sati Sutta: This sutra is the first Nikaya translated into Chinese around 1257 by An Shigao Parthian prince who came to China in 147.

열반경 涅槃經 대반열반경의 약칭. 석존의 입멸入滅에 관해 설한 경전.

(Yeolbangyeong, a contraction of Daeban Yeolbangyeong) The Nirvana Sutra, or the Maha Parinirvana Sutra: It is about the great passing on of Sakyamuni Buddha.

요의경 了義經 진실하고 극진한 뜻을 분명하게 천명한 경전.

(Youigyeong) The Perfect Understanding Sutra: The primary or definitive teachings of Buddha.

우란분경 盂蘭盆經 목련존자가 죽은 어머니의 고통을 구하던 사실을 설한 경전.

(Uranbun-gyeong) Ullambana Sutra: It is the story of Maudgalyayana's deliverance of his mother from her suffering in the nether world.

원각경 圓覺經 대승원돈大乘圓頓의 교리를 설한大方廣圓覺修多羅了義經의 약칭. 선교禪教에서 인정하는 몇 안 되는 경전.

(Weon-gakgyeong) The Mahavaipulya-purnabudha Sutra, or the Complete Enlightenment Sutra: This is one of the few sutras considered suitable for instruction in Seon (Ch'an or Zen) Buddhism.

유교경 遺敎經 세존께서 열반에 들기 전에, 불멸佛滅 후 모든 제자들이 계율을 지키며 나아갈 길을 제시하신 최후의 말씀.

(Yugyogyeong) The Last Testament Sutra: or the Sutra of the Deathbed Injunction: The Buddha's final instructions to the disciples on the moral discipline and practice before his entering Nirvana.

유마경 維摩經/정명경 淨名經 이 경經의 이름을 어떻게 부르면 좋으냐의 아난의 질문에 부처님께선 유마힐소설경維摩詰所說經 또는 불가사의 해탈법문不可思議解脫法門이라고 부르라 말씀하시면서 잊지 않기를 당부하신다. 경經의 내용은 유마거사維摩居士가 신통력으로 병을 가장하여 문병 오는 사람들에게 대승大乘을 설하는 내용으로, 특히 문수보살과의 문답이 유명함. 불교 경전 가운데 가장 잘 알려지고 드라마틱할 뿐만 아니라, 재가在家 수행자도 출가出家 수행자 못지않은 경지에 달할 수 있다는 것을 시사하는 것이 특징.

(Yumagyeong/Jeongmyeonggyeong) The Vimalakirtinirdesha Sutra, or the Holy Teachings of Vimalakirti: When Ananda asked the Buddha how this sutra should be named, Buddha said, "Ananda, this exposition of the Dharma is called 'The Teaching of Vimalakirti,' or 'The Door of the Inconceivable Liberation.' Remember it thus."

This sutra is the record of an interesting dialogue between Vimalakirti and Manjusri Bodhisattva and other disciples regarding the understanding of the One-Buddha Vehicle. The popularity of this sutra is, besides its many dramatic scenes and teachings, perhaps due to its implication of the equal spiritual values of the lay and monastic life.

육조단경 六祖壇經 혜능慧能의 전기와 설법을 그가 제자 신회神會를 위하여 기술한 것을 법해法海가 모아 기록하고 종보宗寶가 편집한 기본적인 선어록 禪語錄. 조사祖師의 어록에 유일하게 경經자를 붙일 정도로 권위가 있다.

(Yukjodan-gyeong) The Sutra of Huineng, or the Platform Sutra of the Sixth Patriarch: One of the best texts on dhyana or meditation practice of the Spontaneous School; of all the Chinese works which have been canonized in the Tripitaka, the only text written by a Patriarch that bears the designation of "sutra." It was written by Shenhui, recorded by Fahai, and compiled by Zongbao.

인왕경 仁王經 이 경의 정확한 경명經名은 인왕반야바라밀경仁王般若波羅密經 또는 인왕호국반야바라밀경仁王護國般若波羅密經인데 줄여서 인왕반야경仁王般若經이라고 한다. 그러나 반야계통의 경전보다도 호국護國과 깊은 인연이 있는 경經으로 너무나 유명하다.

(Inwang Geyong) The Scripture for Humane Kings: This name of sutra is a short of two other full name of one which is the Humane King Prajna Pramita Sutra for the Protection of the Nation. As you can guess, this sutra is more famous for the protection of the nation than prajna or transcendental wisdom.

정토삼부경 淨土三部經 이들은 무량수경無量壽經, 아미타경阿彌陀經, 관무량수경觀無量壽經에 대한 총칭. 이 경전들의 요체는 깨달음을 얻어 극락세계에 왕생하는 것. 모두 짧고 쉬우면서도 그렇게 신심信心을 일으킬 수가 없다.

(Jeongto Sambugyeong) The Three Pure Land Sutras: The essence of these sutras is the rebirth in the Land of Utmost Bliss by attaining enlightenment: 1) The Larger Sutra on Amitayus. 2) The Smaller Sutra on Amitayus. 3) The Sutra on Contemplation of Amitayus. They are all short and very easy to understand yet good texts to arouse a great faith.

지장본원경 地藏本願經 지장보살본원경地藏菩薩本願經의 약칭. 지장경地藏經이라고도 말함. 2권. 지장보살의 온갖 방편으로 일체 중생들의 교화와 더불어, 죄를 짓고 고통 받는 중생들을 평등하게 해탈케 하려는 큰 서원을 13 품으로 나누어 설한 것.

(Jijang Bonweongyeong) The Sutra of the Original Vow of Ksitigarbha Bodhisattva, or the Sutra of Original Vow of the Earth Treasury King of Great Vow Bodhisattva: It is also simply called the Sutra of Ksitigarbha. It is in 13 sections in two volumes. The main emphasis is the instructions of sentient beings to lead them to enlightenment and deliverance of them equally from suffering through all kinds of artful means.

천수경 千手經 가장 중요한 예불문禮佛文. 천수경의 본문本文은 신묘장구대다라니 참조.

(Cheonsugyeong) The Thousand Eyes and Hands Sutra: The most important Buddhist prayer chant. *Cf. (Sinmyojanggu Daedarani)* A great mystic mantra dharani.

천수다라니 千手陀羅尼 대비심다라니大悲心陀羅尼 또는 대비주大悲呪라고도 말함. 이 주呪를 외우면 사방의 불보살이 와서 증명하여 온갖 죄업이 소멸한다고 함.

(Cheonsu Darani) The Thousand Hands Dharani: It is believed that if anyone chants this dharani, all the Buddhas and Bodhisattvas of the four quarters will witness the chanting and that person will be delivered from his/her sins.

팔만대장경 八萬大藏經 고려대장경高麗大藏經 참조.

(Palman Daejanggyeong) The Eighty Thousand Tripitaka, or the Buddhist Scriptures, Laws, and Treatises.

해심밀경 解心密經 유식唯識 이론의 근간이 되는 가장 중요한 경전.

(Haesimmilgyeong) The Samdhinirmocana Sutra, the Unraveling Thought Sutra, or the Sutra of the Explication of the Underlying Meanings: The fundamental text of Yogacara, or the Mind-only School.

화엄경 華嚴經 대방광불화엄경大方廣佛華嚴經의 약칭으로 대승불교의 가장 중요한 경전중의 하나. 법화경이 석가모니 부처님께서 이 세상에 오신 뜻을 설하고 계신다면,

화엄경은 석가모니 부처님께서 깨달으신 바를 그대로 설하신 것으로 일컬어지고 있으며, 석가모니 부처님께서 도道를 이루신 다음 27일 되던 날에 법계평등法界平等의 진리를 증오證悟한 만행만덕萬行萬德을 천상의 신들을 청중으로 설하셨다고 함. 이 경에서 설해지는 주요 내용은 의상대사義湘大師의 법성게法性偈에 나오는 일중일체 다중일一中一切 多中一과 같은 사사무애事事無碍와 법계연기法界緣起와 같은 부처님의 가장 광대한 교설敎說로 되어 있다. 화엄법계華嚴法界 참조.

(Hwaeomgyeong) Avatamsaka Sutra, the Huayen Sutra, or the Flower Garland Sutra: Mahayana Buddhism's best known Buddha-dharma. It is believed to be a discourse about all kinds of practices and virtues which was delivered to the heavenly beings by Sakyamuni Buddha soon after his attainment of Buddhahood.
The sutra deals chiefly with the principle of mutual non-obstruction of phenomena and the causality of the universe on a grand scale. *Cf. (Hwaeom Beopgye)* The Dharma-world of the Buddha Garland, and *(Beupseonggye)* The Song of Dharma Nature.

간화결의론 看話決疑論 고려 목우자 지눌牧牛子 知訥(1158-1210) 지음. 선교禪敎가 모두 하나의 실도實道에 돌아간다는 뜻을 가지고 선문禪門의 열 가지 병病과 그 밖의 여러 가지 의문을 화엄경과 원각경 등을 인용하여 변명 해설한 것.

(Ganhwa Gyeoluiron) Resolving Doubts About Observing the Hwadu written by Mokuja Jinul (1158-1210) of the Goryeo Dynasty. He makes no great distinction between the ways of Seon and doctrine when entering into the authentic teachings of Buddha and expresses criticism and a number of doubts on meditation using quotes from the Flower Garland Sutra and the Complete Enlightenment Sutra.

경덕전등록 景德傳燈錄 삼십권三十卷. 송宋의 도원道源이 1006년에 저술한 것으로 과거칠불過去七佛로부터 역대 선사禪師와 조사祖師들의 오가 오십이세五家 五十二世에 이르기까지 법을 전한 법계法系를 차례로 기록한 책.

(Gyeongdeok Jeondeungrok) The Record of the Transmission of the Lamplight of the Jingde Era: The work of Daoyuan published in 1006 during the Sung Dynasty. It is about the lineal transmission of the teachings of Buddha starting from seven ancient Buddhas through fifty-two generations of Ch'an masters and the patriarchs of the Five

Houses.

경허집 鏡虛集 이 책은 법어法語, 서문序文, 기문記文, 서간書簡, 행장行狀, 영찬影讚, 송頌, 250편의 선시禪詩, 4편의 긴 가곡歌曲 등, 경허선사鏡虛禪師 (1849-1912)의 거의 모든 중요한 글들이 실려 있을 뿐만 아니라, 망국亡國의 한恨과 한국불교의 근·현대사를 엿볼 수 있는 중요한 법어집. 2007년 조계종 포교원의 부탁으로 본 사전의 편자에 의한 첫 영문 번역이 나왔다.

(Gyeonheojip) The Collected Writings of Gyeongheo (1849-1912): It includes his Dharma talks, prefaces, letters of record, epistles, brief biographies of masters, eulogiums, gathas, 250 Seon or Zen poems, and four long songs and dirges. The first English translation by the compiler of this Dictionary was published in April 2007.

금강삼매경론 金剛三昧經論 신라 원효대사 (617-686) 지음. 금강삼매경金剛三昧經을 해석한 것으로 3권으로 되어있음.

(Geumgang Sammaegyeongnon) The Explication of the Sutra of Diamond Samadhi by the Venerable Wonhyo (617-686) of the Silla Dynasty of Korea.

금강반야바라밀경오가해 金剛般若波羅密經五家解 줄여서 금강경오가해金剛經五家解라고도 말함. 함허당 득통函虛堂 得通 지음. 금강경에 대한 다섯 대가들의 해설.

(Geumgang Banyabaramiltagyeong Ogahae) Combined Commentaries of Five Masters on the Diamond Sutra by Hamheodang.

달마혈맥론 達摩血脈論 달마대사達摩大師 (?-528)의 선禪 수행修行 필독서. 생각보다 자상하고 쉬우며, 본 사전 편자에 의한 한-영 대역對譯 번역이 있다.

(Dharma Hyeolmaeknon) The Bloodstream of Bodhidharma: The essential teaching on Seon or Zen meditation and cultivation of the mind. There is an English-Korean translation by the compiler of this Dictionary.

대각국사문집 大覺國師文集 이 문집의 체제는 천지인天地人 삼책三冊으로 되어있으며, 고려 때의 판각板刻이 현재 해인사에 있다.

(Daegakguksa Munjip) Collected Writings of the National Teacher Daegak: It consists of three books: Heaven, earth, and man. It is preserved at Haein Monastery on Mt. Gaya in South Gyeongsang

Province on wood printing blocks.

대당서역기 大唐西域記 12권으로 되어있으며, 당나라 현장법사玄奘法師 지음. 줄여서 서역기西域記라 말하기도 함. 현장법사가 629년 그 당시 당나라의 수도인 장안長安을 떠나 서역과 인도를 두루 거쳐 645년에 돌아오기까지 보고 들은 것을 기록한 여행기.

(Daedang Seoyeokgi) The Record of Travels to Western Lands: It is the record of Xuanzang's travels between 629 and 654 undertaken in quest of the Buddha-dharma, or Buddhist scriptures.

대승기신론 大乘起信論 인도의 고승高僧 마명대사馬鳴大師가 지은 책. 대승 불교의 근본 뜻을 설명한 것으로, 원효대사의 대승기신론 소·별기大乘起信論 疏·別記가 유명함.

(Daeseung Gisinnon) The Mahayanashraddhotpada Shastra, or the Awakening of Mahayana Faith: This seminal work is by Acvaghosha, who systematized the principal issues with philosophical problems confronted by the Mahayana Buddhists.

대승기신론 소·별기 大乘起信論 疏·別記 원효대사 지음으로, 그 진가는 그 당시 중국에까지도 알려져 있었다.

(Daeseun Gisinnon Sobyeolgi) Commentary and Expository Notes on the Awakening of Mahayana Faith by the Venerable Wonhyo (617-686) of Korea. It is the most acclaimed work on the Awakening of Mahayana Faith even in China at that time.

대지도론 大智度論 지론智論이라고 줄여 말하기도 하며, 마하반야바라밀다경을 백과사전 격으로 자세하게 풀이한 것으로, 용수龍樹에 의해 저술되고 구마라집鳩摩什에 의해 402-405년에 한자로 번역됨. 사론四論 (中觀論, 十二門論, 百論, 大智度論) 중의 하나.

(Daejidoron) The Mahaprajnaparamita Shastra, or the Perfection of Wisdom Shastra: It is a detailed explication of the Mahaprajuna Paramita Sutra by Nagarjuna and was translated into Chinese by Kumarajiva in 402-405. *Cf. (Saron)* Four Treatises.

대혜서 大慧書 일명 서장書狀. 대혜선사大慧禪師 종고宗杲 (1088-1163)의 편지를 모은 두 권의 책으로 한국 강원의 기본 교재중의 하나.

(Daehyeseo) Collection of Epistles in two volumes by Ch'an Master

Dahui Zongao (1088-1163), one of the basic texts of the Korean Buddhist Sutra School.

도서 都序 규봉종밀圭峰宗密 선사禪師가 쓴 선원제전집도서禪源諸詮集都序의 약칭. 우리나라의 강원에서 배우는 사집과四集科의 하나.

(Doseo) Preface to the Collection of Ch'an Sources by Ch'an Master Guefeng Zongmi. It is one of the four basic texts used at the Korean Buddhist Sutra School.

마하지관 摩訶止觀 천태종天台宗 지의智顗가 지은 것으로 20권으로 되어있다. 천태종의 중요한 교설로 불교철학의 필독서. 천태 삼대부天台 三大部의 하나. 지관止觀 참조.

(Mahajigwan) Great Shamatha-vipashyana, or Great Tranquility and Insight: Not only an important doctrine of the Tientai School but also required reading for the study of Buddhist philosophy. It consists of 20 volumes and is one of the three most important works composed by Zhiyi. *Cf. (Jigwan)* Tranquility and Insight.

무문관 無門關 송나라 무문혜개無門慧開가 지은 1권의 책. 많은 선록禪錄 중에서 공안公案 48則을 뽑고 각각 점제拈提와 송頌을 붙인 것.

(Mumungwan) The Gateless Gate: The work by Wumen Huikai of the Sung Dynasty in one volume. It is a selection of 48 gong-ans or koans from a great number of Seon records.

발심수행장 發心修行章 원효 스님 (617-686)의 출가자를 위한 수행 지침. 본 사전 편자에 의한 한-영 대역對譯 번역이 있다.

(Balsim Suhaengjang) The Ardent Initial Aspiration Practice by the Venerable Wonhyo (617-686). There is an English-Korean translation by the compiler of this Dictionary.

백론 百論 삼론종三論宗의 근본 경전이 되는 삼론三論 (용수龍樹의 중론中論과 십이문론十二門 論, 그리고 용수의 제자인 제바提婆의 백론百論)중의 하나. 100편의 게송偈頌으로 이루어졌다 하여 백론이라 함. 모든 현상에 실체가 있다는 주장에 대한 논박.

(Baeknon) Shatika Shastra, or One Hundred Treatises: One of the Three Shastras of the Madhyamika School. It is so called because it is composed of 100 verses. It was written in Sanskrit by Vasubnadhu, a disciple of Nagarjuna, and translated into Chinese by Kumarajiva.

법성게 法性偈 화엄일승법계도華嚴一乘法界圖를 줄여서 법계도法界圖, 또는 법성法性을 찬탄하고 법성이라는 말로 시작하는 게송偈頌이라 하여 대개 법성게法性偈라 말함. 신라 때 의상대사義湘大師 (625-702)가 중국에서 화엄경華嚴經을 연구하고 그 뜻을 요약하여 쓴 210자로 된 게송偈頌. 대개 법회 끝에 이를 염송함.

(Beopseongge) The Song of Dharma Nature: This is a kind of abstract of the Flower Garland Sutra, written in verse with 210 Chinese characters by the Venerable Priest Uisang (625-702) after studying the sutra for eight years in China. It is usually chanted at the end of Dharma talk session in Korea.

벽암록 碧巖錄 10권. 원오극근圓悟克勤이 지음. 경덕전등록景德傳燈錄의 칠백고칙七百古則 가운데서 백칙百則을 가려내 송고頌古에 각각 수시垂示, 착어 着語, 평창評唱을 붙인 것.

(Byeokamnok) The Blue Cliff Record: Compiled by Yuanwu Keqin. It is a selection of one hundred koans from the Record of the Transmission of the Lamplight of the Jingde Era with edifications, commentaries, and criticisms.

불성론 佛性論 4-5세기경 인도의 세친世親이 짓고 진제삼장眞諦三藏이 번역하다. 총 4권으로 여래장如來藏을 체계적으로 설명한 대승불교의 논서. 유식설唯識說의 입장에서 무불성無佛性을 인정하는 설에 대하여, 이 불성론은 일체 중생은 모두 불성을 갖추고 있다는 것을 주장하는 대표적 논서.

(Bulseongnon) The Buddha-nature Treatise in four volumes: It is the work of Indian scholar-monk Vasubandhu (316-396), written sometime in the 4th or 5th centry and was translated into Chinese by Zhendi Facan (499-509).

It is a systematical study of the Tathagatagarbha, or the Buddha-nature inherent in all beings, a refutation of the non-Buddha-nature of beings claimed by the Mind-only School.

사론 四論 용수보살龍樹菩薩의 저술로 구마라집鳩摩羅什이 번역, 삼론三論에 대지도론大智度論이 추가된 것.

(Saron) Four Treatises by Nagarjuna (c. 2-3 B.C.E.). It was translated into Chinese by Kumarajiva (339/344-413): It adds the Perfection of

Wisdom Shastra to *(Samnon)* The Tree Treatises.

사명대사 난중어록 四溟大師 亂中語錄 이 어록은 주로 대사께서 일본에 건너가 적장 가등청정加藤淸正과 치욕적인 정전협정에 관한 이야기이며, 적장敵將의 요구 조건은 한반도의 팔도八道 중 네 개를 내놓으라는 것이었다. 아무런 진전이 없다가 풍신수길豊臣秀吉이 사망하므로 자동적으로 일단락되는 이야기.

(Samyeong Daesa Nanjung Eorok) The War Record of General Samyeong Daesa: It is chiefly about the negotiation of the armistice of the invasion of the Korean Peninsula by Japanese(1592-1598).

사명대사어록 四溟大師語錄 사명대사가 승병僧兵으로 임진왜란을 겪으면서 느낀 여러 소회所懷와 충정忠情, 도반道伴들과의 애틋한 마음이나 세월의 무상함에 대한 아련함이 나타나 있는 선시禪詩가 주를 이루고 있다.

(Samyeong Daesa Eorok) Record of Sayings by the Great Master General Samyeong: It consists chiefly with Seon poetry he composed during the Japanese invasion of the Korean peninsula (1592-1598) on patriotic sentiment of the tragic war and heart-rending feelings towards his comrades.

삼론 三論 삼론종三論宗의 근본 경전인 동시에 대승불교의 중요한 교의敎義
1) 중관론中觀論 2) 십이문론十二門論 3) 백론百論

(Samnon) Madhyamika, or the Three Treatises: An important doctrine of Mahayana Buddhism. It contains: 1) Madhyamika Shastra, or the Middle Way. 2) Devadasanikaya Shastra, or the Twelve Entrance Shastra. 3) Shatika Shastra, or One Hundred Treatises.

서산대사어록 西山大師語錄 주로 임진왜란 동안 대사께서 쓰신 시詩와 조야朝野 고관대작高官大爵들과 교환한 서신書信, 소疏, 기문記文, 모록문募錄文 선교게어禪敎偈語, 잡저雜著 등이 수록되어 있다.

(Seosan Daesa Eorok) The Records of the Great Master Seosan: It consists of letters the Master exchanged with the high ranking officials ot the Royal Court, annotations, recordings of articles, the manifesto of recruiting the volunteer army against the invasion of Japanese army (1592-1598), verses on Seon or Zen and doctrines, miscellaneous notes, etc.

서역구법고승전 西域求法高僧傳 2권. 당나라 의정義淨이 지음. 불법佛法을 구하기 위하여 인도에 간 승려 60인의 전기傳記를 실었다.

(Seoyeok Gubeop Goseungjeon) Biographies of Eminent Monks who Sought the Dharma in the Western Regions: The work of Preceptor Yijing of the Tang Dynasty in two volumes. It contains the biographies of sixty monks.

서장 書狀 대혜서大慧書 참조.

(Seojang) *Cf.* *(Daehyeseo)* Collection of Epistles by Ch'an Master Dahui Zongao.

선가귀감 禪家龜鑑 휴정 서산대사休淨 西山大師 (1520-1604)의 선종禪宗 승려의 수행에 귀감이 되는 책으로, 중국과 일본에도 널리 알려진 책. 본 사전 편자에 의한 한-영 대역對譯 번역이 있다.

(Seon-ga Gwigam) The Mirror of Seon by the Venerable Priest Hyujeong (1520-1604). It is studied widely, not only in Korea but in China and Japan as well. There is an English-Korean translation by the compiler of this Dictionary.

선문구결 禪門口訣 천태지자대사선문구결天台智者大師禪門口訣의 약칭으로 수식관數息觀의 법을 설한 것.

(Seonmun Gugyeol) Contemplation on Counting the Breath by Tientai Zhiyi (538-597).

선문염송집 禪門拈頌集 삼십권 십책三十卷 十冊. 선림禪林의 고화古話. 1,125 칙則과 여러 선사禪師들의 염송拈頌 등의 중요한 말을 고려의 혜심慧諶이 모아 수록한 책.

(Seonmun Yeomsongjip) Collection of the Evaluation and Hymns of the Seon Gate compiled by Hyesim of the Goryeo Kingdom in thirty volumes and ten fascicles.

선요 禪要 고봉 원묘高峰 原妙 지음. 선법禪法의 요의要義를 적은 책. 우리나라 사집과四集科 (서장書狀, 도서都序, 선요禪要, 절요節要)의 하나.

(Seonyo) The Essence of Seon by Gobong Weonmyo: This is one of the four basic textbooks for the intermediate course (the second level) of the Buddhist Sutra School in Korea.

섭대승론 攝大乘論 무착無着 보살 지음. 유식唯識의 근본 가르침을 조직적으로 설파한 논장. 줄여서 섭론攝論이라고도 말함.

(Seopdaeseungnon) Mahayana-samparigaha, or the Summary of the Great Vehicle: A systematic exposition of the basic teaching of the Yogacara School by Asanga.

성실론 成實論 인도의 아리발마阿梨跋摩가 저술하고 구마라집이 번역함. 성실종成實宗의 근본 성전根本 聖典. 우주의 모든 현상은 가假로 존재한 것이므로 결국 공空에 돌아가는 것이라고 함.

(Seongsilnon) Satyasiddhi Shastra, or the Treatise on the Perfection of Truth: Written by Harivarman and translated into Chinese by Kumarajiva. It is the chief text of the Satyasiddhi or the Perfection of Truth Sect. It is a Hinayana variation on the concept of sunya (emptiness), and argues that all the phenomena in the universe are but deceptions which will eventually return to the great void.

성유식론 成唯識論 당나라 현장법사 번역. 법상종法相宗의 중요한 논서. 팔식八識을 자세히 분석하여 인식의 과정을 명백히 하고 또 실천적 수행의 오계위五階位를 설함.

(Seong Yusiknon) The Treatise Demonstrating Consciousness Only: Translated into Chinese by Xuanzang. It is a detailed analysis of the eighth consciousness to clarify the process of cognition. It also discusses the five stages of consciousness development.

속고승전 續高僧傳 30권. 당나라 도선道宣 지음. 502년부터 645년까지 명승名僧들의 사적事績을 기록한 것.

(Sokgoseungjeon) Continuation of the Biographies of Eminent Monks by Daoxuan (596-667) of the Tang Dynasty. It is about the deeds of eminent monks during the period from 502 to 645.

송고승전 宋高僧傳 중국 당나라와 송나라의 고승 533인의 전기를 적은 책.

(Song Goseungjeon) The Sung Version of the Biographies of 533 Eminent Monks.

수심결 修心訣 보조국사普照國師 (1158-1210)의 저술. 참선과 마음 닦는데 꼭 필요한 책. 본 사전 편자에 의한 한-영 대역 번역이 있다.

(Susimgyeol) The Golden Teachings on Mind Cultivation, or the Secret on Cultivating the Mind: The basic teachings on Buddhist practice and monastery life by the Korean National Preceptor Bojo (1158-1210). There is an English-Korean translation by the compiler of this Dictionary.

신심명 信心銘 중국 선종禪宗 제3조인 승찬대사僧璨대사 (?-606)의 신심명은 모든 존재가 불성을 지니고 있으므로 누구나 부처가 될 수 있다는 것을 조사祖師가 다룬 최초의 저술 가운데 하나로, 이 시의 요체는 첫 사행四行에 들어있다. 그리고 이 시문詩文은 146구句, 584자字로 된 사언절구四言絶句로 73개의 대구로 구성되어있으며, 중국에 불법이 전래된 이후 나타난 최고의 문자文字라는 평가를 받고 있다. 본 사전 편자에 의한 한-영 대역對譯번역이 있다.

(Sinsimmyeong) The Gateway to Faithful Mind by Sengcan (?-608), the Third Patriarch of Chinese Ch'an Buddhism: It is composed of 146 phrases with 584 words in the seventy-four antithetical quatrain. It is praised as the best Buddhist verse in the history of Chinese Buddhism, and is one of the first works by a Patriarch with the unique understanding and attitude that every being has Buddha-nature and can become a Buddha.

The essence of the verse is expressed in the four opening lines of the verse in simple words. There is an English-Korean translation by the compiler of this Dictionary.

십이문론 十二門論 온갖 것이 모두 공空하다는 사상을 다룬 논서論書로 삼론 三論중의 하나. 용수龍樹의 저술로 구마라집이 번역.

(Sipimunnon) Devadasanikaya Shastra, or the Treatise of the Twelve Aspects: It is one of the Madhyamika, or the Three Treatises dealing with the emptiness of things. It is the work of Nagarjuna, and was translated into Chinese by Kumarajiva.

아비달마구사론 阿毘達摩俱舍論 줄여서 구사론俱舍論이라 말함. 인도 세친 世親이 짓고 654년 현장법사玄藏法師가 대법논장對法論藏이라 번역. 이때 구사俱舍는 '법에 대한 설명을 궤짝에다 담았다'라는 뜻으로, 이를 달리 말하면 '법의 체계'를 뜻한다. 그런데 여기에서 설일체유부說一切有部의 '법유아무法有我無'와 삼세실유 법항유三世實有法恒有 설이 등장하며, 이를 타파하고자 한 것이 용수龍樹의 중론中論이다. 한역본과 티베트본 만이 현재 존재하며, 줄여서 구사俱舍라고도 말함.

(Abidarma Gusaron) Abhidharmakosa Shastra: The Discourse on the

Repository of Abhidharma Discussions, an important work written by Asangas's younger brother Vasubandhu (316-396), probably in the fourth century, as a critical compendium of the Abhidharmic science, and translated into Chinese by Xuanzang (622-664) in 654.

It literally means "Treasure Chamber of the Abhidharma," and is the most important compilation of the Sarvastivada teaching. It exists today only in Chinese and Tibetan versions. It is considered the highest authority on dogmatic questions about Dharma or the existence of self-entity, which is refuted by Nagarjuna in his doctrine of the Middle Way.

아비달마대비바사사론 阿毘達磨大毘婆沙論 줄여서 대바사론大婆沙論 또는 바사론婆沙論이라고도 부른다. 설일체유부說一切有部의 근본 성전聖典.

(Abidarma Daebibasaron) Abhidharma-mahavibhasa Shastra: It is one of the principal texts of the Sarvastivadin branch, or the Existence School of early Buddhism.

열반종요 涅槃宗要 원효元曉 스님의 저술로, 열반과 불성에 관한 수많은 학설과 주장에 대해 스님의 입장은 언제나 비연비불연非然非不然이다. 즉 부처님의 진리는 말로서 그려볼 수 있는 것이 아닌데, 그것을 말로 표현하였으니 '그렇지 않다'라고 말할 수 있으나, 모든 주장이 부처님 말씀을 토대로 한 것이니 '그렇지 않은 것도 아니다'라는 것이다. 즉 고집스러운 정집定執이 아닌 방편方便이라면, 여러 주장들이 모두 옳을 수도 있다는 것. 이것이 원효스님의 유명한 회통불교會通佛敎이다. 이 저술을 읽다보면 깜짝깜짝 놀랄 때가 있다.

(Yeolban Jongyo) The Essentials of the Nirvana Sutra by the Venerable Priest Wonhyo (617-686): The essence of his detailed explication is to embrace the diverse conflicting arguments in order to understand the true meaning of Buddha's teaching, if their main stances are based on expediency, not dogmatism. It is his typical argument for the unification of all conflicting theories.

오등회원 五燈會元 이십권二十卷. 남송南宋의 대천보제大川普濟의 저술. 과거칠불過去七佛과 서천西天 이십팔조二十八祖로부터 시작하여 중국의 육조六祖로부터 덕산德山까지의 선승전禪僧傳.

(Odeung Hoiwoen) Compendium of the Five Lamplight Records: It

is the work of Dachuan Puji in twenty volumes about the lineal transmission of the Buddha-dharma starting from the seven ancient Buddhas up to the Ch'an master Deshan.

왕오천축국전 往五天竺國傳 신라 승려 혜초慧超의 인도 여행기. 왕往은 다녀왔다는 뜻이고, 오五는 그 당시 인도를 분할하고 있던 다섯 나라이며, 천축국은 인도를 가리킴. 혜초慧超를 꼭 참조. 눈물겨운 이야기가 있음.

(Wang Ocheonchugukjeon) The Records of Travel to Five States of India: It is a kind of travel guidebook, written by the Silla priest Hyeocho. Please *Cf. (Hyecho)*. There is a tearful story.

원돈성불론 圓頓成佛論 고려시대 조계종의 개조開祖 보조국사 지눌普照國師 知訥이 화엄華嚴의 대의大意를 밝힌 책. 성불론成佛論이라고도 말함.

(Wondon Seongbulnon) Perfect and Sudden Attainment of Buddhahood: This is the work of the National Teacher Jinul, the founding Patriarch of the Jogye Order of the Goryeo Dynasty. It expresses general ideas on the doctrine of the Flower Garland Sutra.

유가사지론 瑜伽師地論 미륵보살 저술, 무착보살 엮음. 당나라 현장 번역으로 瑜伽論이라고도 함.

(Yugasajiron) Yogacarabhumi Shastra, or the Treatise on the Stages of the Yogacara: The fundamental work of the Yogacara, or Consciousness-only School, written by Maitreyanatha, compiled by Asanga, and translated into Chinese by Xuanzang (602-654).

유식삼십송 唯識三十頌 대승불교를 이론적으로 체계화시킨 유식학唯識學의 원조라고 말할 수 있는 무착無着 (290-360)의 친아우인 세친世親 (316-396)의 저술 중 가장 주목되는 논서論書.

(Yusik Samsipsong) Thirty Verses on Consciousness-only, or Thirty Verses on the Manifestation of Consciousness: An important treatise on Consciousness-only theory by Vasubandhu (316-396).

유심안락도 遊心安樂道 신라 명승 원효대사가 자신의 저술인 무량수경종요無量壽經宗要를 더욱 깊이 부연하여 정토사상을 논한 책.

(Yusim Anrakdo) The Pleasant Way of Wandering Mind: The detailed explication of the Essentials of the Larger Sutra on Amiatayus.

인명론 因明論 인명因明을 밝힌 논서論書. 인명因明이란 정리正理의 뜻으로 정사正邪

를 논증하여 밝히는 인도의 논리학을 말함. 인명정리문因明正理門과 인명입정리문因明入正理門 등을 말함.

(Inmyeongnon) Introduction to Logic: The Indian logic of distinguishing the right from wrong.

임제록 臨濟錄 임제선사臨濟禪師의 어록語錄. 당나라 삼성혜연三聖慧然 저술.

(Imjerok) The Record of Linji (?-807) by Sansheng Huiran of Tang Dynasty.

전등록 傳燈錄 송宋나라 때의 고승高僧 도원道源에 의해 편집되고 1004년에 출판된 당나라 때 선승禪僧들의 전기傳記와 가르침에 관한 기본 참고 자료로, 조사들의 어록과 함께 모든 공안公案의 자료를 제공하고 있다.

(Jeondeungnok) The Record of Transmission of the Lamp: The basic reference for the biographical information and the teachings of the Tang Dynasty Ch'an masters compiled by Daoyuan and published in 1004, the text, along with recorded sayings of patriarchs, from which all the gong-ans or koans were drawn.

절요 節要 보조 지눌普照 知訥이 저술한 법집별행록절요병입사기法集別行錄節要並入私記의 약칭. 규봉圭峰과 하택荷澤 등의 주장을 인용 비판하여 정혜쌍수定慧雙修를 말한 책으로, 한국 강원의 사집과四集科 교재 중의 하나.

(Jeolyo) Excerpts from the Dharma Collection and Special Practice Record with Personal Notes by the National Preceptor Bojo Jinul (1158-1210) of the Goryeo Dynasty. It is one of the four basic texts used at the Buddhist Sutra School in Korea.

조당집 祖堂集 조사祖師들의 전기傳記와 공안公案과 같은 어록들을 담아 편집한 책으로 952년에 출간됨.

(Jodangjip) Patriarchs Hall Anthology: A comprehensive compilation of Chan biographies filled with gongan-like anecdotes and dialogues published in 952.

조론 肇論 후진後秦 승조僧肇의 저술. 이 논論은 공사상에 대한 깊은 이해를 보여준 것으로, 물불천론物不遷論, 부진공론, 不眞空論, 반야무지론般若無知論, 열반무명론涅槃無名論의 넷으로 되어있으며, 삼론종三論宗에서 말하는 만유제법萬有諸法이 자성이 없어 공하나 그것은 상대적 공이 아니고, 언어와 사려가 끊긴 절대적 묘공妙空이라는 이치를 말한 책.

(Joron) Chaolun, or the Treatise of Sengzhao: It emphasizes the selflessness of things and the ultimate, not just relative emptiness of reality, even the emptiness of Prajna or wisdom, and the emptiness of Nirvana.

종경록 宗鏡錄 100권. 북송北宋의 연수延壽 지음. 대승불교의 경론 60부와 중국과 인도의 성현 300인의 저서를 비롯하여 선승禪僧의 어록, 계율서, 속서俗書 등을 널리 인용하고 방증傍證하여 선가禪家에서 말하는心外無佛 觸目皆法(마음 밖에 따로 부처 없고, 온갖 것이 모두 법이다)이라는 뜻을 설한 책.

(Jonggyeongnok) Record of the Mirror of Orthodoxy: The work of the Ch'an Master Yan-shou of the Northern Sung Dynasty. It is composed in 100 volumes and has not only a wide range of quotations from the records of sayings, the books on precepts, and even secular writings but also cites circumstantial evidence. It is the explication of the principle of Ch'an, "No Buddha exists outside the mind, and every eye-contact is the true Dharma."

중론 中論 용수龍樹의 대표작 중관론송中觀論頌으로, 27개의 짧은 장에 대승불교의 공空 사상에 관한 그의 기본사상을 포함하고 있다. 구마라집鳩摩羅什이 한자로 번역.

(Jungnon) Madhyamaka-sastra, or the Treatise on the Middle: It contains the essentials of Nagarjuna's thought on emptiness, non-duality, and the non-substantiality of things in twenty-seven short chapters. It was translated into Chinese by Kumarajiva.

증도가 證道歌 당나라 영가대사永嘉大師(647-713)의 저술로 승찬대사僧璨大師의 신심명信心銘과 함께 쌍벽을 이루고 있으며, 선종禪宗의 깨닫는 내용을 칠언七言의 운문韻文으로 읊은 것. 본 사전 편자에 의한 한-영 대역對譯 번역이 있다.

(Jeungdoga) The Song of Spiritual Attainment, the Song of Realizing the Way, or the Song of Enlightenment: A work in verse by Chinese Ch'an Master Xuanjue (655-713) on mind cultivation and enlightenment. There is an English-Korean translation by the compiler of this Dictionary.

직지심체요절 直指心體要節 고려시대의 고승인 백운화상白雲和尙 (1299-1375)이 중국으로 건너가 선禪을 참구할 때, 스승이었던 원나라 석옥石屋 선사에게서 받은 책에 선문염송禪門拈頌과 치문경훈緇門經訓 등의 내용을 보완하고 과거칠불過去七佛과 인도 28조사祖師, 중국 110선사禪師 등 145가家의 법어를 가려 뽑아 307편에 이르는 게, 송, 찬, 명, 서, 시, 법어를 덧붙여 완성한 책으로, 2001년 UNESCO에 의해 세계문화유산으로 지정되었으며, 독일의 구텐베르크보다 78년 앞선 세계 최초의 금속 주자본鑄字本.

(Jikjisimche Yojeol) The Essential Passages Directly Pointing at the Essence of the Mind compiled by Preceptor Baekun (1299-1375) of the Goryeo Dynasty. It consists of 307 collected writings of seven ancient Buddhas, twenty-eight Indian Patriarchs, and 110 Chinese Ch'an Masters, totaling 145 Buddhas and masters. It is the oldest extant metal type edition, 78 years older than Gutenberg's printing press and was designated as a Memory of the World Heritage by UNESCO in 2001.

진심직설 眞心直說 보조국사普照國師 (1518-1210)의 선수행禪修行 필독서로서 그렇게 자상하고 논리적일 수가 없다. 본 편자에 의한 한-영 대역對譯 번역이 있다.

(Jinsim Jikseol) The Direct Talk on True Mind, or the Sublime Functioning of True Mind: The basic text on cultivating the mind by the Korean National Preceptor Bojo (1158-1210). It is very convincing and logical. There is an English-Korean translation by the compiler of this Dictionary.

청정도론 清淨道論 5세기경 붓다고사에 의해 저술된 남전 상좌부南傳 上座部의 가장 중요한 후기 논서.

(Cheongjeong Doron) Visuddhimagga, or the Path of Purification: It is the most important post-canonical work of the Theravada Buddhism and was written around the 5th century by Buddhaghosha.

초발심자경문 初發心自警文 고려 지눌 보조국사知訥 普照國師가 지은 계초심학인문誡初心學人文과 신라 원효대사가 지은 발심수행장發心修行狀과 고려 야운野雲스님이 지은 자경문自警文 셋을 후세에 합하여 한 책으로 만든 것. 우리나라에서는 처음 출가한 사미沙彌가 배우는 교재. 본 사전 편자에 의한 한-영 대역對譯 번역이 있다.

(Chobalsim Jagyeongmun) The Initial Self-discipline: A compilation of three writings by the great Masters Wonhyo of the Silla Dynasty,

Jinul and Yaun. It is a required reading for first level students at the Korean Sangha Academy. There is an English-Korean translation by the compiler of this Dictionary.

초의선집 艸衣選集 초의艸衣(1786-1866) 선사禪師의 시집. 스님의 이름은 의순意恂이며, 다산茶山 정약용丁若鏞 (1762-1836)과 추사秋史 김정희金正喜와의 교우交友로도 유명하다. 다경茶經으로 불리우는 동다송東茶頌이 있다.

(Cho-ui Seonjip) A Collection of Verse by Seon Master Cho-ui: His secular name is Uiswun, and his lifelong close friendship with Confucian scholars Dasan Jeong Yakyong and Chusa Kim Jeonghee was widely known among the Seon masters at that time. His best known literary work called the Sutra of Tea is the Verse on Tea of the East.

해동고승전 海東高僧傳 2권 1 책. 1215년 경북 오관산 영통사 주지 각훈覺訓이 지음. 고구려와 신라에 불교를 전한 순도順道 등 수십 명의 전기를 기록함.

(Haedong Goseungjeon) The Lives of Eminent Korean Monks: It records the lives of eminent monks who introduced Buddhism to Korea during the period of the Goguryeo and Silla dynasties.

현정론 顯正論 조선 스님 함허 기화涵虛 己和 (1376-1433)가 세종 21년 (1439)에 지음. 함허涵虛는 당호堂號.

(Hyeonjeongnon) Exposition of the Correct written in 1439 by the Venerable Priest Hamheo Gihwa (1376-1433) of the Joseon Dynasty.

V

예불禮佛 및 법회法會 순서

The Orders of Prayer Chanting & Dharma Assembly

예불 禮佛 부처님께 경배함. 조/석 예불 (03:00-04-00 / 18:00-19:00시) 및 사시 巳時 (낮) 예불 (10;30-11:00) 참조)

(Yebul) Prayer chanting, chanting ceremonies, or the prayer service: Predawn or morning (03:00-04:00), noon (10:30-11:00), and evening (18:00-19:00).

예불문 禮佛文

(Yebulmun) The Text of the Prayer Chant

1) 오분향례 五分香禮 (오분법신五分法身을 향에 비유하여, 다섯 가지 향으로 부처님을 모시는 의식)

계향戒香 (반드시 계戒를 지키겠다는 맹서와 함께 올리는 분향)
정향定香 (반드시 선정禪定을 닦겠다는 맹서와 함께 올리는 분향)
혜향慧香 (반드시 지혜智慧를 얻겠다는 맹서와 함께 올리는 분향)
해탈향解脫香 (반드시 해탈解脫을 이루겠다는 맹서와 함께 올리는 분향)
해탈지견향解脫知見香 (반듯이 위없는 깨달음의 지혜를 얻겠다는 맹서와 함께 올리는 분향)

광명운대 주변법계 공양시방 무량불법승光明雲臺 周遍法界 供養十方 無量佛法僧 (이렇듯 나의 모든 정성을 담아 눈부신 구름이 온 우주에 널리 퍼지듯 시방세계의 한량없는 불법승께 공양을 올립니다)

(Obunhyang-ye) Offering of Five Kinds of Incense with a Great Vow:
May our offering of the sila (precept) incense,
Offering of the samadhi or concentration incense,
Offering of the prajna or wisdom incense,
Offering of the incense of liberation or enlightenment,
Offering of the incense of wisdom for attaining enlightenment,
May all this form a bright-shining, cloud-like pavilion,
And may it pervade the whole universe,
And thus do homage to the countless Buddhas, the Dharma, and the Sanghas
In all of the ten directions.

2) 헌향진언 獻香眞言 (향을 올리는 부처님의 진언)

옴 바아라 도비야 훔 (세 번)

(Heonhyang Jineon) Mantra of the Incense Offering:

Om Ba A Ra To Bi Ya Hum (Repeat three times)

3) 칠정례 七頂禮

- 지심귀명례至心歸命禮 (삼계의 도사이시며 뭇 생명의 자비하신 어버이시고) 삼계도사 사생자부三界導師 四生慈父 (우리들의 스승이신 석가모니 부처님께) 시아본사 석가모니불是我本師 釋迦牟尼佛 (지극한 마음과 정성으로 예를 올립니다)

(Chiljeongye) Seven prostrations.

We pay homage to the teacher of the three worlds,
The loving father of all creatures,
To him who is our original teacher, Sakyamuni Buddha.

지심귀명례至心歸命禮(시방삼세, 그리고 한량없는 인드라망처럼 바다와 육지에)
시방삼세 제망찰해十方三世 帝網刹海 (널리 상주하시는 일체의 부처님들께)
상주일체 불타야중常住一切 佛陀耶衆 (지극한 마음과 정성으로 예를 올립니다)

We pay homage to the eternally existent assembly of all the Buddhas
In all the ten directions of the past, the present, and the future,
As countless as the lands and seas of Lord Indra's net.

지심귀명례至心歸命禮 (시방삼세, 그리고 한량없는 인드라망처럼 바다와 육지에)
시방삼세 제망찰해十方三世 帝網刹海 (널리 상주하시는 모든 부처님의 가르침에)
상주일체 달마야중常住一切 達摩耶衆 (지극한 마음과 정성으로 예를 올립니다)

We pay homage to all the Dharmas, eternally present,
In all the ten directions of the past, the present, and the future,
As countless as the lands and the seas in Lord Indra's net.

지심귀명례至心歸命禮 (위없는 지혜의 문수보살과)
대지문수사리보살大智文殊 舍利菩薩 (위없는 대행보현보살)
대행보현보살普賢菩薩 (그리고 대비관세음보살과)
대비관세음보살大悲觀世音菩薩 (대원본존이신 지장보살)
대원본존지장보살마하살大願本尊地藏菩薩摩訶薩 (그리고 위없는 모든 보살님들에게 지극한 마음과 정성으로 예를 올립니다)

We pay homage to Manjusri, Bodhisattva of Great Wisdom,
Samantabhadra, Bodhisattva of Great Action,
The greatly compassionate Avalokitesvara Bodhisattva,
The Lord of many vows, Ksitigarbha Bodhisattva,

And all other great Bodhisattvas.

지심귀명례至心歸命禮 (영산 당시 부처님께서 부촉하신)

영산당시 수불부촉靈山當時 受佛咐囑 (십대제자와 십육성十六聖)

십대제자 십육성十代弟子 十六聖 (그리고 오백의 성문들과 연각 및 천이백 아라한들)

오백성 독수성 내지 천이백 제대 아라한五百聖 獨修聖 乃至 千二百 諸大 阿羅漢

(그 외의 헤아릴 수 없이 많은 자비스러운 거룩한 무리들에게)

무량자비성중無量慈悲聖衆 (지극한 마음과 정성으로 예를 올립니다)

We pay homage to the countless compassionate and love-filled holy Sangha.

And most especially do we commemorate those who have received personally

The Lord Buddha's injunction on Mount Cridhakuta--

The ten major disciples, the sixteen holy ones, the five hundred holy ones,

And all of the one thousand two hundred great arhats.

지심귀명례至心歸命禮 (인도로부터 중국 그리고 바다 건너 한국에)

서건동진 급아해동西乾東震 及我海東 (부처님의 가르침을 전한 역대의 모든 조사님들)

역대전등 제대조사歷代傳燈 諸大祖師 (그리고 헤아릴 수 없이 많은 일체 종사들과)

천하종사 일체미진수天下宗師 一切微塵數 (모든 대 선지식들께)

제대선지식諸大善知識 (지극한 마음과 정성으로 예를 올립니다)

We pay homage to those great patriarchs and teachers

Who have come from the West to the East,

And to those who have come to the Korean shores, and

Have transmitted the lamp of the Dharma throughout the generations.

So, too, do we pay homage to our tradition's masters, recognized throughout the ages,

And to the various innumerable spiritual teachers and friends.

지심귀명례至心歸命禮 (시방삼세, 그리고 한량없는 인드라망처럼 바다와 육지에)

시방삼세 제망찰해十方三世 帝網刹海 (널리 상주하는 모든 스님들께)

상주일체 승가야중常住一切 僧伽耶衆 (지극한 마음과 정성으로 예를 올립니다)
We pay homage to all the congregations of the Sangha,
Eternally existent, in all the ten directions,
Of the past, the present, and the future,
As countless as the lands and seas in Lord Indra's net.
유원 무진 삼보 대자대비唯願 無盡 三寶 大慈大悲 (오직 원하는 것이 있다면, 대자대비이신 삼보께서)
수아정례 명훈가피력受我頂禮 冥熏加被力 (우리들의 지극한 예를 받아들여 가피력을 내려주시어)
원공법계제중생願共法界諸衆生 (법계의 모든 중생들과 더불어)
자타일시성불도自他一時成佛道 (너나없이 모두가 일시에 성불하기를 바라고 바라나이다)
We but earnestly desire that the inexhaustible three precious Treasures
Will most lovingly and compassionately receive our devotions,
And that they shall empower us spiritually;
We further most earnestly desire that,
Together with all creatures in the universe,
We attain to the Buddha way.

4) 반야심경 독송 般若心經 讀誦

(Banyasimgyeong Doksong) Chanting the Heart Sutra

5) 천수경 독송 千手經 讀誦

(Cheonsugyeong Doksong) Chanting the Thousand Eyes and Hands Sutra

6) 정구업진언 淨口業眞言 (구업口業을 깨끗이 하는 진언)

수리수리 마하수리 수수리 사바하 (세 번)

(Jeonggueop Jineon) A mantra that cleanses away all bad karmas created by the mouth:

Suri Suri Mahasuri Susuri Sabaha (Repeat three times)

7) 오방내외 안위제신 진언五方內外 安慰諸神 眞言 (오방五方 안팎에 있는 여러 신들을 위로하는 진언)

나무 사만다 못다남 옴 도로도로 지미 사바하 (세 번)

(Obangnaeoi Anwi Jesinjineon) A mantra that consoles the gods of the five directions:
Namu Samanda Mot Danam Om Doro Doro Jimi Sabaha (Repeat three times)

8) 개법장진언開法藏眞言 (한량없는 법을 여는 진언)
옴 아라남 아라다 (세 번)
(Gaegyeongge) Opening Chant of the Sutra:
The supreme, profound, and marvelous Buddha's Dharma
Is rare to be encountered in a million kalpas.
But as I fortunately have seen it, heard it, and engraved it on my heart,
I vow to attain the true meaning of the Dharma.

9) 개경게開經偈 (경전을 펼치는 게송)
무상심심미묘법無上甚深微妙法 (위없이 높고 깊은 부처님의 신묘한 진리)
백천만겁난조우百千萬劫難遭遇 (백천만겁 지나도 만나 뵙기 어려워라)
아금문견득수지我今聞見得受持 (제가 이제 듣고 보고 마음에 새겨 간직하노니)
원해여래진실의願解如來眞實義 (부처님의 참다운 뜻 깨닫게 하여 주소서)
(Gaebeopjang Jineon) A mantra for opening the treasure-store of the Dharma: Om A Ra Nam A Ra Da (Repeat three times)

10) 천수천안 관자재보살 광대원만 무애대비심 대다라니 계청千手千眼 觀自在菩薩 廣大圓滿 無碍大悲心 大陀羅尼 啓請 (천개의 손과 천개의 눈으로 중생을 구제하시는 관자재보살님의 한없이 넓고 원만하고 걸림이 없는 자비의 다라니를 청함)
(Cheonsucheonan Gwanjajaebosal Gwangdaeweonman Muae Daebisim Daedarani Gyegyecheong) I request Avalokitesvara Bodhisattva, who saves this world with his thousand eyes and hands, to grant his all-embracing, perfect, and compassionate dharani.
계수관음대비주稽首觀音大悲呪 (관음보살 대비주께 머리 숙여 절합니다)
원력홍심상오신願力弘深相好身 (위대하신 원력으로 거룩한 모습을 갖추시고)
천비장엄보호지千臂莊嚴普護持 (천 개의 팔로 온 누리를 보호하여 거두오며)
천안광명변관조千眼光明遍觀照 (천 개의 눈에서 비치는 광명으로 온 중생을 살피시며)
진실어중선밀어眞實語中宣蜜語 (진실한 말씀으로 비밀한 뜻 베푸시고)

무위심내기비심無爲心內起悲心 (하염없는 마음으로 자비심을 펴시나이다)
속령만족제희구速令滿足諸希求 (온갖 소원 빨리빨리 모두 다 이루고)
영사멸제제죄업永使滅除諸罪業 (저희들의 모든 죄업 깨끗하게 씻어 지이다)
천룡중성동자호天龍衆聖同慈護 (천룡팔부 성중들도 저희들을 보살피어)
백천삼매돈훈수百千三昧頓熏修 (백천 가지 온갖 삼매 모두 닦아 지이다)
수지신시광명당受持身是光明幢 (대비주를 지닌 이 몸 큰 광명의 깃발이며)
수지심시신통장受持心是神通藏 (대비주를 지닌 이 마음 큰 신통의 집이니)
세척진로원제해洗滌塵勞願濟海 (세상 번뇌 씻어내고 생사고해 어서 건너)
초증보리방편문超證菩提方便門 (보리지혜 뛰어 얻은 방편문을 얻어지이다)
아금칭송서귀의我今稱誦誓歸依 (제가 이제 외우오며 귀의하기 원하오니)
소원종심실원만所願從心悉圓滿 (바라는 일 마음 따라 모두 이루어지이다)
I bow before Avalokitesvara Bodhisattva,
Who possesses mighty strength and graceful appearance,
Who uses every one of his thousand arms to protect this world,
And whose brightness of a thousand eyes overlooks every part of this world.
Avalokitesvara's unimpeachable speech teaches secret meanings.
It constantly shows us the empty compassionate mind.
He also fulfills our wishes quickly and completely and wipes out all bad karmas,
While heaven, the dragon, and the holy beings protect us
With compassion, incomparable enlightenment will be attained.
The newly attained body will be the bright flag,
And the newly attained mind will be the wonder.
With new body and mind, we will get rid of all worldly dust
And cross the sea of sufferings to attain the expediency
Which will lead us to the gate of enlightenment.
Since I now receive the Bodhisattva by memorizing the chant,
All my wishes will be fulfilled.
나무대비관세음南無大悲觀世音 (대자대비 관세음께 귀의하여 비나니)
원아속지일체법願我速知一切法 (온갖 진리 어서 빨리 깨닫게 해주옵소서)
나무대비관세음南無大悲觀世音 (대자대비 관세음께 귀의하여 비나니)

원아조득지혜안願我早得智慧眼 (진리의 밝은 눈을 어서 빨리 얻게 하소서)
나무대비관세음南無大悲觀世音 (대자대비 관세음께 귀의하여 비나니)
원아속도일체중願我速度一切衆 (한량없는 고해중생 빨리 건져지이다)
나무대비관세음南無大悲觀世音 (대자대비 관세음께 귀의하여 비나니)
원아조득선방편願我早得善方便 (전지전능 묘한 방편 빨리 얻어지이다)
나무대비관세음南無大悲觀世音 (대자대비 관세음께 귀의하여 비나니)
원아속승반야선願我速乘般若船 (깨달음과 지혜의 배에 빨리 타게 하소서)
나무대비관세음南無大悲觀世音 (대자대비 관세음께 귀의하여 비나니)
원아조득월고해願我早得越苦海 (생사의 괴로운 바다 빨리 건너지이다)
나무대비관세음南無大悲觀世音 (대자대비 관세음께 귀의하여 비나니)
원아속득계정도願我速得戒定道 (계를 지키는 것과 선정 닦음 빨리 이루어지이다)
나무대비관세음南無大悲觀世音 (대자대비 관세음께 귀의하여 비나니)
원아조등원적산願我早登圓寂山 (생사가 없는 열반 산에 빨리 올라가게 하시고)
나무대비관세음南無大悲觀世音 (대자대비 관세음께 귀의하여 비나니)
원아속회무위사願我速會無爲舍 (하염없는 진리의 집에 빨리 들게 하소서)
나무대비관세음南無大悲觀世音 (대자대비 관세음께 귀의하여 비나니)
원아조동법성신願我早同法性身 (진리의 몸과 여래의 몸 빨리 얻어지이다)

I faithfully depend on Kwanseumbosal to guide me to attain all the true teachings as soon as possible.

I faithfully depend on Kwanseumbosal to guide me to attain the eye of wisdom as soon as possible.

I faithfully depend on Kwanseumbosal to guide me to save this world as soon as possible.

I faithfully depend on Kwanseumbosal to guide me to attain expediency as soon as possible.

I faithfully depend on Kwanseumbosal to guide me aboard the ship of wisdom as soon as possible.

I faithfully depend on Kwanseumbosal to guide me across the sea of sufferings as soon as possible.

I faithfully depend on Kwanseumbosal to guide me to attain the path of the precepts as soon as possible.

I faithfully depend on Kwanseumbosal to guide me to attain Nirvana as soon as possible.
I faithfully depend on Kwanseumbosal to guide me to reach the house of emptiness as soon as possible.
I faithfully depend on Kwanseumbosal to guide me to become Buddha as soon as possible.
아약향도산我若向刀山 (만약 제가 칼 지옥에 가게 된다면)
도산자최절刀山自摧折 (칼산이 절로 무너지고)
아약향화탕我若向火湯 (만약 제가 화탕 지옥에 가게 된다면)
화탕자고갈火湯自枯渴 (화탕 지옥이 스스로 말라지며)
아약향지옥我若向地獄 (만약 제가 지옥에 가게 된다면)
지옥자소멸地獄自消滅 (지옥이 절로 소멸되고)
아약향아귀我若向餓鬼 (만약 제가 아귀 세계에 가게 된다면)
아귀자포만餓鬼自飽滿 (아귀가 절로 배부르고)
아약향수라我若向修羅 (만약 제가 수라 세계에 가게 된다면)
악심자조복惡心自調伏 (악한 마음이 스스로 조복되며)
아약향축생我若向畜生 (만약 제가 축생 세계에 가게 된다면)
자득대지혜自得大智慧 (크나큰 지혜가 절로 생기리라)
If I go to the hell filled with swords,
The swords will break into pieces by themselves.
If I go to the hell filled with boiling metal,
The Boiling metal will dry up by itself.
If I go to the hell of endless suffering,
The hell will be destroyed of itself.
If I go to the world of starving demons,
The demons' appetite will be satisfied.
If I go to the world of warlike demons,
The demons will surrender themselves.
If I go to the animal world,
The animals will attain great wisdom by themselves.
나무관세음보살마하살南無觀世音菩薩摩訶薩
나무대세지보살마하살南無大勢至菩薩摩訶薩

나무천수보살마하살南無千手菩薩摩訶薩
나무여의륜보살마하살南無如意輪菩薩摩訶薩
나무대륜보살마하살南無大輪菩薩摩訶薩
나무관자재보살마하살南無觀自在菩薩摩訶薩
마무정취보살마하살南無正趣菩薩摩訶薩
나무만월보살마하살南無滿月菩薩摩訶薩
나무수월보살마하살南無水月菩薩摩訶薩
나무군다리보살마하살南無軍茶利菩薩摩訶薩
나무십일면보살마하살南無十一面菩薩摩訶薩
나무제대보살마하살南無諸大菩薩摩訶薩
나무본사아미타불南無本師阿彌陀佛 (세 번)
I hereby receive Gwanseumbosal Mahasal.
I hereby receive Daesejibosal Mahasal.
I hereby receive Chonsubosal Mahasal.
I hereby receive Yeouiryunbosal Mahasal.
I hereby receive Daeryunbosal Mahasal.
I hereby receive Gwanjajaebosal Mahasal.
I hereby receive Jeongchwibosal Mahasal.
I hereby receive Manweolbosal Mahasal.
I hereby receive Suweolbosal Mahasal.
I hereby receive Gundaribosal Mahasal.
I hereby receive Sipilmyeonbosal Mahasal.
I hereby receive Jedaebosal Mahasal.
I hereby receive Bonsaamitabul.

11) 신묘장구대다라니 神妙章句大陀羅尼 독송 (생략)

(Shinmyojanggu Daedharani Doksong) Chanting of the phrases and sections of the inexpressible and mysterious great dharani. (Omitted)

12) 사방찬 四方讚 (사방을 찬탄함)

일쇄동방결도량一灑東方潔道場 (동방에 물을 뿌려 청소하니 도량이 청정하고)
이쇄남방득청량二灑南方得淸涼 (남방에 물을 뿌려 청소하니 마음이 청량하고)
삼쇄서방구정토三灑西方俱淨土 (서방에 물을 뿌려 청소하니 정토淨土가 되고)
사쇄북방영안강四灑北方永安康 (북방에 물을 뿌려 청소하니 길이 편안 얻어지이

다)

(Sabangchan) Chant lauding the four directions:

The Bodhi-mandala has been established by wiping away delusions in the East.

Refreshment has been attained by wiping away distress in the South.

A Paradise has been attained by wiping away desires in the West.

Everlasting tranquility has been attained by wiping away lewdness in the North.

13) 도량찬 道場讚 (도량을 찬탄함)

도량청정무하예道場清淨無瑕穢 (도량이 청정하여 더러움이 없으니)

삼보천룡강차지三寶天龍降此地 (삼보님과 천룡님들 어서 이곳 오사이다)

아금지송묘진언我今持誦妙眞言 (제가 이제 묘한 진언을 지성으로 외우오니)

원사자비밀가호願賜慈悲密加護 (저희들을 대자대비로 은밀히 살피소서)

(Doryangchan) Chant praising the Bodhi-mandala:

Now that every part of the Bodhi-mandala is free of dust,

The Three Jewels and the dragon of the sky come down to it.

Since I now possess and constantly repeat the marvelous mantra,

I will be protected by great compassion.

14) 참회게懺悔偈 (참회하는 게송偈頌)

아석소조제악업我昔所造諸惡業 (아득히 먼 그 옛적부터 제가 지은 모든 악업)

개유무시탐진치皆由無始貪瞋痴 (탐애하고 화를 내고 어리석음 때문이며)

종신구의지소생從身口意之所生 (몸과 입과 생각으로 지어왔기 때문이오니)

일체아금개참회一切我今皆懺悔 (모든 것을 남김없이 저 이제 참회합니다)

(Chamhoige) Repentance Gatha or Verse:

I now repent, from the bottom of my heart,

Of the sins, whether large or small,

Which I have committed since time immemorial,

And which were created by my desires

And committed by my body, mouth, and will.

15) 참제업장십이존불讖除業障十二尊佛 (열두 분의 존엄하신 부처님께 열두 가지 업장을 참회하여 제거합니다)

나무참제업장보승장불南無懺除業障寶勝藏佛

보광왕화염조불寶光王火炎照佛
일체향화자재력왕불一切香火自在力王佛
백억항하사결정불百億恒河沙決定佛
진위덕불振威德佛
금강견강소복괴산불金剛堅强消伏壞散佛
보광월전묘음존왕불普光月殿妙音尊王佛
환희장마니보적불歡喜藏摩尼寶積佛
무진향승왕불無盡香勝王佛
사자월불獅子月佛
환희장엄주왕불歡喜莊嚴珠王佛
제보당마니승광불帝寶幢摩尼勝光佛

(Chamjeeopjang Sipijonbul) Twelve Lines of Repentance Chant and Names of Twelve Bodhisattvas:
Chamje Eupjang Boseungjangbul.
Bogwangwang Hwayeomjobul.
Ilchehyanghwa Jajaeryeokwangbul.
Baekeokhanghasa Gyeoljeongbul.
Jinwideokbul.
Geumganggyeongang Sobokwoisanbul.
Bogwangweoljeonn Myoeumjonwangbul.
Hwanhuijang Manibojeokbul.
Mujinhyangseungbul.
Sajaweolbul.
Hwanhui Jangeomjuwangbul.
Jebodang Maniseunggwangbul.

16) 십악참회十惡懺悔 (열 가지 나쁜 허물을 참회함)

살생중죄금일참회殺生重罪今日懺悔 (살생한 죄업 오늘 참회합니다)
투도중죄금일참회偸盜重罪今日懺悔 (도둑질한 죄업 오늘 참회합니다)
사음중죄금일참회邪淫重罪今日懺悔 (사음한 죄업 오늘 참회합니다)
망어중죄금일참회妄語重罪今日懺悔 (거짓말한 죄업 오늘 참회합니다)
기어중죄금일참회綺語重罪今日懺悔 (발림 말 한 죄업 오늘 참회합니다)
양설중죄금일참회兩舌重罪今日懺悔 (이간질한 죄업 오늘 참회합니다)

악구중죄금일참회惡口重罪今日懺悔 (나쁜 말한 죄업 오는 참회합니다)
탐애중죄금일참회貪愛重罪今日懺悔 (탐애하여 지은 죄업 오늘 참회합니다)
진에중죄금일참회瞋恚重罪今日懺悔 (성내어 지은 죄업 오늘 참회합니다)
치암중죄금일참회痴暗重罪今日懺悔 (우치하여 지은 죄업 오늘 참회합니다)
나무참제업장보승장불南無懺除業障寶勝藏佛
보광왕화염조불寶光王火炎照佛
Today, I repent for killing sentient beings.
Today, I repent for stealing.
Today, I repent for committing adultery.
Today, I repent for lying.
Today, I repent for my alienating remarks.
Today, I repent for my evil tongue (utterances).
Today, I repent for craving sex.
Today, I repent for getting angry.
Today, I repent for my foolish behavior.

17) 백겁적집죄百劫積集罪 (백겁을 두고 쌓은 죄업을)
일념돈탕진一念頓蕩盡 (한 생각에 모두 없애)
여화분고초如火焚枯草 (마른 풀을 불태우듯)
멸진무유여滅盡無有餘 (남김없이 없어지이다)
죄무자성종심기罪無自性從心起 (죄는 본래 자성이 없으니 망심 妄心으로부터 일어나며)
심약멸시죄역망心若滅時罪亦亡 (따라서 망심 妄心이 멸할 때 죄 또한 없어지느니라)
죄망심멸양구공罪亡心滅兩俱空 (이렇듯 죄도 없고 망심 또한 멸하여 모두가 공하니)
시즉명위진참회是則名爲眞懺悔 (이것을 이름하여 참회라 하느니라)
Our karma which we have accumulated for millions of kalpas
Is banished by one thought,
As the dry bush that is set on fire burns itself
Without leaving any trace.
Our karma has no self-nature; it arises only out of a deluded mind.
If the mind disappears, our karmas will also disappear.

The only way to attain repentance is to let the mind
And karmas disappear and attain emptiness.

18) 참회진언懺悔眞言 (죄업을 참회하는 진언)

옴 살바 못자 모지 사다야 사바하 (세 번)
준제공덕취准提功德聚 (준제주의 한량없는 공덕)
적정심상송寂靜心常誦 (고요히 늘 외우면)
일체제대난一切諸大難 (그 어떤 어려움도)
무능침시인無能侵是人 (침노하지 못하리)
천상급인간天上及人間 (하늘이나 사람이나)
수복여불등受福如佛等 (부처님 복 받으오며)
우차여의주遇此如意珠 (이 여의주 만나는 이는)
정획무등등定獲無等等 (가장 높고 큰 법 얻나이다)
나무 칠구지불모 대준제보살南無 七俱胝佛母 大准提菩薩 (칠구지불모 대준제보살께 귀의합니다)

(Chamhoijineon) Repentance Mantra:
Om Sal Ba Mot Cha Mo Ji Sadaya Sabaha (Repeat three times)
If you repeat the pious acts of Junje Bodhisattva with a clear mind, no difficulty will arise,
And whether you will be reborn as Buddha in heaven or as a human being,
Buddha's fortune will always be with you.
I receive the great Junje Bodhisattva,
Who is the mother of seven billion Buddhas.

19) 정법계진언淨法界眞言 (법계를 깨끗이 하는 진언)

옴 남 (세 번)

(Jeongbeopgye Jineon) Mantra That Cleanses the Realm of Dharma:
Om Nam (Repeat three times)

20) 호신진언護身眞言 (몸을 보호하는 진언)

옴 치림 (세 번)

(Hosin Jineon) Mantra for Self-protection:
Om Chi Rim (Repeat three times)

21) 관세음보살 본심미묘 육자대명왕진언觀世音菩薩 本心微妙 六字大明王眞言

(관세음보살님의 미묘하신 본심을 뜻하는 육자六字진언)

옴마니 반메 훔 (세 번)

(Yukja Daemyeong Jineon) Six-lettered Mantra that Illustrates the Mysterious Original Mind of the Bodhisattva of Great Compassion: Om Ma Ni Ban Me Hum (Repeat three times)

22) 준제진언准提眞言 (준제 관음의 진언. 준제는 육관음六觀音 중의 한 분)

나무 사다남 삼약삼못다 구치남 다냐타

옴 자례 주례 준제 사바하 부림 (세 번)

아금지송대준제我今持誦大准提 (제가 이제 대준제주를 지성으로 외우옵고)

즉발보리광대원卽發菩提廣大願 (크고 밝은 보리심의 광대한 원 세우오니)

원아정혜속원명願我定慧速圓明 (선정과 지혜가 어서어서 둥글게 밝아지이다)

원아공덕개성취願我功德皆成就 (온갖 공덕 모두 다 제가 이제 외우오며)

원아승복변장엄願我勝福遍莊嚴 (거룩한 복덕을 두루 장엄하옵고)

원공중생성불도願共衆生成佛道 (온 중생들과 함께 불도를 이루리다)

(Junje Jineon) The Mantra of Junje Bodhisattva:

Namu Sadanam Samyak Samotda Guchinam Danyata Om Ja Rye Junje Sabaha Burim (Repeat three times)

Now that I vow to recite the great Junje mantra faithfully
And to retain great Bodhi-mind,
I am confident that I shall be directed to practice
Through samadhi and wisdom and see the brightness,
To do charitable and pious acts, to attain victorious fortunes,
And to attain Buddhahood together with the people of this world.

23) 여래십대발원문如來十大發願文 (부처님에 대한 열 가지 큰 서원)

(1) 원아영리삼악도願我永離三惡道
(원하오니 저희들이 삼악도를 영원히 여의게 하소서)

(2) 원아속단탐진치願我速斷貪嗔癡
(원하오니 저희들이 탐진치를 속히 끊게 하소서)

(3) 원아상문불법승願我常聞佛法僧
(원하오니 저희들이 불법승을 항상 듣게 하소서)

(4) 원아근수계정혜願我勤修戒定慧
(원하오니 저희들이 계정혜를 부지런히 닦게 하소서)

(5) 원아항수제불학願我恒隨諸佛學
(원하오니 저희들이 부처님을 따라 항상 배우게 하소서)
(6) 원아불퇴보리심願我不退菩提心
(원하오니 저희들이 보리심에서 물러나지 않게 하소서)
(7) 원아결정생안양願我決定生安養
(원하오니 저희들이 극락세계에 태어나게 하소서)
(8) 원아속견아미타願我速見阿彌陀
(원하오니 저희들이 아미타불을 속히 뵙게 하소서)
(9) 원아분신변진찰願我分身遍塵剎
(원하오니 저희들 자신의 분신을 티끌처럼 온 우주에 펴게 하소서)
(10) 원아광도제중생願我廣度諸衆生
(원하오니 저희들이 중생을 널리 제도하게 하소서)

(Yeorae Sipdae Balweonmun) Ten Great Vows to the Buddha:
(1) May I always stay away from the three evil ways.
(2) May I quickly cut off the three poisons of desire, anger, and ignorance.
(3) May I always listen to the Buddha, the Dharma, and the Sangha.
(4) May I diligently cultivate precepts, meditation, and wisdom.
(5) May I cultivate Buddha's teaching without neglect.
(6) May I never abandon the enlightened mind.
(7) May I always be reborn under favorable conditions.
(8) May I quickly see Amitabha.
(9) May I disseminate myself throughout the universe like particles.
(10) May I freely save all sentient beings far and wide.

24) 발사홍서원發四弘誓願 (네 가지 큰 원을 세움)

중생무변서원도衆生無邊誓願度 (중생의 수가 한량없이 많지만 반드시 다 건지오리다)

번뇌무진서원단煩惱無盡誓願斷 (번뇌가 끝없이 많지만 반드시 다 끊으오리다)

법문무량서원학法門無量誓願學 (법문이 한량없이 많지만 반드시 다 배우오리다)

불도무상서원성佛道無上誓願成 (불도가 끝없이 높지만 반드시 다 배우오리다)

(Balsahong Seoweon) The Four Great or All-embracing Vows:

Sentient beings are numberless, yet I vow to save them all.
Passions are endless, yet I vow to cut them all.
The teachings are infinite, yet I vow to learn them all.
The Buddha Way is inconceivable, yet I vow to attain it.

25) 발원이귀명례삼보發願已歸命禮三寶 (원을 일으켜 삼보에 귀의함)
나무상주시방불南無常住十方佛 (시방에 늘 계시는 부처님께 귀의합니다)
나무상주시방법南無常住十方法 (시방에 늘 계시는 법보님께 귀의합니다)
나무상주시방승南無常住十方僧 (시방에 늘 계시는 승가에게 귀의합니다)
(Barweoni Gwimyeongye Sambo) Receiving of the Three Jewels:
I now receive the Buddha, who is present in the all the ten directions.
I now receive the Dharma, which is present in all the ten directions.
I now receive the Sangha, which is present in all the ten directions.

26) 기도 정근 祈禱定/精勤 (필요에 따라 아래 중 하나를 계속 지성으로 염송함)
(Gidojeonggeun) Buddha and Bodhisattva Chant (Usually repeat one of the following chants for about 30 minutes or more).
석가모니불: (Sakyamunibul) Sakyamuni Buddha Chant.
관세음보살 :(Kwanseumbosal) The Bodhisattva of Great Compassion Chant.
지장보살: (Jijangbosal) The Bodhisattva of Earth Treasure King of Great Vow Chant.

27) 반야심경 독송 般若心經 讀誦 (반야심경의 독송과 함께 예불 끝)
(Banyasimgyeong Doksong) The prayer chant ends with the reciting the Heart Sutra.

법회 法會 (Beophoi) The order of an assembly for worship or preaching.

1) 오분향례 五分香禮
(Obun Hyang-ye) Five kinds of incense offering.

2) 삼귀의 三歸依
(1) 귀의불양족존歸依佛兩足尊 (거룩한 부처님께 귀의합니다)
(2) 귀의법이욕존歸依法離欲尊 (거룩한 가르침에 귀의합니다)
(3) 귀의승중중존歸依僧衆中尊 (거룩한 스님들께 귀의합니다)
(Samgwiui) Homage to the Three Jewels:

(1) I take refuge in the Buddha (Buddham saranam gacchami)
(2) I take refuge in the Dharma (Dhammam saranam gacchami)
(3) I take refuge in the Sangha (Sangham saranam gacchami)

3) 찬불가讚佛歌
(Chanbulga) Singing the Song of the Buddhist.

4) 반야심경 독송 般若心經 讀誦
(Banyasimgyeong Doksong) Reciting the Heart Sutra.

5) 청법가 請法歌
(Cheongbeopga) Singing a song for requesting the Dharma talk.

6) 입정入定
(Ipjeong) Silent sitting (for about one or two minutes).

7) 법문法門
(Beopmun) Dharma discourse.

8) 사홍서원四弘誓願 (부처님에 대한 네 가지 서원)
(1) 중생무변서원도衆生無邊誓願度 (중생을 다 건지오리다)
(2) 번뇌무진서원단煩惱無盡誓願斷 (번뇌를 다 끊으오리다)
(3) 법문무량서원학法門無量誓願學 (법문을 다 배우오리다)
(4) 불도무상서원성佛道無上誓願成 (불도를 다 이르오리다)
(Sahong Seoweon) The Four Great Vows:
(1) Sentient beings are numberless, yet I vow to save them all.
(2) Delusions are endless, yet I vow to cut them all.
(3) The Buddha's teachings are infinite, yet I vow to learn them all.
(4) The Buddha Way is inconceivable, yet I vow to attain it.

9) 산회가散會歌
(Sanhoiga) Farewell song.

Ⅵ

일반 불교 용어一般 佛教 用語

General Buddhist Terms

【 ㄱ 】

가 假 가假는 진실 또는 실체와 대응되는 것으로, 특히 대승불교에서는 만유萬有를 자성自性이 없는 하나의 가상假相으로 본다. 다시 말해 이들은 원인과 조건에 의하여 생성 소멸하는 것으로, 언젠가는 사라질 실체가 없고 서로 다른 것에 의지하여 잠시 존재하므로 가假라 말함. 연기緣起 참조.

(Ga) Prajuapti: Unreal, false, illusory, deceptive, nominal, temporary, provisional, or insubstantial in contrast with the true reality, or true-suchness. In Buddhist terminology, it means that everything is merely phenomenal, and consists of derived elements; nothing therefore has real existence.

The Mahayana Buddhism especially sees everything in the whole universe as only phenomenal, superficial, impermanent, a product dependent on causes and conditions without any self-entity, a thing that will vanish when the causes and conditions cease to be. *Cf. (Yeon-gi)* Dependent arising or origination.

가람 伽藍 범어梵語 sarhgharama의 음역으로 중원衆園이라 번역하며 승원僧院이라고도 함. 승려들이 사는 사원寺院 또는 당사堂舍의 용어로도 쓰였다. 그러나 후세에는 한 가람에 7종의 건물을 갖추지 않으면 안 되게 되어 이것을 칠당가람七堂伽藍이라 하기도 했다.

(Garam) **Sarhgharama:** Lit. "a garden for a group of monks." An alternate name for a big temple with seven assorted subsidiary Dharma Halls similar in function to a monastery where monks live and practice together to attain enlightenment.

가명 假名 이름뿐인 것, 실체가 아닌 달을 가리키는 손가락. 그런데 사람들은 거기에 매달린다. 이름뿐만이 아니라 문자나 언설도 마찬가지. 아니 사실은 온 우주가 가명假名과 가상假相으로 이루어져 있다. 『노자도덕경』 첫머리에도, '말로 표현할 수 있는 도道는 영원불변의 도가 아니고, 이름 붙일 수 있는 이름은 영원불변의 이름이 아니다'라는 말이 나온다. 사람 몸 받아 태어나기 어렵고 부처님의 법 만나기가 쉽지 않다고 한다. 부처님의 가피가 모든 분들에게 항상 함께 하기를 진심으로 기원합니다.

(Gamyeong) The nominal or provisional name: A fictitious or false

name. Names given to forms which have no substantial existence. Names have no substantiality. They are only in names. They are like fingers pointing to the moon. Names, words and letters--they are all tools and devices. Human beings give names to things and then come to believe they really exist. "The Dao that can be said is not the everlasting Dao. If a name can be named, it is not the everlasting name." This is the opening line of Dao Te Ching.

Realization of this truth is the first step toward enlightenment and the Buddha-land. "Rare is it to be born a human, and so is meeting with Buddha's teaching," the Buddha says. Congratulations for all who just have entered the world of Buddha-dharma.

가부좌 跏趺坐 결가부좌結跏趺坐와 연화좌蓮華坐 참조.

(Gabujwa) The full lotus posture. *Cf. Gyeol Gabujwa* and *Yeonhwajwa*, which mean the same in Korean.

가사 袈裟 승려가 입는 법의法衣. 몇 개의 천을 이어서 만든 스님의 법의法衣. 장삼長衫 위에 왼쪽 어깨에서 오른쪽 겨드랑이 밑으로 걸치는 네모로 된 긴 천. 또 가사는 전통적으로 인가印可의 표시로 조사祖師로부터 법제자法弟子에게 전해졌다. 무구의無垢衣, 이진복離塵服, 공덕의功德衣, 방포方袍 등 몇 가지 다른 이름들이 있다.

(Gasa) Kasaya: A ceremonial upper robe of a Buddhist monk stitched from many square pieces of cloth. Traditionally this robe was passed down by patriarchs to their Dharma successors as an insignia of recognition. Other names for this robe are the immaculate robe, the dustless robe, the meritorious robe, etc.

가상 假相 인연에 의해 생성소멸生成消滅 하므로 언젠가는 사라질 존재로 실체가 없는 일종의 환상적 현상. 진여眞如의 반대. 예를 들면, 무지개란 어떤 조건과 장소 그리고 시간의 합작품일 뿐이다. 즉 수증기와 빛 그리고 나의 눈과 의식이 만들어낸 환영이라는 것.

그러나 이렇게 해서 조작된 무지개의 실체는 존재하지 않는다. 잠시 있다가 사라질 뿐. 즉 위와 같은 여러 가지 조건을 떠난 그 어떤 실체란 존재하지 않는다는 것. 이들의 결합 조건들이 다하면 사라질 이러한 현상을 '가합假合' 또는 '가상假相'이라 말하며, 이들에 붙인 이름을 따라서 가명假名이라 말한다. 우주의 모든 삼라만상도 모두 이와 같은 '가합'과 '가상' 그리고 '가명'에 지나지 않는다. 연기법 참조.

(Gasang) An unreal, unsubstantial, or illusory mark or form: Buddhism regards all forms having arisen from conditions such as phantoms and illusions that have no self-entity or everlasting substantiality. For example, a rainbow is just a combination of certain conditions which exist together at a certain place and time--water vapor, light, our eyes and consciousness.

But the rainbow itself does not really exist. It does not have any existence independent of these conditions. So it is with everything else in the whole universe. *Cf. (Yeongibeop)* Dependant arising or origination.

가설 假說 부처님께서 45년 동안 설하신 법문을 말함. 진리는 불언불설不言不說이기 때문에 가설이라고 함. 이웃종교의 성경 참조.

(Gaseol) A hypothesis or postulation: The forty-five years of Sakyamuni Buddha's discourses are hypothetical because ultimate truth is beyond words and expression. *Cf.* The Bible.

가섭 伽葉 부처님의 십대제자十大弟子 중의 하나. 마하가섭摩訶伽葉을 음역하여 대음광大飮光 또는 대구씨大龜氏라고도 말함. 두타행 제일頭陀行 第一. 교단敎團의 상수제자上首弟子로서 존경을 받았으며, 부처님으로부터도 인정을 받았다.

(Gaseop) Kasyapa: One of the Buddha's ten major disciples, known as the foremost meditator in ascetic practice. As the venerable chief disciple, he became the head of the Order after Buddha's passing.

가송 歌頌 불보살佛菩薩을 칭송하는 노래.

(Gasong) The song praising the Buddha and Bodhisattvas.

가아 假我 거짓으로 부르는 아我. 일반적으로 '나'라고 하는 것은 오온五蘊이 화합化合하여 이루어진 것이므로 진아眞我라고 할 실체가 없다는 것. 진아眞我 참조.

(Ga-a) The false "I": An insubstantial, deceptive, or delusive "I", a compound of the five aggregates in contrast with the True "I", or the Buddha. *Cf. (Jin-a)* The true self.

가유 假有 가상假相과 같은 뜻으로 거짓 존재라는 뜻. 만유萬有의 모든 법은 인연의 화합으로 이루어진 것으로서 참으로 존재하는 것이 아닌 언젠가는 사라질 환상적 존재이며 그 실체가 없으므로 가유라 함. 따라서 세상의 모든 존재는 인연이 다하면 우주의 본체로 돌아가는 것이 자연의 이치. 이때 유有는 존재를 뜻함.

실유實有 참조.

(Gayu) An imaginary, unreal, hypothetical, or deceptive existence: This refers to the concept that all things exist temporarily as a result of a provisional combination of various causes and conditions. There is nothing in the whole universe that has ultimate substance and is everlasting. Everything returns to its origin, the native home of emptiness. *Cf. (Silyu)* The true existence.

가전연 伽旃延 부처님의 십대제자十大弟子 중의 하나로 논의제일論議第一.

(Gajeonyeon) Katyayana: One of Buddha's ten major disciples known as being the foremost in debate.

가제 假諦 삼제三諦의 하나. 삼라만상森羅萬象은 모두 자성自性이 없어 어느 한 물건도 실재實在한다고 말할 수 없으나, 만유萬有의 차별상差別相을 그대로 인정함을 뜻함.

(Gaje) The relative truth: The deceptive truth of non-self existent reality. As no phenomenon whatsoever has self-existent reality, there is nothing that truly exists. Yet it is also true that things exist even though their deceptive existence is not true or has no absolute existence. Hence the relative truth. *Cf. (Samje)* The threefold truth of the Tientai Sect.

가지 加持 불보살佛菩薩이 불가사의한 힘을 가지고 중생을 돌보아 주는 큰 자비. 가피加被, 호념護念 참조.

(Gaji) Adhisthana: The grace, support, or stimulation of the Buddha and Bodhisattvas. This concept refers to the miraculous power of the Buddha and Bodhisattvas, which sustains all sentient beings in their myriad endeavors. *Cf. (Gapi)* The Grace of the Buddha and Bodhisattvas, and *(Honyeom)* The mindfulness of patronage.

가풍 家風 집안 또는 종단宗團의 법도法度.

(Gapung) The tradition of the family or the religious order.

가타 伽陀 게송偈頌이라 번역함. 산문체로 된 경전의 일절一節 또는 총결總結 끝에 아름다운 글귀로써 묘한 뜻을 읊어 놓은 운문韻文.

(Gata or Gesong) Gatha: A beautiful stanza, usually in four lines, which appears at the end of a section, or at the end of a discourse

as a kind of summary.

가피 加被 가지加持, 가호加護 또는 가우加祐라고도 말하며, 부처님이나 보살이 중생들에게 자비의 힘을 베풀어 이들을 보살피는 은혜.

(Gapi) Empowerment: The power or grace bestowed on the living beings with which the Buddhas sustain the practitioners in their efforts to attain enlightenment. Alternate Korean terms are *Gaji*, *Gaho*, or *Gau*.

가합 假合 오온五蘊으로 이루어진 아상我相처럼, 인연에 의해 이루어진 모든 현상은 실체가 아닌 아지랑이와 같은 하나의 가합이며 가상假相.

(Gahap) A deceptive association or combination: The things without permanent reality, just like an ego-entity, which is only a mass of the five aggregates. Form or material qualities, feelings or sensations, ideas or perception, discriminating volitional activity, and mind, or consciousness.

가행 加行 공용功用, 곧 모든 동작과 말 그리고 생각 등으로 짓는 것을 더욱 노력하여 행한다는 뜻. 정행正行에 대한 준비수행으로써, 이렇게 하여 얻어지는 것을 가행득加行得이라 말함.

(Gahaeng) The added effort: The added effort in every action of the six senses in preparation for the main task of spiritual development to attain enlightenment. The fruit of such efforts is called Gahaengdeuk, or the achievement of the added effort.

가행위 加行位 가행도 加行道 또는 방편도方便道라고도 말함. 가행이란 힘을 더하여 더욱 정진한다는 의미로서 실질적인 유식수행唯識修行의 가장 중요한 영역. 다시 말해 자량위資量位의 단계가 복덕과 지혜로서 내적인 자질과 역량을 키우는 단계라면, 가행위는 인식의 주객이 본래 존재하지 않음을 통찰하여 어디에도 안주하지 않는 참된 유식唯識의 도리를 깨닫는 것을 말함. 유식唯識에 들어오면 이렇게 어려운 말들이 많이 나온다. 그러나 조금만 인내심을 가지면 곧 알게 된다. 오위五位 참조.

(Gahaengwi) A stage of added effort or preparation: A developing stage in the effort to achieve enlightenment. This is the second stage of five stages of spiritual development. If *Jaryangwi*, the first stage of the five stages of spiritual development, is the stage of accumulation of merit and wisdom, the stage of added effort is the stage of realization of emptiness of the subject and object parts of all beings in the whole universe--the primal doctrine of the Mind-only School. *Cf. (Owi)* Five stages of spiritual development.

가행정진 加行精進 사찰에서 일정한 기간 동안 좌선 정진하는 것을 말함. 용맹정진 참조.

(Gahaeng Jeongjin) Enhancement of vigorous meditation at the temple for a fixed period of time. *Cf. (Yongmaeng Jeongjin)* Ardent effort or exertion.

가호 加護 불보살佛菩薩의 위신력威神力으로 중생을 보호하는 것.

(Gaho) Protection of sentient beings by the Buddha and Bodhisattvas with their great empowerment.

각 覺 깨침. 각오覺悟 또는 각자覺者, 각왕覺王 또는 각황覺皇이라 번역함. 각覺은 깨달은 지혜 (bodhi), 즉 보리菩提라 음역하며 도道 또는 지智라 번역, 즉 깨달은 지혜를 의미함. 그러나 사실 산스크리트어 Buddha는 깨닫는다는 동사의 과거분사로서, '깨닫다'라는 뜻이며, 그것이 '깨달은 사람,' 즉 각자覺者로, 그런 다음 다시 '부처'로 번역된 것. 그러나 깨침이란 쉽게 이야기해 형상만을 보다가 형상의 본질을 보는 것, 즉 의식의 전환이라 말할 수도 있다. 그런데 무엇이 형상의 본질? 그것은 곧 만유萬有의 무자성無自性과 공空.

그런데 칼 융 (Carl Gustav Jung)은 깨침과 선禪과의 관계에 대해, '깨달음이란 자아自我의 형태로 제한된 의식이, 비자아적非自我적인 자기 자신으로 돌입하는 것이며, 자아가 불성佛性으로 교체되는 것이다'라고 이해하기 쉽게 설명하고 있다. 또 그는 이어 설명하기를, '선禪에서의 깨달음이란, 모든 종류의 상相을 비우는 동시에 모든 의식의 전제를 배제한 상태에서 무의식으로 부터 우러나오는 자연의 화답이다'라고 설명하고 있다.

그런가 하면 또 선문답에 대해서는, '스승과 제자 사이의 이해할 수 없는 선문답이나 엉뚱한 격외格外의 행동들은, 의식의 합리적이고 지적인 태도를 깨뜨리고, 무의식으로부터의 화답을 촉구하는 화려한 넌센스이다'라고 명쾌히 설명하고 있다. 이것이 뜻글인 다의적多義的인 한자권漢字圈의 언어와 서구의 분석적 언어의 차이. 보리菩提 참조.

(Gak) Bodhi, enlightenment, awakening, or Buddha: The state of fully realized oneness with the Dharmakaya, or the absolute Buddha

essence. Enlightenment sometimes refers to the attainment of Buddhahood, as the Enlightened One means Buddha; the transcendental wisdom of knowing ultimate reality--the Void. It is a kind of transformation of thought from ignorance to awakening. In fact, in Sanskrit "buddha" is the past participle of the verb "understand." Hence enlightened to enlightenment and "the enlightened One--the Buddha."

Let us see what Carl Gustav Jung has to say about enlightenment and Seon or Zen dialogue between the master and student. "Enlightenment is a transformation of confined consciousness to true-self of non-self, or transformation of ego to the Buddha-nature." He then goes on to say that, "Enlightenment in Seon meditation is the natural response of unconsciousness arising from the mind free of all forms and consciousness."

His opinion about Seon dialogue is that, "The incomprehensible and nonsensical Seon dialogue between the master and student and strange actions of the masters are to shut out all the intellection to attain an answer from unconsciousness." *Cf. (Bori)* Bodhi, or enlightenment.

각성 覺性 깨달음의 본성, 또는 부처가 될 수 있는 가능성의 의미로도 쓰임. 이 경우 여래장如來藏과 그 의미가 같다. 이렇듯 중생이 깨달음의 본질을 잠재적으로 구비하고 있으므로 본래 부처라는 것을 본각本覺이라 말함.

(Gakseong) Buddhahood: The original nature of enlightenment of sentient beings, or the Buddha-seed. Attaining Buddhahood is the birthright and ultimate end of all beings.

각위 覺位 정각正覺의 자기. 곧 성불한 경계를 말함.

(Gakwi) The stage of perfect enlightenment, that of Buddha.

각지견 覺知見 부처님의 깨달은 혜안慧眼.

(Gakjigyeon) Buddha's wisdom of enlightenment.

각지락 覺知樂 깨달음의 즐거움.

(Gakjirak) The joy of enlightenment-knowledge.

각찰 覺察 깨달아 스스로 살핌.

(Gakchal) Enlightenment and self examination.

각타 覺他 남을 인도하여 깨우치는 것.

(Gakta) Leading others to awakening, or enlighten others.

각행 覺行 자각自覺과 타각他覺의 행법行法, 곧 스스로 깨우친 다음 남을 깨우치도록 돕는 보살행. 보리행菩提行 참조.

(Gakhaeng) Practice of the Buddha-way to attain enlightenment and then helping others attain their enlightenment. *Cf. (Borihaeng)* Bodhisattva's practice of the Buddha-way.

각황 覺皇 부처님을 존칭하는 별호別號의 하나. 불佛 참조.

(Gakhwang) The Emperor of Enlightenment: Another elevated name for the Buddha. *Cf. (Bul)* The Buddha.

간경 看經 원래는 선가禪家에서 경문經文을 소리 내지 않고 불심佛心과 함께 속으로 읽는 것. 그러나 후에는 근행勤行과 풍경諷經 또는 독경讀經과 같은 뜻으로 쓰이게 됨.

(Gan-gyeong) Silent reading of sutra: Originally it meant reading or studying the sutra in silence with the insightful Buddha-mind in a Seon or Zen monastery. However, it has come to mean the ardent reading of a sutra with a voice.

간다라 乾陀羅 현재의 남부 아프가니스탄과 파키스탄 일부를 포함한 인도의 극 북서지역으로, 불교 예술과 문화의 가장 큰 중심지의 하나. 무착無着 (290-360)과 세친世親 (316-396)과 같은 역사상의 많은 유명한 불교 논사論師들이 모두 이 지역 출신이라고 함.

(Gandara) Gandhara: A region in the extreme Northwest of India, and present southern Afghanistan and parts of Pakistan. It was one of the greatest centers of Buddhist art and culture. It is also believed that many great early Buddhist scholar-monks were from this region, such as Asanga (290-360 C.E.) and Vasubandhu (316-396 C.E.)

간단 間斷 서로 이어지지 않고 중간에 끊어짐.

(Gandan) Interruption, break, or discontinuance.

간심 看心 마음을 조용히 살피는 것. 그러나 이때 살핀다는 것은 단지 '본다'는 것이 아니라 본래 허공과 같이 넓고 끝없는 청정한 마음으로 공적空寂한 경계境界를 보는 것을 의미한다. 다시 말해 자타自他와 범성凡聖 그리고 염정染淨의 분별이 없는 절대 평등의 마음으로 보는 것. 그러나 이와 같은 수선修禪은 간화선看話禪의 그것과는 확연히 구별됨을 알아야 한다.

(Gansim) Watching, or observing the mind: However, "watching" does not simply mean gazing at something but watching the quietude and emptiness of things with a pure and immeasurable mind like that of empty space, without discriminating between this and that, saint and commoner, and defilement and purity. This is a meditation practice different from Ganhwa Seon, or "key phrase" meditation.

간심선 看心禪 글자 그대로 '마음을 살피'는 '간심선'은, 한마디에 단박 깨치는 언하변오言下便悟와 돈오돈수頓悟頓修의 간화선과는 달리, 묵조선默照禪의 근간根幹인 동시에 청원 행사靑原行思 (660-740)에서 조동종曹洞宗의 개조開祖인 동산양개洞山良介 (807-869)로 이어 내려오는 조동종曹洞宗의 전통적 선법禪法. 해심밀경解深密經 참조.

(Gansimseon) Mind-watching meditation: This mode of meditation is quite different from the sudden enlightenment. It is, in fact, the essence of silent illumination meditation, and the traditional form of meditation that was handed down from the Grand Ch'an Master Quigyuan Zingsi (660-740) to Dongshan Liangjie (807-869), the founder of the Caodong Sect of Chinese Ch'an Buddhism. *Cf. (Haesim Milgyeong)* The Unraveling Thought Sutra.

간지 干支 십간十干과 십이지十二支의 총칭으로, 천간天干과 지지地支를 말함. 십간十干과 십이지十二支 참조.

(Ganji) The sexagenary cycle: The ten calendar signs, or the ten celestial stems, and the twelve Chinese zodiacal signs. *Cf. (Sipgan)* The ten calendar signs and *(Sip-iji)* The twelve zodiacal signs.

간찰 簡札 옛날 두꺼운 질이 좋은 종이에 쓴 편지.

(Ganchal) An epistle written on thick, good quality paper in ancient times.

간취 看取 보아서 그 내용을 알아차린다는 뜻.

(Ganchwi) Understanding the contents at a glance.

간화 看話 간看은 본다는 뜻이나, 엄밀히 말해 간화선에서는 참구하다 또는 의문을 제기하다라는 것이 정확하다는 해석도 있다. 화話는 화두話頭와 공안公安을 뜻함. 따라서 이는 고인古人의 화두 또는 공안을 간看하는 참선법을 말함.

(Ganhwa) Observing, contemplation or investigation of a hwadu or

koan: Lit. "looking into hwadu" (to cut off all thinking by raising a great doubt about hwadu).

간화선 看話禪 화두선話頭禪과 같은 뜻으로, 간看은 본다, 살피다, 주시하다, 또는 참구한다는 뜻, 그리고 화話는 화두話頭의 준말로, 고인古人의 공안公案을 참구參究하여 큰 깨침을 얻기 위한 수행 또는 좌선坐禪. 그러나 사실은 말과 생각을 내려놓고 형상 없는 본래 마음을 똑바로 보는 것. 그 배경을 말하면, 묵조선默照禪이라는 평을 받는 조동종曹洞宗의 선풍禪風에 대한 임제臨濟의 선풍禪風으로 조사선祖師禪의 전통을 가장 잘 전승하고 있는 수행법이다.

이들의 차이는 보는 看 대상인 마음 心과 話頭의 화話, 곧 고칙古則 또는 공안公案의 차이. 이때 話頭의 '두頭'는 조사로서 별 의미가 없음. 그러나 이때 정말 정신 차려야 할 것은, 화두話頭란 공안公案의 글자가 아닌 활구活句를 뜻한다는 것을 알아야 한다는 것. 그렇다면 활구活句란 또 무엇인가? 이것은 언설言說을 떠난 일구자一句字를 말한다. 그렇다면 일구자一句字란 또 무엇인가? 이것을 모른다면 다리를 꼬고 앉아있는 참선은 별 소득이 없을 수도 있다. 활구참구活句參究와 일구자一句字, 및 여래선 如來禪 참조.

(Ganhwaseon) Hwadu contemplation meditation: A kind of meditation practice that seeks enlightenment through koan or a "key word or phrase. A variant expression for the meditation practice on a hwadu or "key-phrase," a great Cyclopean or one pointed doubt as a means to attain enlightenment by emptying the mindless-mind.

It did, in fact, originate as a reaction to the tradition of the meditation practice of the Caodong Sect, namely "silent illumination meditation." *Cf. (Gongan)* Koan, and *(Hwadu)* Key-phrase, or the point of a great question, *(Hwadu Chamgu)* Investigation of hwadu, or key-phrase, *(Ilguja)* A phrase, and *(Yeoraeseon)* Immaculate Tathagata meditation.

간화염불 看話念佛 염불공안念佛公案, 또는 참구염불參究念佛이라고도 말하며, 염불을 화두 또는 공안으로 삼아 깨닫는 것을 말함. 굉장히 중요한 이야기. 염불을 부처님의 명호를 염송하는 것이 아닌, 공안公案, 곧 활구 活句로 본다는 것. 그렇다면 간화선看話禪과 염불선念佛禪 사이엔 별 차이가 없게 된다. 이래도 염불선念佛禪을 일방적으르 폄하할 수 있을지?

(Ganwha Yeombul) Buddha-recollection meditation: This is a kind of variation of ganhwa-contemplation meditation using Buddha's name as a hwadu or koan, not meditation with simple recitation or incantation of the name of Buddha.

갈마 羯磨 범어梵語 karma의 음역으로, 업業, 곧 어떤 결과의 원인으로 생기는 일체 행위. 그러나 이 중요한 불교용어는 다른 두 가지 뜻이 있다.
1) 수계受戒나 참회할 때의 예법禮法 (여기에서 멸죄생선滅罪生善의 힘을 얻는다)
2) 밀교密敎의 불구佛具인 십자 금강十字 金剛杵 (부처가 본디 갖추고 있는 지혜를 상징함)

(Garma) Karma: Generally meaning deed or action, or the universal law of cause and effect, it is an important concept in Buddhist philosophy as the cumulative force of previous actions, which determines present experience, and will determine future existence. However this important Buddhist term also has two other different meanings:
1) The ceremony of receiving precepts, by which one attains the power of regeneration.
2) The cross-shaped diamond vajra of esoteric Buddhism, which symbolizes the wisdom of Buddha.

갈마사 羯磨師 갈마아사리羯磨阿闍梨라고도 말함. 계단戒壇에서 계戒를 받는 사람에게 지침指針이 되는 스님. 삼사칠증三師七證 참조.

(Garmasa) An exemplary priest or a master for a monk who is receiving the Buddhist precepts. *Cf. (Samsa Chiljeung)* Three superior monks and seven witnesses.

갈앙 渴仰 목마른 사람이 물을 생각하듯, 불법을 경모하고 앙망한다는 뜻.

(Garang) Admiration: To admire and long for the Buddha-dharma as a thirsty man yearns for water.

갈애 渴愛 목마른 사람이 물을 간절히 바라는 것과 같은 오욕五慾에 대한 탐착貪着. 이것이 곧 모든 고통의 원인.

(Garae) Tanha: Thirst, craving, or attachment for desire: The thirst and uncontrolled burning desire for the sensory pleasure of the five desires. *Cf. (Oyok)* The five desires.

감 龕 암벽을 뚫어서 방실房室을 만들어 불상佛像을 안치하는 곳인 벽감壁龕. 이것이 변하여 시체屍體를 넣는 관棺이 되었으며, 이를 감간龕棺, 감자龕子, 감구龕柩, 감선龕船 영감靈龕 등으로 부르기도 함.

(Gam) A coffin: It was originally a niche cut into the face of a cliff to enshrine a Buddha image. But it now commonly refers to a coffin with half a dozen other terms.

감로 甘露 생명수生命水와 같은 부처님의 가르침. 불사不死, 천주天酒라고도 번역.

(Gamnosu) The Dharma nectar: It is also translated as the heavenly nectar of immortality.

감로법 甘露法 부처님의 교법敎法, 곧 불법佛法이 중생의 몸과 마음에 감로甘露와 같은 영약靈藥이 됨을 뜻하여 일컫는 말.

(Gamnobeop) The ambrosia of the illustrious teachings of the Buddha, or the dew-sweet Law of the miraculous medicine.

감로탱화 甘露幀畵 부처님께서 설법하시는 것을 그린 불화佛畵.

(Gamno Taenghwa) A Buddhist painting of Buddha giving a sermon.

감사 監事 선사禪寺에서 주지를 대신하여 그 절의 온갖 살림 살이를 감독하는 소임.

(Gamsa) Deputy abbot of a Seon monastery who supervises almost everything at the temple.

감실 龕室 불상佛像이나 신주神主를 모시는 장欌. 벽에 설치되었다하여 벽감壁龕이라고도 말함.

(Gamsil) A niche where the Buddha image or tablet is usually enshrined. It is also called beokgam.

감응 感應 감응도교感應道交와 같은 뜻으로, 중생이 불심佛心을 느낄 때 부처님의 신통력神通力이 여기에 응하는 것을 말함.

(Gameung) The divine response of the Buddha to the great devotion of sentient beings.

감인세계 堪忍世界 범어梵語 sahaloka-dhatu의 번역. 사바娑婆, 사하索訶라 번역. 현재 우리들이 살고 있는 세계. 이 세계의 중생들이 열 가지 악을 참고 견디며, 또한 이 국토에서 벗어나려는 뜻이 없으므로 자연히 중생들 사이에서 인내하지 않고는 살아갈 수 없다는 뜻으로 하는 말. 또는 보살이 중생을 제도하기 위하여 수고를 견디어 받는다는 뜻으로 감인세계堪忍世界라 말함.

(Gaminsegye) Sahaloka-dhatu: The world of tolerance. The world of sentient beings which is full of evil and sufferings, which must be endured unless one escapes it through cultivation of the mind. Another meaning of the term is the world of tolerance in which the Bodhisattva

must abide and endure all the sufferings in order to save sentient beings from their sufferings.

갑사 甲寺 충청남도 공주군 계룡산에 있는 절. 420년 아도화상阿道和尙에 의해 창건. 그 후 문무왕文武王 19년 (679) 의상대사義湘大師가 당우堂宇 1,000여 칸을 더 짓고, 화엄도량의 대사찰로 거듭남. 국보國寶로 무쇠 당간지주 (제395), 부도浮屠 (396), 석보상절釋譜詳節 (목각판木刻板) 이 있다.

(Gapsa) Gapsa Temple: It was established in 420 C.E. by Preceptor Ado, and then renovated for the Flower Garland Mandala in 679 during the reign of King Munmu of the Baekje Dynasty. Three national treasures are preserved in the temple: The iron banner-pole supports (No. 395), the sarira stupa (No. 396), and the wood printing block of the Selected Stories of the Eight Aspects of Buddha's Life,

강단 講壇 강의나 강연 또는 설법 같은 것을 하는 사람이 올라서도록 하는 자리.

(Gangdan) The platform or rostrum where a speaker delivers a speech or sermon.

강백 講伯 강사講師를 높이어 일컫는 말.

(Gangbaek) A master or senior instructor: The honorific title of an instructor.

강령 綱領 어느 집단의 정책과 기본 방침을 요약해서 열거한 것.

(Gangryeong) The platform, or principles of a group or a party.

강송 講誦 경문經文을 소리 내어 읽고 외움.

(Gangsong) Recitation and memorization of a sutra.

강요 綱要 강령綱領이 될만한 중요한 요점.

(Gang-yo) The essentials of the platform, or the principles of a group or party.

강원 講院 경전經典을 연구하거나 학습하는 사찰 또는 기관.

(Gangweon) A sutra school where monks attend class or study sutras.

강주 講主 강원講院에서 경經을 가르치는 선임 교수.

(Gangju) The head instructor in a sutra school, or monastic college.

개경게 開經偈 예불을 시작할 때 경전經典을 찬탄하는 게송偈頌. 제 V 장 예불 및 법회 순서 참조.

(Gaegyeonggye) A verse of devotion recited before chanting a sutra.

Cf. Ch. V, The Order of Prayer Chant for the verse.

개과천선 改過遷善 허물과 잘못을 뉘우치고 옳은 길로 들어섬.

(Gaegwa Cheonseon) Regeneration: Repentance or the correction of evil deeds, which helps lead a person down the right path.

개구즉착 開口卽錯 입을 열면 이미 어긋난다는 뜻으로, 진리의 불가해성不可解性과 신비성을 말함. 그리고 이는 노자老子의 득의이망언得意而忘言 (뜻을 얻었으면 말을 버려라)과 언어도단言語道斷, 그리고 불립문자不立文字와, 노자도덕경老子道德經에서 말하는 도가도비상도道可道非常道와 같은 말도 모두 같은 뜻.

(Gaegu Jeukchak) "Opening the mouth to say anything is already a big mistake": It implies that ultimate truth is beyond expression and words. *Cf. (Deukui-i Mangeon)* "Once you get the meaning, forget the words," *(Eoneododan)* "Beyond words and speech," *(Bulipmunja)* "Not depending on words and letters," and *(Dogado Bisangdo)* "The Dao that can be said is not the everlasting Dao." The last quotation is from the opening line of Dao De Jing by Laozi.

개권현실 開權顯實 권교權敎인 방편을 열어 가르친 다음엔 진실한 부처님의 가르침을 나타내 보이는 것.

(Gaegweon Hyeonsil) Revelation of the ultimate truth after teaching sentient beings through an expedient method.

개금 改金 불상佛像에 다시 금칠을 올리는 것.

(Gaegeum) Plaiting or gilding a Buddha image with gold.

개당 開堂 옛날 역경원譯經院에서 해마다 임금님의 생일에 새 경전을 번역하여 성수聖壽를 축하하는 의식. 또 하나는 새로 소임을 맡은 주지가 법당에 들어가 처음으로 설법하는 행사.

(Gaedang) The ceremony of lectures. It is held either when a new abbot is installed, or on the occasion of the Dharma Translation Institute's presentation of a new translation of a sutra on the king's birthday every year in praise of his long life.

개사 開士 보살菩薩을 번역한 이름. 부처님이 될 수 있는 정도正道를 얻어 중생을 인도하는 사부士夫라는 뜻. 고승高僧의 칭호로도 씀.

(Gaesa) Alternate name for Bodhisattva who leads sentient beings to enlightenment. The term is also used for venerable priests.

개산 開山 절을 창건한 승려, 또는 절을 창건함.

(Gaesan) The founder of a temple, or the establishing or founding of a temple.

개산재 開山齋 절을 창건한 날을 기념하는 행사.

(Gaesanjae) A ceremony held on the day a temple was founded.

개산조 開山祖 절을 처음 세우거나 종파를 새로 세워 기업基業을 창시한 큰스님.

(Gaesanjo) The founding patriarch of a temple or a sect.

개삼현일 開三顯一 천태종에서 쓰는 말로, 삼승교三乘敎는 일승교一乘敎의 방편임을 주장함. 회삼귀일會三歸一 참조. 여기에서 삼 三은 삼승三乘을, 일一은 일승一乘, 곧 불승佛乘을 뜻함. 즉 셋을 들어 하나를 들어낸다는 뜻.

(Gaesamhyeonil) The incorporation of three into one: Three-vehicles are an extension of the One-vehicle, and ultimately they will be incorporated into the One-vehicle, or the Buddha-vehicle, as found in the Lotus Sutra.

개시오입 開示悟入 부처님의 일대사 인연一大事 因緣을 이렇게도 말함. 열어 보여 깨달음에 이르게 함. 이때 개시開示는 교훈을 뜻함. 이에 대해 법화경 방편품法華經方便品에서는 다음과 같이 설하고 있다: '제불세존 諸佛世尊은 중생으로 하여금 불·지·견佛·知·見을 개시오입하게 하기 위하여 이 세상에 나타나시었다.' 그리고 개·시·오·입이란 다음과 같다:

1) 개開란 중생이 진리에 미혹하여 해매는 것을 깨뜨려 중생이 가지고 있는 진여의 실상을 보는 것.
2) 시示란 현시顯示의 뜻으로, 현상에 맞추어 실상의 진리를 보고 온갖 현상의 덕德을 나타내는 것.
3) 오悟란 각오覺悟의 뜻으로, 현상과 본체를 서로 융합하여 깨닫는 것.
4) 입入이란 증입證入의 뜻으로, 그 사리事理가 융합되어 법체法體와 합치하며 자유자재로 깨달음의 지혜의 바다로 흘러들어가는 것을 말함.

(Gaesi O-ip) To open the way, or to teach sentient beings to attain enlightenment: The four reasons for a Buddha to appear in the world:

1) To open up the treasury of truth to awaken sentient beings by shattering their illusion.
2) To teach truth and reveal all the virtues of phenomena through an understanding of the truth.

3) To cause sentient beings to comprehend truth by a combination of all these.
4) To lead sentient beings into the ocean of wisdom without any hindrance, as stated in the Flower Garland Sutra.

개시허망 皆是虛妄 모든 존재는 가상假相으로써 그 실체가 없음을 말함. 다시 말해 일체가 인연으로 만들어진 실체가 없는 공한 존재이기 때문에 모든 것은 허망하다고 보는 것이 정법正法의 안목. 따라서 안 · 이 · 비 · 설 · 신 · 의라는 주관과, 색 · 성 · 향 · 미 · 촉 · 법이라는 객관, 그리고 주관과 객관을 조건으로 하여 일어나는 모든 의식意識도 다 공하며 허망하여 얻을 것이 없다는 뜻.

(Gaesi Heomang) Everything is a delusion, because there is nothing in the whole universe that has self-entity. Every phenomenon in the universe, including all our mental activities, arise due to causes and conditions, and then returns to emptiness in the end, to its original home of true-suchness.

개안 開眼 새로 조성한 불상佛像에 경전과 다라니 등을 복장腹藏에 넣고, 여기에 공양 등의 법요식을 통해 종교적 생명을 맞이하는 의식.

(Gaean) Opening the eye to the truth: It also refers to a ceremony of enshrining a newly-made Buddhist statue or image after storing a sutra or dharani in its abdomen.

개오 開悟 선불교에서 즐겨 쓰는 말로, 지혜가 열리어 도道를 깨침을 말함. 부처님의 팔만사천법문도 따지고 보면 이 한마디를 증득하기 위한 것. 깨침이란 인연법에 의한 형상과 이름 또는 어떤 개념도 없는 우주의 실체인 진여와의 합일을 위한 그림자와 같은 현상의 타파라고 말할 수 있다.
그러나 깨침 또한 어떤 형체가 있는 것이 아니며 단지 마음의 작용, 즉 쓰임새를 말하는 것이나, 마음 또한 형체가 있는 것이 아니니, 일체의 형상을 떠나 머무름과 분별심을 여읜 무념의 경지가 곧 진정한 깨침. 양구良久 참조.

(Gaeo) Bodhi, or spiritual awakening or enlightenment: The entire corpus of sutra is, in fact, an explanation of only this. Enlightenment is to penetrate the veils of all mutually interdependent created things in our search for union with that which is beyond all names, characteristics, qualities, appearances and concepts.
Yet there is no form to be grasped. There is only the ever shifting

function of the mind. Hence one should not be attached even to enlightenment. Even that is a kind of delusion and discrimination. *Cf. (Yanggu)* The noble silence.

객진 客塵 번뇌를 가리키는 말. 우연히 밖에서 들어온 반갑지 않은 손님과 같은 티끌, 곧 번뇌라는 뜻. 본래 있던 것이 아니라 밖에서 온 것이므로 객客이라하고, 심성心性을 더럽히므로 진塵, 곧 티끌이라 함. 경계境界 참조.

(Gaekjin) Lit. "guest-dust": The accidental passions or defilements. It is so called because the mind is inherently pure, but is covered by foreign intruders, "guests" or defilement. The dust from outside, the uninvited intruder, or the sensory-data that tarnish and obstruct the mind. *Cf. (Gyeonggye)* The percept, or the sense object or data.

객진번뇌 客塵煩惱 객관적 대상에 이끌리어 일어나는 번뇌 또는 탐세기. 이를 좀 더 자세히 설명하면, 인간의 마음의 본성은 원래 청정하다는 자성청정自性淸淨에 의거하여, 심성心性을 더럽히는 번뇌를 인간의 본성과는 관계가 없는 떠다니는 티끌과 같은 손님이라는 뜻.

(Gaekjin Beonnoi) Accidental passions or defilements: All kinds of dust or defilement arising from sense-objects. Originally defilements have nothing to do with our pure self-nature, just like the relationship between the master of the house and the wandering guest.

거 擧 거시擧示의 준말. 공안公案을 드는 것. 그런가하면 선승禪僧이 자기의 선풍禪風을 드날린다는 뜻인 거량擧揚이라는 뜻도 있다.

(Geo) Abbreviation of *georyang* which means to exhibit, or hold a hwadu or koan: It literally means, "hold up to show." It also refers to a master's exalting his way of teaching meditation.

거각 擧覺 거양거각擧揚擧覺의 준말로 거擧는 선승禪僧이 들어 보이는 것. 각覺은 그것으로 말미암아 학인學人이 깨달음을 얻는 것.

(Geogak) A student attaining enlightenment through the demonstration of a master.

거량 擧揚 거擧, 거시擧示, 거창擧唱이라고도 말함. 불법佛法을 널리 드날려 사람들을 이끄는 것. 선가禪家에서 즐겨 쓰는 표현.

(Georyang) The promotion of Buddha's teaching far and wide by instructing the people. An expression favored by Seon practitioners.

It is also an alternate term for *geo* 擧, *geosi* 擧示, and *geochang* 擧唱.

거불 擧佛 불전佛前에 기도나 재齋를 올릴 때 처음에 절하며 부처님을 청하는 절차.

(Geobul) Bowing and calling the name of the Buddha before the Buddha image prior to prayer, or performing of a ritual.

거사 居士 범어梵語 grhapati의 번역. 장자長者, 가주家主, 재가在家라고도 번역. 보통 출가하지 않고 집에 있으면서 불도佛道를 수행하는 남자를 말함. "householder"라는 영문 번역이 재미있다.

(Geosa) Grhapati : A "householder", a male devotee of Buddhism. It is a prefix added to the religious name of a male Buddhist.

거심 擧心 기심起心과 같은 뜻으로 마음을 들어 올리는 것. 마음이 곧 부처라는 것을 항상 잊지 말 것.

(Geosim) Raising or upholding the mind: One should never forget that mind is the Buddha, and Buddha, the mind.

거정현성 去情顯性 정情 또는 번뇌란 맑은 하늘에 드리운 구름과 같은 것으로, 하늘 밖에서 날아 온 것이 아니니, 우리의 본성인 청정한 자성을 진정으로 깨닫고 분별심만 일으키지 않는다면, 청풍淸風이 구름을 걷어내듯 우리의 청정한 본래 마음 바탕은 스스로 드러난다는 뜻.

(Geojeong Hyeonseong) Eradication of the defiled mind by revealing the true self-nature: When passion or defilement is cut off, our original pure self-nature will manifest by itself. Passion or defilement arises when our original pure self-nature is disturbed, just as a cloud arises in the clear blue sky.

Hence what people have to do is to realize their original pure self-nature and not to arouse or disturb the pure original face rather than trying to do away with passion which is but an illusion that has no self-entity.

건곤 乾坤 천지天地, 곧 하늘과 땅을 상징적으로 달리 일컫는 말, 또는 음양陰陽을 달리 일컫는 말.

(Geon-gon) A symbolic expression for the heaven and the earth. It also indicates Yin-yang, or the fundamental positive and negative force of the universe.

건달바 乾達婆 팔부중八部衆의 하나. 제석천帝釋天의 음악을 담당하는 신神. 술과 고기를 먹지 않고 향기만 먹으므로 심향행尋香行 또는 심향尋香이라 번역.

(Geondarba) Gandharva, or "scent-eater": A heavenly musician of the King of Devas: It is one of the eight guardians of the Buddha-Dharma, and he takes only fragrance for food, nothing else, i.e., no meat or any alcoholic beverage.

건시궐 乾屎橛 마른 똥 막대기. 똥 닦는 막대기로 인도의 풍습. 운문선사雲門禪師(864-949)가 부처가 무엇이냐고 묻는 질문에 하신 말씀으로, 현상적 세계의 외형에 집착하는 사람들을 지칭하는 선적禪的 표현. 다시 말해 학인의 질문은 부처를 '무엇'으로 규정하려는 의도가 담겨져 있는 것이니, 그것이 곧 유위법有爲法이며, 구극究極의 진리란 언어로서 규정할 수 없는 법.

우리나라에도 옛날엔 뒷간에 마른 똥, 특히 화학비료가 없어 거름이 귀할 때 들에서 망대기에다 주워온 마른 개똥을 휘저어 푸는 긴 똥 막대기가 뒷간에 항상 있었다. 그런데 어떤 서양 사람은乾屎橛을 "dry shit on a stick"이라고 번역했는데, 선문답에 있어서 그 목적과 쓰임새는 같지만 뜻은 전혀 다르다.

(Mareun Ttong Makdaegi) A dry shit stick, or a dried shit scraper: It was an ancient Indian custom to use a toilet stick to wipe off excrement. When a student asked Master Yunmen, "What is the Buddha?" the Master's reply was, "A dry shit stick."

It is a typical way of teaching the students not to be attached to the world of appearance or intellection. In other words, the ultimate truth is beyond utterance and conception of the relative world of compounded.

건혜 乾慧 마른 지혜. 비록 깨쳐서 지혜를 얻었다 하더라도, 선정禪定의 힘이 충실하지 못하면 그것을 마른 지혜라고 함. 다시 말해 마른 지혜는 죽고 나는 이치를 깨달았다 하더라도, 나고 죽음에 있어서 자유자재 하지 못하다는 것.

(Geonhye) A dry wisdom: Even if one has attained enlightenment, if it is not reinforced by the power of meditation, it is called a dry wisdom, or an intellectual wisdom, not true transcendental wisdom. Such wisdom cannot stand in the actual confrontation of birth and death, or samsara.

건혜지 乾慧地 천태종에서 수행의 계위階位에 십지十地를 세운 것으로, 삼승공십지三

乘共十地의 하나. 건혜乾慧는 마른 지혜라는 뜻으로, 관觀을 닦아 지혜는 있으나 아직도 완전한 진제眞諦와 법성法性의 이치를 깨닫지 못했음을 말함. 이러한 마른 지혜는 생사의 이치를 알았다 하더라도 실제는 생사에 자유자재하지 못하므로 진정한 깨침이나 지혜라 말할 수 없다.

(Geonhyeji) The ground or stage of dry wisdom: One of the common ten grounds of the threefold vehicles. This is the ground of rational wisdom of insight, not unsurpassed wisdom or enlightenment of the ultimate truth of reality, which is the emptiness of all phenomena, within and without. Such dry intellectual wisdom is far from true emancipation from birth and death and complete enlightenment.

걸망 길 다니는 스님들이 옷, 경전, 발우 등을 넣어 지고 다니는 큰 주머니. 바랑이라고도 말함.

(Geolmang) The Buddhist monk's simple cloth-pouch, or a backpack with two cloth stripes used as shoulder straps: It carries almost all the personal belongings of the monk, such as clothes, sutras, begging bowls, etc. It is also called *barang*.

걸식 乞食 스님들의 걸식은 스스로의 수행과 더불어 중생들로 하여금 복을 짓도록 하는 것이므로 거지가 걸식하는 것과는 그 차원이 다르다. 그리고 우리가 꼭 알아야 할 것은 부처님께서는 출가 후 열반에 드실 때까지 맨발로 걸식을 몸소 실천하시므로 하심과 자비의 참 모습을 보여주셨다는 사실이며, 이 한 가지만이라도 우리가 마음깊이 새길 수 있다면 세상이 달리질 것이다. 탁발托鉢 참조.

(Geolsik) Begging for food, or alms begging: However, begging simply to satisfy one's stomach should be distinguished from mendicity for the liberation of living beings as well as an ascetic practice of the monks. Sakyamuni Buddha himself showed, out of compassion and humility, an example of the true meaning of alms begging all his life till his great entrance to Nirvana. *Cf. (Takbal)* Mendicity.

걸식사사 乞食四事 걸식乞食하는데 있어 준수할 네 가지 규칙.

1) 주정계住正戒 (심신心身을 바르게 하여 정계正戒에 머무는 것)
2) 주정위의住正威儀 (용모를 바르게 하여 위의威儀를 지켜보는 이가 공경하고 신심을 일으킬 수 있도록 하는 것)
3) 주정명住正命 (부처님이 가르쳐주신 법도法度에 맞게 할 것이며, 다섯 가지

부정不正을 여의는 일)

4) 주정각住正覺 (육신은 고苦의 근원이며, 음식을 먹는 것은 몸을 유지하여 수도하기 위한 것임을 알 것. 따라서 음식도 탐할 것이 못된다)

(Geolsiksasa) Four rules for begging alms:

1) One should keep the Buddhist precepts both in mind and body.
2) One should be proper both in attire and deportment to arouse the respect and faith of common people.
3) One should follow the teachings of Buddha and avoid the five evil deeds.
4) One should keep in mind that the physical body is the main cause of all sufferings, and that food is to maintain our body so that we can practice the Buddha-way.

겁 劫 한없이 길고 아득한 시간. 우주가 생성되어서 파괴되기까지의 기간. 공겁空劫이라고도 말하며 시작과 끝이 없는 영원한 현재를 뜻함.

(Geop) Kalpa or eon: An infinite period of time, or a period of time from the creation to the destruction of a universe.

겁화 劫火 겁소劫燒 또는 겁진화劫盡火라고도 말함. 세계가 괴멸壞滅하는 괴겁壞劫 때에 일어나는 큰 화재. 이것은 성成, 주住, 괴壞, 공空인 사겁四劫의 하나로 네 번째. 사겁四劫 참조.

(Geophwa) The fire in the kalpa of destruction: The fire which occurs at end of the kalpa of destruction, a conflagration at the end of a kalpa, the fires that end an eon. It is the penultimate of the four phases in a kalpa--formation, continuity, destruction and emptiness. *Cf. (Sageop)* Four phases of cosmic law from construction of the universe to its annihilation.

게송 偈頌 게偈는 범어梵語 gatha의 음역이고, 송頌은 게偈의 의역. 따라서 게송은 범어와 중국어의 합성어合成語. 부처님의 공덕功德이나 가르침을 찬탄하는 노래. 게송에는 두 가지가 있으니, 하나는 일정한 가르침을 제시한 뒤에, 설법 내용을 강조하거나 정리할 필요가 있을 때, 운문체의 형식으로 그 내용을 압축하는 중송重頌 또는 응송應頌이고, 다른 하나는 경전의 1절 또는 총결 뒤에 아름다운 글귀로 묘한 뜻을 읊어 놓은 고기송孤起頌 또는 풍송諷誦이다.

(Gesong) Gatha: Verse, stanza, hymn, or a Buddhist stanza lauding the merit or the teachings of Buddha, or a short re-statement of the major points of Buddhist doctrine or the discourse of a master.

격물 格物 주자학朱子學과 양명학陽明學의 용어. 주자학에선 사물의 이치를 연구하여 끝까지 따지고 파고들어 궁극에 도달함을 뜻하며, 양명학에서는 사물에 의지가 있다고 보아 그에 의해서 마음을 바로 잡음을 뜻함.

(Gyeokmul) Study of the principles of nature: Study of nature to its core to realize the ultimate truth of things (the doctrine of the Zhuzi School), or study of the spirit of nature to purify the mind (the doctrine of the Wang Yangming School).

격물치지 格物致知 주자학朱子學과 양명학陽明學의 용어. 주자학에선 사물의 이치를 연구하여 후천적인 지식을 명확히 함을 뜻하며, 양명학에서는 낱낱의 사물에 존재하는 마음을 바로 잡고 선천적인 양지良知를 갈고 닦는 것을 뜻함.

(Gyeokmul Chiji) Observation of nature to clarify the post natal knowledge of things (the doctrine of the Zhuzi School), or the cultivation of the pure inborn nature of the mind by penetrating into the spirit of every phenomenal existence (the doctrine of the Wang Yangmin School.

격외 格外 보통의 격식이나 관례를 벗어난 밖, 또는 이를 넘어선 경지.

(Gyeokoi) Outside of or beyond the normal formula or convention in the search for truth.

격외도리 格外道理 보통의 격식이나 관례를 벗어난, 또는 그것을 넘어선 도리.

(Gyeokoidori) The unconventional, or beyond the conventional truth.

격외불교 格外佛敎 일체의 틀과 관례를 벗어난, 또는 그런 것들을 넘어선 교의敎義, 즉 돈오頓悟, 화두話頭 또는 조사선祖師禪과 같은 것을 말함.

(Gyeokoi Bulgyo) Buddhism outside of or beyond the conventional conception or practice, such as sudden enlightenment, hwadu or key phrase, or patriarchal meditation.

격외선 格外禪 언어와 논리의 형식을 벗어난 선수행법. 격외格外는 규칙 밖, 곧 규칙을 초월한다는 뜻. 다시 말해 참선의 도리는 보통 사람의 범상凡常한 소견에서 벗어난 것이어서 있는 마음으로나 없는 마음으로나 다 알지 못하는 것을 말함. 그 가장 좋은 예가 우리가 모두 잘 알고 있는 '뜰 앞의 잣나무' 또는 '똥 막대기' 등이다.

(Gyeokoiseon) Meditation outside words and formulas: Meditation

practice outside or beyond the normal category of words and rational thinking, which cannot be perceived with or without mind.
Some of the good examples are such out of the way answers as "a cypress tree in the front yard," or "a shit stick" to the questions of students, "What was the intent of Bodhidharma's coming from the West (India)?" or "What is the Buddha?"

격의불교 格義佛敎 격의格義란 도가道家 또는 외도外道의 가르침의 뜻을 빌려와 불교의 도리를 해석하는 것. 예를 들면, 불교에서 말하는 반야般若의 '공空'을 노장老莊의 '무無'의 개념으로 이해하려는 경향이 초기 중국불교에 있었다. 그러나 노장사상에서 말하는 무無의 개념과 불교에서 말하는 공空 개념은 비슷할지는 몰라도 같지는 않다. 이러한 유추類推적 방법으로 이해된 불교를 격의불교格義佛敎라 말함.

(Gyokui Bulgyo) An analogical understanding of Buddhist doctrine such as the understanding of "emptiness" in Buddhism using the analogy of Daoist concept of "non-being, or nothingness," which is similar but not quite the same.

격자문 格子門 문살을 격자格子로 짠 문.

(Gyeokjamun) The lattice door.

견 見 생각하여 헤아리고, 사물에 대한 견해를 정하는 것으로, 견해, 사상思想, 주장主張, 정견正見, 사견邪見 등으로 쓰이나, 대개의 경우 잘못된 견해를 가리킴.

(Gyeon) View: The term is sometimes used to mean insight, assertion, thought or idea, but in Buddhism the term is usually means a false view.

견도 見道 무학도無學道 수행의 첫 계위階位. 견제도見諦道 또는 견제見諦라고도 말하며, 이에 비로소 무루지無漏智를 얻어 사제四諦, 곧 불교의 진리를 확실히 깨닫는 자리. 따라서 견도에 도달하기 이전은 범부이고, 견도에 들어간 후는 성자聖者이다. 그러나 대승불교에서는 보살菩薩의 환희지歡喜地를 말함. 삼도三道 참조.

(Gyeondo) The way or stage of beholding the truth of complete enlightenment. It is the first stage of the three paths of Shravakayana, or the Sound-hearer and Bodhisattva to attain enlightenment. With the realization of the true wisdom of the Four Noble Truths, one becomes a saint. However, in the Mahayana Buddhism, it means the ground of joy, the first stage of the Ten Grounds/Stages of the Bodhisattva Way. *Cf.* *(Samdo)* The threefold path of Shravakayana and Bodhisattva.

견문 見聞 눈으로 부처님을 보고, 귀로 법, 곧 부처님의 가르침을 듣는 것을 말함.

(Gyeonmun) Seeing and hearing: Beholding Buddha with the eyes and hearing His truth with the ears.

견문각지 見聞覺知 보고 듣고 깨달아 앎. 즉 육근六根을 통해 뜻으로 법을 아는 지혜. 그러나 이것은 보다 높은 차원의 출세간出世間의 지혜, 즉 진정한 깨달음의 지혜라 말할 수는 없다.

(Gyeonmun-gakji) Attaining enlightened knowledge through seeing, hearing, recognizing, and knowing. They are the functions of the six kinds of consciousness. Yet this is not the supreme knowledge of wisdom.

견박 見縛 진리를 바로 보지 못하는 미혹迷惑. 곧 삼계三界의 견혹見惑. 이것이 우리들을 속박하여 자유롭지 못하게 하므로 박縛이라 함.

(Gyeonbak) The visual restraint: The visual delusion that obstructs the truth, or the delusions of the three realms: the realm of desire, the realm of form, and the realm of formlessness.

견분 見分 사물事物을 인식하는 주체인 심식心識작용. 이의 반대가 인식의 대상인 상분相分.

(Gyeonbun) The subjective part of consciousness, or perception in contrast to *sangbun*, the object part of perception or the sense-object.

견사혹 見思惑 우주의 진리가 판명되지 않은 미迷인 견혹見惑과 낱낱 사물에 대한 진상이 판명 되지 않은 미迷, 곧 사혹思惑을 말함. 견수見修 참조.

(Gyeonsahok) Illusions of thinking and desire: Heretical belief in a real personality and covetousness of worldly things, respectively. They are used as a generic term for defilement.

견성 見性 오도悟道 또는 견성성불見性成佛이라고도 말함. 이것을 다시 자각自覺이라고도 말하며, 이 말은 본래 가지고 있는 자기의 성품性品, 곧 본성을 깨닫는 것.

(Gyeonseong) Seeing into self-nature: It is, in fact, the realization of one's original pure self-nature, original-face, or essence of mind before attaining Buddhahood.

견성성불 見性成佛 무엇이 성불成佛? 모든 미혹迷惑을 버리고, 타고난 자기의 심성心

性을 사무쳐 알고, 모든 법法의 실상인 당체當體와 일치하는 정각正覺을 이루는 것이 곧 부처가 되는 것. 쉽게 이야기해 글자 그대로 자기 성품을 보는 것이 곧 성불. 그런데 무엇이 자기의 성품? 그런 것은 없다. 다시 말해 삼라만상의 작용은 있으나 그 주체는 없다는 것. 다시 말해 성품을 본다는 것은 성품이 없다는 연기법과 무자성無自性을 보는 것. 사실은 성품뿐만이 아니라 마음이라는 것도 사실은 잡을 수 없는 것. 모두가 이름과 작용일 뿐.

(Gyeonseong Seongbul) Seeing self-nature and attaining the Buddhahood : Awakening by seeing into one's original true nature is a sure way of attaining the Buddhahood. It also means beholding one's own inborn Buddha-nature. But what does it look like? There is no such thing as self-nature of any kind in the whole universe.
In other words, seeing into one's self-nature means realizing the truth that there is no self-nature and the law of causality. So is with our mind. There is no such a thing as mind. It is just a name and function.

견식 見識 대상에 대한 인식작용 또는 이해.

(Gyeonsik) Cognition: The cognitive understanding of the world of experience, or the conscious construction of the insight component.

견연 見緣 견분見分이 반연攀緣하는 대상인 상분相分을 말함. 그런데 주관이 객관을 감각적으로 인식할 때에, 객관 그 자체를 그대로 인식하는 것이 아니라, 반드시 자기 마음속에 먼저 객관의 형상을 그린 다음, 마음에 그려진 그 영상影像만큼의 객관적 존재를 인식하게 되며, 이때 주관에 그려진 영상影像을 견연見緣이라 말함.

(Gyeonyeon) The perceived condition: Interaction between the subject and object of consciousness, the seeing and the seen. The problem is that the perceived image is not the true reality of the object but the distorted image created by the mind. In other words, the percept is the projection of the imagination created by the mind, not the true picture of the percept.

견유몰유 종공배공 遣有沒有 從空背空 있음을 버리면 있음에 빠지고, 공함을 따르면 공함에 빠진다는 뜻. 본래 그런 것들은 존재하지도 않으며, 그런 것들은 단지 이름일 뿐임을 알아 양극을 떠난 중도의 이치를 깨달아야 한다.

(Gyeonyu Mollyu, Jonggong Baegong) Rejection of form invites form; attachment to emptiness is self-contradictory: One should not fall into

extremes. They are just names, and sure ways to the endless pile of defilement.

견장 見障 사장四障의 하나. 인과의 도리를 무시하여 선善의 가피를 인정하지 않는 사견은 곧 악의 결과를 생각하지 않는 그릇된 소견이다. 이 사견邪見이 깨침에 나아가는데 장애가 되므로 견장見障이라 함.

(Gyeonjang) The obstruction of evil, or the heterodox view: It is the evil or heterodox view that arises from the negation of the law of cause and effect; this obstructs the way to enlightenment.

견좌부동 堅坐不動 꼼짝하지 않고 앉아있는 자세. 이 병에 걸리는 사람들이 많다. 참선은 폼 잡는 것이 아니다. 그러나 이것은 그 상태에서 마음을 비운 본래면목에 대한 깨달음을 뜻할 수도 있으니, 잘못하면 정반대의 해석이 나올 수도 있다.

(Gyeonjwa Budong) Immovable sitting: It does not insure enlightenment. You must empty your mind and know what you are first.

견처 見處 유위법有爲法의 다른 이름. 그릇된 견해를 일으키는 소의처所依處가 되므로 이렇게 말함. 유루有漏의 제법諸法은 신견身見, 변견邊見, 사견邪見, 견취견見取見, 계금취견戒禁取見의 오견五見을 일으켜 머무는 곳이 된다. 유루有漏, 오견五見 참조.

(Gyeoncheo) The locus of opinions or views: It is another name for defilement yuru. See also *(Ogyeon)* The five afflicted or deluded views.

견혹 見惑 이혹二惑의 하나. 견번뇌見煩惱 또는 견장見障이라고도 말함. 수도修道에 의해 미혹이 소멸하는 것을 수혹修惑이라 한다면, 견도見道에 의해 미혹이 소멸되는 것을 견혹이라 말함. 다시 말해 아직 사성제四聖諦와 만유萬有의 진리가 밝혀지지 않은 미혹迷惑.

(Gyeonhok) Delusion of reason: Illusions which can be remedied by insight. One of the two kinds of defiling faculties, the other being delusion of cultivation. One of the two kinds of delusions. It can be overcome by realization of the Four Noble Truths and the truth of ultimate reality, or emptiness of self-nature and realization of the dependent arising of things, while the latent or conceptual delusion can be overcome by cultivation of the mind. *Cf. (Ihok)* Two kinds of delusion.

결가부좌 結跏趺坐 좌선坐禪하는 자세姿勢. 먼저 오른발을 왼편 넙적다리 위에 놓은 다음 왼발을 오른편 넙적다리 위에 놓고 앉음. 전가부좌全跏趺坐, 본가부좌本跏趺坐, 또는 줄여서 가부좌跏趺坐라고도 말함. 또 반가부좌를 보살좌菩薩坐 또는 길상좌吉祥坐라고 부르는데 반해, 결가부좌를 여래좌如來坐 또는 연화좌蓮華坐라고 부른다. 다리가 아프면 좌우 다리의 자세를 바꿀 수 있다.

(Gyeolgabujwa) The full lotus posture or position: Cross both legs by putting the right foot on the left thigh first, then left foot on the right thigh. It is also called the Tathagata posture while the half lotus posture is called the Bodhisattva posture. While sitting in a full or half lotus position, you may alternate the position of your legs.

결계 結界 제한된 경계라는 뜻. 불도佛道를 수행하는데 장애를 없애기 위해 비구比丘의 의식주衣食住를 제한하는 것. 즉 일정한 장소에서 거처하는 것. 남은 음식을 간직하여 두지 않는 것. 사람들 앞에서 옷을 벗지 않는 것.

(Gyeolgye) Drawing a boundary, or a restricted area: Restrictions on the daily life of a monk to eradicate obstacles to the practice of the Buddha-way. Firstly, one should abide at a designated place. Secondly, one should not keep food that is leftover. Thirdly, one should not take their clothes off in front of people.

결루 結漏 결結과 루漏는 모두 번뇌의 다른 이름. 번뇌는 몸과 마음을 결박하므로 결結이라 하고, 또 번뇌가 육근六根으로부터 항상 흘러나오므로 루漏라 함.

(Gyeollu) Binding and leaking: Both are alternate names for defilement. Defilement binds the mind, and defilements are always leaking (issuing) from the six sense faculties.

결박 結縛 번뇌의 다른 이름. 번뇌는 몸과 마음을 속박하여 자유롭지 못하게 하므로 이렇게 말함. 부처님이 말씀하신 바와 같이, 자신이 결박되어 있다면 어떻게 남을 풀어 줄 수 있겠는가. 만일 스스로 결박되어 있지 않다면 능히 남의 결박도 풀어줄 수 있으니, 그래서 수행은 꼭 필요한 것.

그런데 무엇을 속박이라 하고 풀려남이라 하는가? 외적인 대상에 대한 속박은 그만두고, 방편의 물리를 모르면서 내관內觀에 의해 마음을 거두어 조용히 하고 그 기쁨에 탐착하는 것을 보살菩薩의 속박이라 한다. 따라서 방편이 없는 지혜는 속박이며, 또 지혜가 없는 방편 역시 속박이라 하니, 그 반대가 풀려남이며 진정한 깨침이다.

(Gyelbak) Upadana: Another name for passion, defilement, and delusion which binds the body and mind. As the Lord Buddha declared, it is not possible for one who is himself bound to deliver others from their bondage. But one who is himself liberated is able to liberate others from their bondage. Shall we not practice this?

Nevertheless, what is bondage and liberation? Besides the attachment to the sense-media, to indulge in liberation from the world without employing liberative technique is bondage for the Bodhisattva. Hence liberation not integrated with wisdom is bondage, and by the same token, wisdom not integrated with liberative technique is also bondage.

결사 結社 특정 다수자가 공동의 목적을 이루기 위하여 계속적인 결합을 맺음. 그러나 불교에선 정법正法을 수호하기위한 일종의 결의로서 그 대표적인 예가 고려 중엽(1181) 부처님의 법을 바로 세우기 위하여 보조국사 지눌智訥이 현재의 송광사인 수선사修禪社를 창건하면서 세운 정혜 결사定慧結社와, 1949년 청담 스님과 성철 스님을 비롯한 젊은 스님들이 문경 봉암사에서 일으킨 결사. 이것이 계기가 되어 한국불교의 재정립과 현 조계종의 초석이 확립되었다.

(Gyeolsa) Compact, or an association organized for the success of sustained resolution: The best examples in the history of Korean Buddhism are "Jeonghye Gyeolsa," the association organized for re-establishment of the traditional practice of samadhi and wisdom, which was led by the National Preceptor Bojo Jinul in 1181 during the Goryeo dynasty, and the Bongamsa Temple association organized by young priests under the leadership of Ven. Cheongdam and Seongcheol in 1949, which laid the foundation for the revival of the traditional monastic life and meditation practice as well as establishment of the structure of the present Jogye Order of Korean Buddhism.

결삼보 結三寶 불법승佛法僧 삼보三寶와 인연을 맺다.

(Gyeolsambo) Establishment of a link with the Three Jewels, the Buddha, the Dharma, and the Sangha.

결인 結印 인계印契를 맺는다는 뜻, 또는 계인契印, 비인秘印이라고도 말함. 진언종眞言宗의 수행자가 두 손으로 열 손가락을 구부리거나 펴서 불보살佛菩薩의 법덕法德과 서원을 표시하는 표시.

(Gyeorin) A binding agreement seal: The practice of mudra, or hand seals/gestures using all the fingers of both hands by practitioners of the True-word Sect as a secret sign of merit and good wishes for the practitioner.

결제 結制 여름과 겨울 두 철 동안 3개월씩 나누어 안거安居에 들어가는 첫날 (여름은 음력 4월 16일; 겨울은 10월 16일) 의식. 보다 자세한 것은 안거安居 참조.

(Gyeolje) Beginning of the meditation retreat season: The first day of the three month summer and winter retreats, which falls on the 16th day of the fourth and the tenth months by the lunar calendar. *Cf. (An-geo)* Varsa: Meditation retreat or sojourn for more detail.

결집 結集 범어梵語 samgiti의 번역으로 합송合誦한다는 뜻. 다시 말해 결집이란 부처님의 교설을 '함께 암송한다'는 뜻인데, 현대어로는 경전의 편찬을 의미함. 역사적으로는 석가모니 부처님이 열반하신 직후 제자들이 왕사성에 모여 부처님의 가르침을 결합結合 · 집성集成하여 경전經典을 만든 일. 네 번 있었다.

(Gyeoljip) A Buddhist council to decide orthodoxy: The first Buddhist council was held at Rajagriha for confirmation and compilation of Buddha's teaching right after the Buddha's great passing. There were four councils. The original Sanskrit "samgiti" means group recitation, the way the Buddha's teachings were first edited.

결택정안 決擇正眼 깨치는 정도에도 천층만층千層万層이 있다. 선지식善知識이라야 잘못 깨친 것과 설익은 깨침을 판단하여 줄 수 있으며, 또 바르고 깊게 인도하여 줄 수 있다. 그러므로 스승 없이 스스로 깨친 것을 무사자오외도無師自悟外道라고 말함. 따라서 설사 혼자 깨쳤다 하더라고 스승을 찾아 인가印可를 받아야 한다. 결택決擇은 결단, 간택簡擇(여러 가지 중 골라서 택함)의 뜻. 곧 지혜로써 모든 의심을 결정하는 것.

(Gyeoltaek Jeong-an) The Dharma eye of right judgement: There are infinitely different levels of enlightenment. When one thinks one has attained enlightenment all by oneself, it is called an enlightenment of the outside way without a master. Hence when one thinks one has attained enlightenment, one must visit a master and have it confirmed.

결하 結夏 하안거夏安居를 시작하는 것으로, 결제結制와 입제入制와 같은 말. 결제結制

와 안거安居 참조.

(Gyeolha) Beginning or the first day of the three month summer meditation retreat. *Cf.* *(Gyeolje)* Beginning of the retreat, and *(An-geo)* A retreat or sojourn.

경 經 범어梵語 sutra의 번역으로, 수다라修多羅라 음역하고 정경正經이라고도 번역함. 곧 석존釋尊께서 설법하신 가르침을 말하며, 율律 · 론論과 함께 삼장三藏의 하나로 경장經藏이라고도 말함.

(Gyeong) Sutras: The authentic teachings of the Buddha. Oral or written treatises, which make up part of the Trikaya, or the Three Baskets along with the vinaya, or the rules of the Buddhist order, and the Abhidharma, or treatises.

경 境 육근六根과 육식六識의 대상. 육근이 이것을 상대로 하여 육식을 일으키며, 인간의 마음이 이 대상을 상대로 하여 마음이 더럽혀지기 때문에 진塵 이라고도 말함.

(Gyeong) Artha or visaya: Object. The Sanskrit word *artha* means thing, while visaya means scope of reach of sense-organs. Both artha and visaya are used to mean the object of cognition. As the objects of six sense-organs defile our mind, they are also called dusts.

경계 境界 곧 외경外境을 뜻하며, 줄여서 경境이라고도 말함. 안眼 · 이耳 · 비鼻 · 설 舌· 신身 · 의意의 육근六根을 통해 번뇌를 일으키는 인식작용의 온갖 대상. 그러나 만약에 수행자가 이들이 모두 실체가 없는 가상假像이라는 것을 깨달으면 이들에 집착하지 않고 번뇌를 떠나 자유로워질 수가 있다.

(Gyeonggye) Visaya: Sphere or the realm to which one's power extents, or the percepts, objects of perception, the sense-objects, the mind-objects, the mind data, the sensory perception, the sense-realm, and all such perceptual realms, or the externals, which arouse defilement: In other words, all that is limited by form, semblance, sound, color, taste, smell, touch, etc. are called phenomenal objects.

It is often rendered simply as "object." However, if practitioners can see through material object, inside and outside, and cut through attachments at one stroke, then all things will be empty to them and they will be free from afflictions.

경계반야 境界般若 일체의 경계, 곧 모든 인식의 대상이 공함을 깨닫는 지혜.

(Gyeonggye Banya) The transcendental wisdom attained from the realization of the emptiness of the phenomenal world.

경계상 境界相 기신론起信論에서 설한 삼세三細의 하나. 현상現相 또는 현식現識이라고도 말하며, 능견상能見相으로 인식하는 대경對境, 곧 주관 앞에 나타나는 객관적 세계를 말함.

(Gyeonggyesang) The mark of an object of perception: The sense object's marks or traits as perceived by the seer, or the subject consciousness, discoursed in the Awakening of Mahayana Faith.

경계인연 境界因緣 우리는 현상세계를 하루도 떠나서 살 수 없다. 문제는 현상세계를 어떻게 바라보고 더불어 사느냐에 있다. 모든 경계, 즉 상相을 떠나는 것이 곧 깨침. '거개 일체의 상은 모두가 허망하니, 만약 온갖 상相이 상相이 아님을 알면 곧 여래를 보리라.' 이것은 금강경의 말씀.

(Gyounggye Inyeon) The objective world and causality: We cannot live away from the phenomenal world for a moment. The problem is how to perceive and live with it. "One who sees all forms as no form will see Buddha," the Diamond Sutra says.

경계자심관 境界自身觀 경계境界란 곧 자기 마음의 거울. 기분에 따라, 또는 사람에 따라 달리 보인다.

(Geyonggye Jasingwan) Perspectives are none other than the projection of the mind. They appear differently according one's mood and people.

경구죄 輕垢罪 큰 죄는 아니지만, 청정淸淨하지 못한 허물이 되는 죄.

(Gyeonggujoi) A petty or minor offence: A petty offence such as uncleanliness or impurity.

경량부 經量部 소승小乘 12파 중의 하나로, 150년경 설일체유부說一切有部에서 발전해 온 소승부小乘部. 경량부는 인간의 삶의 근본을 구성하는 정교한 의식意識이 존재하며, 그것이 한 삶에서 다음 생으로 계속 이어진다고 주장한다.

(Geongryangbu) Sautrantika, or the Sutra School: An important Hinayana school, which based its doctrine on the sutras alone. It is one of the twenty sects of Hinayana that developed out of the Sarvastivada or the Existence School around 150 C.E. This School

claims the existence of a refined consciousness that constitutes the basis of human life and persists from one rebirth to the next.

경론 經論 삼장三藏 중에서 경장經藏과 논장論藏을 말함. 경經은 여래如來의 금구설법金口說法인 법화경法華經, 열반경涅槃經 등이고, 론論은 부처님의 교설을 근본으로 하여 그 뜻을 펴 서술한 것을 말함.

(Gyeongnon) The Dharma and shastras or treatises: Two of the three parts the Tripitaka, or Three Baskets. The Dharma is the illustrious discourses of the Buddha such as the Lotus Sutra and the Nirvana Sutra, while the treatises are the expositions of the meaning of Buddha's teaching.

경배 敬拜 공경하는 마음으로 절하다. 하나의 존경 표시.

(Gyeongbae) Bow respectfully: An expression of obeisance and respect.

경봉 鏡峰 (1892-1982) 경남 밀양 출생. 1912년에 해운율사海雲律師에게 비구계와 보살계를 수지受持하다. 1949년 대본산 통도사 주지 소임을 시작으로 통도사 극락호국선원 조실을 지내다. 저서로 1975년 출판된 법문집 『鏡峰스님 말씀』이 있다.

(Gyeongbong) (1892-1982) He was born in Milyang, South Gyeongsan Province. He took ordination in 1912 under the guidance of Master Haeun at Tongdo Temple, where he abided all his life serving as the abbot and the spiritual master until his death on July 17, 1982. He left us with the Collected Writings of Gyeongbong, published in 1975.

경쇠 磬鎖 예불 때 흔들어 울리는 작은 종 또는 요령搖鈴.

(Gyeongsoi) A small hand bell or chime, which is used during the prayer chant.

경승 警僧 경찰에 소속되어 부처님의 법을 전하는 법사法師.

(Gyeongseun) A Buddhist police chaplain or Dharma instructor who serves in the Korean National Police Force.

경안 輕安 심소心所, 곧 마음 작용으로 심신心身이 평안하여 흔들리지 않음을 뜻함.

(Gyeong-an) The light and pleasant feeling of the undisturbed mind: A mental function which gives a sense of ease.

경절문 徑截門 간화선의 행법行法으로 지름길로 가는 문. 곧 돈문頓門으로 간결한 방법, 또는 문자나 언어를 여의고 수행의 단계나 절차를 거치지 않고 화두를 통해 한 생각 이전의 자리로 돌아가 곧바로 증과證果를 얻는 가르침.

(Gyeongjeolmun) A shortcut, or sudden enlightenment: A way of practice to achieve enlightenment which bypasses the regular steps or stages by rising above words and letters through hwadu practice. *Cf. (Ganhwa Seon)* The word-contemplation meditation, and *(Dono)* Sudden enlightenment.

경중상 수중월 鏡中像 水中月 모든 현상은 하나의 허망한 망상으로 거울 속에 비친 형상과 물에 비친 달과 같다는 뜻.

(Gyeongjungsang Sujungweol) All the delusive phenomena or things are nothing but the images in a mirror, or the reflection of the moon on water.

경책 警策 좌선할 때 권태로워하거나 조는 사람에게 정신 차리도록 하기 위해 쓰는 끝이 납작한 나무로 된 기구. 훈계한다는 뜻이 훈계하는 막대기가 되었다. 이것으로 어깨를 가볍게 두들기며, 죽비 대신으로도 쓰임.

(Gyeongchaek) A remonstration stick: A large wooden stick with a flat end with which the master or head monk strikes or pats lightly on the shoulder of meditation practitioners who get lethargic or doze off. The original meaning of the term "remonstration" came to mean the remonstration stick itself. Sometimes it is also used as a bamboo clapper or stick.

경칩 驚蟄 겨울 동안 땅속에 들어가 있든 동물들이 동면冬眠에서 깨어나는 날. 양력 3월 5일 전후가 됨.

(Gyeongchip) The waking hibernator day: It is the day that all the creatures that stayed under the ground during the winder wake up to come out to the world. It falls around the fifth of March.

경탑 經塔 경문이나 다라니를 안에 넣어 공양하는 탑.

(Gyeongtap) A pagoda containing scriptures as relics of the Buddha.

경판 經板 경전經典을 간행하기 위해 나무나 금속에 새긴 판.

(Gyeongpan) The wood or metal plate on which to inscribe the sutra to publish it.

경학원 經學院 경經을 강설講說하는 학당.

(Gyeonghakweon) A sutra school, or Buddhist academy.

경한 景閑 (1299-1375) 고려 말기 승려로 법호法號는 백운白雲. 백운록白雲錄 두 권이 있으며, 2001년에 UNESCO에 의해 세계문화유산으로 지정된 직지심체요절直指心體要節을 편찬함.

(Gyeonghan) (1299-1375) A monk of the late Goryeo period. His ordination name is Baekun, or White Cloud. He left behind two volumes of writing: the Collected Writings of Baekun, and his compilation of the Essential Passages that Directly Point at the Essence of the Mind, which was designated as a Memory of the World Heritage by UNESCO in 2001.

경행 經行 좌선할 때 졸음을 막기 위해 가볍게 걷는 것. 행도行道 또는 포행布行이라고도 말함.

(Gyeonghaeng) A slow walking meditation which prevents sleepiness or lethargy between periods of sitting meditation. It is also called *haengdo or pohaeng.*

경허 鏡虛 (1845-1912) 한국 근·현대近·現代 불교의 중흥조中興祖라 불리는 큰스님. 별호는 성우惺牛. 저서로 경허집鏡虛集이 있다. 본 사전 편찬자의 번역에 의한 영문판은 2007년에 조계종에 의해 출간. 다음은 경허鏡虛선사의 열반송涅槃頌:

심월고원心月孤圓 (마음달이 홀로 뚜렷하여)
광탄만상光呑萬像 (그 광명이 온 누리를 삼켰네.)
광경구망光境俱亡 (그런데 광명이니 경계니 할 것도 없는)
복시하물復是何物 (이것은 무슨 물건인가?)

(Gyeongheo) (1846-1912) A Great Seon Master of the modern period who revived Korean Seon Buddhism. Gyeongheo was his Dharma name. He is also the author of the Collected Writings of Gyeongheo. The English version, translated by the complier of this Dictionary, was published in 2007 by the Jogye Order. The following is the nirvana song of the Master:

The mind-moon is radiating all by itself,
And swallowed the whole world.
What is this one thing
Which is neither illumination nor percepts?

경화 經畵 불경佛經에 그린 그림을 말하며, 경변상經變相이라고도 말함.

(Gyeonghwa) A picture drawn or printed in Buddhist scriptures.

경화수월 鏡花水月 거울에 비친 꽃과 물에 비친 달 모양. 선가禪家에서 즐겨 쓰는 말. 이것이 중생 본래의 티 없는 참 마음.

(Gyeonghwa Suweol) The flower in the mirror and the reflection of the moon in the water: It is a figurative expression for the pure original mind of sentient beings, an expression favored by Seon Buddhism.

계 戒 삼학三學 중의 하나. 불교 도덕의 총칭. 불교에서 말하는 계戒는 강제 조항이라기보다는 스스로 지키는 자기 자신과의 약속이며, 신분에 따라 여러 가지가 있다.

(Gye) Sila: Precepts, disciplinary rules, or morals. It is not an outwardly imposed discipline but rather a vow made to oneself. It differs according to the status of the observer.

계금취견 戒禁取見 오견五見의 하나. 줄여서 계취견戒取見 또는 계금취戒禁取라고도 말함. 계금戒禁, 곧 악을 경계하여 금지하는 일에 대하여 일어나는 그릇된 생각.

(Gyegeum Chwigyeon) The false view of clinging to mere personal morality and ritualism. One of the five afflictive or deluded view points.

계단 戒壇 수계授戒의 의식을 거행하는 장소로, 특히 단을 쌓아 높게 한 것.

(Gyedan) The platform of precepts: It is where the Buddhist precepts are received. It is also called the ordination platform, the place for ordination ceremonies.

계명 戒名 불문佛門에 들어온 사람에게 주는 이름으로, 먼저 계를 일러주어 이를 지키어 범하지 않을 것을 서약하게 하고, 동시에 속명俗名을 고쳐 법명法名을 짓는 것이므로 이 법명을 계명 또는 법호法號라 말함.

(Gyemyeong) The precepts-name or Dharma name given when one enters the Buddhist priesthood: The name that one is given on taking the Buddhist precepts, which replaces the secular name. One must swear to observe the precepts before accepting the precepts-name or Dharma name.

계명자상 計名字相 육상六相의 하나. 외계外界의 현상에 집착하여 아름답다, 추하다 등의 이름을 만들어 문자文字를 짓고, 이렇게 세운 이름 위에 각기 아름답고 추한 모양을 구별하여 사랑하고 미워하는 마음을 내는 것. 근기에 따라 이것만이라도 진심으로 깨달아 지혜로울 수 있다면 부처님 믿은 보람을 찾을 수 있을 것이다.

(Gyemyeong Jasang) Invention of name, letter, and form: People infatuated with the phenomenal world describe things as "beautiful" or "unattractive," and then they accept these descriptions as fact. This is the workings of the discriminating mind. Enlightenment is none other than seeing things as they really are--the absence of the self-nature of things, or the void, which leaves discriminations behind.

계박 繫縛 번뇌, 망상 또는 세속적인 것에 얽매임. 다시 말해 번뇌에 대한 또 하나의 다른 이름.

(Gyebak) Bondage: The spiritual fetters of defilement, delusion and attachment to worldly things. An aspect of defilement, implying that one's mind is bound by illusion which leads to attachment to things, thus making emancipation from rebirth impossible.

계본 戒本 구족계具足戒를 조목조목 적은 책.

(Gyebon) The book containing a detailed list of all the Buddhist precepts.

계사 戒師 수계사授戒師의 준말로 사미계沙彌戒를 일러주는 스님을 말하며, 계화상戒和尙이라고도 말함.

(Gyesa) Teacher of precepts, or preceptor who confers precepts to novice: *Gyesa* is an abbreviation of *sugyesa*, the priest who officiates at the precept ceremony.

계수례 稽首禮 머리를 땅에다 대고 하는 절. 정례頂禮 참조.

(Gyesurae) A form of obeisance in which one touches one's head to the ground. *Cf. (Jeongye)* Full prostration at the feet of a person.

계율 戒律 계戒와 율律의 병칭竝稱으로 불자가 널리 지켜야 할 생활 규범을 말함.

(Gyeyul) Sila and Vinaya: The rules that all Buddhist must observe in the daily life.

계인 契印 수행자가 여러 가지 손가락의 모양으로 내증內證의 덕을 표시하는 것으로 결인結印, 인상印相이라고도 말함. 따라서 부처님의 수인과는 다르다.

(Gyein) The hand gesture of a practitioner: It is different from the mudra of Buddha. It is a hand gesture showing the inner perception of the practitioner.

계정혜 戒定慧 불도佛道에 들어가는 가장 중요한 세 가지 요체要諦. 이 세 가지가 서로 도와 증과證果를 얻는 것이므로, 계戒에 의하여 정定을 얻고, 정定에 의하여 혜慧를 얻는다. 다시 말해 계戒로 신구의身口意로 범하는 악행을 막고. 정定으로 산란한 마음을 한 곳에 머물게 하여 고요하게 하고. 혜慧로 고요한 상태에서 진리를 깨닫기 위해 사제四諦, 십이인연十二因緣, 또는 진여 실상眞如實相을 관觀하는 것. 삼학三學 참조.

(Gye-jeong-hye) The three vehicles of learning, or the ways to attaining enlightenment: The precepts (sila or moral precepts); medita-tion (dhyana or contemplation); and wisdom (prajna or transcendental discernment), which denotes the Four Noble Truths and the Twelves Links of Dependent Arising, or the essential characteristics of reality and true-suchness).

Cf. (Samhak) The three supreme principles or learning: Precepts to avoid evil acts in body, speech, and mind; concentration or meditation to maintain the equanimity of the mind; the transcendental wisdom to understand the emptiness of all phenomena.

계족산 鷄足山 가섭존자가 선정禪定을 닦던 곳. 중인도 마가다국에 있음. 한국에도 이 이름의 산이 몇 곳 있다.

(Gyejoksan) Lit. "the cock-foot mountain": It was the mountain, located in Magadha, the Central Indian kingdom at the time of the historical Buddha Sakyamuni, where Kasyapa practiced meditation,

계첩 戒牒 스님이 수계를 할 때 받는 증서. 거기에는 계를 주관하는 승려와 계를 받는 승려의 이름이 기재되고 10인의 증인 서명 등이 따른다.

(Gyecheop) Certificate of having received the precepts, on which the name of the officiating monks, the name of the receiver of the precepts, etc. are written together with the signatures of ten teachers.

계탁 計度 의식의 작용으로 여러 가지 사물을 헤아리고 분별하는 것.

(Gyetak) Manipulation or fabrication of things with the mind.

계합 契合 부합하다 또는 일치하다. 눈과 사물이 서로 어우러져 만상을 일으킴을 말함. '한마디 말이 서로 계합하면 머무를 것이나, 계합하지 않으면 떠나리라.' 이것은 영묵선사靈默禪師의 말씀.

(Gyehap) Concur, coincide, agree with, or accord with: The inter-action of the perceiver and the perceived object creates myriads

of phenomena. "If a word concurs I will stay; if a word does not concur, then I will leave." This is the saying of the Ch'an Master Lingmo.

계행 戒行 계戒를 받은 뒤 계법戒法에 따라 이를 실천 수행하는 것.

(Gyehaeng) Observance of precepts.

계화상 戒和尚 계戒를 주는 화상和尙. 계화상戒和上이라고도 말함.

(Gyehwasang) Preceptor who confers precepts.

고 苦 범어梵語 duhkha의 번역. 전생의 악업에 의해 받는 온갖 신심身心의 고통과 불만족. 그러나 현실적으로 볼 때 모든 괴로움이란 궁극적 진실이 아닌 허상에 대한 집착으로 인해 생긴다는 것도 알아야 한다. 그렇다면 고통으로부터의 벗어남은 곧 집착을 놓는 것. '나의 가르침은 오로지 고苦와 고苦의 소멸뿐이니라.' 이것은 부처님의 말씀으로 출가의 근본 목적. 다른 것들은 이를 위한 그다음 이야기. 사성제四聖諦와 삼고三苦, 사고四苦 및 팔고八苦 참조.

(Go) Duhkha: Suffering, pain, distress, misery, or dissatisfaction: All compounded things are duhkha, the primal cause of which is desire, the never exhausting craving mind. "One thing I teach, duhkha and the ending of duhkha," said the Buddha, which was the Lord Buddha's primal motive for his great renunciation.

What is the main cause of suffering? It is the grasping mind; the grasping mind of the false view of things. *Cf. (Saseongje)* The Four Noble Truths, *(Samgo)* Three kinds of suffering, *(Sago)* Four kinds of suffering, and *(Palgo)* Eight kinds of suffering.

고고 苦苦 삼고三苦의 하나. 중생의 심신心身을 괴롭게 하는 고통苦痛. 곧 배고픔, 질병, 비바람, 추위, 더운 것, 힘든 노동 따위의 괴로움을 말함.

(Gogo) Suffering of sufferings: One of the three types of suffering: physical or mental suffering, which comes from conditions like hunger, sickness, storm, heat, cold, hard labor, etc.

고기송 孤起頌 범어梵語 gatha의 번역. 풍송諷誦이라고도 말함. 십이부경十二部經의 하나. 가요歌謠 또는 성가聖歌 등의 뜻으로 쓰임. 산문체散文體로 된 경전의 1절 또는 총결總結 끝에 아름다운 글귀로 묘한 뜻을 읊어놓은 운문韻文. 이것을 고기송孤起頌이라 함은, 본문의 내용을 거듭 이야기 하는 중송重頌에 대하여, 본문과 관계없이 노래한 운문이라는 뜻.

(Gogisong) Gatha or verse: A kind of song or hymn following the

paragraph of a prose, or which comes at the end of a discourse as a summation of the preceding discourse. The reason it is called "gogisong," which literally means "a lonely-arising-gatha," is, unlike "jungsong," a recapitulation of verse, which reiterates the foregoing subject, due to its independent nature to the foregoing subject.

고뇌 苦惱 몸과 마음의 괴로움. 생사生死의 바다는 모두가 나를 괴롭히는 것뿐. 그러나 그 어느 것도 참다운 자성自性이 없음을 알아야 함.

(Gonoi) Angst, suffering, distress, affliction, or agony: Everything in the sea of samsara is the cause of suffering, which has no substance of its own.

고덕 古德 고성선덕古聖先德의 약칭. 옛날부터 전해 오는 덕이 높은 승려의 존칭.

(Godeok) Sages and worthies of the past: The wise priests of old, or the antient worthies and priests.

고두 庫頭 절의 돈, 쌀, 옷감, 등의 재물의 출납을 맡아보는 회계會計 소임에 해당. 부사副寺 또는 재백財帛이라고도 말함.

(Godu) Accounting officer: An accounting officer who takes charge of accounts in a Seon monastery.

고락수 苦樂受 괴로움과 즐거운 감정.

(Goraksu) Pleasant and unpleasant sensation or feelings.

고래 古來 오랜 옛적부터.

(Gorae) From antiquity, or from olden times.

고멸도성제 苦滅道聖諦 고통을 멸하는 성스러운 길 또는 진리. 팔정도八正道 참조.

(Gojmyeoldo Seongjye) The Holy Noble Path of Truth and the Extinction of Suffering. *Cf. (Paljeongdo)* The Noble Eightfold Path or Truth.

고봉삼관 高峰三關 방장실方丈室의 세 문턱. 『선요禪要』의 끝에 나오는 고봉 스님의 가르침. 도솔삼관兜率三關 참조.

1) 빛나는 태양이 허공에 떠 있어 어떤 곳도 비추지 못할 게 없는데, 무엇 때문에 조각구름이 이 빛을 가리는고?
2) 사람마다 그림자가 있어 몸에서 조금도 떨어지지를 않는데, 무엇 때문에 이것을 밟을 수 없는고?
3) 온 땅이 하나의 불구덩이인데, 무슨 삼매를 얻어야 불에 타지 않을꼬?

(Gobong Samgwan) The three gates or barriers of the Great Ch'an

Master Gao-feng, the author of The Essence of Ch'an. The following passages about three gates appear at the end of the book:

1) The bright sun is hung in the great space and there is not a spot which it does not illuminate, and it is a wonder how a piece of cloud can block its brilliant light.
2) A shadow is always by its master, and it is a wonder why the master can not tread on his own shadow.
3) The whole world is in a great fire, and it is a wonder what samadhi or concentration of the mind could prevent one from falling into the fire. *Cf. (Dosol Samgwan)* Three gates or barriers of Tushita Heaven.

고불 古佛 오랜 옛적에 성도成道한 부처님, 과거에 출현한 여러 부처님, 나이 많고 덕이 높은 스님에 대한 존칭, 또는 조성造成한 연대가 오래된 불상佛像.

(Gobul) Old Buddha: A Buddha who attained enlightenment in an ancient time, Buddhas who manifested themselves in the past to deliver sentient beings, an honorific title of a great priest.

고불식 告佛式 부처님께 고告해 올리는 의식儀式.

(Gobulsik) Report or announcement of a ceremony to the Buddha.

고사 庫司 도사都司, 감사監司, 도는 부사副司라고도 말하며, 선사禪寺의 총감摠監으로 온갖 절집 살림살이를 맡아보는 소임.

(Gosa) General manager of a Seon monastery, who is responsible for just about all the affairs of a monastery.

고승대덕 高僧大德 덕이 높은 스님.

(Goseung Daedeok) A venerable or preeminent priest.

고운사 孤雲寺 대한조계종 제 16 교구본사로, 경상도 의성군 단촌면 구계동 등운산에 있는 절. 신라 신문왕神文王 1년 (681) 의상대사가 창건.

(Gounsa) Go-unsa Temple: The 16th District Head Temple of the Jogye Order of Korean Buddhism. It was established in 681 by the Venerable Uisang.

고적 古蹟 현존하고 있는 옛날의 물건이나 건물.

(Gojeok) Historic remains or ruins.

고집멸도 苦集滅道 사성제四聖諦. 네 가지 영원히 변하지 않는 성스러운 진리.

1) 고 苦 (인생은 고통이라고 관함). 2) 집集 (고의 원인이 집착으로 인한 번뇌라고 관함). 3) 멸滅 (고통의 원인인 번뇌를 멸한 열반). 4) 도道 (열반에 이르는 길인 팔정도八正道). 사성제四聖諦 참조.

(Gojipmyeoldo) Suffering, the origin of suffering, and the way to be released from suffering. They are the four axioms or truths, and the foundation of the Buddhist teaching. *Cf. (Paljeongdo)* The Noble Eightfold Path, and *(Saseongje)* The four Noble Truths.

고칙 古則 화두話頭와 공안公案과 같은 뜻으로, 옛 사람들이 남겨놓은 일정불변一定不變의 법칙法則이라는 뜻.

(Gochik) An old case or rule established by the ancient masters: Another name for hwadu or koan.

고해 苦海 삼계三界를 말하며, 바다와 같은 고통의 인간 세상. 살아남는 방법? 아상我相을 버리고 삼독三毒과 함께 욕망과 감각적 쾌락을 내려놓을 것. 그런 다음 나라는 아집을 버리고 우리 내부의 형상도 없는 지극한 본래면목本來面目 불성佛性을 찾을 것.

(Gohae) The bitter sea of pain or suffering of being: The three realms of samsara, or the wheel of existence of birth and death. How to be saved? Let go of the ego by putting down the three poisons; become empty, become empty of thirst, desire, pleasure--let self-clinging die, and realize the innermost of Being, or the Buddha-nature that is your true Self.

고행 苦行 육체의 욕망을 끊고 최상의 정신생활을 달성하기 위해 하는 종교적 수행으로, 특히 힌두교에서 많이 행해지고 있음. 그러나 석가모니 부처님께서는 이를 깨달음에 도움이 되지 않는다고 허락하시지 않았다. 자이나교 참조.

(Gohaeng) Tapas: Self-denying ascetic practices: These are essential practices of non-Buddhist schools in India. Sakyamuni Buddha disapproved of such practice of asceticism. *Cf.* Jainism.

고행림 苦行林 부처님이 성도成道하기 전에 6년 동안 고행하던 숲.

(Gohaengrim) The grove of asceticism, where the Buddha practiced asceticism before attaining enlightenment.

고행자 苦行者 금욕주의자 또는 어떤 이상과 종교적 이유로 극단적인 고행을 통해 명상수련을 하는 수도자修道者.

(Gohaengja) An ascetic: One who dedicates his life to a pursuit of contemplative ideals and practices of extreme self-denial or self-mortification for religious reasons.

고행상 苦行相 부처님의 6년 동안의 처절한 고행의 모습.

(Gohaengsang) The extremely emaciated image of Buddha after his six years of ascetic practice.

고향 告香 스승에게 향을 사르면서 설법을 간청하는 것.

(Gohyang) Offering an incense to the master in request of a Dharma talk.

고혼 孤魂 죽은 사람의 떠도는 외로운 넋.

(Gohon) The wandering lonely spirit of the deceased.

공 空 비유비무非有非無로서의 무자성無自性을 의미하는 공空이란, 일반적인 뜻의 있던 것이 없어진 아무것도 없는 텅 빈 상태를 의미하는 것이 아니라, 모든 현상은 본래 자성自性이 없어 인연 따라 생멸하기 때문에 실재한다고 말할 수 없다는 것. 즉 모든 현상現象의 무상無常함 (고정불변이 아닌)과 무아無我 (비본질)에 관한 연기緣起 (사물의 의타성), 즉 자성自性이 없음을 말한다.

다시 말해 모든 사물은 단지 이름일 뿐이며, 끊임없이 흐르면서 상호작용하고 있기 때문에, 그 어떤 것도 영원한 본질이나 실체를 가지고 있다고 말할 수 없다는 것. 불교에서 말하는 공空은 모양도 없고 허공처럼 비어 있으면서도 대기大氣의 기운처럼 생명으로 가득 차있으며, 만법의 생성원리인 동시에 만물의 어머니가 된다.

또 불교의 공空에 대한 근본 이치는, 유교에서 말하는 태극太極과 영원한 역동적 변화를 그 근간으로 하는 주역周易의 우주관과도 유사한 점이 없지 않다.
그런가 하면 노자도덕경老子道德經 62장과 40장에는 다음과 같은 말이 나온다: "도道는 절대적 무이면서 근원적 존재이며, 도道는 만물의 깊은 원천이며, 또 천하 만물은 유에서 생하고 유는 무에서 생한다." 그리고 모르는 사람들은, 공空하면 허무주의를 이야기하나, 불교에 있어서 공空은 반야般若, 즉 지혜의 등불과 진여에 대한 다른 이름이라는 것을 알아야 한다. 따라서 아무것도 없다는 빌 공空자 공空에 걸려들지 않도록. 공空이라는 말은 집착을 버리라는 뜻에서 편의상 붙인 이름일 뿐, 이는 중도中道와도 같은 개념이며, 또 이것이 불교 전반에 관통하고 있는 기본 교리이다. 장자莊子에 유도집허唯道集虛라는 말도 있다. 그리고 또 하나 알아야 할 것은, 대승大乘과 소승小乘의 경론經論치고 공의 이치에 관해 논하지 않는 것이 없지만, 그 교리의 깊고 얕음에 따라 다양하게 설명하고 있다는 것. 십팔공十八空 참조.

(Gong) Sunyata: Emtiness, void, or non-substantiality, the primal emptiness, birthlessness, specifically, the absence of absolute substance, truth, identity, intrinsic reality, or self of all persons and things in the relative world. This concept is actually quite opposed to any sort of absolute nothingness or vacuity.

It is one of the key concepts of Buddhism, the concept that everything has neither substance nor permanence, the concept of non-substantiality, no self-nature, the Void, the plenum-Void, empty yet full, which is quite different from a dark or blank "no-thing-ness," or ontological emptiness. Everything is but a name. We can also say that whatever is dependent arising, that is emptiness.

This means that things are empty because everything is totally interconnected with everything else, which means they have no separate existence. In the realm of the absolute void, there is interfusion and inter-penetration of self and others, man and the universe. Such is the natural law, things happening naturally and inevitably.

Thus, one should remember that emptiness in Buddhism, along with Daoism, does not mean an ordinary conception of blank nothingness or the absolute void. It means something about the condition of matter, not that matter does not exist at all. In other words, matter itself is void, and Voidness does not result from the destruction of matter, but nature of matter is itself voidness. The realization of this is the entrance into non-duality.

Thus all finite things are interdependent, relative, and mutually conditioned. It implies that there is no possibility of any independent, self-sufficient thing or entity. An entity exists only in relation to other entities; everything is in relation to everything else. In this sense, emptiness is synonymous with dependent arising. Let us see what an ancient sage said, "The limit of the unlimited is called 'fullness.' The limitlessness of the limited is called 'emptiness.'"

It is like an infinite space, something beyond expression and understanding, all-embracing, changeless-changing, or voidless void. It is neither round nor square, neither great nor small. It is ineffable and has no attributes. Yet it is full of light and life. All Buddha-lands are as void as space. It is the same with the essence of mind or the Buddha-mind. Emptiness is also the light of wisdom and true-suchness not a pessimistic view of life or cosmology.

This is the general view of emptiness of Buddhism, or the concept of universal oneness of all phenomena, and there is almost no sutra, either in Hinayana and Mahayana, that is not related to the theory of emptiness, but interpretations vary slightly according to depth and method of interpretation.

Let's see what Tao Te Ching has to say about emptiness: "The Way is the cistern of the myriad creatures; . . . All creatures under heaven are born from being, and being is born from non-being." A quotation from the Middle Path by Nagarjuna: "A thing that is not dependently arisen is not evident. For that reason, a thing that is non-empty is indeed not evident." *Cf. (Sippalgong)* Eighteen kinds of emptiness.

공가중 空假中 천태조사天台祖師는 이를 가리켜 삼제게三諦偈라고 말했으며, 이를 줄여 삼제三諦라고도 말함. 이에 대한 게송偈頌은 아래와 같다. 이를 간략히 설명하면, 인연으로 생긴 모든 법은 사실은 모두 공인 것. 그러나 공이라고 하는 것도 사실은 가명假名으로서 어쩔 수 없어 그렇게 말한 것 뿐이며, 그것이 또한 중도中道의 뜻이라는 것. 이제二諦 (진속이제眞俗二諦), 사제四諦 (고집멸도苦集滅道 참조)

인연소생법因緣所生法 (인연으로 생긴 법들)

아설즉시공我說卽是空 (그것을 나는 공이라 설한다)

역이시가명亦爲是假名 (또 이것은 가명이며)

역시중도의亦是中道義 (이것이 또한 중도의 뜻이니라)

(Gonggajung) The three fundamental truths: Emptiness, false, and the middle Way, or noumenon, phenomenon, and the principle or absolute which unifies both. The Great Ch'an Master Zhiyi, the founder of the Tientai Sect, called it the verse of three truths:

All that arises from conditions,
I call them emptiness.
I also call them pseudonyms,
Which is another name for the Middle Path.

공견 空見 일체만물의 존재성을 무無라고 하는 허무사상을 말함.

(Gonggyeon) The notion of emptiness: The heterodox view that everything is not real and empty, a kind of pessimistic view of things and all existence.

공경 恭敬 제 몸이 공순恭順한 것을 공恭이라 하고, 남을 존중하는 것을 경敬이라 함.

(Gonggyeong) Veneration: Gong means obeisance, and gyeong means respect for others.

공공 空空 공 또한 공한 것이므로 공에도 집착하지 말라는 뜻. 구극究極 역시 다시 부정되지 않으면 안 되며, 이것이 보살대사菩薩大士의 지혜와 방편이라는 두 날개.

(Gonggong) The transcendental emptiness, or the voidness of the Void: A warning not to be attached to emptiness, or even the ultimate truth.

공공적적 空空寂寂 형상이 있는 것이나 형상이 없는 것이나, 우주에 있는 모든 것은 그 실체가 공무空無하여 아무것도 분별할 것이 없어 그저 적적寂寂할 뿐이라는 것. 이것이 다름 아닌 깨침이며 열반. 어렵게 생각할 필요 없다. 분별심만 놓으면 된다.

(Gonggong Jeokjeok) The transcendental or complete emptiness and utmost quietude or serenity: Nothing is real or has ultimate reality in the whole universe. Realization of this truth is enlightenment and Nirvana. Nirvana is nothing special. Just drop your discriminating mind, good or bad, this and that.

공과 功過 공로功勞와 과실過失.

(Gonggwa) Merit and demerit, or a blunder.

공관 空觀 모든 존재는 그 자체의 본성이 없고 고정적으로 실재하는 것이 아니라고 하는 진리를 관상觀想하는 수행법. 모든 사물은 인연소생因緣所生 (원인과 조건에 의해 나타남)이기 때문에 그 실체는 있을 수 없고 공적무상空寂無相이라고 관찰하는 것을 말함.

(Gonggwan) Meditation on voidness: This is the method of meditation by which one realizes the law that all elements in this world are non-substantial and empty. However, one should remember that Hinayana Buddhists remove the defilements by realizing that the self is non-substantial, yet Mahayana Buddhists remove both defilements and hindrances of knowledge by realizing that both the self and all elements are non-substantial and empty.

공기 空氣 공기는 눈에 보이지 않아 비어있는 것 같으나 그것은 투명한 기체로 가득 차 있다. 한자漢字 표기가 멋있다. 비어있는 기氣, 곧 기체氣體 또는 우주에 충만해 있는 에너지. 진여불성眞如佛性도 이와 같다고 보아도 좋을 것 같다.

(Gonggi) Air: It is very interesting to note that the Chinese character literally means the vital breath or energy of emptiness that pervades the whole universe. So is the true-suchness of Buddha-nature. What is Buddha-nature? Think it over.

공능 功能 공용功用과 능력能力이란 뜻으로, 공을 들인 보람을 나타내는 능력, 또는 결과를 일으킬만한 법의 힘 또는 능력.

(Gongneung) Merit and ability, or the power of Dharma that produces good effects or fruits.

공대 空大 지수화풍공地水火風空 오대五大의 하나. 그 성품이 두루 하여 장애障碍없이 삼라만상이 의지하여 존재할 수 있게 하는 것.

(Gondae) The great empty space: The fifth of the five great elements (earth, water, fire, wind, and empty space), which encompasses or embraces a myriad of things without hindrance and lets them rely on it for their existence.

공덕 功德 산스크리트어 구나求那의 번역. 복덕福德과 같은 뜻으로, 좋은 일을 쌓은 공功과 불도佛道를 수행한 덕을 말하며, 또 닦아서 이룩한 결과를 다른 사람에게 이롭게 하는 일로, 이는 내생來生에 좋은 과보를 받는다고 함.

(Gongdeok) Guna: The virtue of laudable deeds, or merits of practicing Buddha's teaching and helping other people or beings without any thought of self or other, which is believed to assure a better life in the next world.

공덕비 功德碑 닦아서 이룩한 공로와 덕을 기리는 비석.

(Gongdeokbi) A stone monument, or stele for meritorious or virtuous works of a person.

공덕주 功德主 단월檀越을 말함. 보시布施를 행하는 사람.

(Gongdeokju) Danapati: A person who makes offering. *Cf. (Danwol)* Benefactor.

공명심 功名心 명예와 출세를 갈망하는 마음.

(Gongmyeongsim) Aspiration for distinction and fame.

공무 空無 이 우주 공간의 그 어느 현상도 자성自性이 없음을 말함. 이를 바꾸어 말하면 이것이 부처님께서 육년 동안의 수행 끝에 보리수 아래에서 깨달으신 십이연기十二緣起이다.

인간의 존재뿐만 아니라 우주공간의 모든 현상은 인연에 의해 성립하고 조건에 따라 변함으로 무상하고, 독립된 자성이나 존재성이 없기 때문에 공空 또는 무아無我인 것이다.

(Gongmu) Complete emptiness: No self-nature of anything in the whole universe. In other words, this is the truth of twelve links of dependent origination Sakyamuni Buddha realized under the bodhi tree after six years of meditation.

Including existence of human being, all the phenomena in the universe arise through causality and change according to conditions, which is another aspect of impermanence and non-existence of independent self-nature, and which again denotes emptiness of things and non-self or self-entity of all phenomena.

공무변처 空無邊處 무색계無色界 사천四天의 제 일천一天. 물질인 이 육신을 떠나 가없는 허공의 자재自在함을 기뻐하며, 공空의 가없는 이치를 알고 수행하여 태어나는 곳으로 공무변천空無邊天이라고도 말함.

(Gong Mubyeoncheo) The realm of endless empty space or heaven: It is one of the four heavenly spheres of formlessness devoid of material or sensuous desires where one may be born through rigorous practice with the realization of the true emptiness of things.

공무상무원 空無相無願 열반에 이르는 세 가지 문. 그것은 모든 것은 실체와 참다운 형상이 없음을 깨닫고 또 일체 바라는 바가 없는 것.

(Gong Musang Muweon) The three gates to Nirvana: They are to

understand the non-substantiality, formlessness of things, and non-desire. The realms of equanimity beyond conception.

공문 空門 두 가지 뜻이 있으니, 이는 우선 불교를 말한다. 곧 불교란 그 근본사상을 공空에 두고 있으므로 불교를 공문空門이라 말함. 다음은 사문四門의 하나로, 유有에 집착함을 다스리기 위하여 온갖 사물을 실체와 자성自性이 없다고 말한 공리空理의 법문.

(Gongmun) The doctrine of sunyata: The entrance or teachings of emptiness. This is the fundamental tenet of Buddhism. This is also the entrance to enlightenment and Nirvana and great renunciation. Another expedient implication is the rejection of the idea of the self-nature of things to correct the false view of things held by people. *Cf.* *(Samun)* Four gates.

공사 供伺 공양주供養主를 말함. 수행자의 공양을 담당하는 것이 공양주의 소임.

(Gongyangju) The chief cook: The monk who is responsible for providing food to the practitioners.

공사 公事 대중大衆의 의견은 수렴하는 회의.

(Gngsa) Meeting of all the monks to find a general opinion.

공삼매 空三昧 삼삼매三三昧의 하나. 온갖 것이 모두 인연 따라 생기는 것이므로, 아我라든가 아소我所, 즉 내 것이라는 것 역시 그 실체와 자성自性이 없는 것이라고 관하는 삼매.

(Gongsammae) The samadhi of emptiness: Samadhi which regards the ego and things as unreal, one of the (*Samsammae*) The threefold samadhi. It is the samadhi arising from the wisdom of seeing all phenomena that arise from conditions as non-substantial and ephemeral. *Cf.* *(Samsammae)* The threefold samadhi.

공상 空相 도든 법은 모두 인연으로 생긴 것이므로 그 자성이 없음을 이렇게 말함. 이 진리를 간절히 깨닫는 것이 다름 아닌 깨침. 이를 좀더 구체적으로 설명하면, 공상空相이란 이의 속성인 반야심경에 나오는 불생불멸, 불구부정, 부증불감을 말함. 즉 공상空相에는 시간 개념인 나고 사라짐이 없으며, 가치 개념인 깨끗함과 더러움이 없으며, 차이의 개념인 증감增減이 없음을 말함.

(Gongsang) The emptiness of form or Dharma: Voidness, emptiness, the immaterial, that which cannot be expressed in terms of the material.

Its attribute can be explained in terms of no-time (neither arising nor ceasing), no-value (neither taint nor purity), and no-difference (neither decreasing nor increasing). Realization of this truth is enlightenment and Nirvana.

공상 共相 다른 많은 것들과 공통되는 일반적인 상相을 공상이라 하고, 그것만의 고유하고 특수한 상을 자상自相 또는 불공상不共相이라고 함.

(Gongsang) The common characteristic: A character common to all things. A thing that has its own unique characteristic is called self-character or non-common.

공생 共生 서로 해를 주지 않고 도와가며 사는 상생相生 관계. 상생相生 참조.

(Gongsaeng) A symbiotic relationship: The life of mutual dependence and benefit. *Cf. (Sangsaeng)* Mutual life-saving

공성 空性 범어梵語 sunyata의 번역. 진여眞如에 대한 다른 이름. 다시 말해 이는 이 우주에 존재하는 온갖 현상은 모두 그 실체와 자성自性이 없다는 공空한 이치를 체득할 때에 문득 나타나는 것으로, 공空에 대한 실성實性을 말함.

(Gongseong) The nature of the Void: It is, in fact, another name for true-suchness, and what emerges after all illusions relating to the existence of self-nature in either the individual or the things are destroyed.

공수래 공수거 空手來 空手去 빈손으로 왔다가 빈손으로 가는 것이 만고萬古의 진리이며 우리의 인생. 기뻐할 것도 슬퍼할 것도 없다.

(Gongsurae Gongsugeo) Empty-handed we came, and empty-handed we will depart: This is the everlasting truth and our life. Happiness and unhappiness? Forget about them.

공안참구 公案參究 공안公案이란 말을 선禪의 전용어로 처음 사용한 사람은 황벽黃壁이었으며, 당대唐代에서 시작하여 송대宋代에 와서 크게 성행盛行한 공안公案은 고칙古則이라고도 말함. 공부안독公府案牘의 준말로, 관공서官公署의 문서라는 뜻과, 국가가 제정한 법률, 그리고 법원의 최종 판결문 등의 세 가지 뜻이 있으며 누구나가 따라야 하는 절대적인 권위와 진리를 뜻하는 것으로 사용되고 있다. 따라서 참구자는 이 진리를 머리가 아니라 의단疑團으로 뚫어야 하는 것이다. 그리고 공안公案은, 고덕선사古德禪師의 말귀로, 거기에는 짓궂은 '살기殺氣'가 있어 수행자들이 애를 먹게 된다. 이는 또 조사선祖師禪에서 수행자에게 깨달음을 열어주기 위해 사용하는 주제主題 또는 과제課題로써, 10세기 중엽부터 사용되었으며 1,700개가 있다고 함. 공안을 일명 화두話頭라고도 한다.
그러나 간화선의 용어인 화두의 주안점은 어떠한 큰 의심을 끝까지 몰고 가되 이를 분별로서 풀려고 하는 것이 아니라, 일체의 생각과 사유思惟를 끊어 직관으로 유도하는 것이라는 것을 알아야 하며, 따라서 이를 지식으로는 풀 수 없는 '풀리지 않는 수수께끼'라고도 말함.

이를 좀 더 쉽게 이야기 하면, 공안이란 선종禪宗의 큰 스님들이 심지心地, 즉 마음자리를 밝게 깨달은 기연機緣, 즉 축복된 인연, 또는 큰 스님들이 제자들을 인도하던 사실을 기록하여 후세에 공부하는 규범이 된 것. 그러나 공안이 화두의 전체적인 내용을 말한다면, 화두는 하나의 낱말로 되어있는 것이 차이라면 차이. 보다 자세한 것은 화두와 화두참구 참조.

(Gong-an) Gong-an, or koan (J): Technical term of Seon or Zen Buddhism first used by the Great Chan Master Hwangbo Ziyun (?-850) and flourished during the period from Tang dynasty to Sung dynasty. An exercise for breaking the limitation of intellection and developing the intuition.

It literally means a public document, an authoritative statue, or the final judicial decision. It is also called gochik, an old rule or case. It now denotes some anecdote of an ancient master, or a dialogue between a maser and monks, or statement or question put forward by a teacher, all of which are used as the means for opening one's mind to the truth.

There are said to be 1700 of them. Seon masters often use strange tools of instruction, "providing apparently irrelevant and even harsh answers to the questions or inquiries, and proposing some unanswerable questions of their own," which cannot be solved by the intellect.

The whole intent is neither a riddle nor a witty remark, nor to confuse the student. It is rather to arouse doubt and push it to its furthest limits to renounce rational methods for the student to achieve enlightenment.

Their characteristics, unlike hwadu, or key word or phrase

meditation, require a dialogue between the master and student, but it is neither an intellectual nor an explanatory nor an instructive dialogue. If gong-an is the context of the dialogue, hwadu is a key word or a phrase of the dialogue. For further detailed information, see *(Hwadu)* Whadu, or key word or phrase and *(Hwaduchamgu)* Investigation of hwadu, or key word or phrase.

공안타파 公案打破 공안타파란 공안公案, 즉 활구活句에 지속적으로 의문을 던지므로써 언젠가 문득 깨치게 되는 것을 말한다. 다시 말해 이때 거친 표현인 '타파打破'했다는 말은, '한 소식 했다' 또는 '견성見性,' 곧 깨쳤다는 뜻으로 오해 없기 바란다.

(Gongan Tapa) Breaking the koan or hwadu: In koan practice, breaking the great doubt means attaining enlightenment, not just breaking something.

공양 供養 부처님께 올리는 것. purajna라는 범어梵語의 본래 뜻은, '존경하는 마음으로 간절히 대접한다'는 것이었으나, 이것이 후대에 식사 등 여러 가지 뜻으로 발전했다. 아래 여섯 가지 공양 외에 십종공양十種供養도 있다.

1) **이종공양二種供養** (이理, 곧 참된 진리에 합당하고 깨달음에 들어가는 법法과, 사事, 곧 향화香華 등의 재물財物을 바치는 공양).
2) **삼종공양三種供養** (재財, 곧 세간世間의 재보향화財寶香華 등과, 법法, 곧 보리심菩提心을 일으켜 자리리타自利利他와 관행觀行 등을 행하는 공양)
3) **삼업공양三業供養** (이양利養 (의복과 침구 등)과, 공경恭敬 (향화香華 번개幡蓋 등), 행行 (수행修行과 믿음과 계행戒行 등의 공양)
4) **사종공양四種供養** (향화香華, 합장合掌, 예경禮敬, 자비운심慈悲運心 등의 네 가지 공양)
5) **사사공양四事供養** (의복, 음식, 침구, 의약품 또는 탕약湯藥, 혹은 방사房舍, 곧 잠자리 등의 공양)
6) **오종공양五種供養** (향을 바르는 도향塗香, 꽃, 소향燒香, 음식, 연등燃燈 등의 다섯 가지 공양)

(Gong-yang) Pujana: Veneration, especially of the Buddha, dharma, and samgha, offering, or gifts of alms. It originally meant a devotional offering or serving to the Buddha and sentient beings, but now it has come to denote a variety of meanings including a meal. The following are the six types of offerings:

1) Two kinds of offerings: Offering of the Dharma or Buddha's teaching so that people may attain enlightenment; offering in kinds, such as incense, flowers, etc.
2) Three kinds of offerings: Offering in kinds, such as valuables, incense, flowers, etc.; an altruistic aspiration for helping others; and practice of contemplation.
3) Three acts of offerings: Offering of clothing and bedding; the act of veneration shown by offering incense, flowers, banners, the canopy; Offering of cultivation, faith, and precepts.
4) Four kinds of offerings: Offering of incense and flowers; the gesture of pressing or holding one's palms together; civility and veneration; the compassionate mind for the good fortune of others.
5) Four kinds of material offerings: Offering of clothing, food, bedding, medicine, and accommodation.
6) Five kinds of offerings: Applying the incense to one's body, offering flowers, burning incense, offering food, and lighting the lantern.

공양간 供養間 사찰 안에 있는 식당.

(Gongyanggan) The dining hall or area in a temple.

공양게송 供養偈頌 식사할 때 낭송하는 게송偈頌.

'이 공양이 어디서 왔는가? / 내 덕행으로 받기가 부끄럽네. / 마음에 찌든 온갖 욕심 버리고 / 몸을 유지하는 양약으로 삼아 / 도를 이루기 위해 이 음식을 받습니다.'

(Gongyang Gesong) The meal prayer or gatha: "Where has this food come from? / May I be worthy to receive it. / May I renounce the unwholesome mind, especially the poison of greed. / May I take only food to nourish and prevent illness, / And may I accept this food to attain enlightenment."

공양주 供養主 절에 시주施主하는 사람이나 받는 사람, 또는 절에서 밥 짓는 소임. 밥을 짓는 사람을 공사供司 또는 반두飯頭라고도 함.

(Gong-yangju) A benefactor, a receiver of the offering, or chief cook at a temple. Chief cook is also called *gongsa* or *bandu in Korean.*

공업 功業 공덕을 일구는 행. 선업善業 참조.

(Gongeop) The meritorious karma or action. *Cf. (Seoneop)* Good

karma.

공업 共業 제각기 공동으로 선악의 업을 짓고, 각자가 공동으로 고락苦樂의 과보를 받는 것.

(Gongeop) The common actions or karmas, or the collective actions and distributive joy and suffering of sentient beings.

공왕 空王 부처님에 대한 다른 이름. 법法을 공법空法이라 하고 부처님을 공왕空王이라고 하는데, 이렇게 부르는 것은, 공법이란 모든 잘못된 집착을 버리고 열반에 들어가는 문이며, 공왕이라 함은, 부처님의 가르침은 제행무상과 제법무아를 그 종지로 삼고 있기 때문이다.

(Gongwang) The Lord of Emptiness: It is another name for the Buddha. Every Dharma in the whole universe has no self-entity and is empty, and realization of the emptiness of things is the only way to enter Nirvana. The reason the Buddha is called the Lord of emptiness is due to the fact that his fundamental teaching is based on the emptiness of things.

공용 功用 신身 · 구口 · 의意로 짓는 모든 동작과 말과 생각 등을 말함.

(Gongyong) All beneficial actions or activities of the body, speech, and thought.

공용지 功用地 십지十地 중 초지初地에서 칠지七地까지를 말함. 이 자리에 있는 보살들은 이미 진여眞如를 증득하였으나, 가행加行의 공功을 쌓아야 하므로 이들을 공용지功用地라 말함.

(Gongyongji) The ground of beneficial actions: From the first ground to the seventh ground on the Boddhisattva way to the Buddhahood are called the ground of beneficial actions, because even though the Bodhisattvas have already awakened to the true-thusness, they have yet to strive hard to attain the ultimate state of the Buddhahood.

공유무애 空有無碍 온갖 것은 본래 편유偏有나 편공偏空이 아니며, 공空은 유有에 즉卽한 공空이며, 유有 또한 공空에 즉卽한 유有이므로, 공과 유가 서로 방해하지 않는다. 따라서 유有밖에 공空이 없고, 공밖에 유가 없다는 주장.

(Gongyu Muae) No hindrance of existence and non-existence: Warning of extreme theories of existence and non-existence. The identity, mutual association, or interfusion of existence and

non-existence. Hence no hindrance between the two. The theory of no existence outside non-existence or emptiness, and no emptiness outside existence.

공유이관 空有二觀 공空 · 유有의 두 가지 집착을 깨기 위하여 이 이관二觀을 세움. 공관空觀이란 실아實我와 실법實法이 없다고 관하는 것으로, 이는 유有에 대한 집착을 깨뜨리기 위함이며, 유관有觀이란 인과因果의 사법事法과 열반의 묘체妙體가 있다고 관하는 것으로, 이는 공空에 대한 집착을 깨뜨리기 위한 것.

(Gongyu Igwan) Two views or theories of emptiness and being, or existence and non-existence: The theory of emptiness is to refute self and the true reality of things; and the theory of being is to refute the attachment of emptiness by the law of particularity and the subtle base of Nirvana.

공적 空寂 공공적적空空寂寂의 준말. 우주에 형상이 있는 것이나 형상이 없는 것이나 모두 그 실체가 공무空無하여 아무것도 생각하고 분별할 것이 없음을 말함. 마음을 비우면 마음이 맑아지고, 마음이 적적寂寂하면 마음이 청정淸淨해진다. 성성적적惺惺寂寂 참조.

(Gongjeok) Complete emptiness and quietude or tranquility: Complete voidness and serenity in the whole universe beyond form and conception, beyond substantiality of any kind and discrimination, which is another name for nirvana. When one is empty or open, the mind is clear; when one is tranquil, the mind is pure. *Cf. (Seongseong Jeokjeok)* Luminous transparency of the void and serenity.

공적영지 空寂靈智 우주 만물이 그 실체가 없어 고요하여 신령스러움과 같은 부처님의 지혜. 다시 말해 '공적空寂'은 모든 분별심과 번뇌가 사라진 부처님의 마음자리를 말하며, '영지靈智'란 이러한 흔들림 없는 자리에서 일어나는 부처님의 신령神靈스러운 지혜.

(Gongjeok Yeongji) The void and quiet mind of gnostic wisdom: What the void and quiet mind means is the mind without defilement and discrimination; and gnostic wisdom means wisdom arising from such a mind--the non-dual mind, and the ultimate emptiness of things, which is also the wisdom of Buddha.

공제 空諦 삼제三諦의 하나. 일체 세간世間의 법은 유정有情 무정無情 할 것 없이 모두 인연에 의해 생긴 것으로, 하나도 그 실체와 자성이 있는 것이 아니므로 공이라 하며, 이 이치는 진실이므로 제諦라 한다는 천태종天台宗의 이론.

(Gongje) The truth of emptiness: The view that everything is made through causality, regardless of sentient being and insentient being, and nothing has an independent existence or self-nature. One of the three truths asserted by Tientai Sect.

공제 空際 열반涅槃의 다른 이름. 열반은 공적空寂이 지극한 곳이므로 공제空際 또는 실제實際라 말함.

(Gongje) It is another name for nirvana, because nirvana is the ultimate truth or fact, where everything is extremely quiet and empty.

공주규약 共住規約 승가僧家에서의 공동생활 규약.

(Gongju Gyuyak) The rule of community life at the temple.

공즉시색 空卽是色 진여실상眞如實相인 공空은 색色인 모든 법의 차별에 있는 것이 아니고 공 자체 그대로가 모든 법이라는 것. 반야심경의 한 구절. 이 한 구절만이라도 정확히 깨친 다음 참선을 할 것.

(Gongjeuk Sisaek) Sunia is rupa, and vice versa, or emptiness is identical with matter: There is no difference between them. It is also translated popularly as "form is emptiness and emptiness is form." It is a famous phrase from the Heart Sutra, which indicates that emptiness is not "nothingness," as is sometimes misunderstood.

공진 空塵 외도外道에서 공空을 관하면 반듯이 공상空相에 떨어져 인과응보의 이치를 믿지 않고 이를 부정하는 그릇된 소견에 떨어지니, 외도의 공관은 법진法塵이 되고 정관正觀이 아님을 보이는 것.

(Gongjin) Emptiness as sub-material, ghostly, or spiritual, as having diaphanous form, a non-Buddhist view of the emptiness as an entity, hence false view of an ego that is real.

공집 空執 공空에 대한 치우친 집착으로 인과因果의 사법事法과 열반의 묘체妙體가 없다고 고집하는 것을 말함.

(Gongjip) An erroneous attachment to emptiness: The heterodox view which clings to the idea of emptiness, and thereby negates the law of causality and the truth of wondrous being of true emptiness.

공취 空聚 사람이 살지 않는 마을. 이것은 사람의 육근六根은 거짓으로 화합하여 실재하지 않는 것을 사람이 살지 않는 마을에 비유한 말.

(Gongchwi) An empty abode (our body) or village with no inhabitants: It is a figurative expression of our non-substantial empty body, a collection of the five skandhas or aggregates.

공화 空華 허공에 핀 꽃. 사실 그런 것은 없다. 모든 것은 그와 같이 거품과 같고 번개와 같고 꿈과 같다는 것. 이 진리를 깨달아 집착을 놓는 것이 지혜이며 깨침.

(Gonghwa) Flowers in the sky: There is no such thing. Everything is essentially empty, non-existent like flowers in the sky. Nothing has its own everlasting self-entity. So is our mind. All is just an ever mutating flux of passing phantoms and thoughts.

꽃살문 문살에 꽃무늬를 놓아 만든 문. 한국 전통 사찰에서 많이 볼 수 있다.

(Kotsalmun) A framed door with flower designs: The typical traditional framed doors of a Korean temple.

과 果 인연소성법因緣所生法, 즉 어떤 원인으로 말미암아 생기는 결과. 그 무엇도 스스로 존재하는 것은 없다.

(Gwa) Fruit or result, brought about by a combination of causes. Nothing in our phenomenal world exists independently of causal factors.

과거 科擧 옛날에 관리를 등용시키기 위해 시행한 국가시험의 총칭.

(Gwageo) The higher civil service state examination conducted especially during the Joseon dynasty (1392-1910).

과거심 불가득 현재심 불가득 미래심 불가득 過去心 不可得 現在心 不可得 未來心 不可得 과거심도 흔적 없어 잡을 수 없고, 현재심도 신기루 같아 잡을 수 없고, 미래심 역시 환상 같아 잡을 수 없으니, 모두가 얻을 수 없는 꿈과 같은 환영幻影이며 공空. 이때 가득可得은 우리말의 '가득하다'의 '가득'과 같은 뜻으로 유有와 존재存在를 말하며, 따라서 불가득不可得은 공무空無를 뜻함.

(Gwageosim Bulgadeuk, Hyeonjaesim Bulgadeuk, Miraesim Bulgadeuk) Ungraspable transient thoughts of the past, present and future: There is no way to retain a past mind, no way to hold on to a present mind, and no way to grasp a future mind. They are non-existent. They are all "passing phantoms, bubbles and dreams" as the Buddha famously said.

과거칠불 過去七佛 과거세過去世에 나타나신 일곱 분의 부처 ; 비바시毘婆尸, 시기尸

葉, 비사부毘舍浮, 가섭迦葉, 구류손拘留孫, 구나함모니拘那含牟尼, 석가모니釋迦牟尼.

(Gwageo Chilbul) The seven ancient Buddhas of the eon, or the seven ancient Buddhas, the last of whom is Sakyamuni Buddha: They are, in order, Vipasyin Buddha, Shikin Buddha, Visvabhu Buddha, Krakucchanda Buddha, Kanaka Buddha, Kasyapa Buddha, and Sakyamuni Buddha.

과덕 果德 필연적으로 돌아오는 큰 덕德.

(Gwadeok) The ultimate reward of merit, virtue, and integrity.

과법 果法 열반의 이상경理想境인 열반을 말함. 사법四法 참조.

(Gwabeop) The ultimate fruit of Dharma or Nirvana. *Cf. (Sabeop)* The four aspects of Buddhist Dharma.

과보 果報 인과응보와 같은 뜻으로, 이숙異熟이라고도 씀. 인因으로서의 업業, 곧 과거에 심은 업인業因으로 말미암아 얻는 선악善惡간의 보답의 결과.

(Gwabo) Recompence or retribution for good or evil deeds: It implies that different conditions in this life are the variant fruit of seed sown in previous lives. This is also the moral principle of Buddhism. It is also called *isuik* 異熟.

과위 果位 인행因行, 곧 부처가 되기 위한 수행이 성취되어 증득하는 불과佛果, 곧 깨달은 자리.

(Gwawi) The stage of attainment, or reward through constant practice and good conduct.

곽시쌍부 槨示雙趺 두 다리를 관棺 밖으로 내보이는 것. 부처님께서 입멸하셨을 때, 먼 외지에 있었던 마하가섭존자가 늦게 도착하자, 부처님께서 두 다리를 관 밖으로 내밀어 보이신 것을 말함.

(Gwaksi Ssangbu) Showing the two feet out of the coffin: Buddha miraculously showed his two feet out of the coffin when Mahakasyapa arrived late from a long way after Buddha's great death.

관 觀 위빠사나라 음역. 내관內觀이라고도 말하며, 선정禪定에 들어 지혜로서 마음과 물질의 경계境界, 즉 대상을 자세히 살피는 것. 사띠와 지관止觀 참조.

(Gwan) Vipassana: Sati, penetrative insight, or contemplation. It is a function of the mental property of wisdom directed towards

uncovering the true nature of things. *Cf.* *(Sati)* The way of practicing Vipassana and *(Jigwan)* Tranquility and insight.

관견 管見 작은 관管을 통하여 본다는 뜻으로 좁은 소견, 곧 넓지 못한 견문見聞을 뜻함.

(Gwangyeon) A narrow view, narrow-minded, or limited knowledge, as if seeing the world through the narrow passage of a pipe.

관법 觀法 진리를 관상觀想하는 방법. 즉 마음으로 진리를 살피는 것. 관심觀心은 행위의 주체인 마음을 관하는 것. 관법觀法은 객관적 대상인 사물을 관하는 것. 그러나 불교에서는 주관과 객관이 서로 융통融通하고 상즉相卽, 즉 서로 걸림 없이 어울리므로 결국은 관법이 관심觀心, 즉 마음 살핌과 다르지 않다. 그런데 혼란을 피하기 위해 觀法에 대해 몇 가지 정리할 필요가 있을 것 같다. 우선 초기 경전에 보면, 부처님께서 창안하신 수행법은 싸띠 (sati)라 불리었고 아주 드물게 위빠싸나 (vipassana)라고 불리었다고 한다. 그러다가 부처님께서 입멸하신 후 제자들 간에 위빠싸나라고 불리게 된 다음 그것이 고정화되어 현재 남방불교에서 널리 통용되게 되었다는 것. 어쨌든 관법은 깨어있음이 요체.

그런데 문제는 여기에서 끝이지 않고 중국에 불교가 전래되면서 samadhi (止/定)을 지칭하는 jhana (禪那)를 禪 또는 參禪으로 번역하여 즐겨 불리게 되었다는 것. 그런데 서구 사람들은 싸띠 집중을 가리키는 samadhi를 meditation이라 번역했고, 이것을 다시 한문으로는 瞑想이라고 번역하게 되었다는 것. 따라서 우리는 觀法 (vipassana), 알아차림 (sati), 止/定 (samadhi), 禪 (jhana), 이의 영문번역 (meditation), 그리고 이의 재 한문 번역인 瞑想 등을 조심스럽게 구별하여 사용할 필요가 있을 같다는 것.

(Gwanbeop) Vipassana: To observe objects minutely, a methods of contemplation, or a method of obtaining an insight into truth. But Buddhism sees the contemplation of the mind in search of truth and contemplation on the mind as interfusing aspect without any hindrance, i.e., mind is truth and truth is mind. Hence there is no difference between the contemplation of the mind in search of truth and contemplation of the mind.

However, to avoid confusion, there must need be some classification and careful use of the Buddhist technical terms vipassana or contemplation, sati, samadhi, jhana, meditation and their equivalent

Chinese translations of 觀法, 禪 or 參禪, and 瞑想.

The original term found in the Nikaya the Honored One favored was "sati." However after the Lord Buddha's great passing into Nirvana, the term "vipassana" was favored by his disciples. Then when the Buddhism was first introduced to the ancient China, "jhana" indicating samadhi or concentration of the mind was translated into Chinese as "Ch'an."

However, in the modern time, samadhi is translated into English as "meditation," and then "meditation" is usually translated into Chinese as 瞑想, conflicting with the original Chinese translation of the term 禪 or 參禪. The crucial point of Vipassana is to stay awake.

관불 觀佛 부처님을 마음속으로 생각하며 보는 것.

(Gwanbul) Watching the Buddha thinking of the Lord in mind.

관불삼매 觀佛三昧 부처님의 모습, 공덕, 실상 등을 관상觀想하면서 마음을 흐트러지지 않게 하는 것. 줄여서 관불觀佛이라고도 말함. 이 삼매三昧에서 부처님이 눈앞에 나타나심을 본다. 죄업이 소멸하여 정토淨土에 왕생한다고 함.

(Gwanbul Sammae) Samadhi of meditation on the image of the Buddha: A type of meditation in which one pictures in one's mind the Buddha's image. In this state of samadhi all the Buddhas appear before one, and it is believed that through this type of meditation one will be released of his karmic sins and be reborn in the Pure Land.

관불 灌佛 사월 초파일, 부처님 오신 날에 어린 부처님 머리 위에 정수淨水를 붓는 의식. 이것은 또 우리들의 마음을 정갈하게 하는 뜻도 있다.

(Gwanbul) Sprinkling water on the head, or bathing of the image f the child Buddha on his birthday: A ceremony on Buddha's birthday on the eighth day of the fourth moon by the lunar calendar. It is also the act of purifying our mind.

관상 觀想 어떤 상념想念을 마음속에 떠오르게 하여 관찰하는 것. 넓은 의미로는 실천적 태도와는 달리, 인식과 명상 등의 정관적靜觀的 태도를 말함.

(Gwansang) Observation of a conception in our mind: In a broad sense, it is an act of quiet observation of cognition or contemplation in contrast to an act of practical action or meditation.

관습 慣習 한 사회에서 전통적으로 널리 행해지는 법칙 또는 관행慣行.

(Gwanseup) A traditional or social convention or custom.

관심 觀心 자기 마음의 본 성품을 똑똑히 관조하는 것. 쉽게 이야기 해 우리의 마음에는 무명에 덮인 염심染心과 진여불성 또는 자성청정심의 두 가지가 있음을 알아 체득하는 것을 말한다. 또 마음은 만법의 주체로 어떠한 경우에도 마음에서 떠나는 것이 없으므로, 마음을 관하는 것은 곧 온갖 법을 관찰하는 것이 된다. 그러므로 사事와 이理를 관찰함을 총칭하여 관심觀心이라 한다. 관법觀法 참조.

(Gwansim) Contemplation mind watching, or introspection of the mind: It is to realize the two aspects of our mind: defiled and immaculate and true-suchness of our Buddha-mind. Nothing exists outside of the mind. Hence contemplation of the mind is looking into the nature of all things, both phenomenal and elemental. *Cf. (Gwanbeop)* Contemplation of Dharma.

관심문 觀心門 교문教門 또는 교상문教相門이 이론적 교리임에 대하여, 관심문은 실천적인 수행 방법을 말하는 것으로 마음을 관하는 법문. 불교 유심론 唯心論에서는 마음이 만법의 주체이므로 어느 한 가지도 마음 밖에 없다고 하여, 마음을 관하는 것이 곧 온갖 사리事理를 구명究明하는 것이므로 관심을 중요시 함.

(Gwansimmun) The gateway to the observation of the mind: The door or teaching of the contemplation of the mind. While the doctrinal door or teaching is theoretical as well as analytic, the teaching of the contemplation of the mind upholds the mind as it is seen in the Mind-only School, because every phenomenon in the universe is nothing but the reflection of the mind, according to this school's view.

관음관 觀音觀 극락정토에 태어나기 위하여 열심히 관음보살의 신상身相을 관하는 수행법.

(Gwaneumgwan) Contemplation of the image of the Bodhisattva of Great Compassion to be reborn in the Land of Utmost Joy in the West.

관음신앙 觀音信仰 중생이 괴로움을 받고 있을 때 관음보살의 이름을 일심으로 부르면 그 음성을 관음보살이 관하시어 모두를 고난과 액난의 두려움에서 해탈케 해준다는 것을 믿는 신앙.

(Gwaneum Sinang) Belief in the Bodhisattva of Avalokitesvara, or the Bodhisattva of Great Compassion: It is the belief that if you recite

the name of this Bodhisattva in great earnest, your invocation will be observed by the Bodhisattva and will be delivered from not only great afflictions but also from all kinds of calamities.

관음재 觀音齋 관세음보살을 공양하는 법회.

(Gwaneumjae) Celebration of the Bodhisattva of Great Compassion.

관음정근 觀音定/精勤 간절한 마음으로 관세음보살의 명호名號를 계속 염송念誦하는 것.

(Gwaneumjeong/Jeonggeun) Ceaseless chanting or invoking the name of the Bodhisattva of Great Compassion.

관음참법 觀音懺法 관세음보살의 명호를 부르며 참회 공양하는 법. 곧 죽은 사람을 위하여 죄업을 참회하고 명복을 비는 법식法式.

(Gwaneum Chanbeop) The mode of contrition in the name of the Bodhisattva of Great Compassion: It is a mode of contrition about the sins one has committed to pray for the happiness of the deceased in the other world.

관자재 觀自在 관세음觀世音의 이칭異稱.

(Gwanjajae) Another name for Avalokiteshvara, or the Bodhisattva of Great Compassion, *Gwanseum.*

관정 灌頂 물을 정수리에 붓는다는 뜻으로, 본래 인도에서 왕이 즉위하거나 태자를 세울 때 바닷물을 정수리에 붓는 의식에서 유래. 그러나 이것이 후에 입문식入門式이나 보살의 지위를 의미하게 됨.

(Gwanjeong) A ceremony of sprinkling water on the head of a devotee at an initiation ceremony, or at the rite of recognizing the status of Bodhisattva. However, it was first originated in India at the occasion of the coronation of .the King, or at the announcement of the Crown Prince. In the latter cases, they used sea water instead of fresh water.

관조 觀照 지혜로써 대경對境 또는 사리事理를 비추어 밝게 아는 것.

(Gwanjo) Introspective insight: Introspection or a contemplative insight or reflection to perceive the ultimate reality and the phenomenal world.

관조반야 觀照般若 삼반야三般若의 하나. 신령한 관조반야에는 외연外緣에 감응하여 회합하는 작용은 있으나 분별심分別心은 없다. 삼반야三般若 참조.

'성인은 반야로서 신령하기 때문에 / 마음에 번뇌가 텅 비었으나 관조의 작용을 잃지 않고 / 관조의 작용은 있으나 형상도 명칭도 없기에 / 관조의 작용을 한다 해도 참된 지혜 자체의 텅 빈 마음을 잃지 않는다.'

(Gwanjobanya) Prajna or wisdom of contemplative illumination: One of the three transcendental wisdom. It responds and interacts with external conditions but with no discrimination.

"As the mind of a saint is gnostic and empty without any defilement, / He is able to maintain the function of the wisdom of contemplative illumination; / And as the function of the wisdom of contemplative illumination has neither name nor form, / It is intact without losing the emptiness of true wisdom in its function."

관지 觀智 법法, 즉 사리事理를 바로 관하는 지혜.

(Gwanji) The wisdom of insight that discerns the principle of nature and the Dharma.

관행 觀行 관심觀心하는 행법. 즉 자기 마음의 본 성품을 밝게 관조하는 동시에 이를 몸소 실행함.

(Gwanhaeng) Contemplating one's original true mind and action according to the wisdom attained through contemplation.

관행 慣行 관례慣例에 따른 행위.

(Gwanhaeng) A common, conventional, or received practice.

광명변조 光明遍照 온 누리에 가득 찬 찬란한 빛. 비로자나 부처님의 한문 번역.

(Gwangmyeong Byeonjo) The great pervading light of the universe: It is another name for the Vairochana Buddha, the personification of Dharmakaya or Dharma-body and the Buddha of cosmic energy, or the wisdom of the universal law.

광명진언 光明眞言 다라니의 이름. 이 다라니를 외우면 부처님의 광명을 얻어 모든 죄보가 소멸되므로 광명진언이라 말함.

(Gwangmyeong Jineon) The mantra of light: The name of dharani or mantra. It is so called because when you chant this mantra, all your evil karma is destroyed through the light of the Buddha.

광배 光背 후광後光 또는 광염光焰이라고도 말함. 몸에서 나오는 빛을 형상화한 부처님이나 보살상 배후背後의 빛으로, 불·보살의 지혜를 상징함. 머리 위의 원형은 두광頭光, 등 뒤의 타원형은 신광身光이라 말함.

(Gwangbae) The back illuminating adornment of the statues of Buddha and Bodhisattvas: The illumination behind the head in a round shape is called the head illumination, while the illumination behind the body in an elliptical or an oval shape is called the body illumination.

광수공양 廣修供養 삼보三寶에 귀위하여 널리 부처님께 공양함.

(Gwangsu Gongyang) Offering to all the Buddhas in the ten directions in the obeisance to the Three Jewels, the Buddha, the Dharma, and the Sangha.

광음 光陰 일반적으로 광光은 태양과 낮 또는 빛, 음陰은 달과 밤 또는 음지를 의미하나, 세월 또는 시간을 의미하기도 함.

(Gwang-eum) Light and darkness, day and night, time and tide, or the passage of time.

괘 卦 옛날 중국의 복희씨伏羲氏가 지었다는 글. 팔괘八卦 참조.

(Gwae) The trigram, which originated in ancient Chinese philosophy. *Cf. (Palgwae)* The eight trigrams for divination in the Daoist I Ching, or the Book of Changes.

괘불 掛佛 불상을 그려서 거는 일, 또는 그려서 걸게 된 불보살의 불화佛畵 또는 탱화幀畵.

(Gwaebul) A long hanging Buddhist scroll painting of the Buddha and Bodhisattvas, or hanging the Buddhist scroll painting.

괴겁 壞劫 사겁四劫의 하나. 세계가 파괴되는 기간.

(Gwegeop) The kalpa or eon of destruction: One of the four periods of cosmic changes.

교구본사 敎區本寺 사찰의 감독과 행정의 편의를 위해 정한 구역의 큰 절. 한국 조계종에는 25개의 교구본사와 하나의 군종특별 교구가 있다.

(Gyogubonsa) The District Head Temple: The Jogye Order of Korean Buddhism carries 25 districts or dioceses and one special Armed Forces District Head temple.

교단 敎團 종교상의 신앙과 한 교조敎祖를 신봉하는 수행자들의 공동사회. 불교에서는 승가를 뜻함. 승가僧伽 참조.

(Gyodan) A religious body, order, or brotherhood. In Buddhism, it

is called Sangha. *Cf.* Sangha.

교도 敎導 가르쳐서 오른 길로 인도함.

(Gyodo) Lead a person to the right way through discipline.

교리 敎理 종교상의 원리와 이치理致.

(Gyori) A religious doctrine or tenet.

교문 敎門 두 가지 뜻이 있다. 교상문敎相門의 준말로 선문禪門에 대비되는 불교의 교학敎學을 의미하고, 다른 하나는 불도佛道에 들어가는 문이라는 뜻.

(Gyomun) The doctrinal door or teaching in contrast to the Seon or meditation door. It also means entering the Buddha-way, or becoming a Buddhist.

교법/설 敎法/說 부처님이 설하신 일생일대一生一代의 가르침.

(Gyobeop/seol) The doctrinal teaching or discourse: Sakyamuni Buddha's lifelong teachings.

교상 敎相 교법敎法과 같은 말. 부처님께서 평생 설하신 가르침, 또는 특정 교파의 이론적 가르침.

(Gyosang) The lifelong teachings of Buddha, or the particular teaching of a sect: An alternate name of *gyobeop.*

교상문 敎相門 불교의 교학, 곧 이론적 교리 조직의 부문으로, 석존 일대의 교설을 자기네 종파의 입장에서 분류 판별하여 지혜를 닦고 그 뜻을 구명究明함을 말함. 아와 대비되는 선문禪門 참조.

(Gyosangmun) The doctrinal school or sect: The particular interpretation and teaching of Buddha's lifelong discourse according to the doctrine of a sect. *Cf. (Seonmun)* The Seon School or door.

교상판석 敎相判釋 불교 경전의 해석법. 줄여서 교판敎判이라고도 말하며, 이것은 부처님의 여러 교설의 상相, 곧 각기 다른 여러 교리와 특징을 분류 해석 비판함을 뜻함. 특히 중국에서 불경 번역이 성하면서 발달함. 그러나 교판에는 신라의 원측圓測과 원효대사처럼, 서로 다른 교설들을 조화롭게 통합하고자하는 측면과, 이들 사이의 차이점을 강조하여 자기 종파의 절대적 우월성을 확보하고자 하는 두 가지 측면이 있음도 사실이다.

(Gyosang Panseok) The various divisions of teaching or doctrine: Critical classification of the various doctrines of Buddhism from some particular sectarian points of view. Yet there are two distinctly different

approaches. One is to harmonize and incorporate the differences, which was the effort of the Venerable Wonhyo (617-686) and Wonchuk (613-696) of Korea. The other is to emphasize the differences to secure the superiority of the doctrine of a certain sect. Such various critical theories developed during the period of translating the Buddhist scriptures from the Sanskrit to Chinese in the ancient times of China.

교선 敎禪 교敎와 선禪을 말함. 다시 말해 문자로 나타낸 교敎에 의한 불교와, 문자에 의하지 않고 마음으로 직접 부처님의 가르침을 깨달은 다음 이를 이심전심으로 전수하는 교敎 밖의 법을 말함.

(Gyoseon) Textual teaching and meditation: Two main doctrinal divisions of Buddhism from the standpoint of the Seon School. One is a school that has a doctrinal system based upon the sutra or Buddha's teaching. The other is a school depending on the inner experience of the Buddha and is directly transmitted from mind to mind without relying upon scripture.

교수사 敎授師 계戒 받는 이를 인도하여 수계受戒하는 계단戒壇에 대한 여러 가지 작법作法과 규모를 가르치는 스님에 대한 높임말.

(Gyosusa) A venerable preceptor: An elevated title of the preceptor who instructs the procedures of the precepts ceremony.

교외별전 敎外別傳 문자와 언어에 의한 가르침 밖에 따로 전하는 것. 즉 문자와 언어를 쓰지 않고 따로 부처님께서 깨달으신 진리를 마음에서 마음으로 전하는 선종禪宗의 교의敎義.

(Gyo-oi Byeoljeon) A special transmission outside the scriptures: A special transmission of Buddha's teaching or the Buddha-dharma from mind-to-mind apart from doctrine or scripture. One thing one should know is that there is nothing to transmit. One must experience it by oneself, just like appreciating infinite empty space, or fresh water. This is the doctrine of the Seon School.

교의 敎義 교법敎法의 원리 또는 뜻. 다시 말해 언어문자로서 가르친 교리敎理와 그 안에 내포되어 있는 뜻.

(Gyoui) The meaning of a teaching or doctrine.

교종 敎宗 불립문자不立文字를 교지敎旨로 내세우는 선종禪宗에 대비되는 말로, 교학

敎學을 중요시 하는 종파를 말하며, 교학이란 중생을 저 언덕으로 건네주는 배 또는 방편.

(Gyojong) The doctrinal school in contrast to Seon or Zen Buddhism which upholds sudden enlightenment apart from words and letters. It may be compared with a ferryboat that carries the passengers over to the other shore.

교지 敎旨 교법敎法의 뜻 또는 취지趣旨.

(Gyoji) A tenet or doctrine.

교파 敎派 종교의 갈라진 갈래. 종교의 파. 종파 참조.

(Gyopa) A religious denomination, a sect, a school, or order. *Cf. (Jongpa)* A sect or school.

교화 敎化 교도전화敎導轉化의 뜻. 중생을 가르치거나 설법에 의해 성인의 경지에 이르게 하거나 이들을 오른 길로 인도하는 것.

(Gyohwa) Edification of people: To develop, transform, or convert people by the teaching of the Buddha-dharma.

구 句 일반적으로는 언구言句, 어구語句, 문구文句라는 뜻이나, 선문禪門에서는 활구活句를 뜻하는 것으로, 확철대오擴徹大悟한 경지의 지극한 말을 뜻한다. 활구活句와 임제종臨濟宗 참조.

(Gu) Phrase: In the ordinary sense, it means a phrase with a certain meaning, but in Seon Buddhism, it means "a live phrase" or the ultimate meaning of reality beyond expression. *Cf. (Hwalgu)* A live phrase and *(Imjejong)* The Linji Order.

구결 口訣 구수口授 또는 구전口傳이라고도 말함. 제자 가운데 특별히 선출된 자에게 비밀한 뜻을 말로 전하는 것.

(Gugyeol) The oral transmission of a secret message by the master to the disciple.

구결 九結 아홉 가지의 결박이란 뜻으로, 중생을 결박하는 생사의 번뇌를 말함. 곧 애결愛結 (사랑), 에결恚結 (성냄), 만결慢結 (자만하는 것), 무명결無明結 (무지), 견결見結 (그릇된 견해), 취결取結 (집착), 의결疑結 (의심), 질결嫉結 (질투), 간결慳結 (인색함) 등을 말함.

(Gugyeol) The nine knots, fetters, or bondages: Love or affection, anger, pride, ignorance, illusion, attachment, doubt, jealousy, and

stinginess--the main causes of all defilements.

구경 究竟 사리事理의 마지막, 최상, 필경畢竟, 구극究極의 뜻. 지상至上의 오悟, 즉 위없는 부처님의 깨달음을 구경각究竟覺이라 하고, 성자의 가장 높은 지위를 구경위究竟位라 말함.

(Gugyeong) Ultimate, utmost, or supreme state, such as supreme awakening or enlightenment of the Buddha.

구경각 究竟覺 궁극적인 깨달음. 삼각三覺의 하나. 다른 둘은 사람의 마음은 본래부터 맑고 깨끗한 오성悟性을 지니고 있다는 본각本覺과, 불법佛法을 듣고 무명無明에서 벗어나 깨달음을 얻게 된다는 시각始覺. 구경究竟은 구극究極과 같은 뜻.

(Gugyeonggak) Ultimate enlightenment, or unexcelled, perfect enlightenment: It is one of the three enlightenments. The other two are: the fundamental pure states of our mind, and the initial enlightenment attained from listening to the teachings of Buddha.

구경법계 究竟法界 궁극적 진리의 세계.

(Gugyeong Beopgye) The ultimate Dharma-dhatu, or the realm of Dharma or truth.

구경열반 究竟涅槃 위없는 축복과 열반의 경지.

(Gugyeong Yeolban) The ultimate bliss of Nirvana.

구경위 究竟位 오위五位의 하나. 모든 번뇌를 끊고 진리를 증득하여 최종의 불과佛果에 도달한 지위, 즉 청정하고 위없는 지극한 자리.

(Gugyeongwi) The ultimate or final stage of cultivation without any defilement: The last of the five stages of complete spiritual development to the Buddhahood: *Cf. (Owi)* Five stages of spiritual development.

구경지 究竟智 궁극적인 지혜, 즉 부처님의 깨달음과 지혜. 이것은 곧 연기법을 말하는 것으로, 모든 개별상과 차별상은 의타적 인연법에 의한 것이라는 것. 인연법 참조.

(Gugyeongji) The ultimate knowledge, or the wisdom of Buddha: Ultimate Truth is absolute Reality. It means causality, the principle of all things are one, and their individuality and diversity depend on mutual dependence. *Cf. (Yeongibeop)* Dependent origination.

구계 九界 십계十界 중에서 지혜를 갖춘 불과佛果를 제외한 그 밖에 무명無明의 망집妄執을 벗어나지 못하는 구계九界. 십계十界 참조.

(Gugye) The nine spheres: They are same as the ten spheres except

for the last sphere of Buddha. *Cf. (Sipgye).* The ten spheres.

9x9=81 (이것은 부처가 무엇이냐는 학인의 질문에 대한 선사禪師의 답이다. 그렇다면 이 대답의 뜻은 무엇인지? 그런데 9x9=81이라는 공식은 초등학생도 안다. 알고 보면 깨침이라는 것도 바로 이런 것으로 특별한 것이 아니다. 그래서 선사들은 깨침이란 세수할 때 자기의 코 만지기보다 쉽다고 했다. 아상我相과 집착만 놓으면 된다. 그리고 참선이란 것도 사실 알고 보면 이 마음을 내려놓는 훈련이다. 모두들 한 번 해보시기를)

9x9=81 (This was the master's answer to the student's question, "What is the Buddha?" Even kids know the multiplication formula of 9x9=81. Attaining enlightenment is as simple as the formula. The great masters said that attaining enlightenment is as easy as grabbing one's own nose when one is washing one's face. So is meditation practice. It is nothing special. All you have to do is put down your ego and attachment. Try it. Everyone can do it.)

구공상류 九孔常流 구루九漏라고도 말함. 육체의 아홉 개의 문, 즉 눈, 귀, 코, 입, 그리고 똥과 오줌 구멍. 이로부터 항상 더러운 것이 흘러나오므로 육신에 대한 집착을 버리라는 뜻.

(Gugong Sangryu) Nine outlets of the body: The eyes, ears, nose, mouth, urethra, anus, from which leaks filth. It is a piece of advice for non-attachment to our filthy body.

구구순숙 久久純熟 화두, 염불, 주문呪文 할 것 없이, 무슨 공부를 하던 오랫동안 익혀 나가면 자연히 안 밖으로 모두 하나가 되어 소기의 목적을 달성한다는 뜻.

(Gugusunsuk) A steady practice, no matter whether one practices meditation, recitation of Buddha's name, or mantra, will eventually bring its fulfillment.

구도자 求道者 부처가 될 도道, 즉 진리를 구하는 자. 곧 Bodhisattva의 의역.

(Gudoja) Bodhisattva, or an ascetic: A seeker of the Buddha-way, or a pursuer of the Dao or Truth.

구두선 口頭禪 문자로만 하는 수행을 문자선文字禪이라 하고, 말로만 하는 것을 구두선口頭禪이라 비꼰다. 다시 말해 실행이 없이 말로만 떠들어대는 것. 이를 구두삼매口頭三昧라고도 말함. 참선은 말로 하는 것이 아니니, 우선 입을 다물고 앉을 것.

(Guduseon) Verbiage meditation: Empty talk of meditation, or a profusion of nonsensical talk about meditation. It literally means "Seon, or meditation in the mouth head." You must first stop talking and then sit for meditation.

구루 九漏 구공상류九孔常流 참조.

(Guru) *Cf. (Gugong Sangru)* Nine outlets of the body.

구루 힌두교에서 수도자에게 종교적 가르침을 주는 정신적 지도자 또는 스승. 티베트에서는 라마라고 부름.

(Guru) A spiritual master or preceptor in Hinduism who teaches personal religious instructions to the practitioner. It is called lama in Tibet.

구마라집 鳩摩羅什 (339/344-413) 많은 불교 경전들을 중국어로 번역한 중앙아시아의 위대한 승려 학자. 현장법사玄奘法師보다 260년 가까이 앞서며, 현장법사의 번역을 신역新譯이라 함에 대해, 구마라집의 번역을 구역이라 말함. 그리고 현장법사가 직역을 한데 반해, 구마라집은 의역을 함으로써 읽기가 쉽고 이해하기도 쉽다.

(Guramajip) Kumarajiva (339/344-413): A great Central Asian scholar-monk who translated a great many sutras into Chinese. He was born about 260 years before Preceptor Xuanzang (602-664), and his translation is much easier to read and understand than that of Preceptor Xuanzang.

구법승 求法僧 불법佛法 또는 경전經典을 구하기 위해 온갖 고행을 마다하지 않는 승려. 중국 역경사譯經史에서 가장 큰 업적을 남긴 사람이 현장법사玄莊法師라는 평가에 대해서는 아무도 이의를 제기할 사람이 없을 것이며, 또 그의 구법역정求法歷程은 목숨을 건 비장한 것이었으니, 다음은 그가 천축국天竺國으로 떠나면서 절 앞에 있는 소나무에 남긴 고별시告別詩이다:

나 이제 서쪽 나라 천축天竺으로 가노니
가는 길 험난하여 목숨을 잃거나
천축에 가서 다시 오지 못할 지라도
소나무야, 너만은 천 년 만 년 잘 자라다오.

(Gubeopseung) The priest in quest of the Buddha-Dharma, or on pilgrimage to obtain the Buddhist scriptures disregarding all kinds of unimaginable hardships. There will be no one who refuses to accept the claim that the Venerable Preceptor Xuan Xhuang was the foremost in translating the Sanskrit version of the Buddhist scriptures into Chinese. The following is the stanza he composed to a pine tree in his yard before he left for India to obtain the holy scriptures:

I am leaving for a country called India;
The way is rough and I might lose my life.
I might never return (to see you again);
I bid you to live for a thousand and thousands years.

구병시식 救病施食 구명시식救命施食이라고도 말함. 병든 사람을 위하여 귀신에게 음식을 보시하고 법문을 일러주는 의식.

(Gumyeong Sisik) Offering the food to a spiritual ghost with the Dharma talk to release the pain of a sick person.

구부득고 求不得苦 원하는 것을 얻지 못하는 괴로움.

(Gubudeukgo) Pain or suffering from not getting what one desires.

구산선문 九山禪門 신라가 삼국을 통일한 후 불교가 한창 융성할 때, 큰 스님들이 중국에 가서 달마 선법禪法을 받아 가지고 돌아와, 신라 땅에 9곳의 선종사찰을 세워 종풍宗風을 크게 드날린 것을 가리켜 구산문九山門이라 함.

(Gusanmun) The Seon gates of nine mountains, or nine mountain Seon monasteries: They were established by the eminent priests who promoted the tradition of meditation during the period of the Unified Silla Dynasty after returning from China where they studied the meditation of Bodhidharma.

구상 九相 기신론起信論에서 삼세三細와 육추六麤를 함께 일컫는 말. 절대 평등하여 항상 불변하는 진여로부터 미계迷界의 사물을 형성함에 구상九相으로 전개된다고 하는 것. 이것을 구상차제九相次第라고도 말함.

(Gusang) The nine characteristics or forms: The nine stages of formulation of phenomena from true-suchness to the things in the deluded world. It is actually a combination of (*Samse*) The three detailed sub-categories of perception and (*Yukchu*) The six unsightly delusions.

구상 九想 선정禪定의 아홉 성취 단계. 그러나 구상九想이라는 이 말이, 사람의 더러운 점을 알게 하여 그 욕정을 제거하는 관법을 뜻하는 경우도 있으나, 그럴 경우

내용이 달라진다. 1) 명상의 대상에 대한 마음의 방향 설정. 2) 마음의 안정. 3) 마음을 대상에 고정시킴. 4) 계속적으로 주의注意를 새롭게 함. 5) 마음 길들임. 6) 마음을 고요히 함. 7) 정제된 고요함. 8) 마음이 하나로 모아짐. 9) 삼매의 경지에 들어감.

(Gusang) The nine stages of meditation: 1) Setting the mind towards the object of meditation. 2) Stabilization of the mind. 3) Continuous renewal of attention. 4) Concentration of the mind on an object. 5) Taming the mind. 6) Calming the mind. 7) Refined serenity. 8) The mind collected into one. 9) Attaining samadhi. This term has another meaning of viewing our body as impure to eradicate sensuous desires. In this case, the contents of nine categories will be different.

구상 九想 구상관九想觀 또는 구상문九想門이라고도 말하며, 육체에 대한 집착과 정념情念을 제거하기 위해 특별히 사람의 시신屍身의 추악한 아홉 종류의 모습에 대하여 정신을 집중하여 관하는 것으로, 미상迷想을 끊기 위한 부정관不淨觀을 말함.

1) 창상脹想 (사람의 시체가 부어 마치 곡식이 담긴 자루처럼 팅팅한 모양을 관함)
2) 괴상壞想 (시체에 가죽과 살이 문들어지고 오장이 썩는 모양을 관함)
3) 혈도상血塗想 (신체의 온몸이 피고름으로 더러워진 모양을 관함)
4) 농란상膿爛想 (시체에서 벌래와 고름이 흘러나오고 살이 흩어져 여러 군데에 낭자한 모양을 관함)
5) 청어상靑瘀想 (시체가 바람에 쏘이고 비에 씻겨 피고름이 엉켜 푸르퉁퉁한 모양을 관함)
6) 감상噉想 (시체가 새와 짐승 그리고 구더기에 파먹히는 모양을 관함)
7) 산상散想 (가죽과 살은 사라지고 뼈만 붙어 있으면서 머리와 다리가 뒤섞인 모양을 관함)
8) 공상骨相 (백골白骨이 낭자한 모양을 관함)
9) 소상燒想 (불에 타서 그슬리어 악취가 나고 재와 흙이 되는 모양을 관함)

(Gusang) The nine thoughts on impurity, or the nine types of contemplation on a decaying corpse to free one from attachment to the human body: One of the contemplations on the unclean leaving the emotional sentiments and deluded illusions behind.

1) Contemplation on the bloated corpse like a corn sacks full of grain.
2) Contemplation on the decaying corpse, inside and outside, with stinking puss all over the skin.
3) Contemplation on the blooded corpse stained with stinking puss all over the body.
4) Contemplation on the corpse with all kinds of bugs eating the decaying flesh.
5) Contemplation on the stinking colored corpse caused by the wind and rain.
6) Contemplation on the corpse torn apart by birds, wild animals, and maggots.
7) Contemplation on the scattered bones of arms and legs with no flesh and skin on them.
8) Contemplation on the white broken bones.
9) Contemplation on the burnt corpse that is reduced to ashes and dirt.

구생기 俱生起 줄여서 구생俱生이라고도 말함. 날 때부터 선천적으로 갖추어 있는 번뇌 또는 미혹迷惑. 이것은 잘못된 가르침과 외부로부터의 영향 또는 스스로의 잘못된 추리분별에 의해 일어나는 후천적 번뇌인 분별기分別起와 대칭적인 것.

(Gusaenggi) The innate karmic defilement in contrast to postnatal defilement that arises from wrong edification and speculative dis-crimination.

구설염불 口說念佛 큰소리로 염불하는 것을 말함.

(Guseol Yeombul) Loud recitation of a Buddha-name.

구세 九世 과거, 현재, 미래의 삼세三世에 또 이들에 각각 삼세三世가 있다하여 구세九世라 함.

(Guse) The nine periods of time: The past, the present, and the future multiplied by each of their past, present, and future.

구시나가라 불교의 사대성지四大聖地의 하나로 부처님께서 열반하신 곳.

(Kushinagara) The name of the place where the Buddha entered into parinirvana, one of the four holy places of pilgrimage.

구식 九識 아마라식阿摩羅識 참조.

(Gusik) The ninth consciousness. *Cf. (Amalasik)* Amala: The pristine and undefiled consciousness.

구업 口業 어업語業이라고도 말함. 입으로 짓는 업業으로 신구의身口意 삼업三業의 하나로 망어妄語, 양설兩舌, 기어奇語, 악구惡口. 입 조심하라는 뜻에서 입이야말로 모든 불행의 씨앗이라는 말도 있다. 그런데 진정한 성자聖者에는 동서가 없다고 본다. 영국의 문호文豪 세익스피어 (1564-1616)의 말을 들어본다.

말이 없어서 흉잡히는 일은 있어도
말이 많아서 업을 짓는 일은 없도록 하라.

--『끝이 좋으면 다 좋은 것』 제 I 막, 1장, 68-69--

(Gueop) Karmic speech: One of the three gates of karma--the body, speech, and mind. They are, lying, false speech, alienating remarks, malicious talk. There is a saying, "The mouth is the gate of all woes." A quote from Shakespeare:

Be checked for silence,
But never taxed for speech.

--*All's Well that Ends Well,* I. i. 68-69--

구역 舊譯 현장법사玄奘法師 이전의 한역경漢譯經을 구약이라 말함.

(Guyeok) The old translations: All the translations of the sutras into Chinese prior to Xuanzang are called the old versions.

구원성불 久遠成佛 구원久遠은 영원 또는 시간적으로 오랜 것. 따라서 옛적에 깨달은 부처라는 뜻. 구원실성久遠實成 참조.

(Guweon Seongbul) The Buddha who attained enlightenment eons before. It is synonymous with *(Guweon Silseong)* Something that was attained eons before.

구원실성 久遠實成 구원고성久遠古成, 구원성久遠成이라고도 말하며, 아득한 옛적에 실제로 이루어졌다는 뜻으로, 구원성불久遠成佛과 같은 뜻.

(Guweon Silseong) Something that was attained eons before, or enlightened in the remote past. *Cf. (Guweon Seongbul)* The Buddha who attained enlightenment eons before.

구유소의 俱有所依 구유의俱有依 또는 구유근俱有根이라고도 말함. 팔식八識과 동시에 있으면서 이에 의지할 바가 되어 힘을 얻어 생기게 하는 것을 말함.

(Guyusoui) The simultaneous support of the strength of the eighth

consciousness.

구유인 俱有因 공유인共有因 또는 공생인共生因라고도 말함. 시간적으로나 공간적으로 같이 있어 자타自他가 서로 인과관계를 이루어 도와주는 것을 말함.

(Guyuin) The co-existence for mutual benefit in time and space.

구인 舊因 석인昔因이라고도 말함. 옛 인연.

(Guin) The past causation.

구자무불성 狗子無不性 개는 불성이 없다. 가장 유명한 화두중의 하나. 그러나 여기에서 있다느니 없다느니 하는 것은 사량 분별로서 이미 불교에서 금기시하는 유무有無에 떨어진 것. "'있다' '없다'애 얽매이는 순간 몸과 생명을 잃게 되니라." 이것은 無門關에 나오는 조주스님의 주석註釋에 나오는 말. 마삼근麻三斤, 건시궐乾屎橛 등 참조.

(Guja Mubulseong) Dog has no Buddha-nature: One of the most popular hwadus. But has or has not is already a discrimination, a violation of the most important tenet of non-discrimination in Buddhism. "You will lose your body and mind the moment you are bound in dichotomy of 'has' and 'has not.' This is the annotation of the Master Zhaoahou in the Gateless Gate. *Cf. (Masamgeun)* Three pounds of flax, and (*Gansigueol*) A dry shit stick.

구재일 九齋日 1월, 5월, 9월은 날마다 재일이고 (삼재일三齋日), 이 밖의 달은 8일, 14일, 15일, 23일, 29일, 30일에 재齋를 올리며 (육재일六齋日), 이들 三齋日과 六齋日을 합한 것을 九齋日이라 말함.

(Gujaeil) Nine offering days: Offering is made every day in January, March, and September (three offering days). Other than these month, offerings are made to the dead on the eighth, fourteenth, fifteenth, twenty-third, twenty-ninth, and thirtieth of a month (six offerings days).

구전전승 口傳傳承 말로 전해 내려오는 교법敎法, 또는 문자로 적을 수 없는 비법을 입으로 사자상전師資相傳하는 밀교密敎의 용어.

(Gujeon Jeonseung) The oral transmission of doctrine, as opposed to written transmission. Secret transmission, as opposed to public transmission, a term used in esoteric Buddhism.

구족 俱足 갖추어져 꽉 차있다는 뜻으로, 원만圓滿과 같은 뜻.

(Gujok) Perfection, fully provided, self-sufficient, completely

fulfilled in peace and harmony.

구족계 俱足戒 비구比丘와 비구니比丘尼가 온전히 갖추어야 할 법계法戒로서, 비구比丘의 250계戒와 비구니比丘尼의 348계戒를 말함. 대계大戒, 비구계比丘戒, 비구니계比丘尼戒, 또는 줄여서 구계俱戒라고도 말함.

(Gujokgye) Upasampada: The full precepts, or monastic ordination: It is to renounce the secular world and enter the Buddhist Order as a monk. It is also called the great precepts, prescribed for monks and nuns, of which there are 250 for a bhikku and 348 for a bhikkuni.

구족다문 俱足多聞 말과 글을 떠나서 법문을 듣는 것. 곧 말이 떨어지기 전에 이미 알아차리는 것.

(Gujok Damun) Understanding the Dharma discourse even before the utterance of discourse.

구족색신 俱足色身 빛깔도 형상도 없는 법신法身에 대해 형상이 있는 신상身相을 말함.

(Gujok Saeksin) A perfectly-formed body in contrast to the formless Dharma-body.

구중현 句中玄 뜻 길이 없는 말로써, 말에 걸리거나 막히지 않고 도리를 바로 봄을 말함. 삼현三玄 참조. 다소 어려우나 임제종臨濟宗의 매력.

(Gujunghyeon) A phrase beyond conception or meaning: Ability to see the truth without hindrance of the word. *Cf. (Samhyeon)* Three sublime teachings of truth and function.

구지 九地 삼계三界를 아홉 가지 종류로 나눈 것. 삼계구지三界九地 참조.

(Guji) The nine different levels of existence: The triple world of samsara classified into nine spheres of existence. *Cf. (Samgyeguji)* Three realms and nine levels of existence.

구차제정 九次第定 무간선無間禪이라고도 말함. 차례로 닦는 아홉 가지 선정禪定. 곧 네 단계의 명상瞑想과, 사무색정四無色定, 그런 다음의 멸진정滅盡定으로 구성되어 있다.

(Guchajejeong) The nine successive stages of meditation: These consist of the four basic stages of meditation, the four formless attainments, and the last stage of terminating all sensations.

구천 九泉 황천黃泉 또는 지옥과 같은 뜻으로, 죽은 다음에 넋이 돌아간다고 하는 곳.

(Gucheon) The nether world: The infernal region, or hell, where the dead spirits return.

구천 九天 불교에서 대지를 중심으로 하여 그 둘레를 돈다고 가정한 9개의 별. 일천日天, 월천月天, 수성천水星天, 금성천金星天, 화성천火星天, 토성천土星天, 항성천恒星天, 종동천宗動天 을 말함.

(Gucheon) The nine heavens: The nine stars that rotate the earth. They are the star of sun, the star of moon, the star of water, the golden star, the star of mars, the star of earth, the permanent star, and the patriarchal mobile star.

구칭삼매 口稱三昧 청정한 마음으로 부처님의 명호를 부른 공덕에 의해 삼매三昧가 생기므로 이렇게 말함. 열심히 부처님의 명호名號를 정성으로 부를 것.

(Guching Sammae) The samadhi of calling the name of Buddha: It is so called because you get the state of samadhi if you recite the name of Buddha with pure mind.

구품왕생 九品往生 무량수경無量壽經에 나오며, 극락정토極樂淨土에도 아홉 등급이 있음을 말함. 따라서 수행을 게을리 하지 말 것.

1) 상품상생上品上生 (자비심이 높아, 죽는 순간 극락세계의 불보살들이 맞아주는 극락에서 가장 좋은 곳에 태어남)
2) 상품중생上品中生 (대승경전의 깊은 이치를 모두 깨닫고, 인과의 윤회를 알아 수행하고 정진한 사람이 태어나는 극락세계)
3) 상품하생上品下生 (인과의 도를 믿어, 성불하겠다는 신심으로 수행하는 사람이 태어나는 극락세계)
4) 중품상생中品上生 (중품中品에서 가장 좋은 곳으로, 오계五戒와 팔계八戒를 지키고 선을 닦은 사람이 태어나는 극락세계)
5) 중품중생中品中生 (불교의 계율을 지키고 열심히 수행한 사람이 태어나는 극락세계)
6) 중품하생中品下生 (십악十惡을 저지르지 않고, 부모에게 효도하고 덕행을 쌓은 사람이 태어나는 극락세계)
7) 하품상성下品上生 (악을 곧바로 참회하고 공덕을 쌓은 사람이, 스님의 염불공덕으로 태어날 수 있는 극락세계)
8) 하품중생下品中生 (오계五戒와 십계十戒를 범했으나 바로 뉘우치고 올바른 생각을 하는 사람이, 스님의 염불공덕으로 태어날 수 있는 극락세계)

9) 하품하생下品下生 (많은 죄를 지었으나, 늦게나마 참회하고 불심을 가진 사람이 스님의 염불 공덕으로 태어날 수 있는 극락세계)

(Gupum Wangsaeng) The nine grades or classes of rebirth in the Land of Utmost Bliss, discoursed in the Larger Sutra on Amitayus:

1) The heaven of the top class in the top category of rebirth: One who is full of compassion will be reborn here and will be welcomed by Buddhas and Bodhisattvas at the moment of one's death.
2) The heaven of the intermediate class in the top category of rebirth: One who masters the true meaning of the Mahayana scriptures with the understanding of causality and transmigration, and then puts them into practice will be reborn here.
3) The heaven of the lower class in the top category of rebirth: One who practices with a firm belief in the truth of causality with a great resolution to attain enlightenment will be reborn here.
4) The heaven of the top class in the intermediate category of rebirth: One who observes faithfully both the fundamental five and the eight precepts will be reborn here.
5) The heaven of the intermediate class in the intermediate category of rebirth: One who practices without cessation observing all the Buddhist precepts will be reborn here.
6) The heaven of the lower class in the intermediate category of rebirth: One who is filial to one's parents and does not commit ten evil doings will be reborn here.
7) The heaven of the top class in the lower category of rebirth: One who repented one's evil doings immediately and performs good conduct in requital of one's bad conduct will be reborn here. Yet one must rely on the priest's invocation of Buddha's name to be reborn here.
8) The heaven of the intermediate class in the lower category of rebirth: One who repented upon breaking the fundamental five and ten precepts will be reborn here. Yet one must rely on the priest's invocation of Buddha's name to be reborn here.

9) The heaven of the lower class in the lower category of rebirth: One who committed all kinds of evil conduct, and then repented later will be reborn here. Yet one must rely on the priest's invocation of Buddha's name to be reborn here.

구해탈 俱解脫 혜해탈慧解脫과 대조적으로, 정력定力과 지력智力으로써 번뇌장과 해탈을 같이 벗어나는 것.

(Guhaetal) Attaining enlightenment through the power of meditation and wisdom free from defilements in contrast to discerning emancipation. *Cf. (Hehaetal)* Discerning emancipation.

국보 國寶 나라에서 지정한 보물.

(Gukbo) A national treasure.

국사 國師 덕행德行이 높은 승려에게 주어진 칭호.

(Guksa) A national teacher or preceptor: The title conferred on a highly esteemed monk by the King.

국사삼환 國師三喚 하루는 국사國師가 시자侍者를 세 번 부르니, 시자가 세 번 대답하였다. 그러자 국사가 말하기를 '내가 너를 저버린다 하였더니, 도리어 네가 나를 저버리는구나.' 하였다. 시자가 무엇 때문에 국사를 실망시켰는지 한 번 새겨볼 것.

(Guksa Samhwan) The three calls of the National Teacher: One day the master called the attendant thrice, and the attendant naturally answered three times. The master said, "I thought I abandoned you; now you are abandoning me." What does it mean? What did the attendant do wrong? This is a typical Seon dialogue.

국은사 國恩寺 육조 혜능이 주석했던 절을 황제의 명에 의해 개축한 다음 지은 절 이름. 장안長安에 있음.

(Gukeunsa) State Munificence Monastery: The monastery bestowed on Huineng, the Sixth Patriarch of Chinese Ch'an Buddhism, by the Emperor.

군승 軍僧 군대에 소속되어 부처님의 법을 전하는 법사法師.

(Gunseung) The Buddhist army Dharma instructor serving in the Armed Forces.

군자 君子 학식과 덕행이 높은 사람.

(Gunja) An accomplished or superior man of virtue, or a noble man.

군자 7처세법 君子 七處世法 한국불교대학 회주 無一 우학 스님의 십종수행론十種修行論.

1) 독이불고 중이불몰獨而不孤 衆而不沒 (혼자 있으나 외롭지 않고, 군중 속에 있으나 매몰되지 않는다.)
2) 절이불린 유이불랑節而不吝 裕而不浪 (아껴서 살지만 인색하지 않고, 넉넉하지만 낭비하지 않는다.)
3) 근이불역 원이불소近而不逆 遠而不疏 (가까이 하지만 버릇없지 않고, 멀리 있지만 소홀하지 않는다.)
4) 묵이불매 변이불사默而不昧 辯而不捨 (말없이 있으나 생각 없지 않고, 많은 말을 하나 버릴 것이 없다.)
5) 한이불태 망이불란閑而不怠 忙而不亂 (한가하지만 게으르지 않고, 바쁘지만 허둥대지 않는다.)
6) 은이불우 표이불상隱而不愚 表而不相 (조용히 사나 어리석지 않고, 드러내나 잘난 체 하지 않는다.)
7) 순이불만 오이불감順而不慢 誤而不憾 (잘 된다 해서 자만하지 않고, 그르친다 해서 근심하지 않는다.)

(Noble Man's Seven Modes of Life) Ten Ways of Cultivating the Mind

1) He is alone but feels no loneliness; he is among the multitude, yet he does not lose his sense.
2) He manages a frugal life, but he is not stingy; he is well off, but he is not wasteful.
3) He is intimate, but he is not insolent; he abides far away, but he is always mindful of others.
4) He is silent, but that does not mean that he has no thought; he talks a lot, but there is nothing to throw away.
5) He enjoys leisure hours, but he is never idle; he is always busy, but he does not jump around.
6) He lives his quiet life, but he is not foolish; he reveals himself, but he does not show off.
7) He is not boastful even when things go well; he is not anxious about things even when something go wrong.

군종특별교구장 軍宗特別敎區長 군종특별교구의 총괄 책임자.

(Gunjong Teukbyeol Gyogujang) The Chief or Head of the Special Military Religious District of the Jogye Order.

굴레 업業에 의한 속박束縛.

(Gulrae) The bonds or fetters of existence arising from karmic actions.

권계 勸誡 권勸과 계誡의 병칭으로 권계이문勸誡二門이라고도 말함. 권勸은 권유하여 아나가게 하는 뜻으로 선善에 나아감을 말하고, 계誡는 경계하여 장려하는 뜻으로 악을 경계함을 말함.

(Gwongye) The two gates or teachings of encouragement and precaution: Encouragement for good conduct and virtue, and precaution for evil acts.

권교 權敎 권權은 가假 또는 방편이라는 뜻. 여래가 중생으로 하여금 진실한 이치를 깨닫게 하기 위해 먼저 그 수단으로 말한 권방편權方便 또는 방편교方便敎. 이의 반대인 부처님의 위없는 가르침은 실교實敎.

(Gweon-gyo) An expedient teaching: A teaching expounded in accordance with the capability of the hearers. Antithesis to it is true or authentic teaching of the Buddha. *Cf. (Bangpyeon)* Expediency or an artful liberative technique.

권교 權巧 부처님이 중생의 근기에 따라 행하는 교묘한 방편 또는 수단.

(Gweon-gyo) A skilful expedient teaching of the Buddha according to the capabilities of sentient beings.

권대승교 權大乘敎 대승권교大乘權敎, 또는 권대權大라고도 말함. 천태종天台宗과 화엄종華嚴宗의 교의敎義로, 중생의 근기根機가 약하여 부처님의 진실한 교법을 그대로 받아들일 수 없는 이들을 위하여 그들을 참된 가르침으로 끌어들이려는 방편方便

(Gwondaeseung) An expedient or an artful liberative technique of Mahayana: According to the Tientai and the Flower Garland Sects, Mahayana is divided into provisional and real types. The provisional Mahayana does not hold that all sentient beings will attain enlightenment because of their lesser capability, and devised an expediential means to lead them to true aspect of things and enlightenment.

권문 權門 권교權敎 또는 방편교方便敎와 같은 뜻.

(Gweonmun) It is another name for *gweongyo* and bangpyeongyo: An artful liberative technique.

권선문 勸善文 불연佛緣을 맺게 하기위하여 세속 사람들에게 보시를 청하거나 선행善行을 권하는 글.

(Gwonseonmun) A letter of promoting offering or good deeds to the common people to have an affinity with the Buddha.

권선징악 勸善懲惡 선한 일을 권하고 악한 일을 징계함.

(Guenseon Jing-ak) Encouragement of virtue and punishment or removal of evil.

권속 眷屬 한 집에 딸린 식구, 또는 친숙하게 따르는 대중.

(Gueonsok) A retinue, a family member, a group of intimate followers, or the whole retinue.

권속반야 眷屬般若 오종반야五種般若의 하나. 모든 지혜는 모두 온갖 법을 관조하는 지혜의 권속이므로 권속반야라 말함.

(Gyeonsok Banya) A retinue of all wisdom that penetrates the phenomenal world. *Cf. (Ojongbanya)* Five types of Prajna or transcendental wisdom.

권실 權實 권교權敎와 실교實敎의 약칭으로, 권지權智 대 실지實智, 또는 권경權境, 실경實境이라고도 말함. 사람의 근기에 알맞도록 하나의 수단으로 내세운 방편을 권權이라 하고, 수단이 아닌 구경究竟, 즉 영원히 변치 않는 진실을 실實이라 한다. 다시 말해 방편적인 가르침과 진실한 가르침을 뜻한다. 이 둘은 상대적 개념으로 권교權敎 대 실교實敎, 그리고 권실權實이라고만 하면 대개 권교와 실교의 약칭.

(Gweonsil) Provisional wisdom and real wisdom, or expediential teaching and true or authentic teaching: They are relative ideas of expedient teaching vs. the teaching of ultimate truth. *Cf. (Gweongyo)* Expedient teaching, and *(Silgyo)* Authentic teaching, (*Gweonji*) Expedient knowledge or wisdom and *(Silji)* Authentic knowledge or wisdom.

권실불이 權實不二 실교實敎는 부처님께서 스스로 깨치신 참된 이치를 말한 진실한 가르침이고, 권교權敎는 실교에 들게 하려는 수단으로 말한 임시방편의 가르침이라고 함은, 이것이 한낱 차별이나 본래부터 다른 것이 아니고 그 실체는 하나라는 것.

(Gweonsil Buli) Non-duality of truth and expediency: On the surface, the ultimate truth and expediency seem to have a different quality of value, but in the ultimate sense, there is no difference between them, because they are just different garments of the same body leading sentient beings to enlightenment according to their capability.

권실이교 權實二敎 수단으로서의 일시적인 방편으로 설하는 권교權敎와, 참다운 깨달음의 실상實相을 설한 실교實敎를 권실이교權實二敎라 한다.

(Gwonsil Igyo) The two kinds of teaching: The true teaching and expedient teaching.

권실이지 權實二智 권지權智와 실지實智의 병칭竝稱. 권지란 부처님이 중생의 근기에 맞는 차별상을 통달하는 지혜이고, 실지實智란 모든 법의 실체實體를 실답게 아는 진실한 지혜를 말함.

(Gwonsil Iji) The two kinds of wisdom of the Buddha: The wisdom by which the truth is seen, and the wisdom by which expedients are used.

권지 權智 권權은 방편方便의 뜻. 부처님께서 중생의 근기에 맞는 차별상을 통달하는 지혜. 곧 모든 법의 실상을 체달體達함을 여래의 실지實智라 하고, 모든 차별을 체달함을 권지라 말함. 이렇듯 중생 교화의 묘한 작용은 이 권지에 있으니, 지혜가 깨침의 아버지라면, 방편은 깨침의 어머니. 부처님의 위없는 지혜인 실지實智 참조.

(Gweonji) Buddha's expedient wisdom with which he delivers sentient beings according to their capability, or the power of understanding: Thus if the wisdom is the father of enlightenment, the expedient wisdom, or the artful liberative technique is the mother of enlightenment. *Cf.* *(Silji)* Buddha's authentic or supreme teaching.

권화 權化 불보살이 중생을 구제하기 위해 다른 모양으로 나타나는 것.

(Gweonhwa) Incarnation or transformation of the Buddha and Bodhisattvas into various forms to deliver sentient beings.

귀거래사 歸去來辭 지조志操를 지켜 귀향歸鄕함을 뜻함.

(Gwigeoraesa) A song of returning to the native home for the integrity of personality.

귀경게 歸敬偈 귀경歸敬은 귀의하여 공경하는 것. 따라서 귀경게는 경전이나 주석서의 처음에 불·보살에 귀의하여 공경하는 의미를 나타내는 게송偈頌.

(Gwigyeongge) Dedicatory verse or gatha: A verse that appears before the sutra or commentary of a book.

귀명 歸命 나무南無 또는 나모南謨라 번역. 불법승佛法僧 삼보三寶에 돌아가 몸과 마음을 불교에 의지함. 귀명歸命과 귀의歸依는 같은 뜻.

(Gwimyeong) Namas or Namo: Vow, obeisance to, or take refuge wholeheartedly in the Three Jewels of Buddhism. It is synonymous with *gwiui* 歸依 in Korean.

귀사 鬼使 저승사자使者. 저승사자 참조.

(Gwisa) A demonic messenger. *Cf. (Jeoseung Saja)* A demonic messenger.

귀신 鬼神 귀신에는 세간과 불법佛法을 지키는 착한 귀신과 악한 귀신이 있다.

(Gwisin) A spiritual being or ghost: There are two kinds of ghosts in Buddhism: good ones and evil ones.

귀의 歸依 귀명歸命과 같은 뜻. 돌아가 의지하여 구원을 청함. 부처님에 의지하여 해탈을 얻으려는 간절한 열망.

(Gwiui) Sarana: Take refuge in, abide by, rely on, worship, or resort to the Buddha for attaining enlightenment.

귀의처 歸依處 의지할 곳 또는 사람.

(Gwiuicheo) A person or a place to rely on, or take refuge.

귀일심원 요익중생 歸一心源 饒益衆生 본래의 마음자리로 돌아가 모든 중생을 이익되게 함을 말하며, 대승불교의 궁극적 이상으로, 상구보리 하화중생上求菩提 下化衆生과 거의 같은 뜻.

(Gwi-ilsimweon Yoikjungsaeng) Bestow benefits to all beings by returning to our original pure nature. *Cf. (Sangguboli Hahwajungsaeng)* First attain enlightenment, then save all beings.

규봉종밀 圭峰宗密 (780-841) 중국 당나라 때의 대선사大禪師로 화엄종의 제5조.

(Gyubong Jonmil) Guifeng Zongmi (780-841) A Great Chinese Ch'an Master of the Tang Dynasty, and the Fifth Patriarch of the Chinese Hua-yen School.

균여 均如 (923-973) 고려의 큰 스님.

(Gyunyeo) (923-973) An eminent priest of the Goryeo Dynasty.

극과 極果 구극究極의 증과證果라는 뜻. 대승大乘의 불과佛果와 소승小乘의 무학과無學果와 같은 뜻.

(Geukgwa) The utmost achievement and fruit: It is synonymous with Buddhahood in Mahayana and Arhat in Hinayana.

극락 極樂 이 사바세계娑婆世界에서 서쪽으로 10만억 불토佛土를 지나간 곳에 있다는 아미타불의 정토淨土. 이 외에도 무량수불토無量壽佛土, 연화장세계蓮華藏世界 등 여러 가지 이름이 있다.

(Geuknak) Sukhavati: The Pure Land of Utmost Bliss of Amitabha Buddha lying in the West beyond innumerable Buddha-lands. *Cf. (Hwajang Segye)* The Blissful Land of Vairochana Buddha, and the Blissful Land of the Buddha of Infinite Life.

극락왕생 極樂往生 왕생극락往生極樂이라고도 말함. 죽은 다음 극락정토에 가서 다시 태어남.

(Geuknak Wangsaeng) The blissful rebirth in the Pure Land in the West.

극락정토 極樂淨土 아미타 부처님이 계시는 정토淨土로, 안양安養, 안락安樂, 안온安穩, 묘락妙樂, 무위無爲, 서방정토西方淨土, 진여문眞如門, 연화장세계蓮華藏世界 등 여러 가지 별명이 있다. 정토삼부경淨土三部經 참조.

(Geuknak Jeongto) The Utmost Bliss of the Pure Land: This is the Buddha-land of Amitabha Buddha. This is the world of utmost joy without suffering. With the spiritual power of Amitabha Buddha, all beings in this world will understand Buddhism and attain enlightenment eventually.

There are many different names to this land of bliss. They are the land of comfort, peace, wondrous happiness, non-doing, the pure land in the West, the true-thusness gate, the land of lo tus flower, etc.

극미(진) 極微(塵) 물질 (色法)을 분석하여 극소불가분極小不可分의 단위에 이른 것으로, 극세진極細塵이라고도 말함. 현대물리학적인 표현을 빌리면, 원자原子와 같다고 말함.

(Geukmi(jin)) The indivisible, infinitesimal unit of matter: In modern term, it is similar to atom.

근 根 힘이 있어 강한 작용을 가진다는 뜻. 이십이근二十二根이 있으며, 육근 六根은 안眼 · 이耳 · 비鼻 · 설舌 · 신身 · 의意를 가리킴.

(Geun) Indriya: The root, the power of sense faculty. There are twenty-two sense faculties including the six faculties of the eyes, ears, nose, tongue, body and mind. *Cf. (Yukgeun)* Six roots or sense-faculties.

근 勤 백법百法의 하나인 동시에 심소心所, 곧 유식唯識에서 말하는 마음작용에 대한 이름. 정진精進이라고도 변역함. 악을 끊고 선을 닦는데 용맹심을 일으키는 정신작용.

(Geun) Great effort, or exertion: It is one of the hundred analytical studies of the aspects of the material and spiritual worlds in order to explain human life and the universe.

근기 根機 교법敎法을 듣고 닦아 얻는 능력. 같은 법문을 듣고도 깨침에 차이가 있고, 또 그 쓰임새에 차이가 있는 것은, 근기에 차이가 있기 때문이다.

(Geun-gi) Ability, capability, tolerance, vessel, or the spiritual faculties of sentient beings: The Buddha always teaches the Dharma according to the tolerance, or capabilities of sentient beings.

근본무명 根本無明 진여眞如의 참된 성품을 모르는 불각不覺, 즉 온갖 수번뇌隨煩惱를 불러일으키는 무지에 따른 미망迷妄. 근본불각根本不覺이라고도 말함.

(Geunbon Mumyeong) The fundamental ignorance of our innate Buddha nature: The nescient entanglement which is the cause and condition for all the secondary defilements and their manifestations. It is also called *Geumbon Bulgak,* fundamental unenlightenment.

근본번뇌 根本煩惱 꼭 버려야할 번뇌의 여섯 가지 근본 원인. 탐貪 · 진瞋 · 만慢 · 무명痴 · 견見 · 의疑.

(Geunbon Beonnoi) The fundamental or basic illusions: Craving, anger, ignorance, pride, doubt, and false view.

근본불교 根本佛敎 부처님 재세시의 불교라는 뜻으로, 여기에서 대승불교와의 사이에서 경전의 '불설론佛說論'이 가끔 제기된다. 대개 대승불교의 대칭인 소승불교를 지칭함. 원시불교 참조.

(Geunbon Bulgyo) The original or fundamental Buddhism: A term used with the implication of the authentic teaching at the time of

Sakyamuni Buddha. *Cf. (Weonsibulgyo)* The original Buddhism. This implication sometimes arouses arguments between Hinayana and Mahayana about the authenticity of the Buddhist scriptures.

근본이부 根本二部 불멸佛滅 후 100년경에 승단僧團이 상좌부上座部와 대중부大衆部의 두 부파部派로 분열하였으며, 이 두파를 근본이부根本二部라고 말함. 그 후 양파兩派는 다시 여러 파로 갈라짐.

(Geunbonibu) The original two groups of Buddhist sangha: The split of Sthavira or Elders and Mahasanguihika or the Great Community, a century after Buddha's passing. These two groups split again into many sects within themselves.

근본지 根本智 근본무분별지根本無分別智라고도 말함. 곧바로 진리에 계합하여 능연能緣과 소연所緣의 차별이 없는 절대의 참 지혜. 그리고 이것은 모든 지혜의 근본이며 또 후득지後得智를 내는 근본이 되므로 이와 같이 말함. 여리지如理智 참조.

(Geunbonji) Innate, original, or fundamental wisdom without any discrimination or defilement: The basis of future attainment of all wisdom. *Cf. (Yeoriji)* Fundamental wisdom or knowledge.

근진 根塵 근根과 진塵. 진은 경境과 같으니, 오근五根과 오경五境, 또는 육근六根과 육경六境을 가리킴.

(Geunjin) The root and dust: It refers to the five or six roots or senses, and the five or six percepts, sense-objects, or sense-data.

근행 勤行 근행정진勤行精進이라고도 말함. 항상 신행信行을 닦음을 뜻함. 그런가 하면 독경讀經과 예배禮拜 등을 부지런히 하는 것을 말하기도 함.

(Geunhaeng) Constant exertion: The constant practice of faith. It also means industrious reading of the sutra and prayer chanting.

근행효순 勤行孝順 부지런히 효도孝道를 닦다.

(Geunhaeng Hyosun) Diligent practice of filial piety and obedience.

금강계 金剛界 태장계胎藏界와 함께 밀교의 이대二大 교의敎義. 밀교에서는 우주의 모든 것이 대일여래大日如來의 나타남이라고 하며, 그 지덕智德을 나타내는 쪽을 금강계, 이성理性 (본래 가지고 있는 영원한 깨달음의 본질)을 나타내는 쪽을 태장계라 말함.

(Geumganggye) The diamond realm: Along with the realm of garbha-dhatu or womb, it is one of the two major doctrines of Esoteric Buddhism.

Esoteric Buddhism maintains that everything in the whole universe is but the manifestation of the Great Buddha Vairochana, or Mahavairochana.

However, there are two aspects or attributes of the Buddha. One is the diamond realm which represents wisdom and virtue, and the other is the realm of garbhadhatu which represents reason, or the essence of the inborn awakening of sentient beings.

금강계단 金剛戒壇 금강석처럼 무너뜨릴 수 없는 준엄한 계戒를 일러주는 장소를 높인 말. 부처님을 대표하는 삼보사찰三寶寺刹의 하나인 통도사通度寺에 있음.

(Geumgang Gyedan) The diamond precepts platform: The elevated term for the platform where the rite of ordination of monk is performed. You may find it in Tongdo Temple, one of the Tri-Gem Temples, representing the Buddha.

금강계만다라 金剛界曼荼羅 법신불法身佛, 즉 금강전경金剛頂經에 의지하여 대일여래大日如來의 깊은 지혜의 세계를 금강에 비유하여 상징화한 것. 태장계만다라胎藏界曼荼羅 참조.

(Geumganggye Mandala) Vajradhatu-mandala, or the diamond-realm mandala: It symbolizes the active aspect of the cosmos, the spirit and wisdom of Vairochana based on the Topmost Diamond Sutra.

금강권인 金剛拳印 인계印契의 이름이며, 권인拳印은 주먹으로 나타내는 인印을 뜻함. 왼손과 오른손으로 주먹을 쥐어 가슴 위에 올려놓는 인상印相. 지권인智拳印 참조.

(Geumganggweonin) This is the hand gesture or mudra of Vairochana Buddha: Grasp your right and left hands and then put them on your chest with the right hand on top of the left hand. *Cf. (Jigweonin)* The mudra of the wisdom of Vairochana Buddha.

금강륜 金剛輪 금강의 법륜이라는 뜻으로 밀교를 말함. 밀교를 금강승金剛乘이라 한 것에서 이같이 말함. 그런가 하면 부처님께서 성도成道하실 때 앉았던 금강좌를 말하기도 함.

(Geumgangryun) The diamond wheel: It is another name for Esoteric Buddhism, which is also called the Diamond Vehicle. It also means the seat where the Buddha attained enlightenment.

금강삼매 金剛三昧 금강과 같이 일체 걸림이 없이 모든 법의 삼매를 통달한 것을 말함.

(Geumgang Sammae) The diamond samadhi: Consummation of samadhi or concentration without any obstruction just like a diamond without any blemish.

금강승 金剛乘 금강처럼 견고하다는 뜻이며, 진언 밀교의 다른 이름. 주문을 암송하고 그것을 마음 속에 그리는 수행 또는 의식. 대승과 소승에 대하여 금강승이라 말함. 이 교파는 고도로 발달한 의식 훈련에 기초를 둔 심리적 방법으로 특징지워지며, 현재는 티베트가 그 종주국.

(Geumgangseung) The Tantra Vehicle, the Diamond Vehicle, or the Diamond Way Buddhism: Tantric practice of reciting mantras while visualizing an image. This sect, which prevailed in Tibet is characterized by a psychological method based on highly developed ritual practices.

금강신이론 金剛身理論 한국불교대학 회주 無一 우학 스님의 십종수행론十種修行論.

1) 소언다학小言多學 (말은 적게, 배움은 많이)
2) 소뇌다선小惱多禪 (망상은 적게, 참선 많이)
3) 소진다소小嗔多笑 (화는 적게, 웃음은 많이)
4) 소탐다시小貪多施 (탐심은 적게, 보시는 많이)
5) 소통다근小通多勤 (통화는 적게, 기도는 많이)
6) 소영다독小映多讀 (TV는 적게, 독서는 많이)
7) 소식다동小食多動 (음식은 적게, 움직임은 많이)
8) 소자다과小刺多果 (자극적인 음식은 적게, 과일은 많이)
9) 소주다수小酒多水 (술은 적게, 물은 많이)
10) 소육다채小肉多菜 (육식은 적게, 채식은 많이)

(Geumgangsin Iron) The principle of diamond body ten Ways of cultivating the mind

1) Less talk and ceaseless learning.
2) Less fancy thoughts and rigorous meditation.
3) Less indignation and more laughing.
4) Less greedy mind and bountiful alms.
5) Less talking on the phone and more prayer.
6) Less watching TV and more reading books.

7) Less food and more walking.
8) Less spicy food and more fruit.
9) Less alcohol and more water.
10) Less meat and more vegetables.

금강심 金剛心 어떠한 유혹에도 움직이지 않는 굳은 마음.

(Geumgangsim) The diamond heart: Diamond-like unswerving mind of Bodhissattva.

금강역사 金剛力士 금강상사金剛上士라고도 말하며, 상사上士는 보살이라는 뜻. 사찰 입구 금강문 양편에 서있는 사찰과 불법을 수호하는 힘이 센 일종의 천신天神.

(Geumgang Yeoksa) The diamond deva of great strength who guards the temple and the Buddha-dharma with enormous power. He is stationed at the Diamond Deva Gate at the temple.

금강장 金剛杖 일체의 마군을 부수어 불법을 수호하고 중생을 요익饒益케 하기위해 들고 있는 금강저金剛杵를 말함. 그 모양이 사각형으로 되어있는데, 이것은 발심發心, 수행修行, 보리菩提, 그리고 열반의 사문四門을 나타낸다고 함.

(Geumgangjang) The diamond-stick: A four-angled wooden stick which is able to crush all demons for the benefit and protection of sentient beings. Four-angle represents the four paths to enlightenment: the firmness of faith, practice, bodhi or wisdom, and nirvana.

금강저 金剛杵 저杵는 본래 인도에서 사용하던 무기武器로서 그 끝 모양에 따라 세 가지 종류가 있다. 그러나 금강저는 또 보리심菩提心의 뜻이 있으므로 불도佛道 수행에 사용되기도 한다.

(Geumgangjeo) Vajra: The diamond spear, originally a kind of weapon used in ancient India, the spear that the guardian-deva at the Diamond Deva Gate is holding in his hand. It is also the symbol of wisdom, sometimes used by practicing monks.

금강좌 金剛座 중인도 마갈타국 부타가야의 보리수 아래에서 부처님께서 성도하실 때 앉았던 자리. 그러나 후대에 와서 이것이 누구나 이 자리에 앉으면 깨침을 얻을 수 있다는 뜻으로 변함.

(Geumgangjwa) Diamond-seat: The Buddha's seat on attaining enlightenment under the bodhi-tree at Vodh-goya. Later it came to

mean also the seat on which one may attain enlightenment.

금강지 金剛智 대원경지大圓鏡智를 말함. 위없는 지혜가 모든 번뇌와 습기習氣를 깨뜨림이 마치 금강석과 같다 하여 이렇게 말함.

(Geumgangji) The diamond-like indestructible wisdom of the Buddha. *Cf. (Daeweon Gyeongji)* The complete illuminating wisdom, another name for the term.

금계 禁戒 부처님께서 정하신 나쁜 일을 금지하는 계율戒律. 오계五戒, 팔계八戒, 사미계沙彌戒, 구족계具足戒 등.

(Geumgye) Precepts to avoid evil doings: The five basic precepts, the eight precepts, the novice precepts, the full precepts of a monk or nun, etc.

금구 金口 부처님의 말씀. 부처님의 말씀은 영원한 진리이므로 금구金口라 함.

(Geumgu) The golden mouth or teaching: It means the teaching of everlasting truth of Buddha.

금니사경 金泥寫經 금가루를 타서 경전을 사경하는 것.

(Geumni Sagyeong) Transcription of a sutra in gold ink.

금당 金堂 사찰의 가장 중심이 되는 법당. 곧 대웅전을 말하는데, 금당을 대웅전이라고 부르게 된 것은 고려 시대부터 임.

(Geumdang) The Golden Hall: This name has been changed to the Great Hero Hall since the Goryeo Dynasty (918-1392).

금동미륵보살반가사유상 金銅彌勒菩薩半跏思惟像 동으로 만든 위에 도금한 반가부좌의 미륵보살이 선정에 들어 깊은 생각에 잠긴 상. 국보 83호.

(Geumdongmirukbosal Bansgasayusang) A gilt-bronze statue of Maitreya Bodhisattva in a deep semi-sitting contemplation. National treasure No. 83.

금동반가사유상 金銅半跏思惟像 동으로 만든 위에 도금한 반가부좌의 불보살佛菩薩이 선정에 들기 전에 깊은 생각에 잠긴 상.

(Geumdong Bangasayusang) A gilt-bronze Bodhisattva image or statue in the half lotus position in deep thought before entering into concentration or samadhi.

금동보살상 金銅菩薩像 동으로 만든 위에 도금鍍金한 보살상.

(Geumdong Bosalsang) A gilt-bronze Bodhisattva image or statue.

금동보살입상 金銅菩薩立像 동으로 만든 위에 도금한 서있는 보살상.

(Geumdong Bosalipsang) A gilt-bronze Bodhisattva image or statue in the standing position.

금동보살좌상 金銅菩薩坐像 동으로 만든 위에 도금鍍金한 앉아있는 보살상.

(Geumdong Bosaljwasang) A gilt-bronze Bodhisattva image or statue in the sitting position.

금동불 金銅佛 동銅으로 만든 위에 도금鍍金한 불·보살의 상像.

(Geumdongbul) A gilt-bronze Buddha or Bodhisattva image or statue.

금동삼존좌상 金銅三尊坐像 동銅으로 만든 위에 도금鍍金한 세 분의 불보살상佛菩薩像.

(Geumdong Samjonjwasang) A gilt-bronze image or statue of triad Buddha in the sitting position.

금동성골함 金銅聖骨函 부처님의 진신사리를 담아두는 금동으로 된 작은 상자.

(Geumdong Seonggolham) The gilt-bronze reliquary of Buddha.

금란가사 金襴袈裟 왕이 대덕大德 고승에게 하사하는 비단바탕에 황금실을 섞어 호화찬란하게 짜고 명주실로 봉황새나 꽃무늬를 넣은 가사袈裟.

(Geumnangasa) The golden brocade Dharma robe bestowed by the king on the eminent priest.

금석문 金石文 종이나 비석 따위에 새기는 글.

(Geumseokmun) Inscription or epigraph either on paper or on the stele.

금족 禁足 결제結制를 할 때 드나들지 못하게 하는 것. 절의 방문 밖 문지방 왼쪽에 써 붙임.

(Geumjok) Prohibition on going out during bhikkus, or the three month intensive meditation practice. They usually put up a sign on the left side of the doorsill.

금속활자 金屬活字 금속으로 만든 활자.

(Geumsok Hwalja) The metal moveable type.

금속활자본 金屬活字本 금속 활자로 인쇄한 책. 1377년 백운 경한白雲 景閑 스님

(1299-1375)이 편찬한 직지심체요절直指心體要節이 독일의 구텐베르크의 것보다 78년 앞서는 세계 최초의 금속 활자본이다.

(Geumsok Hwljabon) The moveable metal-type edition: The Essential Passages that Directly Point at the Essence of the Mind, compiled by Reverend Baegun Gyeonghan (1299-1375) of the Goryeo Dynasty, printed in 1377, is the first moveable metal-type edition in human history, 78 years earlier than that of Gutenberg of Germany.

금식 禁食 금식은 왜 하는가? 이것 역시 참선과 마찬가지로 온갖 집착을 여의고 마음을 비우는데 있다고 본다. 언젠가는 무너질 이 가죽 주머니 뿐만 아니라 마음마저 여의는 것. 게송偈頌 한 수: '칠일 후, 나는 수족 手足을 포함하여 온몸을 여의였으며, 마침내 무념삼매無念三昧에 들었노라.'

(Geumsik) Fasting: It is to be free of all kinds of attachment and attaining the peace of mind. A quote from an ancient sage: "After seven days, I had forgotten my body with all its limbs, and was collected in a single thought of no-thought."

금어 金魚 불상佛像을 그리는 사람.

(Geumeo) A painter who draws a portrait of the Buddha.

금오 金烏 (1895-1968) 성은鄭씨. 이름은 태광太光. 법명은 태전太田. 법호法號는 금오金烏. 충남 예산 출생. 1912년 강원도 월정사月精寺에서 출가하여 도암道岩화상을 은사 및 계사戒師로 득도함. 1936년 직지사 조실을 거쳐 동화사 등 여러 사찰의 조실을 역임. 1955년 조계종 부종정副宗正에 추대됨.

(Geumo) (1895-1968) He was born in Yesan, South Chungcheong Province. His lay family name was Jeong. His precept name was Taejeon, and Geumo was his Dharma name. He took ordination under the guidance of the Preceptor Doam in 1912. He served as the Head Monk at many temples including Donghwa and Jikji Temples, and was elected to be the Deputy Supreme Patriarch of the Jogye Order of Korean Buddhism in 1955.

금판 金版 금으로 만든 철판.

(Geumpan) The golden plate.

급고독 給孤獨 수달다須達多의 또 다른 이름. 선시善施, 선수善授, 선온善溫이라 번역. 중인도의 교살라국 사위성舍衛城의 부호로 자비심이 많아 고독한 이에게 보시하기를 좋아하였으므로 이같이 일컬음. 그뿐만 아니라 기원정사祇園精舍를 지어 부처님께 드림.

(Geupgodok) Another name for Sudatta of Sravasti in Kosala. He was very wealthy and benevolent, and offered food and clothing to orphans an old people, wherefore hence he was called Anathapiudada, or one who offers alms to lonely people. He also built Jetavana Monastery for the Buddha.

기 機 인연因緣을 만나 발동하는 가능성을 가지고 있음을 뜻함. 부처님의 가르침을 받아 그 가르침을 입을 수 있는 소질, 능력, 또는 가르침의 대상이 되는 것.

(Gi) The vessel or capability to meet an opportunity or condition, such as meeting the opportunity of the teaching of Buddha and then accept the teaching for one's own benefit.

기 氣 동양철학의 기초 개념으로, 만물을 생성 소멸시키는 에너지로서 물질적 시원始原인 동시에 만물의 귀착. 현대 양자역학을 참조할 것. 특히 기氣는 힌두교의 요가와 수식관數息觀 그리고 노장老莊 사상에서의 기氣 수련과 밀접한 관련이 있다.

(Gi) The vital breath, or the primordial ether or energy: It refers to the metaphysical concept of material energy coursing through the body and the universe. The basic constituent of the universe, or energy, which is the source of all phenomena in the universe and to which everything returns. It is also a key term in Eastern philosophy, especially, in the development of Yoga practice in Hinduism and Daoist meditation techniques. *Cf.* The modern quantum theory.

기 器 근기根器라고도 말함. 불법佛法을 받아 믿어 보존할 수 있는 자를 법기法器, 계戒를 방아 이것을 지키고 감당할 수 있는 자를 계기戒器라 말함.

(Gi) The vessel or capability: There are two major vessels: the vessel to receive and maintain the unsurpassed Law, and the vessel that is capable only of receiving and observing precepts.

기 記 경론經論을 풀이한 책.

(Gi) Explication of the sutra and treatises.

기 忌 망자亡者의 제삿날 또는 제례祭禮 기간.

(Gi) Anniversary of one's death, or a period of mourning service.

기계 己界 법계法界와 중생계衆生界에 대하여 나의 몸을 기계己界라고 말함.

(Gigye) The realm of one's own body: It means one's own physical body in contrast to the Dharma-realm and the realm of sentient beings.

기관목인 機關木人 사람의 육신은 오온五蘊으로 거짓 합하여 이루어진 일시적이고 거짓된 존재임을 비유하여 일컫는 말. 이때 기관機關이란 본래는 괴뢰傀儡라는 뜻으로 인형人形을 말함.

(Gigwan Mokin) A marionette, or a doll: It literally means "a mechanical wooden man," or a puppet, which is a figurative expression of our provisional body, which is composed of five skandhas or aggregates: Rupa or form; vedana, feeling or sensations; samjna, perceptions or discrimination; samskara or mental formations; and vijnana or consciousness.

기근 機根 기機와 같은 뜻. 곧 부처님의 가르침을 이해하는 능력.

(Gigeun) The root of capability: Capability to understand the teachings of Buddha. It is another name for *gi,* the vessel or capability.

기단 基壇 집 또는 탑의 기초가 되는 단壇.

(Gidan) The foundation platform.

기단석 基壇石 기단을 쌓는 돌.

(Gidanseok) The foundation stone.

기도 祈禱 기원祈願, 기념祈念, 기청祈請, 심원心願이라고도 말하며, 불보살佛菩薩의 도움에 힘입어 화禍를 면하고 복福을 비는 종교심을 말함. 불교에서는 본래 인과의 도리를 설하여 기도를 행하지 않았다.

그러나 송경誦經 등의 공덕을 권하여, 뒤에는 재해災害 등을 덜 수가 있다고 설하게끔 되었으며, 특히 밀교의 발달과 더불어 천차만별의 기도가 행하게 되었다. 그러나 우리가 꼭 알아야 할 것은, 진정한 불자의 기도는 부처님과 그리고 나아가 우주와 내가 하나임을 깨닫는 간절한 마음이란 것.

(Gido) Prayer, or supplication: A devout petition to, or any form of spiritual communion with Buddha, Bodhisattva, or an object of worship for happiness and felicity. Buddhism, upholding its basic doctrine of cause and effect, did not acknowledge the effect of the prayer to the transcendental being.

However, along with the development of the practice of reciting the sutras, it became a common practice to curtail or prevent calamities in the daily life. It especially became an important ritual in the Esoteric Buddhism with the development of infinite variety of forms. Nonetheless, we should never forget that the true prayer of the Buddhists is our unification with the Buddha and even the universe itself.

기멸무종 起滅無從 일어나거나 사라지는 것에는 아무런 근거가 없다는 것. 다시 말해 그런 것은 모두 실체가 아니라는 것.

(Gimyeol Mujong) Arising and disappearing or ceasing are without base: They are all phantoms without any ultimate substance.

기복 祈福 복을 비는 것. 참된 불교신앙은 수행과 깨침에 있지 복을 비는데 있지 않다.

(Gibok) The petitional prayer: The true way of Buddhism is meditation and practice for the purification of mind and attaining enlightenment not praying for a grace or fortune.

기사심 起事心 유식唯識에서 설하는 다음 삼심三心의 하나:

1) 근본심根本心 (아뢰야식阿賴耶識).
2) 의본심依本心 (제칠마나식第七摩那識).
3) 기사심起事心 (육식六識). 이를 달리 섬명하면, 사물인 대상에 대하여 마음의 작용을 일으켜 육식을 감지하는 원인이 되는 마음.

(Gisasim) The dependent mind on things or phenomena: It is the third of the following doctrine of the Mind-only School:

1) The fundamental mind (the storehouse consciousness, or the eighth of the eight types of consciousness).
2) The mind dependent on the fundamental consciousness (*manas*), or the seventh of the eight types of consciousness).
3) The dependent mind on things or phenomena (Six aspects of consciousness or sense-media passing through the six gates, roots, or sense organs, or the sixth of the eight types of consciousness). In other words, it means the primal cause of the function of the mind that perceives the mind-objects.

기선법본시환 起善法本是幻 모든 착한 법을 일으키는 것도 본래 허깨비와 같은 것.

(Giseonbeop Bonsihwan) Even production of all the good Dharmas

is essentially an illusion.

기세간 器世間 중생을 수용하는 세간이라는 뜻. 곧 우리가 살고 있는 산하대지山河大地 등의 세계. 삼종세간三種世間의 하나.

(Gisegan) The physical world, or the world of objects where the people abide such as towns, mountains, and plains. *Cf. (Samjong Segan)* The three types of worlds.

기수급고독원 祇樹給孤獨園 줄여서 기수원祇樹園, 기원祇園, 또는 급고독원給孤獨園이라 말함. 기원정사祇園精舍가 있는 곳으로 부처님께서 설법을 하신 유적지. 중인도 사위성舍衛城에서 남쪽으로 1마일 저점에 있다. 이곳은 본래 바사익왕의 태자 소유였으나, 급고독給孤獨 장자長者가 그 땅을 사서 부처님께 바치고, 왕자는 또 그 숲을 부처님께 바쳤으므로, 두 사람의 이름을 따서 이같이 부름.

(Gisugeup Godokwon) Anathapindada's garden where Sakyamuni Buddha once discoursed at the Jetavana Monastery, a garden located south of Sravasti in Kalsala, Central India. It is so called because it was originally owned by Crown Prince Jeta and later bought by Anathapindada, i.e., Sudatta, a rich merchant.

기암괴석 奇巖怪石 기묘하게 생긴 바위와 괴상스러운 돌.

(Giamgoiseok) Fantastic or strange rocks and stones.

기연 機緣 중생의 근기에 부처님의 가르침을 받을 만한 인연이 있는 것을 말함. 기機는 근기, 또는 시기, 연緣은 인연이라는 뜻으로 속된 표현으로 기회를 뜻함.

(Giyeon) A great opportunity or affinity, especially a fortunate chance of meeting the teaching of Buddha or attaining enlightenment. *Gi* means temperament, capability, or time, whereas yeon means an affinity, conditions, or circumstances.

기용 機用 틀 또는 가능성과 쓰임. 선가禪家에서는 종사宗師가 이론을 뛰어넘은 기략機略으로써 피교육자를 선의 경지에 이끄는 기능을 말함.

(Giyong) Capability and function: A functional relation between the student and master in the practice of meditation. The patriarch's great tactic to induce the practitioner to see the truth beyond reasoning.

기우멱우 騎牛覓牛 소를 타고 소를 찾는다는 뜻. 다시 말해 중생들은 자기가 본래 부처이면서 부처인 줄을 모르고 자기 밖 엉뚱한 곳에서 부처를 찾는다는 뜻.

(Giumyeoku) A shepherd looking for a cow riding on a cow: It means

the inborn Buddha-nature of all beings. All we have to do is to realize that we are already Buddhas.

기우제 祈雨祭 농촌에서 가뭄이 들어 비가 오기를 비는 제사.

(Giuje) The praying ceremony for rain.

기원정사 祇園精舍 부처님께서 설법을 하신 일이 있는 옛날 중인도 마갈타국 사위성舍衛城 남쪽 1마일 지점에 있는 기수급고독원祇樹給孤獨園에 있던 사원寺院으로 불교의 첫 영구 기도원. 수달장자가 정사를 지어 부처님과 제자들에 공양함.

(Giweonjeongsa) The Jetavana Monastery, built by Sudatta, a rich merchant at the garden called Jetavananathapindadarama in the Central India, where Sakyamuni Buddha gave Dharma discourse. It became the first permanent Buddhist monastery.

기중 忌中 상중喪中과 같은 말로 상주喪主의 몸으로 있는 동안. 그러나 불교에선 49재齋 기간을 말함.

(Gijung) The period of mourning: This term refers to the first forty-nine days after the death of a person in Buddhism.

기질 氣質 사람의 바탕을 이루는 성질.

(Gijil) Character, nature, temperament, or predisposition of a man.

기화 己和 (1376-1433) 조선 승려. 득통得通이 호. 당호堂號는 함허涵虛. 저서著書로 원각소圓覺疏와 현정론顯正論 등이 있다.

(Gihwa) (1376-1433) A great master during the Josen dynasty: His pen names are Deuktong and Hamho, and his major works are Commentary of Perfect Enlightenment, and Exposition of the Correct.

끽다거 喫茶去 이것은 쓸데없는 소리 하지 말고 '차나 한 잔 하라'는 조주 선사趙州禪師의 유명한 말씀. 이것이 사리분별을 내려놓으라는 선사의 사려 깊은 가르침이며 차원 높은 화두. 이때 '거去'는 부정적인 기분을 나타내는 어조사이므로 해석할 필요가 없다. 그런데 어느 서구인은 '喫茶去'를 "Go drink teak."라고 번역한 것을 보았다.

진정한 깨침에는 가르치는 사람이나 배우는 사람이 다 같이 말이 필요 없는 법. 모든 존재에는, 그것이 형상이든 개념이든, 자성이 없다는 것을 알면 그것이 곧 깨침. 따라서 바깥에서 부처를 구하지 말고 일상생활에서 차나 한 잔 한 다음 형상 없는 마음을 챙기라는 뜻.

(Kikdageo) Have a tea: A famous word of Ch'an Master Zhao-zhou.

However, it does not mean just drinking tea. What it really means is to stop reasoning or looking around to find the truth or Buddha. One should, instead, look into one's own mind to find the mindless-mind, the truth, the truth of the emptiness of all beings in the universe. The last syllable *geo* (去) is a particle in classical Chinese that has no specific meaning, and does not have to be translated.

길상좌 吉祥坐 참선할 때의 반가부좌半跏趺坐를 말함. 결가부좌結跏趺坐를 가리키는 연화좌蓮花坐 참조.

(Gilsangjwa) The lucky posture, or the half lotus posture in meditation. *Cf. (Yeonhwajwa)* The full lotus posture.

【 ㄴ 】

나가르주나 용수龍樹 (기원전 1세기에서 기원후 1세기 경): 용왕龍王에게서 받았다고 하는 반야경般若經의 가르침에 의거한 중관학파中觀學派의 창시자이며 학자인 동시에 성자聖者. 제 2의 부처님이라고도 추앙推仰받음. 대승불교에 있어서 용수의 중요성은 그가 『中論』에서 설일체유부說一切有部에서 주장하는 법유法有를 철저히 비판한데 있다. 팔부불중도八不中道 참조.

(Nagarjuna) (c. 1st Century B.C.E. to the 1st Century C.E): Saint, scholar, and the founder of the Madhyamika, or the Middle Path School, which is based on the Prajnaparamita teachings, which he is said to have received from the Dragon King under the sea. He is sometimes called a second Sakyamuni Buddha.

나무 南無 '나모'라고도 읽음. 범어梵語 namas (문장 사이에 들어갈 때는 흔히 namo)의 음역으로, 귀명歸命, 경예敬禮, 귀예歸禮, 신종信從이라 번역함. 본래 예경禮敬한다는 의미를 갖는 명사였으나, 흔히 경예敬禮의 대상과 더불어 쓰고 있으며, 그 대상에 대해서 귀의歸依, 신앙信仰의 뜻을 표함.

(Namu) Namas: Take refuge, pay obeisance, pay respect to, or rely or depend on; e.g., "I faithfully depend on the Buddha to guide me to attain all the true teachings as soon as possible." *Namu* is the transliteration of a Sanskrit word *namas*. There are a few different translations in Sino-Korean.

나무대비관세음 南無大悲觀世音 이것은 대자대비하신 관세음보살에게 의탁한다는 염송念誦으로, '나무'南無는 의탁한다는 뜻.

(Namudaebi Gwanseum) I take refuge in the great compassion of Gwanseum (the Bodhisattva of Great Compassion).

나무아미타불 南無阿彌陀佛 아미타불의 갖춘 이름으로 6자 명호名號라고도 말하며, 줄여서 단순히 명호名號라고도 말함. 이를 쉽게 이야기 하면, 아미타불의 구원을 발원하는 것이라 말할 수 있다. 그러나 일본의 진종眞宗에서는, 나무南無는 원하는 기機, 아미타불은 구원을 받는 법法이라 하여, 기법일체機法一體의 여섯 자를 나타낸다. 다시 말해, 부처님 편에서 보면 '원하는 이를 돕는' 칙명勅命이 되고, 구원을 원하는 중생의 편에서 보면 '도움을 청하는' 신념信念이 된다.

(Namuamitabul) Homage to Amitabha Buddha: I faithfully bow or depend on Amitabha to guide me, or wholehearted reliance upon the Buddha of Infinite Light and Boundless Life: The supplication of a sentient being for his/her wish fulfillment.

나무아미타불 관세음보살 南無阿彌陀佛 觀世音菩薩 아미타 부처님과 관세음보살님에게 의탁합니다.

(Namuamitabul Gwanseumbosal) I faithfully bow or depend on Amitabha and the Bodhisattva of Great Compassion to guide me. "Namu (Namo)" means to rely on or take refuge.

나반존자 那畔尊者 혼자서 깨쳤다하여 독수성獨修聖, 줄여서 독성獨聖이라고도 말하며, 연각緣覺 또는 독각獨覺이라고도 말함. 우리나라에서 말세의 복밭福田이라고 신앙하는 나한羅漢, 즉 아라한阿羅漢. 머리카락이 희고 눈썹이 긴 모양을 하고 있어 이웃집 할아버지처럼 인자하고 친근감을 주는 것이 특징. 연각緣覺과 삼승三乘 참조.

(Nabanjonja) Pratyeka-buddha: Solitary awakened one, or the one who has attained enlightenment on his own strength through an insight into the twelve-links of interdependent arising. *Cf.* (*Yeon-gak*) Another way of calling the Pratyeka-Buddha or solitary awakened one in Korean, and (*Samseung*) The Threefold Vehicle, or Three Vehicles.

나발 螺髮 부처님의 곱슬머리.

(Nabal) The curly hair of the Buddha.

나옹 懶翁 (1320-1376) 고려의 큰 스님. 이름은 원혜元惠이며 나옹懶翁은 호號. 법명法名은 혜근惠勤이며 당호堂號는 강월헌江月軒. 시호諡號는 선각禪覺이다. 훌륭한 선시禪詩들이 많다.

(Naong) (1320-1376) A venerable priest of Goryeo Dynasty. His lay name was Wonhye, and Naong was his pen name. His precept name is Hyegeun, and his residence pen name was Gangweolheon (Stream-moon arbor), and his posthumous title conferred by the King is Seongak (Dhyana Awakening). He left many excellent poems.

나유타 那由他 인도에서 아주 많은 수를 표시하는 수량의 이름. 아유타阿由多의 백배로, 천억 또는 만억이라고 함.

(Nayuta) It is an infinite number of figures. It is a hundred times greater than Ayuta.

나찰 羅刹 악한 귀신의 일종. 야차夜叉와 함께 비사문천毘沙門天에게 속한 악귀. 그리고 일반적으로 악귀를 나찰이라고도 말함.

(Nachal) Raksasa or devil: With Yaksa, another devil, it belongs to Vaisramana, the King of Devils.

나투다 불보살佛菩薩이 중생을 교화하고 구제하기 위한 수단으로 여러 가지 모양으로 이 세상에 나타나는 화현化現을 말함.

(Natuda) The manifestation or transformation of Buddha and Bodhisattva into diverse forms to teach and deliver sentient beings.

낙수 樂修 삼수三修의 하나. 모든 법 중에 스스로 열반적정涅槃寂靜의 낙이 있음을 알고, 성문聲聞의 괴롭다는 고집을 파하는 것.

(Naksu) True delight: One of the three cultivations, and correction of Shravaka's wrong view of suffering by upholding the true peace in all the phenomenal world.

낙처 落處 본래 자리, 문제의 궁극적 귀착歸着 또는 요지要旨를 말함.

(Nakchceo) A key point, a conclusion, or an essential point.

낙초 落草 제이의第二義에 떨어지는 것. 곧 수행자나 일반인을 구제하기 위하여 정도를 낮추어 말하는 제이의문第二義門을 가리키거나 도둑떼 소굴에 들어감을 말함. 곧 하천下賤한 곳에 떨어진다는 뜻. 선가禪家에서는 퇴보, 곧 향하向下에 떨어짐을 말함.

(Nakcho) The lower level of teaching: Teaching the people in an easy way to deliver them; or falling into a trivial matter or a den of bandits. In Seon Buddhism, it also means degradation or retrogression of self.

난법 暖法 난위暖位와 같은 뜻으로, 사선근四善根 또는 사가행위四加行位의 첫 자리. 명득정明得定 참조.

(Nanbeop) The Dharma heat: The first stage of four wholesome roots, or the four added penetrative efforts. *Cf. (Myeongdeuk Jeong)* The samadhi of obtaining the wisdom of light, or the mindful contemplation of the sense object on the lower level of insight,

난선 難禪 지지경地持經에 있는 말. 닦기 어려움으로 난선難禪이라 말함. 세 가지가 있다.

1) 보살이 오랫동안 수승한 선정을 닦아 흔들리지 않는 경지를 얻었으나, 중생을

구제하기 위하여 선정禪定의 즐거움을 버리고 욕계에 태어나는 일.
2) 보살이 선정에 의하여 무량무수無量無數의 불가사의한 삼매를 얻어 성문이나 벽지불보다 뛰어나는 일.
3) 보살이 선정에 의하여 위없는 깨달음의 길을 얻는 것.
(Nanseon) Difficulty of cultivation: There are three kinds:
1) The difficulty of voluntary rebirth in the realm of desire renouncing happiness to deliver sentient beings after attaining complete enlightenment.
2) The difficulty of surpassing the Sound-hearing disciple and the Solitary-sage vehicle by attaining complete samadhi or enlightenment.
3) The difficulty of attaining the unsurpassed path of enlightenment.

난승지 難勝地 십지보살十地菩薩의 다섯 번째 자리. 일체의 법을 통달하여 모든 부처님의 경지에 듦으로 누구도 이길 자가 없는 자리를 말함.
(Nanseungji) A stage difficult to attain: It is the fifth stage of the Ten Grounds of Bodhisattva, the stage extremely difficult to conquer. In this stage the Bodhisattva absorbs himself in meditation in order to achieve unsurpassed enlightenment where few could triumph.

난위 暖位 사선근四善根의 첫 번째 자리. 소승小乘에서 말하는 지혜를 증득하려고 준비하는 자리. 다시 말해 난暖은 따뜻하다는 뜻으로, 불에 가까이 가면 따뜻함을 느끼는 것처럼, 사제四諦에 대한 지혜가 일어나는 자리.
(Nanwi) The stage of heat: The first stage of four wholesome roots, or the four added penetrative efforts. As one feels warm when he approaches heat, it is the preparatory stage for attaining the stage of Bodhisattva with the knowledge of the Four Noble Truths.

난행도 難行道 이행도易行度의 반대로, 성도문聖道門인 자기 힘에 의하여 수행의 공을 쌓아 불도佛道를 증득하는 것을 말함.
(Nanhangdo) The difficult path to enlightenment: The attainment of enlightenment by one's own effort in contrast to *(Ihaengdo)* The easy path to enlightenment.

남돈북점 南頓北漸 중국의 남쪽과 북쪽의 선문禪門이 각각 다른 것을 말함. 남에는 혜능慧能, 북에는 신수神秀. 신수는 돈오頓悟와 점수漸修를 인정하면서도 교학적敎學的이었고, 혜능은 미오迷悟가 하나이므로 본래무일물本來無一物과 수증불이修證

不二를 전하니, 후에 오가칠종五家七宗을 이루다.

(Namdon Bukjeom) The southern sudden enlightenment and the northern gradual enlightenment: The northern school founded by Master Shenxiu acknowledged both sudden and gradual enlightenments, but it emphasized the doctrinal teaching while the southern school founded by Huineng emphasized sudden enlightenment with claims of the intrinsic emptiness of things and the selfsameness of cultivation and enlightenment. The southern lineage later became the house of five houses and seven branches of the Chinese Ch'an tradition.

남방불교 南方佛教 이는 아쇼카왕 이후 스리랑카, 태국, 미얀마 등의 인도 남부 나라들에 전한 불교에 대한 총칭. 이들 나라에 보존되어있는 경전들은 모두 빨리어로 되어있으며 소승경전에 속한다.

(Nambang Bulgyo) A southern Buddhism: The general designation for the type of Buddhism propagated after Asoka in the south of India--Ceylon, Siam, Burma, etc. The scriptures preserved in these countries are written in the Pali language and belong to the Hinayana teachings.

남북종 南北宗 혜능慧能을 개조開祖로 하는 남종南宗과, 신수神秀를 종조宗祖로 하는 북종北宗을 말함. 남종이 교외별전教外別傳 불립문자不立文字 이심전심以心傳心의 법法을 세워 선정禪定만을 닦는 돈오頓悟를 주장하고, 북종北宗은 점차로 수행하면 누구나 도道를 증득證得할 수 있다는 점수漸修를 내세움.

(Nambukjong) The southern and northern schools: The southern school, founded by Huineng, the Sixth Patriarch, emphasized sudden enlightenment by means of transmission of the Buddha-dharma from mind-to-mind apart from doctrine, not depending on words and letters, and the mind-to-mind transmission of Dharma, while the Northern School, established by Master Shenxiu, emphasized realization of the Way by gradual cultivation.

남악회양 南嶽懷讓 (677-744) 육조 혜능六祖 慧能의 법 후계자.

(Namak Heoyang) Nanyue Huairang (677-744). The Dharma heir of the Sixth Patriarch Huineng.

남전보원 南泉普願 (748-834) 마조도일馬祖道一의 법제자法弟子.

(Namjeon Boweon) Nanquan Puyuan (748-834). The Dharma heir of Mazu Daoyi.

남종선 南宗禪 남종南宗이라고도 말함. 육조 혜능六祖 慧能을 시조始祖로 하는 남종선南宗禪은 돈오頓悟의 증험證驗을 강조하고, 진리를 개념적으로 깨닫는 것을 넘어서, 일차적으로 존재의 진정한 본질에 대한 직접적인 통찰洞察을 강조함.

(Namjongseon) The southern school of Ch'an, founded by Huineng, the Sixth Patriarch, stresses sudden enlightenment experience and the primacy of direct insight into the true nature of existence over the conceptual cultivation of truth. It is also called Patriarchal Seon.

납골 納骨 화장한 뒤에 유골을 거두어 공양供養하고, 그것을 묘소나 사찰寺刹의 특정한 곳에 넣어두는 것.

(Napgol) Internment of the cremated remains of a person in a grave or a special hall of the temple.

납골당 納骨堂 죽은 사람의 유골을 안치하는 집.

(Napgoldang) The charnel house, or the repository of the ash of the dead.

납승 衲僧 납자衲子와 같은 뜻. 곧 납의衲衣 (누더기 옷)를 입은 중이란 뜻.

(Napseung) It is another name for napja, a monk, or a monastic who is wearing a tattered robe made of many patches of old clothes.

납의 納衣 법의法衣의 일종으로 분소의糞掃衣라고도 말함. 납衲은 기웠다는 뜻으로, 세상 사람들이 내어버린 여러 가지 낡은 헝겊을 모아서 누덕누덕 기워 만든 옷. 승려僧侶는 이런 것으로 몸을 가리므로 스스로 자신을 낮추어 납자衲子 또는 납승衲僧이라 말함.

(Napui) The Dharma robe made of many patches of old clothes or even clothes that have been worn by the dead. This is the frugality of the way of life of monks, which all monastics should observe according to the monastic rules.

납자 納子 납승衲僧이라고도 말함. 누더기 옷이라는 뜻의 납의衲衣를 입은 선승禪僧 또는 수행승이라는 뜻. 특히 선종禪宗에서 자기를 낮출 때 쓰는 말.

(Napja) It literally means a monk, or a monastic who is wearing the tattered robe. The term is preferred by Seon or Zen Buddhism.

내각 內覺 마음의 실상實相이 공적空寂하다는 것을 깨닫는 것.

(Naegak) Realization that the true nature of mind is empty and tranquil.

내공 內空 십팔공十八空의 하나로, 육근六根 (눈, 귀, 코, 혀, 몸, 뜻)이 공함을 말하며, 이들은 모두 실제의 자성이 없으므로 내공이라 말함.

(Naegong) Internal non-substantiality or emptiness: One of the eighteen aspects of non-substantiality or void. Emptiness of six roots or sense faculties (the eye, ear, nose, tongue, body, and mind). They are called empty because they have no self-nature, essential substance, or self-existence. *Cf.* *(Sippalgong)* Eighteen kinds of emptiness.

내관 內觀 바깥 경계境界에 따라 생각을 일으키지 않고, 마음을 고요히 하고 자기의 내면을 자세히 관찰하는 것.

(Naegwan) The inward eye, or look within: Inner contemplation, or the introspection of self-nature and mind in the quietude of meditation.

내근 內根 인식이 나타나는 내부적인 근거.

(Naegeun) The basis of internal cognition, or the internal root or basis.

내범 內凡 불법을 수행하는 사람 중에서 범부위凡夫位에 있는 사람을 구별하여 내범內凡과 외범外凡이라 한다. 범凡은 성聖에 대비되는 것으로, 아직 불교의 교리를 증득하지 못한 사람을 말하고, 그 가운데서 약간의 지혜를 가진 사람을 내범이라 하고, 그렇지 못한 사람을 외범이라 한다. 다시 말해 내범은 불교 교리 안의 범부이고, 외범은 교리 밖에 있는 범부를 말함.

(Naebeom) The common Buddhist: There are two classes of common people. A common non-Buddhist is called an *oibeom*, or an outside mediocrity; a common Buddhist who has not yet attained enlightenment of the level of saint is called *naebeom*, or an inside mediocrity.

내생 來生 삼생三生 (전생, 현생, 내생)의 하나. 죽은 후에 다시 태어남.

(Naesaeng) The future rebirth, the life to come, or the future life or existence: One of the threefold lives, the former, present, and future.

내연 內緣 내인內因이라고도 말하며, 의식意識이 마음속에 가지가지의 사상事象, 곧 온갖 모양을 분별하는 것을 말함.

(Naeyeon) The internal conditions: It is also called internal causes that create all kinds of images in the mind.

내원해인 耐怨害忍 삼인三忍의 하나. 남에게서 박해를 받더라도 참고, 원수 갚을 생각을 하지 말라는 것.

(Naeweon Haein) Tolerance of opposition and injury: No matter how injurious and intolerable it might be, one should abstain from retaliation. This is the Buddha's teaching--no retaliation or resentment in any circumstances.

내전 內典 불교의 전적典籍을 내전이라 말하며, 불교 이외의 서적을 외전外典 이라 말함.

(Naejeon) The Buddhist scriptures as opposed to the non-Buddhist scriptures. *Cf. (Oijeon)* The non-Buddhist scriptures and books.

내증 內證 자내증自內證이라고도 말함. 자기 마음속에서 증득한 진리에 대한 재확인.

(Naejeung) The internal validation of one's realization or enlightenment, or one's own assurance of the truth one has realized.

노모불견불 老母不見佛 자기 밖의 부처를 찾으면 영영 자신을 잃어버리고 깨치지 못한다는 뜻. 부처님 당시 사람들이 부처님을 보려고 밀려들었다. 그러나 한 노파만은 부처님을 보지 않으려고 문을 닫고 두 손으로 눈을 가렸다. 그러자 열 손가락 끝에 부처님이 나타났다고 한다.

(Nomo Bulgyeonbul) An old lady's refusal to see the Buddha: It means not to find the Buddha outside of oneself. There is an interesting story. At the time of Sakyamuni Buddha, a great number of people gathered to behold the Buddha, but there was an old lady who locked herself in the house refusing to see the Buddha by covering her eyes with her hands, and lo! Suddenly Buddha appeared at the end of her ten fingers.

노사 老師 노승老僧에 대한 존칭. 현재는 수행승의 좌선과 수행일반을 지도하는 승려를 뜻하는 경우도 있다. 일본 사람들이 즐겨 쓰는 용어로, 일본말로는 '로시 roshi'라 발음함.

(Nosa) An old Seon or Zen teacher: An honorific title for an old Seon master who teaches meditation and other general practices of monks.

노숙 老宿 손윗사람에 대한 존칭. 노년숙덕老年宿德의 준말로, 덕을 쌓은 존경할

만한 노인이란 뜻, 또는 덕德이 높은 승려에 대한 경칭敬稱.

(Nosuk) An elevated title or calling of a venerable old person, or an old priest.

노자 老子 『노자 도덕경』의 저자. 노자 (5-4 B.C.E.)가 혼란한 세상을 피하여 함곡관函谷關에 이르렀을 때, 관령關令인 윤희尹喜가 도道에 대해 묻자, 도덕 오천 언道德五千言을 적어 주었다 함.

(Noja) Lao-tzu (5-4 B.C.E.): The Venerable Sage of China: The author of Dao De Jing, the philosophical book in verse composed with 5,000 words.

노전 爐殿 법당에서 조석으로 향불을 피우는 소임을 맡은 스님.

(Nojeon) A monk whose duty is offering the incense in the morning and evening in the Dharma Hall.

노주 露柱 벽에 붙어있지 않고 따로 서 있는 돌기둥. 불전佛殿의 둥근 기둥, 눈에 보이는 드러난 기둥. 이것이 변하여 생명이 없는 것 (非情)을 대표하는 말로 쓰임.

(Noju) The stone pillar apart from the wall: The round pillar of the Buddha Hall. It is a pillar that is obvious to the eyes, whereas it came to have the symbolic meaning of an inanimate thing.

녹야원 鹿野園 부처님이 도道를 이룬 후 다섯 비구比丘를 위하여 처음 설법하신 곳.

(Nogyaweon) Mrgadava: The Deer Park in Varanasi where Sakyamuni Buddha delivered his first discourse to the five Bhikkus.

논 論 범어梵語 sastra 또는 abhidharma의 변역으로 삼장三藏의 하나. 아비달마阿毘達磨 참조.

(Ron) Translation of Sanskrit sastra or abhidharma, one of the Three Tripitakas, Sutra-pitaka, Vinaya-pitaka, and Abhidharmapitaka. *Cf. (Abidarma)* Abhidharma.

논어 論語 유교儒敎의 성전聖典으로 사서四書 중의 하나. 공자孔子의 언행言行과 제자들과의 문답 및 제자들의 언행을 모아 엮은 책.

(Noneo) The Analects: Compilation of sayings and conduct of Confucius and his disciples. One of the Four Books of Confucianism.

논장 論藏 삼장三藏의 하나. 설법한 요지를 정리, 분류하여 그것에 해설을 덧붙인 조사祖師들의 논설.

(Nonjang) Ahbidharma pitaka, shastra, or treatise of the great patriarchs : One of the three divisions of the Buddhist canon.

누 漏 누漏는 흐르다 또는 샌다는 뜻으로 번뇌에 대한 다른 이름. 다시 말해 번뇌로 인하여 육근문六根門에서 항상 더러운 것을 흘러낸다는 뜻. 따라서 번뇌가 다하여 없는 것을 누진漏盡이라 함.

(Nu) **Asava**: It is another name for defilement. It literally means "leaking" or flowing out of six foul openings or six gates: the eyes, ears, nose, tongue, body, and mind.

누문 樓門 다락으로 오르내리게 된 문.

(Numun) A gate with stairs to climb up to the loft.

누진 漏盡 번뇌가 다하는 것. 따라서 지혜와 같은 말. 무루無漏라고도 말하며, 번뇌는 육근六根으로부터 새어나와 멈추지 않으므로 샌다고 말함.

(Nujin) The extinction of leaking, or no-more leaking: The undefiled, untainted, pure Prajna, or transcendental wisdom.

누진지 漏盡智 일체의 번뇌를 끊은 아라한의 지혜.

(Nujinji) Wisdom without illusion: Wisdom of Arahant by which the extinction of all illusion is accomplished.

누진통 漏盡通 번뇌를 모두 끊고 두 번 다시 미계迷界에 태어나지 않는다는 자각自覺. 육신통六神通 참조.

(Nujintong) The psychic power of the extinction of defilement or leaking. *Cf. (Yuksingtong)* Six psychic supernatural powers.

눈 밝은 사람 깨친 사람을 뜻함.

(Nunbalgeun Saram) An enlightened one: Lit. "a bright or clear eyed person."

눈푸른 도인 道人 깨친 도인道人.

(Nunpureun Doin) An enlightened sage: Lit. "a blue-eyed sage."

능견 能見 능能은 사물을 보는 주체, 소所는 객체. 능견能見에 대비되는 대상이 소견所見. 능소能所 참조.

(Neunggyeon) The seer, the subject part of seeing, or subjective perception. *Cf. (Sogyeon)* The object part of seeing.

능견상 能見相 삼세三細의 하나로, 견상見相 또는 전상轉相이라고도 말함. 진여眞如가 무명에 의하여 처음 일어나는 것을 업상業相이라 하고, 그 업상 위에서 주관과 객관의 이분二分이 서로 대립하는 경우에 그 주관적 부분을 능견상이라 말함.

(Neunggyeon Sang) The mark of subjective perception, or the sense object marks: One of the three subtleties. The first movement or disturbance aroused by ignorance is called karmic action or feature, and in this case, the subject part of movement is called seer consciousness while the object part is called the sense object features.

능단 能斷 끊는 주체主體.

(Neundan) The subject part of cessation.

능미불각 能迷不覺 불각不覺의 원인은 곧 미혹이라는 뜻.

(Neungmi Bulgak) The agent of delusion is unenlightenment.

능변 能變 능변能變이라 함은 아견我見에 집착하여 주관적 사고를 고집하기 때문에 객관적 분별이 생겨서 주객主客 ·능소能所 · 피차彼此 등을 자기 입장에서 판단하므로 능변이라 한다. 이때 제일第一 능변은 아뢰야식이고, 제이第二 능변은 말라식末那識이다.

(Neungbyeon) Subjective transformation: Wilful dual view arising from attachment to the discrimination of subject and object, this and that. The primary transformation is called the storehouse consciousness or the 8th consciousness, and the secondary transformation is called manas or 7th consciousness.

능변계 能遍計 육식六識과 칠식七識이 일체의 대상에 대하여 '그것은 나다, 그것은 법法이다.'라고 분별하는 것을 말함.

(Neungbyeongye) Discriminating mind of the sixth and seventh consciousness about all the sense objects, such as you and me, this and that.

능변식 能變識 유식종唯識宗에서는 식識을 가리키며, 이때 능변이라 함은, 변화시키는 주체 또는 주관적 의식을 말함. 이를 달리 말하면, 식識은 상분相分과 견분見分이 변하여 나타냄으로 능변이라 말함. 여기에는 이숙식異熟識, 사량식思量識, 요별식了別識의 세 가지가 있다. 일반인에게는 다소 어려운 설명.

(Neungbyeonsik) Transforming consciousness: The mental function of subject and object parts of all transmutation. *Cf.* (*Isuksik*) Potential different karmic retribution, or the eighth consciousness, (*Saryangsik*) Capacity for thought, and (*Yobyeolsik*) Discriminating mind, or the sixth

consciousness.

능사 陵寺 능陵을 지키기 위하여 세우거나 지정한 사찰.

(Neungsa) A temple built or designated to maintain the royal tomb.

능상 能相 형상形象의 본질.

(Neungsang) The substance of the characteristics or marks.

능소 能所 행동의 주체를 능能이라 하며, 행동의 객체를 소所라 한다. 그러나 불교에서는 일반적으로 이러한 주객主客의 이원론二元論을 전제하는 인식은 착오錯誤이며 미혹迷惑이라 한다.

(Neunso) The subject and object: Buddhism does not allow such a dualistic view of subject and object.

능엄주 愣嚴呪 능엄경愣嚴經에 있는 427구句의 다라니를 말함.

(Neuneomju) Mantra-dharani: 427 phrases of Mantra-dharani in the Surangama Sutra, or the Sutra of the Heroic Ones.

능연 能緣 생각하는 마음, 또는 객관적 대상에 대한 주관 작용. 구사종俱舍宗에서는 육식六識을, 법상종法相宗에서는 팔식八識을 말한다. 이의 반대 개념인 소연所緣 참조.

(Neungyeon) Conceptual thinking, or the subject part of perception. *Cf. (Soyeon)* The object part of perception.

능연소연 能緣所緣 생각하는 마음 작용과 마음 작용에 의해 포착된 대상.

(Neungyeon Soyeon) Objectifying and the objectified: The subjective perceiving function of consciousness and the object perceived.

능의 能依 의지할 바에 대한 주체主體. 다시 말해 무엇에 의지하려는 주관 작용. 소의所依 참조.

(Neungui) The subject part of reliance. *Cf. (Soui)* The object part of reliance.

능인 能仁 석가모니 부처님 칭호의 한문 번역. 능인能忍이라고도 말함.

(Neung-in) One of the Chinese renderings of the name of Sakyamuni Buddha.

능인적묵 能仁寂默 석가모니 부처님의 한문 번역. 이때 인仁은 자비와 덕망, 능能은 부처님의 위없는 신통력을 말함. 그리고 적묵寂默은 부처님의 깨달음.

(Neung-in Jeongmuk) It is the Chinese rendering of the name of

Sakyamuni Buddha. *Neungin* means capability and virtue, and *Jeongmuk* means the state of quietude and enlightenment.

능작 能作 외도外道의 사견邪見으로 짓는 행위. 이의 결과인 소작所作 참조.

(Neungjak) The unfit act of an outside way, or something that is non-Buddhist. *Cf. (Sojak)* The fruits of creation.

능장 能藏 제팔식第八識 아뢰야식阿賴耶識과 같은 말.

(Seungjang) Another name for the eighth consciousness, or the store house of consciousness.

능적 能寂 수행에 의하여 번뇌가 끊어진 정적靜寂한 심지心地.

(Neungjeok) The quiet state of mind without any defilement attained by meditation and discipline.

능지 能知 인식의 주체主體. 소지所知 참조.

(Neungji) The subject part of cognition or perception. *Cf. (Soji)* The object part of cognition.

능집소집 能執所執 인식認識의 주체와 객체.

(Neungjip Sojip) The subject and object parts of cognition or perception.

능취소취 能取所取 취지能取는 마음의 경계로 무엇을 잡으려는 주관적 생각 또는 경향과, 소취所取, 곧 붙잡은 대상. 그러나 이것 역시 소취所取와 마찬가지로 궁극엔 공空이며 허망한 것이라는 것을 알아야함. 소취所取 참조.

(Neungchwisochwi) The grasping and the grasped: But in the ultimate reality, as it is with the case of (*Sochwi*) Object of craving or the grasped, there is no subject or "I" to grasp. Everything is just a manifestation of the mind--the Void.

니련선하 尼連禪河 부처님께서 6년간의 고행 끝에 보리수나무 아래에서 깨치신 곳 가까이에 있는 강.

(Niryeon Seonha) Nairanjana River: This is the river near to the place where Sakyamuni Buddha attained enlightenment under a bodhi tree after six years of hard practice.

니우 泥牛 진흙 소. 선불교에 있어, 소는 우리의 청정한 마음을, 진흙 소는 우리의 청정한 자성自性이 혼탁한 티끌 경계를 만난 상태를 뜻한다. 그러나 진여의 경계에서 보면, 탁한 경계 역시 본래 없는 것이니 청정하다는 것도 역시 공空. 다시 말해, 진흙 소 (우리의 마음자리가)가 수행을 닦아 해인삼매海印三昧인 바다에 들어가면, 소의 형체 (마음의 형체)가 물에 녹아 사라져 바다와 하나가 되듯, 진흙 소에도 매달릴 필요가 없다. 오직 수행만이 열반의 길. 영문 해설도 읽어 보기 바람. 아주 쉽습니다.

(Niu) The mud-ox: In Seon Buddhism, the ox usually means our pure self-nature, and the mud-ox, a tainted mind. But in the ultimate reality, there is neither taint nor purity. They are all workings of the mind, the tainted mind. If a mud-ox enters the sea (the sea of samathi), it will dissolve leaving no trace of its form or defilement and become one with the great sea, the ultimate reality of the universe, which is our original face and home from where we all originally came and shall return.

【 ㄷ 】

다고 茶鼓 선방禪房이나 강당에서 다례茶禮의 의식을 대중에게 알리기 위해 큰 북을 치는 것.

(Dago) Beating of a drum at the meditation hall or lecture hall in a Sen or Zen monastery to announce tea-time.

다도 茶道 차를 달여 손님에게 대접하거나 마실 때의 예법禮法. 그러나 불교에서는 다도茶道가 단순히 차를 달여 대접하고 마시는 것 이상의 아취雅趣가 지극한 묘경妙境을 터득하는 참선과 같은 마음수행이기도 하다. 다례茶禮와 다선일미茶禪一味 참조.

(Dado) The tea ceremony: Lit. the Way of tea. The term tea ceremony, or brewing, serving, and drinking tea is misleading. In Seon Buddhism, it is not just a manner or etiquette of brewing, serving, and drinking tea. It is another way of cultivating the mind to attain the unification of the aroma of tea and the mind, just like practicing meditation. *Cf. (Dalye)* Tea-drinking ritual. *(Daseonilmi)* One taste of tea and meditation.

다두 茶頭 선원禪院에서 차를 다리는 소임所任. 이 일은 주로 행자行者가 맡아 봄.

(Dadu) Tea-ceremony officer in the Seon monastery: It is usually performed by a postulant, or a novice.

다라니 陀羅尼 총지總持, 능지能持, 능차能遮로 번역. 모든 악법惡法을 가로막고 선법善法을 지키는 힘이 있으며, 보통 다라니에는 두 가지 뜻이 있다.

1) 지혜 또는 삼매三昧를 말함. 이것은 부처님의 가르침을 잊지 않고 그 뜻을 분별하여 자신의 마음에 간직하고 유지시킨다는 의미.
2) 진언眞言. 범문梵文을 번역하지 않고 음 그대로 적어서 외는 것. 대개 짧은 것은 진언眞言 또는 주呪라 말하고, 긴 것은 다라니 또는 대주大呪라고 말함.

Dharani: Mantra or any mystic phrase, spell, incantation, or chant to preserve good intent by preventing evil spirits. Another meaning of dharani is to preserve and uphold the Buddha's teaching in one's mind, which is associated with samadhi and the power of memory.

다라이라마 '바다와 같은 큰 지혜를 가진 스승'이라는 뜻으로, 1578년 몽골 왕자 알탄 칸이 삼대 수장三代 首長에게 하사下賜한 명예로운 칭호.

Dalai Lama: Lit. "A teacher whose wisdom is as great as the ocean." It is an honorary Tibetan title first bestowed by the Mongolian Prince Altan Khan on the Third Head of the Gelukpa School in 1578.

다례 茶禮 선원禪院에서 행하는 점다예식點茶禮式, 곧 마른 차 잎을 탕 그릇에 담은 다음, 끓는 물을 부어 우려내 손님에 대접하는 의식. 차 대접에는 여러 가지 종류가 있다, 곧 특별히 마련한 차 또는 축하를 위한 차 등. 다도茶道 참조.

(Dalye) Tea-drinking ritual: The ceremony of offering tea at the Seon monastery during the first meeting. There are various kinds, such as special tea and celebration tea. *Cf. (Dado)* The tea ceremony.

다례제 茶禮祭 입적入寂하신 분들의 명복을 빌기 위해 지내는 제례祭禮.

(Dalyejye) The memorial service of tea ceremony for the heavenly bliss of the deceased.

다문 多聞 말과 글로 설법을 듣는 것을 다문이라 한다. 다시 말해 가르침을 많이 받는 것. 구족다문俱足多聞 참조.

(Damun) Understanding the discourse through words and utterance: It literally means "a multiple hearing," or a good listener. Learning through hearing the Dharma, or the Buddha's teaching. *Cf. (Gujokdamun)* Understanding even before the utterance of discourse.

다보탑 多寶塔 경주 불국사에 있는 다보여래多寶如來의 사리탑. 국보 84호. 1995년 유네스코에 의해 세계문화유산으로 등재됨.

(Dabotap) The pagoda of great jewels where the relics of Prabhutaratna, or the ancient Buddha are enshrined. It is National treasure No. 84, and was registered as a World Cultural Heritage by UNESCO in 1995. It is on the front court yard of Bulbuksa Temple in Gyeongju, Korea.

다비 茶毘 불교의 화장의식火葬儀式.

(Dabi) The Buddhist cremation.

다선일미 茶禪一味 다도茶道와 참선은 둘이 아니라는 뜻. 이를 행차行茶라 말하며, 차 마시는 과정을 향·맛·색으로 구분하여 음미하면서 수행을 함. 이렇듯 진정한 다도茶道에는 단순히 차를 마시는 것 이상의 뜻이 담겨져 있다. 다시 말해 한 잔의 차에 부처님의 진리와 참선의 기쁨이 다 녹아있다는 뜻. 다도茶道 참조.

(Daseon Ilmi) The one exquisite flavor of tea and Seon: It literally means "the same flavor of tea and meditation," which implies that there is no difference between cultivation of the mind and a tea ceremony. There are three steps to appreciate tea and meditation: The aroma first, then taste and color. Every movement must be slow and quiet with concentration of the mind, just like during the meditation practice. No talking and no noise is allowed. *Cf. (Dado)* Tea ceremony.

다식 茶食 차를 마실 때 곁들여 먹는 쌀, 콩, 깨 또는 송화松花 등의 가루를 꿀과 섞어 만든 한국 전통 음식.

(Dasik) The traditional small Korean tea cake or biscuit made of the pulverized beans, rice, sesame, or pine pollen mixed with honey.

다자탑 多子塔 삼처전심三處傳心의 하나. 부처님께서 이 탑 앞에서 가섭존자에게 자리를 나누어 앉게 한 탑.

(Dajatap) The pagoda of many children: One of the three occasions of transmission from mind-to-mind of Buddha to Mahakasyapa.

다포식 多包式 한국의 화려한 사찰 건축양식.

(Daposik) Architecture of the multi-clustered brackets of the Korean temple.

단 壇 만다라曼茶羅의 의역. 여기에 불보살佛菩薩 등을 안치하고 또 공물供物이나 공구供具를 진열한다. 한자漢字 단壇과 단檀을 혼동하지 않도록.

(Dan) Mandala: The altar or platform where the statues of Buddha and Bodisattvas, offerings, and offering utensils are displayed.

단 檀 범어梵語 dana에서 온 말로 단나檀那의 준말. 타나陀那라고도 번역하며, 시여施與 또는 보시布施를 뜻함. 이래서 한문 불교용어가 어렵다.

(Dan) Dana: Offering, giving, generosity, alms, donation, or sacrifice.

단 斷 악을 끊는다는 것으로 멸한다는 뜻.

(Dan) Cessation: It actually means annihilation of evil.

단견 斷見 만유萬有는 무상한 것이어서 실재하지 않는 것과 같이, 사람도 죽으면 육신과 마음이 모두 없어져 공무空無에 돌아간다고 고집하는 견해. 상견常見과 중도中道 참조.

(Dan-gyeon) The nihilistic view of annihilation: Attachment to non-being that emptiness is true reality, the view that both body and mind will return to complete nothingness leaving nothing behind when one dies. *Cf.* *(Sanggeon)* Eternalism, and (*Jungdo*) The Middle Way or Path.

단공 但空 만유의 법이 공하다는 한 가지만을 알고, 불공不空의 이치는 깨닫지 못하는 것을 말함. 부단공不但空 참조.

(Dan-gong) An extreme view of emptiness of all marks without understanding non-emptiness, or the emptiness of emptiness. *Cf.* *(Budangong)* Emptiness of emptiness, or ultimate and double emptiness.

단나 檀那 범어梵語 dana의 음역으로 단나旦那 또는 타나柁那라 쓰고, 약하여 단檀이라고도 함. 그리고 그 뜻은 보시布施 또는 시施라 번역하며, 주는 것, 베푸는 것을 말함.

(Danna) Dana: Transliteration of Sanskrit dana, which means a donor, one who makes a donation to the Buddha, a monk, temple, or one who bears the expense of a Buddhist service, sermon, etc.

단도직입 單刀直入 말을 하거나 글을 쓸 때에 여러 말을 늘어놓지 않고 요점이나 문제의 핵심을 곧 바로 말하는 것.

(Dando Jikip) Impromptu, straightforwardness, point blankness without beating about the bush, or one-pointedness in the explanation of things.

단멸 斷滅 단절하여 완전히 소멸함.

(Danmyeol) Total extinction and annihilation.

단멸공 斷滅空 단멸공이란 무기공無記空과 비슷한 것으로, 공空에만 집착하여 무념無念의 지혜가 아닌 아무것도 없는 깜깜한 경지를 말함.

(Danmyeolgong) Annihilistic denial of emptiness such as complete darkness: It is similar to *mugigong*, the voidness of indifference, contrary to the wisdom of non-discriminating mind of mindfulness.

단멸요가 斷滅瑜伽 힌두교의 성전聖典인 바가바드기타에 나오는 요가 수행법 '자기 밖의 것에 대한 감각을 끊고 / 미간에 정신을 집중하라. / 들숨과 날숨을 조절하고 / 감각과 생각을 멈추어 / 마음에 흔들림이 없도록 하라. / 마음의 평안을 추구하는 자는 / 두려움과 노여움을 버리고 욕심을 놓아라. / 그러면 진정 그는 영원한 평안을 얻으리라.' 간화선과 비교해볼 것.

(Danmyeol Yoga) The yoga of renunciation: Yoga training discoursed in Bhagavad-Gita: "Shutting off the senses from what is outward, / Fixing the gaze at the root of the eyebrows, / Checking the breath-stream in and outgoing within the nostrils, / Holding the senses, / Holding the intellect, / Holding the mind fast; / He who seeks freedom, / Thrusts aside anger and puts off desire: / Truly that man is made free for ever." Seed how different it is from Ganhwa Seon.

단상 斷常 단멸을 주장하는 단견斷見과 영원성을 주장하는 상견常見의 두 극단적 견해. 공空에 집착하여 공空이 공空이 아닌 것을 알지 못하면 단견斷見에 떨어지고, 유有에 집착하여 유有가 유有 아닌 줄을 모르면 상견常見에 떨어진다.

(Dansang) The two extreme views of eternalism and annihilationism. If one fails to understand that emptiness is not emptiness, he falls into annihilztionism, on the other hand, if one fails to understand that existence is not true existence, he falls into eternalism.

단선근 斷善根 약하여 단선斷善이라고도 말함. 고도의 사견邪見에 의하여 인과因果를 부정하므로 선근善根을 끊는 것.

(Danseongeun) Complete extinction of the wholesome root: It means annihilation of the wholesome root by denying the law of cause and effect.

단신불무언 연화종구발 但信佛無言 蓮花從口發 다만 부처는 말이 없는 것임을 믿으면 입에서 연꽃이 피리라. 구경究竟의 진리란 언설을 초월한 것.

(Dansinbulmueon Yeonhwajonggubal) If you only believe that Buddha speaks no words, then the lotus will blossom in your mouth: The ultimate truth is beyond words and expression.

단영심공경자공 但令心空境自空 다만 마음이 공空하면 경계境界도 스스로 공해지는 법. 어려울 것 없다.

(Dan Yeongsimgong Gyeongjagong) Just empty your mind, and percepts will vanish themselves by their own account. Very simple.

단월 檀越 산스크리트어의 danapati. 시주施主라 번역하며, 보시布施를 행하는 사람, 곧 시주施主를 말함. 단나檀那 참조.

(Danweol) Benefactor, patron, or donator: Translation of danapati in Sanskrit.

단이망연 즉여여불 但離妄緣 卽如如佛 '헛된 인연을 여의기만 하면 / 바로 여여하신 부처라네.' 이것은 백장회해百丈懷海의 법사法嗣 고령신찬古靈神贊의 게송偈頌. 부처님의 가르침을 너무 어렵게 생각하지 말고 또 권위를 내세워 어렵게 가르치지도 말 것.

(Danimangyeon Jeukyeoyeobul) "Just stay away from false conditions, / That is the Thusness Buddha." This is a gatha by Gulin Shencan, the Dharma heir of Baizhang Huaihai.

단전 丹田 배꼽 아래 한 치쯤 되는 곳. 좌선할 때 이곳에 기운을 모으면 정신이 어지럽지 않고 또 병을 고치는데도 효험이 있다.

(Danjeon) The abdomen: If one could concentrate one's breath in the cavity about an inch below the abdomen when practicing sitting meditation, one achieves not only an extremely clear mind, but it is also good for treating illness.

단전호흡 丹田呼吸 우리가 보통 호흡할 때는 횡격막의 상하 작용에 의해 이루어지지만, 수행자가 단전호흡을 할 수 있게 되면, 모든 활동의 정지 상태에 들게 되며, 이것을 가리켜 호흡을 떠난 호흡, 또는 태초의 호흡이라고도 말한다.

(Danjeon Hoheup) Embryo breathing: Breathing with the abdomen. When the practitioner achieves embryo breathing, he is said to be in the state of total extinction or cessation. It is referred to as breathing without breath, which is also called primordial breathing.

단절 斷絶 모든 인연을 끊는 것.

(Danjeol) Annihilation, or putting an end to all conditions.

단좌 端坐 위의威儀를 갖추고 바르게 앉는 것. 곧 정좌正坐를 뜻함.

(Danjwa) Sitting upright: Correct sitting by meditation practitioners in accordance with the monastery rules.

단주 短珠 손목에 차기 위해 짧게 만든 염주. 54개 이하의 구슬을 꿴 염주念珠.

(Danju) A small string of less than 54 beads.

단주 檀主 단가檀家 또는 시주施主와 같은 말. 사찰이나 승려에게 물건을 보시하거나 은혜를 베푸는 사람.

(Danju) Benefactor: Patron, donator, or alms giver who offers gifts to the temple or to priests.

단진범심 但盡凡心 단지 범부凡夫의 마음을 다하기만 하면 된다. 다시 말해 이것이 곧 깨침.

(Danjin Beomsim) Just leave the ordinary mind, or leave the mind of sentient beings: That is the true awakening.

단진범정 별무성해 但盡凡情 別無聖解 진리 (공함을)를 깨달아 중생의 생각을 다할 (떠남)뿐이지 따로 거룩한 지혜가 있는 것이 아니다.

(Danjin Beomjeong Byeolmu Seonghae) Leaving the sentiment of sentient beings behind with the wisdom of an emptiness of things: One should know that enlightenment is nothing special or sacred.

단청 丹靑 전각殿閣의 벽, 기둥, 천장 같은 데에 여러 가지 그림과 무늬를 그린 채색. 이것은 일종의 장엄일 뿐만 아니라 실질적으로는 목재의 보존과 부패방지 효과도 있다. 이때 단丹은 적색赤色을, 청靑은 청색을 뜻함.

(Dancheong) Red and blue, or the multi-colored painting: The Buddhist way of painting the walls, pillars, rafters, and ceilings of the buildings; the style of painting the buildings with assorted colors, patterns and pictures. It is primarily to display the sublimity and grandeur of special buildings such as the Dharma hall or palace. But it also has a practical effect of preserving the structures from decay and weathering.

단하소목불 丹霞燒木佛 사람마다 본래 불성을 지니고 있는데, 그것을 모르고 참 부처를 등지고 거짓 부처를 찾는 것을 경계한 단하 천연丹霞 天然 선사(739-824)의 일화. 단하 선사가 어느 추운 겨울날 법당에서 자다가 추워서 목불木佛을 가져다 불을 피웠다. 원주院主가 이를 보고 꾸짖자, 선사 대답하기를 '목불 속에 사리가 있는가 보려 했다'고 말했다고 한다.

(Danha Somokbul) Lit. "Seon Master Danha burns the wooden Buddha statue," a warning not to find the Buddha outside of himself. There is an interesting episode. When Seon Master Dan Xia was sleeping in the Dharma Hall in the cold winter night, he burned a wooden Buddha statue to warm himself. When the superintendent of the temple asked the reason, the Master's reply was, "I just wanted to see whether there is a sarira or the relics of the Buddha in the Buddha statue."

닫집 옥좌玉座나 불좌佛座 등의 위에 장식으로 만들어 다는 집의 모형模型.

(Datjip) Canopy over the throne or the Buddha statue in the Dharma

Hall.

달마 達磨 법法, 진리, 본체, 제법諸法과, 중국 선종禪宗의 시조始祖의 이름의 두 가지 뜻이 있다. 달마대사達磨大師의 범명梵名은 Bodhidharma이며, 보리달마菩提達磨라 음역함. 달마達磨는 이의 약칭.

다음은 달마대사가 제자 혜가慧可에게 법을 전한 게송偈頌 : '내가 이 땅(중국)에 온 것은 / 법을 전해 미혹한 중생을 건지려 한 것이니 / 한 송이 꽃에 다섯 잎이 열리어 / 열매가 저절로 맺으리라.'

***Dharma (Skt) or Dhamma (P)*:** The Buddhist doctrine or teachings, often translated as the Law; the reality or truth of phenomena that comprise the world and universe. Another meaning of the word is the abbreviated name of Bodhidharma, the First Patriarch of the Chinese Ch'an Buddhism.

The following is the transmission gatha of Bodhidharma to his disciple Huike: "I came to this country (China) / To liberate all sentient beings by transmitting the Dharma; / One flower will open five leaves / And the fruit will be ripened by its own accord.

달마불식 達摩不識 선종禪宗의 화두. 양梁나라의 무제武帝가 달마에게, '불교의 근본 사상은 어떤 것입니까?'라고 묻자, 달마는, '끝없이 크고 넓어 거기에는 범인凡人도 성인聖人도 없소.'라고 대답했다. 그러자 무제武帝가 다시 '도대체 그대는 누구요?' 라고 묻자, '나는 그런 것 모르겠습니다 (不識)'라 대답한데서 나온 말.

(Dharmabulsik) "I don't know," Bodhidharma said: When Bodhidharma was asked by the Emperor Wu of Liang at the end of a short interview, "Who are you?" his reply was "I don't know." After the interview, Bodhidharma thought it was not the right time for him to teach people, retreated to a hidden mountain cave, and entered into meditation for nine years facing the wall of the cave.

달마서래의 達摩西來意 달마대사가 인도에서 온 뜻이 무엇이냐는 유명한 화두話頭의 하나로, 그 참 뜻은 불교의 근본이 무엇이냐는 것으로 이해되고 있다. 이에 대한 조주스님의 대답은 뜻밖에도 '뜰 앞의 잣나무'였다.

(Dharma Seoraeui) "What was the intent of Bodhidharma's coming from the West?": This is one of the most famous hwadus or koans, which is commonly known as the same as asking about the fundamental principle or truth of Buddhism. Great Master Zhaozhou's reply to this question was, "A cypress tree in the front yard."

달인 達人 깨침을 얻은 도인道人, 또는 성문聲聞 사과四果의 하나인 일래一來.

(Dalin) An adapt, an accomplished person or once-to-be-reborn, who needs only one more rebirth, the second stage of the four fruition of the Hinayana School.

담선법회 談禪法會 선禪 수행을 하기 위해 여는 법회. 선禪에 대한 이치를 공부하고 참선을 함께 하면서 선풍禪風을 크게 떨치는데 목적이 있음.

(Damseon Beophoi) The Dharma assembly for meditation and study: They discuss the principle of meditation before starting the actual meditation to enhance or promote the practice.

담연 湛然 맑은 모양, 또는 물이 깊고 고요한 모양. 대원경지大圓鏡智와 같은 뜻.

(Damyeon) A clear and quiet state of mind as the clear water and the moon: Another name for (*Daeweon Gyeongji*) A complete illuminating wisdom.

답사 踏查 실지로 현장에 가서 조사하다.

(Dapsa) Field investigation or exploration.

당간 幢竿 장대 끝에 용의 머리모양을 만들고 깃발을 달아 드린 것으로, 불보살佛菩薩의 위신과 공덕을 표시한 장엄구莊嚴具. 이때 당幢은 깃발을, 간竿은 장대를 뜻함.

(Danggan) The flag at the end of a pole with a dragon's head to laud the dignity and virtue of Buddha and Bodhisattva. "Dang" means a banner, and "gan" means a pole.

당간지주 幢竿支柱 당간을 받쳐 세우기 위한 기둥.

(Dangganjiju) The banner-pole supports.

당득작불 當得作佛 반드시 부처의 지위를 얻으리라.

(Dangdeuk Jakbul) I shall achieve the status of Buddhahood.

당래 當來 내세來世, 미래세未來世, 죽은 뒤의 세계, 또는 이제부터, 앞으로.

(Dangrae) The future life after death, the next world; or from now on, or in the future.

당래불 當來佛 앞으로 오실 부처님, 곧 미래불未來佛로 불멸佛滅 56억 7천만년 후에 나타나신다는 미륵부처님을 가리킴. 이때 '당래當來'란 내세來世, 미래세未來世를 뜻함.

(Dangraebul) The future Buddha: It actually means Maitreya, who will succeed Sakyamuni Buddha as the Buddha of the future and will come into this world 5670 million years after Sakyamuni Buddha's passing.

당번 幢幡 불전佛殿을 장엄하는데 쓰이는 당幢과 번幡을 말함. 당幢은 간두竿頭에 용머리를 만들고 비단 폭을 단 것. 번幡은 정定, 혜慧의 손, 혹은 사바라밀四波羅密의 발을 본떠서 만든 깃발. 지금은 당과 번을 하나로 만들어 장엄으로 달아놓는다.

(Dangbeon) A banner: The silk banner, or the streamer fixed at the top of a pole in the shape of the head of a dragon displayed to decorate the Buddha Hall.

당산제 堂山祭 토지나 마을의 수호신에게 지내는 제사祭祀. 당산堂山이란 옛날 토지나 마을의 수호신을 제사지내던 장소를 말함.

(Dangsanje) The sacrificial rite for the spirit of the earth or the village. *Dangsan* 堂山 means the place where such sacrificial rite was performed in the past.

당상 堂上 당두堂頭라고도 말하며, 선사禪寺의 우두머리, 즉 주지住持를 말함. 선사禪寺에서는 주지가 있는 곳을 당堂이라고 말하는데서 온 말. 이때 상上과 두頭는 물론 어른과 우두머리라는 뜻.

(Dangsang) The abbot or the head of a Seon monastery: *Dang* means the chamber where the abbot is residing, and *sang* means an elder or the head.

당상 當相 있는 그대로의 모습.

(Dangsang) Appearance just as it is now.

당생여시심 當生如是心 마땅히 이와 같은 마음을 낳을지어다.

(Dangsaeng Yeosisim) One must produce this kind of mind.

당성불 當成佛 미래에 성불하기로 결정된 사람. 곧 당성當成과 같은 말.

(Dangseongbul) One who is predicted to attain Buddhahood in the future.

당우 堂宇 사찰의 전각殿閣과 크고 작은 모든 부속 건물의 총칭.

(Dang-u) A general term for all the Dharma halls, shrines, and subsidiary buildings, large and small, at the temple.

당처 当處 그곳, 그 자리, 또는 현재, 지금 그 자리.

(Dangcheo) The very spot, right this minute or place.

당체 当體 바로 그 본체本體를 가리키는 말. 다시 말해 거짓이 없는 그대로의 본성 또는 본체.

(Dangche) The fundamental nature, or the essence itself: The essence of the original nature itself.

당체성불 當體成佛 아승지겁阿僧祇劫의 오랜 세월을 거쳐 부처가 되는 것이 아니라, 현재 이 몸 그대로 부처가 되는 것. 즉신성불則身成佛 참조.

(Dangche Seongbul) This body itself as it is the Buddha: Attaining enlightenment or Buddhahood just as we are now, or with our own body as it is, not eons of eons after cultivation of our body and mind. *Cf. (Jeuksin Seongbul)* This body itself is the Buddha.

당체여시 當體如是 천태天台의 교의敎義로, 당체當體는 곧 물物, 번뇌는 곧 보리菩提, 생사生死는 곧 열반涅槃과 같다는 것.

(Dangche Yeosi) The thing itself as it is: It is the doctrine of the Tientai Sect. What it means is that there is no difference between the essence and the mark or appearance, between defilement and enlightenment, between samsara and Nirvana.

당체즉공 當體卽空 일체의 유위법有爲法은 분석 또는 괴멸壞滅의 과정을 거칠 것 없이 그냥 그대로 공무空無한 것이라는 것. 인연에 의해서 생긴 모든 현상은 꿈과 같고 환幻과 같아 실성實性이 없기 때문이다.

(Dangche Jeukgong) Emptiness of essence itself: All the compounded things are essentially empty. It does not require analytical theory or dissolution. All the conditioned things are essentially empty or non-substantial just as they are. They are only phantoms, illusions, and dreams without any ultimate self-entity or substance.

당체즉시 當體則是 선善과 악惡이 둘인 당체當體. 이들 둘 그대로가 하나라는 것. 이것이 천태원교天台圓敎의 교리이며. 여기에서 참다운 상즉론相卽論이 성립된다.

(Dangche Jeuksi) The sameness of good and evil in a body: There is no difference between them in the ultimate sense of emptiness of reality. It is the basis of the theory of interfusion of things of the Tientai Sect.

당토 唐土 당唐 나라, 곧 중국을 가리킴.

(Dangto) It literally means the land of Tang, which actually means ancient China.

당하 當下 곧바로, 그 자리, 그대로라는 뜻.

(Dangha) The here-ness and now-ness: Immediately, right at this moment, right at this place, then and there, or as it should be.

당호 堂號 스님의別號 또는 사찰 건물의 이름. 스님의 거처인 당명堂名을 별호別號로 쓰는 경우가 많으며 이럴 경우 이를 당호라 말함. 그런가 하면 법사法師가 지어준 별호別號를 가리키기도 함.

(Dangho) Pen name, or the name of a residence: Priests sometimes took their pen names from the name of their residence. Sometimes, it also means a pen name given by the master.

때 垢 불교에서는 번뇌 망상을 뜻함. 애욕의 때를 씻어내면 도道를 볼 수 있다. 다음은 유마경에 나 오는 말씀: "법法에는 '나'라는 것이 없으니 / '나'라는 때를 벗었기 때문이다." 모두 미혹의 때에서 벗어나기를 기원합니다.

(Ttae) Filth, taint, or defilement: One who leaves the carnal desire behind will see the way of truth. A stanza from the Holy Teachings of Vimalakirti: "Dharma is selfless, / Because it is free of the dust of me." May we all be free from the taints of ignorance and delusion.

대각 大覺 부처님의 다른 이름. 스스로 깨닫고 남을 깨닫게 하므로 대각이라 하며, 또 성문과 보살이 깨달은 지혜에 대하여 부처님이 깨달은 지혜를 말함.

(Daegak) Maha-bodhi, the great awakening, or fully enlightened One: Another name for the Buddha and his wisdom which differentiates from that of the sound-hearing Arhat's and Bodhisattva's.

대경 對境 객관적 사물, 대상 또는 경계境界. 그러나 객관적 대상이란 그것을 인식하는 생각으로 인해 그 안에 존재하는 것으로, 그 인식의 주체인 생각을 잠재우면, 일체의 대상에 얽매일 필요가 없다. 이것이 따지고 보면 참선의 궁극적 목적이며 생각을 잠재워 부모미생전父母未生前의 본래 자리로 돌아가 열반에 드는 수행이라고 말할 수도 있다. 이를 다시 쉽게 말하면, 마음은 내외內外의 모든 대상에서 항상 자유르워 얽매임이 없어야 한다는 것. 경계境界 참조.

(Daegyeong) The sense-objects, mind-data, outer objects, things or contacts, or the objective realms: However, the objects of thought

or perception exist only within thought or perception. Hence, if we rest our mind from objects, we can be free from the shackles of objects, whatever they may be, and return to the primordial time of existence and rest in absolute quietude and Nirvana, and this is, I think, what meditation is for. In other words, the mind should always be independent of both external and internal objects. *Cf. (Gyeonggye)* The percepts.

대계 大戒 대승계大乘戒 또는 구족계具足戒를 말함.

(Daegye) The complete or full precepts. *Cf. Gujokge.*

대교과 大教科 강원講院에서의 우리나라 승려교육 제도중의 마지막 과정. 이력履歷 참조.

(Daegyogwa) The advanced or last course of the academic system of the Sutra School, a kind of graduate course of the Sutra School in Korean Buddhism. *Cf. (Iryeok)* The academic course of monks and nuns at the Sutra School in Korea.

대기 對機 설법자의 상대편, 즉 설법을 듣는 사람의 근기根機를 말함.

(Daegi) The ability, vessel, or calibre of the listener of Dharma discourses.

대기대용 大機大用 대기大機는 대승법大乘法을 들을 만한 대근기大根機의 준말이며, 대용大用은 그 뛰어난 작용을 말함.

(Daegi Daeyong) The supreme capability and great function to comprehend and apply oneself to the teachings of Mahayana.

대기설법 對機說法 병에 따라 약을 주듯, 듣는 사람의 근기에 맞게 교법教法을 말하여 주는 것을 말함.

(Daegi Seolbeop) A temperamental discourse: An exposition according to the tolerance or spiritual ability of the audience or listeners.

대대손손 代代孫孫 대대代代로 내려오는 자손.

(Daedae Sonson) Generation after generation.

대덕 大德 지혜와 덕망이 높은 스님. 본래 부처님을 일컫는 말이었으나 뒤에 큰 스님의 존칭이 되다.

(Daedeok) Bhadanta: Great virtue, most virtuous, a title of honour of a Buddha. It was first applied to Sakyamuni Buddha, but it is now applied to any wise and venerable priest.

대도 大道 보리菩提의 한문漢文 번역. 부처님의 위대한 진리. 곧 불교를 일컬음과 동시에 대승大乘의 가르침을 뜻함.

(Daedo) The great path, the Way: It is the Chinese translation of bodhi, or enlightenment, which is the ultimate goal of the Buddhist path and Buddha's teaching.

대도무문 大道無門 불법佛法에는 특별한 형체도, 특별한 방법도 없으므로, 큰 뜻만 있으면 언제 어디서나 문에 들어갈 수 있다는 뜻.

(Daedo Mumun) The great Way or truth of no gate or barrier: The way to enlightenment is wide open. There is no fixed way or gate. All you need is an earnest aspiration, or great faith and resolution.

대도사 大道師 불보살佛菩薩의 존칭. 중생을 인도한다는 뜻으로 일컫는 말.

(Daedosa) A great, or noble guide: The elevated title for Buddha and Bodhisattvas, who lead sentient beings to the way of enlightenment.

대둔사 大芚寺 전라남도 해남군 삼산면 두륜산에 있는 절. 지금의 대흥사大興寺. 백제 성왕百濟 聖王 24년 (C.E. 546) 신라의 진흥왕이 어머니 소지부인昭只夫人을 위하여 창건. 1788년 (조선 정조正祖 12년) 서산대사西山大師의 팔도십륙종도총섭八道十六宗都摠攝의 교지敎旨와 의발衣鉢을 간직한 절이라 하여, 표충사表忠祠 한다.

(Daedunsa) Daedunsa Temple: Present Daeheungsa Temple located on Mt. Duryun in Samsan Myeon, Haenam Country, South Jeolla Province. It was established by King Jingeung of Silla dynasty for to commemorate Queen Mother Soji in C.E. 546, the year 24 of King Seong of Baekje dynasty.

The temple is also called Pyochungsa, the Shrine of Royalty, where the imperial decree of the Supreme Commander of Eight Provinces and Sixteen Buddhist Orders conferred to the Great Master Seosan by King Jeongjo in 1788 and the Master's Dharma robe and begging bowls are enshrined.

대들보 한식 지붕을 안에서 떠받고 있는 큰 들보.

(Daedeulbo) The cross beam of a house

대만 국제불광회 중화총회 臺灣 國際佛光會 中華總會 대만을 대표하는 불교단체. The Buddha's Light International Association World Headquarters in

Taiwan.

대명 大命 목숨보다 더 중요하고 귀한 것은 없기에 이렇게 일컬음.

(Daemyeong) The great life: It is so called because there is nothing that is more precious than life.

대반열반 大般涅槃 범어梵語 mahaparinirvana의 의역意譯로, 번역하여 대입멸식大入滅息, 대멸도大滅度, 또는 대원적입大圓寂入이라 함.

(Daebanyeolban) Mahaparinirvana: The great, or final entrance into great extinction and Nirvana.

대방 大房 큰 방. 모든 승려들이 한 곳에 모여 공양하는 큰 방.

(Daebang) A large room where monks take their meals together.

대방광 大方廣 대방등大方等이라고도 말하며, 불타가 깨달은 진리를 말함. 화엄종에서 대大는 체體, 방方은 상相, 광廣은 용用이라 해석함. 방등方廣/等 참조.

(Daebanggwang) Great and expansive: The truth the Buddha has realized. *Cf.* *(Banggwang/deung)* Expansive and upright.

대법 大法 불법佛法을 높이어 일컫는 말인 동시에, 소법小法, 곧 소승小乘의 교법敎法이 작은데 대해서 대승의 교법이 수승殊勝하고 광대함을 뜻함.

(Daebeop) The great Law: It has two meanings. One is laudation of the teaching of the Mahayana, or the Great Vehicle, and the other is the superiority of the teaching of the Great Vehicle in contrast to the teaching of the Lesser Vehicle.

대보살 大菩薩 자리리타自利利他의 보살도를 수행하는 보살 가운데, 다시는 물러서지 않는 불퇴위不退位에 들어선 보살을 말함. 곧 초주初住 또는 초지初地 이상의 보살을 말함. 십지보살十地菩薩 참조.

(Daebosal) Mahasattva: The Bodhisattva who is above the first stage of the Bodhisattva way for Buddhahood without regression. *Cf. (Sipji Bosal)* Ten stages, ground, or lands of Bodhisattva.

대분심 大奮心 선 수행의 세 가지 필수 요건인 각자의 불성佛性에 대한 대신심大信心, 화두 참구에 조그마한 틈도 주지 않겠다는 철저한 대의단大疑團, 그리고 반드시 깨침을 이루겠다는 대분심大奮心 중의 하나.

(Daebunsim) Great indignation: One of the three pillars of meditation practice to attain enlightenment: the great faith in one's original Buddha-nature; a ball of great doubt to prevent even a tiny rational thinking; and great courage or heroism to attain enlightenment.

대비 大悲 범어梵語 maha-karuna의 번역. 크게 가엾게 여기는 것. 남의 괴로움을 덜어주는 것이 비悲이며, 남에게 즐거움을 주는 것은 자慈 · 비悲는 사무량심四無量心 또는 사범행四梵行의 하나이기도 하며, 또 대비 大悲는 관세음보살觀世音菩薩의 다른 이름이기도 함.

(Daebi) Mahakaruna: The great loving heart or compassion relieving the pain and worries of sentient beings, one of *(Samurayangsim)* the Four Maha-karuna-citta, or four immeasurable minds. It is also another name for Avalokiteshvara, or the Bodhisattva of Great Compassion.

대비천제 大悲闡提 모든 중생을 모두 제도한 후에야 성불하겠다는 깊고 큰 자비가 있으므로, 자기는 성불할 기약이 없는 것을 말 함. 천제闡提는 성불을 기약할 수 없음을 뜻함. 따라서 관세음보살과 지장보살은 모두 대비천제大悲闡提들이다. 다른 종교와 비교해 볼 것. 다소 비현실적인 것처럼 보일지 모르나, 그 어느 종교에도 이러한 자비관은 없다. 유마거사의 대자대비도 참조해볼 것. 가장 흔한 말 중의 하나가 '사랑'이라는 말. 값싼 사랑이라는 말로 사탕발림 하지 말 것.

(Daebi Cheonje) The great compassion of Icchantika: The good examples are the great compassion of Avalokiteshvara, or the Bodhisattva of Great Compassion, and Ksitigarbha, or the Earth Treasury King of Great Vow Bodhisattva, who, out of their great compassion, hold off their enlightenment and Buddhahood until all living beings are saved. *Cf.* The great compassion of Vimalakirti.

대사 大事 일대사인연一大事因緣의 약칭. 가장 중요한 일로 부처님께서 이 세상에 오신 이유.

(Daesa) A matter of great importance: A great undertaking such as the account of the Buddha's career. It is a short of *(Ildaesainyeon)*. The great event of Buddha's coming into the mundane world to save sentient beings.

대사 大師 부처님의 존칭, 즉 대도사大導師라는 뜻. 그러나 큰 스님의 존칭으로도 쓰이며, 나라에서 고승高僧에게 내리는 호號이기도 함.

(Daesa) A great teacher, or a leader: One of the ten titles of a Buddha. It is also the title conferred on the great masters by the king, but it also applies to great masters.

대사 大士 정사正士 또는 개사開士라고도 말함. 마하살摩訶薩이라 음역하며 불보살佛菩薩의 통칭. 도심道心에 흔들림이 없는 사람. 따라서 근기가 다소 떨어지는 사람을 중사中士 또는 하사下士라고도 말함.

(Daesa) Mahasattva: A great being: Another common name of the Buddha and Bodhisattvas. *Cf. (Jungsa)* Intermediate and *(Hasa)* Lesser sattvas.

대사문 大沙門 부처님의 존칭인 동시에 비구比丘의 통칭通稱. 특히 사미沙彌와 외도外道에 대하여 대大라 한다. 사문沙門이란 본래 외도外道에서도 사용하던 이름으로, 좋은 일을 행하고 나쁜 일을 행하지 않는 수행자의 뜻이었다.

(Daesamun) A great monk, or a great ascetic practitioner: One of the honorific titles of Buddha. It especially has the meaning of a great ascetic in contrast with ordinary or hermit monks. However, a simple title *samun* or *shramane* in Sanskrit, an ascetic monk, is also used for the followers of the outside way.

대선 大仙 외도外道의 깨달음을 얻은 자로서 신통神通을 구사하는 자. 중국에도 신선神仙이란 말이 있다. 그러나 불교에서는 부처님을 선인仙人중 가장 높은 분이라는 뜻으로 대선大仙이라고 이름하기도 함.

(Daeseon) A great hermit: An outside way hermit, or an enlightened one who has a great psychic power. Buddha is also called a great hermit in the sense that the Lord Buddha is the highest class of hermit.

대세지 大勢至 대정진大精進 또는 득대세得大勢라고도 번역. 아미타불에 자비문과 지혜문이 있으며, 오른쪽 보처補處로서 대세지보살은 지혜문을 나타내고, 왼쪽 보처보살인 관세음보살은 자비문을 나타낸다.

(Daeseji) Mahasthamaprapta: The Bodhisattva of great power and wisdom, one of the two attendant Bodhisattvas of Amitabha, who is on his right-hand side and represents wisdom, while Avalokitesvara on the left represents great compassion.

대승 大乘 불교의 두 거대한 교파중의 하나이며, 큰 수레라는 뜻으로, 소승小乘의 자리주의自利主義를 비판하여 1-2세기에 일어난 불교 교법敎法의 하나로 수행의 목표와 수행법에 있어서 소승과 뚜렷한 차이가 있다. 그 첫째 특징은 모든 것은 공에서 와서 공으로 돌아간다는 일체유심조.

북방불교北方佛敎, 곧 티베트, 몽골, 중국, 한국 그리고 일본에 주로 분포되어 있으며, 다양한 형태와 교파가 있다. 대승의 궁극적 목적은 보리행菩提行과 중생구제에 있으며, 그 대표적인 예가 육바라밀과 법장비구의 48본원本願. 보살과 육바라밀 참조.

(Daeseung) The Mahayana, the Greater Vehicle, or the Bodhisattva Vehicle: One of the two main branches of Buddhism. The northern school of Buddhism, found in Tibet, Mongorlia, China, Korea, and Japan.

It has many forms and branches, which emphasize compassion, or the benefit of others rather than one's own deliverance and benefit in contrast to the Hinayana or Theravada, the chief concern of which is a personal liberation or enlightenment and attaining Arhatship. Another distinction of its doctrine is emptiness or non-self-nature of all things in the universe, and it is called "great" because it carries all living beings to enlightenment. *Cf.* Bodhisattva and Six Paramitas.

대승법문 大乘法門 대승불교의 가르침.

(Daeseung Beopmun) The teachings of Mahayana.

대승선 大乘禪 오종선五種禪 참조.

(Daeseung Seon) Mahayana, or Great-vehicle meditation. *Cf. (Ojong Seon)* Five types of meditation.

대시해탈 待時解脫 이종 해탈二種 解脫의 하나로 줄여서 시해탈時解脫이라고도 말함. 좋은 인연을 만나지 못해 아직 멸진정滅盡定에는 들어가지 못하였기 때문에 때를 기다린다는 뜻으로 대시待時라 하나, 그 마음은 번뇌장에서 벗어났기 때문에 그 나름대로 해탈이라 말함.

(Daesihaetal) Suspended enlightenment: As one has not yet met a good causal affiliation, one has not yet achieved the complete mindfulness of extinction and non-thought. Yet as one already has achieved emancipation from afflictive obstructions, he deserves to be called the awakened one. *Cf. (Ijonghaetal)* Two kinds of emancipation.

대아 大我 대아大我, 즉 뛰어난 모습(勝相)이란 아견我見과 無我見에 치우치는 것을 떠난 것. 허망한 아我에 대한 생각을 버리고 무아견無我見조차 불살라 버리는 것이 대아大我 또는 진아眞我.

(Dae-a) The great Self: The true personality, or selfless self. What is the true personality, or the great Self? Leaving the illusive self or ego; leaving extremes of both ego or non-ego behind to be one with true-self. In the ultimate sense, there is neither ego nor non-ego. They are just names, illusions and phantoms. *Cf. (So-a)* A small, relative, or empirical self or ego of an ordinary man.

대어 代語 선종禪宗의 용어. 스승이 학인에게 문제의 법담法談을 말씀하셨을 때, 대중 가운데 대답하는 사람이 없을 경우, 스승이 학인을 대신하여 스스로 대답하는 것을 말함.

(Daeeo) Substitution of the word: Seon master's answer to his own question for the benefit of the students when there is no one who could answer the master's question.

대역사 大力士 괴역怪力을 가진 힘이 센 장사壯士.

(Daeyeoksa) An invisible champion with enormous power.

대열반 大涅槃 불교에서 수행을 통해 도달하는 궁극적 경지. 반열반般涅槃 또는 대반열반大般涅槃이라고 하는가 하면, 적멸寂滅, 멸도滅度, 원적圓寂, 해탈解脫이라고도 말함.

(Daeyeolban) The supreme mahaparinirvana: It is also called a great peace, a great extinction, or a perfect quietude and serenity.

대오 大悟 큰 깨달음. 묘오妙悟라고도 말함.

(Dae-o) A great awakening: It is also called a sublime awakening.

대오선 待悟禪 좌선만 하면 증오證悟를 얻을 수 있음을 믿고 좌선하면서 깨달음을 기다리는 것.

(Daeoseon) Waiting for a verification of enlightenment with a firm belief that meditation will bring the practitioner enlightenment.

대용 大用 자유자재로 걸림이 없는 큰 쓰임.

(Daeyong) Great use or function.

대원 大願 한없이 크고 넓은 서원誓願, 즉 중생이 부처가 되려는 소원, 또는 아미타불이 세운 48대원과 같은 부처가 중생을 구제하려는 서원과 같은 것. 홍원弘願 또는 보원普願이라고도 말함.

(Daeweon) A great aspiration or vow, such as the wish to become a Buddha, or Buddha's great vow to save all beings.

대원각 大圓覺 광대하고 원만한 깨달음. 곧 부처님의 지혜를 말함.

(Daewongak) Tathagata's great and perfect enlightenment and wisdom.

대원경지 大圓鏡智 대원경지大圓鏡智란 성품性品이 청정한 것으로, 만물을 거울처럼 있는 그대로 비추어 주는 부처님의 지혜. 유식사지唯識四智와 오지五智의 하나.

(Daeweon Gyeongji) The mirror-like perfect wisdom: The Buddha's wisdom that reflects everything as it is reflected in the mirror. *Cf. (Yusiksaji)* Four knowledges of the Consciousness -only School.

대원본존 大願本尊 지장보살과 같이, 일체 중생을 제도한 후 부처가 되겠다는 큰 서원을 지니고 있는 보살.

(Daeweon Bonjon) The Bodhisattva who has sworn that he will defer his attaining the Buddhahood until all sentient beings are emancipated from their suffering just as the great aspiration of Ksitigarbha, or the Earth Treasury King of Great Vow Bodhisattva.

대의왕 大醫王 부처님을 가리킴. 어진 의사가 한자의 병에 따라 약을 주어 병자를 치료하듯, 부처님이 중생의 근기에 따라 거기에 알맞은 교법敎法을 설하여 그 고통을 제거하여 편안하게 하므로 대의왕大醫王이라 말함.

(Daeuiwang) Great Healer, or the King of Medicine: An epithet of the Buddha. The Lord understands all the sickness of sentient beings and could apply the medicine of the Dharma appropriately according to their capability or tolerance to relieve their pains.

대의정 大疑情 큰 의심이 감정처럼 솟구쳐 일어나는 것.

(Uijeong) The great sensation of doubt.

대일여래 大日如來 범어梵語 mahavirocana 摩訶毘盧遮那의 번역. 밀교密敎의 본존本尊.

(Daeilyeorae) The Great Buddha Vairochana: The principal Buddha in the Esoteric Buddhism.

대입 待立 윗사람을 서서 모시는 것을 말함.

(Daeip) Standing in attendance on seniors.

대자 大慈 불보살佛菩薩의 큰 자비. 특히 중생을 고통으로부터 구하려는 연민과 큰 자비.

(Daeja) Great mercy or compassion: The great mercy and pity, characteristics of Buddhas and Bodhisattvas, or kindness in giving

joy and compassion in saving sentient beings from suffering.

대자대비 大慈大悲 불보살의 무한한 사랑과 자비. 줄여서 대자비大慈悲라고도 말함. 대비大悲 참조.

(Daejadaebi) The great loving kindness and compassion of the Buddha and Bodhisattvas. *Cf. (Daebi)* Maha-karuna: The great loving heart or compassion.

대자재 大自在 자유자재自由自在한 힘이 걸림이 없고 막힘이 없이 전능하시므로 대자재라 한 것. 불보살의 경지를 표현할 때 쓰는 말.

(Daejajae) The Great self-existent, sovereign and independent: It is the term used to describe Buddhas and Bodhisattvas.

대자재천 大自在天 자재천自在天이라고도 말함. 이 천신天神은 세 눈과 여덟 개의 팔을 가졌으며 큰 위덕을 가진 천신天神의 이름으로, 외도外道들은 이 신을 우주의 본체 또는 창조신일 뿐만 아니라, 이 신이 기뻐하면 중생이 편안하고, 성내면 중생이 괴로움을 당한다고 생각함.

(Daejajaecheon) The Mahesvara Heaven, or a Great Self-existent Deity in the Heaven of Enjoyment of Emanations: The great diety who has three eyes and eight arms with great power. Originally it was a deity of Brahmanism, Siva, an impersonal supreme being and the primal source and ultimate goal of all beings, with which Atman, when enlightened, knows itself to be identical. The followers of the Outside way believe that people feel at ease when this deity is joyful, and feel bad when this deity is in a bad mood or angry.

대장경 大藏經 일체 불경佛經의 총집叢集. 즉 대승大乘 및 소승小乘의 삼장三藏으로 석가釋迦의 설교를 기록한 경장經藏, 모든 계율戒律을 모은 율장律藏, 불제자佛弟子들의 논설論說을 모은 논장論藏.

(Daejanggyeong) The Great Tripitaka (three embryos or baskets) of Buddhist sutras, precepts, treatises, and other related works.

대장경판 大藏經板 해인사藏經殿에 모셔져 있는 팔만대장경판八萬大藏經板. 대장경과 대장경판은 달리 분류되어야 한다. 2007년에 유네스코에 의해 세계기록문화로 등재됨.

(Daejanggyeongpan) Printing Woodblocks of the Tripitaka Koreana: It was registered as Memory of the World by UNESCO in 2007.

대장부 大丈夫 선문禪門에서는 특히 대승적 근기根器를 지닌 사람을 지칭하여 쓰임.

(Daejangbu) A great person or hero: A majestic person of great capability, the term favored by Seon Buddhism.

대종사 大宗師 모든 사람들이 우러러 존경하는 큰 스승 또는 조사祖師.

(Daejongsa) A great patriarch, or most venerable master.

대중 大衆 많은 무리라는 뜻으로 마하승가摩訶僧伽라 음역. 많은 스님들 또는 사부대중四部大衆의 총칭.

(Daejung) Mahasangha: A large assembly Buddhist monks or congregation. A general term for a great community of monks, or the fourfold assembly or community of monks, nuns, male and female lay people.

대중공사 大衆公事 사찰의 민주적 토론문화. 합의제 원칙인 승가僧家 고유의 의결구조를 말함. 모든 중요한 일은 승가 전원이 참석한 대중 공사를 통해 결정된다.

(Daejung Gongsa) The great council: The traditional democratic way of deciding the important issues at the temple by the attendance of all the members of the Sangha.

대중공양 大衆供養 신자가 여러 스님들에게 음식을 차려 대접하는 일.

(Daejung Gongyang) A mass offering of food by devotees to the monastics.

대중법문 大衆法門 많은 무리를 위한 스님의 법문.

(Daejung Beopmun) A public Dharma discourse or sermon.

대중부 大衆部 대승大乘과 같은 뜻. 상좌부上座部 참조. 파탈리푸트라에서의 제 2차 결집結集 때 갈라진 두 소승小乘파 가운데의 하나. 엄격한 계율중심의 출가 교단과, 보다 진보적인 이 집단은 아라한의 본질과 관련하여 다섯 가지 조목을 선언했다.

(Daejungbu) Mahasamgihika, or the adherence of the great maha-community: It is one of the two Hinayana Schools into which the original Buddhist community split at the 2nd Buddhist Council at Pataliputra, at which this group, somewhat more liberal than strict Elder Schools in discipline, declared Five Points concerning the nature of an Arhat.

대지상근인 大智上根人 근기根機가 뛰어나고 지혜가 수승殊勝한 사람.

(Daeji Sanggeunin) A man of very wise and quick-witted, or superior capability.

대처승 帶妻僧 살림을 차리고 처와 가족을 거느린 중.

(Daecheo Seung) The married Buddhist monk with wife and family.

대천세계 大千世界 삼천대천세계三千大天世界의 약칭. 이때 대천大千이란 불교적인 용어로 무한대한 우주를 말함.

(Daecheon Segye) A short of *(Samcheon Daecheonsegye)* The great manifold cosmos: The Buddhist term daecheon, which literally means "great thousand," actually means infinite space.

대한불교조계종 大韓佛敎曹溪宗 우리나라 전통불교의 종단이며 선종禪宗의 총칭인 동시에 한국 전통불교를 대표하는 가장 큰 종파. 1212년 고려 강종왕康宗王이 조계산曹溪山 수선사파修禪寺派를 조계종曹溪宗이라 하였으나, 어느 한 종파만을 지칭한 것이 아니라 그 당시의 모든 선종禪宗을 아울러 불렀던 것.

(Jogyejong) The Jogye Order of Korean Buddhism: It is the largest traditional Korean Buddhist Sect in Korea, which also represents Seon or Zen Buddhism in Korea. The name of the sect began to be used in 1212 during the reign of King Gangjong, the Twenty-second King of the Goryeo dynasty. At that time, it represented all the Seon Buddhism of the Kingdom, not a specific sect.

대한불교조계종 군종특별교구 大韓佛敎曹溪宗 軍宗特別敎區 2005년 4월에 공포되어 동년 7월에 전통적인 25교구본사敎區本寺에 이어 군종특별교구軍宗特別敎區로 출범함.

(Daehanbulgyo Jogyejong Gunjong Teukbyeolgyogu) The Special Military Religious District or Diocese of the Jogye Order of Korean Buddhism: The law of establishment was proclaimed in April 2005, and the organization was inaugurated in July of the same year in addition to the existing twenty-five regional districts or dioceses.

대한불교진각종 大韓佛敎眞覺宗 우리나라 불교의 한 종파인 종단宗團. 신라 선덕여왕 때에, 명랑법사明朗法師가 용궁에 들어가 신인비법神印秘法을 얻어 밀교密敎를 창설하고 신인종神印宗이라 하였다. 이 종파는 1947년 경북 달성군 성서면에 참회원懺悔院을 설립하고 육자진언六字眞言으로 교화敎化를 펴면서 비롯되었다.

(Daehanbulgyo Jingakjong) It is one of the Buddhist Orders in our country, first established with the name Sininjong, or the Divine Seal Order, an Esoteric Sect, by Dharma-teacher Myeongrang during the

reign of Queen Seondeok (632-646) of the Silla dynasty.

It was reestablished in 1947 in Seongseo Myeon, Dalseong Country, North Gyeongsang Province under the name of Repentance Hall and propagated Buddha's teaching with the Six Syllable Mantra, Na-mu-a-mi-ta-bul, or "I take refuge in Amitabha Buddha."

덕불고 德不孤 덕德 있는 사람은 외롭지 않다는 뜻.

(Deokbulgo) A man of integrity is never in want of friends.

덕산봉 임제할 德山棒 臨濟喝 이는 단박에 우리의 본래면목本來面目을 깨치게 하려는 방편인 임제 의현臨濟 義玄의 '악'하는 고함 소리와 덕산 선감德山 宣鑑의 몽둥이질을 말함.

(Deoksanbong Imjehal) Deshan's rod or stick and Linji's "Hal!" or Katz!: The two famous styles of Seon training method used by Seon masters to awaken the "original face" or true nature of sentient beings.

덕산선감 德山宣鑑 (782-865) 중국의 큰 스님. 임제할臨濟喝과 함께 덕산봉德山棒으로 유명함. 선禪공부란 마음공부인데, 마음이란 말로 표현할 수 없는 것.

(Deoksan Seon-gam) (782-865) Deshan Xuanjian: A famous Chinese Ch'an Master known for his bludgeon with which he instructed the students instead of giving an answer to the question.

데바 提婆 데바달타提婆達多의 약칭. 욕계천欲界天에 머무는 신.

(Deva, or God) An inhabitant of the heavens of sensuous pleasure.

도 道 우주의 참 도리道理 또는 진리인 동시에 만물의 근원. 형체도 없고 따라서 측량할 수도 없으며 또 무어라고 표현할 수도 없는 우주의 근본. 따라서 장자莊子는 '대도불칭大道不稱'이라 말했다. 힌두교의 범천梵天과 불교의 불성佛性, 공空, 또는 진여眞如 참조. 이들의 공통점은 일단 비인격적非人格的 우주의 실체라는데 있다. 그런데 만물의 고향인 도道를 깨침에 있어서 알아야 할 가장 중요한 것은 우리의 지각과 합리적 사량 분별로는 깨칠 수 없다는 것. 도道란 온 우주에 충만해 있으며 만물의 근원이지만, 그 속성은 인간의 한계를 넘어선다는 것. 한 가지 방법이 있다면, 자아를 버리고 이와 하나가 되는 것.

'물고기가 필요한 것은 / 단지 물속에 자신을 망각하는 것이고, / 사람이 필요한 것은 / 단지 도道 속에 자신을 망각하는 것.' 그런데 육조혜능六祖慧能은 도道에 대해 다음과 같이 설파 하고 있다: '도道란 단멸斷滅되는 것도 항상恒常하는 것도 아니며, 오는 것도 가는 것도 아니며, 중간에 있지도 아니하고 그렇다고 안이나 밖에 있는 것도 아니며, 불생불멸이라, 성품性品과 화현化現된 상相이 여여如如하여 상주常住하고 옮겨 다니는 일이 없으리니, 이를 일컬어 도道라 부르느니라.'

그러나 우주의 본체인 도道를 심오하면서도 가장 쉽게 설명한 것이 노자 도덕경老子 道德經이라고 생각한다: '도가도비상도 명가명비상명 무명천지지도 유명만물지모道可道非常道 名可名非 常名 無名天地之道 有名萬物之母.' 이를 풀이하면, '말로 풀이할 수 있는 도는 영원불변의 도가 아니며, 이름붙일 수 있는 이름은 영원불변의 이름이 아니다. 이름 없는 것은 천지의 처음이요 이름 있는 것은 만물의 어머니다.' 우주의 본체인 도道와 현상에 관한 한 더 이상 할 말이 없다.

(Do) Dao: The Way, or Path, the absolute, the ultimate principle. It is the mother of all things, invisible and inexpressible, and there is no way to name it, yet it is through its manifestations that all things are produced. No intellection could reach Dao. It is the other way around. One must renounce rational intellect and conscious supposition to attain it. It is without attributes, yet it is the source of all creation.

Dao is the all-pervading, eternal cosmic unity, the source from which all created things originate and then to which they all return. The simplest way to realize it is to get lost in Dao, our native home, leaving everything behind. Let's look at a stanza: "All that the fish needs is to get lost in water; / All that man needs is to get lost in Tao." Now let's see what the Grand Master Huineng has to say regarding the Dao: "It is neither eternal nor non-eternal; it neither goes nor comes; it is not to be found in the exterior, nor in the interior, nor in the space between the two. It is above existence and non-existence; its nature and its phenomena are always in a state of Thusness; it is permanent and immutable. Such is the Tao." In other words, Dao, in its ontological sense, is an inner experience through which man and the universe intermingle as one.

There is, however, no passage that surpasses the explication of Dao than the opening lines of Tao Te Chin: "The Way that can be said is not the everlasting Way. / If a name can be named, it is not the everlasting Name. / That which has no name is the origin of heaven and earth; / That which has a name is the Mother of all things."

도 度 도度는 범어梵語 바라밀波羅密 (paramita)의 번역으로 생사의 바다를 건너는 일체의 행법行法을 말함. 그런데 여기에는 두 가지 뜻이 있다. 따지고 보면 내내 같은 뜻이지만. 하나는 중생을 제도濟度한다는 뜻이고, 다른 하나는 중생을 피도안彼到岸, 즉 강 저편의 열반의 세계에 건넨다는 뜻.

(Do) Crossing over: It ultimately means the same, but it has two different meanings. One is saving sentient beings, and the other is crossing sentient beings over the sea of sufferings to the other shore--Nirvana and the Buddha-field.

도가도 비상도 道可道 非常道 말로 표현할 수 있는 도道는 영원불변의 도가 아니다. 『노자 도덕경』의 맨 앞에 나오는 말. 노자老子의 철학은 이 한마디에 있으며, 나머지 5,000여자에 실린 내용은 모두 이의 부연설명에 지나지 않는다. 그리고 이는 또 불교의 교리와 통하는 점이 많다. 명가명비상명名可名非常名 참조.

(Dogado Bisangdo) "The Tao (the Way or truth) that can be said is not the everlasting Tao." The opening line of the Tao Te Chin by Laozi. In truth, this opening line is the kernel of Laozi's philosophy, and the rest of the book is just a reinterpretation of this phrase. His philosophy, especially this opening line has a great affinity with the philosophy of Buddhism on the ultimate reality of the universe. *Cf. (Myeonggamyeong Bisangmyeong)* A name that can be named is not the everlasting name.

도감사 都監寺 선사禪寺에서 모든 일을 감독하는 소임. 한 절의 총감독 격으로, 줄여서 도감都監, 도사都寺라고도 말함.

(Dogamsa) Assistant abbot: It is also called dogam and *dosa* who supervises just about all the affairs of a Seon monastery.

도거 掉擧 마음을 소란스럽고 들뜨게 하여 심성心性을 가리게 하는 정신작용, 곧 잡념과 쓸데없는 으로 혼침昏沈의 반대말. 다시 말해 욕망의 대상을 좇거나 과거의 즐겁고 행복했던 일들을 기억하는 등에 의해 마음이 동요되는 상태. 즉 참선할 때 일어나는 선병인 무기공無記空, 혼침昏沈, 그리고 도거 중의 하나.

그런데 도거悼擧라는 말이 일반 신자들에게는 너무 생소하다. 그런데 한자권漢字圈의 불교에는 이런 어려운 용어들이 너무나 많다. 종교개혁에 불을 지핀 마틴 루터의 심정을 이해할 수 있을 것 같다. 그 당시 라틴어로 된 성경을 일반 신자들이 읽을 수 있도록 자국어로 번역하면 화형에 처했다.

(Dogeo) Agitation: One of six general functions of defilement. A mental function which upsets a person and prevents them from becoming composed. It is the primary cause that prevents the mind from being calm with respect to objects.

Close the window of your mind, and you will have your peace of mind and attain enlightenment and Nirvana. It is also one of the three meditation sicknesses: the voidness of indifference, lethargy, and agitation.

도과 道果 불도佛道 수행에 의해 얻는 결과, 깨침 또는 열반. 세 가지가 있다: 성문聲聞, 연각緣覺, 보살菩薩.

(Dogwa) Enlightenment, Nirvana, or the fruit of practice in the way of Buddha: There are three kinds of path: the Sound-hearer, the Solitary-vehicle, and Bodhisattva.

도교 道敎 노자老子와 장자莊子에 의해 발전한 중국 고대 철학사상으로, 도道와의 완벽한 합일合一을 위해 일체의 세속적 욕망을 버리고 소박한 무위자연無爲自然의 생을 추구함.

(Dogyo) Daoism: The philosophical system evolved by Lao-tzu and Chuang-tzu, advocating a life of complete simplicity and naturalness in order to attain a happy existence in harmony with the Dao.

도량 道場 범어梵語 bodhi-mandala. 보리도장菩提道場, 보리장菩提場이라고도 말하며, 부처님께서 성도成道하신 장소를 일컬음. 그런가 하면 곧은 마음으로 불도수행佛道修行을 하는 모든 신성한 장소 또는 밀행密行의 불사佛事를 닦는 곳을 말하기도 함.

그러나 유마경維摩經에 직심시도량直心是道場 이라는 구절句節이 있으며, 곧은 마음이 곧 도량道場이라 했다. 선가禪家에서 말하는 도량道場이란 어떤 특정한 종소가 아니라 마음만 올곧다면 일상 생활주변 어느 곳이나 훌륭한 도량이 될 수 있다는 것이다. 참선한다고 하면서 너무 폼만 잡지 말 것.

(Doryang) Bodhi-mandala: The spot under the bo tree at Buddhagaya, where the Buddha sat and attained unexcelled perfect enlightenment. However, it also means any sacred place used as a seat where the *manda* (essence) of enlightenment is present or practiced.

It also means any place where the Buddha is worshipped, or the place in our daily lives where the Buddhist-way is practiced with "straight mind." *cf.* The Holy Teachings of Vimalakirti.

도량 度量 머리를 굴려 이리저리 헤아리는 것. 참선이란 바로 이것을 뿌리 뽑자는 것.

(Doryang) Intellectual speculation: The first object of meditation is to stop this to rest or empty one's mind to attain enlightenment.

도량석 道場釋 사찰에서 새벽 예불을 하기 전에 도량을 정결하게 하기위해 목탁을 두드리고 찬가讚歌나 게송偈頌을 읊으면서 사찰을 도는 의식. 현재 우리나라에서는 새벽 3시에 한다. 비유적으로 말한다면 군대의 기상나팔.

(Doryangseok) The early morning chant: A ceremony of walking around every corner of the temple ground for cleansing the Bodhi-mandala. It is performed by going round the Dharma Halls chanting the song or gatha, beating at the same time the moktak or wooden gong or fish at three o'clock in the morning before the morning prayer service, a kind of morning call in the Army.

도량찬 道場讚 도량을 찬탄함. 제 V 장 예불 및 법회 순서 참조.

(Doryangchan) Chant of praising the Bodhi-mandala. *Cf.* Ch. V, the Order of Prayer Chanting.

도력 道力 도道를 닦아 얻는 힘.

(Doryeok) The power of the Way: The power which comes from enlightenment, or the right doctrine, or the power of enlightenment attained by cultivation of the Dao or the Way.

도리 道理 사물의 진정한 이치, 곧 진리.

(Dori) Principle of the Way or truth.

도리천 忉利天 세계의 중심인 수미산 정상에 위치한 욕계육천欲界六天 가운데 두 번째. 이곳에 제석천帝釋天이 머무르고 있다.

(Doricheon) Kausika Heaven, or the Heaven of Thirty Three Gods, the second of the six heavens in the world of desire, where King Sakra, or the King of Devas resides.

도반 道伴 함께 불도佛道를 닦는 벗, 곧 수행과 깨달음의 길동무.

(Doban) The Dharma brothers: The fellow practitioners of the

Buddha-way.

도법 道法 열반에 이르는 올바른 길, 또는 깨달음에 이르는 올바른 방법.

(Dobeop) The way or means of obtaining enlightenment or Nirvana.

도부속수 道不屬修 도道는 닦는데 있지 않다는 뜻. 닦아서 이를 수 있는 것이라고 한다면, 유위有爲에 떨어진다. 유위有爲는 언젠가는 무너진다. 그렇다고 닦지 않는데 있다고 하면 범부凡夫에 떨어진다. 그렇다면 어떻게 하는 것이 진정한 수도修道인가? 그것은 자기 성품이 본래부터 불성佛性을 갖추고 있다는 것을 확실히 깨닫는 것으로, 이것은 마조馬祖 선사의 말.

(Dobusoksu) The Way does not belong to cultivation: If the Way could be attained by cultivation, it falls into conditions, and no conditions are everlasting. However, if one does not cultivate, one falls into the status of an ordinary person, and there will be no way to attain the Way. What is then the true way of cultivation? It is to realize our inborn Buddha-nature. These are the words of the Great Master Mazu Daohi.

도부속지부지 道不屬知不知 도道는 알거나 알지 못하는 데 있지 않다. 안다는 것은 허망한 깨달음이요, 모른다면 무기無記일 뿐. 따라서 진정한 깨침이란 가없는 맑은 허공과 같은 것.

(Dobusokji Buji) The Way or truth does not belong either to knowing or not knowing: Knowing is false awareness and not knowing is insensibility. The true perception is like great space, vast and empty.

도비도지견청정 道非道智見淸淨 무엇이 도道고 무엇이 도道가 아니라는 인식이나 차별이 없는 청정함.

(Dobidojigyeon Cheongjeong) Purity without discrimination in the cognition and discernment of what is and what is not the Way or truth.

도사 道士 도인道人이라고도 말함. 불교 또는 외도外道를 불문하고 도道를 행하는 사람을 가리키며, 깨달음을 얻은 사람이건 얻지 못한 사람이건 공통적으로 사용했음.

(Dosa) A practitioner of Dao or Truth: The term is used for both Buddhist and the followers of outside ways regardless of their attaining enlightenment.

도사 導師 중생을 인도하여 불도에 들게 하는 부처님과 스님, 또는 어리석은 중생을 바른 길로 인도하여 깨달음의 경지에 이르게 하는 스승.

(Dosa) Nayaka: A noble or spiritual guide or teacher such as Buddha and Bodhisattvas who leads sentient beings to enlightenment.

도사 都寺 육지사六知寺의 하나. 도감사都監寺라고도 말함. 선사禪寺에서 총무 격으로 모든 절일을 감독하는 소임.

(Dosa) The head of general affairs, or superintendent at a Seon monastery. One of the six officers or directors in a monastery.

도상 圖像 불보살 등의 형상을 그린 그림. 화상畵像이라고도 말하나, 우리나라에서는 탱화幀畵라고 말함.

(Dosang) A Buddhist painting of Buddha and Bodhisattvas. *Cf.* *(Taenghwa)* a Buddhist painting.

도생 度生 중생제도衆生濟度를 말함.

(Dosaeng) Deliverance of sentient beings.

도선국사 道詵國師 (827-898) 신라 말기 스님. 풍수風水와 음양학陰陽學에 조예가 깊어 고려 태조의 출현을 예언했을 뿐만 아니라, 우리나라 풍수지리설風水地理說의 시조始祖.

(Doseon Guksa) The National Teacher Doseon: He lived during the last period of the Silla Dynasty, and predicted the rising of Taejo, the founder of the Goryeo Dynasty. He was also well versed in the theories of the dual cosmic forces and the configuration of the ground or land.

도속 道俗 도道는 출가한 사람. 속俗은 세속에 있는 사람. 승려와 세속인을 함께 일컫는 말.

(Dosok) Monks and laymen: *Do* 道 indicates monk, and *sok* 俗 indicates laymen.

도솔삼관 兜率三關 도솔 종열兜率 從悅 이 세 가지 관문關門을 베풀어 학인을 지도한 일.

1) 발초첨풍撥草瞻風은 단지 견성만을 꾀함이니, 지금 그대의 성품은 어디에 있는가?
2) 자성自性을 알면 바로 생사를 벗어날지니, 안광낙지시眼光落地時, 곧 세상을 떠날 때 어떻게 벗겠는가?
3) 생사를 꿰뚫어볼 수 있다면 가는 곳을 아나니, 사대四大가 무너지면 어디로 향하여 가겠는가?

발초첨풍撥草瞻風은 무명의 거친 풀을 헤쳐 조사의 가풍을 우러러 본다는 뜻으로, 좌선坐禪 등의 수행에 의하여 마음이 열림을 말하며, 안광낙지시眼光落地時란 사람의 목숨이 끊어질 때를 뜻하며, 사대四大란 우리들의 몸을 이루고 있는 지수화풍地水火風을 말함. 이 선사의 질문에 모두 답변해 볼 것.

(Doseol Samgwan) The three gates or barriers of Tushita Heaven: The master is instructing his student with three great questions of hwadu or koan:

1) Great learning and practice of meditation according to the teachings of the master is to find your true self-nature, yet where do you find your true self-nature?
2) Realizing your true self-nature is to attain enlightenment, yet how could you shed off your corporal body at your last breath?
3) Attaining enlightenment is to know where we are going after death, yet what is the final destination of your last journey? Readers, try if you could answer these questions.

도솔천 兜率天 욕계육천欲界六天의 넷째 하늘로 만족과 행복의 천상天上. 도솔兜率은 지족知足을 뜻함. 미륵보살이 인간세계에 부처님으로 출현하기 위해 현재 거하고 계시는 곳.

(Dosolcheon) The Tushita Heaven: It is the fourth level of the six heavenly realms of desire where happiness abounds, and the last stopping place of a Buddha before his descent and reincarnation on earth. At present it is the abode of the future Buddha Maitreya. "Tushita" means contentment and satisfaction.

도신 道信 (580-651) 중국 북선종北禪宗의 제4조.

(Dosin) Daoxin (580-651) The Fourth Patriarch of the northern Ch'an School.

도심 道心 도道는 보리菩提와 같은 뜻으로 부처님의 정각正覺을 말하며, 이 보리菩提를 구하는 마음을 도심道心이라 말함.

(Dosim) Bodhichitta: The mind of Dao, or the celestial mind. It is another name for the enlightened mind of the Buddha, or the mind that aspires for enlightenment.

도안 道眼 깨달음의 눈, 곧 도道를 닦아 체득體得한 안목眼目으로 법안法眼과 같은 말.

(Doan) The eye of the Way or truth: A man who has attained a discerning enlightened eye, or the Dharma-eye.

도업 道業 도행道行이라고도 말함. 불과佛果를 이루는 인행因行, 곧 불도佛道의 수행.

(Doeop) Practice of the Buddha-way: Practice for attaining enlighten- ment and Buddhahood.

도위 道位 수도修道의 차례. 보살의 십지十地.

(Dowi) The tenth ground of Bodhisattva in the development of Buddhahood. One of the stages of attaining the Buddhahood.

도의원적 道義元寂 신라 스님. 도의국사道義國師 784년 당나라에 건너가 지장법사智藏法師의 제자가 되었으며, 그의 불법을 물려받아 헌덕왕憲德王 13년 (821)에 귀국하여 중국 남종南宗의 선불교를 처음으로 도입해 구산선문九山禪門의 하나인 가지산문迦智山門을 열다. 현재 조계종 종조宗祖로 추앙받고 있음.

(Doui Weonjeok) A venerable national priest of the Silla Dynasty: He went to China in 784 C.E., and studied under the Great Ch'an Master Zhizang. He returned to Korea in 821 C.E., and opened a Seon monastery on Mt. Gaji, one of the Nine Mountain Monasteries, that disseminated Seon Buddhism, and is now revered as the founder of the Jogye Order of Korean Buddhism,

도인 道人 도자道者라고도 말함. 도道에 들어간 사람, 곧 출가한 수행자, 또는 도道를 깨친 사람.

(Doin) One who has entered the Way, or one who seeks enlightenment: It is a common term applied for early Buddhists and Daoists.

도자 道者 몇 가지 뜻이 있다. 1) 출가하여 불도를 닦는 수행자修行者. 2) 이절 저절 또는 이곳저곳을 돌아다니면서 수행하는 사람, 또는 3) 도심道心을 가진 사람이라는 뜻.

(Doja) A practitioner of the Buddha-way: There are a few different meanings to the term. 1) A monk who is practicing the Way. 2) A rambling pilgrim or practitioner. 3) A person who is resolved to attain enlightenment.

도적, 盜賊 번뇌 망상 등, 수행에 방해가 되는 모든 것을 뜻함.

(Dojeok) Thieves: All defilements that hinder meditation and enlightenment.

도종지 道種智 삼지三智의 하나. 보살이 중생을 교화할 때 세간世間, 출세간出世間, 깨친 사람, 아직 깨치지 못한 사람들 모두에게 도道를 능히 설명할 수 있는 지혜.

(Dojongji) The wisdom of knowing the discriminative aspects of all existences, or the wisdom of Bodhisattva who is able to expound the Buddha's teaching to all beings--monks, the laity, the awakened, and the unawakened.

도첩 度牒 승니僧尼가 출가할 때 조정에서 발급하는 허가증. 이조 조선朝鮮시대에 있었던 일종의 억불抑佛 정책으로, 당나라 측천무후測天武后에 의해 처음 도입되었으며, 도연度緣, 사부첩祠部牒이라고도 말함.

(Docheop) Permission or a licence of the government to become a Bhikku or a Bhikkuni: It was the system of the government during the Joseon Dynasty to suppress Buddhism.

도총 都總 도사都寺의 다른 이름으로 일반적인 개념의 총무에 해당. 한 절의 모든 일을 감독하므로 이같이 일컬음.

(Dochong) The director, or second in command of a monastery: The head of general affairs who is responsible for about everything in the management of a temple. Another name for Dosa 都寺.

도피안 到彼岸 음역으로 바라미타波羅密多 또는 바라밀波羅密이라 하고, 의역으로는 도度라 한다. 생사윤회의 미계迷界인 차안此岸을 떠나 해탈과 열반의 피안彼岸에 이르는 것, 또는 피안에 이르기 위한 육바라밀六波羅密의 수행방법을 뜻함. 바라밀다波羅密多 참조.

(Dopian) Paramita or perfection: It literally means, "that which has reached the opposite shore, the land of enlightenment and Nirvana." It also means the virtues perfected by a Bodhisattva through cultivation of the Six Paramitas or Six Perfections in the course of his/her spiritual development. *Cf.* Paramita.

도할양무심 塗割兩無心 한 사람은 칼로 팔을 찍어내고, 한 사람은 그 상처를 향수로 씻어주고 좋은 약을 발라준다 하더라도, 미워하거나 감사한 마음을 일으키지 않을 정도로 좋은 일이든 나쁜 일이든 평상심을 잃지 않고 무심해야한다는 비유적인 뜻. 쉽게 이야기해 깨침과 열반이란 어떤 경우든 분별심과 감정에 동요되지 않는 것.

(Dohal Yangmusim) No thought of either anger for harming the body, or appreciation for treating the wound: Keeping equanimity of mind with no thought even if someone harmed your body with a knife, or someone treated your wounds and put perfume on your body. Remember, Nirvana is extinction of the discriminating mind or feelings of either good or bad. It is the state of complete extinction of thought. *Cf.* Captain Ahab in *Moby-Dick* by Herman Melville.

독각 獨覺 독성獨聖, 연각緣覺, 벽지불僻地佛이라고도 말함. 스스로의 노력으로 진리를 깨달았으나 다른 사람들의 깨달음을 위해 힘쓰지 않는 홀로 깨달은 자.

(Dokgak) Pratyeka-buddha: A solitary awakening, a Self-enlightened one, or a Solitary-vehicle.

독경 讀經 경문經文을 소리 내어 외우거나 읽음. 소리를 내지 않고 조용히 읽는 간경看經 참조.

(Dokgyeong) Reading or memorizing a sutra. *Cf. (Gangyeong)* Textual study, or reading the sutra in silence, and *(Yeomgyeong)* Thinking of the meaning of the sutra with all one's heart, never to forget.

독로 獨露 있는 그대로를 들어내는 것. 적나라赤裸裸하게 노출露出된 것.

(Dokro) The naked truth or fact: Revelation of things as they really are.

독송 讀誦 독讀은 글자를 보면서 읽는 것. 송誦은 글자를 보지 않고 외우는 것. 염송念誦 또는 칭념稱念 참조.

(Doksong) Reading and reciting a sutra. *Cf. (Yeomsong)* Chanting and *(Chingnyeom)* Calling the name of Buddha.

독참 獨參 수행자가 자기가 가지고 공부하고 있는 공안公案에 대해 자기의 견해를 제출하여 스승의 점검을 받는 것.

(Dokcham) A student's private interview with the master for examination of his practice of koan or hwadu.

돈교 頓教 설법禪法의 내용상, 오랜 수행을 통해 깨달음에 도달하는 교를 점교漸教라고 하고, 빨리 불과佛果를 깨달아 얻는 교법을 돈교頓教라고 한다. 이를 달리 말하면, 순서를 밟아서 점진적으로 증과證果에 이르는 교법教法을 점교漸教라고 말하며, 한 번에 곧바로 불과佛果에 이르는 것을 돈교頓教라고 함. 그러나 돈오頓悟를 지나치게 고집함도 하나의 욕심.

(Don-gyo) Teaching of sudden enlightenment: This is the antithesis to the doctrine of gradual enlightenment, which follows step by step progress to enlightenment.

돈망 頓忘 아공我空과 법공法空을 전제로 한 깨어있음을 뜻하며, 주관성이 완전히 배제된 순수한 알아차림. 장자莊子가 말하는 심재心齋를 연상해볼 것.

(Donmang) Sudden oblivion: The mindfulness of a clear and empty mind based on the theory of emptiness of self and Dharma.

돈수점오 頓修漸悟 문득 닦고 순서에 따라 점진적으로 깨닫는 것.

(Donsu Jeomo) The sudden cultivation and gradual enlightenment.

돈오 頓悟 문득 구경究竟의 깨달음을 의미하나, 깨달음에 있어서 돈오頓悟와 점오漸悟를 너무 따지는 것도 하나의 법집法執으로 부질없는 일. 육조혜능六祖慧能도 '법法에는 단박에 깨침과 점차의 깨침이 없다. 단지 사람에 따라 영리함과 우둔함이 있을 뿐이다'라고 말했으며, 그는 또, '法법에는 돈頓과 점漸이 없건만, / 빠르고 더딤이 사람에 있을 뿐'이라고 같은 말을 거듭 게송偈頌을 빌어 읊고 있다.

(Dono) Sudden enlightenment: However, the Sixth Patriarch Huineng said: "There is neither sudden nor gradual enlightenment in the Dharma. The only difference in the practice of meditation is the higher capability and lower capability of the practitioner." He reaffirms it in a stanza, "We can hardly classify the Dharmas into 'Sudden' and 'Gradual,' but some people will attain enlightenment much quicker than others."

돈오돈수 頓悟頓修 문득 깨닫는 동시에 문득 닦아서 더 닦을 것이 없는 것. 다시 말해 화두를 참구하는 것이 아니라, 옛 조사祖師들처럼 일언지하一言之下에 확철대오廓徹大悟하여 불지佛地를 바로 증득證得하는 것.

(Dono Donsu) Sudden enlightenment and cultivation: "No further cultivation is required after sudden enlightenment," some people claim. Really? *Cf. (Dono Jeomsu)* Spontaneous enlightenment followed by gradual cultivation.

돈오문 頓悟門 문득 깨침에 이르는 길 또는 가르침.

(Donomun) The path or teaching to sudden enlightenment.

돈오점수 頓悟漸修 문득 깨달은 다음 점차 닦아 나아감. 다음은 혜능선사慧能禪師의 말: '법法에는 돈頓과 점漸이 없건만 (근기에 따른) 미혹함과 깨우침에 따라 더디고 빠름이 있느니라.' 그렇다면 무엇 때문에 이를 두고 서로 다투는지? 깨친 사람답지 않게. 정말 깨쳤다면. 하나만을 고집하는 사람은 하나도 모르는 사람이라는 말이 있다.

(Dono Jeomsu) Sudden enlightenment and gradual cultivation: The following are the words of Huineng, the Sixth Patriarch: "We can hardly classify the Dharma into sudden and gradual. But some people attain enlightenment much quicker than others (according to their temperament)."

돈오점오 頓悟漸悟 곧바로 구극究極의 깨달음을 얻는 것을 돈오라 하고, 점차로 깨달음에 이르는 것을 점오라 함.

(Donojeomo) Sudden enlightenment and gradual enlightenment: There is no difference in the quality of enlightenment between them.

돈점 頓漸 돈점이교頓漸二敎의 약칭. 돈頓은 단번에, 점漸은 점차로의 뜻. 부처님이 설한 교법에 돈교와 점교의 구별이 있었음이 그것. 그리고 법法에는 돈頓과 점漸이 없건만, 사람에게 영리함과 아둔함이 있기에 돈점頓漸의 이름이 있게 된 것.

(Donjeom) Sudden and gradual: The reason why the names "sudden" and "gradual" are given is that some disciples are superior to others in mental dispositions. So far as the Dharma is concerned, the distinction of 'sudden' and 'gradual' does not exist.

돈황본 燉煌本 중국에 있는 돈황에서 발견된 불경佛經 또는 불서佛書.

(Donhwangbon) The Tun-huang edition or version of Buddhist scriptures or texts.

동사 同事 자타일심自他一心. 상대편의 근기에 따라 행동을 같이하여 이끌어 들임. 사섭법四攝法의 하나.

(Dongsa) To become one with others, or together action: Buddhas or Bodhisattvas lead One of the four means employed by Bodhisattva to approach and convert people.

동사섭 同事攝 자타일심自他一心. 불보살佛菩薩이 중생과 고락을 같이하며 불도佛道를 닦음을 갈함. 사섭법四攝法 참조.

(Dongsaseop) Amicable associations on the Buddha-way: The brotherhood of one-mind and synergy for sharing joy and sorrows with other beings in the cultivation of the Buddha-way. *Cf. (Saseopbeop)*

Four winning virtues.

동산수상행 東山水上行 동쪽 산이 물 위를 걸어간다. 하나의 화두로 관념을 뛰어넘으라는 뜻.

(Dongsan Susanghaeng) The eastern mountain is walking on the water: One of the popular hwadus, pointing to overcoming conceptual thinking.

동산양개 洞山良价 (807-869) 조동종曹洞宗의 개조開祖.

(Dongshan Liangjie) (807-869) The founder of the Caodong Sect of Chinese Ch'an Buddhism.

동자삭발 童子削髮 어릴 적에 출가하여 머리를 깎고 승려가 됨을 말함.

(Dongjin Sakbal) Shaving hair to join the monastic order in childhood.

동자승 童子僧 스님이 될 마음을 내고 절에 와서 불교를 배우고 있으나 아직 출가하지 않은 어린 아이, 또는 법회 때 화관花冠을 쓰고 행렬에 참가하거나 깃대를 들기도 하는 어린 아이를 말함.

(Dongjaseung) A priestling: A young boy who came to the temple to become a monk but has not yet received Ordination, or a boy participating in a Buddhist ceremony or festival in a Dharma robe with a wreath on the shaven head, and sometimes with a banner or a lantern.

동정일여 動靜一如 앉으나 서나, 가나 누우나, 한결같이 마음의 흔들림이 없음을 말함.

(Dongjeong Ilyeo) No difference in movement and stillness: No disturbance of mind in any position and movement.

동지 冬至 24절후節候 중 22째의 절후로, 일년 중 밤이 가장 짧은 날. 양력으로 12월 22일경.

(Dongji) The winter solstice, the shortest night of the year. It falls on around 22 December by solar calendar.

동진 童眞 동자童子의 성품은 천진난만하므로 진眞이라 하며, 이는 사미沙彌의 다른 이름, 또는 머리를 깎지 않은 동자를 말하기도 함. 그런가 하면 법왕자法王子 또는 보살을 뜻하기도 함.

(Dongjin) Another name for a Buddhist novice, or a young boy who has not yet taken the vow to become a monk. It also means the prince of the Dharma King or Buddha, or Bodhisattva.

동진 東震 중국은 인도의 동쪽에 있으므로 동진東震이라 함.

(Dongjin) It is another name for China, because China is the East of India.

동체대비 同體大悲 우주의 모든 현상은 그 당체當體 또는 뿌리가 하나라는 데서 나오는 자타自他, 곧 나와 남이 없는 큰 자비심.

(Dongche Daebi) The great compassion of One-body: This originates from the fundamental concept of the identity of all existence and beings.

동체삼보 同體三寶 일체삼보一體三寶라고도 말함. 본체론적으로 설명하는 삼보三寶. 삼보는 진여법신을 본체로 삼고, 같은 보체寶體의 세 방면을 나타내는 것. 곧 진여의 법신에 갖추어져 있는 완전무결한 것을 불보佛寶, 그의 고요한 법성法性을 법보法寶, 화합하는 덕상德相을 승보僧寶라 한다. 별상삼보別相三寶참조.

(Dongche Sambo) One-body of the Three Buddhist Jewels: The substantial explanations of three aspects of Triratna or the Three Jewels, the Buddha, the Dharma, and the Sangha. *Cf. (Byelsang Sambo)* Distinct aspects of the Three Jewels.

동학사 東鶴寺 한국불교의 중시조中始祖인 경허선사鏡虛禪師께서 홀연히 깨달음을 얻은 일화로 옛날부터 유명한 사찰. 특히 1954년 한국 불교사상 처음으로 비구니 강원으로 출발하여 전국에서 가장 유명한 비구니 강원으로 발전. 절은 계룡산 동쪽 기슭에 위치해 있으며, 절 앞의 계곡과 가을 단풍이 너무나 아름답다.

(Donghaksa) Donghaksa Temple: It is a renowned temple where the Great Seon Master Gyeongheo, who revived modern Korean Buddhism, attained spontaneous enlightenment. It opened the first Bhikkuni Sutra School or Sangha Academy in 1954, and is now one of the most prestigious Sangha Academies for Bhikkunis in Korea.

It is located in Gyeryongsan National Park, just west of Daejeon metropolis, and it is also famous for the creak in front of the temple and the changing colors of the leaves in autumn.

동행 童行 선종禪宗의 사원寺院에서 아직 깨침을 얻지 못한 소년을 동행이라 함. 그러나 우리나라에서는 동행童行이라는 말을 쓰지 않고 흔히 행자行者라고 말함.

(Donghaeng) Apprentice: A helper in a Seon monastery who has not yet ordained. However, in our country, we use the term *haengja* 行者 instead of *donghaeng* 童行.

동화사 桐華寺 대구시 도학동 팔공산八公山에 있는 절로, 대한조계종 제9교구본사.

신라 소지炤知 왕 15년 (493)에 극달極達에 의해 창건.

(Donghwasa) Donghwasa Temple: The 8th District Head Temple of the Jogye Order of Korean Buddhism, established during the Silla dynasty in 493 C.E. by the Venerable Geukdal on Mt. Palgong in Daegu City.

두광 頭光 광배光背 참조.

(Dugwang) The head illumination. *Cf. (Gwangbae)* The back illuminating adornment of the statue of Buddha and Bodhisattva.

두두물물 頭頭物物 삼라만상森羅萬象, 곧 온갖 현상.

(Dudumulmul) Every one of the myriad things: All creation under the sun.

두타행 頭陀行 두타 dhuta는 산스크리트어로 '흔들어 털어버리다'라는 뜻으로, 인간의 모든 집착과 번뇌를 다 털어버리고 청정淸淨하게 불도佛道를 수행하는 것을 말함. 십이 두타행十二 頭陀行 참조.

(Dutahaeng) Dhuta: Lit. "to shake off" in Sanskrit and is a way of ascetic practice, or a practice of austerity renouncing just about everything that obstructs the practice of the Buddha-way. *Cf. (Sbidutahaeng)* Twelve ascetic practices.

득도 得道 오묘한 이치, 곧 대도大道를 깨닫는 것을 말함. 이를 불가佛家나 도가道家의 입장에서 본다면, 제행무상과 제법무아의 진리를 깨닫는 것으로, 이를 좀 더 자세히 설명하면, 진정한 깨달음이란 그 어떤 절대가치를 내세우는 대신, 무한한 변화 속의 불변의 이치를 깨달음과 동시에 이를 완전히 수용함을 뜻한다. 다시 말해 천지와 그 안의 온갖 개별 형상이 사실은 모두 하나이며, 다양한 변화 속에 불변의 이치와, 불변의 이치 속에 다양한 온갖 현상의 변화를 깨달아 피안의 세계에 이름을 뜻한다고 말할 수 있다.

(Deukdo) Realization of the great Way, or attaining the truth or enlightenment: In other words, it means realization of impermanence and selflessness of all phenomena in the whole universe. When the man of enlightenment contemplates, he sees all the phenomena as pure and complete.

His insight sees the changeless within the ever-changing and identifies with both. He sees multiplicities or diversities in their essential unity. He who comprehends the unity within multiplicity and changelessness within the ever-changing, and becomes an integral part of both processes can be called a man of enlightenment.

득도 得度 머리를 깎고 불문佛門에 들어감, 또는 생사의 고해苦海를 건너 깨달음의 피안에 이름. 불문佛門에 들어가면, 우선 머리를 깎고 염의染衣를 입는다. 발음이 같은 득도得道와 혼동하지 않도록. 도度는 범어梵語 바라밀을 변역한 말로 이 생사의 고해를 건너 이상향인 열반에 이르는 것.

(Deukdo) Entering the monastic life, entrance into the Buddhist priesthood, or taking ordination: It also means attaining perfection or Paramita beyond the sea of suffering. Upon entering into the Buddhist priesthood, one's head is shaved and a dyed robe is put on. Be careful not to confuse it with "attainment of enlightenment or truth" above which is pronounced the same in Korean.

득의이망언 得意而忘言 뜻을 얻었으면 말은 버려야 한다. 노자老子의 말로 진리에 도달하면 언어가 필요 없다는 말. 개구즉착開口卽錯 참조.

(Deukui-i Mang-eon) Once you get the meaning, forget the words. It means that when you attain the truth, you no longer need words. *Cf. (Gaegu Jeukchak)* Opening the mouth is already a big mistake.

득입 得入 불도佛道에 들어갔음을 말함. 득得은 증득證得, 입入은 오입悟入을 뜻함.

(Deukip) To gain entry into the Buddha-way: It actually means attaining enlightenment.

뜰 앞에 잣나무 (庭前栢樹子) 조주趙州선사의 유명한 화두話頭. 무엇이 부처냐는 학인의 질문에 대한 조주 스님의 답변. 아마도 쓸데없이 머리 굴리지 말라는 뜻. 그리고 한 가지 꼭 알아야 할 것은, '잣나무'에는 아무런 뜻이 없다는 것. 우연히 뜰 앞에 잣나무가 있기에 잣나무라 말한 것뿐. 따라서 만약에 그곳에 사과나무가 있었더라면 '사과나무'라 말했을 것.

(Tteulape Jannamu) The cypress tree in the front yard: A famous reply of the Great Ch'an Master Zhaozhou to student's question, "What is the Buddha?" This is the hwadu or koan, and it probably means to stop reasoning, or try to find Buddha in the intellect.

It is in the mind, in the clear empty mind, not in the murky head. Hence one should not be attached to the word or name "cypress tree."

It could have been anything, an apple tree or whatever that happened to be there in the front yard.

등각 等覺 부처님의 다른 이름으로, 삼막삼불타三藐三佛陀 또는 정변지正遍知라고도 말함. 모든 부처님의 깨달음은 한결같이 차별이 없어 평등하다는데서 온 이름, 또는 수행修行이 원만해 지혜智慧와 공덕功德이 부처님의 위없는 깨달음과 닮으려고 하는 보살菩薩의 가장 높은 자리. 보살 수행의 52위位 중 51위位.

(Deunggak) Simplified term of samyak-sambuddha, or unsurpassed enlightenment and equanimity: It also means the perfectly enlightened One, one of the ten names of the Buddha, and the second from the final 52 stages of the Bodhisattva's way to Buddhahood.

등무간연 等無間緣 사연四緣의 하나. 심心 또는 심소心所가 전념 前念과 후념後念으로 옮겨 변할 때, 전념에 없어진 마음이 길을 열어 뒤에 나타나는 마음을 끌어 일으키는 원인이 되는 것을 말함. 이는 마치 두 사람이 외나무다리에서 만났을 때, 한 사람이 양보하지 않으면 지나갈 수 없음과 같다. 보다 쉬운 영어 설명 참조.

(Deung Muganyeon) The antecedent condition in the uninterrupted similar mental flow: It refers to the immediately preceding moment in the stream of thought that facilitates the subsequent emergence of another thought by extinguishing itself, just like a man yielding the way for the approaching man on a single log bridge. *Cf. (Sayeon)* Four conditions

등신불 等身佛 사람의 몸 크기만 한 크기로 만든 불상佛像.

(Deungsinbul) A life-size Buddha statue or image.

등지 等持 범어梵語 samadhi의 번역으로 삼마지三摩地, 삼마제三摩提, 또는 삼매三昧라고도 음역함. 마음을 한 대상에 집중 유지한다는 뜻.

(Deungji) Samadhi: It is another name for samadhi in Chinese translation, which literally means keeping the concentration of the mind to an object.

등지 等智 십지十智의 하나. 세속의 작은 일들도 아는 지혜.

(Deungji) The all-knowing omniscient wisdom of the mundane world: One of the Ten Kinds of Wisdom.

【 ㄹ 】

라마 喇嘛 티벳어 lama의 음역. 최상자最上者, 또는 상인上人의 뜻. 처음에는 장로長老 또는 고승高僧의 칭호였으나, 후에 일반승려도 라마라 부르게 됨.

(Lama) Lit. "none above," or elder, the term first used only for a venerable priest, but later it began to be used even for ordinary priests in Tibet.

라마교 티베트와 몽고 및 네팔에서 성행하는 불교. 그 어원은 티벳어의 덕이 높은 스승 또는 상인上人이라는 뜻의 lama에서 유래함. 그러나 이것은 근세 이래의 유럽 사람들에 의한 호칭이며, 티벳인들은 라마교라고 부르지 않는다.

(Lamagyo) Lamaism: A Buddhist sect in Tibet, Mongolia, and Nepal. The name derives from the word "lama," which means a venerable one or teacher. The name Lamaism is coined by the Westerners, and the Tibetans do not call their religion Lamism, but consider themselves to be Vajrayana Buddhists.

라후라 羅睺라 석가모니 부처님의 아들. 부처님이 성도成道하신 후 출가하여 부처님의 제자가 됨. 밀행 제일密行 第一.

(Rahula) Shakyamuni Buddha's only son, who became a distinguished disciple. He was the foremost in the esoteric practices.

래막가억 왕막가추 來莫可抑 往莫可追 오는 것을 막지 말고 가는 것을 잡지 말라. 불교의 매력과 특성. 그 어느 경우도 자신의 종교를 강요하지 않는다.

(Raemakgaeok Wangmakgachu) When it comes, you should not resist it; when it goes, you should not detain or pursue it: The attractive characteristics of Buddhism. Buddhism never forces other people to convert to Buddhism.

뢰야연기 賴耶緣起 사종연기四種緣起의 하나. 우주의 삼라만상은 아뢰야식으로 연기緣起한다는 법상종法相宗의 교설敎說. 아뢰야식에는 모든 법을 내는 종자가 있다. 그런데 거기에는 선천적으로 있는 본유종자本有種子와, 현행하는 모든 법이 후천적으로 새로 훈부熏付한 새로운 종자가 있다. 그런 다음 이 두 가지 종자가 화합하여 온갖 차별상을 일으킨다.

이렇듯 이 연기론은 개인적이며 상대적인 유심론唯心論이라고도 말할 수 있다. 따라서 중생은 각자의 아뢰야식으로부터 제각기 끊임없는 자기의 우주만상을 만들어 낸다. 유심연기唯心緣起와 진여연기眞如緣起 및 법계연기法界緣起 참조.

(Roiyayeon-gi) The causative condition of the storehouse of consciousness: It is the doctrine of the Dharma-character School that every phenomenon arises from the subconsciousness is stored in the storehouse of consciousness or the eighth consciousness.

This doctrine posits that there are two kinds of consciousness in the eighth consciousness, the latent or original consciousness and the newly imprinted consciousness. The combination of these two factors then creates myriad distinctions of mark.

In this sense, it is a kind of personal and relative theory of consciousness, the basis for the claim that all the manifestations of consciousness are, in fact, the personal creation or projection of myriad illusions.

It is one of the four kinds of dependent origination, Sajongyeongi. *Cf.* *(Yusimyeon-gi)* The causative condition of the mind, *(Jinyeoyeon-gi)* The causative condition of true-suchness, and *(Beopgyeyeon-gi)* The causative condition of the Dharma world.

룸비니동산 사대성지四大聖地의 하나로, 석가모니 부처님께서 탄생하신 곳.

(Lumbini Dongsan) The Lumbini Garden: The birth place of Sakyamuni Buddha, one of the four holy places of pilgrimage.

린포체 린포체는 특별히 자격이 있는 스승에게만 주어진다.

(Rinpoche) The title is bestowed especially upon the qualified masters only in Tibet. It literally means "Precious One."

【 ㅁ 】

마갈타 摩竭陀 범어梵語 Magadha의 음역. 지명地名으로 인도의 국명. 불교와 가장 인연이 깊은 나라. 부처님 생존시에는 빔비사라 왕이 왕사성王舍城에 수도를 정하고, 이 나라를 다스려 문화가 크게 발달. 부처님께서 이 나라의 니련선하 尼連禪河 강가에서 성도成道하심. 임금은 부처님을 위하여 죽림사竹林寺를 짓고, 그의 아들 아사세왕이 불교의 외호外護가 되어 제1회의 불전佛典을 결집한 곳. 그리고 마하가섭이 선정禪定에 든 계족산鷄足山과, 불교 교학敎學의 중심지가 된 나란다사 등 불교 유적들이 많다.

(Magadha) One of the sixteen large countries in India at the Buddha's time. Bimbisara, who became a follower of the Buddha and built the Bamboo Grove Monastery for the Buddha, was the king of Magadha. His son also became a proteector of Buddhism and supported the first collection and compilation of the Buddhist canon.

It's capital, Rajagrba, was the scene of many discourses of the Buddha. Magadha was long a center for Buddhist learning and culture including Nalanda Monastery and the cox foot mountain where Mahakasyapa attained enlightenment.

마곡사 麻谷寺 공주군 사곡면寺谷面 운암리雲岩里 태화산泰華山에 있는 절. 642년 신라 자장율사慈藏律師가 창건. 때한 조계종 제6교구본사.

(Magoksa) Mogoksa Temple: The 6th District Head Temple of the Jogye Order of Korean Buddhism on Mt. Taehwa. It was established in 642 C.E. by the Precepts Master Jajang during the Silla Dynasty.

마납 磨納 육조단경六祖檀經에 나오는 가사袈裟의 이름. 당唐나라 중종中宗이 육조혜능六祖慧能에게 비단으로 짠 가사袈裟와 수정水晶을 공양供養한 것을 말함.

(Manap) Ma Na: Kasaya, a formal Dharma robe made of silk. It is recorded in the Sutra of Hui Neing, which was presented to the Patriarch, with a crystal, by the Emperor Zhong Zong of the Tang Dynasty.

마니주 摩尼珠 용의 아래턱에 있다는 이 구슬에 빌면 소원성취 할 수 있다는 전설적인 보배. 여의주如意珠와 같은 말.

(Maniju) Mani-gem: A legendary precious gem supposedly able to make all wishes come true if one obtains it which is believed to be under the jaw of a dragon, or prays to it. It is another name for *(Yeo-uiju)* A wish-fulfilling jewel.

마라 魔羅 힌두 신화에 나오는 '죽음의 신.' 수행자를 유혹하고 수행을 방해하는 마군魔軍. 줄여서 마魔라고도 말함.

(Mara) The god of death in the Hindu view: The demon or evil one, who leads the forces of the gods of the world of desire seeking to tempt and seduce the Buddha and his disciples.

마명 馬鳴 중인도 마갈타국 사람. 불멸佛滅후 600년경에 출가한 대승大乘의 논사論師. 대표적 저술로 대승불교의 첫 중요한 논서論書인 대승기신론大乘起信論이 있다.

(Mamyeong) Asvaghosa: An Indian philosopher who became a monk about 600 years after the passing of Sakyamuni Buddha. He was the first expounder of the Mahayanistic doctrine and the author of the Awakening of Mahayana Faith.

마삼근 麻三斤 동산洞山 스님의 유명한 동문서답東問西答식 화두. 이에 대한 뜻은 치답置答과 반어反語 참고. 아이를 업고 아이를 찾는다는 말이 있다. 부처가 부처를 찾고 있으니, 마삼근麻三斤이라는 대답이 나올 수밖에. 문자와 말에 의지하는 자는 하근기下根機. '부처가 무엇입니까?'라는 학인의 똑같은 질문에 대한 이러한 선사禪師의 엉뚱한 대답은, 이것 말고도 '마른 똥막대기,' '동산 수상행東山 水上行' 등 수없이 많다.

그런데 그 이유에 대해 일본의 세계적으로 유명한 선사禪師 스즈끼는 다음과 같이 말하고 있다: '그러한 대답의 요지는, 이러한 대답의 '뜻'이 아니라, 이러한 엉뚱한 대답을 하신 선사의 진의眞意, 곧 무슨 의도로 이러한 말씀을 하셨나에 몰입하여 그 의단疑團과 하나가 되는 것'이라고 말하며, '그러할 경우 이러한 모든 엉뚱한 대답들은, 새로운 빛을 발하게 되는 동시에 모든 것이 분명해진다.'라고 말한다.

(Masamgeun) The three pounds of flax: When Master Dongshan (807-869) was addressed with what is the Buddha, the Master's reply was "Three pounds of flax." Was he joking? No! What the Master had in mind was perhaps to silence the questioner's mouth, because the Buddha was asking "what is the Buddha." Awakening by words and hearing is a lesser vehicle.

To such puzzling answers of the masters, the world renowned Zen

Master Suzuki explains as follows: "The point is to have our minds work in complete union with the state of mind in which the masters uttered these strange words. When this is done, every one of these answers appear in an altogether new light and becomes wonderfully transparent."

마애불 磨崖佛 자연 암벽에 새긴 불상佛像.

(Ma-aebul) A Buddha statue or image carved on a natural rock-wall or precipice.

마애삼존불 磨崖三尊佛 천연天然 절벽 바위에 새긴 세분의 불보살佛菩薩.

(Ma-ae Samjonbul) The triad Buddha carved on the rock-wall or on the precipice.

마야 麼也 마야摩耶라고도 말함. 끊임없이 변하는 무상한 허깨비 같은 현상을 깨닫지 못하고 그것을 실체로 착각하는 무지無知. 이것은 또 왕자를 낳은지 일주일 만에 돌아가신 '소원성취'라는 뜻의 석존의 어머님 이름이기도 하다.

(Maya) Maya: Deception, illusion, or ignorance. It is also the name of Lady Maya, the mother of Siddhartha, which means "the wish fulfilled."

마왕/마구니 魔王/魔仇尼 마왕/마구니란 어떤 형상을 가지고 있는 귀신이나 도깨비가 아니라 우리들 마음속에서 일어나는 온갖 번뇌가 곧 마구니.

(Mawang/Maguni) Mara or demon: It is, in fact, our discriminating deluded mind.

마음 (心) 마음하면 일반적으로 신체기능의 일부로 형상화 한다. 그러나 불교에서 말하는 마음이란 이름도 없고 형상도 없으며 따라서 잡을 수도 없는 의식의 흐름. 그리고 우리들의 삶을 자세히 살펴보면, 모든 드러남과 사라짐이 단지 우리들의 마음뿐이라는 것을 알 수 있다.

마음이 있는 곳에 나타남과 사라짐이 있으며, 마음이 없는 곳엔 나타남과 사라짐뿐만 아니라 오고감이 없으며, 생사와 천당 지옥이라는 것도 따지고 보면 마음밖에 있는 것이 아니다. 다시 말해 마음이란 우리들 존재의 원천이면서도 허공과 같아 텅 비어 있으며, 마음이란 이렇게 텅 비어 있다는 마음조차 없는 것을 마음이라 말함.

"citta-dhara"라는 원어의 마음을, 심상속주心相續住 (마음이 서로 흘러가면서 어떤 개념을 지닌다) 또는 심유주心流住 (의식의 흐름)라고도 번역하며, 또 마음을 나타내는 말로 열쇠 없는 자물쇠, 진흙 소泥牛, 목마木馬, 심원心圓, 임인心印, 심월心月, 심주心珠, 또는 여의주如意珠라고도 말함.

그런데 이들은 모두 현상적인 이야기일 뿐 불교에서 말하는 마음이란, 무어라 이름붙일 수 없는 우주의 실체에 대한 다른 이름이라는 것을 알아야 한다. 그것을 또 불성佛性이라고도 말한다. 그러니까 마음과 불성과 우주의 실체, 그리고 그것을 편의상 가리키는 공空이라는 것은 결국 하나라는 것을 알아야 한다. 이 도리를 깨닫는 것이 일체의 부처님 공부와 깨달음이며, 또 깨달음이란 일체의 집착을 버리고 마음과 깨달음이란 생각마저도 마음에 두지 않는 것이 곧 진정한 깨달음. 따라서 이 도리를 깨닫지 못할 경우, 모든 수행은 헛수고일 뿐.

다음은 혈맥론血脈論에 나오는 마음에 대한 달마대사의 말씀: '부처를 구하려거든 마음을 구할지니 / 저 마음을 마음이라 부르는 이 마음이 곧 부처이니라.

(Ma-eum) Citta: The mind as opposed to matter, and as such the mind has no substance or mark. It is an ungraspable stream of consciousness that has neither name nor form. It is a trace of something that can never present itself, or something that can never manifest itself as such in its phenomenon.

If we look closely at our lives, we can see that all appearances and disappearances arise only in our own mind. In other words, the mind is empty like empty space, and does not retain one single thing, not even consciousness of emptiness. But the mind is also the center of the Universe.

Where there is a mind, there is appearing and disappearing. If there is no mind or thinking, then nothing ever appears or disappears. Nothing ever comes and goes, even birth and death, Heaven and Hell, outside of our mind. Figuratively, the mind is also called a key-less lock, a mud-ox, a wooden-horse, a mind-circle, a mind-seal, a mind-moon, a mind-jewel, a magic stone, etc.

However, we also must understand that the mind also represents the ungraspable ultimate reality of the universe, which is called the Buddha-nature, or true-suchness. What all these mean is that the mind, the ultimate reality of the universe, the Buddha-nature, and the Void are the same with different names, and cultivation of the mind is to realize this truth and to be with the ultimate reality of the universe and attain Nirvana. Otherwise all practices will be in vain.

The following is the words of Bodhidharma on mind: "If you wish to look for Buddha, look for the mind. / The mind that calls the mind is the Buddha."

마음 닦음 (修心) 마음 깨침을 위한 수행. 그러나 형상도 없는 마음과 깨칠 것도 없는 깨침에 집착해도 안 된다는 것을 알아야 한다. 마음과 깨침을 포함한 온갖 형상과 집착을 떠나는 것이 진정한 깨침이며 해탈.

(Ma-eum Dakeum) Cultivation of the mind: Cultivating the mind to attain enlightenment. To obtain enlightenment is to attain samadhi of Prajna or serenity, which is thoughtlessness. What is thoughtlessness? Thoughtlessness is to see and to know all Dharmas (things) including the mindless-mind and the idea of enlightenment with a mind free of attachment and discrimination.

마장 魔障 악마의 장애. 장障은 범어 mara의 번역으로, 범어와 한자를 합하여 마장魔障으로 쓴다.

(Majang) The devil-obstruction, or the obstruction of mara: *Ma* 魔 means mara in Chinese, and *jang* 障 is Chinese rendering of Sanskrit mara. In other words, *majang* 魔障 is a kind of twin mara from the meeting of Sanskrit and Chinese.

마정 摩頂 부처님께서 대법大法을 위촉하시기 위해 제자의 정수리를 만지거나, 또는 수기授記하기 위해 정수리를 만지는 것을 말함.

(Majeong) Buddha's touching the top of the head of disciples to entrust the great law, or to give a prediction of enlightenment.

마조도일 馬祖道一 (709-788) 남악회양南嶽懷讓에게서 법을 받아 선풍禪風을 크게 일으킴.

(Majodoil) Mazu Daoyi (709-788): A great Chinese Ch'an master and the Dharma disciple of Nanyue Huairang.

마지 摩旨 부처님께 올리는 밥.

(Maji) A cooked rice offering to the Buddha on the altar in the Dharma Hall.

마하반야바라밀다 摩訶般若波羅密多 대혜도피안大慧到彼岸이라 번역. 육도六度, 곧 육바라밀六波羅密의 하나. '마하반야,' 곧 대혜大慧는 열반에 이르는 요법要法이 되므로 피도안彼到岸이라 말함.

(Mahabanyabalamilta) Mahaprajnaparamita: It means "great wisdom to reach the opposite shore" (of the bitter sea of existence). It is one of the Six Paramitas.

마하살 摩訶薩 마하살타摩訶薩埵의 준말로, 대유정大有情 또는 대사大士라고 번역함. 이 보살은 자리리타自利利他의 대원大願과 대행大行을 가진 사람으로, 부처님을 제외하고는 중생 가운데서 맨 첫째 자리에 있으므로 대大자를 더하여 이렇게 부른다. 마하摩訶는 산스크리트어로 크다는 뜻. 살薩은 보살菩薩.

(Mahasal) Mahasattva: A great being, or a Bodhisattva next to the Buddha, who has the great wish and action not only for his or her own benefit, but for all other living beings.

막존지해 莫存知解 일체의 분별심分別心을 떠나 모든 존재를 있는 그대로 보기는 것. 이것이 곧 진정한 마음공부.

(Makjonjihae) Seeing the things just as they are without any discrimination, which is the true way of mind cultivation.

막행막식 莫行莫食 수행자에 거슬리는 분별없는 행동과 식생활.

(Makhaeng Maksik) Unwise and indiscriminative action and eating manner of a monastic.

만 卍 만萬이라 번역하며, 길상만덕吉祥萬德 또는 공덕원만 경복행운功德圓滿 慶福幸運의 뜻으로, 인도에 전해오는 길상吉祥과 행운의 표지標識. 우주의 생명인 불심인佛心印 또는 불성佛性으로도 설명하며, 석가모니 부처님의 가슴에 새겨져 있었다는 생래生來의 표지標識이기도 하다. 그런가 하면 절과 불교의 기호나 무늬로도 쓰임.

(Man) Svastika: The Buddhist cross symbolizing good luck and happiness. It also symbolizes the seal of Buddha-nature, the fundamental creative life and energy of the universe. It is also the mark or symbol of Buddhism.

만 慢 범어 mana의 번역으로, 심소心所 (마음작용)의 이름. 일반적으로 말하는 교만驕慢. 유식唯識에서 말하는 육번뇌六煩惱의 하나로, 자기의 용모, 재력, 지위, 또는 지식 등을 믿고 다른 사람에게 불쾌감을 주는 자만과 방자한 행위. 그 무엇보다도 가장 나쁜 악업惡業. 7만 또는 8만 가지가 있다고 함. 교만은 언젠가 그 대가를

치를 때가 온다.

(Man) Pride: Translation of Sanskrit mana. It is one of the six defilements of the Mind-only School. It is related to conceit, self-esteem, egotism, vanity, and vainglory, all of which imply an unduly favorable idea of one's own appearance, advantages, achievements, etc. It is believed that there are more than seventy thousand of them. Pride must have a fall.

만가 輓歌 상여喪輿를 메고 갈 때 부르는 상여꾼들의 노래.

(Man-ga) The funeral dirge: The song bier bearers sing when they carry a bier to the burying ground.

만겁 萬劫 지극히 오랜 또는 영원한 시간.

(Man-geop) Myriads of kalpas.

만고 萬古 오랜 옛적, 또는 오랜 옛적부터 내려오는 진리.

(Man-go) All antiquity, or perpetual truth.

만고강산 萬古江山 오랜 세월을 통하여 내려오는 변함이 없는 산천山川.

(Man-go Gangsan) Imperishable mountains and rivers.

만고풍상 萬古風霜 오랜 세월을 겪어온 헤아릴 수 없이 많은 고생.

(Man-go Pungsang) The long trials, or all sorts of hardships and adversity.

만공 滿空 (1871-1946) 경허鏡虛 스님의 법제자이며 근대 한국의 큰 선승禪僧. 법호法號는 월면月面.

(Man-gong) (1871-1946) The pen name of Seon Master Weolmyeon, and the Dharma heir of Venerable Gyeongheo, the Great Seon Master of the modern period of Korea.

만기 萬機 모든 생각의 기틀.

(Man-gi) The key point of myriad thinking.

만다라 曼陀羅 만다라曼茶羅라고도 표기. Manda는 본질 또는 본체를 뜻하고, -la는 성취 또는 자체를 의미하는 어미. 모든 부처와 보살의 만덕원만萬德圓滿, 즉 법계法界의 온갖 덕을 갖추었다는 뜻으로, 부처가 증험證驗한 것을 그림으로 표현하여 관상觀想 또는 숭상崇尙의 대상으로 하는 것. 쉽게 이야기 해 이는 만유의 본질을 갖춘 명상冥想의 그림이며, 밀교행자密敎行者가 명상을 통해 비로자나불의 세계, 즉 진리의 세계와 하나가 되고자 하는 우주 법계도法界圖이다.

만다라에는 또 태장계만다라胎藏界曼陀羅와 금강계만다라金剛界曼陀羅의 두 가지가 있으며, 이것을 밀교의 양부兩部 만다라라고 한다. 그런가 하면, 구역舊譯에서는 단壇 또는 도량道場이라 번역. 본래는 인도의 옛 풍습으로 일정한 땅을 구획하여 평탄하게 단壇을 만들어 여러 불·보살들을 모시고 예배와 공양을 하던 곳으로, 단壇이라 번역했다. 그리고 도량道場이란 깨달음의 신성한 장소라는 뜻.

(Mandala) Magic diagrams in circular form, or a schematized representation of the cosmos, chiefly characterized by a concentric organization of geometric shapes, each of which contains an image of a deity or an attribute of a deity. In India, it was originally a sacred platform or a place for worship. However, in esoteric Buddhism, there are two types of mandala: Garbhadhatu mandala, or womb mandala, and diamond mandala.

만목청산 滿目青山 깨친 눈으로 보면, 눈앞에 보이는 삼라만상 그대로가 진리라는 뜻.

(Manmok Cheongsan) Full eyes and green mountains: To the enlightened, all the phenomena before the eyes are truths just as they are.

만물 萬物 이들의 근원인 형체가 없는 도道와 대칭되는 우주에 존재하는 모든 것. 이들을 실체로 알고 집착할 때 중생의 나락으로 떨어지며, 이들의 실체인 공성空性을 깨닫는 것이 깨침. 숫자 만萬은 세상의 수없이 많은 온갖 형태의 현상을 가리킴.

(Manmul) All things under the sun: It literally means "ten thousand objects." This expression refers to all things in the universe that have existence or being in contrast to their origin the Dao, which is without substance and name. Realization of emptiness of these myriad creatures and things and non-attachment is enlightenment. The figure "ten thousand" signifies the countless variety of creatures and things in the world.

만물동근 萬物同根 우주에 존재하는 모든 것은 그 뿌리가 같다는 뜻. 만법일여萬法一如, 만물제동萬物齊同과 같은 뜻. 동체대비同體大悲 참조.

(Manmul Donggeun) The one root of myriad things or beings: The oneness of the totality of all things is the Real; components have no ultimate intrinsic reality. All things arise from the one root: "All is in the One, and the One is in All."

만물여아일체 萬物與我一體 만물은 나와 한 몸이라는 뜻. 자연과 지구 보존의 유일한 길.

(Manmulyeo Ilche) The myriad things and I are of one body: Everything in this universe is the same substance. The only way to preserve the environment and the earth.

만발공양 萬鉢供養 때가 되면 절에서 누구에게나 전통적으로 공양하는 음식.

(Manbal Gongyang) Offering a meal at the temple to every visitor: It literally means "ten thousands bowls of offering."

만법 萬法 제법諸法과 같은 말로, 색色과 심心을 포함한 모든 차별상差別相. 곧 우주에 존재하는 온갖 법도와 물질 및 정신적 존재.

(Manbeop) The myriad things, both internal and external, in the universe, and the law of their existence.

만법귀일 일처하귀 萬法歸一 一處何歸 '만법은 한 곳으로 돌아가는 데, 그 한 곳이 어디인가?'라는 뜻 그것을 알면 도과道果를 이룬다. 그것은 그렇고. 그대가 태어날 때 어디서 왔는지? 그것부터 생각해 볼 것. 어머님 뱃속? 그 이전은?

(Manbeop Gwi-il Ilcheohagwi) All things return to the One. Where does the One then return? A good question to attain enlightenment and Nirvana. Have you ever thought about where you were originally from when you were born? From your mother's womb? What about before then?

만법유식 萬法唯識 현상계의 모든 것이 아뢰야식阿賴耶識에 근거하여 성립된다는 뜻으로, 만법유심과 같은 뜻. 일체유심조一切唯心造 참조.

(Manbeop Yusik) Everything is but the mind or consciousness, or the perception of the mind. *Cf. (Ilcheyusimjo)* Everything is the product of the mind.

만법일심 萬法一心 일체의 법은 모두 이 마음에서 비롯된 유심론唯心論적 견지見地라고 하는 것. 일체유심조一切唯心造 참조.

(Manbeop Ilsim) Every thing is the One-mind: The theory that myriad things in the universe are but the projection of the mind. *Cf. (Ilche Yusimjo)* Everything is only the product of the mind.

만법일여 萬法一如 만법萬法, 즉 온갖 삼라만상森羅萬象이 귀착하는 곳은 공空, 즉 진여眞如이며 하나이고 일체一體라는 것. 여기에서 동체대비同體大悲의 자비가 나온다.

(Manbeop Ilyeo) Everything is the same, or equanimity of myriad things: Seeing all things as the One. All things that arise by conditions ultimately return to the One--the great Void, or true-suchness, from which great compassion derives

만사 萬事 온갖 일.

(Mansa) The myriad particulars, affairs, or happenings.

만사 輓詞 죽은 사람을 추도하기 위하여 지은 글.

(Mansa) A funeral ode, or an elegy.

만상 萬相 온갖 형상形相. 만물萬物과 같은 뜻.

(Mansang) The mark of myriad particulars, forms, or things: The characteristics of all external phenomena.

만상 종연생 종연멸 萬相 從緣生 從緣滅 온갖 형상形相이란 인연 따라 나타났다가 인연 따라 사라짐을 아는 것이 곧 진정한 깨침이며 위없는 이치理致.

(Mansang Jongyeonsaeng Jongyeonmyeol) Everything arises through conditions, and then ceases to exist through conditions: Realizing this truth of impermanence and causality is true awakening.

만유 萬有 만유일체萬有一切, 우주에 존재하는 모든 현상, 즉 만물萬物과 만상萬象. 이때 유有는 있다는 뜻으로 존재를 말함.

(Manyu) All the marks and existence in the universe: The myriad forms, particulars, existences, or phenomena.

만장 挽丈 죽은 사람을 슬퍼하여 지은 글. 장례 때에 비단이나 다른 천에 써서 기旗를 만들어 상여 뒤에 들고 따라감. 어떤 때는 수백 개가 상여를 따라가는 경우도 있다. 그러나 죽은 자는 항상 말이 없으며, 또 이것이 인생. 이런 때 무상게無常偈를 읊어보는 것도 좋을 것 같음.

(Manjang) A funeral ode: An elegy written on silk or some kind of cloth for the condolence of the dead. They make a banner with it, and then follow the bier to the burial ground. Sometimes hundreds of them follow the bier to the burying ground, but there are no words from the dead. Isn't this our life? What about reciting the Song of

Evanescence.

만참 晩參 모참暮參이라고도 말하며, 선사禪寺에서 신시申時, 즉 오후 3시에서 5시 사이에 법문을 듣거나 염송念誦하는 것을 말함. 조참早參과 소참小參 참조.

(Mancham) Listening to the evening Dharma talk, or chanting between three and five o'clock in the afternoon at the Seon monastery. *Cf. (Jocham)* The morning Dharma talk, and (*Socham*) The occasional Dharma talk.

만트라 주문呪文 또는 주력呪力. 어떤 우주의 힘과 붓다의 경지를 드러내는 힘을 지닌 일련의 음절. 이것을 반복할 때 엄청난 힘이 나타난다. 진언종眞言宗에서 특히 중요시 함.

(Mantra) The Sanskrit word is dharani. Verbal formulas used as incantations in the magic sound, or the magical use of sound. They usually have no meaning, but when pronounced repeatedly, they can generate enormous power. It is one of the most popular methods of cultivation in Buddhism, especially in the True-word Sect.

만행 萬行 일체의 수행으로 팔만세행八萬世行이라고도 말함. 그만큼 중생의 번뇌가 많다는 뜻으로, 이들을 물리치기 위한 온갖 수행 방법을 말함. 또 이는 안거安居기간의 수행을 마친 승려가, 한 곳에 머무르지 않고 자유롭게 선지식善知識을 찾아 돌아다니면서 제각기 수행하는 것을 말하기도 하며, 이를 유행遊行 또는 행각行脚이라고도 말함.

(Manhaeng) All-embracing practice or many fold practices : All kinds of practice or discipline for attaining enlightenment. It also means the rambling pilgrimage of a monastic in search of truth visiting eminent masters after the three month summer and winter retreats.

말나식 末那識 팔식八識의 하나로 제칠식第七識을 말함. 사량식思量識 또는 오염식汚染識이라고도 말하며, 마음공부에서 가장 금기시하는 끊임없는 분별심分別心을 뜻함. 제팔식第八識인 아뢰야식阿賴耶識은 항상恒常하지만 분별심을 일으키지 않으며, 제육식第六識은 분별심을 일으키나 항상 하지 않으며, 전오식前五識은 항상 하지도 않고 분별심을 일으키지도 않는다. 제칠식第七識만이 항상 하면서 사량 분별을 일으킬 뿐만 아니라, 아뢰야식을 자아自我라고 집착하는 것이 다른 식識들과 다르다. 그리고 말나식과 아뢰야식은 상호 의지하는 관계로서 극히 친밀하다.

이렇듯 사량 분별과 아상我相에 대한 집착은 제육식과 팔식에는 없는 오직 제칠식만이 가지고 있는 특징이며, 또 이는 모든 미망迷妄의 근본 원인이 된다. 다소 헛갈리기 쉬운 이야기. 유식론唯識論은 본래 이러한 것. 조사선祖師禪과 화두가 등장 한 많은 이유 중의 하나. 많은 공부와 끈기가 필요하다.

(Mallasik) Manas: The sense-mind as the capacity for sensory awareness and discrimination of particular sense objects with their qualities. In short, it is the capacity of sense perception, which depends upon the eighth consciousness and continuously perceives the sense-objects with discrimination.

The eighth consciousness is constant but it possesses no discriminating function. The sixth consciousness does discriminate but it is not constant. The fifth consciousness, the mental reaction of the five senses, is neither constant nor discriminating.

Only the seventh consciousness is constant and discriminating. Its function is to convey the seed-essence of sensory experiences to the eighth consciousness, from which, in response to causes and conditions, specific "seeds" are reconveyed by means of six senses, precipitating new karmic actions, which in turn produce other "seeds." The whole process is simultaneous and endless. It is somewhat confusing. This is the explaining of the Consciousness-only School, and one needs quite a load of work and patience to comprehend it. Remember! No efforts, no fruit.

말법시대 末法時代 삼시三時 중의 마지막. 불법佛法의 쇠락시대衰落時代. 말법이라 함은, 불법이 쇠퇴하여 교법敎法만 있고 그것을 수행하거나 증오證悟하는 자가 없게 되는 시대를 말함. 하나님께서 온 인류를 멸망시키겠다는 기독교에서 말하는 말세末世와는 그 뜻이 전혀 다르다. 정正, 상像, 말末의 삼시三時 참조.

(Malbeopsidae) The era of decline of the illustrious Doctrine: It is believed that Buddhism will spread through three time periods, and the era of decline of the illustrious doctrine is the last of these three periods. However, it should be distinguished from the Christian conception of "the end of the world," or doomsday. There is no doomsday in Buddhism, just ever fluctuating mutations of existence and the universe. *Cf.* *(Samsi)* Three different periods of Buddha's teaching.

말사 末寺 본산本山이나 본사本寺의 관리 아래 있는 사찰.

(Marsa) A subsidiary or branch monastery: A monastery under the jurisdiction of the head or main temple of the district of a sect.

말후일구 末後一句 말후末後는 최후라는 뜻. 즉 구경究竟, 필경畢竟, 지극至極과 같은 뜻. 따라서 말후일구末後一句라 하면, 더 이상 이를 능가할 말이 없는 것을 말하며, 이때 '일구一句'는 활구活句를 뜻함. 활구活句 참조.

(Malhu) The ultimate, final, or unsurpassed saying: No words or speech could surpass the utterance.

망견 妄見 잘못된 생각 또는 견해.

(Manggyeon) A false and deluded view of reality.

망계 妄計 망계妄計란 망상妄想 또는 허망한 분별을 말함.

(Manggye) It is another term for illusion and false discrimination.

망념 妄念 일체법一切法의 진실을 알지 못하는 범부의 미혹한 마음. 망령된 생각을 움직인다는 뜻으로 동념動念이라고도 말하며, 이를 여읜 경지가 곧 구경각究竟覺.

(Mangnyeom) Deluded thought, or the false and erroneous thought of sentient beings, who are ignorant of the true nature of things.

망념본공 妄念本空 망념妄念 또는 번뇌란 본래 무無라는 뜻으로, 심성본청정心性本淸淨, 곧 우리의 타고난 심성心性이란 본래 청정하다는 뜻과 같음을 말함.

(Mangnyeom Bon-gong) Deluded thought is originally empty: It means non-substantiality of deluded thought. The original nature of our mind is pure and undefiled. What makes our deluded mind is discrimination of this and that, likes and dislikes, and you and I.

망상 妄想 망상 또는 망심妄心이란 곧 중생심衆生心을 말하며, 이치에 맞지 않는 망령된 생각. 곧 현상에 얽매여 마음을 내는 것. 불가佛家에 사람을 구제하는 것보다 짐승을 구제하는 것이 더 쉽다는 말이 있다. 왜냐하면 짐승은 망상을 일으키지 않기 때문이다.

(Mangsang) Vikalpa: False or idle thoughts, obsession, or self-deception: Delusion or deluded thinking, which is the mind of sentient beings. There is a saying in Buddhism that it is easier to save animals than human beings, because animals do not arouse false thought or dualistic discriminating mind.

망상본래공적 妄想本來空寂 망상妄想은 본래 공적空寂 한 것. 따라서 분별심이 곧 망상.

(Mangsang Bonraegongjeok) False thoughts or delusions are originally calm and empty: Discriminations are the real thieves.

망아 妄我 허망 된 나, 참나가 아닌.

(Mang-a) Deluded self, not true self.

망어 妄語 망설妄舌, 또는 망설妄說이라고도 말함. 오계五戒의 하나. 남의 마음을 혼란시키는 부질없는 말.

(Mang-eo) False words, unfaithful speech, or lies: One of the five basic precepts, or the moral codes.

망집 妄執 망상妄想을 버리지 못하고 집착하는 일.

(Mangjip) Deluded obsession, or holding on to false views.

매경 昧境 매昧는 탐貪과 같은 뜻. 탐하는 것. 따라서 탐욕의 경계 또는 대상을 말함.

(Maegyeong) The realm, or object of avarice, or the greedy mind.

맹귀우목 盲龜遇木 열반경에 있는 이야기로, 사람의 몸을 받아 세상에 나기가 그토록 어렵다는 이야기. 이는 또 불법을 만나기가 눈먼 거북이가 망망대해茫茫大海에서 그 속으로 목을 내밀어 숨을 쉴 수 있는 구멍이 뚫린 나무를 만나는 것처럼 어렵다는 비유적인 말.

(Maenggwiumok) A blind turtle and meeting of a floating piece of wood in the open sea: The difficulty of a blind turtle to meet a piece of wood with a hole through which it can stick its head and breathe in the great open sea. It is a figurative expression about how difficult it is to meet Buddha's teaching and be reborn a human in the next life.

면벽 面壁 좌선坐禪에 대한 다른 이름. 달마대사가 소림사小林寺에서 벽을 바라보며 9년 동안 좌선한 것이 유래가 되어, 그 뒤부터 승려들이 선방禪房에서 참선을 하게 되면 반듯이 벽을 향하게 되었다.

(Myeonbyeok) Facing the wall: Bodhidharma meditated for nine years facing a wall in Shao-lin Temple on Mt. Shung Shan, and it became a model for monastics to face a wall when they practice meditation in a meditation hall.

면벽구년 面壁九年 선종禪宗의 개조開祖인 달마達磨가 숭산 양梁나라 嵩山의 소림사小

林寺에서 9년 동안 벽을 마주하고 참선했다는 고사古事.

(Myeonbyeok Gunyeon) Facing a wall for nine years: Bodhidharma is supposed to have meditated for nine years facing the wall to buy the time.

면죄 免罪 죄를 사赦함.

(Myeonjoi) Remission of sin, or absolving a person of a sin.

멸 滅 멸滅에는 열반을 뜻하는 적정寂靜, 멸정滅淨; 사성제四聖諦의 세 번째인 적멸寂滅, 깨달음의 경지, 또는 멸상滅相, 등 여러 가지 뜻이 있다.

(Myeol) Extinction: It has a variety of meanings: Tranquility, Nirvana, complete cessation, enlightenment, extinction of forms or marks, etc.

멸도 滅度 열반의 다른 표현. 윤회의 종식과 고통으로부터의 해방. 즉 나고 죽는 번뇌의 바다를 건넜다는 뜻. 도度는 범어梵語 Paramita의 번역.

(Myeoldo) Nirvana: Extinguishing the illusion, and passing over to nirvana: Extinction of transmigration, and emancipation from the bitter sea of the suffering of birth and death. Another name for Nirvana.

멸도 滅道 사제四諦 중의 멸도滅道와 도제道諦로서, 고통으로부터의 해방과 그 방법. 발음이 같은 위 멸도滅度와 혼동하지 않도록.

(Myeoldo) The extinction of suffering and the way of extinction: The third and fourth of the Four Noble Truths. One should not confuse it with the total extinction or Nirvana above which is pronounced the same in Korean.

멸빈 滅擯 비구比丘가 중대한 죄를 범하고도 뉘우치는 마음이 없을 때에 승적僧籍을 삭제하여 환속還俗시키는 것.

(Myeolbin) Excommunication of a monk who has committed a grievous sin without repentance: Blotting out the name and the expulsion of a monk who has committed a grave offence without repentance. He must return to lay life.

멸수상정 滅受想定 멸진정滅盡定과 같은 말로, 감정 (수受)과 생각 (상想)을 모두 여의여 선정禪定에 드는 것.

(Myeolsusangjeong) Cessation of thought and feeling: Samadhi of cessation of feeling and conceptualization, or the absorption of ultimate cessation or Nirvana. *Cf. (Myeoljinjeong)* Samadhi of extinction.

멸신귀무 滅身歸無 자신의 몸을 버려 무無로 돌아감. 그렇다면 죽음인들 두려워할 이유가 없다.

(Myeolsin Gwimu) Self-abnegation, or extinguishing one's body and return to nothingness: There is no reason to be afraid of death.

멸정 滅定 모든 정신작용이 다 끊어진 선정禪定. 멸정은 멸진정滅盡定 또는 멸수상정滅受想定이라고도 말함. 선정禪定에 들게 되면 수상受想 (느낌과 생각)의 심리작용이 멸하여 분별심이 사라지고 신심身心이 고요하여 아집을 버릴 수 있게 됨.

(Myeoljeong) Attainment of cessation and samadhi: This is the state in which every mental activity stops its function, whereas one attains quietude of mind and body. It is also called cessation of thought and feeling.

멸진 滅盡 망심妄心이 다하고 번뇌가 완전히 사라짐. 참선이란 이를 위해 하는 것. 떠오르는 찰란한 아침 태양과 고요한 저녁 석양빛을 눈을 감고 마음에 그려볼 것.

(Myeoljin) A complete or total extinction of delusion and defilement: This is what the meditation practice is for. Close your eyes, and try to imagine the brilliant rising sun at the daybreak, and the quiet setting sun in the Western sky.

멸진삼매 滅盡三昧 멸진정滅盡定이라고도 말함. 육식六識의 심心과 소所를 다 여읜 산정禪定. 이제 집에 돌아가도 됨.

(Myoljin Sammae) Samadhi of total extinction: Total extinction or exhaustion of the six sense faculties, within and without, or an extremely deep samadhi where mental activities cease and the ego is extinguished. *Cf. (Myeoljinjeong)* The samadhi of extinction.

멸진정 滅盡定 모든 정신작용이 사라진 고요한 선정禪定. 망심妄心이 모두 멸해 버린 삼매三昧로서 정定 가운데 가장 깊은 선정禪定. 멸진삼매滅盡三昧, 무상멸정無想滅定, 또는 멸수상정滅受想定이라고도 말함.

(Myeoljinjeong) Samadhi of total extinction or cessation: Absorption in complete cessation of six mental faculties, the highest state of mindfulness in meditation.

명 冥 명冥은 유명幽冥 (깊숙하고 어두움)이니, 눈이나 말로는 알 수 없는 것. 이와 반대가 현현顯現, 곧 명백하게 나타난 것.

(Myeong) Darkness: Antithesis to light. The world of darkness or spirit in contrast to the world of bright manifestation.

명 明 범어梵語 vidya의 번역. 어리석음의 어둠을 깨고 진리를 깨닫는 성스러운 지혜를 말함.

(Myeong) Vidya: The wisdom that breaks the darkness to realize ignorance.

명가명 비상명 名可名 非常名 '말로 표현할 수 있는 이름은 영원불변의 이름이 아니다.' 『노자』의 첫머리에 나오는 말. 참된 이름이란 본래 없는 법. 아무리 거창하고 고상한 이름이라도 그것은 모두 실체가 없는 조작된 가명과 허깨비. 실없는 가명과 허깨비. 실없는 가명과 허깨비를 좇거나 이들에 얽매이지 않도록. 말씀으로 우주만물을 창조하시다? 그것은 이웃 동네 이야기. 이 도리만 알아도 이미 반은 도과道果에 들어온 셈이며 축하할 일. 유마거사維摩居士의 문수보살과의 선문답 중에 나오는 양구良久참조.

(Myeong Gamyeong Bisangmyeong) "A name that can be named is not the everlasting name." It is the opening line of the Dao De Jing. Hence "the noble silence" of Vimalakirti in the Holy Teaching of Vimalakirti during his discourse on Non-duality with Bodhisattva Munjusri. If you really have realized this truth, you are already half way to enlightenment, and worthy of compliment.

명경대 明鏡臺 저승의 길 입구에 있다는 거울. 지나는 사람의 생전生前이 여실히 비친다고 함. 업경대業鏡臺와 같은 말. 업경業鏡 참조.

(Myeonggyeongdae) The karma-mirror at the entrance of the Hell: It is believed that all the acts of the previous life will be reflected on the mirror when one passes before it. *Cf. (Eopgyeong)* The mirror at the hall of the King of Hell.

명경지수 明鏡止水 티 없는 거울과 맑은 수면 또는 그와 같은 마음. 그것이 우리의 본래 마음.

(Myeonggyeong Jisu) A bright mirror and still water: This is our original pure mind, or our original true face or self.

명계 冥界 명도冥道라고도 말함. 지옥, 아귀, 축생의 삼도三道를 말함. 특히 지옥에 염마왕閻魔王이 있다는 사후死後의 세계만을 말하기도 함.

(Myeonggye) The nether world: The underworld where demons, the hungry ghosts and animals fall into due to their karma in their previous

life. It is another name for the three modes of life in hell.

명교 名敎 이름과 가르침. 이들은 하나의 방편은 될지언정 실상實相은 아니니 이들에 매달리지 말 것. 이들을 뛰어넘는 곳에 깨침이 있다. 명색名色 참조.

(Myeonggyo) Name and teachings: They are expedient means or devices that have no ultimate substance or meaning, and one should not be attached to either of them. They are just the fingers pointing to the moon, not the moon. *Cf. (Myeongsaek)* Name and matter.

명당 明堂 아주 좋은 묏자리나 집터.

(Myeongdang) An auspicious site for a grave or a house.

명득정 明得定 사정四定의 첫 자리인 난법暖法으로, 이 난위暖位에서 보다 격이 다소 낮은 차원의 심사관尋伺(思)觀을 일으켜, 취할 바 대상인 경계가 공무空無한 줄을 관하는 선정禪定을 말함. 한 번 다시 읽어보거나 영문 설명을 읽어볼 것.

(Myeongdeuk Jeong) The samadhi of obtaining the wisdom of light, or the stage of heat: It is the mindful contemplation of obtaining the wisdom of light by investigation of the truth on the lower level of insight that all the phenomenal worlds are empty. The first stage of the four wholesome roots, or the samadhi of progressive spiritual development.

명리 名利 명예와 이익 또는 부富. 이들의 노예가 되지 않도록. 도인道人이란 별것 아니다. 이것들만 벗어나도 반타작은 한 셈.

(Myeongni) Fame and profit or fortune: Are they truly worthy of their names? You should put them all down.

명복 冥福 죽은 후에 저승에서 받는 행복, 또는 죽은 사람의 행복을 위하여 불사佛事를 행하는 일.

(Myeongbok) The happiness of the dead, or the heavenly bliss and happiness in the other world: It also means pray for the repose of the dead.

명부 冥府 저승.

(Myeongbu) The nether world, or Hades. The court of judgement in the hereafter.

명산대찰 名山大刹 이름난 산과 큰 절. 한국 사찰寺刹의 자랑.

(Myeongsan Daechal) Noted mountains and great temple: The

trademarks of Korean temples.

명산대천 名山大川 아름다운 산과 큰 개울.

(Myeongsan Daecheon) The noted mountains and great rivers or streams.

명상 瞑想 명상하는 주체와 명상의 대상이 하나가 되는 마음의 평안함. 그러나 이것을 두 가지로 나누어 생각할 수 있다. 하나는 일반적인 개념의 마음의 평안함을 구하는 명상과, 다른 하나는 불교적 깨달음에 이르는 관심법觀心法.

(Myeongsang) Contemplation or meditation: An extended thought or a state of peaceful mind arising from concentration in which the meditator and that which is meditated on become one. It can be classified further into two distinct styles: an ordinary conception of contemplation for a peaceful mind, and the Buddhist concentration of mind or samadhi for enlightenment.

명상 名相 이름과 형상. 그러나 이들 이름이나 형상은 본래 그 실체가 없는 것이며, 인연 따라 왔다가 인연 따라 사라지는 가설假說과 아지랑이와 같은 이름과 모양에 지나지 않는다. 따라서 이들은 집착할 바가 못 되는 줄 알면서도 이들에 매달리는 것이 불쌍한 중생.

(Myeongsang) Name and form or mark: They have no true substance, or self-nature. They are just labels, pronounces, makeshifts, illusions, and fictitious names and forms not worthy of craving after. Woe to those who are obsessed with these illusions.

명색 名色 허망한 이름과 형상, 또는 일체의 정신적 또는 물질적 존재.

(Myeongsaek) Nama-rupa, or name and form: One should realize them to be illusions that have no ultimate reality or substance.

명성 明星 범어梵語 aruna의 번역으로, 부처님께서 정각正覺을 얻으셨다는 새벽별을 가리킨다. 그러나 이 별은 부처님께서 깨달으신 우주의 이법理法을 가리키는 것으로 보는 것이 옳다는 주장이 있다. 그렇다면 부처님께서 깨달으셨다는 우주의 이법이란 무엇인가? 그것은 곧 만유萬有의 연기적 생주이멸生住離滅과 성주괴공成住壞空의 원리인無常이라고 말할 수 있다.

(Myeongseong) The bright morning star: The star that awakened the Buddha. What was then the enlightenment the Buddha attained? There is a theory that it was the cosmic principle of impermanence and

interdependence of all beings, i.e., the four phases of form--its initial production, abiding, decay, and extinction, or arising, abiding, dissolution, and then to emptiness of all marks and existence in the universe.

명수 名手 훌륭한 소질과 솜씨를 가진 사람.

(Myeongsu) A master, a master hand, an expert, or an accomplished hand.

명승지 名勝地 아름답고 이름난 자연경관.

(Myengseungji) A famous sight, or noted scenic beauty.

명의문 名義門 이름과 뜻을 가리는 문門. 이 문 안에서는 이름을 번역하고 뜻을 해석한다. 선종禪宗에서 금기시하는 것.

(Myeonguimun) The gate of name and meaning: In this gate or school, they translate the name and interpret the meaning of the names. These are the taboos the Seon School forbids.

명자 名字 이름과 글자. 선가禪家에서는 이들을 실체가 아닌 사물事物을 가리키는 대명사代名詞라 말한다. 다시 말해 사물事物을 사물이라는 대명사로 이름을 붙인다면, 사물을 사물이라 한 명칭은 있다 해도 그 명칭에서 사물의 실제 모습을 얻지는 못한다. 따라서 이름과 문자는 단지 도구에 지나지 않는다는 것을 항상 잊지 말아야 함.

(Myeongja) Names and letters: These have no true substance. Hence in Seon Buddhism, they are called pronouns, not reality. If one names a thing, the thing may be called by the name, but the name does not carry the substance of the thing of the name. The names and letters are just tools, or the fingers pointing at the moon, not worthy of craving after.

명자즉불 名字卽佛 부처님을 단지 이름으로만 아는 것. 다시 말해 귀동냥만 한 것. 그래서 원효대사는 허리춤에 바가지를 차고 무애가無碍歌를 부르면서 저자거리를 그리도 바삐 다니셨던 것 같다. 육즉불六卽佛 참조.

(Myeongja Jeukbul) The Buddha only in name: A person who has heard about the Buddha, but does not know anything about the Buddha. What a poor fellow he is!

명증정 明增定 사정四定의 두 번째 자리인 정법頂法과 같은 뜻. 이 자리에서 뛰어난

심사관尋伺(思)觀을 발휘하여 취할 바 대상 경계가 공무空無함을 관하는 선정禪定을 뜻함. 이 선정에서는 지혜의 밝은 모양이 점점 더하여짐으로 명증정明增定이라 말함.

(Myeongjeungjeong) The samadhi of increase in the wisdom of light, or the stage of summit: It is the mindful contemplation of sense objects on the higher level of insight by careful investigation of the truth that all the phenomenal worlds are empty.

명행족 明行足 부처님 십호十號 중의 하나. 지혜와 수행을 원만히 갖추었다는 뜻. 족足은 다리가 아니라 충족充足이라는 뜻. 조심할 것.

(Myeonghaengjok) A wise and fully enlightened One. One of Buddha's ten names or epithet. Jok 足 does not mean "foot" but fulfillment 充足.

명호 名號 주로 불보살의 이름을 말한다.

(Myeongho) Names and titles of Buddha and Bodhisattvas.

명훈가피 冥熏加被 부처님께서 은밀히 도와주시고 이끌어주시는 것을 말함.

(Myeonghun Gapi) The stealthy protection and guiding of the Buddha to help sentient beings attain their enlightenment.

모니 牟尼 무니茂泥라고도 쓰며, 적묵寂默, 적정寂靜, 대선大仙, 지자智者라 면역. 분별을 떠났기 때문에 모니牟尼, 곧 적묵寂默이다. 출가하여 마음과 도道를 닦는 이의 존칭. 따라서 석가모니는 석가족釋迦族의 대선大仙, 곧 부처라는 뜻.

(Moni) Muni: Muni is a title of the Buddhist, often translated into English as "serenity," "sage," or "capable one," who through asceticism and spiritual practice has attained a supreme state of consciousness beyond words and discrimination. Hence Sakyamuni stands for "a sage" of the Sakya clan.

모순율 矛盾律 서양논리학은 'A가 동시에 B일 수 없다'라고 하는 공리公理를 기초로 하여 왔다. 이것을 모순율矛盾律이라고 말한다. 그러나 빛의 이중성의 발견에 의하여 그것이 깨졌다.

불교의 논리는 이에 대하여 공이면서 공이 아니고, 또한 공이면서 공이 아닌 것도 아니다.' 등의 표현에서 볼 수 있듯이 유연한 구조를 가지고 있으며, 이것을 쉽게 이야기 해 중도中道라고 말한다.

(Mosunyul) The law of contradiction: The Western logic has been based on the theory that 'A' cannot be 'B' at the same time. This is

called the law of contradiction. However, this law had to be broken when the theory of duality of light was discovered.
On the other hand, the Buddhist theory claims that "emptiness is at the same not emptiness, yet it is at the same time non-emptiness." This is the non-extreme flexible view which we call the law of non-duality in Buddhism.

모연 募捐 어떠한 일을 하기 위하여 돈이나 물건을 기부하게 하는 운동.

(Moyeon) Fund raising campaign either in money or goods for a certain Buddhist objective.

모주 母珠 염주알 중 다른 것보다 큰 것이 하나 있는데, 그것을 모주라 말하며, 부처님이나 보살을 의미함.

(Moju) The mother bead: In the string of mala beads, there is one bead that is a little larger than other beads, and it is called the mother bead, which symbolizes Buddha or Bodhisattva.

모탁 母啄 놓칠 수 없는 좋은 기회. 선가禪家에서 참선하는 사람의 기機와 연緣이 서로 상응하는 것을 말함. 이를 줄탁기 라고도 말함. '줄'은 달걀에서 병아리가 나오려고 할 때 껍질 안에서 병아리가 우는 소리. '탁'은 어미닭이 바깥에서 껍질을 쪼는 것을 가리키며, 또 이것은 선 수행이 있어서 스승과 제자간의 관계를 말함.

(Motak) Mother hen pecking: A simultaneous action of the crying of an infant chick in the eggshell to come out, and pecking of the shell by the mother hen from the outside to bring it out. This is the relationship of the master and student in the meditation practice for enlightenment.

모탄거해 毛呑巨海 작은 털끝이 온 바다를 머금고 있다는 뜻. 이것은 일체개공一切皆空의 견지에서 볼 때 만물의 평등성을 뜻함. 일미진중함시방一微塵中含十方 참조.

(Motangeohae) The great sea in a tip of a hair, or holding the great sea in a tip of a hair: It means there is no spatial distinction between a tip of a hair and the great sea in the ultimate reality of emptiness of things. *Cf. (Ilmijinjung Hamsibang)* The whole world in a tiny particle.

목간 木簡 옛날 종이가 없을 때 문서나 편지로 쓰였던 글을 적은 나무나 대나무 조각.

(Mokgan) A tablet of wood or bamboo: In the ancient time when there was no paper to write on, these tablets were used to record

documents or write letters.

목건련 目犍連 (부처님의 10대 제자 중의 한분으로 신통 제일神通 第一. 목련존자目連尊者라고도 말함. 처음 사리불舍利弗과 같이 외도外道를 섬기었으나, 나중에 사리불과 함께 각기 자신들의 제자를 거느리고 부처님의 제자가 됨.

(Mokgeonyeon) Maudgalyayana: One of the Buddha's ten major disciples, known as foremost in transcendental powers. He was an "outside way" hermit as was Sariputra, but he became Buddha's disciple with all his followers.

목격 目擊 불교에서는 눈이 순간적으로 마주치는 것을 말함. 즉 직접 목도目睹하여 봄. 이것이 돈오頓悟의 한 방법이 될 수도 있다.

(Mokgyeok) A sudden encounter of eyes: This is the way how some practitioners attain sudden enlightenment.

목격이도존 目擊而道存 눈이 서로 마주치는데 도道가 있다. 『장자』 외편外篇에 나오는 말. 사랑하는 사람들이 첫 눈에 반하는 것처럼, 단박 깨침에는 말과 문자 그리고 일체의 절차가 필요 없다는 뜻.

(Mokgyeok-i Dojon) Sudden enlightenment in a flash of meeting eyes without words, letters or any other means, just like falling in love at first sight.

목불 木佛 나무로 만든 불상佛像.

(Mokbul) A wooden Buddha image or statue.

목식 木食 산중에서 수행하는 사람이 오곡五穀의 음식을 끊고 나무열매와 풀 등으로 식사를 대신 하는 것.

(Moksik) The diet of a practitioner in the mountains, only with found fruits and herbs without any grain.

목어 木魚 목어는 어고魚鼓, 목어고木魚鼓라고도 말하며, 이 소리를 들은 수중水中 중생들은 모두 구제된다는 믿음이 있다. 스님이 목어의 배에 속하는 가운데 빈 공간 양쪽을 나무 막대기로 두들긴다.

(Mokeo) A wooden fish-shaped drum: It is believed that all fish that hear the sound of the drum will be delivered. Monks strike the sides of the hollow center with two sticks.

목우 木偶 나무로 만든 사람의 형상.

(Mogu) A wooden image or figure of a man, or a dummy.

목우 牧牛 마음 닦음. 이때 소는 우리의 마음을 뜻함. 마음은 소를 길들이듯 길들이기에 달려있다.

(Mogu) Ox-herding, or mind cultivation: In Buddhism, ox means the mind. Hence ox-herding in Buddhism means cultivation of the mind just as training the headstrong ox. But, in truth, there is no mind to cultivate, and realization of this truth is, in a sense, enlightenment.

목우행 牧牛行 마음 닦는 수행. 심우도尋牛圖 참조.

(Moguhaeng) The practice of mind cultivation. *Cf.* *(Simudo)* Ten ox-herding pictures.

목적론 目的論 사물의 생성, 변화를 어떤 절대자에 의해 의도된 것으로 보는 이론. 그 전형적인 예가 인격적 유일신에 의한 우주 창조와 신의 섭리. 그런데 이는 불교와는 거리가 먼 이야기.

(Mokjeoknon) Teleology: A good example of this conception is the creation of the universe by the Almighty God and his will. What about Buddhism? There is no such thing as the creation of the universe by a personified transcendental being, let alone by the words of a diety.

목탁 木鐸 절에서 불공이나 예불 때 사용하는 불구佛具.

(Moktak) The wooden gong, a hand-held wooden percussion: It is used for all Buddhist ceremonies and is a modification of the wooden fish.

목판 木版 나무에 글자 또는 그림을 새긴 판.

(Mokpan) The wood-printing block.

목판본 木版本 목판으로 인쇄한 책. 팔만대장경도 이렇게 해서 조성됐다.

(Mokpanbon) The wood-printing block edition: A print from a wood-block, such as the Complete Collection of Eighty Thousand Buddhist Sutras, Laws, and Treatises, which is usually called simply the Tripitaka Koreana.

목패 木牌 나무로 만든 패牌. 사찰에서는 여기에 영가靈駕의 위패位牌를 모신다.

(Mokpae) A wooden plate on which the memorial tablet with the name of the deceased is inscribed.

몰현금 沒弦琴 몰현금이란 줄이 없는 거문고. 줄이 있으면 줄이 가지고 있는 소리

밖에 낼 수 없으나, 줄이 없으므로 오히려 무한한 소리를 낼 수 있다는 보통 사람들의 생각을 뛰어넘는 언어도단言語道斷의 경지인 격외선格外禪과 같은 것으로, 이것이 곧 일심이며 무한한 진여의 마음.

(Molhyeongeum) The stringless harp: The harp with strings can play only a limited amount of music, but the harp with no strings can play an infinite amount of music. So is the mindless-mind. It can play with the whole universe. It also refers to the meditation outside words or the path beyond the reach of words and intellection.

몽각 夢覺 꿈과 깨여있는 생시生時.

(Monggak) Dream and the waking hours.

몽중일여 夢中一如 꿈속에서도 깨어있을 때와 마찬가지로 의심덩어리를 잡고 몰아붙인다. 이러한 간절한 마음이 없다면 성불成佛이란 꿈속의 이야기.

(Mongjung Ilyeo) Even in sleep, one strives with hwadu meditation as one is awake to attain enlightenment: One must maintain such an earnest aspiration or resolution to overcome samsara, or birth and death and attain Buddhahood.

묘각 妙覺 보살菩薩의 52위位의 맨 끝자리로써 불과佛果, 정각正覺, 열반涅槃을 뜻함.

(Myogak) Marvelous enlightenment: It is the final stage of 52 stages of Bodhisattva's way towards Buddhahood, and alternate name for the fruit of Buddha, perfect enlightenment, and Nirvana.

묘과 妙果 훌륭한 결과. 묘인妙因 묘행妙行으로 얻는 증과證果 곧 불과佛果인 동시에 깨달음.

(Myogwa) Marvelous fruit: The fruit of realization through marvelous cause and action, the fruit of enlightenment and Buddhahood.

묘관찰지 妙觀察智 사물의 상대적 구별의 장애를 초월하는 지혜. 유식사지唯識四智와 오지五智의 하나이며, 무염식無染識에 대한 다른 이름.

(Myogwanchalji) The all-discerning marvelous wisdom, or the sublime wisdom that transcends the discrimination of things: It is another name for *(Muyeomsik)* Untainted consciousness.

묘법 妙法 부처님의 위없는 일대一代 법문을 말함.

(Myobeop) The marvelous Dharma or Law: The life-long marvelous teachings of Buddha.

묘심 妙心 오묘한 마음.

(Myosim) The marvelous mind.

묘용 妙用 오묘한 쓰임새.

(Myoyong) The marvelous function or application.

묘유 妙有 오묘한 존재. 곧 비유非有의 유有. 다시 말해 비공非空의 空을 진공眞空이라고 말한 것에 대한 상대어相對語.

(Myoyu) The marvelous being: Being of non-being. Antithesis of emptiness of non-emptiness.

묘정명심 妙淨明心 현묘하고 맑고도 밝은 마음.

(Myojeong Myeongsim) The marvelously pristine and clear mind.

묘책 妙策 교묘한 술책術策.

(Myochaek) A clever scheme or tactic.

묘체 妙體 오묘한 실체.

(Myoche) The marvelous essence or substance.

묘촉 妙觸 미묘한 감촉.

(Myochok) Subtle sensation.

묘탑 廟塔 불상을 안치해 두는 묘우廟宇 또는 사당祠堂의 탑. 탑묘塔廟 참조.

(Myotap) The mausoleum where the image of Buddha is enshrined. *Cf. Tapmyo* which is another name for mausoleum in Korean.

묘행 妙行 놀랍고 뛰어난 수행법修行法.

(Myohaeng) The marvelous way of practice.

묘혜 妙慧 심묘深妙한 지혜.

(Myohye) The unfathomable subtle wisdom.

묘희(세계) 妙喜(世界) 아촉불阿閦佛이 계시다는 동방東方에 있는 미묘한 기쁨의 불국토佛國土.

(Myohui(segye) The wondrous world of Akshobhya, the Buddha who reigns over the Pure Land in the East.

무 無 공空과 무無는 근본적으로 같은 말로, 실체가 존재하지 않음을 뜻하나, 이것은 또한 우주의 궁극적 원리로서 만물의 근원이기도 하다. 그러한 의미에서 무無를 차별이 없는 평등이라고도 말한다.

'나는 무를 관찰하되 단순히 무만을 관찰하는 것이 아니라 허공같은 도道 자체 속에 조화생성을 머금고 있으면서 유형의 천지만물을 내는 오묘함을 관찰하며,

또 유有를 관찰하되 단순히 겉으로 나타난 유만을 관찰하는 것이 아니라 만물이 허무한 묘도妙道의 이치임을 관찰하느니라.' 이것은 노자老子의 말.

(Mu) Non-being, is not, has not, not any, not anything at all, a final nil, nulity as against all that is, even null in relation to its own nullity. It is without any quality whatever, and therefore cannot be defined as a something. It has, therefore, the same connotation of emptiness, annihilation, and is identified with the ultimate.

"I observe emptiness yet not just emptiness of forms but the wondrous energy that creates all things under the sun, and when I observe things I not just observe their marks but the wondrous emptiness of things I not just observe their marks but the wondrous emptiness of things. In this sense, it is regarded as equanimity without any discrimination, and produces the whole phenomena in the universe." This is the words from Tao Te Ching.

무가보 無價寶 값을 헤아릴 수 없을 만큼 귀중한 보물.

(Mukabo) Invaluable treasure.

무가애 無罣碍 전혀 걸림이 없음을 말함. 가罣는 작은 그물 주자.

(Muga-ae) No hindrance.

무간도 無間道 사도四道의 하나. 걸림이 없이 직접 번뇌를 끊는 도道로 무애도無礙道라고도 말함.

(Mugando) The unobstructed or unimpeded immediate way of attaining enlightenment: One of the four ways of attaining enlightenment. *Cf.* *(Sado)* The four pathways.

무간삼매 無間三昧 생멸生滅이 쉬지 않고 유화전변流化轉變하는 이치를 관하여 무아의 삼매에 들어가는 것. 또는 간격없는 삼매에 깊숙이 들어가는 것.

(Mugan Sammae) Smadhi of non-interruption, or entering into samadhi of non-self with the insight of ever fluctuating mutations of birth and death.

무간수 無間修 사수四修의 하나. 어떠한 곤란을 만나더라도 용기를 다하여 조금도 멈추지 않고 수행하는 것.

(Mugansu) Ceaseless cultivation with all one's heart regardless of any difficulties or circumstances.

무간업 無間業 오대五大 악업惡業. 이 악업은 극고極苦의 과보果報를 결정적으로 받으므로 이 악업보다 더 무거운 죄악이 들어갈 여지가 없으므로 이렇게 이름한 것. 또한 이는 무간지옥에 떨어질 악업인 오역죄五逆罪를 말함.

(Muganeop) The karma of uninterrupted punishment in the Avici Hell, or the Exitless Hell: One of the five great evil deeds: The uttermost evil deed that has no comparison, and there is absolutely no way to avoid from falling into the eternal hell of ceaseless suffering after committing it.

무간정 無間定 사정四定의 하나. 사선근위四善根位 가운데 세제일위世第一位에서 실지實智를 일으켜 소취所取와 능취能取의 공무空無함을 깨닫는 것. 이로부터 바로 견도見道에 들어가 진리를 비춰 보므로 무간정無間定이라 말함.

(Muganjeong) Samadhi of non-interruption, or the mindful contemplation of emptiness of reality whereby one at once attains supreme enlightenment of emptiness of grasping and the grasped.

무간지옥 無間地獄 아비규환의 영원한 지옥. 무간無間, 곧 끊임없이 고통을 받으므로 이렇게 말함.

(Muganjiok) Avici ("no release"): The screaming bottom-most eternal hell of interminable suffering.

무공(용) 無功(用) 인위적이 아닌 것. 즉 무슨 일을 하려고 미리 마음속에서 계획하고 분별하는 일이 없이 자연의 이치에 그대로 맡기는 것으로 무심과 같은 것.

(Mugong(yong)) Effortlessness: Leaving things to the natural flow without scheming or manipulation just like an empty mind.

무공용지 無功用智 보살이 팔지八地 이상의 경지가 되면, 더 이상 수행을 닦지 않아도 자연히 진여眞如에 계합契合하는 지혜를 말함.

(Mugongyongji) Effortless wisdom: When a Bodhisattva reaches the eighth ground or land of Bodhisattva's way to Buddhahood, he requires no more cultivation to attain the wisdom of true-suchness.

무공적 無孔笛 깨달음의 경지를 나타내는 말로, 구멍이 없는 피리를 불 수 없는 것처럼, 깨달음의 경지는 생각으로 그려내거나 말로 표현할 수 없음을 말함.

(Mugongjeok) A holeless flute: It means impossibility of picturing or expressing the stage of enlightenment as we cannot play a holeless flute.

무괴 無愧 구사종俱舍宗에서는 대불선법大不善法의 하나이며, 유식종唯識宗에서는 20수번뇌隨煩惱 가운데 중수감中隨惑의 하나. 이는 타인을 생각하지 않고 마음대로 악한 짓을 하면서도 부끄러워하거나 뉘우치는 마음이 없는 것.

(Mugoi) Absence of shame: Committing sins and crimes at will, never minding what others may think. It is one of the two great unwholesome laws according to the Abhidharma-kosa, and one of the twenty secondary passions according to the Consciousness-only School.

무구무착 無求無着 구함과 집착이 없음. 이것이 곧 열반의 길. 무엇이든 구함과 집착하는 바가 있으면 번뇌의 나락에 떨어진다. 구하지 않으면 마음이 일어나지 않을 것이며, 집착이 없으면 멸할 마음도 없다.

(Mugumuchak) No-seeking and no-attachment: The gateway to awakening or enlightenment. When there is no seeking, no mind will be aroused, and when there is no attachment, there will be no mind to cut off.

무구진여 無垢眞如 열반에 대한 다른 표현. 더러움이 없는 실체 또는 절대적 진리.

(Mugujinyeo) True-suchness, or the supreme reality without any defilement.

무규향산곡 無叫響山谷 메아리 없는 산골짝. 그런 산골짝은 없다. 산골짝에서 메아리가 가장 잘 울린다. 그렇다면 이것은 무슨 뜻? 우주의 분화分化 이전에도 계곡이 있고 메아리가 있었던가? 언설과 분별심을 놓는 것이 참선이며 깨침.

(Mugyuhyang San-gok) The no-echo valley: The valley that does not resound? What does it mean? Stop your reasoning. Was there a valley or echo before the creation of the universe? It is perhaps better to find your original-face than speculating your mind in vain.

무극대도 無極大道 끝이 없는, 곧 무상대도無上大道. 그러나 불교에서 무극無極은 원만무상圓滿無上, 곧 열반에 대한 다른 이름.

(Mugeuk Daedo) Supreme Dao of infinitude: The primal source of Dao which lacks spirit. However, in Buddhism, it is another name for nirvana, unsurpassed peace and harmony.

무근수 無根樹 뿌리 없는 나무. 그러나 이 세상에 뿌리 없는 나무는 없다. 그리고 뿌리가 있는 나무는 뿌리를 잘라 버리면 죽고 만다. 그러나 마음이란 우주의 본체처럼 본래 뿌리가 없는 영원한 생명이므로 자를 수가 없으며 또 이것이 곧 우리들의 본래 면목이며 진여의 마음.
참선을 하더라도 이러한 진리를 알고 하면 도움이 될 것이며, 또 설혹 깨치지 못한다 하더라도 선병禪病에 걸려 고생하는 것보다는 얻는 바가 있을 것이다. 그리고 선병에 걸리지 않으려면 깨치겠다는 마음부터 놓을 것. 무엇이든 구하는 바가 있으면 번뇌의 나락에 떨어진다. 그저 조용히 형상 없는 마음을 살필 것.
(Mugeunsu) The rootless tree, or the tree that has no root: There is no such thing as a rootless tree in the world. A tree with roots can be destroyed by cutting out its roots, but the mind and the ultimate reality of the universe are without roots from the beginning, and can never be destroyed.

무기 無起 무생無生의 다른 이름 또는 표현.
(Mugi) Non-arising: It is another expression for non-birth.

무기 無記 삼성三性 중의 하나. 차별을 두지 않는다는 뜻으로, 일체법一切法은 선善, 불선不善, 선악을 가리기 이전의 상태인 무기無記의 셋으로 나눌 수 있다. 다시 말해 무기는 곧 비선비불선非善非不善으로서, 선과 악을 기록할 수 없기 때문에 무기無記라 한다. 이는 또 차별을 두지 않는다는 뜻으로 선악의 과보果報를 가져오지 않으며 따라서 마음은 고요하고 편안하겠지만, 그것은 생명이 없는 죽은 나무와 같다고 말할 수도 있다. 또 한 가지 알아야 할 것은, 이 무기에는 다같이 선악의 결과를 끌어올 능력이 없으면서도 수행을 방해하는 유부무기有覆無記와, 방해하지 않는 무부무기無覆無記가 있다는 것.
(Mugi) Neutral or indeterminate state, which cannot be noted as good or evil: Non-thinking state, a state essentially without under-taking, or a state of lethargic indifference. It is the state of quietude but there is no thinking faculty there.

It is very quiet and agreeable but there is no sensibility like a dead tree. Non-judgemental, a state of neither good nor bad. Hence it is morally neutral and no karmic action and retribution of good or bad; no blame and no praise. Yet this neutrality still, sometimes, obstructs the cultivation of the mind.

무기공 無記空 좌선 중에 화두를 잃어버린 상태. 좌선 중에 번뇌가 일어나지 않아 마음이 고요한 것은 좋은데, 그 고요함에 빠져 성성猩猩해야 할 화두를 망각한 상태. 다시 말해 목석木石처럼 굳어 어두운 상태. 분별을 떠났으나 허공에 머물면 무기공無記空에 떨어진다.

(Mugigong) The voidness of indifference: This is not enlightenment. You must stay awake with a clear mind with hwadu or koan during meditation practice. The mere serenity or emptiness of mind is not enlightenment.

무기묵조선 無記默照禪 세 가지 묵조선중의 하나. 이것은 외도外道들이나 묵조선 수행자들이 잘못하여 빠진 목석木石과 같은 흐리멍덩한 상태의 무기無記를 말함. 유위묵조선有爲默照禪과 무위묵조선無爲默照禪 참조.

(Mugi Mukjoseon) Indifferent silent illumination meditation: This is the meditation practice of the outside ways that leads to an indifferent state of meditation. This happens when a practitioner becomes like a lifeless stone, a roof tile, or a dead tree by trying to empty one's mind by manipulation. *Cf. (Yuwi Mukjoseon)* Phenomenal silent contemplation meditation and (*Muwi Mukjoseon*) Non-doing silent contemplation meditation.

무기업 無記業 흔적을 남기지 않는 업.

(Mugieop) Non-fluctuating or neutral karmic actions.

무념 無念 우선 무념이란 무심 無心과 같은 뜻으로, 구체적인 모습을 대상으로 마음을 일으키는 유념有念, 곧 번뇌의 반대. 다시 말해 무망념無妄念의 준말로 정념正念을 말함. '나'라는 생각마저 없는 허공과 같은 생각 이전의 고요한 상태. 따라서 생각을 완전히 멈추거나 아무런 생각이 없는 멍청한 상태가 아니라, 있다 없다, 너와 나와 같은 분별심과 구하거나 바라는 마음과 집착하는 마음 없이, 진여의 본성을 관하여 마음까지도 여의는 것으로, 기신론起信論에서 말하는 부처님의 지혜.

멋있는 설명이나 다소 어렵다. 따라서 이를 아주 쉽게 이야기 하면, 집착하거나 오염되지 않은 마음으로 마음을 일으킨다는 뜻이니, 혜능慧能이 깨친 그 유명한 금강경에 나오는 구절, '마땅히 머무는 바 없이 그 마음을 일으켜야 한다(應無所住而生其心)를 가리킨다.

일반인들이 이해하기 어려운 이에 해당하는 영어의 "mindfulness"는 '완전한 의식' 또는 '깨달음의 의식'을 뜻한다는 것도 알아둘 필요가 있다. 게송偈頌 한 수首:

사물을 대하여도 마음 일지 않으니

보리수는 날마다 마음에서 자라네.

(Munyeom) Non-thought or a not-thinking mind : What is no-thought or thoughtlessness? Thoughtlessness is the right mindfulness, or a state of mind before thinking to see and to know all dharmas or things with a mind free from attachment, not blank voidness. Thinking without thinking, mindfulness without attachment, discrimination, delusion, or defilement not complete cessation of thinking. When it functions, it pervades the whole world, and yet it sticks nowhere.

Thus all we have to do to attain enlightenment is emptying or resting the mind to be free from attachment, which is called the wisdom of Buddha. Antithesis is the defiled mind or thought that arises from interaction of the mind and things or percepts, or sense-objets. A verse from an ancient sage:

The bodhi-tree grows everyday in one's mind
When no mind is disturbed by objects.

Another good example is a phrase in the Diamond Sutra by which Master Huineng attained enlightenment: "One should produce a mind which alights upon no thing whatsoever."

무념무상 無念無想 무상무념無想無念과 같은 뜻. 일체의 사량 분별과 집착을 떠나 무아無我의 경지에 이르러 아무런 생각이 없는 고요한 무심無心 또는 적정寂靜의 상태. 그러나 의식마저 끊어졌다면, 그것은 마비 상태이거나 생명이 끊어진 것으로 진정한 뜻의 무념이 아니다.

'만약 본심을 알면 그것이 곧 해탈이며, 만일 해탈을 얻는다면 그것이 곧 반야삼매般若三昧이며, 또 그것이 곧 무념無念이니, 어째서 무념이라 하느냐 하면, 만약 일체 법 法을 보아도 마음에 물들고 집착함이 없으므로 무념無念이라 하느니라.' --육조단경, 제이장第二章 성성적적猩猩寂寂 참조.

(Munyeom Musang) No-mind and no-thought, mindfulness and non-perception: The mind without thinking or without discrimination or attachment, the mind without thought, the mind minus a discriminating mind, the mind without delusion or attachment, or simple thoughtlessness.

"To know our mind is to attain liberation. To attain liberation is to attain samadhi of Prajna, which is 'thoughtlessness.' What is thoughtlessness? Thoughtlessness is to see and to know all dharmas or things with a mind free from attachment." --The Sutra of Hui Neng, Ch. II-- *Cf. (Seongseong Jeokjeok)* The luminous transparency of the void and serenity.

무념무생무심 無念無生無心 생각과 태어남과 마음의 움직임이 없음. 이것이 곧 청정한 진여자성眞如自性과 불지佛地.

(Munyeom Musaeng Musim) Non-thinking, non-birth, and non-thought: This is the true-suchness of self nature and the Buddhahood.

무념선정 無念禪定 무념삼매無念三昧와 같은 뜻으로, 잡념을 여읜 삼매三昧를 말함.

(Munyeom Seonjeong) Samadhi of non-thought: Another name for samadhi or concentration of mindless mind or thoughtlessness.

무념실상 無念實相 무아無我의 경지에서 깨닫는 만법萬法의 실상.

(Munyeom Silsang) The true nature of things without any conception.

무념위종 無念爲宗 생각이 없는 것을 종지宗旨로 삼는다는 뜻. 일체유심조一切唯心造라 말했다. 마음을 다스리는 것이 참선이며 깨침.

(Munyeomwijong) Non-thought is the essence: Controling the mind is the essence of meditation and attaining enlightenment. One should also keep in mind that "All things are only the product of the mind."

무념자증 無念自證 망념妄念을 여읜 스스로의 깨달음의 경지.

(Munyeom Jajeung) Self-realization of truth without any delusion.

무념행 無念行 마음을 비운 집착이 없는 수행.

(Munyeomhaeng) The function of thoughtlessness, or strenuous meditation without any disturbance.

무니 茂泥 모니牟尼 참조.

(Muni) *Cf. (Moni)* Muni.

무당 巫堂 불교용어가 아닌 속어俗語로, 신과 인간의 중개 구실을 한다 하여, 굿을 하고 길흉을 점치는 무녀巫女.

(Mudang) A female shaman, a mediator between God and human, who performs exorcisms, or tells fortune.

무단지단 無斷之斷 끊어도 끊음이 없는 것이 진정한 끊음. 다시 말해 집착이 없는 무애도인無礙道人의 행行이 없는 행. 수이무수修而無修 참조.

(Mudanjidan) Cessation without cessation, i.e., cessation without attachment. *Cf. (Suimusu)* Cultivation without cultivation, non-action, doing without doing or attachment.

무도이무비도 無道而無非道 도道가 없으면서 도道가 아닌 것이 없다. 이것이 무위無爲의 경지.

(Mudo-i Mubido) There is no Way but there is nothing that is not the Way: This is the way of sage, or doing without doing or attachment.

무드라 수인手印 참조.

(Mudra) Cf. (Suin) A hand seal or gesture.

무득 無得 얻을 것이 없다. 이유? 모든 것은 본질적으로 자성이 없어 비어있으며, 따라서 실체가 없어 얻었다 해도 사실은 얻었다고 할 것이 없기 때문이며, 이것을 '제행무상 제법무아라'고도 말함. 연기법과 인연생因緣生 참조.

(Mudeuk) Nothing to gain: Reason? Because nothing in the whole universe has self-nature and therefore is empty without any ultimate substance, and this is what we call, "Whatever is phenomenal is impermanent," and "All dhamas lack self-nature." *Cf. (Yeongibeop)* The law of causality and *(Inyeonsaeng)* The things that arise from conditions:

무량 無量 많아서 헤아릴 수 없다는 말.

(Muryang) Immeasurable.

무량각 無量覺 아미타불을 번역한 이름. 아미타를 무량無量, 불佛을 각覺이라 번역한 것.

(Muryanggak) Boundless enlightenment: Another name for or translation of Admitabha Buddha.

무량겁 無量劫 그 양 量을 헤아릴 수 없는 긴 시간.

(Muryanggeop) Immeasurable, innumerable, or inconceivable kalpas or eons.

무량공덕 無量功德 헤아릴 수 없이 많은 선업善業.

(Muryang Gongdeok) Immeasurable merit and virtue.

무량광 無量光 부처님의 몸에서 나오는 한량없는 빛. 무량광불無量光佛 참조.

(Muryanggwang) Immeasurable, or infinite light emanating from the body of Buddha. *Cf. (Murang Gwangbul)* The Buddha of Infinite Light.

무량광불 無量光佛 무량수불無量壽佛의 호號를 말함. 12광불光佛의 하나.
(Muryang Gwangbul) The Buddha of Infinite Light: Another name or pen name for Amitayus-Buddha, or the Buddha of Infinite Life. He is also one of the twelve Buddhas of Infinite Light.

무량법해공덕 無量法海功德 바다와 같은 무한한 부처님의 공덕功德.
(Muryangbeophae Gongdeok) The immeasurable ocean of Buddha's virtue and merit.

무량삼매 無量三昧 수많은 선정禪定을 말함.
(Muryang Sammae) Immeasurable samadhi or concentration.

무량선근 無量善根 한량없는 착한 근본根本.
(Muryang Seongeun) Boundless roots of goodness.

무량아승지겁 無量阿僧祇劫 아승지겁阿僧祇劫과 같은 말.
(Muryang aseungjigeop) Variant expression for *(Aseungjigeop)* Innumerable millions of billions of eons.

무량원겁즉일념 無量遠劫卽一念 무량겁의 긴 세월이 한 순간의 찰나. 태초에 시공時空이라는 개념은 존재하지 않았다. 그런 것들은 모두 인간이 부여한 것. 무명에 쌓인 인간들은 그런 것들이 정말 존재하는 것으로 믿으며 번뇌의 원인인 이들에 집착한다. 한 생각만 놓으면 된다.
(Muryang Weongeop Jeukilnyeom) Innumerable kalpas are but a fleeting moment: In the ultimate reality, there is no such a conception as time or space. They are fetters of our mind and the causes of all defilement and suffering.

무루 無漏 루漏는 누설漏泄 또는 누락 漏落의 뜻으로 모든 번뇌를 말하며, 안 · 이 · 비 · 설 · 신 · 의의 육근六根에서 허물을 항상 만들어 내보낸다는 뜻. 따라서 무루無漏란 이러한 모든 번뇌에서 벗어남을 뜻함.
(Muru) Anasrava: Lit. "no leaking," no defilement *(klesa)*, without defilements arising from the six roots or sense faculties, viz., the eyes, ears, nose, tongue, body or sensation, and consciousness in consort with their corresponding sense objects.

무루신 無漏身 불신佛身을 말함. 청정하여 생멸변천生滅變遷을 여읜 것.
(Murusin) Non-leaking body: The immaculate Buddha-body which is beyond mutation and samsara or birth-death.

무루업 無漏業 오염되지 않은 행위.

(Murueop) Non-contaminated action or karma.

무루정 無漏定 출세간선出世間禪이라고도 말함. 견도위見道位 이상의 성자聖子가 무루지無漏智를 내는 선정禪定으로 깨달음에 이르는 인연이 됨.

(Murujeong) Non-leaking, or Non-defiled meditation: It is also called supra-mundane meditation, which is above the stage of the path of insight for the saint to attain the wisdom of non-defilement.

무루지 無漏智 루漏는 샌다는 뜻으로, 번뇌. 따라서 무루지는 번뇌를 떠난 지혜, 곧 깨달음과 열반을 뜻함.

(Muruji) The wisdom of no outflows or defilements: "Muru" literally means no-leaking or no-defilement, and "ji" means wisdom. Hence "No-leaking or non-defilement wisdom," which is another expression for enlightenment and Nirvana.

무리지지리 無理之至理 이치가 없는 것이 곧 지극한 이치. 따지고 보면 사리분별을 떠난 이것이 진여眞如이며 곧 깨침. 노장사상과 불교의 가르침은 대개 모두가 이러한 기가 막힌 이야기들.

(Muriji Jiri) No principle is the ultimate principle, or the ultimate principle of no principle: This is from Daoism. Think it over.

무명 無明 마치 구름에 가려진 찬란한 태양처럼, 사성제四聖諦와 연기법에 따른 제행무상과 제법무아라는 근본 진리를 깨닫지 못한 미혹한 마음. 기독교의 원죄처럼, 불교수행에 있어서의 가장 큰 장애. 따라서 이를 불각不覺이라고도 말함. 그러나 무명이라는 것도 사실은 단지 이름일 뿐 바다의 거품처럼 본래 그 실체가 있는 것이 아니다. 그러나 무명에서 벗어나는 간단한 방법이 하나 있다. 그것은 다름 아닌 자등명 법등명自燈明 法燈明이라, 우리 본래의 청정한 마음의 등불을 밝히고, 제법무아와 제행무상의 법法을 깨달아 밝히면 된다.

그런데 대부분의 중생들은 무아無我와 모든 유위법有爲法의 무상함을 깨닫지 못하고 환상과 허깨비와도 같은 이기적인 탐욕에 얽매여 이들의 노예가 되어 있다는 것이다. 따라서 법정法頂스님께서 평생 그토록 고집스럽게 지켜 오신 무소유無所有 사상이 얼마나 소중한 가를 다시금 생각 하게 된다. 이렇듯 진리란 항상 어렵고 먼 곳에 있는 것이 아니라는 것을 알 필요가 있다. 집착을 버리고 마음을 비울 것.

(Mumyeong) Avidya, avijja: Darkness, or ignorance: It actually refers

to "not knowing" in Pali, in particular, not knowing the Four Noble Truths. The illusion and the false view of self and things. In the Buddhist view, it is the inability to see the true nature of things, i.e., the impermanence of things and the law of causality, not the lack of knowledge or learning. Hence, it is also called bulgak, unenlightened. Ignorance is also another name for dualism: you and I, and this and that, which is the cause of all afflictions.

However, there is no such thing as ignorance. In other words, ignorance has no true substance or its own self-nature just like bubbles. It is just a name and illusion. It is yet the fundamental obstacle in attaining enlightenment. Solution? Light your own candle in your heart and the Dharma, or uncover your immaculate mind just like uncovering the bright sun that is covered by the clouds.

Yet the problem is that people are generally ignorant of impermanence and causality, and therefore become the victims of a selfish craving grounded in a mistaken belief in their own permanence and a misguided notion of happiness in which well-being is wrongly identified with the possessive acquisition of transitory objects of desire.

무명무상절일체 無名無相絶一切 일체의 이름과 모양이 끊어진 자리, 곧 열반.

(Mumyeong Musang Jeolilche) Complete cessation of all names and forms or particulars: This is another name for Nirvana.

무명업상 無明業相 삼세三細의 하나로 줄여서 업상業相이라고도 말함. 이때 업業은 움직인다는 뜻. 아뢰야식의 근본 움직임. 곧 주관과 객관이 대립하기 이전의 주관과 객관이 나누지 않은 순수한 움직임 상태. 또 이것은 진여가 무명과 화합하여 차별적인 현상을 내게 되는 첫 걸음이기도 함. 역시 다소 어려운 설명. 영문 설명을 참고해볼 것.

(Mumyeong Eopsang) The karmic action resulting from ignorance: The activation of the tathata or true-suchness by ignorance, or the mental action before the discrimination of subject and object parts of the mind, arising from the ignorance of the true nature of ultimate reality, or true-suchness. This is the initial movement of the mind arising from collaboration of true-suchness with ignorance. *Cf.* *(Samse)*

The Three subtleties, or three detailed sub-categories of perception.

무명초 無名草 중생의 온갖 번뇌와 망상. 백초百草와 같은 말.

(Mumyeongcho) All kinds of defilements and delusion: It literally means "the grass with no name," which means an infinite number of defilements.

무명혹 無明惑 무명無明에서 오는 어리석음.

(Mumyeonghok) Delusion arising from ignorance.

무무명역무무명진 無無明亦無無明盡 무명도 없고 무명이 다함도 없다. 무명無明 무명無明하지만, 상相을 떠난 진여의 경지에서 보면, 무명이라는 것도 하나의 이름일 뿐이며 늙음과 죽음도 마찬가지. 일체의 공에 무슨 있다, 없다가 있는가. 지혜가 완성된 자리에서는 무명도 무명이 아님도 없는 법이며, 또 그것이 진정한 깨침과 열반 그리고 중도의 도리.

(Mumumyeong Yeokmumumyeongjin) Non-non-ignorance, and endless non-non-ignorance: Endless negation of non-ignorance of non-non-ignorance. In the ultimate reality of emptiness apart from the delusion of form, only a great silence remains just like empty space in the blue sky.

무문관 無門關 두 가지 뜻이 있다. 하나는 안거安居 기간 동안 밖에서 문을 잠그고 안거가 끝날 때까지 나오지 않고 용맹정진 하는 것. 다른 하나는 선종禪宗의 선어록禪語錄 중에서 공안公案 48칙則을 뽑아 해설한 것으로, 벽암록碧巖錄과는 달리, 조금만 공부하면 삼국지 보다 더 재미있는 책.

(Mumungwan) The Gateless Barrier, or the Gateless Gate: It has two meanings. An individual retreat in a small room locked from outside, and never come out of the room until the end of the retreat. Only a single meal per day is passed through a slot in the door.

Another is collection of 48 hwadus or koans compiled during the Sung Dynasty(960-1126) in China. Unlike the Blue Cliff Records, which seem more dense and obscure, they are very stimulating as well as interesting.

무문자설 無問自說 묻는 이가 없이 부처님이 스스로 설한 아미타경과 같은 것. 곧 아미타경阿彌陀經을 말함.

(Mumun Jaseolgyeong) Self-exposition: The Buddha's preaching without being asked by the audience such as the Amitabha Buddha Sutra.

무법가설 시명설법 無法可說 是名說法 법이란 본래 설법할 수 있는 것이 아니니 이를 단지 이름하여 설법이라 한다.

(Mubeopgaseol Simyeong Seolbeop) The Dharma is beyond discourse; hence it is called discourse in name only: Truth is beyond expression. So is the discourse of Dharma.

무법지법 無法之法 법이 없는 법. 공空의 견지에서 볼 때, 법을 논한다는 것 자체가 사실은 법에 어긋난다.

(Mubeop Jibeop) Non-Dharma is the Dharma: Everything is void in the ultimate sense of reality. Talking about non-Dharma itself is, in a sense, nonsense.

무변 無邊 끝 닿는 데가 없음.

(Mubyeon) Infinity, or the boundless realm.

무변성제 無邊聖諦 한량없는 거룩한 부처님의 진리.

(Mubyeon Seongje) The boundless noble truth of Buddha's teaching.

무부무기 無覆無記 무부無覆는 무염無染의 뜻으로, 번뇌에 가려져 있으나 선 또는 악이라고 할 수 없는 것은 무부무기無覆無記. 다시 말해, 팔식八識은 염오染汚가 없으므로 번뇌를 일으키지 않을 뿐만 아니라 선악의 인因도 아니며, 또 무부무기無覆無記이기 때문에 칠식七識의 훈습薰習을 섭수 받아들이게 되는 것이다. 유부무기有覆無記 참조.

(Mubumugi) Indeterminate and unveiled: Undefiled and morally neutral, or non-interference of karma. In other words, As 8th consciousness is free of defilements, it does not arouse defilement, and as it does not arouse defilement, it cannot be a cause of karmic action, and as it is indeterminate and unveiled, it is able to accept hume or imprints. *Cf. (Yubumugi)* Indeterminate and veiled.

무분별지 無分別智 분별심이 없는 올바른 지혜로 空과 眞如와 같은 말. 진여의 모습은 언어와 문자로서는 표현할 수 없는 것이므로, 모든 생각과 분별을 초월한 모양 없는 참 지혜 또는 근본지根本智.

(Mubunbyeolji) The wisdom of non-discrimination: A transcendental wisdom which is synonymous with the ultimate truth of void and

true-suchness.

무불정심 無不定心 18 불공법不共法의 하나. 부처님께서는 어느 경우든 항상 선정禪定을 여의지 않는 것을 말함.

(Mubujeongsim) Buddha's never losing samadhi, or the concentration of mind in any situation.

무비공 無鼻孔 콧구멍이 없다는 뜻이니, 콧구멍은 근원, 본질, 본래면목 또는 선禪의 진리를 상징함. 따라서 이는 진리란 형체가 없으며 말로 표현할 수도 없음을 가리킬 수도 있다. 그런데 재미있는 것은, 이는 마치 육조六祖 혜능慧能 선사가 우연히 어느 스님이 금강경의 한 구절을 외는 것을 듣고 문득 깨침을 얻었듯이, 이것은 경허선사鏡虛禪師가 지나가는 사람의 이 말을 듣고 홀연히 깨침을 얻은 기연機緣이기도 함.

(Mubigong) "No cavity in the nose: A nose with no cavity? It is a metaphor of the essence, the true nature, the original face, or the essence of meditation, which probably points to the ungraspable as well as inexpressiveness of the ultimate truth.

It was a fortunate occasion for the Great Master Gyeonheo (1849-1912) to hear this phrase by chance, which was uttered by a passersby, causing him to attain sudden enlightenment, just as Huineng, the Sixth Patriarch, had attained sudden enlightenment by hearing the recitation of a passage of the Diamond Sutra by a strange monk at the store.

무사 無事 이것은 심중무사心中無事의 준말로, 하는 일이 없다는 뜻이 아니라, 일에 집착하거나 얽매이지 아니한 열반과 같은 적정寂靜의 경지, 또는 더 이상 배울 것이 없는 무학無學을 뜻함. 무작無作과 무위無爲 참조.

(Musa) No-business, or no attachment to anything in the mind: Free from attachment, or doing without conception of doing, the natural state of samatha, equanimity, and Nirvana, not just goofing-off. It also means there is no more learning.

무사무애 無事無碍 일에 얽매이지 않으며 걸림이 없는 도인道人의 경지.

(Musamuae) Non-involvement and non-hindrance.

무사인 無事人 함이 없는 사람, 즉 속세를 초월한 또는 깨친 사람. 무위인無爲人이라고도 말함. 다시 말해, 성인聖人 또는 도인道人에 대한 다른 이름인無事人이란, 빈둥거리는 것이 아니라, 세상에 대한 집착을 끊고 언제나 자연스럽게 물 흐르듯이 살아가는 것을 말함. 무엇보다도 '무사인'은 '나'라는 아상我相을 내세우지 않고, 사물을 대하되 업業의 원인이 되는 조작하는 마음이 없으니 과보果報 또한 발생하지 않는다.

(Musain) A non-doer, a transcendental sage, or an enlightened one, not simply a lazy person who has nothing to do: Living in the world of active functioning and yet residing in the world of non-action or non-doing. The sage takes everything as it comes and goes in the natural round of events.

Thus the sage in his or her response to things acts without a deliberate mind. When the sage responds to things, there is no clamping or attachment, and as there is no cause, there is no effect and retribution.

무사지 無師智 스승 없이 스스로 얻은 지혜. 곧 부처님의 지혜.

(Musaji) The self-earned wisdom without a teacher, or the wisdom of Buddha.

무상 無上 더할 나위 없음을 뜻하니, 곧 부처님의 진리를 말함.

(Musang) Incomparable, unexcelled, unsurpassed, or supreme.

무상 無相 모든 사물에는 고정된 또는 실제적 특질이 없다는 의미. 다시 말해 미迷한 생각으로 인식하는 것과 같은 그러한 허상이 아닌, 형상이 없는 진여법성眞如法性, 또는 모든 집착을 여읜 경계. 쉽게 이야기 해 밖으로 모든 상相을 떠나면 이것이 무상無相이니, 능히 상相에서 떠나기만 하면 곧 법체法體가 청정한 것이니 이것이 곧 진정한 무상無相.

(Musang) Formlessness: No-form, no-mark, "signlessness," non-objectivity, absence of characteristics of all things, or the true-suchness of Dharma-nature, which is beyond conception in contrast to the false form conceived by the deluded mind.

In other words, to free ourselves from absorption in external objects is called "non-objectivity" or formlessness. When we are in a position to do so, the nature of Dharma will be pure. This is the true formlessness.

무상 無想 모든 생각을 여의여 마음에 아무런 생각이 없음. 비상비비상천/처 非想非非想天/處 참조.

(Musang) Non-thinking: Beyond the condition of thinking, or non-thinking of active consciousness, or unconsciousness. It is an abbreviation for *(Bisangbibisang-cheon/cheo)* The heavenly realm of neither perception nor non-perception.

무상 無常 비상非常이라고도 말함. 무상이란 쉽게 이야기 해, 생사生死와 희노애락喜怒哀樂을 포함한 모든 존재의 덧없음을 말함. 모든 유위법, 곧 현상은 부단한 변화의 흐름인 아지랑이와 같은 환상에 지나지 않으며, 궁극적인 차원에서 볼 때 모든 형상은 무자성이며 불변의 영원한 실체가 될 수 없으니 무상일 수밖에 없으며, 또 이것은 우주의 법칙. 따라서 진리를 깨달았으면 슬퍼하거나 기뻐할 것도 없다. 그리고 무상은 또 아름답다. 왜냐하면 고정된 것이 없으며 완전한 허공과 같은 자유인이 될 수 있기 때문이다.

그뿐만이 아니다. 우리는 깊은 명상을 통해 영원한 마음의 평화를 만끽할 수 있다. 이제 무상한 변화의 수레바퀴는 이제 무상한 인생의 수레바퀴가 아니며, '모순도 이제는 모순이 아닌 확신의 빛으로 나타난다.' 다시 말해 우리는 돌고 도는 영원한 자연과 일체가 되며, 이것이 또한 적정열반寂靜涅槃, 곧 영원한 평화이며 열반.

다음은 중국 당나라 지현후각 선사의 멋들어진 시 한 수: '꽃 피니 가지마다 가득 붉은색이요 / 꽃 지니 가지마다 허공이네. / 꽃 한 송이 가지 끝에 남아 있지만 / 내일이면 바람 따라 어디론지 사라지리.'

(Musang) Anitya (Skt), anicca (P): Impermanence and transiency of all phenomena in the universe. Everything in the world arises, changes, and then perishes; nothing remains constant for even a single moment. "Naught may endure but Mutability." Impermanent are all compounded things. All things that come into existence must change and pass away. All is in flux and flow. Nothing in the world is permanent or lasting.

It is Buddha's basic teaching. All phenomena exist only by virtue of their relationship with other beings, for all is constant flux of mutations, and there is nothing that is everlasting by its own virtue. Yet it is the fundamental principle and the nature of the whole universe, and there is nothing to be sad or happy about. It is also beautiful because it is not bound by anything like a great space in the whole universe.

Here, in the contemplation of very transiency, we receive a measure of eternity. Here life is no longer pessimistic. Here the wheel of life turns yet does not turn. "Here the paradox is no longer a paradox, but rather a luminous certitude." Here we are in the very heart of eternal peace and quietude of nature.

The following is a stanza by a Chinese monk at the time of Tang Dynasty about the impermanence of all things: "The arms of the tree are full of scarlet blossoms, / Yet when they are gone, what we see will be only bare branches of the tree. / A piece of flower may hang on to the barren limb, / Yet it will soon be gone with the wind to an unknown land."

무상각 無上覺 불과佛果를 뜻함. 위가 없는 깨달음이란 뜻. 각覺은 범어梵語 bodhi, 곧 보리菩提를 번역한 이름. 부처님의 지혜로 깨닫는 열반의 묘한 이치를 뜻함.

(Musanggak) Complete or unsurpassed enlightenment: Inconceivable principle of Nirvana attainable only by the wisdom of Buddha, the result of which is attaining the Buddhahood.

무상각자 無上覺者 위없는 깨달음을 얻은 자. 곧 부처님.

(Musang Gakja) The perfectly enlightened One: The station or the stage of Buddha.

무상게 無常偈 만법의 무상함을 노래한 게송偈頌. 다음은 부처님의 열반송:

모든 법이 무상하니 그것이 생멸의 영원한 법.
그러나 생멸이 멸하고 나면
적멸이 곧 즐거움이며 열반涅槃.

(Musangge) The gatha or stanza on the impermanence of phenomena or things: The following is the Buddha's Nirvana song:

There is nothing that lasts forever in the universe.
Yet the extinction of birth and death
Brings everlasting peace and Nirvana.

무상게 無相偈 일체의 상대적 상相을 떠난 게송偈頌.

(Musangge) Formless gatha or stanza: The stanza that is devoid of relative characteristics.

무상관 無相觀 이공관二空觀, 곧 무생관無生觀과 무상관無相觀 중의 하나. 성性은 체體가 없고, 상相은 곧 무상無相이니, 상相이 있다고 보는 것은 범부의 망상. 이렇듯 일체의 형상들에 대해 차별을 두지 않는 공空, 곧 진여眞如와 같은 뜻으로 깨달음에 이르는 지름길. 이를 좀 더 자세히 말하면, 생멸生滅 변천하는 모양이 없는 무위법無爲法, 모든 집착을 여읜 경계, 그리고 모든 대상의 속박으로부터 벗어나 만법이 허깨비와 같다는 것을 아는 무루심無漏心. '마음에 상相을 두지 말라.' 이것은 부처님께서 라훌라에게 하신 말씀. -수따니빠따-

(Musanggwan) Animitta: An insight into no-form, formlessness of things, the formless form. A view of no sign or mark; form without formulation; emptiness, or true-suchness; the law of non-doing; the undefiled mind. This is the true way to enlightenment. "Do not conceive a mark in your mind." This was the word of Buddha to Rahula, his only son. *Cf. (Yigong)* Two emptiness: Emptiness of self and emptiness of Dharma.

무상대원 無相大願 부처님의 대원大願은 실상實相, 곧 무상無相을 깨달은 근본지根本智를 여읨이 없이 생사를 버리지도 않을 뿐만 아니라, 증득한 열반도 따로 없다고 아르시므로, 중생과 불타가 평등함을 요달了達한 가운데 고해의 중생을 제도하신다는 뜻. 이와 같이 차별상을 여의고서 중생제도의 큰 원願을 베푸시므로 그 서원誓願을 무상대원無相大願이라 한다.

(Musang Daeweon) The formless great aspiration or vow of the Buddha: The Buddha's primal and ultimate aspiration was the deliverance of all sentient beings without renouncing either the fundamental truth of the formlessness of all forms or the birth and death with the complete understanding of nonexistence of Nirvana the Lord realized and equanimity of the Buddha and sentient beings. Such is the true meaning of the "formless great aspiration of the Buddha."

무상도 無上道 여래如來가 얻은 도道, 곧 진리는 그 위에 더한 것이 없으므로 무상도라 함.

(Musangdo) Unsurpassed enlightenment of Buddha.

무상도량 無相道場 부처님께서 깨달음을 얻은 장소를 말함.

(Musang Doryang) The formless bodhi-mandala, or the formless site of the Way where the Buddha attained enlightenment.

무상도심 無上道心 무상보리無上菩提를 구하는 마음.

(Musangdosim) An aspiration for supreme enlightenment.

무상멸정 無想滅定 멸진정滅盡定과 멸진삼매滅盡三昧와 같은 말. 또 심불상응행법心不相應行法의 하나로 심心과 심소心所, 곧 온갖 마음의 작용을 모두 단절한 선정禪定으로, 무상정無想定과 더불어 이무심정二無心定의 하나. 이 선정禪定을 닦음으로써 무색계의 제 사천四天인 유정천有頂天에 태어난다고 함.

(Musang Myeoljeong) Samadhi of extinction of thought: It is the samadhi or concentration of the complete extinction of all mental activities in connection with the things. With attainment of this samadhi, one will be reborn in the fourth and the highest heaven in the realm of formlessness.

무상보리 無上菩提 불교가 추구하는 최상의 이상으로, 위없는 도道, 지智, 각覺, 즉 무상정각無上正覺을 뜻함.

(Musangbori) Supreme or incomparable enlightenment and wisdom.

무상삼귀의계 無相三歸依戒 상相에 머무름이 없는 세 가지 부처님께의 의탁.

1) 귀의각 양족존歸依覺 兩足尊 (두 가지를 다 갖춘 존자尊者이신 깨달음에 귀의합니다)
2) 귀의정 이욕존歸依正 離欲尊 (일체 애욕을 떠난 존자尊者이신 올바름에 귀의합니다)
3) 귀의정 중중존歸依淨 衆中尊 (세간 무리 중에서 가장 빼어난 존자尊者이신 청정함에 귀의합니다)

(Musang Samgwi-uigye) The three formless guidances:

1) We take enlightenment as our guide.
2) We take orthodoxy as our guide without passion.
3) We take purity as our guide.

무상삼매 無相三昧 삼삼매三三昧의 하나. 상相이 없는 것이 열반이라고 관觀하는 행行과 함께 일어나는 삼매三昧, 곧 정심定心. 그런데 꼭 주의할 것은, 무상無相이란 형상이 없다는 의미가 아니라 본래 실상이 공함을 뜻함. 이 공함을 관하여 깨달음에 이르는 수형의 방편을 무상삼매라 한다.

(Musangsammae) The formless samadhi: A mental state of concentration arising from the wisdom of seeing form as no-form, not just something that has no form. *Cf. (Samsammae)* The three samadhis.

무상생멸 無常生滅 나고 없어지는 무상함.

(Musang Saengmyeol) Evanescence, or impermanence of birth and death.

무상성공 無相性空 상相이란 본래 없는 것이니, 그 까닭은 그 성품이 본래 공空이기 때문이다.

(Musangseonggong) Emptiness of the nature of form or characteristics.

무상송 無相頌 형상 없는 형상에 대한 찬양. 곧 무상無相, 무명無名, 무성無聲, 무색無色, 무념無念에 대한 노래. 육조단경六祖壇經 제삼장第三章 끝에 나오는 무상게無相偈 참조. 이 사전 부록附錄에 있음.

(Musangsong) Formless stanza or verse (gatha): The stanza on non-form, non-name, non-sound, non-color, non-thought. *Cf.* The last part of Chapter III of the Sutra of Hui Neng for the formless stanza. See the Appendixes of this Dictionary.

무상수 無常修 삼수三修의 하나. 성문聲聞이 법신상주法身常住의 덕을 알지 못하고 단지 모든 유위법有爲法이 무상한 줄만을 관하는 것.

(Musangsu) Cultivation of impermanence: A lower view, or Shravaka or the Sound-hearing Arhat's view of impermanence of all phenomena without realizing the virtue of eternal existence of the Dharma-body. *Cf. (Samsu)* Three ways of cultivation.

무상심심미묘법 無上甚深微妙法 부처님의 위없는 깊고 깊은 미묘한 가르침.

(Musangsimsim Mimyobeop) The supreme, profound, and marvelous teachings of Buddha.

무상정 無想定 모든 심상心想을 여의였으므로 이같이 말함. 멸진정滅盡定과 같은 뜻.

(Musangjeong) Non-conceptual concentration or meditation: It is a kind of meditation which leads to rebirth in the fourth groups of heavens in the world of form.

무상정각 無上正覺 위없는 깨달음. 무상보리無上菩提와 같은 말.

(Musang Jeonggak) Incomparable or supreme enlightenment and wisdom.

무상정등정각 無上正等正覺 석가모니 부처님의 위없는 깨달음이라는 뜻인 동시에 아뇩다라삼먁삼보리의 번역으로, 정등정각正等正覺을 한층 높인 말. 그렇다면 위없는 깨달음이란 무엇인가? 그것은 한마디로 말해 만유의 무자성과 연기법이며, 또 그것이 곧 불생불멸과 열반이라는 것.

(Musang Jeongdeung Jeonggak) Anuttara-samyak-sambodhi: The utmost, right and perfect enlightenment, or consummation of incompara-ble enlightenment. What is then ultimate truth and enlightenment? Realization of non-self-entity of things and the law of causality of the universe, which is another name for non-birth and death, and Nirvana.

무상참회 無相懺悔 상相에 집착이 없는 참회. 삼세三世의 죄과罪果를 소멸하고 신구의身口意의 삼업三業을 청정하게 하는 것. 1) 우치 미혹愚痴 迷惑 (어리석음과 미혹함에 대한 참회) 2) 교만 황혹憍慢 誑惑 (교만과 남을 속여 혼란스럽게 함에 대한 참회) 3) 질시 투기嫉視 妬忌 (질시와 투기에 대한 참회)

(Musang Chamhoi) The formless repentance: Repentance without attachment to forms, which will expiate our bad karma committed in our present, past, and future lives, and purify our karmas of thought, word, and deed: 1) Repentance for ignorance and delusion. 2) Repentance for arrogance and dishonesty. 3) Repentance for envy and jealousy.

무상천 無想天 무상유정천無想有情天, 소광천小廣天, 복덕천福德天이라고도 말함. 무상정無上定을 수행함으로서 도달하는 경지. 외도外道는 이것을 최고의 니르바나의 경지로 간주한다. 일체의 마음 작용을 끝낸 천상세계. 그러나 재미있는 것은, 오랜 세월이 지나면 다시 마음 작용이 살아난다. 다시 말해 부처님의 가르침에는 영원한 것이 없다. 돌고 도는 것이 우주의 섭리.

(Musangcheon) The heaven without thought or the heaven of no-thought: The fourth of the group of heavens in the world of form. If you are born in this heaven, no thought will arise. This is the uttermost realm of the doctrine of outside way. But thought eventually rises again, because there is nothing that is permanent in the whole universe.

무색 無色 형상 없는 형상. 색色은 물질을 말함. 인연으로 이루어진 모든 형상은 사실 자성이 없는 공무空無인 것이다. 엄격히 말해 존재한다고 말할 것이 없다. 모두가 꿈과 아지랑이와 같은 것.

(Musaek) No-thing, no-form, no-mark, no-shape, or formless-form:

In the ultimate sense, all forms and marks, inside and out side, are but the dreams and mirages, without any ultimate substance.

무색계 無色界 무색천無色天, 무색행천無色行天이라고도 말함. 욕계欲界, 색계色界를 합한 삼계三界의 하나. 육체와 물질의 속박에서 벗어나 일체의 관념을 초월한 순수한 의식의 세계, 즉 욕계欲界와 색계色界는 벗어났지만 의식은 아직 남아있다는 것.

(Musaekgye) The realm of formlessness, an immaterial realm, or a pure conceptual realm beyond the realm of the material world, consisting only of the mind in contemplation. There is only spirit, and no form (rupa) remains. Thus it is called the formless heaven.

무생(관) 無生(觀) 무생멸無生滅, 무생무멸無生無滅과 같은 뜻. 즉 모든 법法의 실상實相은 생멸이 없다고 관하는 것. 생이 없다면 멸이 있을 수가 없으니, 이것은 망상이 없어짐으로 생멸을 초월한다는 의미에서 열반과 법성法性에 대한 다른 말에 지나지 않는다.

다시 말해 무無는 부정이 아니라 무위無爲의 뜻이며 의식 이전의 절대 사실을 뜻한다. 생기거나 없어지는 변화가 적용되지 않는 상태나 세계이다. 일체 만물은 생멸하여 무상이라고 인식하는 소승에 대해, 대승의 공관空觀에서는 그것을 인간의 잘못된 분별의 소산에 지나지 않는다고 한다.

(Musaeng(gwan)) Non-arising, or an insight into non-birth: A view that the true nature of things is not becoming, or passing away, production and destruction, or birth and death. It is synonymous with the Dharma-nature, or enlightenment and Nirvana.

In other words, it is not simply a negation of birth and death, or an expression of impermanence of things, a doctrine of the Hinayana. It is rather an ultimate state of non-doing, or before the rising of any conception, or the primordial state of the cosmos and the realm of ultimate reality of the universe.

무생문 無生門 제법무생諸法無生의 이치. 이 무생의 이치를 관하면 불도佛道의 처음과 끝을 일관하는 도道에 들어가는 첫째 문이 됨.

(Musaengmun) The birthless door or gate: The principle of birthlessness of all phenomena. Realization of this truth is the basis of entrance to the Buddha-way.

무생법인 無生法忍 줄여서 무생인無生忍이라고도 말함. 나지도 않고 멸하지도 않는 불생불멸인 진여眞如의 이치를 무생법無生法이라 말하며, 인忍이란 용인 또는 인정한다는 뜻. 이를 달리 말하면, 모든 법의 실상實相이 공하여 본래 생겨나거나 소멸함이 없는 적멸寂滅한 상태임을 깨닫는 것이 무생 법인이라는 공空의 지혜.

(Musaeng Beopin) Anutpattika-Dharma-ksanti: The intuitive tolerance of the ultimate birthlessness of all things, or the law of birthlessness of all phenomena, neither arising nor perishing, the ultimate nature of reality, to the fact that, ultimately, nothing has ever been produced or born nor will it ever be, because birth and production can occur only on the relative or superficial dimension. Hence non-birth is synonymous with voidness, ultimate reality, and complete tranquility.

무생사제 無生四諦 천태종天台宗에서 말하는 사종사제四種四諦의 하나. 인연으로 인해 생긴 것은 모두 그 본체가 공무空無한 까닭에, 실제로는 생멸이 없다고 하는 것.

(Sajongsajye) The four truths of non-birth of the Tientai Sect: As every conditioned thing has no true substance and is empty, there could be, in fact, no birth or death. It is one of the four the Four Noble Truths *(Sajong Saje)*.

무생신 無生身 이 몸이란 깨닫고 보면 태어남이 없다는 것을 아는 지혜. 따라서 진정한 깨달음과 열반이라는 것도 알고 보면 별다른 것이 아니다.

(Musaengsin) The wisdom of realizing the truth that there is nothing that could be called the birth of a body.

무생지 無生智 성문과聲聞果 십지十智의 하나. 아라한과의 최극지로 태어남이 없는 지혜. 다시 말해, 사성제四聖諦를 체득하고 수행이 끝났으니 더 이상 고과苦果, 즉 고통의 결과는 없으리라고 자각하는 지혜.

(Musaengji) The birthless wisdom: An insight that there will be no undesirable karmic results of suffering, now that the practice has been accomplished with the true realization of the Four Noble Truths. The last of the ten wisdoms of Hinayana Buddhism.

무생지생 無生之生 정토淨土에 태어나는 왕생往生은 육도六道 사생四生의 생과 다른 것을 나타내는 말. 정토에 왕생하는 것은 우리가 생각하는 것처럼 멸滅이 있는 생이 아니고, 생도 없고 멸도 없는 진제眞諦의 경지에 태어나는 것이므로 이같이 말함.

(Musaengjisaeng) Birthless birth: In the Pure Land of Bliss, unlike in the six realms of reincarnation and in the cases of four different natures of life and birth, there is no more birth and death.

무생참 無生懺 삼참三懺의 하나. 마음으로 생도 없고 멸도 없는 실상의 이치를 관하여 죄상을 소멸하는 것.

(Musaengcham) Contrition of sin from the realization of the wisdom that there is neither birth nor death. One of the three contritions.

무설지설 無說之說 진리란 설할 수 있는 것이 아님을 말함. 태초太初에 말이라는 것이 있었는지? 허공은 말이 없으며, 언설言說이라는 것은 모두 도구 또는 방편이라는 것을 항상 알아야 한다.

(Museoljiseol) No discourse is discourse: The words and speeches are but the tools and expediencies, the fingers pointing to the moon, not the moon itself or truth. In the ultimate sense, there is no way to talk about truth. Was there any word or language before the creation of the universe?

무성 無性 모든 현상은 인연의 화합에 의해 이루어진 것으로 자성이 없다는 뜻. 이때 성性이란 자성自性을 말함.

(Museong) No self-nature of all phenomena, because they are all the outcome or the fruits of the compounded or conditioned things.

무성유정 無性有情 오성五性의 하나, 또는 인천승성人天乘性을 말함. 무루지無漏智의 종자가 도무지 없어 영원히 불과佛果나 성문聲聞 또는 연각緣覺이 되지 못하고 생사를 넘나들면서 겨우 오계五戒나 십선계十善戒를 닦아서 인간이나 천상에 태어나는 것을 궁극의 목적으로 삼는 중생.

(Museong Yujeong) Sentient being without inborn attribute of enlightenment: The fifth of the five different inborn natures of sentient beings. One may be reborn a human or a heavenly being through practice of the five basic precepts and ten good conducts, yet without an inborn attribute of enlightenment, one will not be able to attain complete enlightenment and attain the stage of Bodhisattva or Buddhahood.

무소구행 無所求行 지혜와 남을 제도濟度하는 것 이외는 그 무엇도 바라는 바가 없는 무착행無着行.

(Musogu Haeng) Non-craving: The conduct that craves nothing except wisdom and the salvaton of others.

무소득 無所得 무소유無所有 또는 무소득공無所得空이라고도 말하며, 공空에 대한 다른 이름. 다시 말해 무상無相의 이치를 깨달아 마음속에 집착과 분별함이 없는 평등한 경지. 소득所得과 가득可得은 같은 뜻으로 존재 또는 유有를 나타내고, 이와 반대인 무소득無所得과 불가득不可得은 같은 뜻으로 공무空無를 나타낸다. 그리고 제법諸法이 무아無我임을 사무쳐 생각한다면, 어디에 얻을 것이 있으며, 얻을 것이 없으니 집착할 것도 없다. 사실 공무空無인 구경지究竟地에 있어선 얻을 것도 잃을 것도 없는 것이 법의 이치.

(Musodeuk) No-gain, nothing to gain, or no attachment to possession: Another name for emptiness of things or gain. In the ultimate reality of emptiness, there is nothing to be gained or lost. If no permanent entity of any kind exists, one cannot assume the existence of anything or possession. Hence non-attachment and non-grasping, which is the true way to equanimity.

무소유처 無所有處 무색계 4처의 제 3. 무색계無色界의 식무변처識無邊處에서 소연所緣이 아주 없는 줄을 관하여 무소유의 선정禪定을 얻어 그 수행의 힘으로 나게 되는 하늘.

(Musoyucheo) The heavenly realm of non-possession or emptiness: One awakens to the vanity of possession and attains the third stage of the heavenly realm of the sphere of formlessness.

무소유처정 無所有處定 무소유처無所有處에 이르게 하는 선정禪定.

(Musoyucheo Jeong) Samadhi of non-possession or emptiness of things.

무소주 無所住 존재하지 않음.

(Musoju) Non-existent.

무수무량 無數無量 헤아릴 수 없는 많은 수와 분량.

(Musumuryang) Innumerable hundreds of thousands of number and quantity.

무수무증난 無修無證難 닦을 것도 없고 얻을 것도 없다는 경지에 이르기가 어렵다는 뜻. 깨친 사람 만나기 어렵고, 만났다 하더라도 믿음을 내기 어렵고, 믿음을 낸다하더라도 깨달으려는 보리심을 내기 어렵고, 또 보리심을 낸다하더라도 닦을 것도 없고 얻을 것도 없다는 경지에 나아가기가 어렵다는 뜻. 이러한 기초지식이라도 알고 공부를 시작하면 좋겠다.

(Musu Mujeungnan) Difficulty of attaining the stage of non-cultivation and non-attainment: It is not easy to meet an enlightened one. Even if one is fortunate enough to meet one, it is not easy to have faith. Even if one is fortunate enough to have faith, it is not easy to have the resolution to attain enlightenment. Even if one is fortunate enough to have a firm aspiration to attain enlightenment, it is not easy to attain the wisdom that there is nothing to cultivate or attain. It is, perhaps, the first thing to know before starting on the path.

무수상행식 無受想行識 느낌도, 사유도, 의지도, 인식도 모두 실체가 없다는 뜻.

(Mususang Haengsik) No sensation, no conceptualization, no volitional action, and no consciousness: All these possess no substance as phantoms.

무시무명 無始無明 생사유전生死流轉의 근본 혹체惑體. 평등한 법계法界의 이치에 도달하지 못하고 평등의 이성과 격리되어있는 것을 무명이라 함.

(Musi Mumyeong) Beginningless ignorance: It is the ignorance of the principle of equanimity of the Dharma realm, set apart from equanimity and reason. which is the fundamental delusion of cyclical birth and death.

무시무종 無始無終 시작도 없고 끝도 없음이 우주의 실상.

(Musimujong) Beginningless beginning and endless ending: This is the reality of the universe, no beginning and no ending.

무신론 無神論 신의 존재를 부정하고 이러한 신앙을 거부하는 학설. 불교는 신을 섬기지 않으며, 부처님은 이러한 문제에 대해 언급을 피하셨다.

(Musinnon) Atheism: There is no God in Buddhism; Buddha refused to comment on such matters. Buddhism is a form of atheism.

무신칭명 無信稱名 아미타불의 구제를 믿지 않으면서 입으로만 '나무아미타불'을 일컫는 것.

(Musin Chingmyeong) Chanting the name of Amitabha Buddha without believing in his great compassion for the deliverance of sentient beings.

무실무허 無實無虛 실재實在를 주장할 여지가 없을 땐, 허무 역시 주장할 여지가 없어진다.

(Musil Muheo) Non-reality and non-emptiness: Where there is no temptation to make positive statements of true reality, negations likewise lose their meaning or standing.

무심 無心 진심眞心, 무념無念이라고도 말하며, 망념을 떠나 집착이 없고 머무름이 없는 청정한 마음. 즉 속세에 대한 생각, 의지 또는 바라는 바가 없는 허심虛心 또는 열반. 이 경지에 달한 사람을 무심도인無心道人이라고도 말하며, 무심이 부처라는 말도 있다. 그러나 무심은 목석木石처럼 아무런 생각이 없이 흐리멍덩 상태가 아닌 항상 깨어있는 묘심妙心과 불심이라는 것을 알아야 함.

(Musim) No-mind, or non-thinking mind: Non-existence of mind and intellection nor any delusion, or attachment to any desire and worldly things. This is Nirvana, the true mind, or the Buddha. However, one must remember that the mindless-mind is not blank emptiness without any sense like an inanimate thing. The consciousness is still alive, yet there is no speculation; just quiet state of no-mind of a sage in an ecstatic contemplation.

무심도인 無心道人 무념무상無念無想으로 불도佛道에 정진하고 있는 사람. 이런 사람은 범심凡心도 불심佛心도 없이 그저 무심한 진인眞人 또는 지인至人.

(Musimdoin) A sage with no-mind and no thinking: A sage who is practicing the Buddha-way with no thought and discriminating mind, with no thought either of the commoner or the Buddha.

무심무념 無心無念 진심眞心이 망념을 여읜 것을 무심無心이라하고, 대상對象의 상相을 초월한 진여眞如의 본성을 관하여 마음까지 여의는 것을 무념無念이라고 함.

(Musim Munyeom) No-mind and no-thought: No-mind means the true-mind free of delusion, and no-thought means emptiness of the mind beyond the image of the phenomenal world based on the true self-nature.

무심무불 無心無佛 마음이 곧 부처라 하지만, 마음을 비우면 부처도 설 곳이 없으니, 이것이 진정한 깨침이며 열반. 어려울 것 없다. 그러나 그 방법은 마음 닦음이라는 것도 알아야 한다.

(Musim Mubul) No mind, no Buddha: When there is no mind, there is no chance to even see the Buddha. This is the true awakening. Very simple. But you must practice meditation to attain the quietude of such mind and enlightenment.

무심무사 無心無事 생각과 행이 없는 멸정滅靜의 상태. 무심도인無心道人 참조.

(Musimmusa) No-mind, no-action, or unminding action, which is another name for samadhi or Nirvana. *Cf. (Musimdoin)* A sage with no-mind.

무심삼매 無心三昧 산란한 생각과 분별심이 없는 정심행처正心行處. 옛 성인들은 무심이 곧 도라고 하였다. 깨침이라 하여 어렵게 생각할 필요 없다. 그리고 이제 알았으면 실천하면 된다.

(Musimsammae) No-mind samadhi: Concentration of the mind, or samadhi without a discriminating mind or thought. An ancient sage said, "mindlessness is the Way," just as the infinite space of silence. Enlightenment is nothing special. All you have to do is practice it and cultivate the formless mind.

무심시도 無心是道 생각과 분별심이 없는 것이 곧 도道 또는 깨달음.

(Musimsido) No-mind is the Way: No-mind or a thoughtless pure mind is the Way or enlightenment.

무심시법 無心是法 무심이 곧 본래의 영원한 법法.

(Musimsibeop) No-mind, or the mindless-mind is the original true Dharma.

무심위 無心位 심식心識의 작용이 없는 자리. '妙悟要窮心路絶 (묘한 깨달음을 얻기 위해서는 마음의 길을 완전히 끊어야 한다)' 이것은 무문관無門關의 저자 무문혜개無門慧開의 말.

(Musimwi) The stage of no-mind or mindless-mind without any perception: "To attain marvelous enlightenment, you must completely sever the way of mind." This is the word of Master Wumen Huikai, the author of the Gateless Gate.

무심즉시무경 無心卽是無境 마음이 없으면 경계 또한 없는 법. 다시 말해 모든 것은 마음이 만들어내는 것.

(Musimjeuk Simugyeong) When there is no mind or perception, there

cannot be any percept: Thus the mind is the lord of all productions or creations.

무심즉편시행 無心卽便是行 무심無心이 곧 도道를 행함이니 어렵게 생각할 것 없다. 참선도 따지고 보면 집착을 떠난 마음 비움 공부.

(Musim Jeukpyeon Sihaeng) No-mind exactly is the practice of the Way: Drop your mind. That is the primal objective of meditation and the way to enlightenment.

무아(관) 無我(觀) 무아無我란 불교의 핵심교리. 내가 없다는 것이 아니라, 고정불변의 자성自性이 없다는 뜻. 다시 말해, 우리가 말하는 '나'라는 것은 오온五蘊의 집합, 즉 색 · 수 · 상 · 행 · 식의 결합체에 지나지 않으며, 이들에는 그 어느 것도 영원한 자기 고유의 자성, 곧 실체가 없다는 것. 이것을 또 제법무아諸法無我 제행무상諸行無常이라고도 말하며, 이때 무상無常이라는 말은 덧없다는 허무주의가 아니라, 이 세상에는 변치 않는 것이 없다는 뜻이라는 것도 알 필요가 있다.

현대물리학에서도 모든 것은 그 자체가 스스로 존재하는 것이 나니라 그것은 그 앞의 것의 결과이고 그 결과가 또 새로운 원인이 되어 다음의 결과를 이끌어 간다고 한다. 이것이 생성소멸에 대한 우주의 법칙이며, 이런 뜻에서 모든 존재는 무아無我이며 무상無常이라는 것. 현대물리학에서는 모든 존재 또는 현상의 궁극적인 본체인 소립자素粒子 자체도 고정불변의 자성自性이 없다고 하며, 그렇다면 여타 현상세계는 더 이상 말할 필요도 없다고 본다.

그런데 이러한 현대과학의 발견을 2,600년 전에 부처님께서 이미 깨달으셨다는 것이 그저 놀랍기만 하다. 연기의 입장에서 볼 때, 어느 것도 자성을 지닌 것은 없다. 따라서 무자성이기 때문에 무아이며, 무아이기 때문에 공이며, 또 공이기 때문에 중도이다. 또 온갖 형상은 연기緣起의 소산이기 때문에 무아無我이고 무상無常이다. 따라서 불교에 있어서는 연기를 보는 자 곧 부처를 보게 되며, 허깨비와 같은 '나'에 대한 집착을 놓는 것이 깨침과 지혜. 장자『莊子』에도, '진아眞我란 곧 무아無我이고, 가장 위대한 자란 곧 존재하지 않는 자이니라'라는 말이 나온다. 연기법緣起法 참조.

(Mua(gwan)) Anatta (P), anatman (Skt): An insight into "not-I," non-ego, non-self, self-less existence, non-self-entity, non-intrinsic identity, non-substantiality, absence of a permanent, unchanging self, the doctrine of the impermanence of separate ego, or the denial of the atman (of Hindu philosophy) conceived as a personal, immortal "soul, or being-of-non-bing."

The modern physical science claims that all the phenomena cannot exist all by themselves; they are the effect or result of the previous existence, and that effect or result in turn brings forth another effect or result as its cause. This is the natural law of becoming and extinction, whereas everything lacks self nature or entity and is transient. When even the elementary particle, the ultimate source of all the material quality, lack its own self-entity or self-nature, how can any existence in the world can claim its own identity and self-nature?

This is the basic doctrine of dependent origination, emptiness, and the Middle Path of Buddhism and Daoism. What is called the ego, which says, "I am," is merely the five aggregates or skandhas, a complex of sensations, ideas, thoughts, emotions and will. "One who sees dependent arising sees Buddha," the sutra says.

"No-self is true-self, and the greatest man is Nobody," an ancient sage also said. However, we should remember that non-self does not simply mean the denial of self, but the denial of self-entity. To be selfless and return to our original face or Buddha-nature is to be all-pervading emptiness, and to be all-pervading is to transcend the false "I" or ego. This is the true way of attaining enlightenment, easier than grabbing one's own nose. *Cf. (Yeongi)* Dependent arising.

무아수 無我修 성문聲聞들이 닦는 삼수三修의 하나로 나도 없고 내 것도 없다는 것을 관하는 것인가 하면, 이는 또 힌두교에서 이야기 하는 교리이기도 함.

(Muasu) Cultivation of non-self: Shravaka or the Sound-hearing Arhat's view of non-self and non-possession. It is also the doctrine of Hinduism.

무안인 無眼人 신앙信仰이 없는 사람. 부처를 보고도 부처님의 참뜻을 모르고, 설법을 듣고도 그 참뜻을 받아들이지 못하는 무이인無耳人과 같은 사람. 다시 말해 불법을 만나고도 믿지 않는 사람을 가리켜 일컫는 말.

(Muanin) An eyeless man: A man who does not recognize the Buddha and comprehend his incomparable teaching, just like an earless man who does not understand Buddha's teaching.

무애 無礙 일체에 걸림이 없음.

(Muae) No hindrance or to be unconstrained.

무애인 無礙人 일체에 걸림이 없는 사람. 곧 존경받아 마땅한 부처님과 같은 사람.

(Muaein) One who has no hindrance regarding enlightenment. An epithet of the Buddha, the world-honored One.

무애도인 無礙道人 그 무엇에도 걸림이 없는 성인聖人.

(Muaedoin) An unhindered saint or sage: An enlightened sage without any hindrance.

무애자재 無碍自在 걸림이 없어 자유 자재함. 막힘이 있는 것을 주住라 하고, 막힘이 없는 것을 무주無住라고 말한다. 일체의 상相은 머무름이 없으니, 우리의 마음 역시 허공처럼 머무르는 바가 없어야 하니, 이것을 가리켜 무착無着이라 말함.

(Muaejajae) Unhindered, self-possessed emancipation, or complete freedom without any hindrance: Everything flows, the mind and phenomena. Hence there should be no abiding in, or attachment to anything whatsoever.

무애정견 無碍正見 걸림 없는 바른 견해. 사실 불교는 실상에 대한 걸림 없는 팔정도八正道의 첫 번째인 정견正見에서부터 시작한다고 볼 수 있다. 이때 무애無碍란 청명한 하늘처럼 맑고 거침이 없는 것을 말함.

(Muaejeonggyeon) Unobstructed right view: In a sense, Buddhism starts with the right view (the first of the Noble Eightfold Path or Truth) of things and reality.

무애지 無碍智 부처님의 지혜. 어떠한 것에도 걸림이 없이 모든 사리事理를 모두 알아 통달 자재한 지혜.

(Muaeji) Unimpeded wisdom: It is the wisdom of Buddha, who sees through the truth of reality and principle without any hindrance.

무애해탈 無礙解脫 언어의 단절과 사유분별의 종식이 곧 걸림 없는 해탈. '지옥을 두려워하지 말고 천당의 낙을 좋아하지도 말라. 그것을 무애해탈이니라.' 이것은 백장회해百丈懷海의 어록語錄에 나오는 말.

(Muaehaetal) Unhindered enlightenment: It is none other than leaving words and the discriminating mind behind. "You should not be afraid of Hell nor aspire for the joy of Heaven. This is the true unhindered enlightenment." This is the saying of Chan Master Baizhang Huaihai

(720-814).

무애행 無礙行 어떠한 일에도 걸림이 없는 행위. 그러나 도인道人이 아닌 사람은 삼갈 것.

(Muaehaeng) Unobstructed action of a sage: Yet the unenlightened should always be careful of their actions and deportment.

무억 無憶 기억을 되새기지 않는 것. 미련을 두어서 못 잊어하는 생각이 없는 것. 물소의 뿔처럼 곧바로 앞으로만 나아갈 것.

(Mueok) Not dwelling on recollection or retrospection: Just proceed straight ahead just like the horns of a water buffalo.

무언무상 無言無相 말과 상相이 끊어진 자리. 이것이 곧 적멸寂滅과 중도中道의 경지.

(Mueonmusang) No-speech and no-form, or complete cessation of speech and form: This is the ultimate realm of great extinction and the Middle Path.

무언무의시칭득구 無言無意始稱得句 말도 없고 생각도 없어야 비로소 일구一句를 얻는다. 다시 말해 말을 끊고 온갖 생각조차 무너져 어떤 사물이나 사건에 대해 한 생각도 일어나지 않아야 가히 일구一句, 곧 진리를 얻게 된다는 뜻. 법신무위法身無爲라고도 했다. 진여의 세계에는 일체의 말이 없는 법. 일구자一句字 참조.

(Mueonmuui Sichingdeukgu) Attaining a "phrase" (the ultimate truth) by not arousing any conception or thought. *Cf. (Beopsinmuwi)* The Non-doing of Dharmakaya, the Dharma-body, or the ultimate reality, and *(Ilguja)* A phrase.

무여열반 無餘涅槃 무의열반無依涅槃이라고도 말함. 번뇌와 분별 그리고 육신마저 벗어나 정적靜寂에 들어간 해탈, 또는 마음에 걸림이 없어 불생불멸의 법성을 증험함으로써 육도를 벗어나 다시 태어나지 않는 것을 무여열반이라고도 함. 유여열반有餘涅槃 참조. 이들 외에 자성청정열반과 무주처열반을 이야기하기도 하며, 이들을 모두 합하여 사종열반四種涅槃이라 말함.

(Muyeoyeolban) Nirvana without residue or remnant: Complete nirvana, or beyond reincarnation. It is one of the four types of nirvana. It is also called *Muui Yeolban,* total independent Nirvana. *Cf. (Sajongyeolban)* Fourfold or four types of nirvana.

무연 無緣 연緣이 없는 것. 그러나 불교에선 부처님을 만나 법法을 들을 기연機緣이 없는 것을 말함. 이때 기機는 시기, 연緣은 인연因緣이란 숙어로 쉽게 이야기해 기회란 뜻. 그런가 하면 연緣은 또 대상이 없는 것을 말하기도 함. 곧 부처님은 특정인을 대상으로 하지 않고 모두가 공空이라고 관하므로 부처님의 자비를 차별이 없는 무연의 자비라고 말함.

(Muyeon) No-affinity: However, in Buddhism it means no affinity with the hearing of the Buddha-Dharma. It also means having no specific objective to associate with, or universality of the compassion of Buddha without any discrimination or partiality.

무연대비 無緣大悲 분별 대상이 없는 조건은 떠난 평등한 대자비를 말함.

(Muyeon Daebi) Non-discriminating universal compassion without any specific concern or condition for an object.

무연무기 無緣無起 인연이 없으면 그 무엇도 일어나지 못 한다. 태어남도 죽음도 없다. 창조설? 글쎄요? 기연起緣 참조.

(Muyeonmugi) No condition, no arising: Without condition, nothing can arise--no birth or death. *Cf. (Giyeon)* Dependent arising.

무연법계 無緣法界 무차별과 평등의 뜻. 무연無緣이란 피차의 경계를 분별하지 않는 것을 말함.

(Muyeon Beopgye) Non-affinity of the Dharma realm: It means non-discrimination among the sense-objects, i.e. all in the One, and the One in all.

무연자비 無緣慈悲 일체 평등의 이치를 깨달아 상대의 상을 떠나 베푸는 무주상 자비無住相 慈悲.

(Muyeonjabi) Causeless or unconditioned supreme compassion and equanimity of things: Compassion without any thought, mark, or discrimination.

무연중생 無緣衆生 인연이 없는 중생. 석가모니 부처님께서는 스승 없이 혼자서 깨치시었지만, 부처님이나 보살의 인연이 없는 중생은 제도할 길이 없다고 한다. 그래서 불교에서는 옷깃을 스치는 인연까지도 소중히 여긴다.

(Muyeon Jungsaeng) Sentient beings with no affinity to the Buddha or Bodhisattva: There is no chance of deliverance or enlightenment for a person who has not ever heard of the Buddha-Dharma, although Sakyamuni Buddha attained enlightenment without a teacher.

무염 無染 오염되지 않음. 이것이 중생의 본래면목本來面目 또는 자성自性.

(Muyeom) No stain: Free from contamination. This is our original immaculate self-nature, or original face.

무염식 無染識 묘관찰지妙觀察智의 다른 이름, 즉 사물의 상대적 구별의 장애를 초월하는 지혜.

(Muyeomsik) Untainted consciousness: Another name for *Myo Gwanchalji,* the marvelous discerning wisdom.

무외 無畏 무소외無所畏의 준말. 불보살佛菩薩이 대중을 향해 법을 설할 때 마음에 두려움이 없는 것.

(Muoi) No fear in the Dharma discourse for the great audience.

무외시 無畏施 삼시三施 (재시財施, 법시法施, 무외시無畏施)의 하나. 외로운 사람을 위로하고 중생들의 두려운 마음을 제거하여 마음을 편안하게 해주는 보시布施.

(Muoisi) The gift of fearlessness: One of the threefold or three types of charities. Charity of consolation to the lonely or ailing people by enhancing a courage or eradicating the fear so that they can be at ease. *Cf. (Samsi)* The threefold or three types of charity, or generosity.

무욕 無慾 바램과 욕심이 없음. 삼해탈문三解脫門의 하나. 객관적으로 볼 때 일체는 그 실체가 없으며, 따라서 주관적으로 볼 때 그 어느 것도 구할 바가 없으니, 공空 또한 공空이요, 불성과 깨침 또한 공空이니, 이것이 곧 안심입명安心立命이요 진정한 열반. 안심입명 참조.

(Muyok) Non-desire or wishlessness: Third of the three gates of emancipation. Objectively, it is equivalent to voidness; subjectively, it is the outcome of the realization of voidness as the ultimate lack of anything to wish for, whether voidness itself, or even Buddhahood. *Cf. (Ansim Immyeong)* A peaceful mind of the awakened.

무원 無願 삼해탈문三解脫門의 하나로, 바라는 것이 없다는 무원無願은, 무작無作, 무위無爲와 같은 뜻이니, 모두 공空과 같은 뜻으로 해탈로 가는 지름길. 그러나 진정한 이 무원無願의 자리는 해탈마저도 여읜 자리다. 나무아미타불 관세음보살.

(Muweon) Wishlessness, or non-desire: The third of the three gates of emancipation. The ultimate lack of anything to wish for. Objectively, it is equivalent to voidness, or non-action; subjectively, it is the outcome of the realization of the ultimate lack of anything to wish for, whether voidness itself, or even Buddhahood.

무원삼매 無願三昧 삼삼매三三昧의 하나. 무작無作, 무기無起라고도 하며, 모든 법을 관한 다음 바랄 것이 없는 지혜와 함께 일어나는 삼매, 즉 선정禪定을 말함.

(Muweon Sammae) Samadhi or perfect meditation arising from the wisdom of non-desire after studying all the phenomena of the world.

무위 無爲 위爲는 작위作爲 또는 조작造作을 의미하며, 따라서 무위는 조작에 의한 번뇌와 집착 및 생멸과 변화를 떠난 모든 현상의 참된 실체로 열반, 법성, 실상 또는 진여와 같은 말. 같은 뜻의 함과 바람이 없다는 무작無作 참조. 이러한 무위행無爲行을 통해 우리는 자신의 본래면목인 자성自性을 깨닫게 되며, 또 이 경지에 이르게 되면 온갖 자연형상과 우주와도 하나가 된다.

무위無爲라는 용어는 도가道家에서 온 말로 도가의 핵심사상. 무에서 만물이 나오고, 무위는 하는 일이 없으나 이루지 않는 일이 없다고 말한다. 무위無爲의 산스크리트어 "akarma"는 영어로 "inaction," 즉 천지의 조화와 우주의 운행처럼, 자의自意적 행위, 곧 어떤 한 목적을 달성하기 위한 의도적인 조작이 없음을 말함. 따라서 무위를 단순히 손을 놓고 아무 일도 하지 않는 나태함을 말하는 것이 아님을 알아야 함.

이에 대해 노자老子는 '하지 않으면서도 못하지 않는 것이 없다 (무위이무불위無爲而無不爲)'라고 말하고 있으며, 유식종唯識宗에서는 이를 다시 여섯 가지로 설명하기도 하며, 이를 육무위六無爲라 함. 그런가 하면 힌두교의 성전인 Bhagavad Gita에서는 이에 대해 다음과 같이 말하고 있다: '무위의 완성, 이는 방하放下에서 얻어진다.' 육무위六無爲참조.

(Muwi) Asankhara: The unformulated principle, formless-doing, non-doing, non-action, or that which is not created, I.e., the eternal, unchanging, and pure. The unconditioned, unmotivated or profound tranquility, synonymous with true reality, dharma-nature, true-suchness, bodhi, and nirvana without any defilement, transmutation, beyond birth and death.

Non-action depends on no-mind, and Nirvana is, in fact, the state of identification with non-doing. But it should be remembered that it does not imply absence of action, inaction, or doing nothing.
The true character or implication of muwi or non-doing is not mere inactivity or passivity, but rather the action of non-action, or the action

of non-deliberate intention, just like heaven and earth, the flow of a stream, and the blowing of the wind, or the sweeping clouds in the blue sky. In other words, muwi or non-doing is the mode of action to be harmonious with the great cosmic Dao or the Way.

Through non-doing, absolute quietude is achieved. One sees one's own original face or nature, and when such quietude of mind is achieved, one is at-one with Light and unifies with the myriad things of nature and the universe, which is called nirvana. This is also the fundamental principle of Daoism: "Non-action, yet there is nothing left undone." The Mind-only School further classifies it into six categories. However, Bhagavad Gita defines non-action as follow: "Supreme perfection of non-action / Is attained through renunciation." *Cf. (Yukmuwi)* Six non-doings, or Nirvana, and the Way, the Daoist's major concept of non-doing or no wilful intervention in the natural course of things, and *akarma*, or inaction in Hinduism.

무위공 無爲空 십팔공十八空의 하나. 모든 무위법無爲法의 공한 것을 말함.

(Muwigong) Emptiness of every unconditioned or uncompounded Dharma, within and without. *Cf. (Sippalgong)* Eighteen emptinesses.

무위국 無爲國 극락세계에 대한 다른 이름. 어리석음에 의한 스스로의 도모함이 없으니 고통과 번뇌가 없으며, 고통과 번뇌가 없으니 이것이 곧 극락.

(Muwiguk) The land of non-action, the Kingdom of inaction and Nirvana: Where there is no deluded action, there will be no suffering and conflict, and where there is no suffering and conflict, that is the Paradise, the effortless-land of boundless bliss.

무위대도 無爲大道 생멸生滅이 없는 부처님의 위대한 진리.

(Muwidaedo) The unconditioned great Way of Buddha's teaching.

무위무욕 無爲無慾 스스로 도모함이 없고 욕심이 없음. 깨침과 열반에 이르는 첫 관문.

(Muwi Muyok) Non-volitional action and non-desire: This is the gateway to enlightenment and Nirvana.

무위묵조선 無爲默照禪 일체의 망념이 쉬어 묵묵한 가운데 항상 일체만상一切萬象을 살핌을 말함. 육조 혜능이 단박에 깨친 금강경에서 말하는 '응당 머무는 바 없이'는 묵默이요, '그 마음을 내다'는 조照이다.

(Muwi Mukjoseon) Non-action silent contemplation meditation: Investigating or watching the true nature of all the phenomena of the universe in the state of complete quietude without any illusion. This is the state in which the Sixth Patriarch Huineng attained his sudden enlightenment, "Production of an unsupported thought, (or thoughtless mind)."

무위법 無爲法 생멸변화가 없는 것을 말함. 곧 모든 법의 진실한 그 자체. 영원토록 생멸 변화가 없는 무인無因 무과無果인 진여眞如와 참된 우주의 법칙 또는 법성法性. 수행에 의한 이러한 증득證得을 열반묘과涅槃妙果라고 말함.

(Muwibeop) The unformulated principle of the universe without transmutation of birth and death: Unconditioned, or uncompounded dharma, the ultimate reality and everlasting truth, not subject to the principle of cause and condition, nor the law of dependent origination, namely, conditions. It is also called true-suchness, Dharma-nature, or the wondrous fruit of Nirvana.

무위사 無爲舍 무위無爲는 열반을 뜻하며, 열반은 영원한 안식처이므로 사舍, 곧 집이라 말함.

(Muwisa) It literally means, "the house of emptiness or non-action," which is another name for Nirvana.

무위열반 無爲涅槃 열반은 불생불멸명의 경지다. 모든 유위有爲, 즉 일체의 상相을 끊으면 무위無爲, 곧 함이 없는 열반인 것이다.

(Muwi Yeolban) Nirvana of non-action: Nirvana is another name for non-birth and death. What is nirvana? It is non-action of dropping all the phenomenal world.

무위이무불위 無爲而無不爲 함이 없으면서도 하지 않음이 없다. 이는 일체의 작위作爲가 없는 자연의 모습을 말함.

(Muwi-i Mubulwi) Non-action, yet there is nothing undone, something like the workings of nature without any premeditation or speculation.

무위이위 無爲而爲 함이 없음이 곧 함. 모든 존재의 생멸 및 운동은 의지나 목적을 가지고 의식적으로 하는 것이 아니듯, 사람 또한 그처럼 의식적인 꾸밈 없이 자연스럽게 행동함을 말함. 새들은 창공에 나르고 물은 구비지어 흐르니 이것이 자연의 이치. 불교와 깨침을 어렵게 생각하지 말 것. 세수할 때 코 만지는 것보다 쉽다고 말한다.

(Muwi-i-wi) Non-action is doing, doing without doing: Action, or doing without manipulation or artificiality just like all the natural phenomena. Birds fly and water flows without leaving any trace. This is the law of nature, and so should our lives be.

무위자연 無爲自然 인위人爲를 부정하는 사상. 특히 노장老莊의 핵심.

인법지人法地 (사람은 땅의 법칙에 따르고)
지법천地法天 (땅은 하늘의 법칙에 따르고)
천법도天法道 (하늘은 도道의 법칙에 따르고)
도법자연道法自然 (도道는 자연의 법칙에 따른다)

--『노자 도덕경老子 道德經』, 제 25장--

(Muwijayeon) Non-action, or non-doing according to the course of nature: The principal philosophy of Daoism.

Mankind follows the ways of the earth,
The earth follows the ways of heaven;
Heaven follows the ways of Dao or Truth,
And Tao follows the ways of Nature.

--Tao Te Ching, Ch. 25--

무위진인 無位眞人 42위 또는 52위 등에도 떨어지지 않고, 범성凡聖, 미오迷悟, 상하上下, 귀천貴賤 등을 초탈超脫하여 무엇에나 걸림이 없음 뿐만 아니라, 불위佛位나 조사위祖師位 등 그 무엇으로도 이름 지을 수 없는 무변광대한 허공과 같은 우리의 본래면목. 그런데 임제 선사臨濟 禪師는 임제록臨濟錄에서 '무위진인이란 바로 똥치는 마른 막대기니라'라고 말한다. 그런데 '무위진인'이란 장자莊子가 말하는 '할일이 없는' 무위진인無爲眞人과 비슷한 뜻이라 생각함.

(Muwijinin) A genuine sage of no rank or status; or a true man of no title: A true sage beyond the category of saint and common people, or above the stage of Bodhisattva, and even beyond the Buddhahood, the stage that no name can be given just like the great empty space and our original face.

There is an interesting story about it in the Record of Linji. When a monk asked the Master what is "the genuine sage of no rank 無位眞人," the Master's reply was "a dry shit stick." It reminds us of "the true sage of non-action 無爲眞人" in the Zhuangzi Book.

무위해탈 無爲解脫 이종해탈二種解脫의 하나. 유위해탈有爲解脫의 반대로 함이 없음으로 일체의 경계境界에 걸림이 없는 해탈.

(Muwihaetal) Non-action emancipation, completely free from the sense-objects. *Cf. (Ijonghaetal)* Twofold emancipation.

무유정법 無有定法 이 세상에는 그 어떤 것도 고정된 법이 없으며, 또 이 세상의 온갖 현상은 그 어떤 것도 정해진 모양이나 이름이 없다는 것. 그리고 이것이 곧 연기, 공, 무아, 무생, 무자성이며 제법의 실상.

(Muyu Jeongbeop) No everlasting abiding Dharma: There is nothing in the whole universe that is constant and never changing, which is the ultimate reality of things and the fundamental doctrine of dependent origination, emptiness of Dharma, non-self, non-birth, and self-less nature. So is the name. Names are only devices or fingers pointing at something, not something substantial. *Cf. (Yeon-gi)* Dependent origination.

무의 無依 무착無着과 같은 말. 만경萬境, 곧 온갖 경계境界에 접하고 있으나 그 무엇에도 의지함이 없는 것을 무의도인無依道人이라 말함. 따라서 이를 무여열반無餘涅槃 또는 무의열반無依涅槃이라고도 말함.

(Muui) Total independence: A complete independence or emancipation from all perspectives, or sense-objects. *Cf. (Muui Yeolban)* Complete emancipation or Nirvana, an alternate name for *Muyeo Yeolban,* Nirvana without residue.

무의도인 無依道人 그 무엇에도 걸림과 집착이 없는 도인. 다음은 임제선사臨濟禪師의 말. '만약 어떤 이가 부처를 구하면 이 사람은 부처를 잃게 되고, 도道를 구하면 도를 잃고, 조사祖師를 구하면 조사를 잃게 된다.' '가장 값진 보배는 무의도인無依道人으로서 그것은 우리의 몸 안에 있는 바로 우리 자신이다.' 이것은 중국의 현대 지성인 오경능吳經能의 귀한 말. 무위진인無位眞人 참조.

(Muuidoin) Independent person of the Dao: A sage who is completely free from the world of perception and attachment. The following is the saying of Chan Master Linji Yixan (?-867) "If there is anyone who seeks Buddha, he loses Buddha; if there is anyone who seeks the Dao, he loses the Dao; if there is anyone who seeks Patriarch, he loses Patriarch." "The priceless treasure is independent person of the Dao which is in our own person, or ourself." This is the saying of O Geyong Neung, a great modern Chinese intellectual. *Cf. (Muwijinin)* A genuine person beyond rank.

무의무 無依無求 그 무엇에 의지함과 구함이 없다. 이것은 임제선사臨濟禪師가 그대들이 조사祖師나 부처님과 다르지 않기를 바란다면 그 무엇에 의지하거나 밖에서 구하지 말라고 한 말이다. 선사는 또 '만약에 어떤 사람이 부처를 구하려한다면 이 사람은 부처를 잃게 되고, 도道를 구하면 도를 잃고, 조사祖師를 구하면 조사를 잃게 된다.'라고 말한 경우도 있다. 왜냐하면 도道나 불성佛性은 이미 우리 안에 갖추어 있기 때문이다. 더 쉽게 이야기 하면, 집착을 버리고 마음을 비우는 것이 곧 도道이며 부처가 되는 길이라는 것이다.

(Muuimugu) Non-reliance and non-craving: What it means is that if anyone wants to become a patriarch or Buddha, one should not seek outside himself. Ch'an Master Linji Yixuan once said that, "Anyone who seeks Buddha will lose the Buddha, who seeks the Dao will lose the Dao, and who seeks the patriarch will lose the patriarch."

What all these mean is that we should not depend on something outside ourselves or conceive a mind to crave after something when we try to attain the truth or the Buddha-nature, because they are already in our original self-nature or in our mind. In other words, we should, instead, empty our mind leaving our attachment behind, then you will find the Buddha in yourself.

무이상 無二相 둘이 없는 모양, 곧 두 모양이 없음. '대혜大慧여, 빛과 그림자, 김과 짧음, 검음과 흼 같은 것은 모두 상대적으로 세운 것이므로 단독으로는 성립되지 않는다. 대혜大慧여, 생사生死 밖에 열반이 있는 것이 아니고, 열반 밖에 생사가 있는 것이 아니므로, 생사와 열반은 서로 다른 모양이 없다. 생사와 열반처럼 온갖 법 法도 역시 그러하며 또 이것이 무이상無二相이니라') --大乘 入愣伽經--

(Muisang) No two forms or marks: "Listen to me Learned One. As light and shadow, long and short, black and white are all relative ideas, they cannot exist independently without the other.

"Listen to me Learned One. Nirvana cannot exists independently apart from the idea of birth and death, and so is the birth and death apart from the idea of nirvana. Strictly speaking, they are not distinctive separate forms. As birth and death are not two, so are all the phenomena and things. This is what is called 'no two forms or marks." --The Lankavatara Sutra--

무이역무삼 無二亦無三 성불하는 길은 모직 하나일 뿐 둘(二道)도 아니요 셋(三道)도 아니라는 것. 이때 둘과 셋은 이승二乘과 삼승三乘, 그리고 하나는 일승一乘, 곧 불승佛乘을 가리킬 수도 있다.

(Muiyeok Musam) There are neither two vehicles nor three vehicles: There is only one way or vehicle (the Buddha-vehicle) for attaining enlightenment.

무이인 無耳人 귀가 없는 사람, 곧 부처님의 말씀을 듣고도 믿지 않는 사람을 낮추어 일컫는 말. 이런 사람을 가리켜 구제불능이라 말함.

(Muiin) An earless man: It is a cynical way of calling an unbeliever. One who does not listen to and believe in Buddha's teaching. There is no way to save such a man.

무이지지이 無理之至理 이치가 없는 것이 지극한 이치. 간단하지만 기가 막힌 이야기. 이래도 깨닫지 못하면 인연이 없는 것. 그리고 진리란 언제나 단순한 것.

(Murijijiri) Truth without truth is the supreme truth: It is a marvelous truth that everyone should ponder over. Who knows? You might attain enlightenment. Truth is always very simple and is near at hand.

무일물 無一物 일물一物은 어떤 존재. 무일물은 아무것도 없다는 뜻으로 육조六祖 혜능慧能이 한 말. 생사의 모양도, 미오迷悟의 모양도, 범부와 성인의 모양도 없어 일체의 모양이 없는 우리들의 본성을 말함.

(Muilmul) Not a thing: There is not a thing that could be called a thing in the whole universe. Hence there is nothing to cling to. It is a term uttered by Huineng, the Sixth Patriarch, to point out the absence of substance in all things. That is our original face and nature without form and delusion. Above all, everything is the manifestation of the mind arising from conditions.

무자성 無自性 본래 자성과 실체가 없음. 불교의 핵심 교리. 이것은 무자성無自性이 단지 아상我相과 같은 어떤 개별적인 것만이 아니라, 모든 현상에도 해당됨을 뜻함.

요지일체법了知一切法 (온갖 법, 곧 만물의 자성이 본래 없음을)
자성무소유自性無所有 (분명하고 바르게 살펴서 알라)
여시해법성如是解法性 (이와 같이 법의 성품을 이해한다면)
즉견노사나卽見盧舍那 (노사나盧舍那 부처님을 뵙게 되리라)
--화엄경--

(Mujaseong) Selflessness, non-self-nature, no intrinsic self-entity, or non-substantiality of all things: The true nature of all things has no self-nature, and their absence of self-nature is their true nature. It also means that non-substantiality applies not only to the individual but also to all phenomena or things.

Perceive all things correctly.
If one truly realizes
That no dharma has self-nature,
One will see Buddha.
--The Flower Garland Sutra--

무작 無作 생멸이 없는 이치, 무위無爲의 법성法性, 또는 열반에 대한 다른 표현. 그런가 하면 마음에 하고자 하는 의식 없이 하는 일, 또는 일체의 것에 바라거나 구하는 바가 없으며 (無願), 자연의 이치에 따르므로 조작이 없는 것.

(Mujak) Non-doing, non-action, or not being produced by conditions: The theory of no birth and death, and another name for nirvana beyond birth and death, the true nature of non-doing, non-manipulation, doing without conception of doing, or wishlessness.

무쟁삼매 無諍三昧 공한 이치를 철저히 깨달은 다음, 남과 다툼 없는 적정寂靜의 경지. 깨닫고 보면 사실 다툴 것이 없다.

(Mujaeng Sammae) Samadhi of dispassion, or non-disputation: Complete serenity and absorption without any contention or differentiation between self and others in the consummate knowledge of emptiness.

무저발 無底鉢 밑이 없는 발우鉢盂. 마음은 밑이 없는 발우처럼 걸림이 없기 때문에 무변광대한 허공계虛空界처럼 무한이 담을 수 있음을 비유적으로 한 말.

아유일발낭我有一鉢囊 (나에게 바랑이 하나 있는데)
무구역무저無口亦無底 (주둥이도 없고 또한 밑바닥도 없어)
수수이불남受受而不濫 (담아도 담아도 넘치지 않고)
출출이불공出出而不空 (주어도 주어도 비워지지가 않는구나)
--법장대종사 열반송法長 大宗師 涅槃頌 (1941-2005)--

(Mujeobal) The bottomless bowl, or the bottomless mind: Mind has, as the bottomless alms bowl, no bottom and is, therefore, able to embrace even the whole universe just like great empty space.

I have a sack that has neither a mouth nor a bottom.
No matter how much you put in, it never fills;
No matter how much you give away, it is never exhausted.
--Nirvana Song of the Great Patriarch Peopjang (1941-2005)--

무정(지물) 無情(之物) 감각을 가지지 않은 사물. 그러나 무정물無情物도 불성을 지니고 있을 뿐만 아니라 깨친 눈으로 볼 때는 이들이 설법도 하고 있음을 알아야 한다.

(Mujeong(mul)) Insentient or inanimate things or objects: However, we must know that to the enlightened, insentient objects not only possess Buddha-nature but also preach the Buddha-dharma.

무정상 無定相 일체의 법은 고정된 모습이 없으니, 이를테면 작은 것은 고정된 것이 아니기 때문에 큰 것을 받아들일 수 있으며, 또 큰 것은 고정된 것이 아니기 때문에 능히 작은 것으로 들어 갈 수가 있다. 모든 것이 고정되어 있다면 생성과 조화가 일어날 수 없으며, 그것이 곧 음양의 원리이며 현대물리학의 첨단 이론이기도 하다. 역경易經에서 고정된 것은 죽음을 뜻한다. 공 空과 연기緣起 그리고 양자역학도 같은 논리.

(Mujeongsang) Non-fixed form, or mutability of form: If there is any fixed thing or form, never changing, it means death, and there will be no creation. The dynamic polarity of an ever changing flux of mutations; this is the reality of the universe, the principle of Yin-Yang, dependent arising, and the modern quantum theory.

무정설법 無情說法 사람의 말이 아닌 주변의 풍경이나 사물이 드러내는 진실을 무정설법이라 한다. 처처설법處處說法이요 두두물물頭頭物物이 모두 불법이란 이를 두고 하는 말. 따라서 설법자리가 아닌 곳이 없고 우주의 삼라만상 모두가 부처님 말씀 아닌 것이 없다. 그리고 말은 삿된 경우가 있을 수 있으나, 실상實相은 절대로 거짓이 없다. 다시 말해 무정설법이란 분별이 없는 설법을 말하며, 또 이것을 들을 수 있는 사람은 곧 분별을 여읜 사람이라 말할 수 있다.

(Mujeong Seolbeop) The Dharma discourse of insentient objects and the natural phenomena: There is no place that is not Bodhi-mandala, and there is nothing that is not the Dharma talk. Speech might err, yet nature or truth never tells a lie. Leave your discriminating mind, and you will hear the true voice of nature and inanimate things. The one who is able to hear the voice of inanimate things is the one who has attained the Way of non-doing.

무정유불성 無情有佛性 감각이 없는 무정물無情物에도 불성이 있다는 뜻. 이것이 불교의 특징. 이때 불성이라는 것은 우주의 실체를 말하며, 이래서 불교를 첨단 우주과학이라 말한다.

(Mujeong Yubulseong) The Buddha-nature of insentient beings: This is the unique doctrine of Buddhism that there is nothing in the whole universe that has no Buddha-nature, or the essence of nature including inanimate things. This is the scientific cosmic view of Buddhism.

무주 無住 주住는 주착住着 또는 집착의 뜻. 따라서 무주無住는 무착無着과 같은 뜻. 만유萬有는 자성이 없으니 자연히 머무름이 없으며, 따라서 모든 존재는 연緣을 따라 일어나고 멸함을 말함. 무주無住는 우주의 근본. 주역周易과 음양의 원리 및 현대 물리학 참조.

(Muju) No-abiding, or non-attachment: Nothing in the whole universe that has self-nature and can abide or stand all by itself or is everlasting. Everything arises and ceases to be according to conditions. Hence there is no reason to cling to anything. It is also the principle of the universe. *Cf.* The Book of Changes, the modern quantum theory, and the theory of ever changing flux of dynamic polarity of Yin-Yang.

무주삼매 無住三昧 108 삼매三昧의 하나. 모든 법法의 무상무주無常無住를 관하는 선정禪定.

(Mujusammae) Non-abiding samadhi: One of the 108 samadhis. Concentration of the mind with the insight of realizing the truth of impermanence of the Dharma or things.

무주상 無住相 깨침이나 열반을 포함한 일체의 상 相에 머무르거나 집착하지 않음. 다음은 야부冶父스님의 기가 막힌 게송偈頌. 상相을 놓는 것이 깨침이라는 것을 잊지 말고 이 게송을 항상 마음에 새길 것.

'마치 청소라도 하려는 듯 / 대나무 그림자가 돌계단 위를 설렁거리나 / 아무런 먼지가 일지 않으며, / 달그림자가 깊은 연못에 비치나 / 연못은 이를 전혀 알지 못하는구나.'

(Mujusang) No-abiding or non-dwelling in form of any kind, even Nirvana or enlightenment: The following is the stanza by the Great Master Yefu 冶父: "The bamboo shadow is moving over the stone steps / As if to sweep the stairs, but no dust is stirred; / The moon is reflecting its beam in the deep pond, / But the water isn't even aware of its visitation."

무주상보시 無住相布施 베푼다는 생각이나 대가代價 없이 베푸는 공덕功德.

(Mujusangbosi) Non-abiding charity, charity with no set mind, or offering of blessing without expectation of return: It means practicing goodness without any thought of recognition by others, or practice of charity, generosity, or offering without any thought of offering.

무주상행 無住相行 상相에 머무름이 없는 행. 무엇을 하든 집착을 놓고 상에 머무름이 없는 것이 깨침이며 열반.

(Mujusanghaeng) Volitional action, or practice without dwelling in form, or "Just-do-it" mind with no conception of doing: The practice of non-attachment, non-abiding in form even in enlightenment and Nirvana.

무주지 無住智 머무름과 집착이 없는 지혜.

(Mujuji) Non-abiding wisdom.

무주처열반 無住處涅槃 윤회하는 육도六道는 말할 것도 없고, 열반에도 머물지 않고 중생 구제에 여념이 없는 공덕功德. 그리고 이것이 곧 진정한 보살행.

(Mujucheo Yeolban) Nirvana of non-abiding: With the aid of interactive wisdom and compassion, those who do not dwell in birth and death, nor even in Nirvana, but continue to cross living beings over to the other shore of happiness forever and ever. This is the virtue and merit of true Bodhisattva.

무지역무득 無智亦無得 지혜도 없고 얻음도 없는 것. 구극究極의 견지에서 보면, 나라고 하는 이 존재뿐만 아니라 부처도 없고, 마음도 마음이라 할 것 없으니, 여기에 이르면 온갖 것이 도적이 빈 집에 드는 것과 같으니, 얻어도 얻을 바가 없다. 그러니 일체가 단지 저 허공처럼 마음 비우는 것만 못하다.

(Muji Yeokmudeuk) Neither wisdom nor any attainment: In the ultimate truth, nothing is real including self, Buddha, and the mind. It is like a thief to find nothing in the empty house, and the best thing we could do is to drop one's mind like empty space, which is our original native home.

무진등 無盡燈 꺼지지 않는 등. 이는 곧 불법佛法을 일컫는 말. 한 사람의 법法으로 수없이 많은 사람들을 인도하여도 끝이 없음을, 한 등불로 백, 천의 등불을 켜는데 비유한 말.

(Mujindeung) The inexhaustible everlasting lamp: A single lamp that lights hundreds and thousands of lamps without itself being diminished as the illustrious Buddha-dharma transmitting from one to another without end. Likewise, a single Bodhisattva may establish many hundreds of thousands of living beings in such enlightenment without his mindfulness being diminished.

무진연기 無盡緣起 화엄종의 핵심 교의敎義로서, 법성게法性偈에서 말하는 일중일체 다중일一中 一切 多中一의 이치를 말함. 법계연기法界緣起 참조.

(Mujinyeon-gi) Inexhaustible dependent arising: The endless causality of all phenomena, or the endless mutual dependance of all things in the universe, the principal doctrine of the Glower Garland Sutra, as it is well illustrated in the Song of Dharma Nature. *Cf.* *(Bupgyeyeongi)* The principle of causality of the universe.

무차대회 無遮大會 무애대회無碍大會라고도 말함. 성범聖凡, 도속道俗, 귀천貴賤, 상하上下의 차별 없이 잔치를 베풀고 물품을 고루 나누어 주면서 경론經論을 강설講說하거나 토론을 벌이는 법회.

(Muchadaehoi) A ceremony of giving alms to all the assembly including monks and laymen, irrespective of rank, along with Dharma discourse and discussion. It is a kind of open Dharma discussion and festival.

무착 無着 집착이 없음. 무주열반無住涅槃과 함께 반야경般若經에서 강조하는 보살의 두 가지 기본 덕목德目인 동시에 깨침에 이르는 지름길. 이 세상 그 무엇도 집착할 것이 못된다. 인생의 최대 비극은, 방편에 집착하여 근본 또는 그 목적을 착각하는 것. 화엄경 십행품十行品의 무착행無着行을 꼭 참조.

(Muchak) Anupadana, or holy indifference: Non-attachment is a keynote of the Buddha for enlightenment. Nothing whatsoever is worth clinging to. *Cf.* Non-attachment of Ten Actions in the Flower Garland Sutra.

무착 無着 인도 스님 (290-360). 유식종唯識宗의 기초가 된 미륵보살의 가르침을 받아 동생 세친世親과 함께 유식종唯識宗을 세우다. 중요한 저서로 금강반야바라밀경론金剛般若波羅密經論이 있다.

(Muchak) Asanga (290-360 C.E.): An Indian Buddhist monk. It is believed that he received a series of teachings from Maitreya, which became the basis of the Yogacara School or the Consciousness-only School, which he co-founded with his younger brother Vasubandhu. The commentary on the Diamond Sutra is regarded as one of his best writings.

무착공열반 無着空涅槃 보살은 열반에 탐착하지 않으니, 공空이 실로 공하지 않은 줄 알아 공한 법으로 깨달음을 삼지 않는다. 그것은 마치 새가 허공을 날아가되 허공에 머물지 않는 것과 같다. 그는 번뇌를 끊지 않고 열반에 들어가며 오욕五慾을 끊지 않고 육근六根을 깨끗이 한다.

(Muchakgong Yeolban) Non-attachment to either void or Nirvana: This is supreme enlightenment. It is like a bird flying in the empty sky without any hindrance, without leaving any trace, or without dwelling in anything.

무착무애 無着無碍 공의 이치를 깨달아 집착이 없으며, 차별의 이치를 깨달아 만유에 걸림이 없음을 말함.

(Muchakmuae) Non-attachment and non-hindrance: Non-attachment with the realization of true meaning of emptiness and equanimity.

무착즉시해탈 無着卽是解脫 집착을 놓으면 그것이 곧 해탈. 해탈을 너무 어렵게만 생각할 필요없다. 단지 상相을 떠나 집착을 놓을 것.

(Muchakjeuksi Haetal) Non-attachment itself is true release and

enlightenment: Just put down your grasping mind, and you will attain enlightenment. There is nothing complicated.

무참 無慚 악을 범하고도 부끄러운 마음을 내지 않는 것.

(Mucham) Non-existence of a sense of shame with respect to one's wrong doings.

무학 無學 더 이상 닦을 것이 없다는 극과極果란 뜻. 모든 번뇌를 제거하고 소승小乘의 가장 높은 자리인 아라한과阿羅漢果를 얻은 이를 말하며, 대승의 경우는 불과佛果를 말함.

(Muhak) No-more learning: One who no longer needs religious training. Another name for Arhat, the highest stage or status in Hinayana Buddhism, who has nothing more to learn. In Mahayana, it means Buddhahood. In this stage, there is nothing more to study and cultivate.

무학 無學 (1327-1405) 고려 말 조선 초의 고승 자초自超의 법호法號. 태조 이성계의 스승으로서 조선朝鮮 건국에 힘씀.

(Muhak) (1327-1405) A venerable priest of the late Goryeo Dynasty, who helped King Taejo found the Joseon Dynasty (1392-1910).

무행 無行 수행修行을 하지 않는 것, 또는 미리 계획하고 분별하는 일 없이 행하는 무공용無功用의 행行.

(Muhaeng) No cultivation or practice, or action without premeditation or discriminating mind, or unminding action, leaving things to the laws of nature.

무행역무지 無行亦無止 가는 것도 없고 멈추는 것도 없다. 다시 말해 진실한 법을 깨닫는다면, 생사를 포함해 일체가 멈추고 오고 감이 없는 법이니, 이것이 곧 깨침이며 열반.

(Muhaeng Yeokmuji) Neither moving nor stopping: When one awakens to the ultimate truth, there is no moving and stopping, coming or goings, including birth and death, which is the state of total extinction and Nirvana.

무형문화재 無形文化財 연극, 무용, 음악, 공예, 그 밖의 문화적 소산으로 역사상 또는 예술상 높은 가치를 지닌 것.

(Muhyeong Munhwajae) An intangible cultural asset or property in the field of drama, dancing, music, industrial arts, etc.

묵불이 默不二 유마경에 나오는 이야기로, 불이법不二法의 질문에 대한 유마거사維摩居士의 침묵. 같은 질문에 대해 많은 보살들과 문수보살이 여러 가지로 그럴듯한 설명을 했으나, 우주는 본래 문자와 말이 없는 법. 여기에서 지혜제일智慧第一의 문수보살까지도 곤혹을 치르게 된다. 그리고 이 유마거사의 우주의 정적靜寂과 같은 침묵의 변형이 조사들의 할喝과 몽둥이가 아닌가 생각한다.

(Mukburi) Non-duality by silence: The silence of Vimalakirti's answer to the question of non-duality. There were neither letters nor words in the infinite and timeless world of the universe. How then could one explain the ultimate truth in words and letters?

묵연무어 默然無語 무언무설無言無說로 말이 없다는 뜻. 문수보살과 관자제보살이 불이문不二門에 대해 논할 때, 유마거사維摩居士는 묵언으로 일관 말이 없었다. 그러자 문수보살이 칭찬하여 이는 진실한 불이문不二門이라 하여 이를 묵불이默不二, 유마힐의 일묵一默, 또는 유마묵언維摩默言이라 부르게 됨.

(Mukyeonmueo) Great silence with no words: When Manjushri Bodhisattva and Avalokiteshvara Bodhisattva were engaged in a discussion on the non-duality gate in a great assembly, Vimalakirti kept silence throughout the discussion, whereupon Manjushri praised him highly, saying that his silence was the true non-duality gate. Ever since his silence has been known as non-duality silence, Vimalakirti silence, or One-great silence. "He who knows, speaks not."

묵조사선 默照邪禪 일부 선사禪師들이 묵조선默照禪을 매도하는 말.

(Mukjo Saseon) The heretical Seon of silent meditation: A typical way of denouncing silent illumination meditation by some Seon masters.

묵조선 默照禪 묵조 무사선默照 無事禪 이라고도 말함. 묵조선은 우선 간화선看話禪처럼 좌선할 때 화두話頭를 들지 않는 것이 그 특징. 따라서 묵조선에선 이미 깨쳐있는 상태에서 행하는 좌선은 더 이상 깨침을 위한 수단이나 과정이 아니라고 한다. 나아가 묵조선에서의 좌선은 앉아 있는 그 자체가 이미 깨쳐있는 공안문公案門이기 때문에, 묵묵히 앉아 일체 인위적인 것을 버리고 묵묵히 앉아서 번뇌망상을 여읜 다음 자신의 본래 갖추어져 있는 불성佛性을 자각하는 것을 강조한다.

따라서 오로지 묵묵히 앉아있다고 하여 지관타좌只管打坐라고도 하는데, 사실은 명칭만 다를 뿐 조사선과 큰 차이가 없다. 즉 마음을 가다듬고 조용히 앉아있는 그 자체가 곧 깨달음이라는 위의즉불법威儀卽佛法으로 통한다. 이러한 수행방법의 차이로 인해 묵조선과 간화선은 심한 논쟁을 벌이기도 했다.

묵조선을 조동선曹洞禪이라고도 말하며, 중국과 일본과는 달리, 현재 한국에는 별로 알려져 있지 않으나, 간화선이 어렵다면 묵조선을 시도해보는 것도 나쁘지 않을 듯. 그리고 위빠사나도 사실 해보면 번거롭고 생각과 같이 그렇게 쉽지 않다. 무엇이 되었든 다른 것을 폄하하고 자기 것을 강요할 필요는 없다고 본다. 그것이 아무리 최상승의 것이라 하더라도.

음식 가리는 사람치고 건강한 사람 보지 못했다. 각자의 취향과 근기에 다라라 열심히 하면 된다고 본다. 그런데 간화선에서는 묵조선을 '싸늘한 재처럼' 아무런 지혜작용이 없는 고목사회선枯木死灰禪 또는 맹선盲禪이라고 비판하기도 한다.

(Mukjoseon) Silent illumination meditation: Silent meditation without any thinking, different from hwadu meditation. It is a different branch of Seon from Ganhwa Seon or word-contemplation meditation. As we are all inborn Buddhas and already possess Buddha-nature, all we have to do is, it claims, to sit tight and stay aware or contemplate in silence. In this sense, it is similar to Patriarchal meditation.

Silent meditative sitting itself is the form of awakening in this school. No hwadu or any device is required. Some claim that it is easier than Ganhwa Seon, even easier than Vipassana, but word-contemplation meditation discredit silent illumination meditation as "blind meditation," or "the dead-wood-ash meditation," which was the cause of the heated arguments between the two meditation practices. However, in the spirit of harmonization of views, we can understand both traditions as valid paths in their own right.

Silent illumination meditation is also called Caodong meditation, the same name of a Chinese Buddhist School, and still prevails in China and Japan, but not in Korea. Everyone needs a different kind of practice according to their temperament, which is perhaps why there are so many different koans. If someone feels that Ganhwa Seon or hwadu meditation is too difficult or not right for them, they may try silent illumination meditation and vice versa.

문 門 여러 가지 뜻이 있다. 1) 출입구에 설치된 건조물. 2) 사물을 구별하여 분류하는 말. 예를 들어 평등문과 차별문 등. 3) 하나의 법문法門에 의하여 종지宗旨를 세운 일종일파一宗一派를 종문宗門이라고도 함.

(Mun) There are a several meanings: 1) A door, gate of a structure. 2) Teaching, especially one leading to salvation or nirvana. 3) A sect, or school established according to the doctrine, or tenet of a sect.

문답 問答 부처님께서 즐겨 사용하신 질문자와 해답자가 서로 상대하면서 의논을 교환하는 것. 특히 선종禪宗에서는 제자가 묻고 사승師僧이 대답하는 것이 하나의 전통으로 이것을 선문답禪問答이라 말함.

(Mundap) Question and answer, or dialogue between master and student: As a kind of catechism, it is especially the tradition of the Seon Buddhism and Buddha in the edification of the disciples.

문도회 門徒會 같은 문중門中 또는 수행도반道伴의 친목회.

(Mundohoi) A close group of fellow practitioners of the same school or master.

문문일체경 門門一切境 이는 법성게法性偈에서 말하는 일중일체다중일一中一切 多中一에 대한 다른 표현으로, 문문門門은 하나하나의 개체, 곧 만법萬法을 뜻하며, 일체경一切境은 만법의 개체는 그 안에 일체의 경계를 갖추고 있다는 뜻. 같은 말이라도 이해하기가 쉽다.

(Munmun Ilchegyeong) The unity of the whole, or the holism of the universe regardless of the individual characteristics of each existence: It is, in truth, another expression of "The many are within the One, and the One is within many." *Cf. (Iljeukilche Dajeukil)* The One is many, and the many are One.

문사수삼혜 聞思修三慧 다음과 같은 세 가지 지혜를 말함. 물론 이때의 으뜸은 수혜修慧. 1) 문聞 (들어서 얻는 지혜) 2) 사思 (생각해서 얻는 지혜) 3) 수修 (실천 수행하여 얻는 지혜)

(Munsasu Samhye) The three wisdoms of listening, thinking, and cultivation: 1) Wisdom attained by listening. 2) Wisdom attained by thinking. 3) Wisdom attained by practice and meditation.

문익법안 文益法眼 (885-958) 법안종法眼宗의 시조始祖.

(Munik Beopan) Wenyi Fayan (885-958) The founder of Fayan School of Chinese Ch'an Buddhism.

문인 門人 같은 문중門中의 제자들.

(Munin) Fellow disciples of a school.

문자반야 文字般若 삼반야三般若의 하나. 방편반야方便般若라고도 말함. 삼반야三般若 참조.

(Munjabanya) Wisdom in letters: One of the three aspects of wisdom, *sambanya*. It is also called *bangpyeon banya*, the expedient Prajna or wisdom. *Cf. (Sambanya)* Three aspects of Prajna.

문자상철우 蚊子上鐵牛 모기가 무쇠소의 몸을 주둥이로 뚫는다는 것은 논리적으로나 실제로 불가능한 일이다. 그러나 조사선祖師禪의 견지에서 볼 때는 가능한 일이다. 조사선祖師禪의 관문을 뚫을 때는 잔꾀가 붙을 수 없고, 아무리 차원 높은 논리라도 그것은 한낱 장애를 일으키는 망상일 뿐이다.

(Munjasang Cheolu) The penetration of the back of an iron ox with the mouth of a mosquito: It is impossible but what it implies is that such a firm resolution is required in the practice of meditation. In Patriarchal meditation, no reasoning, rationalization, or intellectual speculation is allowed. One must drop them all to pass the Patriarchal gate.

문자선 文字禪 선禪에 대한 지적知的 또는 개념적 지식. 그런가 하면, 선禪을 선시禪詩나 게송偈頌 등 문학적 수사修辭로 표현 또는 설명하는 것. 따라서 이제 선禪은 더 이상 불입문자不立文字가 아니다.

(Munjaseon) Literary Seon or Zen: Conceptual, or intellectual meditation. Knowledge about meditation, or the rhetorical expression or explanation of meditation by means of Seon poems and gatha or stanza. It means acknowledgement of letters in meditation practice.

문중 門中 종문宗門, 종파宗派 또는 같은 스승 밑에서 수행한 도반의 모임.

(Munjung) Another name for a Buddhist order, or a fraternity of fellow disciples of the same master.

문집 文集 한사람의 시문詩文을 함께 모아 편찬한 책.

(Munjip) Collected writings of prose and verse of an author.

문턱 문짝의 밑이 닫는 문지방의 윗머리. 법당에 들어갈 때는 불상에서 먼 쪽의 발부터 들어놓아야 하며 또 문턱을 디디고 넘어가면 안 된다. 또 이때 반배와 합장은 기본 예법.

(Munteok) The doorsill or threshold: One should take a step farther

from the Buddha image first, and must not step on the doorsill when entering the Dharma Hall, and joining the palms with a half bow is the basic etiquette when one enters the Dharma Hall.

문화유산 文化遺產 선조들이 남긴 귀중한 문화재文化財.

(Munhwa Yusan) The cultural legacy of the past left by the forefathers.

문화재 文化財 인간의 문화 활동의 소산으로서 문화적 가치를 지니고 있는 것.

(Munhwajae) A cultural asset or property.

문훈습 聞薰習 부처님의 가르침을 꾸준히 듣고 마음에 새겨 깨달음에 이르는 것. 가랑비에 옷이 젖듯.

(Munhunseup) Permeation of the teachings of Buddha in the heart and attaining the Buddhahood, just like a light rain soaks into a heavy coat.

물불천 物不遷 진여법공眞如法空에는 일체의 오고감이 없다는 뜻.

(Mulbulcheon) No comings and goings in the ultimate emptiness of true-suchness.

미개구즉착 未開口卽錯 입을 열기도 전에 그르친다는 뜻으로, 진리는 말로 표현할 수 없음을 말함. 입을 여는 것은 말할 것도 없고, 입을 열지 않았다 하더라도, 분별심이 일어났다면 이미 그르친 것이며, 한 생각이 일어났다면, 거기엔 이미 분별심의 그림자가 드리워졌다는 것. 이것이 곧 부처님과 선문禪門에서 말하는 이심전심以心傳心의 논리이다. 『노자』에도 "지자는 말이 없다"知者 無言이라는 말이 나온다.

(Migaegu Jeukchak) Even before the opening of the mouth, it is already a big mistake: In other words, even if you have not spoken anything, if you had a conception in your mind, it is the same as if it is already spoken. Where there is a thought, there is discrimination, a dual mind. It is typical of Seon. It also means that truth is inconceivable and beyond words and expression. "One who knows does not speak." The quote is from Dao De Jing by Laozi.

미경 迷境 미迷한 또는 허망虛妄한 경계境界, 곧 삼계육도三界六道를 말함. 다시 말해 이 허망한 삼계三界 (욕계欲界, 색계色界, 무색계無色界)에서 모든 존재의 영원한 육도六道의 생사의 윤회가 전개된다. 육도六道 참조.

(Migyeong) The deluded percepts or sense-objects: They are the

main factors of the three realms, the worlds of desire, form, and formlessness, that constitute samsara, or birth and death, and within which the cycle of existences of all beings in six modes of existence takes place. *Cf. (Yukdo)* The six modes of existence

미계 迷界 번뇌煩惱에 얽매어 삼계三界에 유전하는 중생계衆生界를 말함.

(Migye) The deluded world: The world of deluded sentient beings who are bound in the everlasting cycle of birth and death in the triple world.

미륵정토 彌勒淨土 용화세계龍華世界라고도 말하며, 미래 미륵 부처님이 오시는 것을 말함.

(Mireuk Jeongto) The Pure Land of Maitreya: The land of future Buddha Maitreya.

미망 迷妄 미오迷悟와 같은 뜻. 사리事理에 어두움.

(Mimang) The deluded mind.

미묘 微妙 섬세하고 묘하거나 이상야릇하여 알 수가 없음.

(Mimyo) Something that is subtle, marvellous, profound, or mysterious beyond expression or imagination.

미묘법 微妙法 이치가 지극히 그윽하고 깊어 생각과 언설을 초월한 부처님의 가르침.

(Mimyobeop) The marvellous Dharma, or Buddha's profound teaching beyond words and expression.

미오불이 迷悟不二 미망迷妄과 깨달음의 모습이 각기 다르나 그 실체는 같으며 하나라는 뜻. 즉 물의 맑고 더러움이 서로 다르나 그 물의 성품은 같다는 것. 기가 막힌 비유譬喩.

(Miobuli) Sameness of delusion and enlightenment: On the surface level, they are different, but in essence they are the same just as, in essence, there is no difference between clean and muddy water.

미오일여 迷悟一如 번뇌는 자성이 없으며, 자성이 없으므로 공空이며, 이미 번뇌가 없다면 어찌 깨달음이 있을 수 있는가. 번뇌도 공이요 깨달음도 공이니 그것을 일여一如라 말하니 이것을 일러 공종空宗이라 말하며, 또한 번뇌는 얼음과 같고 깨달음은 물과 같으니, 번뇌와 깨달음은 동체·同體이며, 이를 가리켜 성종性宗이라 한다. 어려운 말 같으나 잘 새겨 보면 아주 논리정연하다. 다리를 꼬고 앉아 '이뭣고!'를 듣더라도 이 정도는 알아야 히리라.

(Mio Ilyeo) The identity of delusion and enlightenment: In the ultimate sense, there is no difference between them. Delusion has no self-nature, and if it has no self-nature, it is empty without any self-entity. If there is no delusion, how can there be enlightenment? This is the doctrine of the Emptiness of School; emptiness of delusion and enlightenment.

On the other hand, if delusion is like ice, enlightenment is like water, which means they are in essence identical and the same, which is the doctrine of the Essential-nature School. Aren't they logical and reasonable? One should think about the logic before starting hwadu meditation.

미인점계 오자돈수 자식본심 자견본성 즉무차별 迷人漸契 悟者頓修 自識本心 自見本性 卽無差別 어리석은 사람은 점차 계합하고, 눈 밝은 자는 몰록 닦음이니 스스로 본심을 알아 저절로 본성이 들어나면, 차별이 없다는 뜻. 이것은 육조단경에六祖檀經에 나오는 말. 그렇다면 돈오돈수頓悟頓修와 돈오점수頓悟漸修에 대한 논쟁 이유는? 법무점돈 인유이둔法無漸頓 人有利鈍 참고.

(Miinjeomgye Ojadonsu Jasikbonsim Jagyeon Bonseong Jeuk Muchabyeol) The foolish awaken gradually, but the wise awaken instantly. Thus if you see true mind and thereby true nature appears, then there exists no difference between them. It is from the Platform Sutra. Why then arguments about sudden and gradual awakening? *Cf. (Beopmujeomdon Inyuidungo)* Dharma has neither gradual nor sudden, but human beings have the characteristics of gradual and sudden.

미증유 未曾有 아직 일찍이 없었던 일.

(Mijeunyu) Something unheard of or unprecedented.

미진 微塵 범어梵語 rajas. 물질의 극소를 극미極微라 하고, 극미를 7배 한 것을 미진이라 함.

(Mijin) A particle of dust: The smallest particle, a microcosm of the universe.

미진수 微塵數 미세한 티끌의 수. 경전經典에서 헤아릴 수 없이 많은 수를 표현할 때 쓰는 비유적 표현.

(Mijinsu) A countless number of tiny particles, dust, or atoms: A

figurative expression of an infinite number.

미타명호 彌陀名號 아미타불이 중생을 구제하기 위하여 성취한 명호名號. 여기에 사자四字와 육자六字 명호가 있다. 사자四字는 '아미타불,' 육자 六字는 '나무아미타불.' 이들 명호를 항상 지니고 염念하면 한량없는 공덕이 있어 어떠한 무거운 죄도 소멸한다고 함.

(Mitamyeongho) The name or pen name of Amitabha Buddha: There are two, one with four syllables, A-mi-ta-bul, and the other with six syllables, Na-mu-a-mi-ta-bul. It is believed that if one recites these names at all times, all sins will be redeemed.

미혹 迷惑 사리事理에 어긋난 것을 미迷라 하고, 사리事理에 밝지 못한 것을 혹惑이라 말함. 다시 말해 어리석은 생각. 이것이 곧 중생.

(Mihok) Illusion: "Mi 迷" means out of reason or delusion, and "hok 惑" means in the dark. This is what a sentient being is.

민절 悶絶 지나친 괴로움에 의한 혼미한 상태로 인사불성人事不省을 뜻함. 유식삼십송唯識三十頌에 나오는 말.

(Minjeol) The state of unconsciousness from unbearable pain.

밀교 密敎 그 뜻이 깊고 어려워 말과 글로는 헤아릴 수 없는 비밀스러운 가르침이라는 뜻. 불교 유파流派 중의 하나. 8세기에 중국에 전래되었으나, 당唐나라 말기 이후에는 점점 쇠퇴함. 그러나 같은 시기에 티베트에 들어온 밀교는 라마교로 변신하여 현재에 이름 .

(Milgyo) Esoteric Buddhism: The secret doctrine, or the profound and mysterious teachings of Buddha that cannot be expressed in words or speech. It declined in the late period of Tang dynasty in China but became the main religion in Tibet.

밀부 密付 스승의 제자에게 법法을 비밀스럽게 전하는 것. 곧 이심전심 以心傳心, 또는 어려운 말로 교외별전敎外別傳을 뜻함.

(Milbu) The master's secret transmission of the dharms to his disciple, or transmission of the law from mind to mind: Another expression for "a special transmission outside the scripture."

밀어 密語 부처님이 진실을 숨기고 방편方便으로 설한 교법敎法. 밀의密意 참조.

(Mileo) The esoteric words or sayings: The Buddha's expediential teachings, which not everyone had the capacity to hear. *Cf. (Milui)*

The esoteric or hidden ideas or meanings.

밀의 密意 부처님의 숨겨진 의도를 말함. 다시 말해 부처님의 진의眞意는 중생에게 표면적인 이해로부터 숨겨져 있기 때문에 밀密이라 함. 있는 그대로 진실을 설명해도 중생들이 이해하지 못하기 때문에 부처님께서 진실을 깊숙이 숨기고 겉으로 방편을 써서 설하신 가르침이 있는데, 이것을 밀의방편교密意方便教라 말한다.

(Milui) The esoteric or hidden meanings of Buddha: An expediential teaching method. As sentient beings are unable to understand the true meaning of Buddha's teaching, the Lord Buddha uses an artful liberative technique to convey his teaching, hiding the essence of the discourse. This is called the expediential teaching of the esoteric meaning.

밀장 密藏 진언眞言의 경전經典을 말함.

(Miljang) The secret depository or basket: The scriptures of the True Word or Esoteric Sect.

밀주 密呪 비밀의 주呪. 곧 진언眞言 또는 다라니를 말함.

(Milju) The secret dharani, or the true words of Buddha.

밀지 密旨 비밀한 요지要旨.

(Milji) A confidential point.

밀행 密行 오로지 불도佛道의 수행에만 은밀히 힘쓰는 행업行業. 부처님의 십대제자 중 부처님의 아들인 라후라가 밀행 제일.

(Milhaeng) Esoteric practice: Rahula, the son of Sakyamuni Buddha, was the foremost in esoteric practice among the ten major disciples.

【 ㅂ 】

바가받기타 범어梵語 Bhagavad-Gita. 힌두교의 3대 경전經典중의 하나. 한역漢譯은 성파가범가聖婆 伽梵歌. 이를 직역하면 지고자至高者 (神)의 노래라는 뜻. 설립 연대는 B.C. 2세기, 3세기 등 여러 설이 있다. 내용은 인격적 신 크리쉬나가 우파니샤드의 비인격적 범천梵天으로 승화하는 것으로 묘사되고 있다.

(Bhagavad-Gita, or Song of the Lord) One of the three sacred books of Hinduism (Veda, Upanishads, and Bhagavad-Gita). Its emergence is presumed to be between 2nd C. B.C. and 3rd C. B.C. In the book the personified God Krishna is depicted as transcending the impersonal Brahman of the Upanishads.

바라문 婆羅門 부처님 당시 인도 사성四姓 가운데 가장 높은 승족僧族.

(Baramun) Brahman: The highest of the four Indian castes at the time of Sakyamuni Buddha.

바라문교 婆羅門敎 불교에 앞서 인도 바라문족을 중심으로 고대 인도의 경전인 베다의 신앙을 중심으로 발달한 종교의 총칭. 바라문교의 특징으로는 범아일여梵我一如 사상과, 불평등 사상의 표본인 사성제도四姓制度를 들 수 있다.

(Baramungyo) Brahmanism: The religious and social system of the Brahmans and orthodox Hindus, characterized by the caste system and diversified pantheism, or the Hinduism of the Vedas, Brahmanas, and Upanishads. Two characteristics of its teaching are the philosophy of unity of the universe and self, and the caste system.

바라밀다 波羅密多 범어梵語 paramita의 음역으로 바라밀이라고도 쓰며, 피도안彼度岸, 도무극度無極, 또는 줄여서 도度라고도 번역. 다시 말해 바라밀波羅密은 피안彼岸의 뜻이고, 타多는 이른다는 도到의 뜻으로, 지도智度 또는 피도안彼倒岸이라 번역. 지혜의 완성이라는 뜻으로 태어나고 죽고 하는 현실의 괴로움으로부터 벗어나 열반의 경지인 피안으로 건너간다는 뜻. 이는 또 보살의 수행을 일컫는 말. 그러나 지혜의 완성이란 만유의 공성空性에 대한 깨달음 이외의 다른 것이 아니다.

찬불급손불급讚不及毁不及 (칭찬과 험담이란 잠시 머물다가 지나가는 그림자)
약요일만사필若了萬事畢 (허나 이름도 없는 그것은 허공처럼 어디에나 가득 차 있어)
무결무여약태허無缺無餘若太虛 (모자람이 없고 남음도 없으니)

위군제작바라밀爲君題作波羅密 (억지로 이름 붙여 바라밀이라 부를 뿐)

(Baramilta) Paramita: Perfection, or to cross over from this shore of birth and death to the other shore of emancipation, enlightenment, and Nirvana. It also means the virtues perfected by a Bodhisattva in the course of his/her spiritual development toward Buddhahood. What is Paramita?

It is called Paramita just for convenience's sake.
In the ultimate consummation, it is like a passing shadow;
It is also beyond praise or abuse.
Yet it is like a great space, replete and void.

바라이 波羅夷 계율戒律 가운데 가장 엄하게 다룬 것. 이 중죄를 범한 승려는 승려의 자격을 박탈당한다.

(Barai) The most severe penalty for a monastic who commits a grave offence, the penalty of which is excommunication, or losing the title of monk.

바랑 배낭背囊의 변한 말. 걸망 참조.

(Barang) A Buddhist knapsack: Barang is another name for geolmang in Korean.

빠알리어 경전經典에서 사용된 실론인의 언어로, 부처님이 사용하신 구어체口語體와 아주 흡사한 것으로 알려져 있다.

Pali : The canonical language of Ceylonese Buddhist, believed to be very similar to the colloquial language spoken by Sakyamuni Buddha.

반가부좌 半跏趺坐 책상다리로 앉는 방법의 한 가지. 왼쪽 다리를 구부려 오른쪽 넓적다리 위에 얹고 앉거나, 혹 오른쪽 다리를 왼쪽 넓적다리 위에 올려놓고 앉는 자세. 결가부좌를 여래좌如來坐라 함에 대하여 이는 보살좌菩薩坐 또는 길상좌吉祥坐라고도 말한다. 또 왼쪽다리로 오른다리를 누르고 앉는 것을 길상좌吉祥坐, 오른다리로 왼다리를 누르고 앉는 것을 항마좌降魔坐라 한다. 힘이 들면 다리 자세를 바꿀 수 있다. 결가부좌結跏趺坐 참조.

(Ban-gabujwa) The half-lotus posture or position: Put the left foot deep inside the right thigh, then put the right sole under the left thigh. It is also called the Bodhisattva posture while the full lotus posture is called the Tathagata or lucky posture.

When the left foot is on the right thigh, it is called the posture of bliss or fortune while the reverse posture is called the subduing deamon posture. While sitting in a full or half lotus position, you may alternate the position of your feet.

반가사유상 半跏思惟像 반가부좌半跏趺坐의 자세로 명상하고 있는 불상佛像.

(Ban-gasayusang) A Buddha statue of meditation in the half lotus position.

반가상 半跏像 반가부좌半跏趺坐로 앉은 불상佛像.

(Ban-gasang) A Buddha statue or image of the half lotus posture.

반대자 飯袋子 밥버러지. 수행을 게을리 함으로서 밥만 축내는 수행자를 말함.

(Bandaeja) A rice-bag: A monk who only consumes rice without studying.

반두 飯頭 밥, 죽 등의 주식主食을 만드는 책임자. 흔히 공양주라 하며, 요사이는 보살이 이 소임을 맡고 있으므로 공양주 보살이라고 말함.

(Bandu) The meal supervisor: An officer who is in charge of gruel and rice, etc. But nowadays in Korea this job is taken over by the ladies who are called *gongyangju* (meal-providing) bosal (bodhisattva).

반배 半拜 합장한 채 서서 허리를 굽혀 하는 절. 반배를 할 경우는 대개 다음과 같다. 절 입구에서 법당을 향하여 절할 때, 길에서 스님을 만났을 때, 큰 절을 하기 전과 마친 후, 불전에 나아가 헌화를 하거나 향이나 초, 기타 공양을 올리기 직전과 올린 후, 법당에 들어가서 바로, 또는 법당에서 나오기 직전, 기타 필요시.

(Banbae) The half bow, or a bow from the waist in the standing position with palms joined together: When is it appropriate to perform half bow? When you bow toward the Buddha Hall at the entrance of the temple; when you meet a monk or nun on the road; before and after full bows or prostration; when you offer flowers or incense, light candle, to the Buddha before the altar; right after you enter the Dharma Hall and before you leave the hall, and other appropriate occasions.

반야(지) 般若(智) 묘혜妙慧, 승혜勝慧, 무상혜無相慧 등 여러 해석이 있다. 반야지란 보살행의 이상理想인 동시에 육바라밀의 하나로, 대승불교에 있어서 법法의 참다운 이치에 부합한 최상의 지혜로 공空의 이치를 완전히 체득함을 말한다. 또 공이란 연기법에 대한 다른 말에 지나지 않으니, 연기란 공이며 또한 중도中道. 그리고 무엇보다 이것이 부처님께서 깨달으신 정각正覺이며 지혜의 완성. 그러나 진실한 반야는 허공처럼 청정하여 알 수도 볼 수도 없으며, 조작도 반연함도 없으니, 단지 그 공능功能에서 알 수 있을 뿐. 여실지如實智 참조.

(Banya(ji) Prajna, Prajnaparamita, or Bodhi-prajna: The wisdom of enlightenment, the ultimate or transcendental wisdom or insight which consists in complete identity of being and knowledge with absolute Buddha essence beyond all difference or distinction.

It is the last of the Six Paramitas, the ideal of Bodhisattva practice. It is without form. It is beyond perception and grasping just like the pure empty space. We only see it through its function. In the ultimate sense, it is also another name for dependent origination and the Middle Way. *Cf. (Yeosilji)* Knowledge or wisdom of true reality.

반야무지 般若無知 반야般若는 앎이 없는 무지. 그러나 이때의 무지는 아무것도 모른다는 무지가 아니라, 참된 지혜인 정지正智는 무념별無念 ·무분無分別하기 때문에, 마음이 명상名相을 떠나 집착이 없으며 마음이 허공처럼 비어 맑다는 뜻으로, 대지무분별大智無分別 또는 반야무지般若無知라고도 말함. 승조僧肇의 조론肇論에 나오는 말. 그러고 보면 앎이 없는 것을 아는 것이 진정한 앎. 유마거사의 양구良久 참조.

(Banyamuji) Transcendent wisdom of no knowledge: As Prajna is beyond conception, attachment, and discrimination, it is called transcendental wisdom of no knowledge. *Cf.* The Treatise of Sengzho and the great silence of Vimalakirti.

반야바라밀타 般若波羅密多 육바라밀六波羅密의 하나. 언설言說과 문자文字를 떠난 비개념적 지혜의 완성. 바라밀은 피도안被到岸 또는 완성을 뜻하며, 반야般若는 실상實相을 비추어보는 지혜로서, 나고 죽는 이 언덕을 건너 열반의 저 언덕에 이르는 뗏목에 비유하기도 함. 그런가 하면 보살의 수행을 뜻하기도 하며, 또 공空으로 해석되기도 하는 반야바라밀은 육바라밀의 바탕이 되기도 한다. 마지막으로 밀타密多는 범어梵語로 '끝이 없다(無極)'는 뜻.

(Banyabaramilta) Prajnaparamita, or the perfection of transcendental wisdom: One of the Six Paramitas. If we breakdown the word, "Prajna" means transcendental wisdom, "para", complete; and lastly "mita" means infinite. Hence the everlasting transcendental, perfect wisdom.

This is sometimes regarded as synonymous with voidness, which is the essence of the Six Paramitas.

반야불모 般若佛母 지혜는 삼세제불三世諸佛의 어머니 또는 근원. 이보다 더 감동적인 말은 없을 것 같다.

(Banyabulmo) Wisdom is the mother or source of all Buddhas. How wonderful it is to have such wisdom?

반야사상 般若思想 이는 반야경般若經에 나타나 있는 중심사상을 말하며, 일체의 법法이 공하며, 그 하나하나의 법이 고정적인 실체를 가지고 있지 않다고 보는 사상이므로, 공관空觀이라고도 말함. 이 사상은 소승小乘의 아공법유我空法有의 주장을 바로 잡으려는 시대적 사명을 가지고 있었다.

(Banyasasang) The philosophy of Prajna or transcendent wisdom: It is the essence of Mahayana Buddhism with the doctrine of emptiness. It sees everything as empty, possessing no self-entity. This philosophy was to refute the doctrine of reality of Dharma, a kind of atomism by Sarvastivadins, or the Existence School.

반야삼매 般若三昧 흔들림이 없는 지혜와 깨달음의 경지.

(Banyasammae) The Samadhi (serenity) of Prajna (transcendent wisdom).

반야선 般若船 부처님의 지혜로서 중생을 돕는 일을 배를 가지고 물에 빠진 사람을 구하는데 비유한 말.

(Banyaseon) The boat of wisdom: The means of attaining Nirvana, and a metaphorical expression of Buddha's saving sentient beings with wisdom as saving a drowning man with a great ship.

반야시 般若時 천태종의 교의教義로, 부처님의 교설教說을 연차적으로 5기로 나눈 것 중 제 4기를 말함. 오시 팔교五時 八教 참조.

(Banyasi) The prajna period: The fourth of the five periods of the Buddha's teaching, the doctrine of the Tientai Sect.

반어 反語 효과적인 표현을 위해 고의적으로 어떤 말을 실제와는 반대되는 뜻으로 사용하는 수사법修辭法.

(Baneo) Irony: An ironic or paradoxical statement for a better understanding of the problem, a kind of figurative speech.

반연 攀緣 얽힌 인연, 또는 사물의 대상을 의지한다는 뜻. 곧 마음이 대상에 의지하여 작용을 일으키는 것. 다시 말해, 마음이 그 무엇에 의지함 없이 자기 혼자 일어나지 못하는 것이 마치 칡덩굴이 나무줄기 없이는 감고 올라갈 수 없음과 같으니, 이때 칡덩굴은 나무에 반연한다고 말한다. 따라서 이는 어떤 대상을 마음속으로 끌어드린다는 뜻으로, 모든 번뇌의 근본이 된다. 이것을 끊으려면 구하는 바가 없어야 한다고 유마경維摩經은 말한다.

(Banyeon) Clinging conditions: Clinging to objects, or causal entanglement: It is like vines climbing up the trunk of a tree. Thus clinging is like attachment, the fundamental cause of defilement. The Vimalakirti Sutra teaches that a key to be free from clinging is wishlessness, non-desire, or non-attachment.

반열반/원적 般涅槃/圓寂 해탈하여 법신法身의 실제實際, 즉 우주의 실체로 돌아가는 것을 뜻하며, 산스크리트어 pari는 '완전'이라는 뜻으로, 부족함이 없는 완전한 열반이라 하여 원적圓寂이라고도 번역. 이때 반般은 들어간다는 입入의 뜻.

(Banyeolban/Weonjeok) Parinirvana: Returning to Dharmakaya or to the essence of the universe after death. It is also translated as complete rest.

반조 反照 선종禪宗에서 쓰는 말로, 회광반조廻光反照의 준말. 저녁 햇살이 삼라만상을 비추어 그 모습을 드러내듯이, 자신 안에 있는 밝은 심성心性을 곧바로 비추어보는 것. 쉽게 이야기해 스스로 청정한 자기 마음을 비추어보는 반조자심返照自心.

(Banjo) Direct introspection of the mind, or a reflective illumination as the setting sun reflects the myriad things on earth: It is an abbreviation of *hoigwangbanjo*, "introspection and perceiving mind's true light", one of the most important points in the teaching of Dhyana School.

반주삼매경 般舟三昧經 부처님이 발타화보살 跋陀和菩薩의 요청에 따라 반주삼매 般舟三昧의 법문을 설한 경전.

(Banju Sammae Gyeong) The Sutra of Pratyutpanna: The sutra Sakyamuni Buddha discoursed upon the request of Bhadrapala Bodhisattva on the method of practicing the pratyutpanna-samadhi.

발고여락 拔苦與樂 중생들을 고통으로부터 구하고 낙을 주는 것. 부처님께서 이 세상에 오신 이유.

(Balgoyeorak) Deliverance of all living beings from suffering and

leading them to happiness: This was the primary reason of Buddha's coming to this world.

발광삼매 發光三昧 백팔삼매의 하나. 끊임없는 수행을 통해 여러 가지 빛깔의 신통한 광명을 모든 감각기관을 통해 방출한다는 뜻에서 얻어진 이름.

(Balgwang Sammae) The samadhi of light emission: One of the 108 samadhis. It is constant cultivation of fire in all sense faculties to gain a divine power that allows one to emit all kinds of colorful lights at will.

발굴 發掘 땅속에 묻힌 것을 파냄.

(Balgul) Excavation, or to unearth.

발문 跋文 후기後記와 같은 말로 후서後序, 발미拔尾, 또는 줄여서 발拔이라고도 말함.

(Balmun) An epilogue or a postscript: There are a few alternate descriptions in Sino-Koreran, such as *hugi* 後記, *huseo* 後序, *balmi* 跋尾, *or* simply *bal* 跋.

발심 發心 발보리심發菩提心의 준말. 보리심菩提心을 일으키거나 무상보리無上菩提를 얻으려는 열망. 곧 반야般若에 나가는 것을 말함. 초발심시변정각初發心時便正覺 참조.

(Balsim) Initiation of the mind: An abbreviation of a great resolve to attain supreme enlightenment. It follows upon a great aspiration, wherein the Bodhisattva will be filled with a lofty determination that he/she should attain enlightenment to serve all living beings. *Cf. (Chobalsimsi Byeonjeonggak)* The moment of earnest aspiration for enlightenment itself is the true awakening.

발우 鉢盂 스님들의 공양供養과 걸식乞食을 위한 그릇.

(Baru) Patra: A begging or an alms bowl: A traditional wooden bowl that serves Buddhist monks both for eating and as a begging bowl.

발우공양 鉢盂供養 발우를 사용한 사찰 공양. 그릇에 고춧가루 하나라도 남기면 안 된다. 또 식사 도중 잡담을 해서는 안 되며, 심지어 소리를 내서도 안 된다. 이것도 하나의 좋은 수행방법.

(Barugongyang) Baru-meal, or the monastic formal meal with four pieces of traditional wooden bowl: One should not leave even a speck of food in the bowl nor make any noise during the meal. The manner of taking baru-meal is somewhat delicate, and no private talking is allowed during the meal.

발원 發願 구하는 마음을 내는 것. 간절한 바램. 기원祈願이라고도 말함.

(Balweon) A great vow, aspiration, prayer, or supplication.

발원문 發願文 수행 정진할 때 세운 서원誓願을 적은 글, 또는 법회 때에 시주의 소원을 적은 글을 말함.

(Balweonmun) A letter of vow, aspiration, or invocation.

발진귀원 發眞歸源 참다움을 일으켜 근원으로 돌아감. 그렇게 되면 시방十方의 허공이 모두 사라지게 될 것이다. 시방허공실개소손十方虛空悉皆消損 참조.

(Baljingwiwon) Returning to the source of things with the rise of true mind: If there is a person who sets out for truth and returns to the origin of the universe, then the space in all directions will completely perish.

방 方 유식종唯識宗에서 주장하는 설說로 이십사불상응행법二十四不相應行法의 하나. 방위方位를 말함.

(Bang) Direction: One of the twenty-four actions or activities associated with neither mind nor forms of karmic dispositions.

방거사 龐居士 마조도일馬祖道一의 제자로서 성은 방龐씨이고 자字는 도현道玄. 그의 가족이 모두 좌탈입망坐脫立亡한 이야기로 유명하다. 그리고 방거사龐居士는 인도의 維摩居士 및 한국의 부설거사浮雪居士와 더불어 사람들의 입에 자주 오르내리는 재가在家 신자.

(Bang Geosa) Layman Pang: A disciple of Mazu Daoyi (709-788). Layman Pang was a successful householder, but when he had achieved material success, he saw it had not brought him happiness and so he sunk all of his possessions on a boat in a lake. Along with Vimalakirti of India and layman Buseol of Korea, he is the most remarkable lay personage in the history of Seon Buddhism.

방광/등 方廣/等 산스크리트어 비불략毘佛略 vaipulya의 번역으로 대승경전에 대한 총칭. 대승 경전에서 설한 이치는 방정方正한 것이므로 방方이라 하며, 뜻이 원만하고 방대하므로 광廣이라 말함.

(Banggwang/deung) Sanskrit word vaipulya meaning "expansive and

upright," as opposed to "restrictive," the term describing the characteristics of all the Mahayana sutras in contrast to the more narrow teachings of Theravada. The term is, in a sense, another appellation for Mahayana.

방광삼매 放光三昧 백팔삼매百八三昧의 하나로, 여러 빛깔의 광명을 방출放出한다는 뜻으로부터 얻어진 이름.

(Banggwang Sammae) The samadhi of emitting light: One of the 108 samadhis, when a person emits all kinds of light.

방부 房付 승려가 다른 절에 가서 좀 있기를 부탁하는 것.

(Bangbu) Request of a monk for a temporary stay at the temple.

방사신심 放捨身心 몸과 마음을 모두 내려놓는 것. 휴식만사休息萬事 참조.

(Bangsa Sinsim) Releasing both body and mind: It is a shortcut to attaining enlightenment, putting down every particular, inside and outside. *Cf. (Hyusik Mansa)* Putting down or resting the myriad particulars.

방생 放生 잡혀 죽게 된 생물을 놓아 살려줌. 먹기 위해, 또는 하나의 놀이로 산짐승을 죽여? 불교에서는 생각할 수 없는 일.

(Bangsaeng) Releasing living creatures, or captured wild life as a work of merit. It is the Buddhist practice to free all beings, never to harm them, much less kill living creatures to eat or for sports.

방생법회 放生法會 잡혀 죽게 된 생물을 놓아 살려주는 법회.

(Bangsaeng Beobhoi) A ceremony or a Dharma assembly for releasing the captured wildlife.

방선 放禪 출정出定과 같은 뜻으로, 선정禪定을 쉬거나 화두를 놓는 일. 입선入禪 참조.

(Bangseon) Letting go of meditation. *Cf. (Ipseon)* The announcement or start of meditation.

방소 方所 방각方角 또는 소처所處라고도 말함. 쉽게 이야기해 방위方位, 곧 방향과 장소를 가리킴을 뜻함.

(Bangso) Direction and location: "bang 方" means direction, and "so 所" means location.

방앗간 쌀을 찧는 곳. 육조 혜능六祖 慧能은 스승 오조 홍인五祖 弘仁 밑에서 방아 찧는 일부터 시작했다.

(Bang-atgan) The rice-pounding mill: Master Huineng, the Sixth Patriarch, started his monastic career pounding the rice at the rice-pounding mill by the order of his Master Hongren.

방일 放逸 자제함이 없이 온갖 욕망에 이끌려 가는 것.

(Bang-il) Negligence, self-indulgence, or an unrestrained conduct incited by all kinds of desires.

방장 方丈 사방四方으로 1장丈이 되는 큰 방을 뜻하는 것으로, 이 방에 거처하는 큰 스님을 방장이라고 부른데서 유래. 지금은 총림叢林의 큰 스님, 또는 특히 중국에서는 주지를 방장이라고 부른다. 일반 사찰의 큰 스님은 조실祖室이라 말함.

(Bangjang) The quarters of a head monk: The name derives from a ten-foot cubic dwelling, or the room where the spiritual master used to reside. It is now used as a title for the spiritual master of a Seon monastery. *Cf. (Josil)* Patriarch.

방주 坊主 房主라고도 말함. 한 사찰의 한 방坊의 주인이라는 뜻으로 주지住持와 같은 말. 방주房主의 경우, 승방僧房의 주인이라는 뜻으로 역시住持나 坊主와 같은 말.

(Bangju) The head-monk of a temple: Another name for abbot.

방편 方便 범어梵語 upaya의 번역으로 '교묘한 수단'이라는 뜻. 이를 한문으로 번역하면 '선교방편善巧方便'이 된다. 이때 방方은 방법, 편便은 편리함. 중생을 교화하기 위해 쓰는 묘하고 편리한 방법이라는 것. 그러나 불교에선 단순히 일시적인 편의를 위한 것뿐만이 아니라, 지혜가 깨침의 어머니라면, 방편은 깨침의 아버지라고까지 말한다. 그리고 밀교의 대일경大日經에서는, '방편이 곧 구경究竟'이라는 표현까지 쓴다.

사실 대기설법과 방편 없는 불교란 생각할 수가 없다. 쉽게 이야기해 깨달음과 열반의 피안으로 건네주는 뗏목이 곧 방편이다. 따라서 강을 건너간 다음엔 뗏목을 버리면 된다. 이 지혜로운 방편이 없어 갈등을 겪고 있는 서양 종교를 생각해 볼 것. 성서에 대한 새로운 합리적 해석 방법인 '고등비평高等批評'과 삼위일체三位一體를 부정하면서 이성적 신앙을 주장하는 개신교의 일파인 일신교一神敎(Unitarianism) 참조.

(Bangpyeon) Upaya: A skilful device, skilful means, expedient means, an artful liberative technique, an inconceivable skill in liberative technique, a temperamental convenience, a device or a temporary

means to achieve an end, or leading sentient beings to the truth. It is an ingenious method of the Buddha and Bodhisattvas to deliver all living beings according to their temperaments, vessels, or capabilities. "If wisdom is the mother of enlightenment, an artful liberative technique is the father of enlightenment," the sutra says.

방편바라밀 方便波羅密 십바라밀十波羅密의 하나. 보살이 방편으로 여래如來 또는 여러 가지 형상을 나타내어 중생을 제도하는 것.

(Bangpyeon Baramil) The seventh of Ten Paramitas: Perfection of liberative expediency in various forms to save all living beings.

방편반야 方便般若 삼반야三般若의 하나. 문자반야文字般若라고도 말함.

(Bangpyeonbanya) An expedient Prajna or wisdom: One of the threefold Prajna or transcendental wisdom.

방편법신 方便法身 이종법신二種法身의 하나. 중생을 교화敎化하고 이익利益케 하기 위한 방편으로, 법성진여法性眞如로부터 나타내신 불보살의 몸.

(Bangpyeon Beopsin) The provisional Dharmakaya: One of the two kinds of Dharmakaya. It refers to the body of a Buddha or Bodhisattva which is nothing other than the corporealized form of Tathata or Dharma-body manifesting itself to help suffering sentient beings.

방편설 方便說 수타의설隨他意說, 수타의어隨他意語, 수타의교隨他意敎라고도 말하며, 부처님께서 상대방의 근기에 따라 가르침을 말함. 실교實敎와 밀교密敎 참조.

(Bangpyeonseol) The expedient teaching or discourse of Buddha according to the ability or temperament of sentient beings. *Cf. (Silgyo)* Authentic teaching of Buddha and *(Milgyo)* Esoteric Buddhism.

방편지 方便智 중생을 구제하기 위해 편의상 사용하는 지혜.

(Bangpyeonji) Expedient wisdom: Wisdom or knowledge of using skilful means for saving sentient beings.

방편품 方便品 방편으로서의 부처님의 말씀을 다룬 장.

(Bangpyeonpum) The section or chapter on expedient means.

방하 放下 하심下心과 함께 멋있는 불교용어 중의 하나로, 내려놓는 것. 다시 말해 마음을 비우고 집착을 놓는 것으로, '나'와 '내 것'이라는 집착과 오악도五惡道에서 벗어날 수 있는 가장 확실한 방법.

다음은 영국의 문호文豪 쉐이크스피어의 『리처드 2세』 5막 5장 39-41행에 나오는 명구名句. 리처드 2세는 조선조의 세조 수양대군처럼, 조카를 몰아내고 왕이 된 사람이다. 마음이 편할 수 없었을 것이다: '인간이면 누구나 다 비워 / 없음으로 돌아가 편안해 질 때까지는 / 그 어느 것에도 만족하지 못하리.'

탐욕을 버리고 마음을 비운 다음 이 몸뚱어리를 포함한 모든 허망한 것들을 놓는 것. 그것이 곧 깨달음이며 열반. 영문 번역을 꼭 읽어보시기 바람. 이러한 명구名句를 또 어데서 만날 수 있겠는가? 하심下心 참조.

(Bangha) Putting down, or letting go: Renunciation or emptying one's mind leaving every attachment behind. It is the best way to be free from the concepts of "I," "My," "Me," and the five modes of existence: the hell, hungry ghost, animal, human, and heavenly realms.

The following is a beautiful quotation from *Richard II*, 5.5, 39-41 by Shakespeare on renunciation: "Nor I, nor any man that but man is, / With nothing shall be pleased, till he be eased / With being nothing."

Putting down, emptying the mind, and renunciation of the illusive phenomenal world including our body, that is enlightenment and ever lasting nirvana. Good luck! *Cf.* *(Hasim)* Humility: Lowering the mind.

방하교의 放下敎義 공부하는 사람에게 있어서 경전經典은 마치 여행자의 길잡이 책과 같다. 길을 안 다음엔 책을 덮어놓고 부지런히 걸어가야 한다. 이렇듯 방하교의란 교敎를 마친 다음엔 교를 버리고 바로 선禪에 들어가라는 뜻.

(Bangha Gyoui) Leave the doctrine and practice meditation: You need a guidebook in a strange country to know where you are going, but the book itself will not take you anywhere. You must start walking after having studied the book or map, that is, practice meditation after having studied the doctrine.

방하착 放下着 집착을 놓음. 놓아버린다는 것은 아무 것도 하지 않는다거나 애착을 억지로 끊는다는 것이 아니다. 놓아버림이란 번뇌와 탐욕이 본래 일어난 곳이 없음을 확실히 깨닫는 것을 의미한다. 번뇌와 탐욕이 일어난 곳이 없는 줄 알면, 번뇌를 끊지 않고 열반에 들 수 있으며, 또 오욕을 버리지 않고서도 육근을 깨끗이 할 수 있다는 것이 육근청정六根淸淨이며, 이것이 또 깨달음의 지름길. 다시 말해, 본래 형상과 실체가 없는 마음과 마음의 자취를 모두 비운다면, 모든 물이 바다로 흘러 들어가 한결같은 맛이 되듯 위없는 불도를 이루게 되리라.

(Banghachak) Renunciation, releasing the attachments, or letting go of grasping: The true meaning of Buddhist renunciation of grasping is not an act of rejection, denying, or destroying. It is rather to realize the non-self-nature of all things and their emptiness, even a grasping mind.

When a man is free from worldly passion and attachment, he attains an inner serenity and reaches a higher and more integrated level of consciousness, or integration of the self with the universe, just like we get the same taste of water when small streams of water flow into the great sea and become one with it, which is a sure way to attain enlightenment and nirvana.

방할 捧喝 방捧은 몽둥이, 곧 매질하는 것. 할喝은 '학'하고 소리 지르는 것. 선사禪師가 학인學人을 지도하는 방법의 하나로 쓴다. 방捧은 덕산德山, 할喝은 임제선사臨濟禪師가 즐겨 씀.

(Banghal) Lit. A staff and shout: Staffs and shouts used by Seon or Zen masters to instruct practitioners. The staff was popularized bv Te-shan and the shout by Lin-chi.

방함록 芳啣錄 안거安居 때에 수행자들의 직명, 성명, 법명, 나이, 본적, 사명寺名을 적어두는 기록.

(Banghamnok) The register of the practitioners of the summer and winter retreats including their name, position, Dharma name, age, family origin, and the name of the temple they are from.

배 拜 불교에서 절하는 방법으로는 합장에서 시작하여 모든 동작이 끝난 다음 일어설 때까지 모두 11단계가 있어 쉽지가 않다. 다시 말해 그만큼 간절한 정성이 모아져야 한다는 것. 그러나 무엇보다도 절이란 우선 하심下心으로 무엇을 구하거나 단순한 존경의 표시가 아니라 마음을 비워 자만을 아울러 꺾는 것임을 알아야 한다.

절의 11단계: 1) 양손을 합장하여 가슴에 대고, 2) 오른손을 떼어 아래쪽의 방석 중심을 짚으며, 3) 왼손으로 방석 왼쪽을 짚는다. 4) 다음엔 오른손을 중심에서 방석의 앞 오른편으로 옮기며, 두 손 사이를 15cm 가량 벌리고, 5) 머리를 양손의 중간인 방석 위에 대고, 6) 두 손바닥을 뒤집어 손바닥이 위로 향하게 하고, 7) 두 손의 손바닥을 굽혀서 주먹을 쥐어 돌려서 원위치를 짚으며, 8) 머리를 방석에서 떼고, 9) 오른손을 방석의 중심으로 옮기며, 10) 왼손을 방석에서 떼어 가슴 앞에 옮겨 합장의 모양을 짓고, 11) 오른손에 힘을 주어 일어나 (이때 두 무릎이 동시에 방석에서 떨어진다) 오른손을 왼손에 합하여 가슴에 대니, 이것이 일배一拜이다.

(Bae) Bowing, prostration, or performing obeisance: One formal full bow has eleven steps for one bowing, from the first step of joining palms to the final step of standing up after the completion of a bow or prostration. But besides the delicate manner of bowing, one thing one should remember is that bowing is not wishing for something or a simple display of respect but lowering and emptying one's mind to curb arrogance at the same time.

Eleven steps of a bow: 1) Join your two palms and place them on your chest. 2) Release your right hand and put it on the center of the mat. 3) Then place your left hand on the left side of the mat. 4) The next step is to remove your right hand to make the distance between the right and left hand about 15cm. 5) Place your forehead on the mat between the two hands. 6) Turn both palms to face upward. 7) Grab your hands and then place them on the original place on the mat. 8) Release your forehead from the mat. 9) Remove your right hand to the center of the mat. 10) Remove your left hand from the mat and then place it on the chest in the form of joining the hands. 11) Sustaining your body on the right hand, return to your standing position by straightening your two knees with the motion of joining your right hand with the left hand. These are the formal 11 steps of a full bow or prostration.

배촉구비 背觸俱非 배背는 등져서 버리는 것. 촉觸은 부딪쳐 집착하는 것. 곧 등져도 안 되고 부딪쳐 집착해서도 옳지 못하다는 뜻. 진여眞如에 부딪치면 집착하게 되고, 등지면 멀리 어긋나게 되므로, 부딪치지도 등지지도 말아야 한다는 뜻. 배촉관背觸關은 이에 대한 하나의 화두.

(Baechokgubi) Neither turning the back nor contacting: One should not turn one's back to avoid a problem, nor become shackled in it. One should maintain equanimity and the middle path. *Baechok Gwan,* the gate of neither turning back nor contacting is a hwadu or koan based on this problem.

백고좌 百高座 불교 법회法會의 이름. 백좌강회百座講會 또는 백좌도량百座道場이라고도 말함. 사자좌獅子座 100자리를 만들어 고승 백분을 모셔다 그 자리에 앉게 하고 설법을 하게 하게하여 이를 비교하는 큰 법회.

(Baekgojwa) One hundred elevated seats: The Dharma assembly of one hundred lion-seats of the venerable priests. Its purpose is to compare the differences of their Dharma talks for the right understanding of the Buddha-dharma. It is also called the bodhi-mandala, the center of Dao or Truth, or the enlightened site.

백골관 白骨觀 인생이란 무상無常함을 알고, 오온五蘊이 화합하여 이루어진 몸에 대한 집착을 버리기 위해 사람의 백골을 관하는 것.

(Baekgolgwan) Contemplating the human skull to realize the impermanence of our life and body, which is but the five aggregates or skandhas.

백납의 百衲衣 세상에서 쓰다버린 낡은 천 조각을 여러 개 이어 만든 옷을 말하며, 납자衲子란 이러한 옷을 입고 수행하는 출가자를 말함.

(Baeknapui) A monastic's robe made of 100 patches of old discarded cloth.

백비 百非 백은 큰 수를 든 것. 온갖 것을 모두 아니라고 부정하므로 백비 百非라 한다.

(Baekbi) The hundred or infinite negations: Negation about everything. Hundred means an infinite number.

백양사 白羊寺 대한불교 조계종 제 18 교구본사. 전라남도 장성군長城郡에 있는 백양사는, 631년 (무왕武王 32년) 승려 여환如幻이 창건하고, 고려에 들어 1034년 중연中延이 중창하다.

(Baekyangsa) Baekyangsa Temple: It was established in 631 C.E. by Bhikku Yeohwan, and renovated in 1034 by Jungyeon. It is now the Head Temple of the 18th Regional District or diocese of the Jogye Order.

백우거 白牛車 흰소 수레. 법화경法華經에 나오는 양거羊車, 녹거鹿車, 우거牛車 가운데 하나. 일불승一佛乘과 부처님을 상징하는 흰소 수레를 말함.

(Baek-ugeo) The white bull cart: The One-vehicle cart, or the Buddha-vehicle cart.

백의 白衣 재가인在家人을 뜻함. 이에 대해 불교의 사문沙門을 치의緇衣 (검은색)

또는 염의染衣라 함.

(Baekui) The white robe: The whit robe means layman while dark robe or dyed robe means monk.

백장청규 百丈淸規 백장대선사百丈大禪師 (720-814)가 만든 사찰 운영에 관한 제도. 선사의 유명한 일일부작 일일불식一日不作 一日不食 참조.

(Baekjang Cheonggyu) The holy rules or precepts of Baizhang: A written work stipulating the rules or regulations for life in a monastery. *Cf.* The Master's famous maxim, "A day without working is a day without meal. In short, "No work, no meal."

백장회해 百丈懷海 (720-814) 중국 당나라 큰 스님.

(Baekjang Hoihae) Baizhang Huaihai (720-814), one of the great Ch'an masters of the Tang period in China.

백중기도 百中祈禱 백종百種 또는 백중百衆으로 표기하기도 함. 백중일百中日 (음력 7월 15일)에 사찰에서 망자亡者의 명복을 빌기 위하여 드리는 불공. 우란분절盂蘭盆節 참조.

(Baekjunggido) A Buddhist ceremony performed at the temple for the spirit of the dead for their happiness in the other world on the fifteenth day of seventh moon by the lunar calendar.

백척간두진일보 百尺竿頭進一步 이것을 그대로 해석하면, 백척 장대 끝에 오른 다음, 한 걸음 더 나아가라는 말인데, 그러면 떨어져 죽는다. 이것을 몇 가지로 달리 설명하면, 우선 백척간두란 최고봉을 듯하며, 진일보란 그 자리에 머물러 만족하지 말고 한 걸음 더 나아가라는 것을 뜻한다. 이것을 약간 달리 말하면, 선禪의 이상은 깨달음, 즉 공空, 중도中道, 그리고 불이不二를 증득證得하는 것인데, 여기에 머물면 그것도 하나의 집착이니 거기에도 안주하지 말라는 뜻이며, 그것이 바로 진일보進一步라는 것. 그리고 이것을 실천적인 면에서 이야기 한다면, 일단 깨달은 다음엔 거기에 안주하지 말고, 원효대사元曉大師처럼 저자거리에 나아가 중생제도에 힘쓰라는 뜻도 될 수 있다.

(Baekcheok Gandu Jinilbo) Lit. A step forward from the top of a hundred-foot pole: Above or beyond the top of a hundred-foot pole rising yet another step. It may mean not to abide in attaining enlightenment. That is another form of indolence and attachment. One must proceed beyond even the ideas of enlightenment and Nirvana,

and devote oneself to the deliverance of sentient beings even in the market place just like the Most Venerable Wonhyo did.

백천만겁 百千萬劫 한없는 세월 또는 영원한 시간.

(Baekcheon Man-geop) Millions of kalpas of eons, or innumerable hundreds and thousands of millions of eons.

백천만겁난조우 百千萬劫難遭遇 부처님 법 만나기가 그렇게 어렵다는 뜻. 그러니 우리는 얼마나 행복한가. 어찌 열심히 공부하지 않으리오.

(Baekcheon Man-geop Nanjou) A rare meeting in millions of kalpas of eons: Such is the meeting of Buddha's teaching. How happy and blessed then we are! One should study hard to repay the grace.

백초 百草 온갖 번뇌煩惱와 망상妄想.

(Baekcho) All kinds of defilement: "*Baekcho*"百草 literally mean one hundred or an infinite number and the wild grass.

백팔배 百八拜 절은 어떤 대상에 대한 존경의 표시이기도 하지만, 불교에서는 번뇌를 씻어내기 위한 마음 비움, 즉 108배란 백팔번뇌百八煩惱를 씻어내기 위한 수행이기도 함.

(Baekpalbae) One hundred eight bows or prostrations: The true meaning of 108 bowing to Buddha is not worshipping the Buddha image, but bowing to our true self and mortification to expiate one hundred eight defilements within ourselves.

백팔번뇌 百八煩惱 꽉 맺혔다 하여 108결結이라고도 말함. 중생의 번뇌 수효가 108이라는 말. 이것을 좀 더 자세히 설명하면, 육근六根이 육경六境 또는 육진六塵을 만날 때마다 호好, 악惡, 평등平等의 세 가지가 서로 같지 않아 18번뇌를 일으키고, 또 고苦, 락樂, 사捨 (버림)의 3수受(느낌)가 있어 18번뇌를 내니, 모두 합하여 36종이 되며, 또 이를 다시 삼세三世 (과거, 현재, 미래)에 배配하면 108번뇌가 된다. 그러나 다른 계산 방법도 있다.

(Baekpal Beonnoi) 108 passions or defilements: It is also called 108 knots. The 108 passions, afflictions, or defilements that disturb or pollute the mind and body of sentient beings. The number 108 derives from the multiplication of the six sense- faculties or roots (eye, ear, nose, tongue, body, and mind) by three discriminations (likes, dislikes, and equanimity)=(18); then the six roots are multiplied again by three emotions (suffering, pleasure, and renunciation)=(36), and then it is multiplied again by three (past, present, and future), which equals 108. There are, however, other methods of reckoning.

백팔염주 百八念珠 실에 작은 구슬 108개를 꿰어 그 끝을 마주 묶은 염주로, 염송念誦이나 염불念佛할 때 수를 세는데 이용함.

(Baekpal Yeomju) A mala of 108 beads: A string of 108 small beads, which is used for counting the recitation of mantras, dharanis, or the name of Buddha.

백호(상) 白毫(相) 부처님의 삼십이상三十二相의 하나로, 부처님의 눈썹사이에서 끊임없이 광명光明을 놓는 희고 빛나는 가는 터럭.

(Baekho(sang)) A thin white urna or curl between the eyebrows of Buddha from which emits a constant brilliant light: It is one of the thirty-two excellent marks of Buddha. 를 만들어 달고 복을 빌기도 한다.

번 幡 당번幢幡이라고도 말함. 불·보살의 위덕威德을 표시하는 장엄 도구인 깃발. 이를 만들어 달고 복을 빌기도 한다. 당번 참조.

(Beon) A flag that displays the auspicious sign and virtue which arouses the respect and devotion of the Buddha and Bodhisattva. It is also used to pray for happiness or blessing. *Cf. (Dangbeon)* A banner.

번뇌 煩惱 보리菩提의 상대적인 말로, 마음을 괴롭히고 몸을 해치며 마음을 산란하게 하여 깨달음과 열반에 장애가 되는 모든 정신작용을 통칭하여 이르는 말. 그러나 그 근본원인은 탐욕과 집착 그리고 무명에 있음을 알아야 한다. 십장애 十障碍 참조.

(Beonnoi) Klesa: Pain, affliction, or defilement: It refers to all the mental functions that obstruct the mind and pollute the mind and body, the basis for all unwholesome actions and things that bind people to the wheel of birth and death, or samsara. It is also variously translated as defilements, temptations, worldly passions, or frustrations, that disturb the peace of mind and obstruct the way of enlightenment and Nirvana. *Cf. (Sipjangae)* Ten obstructions.

번뇌니 煩惱泥 니泥, 곧 소택지沼澤地가 능히 연꽃을 피우게 하는 것처럼, 번뇌가 능히 보리菩提의 꽃을 피우게 하므로 이렇게 말함. 번뇌즉보리 煩惱卽菩提 참조.

(Beonsoini) The swamp of defilements: As the lotus flowers grow in the swamp, the defilements could turn out to be the conditions of

enlightenment. *Cf. (Beonnoi Jeuk Bori)* The defilement itself is enlightenment.

번뇌망상 煩惱妄想 나라고 생각하는 데서 일어나는 나쁜 경향의 마음 작용과 헛된 생각.

(Beonnoi Mangsang) Defilement and illusion arising from ego.

번뇌성공 煩惱性空 번뇌본공煩惱本空 또는 번뇌본무煩惱本無라고도 말함. 이는 번뇌의 본성이 본래 공한 것이므로 실제로 있는 것이 아니라는 것. 모든 것은 망령된 마음의 소치.

(Beonnoi Seonggong) The empty nature of defilement: It is only an illusion of the deluded mind. It is also called the original emptiness of defilement.

번뇌장 煩惱障 번뇌가 마음을 어지럽게 하여 수행이나 열반을 방해하는 것. 소지장所知障 참조.

(Beonnoijang) The afflictive hindrances that prevent cultivation and attaining enlightenment. *Cf. (Sojijang)* Misleading intellectual hindrance.

번뇌장 煩惱藏 오주지五住地의 번뇌가 일체의 번뇌를 포함하므로 장藏이라 말함.

(Beonnoijang) The storehouse of defilement or affliction: It is a variant expression for the five fundamental delusions of misleading views and desires, because the defilements of the five stages of conditions encompass all defilements.

번뇌 즉 보리 煩惱卽菩提 번뇌가 곧 깨침이라고 한다. 즉 번뇌란 무명으로 인해 마음이 지어낸 미망迷妄이기 때문이다. 진정 깨치고 보면 이들은 모두 이름일 뿐 실체가 없는 것. 어두움이 가장 짙을 때 정신적 깨달음이 열린다는 말도 있다(玄之又玄 衆妙之門 현지우현 중묘지문). 그런가 하면 마치 수렁에서 연꽃이 피어나듯 번뇌 속에 정진하는 구도심求道心이 지혜의 진실 된 본체이기 때문에 번뇌가 곧 보리菩提라고도 말함. 문제는 분별심과 집착. 지혜라는 뜻의 보리菩提는 각지覺智 또는 도道와 같은 뜻.

윤회의 경계가 곧 열반의 경계
그 사이에는 아무런 차이가 없느니라.

--용수龍樹, 『중관론中觀論』, 제 25장, 20--

(Beonnoi Jeuk Bori) Defilement itself is bodhi or enlightenment: In the ultimate sense of emptiness, they are identical and non-dual in nature. They are just names with no substance. There is a saying that we sometimes get enlightenment when we are in the pitch dark. As the lotus flowers grow in the swamp, metaphorically defilement could be the ground of wisdom and enlightenment. The best policy is to leave all the discriminations and attachments behind.

Where there is the limit of samsara,
There is the limit of Nirvana;
Not the slightest thing whatsoever is between them.
--Nagarjuna, the Treatise of the Middle, XXV, 20--

범부 凡夫 성자聖者에 대해서 어리석은 범용凡庸한 사부士夫, 곧 인간을 말하며, 불교적인 의미에선 아직 번뇌에 얽매어 생사를 벗어나지 못하는 사람. 그런데 대승大乘에서는 범부가 곧 부처라고 말하며, 또 번뇌가 곧 깨침이라 말한다. 그리고 이것이 모두 말장난이 아니라는 것을 알아야 한다. 다시 말해 깨치면 누구나 부처이고, 자기가 부처인 줄을 모르면 그것이 바로 범부이다.

(Beombu) Common people, and the slow-witted, or an unenlightened being, who is not yet free from worldly passions: Yet the Buddha says we are all inborn Buddhas, and there is no difference between the Buddha and common people, nor any difference between enlightenment and passion. The only difference between them is that an enlightened knows he is the Buddha, and common people do not realize the truth that they are all Buddhas.

범부선 凡夫禪 오종선五種禪 참조.

(Beombu Seon) Common people's Seon. *Cf. (Ojong Seon)* The five types of meditation.

범성일여 凡聖一如 범성불이凡聖不二라고도 말함. 범부와 성인에 차별이 있는 듯하지만, 그 본성인 진여眞如에는 차이가 없다는 것. 이들에 차이가 있다면, 범부 凡夫는 자성自性을 깨닫지 못한 사람이고, 성인聖人이란 이것을 깨달은 사람이라는 것 뿐. 일체중생 실유불성一切衆生 悉有佛性 참조.

(Beomseong Ilyeo) Ultimate suchness, or complete equanimity of ordinary beings and holy men: No difference or distinction between common people and saints in their inherent Buddha-nature of true-thusness. In other words, the essence of mind does not vary with different persons. What makes the difference is whether one's mind is enlightened or deluded. *Cf. (Ilchejungsaeng Silyubulseong)* Within every being is the Buddha-seed.

범소유상 개시허망 凡所有相 皆是虛妄 금강경에 나오는 유명한 구절. 대저 모든 상은 허망함을 알아야 하며, 따라서 집착할 이유가 없다. '약견제상비상 즉견여래若見諸相非相 卽見如來'라 했으며, 이것이 어느 의미에선 금강경의 핵심 주제. 곧 모든 형상이 사실은 허상虛像임을 알면 곧 여래를 본다는 뜻. 깨침이라고 하여 너무 어렵게 생각할 필요 없다.

수행이 익으면 허공을 나는 새를 보고도 깨치는 법. 그리고 무엇보다 모든 중생은 본래 불성佛性을 지니고 있다는 것을 잊지 말 것. 벽을 바라보고 앉아있는 것도 좋지만, 무엇을 알고 공부할 것. 참선이란 자신의 본래면목을 깨닫는 것.

(Beomsoyusang Gaesiheomang) All appearance is delusion, or wheresoever there are material characteristics there is delusion: Just leave your grasping mind, and then you will realize that there is nothing in the whole universe that is not the Buddha and Dharma teacher. "Whosoever perceives that all characteristics are in fact no characteristics, perceives the Tathagata."

This is in a sense the kernel of the whole discourse of the Diamond Sutra. Above all, we should never forget that we are all inborn Buddhas before starting meditation. Meditation is none other than realization of this truth.

범신론 汎神論 신과 우주를 동일시하여, 신 가운데에 우주를, 우주 가운데에 신을 보는 가장 원시적 형태의 신앙.

(Beomsinnon) Pantheism: The most ancient style of religious belief, the doctrine that God is the transcendent reality of which the material universe and man are only manifestations. The belief in many gods.

범아일여 梵我一如 바라문교의 우주관으로 우주와 내가 하나라는 사상. 그러나 고대 불교에서도 대우주의 브라흐만, 곧 우주아宇宙我를 자기 내부에 융합시켰을 때 참된 궁극적인 해탈이 있다고 하여 이를 범아일여梵我一如라 말했다. 그리고 부처님께서 설하신 무아無我라는 것은 결코 아트만의 부정이 아니라 아집我執이라고 하는 것, 곧 현대말로 '에고이즘'이라고 하는 것에 대한 극복이라고 말하고 있다.

브라마[大我]/범천梵天과 아트만[小我] 참조. 불교와 힌두교 사이엔 경계해야 할 점도 있지만 유사한 점이 없지 않다.

(Beomaillyeo) Oneness or unity of the universe or Brahman and self: The cosmic view of Brahmanism. However, the ancient Buddhism also had almost the same idea that one will attain the ultimate enlightenment when he is unified with the great cosmic 'I'', that is, the Brahman. And we should remember that non-self the Buddha discoursed was not the negation of 'self' but the attachment to self and 'egoism,' not the true self or 'atman.' *Cf. (Beomcheon)* Brahma-deva, and atman. We must be very careful, but there really is some affinity between Hinduism and Buddhism.

범어사 梵魚寺 대한조계종 제14교구본사로, 부산광역시 금정구 청룡동 금정산에 있는 큰절. 678년에 의상대사義湘大師가 창건.

(Beomeo-sa) Beomeosa Temple, the 14th Ddistrict Head Temple of the Jogye Order of Korean Buddhism on Mt. Geumjeong in Busan City. It was established by the Great Master Uisang in 678 C.E.

범음 梵音 몇 가지 뜻이 있다. 1) 맑고 깨끗한 음성이라는 뜻으로 불보살佛菩薩의 음성을 찬탄하는 말. 2) 부처님의 가르침. 3) 독경讀經의 소리.

(Beomeum) The Brahma voice: One of the thirty-two marks of a Buddha. It has several meanings: 1) A clear and pristine voice of the Buddha and Bodhisattvas. 2) A Buddha or Bodhisattva's voice preaching the Law. 3) The voice of reading or chanting a sutra.

범종 梵鐘 대종大鐘이라고도 말하며, 아침 (3시)에는 28번, 저녁 (6시)에는 33번을 친다. 이 타종으로부터 사찰의 조석朝夕 예불이 시작되며, 이 종소리는 천상天上과 지옥의 모든 중생을 제도한다는 깊은 뜻이 있다.

(Beomjong) A great bell at the temple: The morning (03:00) and the evening (18:00) prayer chanting start with the sounding of the great bell (28 times in the morning, 33 times in the evening). It is believed that the sound of the bell will deliver all beings in hell as well as the beings in the heavenly realm.

범찰 梵刹 사찰寺刹을 말하며, 보찰寶刹이라고도 말함. 범梵은 깨끗하다는 뜻.

(Beomchal) It is another name for temple: Beom and chal mean

"pristine" and "monastery" respectively.

범천(왕) 梵天(王) 바라문교에서는 만물의 창조신. 그러나 불교에선 제석천帝釋天과 함께 불법佛法의 수호신.

(Beomcheon(wang)) Brahma-deva: The King of the Brahma Heaven and the guardian of the Buddha-Dharma, who is the Creator-lord of a universe, or the God of creation·in Brahmanism.

범패 梵唄 석가여래釋迦如來의 공덕功德을 높이 찬양하여 부르는 노래. 범梵은 梵天, 唄는 노래.

(Beompae) The Buddhist songs or hymns: The Buddhist music and hymns praising the virtue and merits of Buddha. *Beom* means Brahma King, and *pae* means hymns.

범행 梵行 brahma-carya의 번역. 범梵은 청정을 뜻함. 정행淨行이라고도 말하며, 맑고 깨끗한 행실. 불도佛道의 수행으로 음욕淫慾을 끊기 위한 청정한 금욕지계禁慾持戒. 화엄경 '범행품'梵行品에 열 가지 청정행淸淨行에 관한 설법이 있다.

(Beomhaeng) Pure living and moral conduct: The discipline of celibacy which ensures rebirth in the formless heaven. *Cf.* Ten categories of pure conduct in the Pure Conduct Section in the Flower Garland Sutra.

법 法 삼보三寶인 불법승佛法僧의 하나. 사실 법法에는 어떤 모양이나 이름이 없다. 그러면서도 불교에서 말하는 법法에는 여러 가지 뜻이 있으며, 그중 가장 중요한 것이 다음 세 가지다.

1) 존재存在 (사물의 진실한 모습) 2) 이법理法 (존재의 법칙) 3) 교법敎法 또는 경전經典 (이법理法을 깨달은 부처님의 가르침. '법法은 본래 있는 것도 없는 것도 아니며, / 모든 법은 모두가 인연으로 생겨나는 것.' 유마경維摩經에 나오는 말씀)

(Beop) Dharma (Skt), Dhamma (P): The law, truth, the second of the Three Jewels, i.e., the teaching of the Buddha. In the ultimate sense, Dharma is without sign and name. However, it has many meanings of which the following three are most important:

1) Reality, matter, all things or phenomena, the elements of existence, visible or invisible.
2) The ultimate law of reality, or the universal norms or laws.
3) Buddha's teaching about the ultimate law of reality, or the Buddhist

canon: "All things arise dependently, from causes, / Yet they are neither existent nor nonexistent." It is from the Holy Teaching of Vimalakirti.

법거량 法擧揚 법거량이란 스승에게 깨침을 점검받거나, 두 깨달은 사람 사이에 주고받는 말, 문답, 제스처 또는 반응들로 이루어지는 일종의 선문답. 상대방의 실력을 재본다는 뜻에서 법거량法擧量이라고도 말함.

(Beopgeoyang) Dharma discussion, debate, or cross examination: A style of Seon practice demonstrating the living truth directly without recourse to discursive thinking or philosophical or religious doctrine. It consists of an exchange of words, questions and answers, gestures and responses between two enlightened ones to test each other, or between the master and student as a means of instruction.

법경 法境 의식의 대상으로 육경六境의 하나.

(Beopgyeong) The object of perception or consciousness, one of the six sense objects or realms.

법계 法階 불도佛道를 닦는 수행자의 수행 계급.

(Beopgye) The rank or status among the ascetic practitioners.

법계 法界 일체법계一切法界의 약칭. 불법佛法의 세계. 법法은 일체의 모든 법, 즉 현상이나 만유 제법의 체성體性이 되는 것. 곧 진여眞如를 말함.

(Beopgye) Dharmadhatu: The Dharma realm, the ultimate realm, the realm of true-suchness, or the totality of things and the fundamental sphere of cosmic laws and principles according to which the material and non-material realms function.

법계삼관 法界三觀 화엄종華嚴宗에서 설하는 관법觀法.

1) 진공관眞空觀 (모든 법은 실성實性이 없어 유有와 공空의 집착을 떠나 진공眞空인 것으로 관함)
2) 이사무애관理事無礙觀 (차별이 있는 사법事法과 평등한 이법理法은 분명히 존재하면서도 서로 걸림 없이 융합하는 것으로 관함)
3) 주변함용관周遍含容觀 (우주간의 온갖 현상이 서로 서로 일체를 갖추고 있는 것으로 관함)

(Beopgye Samgwan) The three views of the Dharma-dhatu, or the Dharma realm by the Flower Garland School:

1) The ultimate emptiness of the Dharma realm, or the view that

voidness is the real nature of all phenomena, the basis for the renunciation of the idea of existence and nonexistence.

2) Non-hindrance between the world of phenomena and the cosmic law or principle.

3) All-embracing view of the phenomena: Every particular in the whole universe embracing every other particular within itself, or the view that everything in the whole universe, no matter how infinitesimal, contains the entire world, each reflecting one another, just like the Lord Indra's net.

법계실상 法界實相 법계法界와 실상實相. 이것은 일체 이명一體 異名을 말함. 곧 이름은 다르되 실제는 하나라는 것. '부처의 몸은 법계에 충만하고 모든 존재 앞에 자신을 드러낸다.' --화엄경--

(Beopgye Silsang) The Dharmadhatu and the reality: Two different expressions or names of the same thing. "The Buddha-body fills the Dharma-realm and manifests itself before all beings." --The Flower Garland Sutra--

법계연기 法界緣起 사종연기四種緣起의 하나. 무진연기無盡緣起라고도 하며, 화엄경華嚴經의 주요 사상. 삼라만상의 현상계가 하나같이 서로 연관되어 있어 시간과 공간을 초월하여 걸림이 없으니, 이것은 하나가 일체요 일체가 하나라는 불교의 우주관인 동시에 부처님께서 보리수 아래에서 깨치신 연기의 법칙. 제망帝網, 즉 인드라망 참조.

(Beopgye Yeon-gi) Dependent origination of the Dharma realm: It is one of the fourfold dependent origination, and the principle of causality of the universe. This is the fundamental tenet of the Flower Adornment Sutra and Buddhist view of the universe, the truth Sakyamuni Buddha attained under the bodhi tree after six years of profound meditation. It also signifies the symbolic meaning of the Lord Indra's net. The One in everything, everything in the One, illuminating one another.

법계원통 연무불계 法界圓通 緣無不契 법계는 원만하게 융통하고, 연기는 법계와 계합契合되지 않음이 없으니, 법계와 현상계가 둘이 아니라는 뜻.

(Beopgye Weontong Yeonmubulge) Association of the realm of Dharma and the law of causality without hindrance: This means there is no difference between the two realms--the world of ultimate reality and the phenomenal world.

법계유심 法界唯心 일체만유一切萬有는 모두 자기의 마음에 의해 만들어진.

(Beopgye Yusim) The Dharmadhatu is nothing but the mind: Where there is no mind, there is no Dhrmadhatu. Everything is the creation of the mind. It is an alternate term for *ilcheyusimjo*, everything is the product of the mind, or consciousness is everything. *Cf. (Manbeop Yusik)* Everything is but the mind or consciousness.

법계일상 法界一相 사법계四法界 가운데 사사무애법계事事無礙法界, 곧 일진법계一眞法界가 일상일미一相一味임을 말함. 인드라망 참조.

(Beopgye Ilsang) The one-mark of the Dharmadhatu, or the Dharma realm: Why? Because all phenomena therein are interdependent, not separate from one another, just like the Lord Indra's net.

법고 法鼓 법고는 '부처님의 법을 널리 전하는 북'이라는 뜻이다. 그리고 소의 가죽으로 만든 이 법고의 소리를 듣는 모든 축생들이 제도濟度된다고도 말하며, 이 법고 소리가 조석朝夕 예불 때 가장 먼저 울린다.

(Beopgo) The Dharma drum: All soundings of the bell and the drum at the temple start with the sounding of the Dharma drum, and it is believed that the sound of this drum made of cow skin will deliver all animals. Beating the drum is like spreading the sound of Buddha's teachings throughout the world.

법공 法空 색심色心의 모든 법法인 만유萬有는 모두 인연이 모여 생기는 실체가 없는 것으로, 만유의 체體가 공무空無한 것을 말함. 대승불교의 핵심교리. 인공人空 참조.

(Beopgong) The emptiness or unreality of things or phenomena, material or conceptual: All objects or forms of existence in the world are produced by causality, and therefore have no true substantiality. It is the essence of Mahayana Buddhism. *Cf. (Ingong)* Emptiness of self.

법공양 法供養 부처님의 가르침을 믿고 따라 널리 선양하는 것. 모든 공양 중 으뜸가는 공양.

(Beopgongyang) Dharmapuja: Serving the Dharma, i.e., believing, expounding, obeying it, or spreading the Buddha's teaching, which is the foremost offering.

법구 法具 불사佛事에 사용되는 모든 도구, 또는 삼의三衣 육물六物 등에 대한 총칭.

(Beopgu) Dharma crafts: All the tools and implements for the use of the Buddhist services including the three piece Dharma robe and the six personal belongings required for the bhikku to keep.

법구경 法句經 불교의 기본 가르침에 대해 426 (423)편의 짧은 송頌으로 이루어진 부처님의 가르침을 담은 시집. 범어梵語 Dhamma-pada를 분석하면, 진리眞理 (dhamma)의 말씀 (pada)이 된다. 편집 시기는 서력西曆 기원전 4세기 내지 3세기경으로 추정되나, 그 중에는 그 보다 오래된 것도 있다. 모든 불교국가에서 애송愛誦되고 있으며, 그 이유는 불교신자들의 필수 교본 교본일 뿐만 아니라, 감동적이면서 보편적인 호소력을 지니고 있기 때문이다.

(Beopgugyeong) Dhamma-pada: The title is commonly translated as the Way of Truth or Virtue in English. It is a collection of moral teachings, a compilation of 426 (423) short verses of the Buddha, teachings given at various times and places.

It is regarded as the "original" teaching of the Buddha, which can be used for reference, moral instruction and inspiration. It is very popular in Buddhist countries, because it contains ideas of universal appeal, besides being a manual of Buddhist teachings.

법기 法器 불법佛法을 담을 그릇. 곧 불도佛道를 수행할만한 사람을 가리키는 말. 불구佛具를 말하기도 함.

(Beopgi) A vessel of the Dharma, or the Law: A man who is capable of becoming a Buddha. Also implements used in worship.

법난 法難 불교 교단이 받는 박해迫害를 말함.

(Beopnan) Suppression of the Buddhist Order by force.

법념처 法念處 사념처四念處 참조. 신역新譯은 사념주四念住라 말함.

(Beopnyeomcheo) The position of insight into the truth that nothing has reality in itself, or the position of insight into the emptiness of Dharma or existence. *Cf. (Sanyeomcheo)* The four foci or foundations of mindfulness.

법다의 인다기 法多義 人多機 법法에는 여러 가지 뜻이 담겨져 있고, 사람은 그 재능이 각기 다양하다. 따라서 보기에 따라서는 다양한 것이 진정한 평등, 획일적인 억지 평등이 아닌. 우주 자체가 사실은 불평등의 평등이다. 여기에서 불교의 특징과 자랑인 대기설법과 방편이 등장한다. 그런데 갑자기 딴 이야기이기는 하지만 평준화 교육? 그것은 나라 망하는 길. 희랍 신화에 사람의 키를 침대에 맞춘다는 우화가 있다.

(Beopdaui Indagi) Diverse meaning of Dharma and diverse abilities, or faculties of each individual: Hence diversity is, in a sense, equality. Diversity in individuality, and individuality in diversity. And what is complete equality? Emptiness or interdependence.

법달 法達 부처님의 위없는 진리에 통달通達함을 뜻함.

(Beopdal) The complete understanding of the Dharma.

법당 法堂 불상佛像을 안치하고 설법을 하고 종지宗旨를 설하는 등 온갖 법식法式을 행하는 사찰의 중심으로 금당金堂이라고도 말함.

(Beopdang) The Dharma Hall where Buddha and Bodhisattva images are enshrined, and where all kinds of Buddhist rituals, events, and services are performed including the Dharma talk.

법도 法道 위없는 대도大道인 불법佛法의 성스러운 진리.

(Beopdo) The supreme truth of the Buddha's teaching.

법도 法度 법法은 법규法規, 도度는 도량度量이니, 곧 규칙.

(Beopdo) The law, rules, or the principle of propriety.

법등 法燈 부처님이 말씀하신 가르침. 미迷한 세계의 어두운 마음을 제거하는 것을 등불에 비유한 말.

(Beopdeung) The lamp of Dharma: A figurative expression of Buddha's teaching, which lights the darkness of the world.

법락 法樂 불법佛法의 깊고 묘한 진리를 깨달아 느끼는 생사를 초월한 무한한 생의 희열喜悅.

(Beopnak) Joy in the pleasures of the Dharma: The infinite joy of realizing the profound and subtle teachings of Buddha beyond birth and death.

법랍 法臘 스님의 수계受戒 이후의 연수를 세는 말. 좌랍坐臘, 계랍戒臘, 법세法歲라고도 말함.

(Beopnap) The religious age of a monk, or the Dharma age: The priest's age counting from the day of his/her ordination. There are a few more names for this in Korean.

법력 法力 법法의 공덕력功德力 또는 불법佛法의 위력威力.

(Beopryeok) The power of Buddha's teaching, or the power of one's merit and virtue.

법륜 法輪 불교의 상징인 진리의 수fp바퀴로, 부처님의 영원한 위없는 가르침을 전륜성왕轉輪聖王의 수레바퀴에 비유한 것.

(Beopnyun) Dharma-chakra: The wheel of the Dharma, the irreversible wheel of Dharma; the Buddha's illustrious teaching is likened to the wheel-turning king or monarch, which is commonly recognized as the symbol of Buddhism.

법명 法名 법호法號, 법휘法諱, 계명戒名이라고도 함. 불문佛門에 들어온 사람에게 주는 이름.

(Beopmyeong) The Dharma, or monastic name: The Buddhist name given to a person at the time of his initiation, or ordination. There are several alternate names in Sino-Korean including precept name.

법무성 法無性 모든 법은 제 성품이 없고 또한 말과 말함도 없다. 공空과 공空의 이치理致를 보지 못하면 어리석은 범부凡夫라 유전만이 있을 뿐. 대승 입능가경大乘入愣伽經에 나오는 말.

(Beop Museong) Non-dharma nature, or non-self-nature of Dharma: All things or existences lack self-nature. They neither have speech nor utter any words. If one fails to realize the principle of emptiness, all he gets will be the eternal cycle of samsara or transmigration. It is from the Lankavatara Sutra.

법무아 法無我 만유萬有의 실다운 체성體性이 없음을 말함.

(Beopmua) Things are without independent individuality: The selflessness of phenomena, or the egolessness of things.

법무아무 法無我無 법도 없고 참다운 나라는 것도 사실은 있다고 말할 수 없다. 모두가 인연이 모여 생긴 일시적인 가상假相일 뿐. 이것이 대승불교의 무자성無自性과 공空 사상.

(Beopmu Amu) Non-dharma and non-self-entity: The selflessness

of phenomena and ego. No foothold for any desire for or attachment to things whatsoever.

법무애해 法無碍解 일체법一切法에 장애가 없으므로 법구法句를 명료하게 아는 지혜.

(Beopmuaehae) Unimpeded understanding or wisdom of discerning the meaning of the illustrious teaching of the Dharma.

법무점돈 인유이둔 法無漸頓 人有利鈍 법法에는 늦음과 빠름이 없으니, 단지 사람에 따라 영리함과 우둔함이 있을 뿐.

(Beopmujeomdon Inyuidun) Dharma has neither gradual nor sudden, but human beings have the characteristics of gradual and sudden.

법문 法門 깨달음의 문으로 들어가는 부처님의 교의敎義나 지혜, 곧 설법을 말함.

(Beopmun) The door of the Dharma: The entrance to the Dharma or Buddha's teaching, the Dharma talk, speech, discourse, sermon, or exposition of the Dharma, which is the gateway to enlightenment.

법문 法文 법法의 교리敎理를 담은 문장文章, 곧 경전經典 등의 글.

(Beopmun) The writings of the illustrious scriptures or Dharma.

법문답 法問答 부처님의 가르침에 대해 나누는 문답.

(Beopmundap) The Dharma dialogue: Question and answer, and discussion.

법문집 法門集 스님들의 법문法門을 모은 책.

(Beopmunjip) The Dharma discourse records, or a collection of Dharma discourses of a master.

법박 法縛 법집法執과 같은 말로, 변견邊見 또는 단견斷見이라고도 말함. 법집 참조.

(Beopbak) Dharma-ridden: It is another name for *Beopjip,* a attachment to the Dharma and doctrine.

법보 法寶 삼보三寶에서 불경佛經을 보배와 같이 귀중하다고 하여 일컫는 말.

(Beopbo) The Dharma-jewel, the treasure of the Law, or the unsurpassed teaching of Buddha.

법보시 法布施 첫째가는 자비는 중생을 고통으로부터 벗어날 수 있는 길을 가르쳐 주는 법보시다.

(Beopbosi) Dharma-offering, or dissemination of the Dharma or Buddha's teaching to liberate sentient beings from suffering. This is the foremost offering, superior to immeasurable amount of treasures.

법부재언 法不在言 법法, 곧 진리는 말에 있지 않다는 뜻, 다음은 보조국사普照國師의 비문碑文에 나오는 말: '손가락으로써 달을 가리킴이며, 달이 손가락에 있지 않고, 말로써 법을 설함이여, 법法이란 말에 있지 않도다.

(Beop Bujae-eon) The ultimate truth does not exist in words: The following verse is from the epitaph of the National Teacher Bojo: "The moon is not in the finger pointing the moon; neither the ultimate truth in the word." The ultimate truth is beyond discourse.

법사 法師 부처님의 법을 설법하는 스님 또는 강설하는 사람을 말함.

(Beopsa) Master of the Dharma, a Dharma teacher or instructor.

법사 法嗣 법맥法脈을 이어받은 후계자.

(Beopsa) The Dharma heir, or the heir to the Dharma lineage.

법상 法相 모든 법의 모양, 즉 모든 존재의 다른 모양. 모든 현상의 궁극적인 본바탕은 같으나 그 겉모양은 각기 다름을 말함. 다시 말해 법상法相은 유한有限하나 법성法性은 무한하며 불생불멸. 공상空相 참조.

(Beopsang) Dharmalaksana: Things and form, the aspects, or characteristics of all things and phenomena. The diverse aspects of things or phenomena of which the substance is essentially the same--the great Void. In other words, the finite characteristics of things or phenomena in contrast with the true-suchness or the everlasting ultimate nature of things. *Cf. (Gongsang)* The emptiness of form or Dharma.

법상 法想 법法을 사유思惟하는 생각.

(Beopsang) Contemplation of the Dharma.

법상 法床 스님이 올라 앉아 설법하시는 높은 대좌臺座. 법法을 설하는 높은 대좌臺座. 법法을 설하는 자리라 하여 법상이라 말함.

(Beopsang) The Dharma seat, or the preaching pulpit: The elevated seat on which the teacher delivers the Dharma talk.

법상자 法上資 스승의 법통法統을 전수받은 제자. 수법受法 제자라 하여 주로 불조佛祖의 법맥을 전해 받은 제자.

(Beopsangja) The Dharma heir: The disciple who succeeds the patriarchate of the Buddha or patriarch.

법선양 法宣揚 부처님의 말씀을 널리 드높임을 말함.

(Beopseonyang) Advocation of the Law or Dharma.

법성 法性 존재의 본성 또는 근원. 특히 불교에서는 공空과 진여眞如를 의미하기도 함. 그러나 진정 법성이란 무엇인지? 본래 이름과 형상이 없는 것이 법성. '법'이라고 부르는 것 자체가 사실은 하나의 망상. 만물의 근원이면서도 그 모양을 찾아볼 길이 없다. 따라서 이것을 한 물건이라 말할 수도 없다.

그런가 하면 모든 형상의 모습을 갖추고 있으면서도 자신의 모습은 보이지 않는다. 왜냐 하면 그것은 본래 형상이 없기 때문이다. 그래서 이것을 억지로 공空 또는 불성이라고도 말한다. 그것 은 마치 자기磁氣와도 같다. 분명히 우주에 충만해 있으며 또 그 기능을 발휘하고 있으나 전혀 그 모습을 드러내지 않는다.

이렇듯 법성은 우주에 충만해 있으면서 여러 다른 모양을 보여준다. 어떤 때는 산과 강 모양으로, 어떤 때는 달과 별, 그런가 하면 어떤 때는 천둥과 번개로도 나타난다. 그러면서도 이들의 본질은 모두 같은 것. 어떤 조건이 나타나면, 법성은 그 조건을 따라 형상을 드러낸다. 그러나 그 조건이 사라지면, 그 형상은 그 이름과 함께 역시 사라진다. 이것을 가리켜 법성法性이라 말한다. 법상法相 참조.

(Beopseong) Dharmata: Dharma-nature, or the true nature of things: But what is Dharma precisely? Even calling it Dharma is already a mistake. This substance, of which everything in the universe is composed, does not have one aspect of form. It is also not a "thing." It takes every form of every kind in the universe, yet it assumes no form of itself, because it is completely empty. Therefore, it is sometimes called the Void. It is like magnetism. It is there. The whole universe is replete of it, and we know how it functions. But it never reveals itself.

Thus, Dharma-nature is universal nature, and it assumes many different forms. Sometimes it is a mountain or the rivers; sometimes it is the moon and the stars; sometimes it is the thunder and the lightning, but they are essentially the same. When conditions appear, Dharma-nature follows the conditions. But when the conditions cease to be, then forms disappear with the name. This is the Dharma-nature. *Cf. (Beopsang)* The Dharma character.

법성원융무이상 法性圓融無二相 법의 성품은 원융하여 두 모양이 없다는 뜻. 의상대사義湘大師의 법성게法性偈 첫 행.

(Beopseong Wonyung Muisang) "So complete and harmonious is the nature of Dharma / That there is no duality to any of its form": It is the opening line of the Song of the Dharma Nature by the Venerable Master Uisang, which indicates the ultimate nature of true reality and Dharma.

법손 法孫 스승의 법통法統을 이어가는 제자.

(Beopson) A Dharma heir, or the disciple who succeeds the master.

법시 法施 삼시三施의 하나. 중생을 위해 법을 설하여 깨달아 도道를 이루도록 하는 것.

(Beopsi) The Dharma-sacrifice: Expounding the teachings of Buddha to others so that sentient beings may attain enlightenment. *Cf. (Samsi)* Threefold charity or offering.

법식 法式 불전佛殿에서 올리는 법요 의식法要 儀式.

(Beopsik) A Buddhist ritual or service in the Dharma Hall.

법식 法食 불법佛法 가운데 식사에 관한 법식法式이 있으며, 그 법식에 따라 식사하는 것을 법식法食이라 함.

(Beopsik) Diet in harmony with the rules of Buddhism: The regulation time for meals is at or before noon, and not after.

법신 法身 삼신三身의 하나. 부처의 자성自性인 우주의 본체 또는 진여眞如자체로 영원한 부처님의 본체, 곧 진리. 그러나 법신法身은 형상 없이 사물의 감응에 따라 나타나고, 반야般若는 앎이 없이 인연을 만나면 관조觀照한다.

(Beopsin) Dharmakaya, Dharma-body, or Buddha-essence of all reality: One of Trikaya, or the threefold body of Buddha. The ultimate and universal Buddha-nature, the ultimate reality and truth, or the Buddha-essence of all reality. It is pure, unqualified, indeterminate, and absolute suchness, the Void of the unmanifest, the great sun of Buddhahood, and as such it is inconceivable by conceptual reason or discursive intellect. *Cf. (Samsin)* Triple body, Three bodies, or Threefold body.

법신무위 法身無爲 부처의 자성自性인 우주의 본체는 허공처럼 그 어떤 함 (爲)이 없으며 또 이것이 우리의 본래면목이며 열반이다. 말씀에 의한 우주창조? 무언무의 無言無意 참조.

(Beopsinmuwi) Non-action of Dharmakaya, or the Dharma-body: Dharmakaya, the true nature of Buddha, or the ultimate reality lacks willful action, which is the sure way to realize our original face and attain enlightenment. *Cf. (Mueonmuui)* No words and no thought.

법아 法我 법집法執, 법아견法我見이라고도 말하며, 아집我執은 나에 대한 집착, 법집法執은 '나' 밖의 물심物心 모든 현상에 대한 집착. 이러한 집착에서 일체의 번뇌와 이에 따른 업業이 발생한다. 이와 대비되는 것이 제행무상과 제법무아의 공空의 도리道理. 인아人我와 아공법유我空法有 참조.

(Beop-a) A thing *per se*: The false view, or notion which erroneously regards elements or objects as possessing a real substance or true nature: The view of selfhood of things, or attachment to Dharma, or holding to things as realities, which is, with attachment to self or ego, the source of all conflicts and sufferings. *Cf. (Ina)* Personal self and *(Agong Beupyu)* Emptiness of self and reality of Dharma.

법안 法眼 오안五眼의 하나로 일체 법法이 공함을 분명하게 비춰보는 눈.

(Beopan) A Dharma-eye that discerns the impermanence and emptiness of phenomena. *Cf. (O-an)* Five eyes.

법안정 法眼淨 오안五眼의 하나. 설법說法을 듣고 그 진리를 밝게 이해하는 눈.

(Beopanjeong) The immaculate Dharma-eye that discerns the true meaning of a discourse of Buddha's teaching. One of the "five eyes," representing superior insights of the Buddha and Bodhisattvas.

법약 法藥 진리를 가르치는 약.

(Beopyak) Medicine that teaches the Way.

법어 法語 부처님의 말씀, 곧 도리에 맞게 설한 정법正法을 말함. 일반적으로 불교의 교의敎義, 교설敎說, 또는 신성한 말씀이라는 뜻.

(Beopeo) The Dharma-word(s): The living and illustrious truth or sayings of Buddha. It also means the discourses of the illustrious Law and doctrine.

법연 法緣 불법佛法을 듣고 믿게 되는 인연.

(Beopyeon) The Dharma conditions or affinity: An affinity or a chance to become a Buddhist by listening to the teachings of Buddha.

법연 法筵 법회法會와 같은 말로, 불법佛法을 설하는 좌석 또는 예배하는 장소.

(Beopyeon) Another name for a Dharma assembly, meeting, or a Buddhist service.

법연불계 法緣不契 법法과의 인연을 맺지 못함.

(Beopyeon Bulgye) No chance for the affiliation of the Dharma.

법열 法悅 설법을 듣거나 행함으로써 갖는 더없는 기쁨.

(Beopyeol) Religious exultation or ecstasy one experiences through listening to the Buddha's teaching or reciting the name of the Buddha.

법왕 法王 진리의 왕인 부처님을 찬탄하는 말, 또는 명계冥界에 있는 염라대왕의 별명. 법에 의하여 죄를 다스리므로 법왕이라 말함. 속세俗世의 왕은 대왕大王.

(Beopwang) Dharma-King: Glorification of the Buddha as the Dharma-King. The Great King of teaching the truth, or the King of the netherworld who judges the sinners.

법왕자 法王子 동진童眞이라고도 말함. 두 가지 뜻이 있다. 첫째는 보살을 말하며, 다음에 법왕, 곧 부처의 자리에 오르게 되므로 이같이 말함. 다시 말해 부처님을 법왕이라 함에 대하여 보살을 법왕자라 말함. 다음은 문수보살文殊菩薩을 가리키며, 그것은 문수가 왕자보살의 제일 윗사람이기 때문에 이같이 말함. 그러나 보살과 부처님의 제자를 말하기도함.

(Beopwangja) The prince of the Dharma King or Buddha: There are two meanings. It is so called because he is the future Buddha. As we call Buddha the King or the Lord of the Dharma, we call Bodhisattva the prince of the Dharma King. It also refers to Manjushri Bodhisattva, because he is the elder disciple of the Buddha. It also refers to Bodhisattvas and Buddha's disciples.

법왕자주 法王子住 보살菩薩의 십주위十住位 가운데 제구위第九位.

(Beopwangjaju) The stage of the prince of the Dharma: The ninth stage of the Bodhisattva way to Buddhahood.

법요 法要 교법敎法 가운데의 중요한 요점. 또 법요法要는 멸죄滅罪, 추조追弔, 곧 죽은 사람의 영가靈駕을 위로하기 위하여 행하는 송경誦經, 범패梵唄 등의 의식儀式 등의 두 가지 의미가 있다. 그러나 현재 한국에선 법회와 같은 뜻으로 사용되고 있다.

(Beop-yo) There are two meanings. The first is the essentials of the truth or teaching, and the other is the ceremony of an assembly for the ritual, or celebrations, such as remission of sins, condolences, reciting the sutra and performing Buddhist music for the spirit of the deceased, etc. In Korea it is used as an alternate name for the Buddhist assembly.

법요집 法要集 불사佛事 또는 예불禮佛 때 사용하는 책자.

(Beop-yojip) A Buddhist service booklet which is used in Buddhist prayer chanting.

법우 法雨 부처님의 가르침. 비가 초목을 적시어 꽃이 피고 열매를 맺게 하는 것처럼, 불법佛法도 미혹한 중생으로 하여금 깨달음을 얻게 하므로 이렇게 이른 말.

(Beop-u) Lit. the Dharma rain. As rain nurtures plants and helps them grow and bear fruit, so are the teachings of Buddha, which help sentient beings attain the fruit of enlightenment.

법우 法友 부처님의 법으로 맺어진 도반道伴이나 친구.

(Beop-u) The Dharma brothers and sisters: The fellow practitioners or friends of Buddha's teaching.

법운지 法雲地 십지보살十地菩薩의 마지막 부처님 자리. 불지佛地 참조.

(Beop-unji) The land of Dharma-clouds: It is the last stage of the Ten Grounds of Bodhisattva where all understanding and immeasurable virtues are realized. *Cf. (Bulji)* The Buddha ground.

법유 法有 법法은 실제로 존재한다고 고집하는 소승小乘의 견해.

(Beop-yu) The doctrine of the Small Vehicle that all things, visible or invisible, really exist.

법유 法乳 스승의 가르침을 젖에 비유한 말. 모유母乳로 아이가 성장하듯이, 스승의 가르침으로 제자가 발전하므로 이렇게 부름.

(Beop-yu) The dharma milk: Metaphorical expression of teacher's instruction for milk, as the mother's milk nourishes a child.

법음 法音 부처님의 말씀.

(Beopeum) The voice of the Dharma, or the teachings of Buddha.

법의 法衣 승의僧衣, 승복僧服, 법복法服이라고도 함. 비구와 비구니가 입는 옷. 처음에는 가사袈裟를 일컫던 것인데, 후세에는 가사 밖에 다른 것도 법의라고 부른다.

(Beop-ui) The Dharma robe: The robes that monks and nuns wear. There are a few more alternate names in Korean.

법인 法印 불법佛法의 참됨을 나타내는 표지標識. 다시 말해 법인이란 영원히 변치 않는 부처님의 진리라는 뜻.

(Beop-in) Dharma-mudra: The seal of dharma, the everlasting truth of Buddha's teaching.

법인 法忍 인認은 인허認許의 뜻. 지금까지 믿기 어려웠던 이치를 잘 받아들이고 의혹이 생기지 않도록 하는 것, 또는 사제四諦의 이치를 관하여 인가하는 것을 말하기도 함.

(Beop-in) Patience, or tolerance of all Dharmas, or acknowledgement of truth that has been in doubt to prevent further doubt of the Four Noble Truths.

법자재 法自在 보살의 십종자재十種自在의 하나. 보살이 대변재大辯才를 얻어, 모든 법에 널리 법문을 설법하여 걸림이 없는 것.

(Beopjajae) Mastery of the teachings to all beings: Bodhisattva's complete dialectical freedom and power in the exposition of the truth to all beings without any hindrance.

법장 法藏 법法을 함장含藏한다는 뜻. 부처님에 의해 설해진 교설敎說과 교법敎法을 말하며, 또 이들 교설과 교법을 두루 갖추고 있는 경전經典을 말함. 역사적으로 보면, 불멸佛滅 후 대보살들이 모여 신통력으로 편집한 대승경전을 말함.

(Beopjang) Dharma-store, or Treasury of the Dharma: The treasury of Buddha's teaching, the sutras, etc. Historically it refers to the collection of the vast sutras of the Mahayana, supposed to have been collected supernaturally by a great assembly of Bodhisattvas.

법장비구 法藏比丘 아미타불이 부처가 되기 전 보살 때의 이름.

(Beopjangbigu) Bhikku Dharmakara (treasury of the Dharma), the name of Bodhisattva who later became Amitabha Buddha.

법재일 法齋日 매달 반월半月의 마지막 날과, 육재일六齋日 마다 팔계八戒를 받아 지키는 팔계재일八戒齋日을 말함.

(Beopjaeil) The day of abstinence observed at the end of each half month and the each six abstinence days, in all making the eight days for keeping the eight precepts.

법제 法弟 불법佛法상의 제자. 불도佛道 수행을 위하여 스승에게 나아가 제자가 되고, 그 가르침을 받는 사람. 우리나라에서는 사제師弟를 말하기도 한다.

(Beopje) A Dharma disciple: It is also called *Saje,* the teacher and student in Korea.

법좌 法座 사자좌獅子座라고도 말함. 설법할 때 앉는 높은 자리.

(Beopjwa) The Dharma seat, the lion's roar seat or throne, or simply the preaching seat.

법주 法主 부처님 또는 불법佛法을 설하는 사람, 곧 어떤 회상會上에서 설법說法을 하는 사람.

(Beopju) Dharma-lord: The Buddha, or an expounder of Dharma or Buddha's teaching at an assembly.

법주사 法住寺 충청북도 보은 속리산俗離山에 있는 명찰名刹로, 조계종曹溪宗 제5교구 본사敎區本寺. 신라 진흥왕眞興王 14년 (553 C.E.) 의신義信이 창건.

(Beopjusa) Beopju Temple: One of the great temples in Korea established in 553 C.E., the 14th year of King Jinheung's reign. The 5th District Head Temple of the Jogye Order of Korean Buddhism. It is located on Mt. Songni in Boeun, North Chungcheong Province.

법집 法執 법박法縛이라고도 말함. 아집我執이 나에 대한 집착이라면, 법집은 나 밖의 모든 현상에 대한 집착, 또는 교법에 얽매여 그것에 집착하므로 인해 도리어 진정한 깨달음을 얻지 못하는 것. 법아法我 참조.

(Beopjip) Attachment or fetters to the Dharma and doctrine, or holding onto things as realities, not seeing them as deceptive apparitions. *Cf.* (Beop-a)

법통 法統 불법佛法 전수傳受의 전통.

(Beoptong) The patriarchate, or the Dharma lineage: The lawful lineage of the Dharma transmission from a master to his disciple.

법형 法兄 한 스님의 문하門下에서 배우는 사람으로, 나이와 관계없이 자기보다 먼저 그 스님의 제자가 된 사람. 우리나라에서는 흔히 사형師兄이라 말함.

(Beophyeong) Elder Dharma brother, regardless of the age, who started learning earlier under the same teacher.

법호 法號 불문佛門에 들어온 사람에게 스승이 주는 이름으로 법명法名, 법휘 法諱, 계명戒名이라고도 말함. 후세에는 죽은 후 받는 시호諡號를 법호法號라고도 함.

(Beopho) The Dharma or precept name received by a monk on ordination, i.e., his precept name. It is also his posthumous title.

법화 法化 정법正法의 교화를 말함.

(Beophwa) Teachings of the illustrious Dharma.

법화삼매 法華三昧 법화경을 근거로 하는 삼매. 다시 말해 법화경을 통하여 진리를 깨달아 들어가는 방법. 곧 육시 오회六時 五悔라 하여 아침, 낮, 해질 무렵, 초저녁, 밤중, 새벽의 여섯 차례 참회.

(Beophwa Sammae) The lotus samadhi: Attaining enlightenment by realization of truth by studying the Lotus Sutra. It is called six different times of five repentances: In the morning, in the daytime, at sundown, in the early evening, at night, and early in the morning.

법화종 法華宗 천태법화종天台法華宗 또는 천태종天台宗이라고도 말함. 천태지자天台智者가 법화경을 중심으로 교의敎義와 종지宗旨를 세운 종파.

(Beophwajong) The Lotus Flower Sect: Another name for the Tientai Sect, which was founded on the teachings of the Lotus Sutra by the Great Master Zhiyi (538-597).

법회 法會 불법에 관한 집회라는 뜻. 법사法事, 불사佛事, 재회齋會, 또는 법요法要라고도 말함. 곧 설법을 하는 집회 또는 스님과 신도가 한 곳에 모여 불사佛事를 거행하는 모임.

(Beophoi) The Dharma meeting or service: An assembly for worship or teaching. Also a Buddhist ceremony, celebration, service, etc.

법희식 法喜食 법法의 기쁨. 법의 가르침을 받아먹고 기뻐하는 것. 표현이 멋있다.

(Beopheusik) The exhilarating meal of the dharma: There is no tastier food than the Buddha's teaching.

베다 吠馱 인도 바라문교의 근본 성전聖典. 그중 가장 중요한 것이 다음 네 가지: 리구베다, 사마베다, 아소바베다, 그리고 야주베다.

(Veda) The entire body of Hindu sacred writings, chief among which are four books: the Rig-Veda, the Sama-Veda, the Athorva-Veda, and the Yajur-Veda.

벽곡수행 壁穀修行 곡식은 일체 입에 대지 않고 솔잎 가루만을 조금씩 먹으며 하는 수행.

(Byeokgok Suhaeng) An ascetic meditation practice taking only a small amount of ground green pine needles without taking any grain.

벽관 壁觀 벽관이란 곧 면벽관심面壁觀心으로, 단지 벽을 바라보고 앉아있는 것이 아니라, 마음을 벽과 같이하여 모든 연緣을 단절시켜 망념이 끼어들지 못하게 하는 것. 그렇지 못할 경우 모두가 폼만 잡는 헛수고. 달마達摩의 소림사少林寺에서의 9년 동안의 면벽面壁 참조.

(Byeokgwan) Wall-gazing: It means transforming the mind as a wall to prevent penetration of any delusion by quieting the mind, or by shutting off all conditions, not just facing the wall. Otherwise, no amount of meditation will avail. *Cf.* Bodhidharma's nine years of wall-gazing meditation at Shaolin Monastery.

벽암록 碧巖錄 환오극근圜悟克勤 스님이 벽암碧巖에서 썼다고 하여 碧巖錄이라 말하며, 100개로 구성된 선문답집으로 『무문관無門關』과 함께 선문답집禪問答集의 쌍벽을 이루고 있다.

(Byeokamnok) The Blue Cliff Records: A collection of 100 commentaries on koans compiled by Yuanwu Keqin (980-1062) during the Sung Dynasty (960-1126) in China.

벽지불 僻支佛 연각緣覺이라고도 말하며, 스승 없이 혼자 깨닫는 사람이라고 해서 독각獨覺이라고도 말함. 벽지불이란 어느 한 쪽에 치우쳐 집착한다는 뜻. 벽지불은 부처님과 비슷한 위신력威神力을 지녔으나 중생을 구제하겠다는 깊은 원력願力이 없고 보시행布施行을 닦지 않기 때문에, 인연이 엷어 세간의 등불이 되기 어렵다.

(Byeokjibul) Pratyeka-buddha: The solitary-awakened Buddha. Although he has the awesome spiritual power equal to that of the Buddha, he lacks the aspiration to save sentient beings and charity or generosity to be a leading light of the common people. *Cf. (Yeon-gak)* Pratyeka-buddha or *(Dokgak)* the Solitary-sage vehicle who attained enlightenment without a teacher.

변견 邊見 내 몸이 있다고 아견我見을 일으킨 후, 내가 죽은 뒤에도 항상 무엇인가가 있다는 상견常見과, 아주 없어져 아무것도 없다는 단견斷見처럼, 양극에 치우친 견해. 양변兩邊 참조.

(Byeon-gyeon) The heresy of holding extreme views: Extreme views of permanence and impermanence based on the erroneous view of self. *Cf. (Yangbyeon)* Two extreme views of nihilism and eternalism.

변계소집 遍計所執 망상된 것. 범부凡夫의 망정妄情으로 중생과 제법이 있다고 생각하는가 하면, 또 집착할 것이 없는 것을 있다고 생각하는 분별심分別心. 삼성설三性說

의 첫 번째.

(Byeongye Sojip) Mental construction and attachment: Deluded mind of seeing the phenomenal world as reality. The first of the doctrine of three types of nature of phenomena *Samseongseol*.

변계소집상 遍計所執相 마음이 조작하여 만들어낸 허상虛像. 변계遍計는 이리저리 억측하여 꾸미는 생각. 변계소집상을 허망분별상虛妄分別相 또는 허망분별명자상虛妄分別名字相이라고도 달리 말하듯, 망령된 분별에 의해 집착하는 아상我相과 법상法相. 하나님과 천당, 마구니와 깨침이라는 것도 따지고 보면 모두 마음이 만들어낸 허상인 분별상.

(Byeon-gye Sojipsang) Manipulation, or conceptualization of forms, visible or invisible: All forms including the Devil, God and Heaven, and even enlightenment are only forms or ideas that came out of the contriving mind and the intellectual manipulation.

변계소집성 遍計所執性 분별성分別性에 대한 다른 이름. 사물의 궁극적인 실체가 아니라 자기의 주관적 생각에 의한 분별과 망상. 쉽게 이야기해, 이렇듯 범부가 헛것을 보는 것을 변계소집성이라 말한다.

(Byeongye Sojipseong) Imputed nature: Imagined or contrived points of view and discrimination arising from delusion.

변무애해 辨無碍解 변재辯才의 장애가 없기 때문에, 상황에 따라 자유자재하게 변설辨說하는 지혜.

(Byeonmuaehae) Unimpeded eloquence in defending the arguments in any circumstance.

변상도 變相圖 정토淨土나 지옥의 모양을 그린 그림. 중생을 제도하기 위하여 진상眞相을 변화시켜 그림을 그렸기 때문에 변상도라 함. 밀교密敎에서는 만다라라고 말함.

(Byeonsangdo) The paintings depicting the transmutation of the Pure Land or Hell. It is called transformational, because the pictures are not authentic but transmutational. In the esoteric Buddhism, it is called mandala.

변수행 遍修行 온갖 사람들과 만나 무애자재無礙自在하려고 하는 것이 변수행徧修行이다. 철조망을 쳐놓고 수행하는 것만이 수승한 수행은 아닐 것이다. 몽매한 중생 제도를 위해 원효대사는 허리에 바가지를 차고 광대 흉내까지 내셨다.

성인聖人들의 길을 버린 다음 표주박을 허리춤에 차고

저자거리에 나가 술꾼 아니면 푸줏간 주인과 잘도 어울리네.
신선神仙들의 신통력 필요 없으니
오호라! 그가 손을 대자 늙은 고목枯木에서 꽃이 피네.
-- 십우도 十牛圖, 入廛垂手 --

(Byeon Suhaeng) Marketplace practice: The true practice must be among the common people in their daily lives not in isolation in the deep mountains:

A man abandons the ways of saints and enters the crowded marketplace
With a begging bowl by his side to join the bunch of drunkards and butchers.
Who said that only saints could perform miracles?
A man touches the old dead tree, and Lo! the flowers are blooming on the old dead tree.
--The last scene of the Ten Ox-herding Pictures--

변재 辯才 교묘하게 부처님의 뜻을 말하는 재능.

(Byeonjae) Eloquence in the explication of Buddha's teaching.

변전 變轉 변형變形, 변용變容과 같은 뜻. 연기緣起라는 것도 따지고 보면 고정불변이 아닌 만법의 영원한 변용에 대한 원리라고 말할 수도 있다.

(Byeonjeon) Transmutation, transfiguration, or metamorphosis: The everlasting principle of causality of things and the universe.

변행심소 遍行心所 줄여서 변행遍行이라고도 말함. 우리 마음이 일어날 때에 언제나 함께 일어나는 것이므로 변행심소라 말함. 따라서 변행遍行이란 함께 따라 일어나는 행위를 말함. 오변행심소五遍行心所 참조.

(Byeonhaeng Simso) Universal mental activities that pervade all places: The mental activities that arise whenever mind is disturbed. Yes, let it be and alone, and you will attain peace of mind.

Cf. (Obyeonhaengsimso) Five universal mental formations or aspects.

변화무쌍 變化無雙 더 없이 변화가 놀랍거나 심함. 이것이 곧 중생의 마음과 유위有爲의 세계.

(Byeonhwa Mussang) Ever changing flux of mutations: This is the mind of sentient beings and the phenomenal world.

별견 別見 무명이 일법계一法界의 이치에 거슬러서 능能과 소所를 떨어뜨려 놓으므로 별견이라 함. 별교別敎의 보살이 초지初地에 들어가야 비로소 그 한 부분을 끊게 됨.

(Byeolgyeon) The differentiated view: Ignorance differentiates the subject part of consciousness from the object part of consciousness against the law of unity of the Buddha-realm. One must enter the first stage of the teachings of differentiated Bodhisattva to cut off a portion of delusion. *Cf. (Byeolgyo Samun)* Cultivation through four doors of differentiated teaching.

별경 別境 다른 것과 다른 경계 또는 대상.

(Byeolgyeong) A specific or different object or percept.

별경심소 別境心所 일체 마음에 두루 통하여 일어나지 않고, 각각 다른 경계에 대하여 일어나는 심소心所. 예를 들어 즐거운 경계를 만나면 욕심의 심소가 일어나고, 결정을 필요로 하는 대경對境을 만나면 승해勝解의 심소가 일어나는 것.

(Byeolgyeong Simso) The mental activities with specific objects, or particular mental formations: The specific mental activity arises whenever perception meets a sense-object instead of abiding with the insightful wholesome mind. For example, whenever perception encounters delightful things, a covetous mind arises, and whenever perception encounters a situation that requires a decisive action, an excellent idea pops up.

별교 別敎 화법사교化法四敎의 하나. 이는 원교圓敎처럼 융통 무애한 이치에는 이르지 못했고, 또 장교藏敎와 통교通敎와도 다른 근기가 약해 아직 어리석음에서 벗어나지 못한 중생을 위한 가르침.

(Byeolgyo) The distinct or differentiated Bodhisattva teaching for the lesser minded: It is so called because they are not quite at the level of complete and unsurpassed teachings. It is also differentiated from the teachings of Tripitaka and intermediate teachings of Hinayana and Mahayana. *Cf. (Hwabeop Sagyo)* The four kinds of doctrinal teachings according to the form of truth.

별교사문 別敎四門 별교別敎에서 닦는 네 가지 길.

1) 유문有門 (허망虛妄의 색色이 다하여 따로 묘색妙色이 불성이라고 관함)

2) 공문空門 (여래장如來藏도 공하고 대열반大涅槃도 공하다고 관함)
3) 역유역공문亦有亦空門 (진공眞空과 묘유妙有를 같이 관하는 것)
4) 비유비공문非有非空門 (법성法性의 이치를 관하고 사구四句를 여의고 백비百非를 끊고 말과 글이 끊어짐을 관하는 것)

(Byeolgyo Samun) Cultivation through four gates or ways of differentiated Bodhisattva teaching:

1) The existence gate: Delusions are all cut off, and one contemplates the marvelous thing called the Buddha-nature.
2) The empty gate: Contemplates both Tathagata and the great extinction as empty.
3) The gate of both existence and emptiness: Contemplates existence and emptiness as wondrous being of true emptiness.
4) The gate of neither existence nor non-existence: Contemplates the truth of Dharma-nature renouncing the four dialectical propositions, hundred negations, and then contemplates only the limit of the path of words and letters.

별기 別記 덧붙여 적은 기록.

(Byeolgi) An expository note.

별상 別相 육상六相의 하나. 만유萬有의 하나하나가 제각기 다른 일체의 것과 서로 다른 차별된 모양.

(Byeolsang) The special aspects or characters different from all other particulars or phenomena: One of the six basic or fundamental marks or attributes of beings or things.

별상삼보 別相三寶 별체삼보別體三寶라고도 말함. 동체삼보同體三寶가 우주본원의 이체理體에 갖추어져 있는 삼보三寶를 가리킴에 대해, 별상삼보 別相三寶는 삼라만상 그대로가 삼보三寶 아님이 없다는 것을 말함.

(Byeolsang Sambo) Distinct aspects of the Tree Jewels: It is also called the distinct substance of the Three Jewels. While the One-body of the Tree Jewels explains three aspects of the Three Jewels from a substantial point of view, distinct aspects of the Three Jewels explains it from the point of view of their distinct aspects.

별시수행 別時修行 사흘이나 일주일 또는 한 달 일정한 기간을 정해놓고 수행을 하는 것.

(Byeolsi Suhaeng) Meditation practice with a set schedule of time, i.e., a week or a month, etc.

별시염불 別時念佛 하루, 이틀, 사흘, 일주일, 또는 이주나 삼주 등 일정한 기간을 정해놓고 염불하는 것.

(Byeolsi Yeombul) Recitation or invocation of Buddha's name at special times; a fixed period of time, from one day to two or three days, or for a week or two, etc.

별어 別語 상대방의 대답이 신통치 않을 때 별도로 이쪽에서 다시 대답을 하는 것을 말함.

(Byeoleo) The correction of the answer by the questioner when the answer from the audience is not satisfactory.

별염불 別念佛 오직 한 부처님의 명호만을 염송念誦하는 것.

(Byeol Yeombul) Chanting the name of a specific Buddha.

별원 別願 별원別願은 부처님마다 중생 제도의 인연에 따라 세우신 바 아미타불의 사십팔원四十八願이나 약사여래 약사여래의 십이원十二願 등을 들 수 있으나, 보통은 아미타불의 사십팔원四十八願을 말한다. 본원本願 참조.

(Byeolwon) A separate vow: A separate vow is a vow made according to the cause and conditions and deliverance of sentient beings by each Buddha or Bodhisattva such as the forty-eight vows of Amitabha Buddha and twelve vows of the Bodhisattva of Medicine. But a separate vows usually means the former. *Cf. (Bonwon)* The original vow.

별장 別障 하나의 장애 요소가 단지 하나의 장애요인이 되는 것.

(Byeoljang) A specific obstruction: It is the case of a single mental disturbance obstructing only a single positive factor.

별전 別傳 선종禪宗의 깊은 뜻은 교教 밖에 따로 그 근기에 대하여 이심전심以心傳心하는 것을 별전別傳 또는 단전單傳이라 하며, 또 이를 교외별전教外別傳 또는 불입문자不立文字라고도 말함.

(Byeoljeon) Separate handing down: To pass on the Buddha's teaching from mind to mind without depending on writing, as in the Ch'an, or Zen school.

별좌 別座 부처님 또는 승려들에게 공양할 음식을 만드는 사람.

(Byeoljwa) The cook who prepares food for the Buddha and priests.

별호 別號 당호堂號 참조.

(Byeolho) Pen name. *Cf.* *(Dangho)* Pen name

병도사 病導師 시원치 않은 선생의 교화敎化가 도리어 중생의 병만 일으키는 것을 말함. 이를 방지 할 수 있는 방법은 선생이라도 모르는 것은 모른다고 말하는 것.

(Byeongdosa) The disease-spreading teacher: To prevent such a thing, even the teacher must be frank and admit his ignorance when he does not know something when he is teaching.

병법 秉法 불전佛殿에서 예식을 집행하는 스님의 직명.

(Byeongbeop) The presider of the Buddhist service in the Dharma Hall.

병불 秉拂 선림禪林의 말. 주좌首座가 주지를 대신하여 불자拂子를 잡고 법좌에 올라가서 대중에게 개시開示하는 것을 말함.

(Byeonbul) Chief disciple ascending to the Dharma seat with a whisk holding in his hand to give an instruction in lieu of the abbot.

병정동자 丙丁童子 등화燈火를 맡아서 관리하는 동자童子로, 병정丙丁은 불을 뜻하며, 동자는 사람에 비유함. 따라서 이는 화신火神을 말함.

(Byeongjeong Dongja) A boy who is responsible for lighting the candle on the altar in a Seon monastery: It is also a figurative way of expressing the fire God.

병풍 屛風 장식을 하거나 바람을 막기 위하여 방안에 둘러치는 기구. 불교용어는 아니지만 이런 것을 영어로 알아두면 편리하다.

(Byeongpung) A folding screen: Household furniture, or a kind of partition with elaborate embroidery or calligraphic arts on the screen.

보답 報答 남의 은혜를 갚음.

(Bodap) Requital for a favor received.

보리 報答 菩提 보리는 범어梵語 bodhi의 음역. 깨달음, 각지覺智, 도道와 같은 뜻으로, 각覺, 지智, 또는 지知라고도 번역. 불교 최고의 이상인 부처님 정각正覺의 지혜와 불과佛果에 이르는 길을 뜻함. 이것을 아뇩다라삼먁삼보리阿耨多羅三藐三菩提라고 부르며, 번역하여 무상정등정각無上正等正覺, 또는 이를 줄여 무상보리無上菩提라고도 함. 이것은 교리적인 이야기고, 누구나 쉽게 이해할 수 있는 실천적인 면을 유마경維摩經 보살품菩薩品에 나오는 유마거사維摩居士와 미륵보살의 대화를

직접 들어보기로 한다:

'그러므로 미륵이여! 그러한 법으로 모든 범천梵天들을 유혹하지 말지니, 실로 아뇩다라삼먁삼보리阿耨多羅三藐三菩提를 구하고자 마음을 일으킬 사람도 없고 또한 물러갈 사람도 없습니다. 미륵보살이여! 마땅히 이 모든 천상天上의 신神들로 하여금 보리를 분별하는 소견을 버리게 해야 합니다. 왜냐하면 보리菩提라고 하는 것은 몸으로 얻을 수가 없으며, 또한 마음으로도 얻을 수 없는 것이기 때문입니다.' 그렇다면 어떻게 하면 되는가? 일체중생실유불성一切衆生悉有佛性이라 부처님은 말씀하셨다. 그러나 부처나 깨침 그리고 마음도 사실은 그 형상이 없을 뿐만 아니라 그러한 이름들도 편의상 사람들이 그렇게 붙인 것뿐이다. 다시 묻는다. 어떻게 하면 되느냐고? 성자聖者 유마거사의 말처럼 불성이나 깨침 그리고 마음을 찾으려하지 말고 탐욕과 더불어 마음을 비우면 된다. 그러면 우리의 청정한 본래면목과 불성은 저절로 들어나게 된다.

내친김에 유마거사의 답변을 몇 개만 들어보겠다. '적멸寂滅한 것이 보리菩提이니 모든 상相을 멸滅한 까닭입니다. 또한 관觀하지 않는 것이 보리이니 모든 반연攀緣을 여의기 때문입니다. 행行하지 않는 것이 보리이니 기억하는 생각이 없기 때문입니다. 끊는 것이 보리이니 삿된 여러 소견을 버리기 때문입니다. 또 여의는 것이 보리이니 모든 허망한 생각을 여의기 때문입니다. 일체의 집착이 없어 바라거나 구함이 없는 것이 보리이니 모든 소원을 막기 때문입니다. 순응順應하는 것이 보리이니 진여眞如에 따르기 때문입니다.

머무는 것이 보리이니 법法의 성품에 머물기 때문입니다. 불이不二, 곧 둘이 아닌 것이 보리이니 의意, 곧 마음이 대상을 파악하는 작용과 그 대상인 법法을 여의기 때문입니다. 평등平等한 것이 보리이니 허공과 같기 때문입니다. 무위無爲가 보리이니 나고 머물고 멸하는 일이 없기 때문입니다. 그리고 아는 것이 보리이니 중생들의 마음으로 행함을 잘 알기 때문입니다.'

(Bori) Bodhi, or anuttara-samyaksambodhhi: Unexcelled, perfect enlightenment, or incomparable wisdom or way, the essence of mind, and the ultimate goal of the Buddha-way. The following is the dialogue between the Venerable Vimalakirti and Maitreya exchanged on bodhi (or enlightenment) in the Reluctance of the Bodhisattvas, Chapter IV of the Holy Teaching of Vimalakirti:

"Maitreya, you should introduce these deities to the repudiation of all discriminative constructions concerning enlightenment, because enlightenment is perfectly realized neither by the body nor by the mind." What shall we do then? "Within every being is the Buddha-seed," the Buddha said. We do not have to seek it. All we have to do is do away with the greedy mind by emptying the formless and nameless mind. Then the Buddha-seed, enlightenment, and the immaculate original face will manifest themselves.

The following is a part of the list of Vimalakirti's continued answers to the question of bodhi or enlightenment: "Enlightenment is the eradication of all marks. Enlightenment is free of presumptions concerning all objects because it is free of grasping. Enlightenment is free of the functioning of all intentional thoughts which entail all actions. Enlightenment is the annihilation of all false convictions. Enlightenment is free from all delusive thoughts. Enlightenment is the arrival at detachment, through freedom from all habitual attitudes.

The ground of enlightenment is the ultimate realm, or the true-suchness. Enlightenment abides at the limit of reality, which is synonymous with the ultimate reality. Enlightenment is without duality, since therein are no minds and no things. Enlightenment is equality, since it is equal to infinite space. Enlightenment is non-doing, or unconstructed, because it is neither born nor destroyed, neither abides nor undergoes any transformation."

보리달마 菩提達磨 인도의 승려로 중국 선종禪宗의 초조初祖. (?-528)

(Boridharma) Bodhidharma (?-528): The founder of Ch'an/Seon Buddhism: The Indian monk who established Seon or Ch'an School in China and transmitted the teaching to the Second Patriarch Huike (487-593 C.E.).

보리락 菩提樂 보리를 이룩하여 법계法界에 자재自在할 수 있는 무한한 즐거움.

(Bolirak) The joy of enlightenment to be free from the world and the eternal cycle of birth and death.

보리반야 菩提般若 깨달음에 대한 지혜.

(Boribanya) Bodhi-prajna: The transcendental wisdom of enlightenment. So far as Buddha-nature is concerned, there is no difference between an enlightened man and an ignorant one. What makes the difference is that one realizes it, while the other is ignorant of it.

보리번뇌불이 菩提煩惱不二 보리菩提와 번뇌는 둘이 아니다. 참선하기 전에 이것부터 알고 시작할 것.

(Boribeonnoi Buri) Bodhi or enlightenment and defilement or frustrations are not two. One should realize this vital truth before starting meditation.

보리수 菩提樹 각수覺樹 또는 사유수思惟樹라고도 말함. 부처님께서 이 나무 밑에서 정각正覺을 이루었다하여 이렇게 부름.

(Borisu) The bodhi tree: The Bo-tree under which Sakyamuni attained his enlightenment, and became Buddha.

보리심 菩提心 보리는 깨달음이니 깨달음의 마음. 무상보리심無上菩提心, 무상도심無上道心, 줄여서 도심道心이라고도 말함. 불과佛果에 이르러 깨달음의 지혜를 얻고자 하는 마음을 말함. 그리고 보리심을 나타내는 것을 발보리심發菩提心 또는 발심發心이라 하고, 처음으로 이 마음을 일으키는 것을 초발심初發心이라 한다. 그런가 하면 위로는 보리를 구하고 아래로는 중생을 교화하려는 마음을 가리키기도 함. 미륵보살은 화엄경에서 선재동자善財童子에게 보리심에 대해 117가지로 설명함. 상구보리 하화중생 참조.

(Borisim) Bodhicitta: The bodhi-mind, the mind of enlightenment, the aspiration to enlightenment, the supreme enlightenment, the essence of mind, or the enlightened mind. It is an embodiment of all-love, all-wisdom, an aspiration for attaining wisdom of enlightenment. "bodhi" means enlightenment, and "citta" means mind. The first stage is called the generation of bodhicitta, or the will for enlightenment.

Its first sign is called initial spiritual awakening. It also means an aspiration for attaining enlightenment for the benefit of sentient beings. Maitreya explains the bodhicitta to Subhana in 117 cases in the Flower Adornment Sutra. *Cf. (Sangguboli Hawha Junsaeng)* First attain enlightenment, then save all beings.

보리열반 菩提涅槃 깨달음을 얻어 열반에 들어감.

(Boriyeolban) Nirvana of enlightenment.

보리행 菩提行 스스로 깨달은 다음 다른 사람들을 깨닫게 하는 보살의 불도수행佛道修行.

(Borihaeng) Bodhisattva's practice of the Buddha-way to attain enlightenment and then help others attain their enlightenment.

보문 普門 무량문無量門 이라고도 말함. 모두에게 골고루 미치는 보편적인 문, 곧 가르침이라는 뜻. 다시 말해 불보살佛菩薩이 갖가지 인연으로 여러 가지 모습을 나타내어 중생을 구하는 것을 보문시현普門示現이라 말함.

(Bomun) The wide gate: The gate that is open to everyone without discrimination. The term also indicates the activity in which the Buddha and Bodhisattvas assume various forms to help sentient beings.

보문시현 普門示現 불보살佛菩薩이 중생의 근기에 맞추어 여러 가지 몸을 나타내어 그 근기根機에 맞는 법문을 말하며 제도하는 것. 관세음보살의 삼십이 응신三十二應身 참조.

(Bomunsihyeon) The universal teachings and manifestations: The Bodhisattva of Great Compassion's universal teachings and manifestations for the deliverance of sentient beings according to their abilities. *Cf. (Samsip-i Eungsin)* Thirty-two manifestations of the Bodhisattva of Great Compassion.

보문품 普門品 일문一門에 일체문一切門을 섭攝한 것이므로 이렇게 이름. 품品은 장章과 같음.

(Bomunpum) The chapter or section on the universal gate or teaching. It is so called because the chapter embraces all things.

보물 寶物 금은 보옥 등 극히 희귀하고 가치가 있는 물건.

(Bomul) Precious and rare treasures such as gold and jade.

보불 報佛 수행을 완성하여 공덕을 갖춘 부처님.

(Bobul) The Buddha-incarnate with the completion of practice.

보살 菩薩 구도자求道者라는 뜻의 산스크리트어 Bodhisattva의 음역으로 보리살타菩提薩陀의 준말. 뜻으로 번역하면 각유정覺有情, 개사開士 또는 대사大士라고도 번역하며, 이들 외에도 대공덕大功德, 대복덕大福德, 대도심大道心 등 수많은 이름이 있다. 보리菩提는 각覺의 뜻이고, 살타薩陀는 유정有情, 즉 중생이라는 뜻. 이것을 달리 설명하면, 지극한 자비로 육바라밀을 실천하고 중생을 교화하는 구도자. 아라한과阿羅漢果를 추구하는 소승小乘과는 달리, 대승불교의 궁극적 이상理想.

그러나 좀 더 깊이 살펴보면, 보살의 자비로운 이상理想이 없는 대승불교란 생각할 수 없으며, 그 중요성이란 대승大乘이라는 칭호 대신 보살승菩薩乘이라는 말이 나올 정도로 대승불교에 있어서 모든 중생에 대한 보살의 자비상은 절대적이다. 그리고 편의를 위해 이를 좀 더 구체적으로 분류하여 설명하면 다음과 같다: 1) 석가모니 부처님께서 부처가 되기 이전 수행자 시절. 2) 전생에 수행하던 시절의 석가모니 부처님. 3) 대승에서 수행을 완성한 소승에서 말하는 아라한. 4) 한국에서의 재가在家 여신도 등으로 분류할 수 있다.

(Bosal) Transliteration of Bodhisattva (Skt), Bodhisatta (P). (Bodhi= enlightenment, -sattva=a sentient being): An enlightened one, or the one striving for enlightenment, Buddha-to-be, a living being who has produced the spirit of enlightenment and whose constant dedication is to attain the unexcelled, perfect enlightenment of Buddhahood.

The ideal of the Mahayana School in contrast to the Arhat, the ideal of the Theravada, and the one whose enlightenment finds its true expression in loving devotion to others by performing Six Paramitas or Virtues even delaying thereby his entry into Nirvana, the reward of his own enlightenment. Thus the essential nature of Bodhisattva is a great loving heart (maha-karuna-citta), and deliverance of all sentient beings constitutes the sole object of his or her life.

In other words, the ideal of Bodhisattva is so important in the Mahayana School that the latter is sometimes called the Bodhisattva-yana, or the Bodhisattva-vehicle. In other words, we can hardly think of the Mahayana School without the ideal of Bodhisattva. For convenience's sake, the status of Bodhisattva can be classified into four categories: 1) Sakyamuni Buddha before becoming a Buddha, 2) Practicing Sakyamuni Buddha in the former life. 3) A Bodhisattva in the Mahayana who attained enlightenment. 4) Female devotees in Korea.

보살계 菩薩戒 승려뿐만 아니라 재가불자까지도 지키는 계율戒律. 이는 통틀어 삼취정계三聚淨戒를 말함.

(Bosalgye) Bodhisattva precepts: The obligatory rules observed by lay people as well as nuns and monks. *Cf. (Samchwi Jeonggye)* Three immaculate precepts for Bodhisattva.

보살대사 菩薩大士 대사大士는 보살에 대한 존칭.

(Bosaldaesa) Mahabodhisattva in Sanskrit: It is an elevated name for a Bodhisattva.

보살마하살 菩薩摩訶薩 보살에는 많은 계위階位가 있으며, 그 중에 10지十地 이상의 보살을 표시하기 위하여 다시 마하살이라 한다. 마하는 산스크리트어로 크다는 뜻이며, 살薩은 보리살타菩提薩陀 (Bodhisattva)의 준말. 십지보살十地菩薩 참조.

(Bosalmahasal) Mahabodhisattva, or the Bodhisattva-hero: Bodhisattva above the stage of Ten Grounds of Bodhisattva way to the Buddhahood. *Cf. (Simpji(Bosal)* Ten Grounds of Bodhisattva.

보살지 菩薩地 통교십지通教十地의 제 9. 불과佛果의 인행因行을 닦는 자리를 말함.

(Bosalji) The land of Bodhisattva: The ninth ground or stage of the Bodhisattva way to attain the Buddhahood.

보살행 菩薩行 나와 남이 둘이 아닌 자타불이自他不二와, 부처가 되고자 하는 자리·이타행自利·利他行.

(Bosalhaeng) The Bodhisattva-practice: Virtuous works or deeds of non-duality and their application for the benefit of others to attain enlightenment and Buddhahood.

보생불 寶生佛 진언종眞言宗에서 모시는 오불五佛의 하나. 대일여래大日如來의 평등성지平等性智에서 나와 일체의 재물과 보배를 맡은 부처.

(Bosaengbul) The great Buddha Rotnasambhava, one of the five great Buddhas in the True-word Sect, or Esoteric Buddhism: He came out of the wisdom of equanimity of Mahavairochana, and presides over all kinds of wealth and treasures.

보시 布施 육바라밀과 십바라밀의 하나이면서 불자들의 가장 중요한 미덕중의 하나로, 물질, 지혜 등을 다른 사람에게 베푸는 일.

(Bosi) Dana: The act of giving, almsgiving, offering, or generosity either in material or spiritual form. There are three kinds of almsgiving in terms of goods, doctrines (dharma), and courage (fearlessness). Out of the three, the merits and virtues of doctrine are the most surpassing. Charity done for no reward here and hereafter is called púre or unsullied. It is the first of the Six Paramitas.

보시바라밀 布施婆羅蜜 육바라밀의 첫째이며 세 가지가 있다: 1) 재물보시 財物布施, 2) 법보시法布施, 3) 무외보시無畏布施. 그 중에서도 법보시가 가장 으뜸가는 보시.

(Bosibaramil) Dana-paramita: Perfection of giving, or passing over via offering. The first of the Six Paramitas, and there are three types: 1) Material gifts. 2) Teaching or dissemination of the Dharma. 3) The offering of fearlessness.

보신 報身 삼신三身의 하나. 노사나불盧舍那佛의 다른 이름. 원만하고 뚜렷한 마음의 광명. 불생불멸인 법신이 생멸 속에 들어와 진여眞如의 상相을 나투신 모습. 따라서 생멸生滅이 있을 수 있으며 유여열반有餘涅槃에 머문다.

(Bosin) Sambhogakaya: The Body of Bliss, or literally the manifestation of the universal Buddha-essence or true-suchness in symbolic form, which manifests itself through the symbols of birth and death, whereas it is subject to samsara and incomplete Nirvana. *Cf. (Samsin)* Triple Body, or Three Bodies.

보왕삼매 寶王三昧 염불삼매念佛三昧를 높이어 부르는 말. 염불은 삼매 중에서 가장 보배로움으로 보왕寶王이라 말함.

(Bowang Sammae) The samadhi of a highly esteemed king: It is an elevated name for the samadhi of reciting the name of Buddha, because it is the supreme state of samadhi.

보우 태고 普愚 太古 (1301-1382) 고려 말의 큰 스님이며 우리나라 임제종臨濟宗의 초조初祖.

(Bou Taego) (1301-1382) A venerable priest of the late Goryeo Dynasty, and the founder of the Linji School in Korea.

보우 허응당 普雨 虛應堂 (1515-1565) 조선 중기에 불교의 전성시대를 이루게 한 승려. 1565년 문정왕후文定王后가 죽자 조야朝野는 배불상소排佛上疏와 유림儒林의 성화에 밀려 승직이 박탈되고 제주도에 유배, 제주목사 변협邊協에 의해 참형되었다.

(Bowu Heoeungdang) (1515-1565) A venerable priest of the Joseon Dynasty, who revived Buddhism which has been oppressed by Confucian royal court with the patronage of Queen Munjeong, the mother of King Myeong Jong. After the death of the Queen Mother, he was not only disrobed but exiled to Jeju Island and then killed mercilessly by Byeon Hyep, the Governor of the Island.

보은 報恩 은혜恩惠를 갚음.

(Boeun) Requital of a favour or grace.

보은탑 報恩塔 은혜를 잊지 않고 기리기 위한 탑.

(Boeuntap) A monument for the requital of a favor or gratitude.

보임 保任 보림이라고도 말하며, 보호임지保護任持의 준말. 깨친 후에도 게을리 하지 않는 수행修行을 하여 완전히 자기 것으로 만드는 것을 말함. 保는 지킨다는 뜻이며, 任은 등에 업는다는 뜻.

(Boim) Post-cultivation after attaining enlightenment: The follow-up cultivation to retain what one has attained. One should not neglect the practice of cultivation even after attaining enlightenment.

보적삼매 寶積三昧 마니보주摩尼寶珠가 일체를 비추는 것처럼, 이 삼매에 들면 능히 모든 법의 본질을 꿰뚫어 보므로 보적삼매라 함. 다시 말해 보적삼매란, 모든 중생의 본래 마음이니, 이 마음에 쌓여있는 헤아릴 수 없이 많은 공덕이 마치 보물을 쌓아 놓은 것 같다는 말.

(Bojeok Sammae) The samadhi of the heap of jewels: In this state of samadhi, one may penetrate into the essence of the Dharma, whereby the title of the term is earned. In other words, it is like the accumulation of merits in our original pure mind like a heap of treasures.

보조 지눌 普照 知訥 (1158-1210) 호號는 목우자牧牛子. 고려 말의 큰 스님. 진심직설眞心直說과 수심결修心訣 등의 저술이 있다. 본 사전 편자에 의한 이들의 한-영 대역본도 있다.

(Bojo Jinul) (1158-1210) The National Preceptor of the late Goryeo Dynasty. He is the author of the Direct Talk on True Mind, or the Sublime Functioning of True Mind, and the Golden Teachings on Mind Cultivation, or the Secret on Cultivating the Mind. There are English-Korean translations by the present compiler of the Dictionary.

보좌 寶座 부처님이 앉는 자리를 일컫는 말. 옥좌玉座라고도 말함.

(Bojwa) A jewelled seat or throne, or the majestic seat or throne of the Buddha.

보처 補處 일생보처一生補處의 준말. 이전 부처님이 입멸한 후에 성불해서 그 자리를 보충하는 이란 뜻. 곧 부처가 될 후보자. 미구에 성불할 미륵보살을 보처존補處尊이라고도 말함. 그 밖에 일반적으로 부처님 후보자 위치에 있는 보살들은 모두 보처보살補處菩薩이라 한다.

(Bocheo) Simplified term of *Ilsaeng Bocheo*: It means replacement, replacement of the deceased Buddha after attaining the Buddhahood. A candidate for a Buddha just as Maitreya, a future Buddha. In this sense, everyone who is at the position of becoming a Buddha may be called *Bocheo*, a future Buddha.

보체 保體 몸을 보호한다는 뜻으로, 절에서 축원문祝願文을 읽을 때 살아있는 사람의 이름 밑에 쓰는 말.

(Boche) Lit. "the protection of body." A ritual term used after a person's name in the written prayer for the benefit of a living person.

보현보살 普賢菩薩 가장 중요한 보살중의 한 분으로, 지혜와 깨달음을 상징하는 문수보살文殊菩薩과는 달리, 모든 부처님들의 궁극적 원리, 명상, 그리고 수행을 대표하는 대보살.

(Bohyeon Bosal) Bodhisattva Samantabhadra, or the Guardian of Law: One of the four great Bodhisattvas, and foremost in action. He is the lord of the fundamental law, the dhyana, and the practice of all Buddhas. He is, as the guardian of law, usually placed on the right of Vairochana Buddha, while Manjusri, the guardian of wisdom, is on the left.

보현삼매 普賢三昧 보현보살을 본존으로 하고 제법실상諸法實相의 이치를 관하여 죄로 인한 장애를 참회하는 것. 또 보현과 문수 두 보살은 한 쌍의 법문으로, 보현은 온갖 삼매를 주로하고, 문수는 온갖 반야를 주로하여 부처님의 교화敎化를 도우므로 문수반야에 대하여 보현삼매라 말함.

(Bohyeon Sammae) Samadhi of Samantabhadra or the Bodhisattva of Great Vow and Action: Repentance of passion caused by sin through realization of the true reality of the Dharma or things. It also refers to samadhi of Samantabhadra which helps edification of Buddha while Manusri Bodhisattva helps edification of Buddha with his wisdom.

보현십원 普賢十願 화엄경의 보현행원품에 설한 보현보살의 10가지 큰 서원. 1) 모든 부처님께 예경하는 것. 2) 여래를 찬탄하는 것. 3) 공양을 널리 닦음. 4) 업장을 참회함. 5) 공덕을 같이 따라 기뻐함. 6) 법륜法輪 굴리기를 청함.

7) 부처님께서 항상 세상에 머물러 있기를 청함. 8) 항상 부처님을 따라 배울 것. 9) 항상 중생을 수순隨順할 것. 10) 모두를 회향할 것.

(Bohyeon Sipwon) The ten vows or aspirations of Bodhisattva Samantabhadra: 1) Vow to pay homage to all Buddhas. 2) Vow to praise the Tathagata. 3) Vow to practice generosity for all beings. 4) Vow to repent karmic obstructions. 5) Vow to rejoice with others for their merit. 6) Vow to implore for the teachings of the illustrious doctrine. 7) Vow to implore for the abiding of the Buddha among the sentient beings. 8) Vow to study according to the teachings of the Buddha. 9) Vow to be in accord with sentient beings. 10) Vow to return all merits to others.

보현행원 普賢行願 보현보살의 보살행에 대한 서원.

(Bohyeon Haegnwon) The vow of practice of Samantabhadra.

보현행자 普賢行者 보현삼매普賢三昧를 수행하는 사람을 말함.

(Bohyeon Haengja) One who practices samadhi of Bodhisattva Samantabhadra.

복덕 福德 복福과 덕德, 타고난 행복. 그러나 불교에서는 일체의 선행善行에 대한 과보果報로서 받는 복리福利.

(Bokdeok) Good fortune, felicity, blessing, or happiness in requital for good conduct: A reward for selfless and virtuous deeds.

복록 福祿 세상에 출세하는 복리공덕福利功德을 총칭한 것.

(Boklok) Sustenance and blessings, or one's fortune and fief: A comprehensive title for almost all the social merits and happiness.

복리 福利 행복과 이익利益.

(Bokli) Happiness and benefit.

복장 伏藏 땅속에 매장되어 있는 보물을 말함. 곧 흙에 묻힌 보장寶藏이란 뜻으로, 가난한 집에 복장伏藏이 있었으나, 이것을 알지 못하여 곤군하게 살던 이에게 이것을 알려주어 부자가 되게 하는 것처럼, 일체중생이 불성을 갖추고 있으면서 삼계三界에 윤회하는 것을 불법佛法을 가르쳐 줌으로 깨닫게 하는 것에 비유한 말.

(Bokjang) Buried treasure: The figurative way of instructing sentient beings that we are all innate Buddhas, as informing the poor family who does not know that they have a buried treasure in the house.

복장 腹藏 불상佛像을 만든 후 불상의 배 속에 사리舍利, 불구佛具, 불경佛經 또는 다른 서책들을 넣어 두는 하나의 상징적 의식儀式. 처음에는 사리와 함께 탑에만 모셨으나, 점차 이들을 불상 안에도 모시게 되었으니, 그 이유는 불상 안에 모시면 영험이 깃드는 것으로 믿었기 때문이다.

(Bokjang) Storing the sarira, the Buddhist articles, sutra, or Buddhist writings in the abdomen of the Buddha statue. It is believed that the storing the articles in the abdomen of a Buddha statue will bring miraculous fruit.

복전 福田 농부가 밭에 씨를 뿌려 수확하는 것처럼, 복덕福德을 낳는 밭이라는 뜻. 보시布施를 하면 덕德이 쌓이고 복福이 생긴다. 따라서 보시의 대상인 부처님, 출가 수행자, 가난한 사람들과 병든 사람들은 복덕福德의 씨앗을 뿌릴 수 있는 터전이 되므로 복의 텃밭, 즉 복전福田이라 부른다. 따라서 그러한 보살도菩薩道 자체가 복전 복전이 되는 것이기도 하다.

(Bokjeon) The field of good fortune: A title of honor given to monks, as they afford the best opportunities to others to sow the seed of merits. "This body is called the field, because a man sows seeds of action in it, and reaps their fruits." You will reap the fruit or reward from the field you have cultivated. No cultivation, no fruit, and no charity, no reward.

복전함 福田函 복을 닦는 함. 복은 닦아야 돌아옴.

(Bokjeonham) The charity or donation box for the cultivation of blessings and merit.

본각 本覺 삼각三覺의 하나. 근본각체根本覺體로서 광석鑛石 속의 순금처럼 인간의 마음은 본래부터 맑고 청정한 오성悟性을 갖추고 있다는 것을 강조한 말. 다시 말해 이는 여래장진여如來藏眞如와 같은 말. 시각始覺과 삼각三覺 참조.

(Bon-gak) Original or primal awakening, or innate Buddha-nature: One of the threefold enlightenment. The immaculate intrinsic nature of mind, the belief that enlightenment is originally inherent in our mind, or that we are all originally endowed with the Buddha-nature just like pure gold in a mineral. *Cf. (Sigak)* Inceptive awakening and *(Samgak)* Threefold enlightenment.

본각돈오 本覺頓悟 대승불교의 철리哲理인 중생실유불성衆生悉有佛性에 의한 중생의 본래 갖추어있는 깨달음을 믿고, 단박에 깨침에 들어감을 말함.

(Bongakdono) Original enlightenment and sudden awakening: We are all born Buddhas, and if we truly believe this fundamental doctrine of the Mahayana, all we have to do is to realize this truth through meditation.

본구 本具 이구理具 참조.

(Bon-gu) Innate attribute. Another name for *igu* 理具.

본당 本堂 본존本尊을 모셔두는 전당 殿堂.

(Bondang) The Main Hall: The Buddha hall where the main Buddha is enshrinec.

본래공 本來空 만유제법萬有諸法은 모두 자성自性이 없어 가상假相이므로 본래 공空하다는 말.

(Bollaegong) Original or intrinsic emptiness: As all the phenomena in the universe posses no self-nature, they are originally empty, not substantial or real.

본래면목 本來面目 본지풍광本地風光이라고도 말하며, 법성法性, 실상實相과 같은 뜻으로, 이는 일체 중생이 본래 갖추고 있는 진실한 성품, 곧 본성 또는 불성을 가리키는 것으로, 특히 선종禪宗에서 좋아하는 은유적 표현. 본지풍광本地風光 참조.

(Bollae Myeonmok) The original face: The fundamental wholeness of the human being as it is before being shaped by conditions through external influences--the real self. It is also synonymous with the terms such as the original true-self, the self-nature, the original nature of the mind, the Dharma-nature, or the Buddha-nature, etc. *Cf. (Bonji Punggwang)* The beautiful scenery of the original ground.

본래무일물 本來無一物 만유제법萬有諸法은 모두 허상虛像이므로, 한 물건도 집착할 것이 없다는 것. 본래공本來空 참조.

(Bollae Muilmul) Non-substantiality of all phenomena: Originally there never was a thing. All the phenomena in the world are illusions that have no self-nature or entity; and there is not a thing that could be called a thing. However, emptiness of things means full-Void, full of energy. *Cf. (Bollaegong)* Original or intrinsic emptiness.

본래성불 本來成佛 중생이 본래 갖추고 있는 성불할 수 있는 성품. 본래해탈과 같은 뜻으로, 마음과 부처와 중생이 다 본래 진여인 부처의 성품을 가지고 있다는 뜻. 따라서 깨닫고 보면 번뇌가 곧 보리菩提이고 중생이 곧 부처이며, 또 중생의 심성이 그대로 부처라는 뜻. 기독교의 원죄 참조.

(Bollae Seongbul) Originally enlightened: It means our original Buddha- nature and no difference between mind and body, the Buddha and sentient beings. Enlightenment is none other than realization of this truth.

본래자성청정 本來自性淸淨 본래 갖추고 있는 그대로의 성품이 청정하다는 이치.

(Bollae Jaseong Cheongjeong) Original pure self-nature.

본래자재 本來自在 본래 자재하여 그 어떤 속박도 없으니, 더러움 그대로 청정함이요, 청정함 그대로 더러움이다. 또 양편 모두 전후가 없으니, 깨닫고 보면 더러움도 없고 청정함도 없다는 뜻.

(Bollae Jajae) Original existence without any restriction or defilement: In fact, there never was purity or defilement in the first place. Hence in the ultimate sense, there is no distinction between purity and defilement nor any restraint.

본래적정 本來寂靜 쉽게 이야기 하면 모든 것은 본래 고요하다는 뜻. 모든 법의 자성은 공空이므로 생성과 소멸 등 모든 상相이 사실은 본래 있다고 말할 수 없는 고요한 경계라는 뜻. 그러나 이는, 본래면목本來面目, 불성佛性, 본래자재本來自在, 본래무자성本來無自性, 또는 도道에 대한 또 하나의 측면 또는 설명으로 볼 수도 있다.

무엇이라 표현할 수 없고 무엇이라 이름 붙일 수 없으니 그저 적적하고 고요할 수밖에 없으며, 이 도리를 아는 것이 일체의 집착에서 벗어난 진정한 깨침이다. 도道 참조.

(Bollae Jeokjeong) Primordial quietude or serenity: As every mark or distinction is, in fact, non-existent, there could be no birth and death--only complete quietude and silence remains, which is called Nirvana or the Void.

It is, in fact, another name for emptiness, "the original face," the Buddha-nature, non-self-nature of all things, "a deep underlying harmony which is inherent in both man and the universe. It is also the ground from which emanates the all-expanding energy that constantly creates the myriad things in the universe, yet which is beyond expression." *Cf.* *(Do)* Dao.

본래청정심 本來淸淨心 본래 청정한 우리들의 마음 바탕은, 닦을 수 있는 것[可修相]도 아니요 만들 수 있는 것[可作相]도 아닌 그저 깨치는 것.

(Bollae Chyeongjyeongsim) The original immaculate pure mind, which is beyond formulation or cultivation.

본무자성 本無自性 만법萬法은 본래 자성이 없다.

(Bonmujaseong) The original non-self-nature: There is nothing whatsoever, spiritual and phenomenal, that has self-nature.

본문 本門 이는 적문迹門과 대칭되는 개념으로, 진불眞佛은 아주 먼 옛날에 이미 성도成道하였다는 데에 근거하여, 본불本佛의 본지本地, 근원根源, 또는 본체本體를 나타냄을 말하고, 이와 대칭되는 적문迹門은 중생을 제도하기 위해 이 세상에 그 형체를 나타낸 것이라 하여 응적應迹 또는 영현影現이라고도 말함.

(Bonmun) The essence, the original ground, such as the true Buddha who attained enlightenment eons before, in contrast to the manifestation of true Buddha in various forms who delivers sentient beings.

본분 本分 본래부터 타고난 모습이라는 뜻으로, 본성本性, 본각本覺, 진여眞如, 공空과 같은 말로 진리를 말함. 진여법성眞如法性의 견지에서 볼 때, 부처다 중생이다 하는 것조차 사실은 꿈속에서 하는 말들. 누구나 근본 바탕은 본래부터 그대로 부처라는 뜻. 이것을 상징적으로 나타낸 것이 동그라미 일원상一圓相.

(Bonbun) It is synonymous with the original face, self-nature, the original enlightenment, the void or truth: In the ultimate reality, there is no difference between the Buddha and sentient beings. They are just names the people use in their dreams. *Cf.* *(Ilwonsang)* A Great-circle.

본분사 本分事 마땅히 해야 할 일. 스스로 자신의 참 모습을 깨닫는 자신의 도리.

(Bonbunsa) One's primal duty, or the fundamental matter: What is our primal duty? Realization of our original true self-nature and attaining enlightenment.

본불 本佛 세 가지 뜻이 있다. 우선 자기 마음에 있는 불성佛性. 아득한 옛적에 성도成道한 부처. 또는 본불本佛과 대칭되는 본불에서 분신分身한 부처님.

(Bonbul) The original true Buddha: It has several meanings. The first is the Buddha-nature in one's own mind. The second is the Buddha who attained the Buddhahood eons before in contrast to the "transformation Buddha" who comes in various forms to deliver sentient beings. The third is the incarnation Buddha in contrast to the original Buddha.

본사 本寺 스님이 처음 출가한 절 또는 교구본사.

(Bonsa) The main temple, or the home temple where a monk or nun first took ordination.

본사 本師 석가모니 부처님은 우리의 근본 스승이라는 뜻에서 본사本師라고 말함.

(Bonsa) The original master or teacher: It refers to Sakyamuni Buddha, who is our fundamental and indispensable teacher.

본산 本山 한 종파에 딸린 여러 절을 총괄하는 근본 도량. 우리나라에서는 특히 일제하에서 이 말을 사용했다.

(Bonsan) The district head or main temple of a sect which carries a number of subsidiary or branch temples under its jurisdiction. In Korea, the term "bonsan" was adopted during the Japanese colonial rule of the peninsula.

본생담 本生譚 부처님께서 전생에 이루신 보살행을 기록한 550편의 신화적 이야기.

(Bonsaengdam) Jataka: The Jataka Tales, or "Birth Stories," a collection of 550 mythological stories of former lives of Sakyamuni Buddha.

본성 本性 본래 타고난 성품性品. 불교에서는 불성佛性을 말함.

(Bonseong) The original nature: The inborn Buddha-nature of all beings in Buddhism.

본심 本心 본성本性, 법성法性, 불성佛性 등과 같은 말.

(Bonsim) The original mind: It is another name for the original nature, the Dharma-nature, the Buddha-nature, etc.

본연 本然 본디 그대로의, 곧 인공人工을 가하지 않은 자연 또는 타고난 그대로의 상태.

(Bonyeon) Natural or inborn state devoid of any artificial addition or qualities.

본원 本願 근본서원根本誓願의 준말로, 모든 부처님들이 지난 세상에 성불하려는 뜻을 낸 자리에서 세운 여러 가지 서원誓願. 이에는 총원總願과 별원別願이 있다. 총원은 모든 부처님들의 공통된 서원인 사홍서원四弘誓願을 뜻하며, 별원은 부처님마다 중생 제도의 인연에 따라 세우시는 것으로, 그 대표적인 예가 아미타불의 사십팔 서원四十八 誓願이다.

(Bonweon) The original vow: The great vows all the Buddhas have made in their former lives. There are two kinds. One is the universal vow, or the Four Great Vows. The other is a specific vow according to conditions of the Buddhas in their deliverance of sentient beings, a good example of which is the Fourty-eight Vows of Amitabah Buddha.

본원력 本願力 보살이 부처가 되기 위해 세운 인행因行 원력.

(Bonweonlyeok) The power of the original vow of Bodhisattva to become a Buddha.

본유 本有 원래부터 갖추고 있는 것. 성性이란 말로 표현할 때도 있으며, 삼라만상의 근원. 수행에 의해 나타나는 것과 대조가 된다.

(Bonyu) Primal existence: The originally existing source and substance of all phenomena.

본유불성 本有佛性 중생이 본래 스스로 갖추고 있는 불성.

(Bonyu Bulseong) The Buddha-nature originally innate in all sentient beings.

본적 本迹 불보살佛菩薩의 진실한 본지신本地身과, 중생을 교화하기 위하여 그 진신眞身으로부터 화현化顯하여 나타냄을 말함.

(Bonjeok) The genuine body of a Buddha or Bodhisattva, which has no form, and their manifestations in the world for the edification of sentient beings.

본적이문 本迹二門 본문本門과 적문迹門의 이문二門을 말하며, 적迹은 흔적이란 뜻의 적跡과 통하는 말. 경전의 내용을 풀이하기 위해 사용하는 관점 중의 하나. 본문本門이란 겉으로 드러난 현상의 본질이 되는 것, 보다 근원적인 것, 또는 진실 된 것 등의 뜻을 갖고, 적문迹門이란 본질적인 것이 겉으로 드러난 모습, 부수적인 것, 또는 방편적인 것 등의 뜻을 갖는다. 예를 들면, 법신法身이 본문本門이라면, 적문迹門은 중생을 제도하기 위해 나투신 화신化神 석가모니 부처님과 제불보살諸佛菩薩들 이시다.

(Bonjeok Imun) Two gates of the original ground and its avatar: The doctrine of the Tientai Sect in the explication of the Lotus Sutra. The original ground means the original nature of things, appearances, or phenomena, the ultimate nature of the universe; and avatar means the manifestation of the original nature of all these, the expediencies and secondaries.

For example, if Dharmakaya or the Dharma-body is the original ground, or the ultimate reality, the avatar is the Nirmanakaya, or Sakyamuni Buddha and all the various forms of Buddha and Bodhisattva who have transformed themselves to deliver living beings from delusion and suffering.

본제 本際 진여眞如와 열반에 대한 다른 이름. 중생이 깨달으면 그 자리가 곧 본래의 청정한 깨달음의 자리가 되고, 깨닫지 못하면 불각不覺이 된다. 그리고 본각本覺은 진리의 경지이기 때문에 '본래의 자리,' 곧 본제本際 또는 실제實際라 말한다. 그런데 여기에서 초심자에게 정말 곤혹스러운 것은, 이 궁극적 실제, 또는 진리를 불교에서는 본각本覺, 본분本分, 진제眞諦, 공空, 진여眞如, 여여如如, 일심一心, 진심眞心, 본래면목本來面目, 여래장如來藏, 또는 열반涅槃 등으로 다양하게 표현한다는 것. 그런가하면, 이들뿐만 아니라 팔만 사천 가지가 있다고도 함. 왜냐하면, 깨친 눈으로 보면, 만유萬有 그대로가 모두 진리이기 때문이다.

(Bonje) True-suchness or Nirvana: It is synonymous with the primary truth, the ultimate truth, emptiness, suchness, or the truth as-it-is, the true mind, One-mind, the original-face, Tathagata's womb, etc. Besides all these, there are supposed to be an infinite number of names with the same fundamental truth, because, to the enlightened mind, there is nothing that is not the true reality of things in the whole universe.

본존(불) 本尊(佛) 숭배와 존경의 중심으로 모실 수 있는 불보살佛菩薩 등의 존상尊像. 또는 법당의 여러 부처님 가운데 주불主佛을 가리키거나, 한 종파나 사찰에서 가장 중심이 되는 불상을 말한다. 예를 들면, 일반적인 경우인 석가모니불, 정토종의 아미타불, 화엄종의 비로자나불과 미륵불, 그리고 밀교계통의 대일여래 등이다.

(Bonjon(bul)) The Buddha statue, which deserves to be enshrined as a main Buddha with great veneration and respect. It means the main Buddha statue or image of the Dharma Hall, or the main Buddha

of a School, such as Amitabha Buddha (the main Buddha of the Pure Land School); Vairochana Buddha and Maitreya (the main Buddhas of the Flower Adornment School); and Vairochana Buddha (the main Buddha of Esoteric Buddhism).

본지 本地 불보살佛菩薩이 중생을 제도하기 위한 방편으로 거짓 나타낸 수적신垂迹身에 대해, 그 본체이며 진실한 진리의 법신法身인 불보살佛菩薩을 본지本地라 말함.

(Bonji) The original or genuine Buddha and Bodhisattva: It is a contrary concept of the avatar of the original Buddha and Bodhisattva, which manifests itself to lead sentient beings to enlightenment.

본지신 本地身 온갖 사물의 존재생성存在生成에 있어서 그 바탕이 되는 근본적 본체를 본지신 또는 본지법신本地法身이라 말함.

(Bonjisin) The body of original ground: The original body of all the existence and its birth and growth.

본지풍광 本地風光 본래면목本來面目, 부모미생전父母未生前, 법성法性 또는 실상實相과 같은 뜻으로, 심성心性의 본래모습이란 뜻의 선문禪門의 말. 다시 말해 '본지本地'는 모든 번뇌가 사 라진 고요한 부처님의 마음자리. 그리고 '풍광風光'은 이 마음자리에서 일어나는 부처님의 위없는 지혜. 선불교의 멋있는 표현중의 하나. 본래면목本來面目 참조.

(Bonji Punggwang) The beautiful scenery of the original ground: It is a poetic expression of the original face, the original nature of the mind, before one's conception in mother's womb, the Dharma- nature, or the true nature of reality. It literally means the natural beauty of the original ground or nature, or the quietude of Buddha-mind without any defilement. *Cf (Bolrae Myeonmok)* The original face.

본체 本體 가상假像인 현상現象에 대비되는 실상實相 또는 제법諸法의 근본 자체. 이는 또 응신應身에 대해 진신眞身을 말하기도 함.

(Bonche) The basic substance, or the essence of existence in contrast to apparition or manifestation: It also means Dharmakaya, or the Dharma-body.

본칙 本則 글의 본체, 곧 본문 또는 본론이 되는 부분. 부칙附則의 반대. 벽암록碧巖錄에 나오는 말.

(Bonchik) The main subject of a letter or talk in contrast to a side note. It is the term we find in the Blue Cliff Record.

본혹 本惑 혹惑은 번뇌에 대한 다른 이름. 근본혹根本惑 또는 근본번뇌根本煩惱라고도 말함. 모든 번뇌가 의지하여 일어나는 근본이 되는 번외. 곧 탐貪 · 진瞋 · 치·癡 · 만慢 · 의疑 · 악견---惡見의 여섯 가지. 이와 대비되는 수번뇌隨煩惱 참조.

(Bonhok) The original or fundamental defilements, passions, or afflictions, the sources of all defilements--craving, anger, ignorance, pride, doubt, evil views. *Cf. (Subeonnoi)* Concomitant or secondary afflictions.

봉송 奉送 윗사람 또는 귀인貴人을 받들어 전송餞送함을 말함.

(Bongsong) Seeing off a superior or a noble person.

봉승 奉承 웃어른의 뜻을 이어 받음.

(Bongseung) Obey or comply with the will of a superior.

봉안 奉安 신주神主나 화상畵像을 받들어 모심.

(Bong-an) Enshrine the tablet or portrait of the deceased.

봉작 封爵 왕이 신하臣下에 큰 벼슬을 내림.

(Bongjak) Investiture with the title of nobility.

봉축 奉祝 공경하는 마음으로 축하함.

(Bongchuk) Congratulate or rejoice with.

봉축사 奉祝辭 공경하는 마음으로 하는 축사.

(Bongchuksa) A congratulatory address.

봉행 奉行 부처님의 교법敎法을 받들어 수행함.

(Bonghaeng) Upholding and practicing: Observance of the Buddha's teaching.

봉헌 법어집 奉獻法語集 고승대덕들의 공덕을 기리기 위해 발행하는 법어집.

(Bongheon Beopeojip) The tribute book of Dharma talks published for the commemoration of the great masters.

봉헌 법회 奉獻法會 어떤 물건을 받들어 모시는 법회.

(Bongheon Buephoi) The Dharma assembly for the occasion of dedication, or oblation.

부구 浮漚 물 위나 바다에 떠있는 거품. 이것은 곧 인생에 비유한 말.

(Bugu) A floating bubble (in the ocean): This is what our life or body is.

부귀영화 富貴榮華 재산이 많고 귀한 신분으로 온갖 호화를 누리는 것. 그러나 로마가 망한 것은 외침에 의한 것이 아니었다. '범소유상 개시허망凡所有相 皆是虛妄'의 진리를 아는 것도 하나의 깨침.

제왕帝王 시이저도 죽으면 한줌의 흙이 되어
벽의 구멍이나 때우는 바람막이가 될 수도 있는 것이 인생.
아, 한 때 세상을 호령하던 한 줌의 흙덩이가
벽의 틈새막이 신세가 되어 한 겨울의 찬바람이나 막고 있다니.
--셰익스피어, 『햄릿』 5막 1장--

(Bugwiyeonghwa) Riches and honors, fame and prosperity: The most prestigious things all human beings aspire to have. Yet the Roman Empire did not fall from foreign invasion. *Cf. (Beomsoyusang Gaesiheomang)* All appearance is but a delusion.

Imperious Caesar, dead, and turned to clay,
Might stop a hole to keep the wind away.
O, that earth which kept the world in awe
Should patch a wall t' expel the winter's flaw!
--Shakespeare, Hamlet V. I.--

부다가야 범어梵語 Buddha Gaya. 인도의 북동부 비하르조 가야의 남쪽 약 10km 지점에 있으며, 석가모니 부처님께서 도道를 깨치신 땅으로 불교의 사대성지四大聖地의 하나. 현재 이름은 보드가야 BodhGaya.

(Budagaya) Buddha Gaya: Ancient name for the town in Bihar province, where the Buddha attained His enlightenment under the bodhi-tree. The modern name is Bodh Gaya.

부단공 不但空 필경공畢竟空 또는 무소득공無所得空이라고도 말함. 곧 유有를 인정치 않는 공을 단공但空이라 함에 대해, 그 공 空 역시 공하다는 절대 부정의 공을 부단공不但空이라 함. 중도中道 참조.

(Budangong) Not falling into voidness, emptiness of emptiness, or ultimate emptiness: Negation of emptiness or double emptiness. It is also called emptiness of no gain. *Cf. (Jungdo)* The Middle Way.

부도 浮屠 큰 스님들의 사리를 모신 곳으로, 범어梵語 buddha-stupa의 전음轉音으로

부두浮頭, 부도浮圖 등 여러 가지로 표기함.

(Budo) Buddha-stupa: The sarira-stupa, or the stone monument where sariras of great masters are enshrined.

부동 不動 참선할 때는 마음이 안팎의 상에 의해 산란하거나 흔들리지 않아야 한다.

(Budong) Unwavering, steadiness, or non-activity: The mind should not be taken in by form, within and without, when you meditate. This truly is non-undertaking.

부동명왕 不動明王 밀교密敎의 대표적인 명왕明王. 힌두교의 쉬바신의 이명異名을 불교가 그대로 받아들인 것. 부동여래사자不動如來使者라고도 말하며, 불교에서는 후에 대일여래大日如來의 사자使者로서 번뇌의 악마를 응징하고 밀교의 수행자들을 보호하는 왕으로 간주됨.

(Budong Myeongwang) Aryacalanatha, or Immovable Bright King: An alias of the Destroyer, the third member of the Trimurti of Hinduism, along with Brahma the Creator and Vishnu the Preserver. However, in Buddhism, he is regarded as the messenger of the Great Buddha Vairochana and the protector of the followers of Esoteric Buddhism with the power of punishing the devils of defilement.

부동점 不動點 열반점涅槃點의 다른 이름.

(Budongjeom) Unmoving point: It is another name for nirvana point, or the state of nirvana.

부동존 不動尊 부동명왕不動明王과 같다.

(Budongjon) The Immovable Venerable. It is another name for *Budong Myeongwang,* Immovable Bright King.

부동지 不動地 십지보살十地菩薩의 여덟 번째 자리. 흔들림 없는 보살의 경계. 다음은 옛 성자聖者의 말: '모든 집착을 버려라, 너의 입술에 곰팡이가 나도록 하라, 너의 한 생각이 영원토록 하라, 너 자신의 몸뚱이가 싸늘한 죽은 재가 되도록 하라, 그리고 퇴락한 마을 사당祠堂의 향로香爐처럼 되도록 하라.' 십지보살十地菩薩 참조.

(Budongji) Lit. the unmoving ground: The eighth immovable or unshakable stage of Bodhisattva. When a state of perfect motionlessness and unawareness is obtained through meditation, all the signs of life will depart and also every trace of limitation will vanish.

An ancient sage says: "Stop all your hankering; let the mildew grow on your lips; let your one thought be eternity; let yourself be like dead ashes, cold and lifeless; again let yourself be like an old censer in a deserted village shrine!"

부루나 富樓那 바라문 종족 출신이며, 부처님과 같은 나이로 부처님의 십대제자十大弟子 중의 하나이며 설법 제일說法第一.

(Buruna) Purna: He is born of a Brahman caste, and is one of the Buddha's ten major disciples, the foremost of expounding the Dharma.

부모미생전 父母未生前 부모 뱃속에 태어나기 이전의 나의 모습. 이는 본래면목本來面目, 본지풍광本地風光, 또는 법신法身과 같은 뜻. 이것도 하나의 좋은 화두. 본지풍광本地風光 참조.

(Bumo Misaengjeon) What was your original face before your parents gave birth to you? It is one of the many well known hwadus, and has the same connotation of the beauty of the original ground of self, or Buddha-nature. *Cf. (Bonji Punggwang)* The beautiful scenery of the original ground.

부목 負木 절에서 땔나무를 마련하는 소임.

(Bumok) The fuel provider at the temple.

부법상승 付法相承 교법敎法을 부촉咐囑받아 계속 이어가는 것.

(Buchok Sangseung) To receive the teaching in succession.

부사 副寺 부사副司라고도 쓰고, 고두庫頭라고도 말함. 선사禪寺에서 금전과 곡식 등의 출납을 맡아보는 소임.

(Busa) The monk in charge of supply and financial affairs at the monastery.

부사의 不思議 말과 생각을 넘어선 경지.

(Busaui) Something that is beyond thought and words, beyond conception or mysterious.

부석사 浮石寺 신라新羅 문무왕文武王 때 의상대사義湘大師가 왕명으로 창건. 경상북도 영주군 부석면 봉황산鳳凰山에 있다.

(Buseoksa) Buseoksa Temple: It was established by Venerable Uisang by the decree of King Munmu of Silla Dynasty during His Majesty's reign (661-680). It is on Mt. Bonghwang, Buseok Myeon, Yeongju

County, North Gyeongsang Province.

부설거사 浮雪居士 원효와 의상대사와 함께 7세기 신라불교의 대표적인 인물. 어려서 불국사에서 승려가 되어 법명을 부설浮雪이라 하고 자字를 선상宣祥이라 한다. 친구와 함께 오대산으로 가던 도중 하룻밤을 묵던 집주인 딸 묘화妙花의 목숨을 건 애원을 뿌리치지 못해 친구들과 헤어져 거사가 됨. 그러나 그는 결혼을 한 후에도 수행을 게을리 하지 않아, 인도의 유마거사와 중국의 방거사 龐居士와 함께 불교 역사상 삼대三大 거사로 일컬어짐.

(Buseol Geosa) Householder Buseol: He was one of the three great priests during the 7th Century Silla Dynasty. Buseol (floating snow) is his Dharma name, and Seonsang is his pen-name. He took ordination at Bulguksa Temple when he was young.

He was on his way to Diamond Mountain to practice with his two fellow monks when he had to give in to the desperate proposal of a maiden named Myohwa. Yet he continued his practice and became one of the three the most venerable householder in the history of Buddhism along with Vimalakirti in India and Layman Pang in China.

부세 浮世 덧없는 뜬세상.

(Buse) The transitory or fleeting life.

부음 訃音 사망死亡 소식.

(Bueum) An obituary notice.

부장품 副葬品 무덤에 매장된 망인亡人의 귀중품.

(Bujangpum) The articles of the dead buried in a tomb.

부쟁회통 不諍會通 화회소통和會疏通의 뜻. 원효대사元曉大師의 화쟁론和諍論이 유명.

(Bujaeng Hoitong) All-embracing interaction of diverse doctrinal claims without contention.

부적 符籍 재앙을 방지하고 귀신을 쫓아내기 위하여 집, 의복, 신체 등에 붙이거나 휴대함. 그런데 이런 것을 주는 스님들도 있다.

(Bujeok) A divine tablet, a talisman, or a charm: They are all far from the teaching of the Buddha.

부전 佛殿 '부전'이라 부르며, 불당佛堂을 맡아 시봉侍奉하는 소임. 한자漢字에 속지 말 것.

(Bujeon) The duty of maintaining the Buddha Hall: It is pronounced "bujeon," not "buljeon" which means the Dharma hall.

부정 不淨 정갈스럽지 못함.

(Bujeong) Impurity, pollution, or taint.

부정관 不淨觀 청정도론淸淨道論에 소개된 40개의 명상훈련 방법 가운데 하나로, 부패한 시체의 모습이나 백골白骨을 관함으로써 인생의 무상함을 깨달아 탐욕스러운 마음을 멈추는 것. 남방 불교의 고산高山 지대에서 지금도 행해지고 있는 조장鳥葬에서는, 죽은 자의 시신屍身을 칼로 토막 내어 독수리들이 먹기 편하도록 해주기도 하며, 일브 미개인들은 조상의 해골을 방에 모시기도 한다.

(Bujeonggwan) Contemplation on impurity: One of the forty meditation exercises on the contemplation of ten disgusting objects, including a spoiled body and a human skull, helping one to become free from greed and grasping. There also is a charnel-ground contem-plation.

부정교 不定教 화의사교化儀四教 또는 천태사교天台四教의 하나. 부처님께서 지식과 소양이 한결 같지 아니한 상대자에 대하여 골고루 그 요구에 대응하기 위하여, 듣는 사람이 제각기 따로 이해할 수 있도록 말씀하신 교묘한 교법. 따라서 사람들은 서로 알면서도 제각기 다르게 이해하는 줄을 알지 못하니, 이것을 인지법부지人知法不知라 말한다. 비밀교秘密教 참조.

(Bujeonggyo) Unfixed teaching: Buddha teaches according to the tolerance of the listeners so that people can understand his teachings. Some may hear a different meaning when listening to the same talk. Yet they do not know their understanding is different from others. This is a good case of witticism: "They understand the law, yet they know not that they do not know." *Cf. (Bimilgyo)* Teaching in secret.

부정취 不定聚 삼정취三定聚의 하나. 향상向上 진보하여 이상경지理想境地에 도달할지, 아니면 타락하여 악도에 떨어질지 결정이 서있지 않은 것.

(Bujeongchwi) Indeterminate state of personality: One of the three types of personalities. It is indeterminate whether one is to achieve the ideal state of Buddhahood, or degrade oneself to fall into the evil world.

부조 浮彫 돌을 양각陽刻으로 새김.

(Bujo) Relief, or a relief work.

부좌 敷座 자리를 펴다.

(Bujwa) Arrangement of seats.

부주 不住 무착無着과 같은 뜻으로, 마음이 머무르는 바 없어 자유로움.

(Buju) Non-abiding, or non-dwelling: Whether you are in activity or at rest, let your mind abide nowhere free from attachment.

부주지 副住持 사찰의 부책임자.

(Bujuji) Deputy abbot.

부즉불이 不卽不離 붙지도 않고 떨어져 있지도 않음을 말함. 바다와 파도와 같은 관계. 따지고 보면 모든 현상의 뿌리는 하나.

(Bujeuk Buli) Neither one nor separate: The relationship of two aspects like the relationship between the sea and the wave. The fundamental base of all the aspects of things is one and the same.

부증불감 不增不減 중생衆生의 본성인 불성佛性은, 불佛을 이루지 못하여도 감소되지 않으며, 도道를 깨치어 부처가 되어도 증가하지 아니하는 것을 일컬음과 동시에, 늘지도 않고 줄지도 않는 질량불변의 원칙과 같은 우주 법계法界의 보편적 진리.

(Bujeung Bulgam) Neither decreasing nor increasing: This is the essence of Buddha-nature and the principle of the universe.

부지불식 不知不識 생각할 수도 없고 알 수도 없음. 이것이 곧 삼세제불 三世諸佛의 골수요 일대장교一大藏敎의 근원. 『선요禪要』에 나오는 말. 여기에서 큰 의단疑團이 나와야 함.

(Bujibusik) No way to know and think: "This is the marrow of Buddhas of three ages and the origin of the great Tripitaka of Buddhist sutra," says the Essence of Seon. Hence it must be the fountainhead of great doubt or question, and the hwadu, "What is it?"

부지심 不知心 오직 모를 뿐! 숭산崇山스님이 즐겨 쓰신 일종의 화두. 알음알이를 끊고 깨침을 얻는 가장 좋은 방법.

(Bujisim) Don't-know mind: It was the response of the question, "Who am I?" of the Venerable Seon Master Seung Sahn, which is the best way to cut off intellection or a speculating mind and attain enlightenment.

부진 浮塵 일체 유위有爲의 제법은 먼지와 같이 실實다움이 없을 뿐만 아니라 진성眞性

을 더럽히므로 이와 같이 말함.

(Bujin) Floating dust: Everything in the whole world, which is produced by causative action, not only lacks substance like dust but defiles the true nature of things as well, whereas it is called dust.

부채살 부채의 형체를 이루고 있는 얇고 가느다란 살. 이런 것을 알면 통역할 때 편리하다.

(Buchaesal) The ribs of a folding fan.

부처님 오신날 부처님 오신 날을 공양하는 법회. 음력 4월 8일.

(Bucheonim Osinnal) Celebration of the birth of Buddha. The eighth day of the fourth moon by the lunar calendar.

부촉 咐囑 다른 사람에게 부탁함. 촉囑은 마음의 뜻을 말로 표현하여 그것을 부탁하는 것. 흔히 부처님이 교법을 잘 전하여 줄 것을 부탁하는 뜻으로 사용됨.

(Buchok) Entrusting: The oral request of the master to the disciple especially for the transmission of the Buddha-dharma.

부침 浮沈 인생의 덧없는 변천을 비유하여 하는 말. 부구浮漚 참조.

(Buchim) Drifting: Successive changing of phases or conditions, as of life or fortune, a figurative expression of impermanence of life. *Cf. (Bugu)* A floating bubble.

부파불교 部派佛教 이 시기에 특히 법法에 대한 연구가 성행했기 때문에 아비달마 불교라고도 말하며, 부처님 입멸入滅 후 100년경부터 기원 후 2-3세기 까지 원시불교가 분열을 거듭하여 20여개의 교단으로 갈라진 시대의 불교를 총칭함. 소승이십부小乘二十部 참조.

(Bupabulgyo) Multifold schools of Buddhism that appeared about 100 years after the passing of Sakyamuni Buddha until 2-3 Centuries E.C. when the study of Buddhist doctrine was active, whereas it is called the period of Abhidharmakosa. *Cf. (Soseung Isipbu)* Twenty Hinayana sects.

부평초 浮萍草 개구리밥이라고도 말하는 물에 떠서 사는 식물. 무상한 인생을 부평초에 비유하기도 함.

(Bupyeongcho) Duckweed grass: Life is but a duckweed grass, and there is nothing to be sad about.

북두칠성 北斗七星 북쪽 하늘의 큰곰자리에서 가장 뚜렷하게 보이는 국자모양으로 생긴 별들. 인간의 수명을 늘려준다는 신앙이 있다. 따라서 칠성각 七星閣에는 신자들이 기도하고 놓고 간 실타래를 볼 수 있다. 이러한 신앙은 물론 불교와 아무런 관계가 없으나 또 이것이 한국 불교의 특징이기도 하며, 또 산신각山神閣에 산신령을 모시는 것도 마찬가지.

(Bukduchilseong) The Big Dipper: The glowing of seven bright stars resembling such a vessel in outline. In Korean folklore, it is believed that it has the power of granting longevity to human beings. This belief is outside of Buddhism, but so is the worshiping of the mountain spirit. This is a typical aspect of Korean Buddhism, a coexistence of Buddhism and the beliefs of traditional folklore and shamanism.

북방불교 北方佛敎 기원전 3세기 아쇼카왕 이후, 인도 북부에 발달하여 티베트, 중국, 한국 그리고 일본에 전파된 불교의 총칭. 이 지방에 현존하는 경전經典은 남방불교의 경전經典이 소승小乘임에 반하여, 북방불교의 경전經典은 대승경전이 주를 이루고 있다. 이들 두 지방 불교는 현저히 다른 점이 있어 편의상 이를 지리적으로 구분하여 부르는 명칭.

(Bukbang Bulgyo) Northern Buddhism, as opposed to Southern Buddhism: The general name for the Buddhism that developed in the north of India after King Asoka, and propagated in Tibet, China, Korea, and Japan.

The scriptures preserved in these countries include mainly scriptures of Mahayana, but also some Hinayana as well. Their general character differs greatly from Southern Buddhism, which makes use of only Hinayana scriptures. This name, strictly speaking, is used only for convenience, being primarily a geographical rather than a doctrinal division.

북종선 北宗禪 북종北宗이라고도 말함. 신수神秀에서 비롯된 선종禪宗. 남종과 북종의 가장 큰 차이는, 남종의 돈오와 북종의 점수에 있다. 그리고 육조 혜능六祖 慧能을 시조始祖로 하는 남종과는 달리, 북종에서는 경전經典에 대한 공부와 지적통찰知的洞察을 중요시함.

(Bukseonjong) The northern school of Ch'an founded by Shin-shiu: In contrast to the sudden enlightenment of the southern school, it upholds the gradual enlightenment and the study of intellectual

penetration of Buddhist scriptures.

분별(심) 分別(心) 사유思惟, 계탁計度 또는 망상妄想이라고도 번역함. 상대적 사량분별思量分別로서 집착과 함께 불교에서 가장 금기시禁忌視 하는 교리敎理 중의 하나. 상대적인 개념을 버리고 주객 또는 성자와 범부의 탈마저 벗어던져 이들을 초월할 때 비로소 환상과 이분법적 분별심을 떠나 진여와 부처를 볼 수 있다. 그뿐만 아니라 분별심을 여의면 업에서 자유로워질 수 있다. 설일체유부說一切有部에서는 분별성을 변계소집성 遍計所執性이라고 말함.

(Bunbyeol(sim) Discrimination, particularization, rationalization, or constructive thoughts: It is also called delusion. Only when consciousness passes beyond or above the world of discrimination, which is ruled by the opposites, does the illusion of duality fade and suchness of things appear. If you put down your discrimination, you can also be free from karmic retribution. *Cf. (Byeongye Sojipseong)* Manipulation or conceptualization of form.

분별기 分別起 번뇌가 일어나는데 있어서 삿된 스승과 삿된 가르침에 의지하거나 삿된 생각에 의하여 후천적으로 일어나는 번뇌를 분별기分別起라 말함, 즉 의심, 삿된 견해, 삿된 견해에 대한 집착, 삿된 행위에 대한 집착이 이 부류에 속함. 이와 반대 경우인 구생기俱生起 참조.

(Bunbyeolgi) Arisen from false discrimination: It is used in contrast to *gusaegngi* or innate karmic defilement. This kind of defilement is acquired by coming into contact with heretical teachers and false views, and by indulging in erroneous thinking. The four defilements of doubt, false views, attachment to false views, and attachment to heretical practices, belong to this category.

분별식 分別識 제육식第六識을 말함. 곧 객관의 대상에 대해 여러 가지로 생각하고 분별하는 인식 작용.

(Bunbyeolsik) The object-discriminating consciousness, or simply the discriminating consciousness: It is another name for the sixth consciousness. The mental faculty that discriminates whenever it encounters percepts or sense-objects.

분별지 分別智 생멸 변화하는 물심物心의 모든 현상을 분별하는 지혜. 육신이 괴로움의 근본이라면, 망상의 분별지는 번뇌의 근본이다.

(Bunbyeolji) The wisdom of distinguishing all the transmutations of things or phenomena. If the body is the primal cause of all distresses, a delusive wisdom of distinguishing things is the primal cause of all afflictions.

분별집착자성상 分別執着自性相 분별심을 일으켜 자성에 대하여 집착하는 것.

(Bunbyeoljipchak Jaseongsang) The attachment to the notion of self-nature arising from discrimination.

분상문 分相門 절대적인 하나로 합치지 않고 각각 다른 것에 제각기 이유를 붙여서 상대적으로 해석하는 것. 이의 반대인 해섭문該攝門 참조.

(Bunsangmun) A discriminating relative interpretation of things instead of ultimate comprehensive interpretation. *Cf. (Haeseopmun)* The gate or teachings of ultimate comprehensive interpretation.

분소의 糞掃衣 세상 사람들이 입다 버린 헌 옷을 가지고 만든 가사袈裟를 일컫는 말. 탐심을 여의기 위해 검소함을 닦는 뜻으로 입는 법의法衣.

(Bunsoui) The robe made of rags taken from the refuse heap: It represents the non-craving mind and frugality of the monastic life.

분수 焚修 부처님 앞에 향을 사르고 도道를 닦는 것.

(Bunsu) Practice the Buddha-way with offering the incense.

분심 憤心 분한 마음. 대분심大憤心 참고.

(Bunsim) Mortification, righteous indignation, or angry determination.

분증 分證 차례차례로 수행의 단계를 밟아서 깨달음을 얻는 것을 말함.

(Bunjeung) Gradation of enlightenment: Attaining enlightenment by gradual and sequential cultivation according to one's ability.

분증즉 分證卽 분진즉分眞卽과 같음. 하나씩 무명을 끊어 중도中道를 깨닫는 자리. 육즉六卽의 오위五位.

(Bunjeungjeuk) Attaining the truth by eradication of ignorance through gradational cultivation. It is the fifth of the six mutual associations.

분책 分冊 몇 회에 나뉘어서 발생하는 서적.

(Bunchaek) The fascicle: A section of a book published in close cluster.

분향 焚香 향을 불에 태워 부처님께 올림.

(Bunhyang) Incense offering.

불 佛 범어梵語 buddha의 음역. 한역漢譯으로는 불타佛陀, 불타佛馱, 부타浮陀 등 여러 가지가 있다. 그런가 하면 각자覺者, 지자知者, 각覺이라고도 번역하며, 진리를 깨달은 이라는 뜻. 이는 특히 불교의 창시자이신 석가모니 부처님을 가리키나, 깨달음을 얻은 성자들에게도 사용된다.

(Bul) Sanskrit buddha, an enlightened One. The term specifically refers to Sakyamuni Buddha, the founder of Buddhism, but is also used for other enlightened sages.

불가 佛家 불교를 믿는 사람, 불교 가족, 사찰寺刹, 승려 등의 총칭. 불문佛門, 승문僧門 또는 승가僧家라고도 말함.

(Bulga) The school, or family of Buddhism: Buddhists, the Buddhist monks, the Buddhist temple, etc. It is also called *Bulmun*, *Seungmun* or *Seungga* in Sino-Korean.

불가득 不可得 공空에 대한 다른 이름. 일체의 법이 모두 공한 것이므로, 아무리 얻으려 해도 얻을 실체가 없다는 말.

(Bulgadeuk) Ungraspable or unattainable: It means emptiness which is beyond understanding and expression, or something that is impossible to grasp.

불가득공 不可得空 십팔공十八空의 하나. 무소유공無所有空이라고도 말하며, 말과 생각이 모두 끊긴 곳에 세우는 공空. 만유의 참모습은 유有도 아니며, 우리가 생각하는 것과 같은 공空도 아니다. 이 말과 생각이 끊어진 곳을 어떻게 달리 말할 수 없어 공空이란 이름을 붙인 것.

(Bulgadeukgong) Unattainable or inexpressible emptiness: All Dharmas have neither existence nor non-existence, and it is beyond word and expression, and beyond common idea of emptiness. Hence the name of "emptiness."

불가득불가설 不可得不可說 우주의 본체인 법法, 즉 공空의 실상實相을 말함. 우주의 실체인 진여眞如란 인간의 사유를 떠난 것으로 헤아릴 수도 없고 말로 표현할 수도 없는 것. 따라서 중생이 할 수 있는 일은 자신의 한계를 인식하고 분별심을 놓는 것. 고로 불교에서는 참된 진리인 진제眞諦와 세속적인 상대적 진리인 속제俗諦를 이야기한다.

(Bulgadeuk Bulgaseol) Neither conceivable nor attainable, or beyond reach and expression: It refers to the ultimate nature of things, which is beyond comprehension and expression. It also means that the finite mind can never know the infinite or the ultimate truth. Hence Buddhism distinguishes two truths, the ungraspable ultimate truth and relative truth.

불가사의 不可思議 부사의不思議 또는 난사의難思議라고도 말함. 말로 표현할 수도, 마음으로 생각할 수도 없는 것.

(Bulgasaui) A mystery: Something that is inconceivable, which is beyond comprehension and expression.

불가사의해탈 不可思議解脫 이해를 초월한 해탈의 경지.

(Bulgasaui Haetal) The inconceivable liberation beyond comprehension.

불각 不覺 일체가 무자성이고 공空이라는 만유萬有의 참모습을 깨닫지 못한 중생의 밝지 못한 마음. 무명無明에 대한 다른 표현.

(Bulgak) Unenlightened, or without spiritual insight: Another expression for ignorance of the true reality of things and the universe, i.e., the truth of their non-self-entity and emptiness.

불견심상시명정정 不見心相是名正定 마음의 모습을 보지 않는 것이 바른 삼매三昧. 이것은 마음을 일으키지 말라는 뜻. 마음이란 본래 형상이 없는 아지랑이와 같은 것. 어렵게 생각할 것 없다. 마음이든 깨침이든, 일체 형상形象에 매달리지 말 것.

(Bulgyeon Simsang Simyeong Jeongjeong) Not seeing the mark of the mind is called right samadhi or concentration: As a mirage, there never was such a thing as mind in the first place. Leave your mind alone. That is the right practice and meditation.

불경 佛經 불교의 정전正典. 곧 부처님의 가르침, 또는 불상佛像과 경전經典을 말함.

(Bulgyeong) Buddhist canonical literature: Also Buddha's image and sutras.

불고불락수 不苦不樂受 즐거움과 고통을 느끼지 못함이니, 이것이 곧 불기不記.

(Bulgo Bulraksu) Experiencing neither pain nor pleasure: The neutral feeling of neither suffering nor pleasure. This is called the voidness of indifference.

불공 佛供 불 · 법 · 승 삼보三寶 중 특히 부처님께 향, 등, 꽃과 차, 과일 등을 올리는 재齋. 그러나 가장 훌륭한 공양은 법공양과 수행을 쌓아 부처가 되는 것.

(Bulgong) A ceremonial offering especially to Buddha: Such as incense, flowers, candles, etc. What is the unexcelled offering? That is the offering of the Law or Dharma to all living beings and becoming a Buddha.

불공법 不共法 부처님의 공덕功德 중, 성자나 범부의 그것과 공통되는 것은 공법共法이라 하고, 불보살佛菩薩에게만 있는 것을 불공법不共法 또는 불공불법不共佛法이라 말함.

(Bulgongbeop) The special Buddha-qualities: The merits of Buddha common to all saints and ordinary people are called common qualities, and the merits that belong only to the Buddha and Bodhisattva are called the special Buddha-qualities.

불공성취불 不空成就佛 오불五佛의 하나. 이 부처님은 성소작지成所作智로 불과佛果를 이루어 자리리타自利利他를 행하므로 불공성취불不空成就佛라 이름 함.

(Bulgong Seongchwibul) The great Buddha Amoghasiddhi: One of the five great Buddhas in the True-word Sect, or Esoteric Buddhism. His attribute is the wisdom attained by cultivation of sense organs for the benefit of others.

불공업 不共業 국가와 산하대지山河大地와 같이, 여러 사람들이 공통적으로 수용하는 것이 공업共業이라면, 개인의 육신처럼 자신만이 수용하는 과보果報의 원인이 되는 업을 불공업不共業이라 말함. 공업共業 참조.

(Bulgongeop) Individual karma that belongs to a specific person just like our body that belongs to its owner: The cause of individual retribution, not the collective karma such as a nation, mountains, rivers, and the earth, which are shared by all. *Cf. (Goneop)* The joint action or karma.

불과 佛果 불교에 귀의하여 수행을 통해 얻는 깨침이나 성불成佛과 같은 위없는 성취를 뜻하며, 보리菩提 또는 무상도無上道와 같은 뜻.

(Bulgwa) Buddhaphala: Fruition of Buddhahood, the Buddha-fruit, or attainment of Buddhahood by cultivation relying on the teachings of Buddha, equivalent to bodhi, or unsurpassed enlightenment.

불교 佛教 불법佛法 또는 불도佛道라고도 말하며, 모든 존재의 실상에 대한 석가모니 부처님의 위없는 가르침. 그리고 불교는 우선 신을 중심으로 한 종교가 아니라 마음의 과학이라 할 만큼 마음을 중심으로 한 깨달음의 종교이며, 생生은 탐욕에 의한 고해苦海라는 대전제로부터 시작한다. 그리고 이 고해로부터의 해방은 오직 깨침뿐이라고 부처님은 가르친다. 다시 말해 불교가 다른 모든 종교와 다른 점은 깨침과 지혜의 종교라는 것. 그것이 아무리 중요하다하더라도 다른 것들은 그 다음 이야기.

어원학적으로 볼 때, 불교라는 'Buddhism'의 'buddhi'는 '깨친다'는 뜻이다. 이렇듯 불교란 인격화된 어떤 초월적 존재에 대한 숭배나 복종이 아니라 철저한 깨침에 대한 종교이며, 깨침이란 연기법을 아는 것이며, 연기법이란 모든 존재의 무아無我, 곧 무자성無自性과 상의성相依性 그리고 무상無常을 의미하며, 또 무아와 무상이란 모든 존재란 그 고유의 실체가 없으며, 인연 따라 왔다가 인연이 다하면 원래의 자리로 돌아간다는 것을 의미하며, 이것을 가리켜 편의상 공空이라 말한다. 그러나 공이란 아무것도 없다는 것이 아니라 연기법의 다른 표현에 지나지 않는다. 이것을 쉽게 이야기하면, 불교란 마음과 깨달음 그리고 지혜를 닦는 종교라 말할 수 있다. 따라서 불교는 한마디로 말해 이성理性과 명상瞑想의 종교라는 것.

또 한 가지 꼭 알아야 할 것은 불교란 염세주의나 도피주의가 아니라는 것. 그와는 반대로 불교란 사유와 마음 닦음 그리고 삶에 대한 하나의 길 또는 방법이라는 것. 그리고 이 모든 것이 합리적이고 실용적일 뿐만 아니라 허공처럼 무한히 포용적이라는 것. 또 '불교가 서구인들에게 매력적인 것은 불교는 교조적教條的(dogmatic)이 아니며 이성理性과 심성心性을 함께 충족시켜줄 뿐만 아니라 다른 사람들의 견해에 대해 관용적이면서도 자기 신뢰와 주인의식이 강한 합리적이고 우주적이기 때문이다.

다시 말해 불교는 과학과 철학, 심리학과 윤리 및 도덕, 그리고 심지어는 다른 종교까지도 모두 포용하면서 자신의 모든 처지는 오로지 자신의 업보이며, 자기 운명에 대해 어떤 절대자에 의존하거나 남을 원망하지 않고 탐욕을 버리고 마음 닦음을 통해 자신 스스로가 무한 책임을 진다는 것.' 이것은 불교의 12원칙 중 마지막. 궁극적인 목적? 그것은 물론 견성성불見性成佛이다.

(Bulgyo) Buddhism, or Buddha's teaching: It is also called Buddha-dharma, or the Buddha-way, which simply means Buddha's teaching and the way of attaining the ultimate truth of reality, not worshiping the personified transcendental deity or creator.

In other words, Buddhism is not the worship of God but the religion of insight or awakening and wisdom. It holds that life is full of suffering caused by desire or grasping, and the way to be released from this sea of suffering is through enlightenment which enables one to halt the endless wheel of births and deaths, or samsara.

The name Buddhism comes from the word 'buddhi' which means 'to wake up,' and thus Buddhism is the philosophy of awakening. Buddhism is also the right understanding of all beings which has no self-entity, which testifies to the impermanence of every being, which is, for convenience's sake, called the Void, yet not blank vacuity or nothing-ness but plenum-Void, empty yet full of ungraspable life. In short, Buddhism is the cultivation of the mind, and attaining enlightenment and wisdom through right understanding of dependent origination and emptiness of all existence in the whole universe. Some other characteristic aspects one should remember is that Buddhism is neither pessimistic nor escapist. It is, on the contrary, a system of thought, a spiritual and cosmic science and a way of life, which is reasonable, practical and all-embracing.

"It appeals to the West because it has no dogmas, satisfies the reason and the heart alike, insists on self-reliance coupled with tolerance for other points of view, embraces science, other religions, philosophy, psychology, and ethics, and points to man alone as the creator of his present life and sole designer of his destiny." It is the last of "Twelve Principles of Buddhism. The ultimate end? It is, of course, realization of self-nature and attaining the Buddhahood.

불교대학 佛敎大學 불교를 공부하는 교육시설.

(Bulgyodaehak) Buddhist college or university.

불교성보박물관 佛敎聖寶博物館 서울 조계사 한국불교역사문화기념관 지하 2층에 있다.

(Bulgyo Seongbo Bakmulgwan) The Museum of Buddhist Holy Relics: It is on the second ground floor of the Memorial Hall of Korean Buddhist History and Culture in Seoul.

불교성지 佛敎聖地 불교의 귀중한 유적이 있는 곳.

(Bulgyo Seongji) The holy places where Buddhist relics are preserved.

불구 佛具 불전佛殿에 장엄莊嚴으로 쓰이는 온갖 기구.

(Bulgu) Buddhist articles or implements on an alter for worship of Buddha.

불구부정 不垢不淨 텅 빈 허공처럼 깨끗함도 더러움도 없는 우리들의 본래 마음 바탕. 더럽고 깨끗하다는 것은 우리들의 마음 작용과 이름일 뿐이며, 우리의 생각 밖에 그러한 어떤 기준이 있는 것은 아니다. 원효대사元曉大師의 해골에 담긴 물에 대한 일화 참조.

(Bulgubujeong) Neither taint nor purity; or no taint, no purity: This is our true nature, or the Buddha-nature, something beyond name and expression like infinite empty space, which we call Nirvana and enlightenment in contrast with Original Sin.

불국사 佛國寺 경상북도 경주시 토함산에 있는 사찰로, 대한조계종 제11교구본사. 신라 법흥왕法興王 27년 (서기 540)에 청건한 한국의 명찰. 다보탑多寶塔과 석가탑釋迦塔은 각각 국보 84와 85로 지정되어 있으며 1995년 유네스코에 의해 세계문화유산으로 등재됨.

(Bulguksa) Bulguksa Temple: The 11th District Head Temple of the Jogye Order of Korean Buddhism. The most renowned old temple in Korea, established in 540 C.E. during the reign of King Beopheung of the Silla Dynasty. Dabotap or the Pagoda of Great Jewels and Sukgatap or the Pagoda of Sakyamuni Buddha are designated as national treasures No. 84 and No. 85 respectively. They were also registered as Cultural Heritage Sites of the World by UNESCO in 1995.

불국토 佛國土 부처님이 계시는 극락정토極樂淨土.

(Bulgukto) The Buddha-land, or the Buddha-field: The pure land of utmost bliss.

불기 佛紀 백년을 1기紀로 세어 셈을 한 불타佛陀의 연기年紀. 기원전 565년부터 시작함.

(Bulgi) Buddhist era (B.E.): Buddhist calendar year starting in 565 B.C.E.

불기법인 不起法忍 무생법인無生法忍이라고도 말함. 불기不起는 무생無生을 뜻함. 견혹見惑을 끊고 공리空理를 일으키는 것을 무생법인無生法忍을 얻었다고 하며, 공리空理는 무생 무기無生 無起 또는 무기법無起法이라 함. 인忍은 무생무기無生無

起를 인가 결정認可 決定하는 것을 뜻함.

(Mugibeopin) Cognition of non-arising or origination: Realization of emptiness by removing deluded views, or the stage of endurance that has reached the state where phenomenal illusion ceases to arise. It is another expression for *musaeng beopin*, the tolerance of birth-lessness of things, or the cognition of non-birth.

불기어 不綺語 십선十善의 하나로, 이치에 어긋나며 교묘하게 꾸미는 말을 하지 않는 것.

(Bulgieo) Not using unrefined, indecent, improper, or smart speech: One of the ten good characteristics, or virtues.

불낙공 不落空 깨달음에도 안주하지 않는 것처럼 (부주열반不住涅槃), 공 空에 집착하여 이에 떨어지지도 말라는 뜻. 중도中道 참조.

(Bulrakgong) Not falling into emptiness: As one should not cling to enlightenment or Nirvana, one should also not cling to the voidness of things. *Cf. (Jungdo)* The Middle Path or Way.

불낙인과 不落因果 인과因果의 법칙에 떨어지지 않음.

(Bulnakingwa) Not falling into the pit of cause and effect.

불단 佛壇 예배禮拜 또는 공양供養하기 위하여 부처를 모셔 두는 단壇.

(Buldan) A Buddhist altar or platform in a Buddhist temple or monastery where the Buddha statue is enshrined for worship.

불당 佛堂 불전佛殿이라고도 말함. 불보살의 상을 모신 전당殿堂. 우리나라에서는 보통 법당法堂이라 말함.

(Buldang) The Buddha or Dharma Hall: In Korea, it is usually called *beopdang*, the Dharma Hall.

불도 佛道 부처님의 가르침에 의한 깨침과 불과佛果에 이르는 길.

(Buldo) The way to Buddhahood, or the Buddha-way: The way or path leading to enlightenment and Buddhahood.

불래불거 不來不去 제법諸法의 본성은 본래 오고감이 없다는 것. '대혜 大慧여 온다는 것은 모여서 남 (집생集生)이고, 간다는 것은 파괴하여 멸함 (괴멸壞滅)이다. 오지도 않고 가지도 않는다는 것은 곧 나지도 않고 멸하지도 않음을 말하느니라' --대승입능가경大乘入愣伽經--

(Bulrae Bulgeo) All things originally has no coming and going: "Listen carefully. 'Coming' means 'arising in group' (dependent arising), and 'going' means 'distruction or annihilation.' No coming and going also means no birth and death." --The Lankavatana Sutra--

불립문자 不立文字 깨달음을 위해 문자를 세우지 아니함. 즉 문자를 빌려 마음을 깨닫게 하는 것이 아니라, 곧바로 수행자의 마음을 보게 하여 부처를 이루게 하는 것. 선종禪宗의 간판격인 불립문자不立文字, 교외별전敎外別傳, 직지인심直指人心, 견성성불見性成佛 중의 하나.

공空에 집착하는 사람은 일체의 문자를 버리라고 주장합니다. 만일 정말로 문자를 버린다면 그가 주장하는 '불립문자'란 말도 버려야 할 것입니다. 불립문자의 진정한 뜻은, 문자에 집착하지 않는 것이지 결코 구도求道의 방편으로서의 문자를 완전히 부인한 것이 아님을 알아야 한다. 돈오頓悟 참조.

(Bulipmunja) Non-dependence on words and letters: It is one of the four characteristics of Patriarchal meditation. The other three are: A special transmission outside the doctrine; pointing directly to the mind; and awakening by seeing one's true nature to become Buddha.

People who are obsessed with the theory of emptiness claim complete abnegation of words and letters. Yet they are contradicting themselves by relying on letters to claim their theory. Non-dependence on words and letters does not mean a complete abnegation of letters but non-attachment to the letters. Let's say that they are the fingers pointing to the moon to lead the practitioners to the way to enlightenment. *Cf. (Dono)* Sudden enlightenment.

불매인과 不昧因果 인과율因果律을 부인하지 않고 그대로 받아들이는 것.

(Bulmae Ingwa) Acceptance of the law of causality.

불멸 佛滅 부처님의 열반을 말함. 열반을 멸도滅度라고도 말하므로 이렇게 말함.

(Bulmyeol) Buddha's Nirvana, the great death or extinction of Buddha, which is another name for parinirvana.

불멸 不滅 일체의 법法은 성상性相이 없기 때문에 불멸이라 함.

(Bulmyeol) Indestructibility: All dharmas are indestructible because originally they lack essence and form.

불멸치애 기어명탈 不滅痴愛 起於明脫 미혹과 집착을 버리지 않고 얻는 깨침과 지혜. 그 비결은 만유萬有의 실상을 깨닫는 것.

(Bulmyeolchiae Gieomyeongtal) Giving rise to enlightenment and liberation without abnegation of delusion and attachment: The secret? Realization of the true nature of things--the emptiness.

불모 佛母 최상의 지혜를 얻는 것이 곧 깨달음과 부처인즉, 반야바라밀은 부처의 어머니라는 뜻으로 각모覺母라 말하기도 함.

(Bulmo) The mother of Buddha: Since our ultimate goal is to attain enlightenment and become Buddha through transcendental wisdom, the Prajna-paramita is the mother of all Buddhas. Hence it is called the mother of Buddhahood or enlightenment.

불문 佛門 불가佛家와 같은 말. 불가佛家 참조.

(Bulmun) Lit. the Buddhist gate, which is another name for *bulga*, a common term for a monastery and a Buddhist temple.

불방일 不放逸 모든 나쁜 일을 버리고 마음을 한 곳에 집중하여 착한 일을 닦는 정신작용. 불교에서는 수행을 게을리 하는 것을 큰 허물로 여긴다. 석가모니 부처님의 수행修行을 생각해 볼 것. 하물며 범부凡夫인 중생들이야 말하여 무엇 하리.

(Bulbangil) Non-indulgence, or vigilance: No effort, no gain. Think about Sakyamuni Buddha's six years of hard practice to attain unsurpassed enlightenment.

불법 佛法 생사를 뛰어넘어 깨침과 열반에 이르는 길로 부처님께서 보리수나무 아래에서 깨치신 영원한 우주의 진리. 그러나 실천 없는 공부나 지식은 별 의미가 없다. 가난하고 투박하지만 순박한 남방불교의 매력?

(Bulbeop) The Buddha-dharma: The truth attained by the Buddha; the truth of the universe. A moral and philosophical system of the Buddha, which expounds a unique path of enlightenment. But mere learning or knowledge is of no avail without actual practice and experience.

불변수연 不變隨緣 수연불변隨緣不變이라고도 말함. 생멸을 초월한 것으로, 인연법에 따라 변하지 않는 절대무위絶對無爲의 본체를 말함. 다시 말해 인연 따라 만유萬有가 시현示現, 즉 나타나 보여도 그 본체는 항상 변치 않음을 말함. 이 원리를 진여眞如, 원적圓寂, 평등平等, 적멸寂滅 같은 말로 표현하기도 하며, 주관적으로 말할 때는 체성體性이라고도 말함. 수연진여隨緣眞如 참조.

(Bulbyeon Suyeon) Never changing essence regardless of conditions

or circumstances: The ultimate reality or truth that never changes according to circumstantial conditions, or even birth and death: It is also called true-suchness, perfect quiescence, equanimity, tranquil extinction, or the essential or substantial nature. *Cf. (Suyeon Jinyeo)* True-suchness and conditions.

불변진여 不變眞如 진여의 본체는 평등하여, 곧 차별이 없어 변치 않음을 말함. 수연진여隨緣眞如 참조.

(Bulbyeon Jinyeo) Never changing true-suchness. *Cf. (Suyeon Jinyeo)* Sequent condition of true-suchness.

불법승 佛法僧 삼보三寶라 하니 우주의 진리를 깨달은 불타佛陀, 불타가.

(Bul-Beop-Seung) The three Jewels: The Buddha, the Dharma, and the Sangha.

불본무불 佛本無佛 부처라는 것도 하나의 이름. 부처에도 집착하면 병통病痛이 된다. 집착을 놓고 허공처럼 마음을 비울 것.

(Bulbonmubul) There never was Buddha in the beginning: One should not be attached even to the Buddha. Empty your mind; that is, abide in Nirvana, the everlasting peace and happiness.

불비시식 不非時食 오후 불식不食이라고도 말하며, 때가 아니면 먹지 말라는 뜻. 이 때 '때가 아닐 때'라는 것은 오후를 통틀어 말함. 여기에서 얻어지는 공덕은 소음少淫, 곧 음탕한 마음이 줄어들고, 소수少睡, 곧 잠이 줄어들고, 득일심得一心, 곧 마음이 하나로 빨리 모아지고, 무하풍無下風, 곧 방귀도 생기지 않아 신득안락身得安樂, 곧 몸이 가볍고 편안해진다.

(Bulbisisik) No meal when it is not the time: It means no meal in the afternoon, or one meal a day. The merits of this rule are: Decrease of sexual desire, decrease of drowsiness, increase the power of concentration of the mind, and prevention of flatulence, all of which help attain ease of the body and peace of mind.

불사 佛事 절을 짓거나 불공佛供 들이는 것만이 아니라, 부처님을 위하여 사찰에서 행하는 모든 일. 그러나 처처불상處處佛像이라고 했다. 부처님 아니 계신 곳 없고 부처 아닌 사람 없으니, 중생구제가 가장 큰 불사佛事.

(Bulsa) The Buddhist service: The work of transforming all beings, or of doing Buddhist-work, any deed or service which complies with the Buddhist Way. All endeavors for the work of Buddha, but the foremost Buddhist-work is the teaching of the Dharma and deliverance of people, not just building temples, or offering to the Buddha. One should also remember that there is no place where there is no Buddha, and there is nothing that is not Buddha.

불사선불사악 不思善不思惡 선악善惡의 사량思量, 곧 선한 일이든 악한 일이든 일체 생각을 끊은 것. 무문관無門關 23則.

(Bulsaseon Bulsa-ak) No thought of good or evil: Freeing oneself from the duality of good and evil, and dwelling in absolute self-identity. The 23rd koan of the Gateless Gate.

불사일물 즉시자심 不思一物 卽是自心 한 물건도 생각하지 않는 것이 곧 자기 (본래) 마음.

(Bulsailmul Jeuksijasim) Not thinking of a thing; that is one's own (original) mind.

불상 佛像 불상은 일반적으로 여래상如來像과 보살상菩薩像으로 구분한다. 여래상은 나발裸髮 형태를 하고 있으며, 보살상은 미리에 보관寶冠을 쓰고 있을 뿐만 아니라 (지장보살은 예외), 천의 天衣와 목걸이 그리고 귀걸이 등장엄구莊嚴具를 지니고 있다.

(Bulsang) A Buddha statue or image: There are many and they should be distinguished. There are Buddha images with bare head, and Bodhisattva images with a golden crown on their head, wearing heavenly robes, ear rings, and a necklace, etc. except the Earth Treasury King of Great Vow Bodhisattva, who does not require a golden crown.

불상리 不相離 서로 떨어질 수 없는 불가분의 상관관계相關關係.

(Bulsangri) Mutual inclusiveness: Another expression of dependent arising.

불상응심 不相應心 상주常住하는 진여심眞如心. 다시 말해 이 마음은 본래 자성이 청정하여 번뇌와 상응하지 아니하므로 불상응不相應이라 함.

(Bulsangeungsim) Undisturbing pure original mind, or the mind of true-suchness that never associates with any defilement.

불상응연 不相應緣 인연과는 화합하지 않는 진여眞如를 말함.

(Bulsangeungyeon) The dissociative condition of true-suchness.

불상응행 不相應行 오위五位의 하나. 본래는 비색비심불상응행법非色非心不相應行法. 줄여서 심불상응행心不相應行, 불상응행법不相應行法, 불상응법不相應法이라고도 말함. 물질도 아니며 정신도 아니며, 심왕心王과 상응하는 심소心所도 아니면서도 오히려 실재實在한 것을 말함. 구사종俱舍宗에서는 14종으로, 유식종唯識宗에서는 24종으로 나눔.

(Bulsangeunghaeng) Actions or activities associated with neither mind nor forms of karmic predispositions: It is one of the five stages of spiritual development. Abhidharmakosa classifies it into 14 subdivisions while the Mind-only School classifies it into 24 subdivisions. It is also called *Simbulsangeung Haeng, Bulsangeunghaeng Beop, or Bulsangeung Beop*, which all mean the same thing.

불생 不生 아라한을 번역한 말. 필경은 삼계三界와 오취五趣에 나지 않으므로 불생이라 말함.

(Bulsaeng) Non-birth: It is another translation of Arhat, because Arhat is the stage beyond the triple realm (the world of desire, the world of material qualities, and immaterial or formless world), and the five karmic realms or existence.

불생불멸 不生不滅 만유萬有의 공성空性과 진여의 원리. 난다는 것과 멸한다는 것이 모두 가설假說과 가상假相. 남이 없으니 멸이 설 곳도 없다. 허깨비 같은 나라고 하는 아상과 아집을 놓을 것. 그것이 진정한 깨침이며 열반. 어렵게 생각할 필요 없다.

(Bulsaeng Bulmyeol) The non-rising and non-ceasing, neither arising nor ceasing, or neither birth nor death: This is the emptiness of all creation or phenomenal excistence and the principle of true-suchness. When there is no arising or birth, how can there be any ceasing? Drop your ego, discrimination, ad grasping. That is true enlightenment and nirvana.

불성 佛性 누구나 본디 가지고 있는 부처가 될 수 있는 부처님의 성품性品, 종자種子, 가능성으로, 여래장如來藏 또는 각성覺性으로도 번역. 다시 말해 불타의 본성으로 누구나가 부처가 될 수 있는 가능성. 열반경涅槃經에 나오는 일체중생 실유불성一切衆生 悉有佛性과 어느 종교에서 말하는 원죄 참조. 물론 유식종唯識宗에서 오성각별

五性各別을 들어 사람의 성품에 따라 달리 말하고 있는 것이 사실이나, 성불을 궁극적인 목표로 하고 있는 대승불교는 소승불교보다 불성佛性을 더 중요시 함.

(Bulseong) Buddhata, or the Buddha nature: It refers to the inherent nature of enlightenment of all sentient beings, the Buddha-qualities, the Buddha-seeds, or the potentiality of Buddhahood of all sentient beings. It is also called Tathagata's womb, or the storage-house or repository of the Buddha-nature. The Western notion of Original Sin is the opposite of this Buddhist truth.

According to Mahayana Buddhism, since all beings possess this inborn Buddha-nature, it is possible for everyone to attain enlightenment and become a Buddha. This is also the difference between the Theravada and the Mahayana Buddhism. However, the Mind-only School sees it differently with its doctrine of five different inborn natures of sentient beings. *Cf. (Oseong)* Five different inborn natures of sentient beings.

불성광명 佛性光明 우주에 충만한 부처님의 무한한 자비광명.

(Bulseong Gwangmyeong) The infinite and bright illumination of the Buddha-nature.

불성지체정시일심 佛性之體正是一心 불성佛性의 본체는 바로 한 마음이라는 뜻. 한 마음은 모든 치우침을 멀리 떠나 있고, 또 모든 치우침을 멀리 떠나 있기 때문에 어느 하나에도 해당됨이 없으며, 또 어느 하나에도 해당됨이 없기 때문에 어느 것에도 해당되지 않음이 없다. 그러나 이것은 한 마음에 대한 총체적인 설명이고, 이것을 분별해서 자세히 살펴보면, 한 마음에는 두 가지 뜻이 있다고 한다.

그 하나는 물들지 않으면서 물드는 것(불염이염不染而染)이고, 또 하나는 물들면서 물들지 않는 것 (염이불염染而不染)으로 육도를 유전(유전육도流轉六道)한다는 것. 이것을 좀 더 쉽게 예를 들어 설명하면, 한 맛의 약은 그 흘러가는 곳을 따라 여러 가지 맛을 가지고 있지만, 그 참맛은 산에 머물러 있다는 것. 마음, 일심 참조.

(Bulseongjiche Jeongsiilsim) A single-mind itself is the essence of Buddha-nature: A single mind is free of every discrimination and partiality, and belongs to none of their kind. As it is related to none of the partiality and discrimination, it embraces every particular thing. This is the overall explanation of a single-mind, or Buddha-nature. However, we can explain the two aspects of the mind further in detail.

One aspect is that it is unaffected by contamination and keeps its pristine nature. The other is that it is affected by contamination yet freed of contamination, and abides in the six modes of existence. We can explain it more easily with an example. The one taste of medicine flowing down the creek transforms itself according to the environment it meets on its way down the creek, but its original taste in the mountains never changes. *Cf. (Maum)* Mind, and *(Ilsim)* The One-mind.

불성평등 현우일치 佛性平等 賢愚一致 불성佛性은 평등하므로 어진 사람이나 어리석은 사람이나 꼭 같은 것. 거기에는 아무런 차이가 없다.

(Bulseong Pyeongdeung Hyeonu Ilchi) Buddha-nature is equal, and sages and idiots are one: There is no distinction between them.

불수자성 不守自性 본래 성품性品이 없으니 매달릴 곳도 없다. 인연 따라 생겨났다 사라지는 것이 우주의 법칙.

(Bulsu Jaseong) Non-attachment even to the original pure self- nature: There never was such a thing anyway. It is just a name.

불승 佛乘 일승一乘, 일불승一佛乘이라고도 말함. 화엄경에서 말하는 것으로, 일체중생이 모두 성불할 수 있는 길을 설하는 교법敎法. 그리고 이승二乘과 삼승三乘이란 일승一乘으로 인도하기 위한 하나의 수단이라고 말함.

(Bulseung) The Buddha-vehicle: The path leading to the Buddhahood, Buddhism as the vehicle of salvation for all beings, or the Dharma discourse that leads the every sentient being to enlightenment, expounded in the Flower Garland Sutra. It is also called *Ilseung,* the One-vehicle and *Ilbulseung,* the one Buddha-vehicle.

불시해탈 不時解脫 이종 해탈二種 解脫의 하나. 근기가 수승하여 좋은 시절인연을 기다리지 않고도 언제나 자유롭게 선정禪定에 들어가 번뇌의 속박에서 벗어나므로 불시해탈不時解脫이라 부름.

(Bulsihaetal) Instantaneous emancipation regardless of time: If one is superior in capacity, one is able to attain emancipation at will and remain in complete mindfulness regardless of time and condition. He does not have to wait for a favorable time. *Cf. (Ijonghaetal)* Two kinds of emancipation.

불신 佛身 불교 최상의 무상정등정각無上正等正覺을 성취한 부처님의 몸. 그러나 부처님의 몸은 허공과 같아 이를 알 길이 없으나, 우리들의 마음처럼 우주에 충만하여 아니 계신 곳이 없으니, 눈 밝은 자는 능히 보리라.

(Bulsin) The Buddha-body: The body of the Buddha who attained the consummation of incomparable enlightenment. As infinite space, it is everywhere pervading the whole universe, yet it is nowhere to be seen. So is our mind. It is everywhere, but where do we find it? The enlightened mind will see it.

불심 佛心 머무름과 일체의 경계를 떠난 무주無住·무상無相과 이에 따른 자비심이 곧 불심이며 부처님 마음. 이의 반대가 번뇌로 가득 찬 중생심衆生心.

(Bulsim) Buddhacitta: The Buddha-mind, the spiritually enlightened heart, the heart of mercy and compassion. Contrary to this is the greedy mind of sentient beings.

불심인 佛心印 선종禪宗의 용어. 심인心印 또는 불인佛印이라고도 말함. 언어와 문자로 표현할 수 없는 내증內證의 깨달음을 말함.

(Bulsimin) The Buddha-mind seal: It means the spiritual experience of enlightenment beyond words and expression. It is also called the Buddha-seal, the term favored by the Seon Buddhism.

불심종 佛心宗 선종禪宗 대한 다른 이름. 곧바로 불심을 깨달음이 선禪의 근본이며, 불심이란 마음의 자성自性을 말함. 고로 직지인심直指人心 견성성불見性成佛이라 말한다.

(Bulsimjong) The Buddha-mind School: Another name for Seon Buddhism. The essence of Seon Buddhism is realization of self-nature to attain enlightenment. Hence its motto: "Direct pointing to the mind, and realization of self-nature and becoming a Buddha."

불안 佛眼 오안五眼의 하나. 모든 법의 진성眞性을 비추어보는 부처님의 눈. 오안五眼 참조.

(Bulan) The Buddha-eye which sees through the true nature of Dharma. *Cf. (O-an)* Five eyes: The human eyes, the divine eyes, wisdom eyes, the Dharma eyes, and the Buddha eyes.

불여중생일종 佛與衆生一種 부처와 중생은 하나의 씨알. 얼마나 황송한 일인지요.

(Bulyeo Jungsaeng Iljong) The Buddha and sentient beings are of one seed. How gracious it is!

불연 佛緣 부처님과의 인연. 그저 감사할 뿐.

(Bulyeon) The causal relation with the Buddha or Buddhism: One should be grateful for this good fortune.

불요의 不了義 궁극적 뜻이 아닌 가르침.

(Bulyoui) Interpretative meaning, not ultimate and definite.

불요의경 不了義經 부처님의 궁극적인 뜻이 아닌 경전. 대승에선 모든 소승 경전을 불요의경으로 간주함. 요의경了義經 참조.

(Bulyouigyeong) The sutra of incomplete truth: The interpretative teachings of indefinite meaning, not the ultimate true teachings of the Dharma. Mahayana counts all Hinayana sutras as interpretative teaching of indefinite meaning. *Cf. (Yo-uigyeong)* The Sutra of Ultimate Truth.

불요의교 不了義敎 진실한 뜻을 숨기고 방편 수단으로의 말만 비추고 법성法性의 진실한 뜻을 분명하게 나타내지 않는 교법, 또는 외도外道의 가르침.

(Bulyouigyo) The expedient teachings of Dharma without revealing the ultimate meaning of the discourse, or teachings of heterodoxy or the outside way.

불용구법 심즉법야 不用求法 心卽法也 애써 법을 구할 필요가 없으니 마음이 곧 법이기 때문.

(Buryong Gubeop Simjeuk Beopya) There is no need of seeking the Dharma, for the mind is the Dharma.

불유불무 不有不無 실제 없는 것도 없기에 성품性品은 실유實有의 유有도 아니고, 실무實無의 무無도 아니다. 이것이 중도中道의 불이법不二法.

(Bulyu Bulmu) Neither being nor non-being: This is our original self-nature and the Middle Path of Non-duality.

불응주색생심 不應住色生心 마땅히 머무르는 바 없는 마음을 일으킬지어다. 이것이 곧 열반.

(Buleungjusaek Saengsim) The mind should be kept independent of any thoughts that arise within it. This is the sure way to Nirvana.

불응취법 불응취비법 不應取法 不應取非法 응당 법에 집착하지 말 것이며, 마땅히 법 아님에도 집착하지 말지어다. 이것이 중도中道의 이치.

(Buleungchwibeop Buleungchwibibeop) One should neither regard reality as self-existent nor non-self-existent: This is the principle of the Middle Path of non-duality.

불이 不二 일체一切의 이치가 평등하여 피차彼此 또는 이것과 저것이라는 차별과 분별이 없는 것. 만법萬法의 무자성無自性이라는 차원에서 볼 때, 거기에 어떤 차별이 있을 수 없다는 것. 연기緣起와 불이법문不二法門 참조.

(Buli) Advaita: Non-duality. All existence are non-dual; no discrimination of things, and no you and I, no this and that. In the ultimate sense, they are the same and equal--emptiness of self-nature. *Cf. (Yeongi)* Relativity and *(Bulibeopmun)* The teaching of non-duality.

불이문자 不離文字 문자를 떠나지 않는다. 불립문자不立文字, 곧 문자를 세우지 않는다의 반대개념. 공안公案과 간화看話 자체가 문자이기 때문이다. 다소 역설적이다.

(Bulimunja) Do not depart from words and letters: Opposite of "Do not depend on words and letters. Because koan or ganhwa Seon is using the words and letters in the dialogue between the master and student in the meditation practice.

불이법문 不二法門 상대적 차별을 초월한 절대평등의 경지로, 모든 사물이나 사유思惟를 둘로 보지 않으며, 따라서 궁극적으로 이는 우주의 실체인 진여眞如와 법공法空을 뜻함. 따라서 불이법不二法은 둘이라는 상대적 뜻의 반대인 단일單一을 의미하지도 않는다. 불이법不二法을 보는 자는 부처를 본다고 했다.

'주체적인 자아의 존재로부터 나와 남을 구별하고 그래서 나와 남이 서로 대립되어 있습니다. 그러나 자아의 진실한 실성實性을 보는 자는 그것이 공空임을 압니다. 그러므로 여기에서는 나와 남이라는 두 가지 분별하는 마음을 일으키지 않습니다. 만약 나와 남이라는 이 두 가지에 집착하지 않으면 나와 남은 식별이 되지 않습니다. 이러한 것이 절대 평등한 경지인 불이법문에 드는 것입니다. 다시 말해 말과 사물과 집착을 떠나면 본체인 공의 세계가 보이며, 모든 것이 공이면 어떠한 분별도 없으므로 불이不二이며 진여眞如이니 거기엔 침묵만이 있을 뿐입니다.' 유마경維摩經 제구장第九章 참조.

(Bulibeopmun) The Dharma-door or teaching of non-duality: It means the ultimate freedom from extremes of being and nothingness. It is the reconciliation of dichotomies, and synonymous with the Middle

Path free from extremes of being and non-being. Production and destruction are two aspects of things, but what is not produced cannot be destroyed.

"One who sees non-duality will see Buddha," the sutra said. It emphasizes the fact that where the ultimate is concerned, the mind is unable to grasp anything in the pattern of dualistic knowledge of this and that, good and evil, or you and me.

"Dualism is produced from obsession with self, but true understanding of self does not result in dualism. Who thus abides in nonduality is without ideation, and that absence of ideation is the entrance into ultimate nonduality of equanimity.

In other words, you will see the true reality of emptiness if you leave dualistic words and things behind. If you do, there will be no discriminations, which is another name for true-suchness, non-duality, and silence." *Cf. Ch.* IX, the Dharma-door of Non-duality in the Holy Teachings of Vimalakirti.

불이보리심공양 不二菩提心供養 우주 법계의 둘이 아닌 깨침의 공양.

(Bulibolisim Gongyang) Offering of Bodhichitta or enlightenment of non-duality.

불이불 不二佛 부처님과 중생이 둘이 아님을 뜻함.

(Bulibul) No distinction between Buddha and sentient beings.

불이불 不離佛 부처님을 여의지 않고 일념으로 관하기 위해 염불念佛하는 것을 뜻함. 염불선念佛禪 참조.

(Bulibul) Abiding with Buddha, or ardent invocation of Buddha: It is the true way of chanting meditation.

불인 佛印 불심인佛心印의 준말로 부처님의 위없는 위신威身, 또는 부처님의 인계印契를 뜻함.

(Bulin) Buddha-seal, or the sign of assurance: Abbr. of the seal of Buddha-mind佛心印. The distinctive mark or quality of the Buddha.

불인 佛因 불과佛果를 얻을 원인이 되는 일체의 선근공덕善根功德.

(Bulin) The cause or the seed of becoming a Buddha: All the roots of good merit and virtue.

불인지심 不忍之心 남에게 차마 잔인하게 하지 못하는 선한 마음. 인忍은 잔악殘惡 또는 잔혹殘酷의 뜻.

(Bulinjisim) The mind or feeling that cannot bear to see the suffering of others.

불일 佛日 부처님은 중생의 어두운 마음을 없애 주심으로 광명의 상징인 태양에 견주어 일컬은 말.

(Bulil) The bright illumination of the Buddha: The Buddha is like the sun, illuminating the darkness of the mind of sentient beings.

불일역불이 不一亦不異 중론中論에 나오는 말로, 사물의 참모습은 같은 것도 아니며 다른 것도 아니라는 뜻. 언뜻 보기에 앞뒤가 맞지 않는 것 같지만, 불교의 연기緣起 및 불이법不二法과 음양陰陽의 원리 그리고 현대과학의 이론에 입각해 볼 때, 전혀 모순된 말이 아니며 또 이것이 우주의 실상이다. 불유불무不有不無 참조.

(Bulil Yeokbuli) Neither the same nor different: At first sight, it seems contradictory, but from the points of view of the law of non-duality, dependent origination of things (Buddhism), the theory of Daoist Yin and Yang, and the modern quantum theory, it is not. It is, in truth, the true reality of the universe. *Cf. (Bulyu Bulmu)* Neither being nor non-being.

불자 佛子 부처님의 자녀라는 뜻으로, 불법을 믿는 사람이면 누구나 부처님의 자녀가 될 수 있다. 왜냐하면 우리는 누구나 불성을 지니고 있으며 부처가 될 가능성을 지니고 있기 때문이다.

(Bulja) Children of Buddha: A Buddhist, or the follower of Buddha's teaching. Anyone can be children of Buddha if one truly believes in Buddha's teaching, because we are all inborn Buddhas.

불자 拂子 권위를 상징하는 말총으로 만든 번뇌를 날려 보내는 흰색 털이게. 법法을 상징하는 종정宗正만이 사용할 수 있다. 부처님의 자녀라는 뜻의 불자佛子와 발음은 같으나 '拂'자가 다르다.

(Bulja) A whisk: A symbol of spiritual authority and transmission of Dharma. It is made from animal hair, and looks like a huge, loose calligraphy brush.

불전 佛殿 불당佛堂이라고도 말하며, 불보살의 상像을 모신 법당法堂.

(Buljeon) The Buddha hall: The hall where the images of Buddha

and Bodhisattvas are enshrined. It is also called *Buldang* and *Jeondang*.

불전 佛田 부처님을 향하여 선근을 심으면, 무량한 복을 얻으므로 불전佛田이라 한다. 다시 말해 부처님은 중생을 위하여 복을 일으키는 밭이라는 뜻.

(Buljeon) The Buddha field: The field in which the planting and cultivation of the Buddhist virtues ensure a rich harvest, especially when the Buddha is an object of worship.

불조 佛祖 부처님과 조사祖師. 불佛은 삼세제불三世諸佛, 조祖는 역대 조사祖師들을 뜻함.

(Buljo) Buddha and Patriarchs, or the Buddhas of three period of times and successive generations of Patriarchs.

불지 佛地 제 9지 보살이 최후에 번뇌장煩惱障과 소지장所知障의 습기를 끊고 성도成道하는 지위.

(Bulji) The Buddha-ground: The final attaining of the stage of Buddhahood by a Bodhisattva after the cessation of the obstacles of defilement and intellectual knowledge.

불지 佛智 부처님의 지혜란 뜻. 범어梵語 anuttra-samyak-sambodhi의 번역으로, 무상정등정각無上正等正覺, 곧 부처님의 전지전능全知全能한 깨달음을 일컫는 말.

(Bulji) Anuttra-samyak-sambodhi, the Buddha-knowledge, or the wisdom of Buddha: The Buddhist-gnosis, utmost, right and perfect enlightenment, or omniscient and omnipotent wisdom of Buddha.

불지견 佛智見 제법 실상諸法 實相의 이치를 깨달아 이를 비추어보는 부처님의 지혜. 각지견覺智見 참조.

(Buljigyeon) The wisdom, or vision of Buddha: The insight of Buddha's wisdom penetrating the true nature of things. *Cf. (Gakjigyeon)* The sight of Buddha-knowledge.

불지족 不知足 모르는 것이 아는 것이라는 말이 있으며, 식자우환識者憂患이라는 말도 있다.

(Buljijok) Contentment of not-knowing: There is an old saying, "Ignorance is bliss."

불취어상 여여부동 不取於相 如如不動 금강경 끝에 나오는 말. 일체의 상相은 꿈과 같고 물거품과 같고 번갯불과 같고 허깨비와 같으니, 이들에 매달려 흔들리지 말고 만유의 실상을 똑바로 알아차리라는 뜻. 어느 의미에선 금강경의 결론.

(Bulchwieosang Yeoyeobudong) Detachment from appearances and abiding in ultimate truth without disturbance: One should not be deceived or disturbed by forms, within and without our mind. Why? Because they are mere phantoms, dreams, bubbles, and flashes of lightning that have no substance. *Cf.* The last chapter of the Diamond Sutra.

불타 佛陀 범어梵語 buddha의 음역. 각자覺者라 번역하며, 줄여서 불佛이라 말함. 우리나라에서는 예로부터 부처라고 불러왔다. 불佛 참조.

(Bulta) Buddha: The perfectly enlightened or awakened One. *Cf. (Bul)* Buddha.

불탑 佛塔 절에 세운 부처님 탑.

(Bultap) The stupa at the temple courtyard.

불퇴전 不退轉 신심信心이 두터워 물러서지 아니함.

(Bultoijeon) Non-retrogression, or irreversibility: One must have a strong faith, will, or resolution to achieve enlightenment.

불퇴전지 不退轉地 대보살의 물러설 수 없는 수행자리.

(Bultoijeonji) Never receding, always progressing, not backsliding: The stage of non-retrogression of the great Bodhisattva.

불평등 不平等의 평등 平等 비교를 하지 않으면 모든 것은 있는 그대로가 평등, 곧 사사무애事事無碍.

(Bulpyeongdeungui Pyeongdeung) Parity of disparity: No comparison is equality and equanimity. Where there is no duality and comparison, everything is equal just as it is.

불행이행 不行而行 일부러 행하는 마음이 없이 스스로 행에 계합하는 것. 다시 말해 행하는 일 없이 행하는 것.

(Bulhaeng-i-haeng) Doing without doing: Do something without the thought of doing, or an involitional natural action.

불화 佛畵 탱화幀畵라고도 말함. 불보살들의 초상을 그린 그림. 불화는 야외의 법회를 마련하기 위하여 두루마리 형태로 보관되는 괘불掛佛도 있으나, 불상이 모셔지는 전각의 내부에 거는 후불화後佛畵가 대부분이다. 중요한 것으로 석가모니불화, 아미타불화, 비로자나불화, 약사 여래불화, 지장보살불화 등이 있다.

1) 석가모니불화 (불교의 교주이신 석가모니를 주존主尊으로 하여 영취산에서

설법하시는 모습을 그린 그림으로, 대웅전이나 나한전, 또는 응진전 등에 모셔져 있다. 불화의 배치는 석가모니 부처님이 중앙에 앉아계시고, 협시불로 좌측에는 문수보살, 우측에는 보현보살이 모셔 있으며, 그 외에 사천왕과 호법신중들이 둘러싸고 있는 것이 원칙)

2) 아미타불화 (아미타불화는 아미타불이 서방 극락세계에서 설법하는 모습을 그린 그림으로, 무량수전 또는 극락전의 후불화로 모셔져있다. 아미타 삼존도는 중앙에 아미타불을 모시고, 왼쪽에 관세음보살, 오른쪽에는 지장보살이 협시불로 모셔져 있다)

3) 비로자나불화 (불교의 진리를 부처님으로 신격화한 법신인 비로자나불을 그린 그림으로, 대적광전이나 비로전에 모셔져있다. 불화의 배치는 중앙에 지권인智拳印을 하고 광명을 두루 비치는 비로자나불이 크게 그려져 있고, 앞에 문수보살과 보현보살이 협시로 모셔져 있다)

4) 약사여래불화 (중생을 온갖 병고와 재난으로부터 구제하고 수명을 연장해주시는 약사여래불을 그린 그림. 불화의 배치는 중앙에 약그릇을 든 약사여래를 모시고, 일광보살과 월광보살이 협시불로 좌우에 모셔져 있다)

5) 지장보살불화 (지옥에서 고통 받고 있는 중생을 구제해주시는 지장보살을 주존主尊으로 그린 그림으로, 단독으로 모시는 경우도 있다. 불화의 배치는 지장보살을 중심으로 무독귀왕과 도명존자, 그리고 지옥의 시왕 十王 및 기타 권속들인 6대 보살들이 등장한다)

(Bulhwa) A Buddhist painting, or paintings of Buddha and Bodhisattvas: They are mostly hung on the back of Buddha and Bodhisattva images in the Buddha hall, but the large folding scroll paintings are at times hung in the outdoors for the Buddhist assembly or ceremonies. The major Buddhist paintings are as follows:

1) The painting of Sakyamuni Buddha: This is the painting of Buddha's discourse on Vulture Peak, hanging in the back of the Buddha image in the Main Hall and the Hall of Disciples. Sakyamuni Buddha sits in the center and the attendant Bodhisattvas are Manjushri, the guardian of wisdom, on the left and Samantabhadra, the guardian of great action, on the right.

2) The painting of Amitabha Buddha: This is the scene of Amitabha Buddha's discourse in the Pure Land of Utmost Bliss of Amitabha

in the West, hanging behind the Buddha statue in the Hall of Infinite Life. The attendant Bodhisattvas are the Bodhisattva of Great Compassion on the left and the Earth Treasury King of Great Vow Bhodhisattva on the right.

3) The painting of Vairochania Buddha: This is the painting of the Buddha of Cosmic Energy, the personification of the universal law, hanging in the Hall of Great Tranquil Light. The attendant Bodhisattvas are Manjushri, the guardian of wisdom and Samantabhadra, the guardian of action, in front of the main Buddha.
4) The painting of Medicine Buddha: This is the painting of Medicine Buddha who saves sentient beings from all kinds of sickness and suffering in addition to lengthening the life of sentient beings. He is flanked by two attendant Bodhisattvas, the Sunlight Bodhisattva on the left and the Moonlight Bodhisattva on the right of the main Buddha in the center.
5) The painting of the Earth Treasury King of Great Vow Bodhisattva: This is the painting of Ksitigarbha, or the Bodhisattva of Hell, who saves all sentient beings from suffering in Hell. He is flanked by ten lords of judgement and six great Bodhisattvas. However, the main Bodhisattva is sometimes depicted alone without attendants.

불환과 不還果 아나함阿那含 참조.

(Bulhwan-gwa) *Cf. (Anaham)* The fruit of the Never-returning, or the Never-returner, the third of four stages of Hinayana practice.

붓다 佛陀 깨달은 자. 산스크리트어로 buddha는 깨닫는다는 동사의 과거분사. 이것이 발전하여 '깨달은 사람'으로, 그런 다음 다시 '부처'로 불리우게 됨. 불타佛陀 외에 佛馱 부타 浮陀 등, 열 가지 음역이 있다. 번역은 각자覺者, 지자知者, 또는 줄여서 각覺이라고도 번역하며, 진리를 깨달은 사람이란 뜻. 그런가 하면 불타의 덕을 칭송하는 여래십호如來十號와, 각황覺皇, 법왕法王, 대사문大沙門, 대선大仙, 대의왕大醫王 등 헤아릴 수 없을 만큼 많은 칭호가 있다.

(Butta) Buddha: It is the transliteration of Sanskrit "Buddha", the enlightened or awakened One, the title of one who has attained the highest attainment possible for a living being. The "Buddha" often designates Sakyamuni who had attained enlightenment to deliver the living beings in the Saha universe. There are countless names in Sino-Korean including Tatagatha, the Emperor of Enlightenment, the King of the Dharma, a Great Sramana or Monastic, a Great Hermit, the King of Physicians, etc.

브라마 범천梵天이라고도 말하며, 바라문교의 교조로 우주 만물의 조화의 신으로, 아트만은 이의 분신分身. 그러나 불교에서는 제석천帝釋天과 함께 정법正法을 수호하는 신.

(Brahma-deva) The impersonal supreme being of Hinduism, the total Godhead, the primal source and ultimate goal of all livings beings, which, with Atman, when enlightened, is known itself to be identical.

비구 比丘 남자로서 출가하여 250계戒를 받아 지키는 수행자. 원래는 '걸식하는 자'라는 뜻.

(Bigu) Bhikkhu (P), Bhikshu (Skt): Buddhist mendicant monk: A male member of the Buddhist Order, who must observe 250 precepts. It originally meant "beggar."

비구니 比丘尼 여자로서 출가하여 348계戒를 받아 지니는 수행자.

(Biguni) Bhikkhuni (P), Bhikshuni (Skt): A female member of the Buddhist Order, who must observe 348 precepts.

비도 非道 정도正道에 어긋나는 것. 곧 사행邪行.

(Bido) The evil way, a deviation from the right way of Buddha's teaching, or evil deeds.

비락수 非樂修 삼수三修의 하나. 비락非樂이란 고苦를 뜻하는 것으로, 성문聲聞들은 본래 모든 법 가운데 열반적정涅槃寂靜의 낙樂이 갖추어 있는 줄 알지 못하고, 모든 법은 모두 고苦라고 관하니, 이것을 비락수非樂修라 말함.

(Biraksu) No cultivation for comfort: Shravaka or the Sound-hearing Arhat's view of the phenomenal world as suffering without realizing the truth that the Dharma-realm itself is true peace of Nirvana.

비량 比量 여러 가지를 비교하여 판단하는 것.

(Biryang) Comparing or weighting matters before making judgemental decisions.

비량 非量 잘못된 판단 또는 인식.

(Biryang) Wrong decision or understanding.

비로봉 毘盧峰 대개 가장 높은 큰 산봉우리를 가리킴. 한국에는 불교 용어에서 빌려온 명산과 산봉우리 이름들이 많다.

(Birobong) The Vairochana peak: It usually represents the highest peak in a mountain range. There are many names of great mountain peaks in Korea borrowed from Buddhism.

비명 碑銘 비면碑面에 새긴 글. 비문碑文이라고도 말함.

(Bimyeong) An epitaph, or an inscription on the mortuary monument or stele. It is also called *bimun*.

비목적론 非目的論 창조론과는 달리, 만물의 생성과 변화가 어떤 목적을 가지고 있다고 보지 않는 이론. 인연법 참고. 진화론을 반대하던 고위 성직자가 궁지에 몰리자 그것도 하나님의 섭리라고 우겼다. 그렇다면 인류의 모든 끔직한 전쟁과 수백만 명의 유대인과 양민의 학살도 하나님의 섭리? 이에 대해 그들은 자유의지를 내세우나, 그것은 또 하나의 함정. 연기법을 보는 자 부처님을 보리라. 이것은 부처님의 말씀.

(Bimokjeoknon) Non-teleology: A most venerable personage who objected to the theory of evolution once said that it, too, is the will of God. What he was trying to say was perhaps that everything is the will of God. Then what about all the dreadful wars in human history and killing millions of Jews and other innocent people? Free will? That is another trap.

비몽사몽 非夢似夢 꿈인지 생시인지 분간할 수 없는 어렴풋한 상태.

(Bimong Samong) A dreamy state between dreaming and sleeping.

비문 碑文 비명碑銘 참조.

(Bimun) An epitaph, or an inscription. *Cf. Bimyeong.*

비밀교 秘密敎 원교圓敎의 별명으로, 천태종에서 세운 화의사교化義四敎의 하나. 부정교不定敎 참조. 그런가 하면 진언종眞言宗의 총칭이기도 함.

(Bimilgyo) Teaching in secret, a way of teaching by which one can hear the Law from the Buddha without being noticed by others in the same assembly. It is also the common denomination of the True Word Sect.

비바사나 毘婆舍那 대大 · 소승小乘의 명상관법瞑想觀法으로, 능견能見, 정견正見,

관찰觀察, 관觀, 비빠사나, 위빠사나, 통찰명상洞察瞑想, 또는 '마음 챙김,' '마음 지킴,' '마음밝힘'이라고도 번역. 사마타가 마음 닦음이라면, 위빠사나는 지혜 닦음을 뜻함. 이를 쉽게 이야기하면, 무상無常, 고苦, 무아無我를 깨달아 마음의 번뇌를 씻어내는 하나의 방법을 말함.
이에는 좌선과 행선이 있으며, 마음과 몸의 움직임을 알아차려 이를 소멸시키는 것이 특징. 따라서 비바사나는 특별한 집중 대상을 필요로 하지 않는다. 이러한 점에서 비바사나는 사마타 (止 samatha)와 전혀 다른 수행이라고 할 수 있다. 간화선과 관觀 참조.

(Bibasana) Vipassana: Penetrative insight, mind watching, analytical examination of the mind, or loving kindness meditation. There are many alternate Sino-Korean terms. Its main characteristic is watching every movement of body and mind to chase off distractions to concentrate the mind on the breathing in the abdomen. Vipassana is quite different from practice of samatha in the sense that vipassana does not require a certain object to concentrate the mind as it is practiced in the practice of samatha. They usually alternate sitting and walking meditations every one hour. *Cf. (Gwan)* Vipassana, or mind watching, and *(Ganhwaseon)* The word-contemplation meditation.

비방 誹謗 남을 헐뜯어 좋지 않게 말함. 모든 허물은 비싼 이자와 함께 자기한테 되돌아옴을 알라. 이것은 만고의 진리

(Bibang) Slander or abuse: One should not abuse people, or make slanderous remarks. They will come back to their origination or master with high interest.

비방정법 誹謗正法 약하여 방법謗法, 파법破法, 또는 단법斷法이라고도 말함. 이는 부처님의 정법正法을 비방하는 것. 사견邪見과 불신으로서 불법佛法을 비방하는 자는 지옥에 떨어져 영원히 깨달음을 얻을 수 없다고 경전은 말한다. 그리고 이는 일반적으로 대승불교의 정법에 대한 비방을 말함.

(Bibang Jeongbeop) Slandering the right law of the Buddha: Usually this term is applied to the act of denying that the Mahayana sutra represents the right teachings of the Buddha, which is one of the gravest

offences. The violator would fall into hell, and would never be able to attain enlightenment.

비범행 非梵行 범어梵語 a-brahma-carya의 번역. 불정행不淨行이라고도 말함. 음사婬事 (성교)를 행하는 일. 사바라이죄四波羅夷罪의 하나. 비구와 비구니가 이것을 범하면 승단에서 추방된다. 재가在家의 음계婬戒를 사음계邪婬戒라 하는데 대하여, 비범행계非梵行戒는 출가出家의 음계婬戒를 말함.

(Bibeomhaeng) Observance of chastity: It is translation of Sanskrit a-brahma-carya. It is also called "not committing an obscene act." What it exactly means is engaging in a sexual act. It is one of the four types of baneful deeds of a monk. When a bhikku or bhikhuni breaks this precept, he/she will be kicked out of the Sangha. The act of sexual immorality of a lay person is called lasciviousness.

비법 非法 부처님의 진리가 아닌 것.

(Bibeop) Non-Buddha-dharma, or something that is not true.

비법비비법 非法非非法 법도 아니고 법이 아님도 아닌 것. 이것이 중도의 불이법不二法.

(Bibeop Bibibeop) It neither is nor is it not: This is the Middle Path of Non-duality.

비법역비심 非法亦非心 법도 아니고 마음도 아니라는 것. 이 진리를 아는 것이 진정한 깨침.

(Bibeop Yeokbisim) It is neither Dharma nor mind. Realization of this truth is true awakening.

비불시식 非不時食 10가지 사미沙彌와 사미니계沙彌尼戒 중의 하나로, 때가 아니면 먹지 말라는 절에서의 일일일식一日一食과 오후 불식不食을 말함.

(Bibulsisik) One meal a day and no meal in the afternoon: One of the ten precepts of Buddhist novice.

비사거모 毘舍佉母 비사모毘舍母 또는 녹자모鹿子母라고도 말함. 부처님께서 높이 칭찬하신 용도가 아름답고 지혜로우며 일지기 부처님께 교화를 받아 예류과預流果를 증득했다고 함.

(Bisagamo) Visakha: A female stream-entrant and the lady of great beauty whose intelligence, wisdom, and virtue Shakyamuni Buddha praised highly.

비사량 非思量 일체의 분별과 번뇌를 여읜 생각 또는 깊은 선정禪定의 경지, 또는 의식을 잃지 않은 의식의 공백상태. 좌선 참조.

(Bisaryang) Free of conceptualization, non-thinking, or beyond thinking and non-thinking: Thinking without a thought, or thinking without, or beyond a contriving or discriminating mind, a kind of the mental state of deep samadhi. *Cf. (Jwaseon)* Sitting in meditation.

비사리 毘舍離 범어梵語 Vaisali. 부처님 당시 중인도 마갈타국 북쪽에 있던 나라로서 리차비(Licchavi) 족이 세운 도시. 부처님께서 삼 개월 후에 열반에 드실 것을 예언하신 곳. 부처님이 계실 때는 자주 이곳에 다니며 교화敎化하심. 부처님께서 열반하신 후 1백년 경에 제 2의 결집이 여기에서 열렸다.

(Vaisali/Vesali) The name of an ancient country inhabited by Licchavis in Central India. The capital, also called Vaisali, was located at the present Besarb, ttwenty-seven miles north of Patna.

Sakyamuni Buddha predicted his great passing in this capital three months ahead. Buddha also preached quite often in this capital in His life time. This capital is also where the second collection and compilation of canon was conducted about 100 years after the Lord's great passing.

비상비비상 非相非非相 모양이 아니나 모양이 아님도 아닌 중도中道의 불이不二.

(Bisang Bibisang) Neither form nor non-form: This is the Middle Path of non-duality.

비상비비상 非想非非想 생각함이 아니나 생각함이 아님도 아닌 중도中道의 불이不二.

(Bisang Bibisang) Neither perception nor non-perception: This is the Middle Path of non-duality.

비상비비상 非常非非常 항상 하지 않으나 항상 하지 않음도 아닌 중도中道의 불이不二.

(Bisang Bibisang) Neither permanent nor non-permanent: This is the Middle Path of non-duality.

비상비비상처 非想非非想處 비유상비무상천非有想非無想天 라고도 말하며, 무색계無色界 사천四天의 제 사천四天. 이 하늘은 삼계三界의 맨 위에 있으므로 유정천有頂天이라고도 말함. 이 하늘에 나는 사람은 중생계의 잡된 생각이 없으므로 비상非想 또는 비유상非有想이라 말한다. 그러나 아주 세밀할 생각마저 없는 것은 아니므로 완전한 열반은 아니며, 따라서 이를 비비상非非想 또는 비무상非無想이라 말함.

(Bisang Bibisangcheo) The heavenly realm of neither perception nor non-perception: It is the fourth and the final stage of the sphere of formlessness where perception is not completely cut off whereof it is still subject to the cycle of migration.

비시 非時 식사를 해서는 안 되는 시간 (정오正午가 지난 때)을 비시非時라 하며, 그러한 시간에 하는 식사를 비시식非時食 또는 후식後食이라 말함.

(Bisi) Untimely: Not the proper, or regulation time for meal. Traditionally monks are not allowed to eat after midday.

비심비불 非心非佛 마음도 아니요 부처도 아닌 이것이 무엇인가? 마음이 곧 부처卽心卽佛이라고 하나, 본래면목本來面目은 마음도 아니요 부처도 아니라는 뜻. 마음과 부처에 대한 집착을 떨치도록 하는 말. 즉심즉불卽心卽佛을 뒤집은 말. 마조 도일선사馬祖道一禪師 (709-788)의 말씀으로 이 진리를 알면 곧 해탈.

(Bisim Bibul) Neither mind nor Buddha: The very mind which is Buddha is neither mind nor Buddha, yet apart from the mind there is no Buddha, and apart from the Buddha, no mind. This is the reverse of the mind is the Buddha, and the Buddha, the mind to teach not to be attached to either the mind or the Buddha. This is the teaching of the Ch'an Master Mazu Daoyi (709-788).

비연비불연 非然非不然 그렇지 않지만, 그렇지 않음도 아닌 중도中道의 불이不二.

(Biyeon Bibulyeon) Neither is nor is it not: This is the Middle Path of non-duality.

비유 比喩 사물이나 일, 또는 어떤 현상을 설명할 때, 그와 비슷한 다른 성질을 가진 것에 빗대어 뜻을 쉽고 명확히 나타내거나, 아니면 진리나 교훈적인 짧은 이야기.

(Biyu) Parable. A short allegorical story designed to convey truth and a moral lesson in an easy way.

비유비공문 非有非空門 사문四門의 하나. 만유萬有는 유有도 아니고 공空도 아니라고 관하는 유식론唯識論에서 설하는 중도中道의 가르침.

(Biyu Bigongmun) Neither being nor non-being or emptiness: This is the Middle Path of non-duality expounded by the Manifestation-only School. *Cf. (Samun)* Four gates.

비유비무 非有非無 있음도 아니지만 그렇다고 없음도 아님. 이것이 진정한 반야般若의 중도中道. 그리고 여기에서 비무非無라고 한 것은, 단정적斷定的인 무가 아님을 말한 것이지, 무가 아닌 유를 말한 것은 아니다. 다시 말해 지금은 여기 육신이 있지만 죽어 썩으면 없어지게 됨을 말함. 불유불무不有不無 참조.

(Biyubimu) Neither being nor non-being: This is the Middle Path of non-duality. What it means is that we see things but they are not everlasting; they will be gone when time comes. *Cf. (Bulyu Bulmu)* Neither being nor non-being.

비유비비유 非有非非有 있음이 아니나 있음이 아님도 아닌 중도中道의 불이不二.

(Biyu Bibiyu) Neither existence nor non-non-existence: This is the Middle Path of non-duality.

비유품 譬喩品 비유譬喩를 강설講說한 장章.

(Biyupum) The chapter or section entitled "Parables."

비의 秘義 심원深遠한 가르침.

(Biui) Esoteric or profound teaching.

비의 秘意 심원深遠한 뜻.

(Biui) Esoteric or profound meaning.

비이비불이 非異非不異 다르지도 않고 다르지 않음도 아닌 중도中道의 불이不二. 의타기성依他起性에서 변계소집遍計所執을 떠나면 원성실圓成實이 된다. 따라서 이는 圓成實이 依他起性과 다르지도 않고 다르지 않지도 않음과 같으며, 이를 가리켜 여실지견如實智見이라 말함.

(Bi-i Bibuli) Neither the same nor not the same: On the surface dimension, the essence and phenomenal world are different, but in the ultimate nothingness or voidness of things, they are not different. This is the Middle Path, non-duality, and thus-suchness.

비인비과 非因非果 원인도 아니고 결과도 아니다.

(Bi-inbigwa) Neither the cause nor the result.

비전 秘傳 비밀히 전하여 내려옴.

(Bijeon) Secret transmission.

비정비비정 非淨非非淨 정갈하지 않음이나 정갈하지 아님도 아닌 중도中道의 불이不二.

(Bijeong Bibijeong) Neither pure nor non-impure: This is the Middle Path of non-duality.

비택멸 非擇滅 삼무위三無爲의 하나. 비지연멸非智緣滅이라고도 말함. 유부有部의 교의敎義. 택력擇力, 곧 지혜의 힘에 의하지 않고 얻은 멸滅의 뜻.

(Bitaekmyeol) Extinction attained not from wisdom or premeditated intellectual effort but the result from the incompleteness of the sufficing forces, or cessation resulting from the absence of conditions. The doctrine of the Sarvastivada, or Existence School, the teaching that claims that everything is.

비택멸무위 非擇滅無爲 삼무위三無爲와 육무위六無爲의 하나. 지혜의 간택簡擇과 판단력에 의지하지 않고 다만 유위법有爲法이 스스로 다 소멸하는 곳에 나타나는 무위無爲란 뜻. 다시 말해 어떤 현상이 인연이 다하여 다시 일어날 수 없는 경지에 이른 것. 예를 들면 깨달은 사람은 최초의 번뇌가 일어나면 인연을 끊음으로써 번뇌에 대하여 일종의 무위를 얻는 것처럼, 어떤 현상 이 저절로 다시 나타날 인연이 없어지므로 말미암아 나타나는 불변의 법을 비택멸무위라 말함. 택멸擇滅 참조.

(Bitaekmyeolmuwi) Non-doing of non-deliberative wisdom, or natural outcome of the law of extinction of phenomena: One of the three and six non-doings. The enlightened one may attain the state of non-doing or Nirvana by extinction of the cause of defilement. But it is the contrary case.

It is the state of non-doing attained not by the wise judgement and deliberative effort but the natural outcome of the extinction of the conditions that caused the defilement to arise and persist. *Cf.* *(Taekmyeol)* The wise choice of cessation.

빈도 貧道 핍도乏道라고도 함. 도를 닦은 것이 아직 모자라다는 뜻으로, 스님들이 자신을 말할 때 자기를 낮추는 칭호.

(Bindo) It literally means "poor in the Way," a modest expression used when a monk is addressing himself that he has not yet fully attained enlightenment.

빈두로파라타 16나한羅漢 중의 한 분으로 우리나라에서는 독성獨聖 또는 나반존자를 가리킴. 부처님께서 살아 계실 때, 신통력을 보이다가 부처님한테 꾸지람을 듣고 수미산의 서쪽 서구야니주에 머물면서 중생을 교화하다 부처님 제자들의 간청으로 다시 지상에 내려와 큰 복전福田이 되어 중생을 구제함. 함부로 신통력을 부리면 안 된다는 교훈.

(Pindolabharadvaja) One of the sixteen Arhats who is also called the

solitary-awakened Arhat. At the time of Sakyamuni Buddha, he was reprimanded for performing supernatural acts, and had to remain in the western region of Mt. Sumeru to preach to sentient beings there.

However, he was recalled to the mundane world by the entreaties of other disciples of the Buddha with one condition. It was to preach to the poor sentient beings forevermore, renouncing his attaining of Nirvana. It was a kind of warning not to practise supernatural powers without a good reason.

빈비사라왕 頻毘娑羅王 빈바사라왕頻婆娑羅王이라고도 번역. 중인도 마갈타국 왕으로 열렬한 신자인 동시에 불교의 외호자外護者였다.

(Binbisara wang) King Bimbisara: The fifth king of Magadha in the central India at the time of Buddha. He was not only a devout follower of the Buddha's teaching but also an enthusiastic supporter of Buddhism.

빈자일등 貧者一燈 빈여일등貧女一燈이라고도 말함. 가난한 사람이 지극한 마음으로 공양하는 하나의 등불이 부자가 공양하는 많은 등불보다 훌륭하다는 말. 이에 관한 재미있는 유명한 일화가 있다.

(Binja Ildeung) The single lamp of a poor person: A single lamp offered by a poor person is much more valuable than many lamps offered by a wealthy person. There is an interesting episode regarding the single lamp offered by a poor woman.

빗살문 가는 살을 엇비슷하게 어긋매껴 총총하게 껴서 만든 문. 전통 한국 사찰에서 많이 볼 수 있다. 이런 것도 알아두면 외국인들에게 사찰을 안내할 때 편리하다.

(Bitsalmun) A door with a frame made of fine slantwise cross sections. Most of the doors of the traditional Korean temples are made with this design.

【 ㅅ 】

사 事 이理의 반대 개념으로, 일체 차별의 모양, 곧 모든 현상계現象界. 이사理事 참조.

(Sa) Form, all the distinctions of matters, human affairs, actions, particulars, or phenomena in contrast to the principle. *Cf. (Isa)* Reality or principle and appearance or particulars.

사 思 범어梵語 cetana의 번역으로 심소心所, 곧 마음의 작용에 대한 다른 이름. 전문적인 용어로 의지意志와 같은 말.

(Sa) Volition: Thinking, thought, or function of the mind.

사 伺 범어梵語 vicara의 번역. 관觀이라고도 번역하며, 사물을 세밀하게 관찰하고 사유思惟하는 정신작용. 심尋과 같으나 심尋보다는 더 세밀한 것.

(Sa) Vicara: It is also called insight. A mental activity of looking into things with a deeper and more careful investigation than vitarka, *sim* 尋.

사 捨 사무량심四無量心의 하나. 마음 비움 또는 평등심平等心. 평등심이란 다름 아닌 마음이 어느 한쪽으로 치우치지 않도록 비우는 것. 그러나 사捨의 또 다른 뜻은, 수受를 삼수三受와 오수五受로 나누고 그 하나로 사수捨受, 곧 고苦도 아니고 락樂도 아닌 불고불락수不苦不樂受를 의미함.

(Sa) Renunciation: One of the four immeasurable minds. This is also one of the chief Buddhist merits, which leads to equanimity with no distinction of self and others. Another meaning of this term is neither pain nor pleasure in the mental activities of sensation.

A man should not hate any living creature. Let him be friendly and compassionate to all. He must free himself from the delusion of "I" and "mine." He must accept pleasure and pain with equal tranquility.

사가 師家 깨달음의 인가印可를 받은 자. 수행자를 지도할만한 훌륭한 선승禪僧을 말함.

(Saga) A well qualified Seon practitioner: A person who has attained enlightenment and has been approved by the master to lead or teach the student.

사가행위 四加行位 사선근(위)四善根(位)라고도 말하며, 보살의 계위階位인 오위五位

의 두 번째 자리. 1) 난위煖位, 2) 정위頂位, 3) 인위忍位, 4) 세제일법위世第一法位. 이들 사위四位는 다음 통달위通達位에 이르기 위하여 특히 애써 수행하는 자리. 보다 자세한 내용은 각 항목 참조.

(Sagahaengwi) Samadhi of four progressive spiritual development: It is the second stage of the five stages of spiritual development for attaining the stage of Bodhisattva: 1) The stage of heat, or the samadhi of obtaining the light. 2) The stage of summit, or the samadhi of increase in the wisdom of light. 3) The stage of tolerance, or the samadhi of accommodation. 4) The stage of constancy, or the samadhi of the supreme worldly Dharma. It is also called *(Saseongeunwi)* Four wholesome or virtuous roots.

사각 四覺 시각始覺의 내용을 사위四位로 구분한 것. 참선수행자가 알아야 할 좋은 참고 사항.

1) 불각不覺 (시각始覺의 제일보第一步로, 이미 업인과보業因果報의 이치를 깨달았으나 아직 혹惑을 끊는 지혜가 생기지 않은 캄캄한 상태 또는 단계)
2) 상사각相似覺 (아집我執을 여의고 아공我空의 이치를 깨달았으나, 아직 진각眞覺을 얻지 못한 단계)
3) 수분각隨分覺 (초지初地인 정심지淨心地에 들어가 일체 모든 법은 다 유식唯識의 소현所現임을 깨닫고 법집法執을 끊고 진여법신眞如法身을 하나씩 깨달아가는 단계)
4) 구경각究竟覺 (근본무명根本無明을 끊고 절대의 진각眞覺을 얻어 본각本覺 자신이 나타난 단계)

(Sagak) Four stages of enlightenment: Sub-classifications of inceptive enlightenment (始覺). A good reference for meditation practitioners.

1) Unenlightenment: It is the starting point of initial enlightenment. The practitioner attains the stage of understanding the law of cause and effect, but not yet the wisdom of how to cut off delusions.
2) Semblance enlightenment: The practitioner attains the stage of freedom from attachment to the ego-entity along with the knowledge of the emptiness of self, but not yet true enlightenment.
3) Proportional enlightenment: The practitioner enters the stage of

pure mind and attains the truth that every Dharma is none other than the manifestation of the mind wherewith he or she is able to be free from the attachment to the phenomenal world with the vision of true-suchness of Dharma-body.

4) Ultimate enlightenment: The practitioner finally attains true enlightenment by putting an end to the fundamental ignorance with the reward of attaining his/her original true-self.

사겁 四劫 우주가 탄생하면서부터 무너져 없어지는 동안을 4기로 나눈 성주괴멸成住壞滅의 원리 1) 성겁成劫 (우주가 처음 탄생하는 기간) 2) 주겁住劫 (우주가 안주하는 기간) 3) 괴겁壞劫 (우주가 점차 파괴되어가는 기간) 4) 공겁空劫 (모든 것이 공空으로 돌아가는 기간)

(Sageop) Four eons of a world from construction to annihilation: 1) The eons of construction, consisting of twenty smaller eons, in which a world is formed. 2) The eons of time of life or growth. 3) The eons of time of destruction or decay. 4) The eons of time of returning to the void, or to the origin of cosmos.

사견 邪見 오견五見과 십악十惡의 하나. 인과因果의 도리를 무시하는 옳지 못한 견해.

(Sagyeon) Perverted, false, or heterodox view: One of the five views and ten evils. This is the view that does not recognize the doctrine of the moral karma of cause and effect.

사경 寫經 수행修行의 목적으로 경문經文을 베끼는 일. 옛날에는 한 자 새길 때마다 세 번씩 정성을 들여 절을 했다고 함.

(Sagyeong) Transcription of the sutra: Copying sutras by hand for the religious practice of cultivating the mind. Scribes traditionally bowed three times after each letter when doing copying.

사고 四苦 네 가지 괴로움, 즉 생로병사生老病死.

(Sago) The four types of suffering: The suffering of birth, old age, sickness, and death.

사공정 四空定 사공정은 사무색정四無色定 사공처정四空處定이라고도 말하며, 다음 네 가지를 말함.

1) 공무변처정空無邊處定 (공처정空處定이라고도 말하며, 선정禪定을 장애하는 일체의 생각을 없애고 '공간은 무한대이다'라고 사유하는 선정禪定)

2) 식무변처정識無邊處定 (위의 1)을 초탈하여 '식識은 무한대 하다'라고 사유하는 선정禪定)
3) 무소유처정無所有處定 (위의 2)를 초탈하여 '무엇이나 없다'라고 사유하는 선정禪定)
4) 비상비비상처정非想非非想處定 (비유상부무성정非有想非無想定이라고도 말하며, (위의 3)을 초탈하여 얻는 아주 적은 상想만 있을 뿐 거의 무상無想에 가까운 선정禪定)

(Sagongjeong) The four absorptions of emptiness:
1) Samadhi of infinite space attained by eliminating all thoughts that obstructs contemplation, or absorption in the sphere of infinite space.
2) Samadhi of infinite consciousness attained by the thought that consciousness is boundless, the absorption of infinite consciousness.
3) Samadhi of nothingness attained by the thought that nothing is real, or the absorption of nothingness.
4) Samadhi of neither perception nor non-perception attained by the thought that is scarcely a thought, or neither consciousness nor unconsciousness.

사과 四果 소승小乘에서 수행修行의 결과로 얻어지는 네 단계. 과果는 무루지無漏智의 경지. 성문사과聲聞四果, 사향사과四向四果라고도 말함.
1) 수다원須陀洹 (예입(류)預入(流). 잘못된 견해와 의심을 버리고 예류과預流果를 성취한 사람도 악도환생惡道還生을 피해 궁극적인 깨달음에 이르기 위해서는 일곱 번을 다시 환생해야 된다고 함)
2) 사다함斯陀含 (일래一來. 이 세상의 욕계欲界에 한 번 다시 태어난다고 함)
3) 아나함阿那含 (불환(래)不還(來). 다시는 인간으로 환생하지 않고 천상天上에 한 번 다시 태어난 다음 열반 涅槃에 드는 사람)
4) 아라한阿羅漢 (응공應供/응진應眞/무생無生/불생不生/살적殺賊/무학無學이라고도 말함. 부처님의 열 가지 이름 중의 하나이며, 온갖 번뇌를 끊고 사제四諦의 이치를 깨달아 세상 사람들의 존경을 받을 만한 공덕功德을 갖춘 성자聖者)

(Sagwa) The four fruition, or four grades of fruitful awakening in the Hinayana School:

1) Srotapana or Stream-entrant: The first grade of awakening to enter into the ranks of sages; the one who has truly realized the emptiness of the body and the material world.
2) Sakrdagamin or Once-to-be-reborn: The one who will be reborn once again in human and Heavenly realms.
3) Anagamin or Never-to-be-reborn: The one who will never be reborn again and return to the mundane world.
4) Arhat or the highest stage of sage equal to Buddhahood.

사관이관 事觀理觀 사리이관事理二觀이라고도 말함. 사관事觀은 현상계의 구체적인 사물에 대하여 관찰함을 말하고, 이관理觀은 추상적 진리를 관찰함을 말함. 또 몸과 마음을 관하는 것은事觀. 진여, 실상, 그리고 불성을 관하는 것을 이관理觀이라 말하기도 함. 그런가 하면 천태종天台宗의 해석에 의하면, 관찰의 형식이 추론적인 것은 사관事觀, 직관적인 것은 이관理觀이라 함.

(Sagwan Igwan) The two insights, practical and abstractive or intuitive: Practical insight means investigation of actual phenomena including the body and mind; and abstract or intuitive insight means looking into the principles of ultimate reality or truth, Buddha-nature, etc. However, according to the Tientai Sect, that which is deductive is called practical insight and that which is intuitive is called the abstract insight.

사교 邪敎 부정不淨하고 요사한 가르침. 곧 외도外道의 가르침을 말함.

(Sagyo) Impure and evil way of teaching, namely the outside way, or the heterodox way of teaching.

사교 四敎 석가모니 부처님께서 일생동안 펴신 설법을 내용과 형식에 따라 네 종류로 비판 분류한 것. 거기에는 화엄사교華嚴四敎를 비롯하여 여러 가지가 있다.

(Sagyo) The four teachings: This is to classify the lifelong Buddha's teaching into four categories according to their content and form. There are five such cases including four teachings of the Tiantai Sect.

사교과 四敎科 강원講院에서의 우리나라 승려교육 제도중의 제3단계. 이력 履歷 참조.

(Sagyogwa) The third stage of the academic course of the Sutra School in Korean Buddhism. *Cf. (Iryeok)* The academic course of monks

and nuns.

사교입선 捨敎入禪 방하교의放下敎義라고도 말함. 교학敎學을 버리는 것이 아니라, 일정한 교리敎理 공부를 다 마친 다음 선종禪宗으로 들어가는 것.

(Sagyo Ipseon) Entering the Seon gate or meditation practice after completing the study of doctrine, not discrediting or abandoning the doctrine.

사구 死句 선종에서 말하는 활구活句와 사구死句. 알음알이가 붙은 말로, 말 가운데 말이 있는 것은 사구死句이며, 말 가운데 말이 없는 것은 활구活句. 다시 말해 풀 수 있는 자물쇠는 사구이고, 풀 수 없는 자물쇠는 활구. 이를 좀 더 쉽게 이야기하면, 진리를 깨치기 위한 하나의 방편인 언어문자에 매달리면 그것 이 곧 사구死句이고, 하나의 방편인 언어문자를 통해 언어문자로 표현할 수 없는 진리를 깨닫게 되면 그것이 곧 活句. 그런데 탄허呑虛 스님은 주석註釋에 부치기를, '팔만대장경이 이것이다.' 라고 하셨다. 역시 대단한 스님이시다. 영문 해설에는 감히 이 말을 할 수 없어서 적지 않았다. 활구 참조.

(Sagu) A dead phrase: In hwadu meditation, the phrase that has meaning or is explicable is called a "dead phrase," and the phrase that has no meaning or is inexplicable is called a "live phrase." We can also say that a lock that can be unlocked is a dead lock or phrase, and a lock that cannot be unlocked is a live lock or phrase.

In other words, a phrase is just an expediency to realize the truth not truth itself, and if you could realize the inconceivable transcendental truth through an artful liberative technique of phrase, that is a live phrase. *Cf. (Hwalgu)* A live phrase.

사구게 四句偈 네 글귀로 한 법문法門을 이룬 시문詩文. 게송偈頌 참조.

약이색견아若以色見我 (만약 모양으로써 나를 구하고)
이음성구아以音聲求我 (음성으로써 나를 구한다면)
시인행사도 是行邪道 (이 사람은 삿됨을 행하는 자)
불능견여래不能見如來 (정녕 여래를 보기는 불가하리라)
--금강경 제 26분--

(Saguge) A gatha or stanza of four lines. *Cf. (Gesong)* Gatha, or stanza.

Whosoever sees Me by form,
Whosoever seeks Me in sound,

Perverted are his footsteps upon the Way,
For he cannot perceive the Tathagata.
--The Diamond Sutra, XXVI--

사구분별 四句分別 줄여서 사구문四句門라고도 말하며, 사구백비四句百非라고도 말함. 변증법의 한 형식으로 사유思惟의 모든 유형을 망라한 것. 삼론종三論宗의 전문용어로, 백비百非라 함은 아무리 부정否定을 거듭할지라도 참으로 사물의 진상을 알기 어려울 때에, 이를 이용하여 중생들의 유무有無의 견해에 대한 걸림을 제거하려는 것. 1) 유有 (있다) 2) 무無 (없다) 3) 역유역무亦有亦無 (있기도 하고 없기도 하다) 4) 비유비무非有非無 (있지도 않고 없지도 않다)

(Sagubunbyeol) Four dialectic propositions, or the four alternatives: This is a technical term of the San-lun Sect, and it is also called hundred, or infinite negations, which is to prevent or eliminate the obstacles of futile arguments on existence or non- existence. 1) Being, or that the self is. 2) Non-being, or that it is not. 3) Both being and non-being, or that both is and is not. 4) Neither being nor non-being, or that it neither is nor is not.

사군자 四君子 그 자태姿態와 고결함이 군자君子와 같다는 뜻으로 매화, 국화, 난초, 대나무를 가리킴. 이것 역시 불교용어는 아니지만 이런 것을 영어로 모르면 통역할 때 애먹는다.

(Sagunja) Four true gentlemen, or four gentlemen of virtue: Gentlemen here means the noble character of the flowers and plants: the plum blossom, the orchid, the chrysanthemum, and the bamboo tree, which are regarded as the most noble characters of all flowers and plants, the best loved objects of painting by Confucian scholars.

사기 私記 교리敎理를 사사롭게 적은 것.

(Sagi) A personal explication or view of the doctrine.

사념처 四念處 네 가지 알아차림 또는 마음지킴. 사념주四念住라고도 말하며, 소승小乘에서 행하는 명상 훈련의 하나로 몸, 감각, 마음 그리고 정신적 대상에 대한 선정禪定의 순으로 이루어져 있다. 그리고 사념처는 깨달음을 위한 삼십칠 조도품三十七助道品의 일부를 형성한다.

1) 신념처身念處 (몸은 부정不淨하다고 관함)

2) 수념처受念處 (감각은 마침내 괴로움이라 관함)

3) 심념처心念處 (생각 또는 마음은 찰나 찰라 변하는 것으로 무상無常하다고 관함)
4) 법념처法念處 (일체 모든 것은 자성自性이 없는 무아無我, 곧 공空이라고 관함)

(Sanyeomcheo) Satipatthana: The fourfold stage or establishment of mindfulness or meditation, where body, sensation, mind, and things are not ultimately of concern: The doctrine of the Theravada, and is the first of the thirty-seven aids to enlightenment.

1) Insight of seeing that the physical body is impure, and utterly filthy.
2) Insight of seeing that all sensations are the causes of suffering.
3) Insight of seeing that the mind is ever fugitive and impermanent.
4) Insight of seeing into the emptiness of things, or that no existence has self-nature, or self-entity.

사념청정 捨念淸淨 생각을 여읜 청정한 마음. 청정한 마음이라고 별다른 것이 아니라는 것. 마음을 비우면 된다. 어려울 것 없다.

(Saneom Cheongjeong) Abandonment of thinking and a pure mind: What is pure mind? Put down your thinking. That is your pure mind.

사다함 斯陀含 수다함須陀含이라고도 말하며, 아라한阿羅漢에 이르는 성문 사과四果의 하나로 그 두 번째 단계. 앞으로 한 번 밖에 윤회하지 않는다 하여 일래一來라고도 함. 이 단계에선 일찍이 소유하고 있던 감정적인 욕망이나 혐오의 정情이 소멸되고, 제 삼단계인 불환不還에서 세속적인 것이 완전히 탈락하여 마지막 단계인 아라한과阿羅漢果에 도달하게 됨.

(Sadaham) Sakadagamin: Once-returner, once-to-be-reborn, or only one more return to mortality. It is the second stage of Theravada practice, the final stage of which is that of Arhat. At this stage, all the sentiments of desire and hatred will be extinguished.

사당 祠堂 시주자施主者나 공양주供養主들의 위패를 모시는 집.

(Sadang) An ancestral shrine where the tablets of the benefactors are enshrined.

사대 四大 자성이 없다하여 가법假法이라고도 말함. 우리육신의 구성 요소인 지수화풍地水火風. 곧 일체의 물체는 이 네 가지 원소로 구성되어 있다는 것. 따라서 죽으면 모두 흩어질 이들 사대로 이루어진 이 육신도 따지고 보면 진정한 '나'가 아니다. 그리고 이 네 가지 원소도 궁극적인 차원서 보면 역시 실체가 없는 공空이라는 것을 알아야 한다.

(Sadae) The four great material elements: The basic elements of all material things including our body--earth, which is characterized by solidity and durability; water, which is characterized by liquidity and moisture; fire, which is characterized by energy and warmth; air, which is characterized by gaseousness and motion. However, the four great elements are all empty in their ultimate nature.

사대명절 四大名節 석가탄신일 (음력 4월 8일), 출가재일 (음력 2월 8일), 성도재일 (음력 12월 8일), 열반재일 (음력 2월 15일).

(Sadae Myeongjeol) Four major Buddhist holidays: Buddha's birthday (8th day of the 4th moon by the lunar calendar); the great renunciation day (8th day of the 2nd moon by the lunar calendar); the enlightenment day (8th day of the 12th moon by the lunar calendar); the day of great extinction (15th day of the 2nd moon by the lunar calendar).

사대보살 四大菩薩 법화경法華經에 나오는 사대보살四大菩薩.

(Sadae Bosal) Four major Bodhisattvas of the Lotus Sutra:

미륵보살彌勒菩薩 (모든 부처의 자애로운 화신)

(Milukbosal) Maitreya: The future Buddha, and the embodiment of the loving kindness of all Buddhas.

문수보살文殊菩薩 (지혜제일智慧第一)

(Munsubosal) Manjusri: The guardian of wisdom.

관세음보살觀世音菩薩 (대자대비大慈大悲)

(Gwanse-eumbosal) Avalokitesvara: The Bodhisattva of Great Compassion.

보현보살普賢菩薩 (대행제일大行第一)

(Bohyeonbosal) Samantabhadra: The guardian of Law.

사대부 士大夫 사士와 대부大夫의 합성어合成語로 사부士夫라고도 말함. 사士는 사민四民, 곧 사농공상士農工商의 으뜸으로, 원래 학식이 있으나 벼슬에 나가지 않은 사람을 가리키며, 대부大夫는 벼슬자리에 있는 사람.

(Sadaebu) A man of noble birth: A compound word of "sa" (a scholar without an official government title) and "daebu" (a high government official).

사대색신 四大色身 지수화풍地水火風 사대四大로 이루어진 물질적 요소로 된 육체를 말함.

(Sadae Saeksin) The physical body composed of four great elements: the earth, water, fire, and air or wind.

사대성지 四大聖地 1) 룸비니, 여래如來가 탄생한 곳. 2) 보드가야, 여래如來가 완전한 깨달음을 얻은 곳. 3) 사르나트, 여래如來가 첫 법륜 法輪을 굴린 곳. 4) 구시나가라, 여래如來가 완전한 열반에 드신 곳.

(Sadae Seongji) 1) Lumbini, the place where Tathagata was born. 2) Bodhgaya, the place where Tathagata became fully enlightened. 3) Sarnath, the place where Tathagata set rolling the unexcelled wheel of the dharma. 4) Kushinagara, the place where Tathagath passed away into the great nirvana.

사대식 四大式 임제종臨濟宗엔 학인에게 깨달음을 얻게 하는데 네 가지 격식格式이 있다.

1) 올바른 방법을 일러주어 깨달음을 얻게 하는 격식으로, 달마대사가 소림굴에서 벽을 마주하고 있는 것과 같은 것.
2) 평상시의 도리로 깨달음을 얻게 하는 격식으로, 화산華山스님이 북을 칠 줄 안다는 것과 같은 것.
3) 본분本分으로 깨달음을 얻게 하는 격식으로, '산승은 알지 못 한다'는 것과 같은 것.
4) 방편으로 깨달음을 얻게 하는 것으로, 달마가 '알지 못 한다'고 말한 것과 같은 것.

(Sadaesik) The four ways of instruction of the Linji Order for the student to attain enlightenment:

1) The proper way to attain enlightenment, such as Bodhidharma's sitting in meditation facing the wall in the cave of a Saholin Monastery.
2) The ordinary way of attaining enlightenment, such as hitting a drum.
3) Attaining enlightenment by realization of the true self-nature by means of quizzical speech, such as "the priest does not know."
4) Attaining enlightenment by means of expediency, such as the comment of Bodhidharma, "I do not know."

사대주 四大洲 수미산須彌山의 사방四方 바다 가운데 있는 대륙大陸.

(Sadaeju) The fourfold continent in the sea surrounding Mount Sumeru.

사덕 四德 열반사덕涅槃四德과 상락아정常樂我淨 참조.

(Sadeok) The Four virtues of Nirvana: *Cf. (Yeolban Saddeok)* and *(Sangnak Ajeong)*. They are another names for the above.

사도 邪道 올바르지 않은 길

(Sado) The evil or perverted path.

사도 四倒 사전도四顚倒 또는 사전도견四顚倒見과 같은 말. 1) 현상세계現象世界가 상주하다고 보는 사견邪見. 2) 현세現世가 곧 즐거움이라고 생각하는 사견邪見. 3) 현상세계現象世界가 청정하다고 생각하는 사견邪見. 4) 나라는 아我가 정말 존재한다고 생각하는 사견邪見. 이것이 범부凡夫의 네 가지 뒤바뀐 생각. 다시 말해 생사生死의 세계에 대해 그것이 사실은 무상無常, 무락無樂, 무아無我, 그리고 무정無淨인 것을, 상락아정常樂我淨이라고 망령되이 집착하는 것.

그런가 하면 이승二乘의 사도四倒는, 열반계涅槃界가 사실은 상락아정常樂我淨인 것을 무상無常, 무락無樂, 무아無我, 그리고 무정無淨이라고 망령되게 집착하는 것. 따라서 범부凡夫의 사도四倒를 유위有爲의 사도四倒라 하며, 이승二乘의 사도四倒를 무위無爲의 사도四倒라 함. 따라서 이들 두 가지 잘못된 견해를 여읜 것을 보살菩薩이라 말함.

(Sado) The four upside-down, or false views in regard to the Four Virtues of Nirvana: 1) The illusion that the phenomenal world is permanent. 2) The illusion that the world is a source of pleasure. 3) The illusion that the phenomenal world is pure. 4) The illusion that there really exists an ego. This is the illusion or the four perverted views of common people in regard to the world of birth and death as permanent, joy, self, and pure.

Another kind of four inverted or false views are the views of the Two Vehicles in regard to the Four Virtues of Nirvana (permanence in Dharma-body, joy of Nirvana, personality of Buddha, and purity of Dharma) as impermanence, absence of joy, no-self, and non-purity. The first views are called the four inverted views of the compounded, and the second inverted views are called the transcendental views of the Hinayana in contrast to the Mahayana. Sado is an abbreviation of the term Sajeondo and Sajeondogyeon, which all mean the same.

사띠 염念 (sati), 관觀 (vipassana). 통찰명상, 마음 밝힘, 알아차림, 늘 깨어있는 마음, 잊지 않음 (守意), 정념正念 등 여러 가지로 번역. 부처님께서 행하신 위빠사나의 수행방법으로, 현재의 어떤 대상에 대해 분별심이나 판단 없는 깨어있음을 뜻함. 그런가 하면 대승불교에서는 지관止觀, 정定, 삼매三昧 (samadhi), 선불교에서는 선禪 (dhyana), 서양에서는 달리 말할 수 없어 마음의 평안을 얻기 위한 명상 (meditation)이라 말함. 관觀 참조.

(Sati) Mindfulness, wakefulness, or the way or method of practicing Vipassana: It is called samadhi in the Mahayana, dhyana in Seon Buddhism, mindfulness in psychotherapy, and meditation for peace of mind in the Western world. *Cf. (Gwan)* Vipassana.

사라쌍수 沙羅雙樹 부처님이 입멸入滅하신 곳의 나무.

(Salassangsu) Twin sala trees under which Sakyamuni Buddha entered Parinirvana.

사락 四樂 네 가지 즐거움 1) 단수낙斷受樂 (즐겁다는 느낌을 끊는 즐거움) 2) 적정낙寂靜樂 (마음에 번뇌가 없고 몸에 괴로움이 없는 즐거움) 3) 각지낙覺知樂 (깨달아서 아는 즐거움) 4) 괴불낙壞不樂 (즐겁지 않음을 깨뜨리는 즐거움)

(Sarak) Four Joys: 1) Joy of removing the sensation of pleasure. 2) Joy of quietude and peace. 3) Joy of enlightenment. 4) Joy of destroying unhappiness.

사량 思量 마음을 일으키다. 곧 정정正定의 반대로 기심起心이라고도 말함. 생각하며 헤아림. 참선의 가장 큰 금기禁忌사항.

(Saryang) Arousing the mind, thinking and measuring, or intellection: Opposite of right meditation and the foremost taboo in meditation practice.

사량능변식 思量能變識 팔식八識 중 제칠식第七識인 말나식末那識을 말하며, 이 식識은 견분見分과 상분相分의 모습을 달리 나타낼 뿐만 아니라, 팔식八識의 견분見分을 항상 사량思量하여 실아實我에 집착하므로 사량능변식思量能變識이라 말함. 어려운 말. 그러나 중요한 말이니 10번만 되새겨 볼 것. 그러면 뜻이 살아난다. 탄허呑虛 스님은 모든 책을 100번씩 읽으셨다고 함.

(Saryang Neungbyeonsik) Transforming consciousness (manas) as thought: The ever dissecting and discriminating seventh consciousness, which reflects the ever mutating consciousness of interrelation between the mind and the sense-object on top of attachment to the ego entity based on the analysis of the eighth consciousness. It might require more than ten readings for its somewhat confusing explication, which is characteristic of the Mind-only School.

사량분별 思量分別 지적으로 생각하고 헤아림. 팔식八識 중의 제칠식第七識. 말나식末那識 참조.

(Saryang Bunbyeol) False speculative or intellectual discrimination. *Cf. (Malnasik)* The seventh consciousness.

사량식 思量識 제 칠식七識인 말나식末那識을 말하며, 사량능별식思量能變識이라고도 말함. 이것은 또 '나'라고 하는 자의식自意識과 더불어 염오식染汚識이라고도 말함. 말나末那는 범어梵語로 의意 (Manas)라 번역. 사량능변식과 의식意識 그리고 염식染識 참조.

(Sarayangsik) Manas, or the capacity of thought: It is another name for the seventh consciousness, the characteristic of which is constant discrimination and intellection. *Cf. (Saryang Neungbyeonsik)* Transforming consciousness as thought, (Uisik) Consciousness, and *(Yeomosik)* The tainted consciousness.

사료간 四料簡 임제종臨濟宗의 교상敎相. 요간料揀, 요견料見, 요간了簡, 양간量簡, 양견量見이라고도 말하며, 이는 삼매三昧 수행을 그 경지에 따라 네 가지 범주로 나눈 것. 사료四料는 사량思量을, 간簡은 선택을 뜻하며 정법正法을 분별하고 선택함을 말함. 임제종의 '사료간'은 수행자의 근기에 초점을 두어 말씀 하신 규봉선사圭峰禪師와는 달리, 수행자의 깨달음을 한 차원 높은 선지식善知識의 경지에서 말한 네 가지 범주 또는 본보기

1) 탈인불탈경奪人不奪境 (사람을 빼앗고 경계를 빼앗지 않는 것은 하근기下根機를 다루는 법) 인人은 주관적 인식 주체를 말하며, 경境은 객관적 의식 대상을 말함. 이것을 풀어 설명하면, '따스한 봄날 만물이 소생하니 땅은 비단을 펼쳐 놓은 것 같고, 어린 아이의 내려뜨린 머리카락이 명주실처럼 하얗다'는 것으로, 아이 머리털이 하얗다는 것은 실제로 있을 수 없는 일이니 사람, 곧 주체를 부정한 것. 그러나 주체를 부정한 객체는 객체가 주체와 대립이 되는 것이 아니라, 객체가 절대적인 것이 되어 객체 안에 주체를 포섭하여 객체만이 나타나는 것을 말한다.

이것은 좀 어려운 설명인데, 이를 좀 더 쉽게 설명하면, 어떤 대상에 몰입하여

자신을 망각한 무아無我 상태를 가리킨다. 다시 말해 사람의 마음이 외적인 경계 속으로 녹아들어가 버리는 상태를 말한다. 이것을 다시 부연 설명하면, 의식이 바깥 문제에 관심을 빼앗길 때에는 내적인 문제는 망각되고, 반대로 내적인 문제에 마음이 빼앗기면 외적인 대상들을 망각하게 된다.

2) 탈경불탈인奪境不奪人 (경계를 빼앗고 사람을 빼앗지 않는 것은 중근기中根機를 다루는 법) 이것을 풀어 설명하면, '왕령王令'이 이미 천하에 행하여지니 장군이 변방으로 떠나고 뿌연 연기와 같은 세상의 탑세기가 끊어졌다'는 것. 이것은 주체가 절대적이어서 주체 내에 객체가 포섭되어 밖으로는 객체가 부정되고 주체만 드러나게 됨을 말함.

멋있는 비유적 설명이나, 이를 좀 더 쉽게 설명하면, 화두 참선에 있어 경계보다는 내적 집중을 가리킨다. 다시 말해 사람이 깊은 삼매에 들면, 경계는 잊어버리게 되며, 앞의 '사람을 빼앗고 경계를 빼앗지 않는다'가 외적 삼매라면, 이것은 내적 삼매이며, 앞의 것을 영어로 'positive samadhi (활동 삼매)'라고도 말한다면, 이것은 'absolute samadhi (절대 삼매)'라고도 말함

3) 인경양구탈人境兩俱奪 (사람과 경계를 다 같이 빼앗는 것은 상근기上根機를 다루는 법) 이것은 '병주幷州와 분주汾州에서 소식이 끊어지고 한 지방에 처處한다'는 뜻. 이것은 주체가 되는 중앙정부도 배반하여 부정하고, 객체가 되는 병분幷分도 떨어져 나갔으니, 다같이 부정된 셈이다. 상근기上根機답게 역시 단수가 높다.

이를 좀 더 쉽게 설명하면, 우리가 마음을 완전히 비우게 되면, 아무 것도 듣지도 느끼지도 못 하는 경우가 있다. 그러나 아무것도 없는 텅 빈 진공상태는 아니다. 오히려 존재의 지극한 순수 상태이며, 이런 상태를 '위대한 죽음 (the great death)'라고도 말하며, 이에 굳이 이름을 붙인다면 열반이라고 말할 수도 있을 것이다.

4) 인경구불탈人境俱不奪 (사람과 경계를 다같이 빼앗지 않는 것은 격格 밖의 사람을 다루는 법) 이것을 풀이하면, '왕은 보전寶殿에 오르고 늙은 농부가 격양가擊壤歌를 부른다'는 뜻. 이것은 주체인 왕과 객체인 국민들이 모두 드러나게 된 것으로, 확철대오廓徹大悟한 후에 일체에 걸림이 없음을 말함.

이것은 선수행이 성숙한 것을 의미하는 것으로, 이해하기에 그렇게 어렵지 않다. 모든 것이 일상생활로 돌아와 우리들의 본래면목을 되찾은 것이다. 이와 비슷한 말로, '산은 산이요 물은 물이다'라는 말이 있다. 모든 것은 태초 이전의 원 상태인 진여불성眞如佛性의 제 모습으로 돌아온 것이다.

(Saryogan) Four types of outlook: A summary of the Linji School in reference to subjective, objective, both, and neither. Four different ways of perceiving the world and dealing with the student from the master's pcint of view in contrast to the student's view of the Ch'an Master Guifeng:

1) There is no subject. Only object exists: This applies to the student of low capability. It implies that in the warm spring season, it is natural for all creations under the sun to come alive, yet there is a child with a long strand of hair that is as white as fine silk. This unnaturalness of the child with white hair is the cause of the rejection of the subject. This rejection of subject does not mean opposition or contrariety. It rather means embracement or absorption of the subject by the object leaving only the object.

   What it means is that when one is absorbed in objects or percepts, one loses oneself. So will be the opposite case. If one absorbs in oneself, one loses the object, or percepts.

2) There is no object. Only subject exists: This applies to the student of intermediate capability. What it means is that as the absolute power of the king is ruling the country, the commanding general of the border area of the country has nothing to do but to resign his post. In other words, it implies that as the subject is in full control of its power, it absorbs the object within itself.

   This is the way of real meditation practice, that is, concentration or full control of the mind. If one is full control of one's mind, there is no chance for objects or percepts to sneak into consciousness or the mind.

3) There is neither subject nor object: This applies to the students of high capability. It implies that there is no news from either Byeongju, the object, or Bunju, the subject, which implies rejection of both the subject and object. What it means is that if one leaves one's mind completely, one neither hears nor feels anything.

   However, it does not mean a blank emptiness. It rather means the immaculate totality of oneself, which is sometimes called "the Great Death," or Nirvana.

4) There is subject as well as object: This applies to the fully enlightened. Accepting both subject and object implies that one is dealing with a student of extraordinary capability. It also implies that the king is ascending to the royal throne and an old man in the countryside is singing a joyful song about peace and the abundant crop of the year, which indicates complete enlightenment without any hindrance.

What it means is that everything is as it should be. Everything has returned to its original self, the Buddha-mind, or the true-suchness. There is nothing more to cultivate. "Mountain is mountain, and water is water," a sage said.

사리 事理 사事란 사상事相, 사법事法, 곧 차별적인 현상을 말하고, 이理란 보편적인 진리와 평등한 본체本體를 말함.

(Sari) Phenomenal and noumena, relative and absolute: All things and their underlying truth, the phenomenal world and the ultimate true reality.

사리 舍利 부처나 성자聖者의 유골. 그러나 후에는 화장火葬한 뒤에 나오는 작은 구슬 모양으로 된 것만을 가리킴.

(Sari) Sarira: Sacred relics, especially of the Buddha. However, in the later age, it came to mean common relics to be found after the cremation of the masters.

사리불 舍利弗 사리불타舍利弗多, 또는 사리자舍利子라고도 말함. 부처님의 십대제자十大弟子 중의 하나로 지혜 제일智慧 第一. 사리舍利는 어머니라는 뜻이며, 불弗, 또는 불타弗多는 불타라弗多羅의 준말로 아들이라는 뜻. 그런데 부처님보다 먼저 입적하였다.

(Saribul) Sariputra: One of the major disciples of Buddha, known as the foremost in wisdom. *Sari-* means "mother," and *-putra* means "son." Unfortunately he entered Nirvana when Buddha was still alive.

사리장엄구 舍利莊嚴具 사리를 담은 화려한 용기.

(Sarijangeomgu) A magnificent container of the relics of Buddha or saint.

사리탑 舍利塔 부처님의 사리舍利를 작은 그릇에 담아 모셔 두는 탑.

(Saritap) The sarira stupa: A stupa enshrining the relics of the Buddha.

사리함 舍利函 사리舍利나 불제자佛弟子 또는 성승聖僧의 유골을 넣는 용기容器. 본래 불탑 안에 모셔두는 것.

(Sariham) Reliquary, or a container of sarira, usually enshrined in a stupa.

사리호 舍利壺 사리를 담은 병.

(Salrho) The sarira pot: A small porcelain pot for the relics of Buddha and saint.

사마 四魔 모든 산란한 마음과 미혹迷惑을 일으키는 네 가지 마구니.

1) 번뇌마煩惱魔 (탐욕과 성냄 그리고 어리석음 등으로, 번뇌는 우리의 몸과 마음을 해침)
2) 오음마五陰魔 (몸과 마음을 구성하고 있는 오온五蘊이 갖가지 고통을 일으킴)
3) 사마死魔 (인간의 생명을 빼앗는 죽음 그 자체)
4) 천마天魔 (타화자재천왕他化自在天王이라는 천상天上의 마구니가 수도修道하는 것을 방해함)

(Sama) Four Maras or demons: Major sources of distraction and delusion.

1) Mara of afflictions: Mara that afflicts our mind.
2) Mara of aggregation: Mara that afflicts our body.
3) Mara of death: Mara that takes our life away.
4) Celestial Mara of the conceptual faculty controlled by desire.

사마타 奢摩他 범어梵語 samatha의 음역. 삼매三昧를 얻는 방법. 지止, 적정寂靜, 능멸能滅, 또는 집중명상이라 번역. 정신집중과 번뇌 망상의 그침. 삼매三昧와 같은 뜻인 사마타는 마음을 한곳에 집중시킴으로써 마음이 흔들리지 않도록 하는 고도의 마음 닦음. 지관止觀 참조.

(Samatha, or the quietude of mind) It is synonymous with concentration and samadhi. Technically samatha is defined as the one-pointedness of mind or concentration for attaining a peaceful mind, or precondition of attaining samadhi. *Cf.* *(Jigwan)* Concentration and insight.

사명 邪命 바르지 않은 삿된 방법으로 생활하는 것. 명命은 활명活命의 뜻. 곧 생활수단.

그러므로 비구比丘가 생활의 자력資力을 얻기 위해 설법하는 것을 사명설법邪命說法이라 한다.

(Samyeong) An improper means of livelihood: The Dharma discourse to gain a financial means to support oneself is a typical improper means of livelihood.

사무량심 四無量心 사무량四無量, 사등심四等心이라고도 말함. 모든 존재를 차별 없이 사랑하며, 중생을 한 없이 어여삐 여기는 네 가지 한량없는 마음. 보살은 자신의 안위만을 위하여 윤회를 벗어나지 않으며, 소승小乘과 같은 열반에 안주하지도 않으니, 이것이 바로 보살의 무한한 사랑과 자비이다.

1) 자심慈心 (모든 중생에게 따뜻한 마음씨와 즐거움을 주는 마음)
2) 비심悲心 (모든 중생들의 고통과 슬픔을 자신의 고통과 슬픔으로 여기는 마음)
3) 희심喜心 (다른 사람들의 기쁨을 자신의 기쁨으로 여기는 마음)
4) 사심捨心 (다른 사람들에 대해 사랑하거나 미워하는 마음이 없는 평등平等한 빈 마음)

(Samuryangsim) The four immeasurable minds: Full of love and without discrimination towards any living being, which the seekers of Enlightenment should cherish. The Bodhisattva does not put an end to samsara for his own sake, nor does he seek an ultimate repose in the Hinayaya Nirvana. This is the unbound selfless love of Bodhisattva, wishing all living beings to be free of suffering and to be happy.

1) Maitri: The immeasurable loving-kindness, benevolence, and sympathy toward all beings.
2) Karuna: The immeasurable compassion and ardent wish to relieve and transform the sufferings of others'.
3) Mudita: The immeasurable sympathetic and appreciative joy and rejoicing at the success and happiness of others.
4) Upeksha: The immeasurable renunciation, equanimity and even-mindedness. It is the state of mind that regards others with impartiality, free from attachment and aversion.

사무색정 四無色定 색色을 여읜 네 가지 선정禪定 단계로, 사무색四無色 또는四無色界를 말함.

1) 공무변처정空無邊處定 (이 단계에서 마음은 공간처럼 비고 넓어진다)
2) 식무변처정識無邊處定 (이 단계에서 지각知覺과 이해의 힘이 끝없이 넓어진다)
3) 무소유처정無所有處定 (이 단계에서 마음의 분별력이 제어制御된다)
4) 비상비비상처정非想非非想處定 (이 단계에선 지각知覺과 비지각, 각성 覺醒과 비각성을 넘어서게 된다)

(Samusaek Jeong) Four stages of formless samadhi or concentration:
1) Samadhi of boundless empty space or heaven: The mind becomes empty and expands like infinite space.
2) Samadhi of infinite realm of consciousness: The power of intelligence and understanding increases without bound.
3) Samadhi of the heavenly realm of non-possession: Discrimination of the mind is subdued.
4) Samadhi of neither perception nor non-perception: This is the stage of transcending intelligence and non-intelligence, awakening and non-awakening.

사무소외 四無所畏 사무외四無畏라고도 말함. 두 가지가 있으니, 부처님과 보살에게 없는 네 가지 두려움을 말함.

부처님의 사무소외四無所畏:
1) 정등각무외正等覺無畏 (일체법一切法을 평등하게 깨달아 다른 이의 힐난詰難을 두려워하지 않음)
2) 누영진무외漏永盡無畏 (온갖 번뇌를 다 끊어 외난外難을 두려워하지 않음)
3) 설장법무외說障法無畏 (지혜를 장애하는 것을 말하되, 다른 이의 비난을 두려워하지 않음)
4) 설출도무외說出道無畏 (고통의 세계를 벗어나는 길을 가르치되 다른 이의 비난을 두려워하지 않음)

보살菩薩의 사구소외四無所畏:
1) 능지무외能持無畏 (부처님의 가르침을 잘 기억하여 잊지 않고 그 뜻을 설함에 있어 두려움이 없음)
2) 지근무외知根無畏 (중생의 근기를 알고, 그에게 적절히 설법함에 있어 두려움이 없음)
3) 결의무외決疑無畏 (중생의 의문을 해결하는데 두려움이 없음)
4) 답보무외答報無畏 (모든 물음에 자유자재로 대답할 수 있어 두려움이 없음)

(Samuso-oi) The four fearlessnesses: There are two groups, Buddha's and Bodhisattva's.

The Buddha's four fearlessnesses:

1) Fearlessness of any censure, since the Lord Buddha has already attained the wisdom of equanimity of all beings.
2) Fearlessness of any misfortune, since the Lord Buddha has already cut off all passions.
3) Fearlessness of any criticism for his discourse on the obstruction of wisdom.
4) Fearlessness of any criticism for his teaching how to be free from the world of suffering.

The Bodhisattva's four fearlessnesses:

1) Fearlessness in teaching the meaning he has understood from what he has learned and practiced.
2) Fearlessness of teaching to a sentient being according to his/her capability.
3) Fearlessness of solving all the doubts of sentient beings.
4) Fearlessness of answering any questions from sentient beings.

사무애 事無碍 일체 현상에 걸림이 없음. 이사무애理事無碍 참조.

(Samuae) Non-hindrance in the world of phenomena. *Cf. (Isamuae)* Non-hindrance between the world of phenomena and the cosmic law.

사무애해 四無碍解 사무애지四無碍智라고도 말함. 자유자재하며 거리낌이 없는 이해능력, 곧 지해智解 및 언어적 표현능력, 곧 변재辯才를 말함. 여기에는 의무애해義無碍解, 법무애해法無碍解, 사무애해辭無碍解, 그리고 변무애해辨無碍解 등 네 가지가 있다. 보다 자세한 설명은 각 항목 참조.

(Samuaehae) The four unobstructed knowledge, understanding, or wisdom: They are classified into four fields: Unobstructed analytical knowledge regarding meaning; unobstructed analytical knowledge of Dharmas; unobstructed mastery of language or rhetoric; and unobstructed mastery of eloquence.

For further explanation, see each separate entries: *(Uimuaehae)* Complete understanding of the meaning of all the phenomena without hindrance, *(Beopmuaehae)* Unimpeded understanding of discerning the meaning of the illustrious teaching of the Dharma, *(Samuaehae)* Unimpeded mastery of speech in the choice of language and expression, and *(Byeonmuaehae)* Unimpeded eloquence in defending the arguments in any circumstance.

사무애해 辭無碍解 표현하는 언어에 장애가 없기 때문에, 일체의 언사言辭를 분별하는 지혜.

(Samuaehae) Unimpeded mastery of speech in the choice of language and expression.

사무외인 四無畏印 수인手印 참조.

(Samuoiin) The mudra of four fearlessnesses. *Cf.* *(Suin)* The hand seal.

사문 沙門 비구比丘에 대한 또 다른 이름으로, 머리를 깎고 불문佛門에 들어가 오직 도道만을 닦는 수행자를 뜻하나. 본래는 '부지런히 노력하는 자'라는 뜻으로, 외도外道와 불교도를 불문하고 처자 권속을 버리고 수도생활을 하는 사람에 대한 총칭. 그러나 후세에 와서 오로지 불문佛門에 출가한 사람만을 지칭하게 됨.

(Samun) Sramana: A Buddhist monk. It was originally applied to those who lead the ascetic life regardless of their religion, whether they are Buddhists or the followers of outside ways.

사문 四門 동서남북에 있는 문을 말하나, 천태종에서는 진성眞性의 이理에 증득證得해 들어가는 문으로, 유有 · 공空, 역유역공亦有亦空, 비유비공非有非空의 사문四門을 말함. 또 천태종에서는 사교四敎에 각각 사문四門이 있다하여 사교사문四敎四門, 즉 화의사문化儀四門과 화법사문化法四門을 이야기하기도 한다. 그런가 하면 또 밀교密敎의 만다라曼茶羅에서는, 사방四方을 일컫는 말로, 동쪽의 발심문發心門, 남쪽의 수행문修行門, 서쪽의 보리문菩提門, 북쪽의 열반문涅槃門을 뜻하기도 함.

(Samun) The four gates: It means the east, the west, the south, and the north, but they have many different meanings according to the Buddhist sects and teachings. The first theory of Tientai Sect: The gradual progress toward understanding of the true nature of things--from the idea of existence to non-existence, from non-existence to affirmation of both existence and non-existence, and then from there to neither non-existence nor non-non-existence.

The second theory of the Tientai Sect: Four kinds of teaching according to the modes of teaching, four kinds of teaching according to the form of truth. Yet in the mandala of Esoteric Buddhism, four doors mean four directions, the east, the west, the south, and the north. The east signifies an initial aspiration for enlightenment, while the west signifies cultivation of the mind. The south signifies enlightenment, and lastly the north signifies Nirvana.

사문유관 四門遊觀 석가가 아직도 태자太子로 있을 때에 가비라성의 동서남북 사문四門 밖으로 나갔다가 생노병사生老病死의 네 가지 고통스러운 모습을 보고 인생의 무상함을 느껴 출가할 뜻을 갖게 됨을 말함.

(Samunyugwan) The four passing sights of the four gates: Prince Siddhartha witnessed four scenes of life--birth, old age, sickness, and death, which made him decide to leave the palace to seek the truth of life.

사물 四物 불가佛家에서는 법고法鼓, 운판雲版, 목어木魚, 그리고 범종梵鐘을 사물四物이라고도 말함.

(Samul) The four pieces: Four Buddhist instruments at the temple for the Buddhist services: a Dharma drum, a cloud-shaped brass, a wooden fish-shaped gong, and a great bell.

사미(승) 沙彌(僧) 산스크리트 sramanera의 음역. 막 출가하여 십계十戒를 받기는 했으나 아직 구족계具足戒를 받지 못한 예비 승려. 여자는 사미니沙彌尼, 남자는 사미沙彌라 부르며, 구족계를 받으려면 최소한 4년의 수행이 더 필요함.

(Sami(seung)) Sramanera: A male Buddhist novice. This is the first level of ordination for a monk who has received the ten precepts, or commandments. Females are called Samini or sramaneri, and males are called Sami or sramanera. Full ordination usually requires at least four more years.

사미계 沙彌戒 사미沙彌가 지켜야할 오계五戒를 포함한 10가지 계율. 1-5) 오계五戒. 6) 높고 넓은 평상平床에 앉거나 자지 말 것. 7) 머리에 꽃이나 보석으로 장식하지 말 것. 8) 몸에 향수를 뿌리지 말 것. 9) 풍류객처럼 노래하고 춤추지 말 것. 10) 때 아닌 때 식사하지 말 것.

(Samigye) The ten Buddhist novice precepts: The ten rules that the

Buddhist novice should follow. The following additional five precepts (6-10) to the five basic precepts (Ogye) for the young male novice: 1-5) Five basic precepts. 6) Not to sit or sleep on a high and large platform. 7) Not to adorn the head with flowers or jewels. 8) Not to apply perfume to the body. 9) Not to sing or dance like professionals. 10) Not to eat when it is not the time.

사미과 沙彌科 강원講院에서의 우리나라 승려 교육제도 중의 첫 과정. 이력履歷 참조.

(Samigwa) The Buddhist novice course, or the primary course of the Sutra School in Korean Buddhism. *Cf. (Iryeok)* An academic course.

사미니 沙彌尼 막 출가하여 십계十戒를 받기는 했으나 아직 수행이 부족한 예비 비구니 승려.

(Samini) A female Buddhist novice: A female monastic who has vowed to observe the ten precepts.

사바 娑婆 서방정토西方淨土와는 달리, 참고 견디어야 할 고생이 많은 세계라는 뜻으로 속세俗世, 즉 인간 세계를 말하며, 자세히는 사바세계沙婆世界를 말하고, 또 인토忍土 또는 감인토堪忍土라고도 말함.

(Saba) Saha: The mundane world, or the sea of suffering or existence, which, contrary to the Pure Land in the West, must be endured.

사바라밀 四波羅密 두 가지 뜻이 있다. 1) 상락아정常樂我淨. 2) 진언밀교에서 금강계 만다라의 주존主尊으로 하여, 동방의 금강바라밀 (전면), 남방의 보생바라밀 (왼쪽), 서방의 법바라밀 (후방), 북방의 갈마바라밀 (오른쪽)의 네 보살.

(Sabaramil) The four Paramitas: There are two kinds. 1) Four virtues: Permanence or eternity, pleasure or joy, true self or personality, and purity. 2) Four Bodhisattvas of the four directions with the main Buddha of Virochana in the center in the Diamond realm mandala: The Diamond Paramita or the Great Buddha Ashobhya of the east in front, the Ratnasambhava Paramita or the Jewel-born One of the south on the left, the Dharma Paramita or the Great Buddha Amitabha of the west in the back, the Karma Paramita or the Great Buddha Amoghasiddhi of the north on the right.

사바라이 四波羅夷 스님들이 지켜야 하는 계율戒律 가운데 가장 중대한 것 네 가지.

이 계율을 어기면 승려의 자격을 잃는다.

1) 대음계大婬戒 (부정행계不淨行戒라고도 말하며, 온갖 음란한 행위를 금제禁制한 것) 2) 대도계大盜戒 (불여취계不與取戒라고도 말하며, 임자가 있는 줄 알면서도 훔치는 것을 금제禁制한 것) 3) 대살계大殺戒 (살인계殺人戒라고도 말하며, 스님들이 제 손으로나 남을 시켜 죽이는 것을 금제禁制한 것) 4) 대망어계大妄語戒 (망설과인법계妄說過人法戒라고도 말하니, 이양利養을 얻기 위하여 스스로 성인聖人이라 하면서 성법聖法을 얻었노라고 속이는 것을 금제禁制 한 것)

(Sabarai) The four types of baneful deeds: When a monk violates these precepts, he will lose his identity as a monk. 1) All kinds of sexuality. 2) Stealing things that do not belong to him. 3) Killing a human being either directly or indirectly. 4) Bragging or calling himself a saint deceiving the people for his own benefit.

사바하 娑婆訶 원음에 가까운 발음은 '스바하.' 구경究竟, 원만圓滿, 성취成就의 뜻이 있으며, 진언眞言의 끝에 붙여 성취를 구하는 말. 따라서 '모지사바하'는 도道를 행한다는 뜻으로, 이때 '모지'는 보리菩提, '사바하'는 행한다는 뜻이 된다. 이와 비슷한 뜻으로 기독교에서 기도 끝에 하는 '아멘' 참조.

(Sabaha) Svaha: It has the meaning of finality, peace, and achievement, and is recited at the end of mantra or dharani chanting for the fulfillment of one's wish. *Cf.* "Amen! or So be it!" in Christianity.

사방찬 四方讚 사방四方을 찬탄함. 제V장 예불 및 법회 순서 참조.

(Sabangchan) Chant of lauding the four directions. *Cf.* Ch. V, the Order of Prayer Chanting.

사번뇌 四煩惱 법상종法相宗에서 제 7 말라식末那識에 항상 상응相應하는 4종류의 근본번뇌) 1) 아치我癡 (자신에 대한 망상) 2) 아견我見 (자기가 실재한다는 생각) 3) 아만我慢 (자만심) 4) 아애我愛 (자기에 대한 애착)

(Sabeonnoi) The four fundamental delusions in regard to the ego: 1) Illusion about self, or the illusion that there is a real self. 2) Belief in selfhood, or illusion leading to theories that support the existence of the self. 3) Self-conceit or arrogance. 4) Self-love, an illusion which leads to attachment to self.

사법 四法 성도문聖道門의 네 가지 수행 법. 다시 말해 불법승佛法僧 삼보三寶 가운데 법보法寶를 분류하여 교법敎法, 이법理法, 행법行法, 그리고 과법果法으로 나눈 것. 그러나 신해행증信解行證을 四法이라고도 함.

1) 교법敎法 (부처님이 말씀으로 설한 가르침)
2) 이법理法 (교법 중에 포함된 중요한 도리道理)
3) 행법行法 (닦음과 실행이니 곧 계정혜戒定慧 등)
4) 과법果法 (이들의 결과에 의한 열반涅槃의 이상경理想境)

(Sabeop) The four holy ways of learning Buddha's teaching: Four sub-classifications of the Dharma of the Three Jewels. It also means faith, understanding, practice, and evidence or realization of the fruit of Buddha's doctrine.

1) Belief in the teaching of Buddha's actual discourses.
2) Interpretation or discernment of the principles of teaching.
3) The practice or performance of teaching.
4) The verification or assurance of ultimate fruit of the ideal of Nirvana.

사법 嗣法 법사法嗣라고도 말하며, 법제자法弟子, 곧 스승의 법을 계승함을 뜻함.

(Sabeop) The Dharma heir, or the successor of the master: It is also called *beopsa* in Korean

사법계 事法界 사법계四法界의 하나. 차별적인 현상계를 말함. 사事라 함은 사상事象, 계界라함은 분제分齊의 뜻으로, 우주의 사사물물事事物物은 각기 구별을 가지고 한계가 있다는 뜻.

(Sabeopgye) The phenomenal world: The world of myriad things with each of their distinct characters.

사법계 四法界 화엄종華嚴宗에서 말하는 중요한 우주관. 전 우주를 네 가지 방면으로 관찰한 것 1) 사법계事法界 (우주 만유의 개별적 현상계現象界) 2) 이법계理法界 (우주 만유의 근본에 일관한 본체本體) 3) 이사무애법계理事無碍法界 (이사理事는 낱낱이 독립된 것이 아니라 사상즉 본체事象卽本體, 본체즉사상本體卽事象이라고 보는 방편) 4) 사사무애법계事事無碍法界 (위와 같이 사법계事法界와 이법계理法界가 서로 융통무애融通無碍할 뿐만 아니라 현상의 차별계 사이에도 융통무애하다고 보는 것)

(Sabeopgye) The four Dharma-realms: The doctrine of the Flower Garland School. 1) The phenomenal world of distinct characteristics of things. 2) The noumenal world of cosmic law. 3) The world in which

phenomena are identified with the noumena, or the world of non-hindrance between the world of phenomena and the world of cosmic law. 4) The world of unimpeded interfusion of the world of phenomena and the world of cosmic law.

사법인 四法印 불교의 네 가지 진리 1) 제행무상諸行無常 (불교의 근본 사상으로, 만물은 항상 유전流轉하여 잠시도 한 모양으로 머물러 있지 않다는 것) 2) 제법무아諸法無我 (우주에 있는 유형 무형의 모든 현상은 그 실체가 없다는 것) 3) 일체개고一切皆苦 (모든 것은 괴로움이라는 것) 4) 적정열반寂淨涅槃 (번뇌를 떠나 고苦를 멸한 해탈과 열반의 경지)

(Sabeopin) The four seals, or four insignia of the Dharma: 1) All compounded things are impermanent. 2) All Dharmas or things are selfless, or devoid of self-existence. 3) All sensations or defiled things are suffering. 4) Nirvana is peace, or ultimate tranquility of Nirvana.

사병 四病 해탈을 위한 수행에 나타나는 네 가지 병.

1) 작병作病 (마음으로 조작하여 위없는 깨달음을 구하려는 것)
2) 임병任病 (연緣에 따라 자성自性에 맡긴다는 뜻. 즉 생사를 끊지도 않고 열반을 구하지도 않고 일체를 인연에 맡겨 위없는 깨달음을 구하려는 것)
3) 지병止病 (허망한 것을 그치는 것이 곧 깨침이라는 것, 즉 모든 생각을 그쳐 마음을 고요하고 평등하게 함으로써 위없는 원각圓覺, 즉 위없는 깨달음을 구하려는 것)
4) 멸병滅病 (온갖 번뇌를 소멸하고 자성自性의 뿌리와 세상의 티끌을 모두 청정하게 함으로써 위없는 깨달음을 구하려는 것)

(Sabyeong) The four ailments or side effects arising from the practice for attaining enlightenment:

1) Pursuit of complete enlightenment by manipulation of the mind.
2) Pursuit of complete enlightenment by depending on self-nature without any great exertion or earnest desire to achieve anything.
3) Pursuit of complete enlightenment by cessation of delusions.
4) Pursuit of complete enlightenment by cessation of all defilements to keep the pure self-nature from the dust of the world.

사부대중 四部大衆 비구比丘, 비구니比丘尼, 남자 신도와 여신도를 가리킴. 줄여서 사중四衆이라고도 말함.

(Sabudaejung) The fourfold assembly or community, or the fourfold retinue: Bhikkus or monks, bhikkunis or nuns, the male and female laymen.

사부정심소 四不定心所 네 가지 가변적可變的 마음 작용 1) 수면睡眠에 떨어지게 하는 정신작용. 2) 회심悔心, 곧 잘못을 뉘우치는 마음. 3) 심구추도尋求推度, 곧 객관적 사물 (특히 마음의 의미 등)을 찾아 헤매는 것. 4) 사 伺, 곧 객관적 사물을 깊고 세밀히 살피는 정신작용)

(Sabujeong Simso) The four changeable mental factors: 1) Mental factors that lead to sleep. 2) Repentance or contrition. 3) Investigation of things, especially the mental state. 4) Deep and elaborate analysis of things.

사분 四分 법상종法相宗의 교의敎義. 우리의 인식을 구성하는 식識의 네 가지 분위分位로 팔식八識 및 상응相應의 심소心所 두 가지에 대해 사분四分이 있다는 주장.
1) 상분相分 (주관적인 마음에 인식되는 객관적 형상)
2) 견분見分 (상분相分을 인식하는 주관의 마음 작용)
3) 자증분自證分 (자체분自體分이라고도 말하며, 견분과 다음의 증자증분證自證分과를 증지證知하는 인식작용)
4) 증자증분證自證分 (아뢰야식이 자증분을 다시 증지證知하는 인식작용)

(Sabun) The four categories: According to the Dharma Character School, the consciousness consists of the following four categories:
1) The image of an object which appears within the consciousness.
2) The function of the consciousness which perceives the image of an object.
3) The function of the consciousness which corroborates the workings the foregoing and ensuing functions.
4) The function of the consciousness which corroborates the workings of the foregoing functions and then stores them in itself.

사분율 四分律 사대계율서四大戒律書의 하나. 60권.

(Sabunyul) The Vinaya in Four Parts in 60 volumes: One of the four great vinayas or moral rules.

사불가득 四不可得 네 가지 얻을 수 없는 것들 1) 불로不老 (영원한 젊음) 2) 무병無病 (병이 없는 것) 3) 영생永生 (영원한 삶) 4) 무사無死 (죽지 않는 것).

(Sabulgadeuk) The four unattainables: 1) Perpetual youth. 2) No sickness. 3) Perennial life. 4) No death.

사불가설 四不可說 천태종天台宗에서 말하는 네 가지 말로 표현할 수 없는 것들.

1) 생생불가설生生不可說 (장교藏敎에서 물심物心의 온갖 법이 생기는 인연과, 생긴 물심物心의 온갖 법을 다 실유實有라 하면서도, 그 이치는 말하기 어려움)
2) 생불생불가설生不生不可說 (통교通敎에서 물심物心의 온갖 법이 생기는 인연과, 생긴 물심物心의 온갖 법의 체體가 모두 공하다고 하면서도, 그 이치는 설명하기 어려움)
3) 불생생불가설不生生不可說 (별교別敎에서 불생不生인 진여眞如가 연緣을 만나 십계十界의 모든 현상을 낸다 하면서도, 그 이치는 설명하기 어려움)
4) 불생불생불가설不生不生不可說 (원교圓敎에서 진여眞如의 이체理體와 십계十界의 모든 현상이 아무런 차별이 없다고 하면서도, 그 이치는 말과 글자로 온전히 설명하기는 어려움)

(Sabulgaseol) Four beyond explications: The doctrine of the Tientai Sect.

1) Textual interpretation explains the causes arising in all Dharmas and their authentic existence, within and without, yet they are beyond explication.
2) Intermediate teaching claims the emptiness of Dharma, within and without, arising from causality, yet its principle is beyond explication.
3) Differentiated teaching explains the meeting of true-suchness with conditions and its production of all phenomena in the ten realms, yet its principle is beyond explication.
4) Complete and consummate teaching explains the unity between the essence and all phenomena in the ten realms of existence, yet its principle is beyond explication.

사불견 四不見 네 가지 보지 못하는 경우.

1) 어불견수魚不見水 (물고기들은 물 속에 살기 때문에 따로 물을 보지 못하는 것)
2) 인불견풍人不見風 (사람은 바람소리는 들으면서도 모양은 보지 못하는 것)
3) 미불견성迷不見性 (미迷한 사람은 사물의 진정한 성품을 보지 못하는 것)
4) 오불견공悟不見空 (깨달은 사람은 공리空理를 비추어 봄으로 영지靈知의 성품이

본래 공적한 것이라고 체험하면서도, 공성이 불가득不可得임을 앎으로 공을 보지 못한)

(Sabulgyeon) The four instances of an inability to perceive:

1) The fish in the water is unable to see water because it is in the water.
2) Man hears the sound of the wind, yet he is unable to perceive it.
3) The deluded man is unable to see the true nature of things.
4) The awakened man knows reality is originally empty, yet he is unable to see emptiness, since he knows emptiness is ungraspable.

사빈주 四賓主 임제종臨濟宗에서 사료간四料簡과 함께 학인을 교화하는데 쓰는 방법. 빈賓은 학인, 주主는 스승.

1) 빈중빈賓中賓 (미중미迷中迷라고도 하니, 학인이 어리석어서 스승의 가르침을 받으면서도 알아차리지 못하는 경우)
2) 빈중주賓中主 (학인의 안목이 스승보다 뛰어나, 스승의 심경이 학인에게 간파되는 경우)
3) 주중빈主中賓 (스승에게 학인을 가르칠만한 역량이 없는 경우)
4) 주중주主中主 (스승이 자기로서 갖출 역량을 제대로 구비한 경우)

(Sabinju) The four types of relation between master and disciple: The levels of guest (student) and host (master). This is the teaching and studying relationship along with (Saryogan) Four types of outlook according to the Linji Order.

1) The disciple is in the dark and is incapable of grasping the teaching of the master.
2) The disciple is more capable than his master.
3) The master is not fully prepared to teach the disciple.
4) The master is fully qualified to teach the disciple.

사사 四捨 네 가지 아낌없는 희사喜捨 또는 버림 1) 재사財捨 (재물을 아낌없이 베푸는 것) 2) 법사法捨 (법을 베푸는 것) 3) 무외사無畏捨 (두려움을 버리게 하는 것) 4) 번뇌사煩惱捨 (번뇌를 끊는 것)

(Sasa) The four offerings or releasing: 1) Offerings of property and goods. 2) Teaching the Truth or Dharma. 3) Teaching fearlessness. 4) Giving up of the passions and delusions.

사사 四事 수행승修行僧이 일상생활에 필요한 네 가지 물건. 곧 음식, 의복, 와구臥具, 탕약.

(Sasa) The four necessaries of a monk: Victuals, clothing, bedding, and medicine, or herb.

사사무애 事事無碍 어떤 현상과 사물이 서로 다른 독립적인 대상으로 드러나되 걸림이 없는 것. 이사무애理事無碍 참조.

(Sasamuae) The unimpeded interfusion of particulars, or the mutual non-obstruction of phenomena: All forms of phenomenal existence in the world blend with each other without impediment. *Cf. (Isamuae)* The unimpeded interfusion of the principle and particulars.

사상 事相 본체인 진여에 대하여 현상세계의 모든 차별상. 이들이 사실은 실체가 없는 가상假相임을 깨닫는 것이 참된 지혜.

(Sasang) The aspects of mark or phenomenon: All the phenomena or things subject to change. All the delusive distinctions of the phenomenal world in contrast to true-suchness of the ultimate reality of the universe.

사상/산 四相/山 통일된 분명한 설명은 없으나, 중생들이 실재한다고 믿고 집착하는 네 가지 모습. 아상我相 또는 자아自我; 인상人相 또는 개체個體; 중생상衆生相 또는 살아있는 존재; 수자상壽者相 또는 영혼 또는 목숨에 대한 숙명적인 집착. 따지고 보면 금강경은 시종 이 사상四相에 관한 말씀. 그러나 사상四相이 생주이멸生住異滅과 생로병사生老病死를 의미하는 경우도 있다.

(Sasang/san) The four marks, or states of all phenomena: A mark of self; a mark personality, or a separate being; a mark of sentient being; a mark of life or soul. A mark is a notion of form. In the Diamond Sutra, it states that people attach themselves to the four marks which hinder them from attaining the Buddhahood. Conversely, those who see all marks as no marks will see the Buddha. Sometimes four marks also mean four phases of life: birth, old age, sickness, and death; or origination, subsistence, decay, and destruction.

사생 四生 생물이 태어나는 네 가지 형태. 육도사생六道四生이라고도 말함. 1) 태생胎生 (어머니 태에서 태어난 것) 2) 난생卵生 (알에서 태어난 것) 3)

습생濕生 (습기로부터 태어난 것) 4) 화생化生 (생리적으로 태어나는 것이 아니고 스스로 업력에 의하여 갑자기 생겨나는 제천諸天과 지옥의 중유中有의 유정有情)

(Sasaeng) The four kinds of birth in the six worlds of living beings: 1) Those bcrn from a womb. 2) Those hatched from eggs. 3) Those generated from warm humidity. 4) Those who are miraculously born in the heavenly realm and the nether world.

사생자부 四生慈父 어머니에서 태어난, 알에서 태어난, 습기로부터 태어난, 그리고 업력으로 갑자기 환생한 모든 생물의 자애로운 어버이, 곧 부처님.

(Sasaengjabu) The loving father (Buddha) of all creatures, whether they are born from a womb, hatched from eggs, generated from warm humidity, or miraculously born.

사서삼경 四書三經 중국의 고전古典인 논어論語, 맹자孟子, 중용中庸, 대학大學과, 시경詩經, 서경書經, 그리고 주역周易의 총칭을 말함.

(Saseo Samgyeong) Four Books and Three Classics of ancient China: The Analects of Confucius, Mencius, the Doctrine of the Mean, Great Learning; and the Book of Songs, the Book of History, and the Taoist I Ching.

사선근 四善根 수행단위修行單位의 하나. 사선근위四善根位 또는 사가행위四加行位라고도 말함. 사가행위 참조.

(Saseon-geun) The four wholesome or virtuous roots: Four aids of penetration to attain enlightenment. *Cf. (Sagahaengwi)* Samadhi of four progressive spiritual developments.

사선정 四禪定 사선四禪 또는 사정려四靜慮라고도 말하며, 사선정四禪定을 닦음으로써 색계色界의 사선천四禪天에 난다고 하는 것으로, 달마대사 이전의 선禪을 말함.

1) 초선初禪 (이생희락離生喜樂: 유각유관有覺有觀이라 사색思索과 사려思慮가 있으나, 욕심의 세계를 떠나는데서 기쁨과 즐거움이 생김)
2) 이선二禪 (정생희락定生喜樂: 무각무관無覺無觀이니 사색과 사려를 쉬어 안으로 깨끗한 마음이 되면 사색과 사려도 없어져 선정에서 기쁨과 즐거움을 얻게 됨)
3) 삼선三禪 (사념락주捨念樂住: 이렇게 되면 모든 생각을 놓고 즐거움에 머물게 됨)
4) 사선四禪 (정념일심淨念一心: 이렇듯 행위와 모양에 의한 괴로움이 떠나고

즐거움을 놓아, 본래의 근심이나 기쁨이 사라지면, 괴롭지도 않고 즐겁지도 않은 평정平靜에 들어 깨끗한 생각으로 한 마음을 갖추게 됨)

(Saseonjeong) The four stages of dhyana or meditation: Four absorptions (samapatti), contemplations, or samadhi to be reborn in the Four Dhyana Heavens. It is also called *Sajeongryeo* or simply *Sajyeong*. These are the modes of meditation practiced before Bodhisdharma's coming to China.

1) The first dhyana or contemplation is characterized by attaining the joy and bliss arising from solitude and freedom from desires and sins.
2) The second dhyana or contemplation is characterized by attaining the joy and bliss arising from the cessation of discursive or speculative thoughts.
3) The third dhyana or contemplation is characterized by abiding in equanimity leaving all speculative thoughts behind.
4) The fourth dhyana or contemplation is characterized by utter purity and equanimity beyond pleasure or pain, elation or depression.

사선천 四禪天 신역新譯에서는 사정려천四靜慮天이라 말하며, 사선정四禪定을 닦아서 나는 색계色界의 네 하늘. 이들을 모두 합치면 십팔천十八天이 된다. 사선정四禪定 참조.

1) 초선천初禪天 (욕계欲界 위에 있는 색계色界인 사선천四禪天 중 첫 선천禪天으로, 범중천梵衆天, 범보천梵普天 등 범천大梵天의 삼천三天이 있으며, 초선初禪을 닦은 사람이 나는 천상계天上界. 이곳에 머무는 존재는 미각이나 후각기관을 가지고 있지 않으며, 음식이 필요 하지 않다. 그러나 여섯 감각 가운데 나머지 감각기관은 계속 가지고 있다)
2) 이선천二禪天 (소천계少天界로, 소광천少光天, 무량광천無量光天, 광음천光音天의 삼천三天이 있으며, 이선정二禪定을 닦은 사람이 나는 천상계天上界. 이곳에 머무는 존재는 다섯 감각기관이 멈추고 오직 육식六識만이 있다)
3) 삼선천三禪天 (삼선정三禪定을 닦은 사람이 나는 중천계中天界로, 소정천少淨天, 무량정천無量淨天, 편정천遍淨天의 삼천三天이 있다. 이곳에 머무는 존재는 여전히 육식六識이 남아있지만 큰 기쁨을 누린다)
4) 사선천四禪天 (사선四禪을 닦은 사람이 나는 대천계大天界로, 복생천福生天,

무운천無雲天, 광과천廣果天, 무번천無煩天, 무열천無熱천, 선견천善見天, 선현천善現天, 색구경천色究境天, 무상천無想天의 구천九天이 있다. 이곳에 머무는 존재도 여전히 마음을 여의지 못하고 있다. 그래서 색계色界)

(Saseoncheon) The Four Dhyana Heavens, the division of the eighteen Brahmalokas, or Brahma Heavens into four dhyanas: One may be born in one of these heavens, the realms of form, above the realms of desire after practicing one of the four types of meditation. *Cf. (Saseonjeong)* Four grades of meditation.

1) The First Dhyana Heaven: It is as large as the whole universe, and it comprises the three heavens: the heaven of retinue of Brahma; the heaven of ministers of Brahma; the heaven of great Brahma. Inhabitants of these heavens are devoid of the sense of smell and taste without gustatory or olfactory organs, not needing food, but still possess the other four of the six organs.
2) The Second Dhyana Heaven, equal to a minor heavenly realm or chiliocosmos: It is comprised of three heavens: Parittabha, or minor light; Apramanabha, or infinite light; and Abhasva, or utmost light of purity. Inhabitants of these heavens have ceased to have five physical organs, possessing only the organ of mind free from pain and pleasure.
3) The Third Dhyana Heaven, equal to a middling heavenly realm or chiliocosmos: It comprises three heavens: Parittasuvbha, or minor purity; Apramanasubha, or infinite purity; Suvhalrtsna, or universal purity. Yet inhabitants of these heavens still have the organ of mind and sensations of pleasure and are receptive of great joy.
4) The Fourth Dhyana Heaven, equal to a great heavenly realm or chiliocosmos: It comprises the remaining nine heavens--the felicitous-birth heaven; the cloudless heaven; the large fruitage heaven; the non-defilement heaven; the non-heat heaven; the beautiful-to-see heaven; the beautiful-appearance heaven; the end-of-form heaven; the heaven above thought. Yet inhabitants of these heavens still possess the faculty of mind because they

are still in the realm of form or mark.

사섭법 四攝法 사섭사四攝事, 사사섭법四事攝法, 약하여 사섭四攝이라고도 말함. 중생을 교화 제도할 때에 취하는 네 가지 기본 보살행. 이를 좀 더 자세히 말하면, 보살이 중생을 섭수攝受하고 친애하는 마음을 일으켜 그들로 하여금 보살을 믿게 하여 결국은 불도佛道에 들어오게 하는 네 가지 행위.

1) 보시布施 (재물이나 법法을 보시하여 중생을 불도佛道로 인도함)

2) 애어愛語 (부드럽고 온화한 말로 중생을 불도佛道로 인도함)

3) 이타행利他行 (선행善行으로 중생을 이익 되게 함)

4) 동사同事 (자타일심自他一心. 상대편의 근기에 따라 행동을 같이 하여 이끌어 들임)

(Saseopbeop) The four winning modes: The four ways of leading sentient beings to emancipation, or the four means employed by Bodhisattvas to attract sentient beings to the Buddha's teaching, so that they may lead and develop living beings to the Buddha-way.

1) Charity, almsgiving, or generosity in order to lead sentient beings to love and receiving the truth.

2) Kind words or speech with the same purpose.

3) Benefiting sentient beings with good conduct of body, speech, and mind.

4) Amicable association, or unification of the mind of self and others according to their capability to embrace them all.

사성 四聖 세 가지가 있으니, 첫째는 성문聲聞, 연각緣覺, 보살, 그리고 부처님을 말함. 다음은 성문의 사과四果인 예류과預流果, 일래과一來果 불환과不還果, 아라한과 無學果를 뜻하며 마지막으로 선종禪宗에서는 예불할 때 청념請念하는 네 분의 존귀한 아미타불, 관세음보살, 대세지보살大勢至菩薩, 그리고 대해중보살大海衆菩薩을 의미함.

(Saseong) The four saints: There are three different groups: 1) Voice-hearer, Solitary awakened one, Bodhisattva, and Buddha. 2) Stream entrant, Once-returner, Never-returner, and Arhat. 3) Amitabha, the Bodhisattva of Great Compassion, the Bodhisattva of Great Power of Wisdom, and the Bodhisattva of Great Multitude.

사성 四姓 고대 인도에 있었던 네 가지 종류의 사회계급 1) 바라문婆羅門, 곧 바라문교의 승려와 학자 그리고 사제계급司祭階級 2) 크샤트리아, 곧 왕족과 무사계급武士階級. 3) 비사毘舍, 곧 농공상農工商에 종사하는 평민계급. 4) 수다라首陀羅, 곧 노예계급.

(Saseong) The four Indian clans or castes: 1) Brahmans, or priests. 2) Shatviyas, or warriors. 3) Vaishyas, or merchants. 4) Sudras, or serfs.

사성도 四聖道 네 가지 깨달음의 길 또는 경지 1) 성문聲門 (부처님의 말씀에 의탁하는 수행자) 2) 연각緣覺 (홀로 인연법을 깨달아 깨달음에 이른 자) 3) 보살菩薩 (육바라밀을 실천하여 보살도를 닦는 수행자) 4) 붓다佛陀 (부처님의 경지)

(Saseongdo) Four holy paths or realms: 1) Sravaka, or Disciple-vehicle. 2) Praetyka-Buddha, or Solitary-sage vehicle. 3) Bodhisattva-vehicle. 4) Buddha.

사성제 四聖諦 네 가지 영원히 변지 않는 진리. 사제四諦라고도 말함. 부처님께서 깨달음을 얻으신 후 처음 가르치신 교리 중의 하나

1) 고성제苦聖諦 (미계迷界의 과보果報를 모두 고 苦로 돌리는 것)
2) 집성제集聖諦 (고 苦는 집착에서 온다는 것)
3) 멸성제滅聖諦 (아집我執과 현상에 대한 집착의 소멸消滅)
4) 도성제道聖諦 (깨달음에 이르는 길, 곧 팔정도八正道)

(Saseongje) The Four Noble Truths: A basic tenet in Buddhism which explains the cause of suffering and the way of deliverance therefore. This was one of the first doctrines taught by the Buddha after his enlightenment.

1) The holy truth of duhkha or suffering.
2) The holy truth of the cause or source of suffering.
3) The holy truth of the cessation of suffering.
4) The holy truth of the path leading to the cessation of suffering (the Noble Eightfold Path).

사성지 四聖地 부처님의 생애 중 가장 관계가 깊었던 네 곳의 성지.

1) 가비라성에 있는 룸비니 동산 (부처님의 탄생지. 현재 네팔의 타라이 지방)
2) 부다가야 (부처님이 성도成道하신 곳)
3) 녹야원 (부처님이 성도하신지 37일 후에 처음으로 다섯 비구를 제도한 곳)
4) 쿠시나가라 (부처님이 열반하신 곳)

(Saseongji) The four holy places of pilgrimage:
1) Lumbini Garden in Kapilavastu: The holy place where Queen Maya gave birth to the historical Buddha Siddhartha Gautama, located at the foot of the Himalayas in present-day Nepal Terai.
2) Buddhagaya: The holy place where the historical Buddha Shakyamuni attained supreme enlightenment.
3) Deer Park: The holy place where Shakyamuni Buddha first preached to the five Bikkhus after his supreme enlightenment.
4) Kusinagara: The location of the Buddha's parinirvana.

사성행 四聖行 중생의 물질적 욕망을 퇴치하는 네 가지 방법 1) 분소의糞掃衣 (못쓰게 된 헝겊 조각을 기워서 만든 옷을 입는 것) 2) 걸식乞食 (항상 밥을 구걸하여 먹는 것) 3) 수하좌樹下坐 (항상 나무 밑에 앉아 수행하는 것) 4) 적정寂靜 (몸과 마음을 항상 고요히 하는 것)

(Saseonghaeng) The four holy ways to prevent a greedy mind: 1) Wearing tattered garments. 2) Begging for food. 3) Sitting under a tree practicing all the time. 4) Maintaining the quietude of mind at all time.

사수 捨受 삼수三受 또는 오수五受의 하나. 불고불락不苦不樂이라고도 말함. 몸과 마음에 고통도 즐거움도 느끼지 않는 중도적 성격의 감각작용.

(Sasu) Indifferent feeling or sensation: The neutral feeling of neither pleasure nor suffering. *Cf. (Samsu)* Three or five states of sensations or feelings.

사수행론 四修行論 한국불교대학 회주 無一 우학 스님의 십종수행론十種修行論.
1) 무신불응無信不應 (믿음 없으면 응답 없다)
2) 무학불해無學不解 (배우지 않으면며 알 수 없다)
3) 무작불복無作不福 (짓지 않으면 얻을 게 없다)
4) 무수부증無修不證 (닦지 않으면 증득할 수 없다)

(Sa Suhaengron) Four ways of practice:
1) No faith, no response or return.
2) No learning, no intellectual power.
3) No work, no gain or fruit.
4) No cultivation, no realization of truth.

사수화두 염염불사 死守話頭 念念不捨 한순간도 화두를 놓지 않고 붙들고 있는 것. 그러나 최적의 명상방법에서 전형적인 장애가 너무 엄격하게 화두에 매달리는 것이라고도 한다. 이런 식으로 생각에 매달리게 되면, 생각에 묶이게 되어 (염박念縛) 바른 참선 수행에 방해가 된다는 것.

(Sasuhwadu Yeomyeombulsa) Not letting go off the hwadu for a single moment: This is what most of the Seon masters insist, but one typical deviation from the optimal way of meditating lies in clinging too rigidly to one's keyword. You will be fettered by the thought, which will prevent you from attaining enlightenment.

사승 四乘 네 가지 수행 방법으로, 승乘은 타고 싣는 수레를 뜻함. 따라서 사승四乘이란 중생을 수레에 태워 이상경理想境에 이르게 하는 가르침을 말함.

1) 견문전송 시소승見聞轉誦 是小乘 (보고 듣는 대로 옮기어 외우는 것은 소승小乘)
2) 오법해의 시중승悟法解義 是中乘 (법을 깨우쳐 뜻풀이 하는 것은 중승中乘)
3) 의법수행 시대승依法修行 是大乘 (법에 의지하여 수행하는 것은 대승大乘)
4) 만법진통 만법구비 일체불염 이제법상 일무소득 명최상승萬法盡通 萬法俱備 一切不染 離諸法相 一無所得 名最上乘 (만법을 다 사무치고 만법을 다 구비하여 일체 더럽혀지지 않으므로 모든 법의 모양들을 여의어서 하나라도 얻을 것 없음을 일컬어 최상승最上乘이라 함)

(Saseung) The four-vehicles or ways of practice:

1) To see, to hear, and to recite the sutra is the small vehicle.
2) To know the Dharma and to understand its meaning is the middle vehicle.
3) To put the Dharma into actual practice is the great vehicle.
4) To understand thoroughly all Dharmas, to absorb them completely, to be free from all attachments, to be above phenomena, and to be in possession of nothing, is the supreme vehicle.

사시 四施 수행자가 필요로 하는 네 가지 보시布施. 사사四事라고도 말함

1) 의복. 2) 음식. 3) 침구. 4) 약.

(Sasi) The four needy offerings to practitioners: 1) Clothing. 2) Food and drink. 3) Bedding or dwelling. 4) Medicine or herbs.

사시좌선 四時坐禪 하루에 때를 정하여 네 번 좌선하는 것. 새벽과 초저녁, 이른 아침과 오후.

(Sasi Jwaseon) The four scheduled time of meditation: At dusk and dawn, in the early morning, and in the afternoon.

사식시 四食時 네 가지食事 시간

1) 천식시天食時 (맑은 아침은 제천諸天의 식사시간)
2) 법식 시法食時 (오시午時, 곧 오전 11시부터 오후 1시까지는 삼세三世의 모든 부처님들의 식사시간)
3) 축생식시畜生食時 (날이 저물 때는 축생들의 식사시간)
4) 귀신식시鬼神食時 (어둡고 깊은 밤은 귀신들의 식사시간)

(Sasiksi) The four different meal times:

1) Heavenly meal time: Clear morning for all the heavenly gods.
2) Dharma meal time: From eleven o'clock in the morning till one o'clock in the afternoon for all the Buddhas in the three ages.
3) Meal time for animals: The dusk of the day for the beasts.
4) Meal time for the departed spirits: The dark of the deep night for the spiritual ghosts.

사신 捨身 목숨을 버리는 것. 또는 몸을 희생하여 불사佛事에 공양하는 것. 그런가 하면 자신의 육신肉身을 중생을 위해 바치는 것을 보시행위 중 가장 으뜸이라 한다.

(Sasin) Renunciation of the body: Either for the service of the Buddhist work, or for the sake of sentient beings, which is regarded the foremost sacrifice.

사신공양 捨身供養 깨달음을 위하여 손, 발, 몸의 살, 또는 전신全身을 불보살佛菩薩에 바치는 것.

(Sasin Gongyang) Offering of body: Offering a part or the entire body to the Buddha and Bodhisattvas for attainment of awakening, such as hand, foot, the flesh of the body, or the entire body.

사신족 四神足 네 가지 신통한 능력. 사여의족四如意足이라고도 말함.

1) 욕정여의족欲定如意足 (선정禪定을 닦으려 함에 있어 여의如意하다는 뜻)
2) 정근여의족精勤如意足 (정진精進이 하고자 하는 대로 여의如意하다는 뜻)
3) 염여의족念如意足 (일념一念으로 정적부동靜寂不動한 경지에 이르는 것)
4) 혜여의족慧如意足 (선정禪定에 의한 지혜智慧가 여의如意하다는 뜻)

(Sasinjok) The four bases of magical power: It is also called (Sayeouijok) Four supernatural powers or knowledges.

1) The first consists of the energy from the concentration of aspiration.
2) The second consists of the concentration of will power for exertion.
3) The third consists of the energy from the concentration of mind.
4) The fourth consists of the concentration of wisdom.

사심 捨心 허공처럼 비운 맑은 마음.

(Sasim) Emptying the mind like empty space.

사심사관 四尋思觀 사심사관四尋思觀은 제법諸法의 명名, 사事, 자성自性, 차별差別에 대하여 심사尋思, 즉 깊이 살피어 관찰觀察함을 뜻함.

1) 명심사관名尋思觀 (세간世間과 출세간出世間의 모든 중생, 축생, 사물은 모두 명칭이 있으나, 명칭은 가립假立, 즉 거짓으로 세운 것으로 사물의 본체와는 무관하다. 따라서 수행자는 유가무실有假無實, 즉 거짓으로 세운 것은 있으되 실체가 없는 명名, 즉 이름에 대해 응당 깊이 살피어 그것이 공空임을 깨달아 마음을 움직이지 않는다)
2) 사심사관事尋思觀 (사事는 작사作事의 뜻으로, 사물事物을 가리킨다. 그러나 이러한 사물은 모두 인연소생因緣所生이고 유식소현唯識所現이어서, 인연과 식識을 떠나서 존재할 수 없으며, 자성이 존재하지 않고 찰나에 멸함으로 당체當體가 곧 공空이며, 존재하는 것 같으나 실로 존재하지 않는다. 그러므로 보살은 허망하게 모양을 달리해 나타난 사물에 대하여 깊이 살피어 그 겉모습에 미혹되지 않는다)
3) 자성심사관自性尋思觀 (자성은 본래 무소유無所有, 즉 있는 것이 아니며 필경공畢竟空, 즉 궁극적인 견지에서 볼 때 공空이다. 오로지 허망한 분별만이 있을 뿐 실제로 존재하지 않는다. 따라서 수행자는 모든 존재의 자성이 허공과 같음을 깊이 살피어 허망한 집착을 여의는 것)
4) 차별심사관差別尋思觀 (차별심사관이란 이름과 사물의 갖가지 차별상差別相, 즉 크다 작다, 좋다 나쁘다, 있다 없다, 선이다 악이다 등을 말한다. 그러므로 보살은 수행할 때 모든 현상의 차별상에 대하여 깊이 살피어 모든 차별된 생각을 버려야 한다)

이렇듯 수행자가 사심사관四尋思觀을 통해서 얻는 지혜를 사여실지혜四如實知慧라 말한다. 여실如實이란 실성實性과 같다는 뜻이며 제법의 실상은 진여眞如이다. 그리고 사여실지四如實智를 얻음으로써 유식실성唯識實性, 즉 유식唯識의 참된 성품을 깨달을 수 있게 되니, 사관四觀과 사지四智는 유식唯識 사상을 이해하고 수행하는 기본 방편임을 알아야 한다.

(Sasim Sagwan) The four analytical inquiries and insights: Four correct insights into names or meanings; things or materials that originate from conditions; essence or self-nature; and differences of things or ideas.

1) Names: They are all tools and devices designed for conveniences and have no self entity or substance.
2) Things and all phenomena: They are all a collection of aggregates which have no self-entity, something that will cease to be when conditions dissolve.
3) Essence or self-nature: Even what is called self-nature has no self-entity. It is just a name. It is another name for emptiness. One should not be attached to any forms, ideas or names.
4) Differences: There are all kinds of differences--large and small, good or evil, existence or non-existence, etc., but they are all relative and not absolute. Hence one should not be obsessed with any idea of differences. That is the right view of Bodhisattva, and one should leave all wrong views of things and ideas behind.

Thus, the wisdom acquired through the four analytical inquiries and insight is called the four wisdoms of true-suchness, which are convenient ways to understand the doctrine of the true nature of the manifestations of the mind of the Consciousness-only School.

사십구(일)재 四十九(日)齋 사람이 죽은 지 49일 되는 날까지 7일마다 그들의 명복을 빌기 위해 지내는 재齋. 따라서 이를 칠칠재七七齋라고도 말함. 이 49일 동안을 중유(음)中有(陰)이라고 말하며, 49일 되는 마지막 날에 다음 생을 받을 인연因緣이 정해진다고 함.

(Sasipgujae) A forty-nine days of ceremony performed for the spirit of the dead for their better rebirth in the next life. It is believed that the spirit of the deceased remains in a kind of limbo for 49 days before a kind of rebirth is decided at the end of the period, and the ceremony is performed every seven days, whereas it is also called the "seven-seven day" (which equals 49 days of limbo) ceremony.

사십팔원 四十八願 무량수경無量壽經에 나오는 법장보살法藏菩薩이 일체 중생을 위해 정토淨土를 수렴하려는 48서원誓願. 분량 관계상, 한문 원전을 생략하고 10가지만 소개함.

1) 설사 제가 부처가 된다 할지라도, 그 나라에 지옥과 아귀와 축생이 아직 있다면, 저는 정각正覺을 취하지 않겠습니다.
2) 설사 제가 부처가 된다 할지라도, 그 나라의 인천人天 (사람과 천신 天神)들이 목숨이 다한 뒤에 다시 삼악도三惡道에 있게 된다면, 저는 정각을 취하지 않겠습니다.
3) 설사 제가 부처가 된다 할지라도, 나라 안에 인천人天이 정정취正定聚 (반드시 성불하기로 수기를 받음)에 머무르지 않고 또 멸도滅度에 이르지 못하는 사람이 있다면, 저는 정각을 취하지 않겠습니다.
4) 설사 제가 부처가 된다 할지라도, 광명에 한량限量이 있어서 밑으로 백 천억 나유타 제불국那由他 諸佛國을 다 비치지 못한다면, 저는 정각을 취하지 않겠습니다.
5) 설사 제가 부처가 된다 할지라도, 시방十方의 중생이 지극한 마음으로 믿고 즐겨하면서 서방정토西方淨土에 태어나기를 원하고 신념으로 수행을 하되, 아직도 이곳에 태어나지 못하는 사람이 있다면, 저는 정각을 취하지 않겠습니다.
6) 설사 제가 부처가 된다 할지라도, 나라 안의 인천人天으로서 불선不善의 이름을 듣는 자가 있다면, 저는 정각을 취하지 않겠습니다.
7) 설사 제가 부처가 된다 할지라도, 시방중생十方衆生이 저의 명호名號를 듣고 극락정토極樂淨土를 생각하면서, 여러 가지 공덕의 뿌리를 심어, 지심至心으로 회향하고 이곳에 태어나기를 원하지만, 그렇게 수행하지 못하는 사람이 있다면, 저는 정각을 취하지 않겠습니다.
8) 설사 제가 부처가 된다 할지라도, 나라 안의 보살들이 일체지一切智를 연설하지 못한다면, 저는 정각을 취하지 않겠습니다.
9) 설사 제가 부처가 된다 할지라도, 나라 안의 보살들이 지혜와 변재辯才에 아직 미치지 못한다면, 저는 정각을 취하지 않겠습니다.
10) 설사 제가 부처가 된다 할지라도, 다른 나라의 보살들이 제 이름을 듣고도 목숨이 다한 뒤 존귀한 집에 태어나지 못한다면, 저는 정각을 취하지 않겠습니다.

(Sasippalweon) The Forty-eight Great Vows: The vows made by the Bodhisattva Dharmakara, or the Earth Treasury King of Great Vow Bodhisattva to establish the Pure Land in the West for all living beings.

Only a selection of ten vows out of forty-eight are introduced:

1) Even if I were to attain Buddhahood, I would not achieve it so long as the realms of hell, asuras and animals remain to exist.
2) Even if I were to attain Buddhahood, I would not achieve it so long as human and heavenly beings are to be reborn in the three evil realms after their present lives.
3) Even if I were to attain Buddhahood, I would not achieve it so long as ones who have been predicted to attain enlightenment lose their illustrious status and fail to attain enlightenment.
4) Even if I were to attain Buddhahood, I would not achieve it so long as the power of illustrious doctrine is not sufficient enough to illuminate the billions of eons of Buddha Land in the lower regions of Nayutah.
5) Even if I were to attain Buddhahood, I would not achieve it so long as all the living beings in the ten directions are unable to be reborn in the Buddha Land in the West in spite of their wish to be born there with their devotion and strenuous practice.
6) Even if I were to attain Buddhahood, I would not achieve it so long as there are human and heavenly beings who are still called the doers of evil things.
7) Even if I were to attain Buddhahood, I would not achieve it so long as there are living beings in the ten directions who have heard of my name and wished to be born here by performing all kinds of good conduct, yet they are still not carrying out their practice.
8) Even if I were to attain Buddhahood, I would not achieve it so long as all the Bodhisattvas in the world are unable to achieve complete enlightenment.
9) Even if I were to attain Buddhahood, I would not achieve it so long as all the Bodhisattvas in the country are unable to achieve wisdom and eloquence to express their wisdom.
10) Even if I were to attain Buddhahood, I would not achieve it so long as all the Bodhisattvas in the other countries who have heard of

my name are unable to be reborn in the illustrious homes when their present lives come to an end.

사악도 四惡道 사악취四惡趣, 사취四趣라고도 말함. 악한 사람이 죽어서 가는 네 가지 고통스러운 길. 곧 지옥, 아귀, 축생, 아수라의 총칭.

(Sa-akdo) The four lower or evil ways or forms of existence--hell beings, hungry ghosts, animals, and titans or asuras.

사암연합회 寺庵聯合會 지역별 큰 사찰과 암자의 연합 협력 및 협의기구.

(Sa-am Yeonhaphoi) The Local Federation of Monastery and Hermitage.

사여실지 四如實智 수행자가 사심사관四尋思觀을 닦음으로써 얻어지는 지혜를 사여실지四如實智라 말한다. 여실如實이란 실성實性과 같다는 뜻이며 제법의 실상은 진여이다.

(Sayeosilji) The four wisdoms of true reality: This is the wisdom attainable through investigation of four doctrinal inquiries. *Cf. (Sasim Sagwan)* The four analytical inquiries and insights.

사여의족 四如意足 사신족四神足이라고도 말함. 삼십칠조도품三十七助道品의 세 번째로, 욕여의족欲如意足 (수승殊勝한 선정禪定을 얻고자 희구하는 힘), 정진여의족精進如意足 (진여여의족眞如如意足이라고도 말하며, 끊임없이 수승殊勝한 노력을 할 수 있는 힘), 심여의족心如意足 (선정禪定을 통해 얻고자 하는 힘), 사유여의족思惟如意足 (사유思惟, 곧 지혜를 통해 얻고자 하는 힘)을 말함.

(Sayeouijok) The four basis of magical power: The first consists of the energy from the conscious cultivation of concentration of will. The second consists of concentration effort. The third consists of the energy from the conscious cultivation of concentration of mind. The fourth consists of concentration of analysis. This is the fourth of the thirty-seven aids to enlightenment.

사연 四緣 물심物心의 온갖 현상이 생기는 것에 대하여 그 연緣을 넷으로 나눈 것.

1) 인연因緣 (인연은 스스로의 씨앗을 인因으로 하고, 또 인因을 연緣으로 하므로 인연이라 함)
2) 등무간연等無間緣 (오로지 마음과 심소心所에만 세운 연緣이니, 앞의 생각이 없어지면서 뒷생각을 끌어내는 것. 다시 말해 한순간 발생하여 순간 소멸함을 뜻하는 것으로, 등等은 유사성類似性을 무간無間은 연속성을 뜻함)

3) 소연연所緣緣 (마음이 작용하는 대경對境을 소연所緣이라 하고, 소연所緣은 마음에 대하여 연緣이 되어 활동을 일으키는 것)
4) 증상연增上緣 (다른 법法을 일으키는데 강한 힘이 되는 것을 뜻함. 그런데 거기에는 유력증상연有力增上緣과 무력증상연無力增上緣의 두 가지가 있다. 전자는 다른 법이 생기는데 힘을 주는 연緣. 후자는 다른 법이 생기는 것을 장애하지 않는 소극적인 연緣)

(Sayeon) The four types of cause or condition for the manifestation of all phenomena, inside and outside of our mind:

1) Cause and condition: Self inducing direct condition and indirect condition.
2) The stream of uninterrupted condition of thought: The necessity of the first moment of thought passing out of existence before the next moment of thought can occur in the mind, i.e., the disappearance of the first moment of thought serves as the cause for the appearance of the second moment of thought.
3) The causal factors of subsistence: The mutual conditions in the form of perception and perceived.
4) The predominant, or all conditions: The predominant conditions either as direct or non-hindrance.

사욕 四慾 사람의 네 가지 근본 욕망: 정욕情慾, 색욕色慾, 식욕食慾, 음욕淫慾. 그러나 욕계欲界와는 달리, 색계色界에는 정욕情欲과 색욕色慾, 무색계無色界에는 정욕情欲만이 있어, 삼계三界의 구별이 다름.

(Sayok) The four fundamental desires or passions: It varies according to the triple world, or the three worlds or spheres: The world of desires: Sensual desires, sexual desires, desires for food, and desires for lust. The world of form: Sensual desires, and sexual desires. The world of formlessness: Only sensual desires.

사위성 舍衛城 부처님 당시 기원정사祇園精舍가 있었던 중 인도에 있는 왕국.

(Sawiseong) Sravasti: The kingdom in Central India where Jeta Grove Monastery was in Sakyamuni Buddha's days.

사위의 四威儀 행주좌와行住坐臥, 곧 일상생활에 있어서의 온갖 자세와 동작으로, 여기에 지켜야할 제약을 계율로 정하고 있다.

(Sawiui) The four proper deportments, postures, or manners in everyday life: Walking, standing, sitting, and lying. The restrictions are prescribed by precepts.

사유 思惟 개념적 생각으로, 정사유正思惟 (팔성도八聖道의 하나)와 부정사유不正思惟 (팔사八邪의 하나)가 있다.

(Sayu) Conceptual mind or thinking: However, there could be two opposing aspects of "right concept" and "evil or unwholesome concept."

사유 四有 중생들이 윤회전생輪廻轉生하는 일기一期를 넷으로 나눈 것.

1) 생유生有 (생유는 금생에 모태母胎에 잉태하던 맨 처음의 몸)
2) 본유本有 (본유는 나서부터 죽을 때까지의 몸)
3) 사유死有 (사유는 금생의 맨 나중 몸. 그러니까 목숨이 끊어지는 한 순간)
4) 중유中有 (중유는 전생과 금생, 또는 금생과 내생의 중간에 있는 몸. 곧 후음後陰을 받지 못하고 중음中陰으로 있을 때)

(Sayu) The four modes or stages of existence: Four classifications of the transformational life of transmigration- birth, living, death, and intermediate existence after death and before rebirth in another world.

1) The state of conception in the womb of the mother.
2) The life from birth to death in the present life.
3) The last hour of life, or the moment of death.
4) The interim or intermediary dead spirit before incarnation into another mode of existence, a kind of suspended state for the final transformation.

사유분별 思惟分別 선가禪家에서 가장 금기시하는 일체의 사유와 분별심. 화두란 다름 아닌 이것을 타파하는 것.

(Sayubunbyeol) Thinking and discrimination: The objective of hwadu practice is to prevent or subvert all these.

사유수 思惟修 선禪 또는 선나禪那를 번역한 말. 마음을 한곳에 모아 움직이지 않도록 하고 조용히 사유하는 수행.

(Sayusu) An alternate name for dhyana or concentration of the mind and meditation.

사유위상 四有爲相 생주이멸生住異滅의 네 가지 상相을 말함.

(Sayuwisang) The four marks of existence: Birth, abiding, transmutation, and extinction.

사은 四恩 중생이 세상에서 받은 네 가지 은혜.
1) 부모. 2) 국왕. 3) 중생. 4) 삼보三寶.

(Sa-eun) The four great obligations: 1) Parents. 2) The King. 3) Sentient beings. 4) The Three Jewels (the Buddha, Dharma, and Sangha).

사의 四依 깨달음을 위한 네 가지 의지처依支處.
1) 의의불의어依義不依語 (가르침의 뜻에 의지하되 말이나 글을 따르지 말 것)
2) 의법불의인依法不依人 (가르침에 의지하되 가르치는 사람에 의지하지 말 것)
3) 의지불의식依智不依識 (지혜에 의지하되 생각에 의지하지 말 것)
4) 의요의경 불의불요의경依了義經 不依不了義經 (궁극적 진리에 의지하되 그릇된 가르침에 의지하지 말 것)

(Saui) The four reliances or resorts: To attain higher realization and enlightenment, Bodhisattva should rely on the following:
1) One should rely on the meaning, not on the letters or speeches.
2) One should rely on the Dharma, not on the person.
3) One should rely on the wisdom, not on the perception.
4) One should rely on the scriptures of ultimate truth, not on the scriptures of interpretative or incomplete truth.

사의 四依 출가한 스님이 지켜야 할 네 가지 몸가짐 1) 분소의糞掃衣 (세속 사람들이 버린 헌 옷을 주어다 빨아서 지은 가사袈裟를 입는 것) 2) 걸식乞食 (항상 밥을 빌어먹는 것) 3) 수하좌樹下座 (나무아래에서 조용히 앉아 수행하는 것) 4) 부란약腐爛藥 (소의 오줌이나 똥을 발효시킨 약만을 사용하는 것)

(Saui) The four rules for monastics: 1) Wearing cast-off garments. 2) Begging for food. 3) Practicing under a tree in quietude. 4) Applying only fermented medicine made from the excrement of animals.

사이상융 事理相融 색色 밖에 공空이 없으므로 온전히 색이 공이며, 공 밖에 색이 없으므로 온전히 공이 색이다. 색은 인연으로 생기는 법을 말하고, 공은 자성이 없는 진리를 말한다. 인연으로 생기는 법이기 때문에 자성이 없는 것이니, 색의 현상 그대로가 진공이며, 자성이 없기 때문에 인연을 따르는 것이니, 공의 진리가 그대로 색의 현상이다. 하나의 본체에 두 뜻이 있으므로 현상과 진리라는 이름이 있는 것이며, 두 뜻이 하나의 본체이므로 서로 통할 수 있는 것이다. 이보다 더 명쾌明快할 수 없다.

(Sa-i Sangyung) Interfusion of form and essence: No emptiness without form, no form without emptiness. Forms arise from conditions, and emptiness means the truth of interconnectivity of things. Thus, there are two names for one element, interfusing each other without hindrance.

사자 師資 스승과 제자의 관계로 사제師弟 또는 사도師徒라고도 말함.

(Saja) The relationship between the master and student.

사자전승 師資傳承 스승이 제자에게 법을 전하는 것을 말함.

(Sajajeonseung) Transmission of the Dharma from the master to the disciple.

사자좌 獅子座 부처님이 앉으시는 자리. 부처님을 위엄이 있는 사자에 비유한 것.

(Sajajwa) The (majestic, or magnificent) lion-throne, or the seat of honor for Buddha and enlightened ones.

사자후 獅子吼 위대한 부처님의 설법을 사자에 비유한 것.

(Sajafu) The lion's roar, referring to the incomparable, powerful discourse of the Buddha.

사장 事障 실제상의 막힘. 형체를 가지고 있는 것에 의한 막힘.

(Sajang) The obstruction by physical or tangible objets.

사장 四障 수행에 방해가 되는 네 가지 장애

1) 혹장惑障 (탐진치貪瞋癡 등의 번뇌가 부처님의 정도正道를 장애함)
2) 업장業障 (이것은 악업惡業을 말함이니, 신구의身口意의 삼업三業이 정도正道를 장애함)
3) 보장報障 (과보果報를 말함이니, 과거의 번뇌와 업에 의하여 받는 삼악도三惡道가 정도正道를 장애함)
4) 견장見障 (사견邪見을 말함이니, 불법을 듣지 못하고 사교邪教를 믿어 일어나는 잘못된 소견이 정도正道를 장애함)

(Sajang) The four obstructions to the practice of the true way:

1) Obstructions of three poisons: desire, anger, and ignorance.
2) Obstructions of three karmas: physical, verbal, and mental actions.
3) Obstructions of retribution of past evil acts.

4) Obstructions of a deluded view that does not follow the Buddha-dharma.

사적비 事積碑 일의 공적을 기리는 비.

(Sajeokbi) A monument of meritorious achievements.

사전도견 四顚倒見 상락아정常樂我淨에 대한 뒤바뀐 생각. 사도四倒 참조.

(Sajeondogyeon) The four upside-down or perverted views. *Cf. (Sado)* The four upside-down or perverted views.

사정 四定 두 가지가 있다. 색계色界의 사선정四禪定과, 유식종唯識宗의 가행위加行位. 후자의 경우, 선근善根의 체體인 명득정明得定 또는 난위暖位, 명증정明增定 또는 정위頂位, 인순정印順定 또는 忍位, 그리고 세제일위世第一位 또는 무간정無間定. 보다 자세한 설명은 위 각 항목 과 사선정四禪定 및 사가행위四加行位를 참조할 것.

(Sajeong) The fourfold mindfulness or meditation: There are two kinds. One is *(Saseonjeong)* Four levels of meditation in the realm of form, and the other is *(Sagahaengwi)* Samadhi of four progressive spiritual development, or *(Saseongeun)* Four wholesome roots. For further detail, see each individual entry.

사정근 四正勤 삼십칠조도품三十七助道品에 나와 있는 행법에 따른 네 가지 바른 노력. 정근正勤이란 선법善法을 더욱 자세히 하고 악법을 멀리 여의려고 부지런히 수행하는 것을 말함. 사정단四正斷, 사의단四意斷이라고도 말함. 부처님이 추천한 명상훈련 중의 하나. 발음이 같은 正勤, 精勤, 定根과 혼동하지 않도록.

1) 단단斷斷 (이미 생긴 나쁜 업業은 꾸준히 힘써 끊는다)
2) 율의단律儀斷 (아직 나지 않은 나쁜 업業은 생기지 않도록 한다)
3) 수호단隨護斷 (이미 생긴 착한 법法은 더욱 늘도록 열심히 닦는다)
4) 수단修斷 (아직 나지 않은 착한 법法은 꾸준히 힘써 나도록 한다)

(Sajeonggeun) The four right efforts: They are the meditation methods Sakyamuni Buddha recommended. The right effort of four kinds which are mentioned in a list of the thirty-seven aides to enlightenment. Be careful of homonyms of the term in Sino-Korean, because there are three of them: 正勤 (ceaseless effort), 精勤 (repetition of reciting the name of the Buddha), and 定根 (the root of meditation).

1) Right effort to expel the evil which is already present.

2) Right effort to prevent the arising of evil which has not yet arisen.
3) Right effort to maintain wholesome factors that have already arisen.
4) Right effort to induce the good which has not yet arisen.

사조용 四照用 임제종臨濟宗이 수행자를 지도하는 방편으로 세운 네 가지 방법. 조照는 상대방의 속을 비추어 들여다보는 것이고, 용用은 수행자의 역량과 태도에 맞추어 지도하는 것.

1) 선조후용先照後用 (이것은 먼저 비추어보고 뒤에 쓰는 것으로, 사람이 있는 것이며)
2) 선용후조先用後照 (이것은 먼저 쓰고 뒤에 비추어 보는 것으로, 법이 있는 것이며)
3) 조용동시照用同時 (이것은 비침과 쓰임이 동시에 있는 것으로, 밭을 가는 농부의 소를 빼앗고 주린 사람의 밥을 빼앗는 것이고)
4) 조용불동시照用不同時 (이것은 물음과 대답이 다같이 있는 것)

(Sajomyeong) The four methods of instruction to look into the mind of the practitioner to see his or her capability, and then applying the proper method to the student to attain enlightenment.

1) An illumination followed by function means there is a person.
2) The function followed by an illumination means there is Dharma.
3) The simultaneous illumination and function means stealing the cow of a farmer who is tilling the field, and stealing the food of a hungry man.
4) The separate illumination and function mean that there are both questions and answers.

사종무유 四種無有 사종四種의 없는 것을 있다고 내세움.

1) 모양이 없는데 모양을 내세움.
2) 소견所見이 없는데 소견을 내세움.
3) 인因이 없는데 인因을 내세움.
4) 성품性品이 없는데 성품을 내세움.

(Sajon Muyu) Four allegations of non-existence.

1) Allegation of form of non-existent form.
2) Allegation of an opinion of non-existent opinion.
3) Allegation of cause of non-existent cause.

4) Allegation of original self-nature of non-existent self-nature.

사종사문 四種沙門 출가한 수행인, 곧 스님을 네 가지 기준에 의해 분류한 것

1) 승도사문勝道沙門 (부처님이나 독각과 같이 스스로 능히 도를 깨닫는 수행자)
2) 시도사문示道沙門 (사리불과 같이 법을 설하며 도道를 보이는 수행자)
3) 명도사문命道沙門 (아난과 같이 계정혜戒定慧 삼학三學을 목숨으로 삼는 수행자)
4) 오도사문汚道沙門 (계戒를 파하고도 부끄러운 줄을 모르는 불도佛道를 더럽히는 수행자)

(Sajong Samun) The four types of ascetic monk:

1) A supreme ascetic practitioner who attains enlightenment without help of others like Sakyamuni Buddha and a solitary-sage Vehicle.
2) An ascetic practitioner who not only expounds the Dharma but also shows it to the people by his own conduct like Sariputra.
3) An ascetic practitioner who practices with strict observation of the Three-fold Learning, the precepts, meditation, and wisdom like Ananda.
4) An ascetic practitioner who breaks the law of precepts without shame and tarnishes the path of the Buddha.

사종사제 四種四諦 천태종天台宗에서 말하는 네 가지 사제四諦.

1) 생멸사제生滅四諦 (미迷의 인과와 오悟의 인과의 실체가 함께 있으며, 따라서 생멸이 있다고 보는 것)
2) 무생사제無生四諦 (고집도苦集道의 삼제三諦는 실체實體가 없어 그대로 공空한 것이며, 멸제滅諦는 본래 생멸이 없는 공적空寂한 것이므로 무생無生이라 함)
3) 무량사제無量四諦 (진여眞如가 무명의 훈습薰習을 받으니, 미오인과迷悟因果의 법을 한량없이 내는 것을 말함)
4) 무작사제無作四諦 (생사生死가 곧 열반이란 견지에서 보면, 고苦를 멸하는 동시에 멸滅을 증득함을 요하지 않으며, 또 번뇌가 곧 보리라는 견지에서 보면, 집集을 끊고 증과證果에 이를 도법道法을 닦을 필요가 없다. 이렇듯 단斷과 증證을 요하지 않으며, 또 증득證得할 증과證果도 없으므로 무작無作이라 함)

(Sajongsajye) The four kinds of the Four Noble Truths of the doctrine of the Tientai Sect:

1) The four noble truths of birth and death: When there are cause and effect of both delusion and enlightenment, there must be birth

and death.
2) The four noble truths of non-birth: As there are no substances in the suffering, craving, and the Way, there is no need of cessation of suffering which is originally void and serene.
3) Infinity of the four noble truths: As true-suchness is defiled by imprints of ignorance, the laws of delusion, enlightenment, and the cause and effect issue without end.
4) Non-doing of the four noble truths: If there is no difference between birth-death and Nirvana, no cessation of suffering is required, and if there is no difference between defilement and wisdom, no cessation of the origin of suffering is required.

사종삼매행 四種三昧行 행주좌와行住坐臥, 즉 일상생활의 모든 행위가 모두 선禪이 될 수 있다.

(Sajong Sammaehaeng) The four ways or modes of meditation practice: Walking, standing, sitting, or reclining. In principle, there is no difference among these meditation practices.

사종선 四種禪 선정禪定에 대하여 네 가지로 구별한 것.
1) 우부소행선愚夫所行禪(이승二乘과 외도外道가 인무아人無我를 알아, 苦 · 無常 · 不淨의 상相을 관하여 무상결정無想滅定에 이르는 것)
2) 관찰의선觀察義禪(인무아人無我와 법무아法無我 그리고 모든 법法이 자성自性이 없음을 관할뿐만 아니라, 그 밖의 다른 이치理致에 대한 통찰력이 점점 깊어지는 것)
3) 반연진여선攀緣眞如禪(인무아人無我와 법무아法無我란 단공但空에 떨어진 것임을 알아 여실한 중도中道의 경지에 들어 공空과 무無 그리고 허虛한 생각이 일어나지 않는 것)
4) 제여래선諸如來禪(불지佛地, 곧 깨달음의 경지에 들어가 진리의 기쁨을 얻어 모든 중생을 자비로 구제하고 부사의不思議한 작용을 일으키는 것)

(Sajongseon) The four kinds of meditation:
1) Two-vehicles and outside-way meditations: Meditation practiced by the followers of non-Buddhist doctrine and the Two-vehicles who attain the samadhi of extinction with the understanding of the doctrines of non-ego and the true natures of suffering, impermanence,

and impurity of things.

2) Insightful meditation: Meditation devoted to the examination of selflessness or non-substantiality of ego and Dharma in addition to the gradual increase of insight into the other principles.

3) True-suchness meditation: Meditation that attains the stage of the Middle Path where no thoughts of emptiness, nothingness, or voidness arise through true understanding of the delusive extreme views of clinging to non-ego and non-Dharma.

4) Diverse Tathagata meditations: All kinds of meditation practice to enter into the Buddha-land, or the stage of enlightenment and attain the joy of truth to demonstrate the mysterious functional power for the deliverance of sentient beings.

사종업보 四種業報 업業을 받는 시기에 따라 네 가지로 구분한 것.

1) 현보現報 (현세에서 지은 선악의 업보를 현세에서 받는 것)
2) 생보生報 (내세에 받을 과보果報)
3) 후보後報 (제 삼세三世 이후에 받을 과보果報)
4) 무보 無報 (무기업無記業과 같이, 선업과 악업의 조력助力이 없어서 과보를 받지 않는 것)

(Sajong Eopbo) The four types of karmic retribution according to the time:

1) Immediate retribution: Retribution for good and evil conducts in the present life.
2) Retribution of karma either good or bad in the next life.
3) Retribution of karma either good or bad after the next life.
4) Non-retribution of karma devoid of assisting power for either good nor bad.

사종연기 四種緣起 화엄종의 교리는 연기緣起를 주로 한다. 거기에는 네 가지가 있으니 보다 자세한 것은 각 항목을 참조할 것.

1) 업감연기業感緣起 (만물은 모두가 다 유정有情의 업을 인因으로하고, 그것을 느끼고 발생하는 것이라고 하는 설)
2) 아뢰야식연기阿賴耶識緣起 (아뢰야식에는 모든 법을 내는 종자가 있다. 그리고 여기에는 선천적으로 있는 본유本有 종자와, 현행하는 보든 법이 후천적으로

새로 훈부熏付한 종자가 있으며, 이 두 가지 종자가 화합하여 차츰 온갖 차별의 형상을 일으킴을 말함)

3) 여래장연기如來藏緣起 (진여연기라고도 말하며, 일미평등一味平等의 진여가 있어 시작도 없고 끝도 없으며, 증함도 없고 감함도 없는 실체가 되고, 염정染淨의 연緣에 따라 가지가지의 법을 생하는 것을 말함)

4) 법계연기法界緣起 (법계, 곧 우주만유를 일대연기로 보는 학설. 법계의 사물이 천차만별 하나, 피차 서로 인과관계를 가지고 있어 하나도 단독으로 존재하는 것이 없다는 화엄경의 교설인 동시에 불교의 우주관. 그러므로 만유를 모두 동일한 수평선 위에 두고 볼 때 중생과 부처, 번뇌와 보리, 생사와 열반과 같이 서로 대립하여 생각하던 것도 실제는 모두 동등한 것이라는 것)

(Sajong Yeongi) The four kinds of dependent arising: It is the theory of the Huayan Sect.

1) Dependent arising of karmic actions--verbal, mental, and physical: Abhidharmakosa claims that every phenomenon arises from karmic action, and these karmic actions result in inevitable retributions.

2) Dependent arising of the eighth consciousness: When karmic actions take place, they are stored or imprinted in the eighth consciousness in a kind of dormant state until they are aroused by the conditions of a similar kind and surface to the phenomenal world again.

3) Dependent arising of the Tathagatagarbha: In the ultimate sense, everything, pure and defiled, arises from the ultimate reality of the void according to the conditions. It is also called the absolute causative condition of true-suchness.

4) Dependent arising of the Dharma realm, the principle of causality of the universe: This is the fundamental tenet of the Flower Garland Sutra and the Buddhist view of the universe. The One in everything, and everything in the One. There is no difference between the Buddha and sentient beings, between defilement and enlightenment, and between birth-death and Nirvana.

사종열반 四種涅槃 특히 법상종法相宗에서 주장하는 네 가지 열반. 대승불교에 들어오면서 본래의 무여열반과 유여열반에 자성청정열반과 무주처열반이 더해져 네

가지가 되었다. 이들에 대한 보다 자세한 것은 별도 각 항목 참조
1) 무여열반無餘涅槃. 2) 유여열반有餘涅槃. 3) 자성청정열반自性淸淨涅槃. 4) 무주처열반無住處涅槃.

(Sajongyeolban) The four kinds of Nirvana: The doctrine of the Dharma Character School. For further details, see the following individual entry: 1) *(Muyeo Yeolban)* Nirvana with no residue. 2) *(Yuyeo Yeolban)* Nirvana with residue. 3) *(Jaseong Cheongjeong Yeolban)* Nirvana of immaculate self-nature. 4) *(Mujucheo Yeonban)* Nirvana of non-abiding.

사종염불 四種念佛 네 가지 염불念佛 방법.

1) 칭명염불稱名念佛 (일념一念으로 부처님의 명호名號를 부르는 염불)
2) 관상염불觀像念佛 (일념一念으로 부처님의 불상佛像을 관하면서 하는 염불)
3) 관상염불觀想念佛 (단정히 앉아 일념一念으로 부처님의 상호相好 또는 공덕을 관하면서 하는 염불)
4) 실상염불實相念佛 (자신과 일체 만유萬有의 진실한 자성인 법신을 관하면서 하는 염불)

(Sajong Yeombul) The four types of Buddha-chanting or invocation:
1) Chanting or invocation of the Buddha's name.
2) Chanting or invocation with the help of a Buddha statue.
3) Chanting or invocation of Buddha's name with the insight of his virtue and image.
4) Chanting or invocation with the insight of the true nature of self and reality of the universe.

사종왕생 四種往生 아미타불의 정토인 극락세계에 가서 날 때의 네 가지 모양.

1) 정념왕생正念往生 (죽음에 임하여 마음이 흔들리지 않고 바로 정토에 생각을 두어 아미타불의 마중을 받아 합장하고 죽음에 나아감을 말함)
2) 광란왕생狂亂往生 (십악十惡과 오역죄五逆罪를 범한 사람이 죽을 때에, 지옥의 맹렬한 불을 보고 마음이 어지러워 손으로 허공을 더듬고 몸에 땀을 흘리며 엎치락뒤치락하다가, 선지식의 가르침을 듣고 열 마디나 한 마디의 염불을 부름으로서 정토에 왕생하는 것)
3) 무기왕생無記往生 (평생에 신심을 발하여 아미타불의 구원을 받던 사람은, 임종 때에 무심 상태에 빠져 그대로 절명하더라도 반드시 극락세계에 왕생하게 되는 것)

4) 의념왕생意念往生 (임종시에 소리를 내어 염불하지 못하고, 마음으로만 부처님을 염송하여 왕생함)

(Sajong Wangsaeng) The four kinds of rebirth in the Pure Land of Utmost Bliss in the West:

1) The rebirth of one who is welcomed by Amitabha Buddha in the Land of Bliss without any disturbance.
2) The rebirth of one who is in great confusion and pain with perspiration when one sees the great fire in hell at one's deathbed due to one's ten evil deeds and the five deadly sins committed while one was in life. Even such an evil doer is able to be reborn in the Pure Land if he can manage ten or even a single chanting with the help of a good master.
3) The rebirth in the Land of Utmost Bliss of one who was protected by Amitabha Buddha while in life by one's great faith and devotion.
4) The rebirth of one who is only able to chant in mind without any sound.

사주지번뇌 四住地煩惱 줄여서 사주四住 또는 사주지四住地라고도 말함. 번뇌를 네 가지로 분류한 것. 첫째 것은 견혹見惑, 그리고 뒤의 셋은 사혹思惑

1) 견일체주지見一切住地 (욕계欲界의 모든 삿된 견해)
2) 욕애주지欲愛住地 (욕계欲界의 여러 가지 삿된 생각)
3) 색애주지色愛住地 (색계色界의 여러 가지 삿된 생각)
4) 유애주지有愛住地 (무색계無色界의 모든 삿된 생각)

(Sajujibeonnoi) The four classifications of the fundamental delusions, or misleading views and desires: The first is the delusion of percept, and the remaining three are the delusions of thought.

1) All delusions arising from seeing things as they seem, not as they really are.
2) All kinds of delusive thoughts in the realm of desire.
3) All kinds of delusive thoughts in the realm of form or the material world.
4) All kinds of delusive thoughts in the realm of formlessness.

사중은혜 四重恩惠 나라, 부모, 시주施主, 그리고 도반道伴 등에 입은 네 가지 큰 은혜.

(Sajungeunhye) The fourfold favors received from country, parents, alms-givers, and fellow practitioners.

사중죄 四重罪 네 가지 무거운 죄. 사중금四重禁이라고도 말하며, 이를 약하여 사중四重이라고도 말함. 1) 살생殺生. 2) 투도偸盜. 3) 사음邪淫. 4) 망어妄語.

(Sajungjoi) The four grave sins: 1) Killing. 2) Stealing. 3) Carnality. 4) Lying.

사지 四智 사제四諦의 도리를 체득한 지혜, 또는 불과佛果에 이르러 모든 부처가 갖추는 네 가지 지혜. 유식사지唯識四智 참조.

(Saji) The four types of wisdom: Four great wisdoms of the Four Noble Truth, or four great wisdoms of Buddha. *Cf. (Yusiksaji)* The four knowledges of the Consciousness-only School.

사진리론 四眞理論 한국불교대학 회주 無一 우학 스님의 십종수행론十種修行論.

1) 명상불여심상命相不如心相 (선천적 운명의 모습은 현재 마음속의 모습만 못하다)
2) 학식불여덕행學不如德行 (학문적 지식은 인격적 덕행만 못하다)
3) 신교불여각교神教不如覺教 (맹목적 신의 종교는 진리적 자각의 종교만 못하다)
4) 계행불여자비戒行不如慈悲 (건조한 계의 행위는 촉촉한 자비행만 못하다)

(Sa Jinliron) Theory of four truths:

1) The innate destiny is less important than the present life of our mind.
2) A virtuous personality is more important then academic knowledge.
3) A religion of enlightenment is better than the religion of blind faith.
4) A warm practice of compassion is better than dry observation of precepts.

사집 四集 우리나라 강원에서 이력履歷을 보기 전에 가르치는 네 가지 책: 대혜종고大慧宗杲의 서장書狀, 규봉종밀圭峰宗密의 도서都序, 고봉원묘高峰原妙의 선요禪要, 보조지눌普照智訥의 절요節要.

(Sajip) Four collections of texts: The texts required to study before taking the regular course in the Sutra School. They are the Collection

of Epistles by Dahui Zongao, An Introduction to the Origin of Ch'an by Guifen Zongmi, the Essence of Chan by Gaofeng Yuanmiao, and the Essence of Phrases by Venerable Bojo of Korea.

사집 四執 인도에서 외도外道들의 주장을 네 가지로 나눈 것.

1) 사인사과邪因邪果 (일체 만유는 모두 대자재천大自在天, 즉 브라만에 의해 생기는 것이니, 세상의 고락은 이 대자재천의 희노喜怒에 의한 것이라는 주장)
2) 무인유과無因有果 (만물이 생기는 근원은 알기 어려우니, 현상現像만이 역연歷然히 확실하다는 주장으로 상견常見을 뜻함)
3) 유인무과有因無果 (현세의 사실만이 진실하고 내세는 알기 어렵다는 단견斷見)
4) 무인무과無因無果 (착한 일과 악한 일 등은 현세現世에만 국한局限한 것으로 과거와 미래와는 아무런 관계가 없다는 단견斷見)

(Sajip) The four obsessions: The non-Buddhist philosophy of the followers of the outside ways in India.

1) Every phenomena and things in the universe is the work of Brahma. Hence every happening arises from his humor of joy and anger.
2) It is beyond our knowledge to know the secret of the origination of phenomena. Hence what we see and experience are the ultimate truth, a kind of eternalism.
3) It is beyond our knowledge to perceive our life after death, a kind of nihilistic annihilationism.
4) All the good and evil doings have nothing to do with the past and future, another kind of nihilistic annihilationism.

사집과 四集科 강원講院에서의 우리나라 승려 교육 제도 중의 제 2 단계. 이력履歷 참조.

(Sajipgwa) The second stage of the fourfold comprehensive course, or the intermediate course of the Sutra School in Korean Buddhism. *Cf.(Iryeok)* The academic course for the monastics.

사찰 寺刹 불상佛像을 모시고 불도佛道를 수행하는 곳.

(Sachal) The Buddhist temple where a Buddha image is enshrined for the dedication of service and worship, or the cultivation of mind to attain enlightenment.

사찰령 寺刹令 일제日帝 식민지 때 조선총독부에서 반포頒布한 사찰에 관한 법령.

(Sachalryeong) The temple ordinances issued by the Japanese Colonial Government during their occupation of the Korean peninsula.

사참 事懺 참회하는 두 가지 방법 중의 하나로, 예불과 송경誦經 등 몸으로써 허물을 고백하여 참회하는 것. 이참理懺 참조.

(Sacham) Repentance by means of prayer chanting or reciting the sutra, or by means of practices. *Cf. (Icham)* Repentance by realizing the principle of ultimate reality of emptiness.

사천왕 四天王 동서남북 사방을 수호하는 네 수호신. 좀 더 자세히 말하면:

1) 남쪽의 증장천왕增長天王은 푸른 용龍의 모습을 하고 있으며,
2) 무서운 모습을 한 흰색을 한 동쪽의 지국천왕持國天王은 검劒을,
3) 검은색을 한 북쪽의 다문천왕多聞天王은 비파琵琶를,
4) 붉은 색을 한 서쪽의 광목천왕廣目天王은 탑塔을 손에 들고 있다. 사천왕문四天王門 참조.

(Sacheonwang) The four maharajas, or the four fearful looking guardians of the heavenly king who guard the four quarters of heaven:

1) King Virudhaka, the guardian who gains power in the form of a blue dragon in the south.
2) King Dhrtarastra, the fearful aspect of the guardian of the country in white with a sword in his hand.
3) King Vaisravana, the guardian of much hearing in black with a lute in his hand.
4) King Virupaksa, the guardian with wide eyes in the west in red with a stupa in his hand. *Cf. (Sacheonwangmun)* The gate of the four heavenly guardians.

사취 四取 삼계三界의 허망한 상相에 집착하여 일어나는 번뇌를 네 가지로 나눈 것. 1) 욕취欲取 (탐하여 취하는 것) 2) 견취見取 (온갖 삿된 견해) 3) 계금취戒禁取 (금지된 계戒에 대하여 일어나는 그릇된 소견) 4) 아어취我語取 (구업口業에 의하여 생기는 번뇌)

(Sachwi) The four types of defilement arising from grasping: 1) Attachment to desire. 2) Attachment to deluded views. 3) Attachment to the deluded views for the forbidden ethics. 4) The defilements arising from karmic speech.

사판(승) 事判(僧) 조선조朝鮮朝 때 절의 운영 및 사무 등을 맡아보던 스님. 이판理判 참조.

(Sapan(seung)) Clerical monk: It is the term used during the Joseon Dynasty for the priest who performed clerical work at a temple. *Cf. (Ipan(seung)* An ascetic priest.

사할 四喝 네 가지 할喝. 임제선사臨濟禪師가 학인을 교화하기 위해 제시한 교설. 할喝하는 것에도 때와 장소, 그리고 학인의 근기에 따라 여러 가지 방편이 있음을 보여준 것.

1) 금강왕金剛王 보검의 할喝 (이것은 한 칼에 온갖 행각行脚과 알음알이를 끊어버리는 것이며)
2) 땅에 버티고 앉아있는 사자의 할喝 (이것은 말을 하거나 입김만 불어도 모든 마구니의 더리가 터지는 것이며)
3) 탐지하는 낚시 대의 풀 묶음이란 (상대방의 콧구멍이 있는가 또는 없는가를 탐지하는 것이며)
4) 또 한 가지 할喝은 (한 가지의 할喝로만 쓰이지 않고, 삼현三玄과 사빈주四賓主 같은 것들이 다 갖추어 있다는 것이다)

(Sahal) The four types of shout! or katz!: In the Linji School, there are four different expedient types of shout! or katz! for teaching the students according to the circumstances and their capability. *Cf. (Hal!)* Katz!

1) The shout of the King of Diamond means cessation of all kinds of thought and cleverness in the blow of a sword.
2) The shout of a lion lying on its belly means busting the heads of all devils at the moment when its mouth opens or even at the puff of its breath.
3) A batch of grass at the end of a fishing rod refers to trying to find out whether or not a man has a hole in his nose.
4) Another kind of shout is not simply a shout but all the methods combined in addition to the "three sublime teachings" and "the relationship of the teacher and student."

사해 四海 불교에서 말하는 수미산을 둘러싸고 있는 사방의 바다를 사해四海라고 함.

(Sahae) The four quarters of the sea: In Buddhism, it means the four quaters of the sea that surround Mount Sumeru.

사향사과 四向四果 성문聲聞과 연각緣覺이 수다원[預流]에서 시작하여 사다함[一來]과 아나함[不還]을 거쳐 아라한阿羅漢에 이르는 네 단계를 말함. 이때 향向은 출발점을 뜻하며, 과果는 도달점을 뜻함.

(Sahyang Sagwa) The four departures and arrivals or fruits: They are the four stages of Shravaka or the Sound-hearer, and Pratyekabuddha or the Solitary awakened one to attain their final goal of Arhat. The four stages are: the Stream-entrant, the Once-returner, the Never- returner, and Arhat.

사형 師兄 법형法兄과 같은 말. 법계法階상으로 형벌되는 도반道伴. 나이와 관계없이 자기보다 먼저 입산한 사람을 부르는 말.

(Sahyeong) The senior disciple among Seon priests: Lit. "teacher brother." One who entered monastic life before others. Age does not determine seniority, but time spent in the Sangha as a practitioner. *Cf. (Beophyeong)* The Dharma brother.

사혜 四慧 문聞, 사思, 수修 삼혜三慧에 생득혜生得慧를 더한 것.

(Sahye) The four wisdoms: An addition of the innate wisdom of the three wisdoms: Wisdom attained through seeing and listening to Buddha's teaching; wisdom attained through speculation or intellectual examination; wisdom attained through concentration or meditation.

사혹 四惑 혹惑은 번뇌의 다른 이름이니, 네 가지 번뇌, 곧 아치我痴, 아견我見, 아만我慢, 아애我愛를 말함. 사번뇌四煩惱 참조.

(Sahok) The four delusions: Self-delusion; view of self, or the erroneous belief that one is, or has; self-pride; and self-love. It is another name for *Sabeonnoi,* the four delusions.

사혹 思惑 수혹修惑이라고도 말함. 사물事物의 차별적 진상眞相을 알지 못해 일어나는 번뇌. 수혹修惑과 견혹見惑 참조.

(Sahok) A deluded thought: Defilement caused by the wrong view of things. It can be corrected by the cultivation of a right view of things. *Cf. (Suhok)* The latent delusion and *(Gyeonhok)* The deluded view.

사홍서원 四弘誓願 모든 보살이 다 함께 일으키는 원이므로 총원總願이라고도 말함. 제오장第五章 예불 순서 제22참조.

(Sahong Seoweon) The Four Great Vows, or the four all-embracing vows. *Cf. Ch.* V, The Orders of Prayer Chanting and Dharma Talk.

사환문 四患門 생로병사生老病死와 생주이멸生住異滅의 사고四苦와 같은 말.

(Sahwanmun) The four doors of grief: Another name for four sufferings: Birth, old age, sickness, and death.

삭발 削髮/낙발 落髮 머리를 깎는 출가出家 의식儀式. 불가佛家에서 머리는 무명無明을 상징한다.

(Sakbal/Nakbal) Tonsure, or shaving the hair: A part of the ordination ceremony of initiation into the Buddhist Order. In Buddhism, hair is regarded as "ignorance" or "wild grass."

삭발염의 削髮染衣 승려가 되기 위해 불문佛門에 들어가서 머리를 깎고 승복을 입는 것을 말함. 이때 염의染衣는 물들인 승복을 뜻함.

(Sakbal Yeomui) Tonsure and dyed Dharma robe: It is the formal ceremony of entering the Buddhist Order. You must shave your hair and wear a dyed Dharma robe to become a Buddhist monk.

산골 散骨 유골遺骨을 부수어 동서남북 사방으로 흩어 뿌리는 것을 말함. 일반인도 그렇게 할 수 있지만, 이것은 특히 불가佛家에서 행하는 여러 다비식茶毘式 중 가장 원시적이며 소박한 의식儀式이며, 또 이것은 덕숭산德崇山 수덕사修德寺의 전통 다비식이기도 함. 이것이 인생이라는 것을 알면 그것도 하나의 깨달음.

(Sangol) Dispersion of ashes: Dispersing the ashes to the four quarters in the air after the cremation, especially in the case of monks. If one truly realizes the meaning of this type of cremation, we may say that the person has already entered the gate of enlightenment.

산림욕 山林浴 울창한 산길을 거닐면서 신선한 공기로 심신心身을 단련하는 것.

(Sallimyok) The woodland bath, or a forest walk to invigorate both the mind and body.

산문 山門 산문에는 두 가지 뜻이 있다. 하나는 열반을 상징하는 본당에 이르는 삼문三門 (일주문一柱門, 사천왕문四天王門, 불이문不二門 또는 해탈문解脫門)을 의미하고, 다른 하나는 절 전체를 총칭하는 말. 그러나 경우에 따라서는 종파宗派를 뜻하는 경우도 있다.

(Sanmun) The gate of a temple: Lit. 'a mountain gate'. It usually has two meanings: The first is three temple gates (the one-pillar gate, the gate of heavenly guardians, and the enlightenment gate) which all lead to the Main Buddha Hall, the symbol of Nirvana, and the other is the entire temple itself. However sometimes it also means a Buddhist sect.

산사음악회 山寺音樂會 산중山中 사찰에서 행하는 음악회.

(Sansa Umakhoi) A mountain temple music festival or concert.

산승 山僧 산승에는 크게 세 가지 뜻이 있다. 첫째는 도시를 떠나 산간에서 사는 승려. 다음은 승려가 자기를 낮추어 일컫는 말, 그리고 마지막은 선승禪僧에 대한 대명사代名詞라고 말할 수 있다.

(Sanseung) A rustic monk: It literally means "a mountain monk," the formula of humility by which a Seon master refers to himself. It also refers to the Seon masters.

산시산혜수시수 山是山兮水是水 '산은 산이요, 물은 물이로다.' 성철스님의 법문으로 유명해진 이 말은 사실 성철스님이 처음 한 말은 아니다. 그것은 그렇고, 이 말의 참뜻은, 산을 보고 그냥 산이라고 보는 것은 범부의 관념과 집착이 만든 이미지로서의 산으로, 소승小乘과 설일체유부說一切有部의 단계. 그러나 깨친 사람이 볼 경우 그것은 진정한 산이 아님을 안다. 이것이 대승大乘의 경지로 산의 실체를 파악한 것이다.

다시 말해 이때 앞의 소승의 산과 물은 현상이고, 뒤의 산과 물은 우주의 본체인 불교에서 말하는 공空이다. 그러나 이러한 부정의 단계를 거치고 나면 다시 그것은 그저 산일뿐으로 분별심을 떠난 절대 긍정의 평범한 중도의 진리로 회귀한다. 이것이 무념無念의 선禪의 경지境地이다. 다시 말해 산은 다시 모든 관념을 떠난 진여실상眞如實相의 산이 되고 나무는 다시 나무가 된다. 무위無爲 참조.

(Snsisanhye Susisu) Mountain is mountain, water is water: What it means is that what sentient beings, the Small-vehicles and Salvastivadins or the Existence School see are the images of mountain and water created by their mind, that is, the projection of their mind, not true reality.

However, to the enlightened, they are just illusions and mirages, not true substance, which is called the Void or the Buddha-nature in Buddhist terms. This is the stage of the Mahayana, or the Great-vehicle. After realization of the truth, they see them just as they are, and return to the wisdom of the ordinary life of the Middle Way, free of discrimination, grasping, and delusions, which is the stage of mindfulness of dhyana or meditation. *Cf.* *(Muwi)* Non-doing.

산신 山神 산신령山神靈과 같은 말. 산을 맡아 수호하고 있다는 신령神靈.

(Sansin/Sansilyeong) The mountain god, or the guardian spirit of the mountain.

산중총회 山中總會 본산本山에 소속된 모든 스님들이 함께 참석하는 회의 및 의결기관.

(Sanjung Chonghoi) The general meeting of priests from all the temples under the jurisdiction of the Head Temple.

산하 山下 산 아래.

(Sanha) The foot of a mountain.

산행 山行 산길을 걷는 것.

(Sanhaeng) Forest hiking.

살불살조 殺佛殺祖 임제 선사臨濟 禪師의 말씀으로, 그 무엇에도 얽매이지 말며 자기 마음 밖에서 부처나 조사를 찾지 말라는 뜻.

(Salbulsaljo) Kill the Buddha and Patriarch on the spot: It is a stern warning not to be bound by anything even the Buddha and patriarch or find Buddha and Patriarch outside of our mind, the mindless mind.

살풀이 타고난 액운厄運을 미리 피하도록 한다하여 굿을 하는 것. 이것 역시 불교용어가 아니지만, 종교와 아주 무관하지 않아, 영어로 알아두면 편리하다.

(Salpuri) Exorcism, or driving out an evil spirit by a sharman to prevent misfortune.

삼가 三家 국가國家, 속가俗家, 그리고 불가佛家, 곧 불자佛子, 사찰, 그리고 스님.

(Samga) Three houses: The nation; the layman's house; and the Buddhist, or the Buddhist temple, or the Buddhist priest.

삼가귀감 三家龜鑑 휴정休靜 서산대사 지음. 유불도儒佛道 삼가三家의 귀감 龜鑑.

(Samgagwigam) The Mirrors of Three Houses: Confucianism, Buddhism, and Daoism. It is the work of the Great Priest Hyujeong (1520-1604).

삼각 三覺 깨침의 세 가지 모습. 대승기신론大乘起信論에서 다루고 있는 깨달음의 총칭.

1) 본각本覺 (사람의 마음은 본시부터 맑고 깨끗한 성품을 가지고 있다는 것)

2) 시각始覺 (불법을 듣고 무명에서 벗어나 깨달음을 얻게 된다는 것)

3) 구경각究竟覺 (궁극적인 무상정각無上正覺)

(Samgak) Threefold or three kinds of enlightenment of the Awakening of Mahayana Faith:

1) Primal awakening: The innate pure self-nature of all beings.

2) Inceptive awakening: Initiation of attaining enlightenment upon hearing the Buddha-dharma leaving defilement behind.

3) Ultimate awakening: Attaining Anuttara-samyak-sambodhi, or complete and unexcelled enlightenment.

삼강 三綱 절에서 대중을 통솔하여 규칙을 유지하는 세 직책. 그런가 하면 우리나라에서는 주지住持, 수승首僧, 서기書記를 말하기도 함.

1) 상좌上座 (비구 중에서 덕이 있는 스님)

2) 사주寺主 (전각殿閣과 불탑佛塔을 세우고 관리하는 사무를 맡은 스님)

3) 도유나都維那 (절의 규칙에 따라 일상생활의 모든 일을 지도하는 스님)

(Samgang) Three duties, posts, or offices at the temple for maintaining the rules as well as controling the monks.

1) The post of an elder held by a venerable priest at the temple.

2) The post of an abbot who directs the temple affairs.

3) The post of superintendent who is responsible for all household works at the monastery. But in Korea, the three duties also mean the abbot, the chief monk, and the clerk at the monastery.

삼강오륜 三綱五倫 유교의 도덕에 있어서 근본이 되는 세 가지 관계인 임금과 신하 君爲臣綱, 어버이와 자식 父爲子綱, 남편과 아내 夫爲婦綱과, 사람이 지켜야할 다섯 가지의 도리. 부자유친 父子有親, 군신유의 君臣有義, 부부유별 夫婦有別, 장유유서 長幼有序, 붕우유신 朋友有信.

(Samgang Oryun) The three bonds and five moral rules in human relation of Confucianism: The bonds of the king and the subject; father and son; husband and wife; the filial relation between father and son; the royal relation between the king and the subject. The distinction between husband and wife; the order between elder and young; and

the fidelity between friends.

삼거 三車 법화경法華經 비유품譬喩品에 나오는 세 가지 수레.
1) 양거羊車 (성문승聲聞乘) 2) 녹거鹿車 (연각승緣覺乘) 3) 백우거白牛車 (보살승菩薩乘)

(Samgeo) The three kinds of vehicles: 1) The goat-cart for the Disciple- vehicles. 2) The deer-cart for the Solitary-sage vehicles. 3) The white bullock-cart, or the Buddha-cart for Bodhisattvas.

삼겁/삼아승지 三劫/三阿僧祇 보살이 수행하는 데 필요한 시간, 또는 장엄겁莊嚴劫(과거), 현겁賢劫 (현재), 성숙겁星宿劫 (미래)의 삼겁三劫을 말함.

(Samgeop/Samaseungji) The three countless eons: The period required of a Bodhisattva to attain Buddhahood. It also means the three great eons of the three period of times or ages--the past, the present, and the future eons.

삼결 三結 예류과預流果를 증득한 사람이 끊는 세 종류의 번뇌. 견결見結, 계취결戒取結, 의결疑結.

(Samgyol) Three knots or fetters: Knots such as the knot of evil view; the knot of discipline and the knot of doubt. These are the knots that can be broken at the stage of the stream-entrant.

삼경초야 三更初夜 하룻밤을 다섯으로 나눈 셋째 부분. 곧 밤 11시부터 새벽 1시까지를 말함.

(Samgyeong Choya) Midnight, or the small hours from 11 o'clock in the late evening till 1 o'clock in the early morning: The third of the time of the night divided into five periods.

삼계 三界 삼유三有라고도 말하며, 사바세계娑婆世界, 곧 중생계衆生界를 구성하고 있는 세 가지 세계. 이 안에서 육도윤회六道輪廻가 일어난다. 그러나 삼계三界라는 것도 깨치고 보면, 하나의 방편이며 의식의 울타리와 마음의 조작에 지나지 않는다.

삼유三有는 아지랑이 같고 / 환幻, 꿈, 털 바퀴와 같으니 /
만일 이렇게 관찰한다면 / 구경究竟에 해탈을 얻으리라.

1) 욕계慾界 (욕망과 집착으로 가득한 세계)
2) 색계色界 (욕계와 같은 탐욕은 없으나 미묘한 형체가 남아있는 세계)
3) 무색계無色界 (욕망도 형체도 없는 순수한 정신세계)

(Samgye) The triple realm or world of cosmos, or the three planes

of the universe where eternal transmigration takes place, but when one truly awakens, they are nothing but speculations of the mind. "The triple world of cosmos / Is but an illusion, dream, and a wheel of hair. / If anyone can discern thus, / He will ultimately attain enlightenment."

1) The world of desires, or the world full of sensuous desires.
2) The form-world, or the world of material qualities devoid of sensuous desires.
3) The immaterial or formless spiritual world, where there are no bodies and matters to which human terms would apply, but where the mind dwells in mystic contemplation, the extent of which is indefinable.

삼계 三戒 부처님께서 정한 계율을 재가자在家者가 지킬 것과, 출가한자가 지킬 것, 그리고 재가자와 출가자가 다같이 지킬 것을 세 가지로 나눈 것

1) 재가자를 위한 십계十戒. 2) 출가자를 위한 구족계具足戒. 3) 재가자와 출가자가 다 같이 지켜야할 오계五戒와 취정계聚淨戒.

(Samgye) The three groups of precepts Sakyamuni Buddha prescribed for lay people, monastics, and for both monastics and lay people: 1) Ten precepts for lay people. 2) Full precepts for monastics. 3) Five precepts and extensive immaculate precepts for both lay people and monastics.

삼계구지 三界九地 중생이 생사의 바다에서 유전하는 미혹의 삼계三界, 곧 욕계欲界, 색계色界, 무색계無色界를 다시 구지九地로 나눈 것.

1) 오취잡거지五趣雜居地 (이는 욕계欲界, 곧 천天 · 인人, 아귀餓鬼, 축생畜生, 지옥地獄 등이 잡거雜居하는 욕계를 가리킴)
2) 이생희락지離生喜樂地 (색계色界의 초선천初禪天으로, 욕계의 악을 여의고 즐겁고 안락한 삶을 누리는 곳)
3) 정생희락지定生喜樂地 (색계色界의 이선천二禪天으로, 사바娑婆세계의 번뇌를 모두 여의고 삼매의 즐겁고 안락한 삶을 누리는 곳.
4) 이희묘락지離喜妙樂地 (색계色界의 삼선천三禪天을 말함. 이 하늘은 이선천二禪天의 기쁨을 모두 여의고, 마음을 거두어 수승하고 묘한 낙을 누리는 곳)
5) 사념청정지捨念淸淨地 (색계色界의 사선천四禪天을 말함. 앞의 즐거움을 여의고

청정 평등한 생각에 안주하는 곳)

6) 공무변처지空無邊處地 (무색계無色界의 제일천 一天으로, 색의 속박을 싫어하는 마음에 색상色想을 버리고 가이없는 허공을 반연하는 선정禪定을 닦는 곳)

7) 식무변처지識無邊處地 (무색계無色界의 제이천第二天으로, 공무변처지空無邊處地인 가없는 공空의 생각마저 뛰어넘어 식識의 무한함을 생각하며 선정禪定을 닦는 곳)

8) 무소유처지無所有處地 (무색계無色界의 제삼천第三天으로, 다시 한걸음 나아가 식상識想을 버리고 심무소유心無所有라고 관하는 선정禪定을 닦는 곳)

9) 비상비비상처지非想非非想處地 (무색계無色界의 제사천第四天. 이 하늘은 삼계三界의 가장 높은 곳에 있으므로 유정천有頂天이라고도 말함. 이 하늘에서 사는 사람은, 지상地上의 인간세계에서처럼 거친 생각이 없으므로, 비상非想 또는 비유상非有想이다. 그러나 미세한 생각마저 없지 않으므로, 비비상非非想 또는 비무상非無想이라 한다. 비유非有이므로, 외도外道들은 진열반처眞涅槃處라고 말하나, 불교에서는 비무상非無想이므로, 이것도 생사生死가 있는 곳이라 말한다)

(Samgyeguji) The three realms (desire, form, and formlessness) divided into nine levels of existence:

1) The realms of desire, or the realms of existence of hell beings, humans, animals, the six classes of gods, and asuras.
2) The first Dhyana Heaven of form, the sphere of joy and happiness beyond the world of desire, evil, and unwholesomeness.
3) The second Dhyana Heaven of form, the sphere of joy and happiness of samadhi or concentration beyond the mundane world of defilement.
4) The third Dhyana Heaven of form, the sphere of unsurpassed and subtle joy with the quietude of mind beyond the joy and happiness of the second dhyana heaven.
5) The fourth Dhyana Heaven of form, where one abides in the thoughts of equanimity and purity renouncing the joy and happiness of the previous spheres.
6) The first formless heavenly realm of infinite space, where one practices meditation to be free from the realms of form and perception.

7) The second formless heavenly realm of infinite consciousness, where one practices meditation relying on the perception of infinite consciousness to reach beyond the sphere of infinite space.
8) The third formless heavenly realm of non-possession, where one practices meditation and enters into a deep thought of nothingness.
9) The fourth formless heavenly realm of neither perception nor non-perception, which is also called the topmost heaven of the triple world. In this heavenly realm, the inhabitants are completely free from unwholesome thoughts of the mundane world. Yet it is not complete cessation of thought, whereby one is still subject to rebirth. In other words, it is not complete enlightenment and Nirvana. However, the followers of the outside doctrine regard it to be true enlightenment and Nirvana.

삼계도사 三界導師 중생이 나고 죽으면서 떠도는 미혹의 세계(욕계, 색계, 무색계)로부터 이끌어 불도佛道에 들게 해주는 스승, 즉 부처님.

(Samgyedosa) The teacher of the three realms of material qualities, sensuous desires, and formlessness: The teacher refers to the Buddha, who leads sentient beings who wander in the deluded world of birth and death to the Buddha-way or enlightenment.

삼계유식 三界唯識 삼계유심三界唯心 또는 삼계유일심三界唯一心과 같은 뜻.

(Samgyeyusik) It is another name for *Samgyeyusim,* which means that the triple world is only a manifestation of the mind or consciousness.

삼계유심 三界唯心 삼계는 모든 것이 마음뿐이라는 뜻. 곧 삼계三界가 모두 존재의 의식으로부터 일어나며, 의식을 떠난 객관적 대상은 없다는 뜻. 유식唯識, 유심唯心, 삼계유식三界唯識 참조.

(Samgyeyusim) The triple realm is only a manifestation of the mind or consciousness: The entirety of both the phenomenal and spiritual world is nothing else but the projection of the mind. No objective world could exist apart from the mind. *Cf. (Yusim)* Mind-only, *(Yusik)* Consciousness-only.

삼계일심 三界一心 삼계三界는 모두 마음에서 생긴 것으로 그 무엇도 마음 밖에 따로 없다는 뜻.

(Samgye Ilsim) The three realms are nothing but one mind: All things are the production of the mind.

삼계화택 三界火宅 삼계三界가 시끄러운 것을 불타는 집에 비유한 것, 곧 고뇌가 가득 찬 사바세계를 비유한 말.

(Samgye Hwataek) The burning house of the triple world: A metaphorical way of expressing the mundane world full of strife and suffering.

삼고 三苦 인간의 고苦를 세 가지로 나눈 것 1) 고고苦苦 (괴로운 조건에 의해 나타나는 고통) 2) 괴고壞苦 (즐거움의 파괴로 인해 나타나는 고통) 3) 행고行苦 (모든 것은 변하고 흘러간다는 무상함을 조건으로 한 고통)

(Samgo) The three kinds of duhkha, pain, or suffering: 1) The suffering of suffering, or suffering arising from direct or mischievous conditions. 2) The suffering arising from disintegration of joy. 3) The suffering arising from impermanence and transmutation.

삼공 三空 법상종法相宗에서 세운 교리로 삼성三性에 대한 공空을 말함.
1) 아공我空 (나의 공성空性) 2) 법공法空 (사물의 무자성無自性, 곧 사물의 공성空性) 3) 공공空空 또는 필경공畢竟空 (일체의 궁극적 공空)

(Samgong) The threefold sunyata or emptiness: 1) Non-self, selflessness, or non-substantiality of the self. 2) Non-dharma, or non-substantiality of all matters. 3) Non-emptiness, the ultimate voidness, cr the voidness of void.

삼과 三果 소승小乘의 사과四果 가운데 제 삼과三果인 불환과不還果를 말함.

(Samgwa) The third of the Theravada's four fruits or results, i.e., non-return, or no more return to mortality.

삼과 三過 신身 · 구口 · 의意로 짓는 여러 가지 과오過誤, 곧 허물이란 뜻.

(Samgwa) The three transgressions of body, mouth or speech, and mind.

삼관 三觀 법계法界를 보는 화엄종華嚴宗의 세 가지 관법.

1) 진공眞空 ('진공'이란 텅 빈 아무 것도 없는 단멸공斷滅空이 아니다. 공의 모습이 없으므로 억지로 진공이라 하며, 색色을 떠난 공空이 아니므로 존재 그 자체로 공空일 뿐이다)
2) 이사무애理事無礙 (진리[理]와 현상[事]이 서로 걸림이 없다 함은, 진리는

그 모습이 없지만, 형상 가운데 온전히 있으면서 이와 서로 다투지 않기 때문에 걸림이 없다)

3) 주변함용周遍含容 (서로 두루 받아들이는 것[攝受]이 주변함용이다. 또한 진리인 공空이 현상을 융합하는 까닭에 온전히 현상이 진리와 다르지 않다)

(Samgwan) Three sublime insights of Dharma of the Flower Garland School:

1) The ultimate void: The void does not mean a blank emptiness. It is called void because it can neither be seen nor be named. No emptiness could exist outside of form or matter. Emptiness exists as both void and matter, the One in two, and two in the One.

2) No hindrance between reality and form: It is so viewed because voidness has no form yet it abides in form and matter without hindrance.

3) All-embracing void: As voidness embraces form and matter, everything is merged into a seamless whole--the ultimate truth of all phenomena as they are.

삼관 三關 불도佛道를 깨닫는 세 가지 관문關門. 곧 법문法門을 따라 말한 것. 선지식善知識의 이 세 가지 질문을 통과해야 인가印可를 받는다.

(Samgwan) The three barriers: The three stages of cultivation to attain enlightenment. You must pass these three questions to attain the approval of your stage of development.

삼교 三敎 부처님의 삼시교三時教의 약칭, 또는 동양의 삼대 사상인 유교, 불교, 도교道教를 말하기도 함. 그런데 삼교의 특성에 대해 재미있는 해설이 있으니, 이는 '불교는 마음을 다스리고, 도교는 몸을 다스리며, 유교는 세상을 다스린다'는 말.

(Samgyo) Buddha's three periods of teaching; or the three major Eastern philosophies: Confucianism, Buddhism, and Daoism. There is an interesting interpretation of these three philosophies: "Cultivation of the mind by Buddhism, cultivation of the body by Daoism, and management of a country with Confucianism."

삼교성인 三敎聖人 불교의 석가여래釋迦如來와 도교道教의 노자老子 그리고 유교儒教의 공자孔子를 가리킴.

(Samgyo Seongin) The saints of three religious beliefs: Sakyamuni

Buddha of Buddhism, Lao Zi of Daoism, and Confucius of Confucianism.

삼구자 三句字 임제종지臨濟宗旨의 삼구三句를 말하는 것으로, 제 일구一句는 몸이 죽고 목숨이 끊어지는 것이고, 제 이구二句는 입을 열기도 전에 그르친 것이고, 제 삼구三句는 똥 쓰레받기와 빗자루와 같다는 것으로 몽둥이감이라는 뜻. 어려운 말이며, 여기에 등장하는 것이 임제할臨濟喝과 덕산봉德山棒이다. 서산대사西山大師의 선가귀감禪家龜鑑 제 79장을 참조할 것.

(Samguja) Three phrases: It is one of the famous doctrines of the Linji School. The first or primary phrase is a direct expression of mind beyond words and expression where lies the life and death of Seon meditation.

The second phrase is a mistake already committed even before opening the mouth, which means no truth can be put into words and phrases.

The third phrase is a poop dustpan and a broom, not worth mentioning. It deserves thirty blows of Master Deshan's rod. *Cf.* The Chapter 79 of *(Seon-ga Gwigam)* The Mirror of Seon by the Great Master Seosan.

삼국유사 三國遺事 신라, 고구려 그리고 백제 삼국의 유사遺事를 모아 고려 일연一然스님 (1206-1289)이 지은 책.

(Samgukyusa) Reminiscence of Three Kingdoms: Silla, Goguryeo, and Baekje by the Venerable Priest Ilyeon (1206-1289).

삼궤홍경 三軌弘經 말세末世에 묘경妙經, 곧 부처님의 묘한 말씀을 널리 펼치는 세 가지 법칙. 이때 홍弘은 홍법弘法, 그리고 궤軌는 궤도軌道, 곧 원칙을 말함.

1) 자비실慈悲室 (법을 널리 펴는 사람이 먼저 큰 자비심에 머물러야 한다는 것)
2) 인욕의忍辱衣 (법을 널리 펴는 사람이 마땅히 인욕의 옷을 입고 일체 중생의 장애障碍를 감내하는 것)
3) 법공좌法空座 (법을 널리 펴는 사람이 마땅히 제일의공第一義空, 곧 승의공勝義空의 이치에 안주하는 것을 말함)

(Samguye Honggyeong) The three principles of propagating sutra at the time of the decline of the illustrious doctrine:

1) One who spreads the marvelous Dharma should abide in compassion first.
2) One who spreads the marvelous Dharma should wear the robe of

tolerance and embrace or accommodate the obstructions of all living beings.

3) One who disseminates the marvelous Dharma should abide in the primal or ultimate teaching of the emptiness of things.

삼귀오계 三歸五戒 재가불자가 받아야 하는 필수적 조건으로, 먼저 삼보三寶에 귀의하고 오계五戒를 받는 것.

(Samgwiogye) The three refuges and five basic precepts: The basic requirements for laity.

삼귀의 三歸依 삼보三寶에 돌아가 의지함, 곧 부처님과 부처님의 가르침, 그리고 승가僧家에 귀의함을 말함. 귀의歸依라 함은 경배하고 의지한다는 뜻. 69 쪽 제5장第五章 예불순서 제23 참조.

(Samgwiui) The threefold refuges, or the threefold guidance: Taking refuge in the Three Jewels--the Buddha, the Dharma, and the Sangha. *Cf.* P. 69, *Ch.* V., the Order of Prayer Chanting, No. 23.

삼근 三根 탐진치貪瞋痴의 삼독三毒을 말함.

(Samgeun) The three (evil) roots: Another name for the three poisons, namely greed, anger, and ignorance.

삼난 三難 삼악도三惡道의 고난苦難에 대한 준말.

(Samnan) The three hardships, or sufferings in the thee lower paths of transmigration, i.e., the three evil paths or realms of existence.

삼념처 三念處 신역新譯에서는 주住라 번역하며, 칭찬과 헐뜯는 것에 동요함이 없는 부처님의 평정平靜을 세 가지로 나눈 것.

1) 초념처初念住 (중생이 기쁜 마음으로 설법을 들어도 환희심歡喜心을 내지 아니하고 마음이 평정함)

2) 이념처二念處 (중생이 한결같이 귀를 기울여 듣지 않아도 걱정하지 않고 마음이 태연함.

3) 삼념처三念處 (한 쪽에서는 기쁜 마음으로 열심히 듣고, 다른 쪽에서는 전혀 듣지 아니함을 보고도, 근심하고 기뻐하는 마음을 일으키지 않고 마음이 평정함)

(Samnyeomcheo) The three abodes, foci, or foundations of equanimity or mindfulness of Tathagata:

1) Equanimity to the happiness of the audience to his discourse.

2) Equanimity to the inattentive and heedlessness of the audience to

his discourse.

3) Equanimity to both attentive and unattentive audiences to his discourse. Although full of pity, his far-seeing wisdom keeps him above the disturbances of joy and sorrow.

삼능변식 三能變識 유식종唯識宗의 교설教說. 식識은 전변轉變하여 모든 존재를 낳게 하며, 또 그 모습을 바꾸어 마음속에 주관 [見分]과 객관[相分]을 나타내어 인식작용을 하는 주체이기에 능변이라 하고, 이것을 그 작용의 특성에 따라 이숙異熟 또는 제일능변第一能變인 제팔第八 아뢰야식阿賴耶識; 사량思量 또는 제이능변第二能變인 제칠第七 말나식末那識; 요별경了別境 또는 제삼능변第三能變인 제육第六 요별경식了別境識의 셋으로 나눈다.

(Samneung Byeonsik) The three transforming consciousnesses: As the master or lord of birth and destruction and transforming things, consciousness is able to transform itself into subject and object parts of its function, and is classified into three categories: the storehouse consciousness, or the eighth consciousness; the capacity of the discriminating mind, or the seventh consciousness, and the discerning mind, or the sixth consciousness.

삼단 三斷 삼소단三所斷이라고도 말함. 수행을 통해 번뇌를 끊는데 있어서의 세 가지 단계.

1) 견소단見所斷 (견도見道에서 끊는 것으로, 대승大乘에서는 삿된 스승과 삿된 가르침, 그리고 삿된 생각으로 일어나는 후천적 번뇌장煩惱障과 소지장所知障을 말함)
2) 수소단修所斷 (수도修道에서 끊는 것으로, 대승大乘에서는 본능적으로 자연히 일어나는 번뇌장煩惱障과 소지장所知障을 말함)
3) 비소단非所斷 (견도見道와 수도修道에서 끊어지지 않은 유위有爲와 무위無爲에 통한 무루법無漏法을 말함)

(Samdan) The three stages of cultivation to cut off beguiling delusions or defilements:

1) Cutting off defilements at the stage of awakening, such as beholding the evil master and his teaching, the postnatal obstacles of passions and knowledge.
2) Cutting off defilements at the stage of cultivating the truth, those

involuntary passions and knowledge in the Mahayana.

3) There are no defilements left to cut off; those defilements that existed were cut off at the stages of awakening and cultivation. It is the stage of undefiled by overcoming both the conditioned and unconditioned.

삼대 三大 체대體大, 상대相大, 용대用大, 즉 만유萬有의 본체[體]와 속성[相] 그리고 그 작용[用]을 말함. 다시 말해 체대體大란 모든 현상의 본체, 즉 진여본성眞如本性의 자리를 말하며, 상대相大란 그러한 진여본성이 갖추고 있는 속성屬性, 곧 지혜와 자비 등의 무량공덕을 말하며, 용대用大란 그러한 속성이 실제 나타나 작용하는 자리리타自利利他와 자비광명慈悲光明을 말한 다. 이때 대大란 절대絶大, 즉 움직일 수 없는 진리를 말함.

(Samdae) The three great fundamentals: They are the essence or substance, mark or characteristic of true-suchness, and its function. The essence means everlasting true-suchness of Dharma, and mark or characteristic of true-suchness, and function means potentiality of true-suchness and manifestation of characteristic, which leads to the perfection of self for perfecting others and the illumination of Buddha's great compassion.

삼덕 三德 세 가지 덕목德目. 이 세 덕목德目은, 이자삼점伊字三點 (∴)처럼, 동체同體가 되어야 완벽한 열반을 이룬다고 함. 이자삼점伊字三點 참조.

1) 법신덕法身德 (만일 법신이 없다면, 괴로움의 과보가 다하지 않을 것인 즉, 어찌 열반을 이룰 것이며)
2) 반야덕般若德 (만일 반야가 없다면, 어두움과 미혹이 제거되지 않을 것인 즉, 어찌 열반을 얻을 것이며)
3) 해탈덕解脫德 (만일 해탈이 없다면, 업의 얽매임을 면할 수 없을 것인 즉, 그것은 열반이 아니다)

(Samdeok) The three virtues or integrities: Three interdependent virtues of Buddhists to attain complete enlightenment and Nirvana, just as it is with the triangular dots of the Dharma-body, prajna, and enlightenment. *Cf. (Ijasamjeom)* Triangular dots.

1) The virtue or quality of Buddha's eternal or spiritual body.
2) The virtue of wisdom, knowing all things in their reality.

3) The virtue of sovereign liberty, or enlightenment.

삼도 三道 중생, 곧 유정有情이 미혹과 생사의 삶을 끝없이 계속해 나가는 세 가지 모양 또는 그 세계.

1) 혹도惑道 (진리와 현상의 세계에 있어서의 미혹된 마음으로 인한 번뇌)
2) 업도業道 (그 번뇌에서 일어나는 신구의身口意의 업業을 짓는 것)
3) 고도苦道 (혹惑 · 업業을 인因으로 하여 삼계 육도三界 六道의 고과苦果를 말함)

(Samdo) The three modes or realms of endless suffering of sentient beings:

1) Defilement arising from deluded mind.
2) The karmic acts of body, speech, and mind arising from defilement.
3) Suffering of six modes of life in the triple spheres of desire, form, and formlessness caused by a deluded mind and karmic actions.

삼도 三道 성문聲聞이나 보살菩薩이 수행하는 과정의 세 단계.

1) 견도見道 (온갖 지적知的 미혹에서 벗어나 사제四諦를 관찰하는 단계)
2) 수도修道 (온갖 정情과 의意적 번뇌와 속박에서 벗어나려는 수행의 무분별지無分別智 단계)
3) 무학도無學道 (수행을 완성하여 더 이상 배울 것이 없는 단계)

(Samdo) The three paths or stages of Shravakayana, or the Sound-hearer and Bodhisattva to attain enlightenment:

1) Insight into the truth: The first stage of right perception to be free from all kinds of illusion.
2) Cultivation of the right path: The second stage of cultivation of non-discrimination to be free from the entanglements of affection and conception.
3) Consummation of cultivation: The third and final stage of Asaiksa or no-more-learning, or complete enlightenment.

삼독 三毒 삼근三根이라고도 말함. 온갖 고통과 번뇌의 근원인 탐진치貪瞋癡, 곧 탐욕, 성냄, 그리고 무지. 삼독이 얼마나 무서운가 보자. '성품 가운데 삿된 지견知見의 삼독이 일어나면 곧 마왕魔王이 들어와 사는 것이요, 올바른 지견智見을 두어 삼독심三毒心을 스스로 떨치면 마구니가 변하여 부처가 되느니라.'

(Samdok) Three (evil) roots: The three poisons or "fires," the three basic passions or defilements that cause dukkha, or the sufferings

of the world: Desire, craving or greed; anger or hatred; and ignorance or folly. Let us see how these three poisonous elements are pernicious: "When our nature is dominated by the three poisonous elements, we are said to be possessed by Mara; but when the wisdom of insight and reason eliminates from our mind these poisonous elements, Mara will be transformed into a real Buddha."

삼라만상 森羅萬象 우주의 모든 사물과 온갖 현상 또는 온갖 것.

(Smnamansang) All creation, things, and phenomena under the sun.

삼락 三樂 세 가지 위없는 즐거움.

1) 천락天樂 (열 가지 선업을 닦은 사람이 천상에 태어나 갖가지 수승한 즐거움을 받는 것)
2) 선락禪樂 (수행하는 사람이 모든 선정禪定에 들 것)
3) 열반락涅槃樂 (모든 혹惑을 끊고 열반을 증득하면 생·멸·고·락이 모두 사라지므로 이것이 구경락究竟樂이다)

(Samrak) The three pleasures: Classification of pleasure in Buddhism, viz., the joy of being born a heavenly being, the joy of meditation, and the joy of Nirvana.

1) The pleasure of heaven: The pleasure that is enjoyed in heaven where one can be born as a result of the ten good deeds.
2) The pleasure of meditation: The pleasure that is enjoyed in the four stages of meditation.
3) The pleasure of Nirvana: Where one is not bound to the wheel of birth and death, and enjoys eternal peace.

삼륜 三輪 삼륜에는 다음과 같은 여러 가지 뜻이 있다.

1) 풍륜風輪, 수륜水輪, 금륜金輪 또는 지륜地輪의 셋. 수미산설에 의거한 물질적 세계, 곧 기세간器世間의 기반을 구성하고 있는 부분. 풍륜은 맨 아래에, 금륜은 맨 위에 있고, 이 사이에 현실의 세계가 구조되어 있다고 함.
2) 무상륜無常輪, 부정륜不淨輪, 고륜苦輪의 세 가지. 이 세상은 무상, 부정, 그리고 고 苦로 가득 차 있어, 이 셋이 바퀴가 구르듯 한량없이 계속하고 있음을 말함.
3) 부처님의 거룩한 교화의 작용을 신구의身口意의 셋으로 나누어, 이것을 전륜성왕의 륜보輪寶에 비유해서 륜輪이라 함. 이 삼륜을 또 삼시도三示導, 삼종시도三種示導, 또는 삼시현三示現이라고도 말함.

4) 이는 또 삼법륜三法輪을 말하기도 함. 삼법륜 참조.
5) 보시를 행할 때, 공관空觀에 머물러 시자施者와 수자受者 그리고 시물施物의 세 가지에 집착하지 않는 것을 삼륜체공三輪體空, 사륜청정三輪淸淨, 또는 삼사개공三事皆空이라고 말하며, 주로 반야심경에 설해져 있다.

(Samryun) The three wheels: There are many meanings to this Buddhist term as following:

1) Based on the story of Mount Sumeru, there are threefold wheels of the material world: Wind, the water, and the gold or the earth. Of these three realms of wheel, the wind wheel is situated at the lowest part of Mount Sumeru, and the golden wheel at the summit of the Mount. In between these two realms of wheels are the actual world.
2) The threefold wheel of impermanence, impurity, and suffering: The mundane world is full of these negative elements, and revolves without end like the wheels of a cart.
3) The threefold wheel also symbolizes the noble teaching methods of body, speech, and mind of the Buddha, comparable to the priceless wheels of Cakravartin or the Wheel-turning Monarch. Alternate names are the threefold leading indicator and the threefold manifesting indicator.
4) It also symbolizes the threefold turnings of the wheel of the illustrious Dharma: The turning of the wheel of the Four Noble Truths, the turning of the wheel of no character, and the turning of the wheel of good differentiation.
5) Lastly, non-attachment to the threefold wheel of benefactor, recipient, and offerings, namely the emptiness of three wheels of substance, the three wheels of purity, or the emptiness of all three marked factors, or twelve sense-inputs, which is expounded in the Heart Sutra.

삼륜청정 三輪淸淨 삼륜공적三輪空寂이라고 말하며, 보시할 때에 보시하는 사람, 보시받는 사람, 그리고 보시하는 물건 셋이 모두 청정해야함을 말함.

(Samryun Cheongjeong) The threefold wheel of purity: The purity of the giver, the receiver, and the offerings.

삼륜체공 三輪體空 시공施空, 수공受空, 시물공施物空을 말함. 다시 말해 주는 사람, 받는 사람 그리고 주는 물건이 모두 그 본체가 없다는 뜻. 무주상보시無住相布施 참조.

(Samnyun Chegong) The threefold wheel of emptiness of essence: There are no ultimate substantialities in the giver, the receiver, and the offerings. *Cf. (Mujusangbos)* Non-abiding charity.

삼마 三魔 세 가지 마구니. 그러나 마구니라는 것은 모두 마음이 만들어 낸 것. 1) 번뇌마煩惱魔 (번뇌가 곧 마구니) 2) 오온마五蘊魔 (오온이 곧 마구니) 3) 천마天魔 (욕계의 쾌락이 곧 마구니. 천마를 자재천自在天이라고도 말함)

(Samma) The three maras or demons: But they are all creations of the mind. 1) The mara of defilement. 2) The mara of five skandhas or aggregates. 3) The mara of the heavenly realm of desire.

삼마디 三摩地 범어 samadhi의 음역. 삼마三摩라고 줄여 말하는가 하면, 삼마三磨라고 음역하기도 함. 정定이라 번역하며, 마음을 한 곳에 모아 산란하지 않게 하는 정신 작용. 사마타奢摩他와 삼매三昧 참조.

(Samadi) Phonetic transliteration of samadhi, or concentration of the mind on a particular object for attaining enlightenment. *Cf. (Sammae)* Samadhi and Samatha.

삼매(지) 三昧(地) 범어 samadhi의 음역으로, 삼마지三摩地, 삼마제三摩提, 또는 삼마제三摩帝라고도 음역하고, 정定, 지止, 선정禪定, 정정正定, 정의定意, 등지等持, 정심행처正心行處라 번역. 다시 말해 산란한 마음을 오직 한 곳에 집중하여 망념에서 벗어나는 것으로, 선정禪定을 말함. 이 때 중요한 것은 일체 모든 사량분별思量分別을 완전히 여의는 것. 그러면 사지四肢가 빠져나는 동시에 삼매에 들어 성성猩猩한 자성自性을 보게 되는 동시에 우주, 곧 진여법계眞如法界와 하나가 되는 것이니, 이것이 곧 일심一心이며, 여여부동如如不動, 깨침 또는 열반이라고도 말함. 이것이 곧 일심一心이며, 여여부동如如不動, 깨침 또는 열반이라고도 말함. 이를 굳이 좀 더 쉽게 이야기 하면, 삼매는 선정 禪定에서 한 단계 더 들어간 것이라 말할 수 있다. 정定 참조.

말은 그럴듯한데, 실제 요령은? 여기에서 잘못하면 지도자와 수행자 간에 헛바퀴가 돈다. '이 뭣고?' '화두타파?' '타파?' 무엇을? 무엇을 '타파'한다고 생각하면 그것은 이미 어긋난 것. 우선 이 육신肉身을 온갖 감각기능과 함께 조복 받아야 한다. 그런 다음엔 마음을 다스려 마치 확대경을 태양열에 초점을 맞추어 그 열로 종이를 불사르듯 정신을 한 곳에 모으면 우주와 내가 하나가 되어 우리들 마음에 자리를 잡게 되는 동시에 몸에서 찬란한 불성광명佛性光明의 빛이 나리라. 삼삼매三三昧와 화두참구話頭參究 참조.

(Sammae) Samadhi: Concentration of the mind on a single object. Serenity, unmoving one mind, absorption, or concentration of complete mental equanimity, which is such a powerful mental state that can be turned to accomplish amazing results, a step further from the state of dhyana or dwelling in quiet tranquility.

It is intent contemplation, union of the meditator with the object of meditation, or a state of fully unified concentration and oneness or union with truth, Godhead, or the universe, which culminates in spiritual release and realization. In such mental state, intellection and reasoning, all consciousness indeed, will vanish, and only the awareness of serenity remains.

When all sense-contact with the outer world is broken, by means of spiritual discipline and meditation, the mind is able to turn inward upon itself and realize the presence of the immanent Buddha-nature or true-suchness. When a person thus achieves thoughtlessness and his true-self by contemplation, the defiled elements drop away, leading the person to enlightenment and Nirvana.

How to attain it? First, gain control of your body and all its organs, leaving all attachments behind. Then control the mind and attain one-pointedness of mind. If you do, the harmony of heaven will come down and dwell in you, and you will be radiant with life. This is the technique of all mystical practice. *Cf. (Samsammae)* The threefold samadhi and *(Hwadu Chamgu)* Investigation of hwadu or key-phrase.

삼약삼붓다 三藐三佛陀 아뇩다라삼막삼보리, 즉 무상정등각無上正等覺 (위없는 원만한 깨달음)을 말함.

(Samyaksam-buddha) The consummation of incomparable enlightenment, or perfectly accomplished enlightened one.

삼명 三明 3달達이라고도 말함. 불타와 아라한이 얻는 3종의 신통神通. 지혜의 광명을 가지고 어둡고 어리석음을 깨뜨리기 때문에 3명明이라 하며, 육신통六神通 중의 숙명통宿命通, 천안통天眼通, 누진통漏盡通을 말함. 그러나 위앙潙仰는 이러한 신통한 힘을 믿어서는 안 되며 그것을 자성에 돌려 착실히 수행하라고 했다.

(Sammyeong) The three super knowledges or wisdoms of Buddha and Arhats: Three of the six super knowledges, which cut off ignorance of sentient beings through illumination of wisdom: 1) The psychic power or insight of seeing the past states of self and others. 2) The divine eye or psychic vision, the power of seeing the future life and death of self and others. 3) The psychic power of eradicating illusions. However, Chan Master Weiyang warned his disciples not to believe in such supernatural power. Instead he told his disciples to turn such psychic powers to practice.

삼명육통 三明六通 삼명三明과 육통六通. (아라한이 갖고 있는 불가사의한 힘. 삼명三明과 육신통六神通 참조)

(Sammyeong Yuktong) The three super knowledges or wisdoms and the six psychic supernatural powers of an Arhat. *Cf. (Sammyeong)* Three psychic super knowledges or wisdoms, and *(Yuktong)* Six psychic supernatural powers.

삼모니 三牟尼 삼적묵三寂默 참조.

(Sammoni) The three types of serenity and quietude. *Cf. Samjeokmuk.*

삼묘 三妙 천태종天台宗에서 마음과 부처와 중생의 셋이 융합하여 서로 다른 것을 자기 속에 가두어 가지고 있는 것을 찬양하는 말.

(Sammyo) The three subtleties: This is the doctrine of the Tientai Sect. Three subtle conjugations of mind, Buddha, and sentient beings within each entity, which means that in the ultimate reality, there is no difference among them. They are one and all.

삼무성 三無性 법상종法相宗에서 미오迷悟의 일체법을 유有의 관점으로 변계遍計, 의타依他, 그리고 원성圓成으로 나눔에 대해, 공空의 관점으로 삼무성三無性을 세우는 것.

1) 상무자성성相無自性性 (본래 사물이란 자성이 없는 법)
2) 생무자성성生無自性性 (무너짐이 있는 생김이란 생김이라 할 수 없는 것)
3) 승의무자성성勝義無自性性 (궁극적인 진리에 비추어 볼 때 모든 것은 실체가

없는 법)

(Sammuseong) The three kinds of non-self identity or non-existence: Establishment of three kinds of non-self identity from the point of emptiness against the doctrine of the Dharma Character School, which classifies all the phenomena into three categories of the imputed nature, interdependence, and perfect true nature.

1) The lack of one's own-being in terms of character, or the non-existence of forms which are produced from imagination.
2) The lack of one's own-being in terms of production and destruction, or the non-existence of that which is produced by causation.
3) The ultimate lack of own-being, which is the selflessness of the ultimate truth, or the non-existence of form in the highest truth.

삼무위 三無爲 무위無爲는 열반을 뜻하며, 삼무위란 소승小乘의 설일체유부說一切有部에서 말하는 1) 허공무위虛空無爲. 2) 택멸무위擇滅無爲. 3) 비택멸무위非擇滅無爲를 말함. 각 항목에 대한 보다 자세한 설명은 육무위六無爲 참조.

(Sammuwi) The three non-actions, or nirvana of the Existence School: 1) Non-doing of emptiness. 2) Non-doing of deliberative emptiness. 3) Non-doing of non-deliberative emptiness. *Cf. (Yukmuwi)* Six non-actions for detailed explanations for each item.

삼무차별 三無差別 삼법무차三法無差라고도 말함. 마음, 불佛, 중생 셋이 조금도 차별이 없다는 것.

1) 심무차별心無差別 (한 마음의 심체心體는 범부와 성인이 둘이 아니며, 모든 부처와 중생의 성性에 차별이 없다는 것)
2) 불무차별佛無差別 (시방十方의 모든 부처님이 십계 십여시十界 十如是의 법을 깨치고 정각正覺을 성취함을 말함)
3) 중생무차별衆生無差別 (구계九界의 중생이 각각 십계 십여시十界 十如是의 법을 갖추고, 모든 부처님이 깨달은 것과, 본심本心이 갖추는 것이 그 체體에 차별이 없다는 것)

(Sam Muchabyeol) The threefold non-disparity: No difference whatsoever among the three: The mind, Buddha, and living beings.

1) Non-disparity of the mind: There is no difference of the essence of mind between the saint and common people nor difference of

nature between all Buddhas and common people.

2) Non-disparity of the Buddha: There is no difference for all the Buddhas in the ten spheres in attaining complete enlightenment by realizing ten qualifications of all phenomena in the ten spheres.

3) Non-disparity of sentient beings: There is no difference in the essence of the original mind between sentient beings who have realized the ten qualifications of all phenomena in the nine spheres and realization of ten qualifications of all phenomena in the nine spheres by all Buddhas.

삼문 三門 사원의 누문樓門. 건물은 일문一門, 곧 하나의 문門이지만, 이것을 삼문三門이라 함은, 사원의 본당을 열반으로 하고, 문은 그 절대경에 이르는 삼해탈문三解脫門에 비유한 것이기 때문.

(Sammun) The three gates: The three things leading to enlightenment: wisdom, compassion, and expediency. The reason why a temple gate is called "three gates" is because a temple gate represents the "three gates of liberation or enlightenment" (wisdom of voidness of all phenomena, wisdom of formlessness and non-discrimination, and wisdom of non-desire), which lead sentient beings to the Main Buddha Hall, which also symbolizes the ultimate realm of Nirvana.

삼밀 三密 이는 우선 밀교에서 말하는 '비밀스러운 삼업三業' (신구의身口意에 의한 행위)이란 뜻. 그러나 현교顯敎에서는 범부로서는 헤아릴 수 없는 삼업三業을 뜻함. 밀교에서는 통불교通佛敎와는 달리, 이를 부처님과 중생의 두 측면에서 두 가지로 해석함. 중생의 측면에서 보면 신구의身口意가 모두 부정적이지만, 부처님 편으로 보면, 부처님의 나투심은 매우 미묘하여 범부로서는 알 수 없는 것이므로 밀密이라 말함. 삼밀유가三密瑜伽 참조.

(Sammil) The three secrets or mystic things: The triple secret association of body or the gesture of fingers, speech or mantra, and mind. They are regarded as secret because they are not fully known to ordinary people. However, in the illustrative or expository teaching, it means the three karmic actions beyond understanding of ordinary beings.

In Esoteric Buddhism, three conditions, or the triple body or gesture of fingers, mantra, and mind are classified into two types: the one viewed from sentient beings, and the one from the Buddha, which is beyond understanding of sentient beings whereof it is called "secret."

삼밀가지 三密加持 가지加持는 가피加被와 같은 뜻. 부처님이 중생을 제도하는 힘과, 중생의 신심信心이 일치하는 경지를 말함. 이를 좀 더 자세히 설명하면, 중생의 손으로 인印을 만든 다음 주문呪文을 외우며, 뜻으로 부처와 중생이 하나임을 관하면, 부처님의 삼밀三密과 서로 상응相應하며 가피加被를 얻게 됨을 말함. 삼밀유가三密瑜伽와 삼밀三密 참조.

(Sammilgaji) The three empowerments of body, speech or mantra, and mind: The attainment of the three secrets of the Buddha by making a mudra with the hands, chanting a mantra, and contemplating an esoteric deity or symbol. If one does all these with great devotion, one will be able to receive the grace of the Buddha. *Cf. (Sammilyuga)* Association of three secrets and *(Sammil)* Three secrets.

삼밀유가 三密瑜伽 삼밀가지三密加持라고도 말함. 유가瑜伽는 요가를 뜻하며 상응相應이라 번역. 진여眞如의 행법行法으로서 우리의 몸, 입, 뜻[身口意]의 삼업三業이 본래 부처님의 삼밀三密과 같아 차별이 없음을 알고, 실천적 수행 방법으로는, 손으로 인印을 만들고, 입으로는 주문을 외우며, 뜻으로는 자기가 본래 불·보살임을 알아 중생과 부처는 본성이 같으며, 따라서 범부와 부처는 본체가 둘이 아니라고 관觀한다.

여기에 우리의 삼업三業이 부처님의 삼밀三密과 상응相應 일치하여 걸림이 없으며, 내가 부처님께 들어가고 부처님이 나에게 들어오는 일여一如한 경지에 도달하는 것을 삼밀유가三密喩伽 또는 삼밀가지三密伽持라 말함.

(Sammilyuga) Association of three secrets: Yogacara or Yoga (Meditative union) is interpreted as corresponding or association, and Sammil means "three secrets," the secrets of body, speech or mantra, and mind of Buddha, beyond understanding of sentient beings.

In the practice of Esoteric Buddhism, our body, speech and mind are the same as those of Buddha and there are no differences. One mediates by making mudras or hand gestures, reciting mantras and realizing that our original self-nature is not different from that of Buddha, which means that we are originally Buddhas.

In other words, through constant practice, our three karmic actions, physical, verbal, and mental, correspond with those of Buddha and become one with Buddha without any hindrance. This is the meaning of the association of three secrets of Esoteric Buddhism.

삼박 三縛 세 가지 얽매임. 삼결三結이라고도 말함. 이 세 가지 잘못된 견해를 끊으면 성문사과聲聞四果 중의 첫 단계인 예류預流에 들게 된다.

1) 신견身見 (내가 있다는 삿된 견해) 2) 의疑 (부처님의 진리에 대해 의심을 갖는 것) 3) 계금취戒禁取 (자기가 행한 행동에 대해 집착하는 것)

(Sambak) The three fetters or bonds: One must be free from these to attain the status of "Stream-entrant," the first of the four stages of fruitful awakening to attain the status of Arhat. 1) The fetter of believing in self-entity or ego. 2) The fetter of doubt in Buddha's teaching. 3) The fetter of attachment to one's own action.

삼반물 三般物 불교에서 말하는 세 가지 귀한 자리. 곧 그늘이 안지는 땅, 메아리가 안 울리는 산골, 그리고 뿌리가 없는 나무. 현상세계에는 이런 자리가 없다.

(Sambanmul) The three heavenly realms of Buddhism: The land where there is no shadow; the valley where there is no echo; the tree that has no root. There are no such places or things in the phenomenal world.

삼반야 三般若 세 가지 유형類型의 반야般若.

1) 문자반야文字般若 (문자로 나타낸 반야경般若經이 반야의 지혜는 아니나, 반야를 들어내는 방편이므로 이렇게 말하며, 문자반야를 방편반야, 곧 뗏목에 비유하기도 함. 문자반야를 따라 관조반야觀照般若를 일으키고, 관조반야를 따라 실상반야實相般若에 이르게 된다)
2) 관조반야觀照般若 (모든 법의 실상을 관조함이 반야지의 작용이고, 관조하는 주체인 지혜는 반야인고로 이렇게 말함. 그러나 이것도 후득지後得智의 범주를 벗어나지 못하니 근본지根本智는 아니다)
3) 실상반야實相般若 (모든 법의 실상과 무상無相 그리고 공적空寂 자체가 반야는 아니나, 반야의 지혜를 내는 것이므로 이렇게 말함)

(Sambanya) The three aspects of Prajna or transcendental wisdom:

1) Wisdom of letters or knowledge: Wisdom of knowing things in their temporary and changing condition. It is also called expedient wisdom,

and it leads to the next stage of wisdom of contemplative illumination, and from wisdom of contemplative illumination to the wisdom of insight into the ultimate reality.

2) Wisdom of contemplative illumination: It is still in the category of secondary wisdom attained dependent upon other natures of things, not fundamental wisdom of knowledge.

3) Wisdom of the true reality of things: Wisdom attained from insight into the true reality of things, which can be explained as formlessness, the void, and tranquility.

삼배 三拜 존경하는 뜻을 표현할 때 세 번 절하는 것. 삼배三拜는 언제나 기본.

(Sambae) The three prostrations or bows to show respect to the Buddha or priest. You should always bow three times.

삼법 三法 교법敎法, 행법行法, 그리고 증법證法을 말함.

1) 교법敎法 (석가모니 부처님께서 일생 동안 설하신 십이분교十二分敎를 말함)

2) 행법行法 (가르침에 따라 수행하는 사제四諦와 십이인연十二因緣과 육도六度 등을 말함)

3) 증법證法 (행에 의하여 과果를 증득하는 보리提, 곧 깨달음과 열반을 말함)

(Sambeop) The three aspects of Dharma:

1) All the teachings the Buddha discoursed all his life.

2) Practice of Buddha's teaching, expecially the Four Noble Truths, the Twelve Links of Dependent Origination, and the Six Paramitas.

3) Realization of enlightenment and Nirvana through constant practice.

삼법륜 三法輪 삼전법륜三轉法輪이라고도 말함. 부처님 일대一代의 교설敎說을 셋으로 분류한 것으로, 전법륜轉法輪, 조법륜照法輪, 지법륜持法輪을 말함.

1) 전법륜 (삼시교三時敎 중의 유교有敎를 말함이니, 녹야원에서 인공법유人空法有의 이치를 말씀하신 것으로, 이는 곧 소승교小乘敎를 말함)

2) 조법륜 (제 이시二時의 공교空敎를 말함이니, 제 일시一時에 허락한 물심物心 모든 법의 존재를 부정하고 일체가 다 공하다고 말씀하신 것. 이는 곧 반야경般若經 등의 대승교大乘敎를 말함)

3) 지법륜 (제 삼시三時 중도교中道敎를 말함이니, 제 일시一時에는 법체法體의 존재를 허락하고, 제 이시二時에서 온갖 존재를 부정한 편유편공偏有偏空의

교教에 대하여, 비유비공非有非空인 중도 中道의 이치를 나타낸 것으로, 천태종과 화엄종의 대승교大乘教를 말함)

(Sambeopnyun) The three turnings of the wheel of the Dharma: Classification of the lifelong teachings of Buddha into three categories: Turning of the wheel of the Dharma, turning of the wheel of emptiness, turning of the wheel of the Middle Way, or neither existence nor non-existence.

1) The Buddha, when he preached his first sermon in the Deer Park near Benares, denied the existence of Atman but affirmed the reality of Dharma. This was his doctrine of Nikaya or Theraveda Buddhism.
2) The Buddha preached the emptiness of things and posited the absolute in negative terms. This was the doctrine of emptiness.
3) The turning of the wheel of good differentiation. The Buddha proclaimed the Middle Way between the reality of things and the emptiness of those things. This was the doctrine of the Middle Way School.

삼법무차 三法無差 마음, 부처, 중생, 셋이 조금도 차별이 없다는 것. 삼무차별三無差別 참조.

(Sambeop Mucha) The threefold non-disparity: No difference among the mind, the Buddha, and sentient beings. *Cf. (Sam Muchabyeol)* Threefold non-disparity.

삼법인 三法印 불교의 근본 교리. 남방불교에서는 열반 대신 고苦를 삼법인의 하나로 꼽는다. 인印은 일정불변一定不變의 진리라는 뜻.

1) 제행무상諸行無常 (일체 현상계가 무상하며)
2) 제법무아諸法無我 (일체 현상은 자성이 없으며)
3) 열반적정涅槃寂靜 (생사에 윤회하는 고통을 벗어난 이상향)

(Sambeopin) Tri-dharma mudra: The seal of three Laws, or three universal truths. In Theravadan Buddhism, instead of Nirvana, they include duhkha or suffering.

1) All compounded things are impermanent.
2) All Dharmas or phenomena lack self-nature or inherent substance.

3) Nirvana is quiescence free from birth and death, or samsara.

삼보 三寶 불법승佛法僧 삼보三寶에 귀의하는 것은 불교의 근본 수행.

(Sambo) Tri-gem, Three Jewels, or the Holy Trinity: The Buddha, the Dharma, and the Sangha.

삼보 三輔 삼보三寶 또는 삼보三甫라고도 말하며, 우리나라 절에서 오는 손님을 맞아 시중들고 배웅하여 보내는 소임所任.

(Sambo) The orderly: The official duty of receiving, attending, and seeing off guests visiting the temple.

삼보리 三菩提 성문보리聲聞菩提, 연각보리緣覺菩提, 제불보리諸佛菩提를 말함. 보리菩提는 도道 또는 정등각正等覺이라 번역하며, 세 가지 도과道果, 곧 지혜를 말함.

(Sambori) Three enlightenments or the Ways: Enlightenment of the Sound-hearers, or disciples; enlightenment of Self-enlightened one, or the Solitary-vehicle; and the enlightenment of all Buddhas.

삼보사찰 三寶寺刹 불교의 세 가지 보배인 불법승佛法僧을 모신 사찰. 한국에서는 통도사通度寺(佛), 해인사海印寺(法), 송광사松廣寺(僧).

(Sambosachal) Tri-gem Temples: In Korea, they are: Tongdosa Temple (the Buddha), Haeinsa Temple (the Dharma), and Songgwangsa Temple (the Sangha).

삼보일배 三步一拜 삼보三步, 곧 세 걸음마다 오체투지五體投肢와 함께 절하는 것, 그것도 경우에는 먼 길을 그리고 몇 날을 하기도 함.

(Samboilbae) One full prostration for every three steps, sometimes for miles and miles, and for days and days.

삼복 三福 세복世福, 계복戒福, 행복行福을 말하며, 또 이들을 세선世善, 계선戒善, 행선行善이라고도 말함.

1) 세복世福 (세상의 윤리도덕인 충효인忠孝仁 등을 지킴으로써 하늘의 기쁨을 누리는 것)
2) 계복戒福 (삼귀오계三歸五戒와 구족계具足戒를 지니는 것)
3) 행복行福 (대승관大乘觀에서 가르친 행법行法을 지키며, 도심道心을 일으켜 인과의 도리를 믿으며, 대승경전을 읽어서 그 뜻을 이해하고, 다시 남에게도 권하는 데서 얻는 복)

(Sambok) The three kinds of fortune, felicity or blessedness:

1) The worldly felicity such as devotion to one's parents, respectfully

serving one's teachers, and performing good deeds to others.

2) The felicity of observing the moral rules or the precepts such as three reliances (reliance on the Buddha, the Dharma, and the Sangha), the five basic precepts, and the full precepts.

3) The felicity of following the teachings of Buddha, believing in the law of cause and effect, and then leading the people to the law of the Buddha.

삼분별 三分別 심식心識으로 인식하는 작용의 세 가지.

1) 자성분별自性分別 (앞에 있는 대경對境을 그대로 깨닫되 추측하고 사고하지 않는 단순한 정신 작용)

2) 수념분별隨念分別 (지나간 일을 추억하여 여러 가지 생각을 일으키는 정신 작용)

3) 계탁분별計度分別 (널리 삼세三世에 걸쳐 아직 현실로 나타나지 않은 일들을 미루어 상상하는 정신 작용)

(Sambunbyeol) The three cognitive functions, or three classifications of Dharmas:

1) Authentic perception: Things which are directly perceptible by means of any of the five senses and of the mind without thinking or presumption.

2) Recollective perception: The mental activities by means of recollecting the memories of things past.

3) Imaginative perception: Presumptive imagination of the things of the three realms, past, present, and future, which have not been actualized.

삼사 三事 삼사三事에는 몇 가지가 있다. 1) 근根, 경境, 식識. 곧 육근六根이 육진六塵과 어우러져 육식六識을 내는 것. 2) 계戒, 정定, 혜慧의 삼학三學. 3) 탐진치貪瞋痴의 셋.

(Samsa) The three marked factors or phenomena: 1) Animation of six consciousness by association of six roots and six sense-media. 2) Three learnings: precepts, samadhi or enlightenment, and wisdom. 3) Three poisons: craving, anger, and ignorance.

삼사 三思 우리가 사유思惟하는 정신 작용을 셋으로 나눈 것.

1) 심려사審慮思 (어떤 일을 할 것인가, 안할 것인가를 곰곰히 생각함)
2) 결정사決定思 (이 일은 꼭 할 것이라고 생각하여 결정함)
3) 동발승사動發勝思 (몸과 말의 동작을 동시에 일으킴)

(Samsa) All action and speech have three mental conditions:

1) Reflection: One contemplates the matter before understanding the action.
2) Judgement: One thinks that the enterprise must be done.
3) Decision: The simultaneous action of both body and speech.

삼사칠증 三師七證 스님이 계를 받을 때 계화상戒和尙, 갈마사羯磨師, 그리고 교수사敎授師와, 덕이 높은 스님 일곱 분을 증인으로 모시는 것.

(Samsa Chiiljeung) The three leaders and seven witnesses required for ordination: The three leaders are, one who grants precepts, the one who recites the announcement and text of the precepts, the one who teaches ritual to the receiver of the precepts, and seven witnesses.

삼삼매 三三昧 깨달음에 이르는 세 가지 삼매. 삼해탈문三解脫門과 같은 말.

1) 공삼매空三昧 (모든 법은 공이고 무아라고 보는 삼매)
2) 무상삼매無相三昧 (모든 것은 공인 까닭에 차별상이 없는 삼매)
3) 무원삼매無願三昧 (모든 것은 모양이 없고 공인 까닭에 무엇을 바라지 않는 삼매)

(Samsammae) The threefold samadhi: It is another name for the three gates or doors of enlightenment.

1) The samadhi of emptiness: All things are empty without self-entity.
2) The samadhi of formlessness: Since everything is empty, there is no distinction of anything.
3) The samadhi of non-desire: Since everything is empty without any form, there is nothing to seek or wish for.

삼상 三相 형상形相이 가지고 있는 세 가지 모양.

1) 가명상假名相 (물적 현상이나 중생은 잠깐 존재하는 것으로 항구성이 없으나, 방편으로 거기에 가명을 세운 것뿐이라는 것)
2) 법상法相 (오온五蘊, 십이처十二處, 십팔계十八界의 모든 법은 인연에 의해 나타난 것이므로 그 실체가 없다는 것.
3) 무상상無相相 (위와 같이 물질과 마음의 모든 현상은, 실체적으로 인정할 모양이

없다는 것)

(Samsang) The three aspects of form or mark:

1) Forms which represent only assumed names without permanent attribute.
2) Forms of dependent origination with no self-entity, such as five aggregates, twelve sense-media, and eighteen realms of sense.
3) Formless forms within and without. There is no everlasting permanent form of anything in the whole universe.

삼색 三色 삼종의 색법色法. 오근五根과 오경五境, 그리고 무표색無表色, 곧 물질이 아닌 개념의 세계를 말함.

(Samsaek) The three kinds of rupa, or form-realms: The live organs of the sense; their objects; and invisible perceptions, or ideas.

삼선근 三善根 세 가지 착한 마음의 근본. 삼독三毒에 대하여 삼선三善을 세운 것. 1) 무탐無貪 (탐내는 마음이 없음) 2) 무진無瞋 (화내는 마음이 없음) 3) 무치無癡 (어리석은 마음이 없음)

(Samseon-geun) Three virtuous or wholesome roots in contrast to the three poisons: Non-grasping, or no greedy mind. 2) Non-hatred, or no spiteful mind. 3) Non-delusion, or no delusive mind.

삼선도 三善道 육도六道의 상위세계로 삼선취三善趣라고도 말함. 삼악도三惡道에 비해 약간 수승한 세상이라는 뜻으로 하는 말. 1) 천상 세계. 2) 인간 세계. 3) 아수라 세계.

(Samseondo) The three good modes of existence (compared with those of three evil paths): 1) Deva. 2) Human. 3) and Asura. *Cf. (Samakdo)* Three evil paths.

삼성 三聖 삼성三聖에는 화엄 삼성, 미타 삼성, 그리고 유교에서 말하는 삼성 세 가지가 있다. 1) 화엄 삼성華嚴 三聖 (비로자나불, 문수보살, 보현보살) 2) 미타 삼성彌陀 三聖 (아미타불, 관세음보살, 대세지보살) 3) 유교儒教 (공자孔子, 노자老子, 안회顔回)

(Samseong) The threefold saints: There are three classes.

1) Threefold saints of the Flower Garland Sutra: Virochana Buddha, Manjushri Bodhisattva or the Bodhisattva of Great Wisdom, and the Bodhisattva Samantabhadra, or Bodhisattva of Great Action.

2) Threefold saints of Amitaha: Amitabha Buddha, the Bodhisattva of Great Compassion, and the Bodhisattva of Great Power of Wisdom.
3) Threefold saints of Confucianism: Confucius, Laozi, and Yenhui.

삼성 三性 사람이 지닌 세 가지 성품性品, 곧 선善, 악惡, 무기 無記를 말함. 그런가 하면, 이는 법상종法相宗에서 말하는 삼성설三性說을 삼성三性이라 말하기도 함.

(Samseong) The three characteristics of human nature: Good, evil, neither good nor evil. It also refers to *samseongseol*, the theory of three types of nature of phenomena classified by the Dharma-character School.

삼성설 三性說 법상종法相宗에서 사리미오事理迷悟의 일체법을 그 성질에 따라 셋으로 나눈 것. 삼자성三自性이라고도 말함.
1) 변계소집성遍計所執性 (이리저리 억측하여 집착하는 성性이라는 뜻. 다시 말해 이는 외계外界의 변화를 그대로 인식하고 오인하는 모양으로부터 생긴다하여 망계자성妄計自性이라 말하고)
2) 의타기성依他起性 (그 변화는 사실 다른 것과의 인과관계에서 일어난다하여 연기자성緣起自性이라 말하고)
3) 원성실성圓成實性 (이는 일체 명상名相의 분별을 떠난 진여, 불성, 법성으로서 원성자성圓成自性, 곧 여래심如來心이라 말함)

(Samseongseol) Theory of three types of nature of phenomena classified by the Dharma-character School:
1) The imputed or contriving illusive nature of things, or existence produced from imagination.
2) The interdependent nature of things, or existence, which arises from .dependent origination.
3) The absolute true nature beyond name and form, i.e., the Buddha -nature, or the ultimate emptiness of the imagined and relative truth.

삼세 三世 삼제三際라고도 말하며, 과거, 현재, 미래. 그러나 불교에서는 사물의 형상뿐만 아니라, 시간의 실체 역시 인정하지 않는다. 이런 것들은 모두 우리의 생각과 개념일 뿐. 따라서 시공時空에 걸림이 없는 것이 깨침. 눈을 감고 시계를 멈출 것.

(Samse) The triple universe, or three times: The past, the present, and the future. But in the ultimate reality, there are not only no forms

or appearances; there are no such things as the past, the present, and the future; that is, there is no time and space. Close your eyes and stop your clock and you will see Buddha.

삼세 三細 무명업상無明業相, 능견상能見相, 경계상境界相. 삼세三細는 아주 미세한 업전현業轉顯을 이야기 하는 것으로, 잘 드러나지 않는다. 대승기신론大乘起信論에서는 일심진여一心眞如를 우주의 근본으로 하고, 여기에서 나타나는 일체 현상을 무명無明 때문이라고 설명한 다음, 이 무명을 다시 근본불각根本不覺과 지말불각枝末不覺으로 나눈다.

1) 무명업상無明業相 (진여眞如가 무명에 의하여 차별적 현상을 내게 되는 첫 걸음으로써, 아직 주관과 객관이 갈라지기 전의 상태)
2) 능견상能見相 (무명업상이 주관과 객관으로 갈라져 대립될 때의 그 주관을 말함)
3) 경계상境界相 (현상現相이라고도 말하며, 능견상인 주관 앞에 나타나는 객관적 대상의 경계로, 진여본성에 부합하지 않는 허망한 상태를 말함)

(Samse) The three subtle, or detailed conceptions, in contrast with the six cruder or common concepts, in the Awakening of Mahayana Faith: Mental action before the discrimination of subject and object parts of the mind or seeing.

The Awakening of Mahayana Faith sees true-suchness of One-mind as the foundation of the universe, and regards all the phenomena arising from it as ignorance, and then divides the ignorance into two categories: a fundamental unenlightenment and secondary or subsequent unenlightenment:

1) Karmic action of ignorance: The mental action before the discrimination of subject and object parts of the mind, arising from the ignorance of the true nature of ultimate reality, or true-suchness.
2) Ability to perceive phenomena: Dialectically opposing state of subject and object part of the mind arising from the karmic action of ignorance.
3) The object perceived: Object part of the mind contradictory to the true nature of ultimate reality, or true-suchness where there is neither subject nor object.

삼세실유법체항유 三世實有法體恒有 설일체유부說一切有部의 주장으로, 일체의 유위법有爲法은 삼세三世에 걸쳐 그 체體, 곧 자성自性이 실제로 존재한다는 것.

(Samse Silyubeopche Hangyu) Permanent existence of the Dharma, or the self-nature of conditioned things throughout the threefold period of time (the past, the present, and the future): This is the doctrine of the Existence School.

삼세인과 三世因果 삼세윤회三世輪廻라고도 말함. 즉 과거의 원인에 의하여 현재의 과보果報를 받고, 현재의 원인에 의하여 미래의 과보를 받는 것을 말함. 삼세윤회三世輪廻에 의하면, 숙세宿世의 악업에 의한 현세의 고통도, 선업善業을 쌓으면 내세에 좋은 과보를 받을 수 있다고 함.

그러나 기독교에는 이러한 재생의 기회가 없다는 것이 특징. 인간의 죄는 각자의 의지와 관계없이 원죄에 의해 이미 결정이 낳기 때문에, 기독교에서 문제되는 것은 오히려 선악의 문제보다 창조주인 하나님에 대한 불신이 문제가 된다. 곧 하나님을 믿으면 구원, 믿지 않으면 영원한 지옥이라는 것이며, 그 단적인 예가 바로 '예수 구원, 불신 지옥'이라는 그들의 구호. 캘빈의 악명 높은 예정론豫定論 참조.

(Samse In-gwa) The law of cause and effect in the perpetual times--the past, present, and future, or the perpetual wheel of life or samsara of the three times: According to the theory of perpetual wheel of threefold period of times, the present suffering is the effect of the karmic actions of the former life, and the future mode of life will be determined by the present life.

In other words, one will always have a chance to remit one's sin and be reborn to better fortune or a better mode of being in the next life, while in Christianity "original sin" is beyond one's remission, and one's life is determined by the will or judgement of an Almighty God on the basis of whether one believes in God or not.

In Christianity's view, unbelievers will be cast straight into eternal hell without exception regardless of their virtuous deeds and actions. *Cf.* Calvin's notorious doctrine of predestination.

삼세제불 三世諸佛 과거, 현재, 미래에 출현하는 모든 부처님을 말함.

(Samsejebul) All the Buddhas of the three period of times: The past, the present, and the future.

삼수 三受 세 가지 느낌 또는 감각.

1) 고수苦受 (외계의 접촉에 의하여 몸과 마음에 받는 괴로운 감각)
2) 낙수樂受 (바깥 경계와의 접촉에 의하여 즐거움을 느끼는 감각)
3) 괴롭지도 즐겁지도 않는 사수捨受 (고수苦受와 낙수樂受에 속하지 않는 감각, 곧 괴롭지도 즐겁지도 않은 느낌. 이때 수受는 바깥 경계를 받아드린다는 뜻)

(Samsu) The three states of sensations or feelings:

1) Duhkha, or suffering: Painful feelings in response to sense-objects.
2) Sukah, or pleasure: Pleasant feelings in response to sense-objects.
3) Adukhka-asukha, or indifference, or neutral feelings in response to sense-objects, i.e., neither suffering nor pleasure.

삼수 三修 세 가지 법法을 관하는 방법. 여기에는 승열勝劣 두 가지의 삼수三修가 있다. 보다 자세한 것은 각 항목 참조) 1) 열삼수劣三修 (무상수無常修, 비락수非樂修, 무아수無我修) 2) 승삼수勝三修 (상수常修, 낙수樂修, 아수我修)

(Samsu) The three ways of cultivation: There are two formats. For detailed explanations, see each individual entry.

1) Inferior view: *Musangsu,* a partial view of non-permanence; *Muraksu,* a partial view of suffering; and *Muasu,* a partial view of non-self.
2) Superior view: *Sangsu,* permanence of Dharma-body; *Naksu,* intrinsic bliss of all beings; *Asu,* true self-nature without any hindrance.

삼승 三乘 성문聲聞, 연각緣覺, 보살菩薩에 대한 세 가지 교법敎法. 곧 중생을 태우고 생사의 바다를 건너 열반의 언덕에 이르게 하는 세 가지 교법. 그러나 삼승三乘은 모두 일승一乘에 섭수攝受됨을 알아야 한다. 법화경法華經에서 설하는 일승一乘 참고.

그러나 이것은 어디까지나 대승大乘의 분류법이고, 소승小乘의 분류법 의하면, 그들의 궁극적 수행목적은 보살행菩薩行을 통한 성불成佛이 아니라 아라한과阿羅漢果의 성취에 있다는 것을 알아야 한다. 그리고 또 하나 알아야 할 것은, 목표를 높게 설정하는 것은 좋으나, 아무나 성불할 수 있는 것은 아니다. '성불하십시오'라는 인사말이 듣기에는 좋으나, 많은 서구사람들이 대승보다 현실적인 남방불교를 좋아하는 이유를 알아야 한다.

1) 성문승聲聞乘 (사제四諦에 대한 법문法門이니, 부처님이 말씀하시는 것을 듣고 이를 관하여 해탈을 얻음)
2) 연각승緣覺乘 (십이인연十二因緣에 대한 법문法門이니, 스승의 도움 없이 스스로 실상의 이치를 깨달아 해탈을 얻는 것)
3) 보살승菩薩乘 (육바라밀六波羅密에 대한 법문法門이니, 보살은 이 법문을 행하여 스스로 해탈하고 남을 해탈하게 하여 부처를 이루게 함)

(Samseung) The three vehicles: The three incomparable teachings that enable the practitioners to attain enlightenment. However, one should know that the One-vehicle is the genuine vehicle and incorporates the three vehicles.

However, this is the classification of the Mahayana. The ultimate object of practice in the Hinayana is the attainment of Arhat, not the Buddhahood as it is in the Mahayana, which is more practical than attaining the Buddhahood as it is in the Mahayana.

1) Shravaka, or the Disciple-vehicle: One who depends on Buddha's words, or depends on the Four Noble Truths for enlightenment.
2) Pratyeka-buddha, the Solitary-sage vehicle, or self-enlightened: One who realizes the ultimate truth of reality, or dependent origination, and attains enlightenment without the help of a teacher.
3) Bodhisattva, or the Bodhisattva-vehicle, or the great vehicle: One who practices the Six Paramitas for self enlightenment and then helps other sentient beings attain Buddhahood.

삼시 三時 부처님의 열반 후 교법이 유행하는 시대를 세 시기로 나눈 것

1) 정법시正法時 (500년간의 교법敎法, 수행修行, 증과證果가 모두 원만한 시대)
2) 상법시像法時 (불멸 후 1,000년 동안으로 증과證果하는 사람은 없으나 교법과 수행하는 사람은 아직 남아있는 시대)
3) 말법시末法時 (불멸 후 10,000년 동안으로 교법은 있으나 수행과 증과證果가 없는 시대)

(Samsi) The three different periods of Buddha's teaching:

1) The first period: The period of illustrious doctrine of the Buddha, practice, and realization of enlightenment, which will last for 500

years after Buddha's passing.

2) The second period: The semblance period of 1,000 years after Buddha's passing. The doctrine and practice still flourish, but no realization of enlightenment.

3) The third period: The period of decay which will last for 10,000 years after Buddha's passing. Only doctrine remains and no practice and realization of enlightenment.

삼시 三施 세 가지 보시布施. 삼단三檀이라고도 말함 1) 재시財施 (물질적 도움) 2) 법시法施 (부처님의 가르침을 통해 중생을 정법 正法으로 인도 하는 공덕) 3) 무외시無畏施 (외로운 사람과 몸이 아픈 사람들을 위로하는 공덕)

(Samsi) The three types of dana, or charity, offering, or generosity: 1) Offering or merits of material aid. 2) Offering or merits of teaching the Dharma so that sentient beings may attain enlightenment. 3) Offering or merits of fearlessness, or consolation of lonely and sick people.

삼시교 三時敎 삼시교판三時敎判이라고도 말하며, 석존 일생의 설교를 세 시기로 나눈 법상종法相宗의 견해.

1) 유교有敎 (실재한 아我가 있다는 외도外道의 망집妄執을 깨뜨리기 위하여 아공법유我空法有를 말한 가르침)

2) 공교空敎 (물심物心의 온갖 현상을 만드는 변치 않는 실체가 있다고 믿는 사람들에게 모든 법이 다 공 空하다고 말한 반야경般若經 등의 말씀)

3) 중도교中道敎 (위의 두 가르침처럼 유有나 공空의 한쪽만을 믿는 사람들을 위하여, 우주의 진성眞性을 깨닫게 하려고, 유에도 치우치지 않고, 공에도 치우치지 아니한 중도中道의 묘한 이치를 말한 해심밀경解深密經과 화엄경, 법화경, 열반경 등의 말씀)

(Samsigyo) The three periods of Buddha's lifelong teaching: Dharmalaksana or the Dharma Character School divides Buddha's teaching into three periods:

1) The Theravada period of teaching of emptiness of self and reality of things to teach the followers of the outside way about their wrong view of self.

2) The Sunyata and Prajna period of teaching that all is unreal to teach

the people who believe that there is a permanent and everlasting substance which is the source of all creation.

3) The Unveiling Thought Sutra, the Huayan, Lotus, and Nirvana Sutra periods of the Middle Way or transcendental doctrine that everything is neither real nor unreal, teaching the people of extreme views of existence and non-existence.

삼시업 三時業 선악의 행위를 장차 받을 결과의 빠르고 느림에 의하여 셋으로 나눈 것.

1) 순현수업順現受業 (현세에 지어 현세에 그 과보를 받는 것)
2) 순차수업順次受業 (현세에 지어 다음 생에 과보를 받는 것)
3) 순후수업順後受業 (현세에 지어 제 이세 후에 과보를 받는 것)

(Samsieop) The three different periods of karmic retribution:

1) Present period retribution of karmic action of the present time.
2) Next life period retribution of karmic action of the present time.
3) After next life period retribution of karmic action of the present time.

삼시좌선 三時坐禪 하루에 좌선 하는 세 시간대. 이른 아침. 오후 3시나 4시. 저녁 무렵.

(Samsi Jwaseon) The three times of meditation during a day: In the early morning, at three or four o'clock in the afternoon, and at dusk.

삼식 三識 심의식心意識. 유식唯識學에서 다루는 마음의 세 가지 실체와 작용.

1) 심心: 아뢰야식阿賴耶識 (8식識 또는 이숙異熟)
2) 의意: 말나식末那識 (7식識 또는 사량思量)
3) 식識: 의식意識 (6식識 또는 요별了別과 전오식前五識 (안이비설신 眼耳鼻舌身意의 오관을 통한 인식)

(Samsik) The three states of mind or consciousness:

1) Mind or the storehouse of consciousness, or the eighth perception.
2) Will or karmic act of consciousness, or the seventh perception.
3) Perception of five sense organs, or the sixth perception including the prior fifth perception.

삼신 三身 비유적으로 말해 천상天上의 달이 법신法身이라면, 우주에 가득 찬 광명은 보신報身이요, 강물에 비친 달의 그림자는 화신化身이라 말할 수 있다. 아주 이해하기 쉬운 비유. 이렇듯 삼신은 셋이면서 하나이고 하나이면서 셋이다. 그러나 삼신三身은 종파에 따라 다소 달리 해석한다. 유의할 것
1) 법신法身 (체體: 우주의 영원불변한 본체로, 이에 인격적 뜻을 부여하여 법신이라 하나, 형상이 없는 이불理佛)
2) 보신報身 (상相: 뚜렷한 마음의 광명. 인연에 따라 나타난 불신佛身으로 아미타불과 같다. 곧 보살위菩薩位의 어려운 수행을 하여 그 결과로 얻은 유형有形의 불신佛身)
3) 응신/화신應身/化身 (용用: 맑은 마음의 그림자, 또는 중생제도를 위해 나타나신 석가모니 부처님과 같은 분) 그런데 육조단경六祖壇經에는 다음과 같은 게송偈頌이 나온다: "삼신三身이 본래 나의 몸이요 / 사지四智가 본래 마음 밝음이니라."

(Samsin) Trikaya: Lit. "the triple body" of the Buddha, that is, the three different forms in which the universal Buddha essence subsists or manifests itself. The ultimate body (Dharmakaya), the beatific body (Sambhogakaya), and the incarnation body (Nirmanakaya). Metaphorically if the moon is Dharmakaya, Sambhogakaya is the illuminating light pervading the whole universe, and the reflection in the stream is Nirmanakaya. But all these, which are proportions of the essence of mind, have no positive essence of their own. Interpretation of Trikaya varies slightly according to the Sects.
1) Dharmakaya: The Dharma-body, or the body of pure being or essence. That is, the universal Buddha-essence as absolute reality with no determinate qualities or attributes; equivalent in spiritual experience to the state of final, unqualified Nirvana and in the order of reality to absolute suchness.
2) Sambhogakaya: The body of the manifestation of the universal Buddha-essence in symbolic form as Amitabha Buddha for the spiritual edification of the Bodhisattvas. It is also called the bliss body.
3) Nirmanakaya: The bodies of transformation, or incarnation bodies of Buddha. That is, the physical forms in which the Buddha appears in this world as Sakyamuni Buddha to save all living beings. However, we find the following stanza in the Sutra of Heui Neng:

"Intrinsically, the three Bodies are within our essence of mind. / When our mind is enlightened, the four Prajnas will appear therein."

삼심 三心 여러 가지가 있으나, 대표적인 것으로 다음 두 가지를 들 수 있다.

1) 정토淨土에 왕생하기 위하여 닦아야 하는 세 가지 마음으로, 관무량수경觀無量壽經에서 말하는 지성심至誠心, 심심深心, 그리고 회향발원심回向發願心.

2) 기신론起信論에서 말하는 직심直心 (진여眞如를 염하는 마음), 심심 深心 (모든 선행을 몸에 익히려는 마음), 대비심大悲心 (모든 중생을 구하려는 마음)

(Samsim) Three minds or contemplations: There are several types, but the following are the most common types:

1) Contemplations to be reborn in the Pure Land discoursed in the Amitahurdhyana Sutra, or the Sutra on Visualization of the Buddha of Infinite Life: Absolute sincerity, a devout mind, and a vow to transfer all one's merit for the benefit of others.

2) Contemplations discussed in the Awakening of Mahayana Faith: Contemplation of the true-suchness, a devout mind, and great compassion to deliver all living beings.

삼십방 三十棒 삼십 대의 몽둥이. 선사禪師들이 학인들을 가르치는 하나의 방법. 대개는 하나의 경책의 뜻이지만 가끔 칭찬의 의미도 있다.

(Samsipbang) "Thirty-blows": The method used by Seon masters to keep practitioners alert. It is sometimes given for praise as well as for chastisement.

삼십삼신 三十三身 관세음보살이 중생을 제도하기 위하여 여러 가지 모습으로 나타내는 몸.

(Samsipsamsin) Thirty-three manifestations of the Bodhisattva of Great Compassion in various forms.

삼십삼천 三十三天 수미산須彌山 정상에 있는 욕계육천欲界六天의 두 번째인 도리천忉利天을 말함.

(Samsipsamcheon) Kausika: Thirty-three celestial realms of thirty-three gods, the second level of the Six Heavens of Desire at the top of Mount Sumeru.

삼십육부 선신 三十六部 善神 삼귀의계三歸依戒를 받은 불자佛子를 보호하기 위해 권속眷屬을 이끌고 와서 보살피는 신장神將들.

(Samsipyukbu Seonsin) Thirty-six divine guardians of the devotees who have received the precepts of homage to the Three Jewels: the Buddha, the Dharma, and the Sangha.

삼십이상 三十二相 석가모니 부처님의 놀라운 32가지 신체적 특징.

1) 발바닥이 판판함. 2) 손바닥에 수레바퀴 같은 무늬가 있음. 3) 손가락이 가늘면서 길음. 4) 손발이 매우 보드라움. 5) 손가락과 발가락 사이마다 얇은 비단결 같은 막이 있음. 6) 발꿈치가 원만함. 7) 발등이 높고 원만함. 8) 장딴지가 사슴 다리 같음. 9) 팔을 펴면 손이 무릎까지 내려감. 10) 남근이 오므라들어 몸 안에 숨어 있는 것이 말의 것과 같음.

11) 키가 한 발(두 팔을 편 길이 의 크기와 같음. 12) 털구멍마다 새카만 털이 남. 13) 몸의 털이 위로 쏠려 남. 14) 온몸 빛이 황금색임. 15) 몸에서 솟는 광명이 한 길이나 됨. 16) 살결이 보드랍고 매끄러움. 17) 두 발바닥과 두 손바닥, 두 어깨와 정수리가 모두 판판하고 둥글며 두터움. 18) 두 겨드랑이가 편편함. 19) 몸매가 사자와 같음. 20) 몸이 곧고 단정함.

21) 양 어깨가 둥글며 두둑함. 22) 이가 40개나 됨. 23) 이가 희고 가지런하고 빽빽함. 24) 송곳니가 희고 큼. 25) 뺨이 사자의 것과 같음. 26) 목구멍에서 맛 좋은 진액이 나옴. 27)혀가 길고 넓음. 28) 목소리가 맑고 멀리 들림. 29) 눈동자가 검푸름. 30) 속눈썹이 소의 것과 같음. 31) 두 눈썹 사이에 흰 털이 남. 32) 정수리에 살 상투가 있음.

(Samsip-isang) The thirty-two auspicious signs or marks of excellence, or the thirty-two remarkable physical marks of the Buddha: 1) Level feet. 2) Thousand-spoke wheel-sign on feet. 3) Long slender fingers. 4) Pliant hands and feet. 5) Toes and fingers finely webbed. 6) Full-sized heels. 7) Arched insteps. 8) Thighs like a royal stag. 9) Hands reaching below the knees. 10) Well-retracted male organ.

11) Height and span of arms equal. 12) Every hair-root dark colored. 13) Body hair graceful and curly. 14) Golden-hued skin. 15) A ten-foot halo around him. 16) Soft smooth skin. 17) Two soles, two palms, two shoulders and crown well rounded. 18) Below the armpits well-filled. 19) Lion-shaped body. 20) Erect.

21) Full shoulders. 22) Forty teeth. 23) Teeth white, even and close. 24) The four canine teeth pure white. 25) Lion-jawed. 26) Saliva

improving the taste of all food. 27) Tongue long and broad. 28) Voice deep and resonant. 29) Eyes deep and blue. 30) Eye lashes like a royal bull. 31) A white urna or curl between the eyebrows emitting light. 32) A fleshy protuberance on the crown.

삼십이응신 三十二應身 관세음보살이 중생을 제도하기 위하여 여러 가지 모양을 나타내는 것을 말함. 이는 제도할 상대편이 그만큼 다양함에 따라 32종의 몸으로 변신함을 뜻함. 보문시현普門示現 참조.

(Samsip-i Eungsin) Thirty-two transformations of the Bodhisattva of Great Compassion to meet all the different circumstances and requirements in the deliverance of sentient beings. *Cf. (Bomunsihyeon)* The diverse transformational manifestations according to the needs of sentient beings.

삼아승지겁 三阿僧祇劫 보살이 불위佛位에 이르기까지 수행하는 기간. 삼아승지겁은 범어梵語 asankhyeya의 번역으로, 한량없이 긴 시간을 뜻함. 보살의 계위階位에는 50위位가 있으며, 이를 삼기三期로 구분한 것. 십신 十信, 십주十住, 십행十行 십회향十廻向의 40위位는 제1 아승지겁이 되며, 십지十地가운데 초지初地로부터 제7지地까지가 제2 아승지겁이 되고, 제8지地에서부터 제10지地가 제3 아승지겁이 된다. 제10지地를 마치면 불과佛果, 곧 부처가 된다.

(Samaseungjigeop) Three incalculable eons: It is the time requires for a Bodhisattva to attain the Buddhahood. There are 50 stages for a Bodhisattva, and they are divided into three periods.

Ten faiths, Ten abodes, Tenfold path or action, and Ten stages of dedication of one's merit for others' benefit belong to the first period of three incalculable eons for a Bodhisattva to attain the Buddhahood. From the first stage to the seventh stage in the Ten grounds belong to the second period of three incalculable eons for a Bodhisattva to attain the Buddhahood.

From the eighth stage to the last tenth stage of the Ten grounds belong to the third period of three incalculable eons for a Bodhisattva to attain the Buddhahood. It is a long and hard journey for a Bodhisattva to attain the Buddhahood.

삼십칠 조도품/각지 三十七 助道品/覺支 조도품助道品/각지覺支는 불도佛道를 닦는

데 요긴한 깨달음의 수단 또는 보조 역할을 하는 것으로, 37이란 숫자는 아래의 숫자들을 합친 것 1) 사념처四念處. 2) 사정근四正勤. 3) 사신족四神足. 4) 오근五根. 5) 오력五力. 6) 칠각지七覺支. 7) 팔정도八正道.

(Samsipchil Jodopum) The thirty-seven aids to enlightenment: The number 37 is the total number of the following: 1) The four foci or bases of mindfulness. 2) The four right efforts. 3) The four bases of magical powers. 4) The five spiritual faculties. 5) The five powers. 6) The seven factors of enlightenment. 7) The eight branches of the holy path.

삼악도 三惡道 육도六道 중 하위 세계. 줄여서 삼악三惡 또는 삼취三趣, 그런가 하면 삼고취三苦趣라고도 말함. 살아서 지은 죄로 인해 죽은 후에 간다는 세 악도惡道 또는 세계. 삼악도가 탐진치貪瞋痴를 가리키는 경우도 있다. 1) 지옥地獄의 세계. 2) 갈증과 굶주림으로 허덕이는 아귀餓鬼의 세계. 3) 서로 물어뜯고 잡아먹는 축생畜生의 세계)

(Samakdo) Three evil paths or realms, or the three terrifying abyss of the bad migrations in the three lower realms of six modes of existence: 1) The realm of hell, or denizens of the hells. 2) The realm of hungry ghosts, or inhabitants of the limbo where one wanders as an insatiably hungry and thirsty wretch. 3) The animal realm, or animals who are trapped in the pattern of mutual devouring. However, they sometimes refer to three elements of poison (greed, anger, ignorance or illusion).

삼애 三愛 죽을 때 일어나는 세 가지 애착심.

1) 자체애自體愛 (몸에 대하여 애착을 내는 것) 2) 경계애境界愛 (처자, 재물 등에 대해 애착을 내는 것) 3) 당생애當生愛 (목숨이 끊어지려 할 때에 내생來生에 받을 생에 애착을 내는 것)

(Samae) Three affections that arise on the deathbed, or at the final moment of life: 1) Affection for one's own body. 2) Affection for one's family and property. 3) Affection for a favorable after life.

삼업 三業 신구의身口意로 짓는 업. 삼보업三報業이라고도 말함. 몸과 입과 마음의 세 가지에 의해 짓는 죄업의 총칭. 몸으로 짓는 신업身業은 살생殺生, 투도偸盜, 사음邪淫이 있고, 뜻으로 짓는 의업意業에는 탐진치貪瞋痴가 있으나, 구업口業에는 망어妄語, 양설兩舌, 기어綺語, 악구惡口 등 네 가지가 있다. 그러나 신구의身口意의 삼업三業이란 셋이 아닌 하나임을 알아야 한다. 즉 구업이 의업이요, 신업이 의업이기 때문이다.

그러나 그 기준에 따라 각기 다르게 나타난다. 다시 말해 받는 과보의 내용이 복인가 아니면 고통스러운가에 따라 다르고; 받는 과보의 시기가 현생인가, 내생인가, 아니면 그 다음 생인가에 따라 다르고; 행업의 내용이 선인가 악인가에 따라 다르고; 행업을 일으키는 심리 내용이 아첨인지, 진심嗔心인지, 아니면 탐욕인지에 따라 다르게 나타난다. 그러나 또 한 가지 알아야 할 것은, 몸으로 짓는 업이나 입으로 짓는 업도 따지고 보면 모두 마음에서 비롯된다는 것.

(Sameop) Three categories of karmas, or three doors of action: The karmic consequences of body, speech, and mind or thought. The karmic actions of body: killing, stealing, sexual misconduct; the karmic actions of speech: lying, false speech, alienating remarks, malicious talk; the karmic actions of thought: greed, anger, and ignorance. Yet, in a sense, they are all interrelated--the one in three, and three in the one. However, karmic results differ according to the criteria whether karma is good or bad; whether it will be in the present life, next life, or after the next life; whether the motivation of the action was good or bad; or according to the psychological state of the mind of the action whether it was flattery, anger, or greed. However, in the strict sense, the karmic actions of body and speech also come from the mind.

삼연자비 三緣慈悲 자비의 세 가지 구분, 곧 세 가지 인연에 의한 자비.

1) 중생연 자비衆生緣 慈悲 (중생의 고통을 가엽게 여겨 베푸는 아직 번뇌를 끊어 버리지 못한 범부凡夫의 자비)
2) 법연 자비法緣 慈悲 (무아의 이치를 깨달아 중생은 실체가 없는 것으로 알고 베푸는 성자聖者가 일으키는 자비)
3) 무연 자비無緣 慈悲 (모든 차별된 견해를 떠나 제법諸法의 실상을 깨달아 아는 부처님의 자비)

(Samyeonjabi) The three kinds of causal compassion:

1) Compassion of an ordinary person, who has not yet released defilements; compassion for all living beings observing them to be

in pain and suffering.

2) Compassion of a saint, who has realized the truth of non-self, for all living beings observing them to be non-self being.

3) Compassion of the Buddha who has realized the truth of ultimate reality without a discriminating mind.

삼열반 三涅槃 천태종天台宗에서 세우는 세 가지 열반.

1) 성정열반性淨涅槃 (만법의 실성實性인 진여를 말함. 더 이상 깨끗이 할 수도 없는 것)

2) 원정열반圓淨涅槃 (지혜로서 번뇌를 끊고 얻은 것)

3) 방편열반方便涅槃 (지혜로서 진리를 깨달은 후에, 중생을 제도하기 위해 세상에 출현한 다음, 인연이 다하면 입멸함을 말함)

(Samyeolban) The three modes of Nirvana: The doctrine of the Tientai Sect.

1) The immaculate nature of Nirvana: The true nature of reality, which is beyond purification.

2) The complete and wholesome Nirvana: Nirvana acquired by wisdom through cessation of all defilements.

3) The expedient Nirvana: Deliverance of sentient beings after attaining enlightenment, and then entering into Nirvana when conditions come to an end.

삼열반문 三涅槃門 삼해탈문三解脫門 참조.

(Samyeolbanmun) It is another name for *(Samhaetalmun)* The three gateways to emancipation.

삼욕 三慾 이는 다음과 같은 세 가지 욕심을 말함. 1) 형상욕形貌慾 (겉 생김새에 대한 욕심). 2) 자태욕姿態慾 (겉모양에 대한 욕심) 3) 세촉욕細觸慾 (세련된 부드럽고 매끄러운 감촉)

(Samyok) The three lusts: 1) Form, or the outward look. 2) Carriage, or beauty. 3) Refinement, or softness to the touch.

삼유 三有 유有는 존재라는 뜻으로, 삼유三有는 삼계三界 (욕유欲有, 색유色有, 무색유無色有)와 같은 뜻. 그런가 하면 일생一生의 생유生有 (태어나는 한 찰나), 본유本有 (탄생으로부터 죽음에 이르는 동안의 금생의 존재), 사유死有 (죽을 때의 한 찰나)를 뜻하기도 함.

(Samyu) The three kinds of realms or existence: It is another name for the triple world, or the three different states of mortal existence, the realms of desire, form, and formlessness. However, it also means the sign of being from the moment of birth, the existence of being from the moment of birth to death, and the moment of imminent death. *Yu* 有 means existence or being.

삼유사은 三有四恩 윤회하는 세계 (욕계欲界, 색계色界, 무색계無色界)에 살고 있는 모든 존재의 네 가지 은혜, 곧 부모, 국왕, 중생 그리고 삼보三寶.

(Samyu Saeun) The four debts (debts to parents, the king, sentient beings, and the Three Jewels) of the three realms of existence (that of desire, of matter, and of the immaterial realm).

삼유위상 三有爲相 생상生相, 이상異相, 멸상滅相을 가리킴. 인연으로 말미암아 생긴 사물을 유위有爲라 하며, 이리하여 생긴 사물은 반드시 인연의 조작이 있으므로 하는 말.

(Samyuwisang) The three marks of existence: The mark of birth, the mark of change or decay, and the mark of extinction. These are the characteristics of all existence that came out of cause and effect.

삼의 三疑 선정禪定에 들어가는데 방해가 되는 세 가지 의심 1) 의자疑自 (스스로를 수도하기에 적당치 못한 사람이라고 의심하는 것) 2) 의사疑師 (스승의 지혜에 대한 의심) 3) 의법疑法 (부처님의 가르침에 대한 의심).

(Samui) The three doubts: 1) Doubts of the capability of self in the practice of the Buddha-dharma. 2) Doubts of the quality of the teacher. 3) Doubts regarding the truth of Dharma.

삼의 三衣 출가 수행하는 비구比丘가 입는 세 가지 옷. 곧 중의重衣 또는 대의大衣 (마을이나 궁중宮中에 들어갈 때 입는 옷), 상의上衣 (예불, 독경, 청강聽講, 포살布薩 등을 할 때 입는 옷), 내의內衣 (절 안에서 작업을 할 때, 또는 잠잘 때 입는 옷)

(Samui) The three pieces of clothing of a monk, i.e., the three regulation garments of a monk: Kasaya, or sanghati, assembly robe; uttarasanga, or upper garments; antarvasaka, or vest or shirt, which is worn when monks do the outdoor work, or when they go to bed.

삼의일발 三衣一鉢 세 가지 옷과 발우 하나. 수도승修道僧의 기본 소지품. 이것보다 더 간소한 생활 방식은 없을 것 같다. 인류평화의 지름길.

(Samuiilbal) The pieces of three robe(kasaya, underwear, and outer wear) and a begging or alms bowl: These are all that a monk is allowed to possesses. It is the simplest way of living and the surest way for world peace.

삼인 三忍 모든 좋고 나쁜 대경對境을 향하여 마음이 움직이지 않음을 인忍이라 함.

1) 내원해인耐怨害忍 (원수나 대적의 해침을 받고도 복수심을 내지 않는 것)
2) 안수고인安受苦忍 (질병, 수재, 화재 등의 고통을 감내하는 것)
3) 체찰법인諦察法忍 (진리를 자세히 관찰하여 불생불멸하는 이치에 마음을 안주하는 것)

(Samin) The three forms of patience, endurance, or tolerance of adversity--suffering and injury--to prevent a disturbance of the mind:

1) Patience with regard to resentment and injury against foes.
2) Patience with regard to the suffering and adversities of sickness, flood damage, and fires.
3) Patience in search of truth of neither birth nor destruction.

삼일재 三日齋 사람이 죽은 뒤 3일 만에 스님을 청하여 재식을 베푸는 의식을 말함.

(Samiljae) The third day's ceremonies after the death of a person performed by inviting a priest.

삼장 三障 불도佛道를 가로막는 세 가지 장애물로 삼중장三重障이라고도 말함.

1) 번뇌장煩惱障 (탐진치 등의 번뇌가 일어나 불도수행佛道修行에 장애가 됨을 말함)
2) 업장業障 (악업惡業에 의한 장애)
3) 보장報障 (악업惡業으로 인해 받은 지옥, 아귀, 축생 등의 과보 때문에 불법을 들을 수 없는 장애. 이를 이숙장애異熟障碍라고도 말함)

(Samjang) Three obstacles in attaining enlightenment and Nirvana:

1) The obstacles of defilement in attaining enlightenment.
2) The karmic obstacles, or the hindrances of past evil karma.
3) Hindrances of the retribution of hell, the starving ghosts, and animals that obstruct the listening to the Buddha-Dharma.

삼장 三藏 불교 전적典籍의 총칭.

1) 경장經藏 (부처님의 설법을 모은 경전經典)
2) 율장律藏 (부처님의 제자가 일상생활에서 지켜야할 규칙을 모은 것)
3) 논장論藏 (교리敎理의 연구논석硏究論釋을 모은 것)

(Samjang) Tripitaka: Three Pitakas, or the Three Baskets, that is, the three basic authoritative texts accepted by both Therevada and Mahayana.

1) Sutta-pitaka: The basket of discourse or Buddha's teaching.
2) Vinaya-pitaka: The basket of discipline, or the moral code.
3) Abhidharma-pitaka: The basket of ultimate doctrine, or the basket of metaphysics, psychology and philosophy.

삼장법사 三藏法師 경經 · 율律 · 논論의 불교 경서經書에 통달한 승려.

(Samjang Beopsa) The Tripitaka master: The master who is well versed in the Buddhist scriptures: Sutra-pitaka, Vinaya-pitaka, Abhidharma -pitaka.

삼재 三才 천지인天地人. 음양설陰陽說에서 만물을 제재制裁하는 뜻으로 하늘과 땅과 사람을 일컬음.

(Samjae) Three fundamentals: Daoist theory of heaven, earth, and human, the interacting principle of positive and negative theory of the Daoist I Ching.

삼재 三災 큰 재앙을 말하며, 거기에는 소삼재小三災 (도병재刀兵災, 질병재疾病災, 기근재饑饉 災)와, 대삼재大三災 (화재火災, 수재水災, 풍재風災)가 있다.

(Samjae) The three calamities: There are of two kinds, minor and major. The minor calamities are: The war, pestilence, and famine. The major calamities are: Fire, flood, and storm.

삼적묵 三寂默 적묵寂默은 범어梵語 mauneya의 번역. 삼모니三牟尼라 음역하고, 삼적정三寂靜이라고도 번역함. 신어의身語意의 번뇌가 모두 멸하여 고요한 상태로, 신적묵身寂默, 어적묵語寂默, 이적묵意寂默의 총칭. 이는 또 무학 성자無學 聖者의 신어의身語意를 뜻하기도 함.

(Samjeokmuk) The three serenity and quietude: This is the state of serenity and quietude of body, speech, and mind without any defilement. It is also the supreme stage of body, speech, and mind of an Arhat, or the stage of "no-more-learning".

삼전도 三顚倒 세 가지 뒤바뀐 생각.

1) 상전도想顚倒 (육진六塵의 경계境界에서 비리非理, 곧 옳은 이치에서 벗어남을 생각하는 것) 2) 견전도見顚倒 (사리事理, 곧 사물의 이치에서 그릇된 계탁計度을 추구하는 것) 3) 심전도心顚倒 (망심妄心으로 사물을 삿되게 인식하는 것)

(Samjeondo) The three subversions: 1) The subversion of thought: Thinking of irrationality in the realm of the six dusts (sight, sound, smell, taste, body, and idea). 2) The subversion of perception: Evil contriving in the law of reason. 3) The subversion of the mind: Deluded perceptions of things with misleading thoughts.

삼전법륜 三轉法輪 삼전三轉이라고 줄여 말하기도 함. 부처님께서 고집멸도苦集滅道의 사성제四聖諦를 세 번에 나누어 설하신 것을 말함.

1) 시전示轉 (이것이 고집멸도苦集滅道라고 일일이 가르쳐 보이신 것)
2) 권전勸轉 (고苦를 알고 도道를 닦아 그 근원인 번뇌를 끊어야 한다고 권하신 것)
3) 증전證轉 (부처님께서 스스로 고苦를 알고 도를 닦아 번뇌를 이미 끊었노라고 증명하신 것)

(Samjeon Beopryun) The three turns of the Dharma-wheel when the Buddha preached in the Deer Park:

1) The Buddha first expounded the nature of the Four Noble Truths to his disciples.
2) The Buddha then advised them to cut off defilement, which is the primary cause of suffering, by cultivation of their minds.
3) Lastly the Buddha showed them how he cut off defilement and attained enlightenment.

삼정 三正 삼륜종三輪宗에서 말하는 단견斷見과 상견常見의 제거 방법.

1) 대편정對偏正 (병에 따라 약을 주는 것처럼, 단견斷見과 상견常見에 대하여 정리正理, 곧 올바른 이치를 보여줌)
2) 진편정盡偏正 (약을 씀으로서 병이 없어지는 것처럼, 단견斷見과 상견常見을 여의고 정리正理를 나타내 보여줌)
3) 절대정絶對正 (병이 다 나으면 약이 필요 없듯이, 단견斷見과 상견常見이 없어지면 나타날 정리正理의 그림자마저 인정하지 않는 것)

(Samjeong) The three right ways to overcome nihilism and eternalism:

1) Showing the right way of overcoming nihilism and eternalism as the doctor prescribes medicine according to the symptoms of the patient.
2) Revealing the true nature of Dharma by overcoming nihilism and eternalism as the doctor treats the illness by giving medicine to the patient.
3) As the patient does not require medicine any more when he/she recovers from the illness, when nihilism and eternalism disappear, not a shadow of truth is to be seen.

삼정육 三淨肉 병든 비구比丘가 약으로 쓸 때에 먹을 수 있는 육식肉食에 대한 세 가지 조건.

1) 불견不見 (자기가 먹는 짐승이 죽임을 당하는 것을 본 일이 없는 경우)
2) 불문不聞 (자기가 먹는 고기의 짐승이 자기를 위해서 살해되었다는 사실을 들은 일이 없는 경우)
3) 불의不疑 (이들 사실에 대해 의심의 여지가 없는 경우)

(Samjeongyuk) The three kinds of "clean" meat that a monk in sick bed may eat: When a monk has not seen the creature being killed, has not heard of its being killed for him, and has no doubt thereon.

삼정취 三定聚 삼취三聚라고도 말함. 사람의 성질을 셋으로 나눈 것.

1) 정정취正定聚 (항상 정진하여 기필코 성불할 중생) 2) 사정취邪定聚 (성불할만한 소질이 없어 더욱 타락하여 가는 중생) 3) 부정취不定聚 (연緣이 있으면 성불할 수 있고, 연이 없으면 미迷할 중생으로서 성불이 미정 상태인 경우)

(Samjeongchwi) The three types of personality: 1) One with a positive nature will definitely attain Buddhahood through constant effort. 2) The negative nature will be unqualified to attain Buddhahood. 3) The indefinite nature must rely on conditions or opportunities for attaining Buddhahood.

삼제 三諦 천태종에서 말하는 세 가지 진리인 공제空諦, 가제假諦, 중제中諦를 말함. 곧 공제를 단공但空으로 보지 않음으로써 공空도 가제假諦와 중제中諦를 여의지 않고, 중中도 공空 · 가假를 여의지 아니하니, 三과 一이 원융圓融하여 一도 아니고 三도 아니며, 一이기도 하고 三이기도 하니, 이것을 가리켜 부종부횡不縱不橫의 삼제三諦라 말함.

이를 좀더 쉽게 이야기하면, 삼라만상森羅萬象은 공무空無한 것으로, 한 물건도 실재實在한 것이 없는 것을 공제空諦라 하고, 한 물건도 실재한 것이 아니지만, 모든 현상은 분명하게 있으므로 이것을 가제假諦라 말하며, 이 같이 모든 법法은 공空도 아니고, 유有도 아니며, 또 공空이면서 유有, 유有이면서 공空인 것을 중제中諦라 말함.

(Samje) The three truths: Doctrine of threefold truth of the Tientai Sect: The truth of emptiness; the deceptive truth, or non-self existent reality; truth of the mean or the middle path. Yet the true meaning of this proposition is that as the truth of emptiness is not absolute, it incorporates non-self-existent reality and the middle path, and so is the middle path, which incorporates both truth of emptiness and deceptive truth.

This is what we call threefold truth of all-embracing impartiality or non-partisanship of the ultimate reality of the universe. To rephrase, what it means is that as all the phenomena in the world is completely empty, there is nothing that we can call absolute truth.

However, even if we admit that there is nothing that is real in the world, we still cannot deny the things that we perceive, and we call them deceptive truths. In conclusion, what all this means is that all existence is neither void nor provisionally real, yet there is a truth which transcends this dichotomy, which is called the middle path.

삼제 三際 과거, 현재, 미래로 삼세三世와 같은 뜻.

(Samje) The three times: The past, present, and future. Another name for *(Samse)* Three period of times.

삼제원융 三諦圓融 천태종에서 공제空諦, 가제假諦, 중제中諦를 세우고, 이 삼제三諦는 서로 떨어진 것이 아니어서, 공제空諦이면서 가제假諦와 중제中諦이고, 가제假諦이면서 공제空諦와 중제中諦이고, 중제中諦이면서 공제空諦와 가제假諦이기 때문에, 무애자재無碍自在하다고 함. 삼제三諦 참조.

(Samje Weonyung) Accommodation of threefold truth in harmony: Tientai School posits the accommodation of threefold truth, namely the truth of emptiness, the truth of deception, and the truth of the middle path. Yet they are not separate in the ultimate sense. "A"

is "B" and "C," so is the relation of "B" with "A" and "C," and "C" with "A" and "B." They are all interrelated, forming a harmonious whole. *Cf. (Samje)* The three kinds of truth.

삼조 三照 화엄경에 나오는 비유적 말씀. 해가 하늘에 떠서 세상을 비출 때 비추는 순서. 먼저 높은 산, 다음 계곡, 그리고 난 다음에 평지를 비추는 것처럼, 부처님께서 교법을 설하실 때에 듣는 이의 지혜의 깊고 얕음에 따라 깨달음에 앞뒤가 있음을 말한 것.

(Samjo) The three bright illuminations discoursed in the Flower Garland Sutra: Three stages of illumination of the sun high up in the sky. As the sun first shines on the mountain tops, then the valleys, and plains, the Buddha teaches sentient beings according to their capability and wisdom.

삼존 三尊 중앙의 본존本尊과 양쪽에 모시고 있는 불보살들을 함께 일컫는 말. 제 III장 삼존불三尊佛 참조.

(Samjon) The Triad-Buddha: The main Buddha flanked by two attendant Buddhas or Bodhisattvas. *Cf. Ch. III. (Samjonbul)* The Triad-Buddha.

삼종견혹 三種見惑 견혹見惑, 즉 눈을 홀리게 하는 세 가지.

1) 구생견혹俱生見惑 (나면서부터 본래 갖추어 있는 번뇌) 2) 추리견혹推理見惑 (어떤 일을 만날 때마다 추리하여 일어나는 번뇌) 3) 발득견혹發得見惑 (지식과 슬기가 나타남으로 점점 일어나는 번뇌)

(Samjong Gyeonhok) The three types of delusion arising from distraction:

1) Innate distractive delusion. 2) Distractive delusion arising from inference or reasoning whenever one confronts something. 3) Distractive delusion arising from gradual gaining of knowledge and intelligence.

삼종공양 三種供養 공양의 내용과 방법에 따라 세 가지로 나눈 것.

1) 재공양財供養 (세간의 재물, 향, 꽃으로 공양함) 2) 법공양法供養 (교법을 따라 보리심을 일으켜 자리리타自利利他의 행을 함) 3) 관행공양觀行供養 (화엄華嚴의 관법인 사사무애관事事無碍觀을 하는 것)

(Samjong Gongyang) The three kinds of offering according to the contents and procedure: 1) A material offering such as property, incense, flowers, etc. 2) Practicing the act of benefit to the others according to the teaching of Buddha. 3) Practicing the law of unhindered interpenetration of all particulars according to the doctrine of the Flower Garland Sutra.

삼종관법 三種觀法 마음을 살피는데 세 가지 방법이 있다. 1) 탁사관托事觀 (마음대로 어떤 사물을 대상으로 하여 관하는 것) 2) 부법관附法觀 (사제四諦 등의 법상法相을 나의 마음에 부착시켜 圓融無礙한, 곧 일체 걸림이 없이 살피는 것과 같은 것) 3) 약행관約行觀 (마하지관摩訶止觀이 말한 觀法의 방법에 의하여 일념삼천一念三千의 묘한 이치를 관함과 같은 것)

(Samjong Gwanbeop) The three types of insight: 1) Looking into or contemplating a thing as one sees it. 2) Looking into or contemplating a thing without any obstruction according to the true nature of a thing. 3) Looking into or contemplating a thing according to the teaching of the Great Samatha-vipassana, by whose subtle method of contemplation one sees thousands of things in a single thought.

삼종바라밀 三種波羅密 육바라밀을 셋으로 나눈 것.

1) 세간바라밀世間波羅密 (신통神通을 얻어 천상 天上에 나기 위하여 닦는 육도행六度行) 2) 출세간바라밀出世間波羅密 (이승二乘이 열반에 들기 위하여 닦는 육도행六度行) 3) 출세간상상바라밀出世間上上波羅密 (보살이 중생을 제도하기 위하여 닦는 육도행六度行)

(Samjong Balamil) The three kinds of Paramitas or perfections: It is the Six Paramitas divided into three groups:

1) Practice of the six mundane Paramitas to be reborn in the heavenly realm.
2) Practice of the six supra-mundane Paramitas of the two vehicles to attain Nirvana.
3) Practice of the six topmost Paramitas of the Bodhisattva to deliver sentient beings.

삼종보시 三種布施 재시財施, 법시法施, 무외시無畏施, 곧 일체 중생을 항상 공포에서 구하여 제도濟度것.

(Samjong Bosi) Three kinds of offering: Financial offering, gift of Dharma, i.e., teaching the Dharma, and gift of fearlessness, i.e., saving

sentient beings from fear and then lead them to enlightenment.

삼종성불 三種成佛 진언종眞言宗의 교리로, 세 가지 성불하는 방법.
1) 이구성불理具成佛 (이치적으로 볼 때 중생은 이미 마음과 몸이 그대로 부처라는 것) 2) 가지성불加持成佛 (믿음과 부처님의 가피加被에 의한 실제상의 성불을 말함) 3) 현득성불顯得成佛 (본래의 갖추고 있는 부처님의 덕德이 그대로 나타나는 상태를 말함)

(Samjong Seongbul) The three ways of attaining Buddhahood of the True-word Sect: 1) In theory, we are already Buddha in mind and body. 2) In a practical sense, we may attain Buddhahood through the interaction of faith and grace of Buddha. 3) Natural revelation of virtue of innate Buddhahood.

삼종세간 三種世間 화엄종에서 세운 세 가지 종류의 세계 1) 기세간器世間 (우리가 살고 있는 세상 또는 국토) 2) 중생세간衆生世間 (부처님을 제외한 다른 일체 중생들의 세계) 3) 지정각세간智正覺世間 (모든 부처님들의 깨달음의 세계)

(Samjong Segan) The threefold or three types or categories of the world, or the three constituents of a world:
1) The physical world, such as fields, mountains, and geography. 2) The mundane world of sentient beings. 3) The enlightened world of Buddhas.

삼종신고 三種身苦 범부凡夫의 세 가지 신체적 고통, 곧 노고老苦, 병고病苦, 사고死苦.

(Samjong Singo) Three types of agony of common people: Agony of aging, agony of sickness, and agony of death.

삼종욕 三種慾 인간의 세 가지 욕망 1) 식욕食慾. 2) 수면욕睡眠慾. 3) 음욕淫慾.

(Samjongyok) The three kinds of craving: 1) Craving for food. 2) Craving for sleep. 3) Craving for carnality.

삼종유 三種有 이름과 형상이 있는 것을 유有라 하며, 이에 세 가지 종류가 있다.
1) 상대유相對有 (상대적으로 있는 것. 곧 긴 것에 대한 짧은 것, 마음에 대한 경계 境界와 같은 것)
2) 가명유假名有 (여러 가지가 모여서 거짓으로 한 물건의 이름이 있는 것이니, 오온五蘊이 거짓으로 화합한 것을 사람이라 말하는 것과 같은 것)
3) 법유法有 (색심色心의 모든 법은, 인연으로 생기는 것으로 본래 자성이 없으나, 아주 없는 거북이 털과 토끼의 뿔과 같은 것은 아니므로 이를 법유法有라 함)

(Samjongyu) The threefold, or three kinds of existence:

1) Relative existence: It refers to things such as long and short, the mind and the sense-objecst, etc.
2) The false existence: It refers to a thing only in name such as our body, which is none other than the five aggregates or skandhas.
3) The existence of Dharma: Not a thing, whether it is a form or concept, that arises by causes and conditions has self-nature, yet we cannot deny its existence as a thing such as the fur of a tortoise or the horn of a rabbit. Hence it is called the existence of Dharma.

삼종지관 三種止觀 천태종에서 관법觀法에 대하여 세 가지를 세운 것.

1) 점차지관漸次止觀 (사다리에 올라가는 것처럼, 점차 낮은 곳으로부터 높은 곳에 이르러 드디어 실상實相의 관법에 도달하는 것)
2) 부정지관不定止觀 (근기根機의 종류에 의하여 깊이와 낮음이 서로 앞서기도 하고 뒤서기 도하여, 관법觀法에 반드시 점차 순서가 있는 것이 아님을 말함)
3) 원동지관圓頓止觀 (처음부터 곧바로 실상에 따라 행동과 이해가 다같이 신속함을 말함)

(Samjong Jigwan) The three modes of concentration and insight established by the Tientai Sect:

1) The gradual concentration and insight: It is like going up a ladder one section at a time.
2) Undefined concentration and insight: There is no fixed mode of practice either for gradual or sudden enlightenment. It depends on the capability of the practitioner.
3) Complete and spontaneous concentration and insight: The practitioner of superb capability penetrates right through the heart of reality for the realization of truth.

삼지 三智 삼종지三種智를 가리키는 말. 대지도론大智度論에 의하면, 삼지三智에는 두 가지 종류가 있다. 하나는 도종지道種智, 일체지一切智, 또는 일체종지一切種智. 다른 하나는 세간지世間智, 출세간지出世間智, 출세간상상지出世間 上上智.

첫째 종류:

1) 도종지道種智 (보살이 중생을 교화할 때에 세간世間, 출세간出世間, 유루有漏와 무루無漏의 도道를 말하는 지혜.

2) 일체지一切智 (모든 법의 총체적 모양을 아는 지혜)
3) 일체종지一切種智 (일체 만법의 별상別相을 낱낱이 아는 부처님의 지혜. 천태 지의天台 智顗는 위 주장들을 공空 · 가假 · 중中에 연계시키고 있다)

두 번째 종류:
1) 세간지世間智 (범부凡夫나 외도外道의 지혜)
2) 출세간지出世間智 (성문聲聞과 연각緣覺의 지혜)
3) 출세간 상상지出世間 上上智 (불보살佛菩薩의 지혜)

(Samji) The three types of wisdom: According to the daejidoron, or Mahaprajnaparamita Shastra, there are two kinds of three wisdoms. The first types are:
1) Bodhisattva's wisdom that the general aspect of all existence, mundane and supra-mundane, are void and unreal.
2) Bodhisattva's comprehensive or all-embracing wisdom, or the wisdom of knowing the discriminative aspects of all existence.
3) Buddha's perfect wisdom which discerns every different characteristic of things, or the wisdom of knowing all kinds of existence and element in their general and discriminative aspects. Tientai associates the above with the doctrine of emptiness, provisional, and the middle path.

The second types are:
1) The earthly or mundane wisdom of ordinary people or unbelievers.
2) Supra-mundane or spiritual wisdom of Sravaka and Praetykabuddha.
3) Supreme supra-mundane wisdom of Buddha and Bodhisattvas.

삼지 三止 천태종天台宗의 삼관三觀에 대하여 지의智顗가 세운 것.
1) 체진지體眞止 (일체만상은 인연에 의하여 생긴 것이므로 그 체體가 공함을 깨달아 마음을 움직이지 않는 것)
2) 방편수연지方便隨緣止 (공 空하다고 알면서도 가유假有의 존재를 긍정하여 상대방의 근기에 따라 설법하는 것)
3) 식이변분별지息二邊分別止 (체진지體眞止는 공空에 치우치고, 방편수연지는 가假에 치우치므로, 식이변분별지에서는 공空과 유有의 이변二邊에 치우치지 않는 중도中道의 이치를 깨달아 마음을 움직이지 않는 것)

(Samji) Three samathas or concentrations: The theory of Master

Zhiyi of the Tientai Sect in connection with *Samgwan,* the three insights.

1) Concentration based on the essence: As the phenomena arising from conditions have no essential substance and are therefore empty, there is no reason for the mind to be disturbed by them.
2) Concentration based on expediency: Although everything that arises from conditions has no essential substance and is empty, there must be some discourse according to the capability of the people through expediency for their benefit.
3) Concentration based on two extreme views: Proposition of the middle path between the first and the second, because they are both based on the assumption of extreme views of either being or non-being.

삼처전심 三處傳心 부처님의 45년간의 설법 중, 세 곳에서 가섭에게 마음, 곧 법法을 전한 일.

1) 영산회상靈山會上의 염화미소拈花微笑.
2) 다자탑多子塔 앞에서 부처님께서 가섭과 자리를 나눈 일.
3) 쌍림雙林의 관棺 속에서 부처님께서 발을 내밀어 보이신 일.

(Samcheo Jeonsim) Three occasions of transmission of mind to mind from Buddha to Mahakasyapa:

1) At Vulture Peak by a smile with a gesture of holding up a flower during the sermon on Vulture Peak.
2) At the Pagoda of Many Children when the Lord shared his seat with him.
3) Finally by putting his foot out of his coffin under the twin sala trees at Kusinagara.

삼천대천세계 三千大天世界 불교 천문학天文學에서는 수미산須彌山을 중심으로 하여 해, 달, 사대주四大洲, 육욕천六欲天, 범천梵天 등을 합하여 한 세계世界라 말하고, 이것을 천 배한 것을 소천세계小天世界, 소천세계를 천 배한 것을 중천세계中天世界, 중천세계를 천배한 것을 대천세계大天世界라 말함.

그러나 불교에서 말하는 삼천대천세계나 시방미진세계는 단순히 그 수가 무수히 많고 무한대하다는 것을 뜻하는 것으로 보기 보다는 연기적인 계층적 우주관으로 보는 것이 보다 타당하다는 과학적 이론도 있다.

(Samcheon Daecheon Segye) The infinitely great manifold cosmos of the Buddha realm: Lit. "the three-thousand-great-galaxies of worlds." One universe consists of the sun, the moon, four continents, six heavenly realms of desire, and the Brahma Heavens with Mount Sumeru in the center.

This universe is called the minor universe. A thousand times this minor universe is called the intermediate universe. A thousand times the intermediate universe is called the infinitely great manifold cosmos of the Buddha realm.

However, there is a scientific theory that the infinitely great manifold cosmos of the Buddha realm and infinitesimal world signify the interdependent cosmological stratum rather than a simple infinitude or infinitesimal realm of the cosmos.

삼천불 三千佛 과거세過去世의 일천불一千佛과 현재세現在世의 일천불一千佛, 그리고 미래세未來世의 일천불一千佛의 총칭. 우리가 부처님 앞에 삼천배三千拜를 하는 것도 이러한 뜻이 있음.

(Samcheonbul) Three thousand Buddhas: Three thousand Buddhas of the past, the present and the future. This is the basis of the three thousand bows or prostrations.

삼천운 三千運 석가모니 부처님이 입적하신 후 삼천년을 말함.

(Samcheonun) The post three thousand years after the great extinction of Sakyamuni Buddha.

삼취 三聚 불교에서 사람의 성질을 셋으로 나눈 것

1) 정정취正定聚 (항상 진실하여 기필코 성불할 종류)
2)사정취邪定聚 (성불할 만한 소질이 없어 더욱 타락하여가는 종류)
3) 부정취不定聚 (연緣이 있으면 성불할 수 있고, 연이 없으면 미迷한 부류로서 항상과 타락에 결정이 없는 종류)

(Samchwi) The three groups of individual nature:

1) Those who are resolute for attaining enlightenment.
2) Those who are not only decided for heresy but will also degrade themselves.
3) Those who are undecided, and it all depends on conditions whether he attain the Buddhahood or degrade themselves.

삼취정계 三聚淨戒 줄여서 삼취계三聚戒라고도 말함. 대승 보살의 계법戒法. 대승과 소승의 온갖 계법戒法이 이 가운데 들어있지 않은 것이 없으므로 섭攝이라 하고, 그 계법이 본래 청정하므로 정淨이라 함. 취聚는 모은다는 뜻.

1) 섭율의계攝律儀戒 (신身 · 구口 · 의意 온갖 악을 끊기를 서원하는 보살의 계戒)
2) 섭선법계攝善法戒 (온갖 선을 닦기를 서원하는 보살의 계戒)
3) 섭중생계攝衆生戒 (온갖 중생을 제도하기를 서원하는 보살의 계戒)

(Samchwi Jeonggye) The three consummate and immaculate precepts for Bodhisattvas: The reason they are called consummate is because they accommodate practically all the precepts that are imaginable; and the reason they are called immaculate is because they are originally pure without any defilement.

1) Bodhisattva's vow of Mahayana precepts to cut off all evils of body, speech, and mind.
2) Bodhisattva's vow of precepts to practice all virtues.
3) Bodhisattva's vow of precepts to liberate all living beings.

삼하 三下 주장자拄杖子를 세 번 내리치는 것을 말함. 삼도三度라고도 말하며, 이때의 하下와 도度는 세는 단위를 말함.

(Samha) Three strikings of a Dharma staff on the floor: This is a call for an attention of the congregation.

삼학 三學 불교를 배워 도道를 닦으려는 사람이 반드시 지켜야 할 세 가지.

1) 계戒 (오계五戒, 팔계八戒 등) 2) 정定 (사선四禪, 구상九想 등) 3) 혜慧 (사제四諦, 십이인연十二因緣 등)

(Samhak) The three supreme principles, disciplines, or learning: The inseparable aspects of the practice of Buddhism. 1) Sila or precepts (Five and eight precepts, etc.) 2) Samadhi or concentration (Four and nine stages of meditation, etc.) 3) Prajna or transcendental wisdom (The four noble truths, twelve links of dependent arising, etc.)

삼해탈문 三解脫門 해탈에 이르는 세 가지 문 또는 방법. 이를 삼공문三空門, 삼삼매三三昧라고도 함.

1) 공空 (일체 만유萬有가 공하다고 관함)
2) 무상無相 (상대적 차별이 없다고 관함)

3) 무작/무원無作/無願 (일체가 구할 것이 없다고 관함)

(Sam Haetalmun) The three gateways to emancipation: The three liberations, the triple liberation, or the three doors of emancipation or enlightenment.

1) The insight of voidness or emptiness of all phenomena.

2) The insight of formlessness and non-discrimination.

3) The insight of non-desire or wishlessness of Nirvana.

삼현 三玄 어떤 방편과 진실의 뜻을 드러내 보이는 세 가지 심오한 가르침. 그런가 하면, 노자老子, 장자莊子, 주역周易을 삼현학三玄學이라고도 말하나, 임제종臨濟宗에서는 체중현體中玄, 구중현句中玄, 그리고 현중현玄中玄을 말함.

1) 체중현體中玄 (본체 가운데 현玄이란 삼세三世가 한 생각이라는 뜻으로, 이를 쉽게 이야기하면, 말 속에 사물의 참모습을 조금의 꾸밈도 없이 있는 그대로 드러내고 있는 구句를 가리 킴)

2) 구중현句中玄 (구句 가운데 현玄이란 지름길을 뜻하는 언구言句로서, 이를 쉽게 이야기하면, 분별정식分別情識과 관계없는 진실한 말로서, 언어에 구애됨 없이 충분히 그 깊은 뜻을 깨다를 수 있는 구句를 가리킴)

3) 현중현玄中玄 (현玄 가운데 현이란 묵묵히 있는 것과, 방망이로 두들기는 것과, 할喝 같은 것들로서, 이를 달리 말하면, 모든 상대적 논리와 언어의 질곡桎梏을 벗어난 현묘玄妙한 구句를 가리키며, 이를 용중현用中玄이라고도 말함)

(Samhyeon) The three sublime teachings of truth and expediency: They sometimes refer to three profound teachings of Tao Te Ching, the Zhuangzi, and Daoist I Ching, but in the Linji Order, they refer to *chejunghyeon*, the sublime teaching of the essence, *gujunghyeon*, the sublime teaching of a phrase, and *hyeonjunghyeon*, the sublime teaching of sublimity.

1) The sublime teaching in the essential means that the three spheres are in a thought. In other words, it means the words that reveal the true aspects of things as they really are without any disguise.

2) The sublime teaching in a phrase means a shortcut of the words and phrases. In other words, it means the realization of profound meaning without relying on the words of sentimental discrimination.

3) The sublime teaching of sublimity means silence, hitting with a

staff, and a shout, etc. In other words, it means mysterious understanding free of all fetters of relative reasoning and words. It is also called the function of sublimity.

삼현위 三賢位 소승小乘과 대승大乘에 따라 구별이 있다.

1) 대승大乘 (보살 수행의 지위인 십주十住, 십행十行, 십회향十廻向의 위치에 있는 보살을 말함)
2) 소승小乘 (오정심위五停心位, 별상념무위別相念住位, 총상념주위總相念住位를 말함)

(Samhyeonwi) The three stages of saint: They differ according to the Mahayana and Hinayana:

1) Mahayana: Bodhisattvas who are in the stages of Ten Abodes, Ten Practices, and Ten Transference of Merit.
2) Theravada: Arhats who are in the status of five types of insight, the recollection of separate characteristics, and the recollection of total characteristics.

삼현문 三玄門 세 가지 심오한 가르침.

(Samhyeonmun) The three mysterious gates or teachings.

삼현삼요 三玄三要 보통 임제臨濟스님이 수행인의 공부를 점검하기 위하여 설치한 관문을 말함. 삼현三玄은 어떤 방편과 진실의 뜻을 세 단계로 나타내 보인 것이고, 삼요三要는 한마디 말로써 상대를 시험해보고, 또한 격외格外의 도리를 세 가지 단계로 제시함. 임제종의 교상教相은 아주 매서운 것이 그 특징.

(Samhyeon Samyo) Three profound teachings and essentials: It usually refers to three categories of sublime teachings and expediencies, and three categories of essentials set up by Master Linji for testing the student.

삼혜 三慧 세 가지 지혜. 문혜聞慧, 사혜思慧, 수혜修慧 1) 문혜聞慧 (보고 듣고서 얻는 지혜) 2) 사혜思慧 (사유思惟를 통해 얻는 지혜) 3) 수혜修慧 (사유를 마치고 입정入定한 후에 얻는 지혜)

(Samhye) The threefold, or three kinds of wisdom, or the three modes of attaining wisdom: 1) Wisdom attained through seeing and listening to Buddha's teaching. 2) Wisdom attained through speculation, or intellectual examination. 3) Wisdom attained through concentration or

meditation.

삼혹 三惑 삼장三障 또는 삼번뇌三煩惱라고도 말하며, 천태종에서 말하는 세 가지 마음의 이끌림. 혹惑이란 번뇌에 대한 다른 이름에 지나지 않으며, 이 미혹迷惑에서 온갖 악업惡業이 일어난다.

1) 견사혹見思惑 (우주의 진리가 판명되지 않는 것에 눈이 이끌리는 견혹見惑과, 사물에 대한 진상이 판명되지 않는 생각에 이끌리는 사혹思惑)
2) 진사혹塵沙惑 (그 수량을 알 수 없는 번뇌를 말할 뿐만 아니라, 깨달은 공리空理에 집착하는 번뇌이므로 착공着空에 대한 이끌림이라고도 말함)
3) 무명혹無明惑 (어리석음에 의한 마음의 이끌림)

(Samhok) The three kinds of delusion or obstruction claimed by the Tientai Sect, which are the roots of all defilements and evil deeds:

1) The illusions from imperfect perception with temptation to love, hate, etc.
2) Immense variety of delusion or defilement arising from attachment to the false knowledge of awakened emptiness.
3) The illusions arising from ignorance, or from failure to understand things in their true reality.

삼혼칠백 三魂七魄 인간의 정신작용을 혼魂, 형체에 의지하여 머무르고 있는 영靈을 넋魄이라 말함. 그런데 이는 모두 도교道教에서 나온 말로 본다.

(Samhon Chilbaek) Three souls and seven spirits: The function of all mental actions are called "soul," while the spirit must have something to abide in or rely on to exist. All these theories are presumed to have derived from the doctrines of Daoist philosophy.

삼회 三會 중생을 구하기 위해 법法을 설하는 3번의 회합會合 또는 그 장소. 과거의 모든 부처님이나 미래불인 미륵彌勒 모두 세 차례의 대설법회大說法會를 행하여 중생을 제도한다고 함. 특히 미륵의 삼회三會는 용화삼회龍華三會라고도 말하며, 석가모니 부처님의 교화教化에서 누락된 중생들을 구제한다고 함. 용화龍華 참조.

(Samhoi) Three Dharma assemblies for the deliverance of sentient beings, or the places of such assemblies: It is believed that all the Buddhas in the past and the future Buddha of Maitreya hold three Dharma assemblies to deliver sentient beings.

The three Dharma assemblies of Maitreya is especially called the three dragon flower assemblies to save all the sentient beings who had been left out from deliverance by Sakyamuni Buddha through his teaching. *Cf. (Yonghwa)* The Dharma assembly of Maitreya.

상 常 상常은 범어梵語 nitya의 번역으로 상주常住라고도 말함. 영원히 생하거나 멸함이 없는 것. 끊임없이 계속해서 다함이 없는 것. 연기법성緣起法性의 이치나 공空 또는 여래의 법신法身과 같은 것으로, 변화 속의 불변의 이치, 불변의 이치 속의 영원한 변화. 이것이 곧 우주의 실체이며 진여법성眞如法性.

(Sang) Nitya: The permanent, the doctrine of eternity: The ever-arising changelessness, constant, and eternal. It can also be defined as "all-changing changeless," or "unchanging in all changes." *Cf.* The principle of the law of causality and Dharmakaya, or Dharma-body.

상 相 언뜻 보기에 사물과 개념의 겉모습은 모양, 형태, 구별되는 특징, 이미지, 색깔 등과 같은 성질을 소유하는 것처럼 보인다. 그러나 이런 것들이 이들의 궁극적 실체는 아니며, 따라서 안 밖의 그 어떤 상相도 취할 바가 못 된다는 것을 알아야 하며, 또 이것이 금강경의 요체要諦.

(Sang) Form, a distinctive mark, sign, appearance, character, image, color, or characteristic, either material or conceptual: But they are not their true natures and ultimate substances. One should never get attached to any deceptive appearances, inside and outside of the mind.

상 想 상상想像, 감상感想, 사상思想 등과 같은 뜻. 즉 대상을 비추어 생각하는 정신작용. 오온五蘊의 하나. 이들은 욕망에 이끌릴 수 있다.

(Sang) Conception, thinking, or intellect: A mental function in which an image of the object is drawn into one's mind and its conception is constructed. Thus its nature is that of grasping images of objects. Hence it is synonymous with imagination, sentiment and thought or idea.

상견 常見 사람은 죽으나 자아自我는 없어지지 않으며, 오온五蘊은 과거나 미래에도 상주불변하여 계속된다고 고집하는 그릇된 견해. 단견斷見과 중도中道 참조.

(Sanggyeon) The doctrine of eternalism: The eternalist view that sees all phenomena to be real just as they are forevermore, never changing. *Cf. (Dan-gyeon)* Nihilistic view and *(Jungdo)* The Middle

Way.

상공 相空 모든 법에는 성性과 상相 두 가지가 있는데, 성性이 공한 것을 성공性空이라 하고, 상相이 공한 것을 상공相空이라 한다.

(Sanggong) The unreality or emptiness of form: The doctrine that phenomena have no reality in themselves.

상공 相公 옛 중국에서 사용한 재상宰相에 대한 높임말.

(Sanggong) The Prime Minister in the government system of ancient China.

상구보리 上求菩提 위를 향하여 깨달음을 구하는 것. 상구보리는 자리自利이며, 하화중생은 이타利他이다. 이는 곧 보리심이 되며 보살의 만행萬行이 이 두 가지에 지나지 않는다. 그러나 먼저 스스로 깨치지 못하면 남을 구할 수 없음도 알아야 한다.

(Sanggubori) To elevate oneself by aiming at the attainment of enlightenment: It is a pursuit of self benefit while leading sentient beings to enlightenment is the act of benefit for others, which is at the same time the basis of all actions of Bodhisattva. However, we must first attain enlightenment to lead others to attain the Buddhahood.

상구보리 하화중생 上求菩提 下化衆生 위로 보리菩提의 지혜를 구하고 닦아 아래로 중생을 교화敎化 제도濟度함. 보살이 닦아야 할 신성한 의무.

(Sanggubori Hahwa Jungsaeng) First attain enlightenment, then instruct all beings: It is the sacred duty of a Bodhisattva.

상극 相剋 일반적인 경우는, 두 사물 또는 현상이 서로 대립하여 어느 한 쪽이 다른 한 쪽을 해롭게 하여 함께 있을 수 없음을 뜻하나, 동양철학의 오행설五行說에 있어서, 쇠는 나무를, 나무는 흙을, 흙은 물을, 물은 불을, 불은 쇠를 이김을 말하며, 이것이 우주창조의 역동적 원리이기도 함. 상생相生 참조.

(Sanggeuk) Mutual conflict: It is a natural dynamic of conflict, competition, and division that saves as a catalyst in creating and advancing life. In terms of the five elements (wood, fire, earth, metal, water) in Eastern philosophy, *sanggeuk* is a natural dynamic in which one element restrains another (i.e., wood restrains earth, earth restrains water, water restrains fire, fire restrains metal, and metal restrains wood. *Cf. (Sangsaeng)* Mutual life-giving.

상근기 上根機 출중한 지혜가 있어 수행을 능히 감당할만한 재능 또는 바탕.

(Sanggeun-gi) The high-minded, the wise and quick-witted, the person of superior faculties, or those who are gifted with a superior mental capacity.

상념 想念 마음속에 품는 여러 가지 생각.

(Sangnyeom) A conception, notion, thought, fancy, idea, or the mind's eye.

상단 上壇 불상을 모신 곳. 불단佛壇이라고도 말함.

(Sangdan) The main altar of a Buddha image.

상단공양 上壇供養 불상을 모신 상단上壇에 공양을 올림.

(Sangdan Gongyang) Offering on the main altar of a Buddha image.

상단축원 上壇祝願 불상을 모신 상단에 축원함.

(Sangdan Chukweon) Praying to the main altar of the Buddha image.

상당 上堂 이는 상법당上法堂을 뜻하며, 따라서 설법하기 위해 큰스님이 법상法床에 올라감을 뜻함. 옛날에는 수시로 행했으나 후세에 들어와서 정기 및 임시로 상당하는 것이 관례로 정해져, 여기에 단망상당旦望上堂 (매월 1일, 15일에 상당), 오참상당五參上堂 (매월 5일, 10일, 20일, 25일)이 있게 됨. 단망상당을 합하면 5일마다 한 번씩 상당上堂하게되므로 오참五參이라 말함. 이 외에도 소참小參 등 몇 가지가 더 있다. 상당하면 모든 사람이 일어서서 설법을 듣는 것이 통례.

(Sandang) Ascending the Hall, or mounting the high-seat to deliver the Dharma talk: In the ancient days, the preaching was done on demand at any time, but it is now done either on the first and fifteenth day of the month which is called *danmang sangdan*, and on the fifth, tenth, twentieth, and twenty-fifth day of the month, which is called *ocham sangdan*. There are some other occasions for the Dharma talk at the Dharma Hall, such as *socham*, an occasional meeting at the head master's room upon the order of the master.

상당법어 上堂法語 조실祖室이나 방장方丈이 법상法床에 올라가 법문을 함을 말함. 상당上堂 참조.

(Sangdang Beopeo) The high-seat Dharma talk. *Cf. (Sangdang)* Mount the pulpit or high-seat to deliver the Dharma talkor discourse.

상대 相待 일체의 현상계는 상대성 원리에 의해 존립하는 것임을 보인 말. 다시 말해 이 우주 공간에 그 어느 것도 자성과 함께 홀로 영원히 존재하는 것은 없으며,

또 서로 의존상태에 있는 것으로, 삼각형의 원리처럼, 그 어느 한 변이라도 없으면 무너질 수밖에 없음을 말함. 따라서 이는 특히 공空의 도리와 중도에 대한 또 다른 표현임도 알 필요가 있다.
도道의 본질은 영원불변의 절대적인 것이지만, 모든 형상形相은 내외를 막론하고 모두 상대적이다. 그리고 그들 간에는 저절로 비교가 생기고, 비교가 생기면 차별과 우열이 생기기 마련이다. 따라서 선악과 미추美醜, 진실과 허위 등을 포함한 모든 개념은 상대적인 관념에 불과하며, 유有와 무無도 서로가 서로를 낳는 것이다. 상대성이야말로 우리의 얼굴을 비추어주는 진리. 상의상대相依相對와 중도中道, 그리고 도덕경道德經 제 2장 참조.

(Sangdae) The principle of relativity, or something that is relative, not absolute: It means that all finite things are interdependent, relative, and mutually conditioned. It also implies that there is no possibility of any independent, self-sufficient, permanent thing or entity. It is, in fact, another statement or expression for voidness and the Middle Way or Path.
The essence of Dao or Truth is immutable and everlasting, yet all the phenomena or the compounded things in the world are relative. Where there is relativeness, there is comparison; where there is comparison, there arise good and evil, beauty and ugliness, truth and false, being and non-being, etc.
"When all under heaven know beauty as beauty, already there is ugliness. When everyone knows goodness, this accounts for badness. Being and non-being give birth to each other." Relativity must be our mirror. *Cf. (Sangeui Sangdae)* Mutual dependence, *(Jungdo)* The Middle Way, and Tao Te Ching, Ch. II.

상대인 上大人 인류의 스승인 공자孔子를 말함.

(Sangdaein) A great man of high capability: It refers to Confucius who is the teacher of all mankind.

상덕 常德 사덕四德 중의 하나. 상덕常德에는 두 가지 뜻이 있으니, 그 첫째는 유의생사有爲生死를 버리지 않으니, 그것은 생사를 열반과 다르다고 보지 않기 때문이며, 다음은 무위열반無爲涅槃을 취하지 않으니, 그 이유는 열반을 생사와 다르다고 보지 않기 때문이다.

(Sangdeok) Two aspects of the permanent virtue of Nirvana: Firstly, it transcends phenomenal, birth and death. Secondly, it is complete enlightenment and Nirvana, because it does not see the difference between birth-death and Nirvana.

상두산 象頭山 산꼭대기 모양이 코끼리 머리와 비슷하므로 이렇게 부름. 부처님께서 초기에 설법하신 곳으로 성경聖經의 산상수훈山上垂訓과 비교하기도 함.

(Sangdusan) Elephant-head Mountain: It is where Sakyamuni Buddha discoursed not long after His supreme enlightenment. It is sometimes compared with the famous Sermon on the Mount of Jesus Christ.

상락아정 常樂我淨 열반사덕涅槃四德 참조.

(Sangnak Ajeong) Four virtues of Nirvana: *Cf. (Yeolban Sadeuk)* The four virtues of nirvana.

상량호호지 商量浩浩地 상량은 마음 헤아림 또는 그럴듯한 문답問答. 지地는 어조사. 호호浩浩는 물이 넘치는 모양. 이는 문답을 주고받는 것이 매우 그럴듯한 것을 말함. 곧 끝없는 분별과 아무런 실속이 없는 구두선口頭禪과 같은 언어의 성찬을 말함.

(Sangryang Hohoji) A flourishing discussion, or an empty dialogue of grand style, or a kind of "a big mouth meditation." Meditation requires no noisy big talks.

상무성 相無性 만법萬法은 본래 자체의 성품을 가지고 있지 않다. 모두가 사대四大인 지수화풍地水火風으로 이루어진 것이나, 다만 중생들이 스스로 도모하여 모양에 집착하므로 허상에 얽매여 실상이 무성無性임을 알지 못한다. 이러한 허상은 물질적인 것에만 국한되는 것도 아니다.
과학이 발달하기 전에는 지구가 우주의 중심이며 지구는 둥근 것이 아니라 평면적이어서 한쪽 방향으로 계속 가면, 언젠가는 지구의 끝이 나타나 나이아가라 폭포와 같은 절벽을 만나게 된다고 믿었다.

(Sangmuseong) The non-selfness of form: The non-existence of forms, or unreality of phenomena like "turtle's hair" or "rabbit's horns." All phenomena are like phantoms and mirages that will be gone as soon as conditions dissolve.

Even the earth and the sun will be gone someday and return to great space. Leave your attachment to forms, both phenomenal and conceptual, behind and you will be happier and see Buddha.

상방 上方 원래 산상山上에 있는 절이라는 뜻이었으나, 성종禪宗에서는 주지가 가장 높은 곳에 거처한다고 하여 주지住持 또는 주지의 거처를 뜻하게 됨.

(Sangbang) Abbot of a monastery, or his abode: It originally meant a monastery at the top of the mountain. However, it came to indicate an abbot, because the abbot's abode is usually situated at the highest location of the temple.

상방 上房 사찰의 서기書記.

(Sangbang) The clerk at the temple.

상법시 像法時 부처님의 가르침을 증과證果하는 사람은 없으나 교법과 수행이 아직 남아있는 시대. 삼시三時 참조.

(Sangbeopsi) The semblance period of 1,000 years after Buddha's passing. *Cf. (Samsi)* Three different periods of Buddha's teaching.

상분 相分 의식 또는 심식心識의 객관적 측면 또는 대상. 견분見分 참조.

(Sangbun) The objective part of consciousness or form.

상사 上士 보살에 대한 다른 말. 자신만 해탈하고 다른 사람을 해탈케 하려하지 않는 사람을 중사中士라 하고, 자리리타自利利他의 두 가지 생각이 없는 사람을 하사下士라 함에 대하여, 자타自他를 다 같이 구제하려고 노력하는 보살을 상사上士라고 말함.

(Sangsa) Another name for Bodhisattva, or the superior disciple, who becomes perfect in profiting himself and others. Those who are only concerned with their own profit and enlightenment are called the middle disciple, while those who do not even care about the perfection of self for perfection of others, and attain enlightenment are called the lower disciple. *Cf. (Jungsa)* The intermediate disciple.

상사각 相似覺 대승기신론에서 각覺을 설명한 것으로, 진정한 깨달음이 아니라 비슷한 깨달음이라는 뜻. 사각四覺 참조.

(Snagsagak) Semblance awakening: Similar to awakening but not quite to the ultimate awakening, discussed in the Awakening of Mahayana Faith. *Cf. (Sagak)* The four stages of enlightenment.

상사즉불 相似卽佛 천태종에서 세운 육즉불六卽佛 중의 네 번째. 부처와 거의 닮았다 뜻.

(Sangsajeukbul) The semblance Buddha: The stage in which one attains a semblance of perfect enlightenment by constant practice The fourth of the six grades of practice in the Buddhahood.

상생 相生 동양철학의 오행설五行說에서 쇠는 물을, 물은 나무를, 나무는 불을, 불은 흙을, 흙은 다시 쇠를 생하여 줌으로, 오행五行이 상생하는 이치. 이의 반대 개념인 상극相剋 참조.

(Sangsaeng) In Eastern philosophy, *sangsaeng* (mutual life giving or saving) is a natural dynamic of the five elements in which one phase engenders another (e.i., metal engenders water, water engenders wood, wood engenders fire, fire engenders earth, earth engenders metal again. *Cf. (Sangeuk)* Mutual conflict.

상생고생 相生苦生 마음에 모양이 나타나면 번뇌와 고통이 나타난다는 뜻. 따라서 온갖 차별상을 짓지 않는 것이 곧 업을 짓지 않는 것.

(Sangsaeng Gosaeng) When form or mark pops up in the mind, there arise all kinds of defilements and suffering. Hence the best policy is not to arouse any sort of discriminating mind.

상서 祥瑞 길상吉祥의 징조. 좋은 일이 있을 때를 예고하거나 혹은 찬란하게 나타나는 불가사의한 조짐.

(Sangseo) An auspicious sign or potent: A good omen, or unfolding of inconceivable miracles.

상석 上席 좌석의 차례에서 윗자리.

(Sanseok) A seat of honor.

상속상 相續相 순경順境에는 즐거움을 느껴 이를 좋아하고, 역경逆境에는 괴로움을 느껴 이를 싫어하여 고락의 감정이 끊이지 않는 것. 이것이 중생의 삶.

(Sangsoksang) Continuity, especially of cause and effect, never ceasing chain of good or bad feelings according to the circumstances, which is the life of sentient beings.

상수 上首 가장 상위上位, 곧 윗자리에 있는 이란 뜻. 예를 들어 상수제자上首弟子, 곧 가장 아끼는 뛰어난 제자와 같은 것.

(Sangsu) The topmost, highest station or standing, presiding elders, or the chief or head disciple.

상수 常修 삼수三修의 하나. 보살은 법신法身의 체體가 상주 불변함을 알고, 성문聲聞이

무상하다고 집착하던 것을 파하는 것.

(Sangsu) Correction of Shravaka's or the Sound-hearer's wrong view of impermanence of things by realizing the everlasting existence of the Dharma-body. *Cf. (Samsu)* Threefold, or three ways of cultivation.

상승법 上乘法 가장 뛰어난 교법教法. 거기에는 닦아야 할 것도 없고, 이루어야할 해탈도 없으며, 가야할 서방 극락정토도 없다.

(Sangseungbeop) The supreme-vehicle Darma or teaching: There is nothing more to cultivate, no enlightenment to attain, and no Blissful Land to cross over.

상위장 相違障 거친 장애 요소가 미묘한 장애를 일으키는가 하면, 이와 반대로 미묘한 장애가 거친 장애를 일으키는 것.

(Sangwijang) Disparate obstructions: It is the case of coarse hindrances obstructing subtle factors, and subtle hindrances obstructing coarse factors.

상응 相應 서로 맞아 어울림, 곧 계합契合의 뜻. 범어梵語에는 사事에 계합하는 것과 이理에 계합하는 두 가지로 나누어, 전자를 욕흘타欲吃多 Yukta, 후자를 유가瑜伽 Yoga라 한다. 후자의 경우, 우주의 실체와 하나가 되려는 요가 수행 참조.

(Sangeung) Conjugation, to respond, to correspond, or association: To be in accord with each other. In Sanskrit, it has two meanings. One is to accord with the material, and the other is to accord with the principle of the universe. *Cf.* Yoga practice.

상응분 相應分 서로 맞아 어울리는 대가 또는 지위.

(Sangeungbun) Corresponding reward or status.

상의 相依 모든 존재의 상호 의존관계. 상의상대相依相待 참조.

(Sangui) Interdependence: The law of all existence. *Cf. (Sangui Sangdae)* Mutual dependence.

상의상대 相依相待 세 선線이 상대하고 의지하여 삼각三角이 이루어지듯이, 이것과 저것이 서로 맞서 비로소 존재한다는 것. 모든 물질세계는 의타依他 관계로서 인연생기因緣生起의 다른 말에 지나지 않음. 즉 이것이 있으므로 저것이 존재하며, 저것이 있으므로 이것이 존재한다는 이치로, 이 우주 공간에 그 어느 것도 홀로 존재하는 것은 없다는 것. 이것은 또 상대성의 원리인 동시에 상생相生의 우주원리와 대자대비의 원리이기도 함.

(Sangui Sangdae) Mutual dependence: Complementarity of all beings, even opposites, or the state of flux of all beings. *That* being present, this exists; this being present, that exists. This is the theory of triangular and dependent arising.

In *this* whole universe, there is nothing that exists independently or stands alone. Realization of this truth is the only way to save the earth and all living beings in this turbulent age.

상인 上人 지혜와 덕을 갖춘 큰 스님들에 대한 존칭. 굳이 번역한다면 윗어른.

(Sangin) A superior man, a saint: An honorary title for the venerable masters or elders.

상입 相入 상호 침투, 또는 서로 걸림이 없이 융합하는 것.

(Sang-ip) Mutual identity, interfusion, or blending without any hindrance.

상자 上資 우리나라에서는 도제徒弟 또는 제자를 가리키며 상족上足이라고도 말함. 상좌上佐 참조.

(Sangja) Sravaka: A disciple, or an apprentice. *Cf. (Sangjwa)* A distinguished disciple.

상자상전 上資相傳 스승에서 제자로 법을 전하는 것.

(Sangja Sangseung) Transmission of Dharma from the master to disciple.

상적광토 常寂光土 적광토寂光土라고도 말함. 우주의 진리를 국토國土로 보며, 여기에 주住하시는 부처님을 법신불法身佛이라 말함.

(Sangjeokgwangto) The blissful land of eternal quietude: The Buddha-land of truth where the Dharmakaya, or the Dharma-body abides.

상제 上帝 옥황상제玉皇上帝의 약칭으로 우주를 다스리는 천신天神.

(Sangje) God the Ruler of the universe, whose formal title is Okhwang Sangje (Jade Emperor of Heaven).

상종 相宗 천태종과 화엄종을 성종性宗이라 하는데 대해, 본체의 문제보다 만유의 현상의 문제, 곧 상相을 주로 탐구하는 구사종俱舍宗과 법상종法相宗 등을 가리키는 말. 성종性宗 참조.

(Sangjong) The Phenomenal or the Dharma-character Schools: In contrast to the Essential-nature Schools, these schools deal chiefly

with appearances which are seen as such characteristics as form, shape, distinctive features instead of the ultimate nature of things or reality. *Cf. (Seongjong)* The Essential-nature School.

상좌 上佐 상자上資, 상족上足이라고도 말하며, 사승師僧의 대를 이을 여러 제자 가운데 높은 사람. 좌佐는 보필한다는 뜻. 은상좌恩上佐, 법상좌法上佐, 수계상좌受戒上佐, 참회상좌懺悔上佐 등이 있다.

(Sangjwa) A distinguished disciple, or a senior disciple: There are a few more names for this in Korean according to the specific relations with the master, such as the precept disciple, the Dharma disciple, the repentance disciple, etc.

상좌 上座 절 안의 스님들을 통솔하고 온갖 절 살림살이를 총괄하는 주지나, 덕이 높고 나이 많은 강사講師, 선사禪師 또는 원로元老들이 앉는 자리.

(Sangjwa) The Buddhist elder, often applied as a kind honorific title especially to elder Buddhist monks. It also means one of the three ecclesiastical officials who, as a monk of virtue, assumes leadership of monks in a monastery and administers the affairs of the monastery. It also applies to the old instructors, or used as an honorific term to one's master in the Seon monastery.

상좌부 上座部 상좌 불교라고도 말하며, 소승小乘 20부 중에 근본 2부의 하나. 불멸佛滅 후 백여 년 경 교단내의 보수파와 진보파가 대립하여 상좌上座와 대중大衆의 2부로 분리됨.

(Sangjwabu) Sthavira, or Theravada Buddhism, the adherent of the Elders, one of the twenty schools of Hinayana: The doctrine of teaching of the Thera, the "Elders" of the Sangha of the Southern School of Buddhism. The sole surviving sect of the Theravada, and a living tradition of Buddhism with its roots in Southeast Asia.

상주무명무색 常住無名無色 상주常住, 곧 영원한 것은 허공계虛空界처럼 이름도 형상도 없는 법.

(Sangju Mumyeong Musaek) What is everlasting has neither name nor form as infinite space.

상주 常住 범어梵語 nitya-sthita의 번역. 과거에서 현재와 미래로 삼세三世에 걸쳐 항상 존재하고 생멸生滅하거나 변화하지 않는 것을 말하며, 이에 반대되는 것을 무상無常이라고 함.

(Sangju) Nitya-sthita: Permanence, unchangeable, never changing, without appearance or disappearance. Contrary to this is Anitya (Skt), anicca (P), impermanence and transiency of all phenomena in the universe.

상주불멸 常住不滅 없어지지 않고 영원히 존재함. 그러나 불교는 제행무상諸行無常이라고 하여 상주불멸의 실체를 인정하지 않는다. 그런데 인간은 사물을 어떤 고정된 상태로 인식하는 습관이 있다. 그런데 이 우주 어디에도 불변의 고유한 값을 갖는 고정된 것이란 없다. 인간이 고유상태라고 느끼는 것은 잠정적으로 고정된 것처럼 보일뿐이다. 이것을 불교에서는 실체가 아닌 가상假相 또는 환幻이라 말한다. 이것이 바로 법공法空, 법계연기法界緣起, 또는 법계무진연기法界無盡緣起로 부처님께서 깨달으신 영원한 진리. 연기법 참조.

(Sangju Bulmyeol) Permanent and everlasting: However, Buddhism posits, instead, impermanence of all things in the whole universe. Nonetheless, people believe things to be real with their self-entity. But as mentioned above, there is nothing that has self-entity and is everlasting in the whole universe.

Everything is in the everlasting process of mutations, which is the law of nature and the universe. Buddhism calls it infinite dependent origination of the Dharma realm, the truth Sakyamuni Buddha attained. *Cf. (Yeongibeop)* Dependent origination or arising.

상즉 相卽 화엄사상에서 말하는 교의敎義로, 만유萬有는 그 궁극적인 차원에 있어서 서로 융합하여 일체一體, 곧 하나라는 것. 이를 쉽게 이야기 하면, 이것과 저것이 서로 자기를 버리고 다른 것과 같아지는 것. 예를 들어 파도이면서 곧 바다, 바다이면서 곧 파도라고 하는 것과 같은 것. 그리고 구극究極에 가서는 모두가 하나인 공空으로 돌아가는 것.

(Sangjeuk) Mutual identity, or integration of all the phenomena with one another: All the phenomena is identical as the wave is with water and water with the wave. The waves merge into water, and water into waves without obstruction. In the ultimate reality, all forms or matter merge into one another without hindrance and return to the great whole, or the Void.

상즉상입 相卽相入 화엄종의 교의敎義로 상즉相卽과 상입相入의 병칭倂稱. 서로 용납하여 원융圓融하고 무애자재無碍自在하니 서로가 걸림이 없으며 그대로가 평등한 관계. 중중무진重重無盡 참조.

(Sangjeuk Sang-ip) Mutual identity and causality, or interfusion of things without hindrance, and they are true as they are without difference. *Cf. (Jungjung Mujin)* The endless chain of interpenetration of things.

상즉성 相卽性 이것과 저것이 서로 자기를 폐하여 다른 것과 같아지는 것. 다시 말해, 파도이면서 곧 물, 물이면서 곧 파도라고 함과 같은 이치.

(Sangjeukseong) The relational nature of things, e.g., the wave is water and water is the wave.

상참 上參 상당참집上堂參集의 준말. 대중大衆이 설법을 듣기 위하여 도량道場에 모이는 것.

(Sangcham) Gathering in the lecture hall to listen to the Dharma discourse.

상투 성인成人남자가 머리를 끌어올려 정수리 위에 틀어 감아 삐죽하게 맨 것.

(Sangtu) A topknot: Notice the hair style of the Buddha.

상호 相好 부처님 모습의 특징. 삼십이상三十二相 참조.

(Sangho) The marks of Buddha. *Cf. (Samsip-i Sang)* Buddha's 32 auspicious signs of excellence.

상호연 相互緣 삼발의 다리가 서로를 의지하여 서 있듯이, 조건과 조건이 서로를 도와 생멸함을 뜻함.

(Sanghoyeon) Mutual conditions: As each foot of a tripod relies on one another to stand, so do all the conditions in the whole universe to sustain themselves and help other particulars to sustain or perish.

색 色 구체적인 형체를 가진 것으로서 눈으로 볼 수 있는 객관적 대상인 동시에 변형과 함께 파괴될 수 있는 모든 물질적 실체 또는 존재.

(Saek) Rupa: Matter, form, mark, thing, element, attribute, or material quality a step further from the state of dhyana or dwelling in quiet tranquility. As the physical body and personality, one of the five skandha or aggregates, it is defined as all that which has resistance and extension, which changes, can be broken down.

색계 色界 삼계三界의 하나. 욕계欲界와 무색계無色界의 중간 세계로 욕계제천欲界諸天 위에 있는 물질적 세계. 욕계와 같은 음욕과 식욕 등의 탐욕은 여의였으나, 아직 무색계처럼 완전히 물질마저 여의지는 못한 세계. 누구든 만약에 물질의 세계를 한방에 꿰뚫어 볼 수 있다면, 제법諸法이 모두 무상함을 깨달아 해탈을 얻을 것이다.

(Saekgye) Rupa-dhatu: The world of form, or the world of any material qualities devoid of sensuous desires. One of the triple realm or spheres (the world of desires, the world of formlessness or conception, and the world of form) that constitutes samsara or transmigration, within which the cycle of existences of all beings in six modes of existence takes place. If anyone can see through material objects and cut through attachments at one stroke, then all things will be empty to him and will be free.

색법 色法 물질적 존재, 곧 언젠가는 무너질 물질.

(Saekbeop) Matter: It inevitably must crumble to dust.

색불이공 공불이색 色不異空 空不異色 구극究極의 견지에서 볼 때, 물질이 공空이며, 공이 곧 물질이라는 것으로, 물질과 공空이 다르지 않다는 뜻, 또 이것이 진정한 중도中道의 뜻. 색즉시공色卽是空 참조.

(Saekbuligong Gongbulisaek) Matter or form is not different from emptiness, and emptiness from matter; Form does not differ from emptiness, emptiness does not differ from form: In the ultimate reality of emptiness, they are the same, which is the true meaning of the Middle Way. *Cf. (Saekjeuk Sigong)* Matter itself is voidness.

색불즉공 이즉공고 色不卽空 以卽空故 색色은 공空 그대로가 아니다. 공 그대로이기 때문에 공이다. 다소 헛갈리는 것 같으나 그렇지가 않다. 보이는 색은 분명히 공이 아니다. 그러나 무자성無自性인 색色의 본체를 들여다보면 색은 분명히 공이다. 즉 색이 공이고 공이 색인 것이다. 문제는 색色에서만 노는 중생에 있다.

(Saekbuljeukgong Yijeuk Gonggo) Matter by its appearance is not empty, but it is, at the same time, empty because it is originally empty without self-nature: Thus, there is, in fact, no difference between ultimate reality and the phenomenal world which is latently empty.

색성향미촉법 色聲香味觸法 육경六境 또는 육진六塵을 말함. 그러나 이들은 모두 육근六根과의 결합에 의해 나타난 실체가 없는 아지랑이와 꿈과 같은 것으로 모든 번뇌의 근원이라는 것을 알아야 한다. 그렇다고 이들이 전혀 존재하지 않는 것도 아니니, 여기에 중도의 지혜가 요구되는 것이다.

(Saekseonghyang Michokbeop) Six sense-objects: Forms, sounds, smells, tastes, touch or textures, and the dharma. With a combination of six roots, or six sense-faculties, from all these arise all kinds of afflictions and defilements.

All these are comparable to mirages and dreams. In other words, they are not objects that are found in themselves nor are they absolutely non-existent. This is where the wisdom of the Middle Path is required.

색수상행식의 色受想行識意 오온五蘊 참조.

(Saeksusanghaengsikui) *Cf.* *(O-on)* The five aggregates.

색신 色身 물질적 존재로서 형체를 가진 몸. 곧 육신肉身을 말함. 그런가 하면 특히 무형無形의 법신法身 또는 지신智身에 대하여 32상相 등을 갖춘 부처님의 유형有形의 생신生身을 말함. 법신法身 참조.

(Saeksin) Rupakaya: The physical body, or form that exists and then dissolves. It especially refers to the formal or physical body of the Buddha with thirty-two features, or bodily marks in contrast to the Dharma-body and the wisdom-body. *Cf.* *(Beopsin)* The Dharma-body.

색심 色心 물질과 정신. 모든 법, 즉 물질에 있어서는 색심, 중생에 있어서는 마음과 몸, 곧 신심身心이라 말함.

(Saeksim) Matter and spirit, or body and mind.

색심불이 色心不二 (물질과 마음이 둘이 아니라는 뜻으로, 언뜻 보기에 모순된 것 같으나 이에 대해 대승기신론大乘紀信論은 다음과 같이 말하고 있다)
일체법은 마치 거울 속의 모습과 같아 실체가 없어 얻을 수가 없느니라. 오직 마음뿐 그 외는 모두 허망하니, 이것은 마음이 일어나면 가지가지 법이 생기고 마음이 사라지면 가지가지 법도 사라지기 때문이니라.

(Saeksim Buli) Non-duality of matter and mind: It seems contradictory but let's see what the Awakening of Mahayana Faith says: Every dharma is like an image in the mirror, which has no true substance and there is no way to obtain it. Everything is but the mind and illusion. Things appear when the mind is aroused and things disappear when the mind is at rest.

색심실상 色心實相 제법실상諸法實相과 같은 뜻. 이는 반야경般若經에서의 공空과 같은 뜻이며 또 그것은 진여眞如와 같은 내용. 이것은 또 유심 유물唯心 唯物 그 어느 쪽에도 치우치지 말라는 뜻이기도 함.

(Saeksim Silsang) The true natures of matter and mind: In the ultimate sense of emptiness, there is no difference between mind and matter. They are both empty.

색어 索語 색화索話 또는 조어釣語라고도 말함. 스승이 학인을 시험하기 위해 낚시로 고기를 낚듯이, 학인의 대답을 낚아 낸다는 뜻으로 일컫는 말. 본래는 학인이 스스로 해결할 수 없는 의심이 있을 때 상당上堂하여 대중에게 청문請文한다는 뜻이었으나, 이제는 변하여 상당上堂의 수어垂語를 가리키는 말이 되었다.

(Saekeo) Instruction or teaching: The original meaning was an act of asking a difficult question of a student to the assembly at the Dharma Hall, or the master's baiting the student with a question. But it now has changed to instruction or preaching at the pulpit of the Dharma Hall by the Seon master.

색음 色陰 물질의 집합체. 오온五蘊 참조.

(Saekeum) A collection or aggregate of material qualities.

색즉공 공즉색 色卽空 空卽色 색공불이色空不二, 곧 물질과 공空이 둘이 아니라는 뜻.

(Saekjeukgong Gongjeuksaek) Form *is* emptiness, and emptiness *is* form: It means non-duality of form or matter and emptiness, not that matter is void because of its voidness.

색즉시공 공즉시색 色卽是空 空卽是色 현실의 물질적 존재(色)의 진상은 인간의 이성을 초월하여 그곳에 하등 집착할 것이 없는 공空의 존재임을 '색즉시공'이라 말한다. 이에 반해 공空의 원리 위에서 현실의 존재를 하나의 가상假相으로 긍정하는 것을 '공즉시색'이라 말한다. 따라서 '색즉공'이라는 말은 상대적 가치로써의 현상계마저 부정하는 것이 아니라, 유한적인 현상계를 자성을 지니는 영원한 실상으로 착각하는 것을 부정하는 것임을 알 필요가 있으며, 이는 또 중도中道의 핵심 이론이기도 하다.

이를 보다 쉽게 이야기 하면, 색色은 물질 (현상)을 말하고, 공 空은 근본을 말하나, 근본과 현상은 둘이 아니라는 것. 예를 들어 얼음(현상적 가상)과 물(얼음의 본질)이 둘인 것 같지만, 물이 찬 기운을 만나서 얼음이 됐을 뿐 결국 얼음과 얼음의 근본인 물은 둘이 아니라 하나라는 것. 또 현대물리학의 입자 粒子 세계에서의 진공 개념은 입자와 반입자로 가득 채워져 있는 상태를 말한다. 그리고 이러한 진공과 입자의 관계는 더욱 발전하여, 진공에서 입자와 반입자가 생성되기도 하고 소멸하기도 하는 것으로 본다.

(Saekjeuk Sigong Gongjeuk Sisaek) Matter itself *is* voidness; voidness itself is matter, or form is emptiness; emptiness *is* form: The first part of this statement means that the true nature of matter is beyond the understanding of human intellect, emptiness which is beyond grasping.

On the other hand, what the second part of the statement really implies is the recognition of matter as it is on the ground of the principle of emptiness. Hence "matter is voidness" does not deny matter as a relative phenomenon; it denies any false notion of matter as an ultimate entity, as having any independent substantial reality.

It is like the relation of water and ice. They seem to be two different things, but in the ultimate sense they are not two but one. In the quantum theory of modern science, vacuum does not mean blank emptiness. It is rather filled with particles and counteractive-particles, which is sometimes called Plenum-void.

색진 色塵 안식眼識의 대상이 되는 색경色境.

(Saekjin) The object realm of perception.

생공 生空 인공人空 또는 아공我空이라고도 말함. 상일주재常一主宰의 아我라고 고집하는 가아假我에의 집착을 일컫는 말.

(Saenggong) Emptiness of ego: A delusive view of self as permanent self-entity.

생공법유 生空法有 인공법유人空法有와 같은 말. 오온五蘊의 체體는 삼세三世에 걸쳐 언제나 있는 것이라 인정하지만, 오온五蘊 자체는 잠시 동안 가假로 화합한 것에 지나지 않기 때문에, 아我와 아소我所는 다 같이 공空이라 함. 설일체유부說一切有部의 주장. 태어남은 있으나 온 곳은 알지 못하는 것은 태어남의 큰 일 (生大)이라 한다.

(Saenggong Beopyu) Emptiness of creation and permanence of Dharma: The essence of Dharma is permanent and everlasting while the

phenomenal creation and possessions are empty and impermanent. The doctrine of Sarvastivadins, or the Existence School. There is a birth, yet there is no way to know where we are from, and it is called the great event of birth.

생기심 生其心 마음을 일으킴. 번뇌의 근원.

(Saenggisim) Production or arousing of a thought, the origin of all defilements and afflictions.

생로병사 生老病死 태어나고, 늙고, 병들고, 마침내는 죽음. 이것이 우리가 감내해야 할 인생이며 모든 것은 변한다는 자연의 이치. 슬퍼할 것도 없다.

(Saengno Byeongsa) Birth, old age, sickness, and death: The four types of suffering which all sentient beings must experience. This is the law of nature. Everything changes, and there is nothing to be sad about.

생득혜 生得慧 사혜四慧의 하나. 나면서부터 타고난 선천적 지혜.

(Saengdeukhye) Innate wisdom: One of the four wisdoms.

생멸 生滅 생기生起와 멸진滅盡을 병칭竝稱한 것으로 기멸起滅이라고도 말함. 온갖 사물의 나고 멸함. 인연이 화합하여 나타나는 모든 존재는 무상한 것으로 반드시 멸하는 것으로 이것은 우주의 법칙. '모든 현상은 변하는 법. / 모든 존재는 나타났다가 사라지게 마련. / 따라서 생멸을 초월하는 것이 / 곧 열반이며 적멸寂滅.'

(Saengmyeol) Arising and ceasing, becoming and cessation, production and destruction, or birth and extinction: This is the eternal reincarnation, and there is nothing that is permanent and everlasting without change. "Everything changes, / Everything appears and disappears; / There is perfect tranquility or Nirvana / When one transcends both life and extinction."

생멸멸기 生滅滅己 열반경涅槃經에 나오는 말씀으로, '모든 행이 무상하여 이 생生이 멸하는 법이요, 생生이 멸한다는 것도 멸하여 적멸의 경지에 이르러야 참다운 즐거움이 된다'라고 하는 것으로, 앞의 이구二句는 생사법生死法을 설한 것이고, 뒤의 이구二句는 열반법涅槃法을 설한 것.

(Saengmyeol Myeolgi) Extinction of life and self according to the Parinirvana Sutra: The law of impermanence and extinction of birth of all phenomena or things. Yet the true equanimity and pleasure lies

in the wisdom of the realization of even the impermanence of the law of impermanence and extinction of birth and extinction.

생멸문 生滅門 여래장如來藏의 일심一心이 인연을 따라 생멸하여 차별의 상相을 일으킴으로 생멸문生滅門이라 함. 진여문眞如門 참조.

(Saengmyeolmun) The gate of birth, death, and change: The Buddha-nature or the ultimate reality is pure and constant, but when it meets certain conditions, it changes in consort with the circumstances. Hence the name of the gate of birth, death, and change, or samsara.

생멸법 生滅法 우주 만물의 시작과 끝에 관한 법칙. 인연 따라 나타났다가 인연 따라 사라지는 것이 만법의 이치.

(Saengmyeolbeop) The law of becoming and annihilation, arising and ceasing, or birth and destruction according to conditions.

생반 生飯 자기가 먹을 음식 중에서 적은 양을 떼어 아귀들이 먹도록 베푸는 것. 우리말로는 고수레라고도 말함.

(Saengban) A small portion of food offered to the ghosts before taking a meal. It is also called *gosule* in Korean folklore.

생불 生佛 육신으로 현세에 살아있는 여래如來를 뜻하는 말. 그러나 이것이 변하여 고승대덕高僧大德을 존칭하는 말로도 쓰인다.

(Saengbul) The living Thatagatha in the present world in a physical form. However, the term is also used as a honorific title for a venerable priest.

생사 生死 범어 samsara의 번역으로 윤회輪廻라고도 번역함. 업인業因에 의해 육도六道의 미계迷界에 태어나 죽기를 거듭하면서 윤회하는 것으로 열반 (깨달음)의 반대.

(Saengsa) Birth and death or samsara: The eternal cycle of life force in the six realms of reincarnation, or the six states of karmic existence, which is the opposite of nirvana.

생사윤회 生死輪廻 죽음과 삶의 끝없는 업보業報.

(Saengsayunhoi) The endless karmic cycle of samsara, or birth and death.

생사일여 生死一如 태어남과 죽음이 같다는 이야기는, 태어남이 없으면 죽음 역시 없다는 것으로, 무아無我와 연기緣起 그리고 일체의 공상空相을 말함. 그리고 생사란 생명의 낮과 밤의 주기와 같은 것으로, 우주생명의 본체는 결코 죽지 않는다. 죽는다는 것은 다만 육체라는 허물을 벗는 것일 뿐.

(Saengsailyeo) The sameness, or no disparity in birth and death: If there is no birth, how could there be death? What it really means is non-birth and non-death, non-self, non-ego, non-substantiality of anything, dependent origination, and ultimate emptiness of all phenomena, realization of which is emancipation or release from suffering, enlightenment, and Nirvana.

Birth and death is also like a cycle of day and night, and there is no death in the essence of the life of the universe. Death is like peeling off the old skin of our body.

생사즉열반 生死卽涅槃 제법이 공하다는 실상의 이치를 깨달은 사람에게는 현상과 본질의 세계가 다르지 않으며, 태어남과 죽음, 사바세계娑婆世界와 열반涅槃이 둘이 아니며, 깨닫고 보면 모두가 한여름 밤의 허망한 꿈이라는 것을 알게 된다. 공무空無의 구경지究竟地의 차원에서 볼 때, 열반과 사바세계란 단지 한 쌍의 대립對立과 이름에 지나지 않으며, 이러한 이분법적 대립의 세계를 여읠 때만이 참된 진리를 깨달을 수 있다.

(Saengsajeuk Yeolban) Birth-death itself is Nirvana: In the ultimate reality of emptiness, there is no difference between birth and death, between suffering and Nirvana. All the phenomenal world is but a midsummer night's dream and returns to the great void of vital energy. Nirvana and the samsara are merely the ultimate pair of opposites and names. Only in the transcendent state, beyond the domain of opposites, is truth realizable.

생인 生因 존재의 이유 또는 근거.

(Saengin) The basis or cause of existence.

생자필멸 生者必滅 생명이 있는 모든 것은 반드시 마칠 때가 있다. 그런데 아직 이것도 모르는 사람들이 있으니 이것이 곧 중생.

(Saengja Pilmyeol) Every living being must perish or come to an end: Yet there are some people who do not even know this simple truth.

생주이멸 生住異滅 모든 생각과 사물이 생기고, 머물고, 변하고, 그런 다음엔 소멸하는 네 가지 모양. 따라서 이 우주에는 그 어느 것도 영원한 한 것은 없다. 오직 영원한 법칙인 역동적 생명인 변화만이 있을 뿐. 사상四相과 주역周易 참조.

(Saengjuimyeol) The four phases of form: Coming into existence, abiding, changing, and then extinction; or origin, stasis, decay, and destruction, which is the law of nature and universe. There is no finality in the whole universe; only a ceaseless becoming and never-ending mutations. "Naught may endure but Mutability." *Cf. (Sasang)* Four marks and the principle of the Daoist Yi Jing.

생즉무생 生卽無生 속제俗諦에 생이 있고 무생은 진제眞諦에 해당하는데, 속제俗諦의 생도 실생實生이 아니며, 인연에 의한 가假이므로, 실은 무생이니 곧 무생이 생인 것이다.

(Saeng Jeuk Musaeng) Arising is non-arising: Since arising doesn't occur spontaneously all by itself, but is produced by causation, it lacks a nature of its own. Hence justification of arising is non-arising.

생활불교 生活佛敎 절대적 권위와 고착된 전통과 타성에 젖어 지극히 관념적이고 형식적이며 맹목적인 틀에서 벗어나 생활 즉 수행, 수행 즉 생활生活卽修行 修行卽生活이라는 믿음과 함께, 실질적인 기능과 내실을 중요시하는 대중들이, 오로지 출가자들의 고행苦行과 같은 수행이 아니라, 일상생활 속에서 모두가 부처님의 가르침을 따르는 실천불교實踐佛敎.

그 한 예로 서로가 더불어 사는 동사섭同事攝 정신과 현대 심리치료 이론을 접목시킴과 동시에, 정체正體-대원大願-수심修心-화합和合-작선作善을 지침삼아, 불교를 생활화시키려는 과학적인 불교 운동이 있다. 그런가 하면 하나의 소우주小宇宙인 인간을 화엄법계華嚴法界와 천부경天符經과 같은 우주의 원리에 적응시켜, 오방오지五方五智의 다섯 부처님들의 공덕功德에 바탕을 둔 덕(중앙 법신불)-분(동방 아촉불)-입(남방 보생불)-니(서방 아미타불)-다(북방 불공성취불)를 화두話頭가 아닌 하나의 새로운 진언眞言으로 삼는 동시에, 부처님의 인연법에 따라 일상생활 속에서 동체대비同體大悲의 정신을 발휘하여 서로가 오로지 감사하는 마음으로 온 지구를 극락정토極樂淨土와 화장세계華藏世界로 승화시키려는 운동이 현재 한국에 있다.

그리고 모든 존재에 대해 항상 감사하는 지극한 동체대비同體大悲 사상인 오자진언五字眞言인 덕-분-입-니-다의 실천덕목實踐德目은, BTM, 곧 몸身(Body)과 생각思(Thinking)과 입口 (Mouth/Speech)의 정화淨化를 하나의 일상생활의 수행修行 원칙으로 삼고 있는데 있다. 오방오지五方五智 및 실용불교實用佛教

참조.

(Saenghwal Bulgyo) The living Buddhism: A method or a technique of realizing Buddha's holy teaching in the daily life of common people, not relying exclusively on the mode of monastic life. In Korea, there is a new movement of living Buddhism, such as the combination of the Buddhist doctrine of "amicable association 同事攝" with theories of psychotherapy to treat the mental problems of modern society with five cultivating mottoes of True identity 正體-Great vow 大願 -Cultivation of the mind 修心-Harmony 和合 and Good works 作善.

Another new movement of living Buddhism is the program of establishing the Pure Land or Ultimate Bliss of the Buddha-land on earth with a new five-syllable mantra of deok-bun-ip-ni-da, which means "I am greatly indebted to you!" Greatly indebted to all beings in the whole universe with a sincere heart and compassion in the spirit of brotherhood of all mankind, because we are, as a macrocosm of the great universe, all born of the One-Root of Great-Compassion 同體大悲.

The compendium of the actual cultivation program of the new five-syllable mantra is the management of the triad scheme of BTM (Body-Thinking-Mouth or Speech). The formula of the new five-syllable mantra is founded on the following heavenly realm of Five Directions and Five Wisdoms of Esoteric Buddhism with Vairochana Buddha in the center with the attendant Buddhas of Akshobhya who reign over the Eastern Paradise, Jewel-born One who reigns over the Southern Paradise, Amitabha who reigns over the Western Paradise, and Amoghasiddhi or the Buddha of Non-emptiness who reigns over the Northern Paradise.

This cosmic diagram of the new mantra also seems to be a metamorphosis of the Dharma-realm of the Flower Garland Sutra and the cosmic principle of Cheonbu-Gyeong 天符經, the indigenous classic of the ancient Korea. *Cf. (Obang Oji)* The five directions and five wisdoms, and *(Silyong Bulgyo)* Practical Buddhism.

서건 西乾 인도의 별칭別稱.

(Seogeon) Another name for India.

서기 瑞氣 상서로운 좋은 기운 또는 조짐.

(Seogi) Auspicious signs or omen.

서도 書道 큰 스님들 중에는 명필가名筆家가 많다. 서예書藝라고도 말함. 문자를 심미審美적 대상으로 쓰는 특수한 예술. 이것 역시 불교용어와 직접적인 관계는 없지만, 영어로 알아두면 편리하다. 희랍어에서 온 'calligraphy'는 'beauty'와 'write'의 합성어다. 이때 영어의 강세와 발음에도 조심할 것.

(Seodo) Calligraphy: You may appreciate the beauty of this arts at temples where their framed plaques are hung on the wall. The word 'calligraphy' from Greek combines two words: 'beauty' and 'write.'

서래의 西來意 달마대사가 서방세계西方世界에서 중국에 온 본뜻을 말함. 조사서래의祖師西來意 참조.

(Seoraeui) The essence of Buddhism: It literally means, "the intent of (Bodhidharma's) coming from the West (India)." *Cf. (Josa Seoraeui)* The intent of the Patriarch's coming from the West.

서방정토 西方淨土 타방정토他方淨土라고도 말함. 미타신앙彌陀信仰으로 아미타 부처님의 정토淨土. 서쪽으로 십만억十萬億 국토를 지나 있다는 세계. 그래서 우리는 일념으로 아미타 부처님을 염송한다. 그런데 여기서 말하는 서방西方이란 동서남북의 서쪽이 아니라, 그러한 부질없는 생각이 끝나는 곳이라고 생각하는 것이 좋을 것이다. 그리고 또 왜 십만억 국토를 지나서라고 말하는지를 생각해 보았는지? 그것은 바로 우리 마음속에 있는 그 많은 사악함을 상징한다는 것을 알아야 한다. 마음이 청정하면 우리 마음이 곧 서방정토西方淨土라는 것.

(Seobang Jeongto) The Pure Land of the West which is ten myriads of hundreds of millions of Buddha-lands away: This is why we pray with a single mind so that we may be born there. But one should not be mistaken that the West means one of the four cardinal directions. The West should be regarded as where the world of duality ends.

One more thing to ponder over. Have you ever thought about why it is millions of eons away? The distance in mileage to the Pure Land of the West represents our evil minds and erroneous views. When they are all cleared, you will find the Pure Land of the West in your own heart.

서산대사 西山大師 청허휴정淸虛休靜의 별호別號. 임진왜란 때 사명대사四溟大師는 임진왜란 때 산승山僧이 주장자拄杖子 대신 손에 칼을 쥐게된 데 대해 고민이 많으셨다. 그러나 왕의 명을 받아 홀연히 일어선 서산대사는 달랐다: '나라를 사랑하니 종사宗社가 근심이나 / 산속의 중도 또한 신하臣下라오.' 다음은 스님이 입적하시면서 자신의 영정影幀을 보면서 하신 말씀: '80년 전엔 네가 나더니 / 80년 후엔 내가 너로구나.' 휴정休靜 참조.

(Seosan Daesa) Pen-name of Cheonheo Hyujeong 1520-1604), a great Master who led the Sungha Army and fought against Japanese invasion of the Korean peninsula (1592-1598). The Great Master Samyeong, a disciple of the Master Hyujeong and Chief Staff of the Sungha Army during the Japanese invasion of Korea was conscience stricken about taking a sword instead of a Dharma staff in his hand, but the Master Hyujeong was different when he was ordered to raise the Sungha army by the King: "I am worried about the Buddhist Order, but I am also a subject of a nation."

The following is the verse he composed looking at his portrait when he died: "Eighty years ago, you were myself; / Eighty years later, I am now yourself." *Cf. (Hyujeong)* A great master of Joseon dynasty.

서원 誓願 어떤 목적을 꼭 이루고자하는 간절한 소원 또는 맹세. 불교에서는 특히 불보살佛菩薩들의 불과佛果에 대한 서원을 말함.

(Seoweon) A great aspiration or vow to attain one's wish: In Buddhism, it specially means the vows taken by Buddhas and Bodhisattvas generally when they are aspirants to Buddhahood.

서천 西天 인도印度를 말함.

(Seocheon) It literally means "the western heaven," which actually means India.

서체 書體 글씨체. 이것 역시 불교용어가 아니지만, 한국 사찰에는 주련柱聯 등 붓글씨가 많으며, 외국인들에게 사찰안내를 할 때, 영어로 알아두면 편리하다.

(Seoche) A style of penmanship.

석 釋 석가釋家의 약칭으로, 스님들이 속가俗家의 성씨姓氏 대신 스님이라는 뜻으로 이름 앞에 사용하는 불가佛家에서의 통념적인 성씨姓氏를 가리킴.

(Seok) A common Buddhist family name of Korean monks in lieu of the former lay family name.

석가모니 釋迦牟尼 불교의 교조教祖로서 능인적묵能仁寂默이라 번역. 석가釋迦는 종족의 이름으로 석가모니라 함은 석가씨釋迦氏의 성자聖者라는 뜻. 중인도 가비라의 성주 정반왕淨飯王의 태자太子로 태어나 35세에 보리수나무 아래에서 크게 깨달음을 얻어 평생 중생구제에 나선 다음 80세에 열반에 드심.

(Seokgamoni) Shakyamuni: Holy sage of the Shakya clan. The historical Buddha and the founder of Buddhism. He was born as the Prince of Sakyans whose name was Siddhartha Goutama. At the age of 35, he attained supreme enlightenment and became the Buddha, and after teaching all his life entered Nirvana at the age of eighty. Sakyamuni means the sage of Shakya clan, and is rendered as "capability and kindness 能仁" in Chinese

석가탑 釋迦塔 일명 무영탑無影塔. 불국사에 있는 3층 석탑. 신라의 대표적 작품으로 다보탑을 마주 바라보고 있다. 국보 85호. 불국사 다보탑多寶塔과 함께 1995년 유네스코에 의해 세계문화유산世界文化遺産으로 등재됨. 그런데 왜 무영탑인지 한 번 생각해 볼 것.

(Seokgatap) The Sakyamuni stupa: It stands facing the Great Treasure Stupa at Bulguksa Temple. It is also called the Shadowless Stupa. Why no shadow? Think about it. National treasure No. 85, and registered as the World Cultural Heritage by UNESCO in 1995.

석공관 析空觀 천태종天台宗에서 말하는 사교四教의 처음인 장교藏教의 관법觀法으로서, 물심物心의 모든 현상이 순간순간 생멸하는 것을 관하고, 이를 분석하여 그것이 곧 공空이라는 것을 깨닫는 것. 이때 한자 석析은 분석이라는 뜻. 화법사교化法四教 참조.

(Seokgonggwan) Analytic theory of emptiness: It is the first proposition of the textual teaching of Tripitaka in the four kinds of teaching of the content of the truth accommodated to the capacity of Buddha's disciples.

The practitioner learns the truth of emptiness after careful examinations of fleeting moments of the phenomenal world of matter and mind. *Cf. (Hwabeop Sagyo)* Four kinds of teaching according to the form of truth.

석굴암 石窟庵 경상북도 월성군 토함산에 있는 절. 국보 89호. 신라 경덕왕景德王(서기 742-764) 때 김대성金大成이 창건. 한국불교 예술의 자랑거리. 1995년 유네스코에 의해 세계문화유산으로 등재됨.

(Seokgulam) Seokgulam Grotto Hermitage: It was constructed by Kim Daeseong during the reign of King Gyeongdeok (742-764 C.E.) of the Silla Dynasty. It is the pride of Korean Buddhist art. It was designated as the World Cultural Heritage Site by UNESCO in 1995.

석녀 石女 아이를 낳지 못하는 여자란 뜻으로, 인간의 일반적 사상 또는 개념으로는 추측할 수 없는 것을 나타낼 때 쓰는 비유. 그런가 하면 돌로 만든 여자란 뜻으로, 무아無我, 무심無心한 사람에 대한 비유로도 쓰인다.

(Seoknyeo) A stone woman: A barren woman who cannot conceive a child. It is a figurative expression of something that is beyond ordinary assumption of thought and conception. It also means non-ego, non-self, or no-mind of a stone woman who has no response to any feeling.

석녀아 石女兒 석녀石女의 아이라는 뜻으로 있을 수 없는 일에 쓰는 비유.

(Seoknyeo-a) The child of a stone or a barren woman: It is a metaphor for impossibility, the expression loved by Seon masters.

석등 石燈 부처님의 법을 밝히는 석물石物.

(Seokdeung) A stone lamp illuminating the Buddha-Dharma.

석보상절 釋譜詳節 세종 29년 (1447) 수양대군首陽大君이 세종의 명에 의하여 소헌왕후昭憲王后의 명복을 빌기 위하여 세존世尊의 팔상성도八相成道하신 것을 뽑아 만들어 왕에게 올린 것.

(Seokbosangjeol) The Selected Stories of Eight Aspects of Buddha's Life, published in 1447: It was edited by Royal Prince Suyang by the decree of King Sejong, the Third King of the Joseon Dynasty, to pray for the repose of deceased soul of the Queen of the King.

석불 石佛 돌로 조성造成한 만든 불상佛像. 원래는 돌에다 부각浮刻하던 것이 변하여 감龕과 좌대를 함께 돌로 조각하게 됐다.

(Seokbul) A stone image of the Buddha with a seat, originally carved on the stone wall.

석비 石碑 돌로 만든 비석碑石.

(Seokbi) A stone monument or stele.

석씨 釋氏 석釋은 석가釋迦의 약칭. 부처님의 씨성氏姓을 말함.

(Seoksi) The Sakya clan, or family name of Sakyamuni.

석장 錫丈 육환장六環丈 참조.

(Seokjang) The staff of a Buddhist monk, the top of which is made of metal, and on which metal rings are fixed so as to rattle. *Cf. (Yukhwanjang)* The six ring staff.

석조 石槽 큰 돌을 파서 물을 담아 쓰도록 만든 일종의 돌그릇.

(Seokjo) The stone cistern: A large stone vessel for storing water.

석존 釋尊 불교의 교조敎祖로 존칭한 석가세존釋迦世尊을 일반적으로 석종釋尊이라 부른다. 석가釋迦는 그가 속한 종족種族 shakya의 명칭이고, Sakyamuni의 muni는 성자聖者의 뜻.

(Seokjon) The sage of the Shakya clan: Sakyamuni Buddha, the founder of Buddhism. Shakya is the name of the Lord's clan, and "muni" means the sage.

석종탑 石鐘塔 부처님의 진신 사리를 모신 종모양의 석탑. 그러나 한국에서는 스님들의 사리도 이러한 모양의 석탑에 모시기도 한다.

(Sukjongtap) A stone stupa with a bell shape where Buddha's sarira is enshrined. But in Korea, the sariras of great masters are also enshrined in a stupa with such a shape.

석취미모 惜取眉毛 경經의 뜻을 잘못 해석하면 눈썹이 빠진다는 뜻으로 요설饒舌을 경계한 말.

(Seokchwi Mimo) Losing the eyebrows: It is an warning for the misinterpretation of the sutras.

선 善 삼성三性의 하나. 소승小乘에서는 결과로 보아서 편안하고 즐거운 낙보樂報를 받을만한 것을 뜻하고, 대승大乘에서는 현재와 미래에 걸쳐서 자기와 남을 이롭게 하는 것을 말함.

(Seon) Goodness and virtue: In the Theravada, it means goodness and virtue that lead to one's joy and happiness, while in the Mahayana, it means benefits to both self and other living beings in this life and in the future.

선 仙 장수長壽하여 죽지 않음을 뜻함. 부처님도 장수불사長壽不死하므로 역시 선仙이라 이름 함.

(Seon) An immortal: One who has attained supernatural powers, usually used in non-Buddhist religion. However, it is also an epithet for the Buddha who is also immortal.

선 禪 좌선坐禪의 약칭. 선禪은 산스크리트어 dhyana를 음역한 선나禪那를 줄인 말로 선정禪定 또는 정定으로 번역된다. 쉽게 이야기 해, 안으로 혼란치 아니한 것을 정定이라 한다면, 밖으로 상相을 여읨과 동시에 흔들림이 없는 우리의 품성을 깨닫는 것, 다시 말해 우리의 청정한 마음인 본래면목, 곧 불성을 바로 보아 부처를 이루는 것을 선禪 또는 참선參禪이라 함.

이는 또 깨침을 위해 사성제四聖諦와 팔정도를八正道를 바탕으로 하여 마음을 하나의 대상에 집중하는 수행이라는 뜻으로 사유수思惟修 또는 정려靜慮라고도 번역한다. 그리고 깨침이란 우리의 자성自性과 진여실상眞如實相을 깨달아 성불함을 뜻한다. 이것이 단순한 마음의 편안을 얻기 위한 서구식西歐式 명상과 불교의 선禪의 다른 점.

또 선종禪宗에서는 교외별전教外別傳, 불립 문자不立文字와 직지인심直指人心 견성성불見性成佛을 내세우는 것이 그 특징. 다시 말해 선禪이라는 문자를 포함한 일체의 이름과 알음알이를 뛰어넘는 동시에 깨치겠다는 생각마저 버리는 것. 또 한국 불교에서 선禪은 간화선看話禪을 의미하며, 간화선, 참선參禪, 그리고 좌선坐禪은 같은 뜻으로 씀.

선禪에는 여러 가지 방법이 있으나, '평상심심시도平常心是道'라는 말처럼, 참선도 일상생활이 모두 선禪이 아닌 것이 없다고도 말한다. 아래 여러 가지 선에 대한 보다 자세한 내용은 별도 각 항목 참조. 그러나 우리가 꼭 알아야 할 것은 선禪이란 어디까지나 각자의 체험이라는 것. 그리고 선禪은 위에서 말한 것처럼, 의식意識을 초월하므로 언어로 표시할 수 없다는 것. 따라서 그 어떤 교설이나 수행도 증득證得이 따르지 않는 한, 별 의미가 없다. 대승불교의 대표적 선禪은 다음과 같다: 1) 간화선看話禪. 2) 조사선祖師禪. 3) 묵조선默照禪. 4) 여래선如來禪. 5) 염불선念佛禪. 6) 좌선坐禪. 7) 행선行禪.

(*Seon* (K), *Ch'an* (C), or *Zen* (J), corruption of Dhyana (Skt), Jhana (P): "Dhyana comes from the root dhi, meaning "to perceive," "to reflect upon," "to fix the mind upon," while dhi etymologically may have some connection with *dha*, "to hold," "to keep," "to maintain." Dhyana thus means to hold one's thought collected, not to let thought wander away from its legitimate path; that is, it means to have the mind concentrated on a single subject of thought."

Dhyana is the realization of our immaculate, true Buddha-nature. The methods and disciplines of spiritual meditation and concentration. Dhyana or Seon is above all things direct; no intermediaries, no mediators between God and man. It was adopted as the name of the school of Mahayana practice founded by Bodhidharma, and later to become famous in the West as Zen. Its practice is the sudden or direct approach to Reality, transcending the intellect. In other words, the object of meditation practice is attaining a new perspective for looking into the essence of things and attain enlightenment. If samadhi means to attain inner peace, dhyana means to be free from attachment to all outer perspectives and then to realize inwardly the imperturbability of the essence of mind.

It is also the method and discipline of spiritual meditation and concentration, or practicing direct intuition of the ground of being to realize our true self-nature and the true-suchness of things to attain Buddhahood, based upon the teachings of the Four Noble Truths and the Noble Eightfold Path or Truth. It is also a characteristic of Seon or Zen Buddhism to disregard words and even scriptures for their practice to attain enlightenment.

There are several kinds of meditation. But we must remember that there is nothing that is not meditation practice just as "Everyday mind is the Dao or Truth." All you have to do is empty your mind by leaving discrimination and a grasping mind behind. Seon or meditation is also a matter of actual trial and intuitive personal experience. No amount of reading, no amount of teaching, no amount of meditation will ever lead to true enlightenment without an authentic experience of meditation.

The leading Seon or meditation practice in Korea is Ganhwa Seon or the word-contemplation meditation, but it is also simply called Seon, meditation practice, or sitting in quiet meditation or absorption. There are numerous methods and subjects of meditation: 1) Word-contemplation meditation. 2) Patriarchal meditation. 3) Silent contemplation meditation. 4) Tathagata meditation. 5) Chanting meditation. 6) Sitting meditation. 7) Walking meditation.

선가 禪家 선종禪宗, 선종의 사원, 또는 선종의 승려를 말함.

(Seon-ga) Thé general designation of the Dhyana School: It also refers to a Seon monastery, or the priests of Seon Buddhism.

선객 禪客 문선問禪이라고도 말하며, 선종禪宗에서 법문法門을 할 때 문답問答하는 이를 일컬으며, 우리나라에서는 참선하는 사람을 선객이라고도 말함.

(Seongaek) Seon guest: It also means inquiring meditation, asking questions during Dharma talks. But in Korea, it also simply refers to a meditation practitioner.

선교 禪敎 선종禪宗과 교종敎宗.

(Seongyo) Seon and the Doctrinal Schools.

선교방편 善巧方便 부처님이 중생의 근기에 맞게 여러 가지 교묘한 수단방법을 쓰는 것. 방편方便 참조. 게송偈頌 한 수首: "구경지究竟智를 성취하고 / 무여열반無餘涅槃을 얻어 / 겁 많고 하열한 사람 권유하려고 / 이러한 비밀한 뜻(방편)에 의지해 말했네."

(Seongyo Bangpyeon) An artful liberative technique to free living beings from suffering according to their ability. A stanza on expediency: "Having attained incomparable wisdom and complete Nirvana, / I took advantage of expediency / To liberate beings of the lesser-minds." *Cf. (Bangpyeon)* Expediency.

선교일치 禪敎一致 선禪과 교敎가 둘이 아님. 부처님 당시의 초기불교와 대승불교는 경전經典의 가르침과 수행을 별개로 보지 않았다. 이것이 중국의 송대宋代 (6-8세기)에 선종禪宗이 등장하면서 둘 사이에 갈등이 생기기 시작함.

(Seon-gyo Ilchi) The unity of doctrine or textual teaching and meditation: There were no distinctions between meditation and doctrine in early and Mahayana Buddhism. Yet distinction began to show with the advent of Ch'an Buddhism during the Sung Dynasty (6th-8th centuries) in China.

선근 善根 미덕美德의 바탕으로 선본善本, 덕본德本이라고도 번역. 온갖 선을 낳게 하는 근본 또는 좋은 과보果報를 낳게 하는 착한 심성心性. 대개 삼선근三善根(무탐無貪, 무진無恚, 무치無癡)을 이야기 하나, 이것을 확대하면 11 가지가 된다) 1) 신심信心 (믿음) 2) 수치심羞恥心 (부끄러워하는 마음) 3) 회한悔恨 (뉘우치는 마음) 4) 불욕不慾 (욕심을 내지 않음) 5) 불증오不憎惡 (남을 증오하지 않음) 6) 불매不寐 (어리석음에 빠지지 않음) 7) 정진精進 (힘써 닦음) 8) 정적靜寂 (고요함) 9) 불태만不怠慢 (게으르지 않음) 10) 불해不害 (남을 해치지 않음) 11) 방하放下 (모든 것을 놓아버림)

(Seon-geun) The wholesome roots of good or virtuous merit: The good seeds sown by a good life to be reaped later. There are eleven virtuous practices in addition to the basic three good roots: Non-grasping, non-hatred, and non-delusion. 1) Faith. 2) Shame. 3) Remorse. 4) Absence of greed. 5) Absence of anger. 6) Absence of stupidity. 7) Vigor. 8) Tranquility. 9) Non-laxity. 10) Non-harming. 11) Letting go, or renunciation.

선근공덕 善根功德 좋은 과보果報를 낳게 하는 착한 일과, 닦아서 이룩한 좋은 일을 다른 사람에게 베푸는 것.

(Seongeun Gongdeok) The roots of virtue, or wholesome roots and merit for the benefit of other beings.

선남선녀 善男善女 불법을 믿고 보살의 길에 들어선 착하고 순결한 남녀.

(Seonnam Seonnyeo) The good sons and daughters of good families, who have entered the Bodhisattva path with devout faith in Buddha.

선녀 仙女 선경仙境에서 산다는 여자.

(Seonnyeo) A female immortal who is believed to live in the fairy-land, or an enchanted land.

선당 禪堂 좌선당坐禪堂의 약칭. 승당僧堂이라고도 말함. 스님들이 모여서 참선을 하는 곳.

(Seondang) The meditation hall: It is also called the monastic hall where Sunims practice meditation.

선덕 先德 진언종眞言宗과 천태종天台宗 등에서 일컫는 말로, 덕이 있는 열반하신 스님.

(Seondeok) The virtuous master who has entered Nirvana.

선덕 禪德 선리禪理, 곧 선禪의 이치에 깊이 통하여 덕망이 높은 스님.

(Seondeok) A virtuous Seon master who is well accomplished in theory of meditation.

선도 禪道 참선하는 방법과 선종禪宗 또는 선문禪門을 말함.

(Seondo) The Dhyana School, or the method of meditation.

선도 禪圖 선수행禪修行을 그림으로 그린 것.

(Seondo) The dhyana chart: A picture of meditation practice.

선도량 禪道場 선禪 공부를 하는 깨침의 자리.

(Seondoryang) A Buddha-mandala for meditation.

선림 禪林 선종禪宗의 사찰.

(Seonlim) A monastery that belongs to Seon Buddhism.

선문 禪門 선종禪宗 또는 선정禪定의 문에 들어간다는 뜻. 그런가 하면 선가禪家를 뜻하며, 또 불문佛門에 들어감을 말하기도 함.

(Seonmun) Seon gate: It also means the meditative method in general, and entering meditation, or entering the monastic life.

선문답 禪問答 수행과 깨침을 위해 선승禪僧과 제자 사이에서 주고받는 논리를 벗어난 수수께끼와 같은 대화 또는 토론. 다른 말로는 법거량法擧揚이라고도 말함. 공안公案 참조.

(Seonmundap) Seon dialogue, or interview: A method of rapid question-answer between Master and pupil sometimes with puzzling or quizzical speeches that defy any logical answer to induce the student to relinquish conceptual thinking in their search for spiritual enlightenment. *Cf. (Gongan) Gongan or koan.*

선문오종 禪門五宗 중국의 오대 선종五大 禪宗. 이들의 가풍에 대한 특징은 선가귀감에서 서산대사가 평한 것을 그대로 인용함.

(Seonmun Ojong) Five Chinese Ch'an schools: The traditional characteristics of the schools are quoted from Ch. 79, The Mirror of Seon by Venerable Seosan (1520-1604).

법안종 法眼宗 (법안 문익法眼 文益 개창) 법안종의 특징은 정확함과 세밀함: '말 속에 메아리가 있고, 글 속에 칼날이 숨어있구나. 해골이 온 세상을 뒤흔들고 콧구멍은 언제나 그 가풍을 들어내네. 법안종을 알고자 하는가? 바람이 구름을 날려 산 너머로 보냈는데, 달빛이 흐르는 물에 어울려 다리 위로 지나가네.'

The Fayan School founded by Fayan Wenyi. Its characteristics are preciseness and elaboration: "There is an echo in the words, and a sharp knife is hidden in the letter. A skeleton is striding all over the world with the whirl wind issuing from the nostril of its family tradition. Is there anyone who wishes to know the law of the Fayan Order? The cloud is chased over the mountain by the wind, and the moonlight is passing over the bridge in company with the flowing water."

운문종 雲門宗 (운문 문언雲門 文偃 개창) 운문종의 특징은 분명함과 날카로움: '칼날 위에 길이 있고 철벽에는 문이 없구나. 온 천하의 갈등을 둘러엎고 뭇 된 소견을 잘라내니, 번갯불처럼 빨라 어찌 생각으로 미칠 수 있으며, 활활 타는 불꽃 속에 어찌 머무를 수 있으리오? 운문종을 알고자 하는가? 주장자가 하늘 높이 날아가 버렸고 잔속에서 온갖 부처님이 설법하고 계시네.'

The Yunmen School founded by Yunmen Wenyen. Its characteristics are distinction and sharpness: "There is a path on the sharp edge of a sword, but no entrance to the impregnable iron wall. They not only turned all the afflictions in the world upside down but cut off all sorts of evil thoughts as well in a flash of lightning beyond imagination. How then anyone could remain in the heat of the furnace? Is there anyone who wishes to know the law of the Yunmen Order? All sorts of Buddha are preaching in the confinement of a cup when the Dharma staff has already flew into the sky."

위앙종 潙仰宗 (위산 영우僞山 靈祐 개창) 위앙종의 특징은 부드러움과 자상함: '스승과 제자가 부르면 서로 화답하고, 아버지와 아들이 언제나 한집에 살고 있구나. 옆구리에 글자를 세기고 머리 위에는 뿔이 뾰쪽 솟았으며, 방안에서 사람들을 시험하니 사자의 허리가 부러지는구나. 위앙종의 종지를 알고자 하는가? 부러진 비석은 옛 길에 쓰러져 있고 무쇠로 된 소는 작은 집에서 잠을 자고 있구나.'

The Weiyang School founded by Weishan Lingyu. Its characteristics are tender and meticulousness: "A warm dialogue between the master and student, and the father and son are living always under the same roof. They are carving the words on their sides with sharp horns on their heads, and a lion broke its back during the examination of the people in the house. Is there anyone who wishes to know the law of the Weiyang Order? A broken stone monument is lying by the ancient road, and an iron bull is sleeping in the house."

임제종 臨濟宗 (임제 의현臨濟 義玄 개창) 임제종의 특징은 결단력과 우직함: '맨손에 칼을 들고 부처도 죽이고 조사도 죽이니, 지난날과 오늘날을 삼현三玄과 삼요三要로 판가름하고 용과 뱀을 손님과 주인으로 가려내는구나. 금강의 보검으로 온갖 도깨비를 쓸어내고 사자의 위엄으로 뭇짐승의 간담을 서늘하게 하니, 임제종의 종지를 알고자 하는가? 푸른 하늘에 벼락치고 평지에 파도가 이는구나.'

The Linji School founded by Linji Yxuan. Its characteristics are Decisive and stubborness: "They slay Buddha and Patriarchs on the spot in a single blow with a sword in their bare hand; turn the past and present over to justice with three sublime teachings and three essentials; sort out the dragon and serpent by means of the host (teacher) and the guest (student); and with a treasured sword of diamond, vanquish all sorts of devil frightening them with the dignity of a lion. Is there anyone who wishes to know the law of the Linji Order? Behold the thunder in the clear blue sky and the huge sea waves on the land."

조동종 曹洞宗 (동산 양개洞山 良价 개창) 조동종의 특징은 활용성과 유연성: '방편으로 다섯 자리를 열어 상중하의 근기를 잘 다루니 보검을 빗겨들어 온갖 그릇된 분별의 숲을 베어 두루 통하는 길 묘하게 들어내어 잔꾀에 대한 집착을 끊는구나. 이는 위왕불威王佛 나시기 전의 눈부신 광명이요 이 세상 생기기 전의 풍경이로다. 조동종의 종지를 알고자 하는가? 이는 부처님과 조사조차 태어나시지 않고 아무것도 없던 그 전의 올바른 견해라 유무의 그물에 빠지지 않는구나.'

The Caodong School founded by Dongshan Liangjie. Its characteristics are practicality and softness: "Fine management of sentient beings of the three levels of the low, middle, and high minded by establishing the five progressive stages of Bodhisattva. They cut off all kinds of mean attachment and the thick undergrowth of discrimination with a treasured sword to lead sentient beings to th right way of sublime truth.

They are the bright illuminations of the law that existed before the advent of Bhismagarjitasva-raraja, the first Buddha, and before the great spectacle of the creation of the universe. Is there anyone who wishes to know the law of the Caodong Order? It is the right view of non-discrimination of existence and non-existence that existed before the advent of Buddha and patriarchs, and before the time when there was not a thing in the universe."

선방 禪房 시끄러운 세속을 떠나 조용히 불도를 닦는 방.

(Seonbang) Meditation room or hall: A quiet room where people practice meditation.

선법 善法 오계五戒, 십선十善, 삼학三學, 육도六度의 가르침을 말함.

(Seonbeop) The wholesome Dharmas, or virtuous ways: The Five Precepts, Ten Good Actions, the Three-fold learning, and the Six Paramitas, or the Six Perfections.

선법 禪法 여래선如來禪과 조사선祖師禪의 두 가지가 있다. 여래선은 경론經論에서 설한 것으로, 구마라집鳩摩羅什이 처음으로 전하여 천태天台에 와서 체계화되다. 이에 비해 조사선은 경론經論 밖에서 조사와 조사의 마음으로부터 마음으로 전하는 것이다. 이는 곧 이심전심以心傳心을 뜻하며, 달마達摩가 처음 전함.

(Seoneop) The mode of Seon: There are two major styles, Tathagata and Patriarchal meditations. Tathagata meditation was first presented in the sutras and treatises introduced by Kumarajiva (339/344-413) and then developed by Tiantai Zhiyi (538-597). On the other hand, Patriarchal meditation, first introduced by Bodhidharma, has been transmitted from mind to mind without resorting to words and letters.

선병 禪病 네 가지 선병: 참된 도道란 억지로 짓고 (작作) 그치며 (지止) 맡기고 제거하는 (임멸任滅) 곳에 있지 않다고 한다. 모든 참선 수행자들의 참고사항.

1) 첫째는 짓는 병 (作) (본마음 가운데 갖가지 행을 지어 뚜렷한 깨달음을 구하겠다고 생각한다면, 저 뚜렷한 깨달음의 성품은 억지로 지어서 얻는 것이 아니므로 그것은 하나의 병)37
2) 둘째는 그치는 병 (止) (모든 생각을 길이 쉬어 일체의 성품이 고요하고 평등하게 됨을 얻음으로써 저 뚜렷한 깨달음을 구하겠다고 생각하는 병)
3) 맡기는 병 (任) (나고 죽음을 끊지도 않고 니르바나를 구하지도 않는다. 니르바나와 나고 죽음은 모두 일어나거나 사라진다는 생각이 없으니, 모든 것에 그냥 맡기고 모든 법의 성품에 따라 뚜렷한 깨달음을 구하겠다는 병)
4) 없애는 병 (滅) (나는 이제 온갖 번뇌를 끊어 몸과 마음이 끝내 고요하여

있는 바가 없으니, 하물며 육근과 육경이겠는가. 허망한 경계가 모두 고요한 것으로 뚜렷한 깨달음을 구하겠다는 병. 이러한 모든 병을 고치는 약이 바로 성성적적惺惺寂寂의 무위법無爲法)

(Seonbyeong) The four sicknesses of meditation practice: Dao or Truth is not in manipulation, cessation, abiding, and extinction. Every meditation practitioner should take these admonitions into account.

1) If anyone thinks that they could attain enlightenment by doing something, that is the sickness of meditation, since enlightenment is not something that can be produced.
2) If anyone thinks that he could attain enlightenment by cessation of thought to maintain quietude and equanimity, that is the sickness of meditation, since enlightenment is not something that can be attained by cessation.
3) If anyone thinks that he could attain enlightenment by just letting things go by according to the nature of things with the idea that there is neither birth and death nor Nirvana, that is the sickness of meditation, since enlightenment is not something that can be attained by following the nature of things.
4) If anyone thinks that he could attain enlightenment by cutting off defilement, that is the sickness of meditation, since enlightenment is not something that can be attained by maintaining the quietude of body and mind by cutting the defilements off arising from the six sense-objects. The antidote to all these sicknesses is non-doing of the luminous transparency of the Void.

선불교 禪佛教 교학敎學보다는 문자와 언설을 떠난 마음 닦음에 역점을 두며, 6세기에서 8세기에 중국에서 선불교와 도교道敎의 상호 만남에서 서로 영향을 주고받으면서 발달. 선종禪宗과 조사선祖師禪 참조.

(Seonbulgyo) Seon Buddhism: The general term for all schools of Buddhism that place particular emphasis on the practice of ferocious meditation rather than the study of scriptures as the way to enlightenment. *Cf. (Seon Jong)* The Dhyana School and *(Josaseon)* The Patriarchal meditation.

선불장 選佛場 부처를 선발하는 도량이라는 뜻으로, 선법禪法과 교법敎法을 닦는 가람伽藍을 높이는 말로, 쉽게 이야기 해 수도修道 하는 것.

(Seonbuljang) The meditation hall, or a monastery where practitioners cultivate their mind and study doctrine: It literally means the bodhi-mandala or "the temple ground where they select Buddha."

선사 禪寺 선禪을 닦는 사찰.

(Seonsa) The Seon monastery.

선사 禪師 선정禪定에 통달한 스님.

(Seonsa) A Dhyana, Seon or Zen master.

선삼매 禪三昧 선禪과 삼매. 선은 사유思惟라 번역하고, 삼매는 정定이라 번역하나 동체이명同體異名이다. 혹은 색色에 속하는 것은 선禪이라 하고, 무색계無色界에 속한 것을 삼매三昧라고도 말함.

(Seonsammae) Dhyana and samadhi, or meditative absorption: There ares two names for the same concept, meditation and concentration. It is, however, sometimes distinguished by thinking of meditation as a practice of the world of form and samadhi as a practice of the formless world.

선삼요소 禪三要素 참선수행의 세 가지 필수 요건. 1) 대신심大信心. 2) 대분심大奮心. 3) 대의단大疑團. 여기에 하나를 더 첨가한다면 그것은 지혜)

(Seon Samyoso) The three essentials or essential elements in Seon or meditation: 1) Great faith. 2) Great courage or heroism. 3) Great or Herculean doubt besides wisdom.

선상 禪床 좌선坐禪하는 평상平床.

(Seonsang) A meditation bench.

선서 善逝 부처님 이름 중의 하나이며 부처님의 입멸入滅을 뜻함.

(Seonseo) Well-gone or Well-deceased: It is one of the ten names or titles of the Buddha.

선수행 禪修行 선수행禪修行이란 여러 가지로 말할 수 있겠으나, 우선 이분법적 사고와 분별심 등 일체의 알음알이를 버림으로써 사물의 실체를 새로운 시각에서 바라보는 것이라고 말할 수 있다. 깨침과 성불은 다음 문제이다.

(Seon Suhaeng) Seon discipline or practice: It consists, first of all, in acquiring a new viewpoint for looking into the essence of things, leaving dualistic views of things and intellectual discriminating mind behind.

선승 禪僧 선종禪宗의 스님 또는 참선 수행하는 스님.

(Seonseung) A monk who belongs to the Seon School, or a monk practicing meditation.

선시불심 교시불어 禪是佛心 敎是佛語 선禪은 부처님의 마음이요, 교敎는 부처님의 말씀. 그런데 선사禪師들은 교학敎學을 왜 그렇게 괄시하는지 모르겠다.

(Seonsi Bulsim Gyosi Buleo) Dhyana is Buddha's mind, and the doctrine, the words of Buddha: One should not degrade one or the other.

선신 善神 불법과 불법을 믿는 사람들을 수호하는 좋은 신장神將.

(Seonsin) A good Deva who protects both the Buddha-Dharma and its followers.

선악본무성 善惡本無性 선과 악은 본래 성품이 없는 법. 이들은 모두 마음에서 오는 것. 원죄? 글쎄요.

(Seonak Bonmuseong) No self-nature of good and evil: They all come from our mind. Original Sin? You can have it.

선업 善業 착한 공덕功德. 좋은 공덕 쌓아 모두들 불과佛果를 거두기를.

(Seoneop) The good karma or deeds: A good harvest results from planting of good seeds and good care and cultivation.

선열 禪悅 선정禪定에 들어선 법열法悅, 즉 심신心身이 쾌락한 것을 말함.

(Seonyeol) The extreme joy of samatha both in body and mind.

선외선 禪外禪 선禪 밖에도 선禪이 있다는 뜻. 다시 말해 화두선이 아무리 수승한 수행방법이라 해도, 좌선만이 꼭 선禪만은 아니며, 행주좌와行住坐臥 모두가 선禪 아닌 것이 없다는 뜻. 이조 혜가二祖 慧可와 육조 혜능六祖 慧能이 화두 들고 좌선하여 깨쳤던가? 남아도처시고향男兒到處是故鄕이라는 말도 있다 (이것은 한용운 스님의 오도송悟道頌). 따지고 보면 마음만 열면 온 우주가 내 고향이고 극락정토)

(Seonoiseon) There is nothing that is not Seon: Walking, standing, sitting, and reclining--they are all Seon, not just sitting in meditation with hwadu or koan.

Did the Second Patriarch Huike and the Sixth Patriarch Huineng attain enlightenment by practicing all night sitting meditation while holding a hwadu?

"There is no place that is not my native home," someone said, which means that there is no place that is not the land of bliss and paradise, if one truly opens one's mind.

선우 善友 좋은 벗, 선지식善知識 또는 승우勝友라고도 말함. 부처님의 정도正道를 가르쳐 좋은 이익을 얻게 하는 스승이나 친구 또는 나와 마음을 같이 하여 선행을 하는 사람. 좋은 벗을 갖는다는 것은 수행에 있어서 도道의 전부라고 부처님은 말씀하셨으며, 이 좋은 벗에는 부처님도 포함된다.

(Seonu) A good friend, or an enlightened one: One who helps in conversion or development in the Dharma study by example and teaching, or a friend who shares virtuous mind and good action, a good fellow traveller, including Sakyamuni Buddha, on the path to enlightenment.

선운사 禪雲寺 전라북도 고창군 아산면 도솔산兜率山에 있는 절. 신라 진흥왕 때 처음 창건. 국보 제 427호 금동보살좌상金銅菩薩坐像이 모셔져 있다.

(Seonunsa) Seonunsa Temple: It is located on Mount Dosol, Asanmyeon, Gochang Country, North Jeolla Province, and was established during the reign of King Jinheung (540-575 C.E.) of the Silla Dynasty. A sitting gilt-bronze Bodhisattva (National treasure No. 427) is preserved in this temple.

선원 禪院 스님들이 석 달 동안의 하안거와 겨울 안거 동안 본격적으로 선禪 공부를 하는 곳.

(Seonwoen) A Seon Monastery or Center: All monastics follow very strict rules and a rigorous practice schedule during summer and winter retreats, each of which lasts three months.

선원장 禪院長 선원禪院의 책임자.

(Seonweonjang) Director of the Seon Monastery, or Meditation Center.

선인 仙人 세간을 떠나 산수山水 좋은 곳에 있으면서 신통력을 내는 신선神仙.

(Seonin) A hermit, or a holy man who abides in the wild or in the deep mountains, often possessing magical or supernatural power.

선인선과 악인악과 善因善果 惡因惡果 선한 원인은 선한 결과를 가져오고, 악한 원인은 악한 결과를 가져옴. 당연한 이치. 그런데 욕심이 많은 중생들은 이에 대해 둔감하다.

(Seonin Seongwa Akin Akgwa) A good cause leads to a good result; a bad cause leads to a bad result: Yet sentient beings are too greedy to realize even this simple truth.

선자 禪者 선법禪法을 공부하는 사람.

(Seonja) A student who practices meditation.

선재동자 善財童子 화엄경 입법계품入法界品에 나오는 어린 구도자求道者. 53 선지식善知識을 두루 찾아뵙고 진리를 구함으로써 진리탐구를 위한 끝없는 신심深心을 상징함. 그러나 우리가 알아야 할 것은, 진리란 나 밖에 있는 것이 아니라 본래부터 누구나 갖추고 있는 우리들의 불성을 깨닫는 것.

(Seonjae Dongja) Priestling or young Sudhana: The seeker of the Way or truth who visited 53 great enlightened masters for instruction, which symbolizes the tireless search for truth of enlightenment. But what we must not forget is that truth is not out there somewhere. It is in our mind, in our inborn Buddha-nature, and realization of this truth is enlightenment.

선정 禪定 육바라밀의 하나. 산스크리트어 dhyana의 음역인 선나禪那의 선禪과, 이것을 의역한 정定을 합친 말. 마음을 가다듬고 정신을 통일하여 번뇌를 끊고 진리를 깊이 생각하여 마음을 안락자재安樂自在한 경계境界에 머물게 하는 수행. 간단히 정定이라고도 말하며, 가끔 무상정등정각無上正等正覺에 비유되기도 함. 그러나 지혜 없는 목석木石과 같은 선정禪定은 곤란하다는 것도 참고할 것. 간화선看話禪만이 다가 아닌 줄 안다. 삼매三昧 (samadhi), 사마타 (지止 samatha), 사선정四禪定 참조)

(Seonjeong) Dhyana and samadhi: Literally it means "dwelling in tranquility." Dhyana means to be free from attachment to all outer objects or percepts and samadhi means to attain inner peace. It is also called simply "samadhi."

It is often compared in Mahayana with Prajna, transcendental wisdom. Ganhwa Seon? What about other meditation practices? *Cf.* Samadhi, samatha, and *(Saseonjeong)* The four grades of contemplation or meditation.

선정겸수 禪淨兼修 좌선과 정토淨土 염불을 함께 닦는 것.

(Seonjeong Gyeomsu) Simultaneous practice of meditation in sitting

and invocation of Buddha's name.

선정십종공덕 禪定十種功德 선정禪定의 열 가지 공덕功德. 보살행을 닦는 사람은 선정禪定을 잘 닦기 때문에 열 가지의 이익을 얻는다.

1) 안주의식安住儀式 (보살이 여러 가지 선정을 닦으면 모든 근根이 고요하여 정정正定이 나타난다)
2) 행자경계行慈境界 (자애심이 생기고 중생을 편안하게 한다)
3) 무번뇌無煩惱 (모든 근根이 고요하여 탐진치貪瞋癡 등의 일체 번뇌가 자연히 일어나지 않는다)
4) 수호제근守護諸根 (모든 근根을 잘 지켜 색色 등 온갖 티끌, 곧 번뇌에 의해 동요되지 않는다)
5) 무식희락無食喜樂 (선열禪悅의 맛을 얻게 되어 비록 음식을 먹지 않아도 자연히 기쁨이 넘치게 된다)
6) 원리애욕遠離愛慾 (일심一心이 고요해져 산란하지 않으므로 일체의 애욕의 경계에 염착染着, 곧 물들어 집착하지 않는다)
7) 수선부공修禪不空 (선禪의 공덕을 얻고 진공眞空의 이치를 증득하므로 단멸斷滅의 공空에 떨어지지 않는다)
8) 해탈마견解脫魔羂 (능히 일체 생사의 쇠사슬에서 벗어나 해탈을 얻게 된다)
9) 안주불경安住佛境 (무량한 지혜를 얻어 깊은 법의法義에 통달하여 부처님의 지견知見이 자연히 밝아지므로 마음이 절멸絶滅하게 된다)
10) 해탈성숙解脫成熟 (일체의 혹업惑業이 소멸되어 무애해탈無礙解脫, 곧 걸림이 없는 해탈이 자연히 원숙하게 된다)

(Seonjeong Sipjong Gongdeok) The ten merits of meditation:

1) The quietude of mind and samyak-samadhi: If you practice meditation, you will attain the quietude of your mind and samyak-samadhi, or perfect concentration.
2) The practice of compassion to all beings: If you practice meditation, you will get a compassionate mind and make people comfortable.
3) Non-defilement: If you practice meditation, you could prevent all defilement including three poisons--greed, anger, and ignorance.
4) The protection of the root of all sense faculties: If you practice meditation, you will be able to guard your six roots of sense faculties and stay away from all sense perceptions.

5) The happiness and joy apart from food: If you practice meditation, you will get the extreme joy of samadhi and be happy without even taking any food.
6) The renunciation of affection and sexual desire: If you practice meditation, your mind is so peaceful that no desire for affection and sexual desire will arise.
7) The realization of true emptiness: If you practice meditation, you will realize the ultimate meaning of emptiness and will not fall into the nihilistic denial of emptiness.
8) Complete freedom from the shackles of birth and death, or samsara: If you practice meditation, you will be free from the fetters of birth and death and attain enlightenment.
9) Abiding in the realm of Buddha: If you practice meditation, you will attain the boundless wisdom of Buddha and attain the quietude of a mind-less-mind.
10) Unobstructed supreme enlightenment: If you practice meditation, you will attain the unobstructed supreme enlightenment free from any delusory passion.

선정인 禪定印 수인手印 참조.

(Seonjeongin) The mudra or hand seal of samadhi or meditation. *Cf. (Suin)* A hand seal.

선종 禪宗 불심종佛心宗이라고도 말함. 달마대사가 인도로부터 와서 전한 것. 교외별전敎外別傳을 종지宗旨로 하고, 좌선으로써 내관자성內觀自省하여 자성을 깨달아 성불함을 종지宗旨로 함. 다시 말해 선종禪宗이란 부처님의 교설敎說을 소의所依로 삼는 종파를 교종敎宗이라 함에 대하여 온갖 분별심과 마음을 비우기 위해 좌선을 닦는 종파라는 뜻.

(Seonjong) The Dhyana School, or Seon Buddhism: It is also called the Buddha-mind Sect, or the Inner-light School of Buddhism. It is a method of practice, which was transmitted by Bodhidharma. Its main tenet is "Special transmission of Buddha's teaching without relying on words or letters." While the Doctrinal School relies chiefly on Buddha's teaching, Zen Buddhism emphasizes meditation for realization of self-nature to attain enlightenment or the Buddhahood.

선지 禪旨 선禪의 요지. 선禪의 핵심은 분별심의 타파를 통해 자신을 완전히 비운 후 우주와 하나가 되는 공空의 변증법.

(Seonji) The essence or gist of Seon or meditation: It is to become one with the universe through an insight into one's pure self-nature and emptying one's mind by cessation of a discriminating mind, a kind of dialectical theory of emptiness.

선지식 善知識 불도佛道를 깨치고 덕德이 높아 사람들을 깨침에 이르도록 교화敎化, 선도善導하는 스님, 또는 바른 도리를 가르치는 사람으로 선우善友라고도 말함.

(Seonjisik) An enlightened one or master, or a keen-eyed spiritual guide who leads the people to attain enlightenment or to the right way. It also means a wise and virtuous friend.

선판 禪板 좌선할 때 피로를 풀기 위해 손을 놓고 몸을 기대는 데 사용하는 판자.

(Seonpan) A wooden board or plank for meditation practice: It is used to relax the body during meditation by placing the hands on the board to support the reclining body.

선풍 禪風 선문禪門의 특징 또는 전통.

(Seonpung) The tradition of Seon or Zen.

선행 善行 남에게 자비심을 베푸는 공덕.

(Seonhaeng) Good works or deeds.

선현 善現 수보리의 또 하나의 이름. 선길善吉, 선업善業, 공생空生이라고도 말함.

(Seonhyeon) Manifestation of goodness: Another name for Subhuti. He is also called *Seongil,* Good fortune, *Seoneop,* Good karma, and *Gongsaeng,* Born of emptiness. *Cf. (Subori)* Subhuti.

선화자 禪和子 선가禪家의 입장에 있는 이가 학인에 대하여 부르는 말. 선승禪僧이라는 말과 같다. 화和는 화상和尙, 자子는 남자의 통칭.

(Seonhwaja) A Ch'an abbot or preceptor, or a male meditation practitioner: A common name for a student who practices meditation; "hwa 和" means preceptor, and "ja 子" means a male.

설계 說戒 계戒를 설한다는 뜻으로, 세 가지가 있다.

1) 계戒를 받을 이에게 계율戒律을 일러줌. 2) 계법戒法을 해설함. 3) 한 달에 두 번씩 마지막 날에 대중을 모아 계경戒經을 읽어 주며 그동안 범한 죄를 돌이켜

생각하여 말하게 하고 참회하는 일.

(Seolgye) Exposition of precepts: There are three kinds: 1) Preaching on the precepts for the recipient of the precept. 2) Discourse on the precept. 3) Bimonthly repentance for the sins one has committed on the final day of the period. The confession must be done before fellow practitioners.

설법 說法 대기설법對機說法으로 유명한 부처님의 가르침은 크게 두 가지로 구분할 수 있으니, 그 하나는 수행을 통하여 번뇌를 제거하고 지혜를 계발하는 것이고, 다른 하나는 다른 사람의 이익과 행복을 위하여 자비를 베푸는 것이다. 전자를 위하여 지도하는 것을 최상설법 또는 선법문禪法門이라 하고, 후자를 위하여 설법하는 것을 차제설법次第說法이라 말함. 그런데 법法이 없음을 가히 말하는 것을 이름하여 설법說法이라고도 말함.

(Seolbeop) The Dharma talk, setting forth, or discourse: Expounding or addressing the Dharma according to the tolerance of the audience. There are two types of discourse. One is the supreme discourse to lead the practitioners to their wisdom and enlightenment by cultivation. Another is the lesser or secondary discourse of compassion and charity for the benefit and happiness of others. However, true discourse should be discourse without discourse.

설일체유부 說一切有部 줄여서 유부有部 또는 일체유부一切有部라고도 말함. 소승小乘의 20부파 중의 하나. 근본 상좌부根本 上座部가 경經과 율律을 중요시 하는데 반해, 설일체유부는 론論을 중심으로 아我는 공空이나 법法, 즉 존재는 삼세를 통하여 실재한다는 아공법유我空法有를 주장함. 삼세실유법체항유三世實有法體恒有 참조. 이를 반박하는 용수龍樹의 중론中論과 팔불정관八不正觀 참조.

(Seol Ilcheyubu) The Sarvastivada School, or the Existence School, one of the twenty Hinayana Schools: The teaching that whatever is has its ultimate entity or identity contrary to the teaching of emptiness of Mahayana Buddhism. *Cf. (Samse Silyubeop Hangyu)* The permanent existence of the Dharma-essence, or true reality throughout the three ages, and *(Palbuljeonggwan)* Eight Negations and the Middle Stanzas by Nagarjuna.

섬광 閃光 순간적으로 내는 강한 빛.
(Seomgwang) A flash of lightning.

섭수 攝受 부처님께서 자비와 지혜광명 속에 모든 중생을 다 거두어 보살핌을 말함. 이와 반대가 절복折伏, 즉 다른 사람 또는 다른 교법敎法을 꺾어 굴복시키는 것. 기독교와 이스람 참고.
(Seopsu) Embrace: Buddha's tolerance and protection of all living beings out of compassion. Contrary to this is the subjugation of others or other beliefs against their will.

섭심 攝心 마음을 하나의 대상에 모아 흐트러지지 않게 하는 것.
(Seopsim) Concentration of the mind on an object.

섭의귀공 攝意歸空 뜻을 가다듬어 이를 공空으로 돌리다.
(Seopui Gwigong) Control the mind and return it to emptiness.

섭절 攝折 섭수攝受, 곧 거두어 드림과 절복折伏, 곧 굴복시킴의 두 가르침의 방법을 말함.
(Seopjeol) Acceptance or accommodation and subjugation: The two means or ways of teaching.

섭취 攝取 부처님이 자비의 광명으로 중생을 거두어 들여 제도한다는 뜻. 섭수불사攝受不捨 참조.
(Seopchwi) Deliverance of living beings by the illumination of great compassion. *Cf. (Seopchwi Bulsa)* Deliverance of all living beings without exception.

섭취불사 攝取不捨 제불諸佛의 자비광명慈悲光明이 모든 중생을 버리지 않고 거두어 들이는 것.
(Seopchwi Bulsa) Deliverance of all living beings without exception by the illumination of the great compassion of all Buddhas.

성각필명 망위명각 聖覺必明 妄爲明覺 성스러운 깨달음이 너무 밝아서 망령되이 밝혀야 될 깨달음으로 뒤바뀌었다는 역설적인 뜻. 성스러운 깨달음도 집착할 것이 못된다는 뜻.
(Seonggak Pilmyeong Mangwi Myeonggak) So bright is the heavenly awakening that it lost its bright illumination to be brightened again: A great irony of awakening. What is true awakening? Non-attachment even to the bright heavenly awakening.

성골함 聖骨函 부처님의 사리를 담아둔 작은 상자.

(Seonggolham) The reliquary of Buddha's sarira.

성공 性空 우주간의 물심제법物心諸法은 인연과 화합에 의하여 가假로 존재하는 것이므로 그 참 성품은 공무空無하다는 것. 그러나 승조僧肇는 말한다. '중생이 우매하여 가까우면서도 알지 못하는 것이 사물의 본성'이라고.

(Seonggong) Emptiness of all phenomena of conditional aggregates, material and mental. "It is too obvious, yet few people realize the truth," Master Sengzhao says.

성과 聖果 팔정도八正道와 육바라밀六波羅密의 성도聖道를 닦아 얻은 공덕功德, 곧 깨침과 열반.

(Seonggwa) The saintly accomplishment: The reward or fruit of practicing the Noble Eightfold Path and the Six Paramitas, or the Six Perfections, the ways to enlightenment and Nirvana.

성기(설) 性起(說) 화엄종의 교의敎義에서 말하는 성기性起와 연기緣起 이종二種 법문의 하나. 인연에 의해 나타나는 연기와는 달리, 성기性起는 우주 만유萬有는 상항불변常恒不變하는 본성으로부터 나타난다고 하는 학설.

(Seonggi(seol) Origination or arising of all phenomena from the essence of the universe, not from conditions like dependent origination. The doctrine of Avatamsaka or the Flower Garland School.

성도 成道 성도成道, 성불成佛, 득도得道, 증도證道는 모두 같은 말.

(Seongdo) Attaining Buddhahood or enlightenment: It is synonymous with *Seongbul, Deukdo,* and *Jeungdo* in Korean.

성도문 聖道門 성문聖門이라고도 말하며, 현세에서 자력自力으로 수행하여 성불하는 부처님의 가르침. 이에 반해 서방정토에 왕생하여 불과佛果를 얻기를 바라는 정토문淨土門 참조.

(Seongdomun) Holy way or path to enlightenment by practice, or through "self effort or power." *Cf. (Jeongtomun)* The way to the Pure Land by praying to Amitabha Buddha.

성도재 成道齋 부처님께서 깨달음을 이루신 날. 음력 12월 8일.

(Seongdojae) Celebration of Buddha's enlightenment day. Lunar month of December 8.

성만 成滿 원만히 갈무리함.

(Seongman) Complete fulfillment or accomplishment.

성문 聲聞/성각 聲覺 부처님의 교법에 의지해 깨달아 아라한阿羅漢과에 오르는 것을 이상으로 하는 수행자.

(Seongmun/Seonggak) Shravaka (Skt), S ravaka (P): The Sound-hearing Arhat, or the Disciple-vehicle who depends on Buddha's discourse for enlightenment.

성문사과 聲聞四果 사과四果 참조.

(Seongmun Sagwa) The four fruition of the Sound-hearing Arhat. *Cf. (Sagwa)* The four fruition.

성범시허명 聖凡是虛名 성인聖人과 범부凡夫란 허망한 이름일 뿐. 그런데 사람들은 승속僧俗을 말하고 왜 그렇게 잘난 척 하는지. 얼굴에 쓰여 있다.

(Seongbeomsi Heomyeong) Sages and idiots are but names: They are one, yet people love to be smart. It is written in their faces.

성보 聖寶 불교의 성스러운 보배와 같은 유물.

(Seongbo) Buddhist holy relics.

성보문화재 聖寶文化財 불교가 보존하고 있는 귀한 문화재.

(Seongbo Munhwajae) The Buddhist holy cultural assets or property.

성불 成佛 모든 번뇌에서 벗어나 불과佛果를 얻음. 성도成道와 같은 말.

(Seongbul) Attain the Buddhahood, or becoming a Buddha.

성상 性相 성性이라 함은 불변, 평등, 절대, 진실의 본체나 도리 또는 사물 그 자체. 상相이라 함은 변화, 차별, 상대적 현상의 모습. 다시 말해 성性은 원성실성圓性實性의 진여, 즉 만유의 본체이고, 상相은 의타기성依他起性, 즉 인연소생因緣所生의 만법萬法을 말함.

(Seongsang) Essence and form: Essence means constant, immutable, equanimity, absolute, true substance, while form means inconsistent, changeable, variable, relative, and subject to interdependence and causes and conditions.

성상불이 性相不二 만물의 본성本性과 현상現相이 둘이 아님. 따라서 본체와 현상에 걸림이 없으며[性相無礙], 진리와 현상에 걸림이 없다.[理事無礙]

(Seongsangburi) Non-duality of essence and form: Noumenon and

phenomenon are not two, hence non-hindrance between the essence and form, non-hindrance between the phenomenal world and the cosmic law. In the ultimate sense of emptiness, they are the same.

성선설 性善說 맹자孟子의 교설敎說로 인간의 본성은 선천적으로 착하다는 것.

(Seongseonseol) The ethical doctrine of Mencius that man's inborn nature is good, the view of fundamental goodness of human nature.

성상기환어십추 星霜己換十秋 어느덧 10년이라는 세월이 흘렀습니다.

(Seongsang Gihwansipchu) The course of stars and frosts have already changed over ten autumns or years: A poetic expression of impermanence of phenomena and time.

성성적적 惺惺寂寂 정신이 맑고 고요함. 이를 다시 설명하면, 성성猩猩이란 알아차림, 곧 몽롱한 상태가 아닌 정신이 맑게 깨어있음을 말하며, 적적寂寂이란, 사마타(지止), 곧 마음이 편안하고 고요한 상태를 말함. 이 과정을 통해 자성自性과 불성광명佛性光明, 곧 허공과 같은 우주와의 합일에 이르게 된다.

(Seongseong Jeokjeok) Illumination, clear mind, conscious awareness, and serenity, or the luminous transparency of the void and serenity: Through this state of mind by practice, one becomes one with one's own luminous Buddha-nature and the absolute reality of the universe.

성소작지 成所作智 유식사지唯識四智와 오지五智의 하나. 감각기관을 닦아 얻는 지혜. 다시 말해 육근六根 가운데 어떤 것을 받아들일 때 이를 바르게 받아들여 차별상이 없는 것으로 원경圓鏡, 곧 맑고 둥근 거울과 같아지는 것.

(Seongsojakji) All-performing wisdom: Wisdom attained by cultivation of sense organs: Accepting the perceptions through the six sense organs without dual discrimination, and becoming like a bright, round mirror.

성숙겁 星宿劫 삼대겁三大劫의 하나. 현재의 겁劫은 현겁賢劫, 다음의 대겁大劫은 성숙겁星宿劫.

(Seongsukeop) The future abiding eon (the starry eon): One of the three great eons. *Cf. (Hyeongeop)* The present abiding period (the fortunate eon).

성악설 性惡說 인간의 본성을 악이라고 한 순자荀子의 학설.

(Seongakseol) The ethical view that human nature is originally evil,

the doctrine of Xunzi (B.C. 320?-B.C. 225?)

성자 聖者 불교에서는 불보살을 말하나, 이는 무심無心, 무욕無慾, 그리고 무아無我의 경지에 이르러 공空의 이치를 깨달은 수행자를 말할 수도 있다.

(Seongja) Saint: It usually refers to the Buddha and Bodhisattva in Buddhism, but it could be any personage of non-desire, non-ego, and a thoughtless pure mind, who has realized the voidness of Dharma.

성전일구 聲前一句 벽암록碧巖錄 제7칙則에 나오는 말로, 말 이전, 또는 말로 표현할 수 없는 진리. 이때 일구一句는 일반적인 뜻의 언구言句가 아닌, 주관과 객관 그리고 언어를 초월한 우주의 본체와 같은 궁극적 진리를 말함. 일구자一句字 참조.

(Seongjeon Ilgu) The ultimate truth before the utterance: It literally means, "a phrase before the utterance of a sound." The "phrase" here, however, does not mean the ordinary meaning of a phrase. It means the ultimate truth of the universe that is beyond conception and human ken. *Cf. (Ilguja)* A phrase.

성정열반 性淨涅槃 삼열반三涅槃의 하나. 염染과 정淨을 초월한 불생불멸의 제법실상諸法實相의 이치를 말함.

(Seongjeong Yeolban) Purity of the original nature and Nirvana: The everlasting true nature of myriad things is beyond contamination and purity. *Cf. (Samyeolban)* Threefold Nirvana.

성정이문 聖淨二門 정토교淨土敎에서 부처님의 일대기를 성도문聖道門과 정토문淨土門으로 판별한 것.

(Seongjeong Imun) Two gates or teachings to attain enlightenment or Nirvana: The doctrine of the Pure Land Sect. The holy way to enlightenment by practice, and the way to the Pure Land by invocation of Amitabha Buddha.

성정해탈 性淨解脫 이종해탈二種解脫의 하나. 중생의 본성이 본래 청정하여 번뇌의 속박에서 벗어나 때가 묻지 않은 상태.

(Seongjeong Haetal) Immaculate emancipation or enlightenment of the original pure nature of sentient beings free from defilement and stain. *Cf. (Ijonghaetal)* Twofold emancipation or enlightenment.

성제 聖諦 성자聖者가 보는 바의 진리.

(Seongje) The holy truth of the saint.

성제제일의 聖諦第一義 성자聖者가 보는 궁극적 진리.

(Seongje Jeilui) The ultimate truth from the point of a saint.

성종 性宗 우주 및 인생을 탐구함에 있어, 불변의 본체나 그 도리를 과제의 중심으로 하여 설하는 종지宗旨를 성종性宗 또는 법성종法性宗이라 말하며, 그 현상적인 변화, 차별 또는 상태의 모습을 과제의 중심으로 하여 설하는 종지宗旨를 상종相宗 또는 법상종法相宗이라 말함. 삼론종三論宗이나 화엄종 등은 전자, 구사종俱舍宗과 법상종 등은 후자.

(Seongjong) The Essential-nature School: The school that deals chiefly with the essential nature of the universe and human life. It is also called the Dharma-nature School. The Sanlun or Three-treatise Sect and the Avatamsaka or Flower Garland School belong to this category.

On the other hand, the schools that deal chiefly with the transmutation of the phenomena and different aspects of things are called the Dharma-character School, or the Marks of Existence School. The Abhidharmakosa Sect also belongs to this category. *Cf. (Sangjong)* The Phenomenon School.

성주괴공 成住壞空 나서 머물다가 무너져 공空으로 돌아가는 만고萬古의 진리.

(Seongju Goigong) Arising, abiding, dissolution and then to emptiness, which is the truth of the natural cycle of the universe.

성찰 省察 자신의 허물을 반성하여 살핌.

(Seongchal) Self-reflection, self-examination, or introspection.

성품 性品 모양도 없는 인간 본래의 성정性情, 즉 불성佛性. 비록 모양은 없으나 성품은 그 작용하는 데에 나타난다.

(Seongpum) Original self-nature, the essence of mind, the original mind, or Buddha-nature: It has no mark or form, yet it manifests in its great function.

성하 聖下 종정宗正에 대한 높임말. 예하猊下라고도 말함.

(Seongha) His/Your Holiness: An elevated way of addressing the Supreme Patriarch of a sect. *Cf. (Yeha)* His/Your Highness.

성행 聖行 보살菩薩이 닦는 계戒, 정定, 혜慧를 일컬음.

(Seonghaeng) The holy practice: It means the practice of three props of holy ways--precepts, meditation, and wisdom.

성향 性向 성질의 경향 또는 기질氣質. 습기習氣와 훈습薰習 참조.

(Seonghyang) Habitual disposition or inclination. *Cf. (Seupgi)* Skandhas or the personality aggregates.

성현 聖賢 성인聖人과 현인賢人처럼 지덕智德이 뛰어난 사람.

(Seonghyeon) Saints and sages who excel in virtue and wisdom.

세간 世間 유한有限한 유정有情의 중생이 서로 의지하며 살아가는 세상, 즉 세속世俗 또는 범속凡俗.

(Segan) The mundane, finite, empirical, and impermanent world of sentient beings.

세간법 世間法 모든 세속적인 것 또는 현상. 유위법有爲法 참조.

(Seganbeop) The worldly things or existences, or all compounded things. *Cf. (Yu-ui(beop)* All the compounded or conditioned things.

세간지 世間智 삼지三智의 하나. 세속적인 지혜로 유루지有漏智라고도 말하며, 범부凡夫와 외도外道의 삿된 지혜를 말함.

(Seganji) The secular or conventional wisdom, or wisdom of the unenlightened or the followers of the Outside way.

세간해 世間解 부처님의 십호十號 중의 하나. 부처님은 세간世間의 온갖 일을 다 아신다는 뜻.

(Seganhae) The knower of the worlds: It is one of the ten names of the Buddha, who knows everything about the world.

세계기록유산 世界記錄遺產 유네스코에서 지정한 세계적 유산遺產. 우리나라에는 자랑스러운 문화유산인 훈민정음訓民正音, 조선왕조실록朝鮮王朝實錄, 직지심체요절直指心體要節, 승정원일기承政院日記, 고려대장경판高麗大藏經板, 조선왕조의궤朝鮮王朝儀軌 등이 있다.

(Segyegirok Yusan) Memory of the World: Valuable Records of World Heritage designated by UNESCO. Korea has six such valuable cultural assets: Hunmin Chongum Manuscript; the Annals of Joseon Dynasty; Gikji, or the Essential Passages Directly Pointing at the Essence of the Mind; Seungjeongwon Ilgi, or the Diaries of the Royal Secretariat; the Printing Woodblocks of Tripitaka Koreana; and Uigwe, the Royal

Protocols of the Joseon Dynasty.

세계문화유산 世界文化遺產 유엔에서 지정한 인류문화유산.

(Segyemunhwayusan) World cultural heritage.

세계불교도우의회 世界佛敎徒友誼會 1950년 회원국 간의 우애를 위해 미dis마 양곤에서 결성된 불교국제협력기구. 통역할 때 이런 것을 모르면 진땀 뺀다.

(Segye Bulgyodo U-uihoi) The World Fellowship of Buddhists (WFB), the international association of Buddhists founded in Yangon, Myanmar in 1950 for friendship and coordination of the member countries.

세계일화 世界一花 만공滿空 스님의 법어로, 숭산崇山 스님이 널리 유포한 온 세계를 하나의 연화장세계蓮華藏世界, 곧 불국토佛國土로 만든다는 뜻.

(Segye Ilhwa) The whole world is a single flower, or the world-solidarity: The catch phrase of the Great Master Mangong (1871-1946), and disseminated far and wide by the Venerable Seung Sahn Sunim, which could symbolize the realization of the Land of Lotus Flower, or the Buddha-land on earth.

세론 世論 순세외도順世外道의 언론을 말함. 곧 세상의 흐름에 따르는 오르지 못한 언론. 다음은 능가경愣伽經에 나오는 부처님의 말씀:

마음이 흘러 움직이면 / 그것은 곧 세론이고 /
분별이 일치 않는 이 / 그 사람은 자심自心을 보리라. /
항상과 무상 / 지음과 지음 없음 /
이 세상과 저 세상 등은 / 모두 세론법世論法이라네.

(Seron) The worldly opinion: The evil opinion of the world. The following is a quote from the Lankavatara Sutra:

When the mind is disturbed, / That is the worldly opinion. /
One who's mind is undisturbed, / Will see the true self-nature.
Permanent and mutability, / Production and non-production, /
This and other world, / All these are the law of the mundane world.

세세생생 世世生生 업業에 의해 끝없이 다시 태어나는 육도환생六道還生.

(Sese Saengsaeng) Transmigration after transmigration in the six states of mortal existence.

세속 世俗 세世는 생멸과 윤회의 세계, 속俗은 깨침과 열반과 대칭되는 비속卑俗을 말하며, 세간 품속의 일반을 말함.

(Sesok) The mundane world of birth, death, transmigration, and vulgarity: It is generally contrasted with Nirvana and enlightenment.

세속오계 世俗五戒 신라 진평왕眞平王 때 원광법사圓光法師가 화랑花郞에게 준 다섯 가지의 교훈. 뒤에 이것을 신조信條로 하여 화랑도가 크게 발전하고 삼국통일의 기초를 이룩하게 되었다.

1) 사군이충事君以忠 (윗사람을 섬기는데 충성을 다할 것)
2) 사친이효事親以孝 (부모에게 효도를 다할 것)
3) 교우이신交友以信 (친구 사이에는 신의信義로써 사귈 것)
4) 임전무퇴臨戰無退 (국가를 위하여 전쟁에 임할 때는, 죽음을 두려워하지 말고 물러서지 말 것)
5) 살생유택殺生有擇 (살생殺生할 때는 가려서 할 것. 예를 들어 동물들의 생육기인 봄과 여름엔 살생하지 말 것, 교통의 편의를 제공해주는 말을 살생하지 말 것, 노동력을 제공해주는 소를 살생하지 말 것, 시간을 알려주는 닭을 살생하지 말 것, 집을 지켜주는 개를 살생하지 말 것)

(Sesok Ogye) Five secular precepts: Five precepts Venerable Won Gwang Preceptor gave to Hwarang (young elites) during the reign of King Jinpyong (579-631) of the Silla dynasty. Later these articles of creed helped developing the organization of the young elites and the unification of three kingdoms, Silla, Goguryeo, and Baekje.

1) Serve your superior with utmost royalty.
2) Do your filial duty to your parents with all your heart.
3) Associate with your friends with your unremitting faith.
4) No retreat at a battlefield when you are fighting for the country.
5) Elective in killing animals. For example, avoid killing animals during the breeding season in spring and summer; do not kill the horse that provides transportation; do not kill the cow that provides labor, do not kill the cock that tells the time; do not kill the dog that guards the house.

세수 世壽 세속적인 나이.

(Sesu) The lay age.

세월 歲月 한없이 흘러가는 시간. 광음光陰이라고도 말함.

(Seweol) The tides of time, or the passage of time.

세월인연 歲月因緣 인생여정人生旅程에서 우연히 일어나는 여러 가지 인연.

(Seweolinyeon) Causal affinity in the journey of life.

세제일법 世第一法 소승小乘에서 말하는 사선근四善根의 네 번째 자리. 세世는 세간世間, 곧 유루법有漏法을 말함. 이 지위에서 일어나는 선근善根은 유루법 중에서 가장 수승한 것이므로 이렇게 말하며, 여기서부터 견도見道에 들어감.

(Sejeilbeop) The supreme worldly Dharma: The last stage of the four wholesome roots for attaining the stage of Arhat. It is so called because it is the supreme state that one can attain in the mundane world. From this stage one enters the path of enlightenment.

세존 世尊 열 가지 부처님 이름 중의 하나. 공덕功德이 원만하여 세상의 존경을 받으므로 세존이라 함.

(Sejon) The World-honored One: It is one of the ten names or titles of Shakyamuni Buddha, who deserves veneration.

세친 世親 인도승 (316-396): 그는 형 무착無着의 권유로 설일체유부說一切有部에서 대승불교로 개종한 후, 유식종唯識宗의 기초가 된 여러 권의 논서論書를 저술함. 가장 중요한 것으로 유식삼십송唯識三十頌이 있다. 꼭 읽어볼 것. 길지도 않다.

(Sechin) Vasubandhu (316-398): The younger brother of Asanga. After his conversion from Savastivadins to Mahayana, he wrote a number of seminal treatises that became the foundation of the Yogacara School, of which the Thirty Verses on Consciousness-only is the most important.

세행 細行 자세한 행동거지 또는 수행 방법.

(Sehaeng) The detailed deportment or practice.

소 疏 경經 · 논論의 어려운 뜻을 알기 쉽게 풀이한 것, 또는 소원문訴願文.

(So) Annotation or commentary of difficult phrases of sutra and shastra. It also means a letter of supplication.

소겁 小劫 일증겁一增劫과 일감겁一減劫을 합한 것을 소겁小劫이라 함. 겁劫 참조.

(Sogeop) A small eon or kalpa: A period of the growth and decay of a universe.

소견 所見 어떤 대상이나 현상을 보고 살피어 인식하는 생각이나 의견 또는 강한 소신. 이때 소所는 눈에 들어오는 대상, 그리고 견見은 대상을 보는 능력, 곧 능견能見 또는 주관主觀.

(Sogyeon) One's view point, opinion, or conviction about external objects or phenomena. *So* 所 means a visual object, and *gyeon* 見 means the ability or subject part of viewing.

소근기 小根機 근기가 약하거나 재능이 떨어지는 사람. 대기설법對機說法 참조.

(Sogeun-gi) The less wise, the slow-witted, or the inferior minded. *Cf. (Daegi Seolbeop)* A temperamental discourse.

소림사 小林寺 달마대사가 9년간 면벽 수도한 사찰寺刹.

(Sorimsa) Shaolin Monastery where Bodhidharma practiced for nine years gazing the wall of a cave.

소법 小法 소승小乘의 법法을 말함. 법화경法華經 방편품方便品에 '둔근鈍根'은 소법少法을 즐긴다'고 하였음.

(Sobeop) A limited or lesser aspiration or doctrine: It is stated in the Section of the Lotus Sutra and refers to the Lesser Vehicle in contrast to the lofty aspiration of the Mahayana or the Great Vehicle.

소상상 所想相 보는 것은 견見, 보이는 것은 견연見緣, 생각으로 그리는 모습은 소상상所想相이라 달함. 그러나 이들은 모두가 그 실체가 없는 허공의 꽃과 같은 것.

(Sosangsang) The form of a thought: The seeing, the seen condition, and the form of a thought--they are but the flowers in the sky, non-existent.

소석 疏釋 주석註釋의 뜻으로, 경론經論 등의 주註나 해석을 말함.

(Soseok) Notes, annotations, or explications of the sutras or treatises.

소소연연 疎所緣緣 법상종法相宗의 말. 모든 사물을 인식함에는 반드시 본질과 비슷한 그림자[相分]를 떠오르게 하고, 견분見分으로 이를 알아차리게 되니, 이 때에 그 상분相分을 친소연연親所緣緣이라하고, 본질을 소소연연疎所緣緣이라 말함.

(Sosoyeonyeon) The mutual condition of the subject and object: When one perceives an object, one imagines a semblance of the essential counterparts to recognize it. Hence the object is called the friendly condition while the subject part is called the essential condition.

소소영영 昭昭靈靈 일체에 밝고 또렷함. 소소昭昭는 밝은 모양, 영영靈靈은 정신작용의 불가사의함. 즉 심식心識이 미묘하여 명백한 양상을 형용하는 말.

(Soso Yeongyeong) Extremely bright and gnostic: Soso means

extremely bright, and yeongyeong means a mysterious and a gnostic mental state or activity.

소승 小乘 대승大乘의 사람들이 폄하하여 붙인 이름으로 원시불교, 근본불교, 또는 남방불교라고도 말하며, 모든 면에서 부처님 당시의 교법을 원형대로 전하려는 교단. 소승에는 성문승과 연각승 두 가지가 있으며 이들은 모두 아라한과阿羅漢果와 공적空寂한 열반에 이르는 것을 궁극적인 목적으로 함. 소승小乘의 특징을 든다면, 대승大乘에서 자랑으로 내세우는 적극적인 중생제도 보다는, 명상을 통한 마음의 편안과 자신의 해탈 및 아라한과阿羅漢果를 지향한다는 것.

그런데 소승에 대해 부연 설명하면, 산스크리트어 Hinayana의 -yana는 '탈 것'이라는 뜻으로 승乘이라는 것이 맞으나, Hina-는 '옆구리의,' '볼품없는' 또는 '하등下等'이라는 뜻으로, 분명히 '작다'라는 뜻보다 더 좋지 않은 뜻이 있다. 자신의 수승함을 드높이는 것은 좋으나, 남을 깎아 내리면서 자신을 추켜세우는 것은 불교답지 않다. 따라서 최소한 영어로 표기할 때는, Hinayana 보다는 Theravada라고 표기하는 것이 예의일 것 같다. 상좌부上座部 참조.

(Soseung) The Hinayana: Lit. "small vehicle." It is variously called such as the Theravada, the Way of Elders, the Hinayana, the Lesser-vehicle, the Original Buddhism, the Primitive Buddhism, the Fundamental Buddhism, or Southern School or Buddhism. It is represented by the Sound-hearers and the Solitary-vehicle, and generally believed that the Hinayana is closer to the authentic teachings of Buddha. It is also characterized by insight into emptiness of self but not emptiness of things, and its final goal is to attain Arhathood, quietude of mind and Nirvana.

The characteristics of Small Vehicle is quiescent detachment practiced alone, and it is called a small vehicle because it serves only as a means of personal comfort or release, and lacks the dynamic capable of benefiting others.

The term Hinayana or "a small or lesser vehicle," is used in the Mahayana scriptures, as a contrast to their own "great or greater vehicle," which is taught as a means for living beings of the loftiest aspiration to attain the liberation of self and others through perfection of wisdom and compassion. However, with respect to those who practice this kind of Buddhism, Theraveda is the correct term to use. *Cf. (Sangjwabu)* Sthavira.

소승선 小乘禪 오종선五種禪 참조.

(Soseung Seon) The Lesser-vehicle or Hinayana meditation. *Cf. (Ojongseon)* Five types of meditation.

소승이십부 小乘二十部 소승불교의 이십부파二十部派. 이것은 북방불교, 곧 대승불교 권에서 전하는 수이고, 남방, 곧 소승불교 권에서는 십팔부十八部라 함. 부처님께서 입멸하신 후 100여년 경에 대중부大衆部와 상좌부上座部로 분파分派되었다. 이를 근본 이부根本 二部라 하며, 후에 대중부는 9파로 갈리고, 상좌부는 11파가 되어 모두 20부가 되다.

(Soseung Isipbu) Twenty Hinayana sects: The number "twenty" is given by the northern Buddhism or Mahayana. The number given by Southern Buddhism or Hinayana is eighteen. About 100 years after the passing of Sakyamuni Buddha, Buddhism split into two groups, Mahasangihika, or adherence of the Great Maha Community, and Sthavira or Theravada, adherence of the elders. These two groups are called the original two Hinayana schools. Then Mahasangihika split again into 9 sects, and Sthavira or Theravada into 11 sects, thereby coming up with the number 20.

소시 燒施 공물供物이나 제물祭物을 불로 태워서 바치는 것.

(Sosi) A burnt offering.

소식 小食 조반朝飯. 점심點心이라고도 말하며, 선가禪家에서 아침에 먹는 음식을 말함.

(Sosik) Lit. "the small meal or food": Breakfast which is also called *jeomsim* or the light meal.

소식 素食 생선이나 고기가 없는 조촐한 음식. 다시 말해 스님들이 먹는 음식.

(Sosik) The meal without meat or fish: The meals of monks.

소식 所識 인식되는 대상.

(Sosik) Percepts, the sense-objects, or the objects of perception.

소식처 蘇息處 소승小乘에서 설한 회신멸지灰身滅智 (몸을 재로 만들고 지혜를 멸한다는 뜻) 하는 열반을 말함. 다시 말해 소식처蘇息處란 몸을 태우고 지혜를 멸하므로 몸이 영원한 안락을 얻는 것을 말함. 사선정四禪定의 사선四禪에서는 날숨과 들숨이 멎어 영적永寂에 들게 된다.

(Sosikcheo) The stage of arrested breath: The doctrine of the Theraveda to reach the state of Nirvana by metaphorically burning the body to ash along with renouncing the wisdom. In the Fourth Dhyana, there is no in-breathing or out-breathing. Everything is peaceful and quiet.

소아 小我 범부凡夫의 주관적이며 대립 또는 타산적인 아我. 대아大我 참조.

(So-a) A small, selfish, and scheming self or ego of an ordinary man. *Cf. (Dae-a)* A great self, selfless self, or true personality.

소언각의자 위심체이념 所言覺義者 謂心體離念 무엇이 깨달음? 이른바 깨달음이란 마음의 본체가 생각을 떠난다는 뜻. 집착을 버리고 마음을 움직이지 않는 것. 그것이 곧 깨달음이며 열반. 멋있는 말. 이래도 불교가 어렵다고 말할 것인지? 권위를 내세우며 어렵게 가르치는 것이 문제. 부처님은 항상 대화를 하시는 것처럼, '사리자여' 또는 '친구여'라는 말씀으로 법문을 시작하셨으며, 권위를 상징하는 주장자拄杖子 같은 것은 아예 있지도 않았다.

그렇다면 장엄한 법당 높은 법좌法座에서 신도들을 내려다보면서 법문을 하는 것보다 부처님처럼 대자연의 푸른 하늘 아래에서 법문을 하는 것이 어떨지? 참선도 마찬가지. 벽을 바라보며 앉아있는 것만이 진정한 참선은 아닌 것으로 안다. 한국불교의 세계화는 여기에서부터 시작해야 한다고 생각한다. 권위적인 한국 간화선의 세계화?

(Soeongakuija Wisimcheinyeom) What is awakening? The meaning of awakening is the divorce of the essence of the mind from thought: Just leave the essence of your mind alone, and you will attain enlightenment and quietude of mind without any problem.

What about the dharma talks and meditation in the outdoor, in the bosom of the great nature with the blue sky above our head like our Lord Sakyamuni Buddha did on Virtue Peak Mountain without a funny gesture of dharma staff on the majestic lion-throne in the Dharma Hall? Globalization of the Korean Buddhism and Ganhwa Seon? We must reform ourselves first, I think.

소연 所緣 마음의 인식 대상. 다시 말해 어떤 매체에 의해 마음으로 인식되는 대상. 육식六識의 대상으로 육경六境 또는 육진六塵과 같은 뜻. 이와 반대 개념인 능연能緣

참조.

(Soyeon) The object part of perception: The object of perception cognized by means of condition. One Dharma conditions another, or assists by way of being its condition just as a feeble man that can stand upright by relying on something. *Cf. (Neungyeon)* Conceptual thinking, or the subject part of perception.

소연박 所緣縛 이박二縛의 하나. 소연所緣은 심식心識이 인식되는 객관 대상. 심식心識이 객관 대상 때문에 그 작용이 국한되어 속박됨을 말함. 이박二縛참조.

(Soyeonbak) The restraint of perception by an object. *Cf. (Ibak)* The two kinds of fetters.

소연연 所緣緣 사연四緣의 하나. 줄여서 연연緣緣이라고도 말함. 소연所緣은 심식心識의 대상으로 우리의 마음 작용을 일으키는 연緣이 되는 까닭으로 이렇게 말함. 이박二縛 참조

(Soyeonyeon) The object cause, or the causal factors of the objective realm of things: It is so called because the object part of perception stimulates the function of the mind. *Cf. (Sayeon)* Four conditions.

소욕지족 少慾知足 적은 것으로 만족하는 지혜. 인생이란 본래 공수래 공수거空手來空手去.

(Soyok Jijok) The wisdom of contentment with less or little gain: Empty handed we came, so will we depart.

소위불법자즉비불법 所謂佛法者卽非佛法 '불법佛法이란 곧 불법이 아니다.' 이 말은 중생들이 고정된 불법佛法이 있는 줄 알고 그에 집착할까봐 하신 말씀. 팔만사천 법문도 달을 가리키는 부처님의 손가락에 지나지 않다는 것을 항상 잊지 말아야 한다.

(Sowi Bulbeopja Jeuk Bibulbeop) What is called Buddha-Dharma or Buddha's teaching is actually not Buddha-Dharma: It is a kind of warning of the attachment even to the teachings of Buddha. They are only fingers pointing to the moon, not the moon or the truth itself.

소유욕 所有慾 무엇을 갖고자 하는 욕망. 그러나 '소유가 없으면 생사生死가 없다.' 무량수경無量壽經에 나오는 말. 깊이 새겨볼 것.

(Soyuyok) An impulse for acquisition: "Where there is no possession, there is no birth and death." It is from the Larger Sutra on Amitayus.

One should keep it in mind.

소의 所依 그 무엇에 의지처가 되어줌. 이의 반대가 능의能依, 곧 무엇에 의지하려는 주관 작용.

(Soui) The object part of reliance, or that which is depended upon. *Cf. (Neungui)* The subject part of reliance.

소의경전 所依經典 각 종파에서 근본 경전으로서 의지하는 경전. 예를 들어 선종禪宗의 금강경, 정토종淨土宗의 무량수경無量壽經, 화엄종華嚴宗의 화엄경華嚴經 등.

(Souigyeongjeon) The main text of a Buddhist Schools, e.g., the Diamond Sutra for Seon or Zen Buddhism, the Larger Sutra on Amitayus for the Pure Land School, the Flower Garland Sutra for the Huayen School, etc.

소작 所作 신구의身口意가 만들어내는 업業을 말함.

(Sojak) Karma created by body, mouth or speech, and mind.

소장 所藏 말나식末那識, 곧 제칠식第七識이 선악인과善惡因果를 지은 것이 아뢰야식에 잠장潛藏, 곧 음밀히 저장되기 때문에 소장이라 말함.

(Sojang) The seeds stored furtively in the eighth consciousness aroused by the seventh consciousness.

소지 所知 인식의 대상. 이의 반대인 능지能知 참조.

(Soji) The object part of cognition or perception. *Cf. (Neungji)* The subject part of cognition or perception.

소지 燒指 스스로 손가락을 태워 신심信心의 정성을 표시하는 것.

(Soji) Finger burning: A sign or gesture of ardent faith and great devotion to the monastic life.

소지소근인 小智小根人 지혜가 수승殊勝하지 못하고 근기根機가 약한 사람.

(Soji Sogeunin) A man of less-wisdom, slow-witted, or mediocre.

소지장 所知障 이장二障의 하나. 참된 지혜를 방해한다는 의미에서 지장智障, 또는 알음알이를 낸다고 하여 지적知的 장애라고도 말함. 다시 말해 어리석음에 의한 번뇌가 인식 대상의 참 모습을 올바로 인식하지 못하게 함을 말함. 번뇌장煩惱障 참조.

(Sojijang) The cognitive hindrances, intellectual hindrances, or the hindrances of false knowledge, which obstruct the realization of the true nature of things. *Cf. (Beonnoijang)* Obstacles of defilement.

소참 小參 선원禪院에서 조실祖室 또는 주지住持가 대중大衆을 방장실方丈室에 회집會集하여 가풍家風 또는 사훈寺訓을 훈계訓戒하는 것, 또는 도道를 닦는 사람들이 때를 정하지 않고 스님에게 도리道理에 대해 문답하거나 소집단小集團으로 모여 공부하는 것.

(Socham) A sermon in the spiritual master's room to the monastics; an occasional instruction or dialogue between the master and practitioners; or a small group study of practitioners.

소취 所取 잡으려는 대상. 소所는 대상. 그러나 모든 현상 또는 존재는 진여의 자리에서 볼 때 모두가 공空이며 허망한 것이라는 것을 알아야 한다. 그것을 놓는 것이 지혜이며 해탈. 능취能取 참조.

(Sochwi) The object of craving or the grasped: But we must understand that all the cbjects or the phenomenal worlds are, in the ultimate reality, non-existent and empty, not worth craving for. *Cf. (Neungchwi)* Subject or the tendency of grasping.

소현 所現 나타난 대상.

(Sohyeon) Manifestation of an object.

속고승전 續高僧傳 당나라의 고승 도선道宣이 645년에 지음. 30권.

(Sokgoseunjeon) Continuation of the Biographies of Eminent Monks in 30 volumes written by Daoxuan in 645.

속명 俗名 스님이 되기 전에 부르던 속인俗人 때의 이름.

(Sokmyeong) A lay surname, or a secular name before taking Ordi-nation.

속세 俗世 불교의 세계가 아닌 일반 사회를 일컫는 말.

(Sokse) The mundane or secular world.

속인 俗人 속물俗物, 또는 스님들에 대해 출가하지 않은 일반 세상사람.

(Sogin) The worldling, layman, vulgar person, or common people in contrast to the monastics.

속제 俗諦 방편方便과 관습 그리고 현상적인 것으로 세속제世俗諦라고도 말함. 진제眞諦와 승의제勝義諦에 대비되는 세속 또는 상대적 진리. 쉽게 이야기해, 현상계의 모든 사물의 인과관계를 깨닫는 것. 진제眞諦, 승의제勝義諦, 제일의제第一義諦 참조.

(Sokje) The worldly, conventional, expedient, or relative truth: *Cf.*

(Jinje) The absolute or ultimate truth.

속죄 贖罪 저지른 죄나 과오를 씻음.

(Sokjoi) Repentance or expiation.

속진 俗塵 속세의 티끌, 즉 번뇌의 씨앗인 세상의 여러 가지 번잡한 일.

(Sokjin) Lit. "dust of the world," i.e., all kinds of worldly passions or defilements.

손기이인 損己利人 내가 손해를 보더라도 남을 이롭게 하는 것.

(Songi I-in) Doing good for others before seeking one's own selfish end.

송경 誦經 경전을 소리 없이 외우는 것. 암송暗誦이라고도 말함.

(Songgyeong) Memorizing, or reciting sutras in silence.

송고 頌古 옛 공안公案의 경지를 시로 읊은 것. 이를 다시 설명하면, 선종禪宗에서 옛 선사禪師들이 제자들을 지도하기 위해 제시한 공안公案(고칙古則)에 대해 그 참뜻을 알리고자 시 형식으로 간결하게 설명한 것. 이때 송頌은 偈頌, 고古는 古則을 뜻함. 벽암록碧巖錄 참조.

(Songgo) A verse on koan: A brief explication in verse of the essence of koan of the ancient Ch'an masters presented to the students for their instruction. *Song* means gatha, and *go* means gochik or koan.

송광사 松廣寺 전라남도 순천시 조계산曹溪山에 있는 삼보사찰三寶寺刹중의 하나. 신라 경덕왕景德王 7년(서기 867) 보조普照 화상에 의해 창건. 승보사찰僧寶寺刹로서 16분의 국사國師를 배출했다.

(Songgwangsa) Songgwangsa Temple: It is located on Mt. Jogye in Sooncheon County, South Jeolla Provice. It was established by Preceptor Bojo in 867 C.E., and it is the third of the Three Jewels of the Temple (the Buddha, the Dharma, and the Sangha) in Korea. The temple has produced 16 National Preceptors since its establishment.

송주 誦呪 다라니를 암송하는 것.

(Songju) Recitation of dharani.

수 受 정신작용의 하나로 감각을 말함. 바깥 경계를 마음에 받아들이는 정신작용. 이에 고수苦受, 낙수樂受, 사수捨受가 있다. 삼수三受 참조.

(Su) **Vedana:** Sensation or feeling: A general concept for all feelings and sensations. In terms of qualities, it can be divided into three categories: pleasant, unpleasant, and neither pleasant nor unpleasant. *Cf. (Samsu)* Three sensations or feelings.

수감지연 受感之緣 마음은 본래 부동不動이나, 인연과 느낌에 따라 드러나는 것.

(Sugam Jiyeon) The mind is always serene and steady, yet it is disturbed by feelings when it is conditioned.

수계 受戒 부처님이 제정한 계법戒法을 받는다는 뜻. 원칙적으로 삼사칠증三師七證이라 하여 세분의 스승과 일곱 분의 입회자立會者를 필요로 한다.

(Sugye) Receiving the precepts prescribed by the Buddha. In principle three leaders and seven witnesses are required on this occasion.

수계 授戒 계법戒法을 일러줌. 크게 나누어 사미계沙彌戒, 구족계具足戒, 그리고 일반 신도를 위한 오계五戒가 있다.

(Sugye) Administration of precepts of Buddhism: The reception and acknowledgement of Buddhist precepts through which one officially becomes a Buddhist, a novice and a full fledged monk. There are the novice precepts, the full precepts for the monk, and the five basic precepts for lay people.

수계법문 受戒法門 계戒를 수여하는 의식儀式.

(Sugyebeopmun) The Dharma discourse for the precept ceremony.

수계사 授戒師 불문佛門에 들어가는 사람, 또는 사미승沙彌僧에게 계戒를 주는 스님. 줄여서 계사戒師 또는 계화상戒和尙이라고도 말함.

(Sugyesa) The priest who confers precepts on a novice. It is also called *Gyesa* or *Gyehwasang* in Korean.

수계식 授戒式 계戒를 일러주는 의식儀式.

(Sugyesik) The precept ceremony.

수교출가 受敎出家 가르침을 받은 다음 출가出家하다.

(Sugyo Chulga) Receive the teaching and get ordained.

수구섭의 신막범 守口攝意 身莫犯 입을 지키고 뜻을 거두어 몸으로 허물을 짓지 말라.

(Suguseopui Sinmakbeom) Watch your mouth, restrain your will, and do not commit physical misconduct.

수기 授記 불도를 수행하는 사람에 대하여, 장래에 부처의 경계에 이를 것이라고 부처님께서 기약을 주시는 것. 범어梵語 vyakarana의 번역으로, 기별記別, 수기受記, 기설記說, 수결受決, 수결授決, 기記 등이 있다.

(Sugi) Vyakarana: A prediction of enlightenment, or some other form of achievement from the Buddha. There are half a dozen names for it in Korean including *gi* 記.

수념처 受念處 사념처四念處의 하나. 감각은 마침내 괴로움이라 관하는 것.

(Sunyeomcheo) The mindfulness of feeling or sensation, which is the source of suffering. *Cf. (Sanyeomcheo)* Four contemplations.

수다라 首陀羅 수다라輸陀羅라고도 번역. 경전을 뜻하는 범어梵語 sutra의 음역. 그런가 하면 인도의 사성제도四姓制度중 최하위에 속하는 노예계급을 뜻하기도 함.

(Sudara) Sutra: The transliteration of sutra in Chinese. In Chinese, it also means the lowest class of the Indian caste system.

수다원 須陀洹 아라한에 이르는 성문聲聞 사과四果의 하나로 첫 번째 단계. 법에 대한 의심이 없어져 성인의 흐름에 들게 되었다 하여 예류預流 또는 입류入流라고도 하며, 일곱 생 안에 해탈에 든다고 함.

(Sudaweon) Srotapanna, or a Stream-entrant: The first of the four stages in the Hinayana practice, the final of which is Arhat. He will attain true enlightenment after seven more mortalities.

수단 修斷 정도正道를 닦아 모든 악을 끊는 것.

(Sudan) Cultivation of the right way to cut off all evils.

수덕사 修德寺 충청남도 예산군 덕산면, 사천리 덕숭산德崇山에 있는 절. 599년에 지명智明스님에 의해 창건. 한국불교의 중흥조中興祖이신 경허선사鏡虛禪師가 주석하고 만공滿空스님이 여기에서 선풍을 일으킨 절. 600년 (백재 무왕武王 1년)에 지은 대웅전은 국보 49호로 치밀한 건축미가 뛰어나다. 또한 수덕사는 비구니 스님들의 수행도량으로도 유명함.

(Sudeoksa) Sudeoksa Temple: The Seventh District Head Temple of the Jogye Order of Korean Buddhism. It is located on Mt. Deoksung at Sacheonri, Deoksanmyeon, Yesan County, South Chungcheong Province. It was established in 599 C.E. by Master Jimyeong.

The Grand Seon Master Gyeongheo, the acknowledged reviver of modern Korean Buddhism, once stayed here, and the Great Seon Master Mangong opened a great Seon tradition at this temple. The Great Hero Hall, National Treasure No. 49, is famous for its delicate architectural design. This temple is also famous for its training center for bhikkunis.

수도 修道 온갖 지적인 미혹에서 벗어나 깨달음을 위해 몸과 마음을 닦는 것. 삼도三道 참조.

(Sudo) Cultivation of the Way, or spiritual cultivation: Ascetic practice to be free from delusion as well as intellectual manipulation to attain enlightenment. *Cf. (Samdo)* The three paths or stages of Sound-hearer and Bodhisattva.

수도승 修道僧 도道를 닦고 있는 스님. 수행승修行僧이라고도 말함.

(Sudoseung) A monastic, or an ascetic practitioner.

수도자 修道者 교조敎祖의 가르침과 행적行蹟을 생활의 본보기로 삼아 수행하는 사람.

(Sudoja) A monastic, or an ascetic practitioner who is seeking enlightenment by following the teachings and the path of Buddha.

수륙재 水陸齋 물이나 육지에 있는 고혼孤魂과 아귀에게 재齋를 올리는 법회.

(Suryukjae) The water and land ceremony: Celebration of the lonely spirits and hungry ghosts both in water and on the land.

수마 睡魔 못 견디게 퍼붓는 졸음을 마력魔力에 비유하여 일컫는 말.

(Suma) A devilish torpor, sleepiness, or drowsiness that prevents meditation practice.

수명 壽命 숨의 바람이 끊어지지 않음을 수명壽命이라 한다. 설명이 멋있다. 이래서 공부가 재미있다.

(Sumyeong) Life and longevity: Continuation of breath without stopping is called life and longevity. Easy way to understand the truth of life.

수미단 須彌壇 사원의 본전本殿 정면에 안치한 단壇.

(Sumidan) The front altar of the Main Buddha Hall.

수미산 須彌山 수미須彌라고도 줄여 말함. 산 정상은 제석천帝釋天 그리고 중턱은 사왕천四王天의 주처住處, 곧 머무는 곳.

(Sumisan) Mt. Sumeru: The king of mountains at the top of which resides the King Sakra or Indra, and Four Heavenly Kings abide half way down from the summit.

수번뇌 隨煩惱 수혹隨惑이라고도 말하며, 근본번뇌에 수반하여 일어나는 번뇌로, 사람의 마음을 혼란스럽게 하는 번뇌. 번뇌에는 근본번뇌와 지말번뇌支末煩惱가 있으니, 수번뇌는 지말번뇌에 속한다. 그리고 이에는 두 가지가 있다.

1) 구사론俱舍論에서 말하는 19가지 마음에서 일어나는 수번뇌.
2) 유식종唯識宗에서 말하는 탐욕 등 다섯 가지 근본번뇌에 수반하여 일어나는 10 소번뇌小煩惱, 2 중번뇌中煩惱, 8 대번뇌大煩惱 등 20가지 부차副次적 번뇌. 근본번뇌 참조)

(Subeonnoi) The secondary passion or defilement that arises from the five fundamental passions. There are two different kinds:

1) Abhidharma Sect: Nineteen secondary passions arising from the mind.
2) The Consciousness-only School: Twenty secondary passions (ten minor ones, two intermediate ones, and eight large ones) deriving from the five fundamental passions. *Cf. (O Geunbon Beonnoi)* Five fundamental afflictions or defilements.

수법 修法 행법行法, 비법秘法, 밀법密法이라고도 함. 밀교에서 정한 규정대로 단壇을 쌓고 원하는 바에 적합한 본존本尊을 모신 다음, 여러 가지 공양과 호마護摩를 행하고, 입으로는 진언眞言을 외우며, 손에는 인印을 맺고, 마음속으로는 본존本尊을 염念하여, 행자行者와 본존과의 삼밀三密이 일치함으로서 성과成果를 얻고자 하는 작법作法.

(Subeop) Ritual, especially in esoteric Buddhism, a method of practice, or a formality of incantation: There are many complicated steps involved in this rite. First establish a platform according to the rules of Esoteric Buddhism, then set up the image of the main Buddha on the altar; offer all kinds of gifts including a burnt offering followed by chanting mantras; form the mudra with the hands, thinking of the image of the main Buddha to associate one's "three secrets" with those of the Buddha to attain one's wish.

Such rituals are performed to help one get closer to enlightenment, obtain material blessings, avert disasters, defeat one enemies, etc. This ritual is also called a secret or an esoteric method.

수보리 須菩提 선현善現, 선길善吉, 선업善業 또는 공생空生이라고도 말함. 온갖 법法의 공한 이치를 깨달은 부처님의 십대 제자十大 弟子 중의 하나. 해공 제일解空第一.

(Subori) Subhuti: One of Buddha's ten major disciples, noted for his profound understanding of the doctrine of emptiness. He is also called *Seongil*, Good Fortune, *Soneop*, Good Karma, and *Gongsaeng*, Born of Emptiness.

수분각 隨分覺 사각四覺의 세 번째 단계. 사각四覺 참조.

(Subungak) Proportional enlightenment: The third of the four stages of enlightenment. *Cf. (Sakak)* Four stages of enlightenment.

수상문 隨相門 자성문自性門과 대비되는 말로, 근기根機가 낮은 사람들을 위한 하나의 방편으로써, 생주이멸生住離滅의 상相에 수순隨順하여 가르침을 말함. 자성문自性門 참조.

(Susangmun) The form-pursuer's door: A teaching as a means of expediency according to the capabilities of the inferior-minded in reference to the aspects of the four phases of form: coming into existence, abiding, changing, and extinction. *Cf. (Jaseongmun)* The self-nature door.

수상행식 受想行識 오온五蘊 가운데 사온四蘊을 말함. 이것은 모두 심법心法이므로 비색非色, 곧 물질 밖의 사온四蘊이라 말함.

(Susang Haengsik) The four aggregates, or omission of the form from the five aggregates--feeling or sensation, perceptions or intellect, mental formation or motivation, and consciousness.

수선 修禪 선정禪定을 닦음. 습선習禪 참조.

(Suseon) Cultivation, or practice of samatha or meditation.

수선사 修禪社 승보사찰僧寶寺刹인 송광사松廣寺의 옛 이름.

(Suseonsa) The old name of the present Songgwangsa Temple, one of the Tri-Gem Temples (the Sangha) in Korea.

수수 授手 부처님이 중생에게 손을 내밀어서 극락정토에 인도하는 것, 또는 가르침을 전해주는 것.

(Susu) Buddha's extending of his hand to sentient beings to deliver them to the Land of Utmost Bliss in the West, or expounding the teaching to sentient beings.

수수 垂手 선지식善知識이 손을 내려 수행자를 교도敎導하는 것.

(Susu) The enlightened master's suspending of his hand to the practitioners to guide them.

수순 隨順 남의 가르침을 믿고 그 뜻에 따르는 것. 그러나 불교에서는 불보살佛菩薩이 중생의 근기에 따르고, 또한 중생이 불보살의 가르침에 따르는 것을 말함.

(Susun) Accommodation: Following the teachings of the sages, and the sages' accommodation of sentient beings according to their capability.

수습 修習 같은 것을 여러 번 되풀이해 익힘으로써 목적을 달성하고자 하는 것.

(Suseup) Repetition of practice to obtain the final objective.

수승화강 水昇火降 참선할 때 취하는 결가부좌의 장점으로, 맑고 시원한 기운인 수기水氣가 위로 올라가고, 따뜻한 불의 기운이 아래로 내려감을 말함.

(Suseung Hwagang) Upward surging of pleasant coolness, and downward decrease of the heat of the body: These signs are the merits of the lotus posture, or the cross-legged position during meditation practice, which clears the mind.

수시 垂示 비슷하면서도 여러 가지 뜻이 있다. 색어索語, 조어釣語라고도 말하며, 고승高僧이 가르침을 보이는 것을 말함. 그러나 이는 또 선사禪師가 수행인의 역량을 시험하기 위하여 질문을 던지는 것을 말하기도 함. 그런가 하면 가르침을 보인다는 뜻으로 수어垂語라고도 말하며, 또 여러 사람들에게 훈시한다는 시중示衆이라는 뜻도 있다.

그런가 하면 조사스님이 본칙本則, 곧 본론을 말하기 전에 본칙에 담긴 내용의 요점을 예를 들어 넌지시 한 마디 하는 것으로, 예시豫示 또는 제시提示, 곧 일종의 머리말을 뜻하기도 함. 수어垂語, 색어索語 또는 조어釣語 참조.

(Susi) Instruction or weighting word: It has many slightly different meanings, such as asking a question to the student to test his vessel like baiting fish with a fishing hook, or giving an instruction to the students, or a kind of brief introductory note or comment before proceeding to a main topic or subject of the discourse. *Cf. (Sueo)*

The discourse at the Dharma seat, and *(Sijung)* Instruction to the congregation.

수식관 數息觀 오정심관五停心觀의 하나. 지식념持息念이라고도 말하며, 숫자를 세면서 들숨과 날숨을 알아차림으로써 산란한 마음을 가라앉히어 마음의 통일을 꾀하는 관법觀法. 이것은 부처님의 수행방법으로써 현재 위빠사나 수행법에서 그 전통을 찾아 볼 수 있다. 이때 내쉬는 숨과 들어 쉬는 숨에 숫자를 붙이지 않으면 단순한 호흡법呼吸法이 된다.

'자기 밖의 것에 대한 감각을 끊고 미간에 정신을 집중하라. 들숨과 날숨을 조절하고 감각과 생각을 멈추어 마음에 흔들림이 없도록 하라. 그러면 진정 그는 영원한 평안을 얻으리라.' 이것은 바가바드기타에 나오는 말. 그런데 좀 길지만 참고적으로 주역周易의 서문에 나오는 설명을 인용하고자 한다. 왜냐하면, 아무리 간화선이 수승하다 하더라도, 한국불교의 세계화를 위해서는 우물 안의 개구리가 되어서는 곤란하다고 생각하기 때문이다:

'일상적인 수행에 있어서, 호흡과 마음이 서로 일치가 되어야 함은 필수다. 마음은 호흡을 끌어안고, 호흡은 마음을 끌어안아야 한다. 이 동작을 오래 계속하여 균형을 얻게 되면, 마음과 몸의 평정을 얻게 되는 동시에 정신을 집중할 수 있게 되어 천지와 온갖 사물, 심지어는 자신의 육신까지도 의식에서 살아지게 되는 황홀한 경지에 빠져들게 된다. 이 상태를 가리켜, 백주白晝의 현상세계를 안 다음에도 심령心靈의 어두운 세계를 놓치지 않으며, 그렇게 되면 심령의 찬란한 빛이 스스로 나타날 것이다.'라고 말한다.

여기에서 말하는 '백주'는, 우리 주변의 일상세계와 이성적 기능을 뜻하며, '심령의 어두운 세계'란, 우리 마음 이면의 형체도 없는 언설을 떠난 마음을 뜻한다. 도가道家에서는 그것이 아무리 훌륭하고 실용성이 뛰어나다 하더라도, 이성理性이라는 것은 총체적인 차원에서 볼 때, 인간 생활의 일부에 지나지 않는다는 것이다. 그것을 물론 배제하지는 않지만, 그렇다고 이성의 우리 인간생활에 대한 전체적 지배를 허용하지는 않는다는 것이다. 심령세계의 정점頂點은 일상생활을 옆에서 지켜보면서, 심령이 스스로 그 찬란한 빛을 발산할 수 있도록 하는 사물에 대한 인식의 개방성에 있다.'

(Susikgwan) Anapanasati: The meditation of counting breaths, or mindfulness of breathing: It is one of the five types of mindfulness or insight, *O-jeongsimgwan*. It is also a very important preliminary practice for attaining the fourfold mindfulness. If counting breaths is not accompanied, it is called a breathing method, not contemplation. It was, in truth, the meditation practice Sakyamuni Buddha assumed when he was practicing. The mode of this tradition is succeeded in the practice of Vipassana:

"Shut off sense from what is outward, fix the gaze at the root of the eyebrows, then check the breath-stream in and outgoing within the nostrils. Hold the senses, hold the intellect, thrust aside anger, and put off desire: truly that man is made free forever." It is from Bhagavad-Gita. Now I am going to quote a passage from Introduction to *The Taoist I Ching*. (Shambhala: Boston & London, 1986, p. 13):

"In daily practice, it is essential to embrace the breath with the mind, and embrace the mind with the breath. Having done this for a long time, and once you reach even-balance, you naturally become greatly stabilized and concentrated, and plunge into a profound trance where there is no sky, no earth, and you forget things and even forget about your own body. This stage is what is referred to by the saying, 'knowing the white, keep the black, and the illumination of the spirit will come of itself.'

Here, the 'white' is the everyday world and the rational faculty; the 'black' is formless abstraction, the non-discursive 'dark side' of the mind. In Taoism, the rationality, however well and usefully it may operate in its own sphere and in its own terms, is only a part of the totality of the human being. It is not rejected--'know the white'--but neither is it allowed to preoccupy the whole attention--'keep the black.' The climax of 'keeping the black'--standing aside from the content of the everyday mind--is the openness of awareness that allows the illumination of the spirit 'to come of itself.'"

수식염불 數息念佛 호흡과 맞추어 염불하는 것, 마치 위빠사나 수행 때 마음과 몸의 움직임을 살피는 것처럼.

(Susikyeombul) Counting-breath recitation of the Buddha's name: You can count breaths when you recite the name of the Buddha to focus your mind just like watching the movement of the mind and body when you practice Vipassana.

수신 修身 마음과 행실을 닦음. 사서四書 중 대학大學에 나오는 말로 유가儒家의 기본 수양지침修養指針. 깨침도 좋고 치국평천하治國平天下도 좋지만, 사람은 우선 무엇보다 천명天命, 곧 하늘의 뜻을 알아 사람다워야 함. 자성自性과 진여실상眞如實相 및 보살행菩薩行 참조.

(Susin) The cultivation of mind and conduct: The root of personal cultivation of Confucianism. A man, most of all, must cultivate and perfect himself according to the ordination of Heaven. It is a term from the Great Learning, one of the Four Books of the Chinese Classics. *Cf. (Jaseong)* The original self-nature, the true-suchness of ultimate reality, and the path of the Bodhisattva.

수심모도 收心慕道 마음을 거두어 도道를 사모하다.

(Susimmodo) Collect the mind and aspire to the Way.

수어 垂語 가르쳐 주거나 가르키는 말. 선사禪師가 상당上堂하여 학인을 가르치는 것을 말함. 수시垂示 참조.

(Sueo) Discourse at the Dharma seat: Instruction given by a Seon master at the main seat in the Dharma Hall. *Cf. (Susi)* Instruction.

수연 隨緣 물이 바람이라는 인연을 만나 물결이 일어남과 같이, 인연을 거스르지 않고 순리대로 사는 것. 다시 말해 이는 불변不變의 반대로, 연緣에 따라 생멸변화 하는 것을 수연이라 하며, 영원히 변치 않는 것을 불변이라 한다. 그리고 진여眞如에는 이 양면이 있다고 한다. 그래서 진여 그 자체는 항상 미오염정迷悟染淨의 양면성을 가진 존재로 본다. 또 부처님이 연에 따라 중생을 교화敎化하는 것을 수연화물隨緣化物이라 하며, 이때 물物이란 중생의 뜻하니 조심.

(Suyeon) Accord with conditions: The causal or sequential conditions just like a rising wave when it encounters the wind. Antithesis to constancy, immutable, and everlasting. However, one should keep in mind that true-suchness has compatibility of constancy and mutability. True-suchness is, of course, immutable and everlasting, but when it meets conditions, it accommodates the conditions to transform them into enlightenment by means of artful expediency. A good example is Buddha's transformation of sentient beings according to their spiritual capabilities or faculties.

수연무착 隨緣無着 인연 따라 흐르는 물과 부는 바람처럼, 인연 따라 집착을 놓는 것이 참된 수행. 이를 달리 말하면 수연자적隨緣自適.

(Suyeon Muchak) Non-attachment in accordance with conditions: Practice in accordance with conditions just like flowing water and blowing wind free of attachment.

수연불변 隨緣不變 연緣을 따라 모양을 들어나되 본체는 불변의 것이라는 뜻으로, 진영眞如를 가리킴. 다시 말해 진여 자체는 변함이 없지만, 외연外緣을 만나면 온갖 모습을 내므로 이렇게 이름 함. 이것 하나만 확실히 알아도 큰 발전.

(Suyeon Bulbyeon) Manifestation of true-suchness according to conditions without ever changing true-suchness itself. In short, ever changing in conditions yet immutable in essence. *Cf. (Suyeon Jinyeo)* Sequent conditions of true-suchness.

수연진여 隨緣眞如 불변진여不變眞如, 수연불변隨緣不變 또는 불변수연不變隨緣이라고도 말함. 진여眞如, 곧 우주의 본체는 불변不變이나, 마치 바다가 바람을 만나면 물결이 일어나는 것처럼, 진여 역시 인연을 만나면 삼라만상森羅萬象을 내나, 물결이 바다의 성질을 잃지 않는 것처럼, 삼라만상 역시, 불변의 성품性品인 진여 자체가 변한 것은 아니라는 것. 따라서 만법萬法이 곧 진여眞如요, 진여가 곧 만법이라는 것.

이것을 좀 더 쉽게 이야기 하면, 진여眞如와 현상現象 사이에 차별을 두지 않는 것을 수연진여라 말한다. 이 진리만 제대로 증득證得할 수 있다면 불교 공부의 첫 관문은 통과한 셈. 어려울 것 없다. 이것도 모르고 참선을 한다면, 밥은 안 먹고 이슬만 먹고 건강을 유지하려는 것.

(Suyeon Jinyeo) Sequent conditions of true-suchness: True-suchness, the ultimate reality of the universe, is permanent, never changing. Yet when it encounters conditions, it transforms according to the conditions, as the sea transforms into waves when it encounters the wind.

Yet there is no change in the essence of the sea itself. Thus the sea is the wave and the wave is the sea, two in the One, and the One in two. In other words, in the ultimate reality, as there is no difference between the sea and the wave, there is no difference between true-suchness and ever mutating phenomena in the universe.

수연행 隨緣行 네 가지 행의 하나. 인연에 순응하는 행위.

(Suyeonhaeng) Practice in accordance with condition: Following the natural way of life. One of the four ways of practice.

수오일여 修悟一如 수행과 깨달음은 하나라는 뜻. 우리는 모두 본래 부처라는 것을 알 필요가 있다. 깨달음을 쫓으면 그것은 또 하나의 망상.

(Suoilyeo) Selfsameness of cultivation and enlightenment: There is no difference between cultivation and enlightenment, since we are already Buddhas. Seeking enlightenment is another illusion. What we need is realization of our inborn Buddha-nature, not seeking Buddha-nature.

수월 水月 수중水中의 달을 말하며, 모든 법의 실체가 없는 데에 대한 비유.

(Suwol) The moon in the water: It is a metaphor of the non-substantiality of things.

수월관음 水月觀音 33관음의 하나. 달이 비친 바다 위에 한 잎의 연꽃에 선 모양을 한 관음.

(Suweol Gwaneum) The Bodhisattva of Great Compassion of the Moon in the Water: One of the thirty-three Bodhisattvas of Great Compassion. She stands on the petal of the lotus flower in the sea where moonbeams are reflected.

수윤 受潤 비에 젖음을 말함. 십불이문十不二門 참조.

(Suyun) Being wet by rain. *Cf.* *(Sipbulimun)* Ten non-duality gates or paths.

수이무수 修而無修 닦음 없는 닦음. 깨침이든 닦음이든, 망령된 인연과 집착을 놓는 것이 참된 수행과 마음공부. 이것이 깨달은 다음의 진정한 무애도인無礙道人의 닦음. 삼륜청정三輪淸淨과 무단지단無斷之斷 참조.

(Su-i-musu) Cultivation without cultivation: So it goes with everything else, even with the cultivation of enlightenment and attaining Nirvana. Just leave your attachment or grasping mind behind. *Cf.* Non-action, doing without doing, thinking without thinking, and non-attachment. This is true enlightenment. *Cf.* also *(Samryun Cheongjeong)* The threefold purity, *(Mudanjidan)* Cessation without cessation, or cessation without attachment.

수인 手印 인印 또는 수상手相이라고도 말하며, 제불보살諸佛菩薩과 제천선신諸天善神이 그 깨달은 바를 양쪽 손가락으로 나타내고 있는 모양으로 8만4천 가지가 있다고 함. 그러나 대표적인 것으로는 다음 다섯 가지를 근본 수인이라 말한다. 그러나 보살들은 수인이 없으며, 그 대신 그들의 공덕을 상징하는 상징물을 들고 있다.

1) 선정인禪定印 (부처가 결가부좌 상태로 선정에 든 것을 상징하는 수인. 석가모니 부처님이 보리수 아래 금강좌에 앉아 깊은 명상에 잠겨 있을 때 취한 수인. 결가부좌하고 앉아있는 상에서만 볼 수 있으며, 삼마지인三摩地印, 삼매인三昧印, 또는 법계정인法界定印 등으로도 부른다. 왼쪽 손바닥을 위로해서 배꼽 앞에 놓고, 오른손도 역시 손바닥을 위로해서 그 위에 겹쳐 놓은 다음 두 엄지손가락을 서로 맞대어 놓는 모습)
2) 항마촉지인降魔觸地印 (부처가 깨달음에 이르는 순간을 상징하는 수인으로 항마인, 촉지인觸地印, 또는 지지인指地印이라고도 말함. 이 수인手印은 결가부좌 한 좌상에서만 취하는 것으로 입상立像에서는 볼 수 없으며, 부처님께서 성도하시기 전에 보리수나무 아래 금강보좌에 앉아 선정에 들었을 때, 정각을 성취하지 않으면 이 자리를 결코 떠나지 않겠다는 굳은 결심을 하고 온갖 마구니들의 유혹을 물리치신다. 형식은 선정인禪定印 때의 왼손은 그대로 두고, 그 위에 얹은 오른손을 풀어 손바닥을 무릎에 대고 다섯 손가락으로 땅을 가리키는 모습이다)
3) 전법륜인轉法輪印 (설법인說法印이라고도 말하며, 부처가 처음 깨달음을 얻으신 후 바라나시의 녹야원에서 다섯 비구에게 처음 설법할 때의 수인. 손을 가슴 앞에 두고, 두 손의 엄지손가락과 집게손가락으로 원을 만든 다음 끝을 살짝 맞댄다. 이때 오른손은 밖을 향하고 왼손은 안을 향한다)
4) 시무외인施無畏印 (중생의 두려움을 제거해주어 우환과 고난을 해소시켜주는 덕을 보이는 수인. 손의 모습은 오른 손의 다섯 손가락을 가지런히 하고 손바닥을 밖으로 하여 어깨 높이까지 올린 형태이며, 왼손은 같은 모양으로 아래로 늘어뜨린 모습이다)
5) 여원인與願印 (부처님께서 중생에게 자비를 베풀고 중생이 원하는 바를 달성하게 하시는 덕을 표시한 수인手印. 이것은 시무외인의 반대로, 왼손의 다섯 손가락을 가지런히 하고 손바닥을 밖으로 하여 어깨 높이까지 올린 형태이며, 오른손은 같은 모양으로 아래로 늘어뜨린 모습이다)
6) 여래권인如來拳印 (여래如來의 수인手印. 엄지손가락을 안으로 하고 다른 네

손가락을 구부린다)

7) 이들 외에 중요한 것으로는, 비로자나 부처님의 지권인智拳印이 있다. 이는 이理와 지智, 즉 중생과 부처, 미혹함과 깨달음이 원래는 하나라는 뜻의 수인手印으로, 보리인菩提印, 각승인覺勝印이라고도 말함.
모양은 바른손으로 왼손의 둘째손가락 윗부분을 감싸는 형태를 취하는데, 이와 반대의 경우도 있다. 바른손은 부처님의 세계를 표현하고, 왼손은 중생계를 나타내는 것으로 중생과 부처님이 하나임을 나타낸다.
이렇듯 부처님들의 수인은 각기 다른 뜻을 가지고 있으나, 보살들은 수인手印이 없으며, 그 대신 그들의 자비와 공덕을 상징하는 상징물을 가지고 있다.

8) 마지막으로 소개할 것은 합장인合掌印으로, 보통 예배를 드리거나 문답問答할 때 취하는 수인으로, 귀명인歸命印이라고도 말함. 모양은 두 손을 가슴 앞에 올리고 손바닥을 서로 맞대고 있는 모습.

(Suin) Mudra: The hand seal, or insignia. The use of gesture in symbolic practice, or the magical use of gesture. There are supposedly 84 thousand insignias for the awakenings attained by the Buddhas, Bodhisattvas, and the heavenly guardians. The followings are the basic five seals or gestures:

1) Samadhi mudra: This is the hand seal of deep meditation Sakyamuni Buddha attained under the bodhi tree, and there are a few other names to this mudra in Chinese and Korean.

   This gesture consists of two hands placed below the abdomen, the right on top of the left, palms upward. The ends of both thumbs touch each other lightly. This mudra indicates the deep, meditative concentration of the Buddha or His disciples while practicing meditation.

2) Surrender of Mara and touching the earth mudra: This is the gesture that Sakyamuni Buddha assumed under the bodhi tree with a firm resolution that he would never leave the seat unless he attained enlightenment.

   This mudra indicates the moment that Sakyamuni Buddha attained supreme enlightenment. It is only used in the lotus position. Take the gesture of samadhi, unfold your right hand, place it on the right knee, then stretch it downward with the palm down and the middle finger touching the ground lightly.

This mudra has a story. When the Buddha Sakyamuni attained supreme enlightenment under the bodhi tree, Mara asked the Lord Buddha to prove His attainment of enlightenment. So, the Buddha asked the spirit of the earth to bear witness to His enlightenment.

3) Turning wheel of Dharma mudra, or preaching mudra. This is the hand seal Sakyamuni Buddha assumed when He first preached after His great enlightenment for the five bhikkus of his former fellow practitioners at Deer Park.

This mudra shows both hands in front of the chest making the same gesture, a ring with the thumb and index finger. The right hand is turned outward, the left toward the body, and the rings touch lightly.

4) The dispelling-fear mudra: The gesture of fearlessnesses and granting the protection of sentient beings by eliminating all sickness and suffering.

This hand seal is very simple. Raise your right hand up to the shoulder facing the palm outward with the fingers open. The left hand is lowered with the fingers open and the palm also facing outward.

5) Granting-compassion mudra: The gesture of bestowing a gift and compassion to the sentient beings to make all their wishes come true. This is the reverse gesture of the gesture of the fearlessness and granting the protection of sentient beings.

Raise your left hand up to the shoulder facing the palm outward with the fingers open. The right hand is lowered with the fingers open and the palm also facing outward.

6) The mudra of Tathagata: Bend your thumb inward and then fold the other four fingers over it.

7) Another important gesture is Vairocana Buddha mudra, or unity mudra: Grasp your left index finger with the clenched fist of your

right hand; the reverse gesture is also practiced. This is the symbol of unity between the Buddha and sentient beings, enlightenment and delusion--the sign of no differences between them.

In other words, this mudra signifies unity between "knowledge and reason," "sentient beings (the left hand) and Buddhas (the right hand)" or "ignorance and enlightenment."

Thus different gestures indicate different meanings of enlightenment or virtue of the Buddhas. Yet Bodhisattvas do not have mudras. Instead, they carry icons which symbolize their merits and virtues.

8) The last hand seal to introduce is anjali-mudra, or putting palms together mudra: It is the most common mudra. This gesture, which is also called "taking refuge," is assumed by monks and lay Buddhist when they attend services and ceremonies, greet each other, or show gratitude. The palms are put lightly together in front of the chest.

수자공안 誰字公案 '나는 누구인가?' 이것은 중국 감산 덕청憨山 德淸 스님(1546-1623)의 정토염불과 선禪의 화두를 결합시킨 명상방법. 쉽게 이야기해, 스님의 주장에 다소 무리가 있을지는 모르지만, 간화선이 유일한 깨침에 이르는 참선방법은 아니라는 것.

(Sujagongan) "Who am I?" Who-keyword meditation: Combination of Pure Land Buddha invocation and Ch'an keyword investigation, developed by the Ch'an Master Hanshan Deqing (1546-1623). His claim is that Ganhwa Seon is not the only way of meditation, even though there could be some different levels of achievement. What it means is that there could be various ways of meditation to attain enlightenment.

수자상 壽者相 사상四相의 하나로 목숨을 가리키며, 오래 살고 싶어 하는 생각, 또는 자신의 생명이 다른 존재보다 오래 살 수 있다는 우월의식을 나타내는 관념. 그러나 인상人相에 관한 해석은 일정하지가 않다.

(Sujasang) A mark of life which signifies the wish for longevity, and a conceited idea that a man's life span is longer than other living beings. It is one of the four marks or ego, but there is no unified interpretation of this mark.

수자타 부처님께 우유 쌀죽을 공양했으며, 부처님의 첫 여성 제자가 되다.

(Sujata) A maiden who offered Buddha milk-porridge, and became the first female lay disciple.

수장 水葬 시체를 물에 던져 떠내려가 흩어지게 하는 것. 사장四葬의 하나.

(Sujang) Burial in the river: Casting a corpse into the water. One of the four burials in India. They let it flow down the river to decompose.

수적 垂迹 여래의 깨달음의 본지本地를 직접 깨우칠 수 없는 중생을 위해 방편으로, 화신불化身佛의 형상을 나타내는 것을 말함.

(Sujeok) Manifestation of the Buddha to sentient beings who are unable to realize the true nature of enlightenment of the Buddha.

수좌 首座 선원禪院의 수석 선승首席 禪僧. 상좌上座, 좌원座元, 제일좌第一座, 선두禪頭 또는 수중首衆이라고도 말하나, 우리나라에서는 선원에서 참선하는 스님 또는 행각승行脚僧을 수좌라고도 함.

(Sujwa) Head or senior monk: An elevated name for an examplary Seon practitioner at a Seon monastery or Center, but in Korea, the term is also applied to the priest practicing meditation at a Seon monastery, or for a roving priest practicing meditation.

수증 修證 수행하여 이치를 증득證得하는 것.

(Sujeung) Cultivation and realization of enlightenment.

수증불이 修證不二 선종禪宗에서 좌선의 깊은 뜻을 밝힌 말. 수행과 증득證得, 즉 깨달음이 둘이 아니라는 뜻. 좌선은 깨달음을 얻기 위한 하나의 방편으로서의 수행이 아니라 우리는 본래 불성을 지니고 있으므로 증證이 수행이요, 수행이 증이라는 것으로, 여기에서 말하는 증證이란 신심信心과 수행한 공이 나타나 진리에 계합契合함을 뜻함. 묵조선과 지관타좌 참조.

(Sujeungbuli) No distinction between cultivation and realization of enlightenment: As we inherently posses Buddha-nature, cultivation is not a means to attain Buddhahood. Cultivation of the mind is to realize that we are already Buddha.

수지 守持 잘 지니고 수호하는 것.

(Suji) One should observe and keep well.

수지 受持 계율 또는 부처님의 가르침을 받아 지킴.

(Suji) Receive (embrace) and keep (retain) in one's heart the precepts and teachings of Buddha.

수지독송 受持讀誦 위없는 법문을 받아 마음에 새겨 읽다. 지송持誦이라 줄여서 말하기도 함.

(Sujidoksong) Receive, retain, read, and recite the illustrious doctrine and the teachings of Buddha.

수지봉행 受持奉行 경전經典을 받아 항상 잊지 않고 머리에 새기어 가지는 동시에 이를 받들어 실천함.

(Sujibonghaeng) Receive, retain, and practice the illustrious doctrine and the teachings of Buddha.

수지성불 受持成佛 성스러운 계명戒名을 받아 지성으로 지니면 다른 수행을 하지 않아도 반드시 성불한다는 뜻.

(Sujiseongbul) One who receives and keeps the sacred title will become a Buddha without any other practice.

수처작주 隨處作主 어떤 경우에나 항상 자기의 주체성을 확립하여 어떤 것에도 사로잡히지 않고 언제나 자유자재한 행동을 하는 것. 임제록臨濟錄에 나오는 말.

(Sucheo Jakju) Try to be the master of yourself wherever you are or whatever you do without any hindrance. It is from the Record of Linji.

수청주 水淸珠 물을 맑게 해주는 구슬. 부처님의 법문을 더러운 물을 맑게 해주는 수청주水淸珠에 비유한 것.

(Sucheongju) The water purifying gem: It is a metaphor for Buddha's Dharma discourse, which purifies the defiled minds of sentient beings.

수타라 首陀羅 불가촉천민不可觸賤民으로 인도 사회의 사성四姓 중의 하나. 가장 천한 업에 종사하는 가장 낮은 층에 속하는 노예 계급들. 바라문婆羅門 (사제司祭), 찰제리刹帝利 (군인), 폐사吠舍 (상인) 참조.

(Sutara) Sudra: The lowest class of the four caste systems in India, whose touch is believed to defile a high-caste Hindu. It is also called the untouchable. *Cf.* Brahman (priest), Harijan (soldier), Kahatriya (merchant).

수행 修行 교법에 따라 불도佛道를 닦음. 다시 말해 교법敎法을 닦아 실천하는 것으로, 쉽게 이야기해 자물쇠로 육근六根을 채운 다음 자성自性, 곧 청정한 우리의 본래면목을 찾는 것이라 말할 수 있다.

(Suhaeng) Discipline, an ascetic practice, or cultivation of the Way: Practicing the path of enlightenment, or cultivating the mind for attaining enlightenment and wisdom by locking up the doors of the six sense faculties.

수행요절 修行要節 수행의 핵심.

(Suhaeng Yojeol) The essentials of practice.

수행자 修行者 교법敎法대로 계행을 지키고 부처님의 가르침을 실천하는 사람.

(Suhaengja) A practitioner of Buddha-dharma, or Buddha's teaching and precepts.

수혹 修惑 사혹思惑이라고도 말하며 이혹二惑의 하나. 사물의 진상을 알지 못하는데서 나타나는 근본번뇌. 그러나 이는 수행에 의해 깨달을 수 있으므로 수혹修惑이라 말함.

(Suhok) Latent or conceptual delusion, such as greed, anger, and ignorance, which can be overcome by cultivation of the mind. One of the two kinds of delusion. *Cf. (Ihok)* Two kinds of delusion.

수희공덕 隨喜功德 남의 좋은 일을 보고 따라 기뻐하기를, 마치 자기의 좋은 일과 같이 기뻐하는 공덕.

(Suhuigongdeok) The merit of joyful acceptance of other's happiness as one's own.

숙명지신통 宿命智神通 전생의 일들을 모두 알 수 있는 신통력.

(Sukmyeongji Sintong) The miraculous power of the knowledge of former lives.

숙명통 宿命通 숙명지통宿命智通이라고도 말하며, 육신통六神通의 하나로 자기와 남의 과거를 다 아는 신통력神通力.

(Sukmyeongtong) The miraculous power of knowing the past lives: One of the six psychic powers, the psychic power to know the former lives of oneself and others.

숙세 宿世 숙생宿生과 같은 뜻으로 전생前生을 말함.

(Sukse) The former lives.

숙업 宿業 과거와 전생의 업業을 말하며, 인간이 스스로는 어떻게 할 수 없는 근원적 힘. 그러나 현업現業은 수행에 의해 개선할 수 있다.

(Sukeop) Karma of the past and former lives which cannot be controled by man, but one can still expect a better life by cultivation of the mind. In other words, we cannot control the karma of the past but we can cultivate the karma of the present and future.

숙연 宿緣 지난 세상에서 맺은 인연.

(Sukyeon) The causal condition of the former life: There is no way to escape from the everlasting causal conditions. The best policy is to do no evil, and instead cultivate good deeds.

순경계 順境界 나에게 이로운 경계 또는 상황.

(Sungyeonggye) The favorable realm of outer perspective or circumstances.

순관 順觀 순리順利와 정리定理에 맞는 관점. 역관逆觀 참조.

(Sun-gwan) The direct order. *Cf.* *(Yeokgwan)* The reverse order.

순경 順境 편안하고 안락한 경계 또는 상황. 그러나 이에 의하여 탐욕의 번뇌가 생기게 됨.

(Sun-gyeong) A favorable or agreeable condition or circumstance, which is actually the source of greed, conflict, and strife.

순다 純陀 순다는 마을의 대장장이 아들로, 부처님께 상한 음식을 드린 젊은이.

(Sunda) Chunda: The Tathagata's last meal was served at the home of Chunda, the son of blacksmith at Pava, the present name of Padrama.

순보 順報 내생에 받는 과보.

(Sunbo) The karmic results or retributions in the next life.

순세외도 順世外道 도덕道德과 일체의 정신세계를 부정하는 극단적인 물질적 쾌락주의.

(Sunse Oido) The extreme hedonists who deny morality and the spiritual worlds.

순연 順緣 연緣의 성질이 과果의 성질과 같으면 이 연緣을 순연順緣, 반대가 되면 역연逆緣이라 말함.

(Sunyeon) A favorable condition: An act or state which affects favorably one's progress along the Buddha-way.

순장 順障 유사類似 장애, 즉 하나의 장애가 이와 비슷한 장애를 일으키는 것.

(Soonjang) Analogous obstructions: It is the case of obstructions

of subtle positive factors by subtle mental obstructions.

순후보 順後報 다음 생에 받는 과보.

(Sunhubo) The karmic results or retribution in the life after next.

숭산스님 崇山스님 (1927-2004) 평안남도 순천읍 출생. 한국불교를 온 세계에 널리 알리는데 큰 공을 세운 스님은 세계 여러 나라에 한국 선원을 세우기도 함. 가장 널리 알려진 저서로는, 제자인 현각玄覺스님이 번역과 편찬을 한 禪羅針盤 *(The Compass of Zen)*이 있다.

Seung Sahn Sunim (1927-2004) One of the most beloved Seon Masters, especially in the United States. The best known book by the Master is the Compass of Zen, complied and edited by the Master's disciple Hyon Gak Sunim.

스님 僧 출가자出家者를 높이어 일컫는 한국말. '스승님'이 변하여 된 말이라는 설도 있음.

(Sunim/Snim) The formal Korean title for Buddhist monks and nuns.

습기 習氣 행行의 잠재성, 성향 또는 습관. 습習 또는 습기는 업業의 기氣가 장식藏識(아뢰야식 또는 8식)을 훈습하여 (배어들어) 같은 업의 흔적을 남기는데, 이러한 흔적을 습기라 말함. 이러한 습기가 장식藏識 중에 머무르면 종자種子, 종지種智 또는 근본지根本智라 이름하고, 그 종지種智가 성숙하면 이숙異熟으로 나타나며, 이를 가리켜 인과응보因果應報라 말함. 훈습과 종자 참조.

(Seupgi) Vasana: The habitual energy or disposition, contaminants of the habits of many previous lives, or past imrints or fume: It remains as a seed or fundamental force in the eighth consciousness in a latent state until it meets a karmic act of its kind to emerge as retribution. There are a few more alternate names in Korean. *Cf.* *(Hunseup)* Fume or imprint and *(Jongja)* Seeds.

습선 習禪 선정禪定을 늘 습관적으로 닦는 것, 또는 깨달음을 얻는 방법으로 닦는 좌선.

(Seupseon) The constant and habitual way of practicing meditation to attain enlightenment.

습의 習義 도리道理 또는 교리敎理를 배움.

(Seupui) Learning the Way or doctrine.

습의 習儀 의식儀式에 관한 것을 미리 배워 익힘.

(Seupui) Learning the rules or protocol of ceremony.

승 僧 삼보三寶 (불佛, 법法, 승僧)의 하나. 범어梵語 Sangha의 음역音譯으로 승가僧家의 준말.

(Seung) Sangha: The last of the Three Jewels (the Buddha, the Dharma, and the Sangha), or a Buddhist monk. It is a shortened term of *Seungga,* transliteration of Sanskrit Sangha.

승 乘 범어梵語 yana의 번역. 탈것을 말하며, 태워 건넨다는 뜻이 있다. 중생을 태우고 깨달음의 저 언덕에 실어 나른다는 뜻.

(Seung) Vehicle: Chinese rendering of Sanskrit "yana." It has a metaphorical meaning of carrying sentient beings to the Other shore of Nirvana.

승가 僧伽 승단僧團, 교단敎團, 또는 불교 공동체인 범어 sangha의 음역으로 축약해서 승僧이라 하고, 화합和合의 뜻으로 화·중和衆이라 번역. 또 범어梵語와 한어漢語를 아울러 승려僧侶라고도 말함. 삼보三寶의 하나.

(Seungga) Sangha: The Buddhist order or community: Lit. "amity" and "host," or "harmonious unity." The Buddhist community, or the fourfold community. The third of the Three Jewels of Buddha, Dharma, and Sangha.

승가 僧家 승단僧團, 교단敎團, 또는 불교공동체, 승려僧侶. 승문僧門, 불가佛家 또는 불문佛門과 같은 말. 불가佛家 참조.

(Seungga) Sangha: The Buddhist community, the fourfold Buddhist community: bikkhu, bikkhuni, novices, and lay followers. It is another name for *Seungmun*, *Bulga*, and *Bulmun* in Korean. *Cf. (Bulga)* A Buddhist.

승가대학 僧伽大學 스님들의 정규 교육기관.

(Seungga Daehak) Sangha university.

승가리 僧伽梨 삼의三衣의 하나로 대의大衣라고도 말함. 설법할 때나 마을에 나가 걸식할 때 입는다.

(Seunggari) Samghati: The largest of the three Dharma robes: It is called the great robe. The priests wear it when they preach or go out to the village to beg for food.

승계 僧階 승려의 계급 또는 법계法階를 말함.

(Seunggye) The rank of priest, or the hierarchy of the Order.

승과 僧科 옛날 승려가 보던 과거科擧.

(Seungkwa) A higher state monastic examination.

승단 僧團 스님들의 수행修行 공동체.

(Seungdan) The Buddhist monastic community or Order.

승당 僧堂 선종禪宗에서 스님들이 일상생활을 하며 좌선하는 곳. 선당禪堂, 좌선당坐禪堂 또는 선불당選佛堂이라고도 말함.

(Seungdang) The Meditation Hall: A hall where monastics dwell and practice meditation. It is also called "the bodhi-mandala."

승려 僧侶 스님에 대한 다른 명칭. 승僧은 승가僧伽의 준말, 려侶는 무리, 동무의 뜻.

(Seungryeo) A Buddhist male or a female monk. *Cf. (Sunim)* Monk.

승록 僧錄 승려의 일을 기록하는 직명으로 나라에서 임명하는 관직.

(Seungrok) A monk registrar who handles the record of priests.

승만부인 삼대서원 勝鬘婦人 三大誓願 승만부인은 10대 서원에 이어 다시 부처님 앞에서 세 가지 큰 서원을 발원한다. 승만부인勝鬘夫人은 인도 사위국 바라닉왕의 딸로, 아유사국왕 우칭友稱의 부인이며 승만경勝鬘經의 중심인물.

1) 이 진실한 서원으로 헤아릴 수 없고 가이없는 중생들을 편안하고 안온하게 하려하며, 이 선근으로 어느 세상이고 다시 날 때마다 정법의 지혜가 얻어지기를 서원합니다.
2) 제가 정법의 지혜를 얻은 후에는, 싫어함이 없는 마음으로 중생들을 위하여 연설하겠습니다.
3) 제가 바른 진리를 거둬들인 다음에는 몸과 목숨과 재산 등을 바쳐 정법을 보호하고 지키겠습니다.

(Seungmanbuin Samdae Seoweon) Queen Srimala (glorious garland), the daughter of King Prasenajit of Sravasli, married the king of Ayodhya and actively engaged in the propagation of Buddhism in that country. The following is the three great vows she made in the presence of Buddha:

1) Lord, by this blessing of truth and by the virtuous root consisting of accumulated merit from bringing benefit to innumerable sentient beings, may I comprehend the illustrious Doctrine in all my lives.
2) Lord, having obtained the comprehension of the illustrious Doctrine,

may I teach the Doctrine to sentient beings without rest or weariness.

3) Lord, while teaching the illustrious Doctrine, without regard to my body, life force, or possessions, may I seek to protect and to uphold the illustrious doctrine.

승만부인 십대서원 勝鬘婦人 十大誓願 승만경 제 1 장에 있음. 1-5는 소승적 덕목, 6-10은 대승적 덕목.

1) 제가 오늘부터 보리를 얻는 그날까지, 계를 범하는 마음을 내지 않겠습니다.
2) 제가 오늘부터 보리를 얻는 그날까지, 어른들 앞에서 교만한 마음을 내지 않겠습니다.
3) 제가 오늘부터 보리를 얻는 그날까지, 모든 중생들에 대해 화내는 마음을 내지 않겠습니다.
4) 제가 오늘부터 보리를 얻는 그날까지, 다른 사람들의 처지를 보고 원망하고 질투하는 마음을 내지 않겠습니다.
5) 제가 오늘부터 보리를 얻는 그날까지, 마음으로나 물질적으로나 인색한 생각을 내지 않겠습니다.
6) 제가 오늘부터 보리를 얻는 그날까지, 자신을 위해 재물을 받거나 모으지 않고, 모든 재물을 가난하고 고생 많은 중생들을 돕는 데에만 쓰겠습니다.
7) 제가 오늘부터 보리를 얻는 그날까지, 사섭법四攝法을 행하되 자신을 위해 하지 않고 모든 중생들을 위해 애착심을 버리고 또 싫증을 내는 일 없이 걸림 없는 마음으로 중생을 섭수攝受하겠습니다.
8) 제가 오늘부터 보리를 얻는 그날까지, 고독하거나 옥에 갇혔거나 병들었거나, 기타 갖가지 이유로 어려움을 겪고 있는 중생들을 보면, 잠시도 버리지 않고 반듯이 그들의 마음을 편안케 하기 위해, 진리를 깨닫도록 도움을 주어 가지가지 고통에서 벗어나게 하고야 말겠습니다.
9) 제가 오늘부터 보리심을 얻는 그날까지, 마구 살생을 하거나 그 밖의 악한 일을 하는 자들을 보면, 그들을 내버려 두지 않고 저에게 힘이 생길 때 그들을 보는 곳곳에서 마땅히 섭수하여야 할 사람은 섭수하겠습니다.
10) 제가 오늘부터 보리심을 얻는 그날까지, 정법을 섭수하여 끝까지 잊지 않고 잘 간직하겠습니다.

(Seungmanbuin Sipdae Seoweon) The ten great aspirations or vows of Queen Srimala (1-5: Hinayana ethics, 6-10: Mahayana ethics):

1) Lord, from now on, and until I attain enlightenment, I shall not permit

any thought of violating the precepts.

2) Lord, from now on, and until I attain enlightenment, I shall not allow any thought of disrespect to the elders.

3) Lord, from now on, and until I attain enlightenment, I shall not allow any thought of anger and ill will to living beings.

4) Lord, from now on, and until I attain enlightenment, I shall not allow any thought of jealousy towards the glory and perfection of others.

5) Lord, from now on, and until I attain enlightenment, I shall not allow any thought of covetousness, either in thought or in material.

6) Lord, from now on, and until I attain enlightenment, I shall not accumulate wealth for my own use, but shall deal with it to assist the poor and friendless.

7) Lord, from now on, and until I attain enlightenment, with the four winning virtues, I shall benefit all living beings but will not convert them for my own sake; indeed, I shall seek to convert the living beings with my mind unoccupied with material things, ever unsatisfied, and not retreating.

8) Lord, from now on, and until I attain enlightenment, when I find living beings who are friendless, trapped and bound, diseased, troubled, poor and miserable, I shall not forsake them for a single moment until they are all restored. Lord, when I see them afflicted by suffering, I shall liberate them from each of those sufferings; and when all is done with satisfaction, I shall then leave them.

9) Lord, from now on, and until I attain enlightenment, when I see persons with sinful occupations, and those who violate the doctrine and discipline proclaimed by Tathagata, I shall not take it lightly; I shall destroy what should be destroyed and shall foster what should be fostered.

10) Lord, from now on, and until I attain enlightenment, I shall embrace the illustrious doctrine, and will not forget it for even a single moment.

승무 僧舞 고려 말 이후에 발전된 것으로, 장삼長衫을 입고, 고깔을 쓴 다음 부채를 들고 풍류에 맞추는 춤으로, 춤이 아주 고조되었을 때 법고法鼓를 침. 파계승破戒僧

의 고뇌苦惱, 즉 수행修行의 어려움과 그것을 참고 이겨내지 못하는 고뇌를 법고를 두들김으로써 잊어 보고자 하는 심정을 나타냄.

(Seungmu) The Buddhist dancing: It is believed to express the hindrances and hardships involved in the practice of attaining enlightenment in the monastic life. The great Dharma drum is sounded at the peak of dancing.

승문 僧門 승가僧家, 불가佛家, 불문佛門과 같은 말.

(Seungmun) It is another name for *bulga* and *bulmun* in Korean, both of which mean a Buddhist priest, the Sangha, and the Buddhist temple.

승복 僧服 스님들의 옷. 승의僧衣.

(Seunbok) A Dharma robe. In fact, there are many names for the Dharma robe in Korean. *Cf. Seungui* which means the same.

승상 勝相 뛰어난 모습.

(Seungsang) The incomparable, excellent look or mien.

승속 僧俗 승려와 속인俗人, 또는 출가자와 재가자.

(Seungsok) Both the laity and monastics.

승의 僧衣 승복僧服과 같은 말.

(Seungui) *Cf. (Seungbok)* A Dharma robe.

승의 勝義 세간의 이치보다 수승殊勝하며 심묘深妙한 뜻을 승의勝義라 함.

(Seungui) Unsurpassed profound meaning.

승의공 勝義空 제일의공第一義空과 같은 뜻으로, 열반경涅槃經에서 설한 십팔공十八空의 하나. 승의勝義는 열반을 뜻하는 동시에 열반의 공성空性을 말함.

(Seunguigong) Primal or ultimate emptiness: The ultimate emptiness of Nirvana. *Cf. (Sippalgong)* Eighteen emptiness.

승의제 勝義諦 위없는 진리로 진제眞諦와 제일의제第一義諦와 같은 말.

(Seunguije) The primal or ultimate truth. *Cf. Jinje* and *Jeiluije.*

승조 僧肇 중국의 큰 스님 (383-414)으로 중관학中觀學과 삼론종三論宗의 중요한 대변자. 구마라집을 스승으로 섬기면서 역경 사업에 종사하였으나 31세의 젊은 나이에 애석하게 죽다. 저서로 유명한 조론肇論이 있다.

(Seungjo) Sengzhao (383-414): The author of the Treatise of Zhao and an important representative of the Sanlun School of Chinese Madhyamaka, or the School of Three-treatise. He also translated the

Buddhist scriptures into Chinese under the guidance of Kumarajiva.

승찬 僧璨 중국 선교의 삼대 조사三代 祖師 (645-668). 저서로 신심명信心銘이 있다.

(Seungchan) Sengcan (645-667): The Third Patriarch of the Chinese Ch'an School, and the author of the Gateway to a Faithful Mind.

승통 僧統 총섭總攝이라고도 말함. 고려 때 승직의 하나. 승군僧軍을 통솔하였음.

(Seungtong) The Supreme Patriarch of the Doctrinal School and Sangha army: It was the system of Sangha during the Goryeo Dynasty, and it was also called Chongseop 總攝.

승해 勝解 진리에 대한 밝은 이해理解, 곧 정지견正知見과 정신正信. 이때 승勝은 진리를 뜻함.

(Seunghae) Complete understanding of the truth: The right view of things and faith. "Seung 勝" means truth.

시각 始覺 삼각三覺의 하나. 불법佛法을 듣고 무명에서 벗어나 깨달음을 얻는 일. 비유하건데 땅속 깊이 묻힌 금덩이를 본각本覺이라 하면, 광부의 노력에 의해 얻은 금덩이는 시각始覺이라 말할 수 있다.

(Sigak) Initial awakening Realizing one's Buddha-nature by studying the Dharma, or awakening gained by one's effort such as listening to the Buddha's teaching, as contrasted with original or innate awakening. Metaphorically, if the gold nugget is the original or innate enlightenment, activated awakening is the gold gained by the effort of the miner. *Cf. (Samgak)* Threefold enlightenment.

시견비견 시비시 是見非見 是非是 본다는 것은 착각이며, 이것이란 이것이 아니다. 같은 말이라도 표현에 따라 그 이해와 깨치는 바가 다르며, 따라서 어려운 문자만이 능사가 아니다.

(Sigyeon Bigyeon Sibisi) Seeing is an illusion and being is not being. We do not need big words to understand the truth.

시공 時空 시간과 공간이라는 것도 깨치고 보면 모두 생각과 미망迷妄 그리고 이름일 뿐, 매달릴 것이 못된다. 따라서 만약에 시공時空이 하나의 미망이라면, 언뜻 보기에 존재하는 것 같은 사바세계와 영원한 극락세계, 고통과 축복, 그리고 선악이라는 경계도 또한 허망한 것일 수밖에 없다. 그렇다면 무엇이 열반? 그것은 곧 모든 집착을 떠난 무념無念이라 말할 수 있다.

(Sigong) Time and space: In the ultimate reality, they are but names, thoughts, and illusions. If time and space is not real, the dividing line that seems to lie between this world and eternity, between suffering and bliss, between good and evil, is also an illusion. What is then Nirvana? It is none other than non-thought, free from all attachment.

시다림 尸茶林 죽은 사람에게 마지막으로 하는 설법說法. 한림寒林 참조.

(Sidalim) The last dharma discourse to the deceased. *Cf. (Hanrim)* The cold grove.

시방 十方 東 · 西 · 南 · 北 사유四維(東北 · 東南 · 西南 · 西北) 上下를 말함.

(Sibang) The ten directions: East, south, west, north, southeast, southwest, northwest, northeast, up and down.

시방세계 十方世界 시방十方에 있는 무수한 세계.

(Sibang Segye) The countless worlds in the ten quarters.

시방정토 十方淨土 시방十方에 있는 무수한 부처님의 정토.

(Sibang Jeongto) The countless Pure Land in the every quarter of the universe.

시봉 侍奉 큰 스님을 받들어 모심.

(Sibong) Attending, serving, or waiting on the master closely.

시비구불선 是非俱不禪 시비는 참선과 거리가 멀며, 시비가 있는 곳엔 진리가 있을 수 없다. 이분법二分法에 대한 경계警戒.

(Sibigubulseon) Meditation has nothing to do with arguments: Where there is an argument about right or wrong, this and that, there is no wisdom or truth.

시비분별 是非分別 잘잘못을 따지고 옳고 그름을 가리는 것. 이것도 하나의 큰 번뇌 망상과 업을 짓는 것.

(Sibibunbyeol) Disputation of right and wrong, or discrimination: Discrimination is, in fact, another name for defilement and the cause of karmic retribution.

시설 施設 안립安立의 뜻으로 개설開設, 건립建立 또는 발기發起한다는 뜻으로. 안립安立은 벌려 놓는다는 뜻. 이러한 한자漢字 용어가 학습자들을 괴롭힌다.

(Siseol) Establishment: Setting up, promoting, or proposing something.

시시비비 是是非非 이러쿵저러쿵 따지는 여러 가지 범부들의 다툼.

(Sisibibi) Argumentations about good and evil, right and wrong of the common people.

시심마 是甚麽 '이뭣고?'라는 뜻으로, 참선 수행의 화두話頭 중 가장 유명한 것 중의 하나로, 쉽게 이야기 해, 나라는 존재는 과연 무엇인가라는 자신의 실존에 관한 의문.

(Sisimma) "What is this?" "Who am I?" One of the most popular hwadus or koans in meditation practice.

시심시불 是心是佛 이 마음이 곧 부처. 사람은 번뇌로 인해 마음이 더러워지나, 본심은 본래 불성佛性으로서 중생의 마음이 곧 부처의 마음이란 뜻. 즉심시불卽心是佛과 즉심즉불卽心卽佛도 이와 같은 뜻. 그런데 문제는 지시식이 아니라 증득證得이라는 것.

(Sisimsibul) The mind is the Buddha: However, the problem is that it is not the intellectual knowledge but realization of the truth. *Cf. Jeuksim* Sibul and *Jeuksim Jeukbul.*

시심작불 是心作佛 이 마음이 곧 부처라는 즉심시불卽心是佛과 같은 뜻으로, 이 마음이 곧 부처를 만든다는 뜻.

(Sisim Jakbul) Mind creates the Buddha: It is another expression for *Jeuksim Sibul,* the mind itself is the Buddha.

시아본사 是我本師 나의 본래 스승.

(Siabonsa) My original venerable teacher.

시자 侍子 스승에게 가르침을 받으며 모시는 수행자.

(Sija) An attendant or servant to a master, or a spiritual seeker who is attending on the master.

시작 施作 행하는 일.

(Sijak) Operation of the work.

시적 示寂 적멸寂滅의 준말이며, 적寂은 열반의 번역인 원적圓寂. 시示는 시현示現 또는 현시顯示의 뜻.

(Sijeok) It is another name for the great extinction of the masters. *Cf. (Yeolban)* Nirvana and *(Weonjeok)* Parinirvana, or complete rest.

시절인연 時節因緣 세월 따라 만나는 인연. 다시 말해 때가 되어야 깨닫게 된다는 뜻으로 쓰임.

(Sijeol Inyeon) The causal passage of time: The expression is used

in the context of the time required to attain enlightenment.

시주 施主 스님이나 절에 물건을 베푸는 사람 또는 베푸는 일.

(Siju) A donor, or the act of a person who makes offerings to a priest or to the temple.

시중 示衆 여러 사람들에게 일러 가르친다는 뜻으로, 제시提示 또는 훈시訓示와 같은 말.

(Sijung) Giving an instruction, hand down a saying, or preaching to the assembly.

시다림 尸陀林 범어梵語 sitavana. 인도 왕사성王舍城 북문 밖의 숲으로 시체를 버리는 묘지. 나중에는 죄인들을 살게 했다. 우리나라에서는 죽은 이의 상가喪家에 참석하여 염불하고 설법해 주고 의식을 집례執禮해주는 것을 시다림이라고 함.

(Sitalim) Sitavana: A cemetery in the suburbs of Rajagrha in Magadha. Later the term became a resident area of criminals. In korea, the term is used a ceremony of giving a dharma discourse and officiating the funeral at a house of mourning.

시현 示現 나타내 보이는 것. 특히 불보살이 중생을 교화하기 위해 여러 가지 모습으로 나타내는 것을 말함.

(Sihyeon) Revelation: Especially the revelation of the Buddha or Bodhisattvas in various forms to teach sentient beings.

시호 諡號 사람이 죽은 후 그들의 공덕을 칭송하여 임금이 추증追贈하던 이름.

(Siho) A posthumous title conferred by the King on personages to laud their distinguished merit and service.

식 識 오온五蘊의 하나. 경계境界, 곧 어떤 대상에 대해 인식하는 마음 작용을 말하며, 외경外境에 대해 내식內識이라고도 말함. 거기에는 6식, 8식, 9식이 있으며. 마음의 작용을 심心, 의意, 식識으로 나누어 말하기도 함.

(Sik) **Vijnana:** Consciousness, or image of the sense-object, one of the five skandhas or aggregates. The sense-mind, or mental faculty that perceives things. There are three stages of consciousness: the sixth, the eighth, and the ninth consciousness. It also means mind (citta), thinking (manas), and cognition (vijnana).

식경 食頃 일식경一食頃. 잠시라는 뜻. 반시간에서 두 시간쯤 되는 시간.

(Sikgyeong) A short period of time: About half an hour to two hours,

the time requires for taking a meal.

식무변처 識無邊處 무색계無色界 사천四天의 제 이천二天. 앞의 제 일천一天의 공空의 무변함을 떠나, 마음을 돌려 식識을 따라 식識과 상응相應하나 마음이 고정되어 움직이지 아니하고, 삼세三世의 식識이 다 정중定中에 나타나니, 청정淸淨하고 적정寂靜한 과보를 말함. 일반인들에게는 쉽지 않은 설명. 사무색정四無色定 참조.

(Sikmubyeoncheo) The infinite realm of consciousness: The second heavenly realm of the sphere of formlessness. It is the realm of purity and quietude undisturbed in the midst of consciousness, which is attainable in the deep concentration and the infinitude of pure emptiness. *Cf. (Samusaekjeong)* The four stages of formless samadhi or absorption.

식불식 識不識 앎과 모름. 그러나 수행에 있어서 이러한 분별심分別心을 일으켜서는 안 된다.

(Sikbulsik) Knowing and not knowing: There should be no such discriminations in meditation practice.

식심 識心 제 육식六識 또는 제 팔식八識의 심왕心王, 즉 의식작용의 본체.

(Siksim) The essential part of mind or mental faculty: It is also called the Mind-king, the heart of the sixth and the eighth consciousness.

식심견성 識心見性 작용하는 마음을 알아서 본성本性을 깨치는 것.

(Siksim Gyeonseong) Enlightenment, or seeing the true nature of mind by perceiving its function.

식자우환 識字憂患 아는 것이 병. 역시 유불선儒佛仙의 철학적 통찰력에는 다소 통하는 점이 있다.

(Sikjauhwan) Learning is sickness, or ignorance is bliss: There really is, I think, affinity among Confucianism, Buddhism, and Daoism in their philosophical insights. The phrase is from Confucianism.

식작법 食作法 공양을 들 때의 의식儀式으로, 원래 출가자의 공양은 걸식乞食을 원칙으로 해야 되는 등, 엄격한 규율을 따라야 한다. 그래서 계율戒律 중 공양에 관한 많은 제계制戒가 있다.

(Sikjakbeop) The precepts for taking the meal, or table manner: Monks or monastics are in principle supposed to beg for food in the village, and there are many precepts or restrictions in the manner of taking meals for the monks.

식정 識情 식심識心과 망념妄念과 같은 뜻으로, 육근六根을 통해 무슨 생각이나 분별을 일으키면 그것이 모두 식정識情이된다.

(Sikjeong) Delusive thought or consciousness: Any discriminating thought, feeling, or delusion arising from the six sensory organs or faculties.

식차마나 式叉摩那 구족계를 받으려 대기 상태에 있는 사미니沙彌尼.

(Sikchamana) A female candidate for full ordination.

식체본공 識體本空 우리가 인식하는 본체本體라는 것도 본래 공한 것으로, 단지 마음의 작용으로 부터 변한 거짓 이름뿐이라는 것. 이 한 마디에 깨치지 못하면 구제불능.

(Sikche Bongong) The substance of consciousness is originally empty: If so, how can that which is transformed by consciousness be real? They are just names.

신 神 종교적 신앙의 대상이 되는 초인간적 위력을 가진 존재. 믿음이 곧 구원이라는 말이 있다. 잘 믿으면 약. 그렇지 않으면 독약.

(Sin) Spirit, God, or a supernatural transcendental being who possesses a divine power.

신 身 육근六根의 하나로 신근身根을 말함. 촉각기관觸覺器官, 곧 피부 또는 그 기능을 말함. 그런데 언젠가는 무너질 오온五蘊의 화합으로 이루어진 이 몸뚱이란 원래 주인이 없으며, 따라서 자성이 없는 허깨비와 같은 것. 그런데도 가련한 중생들은 이것을 모르고 온갖 번뇌의 근원인 이 가죽주머니에 집착한다.

(Sin) Body, or touch: One of the six sense organs, roots, or faculties. What is body? The body has no owner, being the products of a variety of conditions, or five aggregates. Hence it is void, not existing as self or self-possessed. The problem is that most sentient beings are obsessed with the empty bag of this body, which is the main cause of all afflictions.

신감 神龕 부처님의 사리舍利 또는 불상佛像을 모시는 탑塔이나 탑 아래의 작은 방으로 부처님께 공양을 올리는 곳. 감실龕室 참조.

(Singam) The divine niche where Buddha's sarira is usually kept for offering or worship. *Cf. (Gamsil)* The niche.

신견 身見 오견五見의 하나로, 오온五蘊이 거짓으로 화합한 신체를 하나의 실체로 집착함과 동시에 나에 속한 것을 나의 소유라고 생각하는 잘못된 견해.

(Singyeon) The deluded view of self, which is simply a compound of the five skandhas or aggregates, as an ego-entity and the things that belongs to him as his own property. *Cf. (Ogyeon)* Five afflicted or deluded views.

신광 身光 불보살의 몸에서 발하는 광명. 광배光背 참조.

(Singwang) The body illumination: The bright illumination issuing from the body of Buddha and Bodhisattvas. *Cf. (Gwangbae)* The back illumination.

신구의 身口意 몸과 입과 사량 분별 등 업의 근원, 곧 삼업三業의 근본.

(Sin-gu-ui) Body or sensation, mouth or speech, and mind or volitional will: The three gateways to karma.

신근 信根 맹세코 꼭 이루겠다는 굳은 의지.

(Singeun) The root of belief: A strong will or faith to do something at any cost.

신념처 身念處 몸에 대한 알아차림. 사념처四念處 참조.

(Sinnyeomchyeo) Mindfulness of body: Examining the body as impure. *Cf. (Sanyeomcho)* The four bases of mindfulness.

신도 信徒 어떤 종교를 믿는 사람.

(Sindo) The faithful: A lay devotee, the laity, laymen, and laywomen.

신령 神靈 풍습으로 섬기는 모든 신이나 사람의 영혼, 또는 신기하고 영묘靈妙함.

(Sinryeong) The divine spirits of the dead and Gods, or something that is subtle and unutterable.

신명 神明 불교에서는 신중神衆을 말하나, 일반적으로는 천신天神과 지신地神을 말함. 신神은 불측不測, 즉 헤아릴 수 없으며, 명明은 조찰照察, 즉 살펴 밝힌다는 뜻. 천지신령天地神靈은 선악善惡과 사정邪正을 살핌에 있어 오류가 있을 수 없으므로 이렇게 말함.

(Sinmyeong) The diety, or spirits of heaven and earth, also the intelligent or spiritual illumination: However, in Buddhism, it means the divine guardian of Dharma, but it usually refers to the spirits of heaven and earth who has the power of omniscience to discern good and evil, right and wrong.

신명 神命 나의 몸과 수명을 말함. 신身은 지수화풍地水火風의 사대四大가 되고, 명命은 수壽, 연煙, 식識이 체體가 된다.

(Sinmyeong) Body and life: Body is composed or four great elements, and the essence of life is longevity, humigation, and consciousness.

신묘 神妙 신기하고 묘함. 신神은 헤아릴 수 없는 것을 말하며, 묘妙는 불가사의한 것을 말함.

(Sinmyo) Most profound and subtle: 'Sin' '신' means profound and undiscernible, and 'myo' means mysterious.

신묘장구대다라니 神妙章句大陀羅尼 천수경千手經의 본문. 다라니는 총지摠持, 능지能持, 곧 모든 것을 다 포함하고 있다는 것으로 경經이라는 뜻. 모두 13구절로 되어있다. 이를 신묘한 대다리니, 곧 대주大呪를 암송함으로써 가르침의 본질이나 특별한 마음 상태를 전달할 수 있다고 한다. 다라니 또는 진언眞言 참조. 천수경에는 광본廣本 천수경과, 불자들이 평상시에 자주 독송하는 의식용儀式用 약본略本 천수경이 있다.

(Sinmyojanggu Daedarani) The Great Dharani: A mystic great mantra-dharani which conveys the essence of a teaching or a particular state of mind that is created by repetition of the dharani. *Cf.* Dharani or mantra. Usually there are two versions of text, a full text and an abridged form for the chanting service.

신봉 信奉 믿고 받들음.

(Sinbong) Believing in the teaching of Buddha.

신수 神秀 (605-706) 중국 당나라 스님이며, 오조五祖 홍인弘忍의 수제자首弟子로 북종선北宗禪의 개조開祖. 육조六祖 혜능慧能과의 글 대결로 더욱 유명. 그러나 근기가 떨어지는 사람에게는 돈오돈수頓悟頓修보다 신수神秀의 말에 더 애착이 간다.

다음은 혜능慧能에게 판정패 당한 신수神秀의 그 유명한 게송偈頌 '몸이 이 보리수라면 / 마음은 밝은 거울 틀인데, / 때때로 부지런히 털고 닦아서 / 먼지 앉고 때 끼지 않도록 하세.'

(Sinsu) Shenxiu (605-706) The senior disciple of the Fifth Patriarch Hongren and the founding father of the Northern Ch'an School. He is more famous for his rival Huineng, the Sixth Patriarch of Chinese Ch'an Buddhism.

The following is his famous gatha he submitted to his Master by writing it on the wall for the patriarchate: "Our body is the Bodhi-tree, / And our mind a mirror bright. / Carefully we wipe them hour by hour, / And let no dust alight."

신수봉행 信受奉行 부처님의 법을 믿고 받들어 행함을 뜻함. 모든 경전經典끝에 흔히 이 말이 있음.

(Sinsu Bonghaeng) Observance of Buddha's illustrious Dharma: It means that one has comprehended the Buddha's discourse, and will heartily take refuge in his teaching, and promises to practice it. You often find this devout expression at the end of a sutra.

신시 信施 신자信者의 시물施物을 뜻함. 신앙심이 발로하여 금전이나 곡식 등을 절에 기부하는 것.

(Sinsi) Offering or donation the money or in kinds to the temple out of devotion.

신식 身識 오식五識, 육식六識, 팔식八識의 하나. 몸으로 외부 경계境界와 접촉하여 분별 인식하는 감각을 말함.

(Sinsik) A cognition of physical sensation in contact with sense objects: One of the fifth, sixth, and the eighth consciousnesses.

신심 信心 종교를 믿는 마음 또는 믿음. 그러나 화엄경 보현보살품에서는 '신심은 불교의 근본이요 공덕의 어머니이다'라고 말하고 있다.

(Sinsim) Devotion, faith, or high resolve: However, in the Flower Garland Sutra, the Buddha says, "Faith is the essence of Buddhism and the mother of all merits."

신심탈락 身心脫落 몸과 마음에 대한 집착을 완전히 떠나는 것.

(Sinsim Talrak) Complete dropping of the attachment to body and mind.

신업 身業 신身 · 구口 · 의意 삼업三業의 하나. 몸으로 짓는 일체의 행동.

(Sineop) The every karma operating in the body: One of the three karmas, the other two referring to speech and thought.

신여의통 身如意通 몸을 마음대로 한다는 뜻으로 신족통神足通과 같은 말.

(Sinyeouitong) The supernatural psychic power to transform one's body at will. *Cf. Sinjoktong* which means the same, and *(Yuksintong)*

Six supernatural psychic powers.

신자 信者 어떤 종교를 믿는 사람.

(Sinja) A religious devotee, a laity, a lay person, or lay follower.

신장 神將 부처님과 불법佛法의 수호신. 신중神衆과 같은 말.

(Sinjang) The divine guardian of Buddha and Buddha-Dharma. It is also called *Sinjung*.

신족통 神足通 줄여서 신족神足이라고도 말하며, 육신통六神通의 하나. 때에 응하여 크고 작은 몸을 나타내어 자기의 생각대로 어디든지 갈 수 있으며 또 날아다니는 신통력神通力.

(Sinjoktong) Deva-foot ubiquity: The psychic power to travel at will in any guise and anywhere. One of the six supernatural psychic powers. It is also called *Sinjok*.

신주 神主 나무로 만든 죽은 사람의 위패位牌. 그러나 편의상 대개 종이를 접어 만든 다음 그 위에 망자亡者나 신위神位의 이름을 적는다.

(Sinju) An ancestral or spirit tablet made of wood, but they usually make it by folding the paper for convenience's sake and write the name of the dead or the *spirit*.

신주 神呪 신비스러운 영험을 나타내기 위하여 외우는 주문呪文. 다라니를 뜻하기도 함.

(Sinju) Mantra-dharani: A sacred spell, or a short phrase that contains a magical formula of great power.

신중 神衆 화엄경을 수호하는 신장神將들. 곧 불법을 수호하는 신장神將들.

(Sinjung) The multiple divine guardians of the Dharma. *Cf. (Sinjang)* A divine guardian.

신중단 神衆壇 불법을 수호하는 화엄신장華嚴神將들을 모신 단壇. 신장단神將壇, 또는 중단中壇이라고도 말함.

(Sinjungdan) The altar or platform of the divine guardians of the Dharma.

신중탱화 神衆幀畵 불법을 수호하는 화엄신장들을 그려 모신 그림 또는 족자.

(Sinjung Taenghwa) A Buddhist painting of guardian Devas of Buddha-dharma.

신통력 神通力 선정禪定을 수행함으로써 얻는 무애자재無礙自在한 초인간적인 부사의

不思議한 힘, 또는 부처님과 보살 그리고 아라한이 소유하고 있는 신비한 능력. 육신통六神通 참조.

(Sintongryeok) The miraculous supernatural power, especially of a Buddha: Supernatural power of miraculous transformation without any hindrance attained by meditation, or inconceivable magical power of Buddha, Bodhisattvas and Arhat. *Cf. (Yuksintong)* Six psychic powers.

신통묘용 神通妙用 우리 마음으로 헤아릴 수 없는 무애자재無碍自在한 신통력神通力과 그 오묘한 쓰임새.

(Sintong Myoyong) Supernatural power and its sublime function.

신통자재 神通自在 신통력이 뛰어나 걸림이 없음.

(Sintongjajae) Supernatural power and non-obstruction.

신통제일 神通第一 신통력에 있어 가장 으뜸가는 사람.

(Sintong Jeil) The foremost in supernatural or magical powers.

신행 信行 믿음과 행실.

(Sinhaeng) Faith and practice, or the practice of faith.

신해행증 信解行證 이를 사법四法이라고도 말하며, 불법수행의 과정. 신해信解는 믿음을 가진 다음 똑바로 이해하는 것. 따라서 이를 정리하면, 불법佛法을 믿어 진리를 터득하여 깨달은 다음 이를 행하여 그 공로를 이웃에 베푸는 것.

(Sinhae Haengjeung) The four kinds of Buddhist practice: Faith, understanding, practice, and dedication or transference of the fruit for others' benefit. It is also called *sabeop*, four kinds of practice of Dharma.

신회 神會 하택신회河澤神會 참조.

(Sinhoi) Shenhui: A great disciple of the Sixth Patriarch Huineng. *Cf. (Hataek Sinhoi)* Heze Shenhui.

신흥사 新興寺 대한조계종 제3교구본사. 강원도 양양군 도천면 장항리 설악산에 있는 절. 653년 자장율사가 창건.

(Sinheunsa) Sinheungsa Temple: The 3rd District Main Temple of the Jogye Order of Korean Buddhism. It was established on Sorak Mountain, Gangwon Province in 658 C.E. by Precept Master Jajang.

실교 實敎 진실한 교敎, 곧 여래가 세상에 나오신 본뜻을 말한 대승大乘의 가르침. 이와 대칭적 개념이 방편과 같은 뜻의 권교權敎.

(Silgyo) The true or authentic teaching of Buddha. *Cf. (Gweongyo)* An artful liberative technique for the deliverance of sentient beings.

실달타 悉達多 부처님이 출가하기 전 정반왕淨飯王의 태자太子 때 이름으로 '소원성취'라는 뜻.

(Sildalta) Siddhartha: The name of Sakyamuni when he was born to Prince Suddhodana. Literally the name means, "he who has accomplished his aim," "he whose every wish has been fulfilled," "he who has been successful in his endeavors," etc.

실대승교 實大乘敎 대승교大乘敎 중에서 방편方便을 겸하지 아니한 진실한 교법敎法을 말함. 권대승교權大乘敎 참조.

(Sildaeseunggyo) True Mahayana teaching: The teachings of the Tientai and the Flower Garland Sects, the teachings that do not rely on the provisional or expediential means.

실덕 實德 모든 사람들에게 본래 갖추어져 있는 불성佛性.

(Sildeok) The innate Buddha-nature and virtue of all beings.

실무소득 實無所得 실제로 얻는 바가 없다는 뜻이나, 불교에서 말하는 무소득은 세속에서 말하는 이득이 없다는 뜻과는 달리, 집착이 없는 평등한 중도의 이치를 말한다. 일체가 무아이고 일체가 공함을 생각할 때, 그 무엇을 얻는바가 있다는 것 자체가 우스운 이야기다. 허공을 움켜잡아 무엇을 얻겠다는 것인지? 부처님께선 일체의 상相을 떠나는 것이 깨침이며 열반이라 하셨다.

(Silmusodeuk) No actual gain: But in Buddhism, it does not mean material gain or loss. It rather means non-attachment either to gain or loss, another way of saying equanimity and the Middle Path. In the ultimate sense of non-self and the voidness of things, there is nothing to gain or lose. Think about grabbing empty space. What do you get?

실법 實法 잠깐 있는 존재를 가법假法이라 함에 대하여, 항상하여 변함이 없는 법法을 말함.

(Silbeop) The real substance: Those substances that exist eternally and unchangeably.

실상 實相 생멸무상生滅無常의 상相을 떠난 만유萬有의 참모습으로 진여眞如와 본체本體인 동시에 진제眞諦인 공空을 말함. 다시 말해, 잡을 수 없는 찰나의 흐름 속에서 비추어 볼 때, 일체의 상相은 오고 감이 없으며, 있는 것도 아니고 그렇다고 없는 것도 아니니, 이것을 깨달아 아는 것이 중도中道의 지혜이며 열반.

(Silsang) Dharmata: The factual reality, the real state of all things, the true nature of reality, the ultimate reality, or the "reality-limit." Voidness of the ultimate nature of things and the universe, true-suchness, the true form of no-form, neither coming or going nor abiding, which is another name for enlightenment and Nirvana.

실상론 實相論 일체 만법의 본체를 자세히 구명하려하는 교리. 성실종成實宗, 삼론종三論宗, 천태종天台宗 등이 이에 속함. 연기론緣起論 참조.

(Silsangnon) The doctrine of true nature of reality: Satyasiddhi School or the School of the Perfection of Truth, the School of Three Treatises, and Tientai Sect belong to this doctrine. *Cf. (Yeongiron)* The doctrine of dependent arising.

실상묘혜 實相妙慧 만법의 실상을 똑바로 알면 신묘한 지혜는 저절로 나온다. 어렵게 생각할 필요없다.

(Silsang Myohye) The ultimate reality and subtle wisdom: Enlightenment is nothing special. If you truly realize the ultimate emptiness of things, that is true wisdom and enlightenment.

실상무상 實相無相 상을 벗어난 실상. 그것이 곧 무상無相이며 진여眞如. 그런가 하면 이에 대해 다음과 같이 차원 높은 설명을 하기도 한다. 진리를 달관達觀하는 진실한 지혜도 연緣이 없으면 실상도 무상이고, 지혜에 연緣이 있어도 실체實體와 같지 않으면 실지實智가 아니며, 상相에 상相이 있어도 실지實智의 경境이 아니며 실상實相이 아니다. 참 어려운 이야기. 이래서 '관세음보살!'이 저절로 나오며, 육조혜능六祖慧能의 이야기를 다시 들어보도록 하겠다: '일체에는 참됨이 없으니 참으로 보지 말 것. / 이것이 실상이라는 일체의 개념에서 벗어나는 지름길.'

(Silsang Musang) The true form of no-form: Another name for ultimate reality of emptiness. However, there is another highly sophisticated explication. Without an affiliation with reality, even a highly insightful wisdom lacks reality, and is therefore no reality at all; and even if the wisdom has an affiliation with reality, if it does not accord with the true reality, it is not true wisdom; and if there is a mark for reality, that is not the true mode of wisdom and reality.

Let's see what the Sixth Patriarch Huineng has to say: "In all things there is nothing real, / And so we should free ourselves from the concept of the reality of objects."

실상반야 實相般若 삼반야三般若의 하나. 반야에 의하여 관조되는 경계의 실체實體.

(Silsang Banya) Prajna of true reality: Prajna or transcendental wisdom attained from insight into the true reality of things. It is one of the three kinds of Prajna or transcendental wisdom.

실상삼매 實相三昧 공空, 무상無相, 무작無作의 세 가지 삼매를 행하는 것을 말함.

(Musang Sammae) The samadhi of emptiness, no-form, and non-doing.

실상염불 實相念佛 4종 염불의 하나. 자신과 함께 일체 모든 법法의 진실한 자성自性인 법신法身을 관하는 것을 말함.

(Silsang Yeombul) Chanting or invocation with the insight of the true nature of self and reality of the universe.

실상진여 實相眞如 칠진여七眞如의 하나. 아집과 법집法執을 여읜 곳에 나타나는 온갖 법의 실상.

(Silsang Jinyeo) The true nature of suchness: The true nature of myriad things as they really are where there is no attachment either to self or Dharma or things.

실용불교 實用佛敎 추상적 원리와 절대적 권위를 거부하며, 실질적인 기능과 내실을 중시하는 새로운 불교운동으로, 이 운동에서는 삶이란 곧 생활生活 (살아있는 삶)을 의미하며, 또 이는 단적으로 팔정도八正道에 입각한 사언행思言行이라고도 말한다. 그런가 하면, 이러한 새로운 불교운동으로, 생활불교, 생명불교, 대중불교, 심지어는 우주생명불교라는 운동도 있는 것으로 안다. 2006년 미국에 설립된 새로운 불교승가佛敎僧家 운동과 생활불교 참조.

(Silyong Bulgyo) Practical Buddhism: Its principle is practicality and function in our everyday life instead of abstract and authoritative absolutism with the importance of observing right thinking, right speech, and right practice based on the Noble Eightfold Path.

Beside this new Buddhist movement, there also are Living Buddhism, Life Buddhism, and Mass-community Buddhism, even cosmic life Buddhism. *Cf.* New Buddhist Sangha movement established in 2006 in America, and (Saenghwal Bulgyo) Living Buddhism.

실유 實有 삼라만상森羅萬象이 인연법에 의하여 잠시 나타나 보이는 허상虛像인 가유假有임에도, 중생이 미혹迷惑한 생각으로 이를 실재한다고 생각함. 가유假有 참조.

(Silyu) A false view of perceiving the phenomenal world as real and substantial: It is, in truth, non-existent and an illusion. *Cf. (Gayu)* An insubstantial or unreal existence or being.

실제 實際 진실제극眞實際極이란 뜻으로, 진여법성眞如法性과 같은 뜻. 이는 온갖 법이 끝난 곳이므로 실제라 말함. 실체實體 참조.

(Silje) The reality-limit, or the ultimate reality: It is synonymous with true-thusness of Dharma-nature. *Cf. (Silche)* Never changing real or true substance.

실지 實智 진리를 달관達觀하는 참된 지혜. 참된 지혜에는 그윽한 관조반야의 작용은 있으나 사량 분별에 의한 앎은 없다. 이의 반대 개념이 방편지方便智 또는 권지權智. '성인의 참된 지혜는 중도의 그윽한 이치를 / 끝까지 비추어 보나 앎이 없고, / 또 신령한 관조반야의 작용은 있으나 / 사량분별의 사려는 없구나.'

(Silji) True or real wisdom of insight, not the wisdom of expediency. *Cf. (Gweonji)* Expedient wisdom. "The true wisdom is without any knowledge / Even though it reflects upon the profound principle of the Middle Path. / It is also without any discriminating mind / Even though there is a sublime function of the wisdom of insight."

실참 實參 실제로 참선에 참여하여 수행을 닦음.

(Silcham) The actual participation in meditation.

실체 實體 실제實際라고도 말함. 실체란 인간의 한계를 벗어난 상상할 수도 없으며, 따라서 무어라 표현할 수도 없는 것. 또 실체란 여러 가지 형태로 모습을 바꾸면서도 그 근저根底에 있어서는 변하지 않고 일정하게 지속되는 본체 또는 진여법성眞如法性.

(Silche) True substance: An absolute reality, which is inconceivable and therefore inexpressible: Never changing real or true substance regardless of multiple transformation of its form called emptiness or true-suchness. The finite mind can never know the infinite.

실행 實行 실제로 행함.

(Silhaeng) Putting into actual practice.

심 心 의식작용의 본체. 이에 심心, 의意, 식識의 이름을 붙이기도 하며, 육식六識, 칠식七識, 팔식八識으로 분류하기도 함. 마음 참조.

(Sim) Citta: In the broad sense, the mind means all mental activities, opposed to matter, and the intellectual functions of consciousness. It could also be classified into the sixth, seventh, and eighth consciousness. *Cf. (Ma-eum)* Mind.

심 尋 심尋은 심구尋求의 뜻으로, 자기 앞에 나타나는 사상事象에 대해 그 뜻과 이치를 미루어 집착하고 분별을 일으키는 것. 사伺 참조.

(Sim) Vitakka: A close inquiring mental activity of discrimination to investigate the meaning and principle of an aspect. *Cf. (Sa)* Vicara.

심검 心劒 마음의 본성을 칼에 비유함.

(Simgeom) The mind-sword: It is a metaphorical expression of the true nature of the mind.

심검당 尋劒堂 칼은 마음의 본성, 곧 지혜와 중생의 불성을 말함. 지혜의 칼을 찾아 무명의 풀을 벤다는 뜻의 스님들의 수행 공간.

(Simgeomdang) The Mind-sharpening Hall: The sword means the mind, the Buddha-mind, the Buddha-nature, and Buddha.

심경 深經 제법실상諸法實相의 깊은 이치를 설한 여러 대승경전大乘經典에 대한 통칭.

(Simgyeong) The profound sutra: All the Mahayana scriptures of profound discourse of the true nature of Dharma.

심경일여 心境一如 마음과 경계境界가 하나가 되니, 경계도 마음도 간 곳이 없구나. 즉 바람이 쉬면 파도가 가라앉듯 마음도 경계도 사실은 잠잠한 법.

(Simgyeong Ilyeo) The unification of mind and sense-object: Neither mind nor the sense-object can be found in their unity. If we do not arouse the mind, it will be like the quiet sea; no wave would arise.

심근 心根 심성心性과 같은 말로, 사람의 변치 않는 타고난 참된 본성.

(Simgeun) Manas: The root of the mind, or the mind-organ. It is also another name for *(Simseong)* The original pure self-nature.

심기 心器 마음은 만법萬法을 받는 그릇이므로 심기心器라 말함.

(Simgi) The vessel or receptacle of the mind: Mind as the receptacle of all phenomena. It is so called because the mind is capable of containing just about everything, even the whole universe.

심기 心機 마음의 기능 또는 움직임을 말함.

(Simgi) The function or movement of the mind.

심념 心念 내심內心으로 생각하는 것. 심식心識으로 표상表象하고 상념想念하는 것.

(Simnyeom) The mind-thought: Thinking in the innermost heart, or thinking or expression of the mind and cognition,

심념구칭 心念口稱 마음으로 부처님을 생각하면서 입으로 부처님의 이름을 부르는 것.

(Simnyeom Guching) The simultaneous actions of reciting the name and thinking of the Buddha.

심념처 心念處 염처念處 또는 염주念住란 골똘히 생각하는 바탕을 말함. 사념처四念處 참조.

(Simnyeomcheo) The foci or foundation of the mind. *Cf. (Sanyeomcheo)* Four foci of mindfulness or contemplation.

심동허공계 心同虛空界 마음은 허공계와 같은 것. 이 간단한 진리만 알아도 집착할 일이 없다.

(Simdong Heogonggye) The mind is the same as the realm of empty space: If one truly realizes this truth, there would be nothing to cling to in the world.

심량 心量 중생의 마음이 망상을 일으켜 갖가지로 외경外境을 헤아리는 것을 심량心量이라 말함.

(Simryang) The measuring mind: The illusive manipulating mind of sentient beings.

심력 心力 마음과 힘, 곧 마음의 작용, 또는 명상에서 나오는 강한 정신력.

(Simryeok) The mind and power: Mental power and its function, especially the enormous power generated from intensive meditation.

심령 心靈 심식心識이 미묘하므로 심령이라 말함.

(Simryeong) The mind-spirit, or the spiritual world: The gnostic aspect of the mind or cognition.

심명 心命 혜명慧命에 대한 다른 이름. 법신法身은 지혜로서 수명을 삼기 때문에 심명心命이라 함.

(Simmyeong) Lit. The life of the mind: It is so called because the life span of Dharmakaya or the Dharma-body is composed of wisdom. *Cf. (Hyemyeong)* The supreme and incomparable wisdom of Buddha.

심무소희 명지왈도 心無所希 名之曰道 마음에 바람이 없으면 그것이 곧 도道이니라.

(Simmusohui Myeongjiwaldo) When the mind has no longing or desire, that is called the Way.

심무애 心無碍 생사生死에 둘이 없음을 알면 마음에 걸림이 없다.

(Simmuae) Non-hindrance of the mind: If one truly realizes that there is, after all, no birth and death, one will be free of any hindrance in the mind.

심법 心法 색법色法의 반대. 심법이란 쉽게 말해 심리현상을 뜻함. 그러나 이를 유식唯識의 견지에서 좀 더 자세히 설명하면, 우주만물을 색심色心의 둘로 분류할 때는, 심왕心王과 심소心所를 말하고, 오위五位로 분류할 때는 심왕心王만을 말함.

(Simbeop) Mindset, mental function or idea: Everything is divided into two classes, physical and mental. But when it is classified into five stages of spiritual path of a Bodhisattva, it only means the mind-king, or the Lord of the mind and mental factors.

심불가득 心不可得 붙잡을 수 없는 마음. 유동적인 마음은 잡을 수가 없다는 뜻.

(Sim Bulgadeuk) The unattainable mind: This refers to the inability to grasp the mind in flux.

심불가식 深不可識 깊고 깊어 지식으로는 헤아릴 수 없는 것.

(Simbulgasik) It is so deep and profound that it could not be perceived or understood by the intellect.

심불급중생 心佛及衆生 마음과 부처 그리고 중생이 모두 같다는 것. 이런 말은 수없이 많으나, 그 표현이 참신해 소개했다. 그러나 진정한 깨침이란 지식이 아니라 형상도 없는 마음을 지우는 것이라는 것과, 참선은 그래서 있다는 것을 잊지 말 것.

(Simbulgeup Jungsaeng) There is no distinction among the mind, Buddha, and sentient beings: They are the same to the awakened mind. It should also be remembered that meditation is to forget all these, or emptying the formless mind, the Buddha, and sentient beings.

심불상응법 心不相應法 심불상응행법心不相應行法의 약칭이며, 오법五法의 하나. 곧 일체의 심소법心所法, 즉 마음작용을 떠난 자리.

(Simbulsangeungbeop) The functioning of the mind not corresponding with the first three of the five Dharmas (name, form or appearance,

discrimination, right knowledge, and suchness), of which this is the fourth: It means complete cessation of mental activities in connection with the sense-objects.

심사(관) 尋伺(觀) 객관적 대상을 섬세하게 고찰하는 것. 다시 말해 심尋은 대상을 객관적으로 고찰하며, 사伺는 대상을 미세하게 고찰하는 것. 심사尋思라고도 말함. 옛날에는 각관覺觀이라 번역.

(Simsa(gwan)) The two mental functions of a keen examination of objects: Coarse and minute contemplations.

심상 心相 마음씨 또는 마음의 모양. 그러나 본래 마음이란 모양이 없는 법.

(Simsang) Manifestation of the mind in action, or the aspects or characteristics of the mind: But mind originally has no form and, therefore, no way to apprehend.

심상 心想 마음의 온갖 생각. 멋있는 표현. 영문번역도 참고할 것.

(Simsang) Thought: The thoughts of the mind.

심상응행 心相應行 일체의 심소법心所法을 말함. 이는 심왕心王과 상응相應하여 함께 일어나기 때문에 심상응心相應이라 하며, 유위법有爲法이므로 행行이라 말함. 따라서 이는 심불상응행법心不相應行法의 반대. 불상응행不相應行 참조.

(Simsangeunghaeng) Conjugation of mind and sense-objects: It means all the mental activities arising in conjunction with the "mind King" and sense-objets. *Cf. (Bulsangeunghaeng)* Forces associated with neither mind nor forms of karmic predispositions.

심생멸문 心生滅門 심진여心眞如가 무명을 일으켜 움직인 바 되어 생멸하는 현상을 발생시키는 부분을 말함.

(Sim Saengmyeolmun) The phenomenal aspect of the mind: It indicates the aspect of the mind which is in a continuous state of flux, coming into existence and passing out of existence due to ignorance.

심생종종법생 心生種種法生 마음이 일어나면 온갖 법法이 일어난다는 뜻. 따라서 마음을 쉬는 것이 깨달음의 요체要諦.

(Simsaeng Jongjong Beopsaeng) When the mind is disturbed, all kinds of Dharma arise. Hence the best policy is to rest one's mind in attaining enlightenment.

심성 心性 금강석처럼 영원히 변치 않는 참된 타고난 마음씨, 본성 또는 성품.

(Simseong) The nature of the mind: The self-existing fundamentally pure mind, or the inborn original nature of pure mind, the everlasting original pure self-nature, which cannot be destroyed like a diamond.

심소 心所 심수心數라고도 번역하며, 심소유법心所有法 또는 심소법心所法의 준말로, 심心, 곧 마음에 속한 것이라는 뜻. 의식작용의 본체를 심왕心王이라 하며, 객관적 대상을 인식할 때에 심왕에 의탁하여 그 일반 또는 총체상을 인식하는 정신 또는 심리작용과 마음가짐. 다소 어려운 설명이나, 서양 심리학자들이 유식唯識에 대해 관심이 많은 이유. 이를 좀 더 쉽게 이야기 하면, 심心과 상응하여 심과 동시에 존재하고 심에 종속하는 가지가지의 정신 작용을 말함. 따라서 심소心所는 심心, 곧 마음을 따라다니므로 심소라고 함에 대해, 마음은 제왕帝王과 같으므로 심왕心王이라 말함. 요가와 위빠사나 수행 참조.

(Simso) Caitta: The mental activities or functions, or mental factors or conditions of the mind. It is the attributes or the functioning mind when the mind encounters sense-objects. In other words, if the mind is the lord, it is the attribute of the mind or the subject of the lord taking orders from the king. *Cf.* Yoga and Vipassana practice.

심식 心識 식識은 망상妄想이 인因이 되고 경계境界가 연緣이 되어 일어난다. 소승小乘의 구사론俱舍論에서는 심心과 식識을 동체이명同體異名이라 말하고, 대승大乘의 유식唯識에서는 심心과 식識을 따로 나누어 제 8식을 심心, 제 5식과 6식은 식識이라 함. 심의식心意識 참조.

(Simsik) The mind and cognition or perception: Interpretation differs between the Abhidharma-kosa or the Treasure Chamber of the Abhidharma of Theravada and the Consciousness-only School of Mahayana.

The former sees the two essentially as one with different names, while the latter sees the mind as the eighth consciousness, and cognition as the fifth and sixth consciousness. *Cf. (Simuisik)* The mind, thought, and cognition.

심신탈락 心身脫落 마음과 몸을 모두 놓아버림. 진정한 수행이란 알고 보면 이처럼 쉬운 것. 문제는 실천.

(Simsintalrak) Complete release of body and mind: Freedom from the dualism of body and mind. This is the real awakening and

enlightenment. Try it.

심심 深心 온갖 선행善行 쌓기를 좋아하는 굳은 마음, 여래如來의 본원本願을 깊이 믿는 마음, 또는 정토淨土에 왕생하는데 필요한 세 가지 마음 가운데의 하나, 곧 지성심至誠心, 심심深心, 회향발원迴向發願.

(Simsim) A high resolve, virtuous aspiration, an un-moving mind in the faith of the original vow of the Buddha, or the high resolve required to be reborn in the Pure Land.

심심미묘 甚深微妙 매우 깊고 미묘함.

(Simsimmimyo) Deep and subtle.

심심상인 心心相印 말없는 가운데에 마음과 마음이 서로 통함. 이심전심以心傳心과 같은 말.

(Simsimsang-in) Interaction of mind with mind without words. *Cf. (Isimjeonsim)* The mind-to-mind transmission.

심심소 心心所 마음(心王)과 마음의 작용.

(Simsimso) The mind and its function: Interaction of the mind with its percept or the sense-object.

심안 心眼 육안肉眼이 아닌 관념觀念의 마음이 능히 모든 법을 비추어 봄으로 심안이라 말함.

(Siman) The mind's eye, or mental vision: The spiritual or inner eye, not the naked or fleshly eye, which penetrates the myriad things.

심약멸시죄역망 心若滅時罪亦亡 마음이 멸하면 죄 또한 멸한다는 뜻. 항상 마음을 쉴 것. 일체유심조一切唯心造 참조.

(Simyakmyeolsi Joiyeokmang) When the mind disappears, sin also disappears: All you have to do is release the mind, not contriving it. *Cf. (Ilcheyusimjo)* Mind is everything; everything is the creation of the mind.

심여전광 心如電光 중생의 마음은 번갯불과 같으니 잠깐 있다가 곧 사라지는 허망한 것. 따라서 가죽주머니인 이 육신뿐만 아니라 마음도 잡을 곳이 없으니 집착을 놓는 것이 진정한 깨침.

(Simyeo Jeongwang) The lightening-like mind: Impermanence or evanescence of the mind, which is like the lightening that stays for a fleeting second and then disappears. The best policy is to leave

it alone without attachment just like the skin bag of our body.

심연 心緣 마음이 일어나 외경外境을 반연攀緣하는 것, 곧 마음이 대상에 의지하여 작용을 일으키는 것을 말함.

(Simyeon) The mental cognition of the outer world, or environment: The mind that is aroused by contact with the sense-objects.

심왕 心王 마음의 주작용 또는 의식 작용의 본체, 즉 심체心體. 다시 말해 객관적 대상에 대하여 그 일반적인 모습을 인식하는 정신작용. 그러나 그 기능에 따라 육식六識, 팔식八識, 구식九識 또는 심의식心意識 등으로 구별된다.

(Simwang) The mind-king: The lord of the mind, will, and cognition. The chief function of the mind of objective phenomena. It is classified into the sixth, eighth, and ninth consciousness according to their function.

심외무별법 心外無別法 우주의 모든 법은 마음속에 있는 것이요, 마음 밖에 있는 것이 아니라는 것. 다시 말해 마음 밖에 법이 없으니, 마음 밖에서 법을 찾지 말라는 뜻. 눈에 보이는 삼라만상 그대로가 마음의 거울.

(Simoimubeop) Lit. "There is nothing outside the mind." Mind is the lord of all phenomena, and every phenomenon in the whole universe is the reflection or projection of the mind. It means not to look for anything outside the mind.

심외무불 心外無佛 마음 밖에서 부처를 찾지 말라는 뜻이며, 이것이 불교가 대부분의 서양 종교와 다른 점.

(Simoimubul) There is no Buddha outside of one's mind: This is Buddhism. What about other religions of the world?

심요 心要 마음의 진수와 법의 핵심을 설하는 법문法門의 지극함을 말함.

(Simyo) The essentials of the mind: Hence the profoundness of Dharma and the discourse of the mind.

심우 尋牛 선종禪宗에서 자기의 본심本心을 발견하고 깨달음에 이르기까지의 순서를 비유에 의해서 보인 것. 심우도尋牛圖 참조.

(Simu) Search for the Ox: A figurative explication of the process of attaining enlightenment of the mind. *Cf. (Simudo)* The ten Ox-herding pictures.

심우도 尋牛圖 십우도十牛圖라고도 말하며, 참마음을 소에 비유한 깨달음의 과정과 깨친 후의 진정한 성인聖人의 모습.

1) 심우尋牛: 소를 찾아 나서다. (소는 한 번도 잃어버린 적이 없는데 무엇 때문에 소를 찾는다는 말인가? 지치고 절망에 빠진 목동은 갈 길을 알지 못하는데, 들리는 것은 늦은 밤 매미소리뿐)
2) 견적見跡: 소의 발자국을 발견하다 (부처님 공부와 수행을 통해 그는 무엇인가를 이해하게 되어 발자국을 찾은 것. 언덕을 넘어 저 멀리에 소는 헤매고 있겠지만, 그는 저 넓은 하늘을 가로질러 그 소의 행적을 본다)
3) 견우見牛: 소를 발견하다 (마침내 소를 찾은 그는 사물의 본원을 보며, 그의 오관의 모든 감각은 질서를 잡는다. 나무 위에서는 꾀꼬리가 즐거이 노래 부르며 태양은 따뜻하고 미풍은 강둑 푸른 풀밭 위를 스쳐가는구나)
4) 득우得牛: 소를 잡다 (황야에서 오랫동안 헤매던 끝에 그는 마침내 소를 얻었다. 그러나 바깥 세계에 끌리는 무서운 습기習氣 때문에 소는 마음대로 부리기가 어렵구나. 소는 여전히 안락한 풀밭을 그리나보다. 이때 목동이 필요한 것은 채찍)
5) 목우牧牛: 소를 길들이다 (한 생각이 나타나자 또 다른 끝없는 생각에 생각. 고삐 줄을 잡고 놓치지 말지어다)
6) 기우귀가騎牛歸家: 소를 타고 옛집으로 돌아오다 (소와의 싸움은 끝났다. 그는 이제 더 이상 소를 놓칠까 염려하지 않으며 피리를 불면서 콧노래를 부른다)
7) 망우존인忘牛存人: 사람은 있는데 소를 잊다 (소는 간 데 없고 사람만 남아있다. 소를 타고 마침내 집에 돌아왔건만, 소의 모습은 안보이고 목동 또한 한가로이 홀로 있네)
8) 인우구망人牛俱忘: 소와 사람을 모두 잊다 (모든 망상은 살아지고 고요함만 남아있다. 그는 부처가 어디에 있는지 더 이상 묻지 않는다. 둘이라는 생각은 형체도 없거니와 수천의 눈을 가진 자도 그의 내면을 꿰뚫을 수 없다. 모든 것은 공하니 뉘라서 무변광대한 하늘을 헤아릴 수 있으리)
9) 반본환원返本還源: 본래 면목으로 돌아오다 (근본으로 돌아왔다고? 그것은 틀린 말. 흘러가는 강물을 보라. 그것이 어디로 가는지는 아무도 모른다. 꽃은 스스로 피나니 그 또한 뉘를 위한 것이란 말인가?)
10) 입전수수入廛垂手: 거리에 나가 중생구제에 나서다 (그의 낡은 사립문은 외로이 닫쳐 있고 수많은 성인들도 그를 알아보지 못하는구나. 성인들의 길을 버린 다음 표주박을 허리춤에 차고 저자거리에 나가 술꾼 또는 푸줏간 주인과 어울리는구나. 신선들의 신통력이 필요 없으니, 그가 손을 대자 고목에서 꽃이 피네)

그래서 우리는 원효대사元曉大師를 추앙推仰한다. 경허鏡虛 스님의 경허집鏡虛集에서 인용.

(Simudo) The ten ox-herding pictures: A progressive attainment of an ox (mind), or a gradual awakening of an ox-herder to his true nature, and the way of a true saint. The pictures follow this progression.

1) Going out in search of the ox: The ox was never lost. It was at home all the time. What a frustrating job it is to go out and look for the ox that is at home. The sun has gone down, and I hear the chirping of cicada from somewhere.
2) Seeing the footprints: The ox-herder finds traces of the ox with the help of the sutra and the cultivation of the mind. The ox must be somewhere over the hill.
3) Finds the ox: He finds the ox and awakens to the truth of reality, and secures the control of the doors of the six sense organs. A gentle breeze is sweeping over the green grass of the river bank in the bright sunlight in company of the singing of bush warblers on the tree.
4) Catching the ox: He secures the ox that has been roaming around in the wilderness. Yet it is not easy to correct its old habit of indulging in the easy life and pleasures of the outer world. What the ox-herder needs is a rod of sharp discipline.
5) Herding the ox: The master of the ox should not slacken the reign of the ox. It takes time to train the stubborn head of an animal.
6) Riding the ox back home: The battle is over, and the ox-herder rides home on the back of the ox humming a song. He does not have to worry about losing the ox again.
7) Forgetting the ox, the man rests alone: The man returns home with the ox, but where is the ox? He could not care less, and enjoys the peace of his mind.
8) The ox and the man are both forgotten: Everything is quiet and peaceful. The man even forgot where the Buddha is. No duality of the mind, and no Bodhisattva with thousands of eyes could read

his inner heart of sublimity just as there is no way to measure the infinite space of the universe.

9) Returning to the native home, or to the original pure self-nature: Have I really returned to the native home of my mind? What is the mind? See the flowing water, and ask it where it is heading to. The flowers look pretty but what is the meaning of their beauty? Water is water, and mountain is mountain.

10) Appearing in the marketplace to teach and deliver the common folks: The door of the man's old home is closed and looks desolate but who cares? There are no saints who recognize him. A man abandons the ways of saints and enters the crowded marketplace with a begging bowl by his side to join a bunch of drunkards and butchers. Who said that only saints can perform miracles? A man touches the old dead tree, and Lo! The flowers are blooming on the old dead tree.

심원 心源 마음은 만법의 근원이므로 심원心源이라 함.

(Simweon) The fountain of the mind, or the thought-welling fountain: It is so called because the mind is the source of the myriad things, the mind that embraces the whole universe.

심원 心猿 마음이 분주하게 움직이는 것을 원숭이에 비유한 말.

(Simweon) The monkey-mind: It is a figurative expression, likening our unruly minds to the ever shifting mind of a monkey.

심월 心月 달과 같이 맑은 마음. 도道를 깨친 마음을 달에 비유하여 일컫는 말.

(Simweol) The mind of the moon: A figurative expression of the clear mind of the enlightened.

심의식 心意識 온갖 심리작용을 쌓아 모으는 마음[心] 또는 아뢰야식, 일체의 사량분별[意] 또는 말라식, 그리고 모든 인식작용[識]을 뜻함. 역시 영문 설명이 이해가 빠르다. 곧 심心은 업業을 저장하고, 의意는 업業을 일으킴.

(Sim-uisik) The mind, or the storehouse of consciousness (citta); thought, thinking, or discrimination (manas); and perception, cognition, or discernment (vijnana). When perception arouses manas or thought and creates karma by discrimination, the citta or mind stores it.

심인 心印 불심인佛心印과 같은 말.

(Simin) The heart-seal: Mental impression, or intuitive certainty. It is also called the heart-seal of Buddha. The original mind of awareness or Buddhahood. *Cf.* *(Bulsimin)* The heart-seal of Buddha.

심장세균 深長細均 참선할 때의 호흡법의 하나로, 단전丹田에 마음을 모우고 숨은 깊고 길게, 그리고 가늘고 고르게, 그리고 억지로 하지 말고 자연스럽게 하라는 것. 비빠사나 참조.

(Simjang Segyun) Deep and long, thin and even: This is an ideal breathing practice for meditation. But it should not be forced, and every movement must be natural. Try it by concentrating your mind on your abdomen. *Cf.* Vipassana.

심재 心齋 마음 닦음. 『장자莊子』에 나오는 말. 심신일체心身一體의 경지에서 일체의 더러운 마음을 씻고 모든 것을 잊음으로써 마음을 비운 상태에서 도道와 하나가 되는 것. '잡념을 버리고 마음을 통일하라. / 귀로 듣지 말고 마음으로 듣도록 하고 / 마음으로 듣지 말고 기氣로 듣도록 하라… / 참된 도道는 오직 공허空虛 속에 모이며 / 이 공허가 곧 심재心齋이니라.' 이렇게 보면 장자가 말하는 심재란 불교에서 말하는 불심佛心과 크게 다를 바 없다고 볼 수 있을 것 같다. 『장자莊子』 「제사장 인간세第四章 人間世」 참조.

(Simjae) Cleansing the mind: Purification of the mind to be with Dao by purifying and emptying one's mind and body. "Concentrate on the mind leaving the worldly thought. / Do not listen with your ear but listen with your mind; / Not with your mind but with your breath. . . . / Dao abides only in emptiness, / And this emptiness is the fasting mind, (or enlightenment)." *Cf.* Zhuang Zi Book, Ch. IV, the Mundane World.

심재좌망 心齋坐忘 일체의 더러운 마음을 씻음과 동시에 모든 것을 잊은 허虛의 상태에서 도道와 하나가 되는 것. 『장자莊子』에 나오는 말.

(Simjae Jwamang) Sit and then purify and empty your mind, and you will become one with the Way or truth. A passage from Chuang-Tzu Book.

심전 心田 마음이 능히 선악의 싹을 내는 것이 마치 밭이 온갖 곡식을 내는 것 같으므로 이에 비유하는 말. 수확은 무엇을 심고 어떻게 가꾸느냐에 달려있다. 콩 심은데 콩 나고, 팥 심은데 팥 나게 마련이나, 최소한 잡초라도 매주어야 한다.

(Simjeon) The field of the mind, or heart: One must sow the seed to collect the harvest, and the fruit depends on what one sows and how one cultivates it.

심정즉불토정 心淨卽佛土淨 정갈한 마음이 곧 부처님의 정토淨土. 따라서 천당과 지옥을 다른 곳에서 찾지 않도록.

(Simjeong Jeuk Bultojeong) The blissful Buddha-land is none other than our pure mind: Hence do not try to find heaven and hell anywhere else.

심즉법 心卽法 마음이 곧 법. 그렇다면 법法 역시 마음 밖에서 찾지 말 것.

(Simjeukbeop) The mind itself is the Dharma: If so, once again one should not try to seek the truth outside of the mind.

심즉시불 心卽是佛 마음이 곧 부처라는 뜻. 그렇다면 마음이란 무엇인가? 마음이란 안에 있는 것도 아니고 밖에 있는 것도 아니며 또 그 어떤 다른 곳에 있는 것도 아니다. 마음이란 형체가 없어 눈으로 볼 수도 없고 만질 수도 없으며, 따라서 무어라 이름붙일 수도 없다. 그러면서도 우리의 일상생활의 모든 행위와 생각이 마음 적용이 아닌 것이 없으니, 그 마음자리를 알아차릴 수만 있다면 도道란 먼데 있는 것이 아님을 알 수 있다. 그렇다면 그 알아차림의 비결이란 무엇인가? 그것은 다름이 아닌 일체의 경계에 이끌려 일어나는 망상을 놓은 다음 마음을 비워 청정무구한 우리의 자성과 하나가 되는 것이니 그것이 곧 깨침. 마음 참조.

(Simjeuk Sibul) Mind itself is the Buddha: What then is the mind? You cannot find it anywhere, neither inside nor outside, nor anywhere else. It has no form to be perceived, whereas there is no way to name it. Yet there is nothing in our daily lives that is not the function of the mind.

Hence if we could only realize the true identity and the function of the mind, there is nothing in the whole world that is not Dao or truth. Empty your mind by putting down all the illusions arising from the delusive percepts, within and without, and you will be one with your original immaculate self-nature and Buddha.

심증 心證 마음에 새겨진 확신. 진리가 마음과 만나는 순간.

(Simjeung) The inner witness or assurance: The moment of meeting

the mind with the truth.

심지 心地 마음자리, 마음의 본 바탕. 마음이 일체 만법을 내는 것이 마치 땅에서 온갖 것이 나는 것과 같아서 그렇게 말함. 다시 말해 마음이 모든 작용의 주체이며 또한 본질이라는 것. 따라서 삼계유심三界唯心 이며 일체유심조 一切唯心造라 말함.

그런데 마음의 본바탕이 어떻게 생겼는지? 달마대사達磨大師가 마음을 편안하게 해줄 터이니 네 마음을 내놓으라고 말하자 혜가慧可는 그 어디에도 마음을 찾을 수가 없었으며, 달마대사의 그 한 마디에 그는 문득 깨침을 얻었다.

'마음의 땅에서 여러 씨앗이 자라나며 / 현상[事]을 말미암아 다시 이치(理)가 자라나네. / 결과가 원만하면 보리菩提도 원만하리니 / 꽃이 피면 세계世界가 일어나리.' --제27조 반야다라般若多羅의 게송偈頌--

(Simji) The mind-ground, or the mind-set: Mind from which all things arise, just as the earth produces all kinds of thing. This is the reason that the triple realm is called only a manifestation of the mind and all things are created by the mind alone.

But where do we find the mindless-mind? When Huike, the Second Patriarch, was asked by Bodhidharma to produce his mind so that the Master could ease his mind, there was no way to find his own mind, and that was how Huike attained sudden enlightenment.

"The mind-ground gives birth to seeds, / And due to particulars further gives birth to principle. / When the fruit is matured and the bodhi perfect / The flower opens and the world is produced." --Gatha by Prajnatara, the 27th Patriarch--

심지법문 心地法門 두 귀로 듣는 삿된 이야기가 아니라, 마음의 밭을 촉촉이 적셔주는 법우法雨를 마음의 귀로 듣는 것을 심지법문心地法門이라 말함. "마음의 귀라." 이런 것이 진정한 명법문名法門이다.

(Simji Beopmun) Listening to the Buddha-dharma by heart, not by the ear: The Dharma rain that nurtures the heart of the mind, not the words listening through the ears.

심진 心塵 마음을 오염시키는 먼지. 곧 번뇌, 탐욕, 분노 등을 말함.

(Simjin) The mind dust, or dirt: Another name for the passions, defilements, greed, anger, etc.

심체 心體 마음의 본체로서 심성心性과 같은 뜻. 심상心相과 즉심시불卽心是佛 참조.

(Simche) The essence of the mind: It is another name for the true nature of the mind. *Cf. (Simsang)* The manifestation of the mind, and *(Jeuksimsibul)* The mind is Buddha.

심해탈 心解脫 이종해탈二種解脫의 하나. 탐욕을 끊은 결과로 애욕을 여의고 생각하는 대로 자유로이 노닐 수 있음을 말함.

(Simhaetal) Emancipation of the mind: Enlightenment and peaceful mind attained by cessation of cravings, afflictions, or greed. *Cf. (Ijonghaetal)* The twofold emancipation.

심행 心行 심의心意 작용, 곧 언어 행위에 대해 마음의 작용을 말함. 우리가 마음을 안 쓸 수는 없지만, 대상에 대한 집착을 버릴 것. 육조 혜능이 언하言下에 깨친 그 유명한 '응무소주이생기심應無所住而生其心, 마땅히 머무르는 바 없이 그 마음을 일으킬 지어다' 참조.

(Simhaeng) Mind and action, or the activities of the mind: We cannot do away with the mind or mental activities, yet we should not be attached to any form, within and without. Let's see the famous dictum by which the Sixth Patriarch Huineng attained sudden enlightenment: "One should produce an unsupported thought or thoughtless mind."

심행처멸 心行處滅 마음으로 사유思惟하는 것으로는 미칠 수 없는 것을 말함. 마음의 작용이 미치지 못하는 절대경계의 본체심本體心, 곧 사량분별思量分別이 끊어진 경계를 말함. 언어도단言語道斷 참조.

(Simhaeng Cheomyeol) The realm beyond mental speculation: The ultimate nature of mind, which is beyond expression. *Cf. (Eoneododan)* The cessation of the way of the word.

십간 十干 간干은 나무줄기[幹]의 뜻으로 하늘[天]과 양陽을 가리키며, 십간十干은 갑甲 · 을乙 · 병丙 · 정丁 · 무戊 · 기己 · 경庚 · 신辛 · 임壬 · 계癸를 말한다. 이들을 십이지十二支와 짜 맞춘 60간지干支로 날짜를 세는데 쓰인다. 이런 것도 알아두면 요긴하게 쓸 때가 있다. 간지干支와 십이지十二支 참조.

(Sipgan) The ten calendar signs, or the ten celestial stems, which signify heaven, the sun, and the positive force: Gap(甲), Eul(乙), Byeong (丙), Jeong (丁), Mu(戊), Gi(己), Gyeong(庚), Sin(辛), Im(壬), and Gye(癸). These ten calendar signs are combined with *(Sip-iji)* The twelve zodiac signs to count the days and years. *Cf. (Ganji)* The sexagenary cycle and *(Sip-iji)* The twelve zodiacal signs.

십계 十戒 사미와 사미니가 지켜야 할 열 가지 계율戒律 1) 살생하지 말 것. 2) 남의 것을 훔치지 말 것. 3) 음행하지 말 것. 4) 거짓말 하지 말 것. 5) 술 마시지 말 것. 6) 꽃다발을 쓰거나 향을 바르지 말 것. 7) 노래하고 춤추고 풍류를 즐기지 말 것. 8) 높고 넓은 큰 평상에 앉지 말 것. 9) 때 아닌 때에 먹지 말 것. 10) 금·은 등 장신구를 갖지 말 것. 이 두 번째 오계五戒를 받은 다음 십계十戒를 서약하면, 정식으로 머리를 깎아주고 완전한 비구比丘의 모습을 갖추게 된다.

(Sipgye) The ten precepts for the monk: 1) Not to destroy life. 2) Not to steal. 3) Not to commit sexual misconduct. 4) Not to lie. 5) Not to take intoxicants. 6) Not to eat food out of regulated hours. 7) Not to use garlands or perfumes. 8) Not to sleep on high or broad beds. 9) Not to take part in singing, dancing, musical or theatrical performances, or see or listen to such. 10) Refrain from acquiring accessories made of gold, silver, or jewels. If you wear this ten precepts, you will be allowed to shave your hair and become a formal monastic.

십계 十界 십법계十法界고도 말함. 미迷한 자나 깨달은 자까지 포함한 모든 경지境地를 10 종류로 나눈 것. 1) 지옥. 2) 아귀. 3) 축생. 4) 아수라阿修羅. 5) 인간. 6) 천상 세계. 7) 성문聲聞. 8) 벽지불僻地佛. 9) 보살 10) 부처. 십법계十法界라고도 말함. 미계迷界와 오계悟界를 총괄하여 10종으로 나눈 것으로 각기 행업行業에 의해 그 과보를 받는다. 첫 여섯 단계는 끝없는 육도六道의 윤회를 벗어나지 못하며, 다음 네 단계는 성도聖道로서 윤회를 벗어나 다시 태어나지 않으므로, 이를 총칭하여 육범사성六凡四聖이라고도 말함)

(Sipgye) Ten spheres: 1) Hell. 2) Ghost. 3) Animal. 4) Asura. 5) Man. 6) Deva. 7) Savaka or Sound-hearer Arhat. 8) Praetyka-buddha or independently awakened Buddha. 9) Bodhisattva. 10) Buddha. It is also called the ten Dharma-dhatu, and each existence is attributed to the karma of beings.

The first lower six spheres (1-6) are known as the Six Paths or Six Realms. These six states of existence are subject to birth and death, and then rebirth for many lives. The upper four spheres (7-10) are known as the Four Holy Realms. These four states of existence are beyond birth and death, emancipated from samsara or transmigration, whereas the whole diagram is also called the Six Commoners and the Four Saints.

십공양 十供養 부처님께 바치는 열 가지 공양.

1) 향香. 2) 꽃. 3) 등燈. 4). 염주念珠. 5) 보석으로 장식된 우산. 6) 깃발과 천개天蓋. 7) 옷. 8) 과일과 음식. 9) 음악. 10) 합장.

(Sip Gongyang) Ten offerings to the Buddha: 1) Incense. 2) Flower. 3) Lamp. 4) Necklace. 5) Jeweled parasols. 6) Banners and canopies. 7) Clothes. 8) Fruit and food. 9) Music. 10) Joined palms.

십념 十念 열 가지 염법念法의 총칭, 또는 정토종淨土宗에서 스님이 나무아미타불의 명호名號를 신자에게 주어 부처님과 인연을 맺게 하는 일.

1) 염불念佛 (부처님의 상호相好를 생각하면서 그 공덕을 생각함)
2) 염법念法 (수행의 법칙인 부처님의 교법을 지성으로 생각함)
3) 염승念僧 (부처님 법을 전하는 승가僧伽를 생각함)
4) 염계念戒 (계戒는 번뇌와 악업을 그치게 하고, 성도聖道를 성취하게 하는 것이라고 생각함)
5) 염시念施 (보시는 탐하는 마음을 어의고 청정한 공덕이 있는 것으로 생각함. 이를 염사念捨라고도 함)
6) 염천念天 (천왕천天王天으로부터 타화자재천他化自在天까지의 과보果報가 청정하여 일체를 안락하게 하는 것이라고 생각함)
7) 염휴식念休息 (항상 고요한 장소에서 온갖 세속적인 인연을 멀리하고 성도聖道를 닦을 것을 생각함)
8) 염안반念安般 (마음을 거두어들이고 생각을 고요히 하여, 내쉬고 들어 쉬는 숨을 헤아리면서, 오로지 망상을 놓는 데에만 상각을 둠)
9) 염신念身 (이 몸은 인연의 화합으로 인하여 생긴 것으로, 진실하고 상주하는 것이 아닌 것으로 생각함)
10) 염사念死 (사람의 몸은 항상 죽음 속에 있다는 것을 잊지 않음)

(Simnyeom) Ten recollections, or invocations of the name of a Buddha: e.g., Namo Amitabha.

1) Recollection of the Buddha with his marks and boundless virtues.
2) Recollection of the Dharma which is the principle of all practice.
3) Recollection of the Sangha who disseminates Buddha's teaching.

4) Recollection of precepts which prevent us from committing evil deeds.
5) Recollection of offerings or charity with the thought of renouncing the greedy mind.
6) Recollection of the Heavenly realm where happiness abounds.
7) Recollection of peace with the thought of practicing the holy way at a quiet place.
8) Recollection of breathing with the thought of renouncing all delusive thoughts.
9) Recollection of the body with the thought of impermanence of five aggregates.
10) Recollection of death which is the law of nature.

십념왕생 十念往生 나무아미타불을 열 번 부르면, 악업을 지은 사람도 죽어서 정토淨土에 왕생한다는 염법念法.

(Simnyeom Wangsaeng) Ten invocations for rebirth in the Pure Land: The belief that ten invocations of "Namu Amitabul (obeisance to Amitabha Buddha)" will deliver even a dying man with evil karma.

십념처 十念處 보살이 지혜로써 항상 깊이 생각하는 열 가지 대상.
1) 신념처身念處 (나의 몸에는 나라는 것이 없을 뿐만 아니라 정결하지 못한 것으로 가득 차 있음을 통찰하여 몸에서 일어나는 여러 가지 좋지 않은 일들을 피함)
2) 수념처受念處 (고통을 낙樂이라 함과 같은 감각의 잘못을 관하여 애착을 내지 않으며, 또 성을 내지 않는 것)
3) 심념처心念處 (마음이란 무상 · 고 · 무아 · 부정不淨인 것을, 상常 · 락樂 · 아我 · 정淨하다고 고집하던 잘못을 관하여 이를 조복함)
4) 법념처法念處 (여실하게 탐貪 · 진瞋 등의 악법을 관하여 이를 끊고 자비 등의 선법을 좋아함)
5) 경계념처境界念處 (좋고 나쁜 대상들이 모두 허망하여 실제로 존재하는 것이 아닌 줄을 관하여 탐착과 성냄을 여의는 것)
6) 아란야념처阿蘭若念處 (수행하기에 좋은 한적한 곳에 있으면서 무쟁행無諍行과 적정행寂靜行을 닦아 도리에 맞게 도道를 닦음)
7) 도읍취락념처都邑聚落念處 (촌락에 다니더라도 노름 · 술 · 노래 · 춤 · 창녀가 있는 곳에 접근하지 아니함)

8) 명문이양념처名聞利養念處 (명예와 재물이 있는 곳에 있어서는, 그런 것들이 모두 허망한 것임을 관하여 잠시의 집착심도 일으키지 아니하며, 오히려 다른 중생들과 함께 고통 받는 이를 보살핌)
9) 여래학문념처如來學問念處 (삼세의 제불과 같이, 깨달음의 경지에 이르는 학문을 생각하여 청정심을 일으키고 존경심을 내어 정근노력精勤努力함)
10) 단제번뇌념처斷諸煩惱念處 (온갖 번뇌가 나타나는 인연을 밝혀 이를 모두 끊는 것)

(Sipnyeomcheo) Bodhisattva's ten foci or base of contemplation:
1) Body: Regard it as unsubstantial, unclean, and avoid any misconduct arising from the body.
2) Sense or feeling: Avoid anger and attachment to sensual pleasures.
3) Mind: Correct wrong views of permanence, joy, personality, and purity.
4) Things or the material world: Cut off greed, anger, and then foster good conduct and compassion.
5) Sense objects: Regard them as illusory and impermanent and then leave the grasping mind behind.
6) Agreeable place for meditation: Cultivate a pure mind without any argument by quietude of the mind.
7) City or town: Avoid the places of gambling, drinking intoxicating beverages, singing, dancing, and prostitution.
8) Honor and fortune: Regard them as idle fancies, and share the sufferings of others' instead.
9) Study of Dharma: Strive hard as the Buddhas of the triple world of past, present, and future, in the study of the way to enlightenment.
10) Cessation of all passions and delusions: Cut off all the conditions of defilement.

십대논사 十大論師 유식삼십송唯識三十頌을 해석한 인도의 열 논사論師. 대승大乘의 이론적 근간인 유식론唯識論은, 무착보살無着菩薩의 원력으로 성립되고, 그의 아우인 세친世親에 의하여 조직체계화 되었으며, 십대논사十大論師들에 의하여 크게 발달하게 되었다.

(Sipdaenonsa) Ten great theorists: The Consciousness-only or

Mind-only School, the theoretic pillar of Mahayana Buddhism, was first developed by the Indian monk Asanga (290-360 C.E.), systematized by his younger brother Vasubandhu (316-396 C.E.), and then further developed by ten great theorists.

십대원 十大願 보현보살의 열 가지 큰 원이라는 뜻으로 줄여서 대원大願이라고도 말함.

1) 예경제불禮敬諸佛 (언제 어디에나 계시는 모든 부처님을 공경하고 예배하겠습니다)
2) 칭찬여래稱讚如來 (여여如如하신 모든 부처님을 찬양하겠습니다)
3) 광수공양廣修供養 (널리 모든 부처님께 공양을 바치겠습니다)
4) 참회업장懺悔業障 (쌓이고 쌓인 한없는 죄업을 다 참회하겠습니다)
5) 수희공덕隨喜功德 (이 세상 온갖 중생이 지은 모든 공덕을 따라 함께 기뻐하겠습니다)
6) 청전법륜請轉法輪 (항상 제불보살께서 정법의 수레바퀴를 돌려주시기를 권청하겠습니다)
7) 청불주세請佛住世 (항상 제불보살께서 저희들 곁에 계셔주시기를 권청하겠습니다)
8) 상수불학常隨佛學 (언제 어디에나 계시는 부처님을 따라 항상 배우겠습니다)
9) 항순중생恒順衆生 (중생이 다 불성을 가졌으니, 그 뜻을 존중하고 따르겠습니다)
10) 보개회향普皆廻向 (지은바 모든 공덕을 더욱 온전하고 부족함이 없도록 널리 중생에게 회향하겠습니다)

(Sipdaeweon) The ten great vows of Bodhisattva Samantabhadra, or the Bodhisattva of Great Action.

1) I will respect and pay homage to all Buddhas who are omnipresent.
2) I will glorify the suchness of all Buddhas.
3) I will perform offerings to all the Buddhas in the world.
4) I will repent all my countless evil deeds.
5) I will rejoice with all the fellow living beings for their numerous merits.
6) I will pray for all the Buddhas and Bodhisattvas to turn their Dharma wheel without cessation.

7) I will pray for all the Buddhas and Bodhisattvas to stay with us at all times.
8) I will keep learning following the path of the Buddha who is universally present.
9) I will respect and follow the fellow beings who are in possession of Buddhahood.
10) I will return the merit to others so that we can better ourselves daily without any fall back.

십대 제자 十大 弟子 석가모니 부처님의 제자 중에 가장 뛰어난 특징이 있는 열 사람.

(Sipdae Jeja) Ten major disciples of Sakyamuni Buddha, each of whom has a great distinction:

사리불 (지혜 제일智慧 第一)
Saributa (the foremost in wisdom)
목건련 (신족 제일神足 第一)
Moudgalyana (the foremost in psychic powers)
마하가섭 (두타 제일頭陀 第一)
Mahakasyapa (the foremost in ascetic practice)
수보리 (해공 제일解空 第一)
Subhuti (the foremost in understanding emptiness)
부루나 (설법 제일說法 第一)
Purnamaitrayani-Putra (the foremost in expounding of the Dharma)
마하가전연 (논의 제일論議 第一)
Mahakatyayana (the foremost in argumentation)
아나율 (천안 제일天眼通 第一)
Aniruddha (the foremost in the heavenly vision)
우바리 (지계 제일戒行 第一)
Upali (the foremost in the practice of precepts)
라후라 (밀행 제일密行 第一)
Rahula (the foremost in esoteric practice)
아난 (다문 제일多聞 第一)
Anandha (the foremost in hearing of the teaching of the Buddha)

십도 十度 십바라밀에 대한 다른 이름.

(Sipdo) Another name for the Ten Paramitas.

십락 十樂 서방정토西方淨土에 왕생하기를 발원하는 사람이 가지는 열 가지 즐거움.

1) 성중래영락聖衆來迎樂 (임종시에 아미타불이나 관세음 또는 대세지 등 여러 보살들이 나와 영접하고 정토에 인도하여 주는 즐거움)
2) 연화초개락蓮華初開樂 (활짝 핀 연꽃 속에 왕생한 즐거움)
3) 신상신통락身相神通樂 (뛰어난 몸매와 신통력이 자재하여 매사에 걸림이 없는 즐거움)
4) 오묘경계락五妙境界樂 (다섯 가지 극락정토의 경계를 경험할 수 있는 즐거움)
5) 쾌락무한락快樂無限樂 (한량없는 즐거움)
6) 인접결연락引接結緣樂 (인연 있는 중생을 이끌어 제도하는 즐거움)
7)성중구회락聖衆俱會樂 (정토에 왕생하여 여러 보살과 함께하면서 사귀는 즐거움)
8) 견불문법락見佛聞法樂 (부처님을 뵙고 법문을 듣는 즐거움)
9) 수심공불락隨心供佛樂 (마음에 따라 부처님께 공양을 올리는 즐거움)
10) 증진불도락增進佛道樂 (나날이 성숙해가는 불도佛道의 즐거움)

(Siprak) The ten joys: The ten joys of those who recite the name of Buddha to be reborn in the Western Pure Land:

1) Being received at death by Amidhabha and a host of Bodhisattvas.
2) The blooming of the lotus he has been born into.
3) Taking on excellent physical marks ad transcendental powers.
4) Experiencing the splendour of the Pure Land.
5) Endless pleasure.
6) Saving those he has been acquainted with.
7) Joining the company of the Bodhisattvas.
8) Seeing Amidhabha and hearing his teaching.
9) Making offerings to Buddhas.
10) Advancing to Buddhahood.

십력 十力 십력에는 부처님의 십력과 보살의 십력 두 가지가 있다.

I. 부처님만이 가지고 계시는 열 가지 신통력

1) 처비처지력處非處智力 (바른 도리道理와 그렇지 않은 도리를 변별辨別하는 지력智力)

2) 업이숙지력業異熟智力 (선악업善惡業과 이들의 과보果報를 여실如實하게 아는 지력智力)
3) 정려해탈등지등지지력靜慮解脫等持等至智力 (사선四禪, 팔해탈八解脫, 삼삼매三三昧, 팔등지八等地 등을 여실如實히 아는 지력智力)
4) 근상하지력根上下智力 (중생의 근기根機의 고하우열高下優劣을 여실히 아는 지력智力)
5) 종종승해지력種種勝解智力 (중생의 여러 가지 의욕경향意慾傾向을 여실 如實히 아는 지력智力)
6) 종종수계지력種種隨界智力 (중생계와 그 성류聖類를 여실如實히 아는 지력智力)
7) 편취행지력遍趣行智力 (어떤 수행修行에 의해 어떤 도道에 나가는가를 여실如實히 아는 지력智力).
8) 숙주수념지력宿住隨念智力 (중생의 숙명宿命을 여실如實히 아는 지력智力 (숙명통宿命通)
9) 사생지력死生智力 (생사에 관한 중생의 미래를 여실如實히 아는 지력智力 (천안통天眼通)
10) 누진지력漏盡智力 (일체 번뇌一切煩惱가 다한 것을 여실如實히 아는 지력智力 (누진통漏盡通)

(Simyeok) The ten powers: There are two different sets of ten powers, those attributed to the Buddha and those to Bodhisattvas.

I. The ten supernatural powers and wisdom of Buddha:

1) Power arising from the wisdom of knowing right from wrong as it truly is.
2) Power arising from the wisdom of distinguishing the consequences or retributions of karmic actions of living beings for either good or evil as they truly are.
3) Power arising from the wisdom of distinguishing concentrations, liberations, and absorptions, etc. as they truly are.
4) Power arising from the wisdom of knowing the degrees of capability of sentient beings as they truly are.
5) Power arising from the wisdom of knowing the various inclinations of sentient beings as they truly are.
6) Power arising from the wisdom of knowing the distinctive paths

of ordinary people and saints as they truly are.
7) Power arising from the wisdom of knowing the path which way they are heading by what kind of practice.
8) Power arising from the wisdom of knowing the former lives of sentient beings as they truly are.
9) Power arising from the wisdom of knowing the death and future lives of sentient beings as they truly are.
10) Power arising from the wisdom of knowing the exhaustion of defilements as it truly is.

II. 보살의 열 가지 굳은 마음과 지혜의 힘
1) 심신력深心力 (선행 쌓기를 좋아하는 굳은 마음의 힘)
2) 증상심심력增上深心力 (여래의 본원本願을 깊이 믿는 마음의 힘)
3) 방편력方便力 (일체 중생의 근기에 맞게 방법과 수단을 편리하게 쓰는 지혜의 힘)
4) 지력智力 (중생을 구제하려는 지혜로운 마음의 힘)
5) 원력願力 (중생을 구제하려는 지극한 소원의 힘)
6) 행력行力 (중생을 구제하려는 실천적 지혜의 힘)
7) 승력乘力 (중생을 구제하려는 교법의 힘)
8) 신변력神變力 (신통력을 부리는 힘)
9) 보리력菩提力 (중생을 구제하려는 지혜의 힘)
10) 전륜력轉輪力 (법륜을 굴리는 지혜의 힘)

II. Bodhisattva's ten great powers of resolution and wisdom:
1) Power of positive thought of cultivating good conduct.
2) Power of great resolution and faith in Tathagata.
3) Power of applying the expediency in the deliverance of sentient beings.
4) Power of wisdom in the deliverance of sentient beings.
5) Power of prayer in the deliverance of sentient beings.
6) Power of action for the deliverance of sentient beings.
7) Power of doctrine in the deliverance of sentient beings.
8) Power of supernatural knowledge in the deliverance of sentient beings.
9) Power of wisdom and enlightenment in the deliverance of sentient

beings.

10) Power of turning the wheel of the Dharma.

십무진계 十無盡戒 십중금계十重禁戒라고도 말함. 대승보살大乘菩薩이 지키는 열 가지 계율로 현세로부터 불신佛身을 얻을 때까지 지키는 것.

1) 일부러 살생하지 말 것. 2) 일부러 거짓말 하지 말 것. 3) 일부러 음행하지 말 것. 4) 일부러 훔치지 말 것. 5) 일부러 술을 팔거나 마시지 말 것. 6) 일부러 속가俗家에 있는 보살의 죄를 말하지 말 것. 7) 일부러 아끼지 말 것. 8) 일부러 성내지 말 것. 9) 일부러 자신을 칭찬하고 남을 헐뜯지 말 것. 10) 일부러 불법승佛法僧을 비방하지 말 것)

(Sipmujingye) Ten important precepts of Bodhisattva, which should be observed until attainment of the Buddhahood: 1) Not taking living life. 2) Not stealing. 3) Not being unchaste. 4) Not lying. 5) Not selling or drinking intoxicants. 6) Not talking about others' bad conducts. 7) Not to praising oneself and deprecating others. 8) Not to be ungenerous in material and be spiritually wise. 9) Not losing one's temper. 10) Not slandering the three Jewels, the Buddha, the Dharma, and the Sangha.

십무진장 十無盡藏 줄여서 십장十藏이라고도 말함. 보살이 지니고 있는 열 가지 공덕의 씨가 무진하다는 뜻. 화엄경 십무진장품十無盡藏品 참조.

1) 신장信藏 (일체 모든 법은 공하여 불생불멸이라는 것을 믿는 것)

2) 계장戒藏 (갖가지 계를 성취하는 것이니, 이들을 예거하면:

(1) 중생의 행복과 평안을 위한 요익계饒益戒.

(2) 외도의 계를 받지 않는 불수계不受戒.

(3) 어떠한 계에도 집착하지 않는 무착계無着戒.

(4) 청정하고 의심이 없는 안주계安住戒.

(5) 중생과 다투지 않는 부쟁계不諍戒.

(6) 중생을 괴롭히거나 주술呪術을 배우지 않는 불뇌해계不惱害戒.

(7) 편협한 생각을 떠나 오로지 인연을 생각하는 불잡계不雜戒.

(8) 오직 청정한 계를 지켜 불법을 구하고 지혜를 성취하려는 이사명계離邪命戒.

(9) 오직 한 마음으로 계를 지키려는 불악계不惡戒.

(10) 사음邪淫과 나쁜 말, 진실이 없는 말, 탐진치와 어리석은 마음을 멀리하는 청정계淸淨戒.

3) 참장慚藏 (스스로의 죄를 부끄러워하는 것)
4) 괴장愧藏 (스스로 양심의 가책을 느끼는 것)
5) 문장聞藏 (진리의 말씀을 듣는 것)
6) 시장施藏 (온갖 공덕을 베푸는 것)
7) 혜장慧藏 (근본무지의 고뇌와 그 원인, 그 원인을 떠난 열반, 그리고 그 고뇌를 버리는 방법에 대한 지혜)
8) 정념장正念藏 (헤아릴 수없이 많은 생애와 세계의 생성소멸生成消滅의 반복의 기억을 잊지 않는 바른 생각)
9) 지장持藏 (부처님의 법을 듣고 간직하는 것)
10) 변장辯藏 (깊은 지혜를 완성하여, 널리 중생을 위하여 여러 가지 진리를 전하는 것)

(Sipmujinjang) Ten kinds of inexhaustible treasures: It means every Bodhisattva possesses these boundless seminal virtues. *Cf.* *(Sipmujinjangpum)* Ten kinds of inexhaustible treasures in the Flower Garland Sutra for full detail.

1) Faith in the emptiness of all phenomena and birth and death or samsara.
2) Precepts and moral conduct. They are the following ten kinds:
   (1) Precept for the happiness and comfort of other beings.
   (2) Precept of not receiving the precepts of outside way doctrines.
   (3) Precept of not clinging to any precept.
   (4) Precept of a comfortable life without any fear and doubt.
   (5) Precept of not engaging in any confrontations with people.
   (6) Precept of not giving any discomfort or learning incantations or sorcery.
   (7) Precept of thinking only of causal relations without any trivial thoughts.
   (8) Precept of keeping the immaculate discipline to protect the law and attain enlightenment.
   (9) Precept of great resolution to observe the discipline to avoid evil conduct.
   (10) Precept of pure discipline to avoid carnality, foul and unfaithful

words, greed, anger, and ignorance.
3) Mortification of taking the shame upon one's evil deeds.
4) Conscience of taking self reproach upon one's misconduct.
5) Listen and learning the teachings of Buddha.
6) Earning the merit of performing a charity to the poor.
7) Wisdom of discerning the ignorance of suffering, the ways to emancipation and Nirvana.
8) Right recollection of the endless cycle of the life of the rise and fall and the world.
9) Preservation and practice of the Dharma.
10) Attainment of illustrious doctrine and wisdom to propagate the Dharma for the benefit of sentient beings.

십바라밀 十波羅密 십바라밀이란 육바라밀에 방편, 서원, 역力, 그리고 지智를 추가한 것으로. 보살이 수행해야 할 열 가지 행법行法, 곧 방법.
보시布施, 지계持戒, 인욕忍辱, 정진精進, 선정禪定, 지혜智慧, 방편方便, 서원誓願, 역力, 지智.

(Sipbaramil) Ten Paramitas, or the ten transcendental practices: These consist of the six transcendences, with the addition of skill in liberative technique; prayer, or commitment; power; and insight or gnosis. Charity or generosity; precepts or unwavering morality; tolerance or forbearance; effort, zeal or exertion; dwelling in tranquility or a single pointed meditation; wisdom.

십번뇌 十煩惱 탐貪, 진瞋, 치癡, 만慢, 의疑, 신견身見, 변견邊見, 사견邪見, 견취견見取見, 계취견戒取見을 말함.

(Sipbeonnoi) Ten afflictions: Grasping, anger, ignorance, pride, doubt, the view of an individual personality or belief in selfhood, extreme views, deluded moral views denying the cause and retribution of evil deeds, clinging to deluded views, clinging to deluded views on the rebirth in Heaven and Nirvana on top of violation of precepts.

십불이문 十不二門 천태종天台宗의 교리. 천태종에서 10종의 불이문不二門을 세워 관심觀心의 대강大綱을 보이는 것으로, 일반적으로는 대립하여 서로 용납되지 못한다고 생각되는 것까지도, 법화法華의 원교圓敎에서 보면, 서로 융합 일체화해서 구별되지 않는 것을 가리킴. 십불이문은 차례로 앞의 것에 의해서 뒤의 것이 성립되는 것이지만, 이를 간단히 설명하면 다음과 같다.

1) 색심불이문色心不二門 (경계境界는, 대체적으로 말하면 일념一念이고, 구별하여 말하면 색법色法(물질)과 심법心法(정신)인데, 우주의 모두가 일념에 수용되는 점에서 보면 마음밖에 아무 것도 없고, 또 한 물질이라 하더라도 우주의 모두를 원단히 갖추고 있기 때문에, 색법과 심법은 원래 구별이 없어 불이不二라는 것)
2) 내외불이문內外不二門 (대상을 안과 밖으로 나누면 자기의 생각과 자기 밖의 온갖 물적 또는 심적 현상으로 구별되나, 우주의 법칙에서 보면, 내외의 구별이 없고 모두가 융합하여 본질적으로는 차별이 없다는 것)
3) 수성불이문修性不二門 (일념一念에는 그 본성으로서 본래 갖추어진 덕德이 있는데, 그것은 지혜의 힘을 빌어서 후천적인 실천과 수행에 의해 나타난다. 이 성性과 수修와의 관계는, 마치 물과 물결과 같아, 수修에 의해서 성性이 비치고, 성에 의해서 수를 일으키는 것이기 때문에 불이不二라는 것)
4) 인과불이문因果不二門 (수행과 덕德에 의해서 인위因位와 과위果位의 구별을 내지만, 그것은 본래 갖추어져 있는 온갖 법의 본연으로부터 벌어진 차이에 지나지 않기 때문에, 인과는 불이라는 것)
5) 염정불이문染淨不二門 (인과의 구별에 의해서 번뇌에 물들여진 염染과, 번뇌를 여읜 정淨의 차별을 내는데, 그것은 법성과 무명이 서로 물리치며 합하고, 혹은 서로 작용함으로 나타난 두 모습에 불과하여, 염정미오染淨迷悟는 별다른 것이 아니라는 것)
6) 의정불이문依正不二門 (앞의 정淨에 의해 정보正報로서의 불신佛身(비로자나불)과, 의보依報로서의 불토佛土의 구별이 있는데, 이 의정이보依正二報는 이理로서는 이미 일심一心에 본래적으로 갖추어져 있는 것이기 때문에, 의정依正에 구별이 없다는 것)
7) 자타불이문自他不二門 (자自라 함은 교화를 베푸는 불佛, 타他라 함은 교화를 받는 중생을 말하고, 부처가 상대에 응하여 교화를 베풀고, 중생이 그 교화에 적합한 것은, 중생은 본래 이理로서 온갖 것을 갖추고 있으며, 또 부처로서 온갖 이를 과로서 완성되어 있기 때문에, 자自와 타他의 감응感應은 불이不二라는 것)
8) 삼업불이문三業不二門 (부처가 중생을 교화할 때 신구의身口意의 삼업 三業(三輪)을 가지고 한다. 그러나 그 삼업은 본구本具의 온갖 현상에 지나지 않으니,

부처와 중생의 삼업에는 구별이 없다는 것. 본구本具 참조)

9) 권실불이문權實不二門 (삼업三業이 교화의 대상에 적용되는 경우, 그 상대에 응해서 일시적인 권법權法이나 진실한 법인 실교實敎를 설하지만, 삼업은 다 일념一念에 거두어져 이理로서는 동일하다. 그러므로 삼업의 표현인 권실權實의 법도 서로 하나가 됨으로 불이不二이다)

10) 수윤불이문受潤不二門 (대승, 소승, 권교權敎, 실교實敎 등 각기의 가르침에 따르는 자에게, 부처님께서는, 이들 여러 갈래가 상응의 혜택을 주는 것이기는 하지만, 같은 대지에 난 것이, 같은 비에 의해서 윤택하게 자라는 것과 같이, 수윤불이受潤不二, 곧 서로 주고받음에 차이가 없다는 것. 이때 수윤受潤이란 초목草木이 내리는 비에 젖음을 받음을 뜻함. 다시 말해, 하늘에서 내리는 비나, 이것을 받아 자라는 초목들 서로에게 어떤 차별이 없다는 뜻)

(Sipbulimun) Ten non-duality gates: The doctrine of the Tientai Sect. Ten gates or paths of insight, or perceiving polar opposites as fundamentally non-dual and the same, converging with each other when they are perceived from the point of the consumate teachings of the Lotus Sutra. Their brief sequential developments are as follows:

1) Non-duality of matter and mind: It is a common practice to divide matter and mind into two categories, but there is nothing that is not empty in the ultimate sense, even matter which is in truth only a component of the universe and ultimately returns to one nameless great whole.

2) Non-duality of internal and external spheres: If we devide sense-objects into internal and external spheres, everything can be categorized either as mind or matter or mental phenomena, but in the cosmic law, there is nothing that can be distinguished as such, and in the ultimate substantiality, everything converges on one great whole without any distinction.

3) Non-duality of cultivation and self-nature: There abides virtue as its original attribute in the one-pointed mind, but it is in fact a product of cultivation by means of wisdom, However, as the relation of the water and wave, they are in mutual association as the reflection of the self-nature and the cause of cultivation.

4) Non-duality of cause and effect: The distinctions of cause effect come to exist by cultivation and virtue of a practitioner, but in truth they are only the differences arisen from the same original substance that abides in every Dharma. Hence no distinction of cause and effect.
5) Non-duality of purity and defilement: Defilement caused by affliction and purity by eradication of affliction come to exist by distinctions of cause and effect, but in truth they are but the results of alternate works of rejection and conversion of the Dharma-nature and ignorance, or their mutual function. Hence in the ultimate sense, there is neither defilement nor purity; neither delusion nor enlightenment.
6) Non-duality of right recompense and dependent circumstances: The distinctions of Buddhakaya or the Dharma-body and the Buddha-land come to exist as the right recompense of the previous immaculate conduct and the dependent circumstances, but they already exist as truths in the original one-pointed mind. Hence no distinctions between them.
7) Non-duality of self and others: Self here means the Buddha who tenders the unexcelled teaching, and others means sentient beings who benefit from Buddha's teaching. However, the Buddha who teaches sentient beings according to their capability is already possessive of his recompense as a Buddha, and the capability of sentient beings of their receiving the teaching is already provided as truth in them. Hence there is no distinction in the mutual sympathy between the Buddha and sentient beings.
8) Non-duality of three karmic actions of body, speech and mind: When Buddha teaches sentient beings, he takes up their three karmic actions. However, three karmic actions are but a portion of all kinds phenomena of the innate attribute of human nature. Hence there is no distinction of the three karmic actions between the Buddha and sentient beings.

9) Non-duality of expediency and the ultimate truth: When three karmic actions are in consideration for the application of teaching, both the expediency and ultimate truth are discoursed according to a person. However, the three karmic actions are the same as the ultimate truth in the one-pointed mind. Hence there is no distinction between expediency and the ultimate truth.

10) Non-duality of receiving and giving: Buddha teaches sentient beings according to what they follow--the Mahayana, the Theraveda, expedient means, the ultimate truth, etc. However, as there is no partiality in the favor of falling rain on the myriads of plants on the land, there is no distinction either on the giver or the receiver.

십삼관문 十三觀門 인왕경仁王經에서 말하는 삼현三賢 십성十聖의 행법行法을 말함. 이것을 오인五忍에 배열하면, 복인伏忍, 신인信忍, 순인順忍, 무생인無生忍의 각 상중하上中下 삼인三忍이 십이문十二門이 되며, 여기에 적멸인寂滅忍의 하인下忍을 더하여 모두 십삼관문十三觀門이 된다. 이 십삼문十三門을 닦는 수행자는 대법왕大法王이 되니, 부처님처럼 공양을 받아 마땅하다.

(Sipsam Gwanmun) Thirteen gateways of insight or contemplation: The ways of practice of three sages and ten saints discoursed in the Scripture for Humane Kings. It is subdivided into five sanctions: subjugation of defilement; the sanction of faith; the sanction of adaptation; the sanction of non-birth; and with different levels of high, intermediate, and low for each category with an additional low level of the sanction of dispassionate tranquility, which makes thirteen gateways in all. If anyone practices by means of these thirteen gateways or teachings, one would surely attain the stage of the Great Dharma King, who deserves reverence equal to that of the Buddha.

십선 十善 십선계十善戒라고도 말함. 쉽게 이야기 해 십악十惡을 여의는 것이 10선이다. 1) 불살생不殺生. 2) 불투도不偸盜. 3) 불사음不邪淫. 4) 불양설不兩舌. 5) 불악구不惡口. 6) 불망어不妄語. 7) 불기어不綺語. 8) 불탐욕不貪慾. 9) 불진에不瞋恚. 10) 불사견不邪見.

(Sipseon) The ten good or benevolent deeds: It is also called ten virtuous precepts, the opposites of the ten sins refraining from committing ten evil actions. 1) Killing. 2) Stealing. 3) Illicit sexual conduct. 4) Lying. 5) Harsh words. 6) Defaming. 7) Duplicity, or smart speech. 8) Greed. 9) Anger. 10) Holding of mistaken views.

십선도 十善道 십선행十善行 또는 십선계十善戒라고도 말하며, 열 가지 하지 말아야 할 악행 1) 불살생不殺生 (살아있는 목숨을 죽이지 않음) 2) 불투도不偸盜 (도둑질을 하지 않음) 3) 불음행不邪淫 (삿된 간음을 하지 않음) 4) 불망어不妄語 (거짓말을 하지 않음) 5) 불악구不惡口 (사나운 말을 하지 않음) 6) 불기어不奇語 (이간질하는 말을 하지 않음) 7) 불양설不兩舌 (꾸며 대는 말을 하지 않음) 8) 불탐욕不貪慾 (탐욕스러운 마음을 버림) 9) 불분노不憤怒/불시기不猜忌 (성내거나 시기하지 않음) 10) 불사견不邪見/지혜智慧 (삿된 소견을 지니지 않음)

(Sipseondo) The ten benevolent deeds or pure paths of precepts: 1) Not killing. 2) Not stealing. 3) Not committing obscene behavior. 4) Not lying. 5) Not slandering others. 6) Not using harsh language. 7) Not speaking frivolously. 8) Not being greedy or covetous. 9) Not being jealous or having malice. 10) Not entertaining false or wayward views.

십선업 十善業 열 가지 착한 일을 몸과 말과 마음으로 행하는 일. 1) 보시布施 (물질, 지혜 등을 다른 사람에게 베푸는 것) 2) 지계持戒 (계율을 지키는 것) 3) 선정禪定 (마음을 가다듬어 번뇌를 끊고 깨달음에 들어감) 4) 공경恭敬 (다른 사람들을 공손히 섬김) 5) 동사同事 (불도의 길을 서로 도우며 같이 감) 6) 회향廻向 (자기가 닦은 공로를 남에게 베풀음) 7) 희심喜心 (다른 사람의 일을 같이 기뻐함) 8) 법공양法供養 (부처님의 가르침을 전하여 남을 이롭게 함) 9) 청법聽法 (부처님 말씀을 듣기 원함) 10) 바른 생각 (正思) (삿된 생각을 하지 않음)

(Sipseoneop) The good deeds, or ten virtuous practices (three of body, four of speech, and three of mind): 1) Generosity or offering. 2) Morality or precepts. 3) Mental cultivation or meditation. 4) Reverence or respect. 5) Amicable association or services in helping others. 6) Dedication or transference of merits. 7) Rejoicing in the merits of others. 8) Preaching and teaching the Dharma. 9) Listening to the Dharma. 10) Correcting or straightening one's own views.

십세 十世 과거, 현재, 미래의 삼세三世에 각각 삼세三世를 세우고, 다시 구세九世를 포용하는 일세一世를 말함. 삼세三世 참조.

(Sipse) Ten periods of times or ages: The past, the present, and the future plus three periods of each of these periods, which equals nine periods, and another period that accommodates all these periods. *Cf. (Samse)* Three period of times.

십승관법 十乘觀法 천태종天台宗에서 열 가지 대경對境을 관찰하는 관법. 십승十乘이라 하지만, 관법에 열 가지가 있는 것이 아니고, 이를 수행하는 근기에 따라 상중하의 차별이 있으므로 유일한 관부사의경觀不思議境으로 만족할 것을, 다시 아홉 가지를 따로 벌리어 그 목적을 이루려는 것.

1) 관부사의경觀不思議境 (일념一念의 망심妄心이 삼천三千의 제법諸法을 갖추고, 공空 · 가假 · 중中의 삼제三諦의 묘리妙理를 두루 갖추었다고 관觀하는 것. 이것은 근기가 수승한 사람이 닦는 관법이니, 이러한 근기의 사람은 이 한가지로 진증眞證을 얻을 것이나, 중 · 하의 근기를 위하여 제2이하를 마련함)
2) 발진정보리심發眞正菩提心 (기자비심起慈悲心이라고도 말함. 위로 보리菩提를 구하고, 아래로 중생을 교화하는 보리심을 일으켜 관법을 조성助成함)
3) 선교안심지관善巧安心止觀 (교안지관巧安止觀이라고도 말함. 제2관觀에서 목적을 이루지 못하는 사람은, 지관止觀의 행을 닦아 교묘하게 마음을 법성法性에 안주함)
4) 파법편破法遍 (제3관법으로도 부족한 사람은, 다시 공空 · 가假 · 중中의 삼관三觀을 일심一心으로 하여 삼혹三惑을 한꺼번에 끊어버리는 것)
5) 식통색識通塞 (제4관으로도 부족한 사람은, 다시 닦는 것이니, 곧 지혜가 원융圓融의 묘한 이치에 통달함을 통通이라 하고, 망정妄情이 정도正道를 장애함을 색塞이라 하니, 그 통색通塞을 알아서 통通을 두고, 색塞을 파하는 것)
6) 도품조적道品調適 (깨달음에 이르는 길에 37종이 있으니, 그 중 자기에게 알맞은 것을 취하여 그로부터 묘한 이치에 들어감)
7) 대치조관對治助開 (조도대치助道對治라고도 말함. 이는 장교藏敎에서 말하는 오정심관五停心觀 또는 육바라밀 등을 행하여 정관正觀을 도와 이에 들어감)
8) 지차위知次位 (자신이 수행하는 분수를 알아 자만심을 방지함)
9) 능안인能安忍 (순연順緣과 역연逆緣에 동요되지 않고, 안팎의 장애를 제거하여 더욱 참고 책려策勵함)
10) 무법애無法愛 (이미 얻은 것에 애착하지 않고, 더 나아가 온갖 법의 실상을 보는 것)

(Sipseunggwanbeop) Ten vehicles or ways of observing the mind: A Tientai mode of meditation, or stages for attaining bodhi or enlightenment. The vehicle is a means to deliver all living beings from suffering to Nirvana according to their capabilities. Although there are ten vehicles, the supreme vehicle, the first of the ten vehicles, is the contemplation of inconceivable virtue of the Dharma. This is for the higher-minded, and it is all there is to it. Yet there must be some ways for the lesser-minded to attain enlightenment, and the other nine vehicles are supplementary for those lesser-minded.

1) Contemplation of the inconceivable virtue of the Dharma: An insight into the mystery of Dharma, the one-pointed ardent mind that contains the great manifold cosmos, and the perfect harmony of the sublime truth of the void, deceptive phenomena, and the Middle Path.
2) Contemplation of real bodhicitta, i.e., development of compassionate mind, such as "first attain enlightenment, then save all beings."
3) Contemplation of expedient dwelling of mind: This is for one who fails to achieve wisdom in the second level. He may try tranquility and insight.
4) Contemplation of breaking the universal Dharma: This is for one who fails in the third level. It is to realize three truths of the void, the artificial, and the Middle Path.
5) Contemplation of penetrating the obstructed consciousness: This is for one who fails in the fourth level. It is to realize a complete unobstructed interpenetration of things.
6) Contemplation of commissioning all chapters of paths: This is for the one who failed in the fifth level. It is to practice one of the Thirty Seven Aids for attaining enlightenment that fits best for oneself.
7) Contemplation of confronting delusion and advocating enlightenment: This is to practice the Five Types of Insight to Regulate Five Types of Weaknesses, and Six Paramitas.

8) Contemplation of understanding the stages of fruition: This is to understand one's capability to prevent falling into vanity and self-conceit.
9) Contemplation of equanimity and endurance: This is to be undisturbed by either favorable or unfavorable conditions, and eradicate all obstacles within and without.
10) Meditation of non-attachment of Dharma: The last vehicle is to realize the true reality of things without clinging to the fruits one has achieved.

십승행 十勝行 보살이 행하는 십바라밀十波羅密에 대한 다른 일컬음. 십지十地와 십주十住 참조.

(Sipseunghaeng) Ten unexcelled practices: This is the variant expression of Ten Paramitas, or ten perfections of virtues observed by Bodhisattvas. *Cf. (Sipji)* The Ten grounds, and *(Sipju)* The Ten abodes.

십시일반 十匙一飯 여럿이 힘을 합치면 한 사람을 돕기 쉽다는 말.

(Sipsi Ilban) Making a united effort to help a person: Lit. "Ten spoonfuls of rice will make a bowl of rice."

십신 十信 부처님의 교법敎法을 믿어 의심이 없는 열 가지 신심信心. 보살이 수행하는 52계위階位 가운데 처음 10위位. 보다 구체적인 것은 화엄경 십신품十信品 참조.

1) 신심信心 (보리심菩提心을 믿음으로 삼는다)
2) 염심念心 (정신적 친구를 믿음으로 삼는다)
3) 정진심精進心 (선근을 믿음으로 삼아 이를 배양하고 모으고 증대시킨다)
4) 혜심慧心 (초월超越의 길을 믿음으로 삼고 이를 온전히 닦음)
5) 정심定心 (모든 진리를 믿음으로 삼고 자유와 해방에 이른다)
6) 불퇴심不退心 (큰 원을 믿음으로 삼고 깨달음을 증대시킨다)
7) 호법심護法心 (수행을 믿음으로 삼고 이를 완성한다)
8) 회향심廻向心 (일체 보살을 믿음으로 삼는다)
9) 계심戒心 (부처님 예경하는 것을 믿음으로 삼는다)
10) 원심願心 (일체 부처님을 믿음으로 삼는다)

(Sipsin) The ten stages of faith: The first ten stages in the 52 stages of practice for the Bodhisattva to attain Buddhahood. *Cf. (Sipsinpum)*

Ten kinds of reliance or faith in the Flower Adornment Sutra for full detail:

1) Firm faith: Determination for enlightenment as a reliance.
2) Remembrance: Spiritual friends as a reliance, harmonizing as one in search of truth.
3) Enthusiastic progress: The roots of goodness as a reliance, and then cultivate, gather and increase them.
4) Wisdom: The transcendent way as a reliance, and then practice without cessation.
5) Absorption: Settled firmness in concentration, or all truth as a reliance, for they ultimately end in emancipation.
6) Non-retrogression: Great vows as a reliance, for they enhance enlightenment.
7) Protection of the truth: Practices as a reliance, consummating them all.
8) Reflective powers: All Bodhisattvas as a reliance because they are one in the same wisdom.
9) Precepts: The Nirvana-mind in effortlessness, or honoring the Buddhas as a reliance because their faith is purified.
10) Aspiration: All Buddhas as a reliance, because they teach without intermission just like benevolent parents.

십심 十心 열 가지 마음. 순류順流와 역류逆流의 두 가지가 있다.

I. 순류십심順流十心 (이 십심十心을 따르면 생사에 유전하고 해탈할 길이 없음)
1) 무명과 어두운 마음. 2) 나쁜 친구를 만나는 것. 3) 착한 일에 따라 기뻐하지 못함. 4) 몸과 입 그리고 뜻으로 죄를 짓는 것. 5) 악을 짓는 마음이 온갖 곳에 두루 함. 6) 악한 마음이 끊임없이 이어짐. 7) 자기의 허물을 숨김. 8) 악도惡道에 떨어짐을 두려워하지 않음. 9) 부끄러운 마음이 없음. 10) 인과의 도리를 믿지 않음.

II. 역류십심逆流十心 (이 십심十心을 따르면 개과천선改過遷善할 수 있음)
1) 인과의 도리를 믿음. 2) 크게 부끄러운 마음을 냄.
3) 큰 두려운 마음을 내어 악도에 떨어짐을 두려워하지 않던 마음을 제거하는 것.
4) 자기의 죄악을 고백하고 참회하며 허물을 숨기던 마음을 제거하는 것.

5) 나쁜 마음을 끊어 숨김이 계속하지 못하도록 억누르는 것.
6) 일체 중생을 제도하려는 큰 보리심을 일으키는 것.
7) 나쁜 짓을 끊고 좋은 일을 할 마음을 일으키는 것.
8) 정법正法을 수호하여 좋은 일에 따르지 않던 마음을 제거하는 것.
9) 시방十方 부처님을 생각하여 악우에게 유혹되는 마음을 제거하는 것.
10) 죄라는 본성이 공무空無함을 관하여 어리석고 어두운 마음을 제거하는 것.

(Sipsim) The ten kinds of heart or mind. There are two types:
I. The direct order that follows the easy way: It will invite samsara, the cycle of birth and death, and there is no way to save oneself:
1) Minds of ignorance, or the mind that is in the dark.
2) Minds affected by evil companions.
3) Minds not rejoicing at the happy fortune of others.
4) Minds doing evil in thought, speech, and deed.
5) Minds spreading evil abroad.
6) Minds perpetually wicked. 7) Minds hiding one's sin.
8) Minds open to crime. 9) Minds utterly shameless.
10) Minds denying cause and effect or retribution.
II. The reverse order that resists the evil way: It will, however, provide a chance for regeneration, or a chance to mend oneself:
1) Minds striving against the stream of perpetual reincarnation.
2) Minds that show shame for sin.
3) Minds that show fear of wrong doings.
4) Minds that take on repentance and confession.
5) Minds that reform by abandoning the evil.
6) Minds that aspire for Bodhisattva to deliver the living beings.
7) Minds that aspire for good conduct by cessation of evil doings.
8) Minds that maintain the illustrious Dharma by cessation of all evil thoughts.
9) Minds that think about all the Buddhas to avoid evil friends.
10) Minds meditating on the void or unreality of sin to cut off ignorance.

십악도(행) 十惡道(行) 십선업十善業과 반대되는 신구의身口意의 삼업三業으로 짓는 열 가지 죄: 살생, 투도, 사음, 구업, 망어, 양설, 악구, 기어, 성냄, 삿된 생각.

(Sip-akdo(haeng)) The ten evil paths or actions, contrary to the ten **virtuous** conducts or merits: Killing, stealing, sexual misconduct, lying, double talk, slander, idle talk, envy, anger, and wrong views.

십여시 十如是 법화경 방편품에 나오는 말씀으로, 온갖 법은 다 이 열 가지 조건을 갖추었다고 함. 다시 말해 모든 존재 (제법諸法)의 있는 그대로의 실다운 모습 (실상實相)을 열 가지의 여시如是, 곧 있는 그대로의 모습으로서 파악하려한 것) 1) 상相 (외적으로 볼 수 있는 모양) 2) 성性 (내적으로 변하지 않는 성품) 3) 체體 (상相과 성性 등이 서로 의지하는 본질) 4) 역力 (체體에 갖추어 있는 힘) 5) 작作 (운동과 조작造作) 6) 인因 (습인習因이니 직접적인 원인) 7) 연緣 (조인助因이니 인因을 도와 과果를 부르는 간접 원인) 8) 과果 (직접 원인에 의하여 생긴 결과) 9) 보報 (보과報果이니 연緣으로 인하여 생긴 결과) 10) 본말구경本末究竟 (처음 상相으로부터 시작하여 나중의 보報까지의 전부가 삼제三諦의 묘한 이치를 포함하여, 구경究竟까지가 평등함을 말함.

(Sipyeosi) The ten factors of suchness or existence: The ten factors of existence, or characteristics of all phenomena as they really are. They are in fact the essential factors of all phenomena discoursed in the Lotus Sutra. 1) Visual forms. 2) Intrinsic quality of unchanging permanent nature. 3) Both nature of essence and form are dependent on each other. 4) The energy or power of essence. 5) Mobility, function, or manipulation. 6) Immediate cause of constitution. 7) The secondary condition that brings about the effect by helping the immediate cause. 8) The effect brought about by the immediate cause. 9) The effect brought about by a secondary condition. 10) Ultimate result and equanimity including the subtle principles of threefold truth from the beginning to the last.

십유 十喩 대승불교에서 우주의 모든 물심物心 현상은 모두 공무空無하다는 이치를 표시한 열 가지 비유. 십유관十喩觀, 십연생관十緣生觀, 또는 십연생구十緣生句라고도 말함.

1) 환幻 (착각으로 본 어떤 형체) 2) 염焰 (불꽃) 3) 수중월水中月 (물속에 비친 달) 4) 허공화虛空華 (허공에 핀 꽃) 5) 향響 (형체가 없는 메아리) 6) 건달바성乾闥婆城 (실체는 없이 공중에 나타나는 성곽) 7) 몽夢 (허망한 꿈) 8) 영影 (실체가 없는 그림자) 9) 경중상鏡中像 (거울 속의 모습) 10) 화化 (변태)

(Sipyu) Ten metaphors: Ten metaphors to illustrate non-self-nature and emptiness of all phenomena, internal and external, in the universe. 1) A phantom seen from misconception. 2) Burning flame. 3) Reflection of the moon in water. 4) A flower in the sky 5) Formless echo. 6) A castle in the sky. 7) Illusive dream. 8) Formless shadow. 9) An image in the mirror. 10) Transfiguration of form.

십육국사 十六國師 송광사松廣寺에서 배출된 16명의 국사를 말함. 송광사 국사전國師殿에 영정影幀이 모셔있으며, 1세 보조普照, 2세 진각眞覺, 3세 청진淸眞, 4세 진명眞明, 5세 원오圓悟, 6세 원감圓鑑, 7세 자정慈靜, 8세 자각慈覺, 9세 담당湛堂, 10세 혜감慧鑑, 11세 자원慈圓, 12세 혜각慧覺, 13세 각진覺眞, 14세 정혜淨慧, 15세 홍진弘眞, 그리고 16세는 고봉국사高峰國師를 말함. 고봉국사는 고려 조정에서 직접 국사 칭호를 내린 것은 아니지만, 조선 초기에 송광사松廣寺를 크게 중창重創한 인물이라는 점에서 송광사 자체에서 추배追配하였다.

(Sipyuk Guksa) Sixteen national teachers: Sixteen national teachers produced by Songgwangsa Temple since the Goryeo Dynasty (918-1391). The 1st Bojo, the 2nd Jingak, the 3rd Cheongjin, the 4th Jinmyeong, the 5th Weono, the 6th Weongam, the 7th Jajeong, the 8th Jagak, the 9th Damdang, the 10th Hyegam, the 11th Jaweon, the 12th Hyegak, the 13th Gakjin, the 14th Jeonghye, the 15th Hongjin, and the 16th Gobong. The title conferred on Gobong was by the authority of Songgwangsa Temple, not by the King during the Goryeo Dynasty, for the recognition of his great merit and accomplishment in renovating the temple during the early period of the Joseon Dynasty.

십은 十恩 열 가지 부처님의 은혜.

1) 발심보피은發心普被恩 (여래가 최초로 보리심을 내어 승행修行을 하고 공덕을 성취하여 모든 중생에게 이익이 되고 안락케 하고자 하는 것)
2) 난행고행은難行苦行恩 (여래가 옛날 고행을 할 때에 몸을 깎아 천등千燈을 만들었고 굶주린 범에게 몸을 던져주는 등 수많은 난행難行과 고생을 행한 것은 모두 중생을 유익하게 하려 한 것)
3) 일향위타은一向爲他恩 (여래께서 수겁數劫동안 모든 공덕을 닦아 신명을 돌아보지 않고 다만 일체 중생의 제도濟度를 위하였을 뿐 일찍이 한생각도 자기를 위한 것이 없었다)

4) 수형육도은垂形六道恩 (여래 회신의 형상이 천인과 수라 등 육도 가운데에 드리워져 중행의 고통을 구제하여 안락을 얻게 한 것)
5) 수축중생은隨逐衆生恩 (여래께서 모든 중생이 생사에서 벗어나려는 마음이 없음을 보시고 오랜 겁劫동안 버리지 아니하였으므로 평등한 대비심大悲心으로 중생이 고를 여의고 낙을 얻게 한 것)
6) 대비심중은大悲深重恩 (여래께서 모든 중생이 악을 지음을 보고 자신의 살을 도려내는 것 같은 아픔을 느끼시고 또한 중생이 선을 행하면 크게 환희심을 내었음)
7) 은승창열은隱勝彰劣恩 (여래께서 대승과 소승의 기機가 되어 승은신 勝應身과 열응신劣應身의 용用을 일으키어 화엄경을 설할 때에 보현普賢등 여러 대보살을 위하여 실보신實報身과 승응신勝應身을 나타내시니 이는 연화장세계蓮華藏世界의 미진수인 미묘한 모습의 승법勝法이다)
8) 은실시권은隱實施權恩 (여래께서 중생의 근기가 얕음을 관하시고, 대승의 실교實教를 은복隱覆하고 인천 삼승人天 三乘의 권법權法을 나타내어 중생을 제도하는 것)
9) 시멸영모은示滅令慕恩 (여래가 만약 세상에 오래 계시다면 박복한 사람들이 선근을 심지 않고 안이한 생각을 내므로 멸도滅度를 나타내어 모든 중생에게 부처님의 출세出世와 만나는 어려움을 알게 한 것)
10) 비념무진은悲念無盡恩 (여래께서 일체 중생을 불쌍히 여기시고 100세를 살 수 있는데도 80세에 입멸하여 20년의 여복餘福을 남겨 말법末法의 제자에게 은덕으로 물려주고 다시 삼장三藏의 교법을 남겨 널리 중생이 의지하여 수행하도록 한 것)

(Sipeun) Ten kinds of the Buddha's grace or love:

1) Initial resolve to universalize his salvation.
2) Self-sacrifice in previous lives.
3) Complete altruism for the deliverance of sentient beings.
4) His descent into all the six states of existence for their salvation.
5) Relieving living beings from distress and mortality.
6) Profound pity for the sake of evil doing sentient beings.
7) Revelation of himself in human and gloried form.
8) Teaching in accordance with the capacity of his hearers, first Theravada, then Mahayana doctrine.

9) Revealing his Nirvana to stimulate his disciples.
10) Pitying thought for all creatures, in that dying at 80 instead of at 100, he left twenty years of his own happiness to his disciples, and also the Tripitaka for universal salvation.

십이광불 十二光佛 아미타불 광명光明의 덕德을 12종으로 분류하고 거기에 붙인 불명佛名. 1) 무량광불無量光佛. 2) 무변광불無邊光佛. 3) 무애광불無碍光佛. 4) 무대광불無對光佛. 5) 염왕광불燄王光佛. 6) 청정광불淸淨光佛. 7) 환희광불歡喜光佛. 8) 지혜광불智慧光佛. 9) 부단광불不斷光佛. 10) 무칭광불無稱光佛. 초일월광불超日月光佛.

(Sip-i-gwangbul) Amitabha's twelve titles of virtue and light: 1) The Buddha of Infinite Light. 2) The Buddha of Boundless Light. 3) The Buddha of Unhindered Light. 4) The Buddha of Incomparable Light. 5) The Buddha of the Light of the King of Flame. 6) The Buddha of Pure Light. 7) The Buddha of the Light of Joy. 8) The Buddha of the Light of Wisdom. 9) The Buddha of Unceasing Light. 10) The Buddha of Inconceivable Light. 11) The Buddha of Ineffable Light. 12) The Buddha of Light Out-shining the Sun and Moon.

십이두타행 十二頭陀行 승려가 수행을 위하여 산야山野를 다니면서 밥을 빌어먹고 노숙露宿하면서 온갖 쓰라림과 괴로움을 무릅쓰고 불도佛道를 닦음.

1) 수행修行 (인가人家를 떠나 한적한 곳에서 하는 수행)
2) 걸식행乞食行 (항상 밥을 빌어 생활하는 걸식행)
3) 차제걸식행次第乞食行 (빈부貧富를 가리지 않고 차례로 하는 차제걸식행)
4) 수일식행受一食行 (한자리에서 먹고 거듭 먹지 않는 수일식행)
5) 절량식행節量食行 (발우 안에 든 것만으로 만족하는 절양식행)
6) 오후불음장행午後不飮漿行 (정오가 지나면 과일즙이나 석밀石密을 마시지 않는 오후불음장행)
7) 착폐납의행着弊納衣行 (헌옷을 빨아 입는 착폐납의행)
8) 삼의행三衣行 (평복平服으로 입는 속옷과 겉옷 및 여행할 때의 외투 등 세 벌의 옷만 지니는 삼의행三衣行)
9) 총간주행塚間住行 (무덤 곁에서 인생의 무상함을 수행하는 총간주행)
10) 수하지행樹下止行 (거주에 대한 애착을 버리기 위하여 나무 밑에서 생활하는 수하지행)

11) 노지좌행露地坐行 (숲 속에서 자면 습기와 독충의 해를 입으므로 맨 땅에 앉는 노지좌행)
12) 단좌불와행但坐不臥行 (앉기만 하고 누워서 자지 않는 단좌불와행)

(Sip-i Dutahaeng) Twelve ascetic practices: The twelve rules of frugal living for Buddhist mendicants. Lit. "methods of casting all worldly attachments and afflictions."

1) Practicing at a quiet place away from the village.
2) Poverty or eating only by alms."
3) Begging for food from house to house without skipping regardless of poor or rich.
4) One meal a day, not eating twice. 5) Eating only what is in your bowl.
6) Not eating in the afternoon.
7) Wearing only the clothes of caste-off rags.
8) Wearing only three pieces of clothing.
9) Learning the impermanence of life through practicing by graveyard.
10) Living at the base of a tree to renounce the affection for residence.
11) Meditating on the ground, not in a bush to avoid poisonous insects.
12) Always being seated and not lying down.

십이문 十二門 십이처十二處 참조.

(Sip-imun) Twelves entrances or gates: *Cf. (Sipicheo)* Twelve sense-fields, or sense-mediums.

십이문선 十二門禪 12문의 선정禪定이라는 뜻으로, 사선四禪, 사무량심四無量心, 사공정四空定을 합한 것을 말함.

(Sip-i-munseon) Twelve gates of dhyana or meditation: It is a combination of Four Types of Meditation, Four Immeasurable Minds, and Four Samadhis of Emptiness.

십이분교 十二分敎 십이분경十二分經 또는 십이부경十二部經이라고도 말함. 부처님의 일대교설을 그 경문經文의 내용과 형식으로 구분하여 십이부十二部로 나눈 것. 따라서 이는 경전 전체를 가리킴.

1) 경經(산문체散文體의 경전經典)
2) 중송重頌(산문체의 경전 끝에 그 내용을 운문韻文으로 노래한 것)

3) 수기授記(경經 중에 말한 뜻을 문답 해석하거나, 제자의 다음 세상에 날 곳을 예언한 것)
4) 고기송孤起頌(산문散文 경전經典 끝에 읊은 아름다운 시구詩句)
5) 무문자설無問自說(남이 묻지 않는데 부처님께서 스스로 말씀하신 경經. 예: 아미타경)
6) 인연因緣(경經 중에서 부처님을 만난 인연으로 법에 대해 묻는 것 등에 관한 것)
7) 비유譬喩(경전 중에서 비유로써 은밀한 교리를 명백하게 들어내 보인 것)
8) 여시어如是語 또는 본사本事 (부처님께서 제자와 보살 그리고 성문들에게 들려준 전생의 업과 인연에 관한 것)
9) 본생本生 (전생담前生譚으로, 전생에서의 부처님 자신의 보살행에 관해 말한 것)
10) 방등方等과 방광方廣 (부처님께서 방정方正하고 광대廣大한 우주의 진리에 관해 설하신 것. 예: 화엄경)
11) 미증유未曾有 (부처님께서 여러 가지 신비한 신통력神通力을 나타내 보이신 것에 관해 말씀하신 것)
12) 논의論議 (교법敎法의 뜻을 논의하고 문답問答한 경문經文을 말함)

(Sip-i-bungyo) Twelve classifications of sutra discoursed by Buddha: The sutras classified into twelve divisions according to the nature of their content and form.

1) The sutra: The sutra written in prose.
2) Recapitulative verse or hymn: The song at the end of a prose scripture reiterating the subject of a foregoing subject.
3) Prediction: The dialogue or the prediction of the mode of rebirth of the student.
4) Gatha: A beautiful verse attached to a foregoing prose scripture.
5) Self-exposition: Self-exposition without being asked as the Amitabha Buddha Sutra.
6) Causal conditions: The story about the inquisition of a person on the Dharma, who happened to listen to Buddha's discourse.
7) Metaphor: The metaphor that clarifies the subtle meaning of the Dharma.

8) Ityyutaka: Stories of Buddha's karmic activities in the former lives discoursed to the disciples, Bodhisattvas, and the Sound-hearers,
9) The Jataka: The birth stories of the Buddha's former lives.
10) The principle of the cosmic truth: Stories of the great principle of the universe such as the one discoursed in the Flower Garland Sutra.
11) The supernatural psychic power: A sutra that discourses on the Buddha's mysterious supernatural psychic powers.
12) Debate: The argumentation on the doctrine of the Law.

십이연기 十二緣起 십이지연十二支緣, 십이인연十二因緣, 십이인연기十二因緣起, 십이인생十二 因生, 십이연생十二緣生, 십이연문十二緣門이라고도 말함. 사성제四聖諦와 함께 근본불교의 가장 기본적인 교의教義로서, 원래 아함경전阿含經典에 설하여진 것. 이를 아주 쉽게 이야기 하면, 고苦와 무상의 열두 가지 인연법. 이것이 생김으로 저것이 생기며, 이것이 멸함으로 저것이 멸한다는 상의상대相依相待적 관계를 설하는 것이 12연기이다.

I. 순관順觀: 1) 모든 망상의 근본 원인인 무명이 행위를 낳고. 2) 행위는 분별을 낳고. 3) 분별은 명색名色을 낳고. 4) 명색은 대상을 낳고. 5) 대상은 접촉을 낳고. 6) 접촉은 느낌을 낳고. 7) 느낌은 애착은 낳고. 8) 애착은 집착을 낳고. 9) 집착은 취함을 낳고. 10) 취함은 유有를 낳고. 11) 유有는 태어남을 낳고. 12) 태어남은 늙음과 죽음을 낳는다.

II. 역관逆觀: 1) 무명이 살아지면, 행위가 사라지며. 2) 행위가 사라지면, 분별이 사라지며. 3) 분별이 사라지면, 명색이 사라지며. 4) 명색이 사라지면, 대상이 사라지며. 5) 대상이 사라지면, 접촉이 사라지며. 6) 접촉이 사라지면, 느낌이 사라지며. 7) 느낌이 사라지면, 애착이 사라지며. 8) 애착이 사라지면, 집착이 사라지며. 9) 집착이 사라지면, 취함이 사라지며. 10) 취함이 사라지면, 유有가 사라지며. 11) 유가 사라지면, 태어남이 사라지며. 12) 태어남이 사라지면, 늙음과 죽음이 사라진다.

(Sip-i Yeon-gi) The Twelve Nidanas: The twelve linked chain of dependent origination, the twelve-fold chain of causation, or the twelve-media: With the Four Noble Truths, it is the principal doctrine of Theravada Buddhism, which is discoursed in the Agama Scriptures. It is the theory of mutual dependence. That being present, this exists;

this being present, that exists. In this whole universe, there is nothing that exists independently or stands alone.

I. The direct order:

1) Ignorance, which is the cause of all illusion, is the condition for karmic action or activity.
2) Karmic action or activity is the condition for consciousness.
3) Consciousness is the condition for the name and form.
4) Names and forms are the conditions for the six sense fields or six sense organs and their objects.
5) The six sense fields or their objects are the conditions for contact or touch.
6) Contact or touch is the condition for feeling or sensation.
7) Feelings or sensations are the conditions for emotional thirst or craving.
8) Emotional thirst or craving is the condition for grasping or clinging.
9) Grasping or clinging is the condition for existence.
10) Existence is the condition for birth or becoming.
11) Birth or becoming is the condition for old age and death.
12) Old age and death is the condition for ignorance, and so on.

II. The reverse order:

1) With the cessation of the condition of ignorance, karmaic action or activity ceases.
2) With the cessation of the condition of karmic action or activity, consciousness ceases.
3) With the cessation of the condition of consciousness, names and forms cease.
4) With the cessation of the condition of names and forms, the six sense fields or objects cease.
5) With the cessation of the condition of the six sense fields or objects, contact or touch ceases.
6) With the cessation of the condition of contact or touch, feelings or sensations cease.

7) With the cessation of the condition of feelings or sensations, the emotional thirst or craving ceases.
8) With the cessation of the condition of emotional thirst or craving, grasping or craving ceases.
9) With the cessation of the condition of grasping or craving, existence ceases.
10) With the cessation of the condition of existence, birth or becoming ceases.
11) With the cessation of the condition of birth or becoming, old age and death cease.
12) With the cessation of the condition of birth and death, ignorance ceases.

십이입 十二入 십이처十二處 또는 십이입처十二入處라고도 말하며, 육근六根과 그 대상인 육경六境을 말함.

(Sip-i-ip) It is another name for twelve sense fields or sense-media: The six roots and the six sense-media, or sense-objects.

십이지 十二支 십이지十二支는 자子 · 축丑 · 인寅 · 묘卯 · 진辰 · 사巳 · 오午 · 미未 · 신申 · 유酉 · 술戌 · 해亥를 말하며, 간干이 나무줄기(幹)의 뜻으로 양陽과 하늘(天)을 뜻하는 데 반해, 지支는 나뭇가지[支]의 뜻으로, 땅[地]과 음陰을 뜻한다. 십간十干과 간지干支 참조.

(Sip-iji) The twelve zodiac signs, or the twelve earthy branches: Ja(mouse), Chuk(cow), In(tiger), Myo(rabbit), Jin(dragon), Sa(snake) O(horse), Mi(sheep), Sin(monkey), Yu(hen), Sul(dog), Hae(hog). These signs signify the branch, the earth, and negative force opposed to the stem); and heaven, and positive force of (Gan 干). *Cf. (Sipgan)* The ten calendar signs, and *(Ganji)* The sexagenary cycle.

십이처 十二處 십이입十二入 또는 십이문十二門이라고도 말함. 안이비설신의眼耳鼻舌身意의 여섯 가지 감각 기관 (육근六根)과, 그것들에 해당되는 대상인 색성향미촉법色聲香味觸法 (육경六境). 이들을 합하여 십이처十二處라고 말함. 이들의 접촉에서 온갖 정신작용과 번뇌가 일어난다.

(Sip-icheo) Twelve sense fields or sense-media: The six internal bases and the six external bases are together called the twelve foci

or bases. The six internal bases, or six sense organs or faculties (eyes, ears, nose, tongue, body, and mind); and the six external bases, or six sense objects (form, sound, smell, taste, feeling, and phenomena). All mental activities are germinated and nourished from these twelve bases. In other words, from the association of these bases arise all kinds of mental functions and defilements.

십인 十忍 보살이 번뇌를 끊고 일체법이 본래 조용하고 적적한 것을 깨달을 때에 일어나는 열 가지 편히 머무는 마음.

1) 음성인音聲忍 (부처님의 설법하는 소리에 의하여 진리를 깨닫고 편안히 머무름)
2) 순인順忍 (지혜로써 일체법一切法을 생각하고 관찰하여 진리에 순순히 따름)
3) 무생법인無生法忍 (불생불멸하는 진여법성을 증득하여 편히 머무르고 온갖 법의 형상을 여의는 것)
4) 여환인如幻忍 (일체법一切法은 인연으로 생기는 것으로, 그 성품이 적멸寂滅한 것이 마치 환幻과 같음을 알고 편안히 머무름)
5) 여염인如焰忍 (물심物心 양면의 형상은 모두 아지랑이 같이 순간적 존재로 본성이 공적空寂한 것임을 알고 편안히 머무름)
6) 여몽인如夢忍 (범부凡夫의 어리석은 마음은 꿈속의 경계境界와 같이 진실성이 없는 줄 알고 편안히 머무름)
7) 여향인如響忍 (범부凡夫의 귀에 들리는 언어와 음성은 인연으로 생긴 것이니, 메아리와 같이 진실성이 없는 줄 알고 편안히 머무름)
8) 여영인如影忍 (범부凡夫의 몸은 오온五蘊이 잠시 모여 생긴 것이니, 진실성이 없는 것이 마치 그림자와 같음을 알고 편안히 머무름)
9) 여화인如化忍 (일체법一切法은 생멸 변화하는 것으로, 있는 듯 하나 없고, 없는 듯 하나 있음으로, 마치 변화하는 물체의 형상과 같아 그 실체가 없는 줄 알고 편안히 머무름)
10) 여공인如空忍 (세간世間과 출세간出世間의 일체법一切法은 허공과 같아 만질 수 있는 실체가 없는 줄 알고 편안히 머무는 것)

(Sip-in) The ten tolerances or acceptances:

1) Tolerance of the voice of the Buddha's discourse whereby one attains enlightenment.
2) Tolerance and accommodation of an insight to look into the truth of the nature of all Dharmas or phenomena.

3) Tolerance of the ultimate birthlessness, or the truth of neither arising nor perishing of all Dharmas or phenomena.
4) Tolerance of all the phenomena originated from causes and conditions as illusions without any substance.
5) Tolerance of all the phenomena, within and without, as fleeting mirages that never remain even for an instant.
6) Tolerance of common people's foolish conception of sense-objects as dreams without any ultimate truth.
7) Tolerance of common people's hearing the sounds and·letters, originated from causes and conditions, as echoes without any substance.
8) Tolerance of the body of common people, originated from the five aggregates, as reflection or shadows without any substance.
9) Tolerance of ever mutating phenomena as non-existence without any ultimate substance.
10) Tolerance of all the phenomena of the mundane and supra-mundane worlds as empty space without any tangible substance.

십일공 十一空 1) 내공內空. 2) 외공外空. 3) 내외공內外空. 4) 유위공有爲空. 5) 무위공無爲空. 6) 무시공無始空. 7) 성공性空. 8) 무소유공無所有空 (제법諸法은 절대적 자성을 구해도 얻을 수 없으므로 공이라는 것. 따라서 불가득공不可得空이라고도 말함). 9) 제일의공第一義空. 10) 공공空空. 11) 대공大空.

(Sip-ilgong) Eleven emptinesses: 1) The internal emptiness. 2) The external emptiness. 3) The internal and external emptinesses. 4) The conditioned emptiness. 5) The non-conditioned emptiness. 6) The beginningless emptiness. 7) The emptiness of nature. 8) The unattainable emptiness. 9) The ultimate emptiness. 10) The emptiness of emptiness. 11) The great emptiness.

십일면관음보살 十一面觀音菩薩 아수라에 있는 중생들을 구하는 보살. 머리 위에 열한 개의 얼굴이 있는 관음. 전후좌우와 그 사이 그리고 상하의 열개와 본래의 얼굴을 합하여 11개가 된다.

(Sipilmyeon Gwaneumbosal) Avalokitesvara or the Bodhisattva of Great Compassion with eleven faces: The Bodhisattva who saves sentient beings in the realm of Asuras, or the realm of jealous Gods, one of the six modes of existence. The eleven faces on the head are: Each one in front, back, right, and left; and each one in between of all these; and then each one on top and bottom with the original face.

십일선심소 十一善心所 유식唯識에서 말하는 열한가지 착한 마음의 작용 1) 신信 (신앙과 신념) 2) 참慚 (선을 숭상하고 악을 수치로 여기는 것) 3) 괴愧 (죄악에 대한 수치심이 강해서 감히 꾸미지 못함을 말함) 4) 무탐無貪 (사물에 대해 지족知足할 줄 알아 일체 탐하지 않는 마음) 5) 무진無瞋 (원망하는 마음 또는 성내는 마음을 내지 않음) 6) 무치無癡 (사리에 밝아 어리석음이 없음) 7) 근勤 (물러섬이 없이 선을 성취하고 악을 물리침) 8) 경안輕安 (심신이 안락함) 9) 불방일不放逸 (방일하지 않고 방탕하지 않음) 10) 행사行捨 (허둥대지 않고 마음을 내려놓는 것) 11) 불해不害 (모든 생명에 고통을 주지 않음)

(Sip-il Seonsimso) The eleven virtuous mind factors: 1) Faith or resolution. 2) Conscience or contrition. 3) Embarrassment or forbearance. 4) Non-attachment or renunciation. 5) Non-hatred or resentment. 6) Non-ignorance. 7) Effort or non-regression. 8) Comfort of mind and body. 9) Conscientiousness or non-indulgence. 10) Equanimity. 11) Non-harmfulness to all living beings.

십장애 十障碍 소승小乘에는 중생을 생사윤회로 묶는 열 가지 장애가 있다. 1) 아견我見. 2) 의심. 3) 의식과 계율에 대한 집착. 4) 탐욕. 5) 분노. 6) 육체에 대한 욕망. 7) 비 육체에 대한 욕망. 8) 속임. 9) 들뜸. 10) 무지.

(Sip Jang-ae) Ten hindrances or fetters that bind people to the cycle of birth and death in the Theravada: 1) Belief in individuality or self. 2) Scepticism. 3) Clinging to rites and precepts or rules. 4) Craving or desire. 5) Hatred or anger. 6) Craving for refined corporeality. 7) Craving for in-corporeality. 8) Deceit. 9) Excitation or agitation. 10) Ignorance.

십재 十齋 십재일十齋日이라고도 말함. 매월 십개일十箇日을 정하여 팔재계八齋戒를 지내는 날로 정하는 것. 팔계八戒 참조.

(Sipjae) Ten fasting and precept days of a month: 1, 9, 14, 15, 18, 23, 24, 28, 29, and 30. On these days eight precepts must be strictly observed. They are not killing, not stealing, no sexual misconduct, not lying, not taking intoxicants, abstaining from idle pleasures such as using perfumes, singing and dancing, wearing accessories, and going to see dances or plays, sleeping in a raised bed, and eating after noon. *Cf. (Palgye)* The eight precepts.

십전 十纏 열 가지의 망혹妄惑을 말함. 곧 무참無慚, 무괴無愧, 질嫉, 간慳, 회悔, 면眠, 도거掉擧, 혼침昏沈, 분忿, 부覆이다. 여러 가지 악을 지어 중생을 얽어매어 생사의 옥에 가둔다는 뜻에서 이렇게 이름 함. 이때 전纏이란, 마음을 얽어매어 선善을 행할 수 없도록 방해하는 것을 말하는 것으로, 수번뇌隨煩惱의 이명異名.

(Sipjeon) Ten obstructive delusions that bind one to samsara or birth and death: No conscience, shamelessness, envy, meanness, regret, drowsiness, restlessness, torpor, anger, or deception.

십종 十宗 오교五教가 교의教義상의 분류인데 대해, 十宗은 나타나 있는 원리상의 주된 주장을 10으로 나눈 것. 五教十宗 참조.

1) 아법구유종我法俱有宗 (주관의 아我도 객관의 사물도 함께 참으로 있는 것이라고 주장하는 것. 이것은 부처님께서 세간世間을 위해서 설한 것)
2) 법유아무종法有我無宗 (객관의 사물은 삼세三世에 걸쳐 참으로 있는 것이지만, 주관인 나는 없다고 주장하는 것)
3) 법무거래종法無去來宗 (사물은 현재에 있어서만 실체가 있고, 과거와 미래에는 그 실체가 없다고 주장하는 것)
4) 현통가실종現通假實宗 (사물은 과거와 미래에 실체가 없을 뿐만 아니라, 현재에도 오온五蘊의 법法은 실체가 있으나 십이처十二處와 십팔계十八界는 일시적이라고 하는 것)
5) 속망진실종俗妄眞實宗 (세속의 사물은 허망하고, 출세간진제인出世間眞諦인 불교의 진리만이 실다운 것이라고 하는 것)
6) 제법단명종諸法但名宗 (세간世間, 출세간出世間, 유루有漏, 무루無漏의 온갖 사물은, 다만 이름뿐으로 실제는 없다고 주장하는 것)
7) 일체개공종一切皆空宗 (모든 사물은 다 빠짐없이 진공이라고 하는 반야경般若經 등의 대승시교大乘始教를 말함. 진공眞空이라 함은, 미迷한 마음으로 공이라고 생각하는 공이 아니라, 무분별한 분별 이전의 그대로가 곧 공이라는 뜻)
8) 진덕불공종眞德不空宗 (모든 사물은 결국 다만 이것이 진여이고, 번뇌에 덮여 있는 진여를 여래장이라고 하고, 그것은 진실의 덕을 갖추고 있어 청정하여 수없는 성질을 갖추고 있다고 설함. 오교五教중의 종교終教이다)

9) 상상구절종相想俱絶宗 (진리는 객관의 대상과 주관의 마음이 한가지로 사라지고, 상대가 끊긴 불가설, 불가사의한 곳에 있다고 함. 오교五敎 중 돈교頓敎로, 유마경維摩經의 묵불이설默不二說과 같은 것)
10) 원명구덕종圓明俱德宗 (하나하나의 사물은 모두 다 일체의 공덕을 구족하고, 온갖 현상이 서로 방해됨이 없이 중중무진重重無盡의 관계를 가지고 있다고 설함)

(Sipjong) Ten schools or sects of Chinese Buddhism: While five disciplines are concerned with classification of the doctrine, ten schools are chiefly concerned with phenomenal principle. *Cf. (Ogyo sipjong)* Five doctrines and ten schools.

1) Wofajuyou zong (我法俱有宗): The school that claims that everything, subject and object, really exists, e.g., mind and matter. This is Buddha's early teaching for unenlightened sentient beings.
2) Fayouwowu zong (法有我無宗): The school that claims that objective phenomena exist throughout three periods of times, the past, the present, and the future, but not the subjective "I."
3) Fawuqulai zong (法無去來宗:) The school that claims that all the objective phenomena exist only in the present time, but not in the past and future, i.e., things have neither created nor destroyed, nor come or go.
4) Xiantongjiashi Zong (現通假實宗): The school that claims that all the phenomena in the past and future do not posses their true substance, and even in the present time. They are only the temporary existence of the five aggregates.
5) Suwangzhenshi Zong (俗妄眞實宗): The school that claims that all the phenomena in the mundane world are delusive, and the supra-mundane Buddhist teaching is the only truth.
6) Zhufadanming Zong (諸法但名宗): The school that claims that every phenomenon, whether it is mundane or supra-mundane, defiled or pure, is only name that has no true substance.
7) Yiquejiekong Zong (一切皆空宗) : The school that claims that everything is empty, which means the original state of things before

the discrimination of the mind, not blank emptiness.

8) Zhendebukong Zong (眞德不空宗): The school that claims that everything is true as it is, the Buddha-nature veiled with all kinds of defilement, yet possessed of every merit.

9) Xiangxiangjujue Zong (相想俱絶宗): The school that claims that truth exists in the unexpressible and mysterious noble silence, beyond the discriminating mind of subject and object. The teaching of sudden enlightenment, and a good example is the noble silence of Vimalakirti.

10) Yuanmingjude Zong (圓明俱德宗): The school that claims that everything is perfect, all inclusive, and full of merit without any obstruction in the endless chain of interpenetration.

십종무심공부 十種無心功夫 열 가지 마음 비우는 공부. 이때 공부功夫는 본래 참선을 뜻하는 것이었으나, 현대에 와서 그 뜻이 바뀌었다. 깨침과 열반이란 다름 아닌 집착을 버리고 마음을 비워 우리들의 본래 마음자리로 돌아가는 것 (歸一心源). 이 무심공부는 보조국사普照國師의 『진심직설』 제 7장에 나오는 말.

1) 깨달아 살핌 (覺察) (깨달아 잡념을 끊어 망념이 일어나지 않도록 하는 공부)

2) 놓아 쉬는 것 (休歇) (선악과 마음을 쉬고 일체의 인연을 놓는 공부)

3) 마음을 여의고 경계를 두는 것 (泯心存境) (바깥 경계를 돌보지 않고 오직 마음을 쉬는 공부)

4) 경계를 여의고 마음을 두는 것 (泯境存心) (바깥 경계를 쉬고 오직 마음을 돌보는 공부)

5) 마음과 대상을 여의는 공부 (泯心泯境) (안팎의 마음과 경계를 모두 쉬는 공부)

6) 마음과 경계를 모두 두는 것 (存心存境) (안팎의 모든 것을 제자리에 둔채 닦는 공부)

7) 안팎이 모두 한 몸이 되는 것 (內外全體) (안팎의 마음과 경계가 모두 불법佛法 아님이 없음을 통찰하는 공부)

8) 안팎이 모두 온전한 하나의 작용 (內外全用) (안팎의 모든 현상이 참마음의 작용 아님이 없음을 믿고 깨닫는 공부)

9) 본체 그대로가 곧 작용임을 깨닫는 것 (卽體卽用) (본체가 곧 작용이며 작용이

곧 본체임을 깨닫는 공부)

10) 본체의 작용을 뛰어넘는 것 (透出體用) (안팎과 사방을 가리지 않고 온 우주를 해탈의 문으로 삼는 공부)

(Sipjong Musimgongbu) The ten ways of study for emptying the mindless-mind: Enlightenment and Nirvana are none other than emptying the mind by dropping attachment and then returning to our pure original face, or Buddha-nature. *Cf.* Ch. VII, The Direct Talk on True Mind by the National Teacher Bojo Jinul (1158-1210).

1) Stay awake with a clear mind: When you practice, drop your thoughts and delusions. When an illusory thought arises, release it without delay so that it will not rise again.

2) Drop everything and rest your mind: When you practice, forget about good and evil leaving all conditions behind.

3) Rest your mind, and leave all sense-objects alone as they are: When you practice, do not bother with sens-objects. Just rest your mind.

4) Drop all sense-objects and abide with your mind as it is: Do not bother with your mind. Just drop the sense-object.

5) Drop both the mind and sense-objects: When you practice, you should rest both the sense-objects and the mind.

6) Let both the mind and sens-objects stay: When you practice, you should not be disturbed by them. Let them be as they are.

7) See everything, inside and outside, as the Buddha-Dharma: You should see no difference between them.

8) See everything, within and without, as one complete functioning: When you practice, you should see every phenomenon, inside and outside, as one sublime function of the true mind.

9) Integrity of the essence and its function: When you practice, try to be in accord with the one taste of essence and function, and no difference between them.

10) Transcend both the essence and function: When you practice, do not meddle with the mind and sense-objects. Regard the four quarters

and the eight directions of the universe as one great enlightenment gate.

십종방편 十種方便 화엄경에 나오는 보살수행의 열 가지 규범.

1) 보시방편布施方便 (아낌없이 나의 몸과 목숨과 재물을 보시하되 대가를 구하지 않는 것)
2) 지계방편持戒方便 (계율을 지키며 두타행頭陀行을 하되, 남을 가벼이 여기지도 않고, 객관적 대상에 의해 마음에 물들지도 않는 것)
3) 인욕방편忍辱方便 (어떤 역경을 만나거나 모욕을 당해도 성내거나 원망하지 않고 참고 받아드리는 것)
4) 정진방편精進方便 (굳센 의지력으로 난관을 잘 참고 견디어 용맹하게 물러서지 않는 방편)
5) 선정방편禪定方便 (일체의 오욕五慾과 번뇌를 멀리하여 선정과 해탈을 위해 열심히 닦는 것)
6) 지혜방편智慧方便 (어리석음과 번뇌를 멀리하여 일체의 공덕을 꾸준히 길러 참 진리를 기뻐하고 즐기는 방편)
7) 대자방편大慈方便 (평등한 큰 자비심을 일으켜 일체중생을 이롭고 안락하게 하면서도 싫어하지 않는 것)
8) 대비방편大悲方便 (제법諸法이 자성이 없는 줄을 알면서도, 평등의 큰 자비심을 일으켜 일체 중생의 고통을 대신 받되 이를 싫어하지 않는 것)
9) 각오방편覺悟方便 (걸림 없는 지혜로써 일체중생의 마음을 열어, 본성을 깨달아 의혹이 없게 하는 것)
10) 전불퇴법륜방편轉不退法輪方便 (위없는 법륜法輪, 곧 진리를 설하여 일체중생을 교화하고 교법에 따라 수행하여 계위階位에서 물러나지 않게 하는 것)

(Sipjong Bagpeon) Ten kinds of artful liberative techniques or means:

1) Skilful means of charity or generosity: Boundless generosity for all living beings without any thought of reward, remembrance, or recompense.
2) Skilful means of the precepts: Take up the ascetic practice of always keeping the precepts without looking down upon others or being disturbed by the sense objects.
3) Skilful means of patience, fortitude, or forbearance: Never resent or get irritated when one encounters adversities or is abused by

someone.

4) Skilful means of great effort: Practice with all one's heart never falling back from practice.
5) Skilful means of samadhi or concentration: Always stay away from the five desires as well as defilements in the practice of meditation.
6) Skilful means of wisdom: Always stay away from delusions as well as defilements for the happiness and enjoyment of truth.
7) Skilful means of benevolence: Never get tired of helping others to be at ease and happy with equanimity of mind.
8) Skilful means of compassion: Even if one knows that there is nothing in the whole universe that has a self-nature or entity, one should never refrain from assuming the sufferings of others onto oneself.
9) Skilful means of enlightenment: Helping all living beings with unobstructed wisdom to open their minds to realize their true self-nature and attain enlightenment.
10) Skilful means of explication of the Buddha-dharma without regression: Instructing all sentient beings to enhance their practice to retain the stage of bodhi or enlightenment.

십종부정 十種不淨 중생이 지니고 있는 열 가지 정결치 못한 것들.

1) 신부정身不淨 (청정한 불성의 금계禁戒에 익숙하지 못해 그 몸이 생사의 진흙 속에 있으므로 몸이 부정한 것)
2) 구부정口不淨 (타고난 진여의 성스러운 말을 하지 않고, 실없는 삿된 말만 하므로 입이 부정한 것)
3) 의부정意不淨 (자성청정自性淸淨의 심체心體를 알지 못하고, 망상과 부정한 모든 생각을 일으키므로 뜻이 부정한 것)
4) 행부정行不淨 (근본지根本智의 대지大地에 노닐지 못하고, 육도六道를 윤회하는 예토穢土에 노니므로 행行이 부정한 것)
5) 주부정住不淨 (해인정海印定의 보배스러운 곳에 주하지 않고, 유전하는 생사의 바다에 주하므로 주거가 부정한 것)
6) 좌부정坐不淨 (장애가 없는 공空의 보배 자리에 앉아 있지 않고, 생사가 들끓는 옥중에 앉아 있으므로 좌坐가 부정한 것)
7) 와부정臥不淨 (법계대열반法界大涅槃의 보배스러운 곳에 눕지 않고 끊임없이

고통을 받는 여숙旅宿에 누워있으므로, 누운 자리가 부정한 것)
8) 자행부정自行不淨 (여래가 정한 성계姓戒, 곧 주계主戒 또는 성중계姓重戒를 지키지 않고, 한갓 여래의 방편인 얕은 계戒를 행하므로, 스스로 행하는 바가 부정한 것)
9) 화타부정化他不淨 (법성청정法性淸淨의 정행淨行을 행하지 않고, 한갓 소승적인 권문權門, 곧 방편의 선을 지키므로 화타化他, 곧 남을 교화한다는 것이 부정한 것)
10) 소기부정所期不淨 (본래 청정한 불과佛果를 기약하지 않고, 유루有漏, 곧 번뇌인 부정不淨한 것을 기약하므로 소기所期, 곧 기대하는 바가 부정한 것)
(Sipjong Bujeong) The ten kinds of impurity of sentient beings:
1) Impurity of body: Impurity of body due to the fact that it is still in the mire of samsara or birth and death, the natural result of not having kept the precepts of the true nature of Buddhahood.
2) Impurity of speech: Impurity of speech due to nonsensical talk against the inborn holy speech of true-suchness.
3) Impurity of consciousness: Impurity of consciousness due to the fact of delusive thoughts without realizing the essence of an immaculate mind.
4) Impurity of action: Impurity of action due to wasting the time in the mundane world of six modes of life without realizing the fundamental wisdom.
5) Impurity of abode: Impurity of abode due to abiding in the sea of birth and death not abiding in the ocean-seal samadhi, or holistic awareness.
6) Impurity of sitting: Impurity of sitting due to sitting in the dungeon of samsara not sitting in the seat of emptiness without obstruction.
7) Impurity of lying down: Impurity of lying down due to lying down in a shabby roadside inn, not lying down in the great Dharma realm of Nirvana.
8) Impurity of self-indulgence: Impurity of self-indulgence due to the fact of following the lower level of expedient precepts not observing the fundamental precepts prescribed by the Tathagata.

9) Impurity of teaching others: Impurity of teaching others due to only practicing the expedient good works of the relative vehicle while not observing the immaculate practice of the Dharma-nature.
10) Impurity of expectations: Impurity of expectations of defilement not the expectations of the original immaculate Buddhahood.

십일종수행론 十一種修行論 열 가지 공부 잘하는 비결.

1) 상상성공想像成功 (성취成就를 상상하라)
2) 자락공부自樂工夫 (공부를 즐겨라)
3) 자신능력自信能力 (자신감自信感을 가져라)
4) 지금몰입只今沒入 (순간을 완전히 불태워라)
5) 정진최종精進最終 (집요하게 끝까지 나아가라)
6) 기력집중氣力集中 (에너지를 모아라)
7) 생활단조生活單調 (단조롭게 생활하라)
8) 반복학습反復學習 (아는 것도 반복하라)
9) 건강관리健康管理 (몸 관리를 잘 하라)
10) 명상관음冥想觀音 (항상 관세음보살을 명상하라)
11) 일일각오日日覺悟 ('공부만이 살길이다' 라고 각오를 단단히 하라)

(The Secret Way of Study) Ten Ways of Cultivating the Mind

1) Imagine the accomplishment.
2) Enjoy your study.
3) Have confidence.
4) Burn the moment completely.
5) Try to be persistent to the last.
6) Concentrate your energy.
7) Simplify your life.
8) Review those you already know.
9) Take good care of your health.
10) Always meditate Gwanseumbosal (Avalokitesvara).
11) Resolve yourself that "study is the only way to survive."

십종지 十種智 십지十智에는 대승大乘과 소승小乘의 구별이 있다. 십종지十種智를 줄여서 십지十智라고도 말함. 대개 십종지十種智는 여래如來의 열 가지 지혜. 소승小乘의 십지十智 참조.

1) 삼세지三世智 (과거, 현재, 미래의 지혜를 통달通達한 부처님의 지혜)
2) 불법지佛法智 (출세간出世間의 진리에 대한 부처님의 지혜)
3) 법계무의지法界無礙智 (제법諸法에 대한 걸림이 없는 이치를 증득證得한 부처님의 지혜)
4) 법계무변지法界無邊智 (가없는 제법諸法의 진실한 체성體性에 대한 부처님의 지혜)
5) 충만일체세계지充滿一切世界智 (온 누리에 충만해있는 부처님의 지혜)
6) 보조일체세간지普照一切世間智 (온 누리를 널리 비추어 보는 부처님의 지혜)
7) 주지일체세계지住持一切世界智 (온 누리에 머물러 산실散失치 않는 부처님의 지혜)
8) 지일체중생지知一切衆生智 (일체의 중생을 꿰뚫어 아는 지혜)
9) 지일체법지 知一切法智 (일체의 법을 꿰뚫어 아는 지혜)
10) 지무변제불지知無邊諸佛智 (가없는 모든 부처님들을 아는 지혜)

(Sipjongji) The ten kinds of Buddha's wisdom: There are two kinds of ten kinds of wisdom, namely Theravada and the Buddha. *Cf. (Sipji)* Ten kinds of wisdom of the Small-vehicle.

1) Complete wisdom of the past, the present, and the future.
2) Transcendental wisdom of truth.
3) Unobstructed wisdom of every Dharma or thing in the world.
4) Unbound wisdom of every Dharma or thing in the world.
5) Buddha's wisdom that pervades in the whole world.
6) Buddha's universal wisdom that illuminates the whole world.
7) Buddha's wisdom that abides in the world without end.
8) Buddha's wisdom that understands the minds of all sentient beings.
9) Buddha's wisdom that understands the true nature of the Dharma.
10) Buddha's wisdom that understands all the Buddhas in the boundless realm.

십주 十住 보살이 수행하는 52계위階位 가운데 제 11위에서 20위 까지. 십신十信을 지나서 마음이 진제眞諦의 이치에 안주하는 지위에 이르렀다는 뜻으로 주住라 함. 보다 구체적인 것은 화엄경 십주품十住品을 참조.

1) 발심주發心住 (발심에 머무르게 되고)
2) 치지주治地住 (바탕을 마련하는 데 머무르게 되고)

3) 수행주修行住 (수행에 머무르게 되고)
4) 생귀주生貴住 (귀한 태어남에 머무르게 되고)
5) 구족방편주具足方便住 (만족한 수행의 방편에 머무르게 되고)
6) 정심주正心住 (올바른 마음 상태에 머무르게 되고)
7) 불퇴주不退住 (물러섬이 없는 자리에 머무르게 되고)
8) 동진주童眞住 (참된 젊음에 머무르게 되고)
9) 법왕자주法王子住 (가르침의 왕자 자리에 머무르게 되고)
10) 관정주灌頂住 (마침내 영광의 자리에 머무르게 된다)

(Sipju) The ten stages of abode or security of Bodhisattvas: Ten stages from 11 to 20 in the 52 stages of practice for the Bodhisattva to attain Buddhahood.

1) The abode of initial high aspiration or resolution, the mind set upon Buddhahood.
2) The abode of preparing the ground for clear understanding and mental control.
3) The abode of practice, or unhampered liberty in every direction.
4) The abode of noble birth, or acquiring the Tathagata nature or seed.
5) The abode of fulfillment of skill in means of practice.
6) The abode of perfect adaptation and the correct state of mind.
7) The abode of non-retrogression.
8) The abode of a Buddha son now complete.
9) The abode of the Prince of the Law.
10) The abode of the honor of coronation. Cf. (Sipjupum) Ten abodes or understanding in the Flower Adornment Sutra for full detail.

십지 十智 소승小乘에서는 십지十智에 일체지一切智를 포함시킨다. 대승大乘에서는 여래如來가 갖추고 있는 십지十智를 설한다. 십종지十種智 참조.

1) 세속지世俗智 (세속世俗의 일에 대해 일어나는 지혜)
2) 법지法智 (욕계欲界의 고집멸도苦集滅道를 대경對境으로 하여 일어나는 지혜)
3) 류지類智 (색계色界와 무색계無色界의 고집멸도苦集滅道를 대경對境으로 하여 일어나는 지혜)
4) 고지苦智 (모든 괴로움에 대한 지혜)
5) 집지集智 (모든 집착에 대한 지혜)

6) 멸지滅智 (모든 것을 떨쳐버리는 지혜)
7) 도지道智 (앞의 법지法智와 유지類智의 대경對境이 다름으로 세운 것이고, 그 밖의 있는 것은 아님)
8) 타심지他心智 (남의 마음을 아는 지혜)
9) 진지盡智 (일체 번뇌를 다 끊었을 때 나타나는 지혜)
10) 무생지無生智 (승지이근勝智利根의 보살이 일으키는 지혜)

(Sipji) Ten kinds of wisdom or insight of Theravada:

1) All the wisdom of the secular world.
2) Wisdom of the rise and fall of formations in the realm of desires against the Four Noble Truths.
3) Wisdom of the dissolution of formations in the realm of desires and the realms of formlessness against the four Noble Truths.
4) Wisdom of suffering that comes from attachment.
5) Wisdom of attachment which is the cause of all suffering.
6) Wisdom of annihilation to enter the path of enlightenment.
7) Wisdom of the path to enlightenment.
8) Wisdom that discerns the mind of others.
9) Wisdom that appears when all the defilements are cut off.
10) Wisdom of non-birth, or the wisdom of the Bodhisattva of super wisdom and sharp faculties.

십지(보살) 十地(菩薩) 보살이 수행해 나가는 52계위階位 중 제 41위에서 제 50위까지. 이 10 위는 부처님의 지혜를 일으키고 능히 지니어 움직이지 아니하며, 온갖 중생을 짊어지고 이익 되게 하는 것이 마치 대지가 만물을 싣고 이를 이익되게 함과 같으므로 지地라 말함. 初地에서 十地까지에 대한 보다 구체적인 것은 화엄경 십지품十地品 참조.

1) 환희지歡喜地 (이 지에서 보살은 마땅히 보시布施 바라밀을 닦고)
2) 이구지離垢地 (이 지에서 보살은 마땅히 지계持戒 바라밀을 닦고)
3) 발광지發光地 (이 지에서 보살은 마땅히 인욕忍辱 바라밀을 닦고)
4) 염혜지焰慧地 (이 지에서 보살은 마땅히 정진精進 바라밀을 닦고)
5) 난승지難勝地 (이 지에서 보살은 마땅히 선정禪定 바라밀을 닦고)
6) 현전지現前地 (이 지에서 보살은 마땅히 지혜智慧 바라밀을 닦고)
7) 원행지遠行地 (이 지에서 보살은 마땅히 방편方便 바라밀을 닦고)

8) 부동지不動地 (이 지에서 보살은 마땅히 원願 바라밀을 닦고)
9) 선혜지善慧地 (이 지에서 보살은 마땅히 역力 바라밀을 닦고)
10) 법운지法雲地 (이 지에서 보살은 마땅히 지智 바라밀을 닦는다)

(Sipji(Bosal) The ten stages of cultivation of Bodhisattva: These are the stages from 41 to 50 in the stages of 51 through which the Bodhisattva ascends on his way to Buddhahood. *Cf. (Sipjipum)* The ten grounds of Bodhisattva in the Flower Garland Sutra for full detail.

1) The land of Joy: Having overcome the former difficulties and sufferings, now entering on the path to Buddhahood.
2) The land of purity: Freedom from all possible defilement.
3) The land of brilliance: Stage of further enlightenment.
4) The land of radiance: Stage of glowing wisdom.
5) The land of invincible: Stage of mastering the utmost difficulties.
6) The land of completion of purity and wisdom: Stage of wisdom above definitions of impurity and purity.
7) The land of far-reaching: Rising above ideas or self in order to save others.
8) The immovable land: Attainment of being unperturbed.
9) The land of discerning wisdom: The finest discerning wisdom, knowing where and how to save, and possessing the Ten Powers.
10) The land of Dharma clouds: Attainment of the fertilizing powers of Dharma cloud.

십지품 十地品 화엄경 가운데 십지보살十地菩薩이 수행하는 과정을 자세히 설명한 제일장第一章.

(Sipjipum) The section of ten grounds: The first section of the Flower Garland Sutra where the stages of the Bodhisattva way is expounded in detail.

십팔계 十八界 육근六根 (내계內界 또는 여섯 가지 감각기관), 육경六境 (외계外界 또는 여섯 가지 감각기관의 대상), 육식六識 (중계中界 또는 여섯 가지 식별박용)을 말함. 이들에 대한 보다 자세한 설명은 별도 각 항목 참조.

(Sippalgye) The eighteen realms, spheres or fields: 1) *(Yukgeun)* Six roots or sense organs (the component part of personality). 2)

(Yukgyeong) Six sense-objects or spheres of sense (the factors of consciousness). 3) *(Yuksik)* Six cognitions or perceptions (the intermediate agent). See each entry for further detail.

십팔공 十八空 공空을 본체와 작용으로 관찰한 것 1) 내공內空. 2) 외공外空. 3) 내외공內外空. 4) 공공空空. 5) 대공大空. 6) 제일의공第一義空. 7) 유위공有爲空. 8) 무위공無爲空. 9) 필경공畢竟空. 10) 무시공無始空. 11) 산공散空. 12) 성공性空. 13) 자상공自相空. 14) 제법공諸法空. 15) 불가득공不可得空. 16) 무법공無法空. 17) 유법공有法空. 18) 무법유법공無法有法空.

(Sippalgong) The eighteen aspects of emptiness: Emptiness is classified into two categories of principle and function. 1) Internal emptiness. 2) External emptiness. 3) Internal-external emptiness. 4) Emptiness of emptiness. 5) Great emptiness. 6) Primal emptiness. 7) Phenomenal emptiness. 8) Non-phenomenal emptiness. 9) Ultimate emptiness. 10) Beginningless emptiness. 11) Disseminating emptiness. 12) Emptiness of nature. 13) Emptiness of self-mark. 14) Emptiness of all Dharmas or things. 15) Unattainable emptiness. 16) Emptiness of nonexisting Dharma. 17) Emptiness of existing Dharma. 18) Emptiness of non-Dharma and Dharma.

십팔대원 十八大願 아미타불의 48원 중 종요한 본원本願. 삼신三信과 십념十念을 갖춘 사람의 왕생을 서원한 중요한 본원本願.

(Sippal Daeweon) The eighteen original vows: Eighteen important vows selected from the Forty-eight Great Vows of Bodhisattva Dsitigarbha for the person who has accomplished Three Faiths and Ten Recollections.

십팔불공법 十八不共法 부처님만이 가지고 계시는 열여덟 가지 특징. 1) 망상妄想을 여읨. 2) 말씀에 실수가 없음. 3) 집착이 없음. 4) 평등함. 5) 항상 마음이 집중 되어 있음. 6) 일체를 앎. 7) 중생구제에 주저함이 없는 의지. 8) 멈춤 없는 노력. 9) 다른 부처님들과 일치하는 가르침. 10) 완전한 지혜. 11) 완전한 해탕 12) 완전한 통찰. 13) 지혜로운 행동. 14) 지혜로운 말씀. 15) 지혜로운 마음. 16) 과거에 대한 지식. 17) 미래에 대한 지식. 18) 현재에 대한 지식.

(Sippal Bulgongbeop) The eighteen uncommon merits, excellent qualities, or unshared properties of the Buddha: 1) Freedom from illusions. 2) Perfection of speech. 3) Absence of attachments. 4) Perfection of impartiality to all. 5) Constant concentration of the mind. 6) Knowledge of all things. 7) Unceasing desire to save sentient beings. 8) Incessant endeavor. 9) Constancy of teaching with those of other Buddhas. 10) Perfect wisdom. 11) Perfect emancipation. 12) Perfect insight. 13) Perfect wisdom in deeds. 14) Perfect wisdom in words. 15) Perfect wisdom in thought. 16) Perfect knowledge of the past. 17) Perfect knowledge of the future. 18) Perfect knowledge of the present.

십행 十行 보살의 불과佛果를 위한 52계위階位 가운데 십신十信, 십주十住에 이어 이타利他의 수행을 완수하기 위해 중생제도에 온갖 정성을 드리는 제21위에서 제30위까지의 자리. 보다 구체적인 것은 화엄경 십행품十行品 참조.

1) 환희행歡喜行 (모든 부처님이 배우신 것을 다 배워 중생을 위하여 힘을 써서 중생들로 하여금 깨달음을 완성케 함)
2) 요익행饒益行 (무엇보다도 중생들로 하여금 불도佛道를 깨쳐 열반에 이르도록 함)
3) 무진한행無恚恨行 (항상 인욕의 법을 행하여 스스로 겸손하고 사람들을 공경함)
4) 무진행無盡行 (일체 중생을 대신하여 일체의 괴로움을 받고, 일체 중생으로 하여금 모두 열반에 이르게 하는 끝없는 보살행)
5) 이치난행離癡亂行 (어떠한 경우라도 마음을 산란하게 함이 없도록 함)
6) 선현행善現行 (중생을 먼저 가르치고 끝없이 보살행을 닦아 중생의 덕을 완성시킴)
7) 무착행無着行 (일체의 세계는 꼭두각시와 같고, 모든 부처님의 설법은 번갯불과 같으며, 보살의 행은 꿈과 같다고 관함)
8) 존중행尊重行 (보살은 중생을 무시하지 않는다. 그 까닭은 진리의 세계와 중생의 세계가 둘이 아니기 때문)
9) 선법행善法行 (보살은 선행법善行法에 편히 머물러 일체중생을 위하여 청정한 연못이 되어 주다)
10) 진실행眞實行 (보살은 진리의 말씀을 성취하고 그 말대로 행하고 설법하다)

(Siphaeng) The tenfold stage of action or practice: The ten stages from 21 to 30 in the 52 stages leading Bodhisattvas to Buddhadhood. *Cf. (Siphaengpum)* Ten actions of practice in the Flower Adornment

Sutra for full detail:

1) Practice of joy: Joy arising from helping sentient beings attain their enlightenment.
2) Practice of benefaction: Benefaction for the sentient beings to attain Nirvana.
3) Practice of non-opposition or tolerance: Tolerance with humility and respect for other beings.
4) Practice of indomitableness: Tolerance of all kinds of hardship in helping other beings to attain enlightenment and Nirvana.
5) Practice of steadfastness of mind in any circumstances.
6) Practice of good manifestation: Practice the way of Bodhisattva to teach all beings to help them accomplish their virtue.
7) Practice of non-attachment: The understanding that all the phenomena, including even the Buddha-dharma and the practice of Bodhisattva, are only phantoms and dreams.
8) Practice of equanimity: Observing high esteem for all other beings with the understanding that there is no difference between the world of truth and the world of sentient beings.
9) Practice of good Dharma: Abide in the good Dharma with quietude as an exemplar for sentient beings for their deliverance.
10) First attain the truth, and then practice of truth, and nothing but the truth in the discourse of the Buddha-Dharma.

십현문 十玄門 화엄종에 대한 중요한 교의教義. 십현연기문十玄緣起門이라고도 말함. 10은 가득 차있다는 뜻이며, 현玄은 심현深玄, 문門은 사사무애事事無碍의 법문이라는 뜻. 화엄종에서는 온갖 법이 낱낱이 고립된 존재가 아니고, 낱낱의 하나를 취하면 어느 것이든 모두 전일全一의 관계가 있는 것을 열 가지 부분으로 관찰하여 말하는 것을 십현문이라 말함.

1) 동시구족상응문同時具足相應門 (십현문十玄門의 총설이라고도 할만한 부분. 우주에 있는 한량없는 사물은 시간적으로나 공간적으로나 모두 하나의 연기관계에 있으며, 또 시간적으로도 제각기 한 법 위에 모든 법을 갖추고서도 앞과 뒤, 처음과 나중의 차별이 분명하여 서로 섞이지 않는 것을 말함. 양자역학 참조)

2) 일다상용부동문一多相容不同門 (만상萬象을 일一과 다多로 나누고, 그 사이에서 서로 용납하고 받아들이면서도 조금도 장애가 되지 않으며, 그러면서도 각기 자신은 서로 차별적인 다른 모습을 잃지 않고 그 본성을 가진다는 것)
3) 제법상즉자재문諸法相卽自在門 (만유 제법은 그 자체가 모두 일체一體이어서, 서로 원융무애 자재함을 말함. 다시 말해 하나가 없으면 일체가 없고, 일체가 없으면 하나가 없다는 뜻)
4) 인다라망경계문因陀羅網境界門 (제석천궁帝釋天宮의 보배로 된 그물로, 그물코마다 달린 보주가 서로 비추어 중중무진重重無盡함을 말함)
5) 미세상용안립문微細相容安立門 (만유의 상相에 대하여 일즉다 다즉일一卽多多卽一의 관계를 강조하기 위한 말. 일一은 능히 다多를 용납하고, 다多는 능히 일一을 용납하여 융통 무애함融通無碍함을 말함)
6) 비밀은현구성문秘密隱顯俱成門 (이 문에서는 경우에 따라 한 방면이 숨으면 다른 방면이 동시에 서로 마주 상대함으로써 각 방면이 비밀하게 숨는가 하면, 나타나면서 마치 숨바꼭질을 하는 것처럼 동시에 존재하는 관계를 말함)
7) 제장순잡구덕문諸藏純雜俱德門 (순일純一한 행行 가운데 복잡한 행行이 그대로 덕德으로서 갖추어져 서로 구애되지 아니함을 말함)
8) 십세격법이성문十世隔法異成門 (십세十世는 과거, 현재, 미래의 삼세三世에 각각 삼세三世를 나눈 구세九世와, 이를 총괄하는 일세一世 (일념)를 말함. 십세十世의 시간이 떨어져 있는 각기 법法이 서로 다르게 성취하나, 이는 다시 일념一念으로 현현顯現하여 십세十世의 장단이 자재하게 원융하여 상즉상입相卽相入하는 것을 말함)
9) 유심회전선성문唯心廻轉善成門 (일체의 법은 모두 여래장如來藏의 일심一心으로 전변轉變하여 생긴 것임을 말함)
10) 탁사현법생해문托事顯法生解門 (차별의 현상계를 의지하여 진리를 나타내어 사람들로 하여금 요해了解하는 지혜를 내게 한다는 뜻. 다시 말해 현상계의 사물 그대로가 진리라는 것을 보임을 말함)

(Siphyeonmun) The ten profound gates or teachings (of dependent arising): It is an important doctrine of the Flower Garland School. All the phenomena in the universe are not isolated entities. They are rather interrelated as if they were all in one great body.

1) Complete and simultaneous concert without hindrance: The first gate or teaching is a kind of general remark on the main subject

(Ten profound gates or teachings of dependent origination). The infinite phenomena in the universe are not only interdependent both in time and space but they are also "the One in all, and all in the One," yet without ever losing each of their characteristics from the beginning to the last. *Cf.* Quantum theory.

2) All the phenomena in the universe are divided into numberless marks yet interfuse with one another without hindrance or losing their original nature.

3) All the phenomena in the universe are, in essence, one without any hindrance, which is to say that without a tiny speck, there is no universe, and vice versa.

4) The precious jewels of the palace of Lord Indra's net are illuminating one another in brilliance without end, which is to say that the entire universe is the inseparable interweaving of a net.

5) An invisible tiny speck absorbs the entire universe without hindrance, and the great universe embraces every tiny speck in its great blossom. "One is all, and all is One."

6) It is a kind of hide and seek game of the phenomena in the universe. If something hides itself from its fellow, the fellow pops up to meet it, never losing the link of their union.

7) No distinction or discord of virtues of the upright and mischievous actions. They all conform into one good end of virtue without any hindrance.

8) All the different phenomena of nine distant ages (the past, the present, and the future divided again into three ages) are manifested in a single mind blending them all into one without hindrance or injuring any of their characteristics.

9) Every single Dharma in the universe is, in truth, none other than the manifestation of the storehouse-consciousness or our original mind.

10) Leading all sentient beings to unsurpassed wisdom by means of showing the distinction of the phenomenal world itself is the ultimate

reality itself. In other words, there is no difference between the ultimate truth and the myriad marks of the phenomenal world. To the enlightened, the phenomenal world, as it is, is the truth itself.

십회향 十迴向 보살이 불과佛果를 위해 수행하는 52계위階位 중 제31위에서 40위까지. 자기가 닦은 공덕功德을 남에게 돌리어 자타自他가 다 같이 불과佛果를 성취하기를 바라는 것. 회향에는 크게 나누어 세 가지가 있으니, 그 첫째가 보리菩提회향이요, 둘째가 중생회향이며, 셋째가 왕생회향이다.

1) 중생이라는 생각 없이 중생을 구제하는 회향. 2) 무너짐이 없는 회향. 3) 모든 부처님과 평등한 회향. 4) 온갖 곳에 이르는 회향. 5) 다함이 없는 공덕장功德藏 회향. 6) 평등한 선근善根을 따르는 회향. 7) 일체 중생을 평등하게 대하는 회향. 8) 진여眞如회향. 9) 속박과 집착이 없는 회향. 10) 법계에 머무는 한량없는 회향.

(Siphoihyang) The ten stages of transference of one's merit for others's benefit: From the 31st to 40th stages in the 52 stages of Bodhisattva's sublime Enlightenment. They can be summarized in three kinds of dedication: The first is the dedication of bodhi or enlightenment. The second is the dedication of the benefit for sentient beings. The third is the dedication of the rebirth of sentient beings in the Pure Land.

1) Transference of one's merit to save all sentient beings without any thought of sentient beings.
2) Transference of one's indestructible merit for the benefit of all sentient beings.
3) Transference of one's merit to all sentient beings to be equal with the Buddha.
4) Transference of one's merit to the reach of the ten directions of the world.
5) Transference of one's endless merit to all Buddhas, Bodhisattvas, and sentient beings to fill the Buddha-land with bliss and purity.
6) Transference of one's merit to cause all the roots of goodness to endure.
7) Transference of one's merit to all living beings with equanimity.
8) Transference of one's merit to abide in true-suchness.

9) Transference of one's merit with complete freedom from attachment and restraint.

10) Transference of one's merit to abide in the Buddha-land forever.

쌍계사 雙溪寺 대한불교조계종 제13교구본사로, 경상남도 하동군 화개면 운수리 지리산에 있는 절. 옛 이름은 옥천사玉泉寺. 신라 선덕여왕 22년 (723) 삼법三法 창건.

(Ssanggyesa) Sanggyesa Temple: The 13th District Head Temple of the Jogye Order of Korean Buddhism. It was established in 723 C.E. during the Silla Dynasty by Venerable Sam Beop. It's old name was Okcheonsa, or Jade Fountain Temple.

쌍차쌍조 雙遮雙照 쌍차雙遮, 곧 양변兩邊을 막는다는 것은 양변을 떠나는 것을 말하며, 쌍조雙照는 양변을 비춘다는 것으로, 양변이 완전히 융합하는 것을 말함. 이것을 달리 말하면, 공空과 유有가 즉입卽入하여, 곧 어우러져 전체가 서로 통한 한 가지 모습으로, 둘이 아닌 중도中道의 불이법不二法을 말하기도 함.

(Ssangcha Ssangjo) Suppressing and illuminating one another: Blocking both ends means dropping both ends, and illuminating both ends means embracing both ends. What all these imply is the law of non-duality. In the ultimate reality of emptiness (non-duality and dependent arising), existence is at the same time non-existence, and non-existence, existence.

【 ㅇ 】

아 我 아我에 대한 해석은 힌두교의 범천梵天과 함께 atman에서 시작하며, 불교에 들어와서도 그 학설이 다양하여 한마디로 정리하기가 어려우나, 대승적大乘的인 관점에서 보면 대략 다음과 같다. 주재主宰, 자아自我, 신체身體의 뜻. 자기 자체自體, 곧 자기 주관의 중심. 일반적으로 불교에서는 이것을 나누어 실아實我, 가아假我, 진아眞我의 삼종三種으로 나눔.

1) 실아實我 (실아實我는 인도 재래의 외도外道가 주장하는 것으로, 범부凡夫의 망정妄情에 스스로 존재한 아我의 사상을 말함. 이 아我는 무상無常이 아니고 상주常住 독존獨存하는 것으로 본다)
2) 가아假我 (가아假我는 실재로 나라고 할 것이 존재하는 것이 아니라, 오온五蘊이 화합하여 인과因果가 상속하는 몸이기 때문에, 다른 것과 구별하기 위하여 나라고 이름 한 것으로 본다)
3) 진아眞我 (진아眞我는 대승大乘에서만 말하는 것으로, 열반의 사덕四德인 상락아정常樂我淨의 아덕我德을 말함)

(Ah) Atta or atman: The concept of the term was first conceived in the Hindu philosophy along with Brahman, and it has been interpreted in various ways since even after it was introduced into Buddhism. Mahayana view of the term atta, oneself, I, or ego could be classified into three categories: real or substantial "I," unreal or unsubstantial "I," and true "I."

1) Real "I" or Self, a kind of eternalism, is related to the concept of Atman in Hinduism, which is real, substantial and a permanent entity.
2) The concept of "unreal or unsubstantial I, or self" is based on the theory of five skandhas or aggregates, a theory that body is a collection of five "heaps" of form, feelings or sensations, perceptions or discriminations, mental formations or compositional factors, and consciousness. These five aggregates constitute what is generally known as personality. Without these five functions, something that is called "I" or "self" could not exist.
3) The third classification of "True I" of Mahayana can be explained by the "I" or "self" of four virtues, the personality of Buddha,

true-suchness, the personality of non-hindrance, or self-existence free of conditions, which are called Four Virtues.

아견 我見 오견五見의 하나로 신견身見 또는 중생견衆生見이라고도 말함. 오온五蘊의 가화합적假和合的인 심신心身을 상일실체常一實體로 생각하는 망견妄見, 곧 나를 내세우는 아집我執을 아견이라 함.

(Agyeon) View of self: A heretical view that a real self exists, one of the five afflicted or deluded views. It is also called a view of body, the fallacious belief that one is, or has, a self, person, being, or ego, which is the fundamental delusion and source of all suffering. No such self or ego exists. They are all creation of the mind.

아공 我空 인공人空 또는 생공生空이라고도 말함. 실아實我가 없는 것. 오온五蘊의 가합假合으로 이루어진 '나'라는 것은 공무空無로서 참 나라고 말할 수 없다는 것.

(Agong) Emptiness of self: Illusion of the concept of the reality of the ego. Unreal and unsubstantial self, which is only a provisional five aggregates, a total negation of ego or self. *Cf.* "True-self is non-self."

아공법유 我空法有 소승불교인 설일체유부說一切有部의 아비달마에서는 아공법유我空法有를 강조함. 이것은 일종의 실재론實在論으로, 현상으로서의 아我는 무상하지만, 원자론자들처럼 무엇인가 영원히 변치 않는 것이 존재한다는 것. 다시 말해 아我는 공이라고 말하면서 우주의 그 어떤 실체인 법法은 존재한다는 것. 이러한 아비달마의 주장을 철저히 비판한 것이 대승불교의 공관空觀사상과 용수龍樹의 중론中論.

(Agong Beopyu) Emptiness of self and reality of Dharma: A kind of eternalism. This is the doctrine of Abhidharma, the "beyond Dharma," which is highly philosophical and contains an entire system of mind-training. This theory is opposed to Mahayana Buddhism, especially to the doctrine of emptiness and dependent origination expounded especially in the Middle Way by Nagarjuna.

아귀 餓鬼 굶주린 귀신. 이러한 아귀로 태어나는 원인으로 여러 경전에서는 탐욕과 질투를 이야기 함.

(Agwi) Hungry ghosts or spirits: The sutras ascribe the fate of these

poor creatures to their craving and jealousy in their former lives.

아나율 阿那律 아누루타라고도 말함. 부처님 10대 제자 중의 한분. 아누루타는 여의如意, 이장離障, 무탐無貪, 무멸無滅, 선의善意라고 번역. 카필라성의 석가족으로 부처님의 아버지인 정반왕의 동생인 감로반왕의 둘째 아들로 태어났다. 난타, 아난타, 데바 등과 함께 출가함. 후에 부처님 앞에서 자다가 꾸지람을 받고 여러 날을 밤새도록 자지 않으면서 수도修道에 정진하다가 눈이 멀었으나, 그 뒤 천안통을 얻어 불제자 중에서 천안 제일天眼 第一이 되었다.

(Anayul) Aniruddha: One of the ten major disciples of Sakyamuni Buddha. His name is also translated as Yeoui or "everything goes well as one wishes," Ijang or "emancipation from defilement," Mutam or "non-craving," Mumyeol or "non-extinction," and Seonui or "good intention." He is a cousin of Sakyamuni Buddha, the second son of Amrta-dana, younger brother of King Suddhodana, the father of Sakyamuni Buddha.

He became a follower of the Buddha with Nanda, Ananda, and Devadatta. He once fell asleep before the Buddha, and was reprimanded for the misconduct. After the incident, he practiced harder than ever, never closing his eyes, and consequently became blind. Yet he attained the stage of the foremost in the heavenly eyes, the ability to see things and events at great distances.

아나함 阿那含 아라한에 이르는 성문聲聞 사과四果 중의 하나로 세 번째. 다시는 윤회하지 않는다 하여 불환不還 또는 불래不來라고도 함. 이 단계에서 세속적인 모든 번뇌가 완전히 탈락하여 다음 마지막 단계인 아라한과阿羅漢果에 도달하게 됨.

(Anaham) Anagamin: The Never-returner, the third of four stages of Theravada practice, the final stage of which is Arhat. At this stage, all the worldly passions will be extinguished.

아난 阿難 아난다阿難陀의 약칭. 부처님 십대제자十大弟子의 하나로 다문 제일多聞第一로 부처님을 항상 가까이에서 모셨음. 증일아함경增一阿含經에 다음과 같이 아난에 대해 적고 있다: '나의 성문聲聞 가운데 제일 비구比丘는 때를 알고 사물에 밝으며, 모든 것에 의심이 없고 기억한 바를 잊지 아니하며, 다문多聞하고 잘 참고 윗사람을 받드는 아난이다.'

(Anan) Ananda, interpreted as "Joy": One of Buddha's ten major disciples known as the foremost in hearing the Buddha's teachings, or the foremost of the learned. He was also the Lord's personal attendant. A quote from Numerical Collection of Agama, "The foremost among my disciples is Ananda (the Lord says), who knows when to act, who has clear knowledge in things, who is without any doubt, who never forgets the things he learned, who is never negligent in listening to the Dharma, and who is always obedient to elders."

아뇩다라삼먁삼보리 위없는 바른 깨달음. 무상정등정각無上正等正覺 참조

Annuttara-samyak-sambodhi: Unexcelled, perfect or complete enlightenment, the consummation of incomparable enlightenment, or simply the unsurpassed wisdom of the Buddha. *Cf. (Musang Jeongdeung Jeonggak)* Sanskrit anuttara-samyak-sambodhi.

아라한 阿羅漢 번뇌를 끊고 진리를 깨달은 성자聖者로 존경을 받을 만한 분이라는 뜻. 소승불교小乘佛教의 교법教法을 수행하는 성문聲聞 사과四果 중에서 가장 높은 최고의 경지이며, 부처님의 열 가지 이름 중의 하나.

(Arahan) Arhat (Skt), Arahant (P), a liberated one: It is the fourth and final stage of Hinayana practice and the personal ideal of Theravada Buddhism. One who has reached the end of the fourfold Way and attained Nirvana. It is also one of the ten names of the Buddha.

아란야주 阿蘭若住 아란야는 寂靜處 또는 無諍處라 번역하며, 아란야주阿蘭若住란 조용하고 한적하여 수행하기에 알맞은 곳을 말함.

(Aranyaju) Aranya: An ideal quiet place for meditation, which is called the place of no argumentation and dispute, or joyful abiding in peace.

아뢰야식 阿賴耶識 아뢰야阿賴耶는 범어梵語 alaya의 음역音譯으로 저장한다는 뜻으로 제 팔식八識을 말하며, 번뇌장煩惱障의 영향을 받은 행위에 의해 나타난 성향性向 또는 훈습薰習이 그 모습을 드러낼 조건이 갖추어질 때 까지 마음속에 저장되는 것.

따라서 이를 저장소라는 뜻으로, 함장식含藏識, 줄여서 장식藏識, 또는 결코 없어지지 않는다고 하여 무몰식無沒識이라 말하며, 그런가 하면 인因에 따라 달리 과보果報가 나타나기 때문에 이숙식異熟識이라 말하며, 또 본식本識, 일체종자식一切種子識, 또는 근본식根本識이라고도 말함. 그러나 아뢰야식 자체는 선악에 관계가

없다 (무부무기無覆無記). 보다 자세한 것은 종자種子 참조.

(Aroiyasik) Alaya-vijnana: The storehouse-consciousness, the seed of consciousness, the basic consciousness, or the eighth consciousness. It is so called by the Consciousness-only School, because it has an innate potentiality of manifesting all the phenomena in the universe. It is the store of totality of consciousness both absolute and relative, which lays hold on all the experience of individual life, and which stores and holds the germ of all affairs.

However, it is free of good and evil power, which is called *mubumugi*, indeterminate and unveiled, or undefiled and morally neutral. *Cf. (Jongja)* The seed of consciousness for detailed information.

아뢰야식연기 阿賴耶識緣起 사종연기四種緣起의 하나. 업감연기설業感緣起說인 소승小乘의 연기설 다음에 일어난 것이 아뢰야식 연기설. 우리 정신의 주체인 육식六識 이외에, 아뢰야식의 존재를 인정하고, 우리가 행한 모든 업력을 종자라고 설하여, 그 모든 선악업의 종자가 모두 아뢰야식 안에 보존되었다가 그것이 나타날 인연을 만나게 되면, 그로부터 다시 연기緣起되는 것이라고 주장하는 것.

(Aroiyasik Yeon-gi) Dependent arising of the eighth consciousness, or the storehouse of consciousness: When karmic actions take place, they are stored or imprinted in the eighth consciousness in a kind of dormant state until they are aroused by conditions of a similar kind and then surface to the phenomenal world again.

아리야 阿梨耶 범어梵語 alaya의 음역. 이 것 외에도 몇 가지 한자 표기가 있으며, 성聖 또는 성자聖者라 번역한다. 구역舊譯에서는 미계迷界에 있으면서도 그 속에 빠지지 않는다는 의미로 무몰無沒이라 번역함. 그런가 하면 아라한阿羅漢을 지칭하는 것으로 존자尊者 또는 성자聖者라 번역하기도 함.

(Aliya) Alaya: There are a few more Chinese transcriptions, and it means a saint or a holy one referring to an Arhat. In the old translation, it referred to a holy one who is absorbed in deep meditation without any stain even though he is in the deluded world.

아리야식 阿梨耶識 범어梵語 alaya-vijnana의 번역. 현장계玄奘系의 신역 新譯 유식설唯識說이 제8식識을 아뢰야식阿賴耶識이라고 부르는데 대하여, 진제계眞諦系의 구역舊譯 유식설唯識說에서는, 아리야식阿梨耶識 이라고 하며, 섭론攝論, 지론地

論, 화엄종華嚴宗 등에서 사용된다.
이 두 아뢰야식과 아리야식의 용어는, 모두 alaya-vijnana의 번역이지만, 신구新 舊 양兩 유식설唯識說의 학설상의 차이 때문에, 아리야식 阿梨耶識은 아뢰야식 阿賴耶識과 다른 의미로 사용된다. 즉 아뢰야식이 진여眞如와 다른 유위생멸有爲生滅의 법法임에 대하여, 아리야식은 진여眞如와 화합한 생멸生滅의 법法, 즉 진여眞如의 현상면現像面을 가리킨다.

(Aliyasik) Alaya-vijnana: The storehouse of consciousness in English. The transcription of Sanskrit alaya-vijnana into Chinese by the new translation school of the Sanskrit led by the disciples of Preceptor Xuanzang (602-664) of the new Mind-only School was aroiyasik 阿賴耶識 while the old transcription of the same Sanskrit alaya-vijnana led by the disciples of the Indian monk Paramartha of the old Mind-only School was ariyasik 阿梨耶識 and it was used by the followers of the samparigraha School, the Dasabhunmika School, and the Flower Garland School.

Although both the new and old transcriptions of alaya-vijnana as their Sanskrit original, Paramartha and Xuanzan each attached a different meaning in the same word. Therefore in Far Eastern Buddhism, aroiyasik and ariyasik are differentiated. The Sanskrit alaya refers to that aspect of the tathata or true-suchness, which having been acted upon by ignorance, transforms the phenomenal world. It includes, on the one hand, impermanency, and in the other hand, true existence (tathata) which is beyond all transmutation.

However, these two aspects are combined in the ariyasik 阿梨耶識, and it is designated most profound and subtle, "the consciousness in which the true (tathata) and the false (phenomenal existence) are blended."

The ariyasik produces all phenomenal existence, yet is never distinct or apart from the tathata or true-suchness. In that sense it is said that phenomenal existence arises from tathata. This is so-called the profound and subtle dependent arising.

아마라식 阿摩羅識 아말라식阿末羅識 또는 암마라식庵摩羅識라고도 음역하며, 무구無

垢, 백정白淨, 청정淸淨이리고 번역. 팔식八識 다음으로 구식九識을 말하며, 청정무구淸淨無垢한 부처님의 경지를 말함. 그러나 구유식학파舊唯識學派와는 달리, 신유식학파新唯識學派에서는 이것이 아뢰야식의 청정한 일면에 지나지 않는다고 하여 팔식八識만을 세움.

(Amalasik) Amala: The pristine and undefiled consciousness, another name for the ninth consciousness. This is the doctrine claimed by the Old Mind-only School. It also means supreme enlightenment and Buddhahood, or the Buddha-consciousness, which is another name for Dharmakaya. However, the New Mind-only School discusses only the eighth consciousness, claiming that the ninth consciousness is only a part of immaculateness of the eighth consciousness.

아만 我慢 사혹四惑의 하나. 자타自他가 평등한 진리를 망각하고, 자기만이 제일이라고 생각하는 것.

(Aman) Atma-mana: Hubris, insolence, arrogance, haughtiness, or exalting self and depreciating others. One of the four delusions, *sahog*.

아멸종멸 我滅從滅 나라는 것이 사라지면, 다른 것 역시 따라서 사라지는 법이니, 그 무엇에도 탐착하지 말것.

(Amyeol Jongmyeol) If I cease to exist, that also ceases to exist: If so, there is nothing to crave after in the whole universe.

아미타불삼명 阿彌陀佛三名 아미타불의 세 가지 이름. 1) 무량수無量壽. 2) 무량광無量光. 3) 감로甘露. 밀교에서는 아미타불을 감로왕甘露王이라 부름

(Amitabul Sammyeong) Three names of Amitabha Buddha: 1) Amitayus. 2) Amitabha. 3) Amrarta, or the King of Heavenly Nectar.

아미타불 십삼호 阿彌陀佛 十三號 12광불光佛의 명호名號에 무량수불의 본명을 더하여 13호라 함. 1) 무량광불無量光佛. 2) 무변광불無邊光佛. 3) 무애광불無礙光佛. 4) 무대광불無對光佛. 5) 염왕광불燄王光佛. 6) 청정광불淸淨光佛. 7) 관희광불觀喜光佛. 8) 지혜광불智慧光佛. 9) 하단광불下斷光佛. 10) 난사광불難思光佛. 11) 무칭광불無稱光佛. 12) 초일월광불超日月光佛

(Amitabul Sipsamho) Thirteen different names of Amitabha Buddha including the original name of Amitayus: 1) Buddha of Boundless Light. 2) Buddha of Unlimited Light. 3) Buddha of Irresistible Light. 4) Buddha of Incomparable Light. 5) Buddha of the King Burning Light. 6) Buddha

of Pure Light. 7) Buddha of Joyous Light. 8) Buddha of Wisdom Light. 9) Buddha of Unending Light. 10) Buddha of Inconceivable Light. 11) Buddha of Indescribale Light. 12) Buddha of Light Surpassing that of Sun and Moon.

아바타 본래 힌두 신화에서 온 것으로, 천상에서 사람의 형상으로 지상에 내려온 화신化神, 또는 권화權化.

(Avata) Avatar: The incarnation of a God, or the decent of a deity to the earth in an incarnate form or some manifest shape.

아법 我法 일체만법을 인식하는 주체를 아我라하고, 나로부터 인식되어진 일체만법, 곧 일체사물의 존재를 법法이라 한다. 이를 법이라 함은, 우주의 모든 존재란 일정한 법칙에 의해 존재하고 사라지기 때문에 법이라 말함.

(Abeop) Self and Dharma: While the subject part of perception of things is called self, the object part of perception is called the Dharma, which is the outcome or product of the natural law or principle of the universe.

아법이집 我法二執 만약에 이들 두 집착을 타파하여 벗어날 수 있다면, 곧 부처님의 경지에 오르게 되리.

(Abeop Ijip) Attachment to self and dharma: If one can destroy these two attachments and leave them behind, he will surely attain the stage of Buddha.

아본무아 我本無我 나라는 아상我相에 대한 철저한 부정.

(Abonmua) The original non-self: Originally there never was "I." The complete negation of self-entity.

아비달마 阿毘達磨 부파불교部派佛教 시대에 만들어진 논서論書. 이는 불교의 경전을 경經·율律·논論으로 나눈 가운데 논부論部에 대한 총칭을 말한다. 즉 부처님의 설법인 경전經典을 조직적으로 설명한 것을 논論이라 말한다.

산스크리트어인 Abhi-는 영어로 about와 같은 뜻. Dharma는 물론 부처님의 말씀인 법 法. 따라서 이를 정리하면 '부처님의 가르침에 관한 논서'가 된다. 아공법유我空法有를 주장하는 설일체유부說一切有部의 논설은 아주 복잡하고 현란한 심리 분석이 뛰어난 것이 특징. 그리고 결론적으로 말하자면, 아비달마란 심리적 작용에 따른 순수한 지혜라 말할 수 있다. 아공법유我空法有 참고.

(Abidarma) Abhidharma: Lit. "That which concerns the Dharma." It

is the general denomination for the Buddhist teachings presented in a scientific and analytical manner, as fully elaborated transcendental psychology. Ultimately the Abhidharma is "pure wisdom, with its coordinate mental function" according to Vasubandhu. Sanskrit "abhi" is "about" in English, and "dharma," the teaching of Buddha.

아사리 阿闍梨 교수敎授, 궤범軌範, 정행正行이라 번역. 스승이 되어 제자를 가르칠 만한 덕을 갖춘 고승 또는 밀교密敎의 성직자를 뜻하기도 함.

(Asari) Acarya: A Buddhist teacher, especially an eminent monk who guides the young monastic. It also means an instructor, a preacher in the esoteric Buddhism, right conduct, or a model.

아상 我相 아견我見이라고도 말하며, 금강경金剛經에 나오는 사상四相 (아상, 인상, 중생상, 수자상)의 하나. 오온五蘊 (색·수·상·행·식)이 화합하여 이루어진 허깨비 같은 자기 모습을 실체가 있다고 생각하는 것, 또는 그러한 자의식. 사실은 이러한 망령된 아상我相이 곧 온갖 번뇌의 원천. 이에 대한 초기 경전經典에 나오는 부처님의 말씀을 들어보도록 하겠다. '몸이 나인가? 느낌이 나안가? 생각이 나인가? 갈망이 나인가? 의식이 나인가? 이 생각이 나라면 이 생각이 일어나기 바로 이전의 생각은 무엇인가?' 이렇듯 우리의 생각은 무상한 까닭에 나라고 말할 수가 없다. 이와 마찬가지로 몸은 내가 아니다. 느낌도 내가 아니요, 갈망도 내가 아니 요, 의식 또한 나라고 말할 수가 없다. '나'라는 이 몸뚱어리나 생각뿐만이 아니라, 만법萬法이 모두 이와 같으며, 이를 가리켜 실체가 없는 제법무아諸法無我라고 말한다. 그리고 철야정진徹夜精進과 염불念佛도 좋지만, 제행무상諸行無常과 함께 우선 이 진리부터 확실히 깨닫는 것이 좋을 것 같다.

(Asang) Atta or atman: Egoism, the concept of the ego as real, an ego-entity, or ego-personality, one of the four marks or ego. A false view of "I" or self. It is actually a collection of the five skandhas or aggregates, which has no self-entity or substantiality. It is also the principal source of all passion and sufferings. The Dao is where there is no ego.

Let's see what the Buddha said about ego-entity: "Is this body mine? Is this feeling mine? Is this thinking mine? Is this longing mine? Is this consciousness mine? If this thinking is mine, what about the passing thought?" This is the reason why we cannot say that our fleeing thought is ours. So is our body. Neither is our feeling, nor our longing, nor our consciousness. So is everything else in the whole world. This is what we call, non-substantiality of all phenomena. Shall we not then keep this truth in our mind before anything else?

아상 我想 참다운 내가 있는 것으로 아는 잘못된 생각. 상相은 모양, 상想은 생각.

(Asang) Self-centered deluded thought that "I" or self really exists.

아소 我所 내 것. 또는 나의 것이라는 생각에서 집착하는 대상 또는 사물. 그러나 제행무상 제법무아라는 관점에서 볼 때, 그 무엇도 실재한다고 말할 수 없으므로, 그런 생각은 하나의 허망한 환상에 지나지 않는다.

(Aso) Mine, my possession, or anything that is related to the self: A thing that belongs to one and which induces a possessive mind. However, if a permanent entity does not exist, one cannot assume the existence of anything that belongs to it.

아소심 我所心 내 소유라고 집착하는 마음.

(Asosim) A possessive, grasping mind.

아수라 阿修羅 악신惡神. 줄여서 수라修羅라고도 말하며, 원래 고대 인도의 선신善神이었으나, 후에 제석천帝釋天과 싸우는 귀신으로 변함. 육도六道 팔부중八部衆의 하나.

Asura: The giant demon-spirits, constantly at war with the gods, or the world of warlike demons: One of the eight guardians of the Buddha-dharma in the six modes of existence.

아승지겁 阿僧祇劫 헤아릴 수 없이 많은 수량. 아阿는 무無, 승지僧祇는 수량, 겁劫은 시간을 뜻함.

(Aseung Jigeop) Asankhya: Incalculable eons of time, or innumerable millions of billions of eons.

아유다 阿由多 범어梵語 ayuta의 음역으로 대수大數, 곧 큰 숫자를 뜻하며, 여러 경經 · 논論에 따라 이 수의 개념이 일치하지 않으며, 현재는 만萬의 수로 쓰인다.

(Ayuta) It is transliteration of Sanskrit 'ayuta,' and refers to a great number. The figure differs according to the sutra and treaties, and at present it is used as the number indicating ten thousand.

아자 阿字 범어梵語의 자모字母 중 첫 자 A를 말하며, 여기에서 온갖 문자가 나왔다고 말함. 그리고 이 문자는 또 인간의 입에서 나온 처음 음성이라고도 말하며, 이것이 곧 "옴!"이라는 우주의 소리. 밀교密教에서는 이 신비한 소리를 지성으로 명상하면 불과佛果를 얻는다고 믿고 있음.

(A-ja) "A": It is the first letter of the Sanskrit Siddham alphabet. From it are supposed to be born all the other letters, and it is the first sound uttered by the human mouth. It has therefore numerous mystical indications. In Esoteric Buddhism, it is believed that it's sound embodies the mystic truth, and that one who meditates on it will attain Buddhahood.

아집 我執 만병의 근원인 나라는 허깨비 같은 아상我相에 대한 집착. 모든 괴로움의 종자는 탐욕이며, 탐욕의 종자는 아집에서 온다. 법집法執 참조.

(Asjip) Atma-graha: Self-willed, holding to the concept of the ego, attachment to oneself, attachment to a delusive self or ego--the fundamental causes of all greed and sufferings. *Cf. (Beopjip)* Attachment to dharmas or things.

아치 我癡 4번뇌의 하나. 아我의 실체를 알지 못하고 무아無我의 도리를 미迷한 번뇌.

(Achi) Self-delusion: Ignorance of self, or ignorance about the truth of non-self. One of the four delusions.

아트만 우주아宇宙我. 힌두교의 중요한 개념의 하나로 아我를 말하나, 범어梵語의 atman은 원래 호흡이라는 뜻. 모든 존재의 영혼은 이에서 비롯되며, 우주의 궁극적 본체인 브라만의 분신으로 사후에는 다시 이곳으로 돌아가는 것이 모든 존재의 궁극적인 이상이라고 함. 그러나 불교에서는 이러한 영혼의 실체를 부정함.

Atman: A cosmic I, or the principle of life or breath. The individual self known after enlightenment to be identical with Brahman. It is also the World Soul from which all individual souls derive and to which they return as the supreme goal of existence. But Buddhism denies such spiritual entity. *Cf.* Anatman.

아함 阿含 범어 Agama의 음역으로, 아급마阿笈摩, 아가마阿伽摩, 아함모阿含暮라 음역. 부처님 가르침의 근본이라는 뜻이며, 또 아함阿含은 소승불교의 총칭總稱을 의미하기도 함. 아함경阿含經 참조.

(Aham) Agama (Skt) or Nikaya (P): It literally means "the source of Buddha's teaching." It also means Theravada Buddhism.

아함부 阿含部 소승불교小乘佛教의 교파를 가리킴.

(Ahambu) Nikaya or Theravada Buddhist Schools.

아함시 阿含時 천태종에서 세운 세존世尊 일대一代의 5시기時期 중 제 2 시時. 이 시기에 부처님께서는 소승小乘의 경전인 아함경을 설하신 것으로 전해지고 있다.

(Ahamsi) The Agama period: The second of the five periods of the Buddha's teaching, according to the Tientai Sect. It is said that the Buddha expounded the Agama sutra, i.e., the Theravada teachings, in this period.

악견 惡見 육번뇌六煩惱의 하나. 모든 법의 진리에 대해 가지는 잘못된 견해.

(Akgyeon) The evil or heterodox views: One of the six defilements, the views contrary to all truth of reality.

악과 惡果 악업惡業에 의해 받는 나쁜 과보果報.

(Akgwa) The evil fruit from evil deeds: Evil retribution or fruit from evil deeds or karma.

악구 惡口 남에게 나쁜 말을 하는 것, 또는 그런 사말.

(Akgu) The evil mouth, or foul tongue or speech: A slanderous, evil-speaking person.

악귀 惡鬼 나쁜 귀신鬼神. 악용惡龍이라고도 말함.

(Akgwi) The evil spirit.

악도 惡道 악취惡趣라고도 말하며, 현세에서 악한 일을 한 결과로 다시 태어난다고 하는 곳. 곧 지옥, 아귀, 축생, 수라도修羅道 등과 같은 곳이며, 이때 도道는 '이런 곳에 이르는 길' 또는 '이러한 세계'를 뜻함. 삼三, 사四, 오악도五惡道 참조.

(Akdo) The evil ways or paths, or evil realms of existence such as hell, the world of starving ghost, the world of animal, and the world of warlike demons. It is another name for *akchwi*. *Cf.* *(Sam)* Three, *(Sa)* Four, and *(O)* Five evil ways or evil realms of existence.

악보 惡報 악행에 대한 대가代價 또는 과보果報.

(Aakbo) Recompense for ill or evil deeds.

악세 惡世 악한 일이 성행盛行하는 세상.

(Akse) The evil realms of existence.

악순환 惡循環 좋지 않은 일의 되풀이. 조건이 지워진 상황에서 반복되는 생각과 존재 또는 행위 등의 기운에 의해 형성되는 나쁜 습관.

(Aksunhwan) A vicious circle: Configuration of habit energy, through the force of which repetitious patterns of thought, being, and action become fixed in the conditioned circumstances.

악업 惡業 전생前生의 온갖 나쁜 행위.

(Ageop) Evil karma: The evil or unwholesome acts in thought, word, or deed in the former lives.

악연 惡緣 나쁜 인연因緣.

(Agyeon) An evil affinity or condition in contrast to a good affinity or condition.

악인 惡人 행실行實이 나쁜 사람.

(Agin) An evildoer.

악인악과 惡因惡果 나쁜 원인과 그에 의한 나쁜 결과. 이것을 두고 콩 심은데 콩 나고, 팥 심은데 팥 난다고 말한다. 모두들 명심할 것. 애욕 참조.

(Ak-in Akgwa) Evil deeds cause bad results: This implies that there is no place where man can escape the consequences of his evil actions. One should never forget that evil consequences fall upon the doer of evil.

악취 惡趣 범어梵語 durgfati의 번역. 악업惡業에 의해 태어나는 지옥과 같은 세계. 악도惡道와 같은 말. 취趣 참조.

(Akchwi) Durgfati: The evil realms, or incarnations. The states of existence, such as hell, the realm of hungry ghosts and animals, to which evil-doers are destined. Another name for the evil path.

악취공 惡取空 만유萬有가 실재한다는 생각을 고집하는 사람에게, 그 잘못된 소견을 고쳐주기 위하여 공하다고 한 말을 듣고 공이라는 병에 걸린 것을 말함. 텅 빈 것이 아닌, 허공처럼 비어있으면서도 기氣로 '속이 꽉 찬 공空'을 영어로는 "plenum-Void"라 말함.

그리고 우리가 일상적으로 사용하는 '진공眞空'이라는 말에도 속지 않도록. 일상적으로 말하는 '진공'은 정말 아무 것도 없는 '진공상태'를 뜻하나, 불교에서 말하는 진공眞空은 그런 진공이 아니라 우주의 실체인 동시에 자성이 없다는 것을 말한다. 이러한 오해에서 차바퀴가 겉돌게 되며 불교가 어렵다는 이야기가 나온다.

(Akchwigong) The wrong view of emptiness: Do not be deceived

by the word "emptiness." Emptiness does not mean blank nothingness or vacuity. It is replete with life, and everything arises from this emptiness, which is called plenum-Void. The term "emptiness" is just a name, a finger pointing to the moon to help the lesser-minded understand the truth. *Cf. (Yeosil Bulgong)* Prenum-Void.

악행 惡行 불선不善한 행위.

(Akhaeng) The evil deeds or acts.

안거 安居 결제結制라고도 말함. 범어梵語 varsa의 번역으로, 범어의 원뜻은 비 또는 우기雨期라는 뜻. 그러나 안거安居란 인도의 우기雨期에 3개월간 실시되는 승단僧團의 특수 연중 수행 행사를 말함. 석가모니 부처님께서도 성도成道하신 다음해부터 입멸入滅하실 때까지 이를 계속하셨고, 그 후에도 불교전승佛敎傳承의 모든 나라에서 행하고 있음. 한국에서는 참선, 경전연구, 정진, 수행 등의 다양한 행사로 여름과 겨울 년 2회 행해지고 있다.

이 기간 동안 스님들은 외출을 금하고 오로지 연구, 정진, 수행에 전념한다. 그리고 안거安居의 첫날을 하안거夏安居의 제도를 맺는다는 뜻으로 결하結夏 또는 결제結制라 말하고, 안거安居를 완료하는 것을 과하過夏, 안거를 푸는 것을 해하解夏 또는 해제解制라 말함. 안거를 마친 후 에는 안거 중 스스로 죄를 범한 일이 있고 없는 것을 서로 묻는 작법作法, 곧 자자自恣가 엄숙히 행해지는데, 이 자자自恣를 행하는 날을 자자일自恣日이라고 말한다.

그런데 비 또는 우기雨期라는 범어梵語의 원뜻을 안거安居라 한문으로 번역한 것이 아주 특이하며, 영어로는 이를 조용한 곳에서 행하는 종교적 수련이라는 뜻의 "retreat," 또는 한자 안거安居의 뜻을 살려 "sojourn"이라고도 번역함. 그러나 안거安居 이외에 하행夏行, 하경夏經, 하단夏斷, 하룡夏龍, 하좌夏坐, 좌하坐夏, 백하白夏 등 다양하게 번역하기도 하니, 보통 근기根氣와 신심信心 그리고 용맹심 아니고는 정말 공부하기가 쉽지 않다.

(An-geo) Varsa (Skt), vassa (P): The meditation retreat. Lit. "peaceful dwelling or sojourn." Originally the rainy season of three months in India, from the 16th day of the 4th moon to the 15th day of the 7th moon, during which monks stay in their monasteries concentrating on Buddhist studies and meditation.

The retreat is an annual special event traditionally performed in India by the Sangha for three months during the rainy season in summer.

This practice was initiated by Sakyamuni Buddha upon Lord's attaining enlightenment, and continued until Lord's great extinction. After the Lord's passing, it has become an annual event in the every country where the Buddha's teaching has been transmitted. In Korea, the retreat is observed twice a year, summer and winter, for three months.

After the closing of the three-month hard study and training, monks observe another session of formality called pravarana or self-confession, asking each other with fellow practitioners whether one has violated any kind of sin during the retreat. One thing somewhat confusing is that the name of the retreat in Chinese rendering has more than half a dozen. To be exact, nine in all.

안광낙지 眼光落地 눈빛이 땅에 떨어질 때, 곧 죽음을 맞이할 때. 태어남도 그렇지만, 떠나감도 마찬가지. 너무 소란피울 필요 없다. 조용히 살다가는 것만 못하다. 하루살이의 인생을 지켜본 일 있는지? 한 번 꼭 지켜보길. 눈 밝은 사람이라면, 많은 것을 배울 것이다.

(Angwang Nakji) When you die, or when the eyesight drops to the ground: A figurative way of expressing the moment of death. We all return to our native home as we came. It is perhaps better to manage quiet life rather than fussing around. Have you ever watched a tiny dayfly? Try it. You will learn something if you have an awakened eye.

안립 安立 언어로 표상表象되어 다른 것과의 구별이 세워지는 것을 말함. 안립安立은 벌려놓는다는 뜻. 역시 어려운 한자 풀이.

(Anrip) The sign that can be distinguished from other objects by language.

안립제 安立諦 생각과 말로 미치지 못하는 진여眞如를 가설假說로 차별과 명목名目을 세워 나타냄을 말함.

(Anrije) Arrangement of true-suchness beyond comprehension by establishing a hypothesis of difference and pretext.

안목 眼目 사물을 보고 지혜롭게 분별하는 힘.

(Anmok) A discerning or appreciative eye: The power of discriminating insight, or the sight of Enlightenment-knowledge.

안목이명 眼目異名 이름은 다르지만 실상實相은 같은 것.

(Anmok-isang) The same factual reality with two different names.

안반 安般 범어梵語 ana-apana의 음역. 안나반나安那般那의 준말로, 수식관數息觀을 뜻함. 오정심관五停心觀의 하나. '아나 ana'는 내쉬는 숨, '반나 apana'는 들이쉬는 숨. 내쉬고 들이쉬는 숨을 헤아려 마음의 흔들림을 막는 것. 참선의 첫 문.

(Anban) Contemplation of counting the breath: Transliteration of Sanskrit "ana-apana," which means an insight of breath counting. "Ana" means inhaling the breath, and "apana" means exhaling the breath. This is the first step in meditation practice to steady the mind. *Cf. (Ojeongsimgwan)* Five types of insight to regulate five types of weaknesses. It is also called five mindfulness or recollection.

안세고 安世高 안식국安息國의 태자太子. 서기 147년에 중국 낙양洛陽에 와서 170년까지 안반수의경安般守意經 등, 주로 소승小乘 계통의 경전을 중국 불교사상 처음으로 중국어로 번역함.

(Ansego) An Shigao: Parthian prince who came to China in 147 C.E., and translated Sanskrit Hinayana Buddhist scriptures, such as Anapanasati, for the first time into Chinese until 170 C.E.

안식 眼識 오식五識의 하나로, 모양, 빛깔 등을 분별하는 작용.

(Ansik) The eye or visual consciousness that distinguishes form, color, etc., one of the five consciousnesses.

안식처 安息處 안심하고 편안하게 지낼 수 있는 곳.

(Ansikcheo) An abode for peaceful living.

안심입명 安心立命 안신입명安身立命이라고도 말함. 유교儒教의 가르침으로, 생사의 도리를 깨달아 몸과 마음을 천명天命에 맡기고, 의심하여 분별심分別心을 일거나 두려워하지 않음. 그러나 후세後世에 선종禪宗에서 전용轉用하여 견성見性함으로 마음을 깨달아 생사를 초월함으로 심신이 편안해졌음을 일컫는 말로 쓰이다.

(Ansim Immyeong) The peaceful mind with the will of heaven, or acceptance of one's fate: Having attained the truth of reality, one is at ease free from discrimination and afflictions. Originally a Confucian concept, the term was later borrowed by Ch'an Buddhists to imply mind beyond life and death through realization of one's self-nature.

안양 安養 극락세계의 별명으로 아미타불의 정토淨土를 말함. 한국에는 이러한 불교에서 따온 좋은 지명들이 많다. 서울에 있는 청량리清凉里도 그 중의 하나.

(Anyang) Comfort and gratification, or contentment and well-being: Another name for the Blissful Land of Amitabah Buddha. There is a city near Seoul with this name, and there are many such wonderful names for places or towns borrowed from Buddhism in Korea.

안이비설신의 眼耳鼻舌身意 육근六根 참조.

(Anibiseolsinui) The eye, ear, nose, tongue, body, and mind. *Cf. (Yukgeun)* Six roots, or six sense faculties.

알음알이 머리로 짜내는 지식. 머리 굴리는 것이 수행의 가장 큰 장애물. '사변적思辨的 학문을 하는 사람은 날로 망상의 군더더기가 더하고, 무위無爲의 도道를 닦는 사람은 매일같이 망상이 줄어든다.' (老子 道德經) 백경白鯨의 저자로, 미국의 저명한 소설가 Herman Melville (1819-1891)은 알음알이에 대해, "To the dogs with the head! 지식? 개나 물어가라!"라고 그의 작품에서 말한 일이 있다. 어려운 말만을 골라 설명하는 사람들이 한 번 생각할 문제.

(Areumari) Deliberation, conceptualization, ideation, intellectual speculation, or a conceptual mind and thought: The intellection, the biggest hindrance in attaining enlightenment. "In pursuing speculative knowledge, one only accumulates delusion daily. In practicing Tao, delusion decreases daily." It is a quote from Tao Te Ching, Ch. 48. Herman Melville (1819-1891) also denounces the intellection as saying, "To the dogs with the head!" in one of his short stories.

암자 庵子 큰 절에 딸린 작은 절.

(Amja) A hermitage, or a subsidiary small monastery.

암주 庵主 감원監院이라고도 말함. 암자를 관리 감독하는 소임. 주지를 대신하여 암자 내의 전반적인 일을 책임지고 처리함.

(Amju) The manager and overseer of the temple hermitage in lieu of abbot.

암증선 暗證禪 암선비구暗禪比丘와 같은 말. 원래 일반 불교신자가 참선하는 사람을 비난하기 위해 사용하는 말로, 경론經論에 의한 정확한 뒷받침이 없다는 뜻, 또는 스승의 인가도 없이 함부로 크게 깨달은 척 하는 것.

(Amjeungseon) Unverified dark meditation: It is a cynical criticism of meditation practice without the study or support of the sutra and treatises. It also means the enlightenment that has not been confirmed

by the master.

암증선사 暗證禪師 맹선자盲禪者 또는 암선비구暗禪比丘라고도 말함. 선정禪定을 닦는 데만 집착하여 교법敎法의 연구를 게을리하여 지해智解에 어두우면서도 스스로 우쭐한 자를 조롱하는 말.

(Amjung Seonsa) A meditation master in the dark without true realization or awakening: It is another way of expressing "unverified dark meditation." It is a cynical expression criticizing a meditation practitioner who is obsessed with meditation neglecting the study of the stura and treatises. Meditation without wisdom can lead to a laughing stock of the people.

앙산혜적 仰山慧寂 (840-916) 중국 선사禪師 위산영우潙山靈祐의 법제자.

(Angsan Hyejeok) Yangshan Huiji (840-916): The Dharma heir of Chinese Ch'an Master Weishan Lingyu.

앞생각과 뒷생각 앞 생각은 어두운 중생의 마음이며, 뒷 생각은 다름 아닌 깨친 마음. 한 생각 돌리면 그것이 곧 깨침이며 돈오頓悟. 어려울 것 없다. 어떤 큰 스님은 깨침이란 코 만지기보다 쉽다고 했다. 그러나 거기에는 눈에 보이지 않는 노력, 아니면 간절한 마음이라도 있어야 함.

(Apsaenggakgwa Dwitsaneggak) A passing mind and a second thought: The former is unenlightened dark mind, and the latter, the enlightened mind. The moment of awakening from delusion, just like awakening from a bad dream, is enlightenment. A Seon master said that it is easier than grabbing one's own nose, if you have, at least, an ardent mind for enlightenment.

애견 愛見 애愛와 견見. 애라 함은 개개의 사물에 붙잡혀 거기에 집착하여 깨달음에 이르는 것을 방해하는 정의적情意的인 번뇌. 견見이라 함은 잘못된 이론에 붙잡혀 삿된 견해를 가지고 깨달음에 이르는 것을 방해하는 이지적理智的인 번뇌를 말함.

(Aegyeon) Love and (wrong) views: Love and wrong views correspond to illusion of desire and illusion of intellection, respectively. These also turn out to be passions which obstruct the practice of enlightenment.

애결 愛結 애愛를 탐하는 번뇌 또는 속박. 애착과 탐욕이란 벗어나기 어려움을 말함. 구결九結 중의 하나.

(Aegyeol) The knots or bondage of love and craving: This is what meditation is for. It is one of the nine fetters.

애도사 哀悼辭 사람의 죽음을 위로하는 말.

(Aedosa) An address of condolence.

애도식 哀悼式 애도의 뜻을 나타내는 식.

(Aedosik) A condolence ceremony or service.

애민심 愛愍心 중생을 향한 보살의 가련한 마음.

1) 중생은 항상 의지처가 없다고 생각하는 마음.
2) 중생은 항상 빈곤하다고 생각하는 마음.
3) 중생은 항상 삼독에 불타고 있다고 생각하는 마음.
4) 중생은 항상 업의 감옥에 갇혀 있다고 생각하는 마음.
5) 중생은 항상 번뇌에 덮이어 있다고 생각하는 마음.
6) 중생은 항상 사물을 객관적으로 볼 수 없다고 생각하는 마음.
7) 중생은 항상 좋은 일을 위한 욕망을 포기했다고 생각하는 마음.
8) 중생은 항상 깨달음의 길을 잃어버렸다고 생각하는 마음.
9) 중생은 항상 생사의 흐름을 따라 간다고 생각하는 마음.
10) 중생은 항상 번뇌로부터 벗어날 수 있는 방법을 알지 못한다고 생각하는 마음.

(Aeminsim) Ten compassionate feelings of Bodhisattva towards all living beings:

1) Feelings that they are without a refuge to rely on.
2) Feelings that they are always destitute.
3) Feelings that they are always full of three poisonous elements.
4) Feelings that they are locked in the prison of karmas.
5) Feelings that they are always in the mire of afflictions.
6) Feelings that they are incapable of viewing things objectively.
7) Feelings that they have abandoned the desire for virtue.
8) Feelings that they have lost the way to enlightenment.
9) Feelings that they always follow the flow of life and death.
10) Feelings that they have lost the means to liberate themselves.

애별리고 愛別離苦 사랑하는 사람과 헤어지는 괴로움.

(Aebyeol Igo) The pain of being separated from those whom one loves: One of the five and eight sufferings.

애에 愛恚 갈애渴愛와 진에瞋恚 (성내는 것)의 두 가지 큰 번뇌.

(Ae-e) Love and hate: They are two of the great factors of passions or defilements.

애욕 愛慾 애愛는 갈애渴愛, 욕慾은 탐욕을 뜻함. 그런데 이를 애욕해愛慾海라고도 비유적으로 말한다. 왜냐하면, 이는 마치 깊은 바다와 같음을 말하는 것으로, 거기에 한 번 빠지면 헤어나기가 어렵기 때문이다.

(Aeyok) Love, lust, or passion and desire: It is also called "the stream of love and the ocean of desires," because if one once falls into these streams of love and the ocean of desire, it is hard to get out them.

애증 愛憎 애는 친애親愛, 증憎은 증오憎惡를 뜻하는 말.

(Aejeung) Love and hate, or desire and dislike.

애착 愛着 애愛는 은애恩愛, 갈애渴愛, 착着은 집착執着, 염착染着의 뜻. 깊은 은애恩愛의 정情에 집착하여 떨어지기 어려운 애집愛執, 애염愛染, 애욕愛慾을 뜻함.

(Aechak) Tanha (P), Trishna (Skt): The strong attachment of love, craving, and the thirst for life and affection, which is the cause of suffering and rebirth.

야단법석 野壇法席 야외에서 갖는 법회 또는 자유토론. 일상생활에서도 이런 표현을 가끔 쓰는데, 이렇듯 우리말에는 불교에서 차용한 말들이 많다.

(Yadang Beopseok) The outdoor Dharma assembly, or a Dharma assembly for free discussion and debate.

야마천 夜摩天 욕계육천欲界六天의 제 3 천天. 수야마천須夜摩天, 염마천焰摩天, 또는 염천焰天이라고도 말함. 시간을 따라 쾌락을 받으므로 시분천時分天이라 번역.

(Yamacheon) The third heaven of the world of desire: The palace of the Suyama Heaven. Inhabitants of this planet indulge in pleasure by the hour.

야수다라 耶輸陀羅 부처님이 출가하시기 전 싣달다 태자 때의 비妃. 나중에 출가하여 비구니比丘尼가 됨.

(Yasodhara) : The wife of Siddhartha Gautama, the historical Buddha and mother of his son Rahula. She later followed the path of the Buddha.

야차 夜叉 번뇌煩惱의 상징으로, 매우 추하고 괴이하게 생긴 귀신. 하늘을 날아다니면서 사람을 잡아먹고 상해를 입히는 잔인한 악귀惡鬼라고 함.

(Yacha) Yaksa: A malignant and merciless ugly demon: It lives both

on earth and in the air, killing and harming people.

야호선 野狐禪 선종禪宗에서 깨닫지 못한 자가 이미 깨달은 척 하여 사람을 속이는 것을 가리키는 말.

(Yahoseon) Deceptive meditation: It means the false enlightenment that one brags about deceiving the people. It literally means, "The wild fox meditation."

약능요심 만행구비 若能了心 萬行俱備 마음을 확실히 깨달으면 모든 수행을 다 갖춘 것이 된다는 뜻. 그래서 부처님 공부란 곧 마음공부라는 말이 나온다.

(Yakneung Yosim Manhaeng Gubi) All practices will be complete if you only realize the true nature of the mind: This is the reason why studying Buddhism is the cultivation of the mind. All the rest are secondary or subsidiary.

약무일체심 삼계역비유 若無一切心 三界亦非有 만약 일체의 마음이 없으면 나고 죽는 삼계三界도 또한 있을 곳이 없다.

(Yakmuilchesim Samgyeyeok Biyu) Where there is no mind, no three realms of transmigration could exist.

약사 십이대원 藥師 十二大願 약왕藥王 구루가 전생에서 세운 열두 가지 서원.

1) 자신의 광명光明을 일체 중생에게 비치려는 서원.
2) 중생을 모두 깨우치려는 서원.
3) 중생의 소원所願을 모두 채워주려는 서원.
4) 일체 중생을 대승大乘의 길로 이끌려는 서원.
5) 일체 중생으로 하여금 계율戒律을 지키게 하려는 서원.
6) 일체 중생의 정신적 육체적 병을 치유하고 깨달음으로 인도하려는 서원.
7) 몸과 마음이 안락하여 무상보리無上菩提를 증득하게 하려는 서원.
8) 일체의 여인으로 하여금 다음 생에는 남자로 환생하도록 하려는 서원.
9) 일체 중생으로 하여금 그릇된 가르침을 멀리하고 진리를 깨닫도록 하려는 서원.
10) 불행한 시대에 환생한 일체 중생을 구제하려는 서원.
11) 일체의 배고픈 중생에게 음식을 베풀고자 하는 서원.
12) 헐벗은 중생에게 의복을 얻게 하려는 서원.

(Yaksa Sip-i Daeweon) Twelve great vows of the Healing Buddha made in his former life:

1) I shall radiate my light to all beings.

2) I shall lead all beings to enlightenment.
3) I shall fulfill the wishes of all beings.
4) I shall lead all beings to the Mahayana path.
5) I shall enable all beings to maintain the rules of discipline and precepts.
6) I shall heal all spiritual and bodily illnesses of all beings and then lead them to enlightenment.
7) I shall lead all beings to ease and comfort and then to enlightenment.
8) I shall transform all women into men in their next rebirth.
9) I shall keep all beings from false teachings and help them attain enlightenment.
10) I shall save all beings from rebirth in an unfortunate age.
11) I shall provide food for the hungry.
12) I shall provide clothing for the naked.

약사재 藥師齋 약사여래를 공양하는 법회.

(Yaksa je) Celebration of Bhaisajyaraja, the Bodhisattva of Medicine, or the Healing Buddha.

양구 良久 긴 침묵. 선禪의 궁극적 도달점이며 우주의 참 면목面目인 진여眞如는 모양이 없을 뿐만 아니라, 어느 종교와는 달리 말씀이 없으며 언설을 초월한다. 이것이 적멸寂滅과 열반이며, 진실은 언설에 있는 것이 아니라고 경經은 말한다. 이와 관련하여 형이상적인 논쟁에 관해 이야기하면, 서양철학에서 흔히 볼 수 있는 공허한 논쟁이란 부질없는 말장난에 지나지 않으며, 따라서 부처님께서는 일체 이러한 질문에 대해 답변을 하시지 않았다. 유마거사維摩居士의 침묵 그리고 그 유명한 독화살에 대한 비유 참조.

(Yanggu) A great or noble silence: Reflection of the true face of the infinite universe. The ultimate truth is beyond words, expression, and human ken. Hence a great or noble silence. Buddha's utmost concern was not metaphysical speculation but deliverance of common people from suffering--duhkha. *Cf.* The noble silence of Vimalakirti and the parable of the poisoned arrow.

양극 兩極 대각對角을 이루고 있는 양극단兩極端.

(Yanggeuk) The pairs of polar opposites.

양문 兩門 돈오頓悟와 점수漸修. 불도佛道를 닦음에 있어 상근기上根機가 아닌 경우, 먼저 깨치고 나서 오래 닦아야 한다. 깨치지 않고서는 바르게 닦을 수가 없기 때문이다.

(Yangmun) Two gates of sudden and gradual enlightenment: If you are not endowed with high capability, you must attain enlightenment first and then gradual cultivation, because without an initial enlightenment, no amount of cultivation will bring any fruit.

양변 兩邊 양쪽 변邊 또는 양 극단으로, 상견常見과 단견斷見을 말함. 이변二邊이라고도 말함. 궁극적 진리란 양변을 떠난 적멸寂滅의 지리에서만 실현가능. 중도中道 참조.

(Yangbyeon) Two extreme views of annihilationism and eternalism: Only in the transcendental unruffled state, beyond the realm of opposites or dualism, is Truth realizable. *Cf. (Jungdo)* The Middle Path.

양변 兩辯 비뚤어진 생각.

(Yangbyeon) The wayward ideas.

양설 兩舌 10악惡의 하나. 양쪽에 다니며 서로 다른 말로 이간질 하며 싸움을 붙이는 일.

(Yangseol) The false words, double-tongued, or distorted speech about others, which only inflicts brawls or feuds between the two parties.

양족존 兩足尊 부처님을 말함. 부처님은 두 발을 가진 사람 중에서 가장 높으신 분이라는 뜻. 복덕과 지혜를 두루 갖춘 존귀한 부처님이라는 뜻도 있다.

(Yangjokjon) The most honored of the two-legged beings: An epithet of the Buddha, the most honorable man who is full of virtue and wisdom.

어간문 御間門 법당의 정면 큰 문. 일반 신자들은 좌우 옆문을 사용해야 한다.

(Eoganmun) The large front door or entrance of the Buddha Hall: The lay people should use the side entrances or doors. The front door is reserved for the priest only.

어록 語錄 옛 성자聖者들 또는 선승禪僧들의 중요한 말씀과 언행을 기록한 책. 한 사람의 말만을 모은 것은 별집別集, 그리고 많은 사람의 말을 모은 것은 통집通集이라고도 말함.

(Eorok) Record of acts and sayings of great masters or patriarchs usually recorded by disciples: The sayings of only an individual master is called a separate collection, while the collection of many personages is called collected works.

어묵동정 語默動靜 말과 침묵과 움직임과 고요함. 진정한 참선에 있어선 이들 그 어느 경우에도 장애가 될 수 없으며 또 그것이 도인道人의 경지. 행주좌와行住坐臥 참조.

(Eomukdongjeong) Speaking, being silent, moving, and being still: At any time, any place, and in any circumstance, one's mind should not be disturbed. One should not be too particular about circumstances in meditation practice. Everyday-mind is Buddha. Meditation practice and becoming a Buddha are nothing special. *Cf. (Haengjujwawa)* Moving, abiding, sitting, and lying down.

어법실무증 불취역불이 於法實無證 不取亦不離 법은 실제로 증득할 것이 없으니 취하거나 떠날 일도 없다.

(Eobeop Silmujeung Bulchwi Yeokbuli) With respect to the Dharma there really is no realization. Hence there is no to way get it or to be separate from it.

어산 魚山 어장魚丈이라고도 말하며, 부처님의 공덕을 찬양하는 불교 의례儀禮에서 범패梵唄를 부르는 스님을 말함. 중국에 있는 어산魚山이라는 산에서 이 노래가 시작하였다하여 이 노래를 부르는 스님을 어산 또는 어장이라 말함. 범패梵唄 참조.

(Eosan) The singer of a Buddhist ritual song called Beompae, a song praising the merit and virtue of the Buddha. This style of song originated in China in the mountain which was called Eosan in Korean and Yushan in Chinese, whereas the singer of this song started to be called by the name of the mountain,

어시발우 발우공양을 할 때 밥을 담는 그릇.

(Eosibaru) A wooden bowl for rice of the Buddhist "baru meal" in the temple.

어필 御筆 임금의 친필親筆. 마곡사麻谷寺에가면 세조世祖가 쓴 영산전靈山殿 편액偏額을 볼 수 있다.

(Eopil) An imperial handwriting: You may see a plaque, Yeongsan Jeon 靈山殿 in Chinese characters, which means the Hall of Disciples, written by King Sejo (r. 1545-1468) at Magok Temple on Mount Taehwa in Gongju City.

억념 憶念 마음에 새겨 잊지 않고[念], 항상 생각하는[憶] 것. 대개는 부처님 또는 부처님의 본원本願을 마음에 간직하여 잊지 않는 것을 말함.

(Eoknyeom) Recollection: Usually mindfulness of Buddha, or recollection of Lord's great original vow of deliverance of sentient beings.

언설 言說 말과 언어. 이들은 어디까지나 달을 가리키는 손가락이라는 것을 항상 잊지 말 것.

(Eonseol) Speech and words, or a verbalism: We should never forget that they are only fingers pointing to the moon, not the moon, the truth.

언설법신 言說法身 법신은 본래 모양이 없고, 말할 길이 없으나, 이를 표현하려면 언어에 의존할 수밖에 없으므로 언설법신이라 말함.

(Eonseol Beopsin) The description of the Dharma-body: The Dharma-body has no form. Hence there is no way to describe it. Yet if we were to describe it, we must rely on words. Hence the description of the Dharma-body.

언어 言語 언어라는 것은 임의적 하나의 전달수단의 도구로서 근본적으로 실체가 없는 허위적인 것. 예를 들어 달을 가리키는 손가락 같은 것. 그런데 사람들은 이 도구인 말과 언어에 집착한다.

(Eoneo) Language: Language is an arbitrary device for communication that has no substantiality of its own. Something like a finger pointing to the moon. Yet most people believe that the name or language has substantiality of the things it describes or names and get infatuated to the language or name that describes or indicates something.

언어도단 言語道斷 진정한 도道나 진리는 말로 표현할 수 없으며, 말과 생각이 끊어진 자리라는 뜻. 양구良久 참조.

(Eoneododan) Beyond words and intellection: The pathway of language is cut off. The Way or the ultimate truth is something beyond

words and letters. *Cf. (Yanggu)* The noble silence.

언하 言下 말이 떨어지자 무섭게라는 뜻. 선문답禪門答에서 말이 떨어지자마자 단박에 깨치는 경우에 흔히 쓰는 말.

(Eonha) Spontaneity: A spontaneous understanding, realization, or response upon hearing something, such as sudden enlightenment during Seon or Zen dialogue between the master and disciple.

언하대오 言下大悟 말이 떨어지자마자 크게 깨치다.

(Eonha Daeeo) Great, or spontaneous enlightenment upon hearing a word.

업 業 어떤 결과의 원인으로 생각되는 일체행위. 이것을 행위와 말 그리고 생각으로 나누어 신구의身口意 삼업三業이라 말한다. 이를 좀 더 쉽게 설명하면, 우리가 하는 말이나 생각 혹은 행동 일체를 말함. 그리고 우리가 짓는 모든 행위, 곧 업業은 우연한 소행이 아니라는 것, 곧 콩 심은데 콩 나고, 팥 심은데 팥 난다는 것을 알아야 하며, 또 모든 행위는 결국 마음의 소행이라는 것도 알아야 함. 그래서 일체유심조라는 말이 나오며, 마음공부의 이치가 나온다.

업業을 범어梵語로는 '카르마'라고 하며, '짓는다'라는 뜻. 그런가 하면, 전생에 지은 선악의 소행所行으로 인하여 현세에서 받는 응보應報로서 윤리에 관한 불교의 핵심 교리이기도 함. 일체유심조一切唯心造와 자업자득自業自得 참조.

(Eop) Karma (Skt), kamma (P): Action, work, deed in the sense of action-reaction. The law of moral compensation or causality. The word 'karma' means action and refers to our intentional or wilful mental actions. The doctrine inseverable from that of "rebirth," the cycle of birth and death, or samsara. The law of the deed and the effect according to which the life circumstances of an individual in any given phase of the cycle of births and an effect of his deeds and character in previous lives.

In other words, all actions of body, speech, and mind entail retribution in this and future lives. Everything we are or do is not an accident but comes from what we have made in previous lives. By oneself evil is done; by oneself one suffers. Everyone is the moulder and sole creator of his life to come. We can also say that karma is the child of ignorance, which is the father of all human suffering, and the basis of causation.

Another thing we should realize is that all karma comes from our deluded mind. If mind or thinking disappears, karma also disappears. In this sense, Buddhism can be called the cultivation of the mind, the mindless-mind. It also means a moral principle in each being which survives death for further retribution and transmigration. *Cf. (Ilche Yusimjo)* Everything is the production of the mind, and *(Jaeopjadeuk)* The natural consequence of one's own deed.

업감 業感 업보業報 또는 업과業果와 같은 말.

(Eopgam) A variant expression for *eopbo*, retribution for the deeds of a former life, or the consequences of all actions, or the law of moral compensation or retribution.

업감연기 業感緣起 소승小乘의 연기론으로 사종연기四種緣起의 하나. 일체의 현상은 모두 우리들의 업에 의하여 나타난다는 구사론俱舍論의 세계관과 인생관. 곧 감업고感業苦의 삼도三道가 전전展轉하여 인과가 상속됨을 말함. 감感은 마음의 병이고, 업業은 몸의 악이며, 고 苦는 생사의 과보果報다. 마음의 병이 연緣이 되어 몸으로 악을 짓고, 이 몸의 악이 인因이 되어 생사의 과보果報를 받게 됨으로, 이것을 가리켜 업감연기業感緣起라 말함. 십이연기十二緣起 참조.

다시 말해 우리들은 각기 뜻을 정하고 그 결정을 행동과 말로 나타내게 됨에 따라 업력業力이 되고, 이들 업력은 없어지지 않고 아뢰야식에 함장含藏되었다가 유사한 인연을 다시 만날 때 반드시 그 결과를 불러온다고 함. 아뢰야식연기 참조.

(Eopgam Yeon-gi) Interdependent arising of karmic actions--verbal, mental, and physical: Abhidharma-kosa argues that every phenomenon, internal and external, arises from karmic actions, and these karmic actions invite, or result in inevitable retributions.

In other words, delusion is the sickness of the mind; and karma is the evil of the body; and suffering, the result of birth and death. Thus the three modes of life of cause and effect interrelate forevermore. The physical evil actions arise from conditions, and the physical evil actions cause the retribution of birth and death. *Cf. (Sajong Yeon-gi)* The four kinds of dependent origination.

업경 業鏡 지옥 염마왕청閻魔王廳에 있는 거울. 여기에 비치면 죽은 자가 생전에 지은 선악의 행업行業이 그대로 나타난다고 함.

(Eopgyeong) The mirror at the hall of the King of Hell, on which all the karmic actions of good and evil in the former life will be reflected when one stands in front of it.

업고 業苦 악업惡業을 행한 것이 원인이 되어 받는 괴로움.

(Eopgo) Karmic suffering: Suffering which one undergoes as retribution of evil acts committed in the past.

업과 業果 선악의 행위. 곧 업業을 지으면 반드시 그 과보로서 고락苦樂의 갚음을 받는다는 뜻.

(Eopgwa) The effect or retribution of karma: The ultimate consequence of an act, good or evil.

업력 業力 업인業因이 과보果報를 가져오는 큰 힘을 말함. 다시 말해 습관적 업業의 무서운 힘.

(Eopryeok) Kamma bala: The power of karma: The tremendous power of habitual karmic action.

업륜 業輪 선악性惡의 업이 능히 중생을 싣고 육도六道를 돌기 때문에 차의 바퀴에 비유한 것.

(Eopryun) The wheel of karma or actions: The metaphor of the karmic actions good or eveil, that turn round and round like the wheel of a cart.

업마 業魔 업業은 고苦를 불러옴으로 마魔에 비유하였고, 수행인이 닦는 정도正道를 장애하고 깨달음을 방해함으로 마魔에 비유한 것.

(Eopma) The karmic devil: The metaphorical expression of karma as the devil, since the karma obstructs the right way, and obstructs also the practice the way to attain enlightenment.

업망 業網 선악善惡의 업인業因이 사람을 빠져나올 수 없는 생사生死에 빠지게 하므로, 업 業을 그물에 비유한 것.

(Eopmang) The karma-net: The metaphorical expression of karma as the net, since the karma traps sentient beings into the net of the eternal cycle of birth and death.

업보 業報 업감業感 또는 업과業果라고도 말하며, 선악의 업業에 의하여 받는 고락苦樂의 과보果報.

(Eopbo) Karma-result or retribution: Retribution for the karmic actions of previous lives, or the consequences of all actions, or the law of moral compensation or retribution. *Cf. (Yunhoi)* A karmic cycle of samsara, or birth and death.

업상 業相 삼세三細의 하나. 근본불각根本不覺의 망심妄心에 의하여 진여의 일념一念이 처음 발동하여 생기는 최초의 분별심. 업식業識과 같은 말.

(Eopsang) The karmic activity of discrimination caused by outer perspective, or sense-objects: The first stage of consciousness arising from the delusion of fundamental unenlightenment. One of the three sub-categories of perception *(Samse 三細)*.

업식 業識 분별심을 말하며 업을 짓는 속성. 업상業相과 같은 뜻으로 중생심衆生心이라고도 말함.

(Eopsik) Karmic-consciousness, the activity of discrimination, or the habit force of our mental formations through which consciousness appears: It is also called the mind of sentient beings. One of the five consciousnesses.

업신 業身 중생의 몸을 업신業身이라 하고 보살의 몸을 의생신意生身이라고 한다. 업신業身은 과거의 업業에 의해 만들어진 몸이고, 의생신意生身은 수행과 공덕에 의해 만들어진 몸이다. 경전經典에서는 중생와 보살의 힘을 업력業力과 원력願力으로 나누고 업력業力을 원력願力으로 바꿀 것을 중생들에게 요구한다. 보살은 중행을 제도하기 위해 수행을 쌓고 그 수행의 힘으로 수승한 원력을 발하여 마음대로 몸을 받는다. 그러므로 의생신은 수행의 공덕과 원력이 없이는 생겨날 수 없게 되어있다.

(Eopsin) The body of karma: The body arisen from karma is called the karma-body, and the body of Bodhisattva is called the body arisen from the vow and merit of saving sentient beings. The sutra divides the power of sentient beings into two categories: the power of karma and the power of ardent vow, and asks sentient beings to shift the power of karma to the power of vow.

Bodhisattva practices to save sentient beings and he is able to reborn at will with the power he attained from his practice to save sentient beings. Hence one cannot attain the body of Bodhisattva without the merit of practice and fervent vow.

업아 業我 업으로 가득찬 아我. 진아眞我의 반대 개념.

(Eop-a) Karmic-self: Self full of karma contrary to true-self.

업연 業緣 업業을 일으키는 조건. 선업善業은 좋은 결과의 인연을 부르고, 악업惡業은 나쁜 결과의 인연을 부르며, 또 일체의 유정有情이 모두 업연業緣에 의하여 생김을 말함.

(Eopyeon) Karmic conditions: The conditions arising from karma or action. Good actions bring good retributions, and evil actions bring evil retributions. Thus we may say that all living beings or existences are the results of the karmic conditions.

업인 業因 업業을 일으키는 원인.

(Eopin) The karma-cause, or the cause of good or bad karma.

업장 業障 삼장三障의 하나. 정도正道를 방해하는 신 · 구 · 의로 짓는 온갖 행위.

(Eopjang) Kamma avarana: Karmic obstacles: The karmic acts of body, speech, and mind, which obstruct the right path and attaining enlightenment.

여 如 범어梵語 tatha의 번역. 여여如如, 진여眞如, 여실如實이라고도 함. 여여如如참조.

(Yeo) Tatha: It is an abridged term of *(Yeoyeo)* True suchness, suchness of existence, the state of things as they really are.

여낙발수구 與落髮授具 머리를 깎고 구족계具足戒를 받게 하다.

(Yeonakbalsugu) Tonsure and giving the full precepts.

여래 如來 시작도 없고 끝도 없는 진정한 초월적 실체인 진여眞如에 대한 다른 이름인 '여래'는 '그와 같이 왔다'는 의미를 가진 석가모니 부처님의 열 가지 이름 중의 하나로, 와도 온 곳이 없고, 가도 간곳이 없다는 뜻. 원 뜻은 '그와 같이(tatha)', '온 사람(gata)'이다.

(Yeorae) Tathagata: One of the ten titles of Buddha. Tathagata in Sanskrit means "Thus(ness)-gone One," or "Thus(ness)-come One," One who proceeds always in consciousness of the ultimate reality, or "that-ness" of all things, the transcendental One.

여래사교 如來四敎 부처님의 네 가지 단계적 가르침 1) 소승교小乘敎. 2) 점교漸敎.

3) 돈교頓教. 4) 원교圓教.

(Yeorae Sagyo) The four stages of Buddha's teaching: 1) The teachings of Hinayana. 2) The teachings of gradual enlightenment. 3) The teachings of sudden enlightenment. 4) The perfect and universal teachings.

여래(청정)선 如來(清淨)禪 사종선四種禪의 하나로, 최상승선最上乘禪이라고도 말하며, 역사적으로 달마達摩 (?-528)에서 육조 혜능 (638-713) 이전까지를 여래선이라라고 하고, 혜능 이후 대혜종고大慧宗杲 (1088-1163) 선사가 간화선을 세우는 1100년대 이전까지를 조사선이라고 함.

여래선이라는 말은 능가경에 있는 것으로, 규봉圭峰은 이것으로써 교선일치教禪一致라 주장하여 달마가 전한 최상승선이라 하였으나, 여래선의 판별判別은 오히려 문자의 알음알이인 이理에 떨어져 달마가 전한 진선미眞禪味에 도달하지 못해 깨달음에 대한 흔적이 아직 남아있는 것이라 하고, 이에 대하여 조사선祖師禪이란 말이 생기게 되었다. 여래선은 당나라 (618-907) 이후에 조사선과 같이 쓰이기도 하였으나, 조사선은 석가의 마음을 마음으로 아는 선禪임을 말하는데 대하여, 여래선은 부처님의 말씀인 경전經典을 중요시 하면서 청정한 자신의 마음이 본래 부처와 다름이 없다는 이치를 깨달아 여래의 경지에 들어가는 선禪 공부.

이렇듯 여래선은 여래가 설한 경전의 뜻을 중시해 그 뜻을 깨닫는 것을 중시하므로, 조사선과 간화선에서는 여래선을 의리선義理禪이라고도 하는 반면, 조사선과 간화선은 불립문자不立文字 교외별전教外別傳, 직지인심直指人心, 견성성불見性成佛이라고 해 경전經典, 곧 문자보다는 조사祖師들의 말씀[語錄]을 더 중요시 함. 따라서 조사선에서는 여래선을 가리켜 생각과 알음알이가 아주 끊어지지 않아, 말자취가 있고 이치의 길이 남아 있어 마치 물에 도장을 찍는 것[印水]과 같다고 폄하함. 간화선看話禪과 조사선祖師禪 참조.

(Yeorae(Cheongjeong) Seon) Tathagata (pristine) meditation: It is one of the four kinds of meditation. It is also called the supreme-vehicle meditation, and relies chiefly on the sutra or the teachings of Buddha with the firm belief that we are all inborn Buddhas without any defilement, while the Patriarchal and the ganwha meditations stress the direct transmission of the Buddha-dharma from mind to mind without relying on words and letters.

The Patriarchal and ganhwa meditations degrade it claiming that it still retains the trace of words and reasoning, and say it is like stamping the seal in water or on the mud. Yet both Tathagata and Patriarchal meditations have been practiced side by side for some time after the Tang Dynasty (618-907).

It should also be remembered that the style of meditation practice before the time of Bodhidharma (?-528) to the Sixth Patriarch Huineng (638-713) is called the immaculate Taghagata meditation, and during the period from Bodhidharma to the Sixth Patriarch is called the Patriarchal meditation. On the other hand, hwadu or the word-head meditation was established by Dahui Zonggao (1088-1163) around the year 1100. *Cf. (Ganhwaseon)* Word-contemplation meditation and (Josaseon) Patriarchal meditation.

여래식 如來識 불식佛識이라고도 말함. 제 8 식識인 아뢰야식 위에 제 9 식 암마라식菴摩羅識을 세운 것. 이 식識은 일체의 무명 번뇌를 여읜 청정한 식識.

(Yeoraesik) Tathagata or the ninth consciousness: This is the final stage of consciousness completely free from defilement or ignorance.

여래십호 如來十號 부처님의 열 가지 명호名號.

1) 여래如來 (그렇게 오고 가신 분) 2) 응공應供 (마땅히 공양 받아야 하실 분) 3) 정변지正遍知 (바르고 평등하게 깨달으신 분) 4) 명행족明行足 (밝게 행을 완성하신 분) 5) 선서善逝 (피안의 언덕으로 편안히 가신 분) 6) 세간해世間解 (세간을 잘 아시는 분) 7) 무상사無上士 (그보다 더 이상이 없는 분) 8) 조어장부調御丈夫 (사람을 길들이시는 분) 9) 천인사天人師 (천신과 인간의 스승이신 분) 10) 불세존佛世尊 (바르게 깨달아 세상에서 존귀하신 분)

(Yeorae Sipho) Ten epithets, titles, or names of Buddha:

1) Tathagata. 2) Arhat. 3) Perfectly enlightened One. 4) Possessed of wisdom and practice. 5) Well-gone One. 6) Knower of the world. 7) Unsurpassed One. 8) Tamer of Man. 9) Master of Gods and Man. 10) Baghavat, or World-honored One.

여래오종설법 如來五種說法 여래如來의 다섯 가지 설법 방법說法 方法.

1) 언설言說. 2) 수의隨意. 3) 방편方便. 4) 법문法門. 5) 대비大悲.

(Yeorae Ojongseolbeop) The Buddha's five ways of discourse: 1) Utterance. 2) Contrition. 3) Artful expediency. 4) Dharma discourse.

5) Great compassion.

여래장 如來藏 Tathagata-garbha의 번역. 여래장이란 모든 중생의 번뇌 가운데 덮여있는 본래 맑은 여래법신을 말함. 여래장은 번뇌 중에 있어도 번뇌에 더러워짐이 없고, 본래부터 절대 청정하여 영원히 변함이 없는 깨달음의 본성을 말함. 그리고 또 여래장이란 비유적으로 말해 의식을 저장하는 창고라 말할 수 있으며, 이는 서구 심리학에서 말하는 '집단 무의식'과 비슷하다.

사람들은 이로 부터 각자의 의식을 인출引出해낸다. 그리고 이것이 온전히 개인의 의식 속에 흡수되면, 새로운 대아大我 또는 진공眞空 (Plenum-Void)이 형성되는 동시에 이는 또 다시 불성佛性과 하나가 된다.

그러나 이를 우리들이 짓는 업業의 측면에서 보면, 과거의 원인에 의해서 이루어졌든 소화消化되지 않은 업장業障의 저장소라고 말할 수도 있다. 따라서 여래장이란 한 면으로는 우주적 차원의 현현顯現인가 하면, 또 한 면으로는 개인적인 업業의 결과인 장식藏識이라는 양면성을 가진다고 말할 수 있다.

또 다른 불성의 측면에서 좀 더 쉽게 이야기 하면, 일체 중생의 타고난 불성佛性, 곧 누구나 부처가 될 수 있는 씨앗이 마음속에 있음을 말함. 따라서 중생들의 어리석음에 의해 우리의 불성을 가리고 있는 업식業識이 제거되면 곧 생멸을 넘어서 성불한다고 말할 수 있음. 일체중생실유 불성一切衆生悉有佛性 참조.

(Yeoraejang) Tathagatagarbha, embryo of the Tathagata, or the Buddha-nature inherent in all beings: It means the everlasting immaculate Dharma-body, which is covered by defilements even though it is never defiled by them.

Metaphorically, it is also a storehouse or repository consciousness. "It is akin to the unconscious of Western psychology, and is, so to speak, the impressional state of awareness from which the individual draws his personal consciousness, and which, when entirely drawn into consciousness, will make the new-born Self at one with the All-self or Plenum-Void which merges into Buddha-nature.

In terms of karma, it is the store-house of unexpended effects created by past causes. It is therefore two-faced, being the effect of cosmic manifestation and the cause of individual effects." It can also be described as a storage house, or repository of the Buddha-nature in oneself and in all beings.

Hence if defilements in the Tathagatagarbha are removed, our original pure nature will be revealed, and attain enlightenment. *Cf. (Ilchejungsaeng Silyubulseong)* The universality of Buddha nature of every sentient being.

여래장연기 如來藏緣起 사종연기四種緣起의 하나. 진여연기眞如緣起라고도 말함. 진여인 우주의 실체는 시작도 없고 끝도 없으며, 증함도 없고 감함도 없으나, 염정染淨의 인연에 따라 온갖 법을 일으키는 것을 말함. 다시 말해 염정染淨, 곧 더러움과 맑음과 같은 온갖 현상이 여래장에서 연기緣起했다고 설하는 것을 여래장연기라 말함.

(Yeoraejang Yeon-gi) Causes and conditions of the Tathagatagarbha: In the ultimate sense, everything, pure and defiled, arises from the ultimate reality of the void, or true-suchness according to the conditions, either good or bad. It is also called the absolute causative condition of true-suchness.

여래장지 如來藏智 여래장지란 곧 여래공지如來空智를 말함이니, 범부凡夫는 볼 수도 없고 얻을 수도 없는 것.

(Yeoraejangji) The knowledge or wisdom of the Tathagatagarbha: It is Tathagata's wisdom of emptiness, which is neither conceivable nor attainable for the unenlightened.

여래정법륜 如來正法輪 부처님이 설하신 바른 가르침.

(Yeorae Jeongbeopryun) The Tathagata's turning of the wheel of the Great Dharma or teaching.

여래청정선 如來清淨禪 여래선如來禪 참조.

(Yeorae Cheongjeonseon) Tathagata's pristine meditation. *Cf. (Yeoraeseon)* Tathagata's (pristine) meditation.

여량지 如量智 여리지如理智의 반대로, 차별지差別智와 속제지俗諦智를 말함. 현상계의 수량과 차별에 응하여 그 차별상을 명백히 아는 불·보살의 지혜.

(Yeoryangji) The secular wisdom or knowledge: The wisdom attained from the examinations of the difference and diversity of the phenomenal aspect in contrast to the fundamental wisdom of knowledge. *Ryang* (量) means measuring or manipulating. *Cf. (Yeoliji)* The fundamental wisdom of knowledge.

여리지 如理智 여량지如量智 또는 권지權智의 반대로 근본지根本智 또는 진제지眞諦智를 말함. 절대적이고 둘이 아닌 평등한 진리에 부합하는 불보살의 지혜.

(Yeoriji) The fundamental wisdom or knowledge: The ultimate wisdom in contrast to the secular or expedient wisdom or knowledge, the non-dual and fundamental wisdom of Buddha and Bodhisattva.

여법 如法 불법佛法에 부합함, 곧 부처님과 조사들이 정한 규율대로 행함을 말함.

(Yeobeop) Coincide, or in concord with the law, or act according to the law established by Buddha and Patriarchs.

여승방 女僧房 비구니들이 사는 절. 그냥 승방僧房이라고도 말함.

(Yeoseungbang) The monastery for the bhikkuni, or the nunnery.

여시 如是 '이와 같은 것'이라는 뜻으로, 경經의 첫머리에 두는 말. 그런가 하면 온갖 사물의 있는 그대로의 모습을 보이는 말. 또 다른 뜻은 '그와 같다'고 하여 상대에 대하여 허락하여 인정하는 말.

(Yeosi) Thus, as such, as it is, or so it is: It has three different meanings. 1) The first word appearing in a sutra, e.g., "Thus have I heard." 2) It indicates that what one believes conforms to truth without any error. 3) It indicates the absence of any doubt.

여시아문 如是我聞 '나는 부처님의 말씀을 이와 같이 들었다'는 뜻으로, 전통적으로 경전經典의 앞머리에 적은 말.

(Yeosiamun) "Thus have I heard": The traditional opening statement of a Buddhist sutra.

여시안심 如是安心 이대로의 편안한 마음.

(Yeosiansim) The peaceful mind, or pacifying the mind just as it is.

여시어 如是語 여시설如是說이라고도 말함. 본사경本事經 참조.

(Yeosieo) The words as they are: This is the sutra relating Sakyamuni Buddha's karmic activities in His former lives. *Cf. (Bonsa Gyeong)* The Sutra of the Karmic Activities of Shakyamuni Buddha's Previous Lives.

여실 如實 분별심을 떠나, 있는 그대로의 진실한 존재. 진여眞如, 법계法界, 여여如如와 같은 뜻. 누군가 말했다: '산은 산이요 물은 물'

(Yeosil) True-suchness or reality: Someone said, "Mountain is

mountain, water is water."

여실공 如實空 진여眞如 자체의 내용을 표현하는 말. 진여의 체성體性 (본질)은 온갖 사상을 초월하여 절대적인 것이므로, 일체의 언설과 사려를 부정한다는 뜻으로 공空이라 함. 역설적인 표현이기는 하지만, 쉽게 이야기 해 공이기 때문에 진실하며, 진실하기 때문에 공인 것이다. 여실불공如實不空 참조.

(Yeosilgong) The void of true-suchness: It is called void because it is beyond words and expressions. In other words, the Void is another expression for true-suchness. *Cf. (Yeosil Bulgong)* Plenum-Void.

여실불공 如實不空 여실如實은 진여眞如의 다른 이름. 따라서 진여는 참된 실재實在이며 그 자체 나에 온갖 무루 청정無漏 淸淨한 기능 또는 성품을 완벽하게 갖추고 있다는 뜻. 이것을 영어로는 '꽉 찬 참된 공간 plenum-Void'이라 말함.

(Yeosil Bulgong) Plenum-Void, not vacuity or blank emptiness: Emptiness replete with true-suchness, which contains the pure essence of the entire universe.

여실수행 如實修行 만유萬有는 공空하다는 이치를 깨닫고 그대로 수행하는 것.

(Yeosil Suhaeng) Practice with the knowledge or wisdom of truth that everything is essentially non-substantial and void.

여실지 如實智 제법諸法의 실상을 아는 지혜, 진정한 실재, 즉 진공묘유眞空妙有에 대한 지혜. 이것이 곧 정견正見이며 불견佛見.

(Yeosilji) The wisdom of true reality: The wisdom about the wondrous being of true emptiness, which is the right view, the first of the Noble Eightfold Path and the view of Buddha.

여실지견 如實知見 존재의 진실에 대해 자신의 주관적 편견을 버리고 있는 그대로 꿰뚫어 볼 수 있는 통찰洞察. 곧 모든 존재는 자성自性이 없는 공이라는 인연법을 깨닫는 것. 이것이 팔정도八正道의 첫 번째인 정견 正見.

(Yeosil Jigyeon) The wisdom of seeing reality as it truly is, or attaining a direct perception of reality just as it is, which is void and non-substantial. It is the first of the Noble Eightfold Path or Truth--the right view.

여여 如如 범어梵語 tathata의 번역. 여如, 진여眞如, 여실如實이라고도 함. 모든 사물의 진실하고 변하지 않는 본성本性 또는 본체本體. 다시 말해 시공時空을 초월하여 변하지 않는 것. 현상 그대로의 모양 인 동시에 평등하여 차별이 없다는 뜻. 다시 말해, 법성法性과 같은 뜻으로, 현상적 세계의 겉모양에 반대되는 제법諸法의 궁극적 실체인 진여眞如로서 지극히 온전하고 온전하다는 뜻: '여여如如한 법法과 성품性品에는 본래 생生도 없고 멸滅도 없으며 오고감 또한 없느니라.'

(Yeoyeo) Tathata: Suchness, being as is, spontaneity, true suchness, suchness of existence, the Dharma-nature, the true nature and equanimity of things, the state of things as they really are, the absolute in differentiation, or in the relative, the ultimate reality or truth as opposed to the appearance of the ever mutating phenomenal world. It is also another name for the essence of mind, and in suchness there is neither coming nor going, neither becoming nor cessation.

여여부동 如如不動 영원히 변함없는 우주의 실체 또는 진리.

(Yeoyeobudong) Never mutating immovable truth of ultimate reality or true-suchness.

여의 如意 마치 여의주如意珠처럼, 일체의 모든 일과 사물事物이 자기 소원대로 되는 것.

(Yeoui) At will, according to one's wishes, as you will: Everything turns out to be at one's will, just like the workings of a magic stone.

여의(보)주 如意(寶)珠 영묘靈妙한 구슬. 이것에 빌면 만사가 뜻대로 된다고 하며, 여의관음如意觀音은 이 구슬을 손에 가지고 있다고 함. 마니주 참고.

(Yeo-ui (Bo)ju) A wish-fulfilling jewel, or magic stone: *Cf. (Maniju)* Mani-gem.

여의족 如意足 이것은 각기 서원과 노력, 심념과 통찰의 힘에 의하여 일어나는 선정禪定으로, 이 선정을 의지하여 여러 가지의 신통력을 나타냄으로 여의족如意足이라 말함. 사영여족四如意足 참조.

(Yeouijok) The supernatural powers: Such magic powers arise from meditation of great aspiration, effort, will, and insight. *Cf. (Sayeouijok)* Four basis of magical power.

여환 如幻 일체 제법의 실상이 없는 것에 비유한 것. 다시 말해 일체의 모든 현상을 실체가 없는 허깨비와 같다는 뜻.

(Yeohwan) Suchness of illusion: A metaphor of non-substantiality of things. All existence or things are delusions.

여환삼매 如幻三昧 원각경圓覺經에 나오는 말로, 일체법一切法이 환幻, 곧 허깨비와 같아서 마치 마술사의 요술과 다를 것이 없는 이치를 완전히 깨닫는 삼매三昧를 말함.

(Yeohwan Sammae) Samadhi of realization of illusion: Samadhi attained through realization of the truth that all the phenomena in the universe are but the manifestation of illusion.

여환인 如幻忍 모든 현상은 꿈과 같고 허깨비와 같다는 것을 인정하는 것.

(Yeohwanin) Tolerance or acceptance of illusoriness of things.

여환즉공 如幻卽空 삼라만상의 현상계는 환술幻術, 곧 마술魔術과 같고 꿈과 같아서 그대로가 공空이라는 것.

(Yeohwan Jeukgong) Myriad forms are just like an emptiness of magic show: No matter how the phenomenal world looks, they are but the emptiness of bubbles, dreams, and magical fancies.

역경계 逆境界 나에게 불리한 경계 또는 상황.

(Yeokgyeonggye) The realm of adversity, or unfavorable conditions or circumstances.

역경승 譯經僧 경전經典을 번역하는 승려.

(Yeokgyeongseung) The priest who translates the Buddhist scriptures.

역경원 譯經院 경전經典을 번역하는 곳.

(Yeokgyeongweon) The institute for translating the Buddhist scriptures.

역관 逆觀 순서를 거슬러 관觀하는 것. 십이연기十二緣起 참조.

(Yeokgwan) The reverse view of order, or meditation in reverse order.

역설 逆說과 논리 論理 역설이란 비논리적이고 언뜻 보기에 논리와 상식에서 벗어나는 것 같으나 사실은 그 속에 일종의 진리를 담고 있는 고차원적 논리. 선가禪家에서는 특히 지적 논리를 모든 망상의 근본 원인으로 본다. 허공에도 논리가 있는지? 따라서 수행자의 논리적 사고를 쳐부수는 것이 참선의 첫 관문. 깨침과 열반이라는 것도 따지고 보면 별다른 것이 아니라 논리적 사고에서 벗어나 청정한 본래 면목으로 돌아가는 것. 진리란 아마도 역설로서만 표현이 가능한지도 모른다.

빈손으로 가는 이 사람 손에 삽을 들고 있으며
걸어가는 이사람 소 등에 타고 있네.

다리를 건너가고 있는데
강물이 흐르는 것이 아니라 다리가 흐르고 있네.

(Yeokseolgwa Nolli) Paradox and logic: Nothing can be more illogical and contrary to common sense than hwadu and Seon or Zen dialogue. But if we really want to get to the bottom of truth, we must be free of words and speeches, logic and intellectual speculation. "This breaking up of names and logic is at the same time spiritual emancipation, for the soul is no longer divided against itself," a Seon master says. Truth is expressible perhaps only in the form of paradox:

Empty-handed I go, and behold, the spade is in my hands;
I walk on foot, yet on the back of a cow I am riding.
When I pass over the bridge,
Lo! I see the bridge flowing, not the water.

역연 歷然 뚜렷한 모습.

(Yeokyeon) The clear and distinct aspect or look.

역유역공문 亦有亦空門 사문四門의 하나. 모든 법은 유有이기도 하고 공空이기도 하다고 봄으로써 깨달음을 얻는 가르침.

(Yeokyu Yeokgongmun) Teaching, or wisdom of seeing everything as both being and non-being. *Cf. (Samun)* Four gates.

연 緣 직접적인 원인인 인因과는 달라, 원인을 도와 결과가 생기게 하는 조건으로서의 간접적 원인. 온 우주에 그 어느 것도 무한한 인과적 요소와 관계없이 나타나는 것은 없다. 연기론 참조.

(Yeon) Pratyaya: A contributory condition or cause, an indirect or secondary condition as distinct from direct condition. There is nothing in the whole universe that is not the effect of dependent origination. All phenomena arise dependent upon an infinite number of casual factors called conditions.

연각 緣覺 독각獨覺 또는 벽지불僻地佛이라고도 말함. 부처님의 교화, 즉 가르침에 의지하지 않고 연기법과 무상한 자연의 실상을 보고 연기의 참뜻을 홀로 깨달아 해탈을 증득한 자. 벽지가불辟支迦佛, 줄여서 벽지불辟支佛이라고도 말함. 나반존자那畔尊者와 삼승三乘 참고.

(Yeon-gak/Dokgak) Pratyeka-buddha: a Self-enlightened one, the

Solitary-sage vehicle, or one who is enlightened by an insight into the twelve-links of interdependent arising. *Cf. (Nabanjonja)* Pratyeka-buddha and *(Samseung)* Three vehicles.

연꽃 불교의 상징인 동시에 더럽힘이 없는 중생의 불성佛性을 뜻함.

(Yeonkot) The lotus flower: The symbol of Buddhism, which grows in the mud but is not tainted. It also symbolizes a sentient being who is untainted by worldly defilements.

연기 緣起 인연생기因緣生起의 준말로 조건적 발생의 법칙. 이는 범어梵語 pratiya, 즉 '말미암아' (연緣) grounded on이란 말과, samupada, 즉 '일어나는 것' (기起) arising 이라는 말이 결합된 단어로, 비 존재론적 인과율로, 만유萬有는 조건에 의해 생성 소멸한다는 부처님께서 6년의 수행과 명상 끝에 깨치신 진리. 또 연기는 곧 무아인 동시에 인드라망과 같은 공생 공생으로, 일반적으로 외부의 자연현상에 관계되는 것을 외연기外緣起, 내적인 정신적 현상에 관계되는 것을 내연기內緣起라 말함.

연기와 대승불교의 공空과 무상無常, 무아無我 및 중도中道사상은, 쉽게 이야기해 모든 현상은 고정된 실체인 자성自性이 없으며 끊임없이 변한다는 것으로, 궁극적인 진리와 실상에 대한 놀라운 이치. 이는 또 사성제四聖諦와 함께 불교의 진수眞髓. 다음은 부처님의 말씀: '연기를 보는 자는 고통과 그 고통의 일어남과 끝임을 보며 또 그 끝임에 이르는 길을 본다.' 그런데 용수보살은 연기를 밝히신 부처님을 그의 중론中論 서두 헌사獻辭에서 다음과 같이 찬양하고 있다: '멸함도 없고 생함도 없으며 / 단절도 아니고 영원도 아니며 / 실체도 아니고 차별도 아니며 / 오지도 아니하고 가지도 아니하는 / 연기의 이치와 집착을 여의므로 얻는 축복을 설하신 / 가장 훌륭한 깨치신 부처님께 예배드립니다.'

(Yeon-gi) Pratitya-samutpada: Relativity, the law of causality, arising from causation, dependent arising or origination, the eternal truth Sakyamuni Buddha realized after six years of ascetic practice at the root of bodhi tree. Nothing in the whole phenomenal world exists independently of causal factors. Buddhism holds that there are two types of causes: the direct and the indirect contributory or secondary.

With the Four Noble Truths, it is the cardinal principle of Buddhism which Buddha realized after six years of hard practice and meditation. The basic tenet of this doctrine is, with the theory of emptiness, impermanence, and non-substantiality of things, that all the phenomena in the universe are constantly changing without any self-entity.

It is a totally different way of expressing the truth and ultimate reality. In other words, any existence in the whole universe is a causally conditioned existence, depending and complimenting on each other. The Buddha says, "Whosoever perceives dependent arising also perceives suffering, its arising, its ceasing and the path [leading to its ceasing]."

With regard to the dependent origination, Nagarjuna praises the Buddha in the Dedicatory Verse of his Middle Stanzas: "I salute Him, the fully enlightened, the best of speakers, / Who preached the non-ceasing and the non-arising, / The non-annihilation and the non-permanence, / The non-identity and the non-difference, / The non-appearance and the non-disappearance, / The dependent arising, the appeasement of obsession and the auspicious."

연기 年忌 사람이 죽은 뒤 3년, 7년, 13년, 17년 등에 불사佛事를 행하여 추모하거나 천도하는 것을 말함.

(Yeon-gi) The anniversary of the death of a person: The most important anniversaries are the 3rd, 7th, 13th, and 17th, etc.

연기공성 緣起空性 연기緣起란 곧 자성이 없다는 공성空性을 뜻하며, 따라서 공성空性이라 함은 곧 무자성과 연기를 의미하며, 이는 불교의 기본 교리.

(Yeon-gi Gongseong) Causality and the nature of emptiness: Causality means emptiness. Hence both causality and emptiness denotes non-self-entity, non-self-nature, non-intrinsic nature, which are the basic tenets of Buddhism

연기론 緣起論 모든 존재는 모두 상대적 의존 관계에서 이루어진다는 우주만유宇宙萬有의 법칙. 곧 이것이 있으므로 저것이 일어남.

(Yeon-gi-ron) The doctrine of dependent arising, causation, or causality: All things arise by dependence on something else. This being given, that arises.

연기법 緣起法 인연법因緣法과 같은 말. 연기緣起의 理致, 또는 연緣에 의하여 법法, 곧 사물事物이 생기는 이치理致. 다시 말해 우주의 궁극적 성품이 작용하는 도道

또는 진리.

(Yeon-gi-beop) The law of causality, the causal law, or the law of dependent origination: The function of the ultimate nature of the universe. It is also another name for *Inyeonbeop,* the law of causality. The principle of origination of the Dharma or things.

연기즉공 緣起卽空 만유萬有는 인연으로 일어났기 때문에 공한 줄을 살펴 삿된 의혹을 벗어나면 일체지一切智를 이루어 공한 존재의 실상을 보게 된다.

(Yeon-gi Jeukgong) Dependent origination is emptiness, and emptiness is dependent origination: They are counterparts. If one realizes that everything arises from causal conditions or dependence, one will see the true nature of all things and the Buddha.

연등 燃燈 중생의 마음과 세상의 어두움을 밝히는 등불.

(Yeondeung) The lotus lantern that lights our mind and the world.

연등불 燃燈佛 석가모니 부처님께서 전세前世에 보살菩薩로 있을 때, 부처님에게 성불成佛하리라는 예언을 하셨다고 하는 부처님.

(Yeondeungbul) Dipamkara: The Buddha who bestowed a prediction of Buddhahood on Sakyamuni Buddha in his previous life.

연민 憐憫 자비와 같은 뜻으로도 쓰이며, 누군가가 괴로움에서 벗어나기를 바라는 마음.

(Yeonmin) Self-compassion: It is synonymous with compassion wishing that someone be free from suffering.

연비 燃臂 수계식受戒式 끝에 스님이 향을 태워 팔에 자국을 남기는 것, 또는 수계식 끝에 승려의 머리 위에 자국을 남기는 것.

(Yeonbi) Moxa: A ceremony of burning a mark on the arm by means of a small cone of incense after receiving the precepts, or sometimes burning a mark on the head of a monk at the end of the ordination ceremony.

연생 緣生 일체 존재는 인연에 의해 생멸 하므로 연생緣生, 연성緣成 또는 연기緣起라 말함.

(Yeonsaeng) Conditioned or dependent arising: Every existence in the whole universe arise or come to exist by conditions.

연생회적 緣生會寂 인연으로 인해 나타난 것은 모두 정적靜寂의 고향으로 돌아간다.

(Yeonsaeng Hoijeok) Everything that originated from conditions returns to its native home where it is from--tranquility and the Void.

연심본공적 然心本空寂 마음은 본래 비어 고요하다는 뜻. 따라서 죄업이 붙어 머무를 곳이 없다. 불성佛性과 같은 말.

(Yeonsim Bongongjeok) The original serenity and emptiness of mind: It is so pure and quiet that there is no foothold for the sin to alight.

연화만다라 蓮華曼荼羅 태장계 만다라胎藏界 曼荼羅와 같은 뜻.

(Yeonhwa Mandala) The lotus mandala: It is another name for Garbhadhatu mandala.

연화장세계 蓮華藏世界 연화장장엄세계蓮華藏莊嚴世界, 연화장蓮華藏, 화장세계華藏世界, 또는 화장계華藏界라고 줄여 말하기도 함. 경전에 따라 다소 달리 설명을 하고 있으며, 중요한 것으로는 다음 세 가지:

1) 화엄경華嚴經: 간절한 소원所願과 수행에 의해 이루어진 연화장세계. 2) 범망경梵網經: 비로자나불毘盧遮那佛이 천 송이의 연꽃을 들고 앉아 있는 세계.

3) 정토종淨土宗: 아미타阿彌陀 부처님이 계시는 연화장세계蓮華藏世界.

(Yeonhwajang Segye) The world of lotus treasury: There are three major interpretations.

1) The world created through the vows and practices of Vairocana Buddha according to the Avatamsaka Sutra.
2) The world of Vairocana Buddha, resting on a lotus-flower with one thousand petals according to the Brahmajala Sutra.
3) The Pure Land of Amitabha Buddha according to the Pure Land School.

연화좌 蓮華座 연화대蓮華臺라고도 말함. 연꽃 모양으로 만든, 불보살을 모시는 대좌臺座.

(Yeonhwajwa) The lotus blossom-throne or pedestal: The seat for all the Buddhas and Bodhisattvas.

연화좌 蓮華坐 반가부좌를 길상좌吉祥坐라 함에 대하여, 결가부좌를 연화좌라 말한다. 이때의 坐자는 자리 座가 아닌 앉을 坐.

(Yeonhwajwa) The full lotus position. *Cf. (Gilsangjwa)* The blessed position, or the half lotus position.

열반 涅槃 산스크리트어 nirvana의 nir-은 끈다는 뜻이고, -vana는 불이라는 뜻.

따라서 본래의 뜻은 사후死後가 아닌 현세에서의 온갖 고통과 욕망 그리고 번뇌의 불이 꺼진 상태인 영원한 지금, 곧 불사不死를 의미함. 이를 달리 말하면, 열반이란 도道를 완전히 이루어, 모든 고통의 번뇌가 끊어진 해탈의 경지로서 우주의 마음. 그러나 소승小乘과 대승大乘의 열반에 대한 해석이 다소 다르다. 즉 소승小乘에서는 명상과 팔정도八正道를 통해 중생들의 이기심과 고해苦海의 사바세계를 벗어남으로써만 열반을 얻을 수 있다고 하는데 반해, 대승大乘에서는 깨침과 생사불이生死不二 그리고 대비심大悲心만이 모든 중생을 열반에 이끌 수 있다고 말한다.

그러나 용수의 중관론에서는 이를 좀 더 구체적으로 다음과 같이 말하기도 한다: '버림도 없고, 도달하는 곳도 없고, / 끊을 것도 없고, 영원한 것도 없고, 생멸도 없는 것: / 이것을 일러 열반이라 한다.' 이렇듯 알고 보면 열반이라는 것도 자성이 있거나 영원불변한 그 어떤 것이라 말할 수도 없는 무변광無邊光에 대한 허공과 같은 것이라 말할 수 있다.

그런데 한자문화권에서는 열반을 적멸寂滅, 멸도滅度, 원적圓寂이라 번역. 그런가하면 무위無爲, 무작無作, 무생無生, 불생불멸不生不滅, 심지어는 부동점不動點이라고도 번역함. 그러나 자아自我에 대한 고집이나 열반을 포함한 상相에서 벗어나지 못하는 한 열반과의 인연은 접어야 한다. 그리고 열반에는 다음과 같은 네 가지가 있으며, 이들에 대한 보다 자세한 설명은 사종열반四種涅槃, 곧 다음 각 항목 참조. 1) 자성열반自性涅槃 2) 유여열반有餘涅槃 3) 무여열반無餘涅槃 4) 무주열반無住涅槃.

(Yeolban) Nirvana: Lit. "blown out, gone out, or put out," which means perfect tranquility, absolute freedom, ultimate liberation from suffering, extinction of passion and karma in this life, not in the after life, "A state of supreme enlightenment beyond the conception of the intellect. Annihilation of all we know as the personal, separative self"--a cosmic mind.

Nirvana is a Sanskrit word which is originally translated as "perfect stillness" from the etymological meaning of the word, "extinguishing a fire," extinguishing the fire of greed and defilement. However, it now has many other meanings, such as emancipation, eternal bliss, tranquil extinction, extinction of individual existence, no birth or death, no-moving point, no God, no Buddha, not even the idea of enlightenment or Nirvana; and the following is the interpretation of the term in the

Middle Path by Nagarjuna: "Unvanquished, non-reached, unannihilated, non-eternal, non-ceased and non-arisen--this is called freedom [or Nirvana.]"

In the Hinayana it is believed to be attainable by turning away from the world of living beings and transcending all afflictions and selfishness through meditative trances. In the Mahayana, it is believed to be attainable only by the attainment of Buddhahood, the non-dual realization of the indivisibility of life and liberation, and the all powerful compassion that establishes all living beings simultaneously in their own liberations.

There are also four kinds of Nirvana, and for further explications of these, see each separate entry: *1) Jaseong Yeolban,* Nirvana of pure and clear self-nature. *2) Yuyeo Yeolban,* Nirvana with residue. *3) Muyeo Yeolban,* Nirvana without residue. *4) Muju Yeolban,* Nirvana of non-abiding.

열반계 涅槃界 적멸寂滅, 멸도滅度, 원적圓寂, 무위無爲, 무작無作, 무생無生의 세계.

(Yeolbangye) The realm of Nirvana: The world of tranquility, complete extinction or tranquility, perfect quiescence, non-doing, and non-birth.

열반묘심 涅槃妙心 형용할 수 없는 열반의 미묘한 마음.

(Yeolban Myosim) The subtle or marvelous mind of Nirvana.

열반무명 涅槃無名 열반이란 것도 사실은 그 이름과 모양이 애초에 없는 것.

그대는 명상名相을 얻음이 있는 것으로 얻었다 하였으니
얻음이 있는 데서 열반을 찾았던 것이다.
나는 얻음이 없는 것으로써 얻었기에
얻음은 얻음이 없는 데에 있느니라.

--조론肇論, 제 7 장 열반무명론涅槃無名論--

(Yeolban Mumyeong) Nirvana has no name: Everything that arises from a name has no substance.

You said that you attained a thing that has a name.
That means you sought Nirvana in the realm of names.
I attained without attaining anything,
Hence attaining is where there is no attaining.

--The Treatise of Senzhao, Ch. 7--

열반박 涅槃縛 열반의 즐거움에만 얽매어 중생에게 이익을 주지 못함을 말함.

(Yeolbanbak) The fetters of Nirvana: It means attachment to Nirvana without the mind of deliverance of other beings.

열반사덕 涅槃四德 열반의 사덕四德인 상락아정常樂我淨. 줄여서 사덕四德이라고도 말함. 이것은 사법인四法印에 대한 지혜의 완성으로 볼 수도 있다.

1) 상常 (법신法身인 열반의 경지에는 생멸이 없으며)
2) 낙樂 (괴로움을 떠난 열반은 무위안락無爲安樂하며)
3) 아我 (여기에서 아我는 부처라는 뜻으로, 자재무애自在無碍인 진아眞我, 곧 우주적 대아大我)
4) 정淨 (여기에서 정淨은 법法이라는 뜻으로, 번뇌煩惱의 더러움을 여읜 청정함)

(Yeolban Sadeok) The four virtues of Nirvana: It could be regarded as the completion of the wisdom of Four Dharma Seals.

1) Permanence in Darma-body with no birth and death.
2) Joy of Nirvana without any suffering.
3) Unobstructed true self or personality of Buddha.
4) Purity of Dharma without any defilement.

열반삼사 涅槃三事 삼덕三德이라고도 말함. 법신法身, 반야般若, 해탈解脫은 다같이 불가분의 관계가 있음을 뜻함. 이를 상징하는 이자삼점伊字三點 참조.

(Yeolban Samsa) Three pillars or virtues of Nirvana: Dharma-body, transcendent wisdom, enlightenment or emancipation. *Cf. (Ijaamjeom)* Three triangular dots.

열반상 涅槃像 부처님께서 열반에 드실 때의 모습을 그린 그림 또는 조각.

(Yeolbansang) A painting or sculpture depicting the scene of the great extinction of the Buddha.

열반상 涅槃相 부처님께서 열반에 드실 때의 모습. 머리는 북쪽으로, 낯은 서쪽으로 향하고, 오른쪽 옆구리를 땅에 대고 누워서 입멸한 것을 말함.

(Yeolbansang) The aspects of great extinction of Buddha: He turned his head toward the North and his face toward the West, lying down on his right side.

열반생사시공화 涅槃生死是空華 열반과 생사가 허공의 꽃과 같다는 것. 다시 말해 생사뿐만 아니라 열반도 가없는 허공처럼 내려놓는 것이 진정한 깨침.

(Yeolbansaengsa Sigonghwa) Nirvana and birth and death are but the flowers in empty space. Dropping the ideas of even Nirvana and birth like the boundless empty space is the true awakening.

열반송 涅槃頌 열반에 들 때 남기는 게송偈頌. 미국인이 이러한 게송偈頌을 전세기前世紀에 지었다는 것이 그저 놀랍기만 하다. 이것은 그가 사망한 1891년에 쓴 시詩이며, 시 제목이 "Buddha"일 뿐만 이니라, 시 제목 밑에 인용한 제사題辭 역시 금강경金剛經의 마지막 장에 나오는 여몽환포영如夢幻泡影을 집약한 것으로 생각된다.

점점 아득한 해탈을 갈망하는 영혼!
그리고 고해苦海의 바다에서 떠도는 인고忍苦의 인생--
열반이여! 우리를 그대 품안에 품어주고
우리를 그대 안에 소멸시켜주소서.
--「붓다」, 허먼 멜빌 (1819-1891)--

(Yeolbansong) The hymn of Nirvana or extinction: The following beautiful song was published privately in the year Melville died with an epigraph quoted from the last chapter of the Diamond Sutra: "What is your life? It is even a vapor that appeareth for a little time and then vanishes away."

SWOONING swim to less and less
Aspirant to nothingness!
Sobs of the worlds, and the dole of kinds
That dumb endurers be--
Nirvana! absorb us in your skies,
Annul us into thee.
--"Buddha" by Herman Melville (1819-1891)--

열반재 涅槃齋 부처님께서 열반에 드신 날을 기리는 날. 음력 2월 15일.

(Yeolbanjae) Celebration of the day of great extinction of the Buddha. Fifteenth day of the second moon by the lunar calendar.

열반적정 涅槃寂淨 일체의 번뇌 망상을 떠난 고요한 열반의 상태.

(Yeolban Jeokjeong) Timeless void of Nirvana, or Nirvana in true peace.

열한가지 공부 잘하는 비결 한국불교대학 회주 無一 우학 스님의 십종수행론十種修行論.

1) 상상성공想像成功 (성취成就를 상상하라)
2) 자락공부自樂工夫 (공부를 즐겨라)
3) 자신능력自信能力 (자신감自信感을 가져라)
4) 지금몰입只今沒入 (순간을 완전히 불태워라)
5) 정진최종精進最終 (집요하게 끝까지 나아가라)
6) 기력집중氣力集中 (에너지를 모아라)
7) 생활단조生活單調 (단조롭게 생활하라)
8) 반복학습反復學習 (아는 것도 반복하라)
9) 건강관리健康管理 (몸 관리를 잘 하라)
10) 명상관음冥想觀音 (항상 관세음보살을 명상하라)
11) 일일각오日日覺悟 ('공부만이 살길이다' 라고 각오를 단단히 하라)

(Yeolhangaji Gongbu Jalhaneun Bigyeol) Eleve secret ways of study;

1) Imagine the accomplishment.
2) Enjoy your study.
3) Have confidence.
4) Burn the moment completely.
5) Try to be persistent to the last.
6) Concentrate your energy.
7) Simplify your life.
8) Review those you already know.
9) Take good care of your health.
10) Always meditate Gwanseumbosal (Avalokitesvara).
11) Resolve yourself that "study is the only way to survive."

염 念 마음지킴, 알아차림, 주의집중, 즉 생각이나 마음, 또는 어떤 대상에 대해 깨어있음을 뜻함. 다시 말해, 염念에는 주관인 마음이 객관인 대상을 마음에 기억하여 간직하는 명기불망明記不忘 기능인 마음자리이며, 심소心所와 제법諸法의 이치를 마음에 새겨보는 작용인 관념觀念 두 가지 뜻이 있음.

그런데 화두, 주력, 간경 등 모두가 정신집중의 대상이 있으므로, 이들 대상에 마음 이 깨어있는 것이 매우 중요하다. 따라서 念을 범어梵語로는 smrti, 빨리어로는 sati라고 말하며, 영어로는 "mindfulness"라고도 대개 번역하는데, 이때

"mindfulness"를 다시 우리말로 번역할 때는, '주의 깊음,' '마음 챙김,' 또는 '알아차림'으로 번역하며, 또 이를 '순간순간의 자각' (awareness), 짝을 이루는 통찰명상 (vipassana)과 동일한 의미로 사용하기도 함. 그러나 우리가 분명히 알아야 할 것은, 염念이란 진여眞如의 본성품本性品을 생각함이니, 진여란 곧 염念의 본체이며, 염念은 곧 진여의 작용이라는 것.

(Yeom) Smrti (Skt), sati (P): Stay awake, mindfulness, or all-attention: It is also designated as recollection, mindful awareness of here-and-now, or moment-to-moment non-judgemental awareness. Practicing it in Buddhism means cultivation of equanimity and insight through which clear conscious thinking is attained, which is similar to awareness, samatha, or vipassana.

However, it is also regarded, sometimes, as simple contemplation, thinking, or mind. Most of all, what we should keep in mind is that we should fix our mind on the true nature of Tathata or Suchness, for Tathata is the quintessence of idea, and idea is the activity or function of Tathata.

염경 念經 독경讀經이 소리를 내면서 읽는 것이라면, 염경은 경經의 뜻을 생각하면서, 그 뜻을 깊이 마음에 새겨 잊지 않는 것. 그런가 하면, 간경看經은 소리를 내지 않고 속으로 읽는 것을 말함.

(Yeomgyeong) Thinking the meaning of the sutra, and then keeping it in mind with all one's heart, never to forget.

염기즉각 念起卽覺 생각이 일어나면 이를 따라가지 말고 곧바로 이를 알아차리라는 뜻으로, 이것이 곧 다름 아닌 깨침. 깨침이라 하여 어려울 것 없다. 분별심과 집착만 놓으면 된다.

(Yeomgi Jeukchak) Arising thought and instant realization: If your mind is undisturbed when a thought arises, that is enlightenment. Just leave your discriminating mind and attachment.

염력 念力 오력五力의 하나. 한 가지에 정신을 집중하여 그 생각하는 힘으로 장애를 극복하는 힘.

(Yeomryeok) The power of mindfulness: The power of concentration that can overcome obstructions.

염마왕 閻魔王 염라대왕閻羅大王이라고도 말하며, 귀신세계의 수령으로 사후의 유명계幽冥界를 지배함.

(Yeommawang/Yeomnadaewang) Yama: The King of Hades, the fearful lord of the nether world.

염법 念法 십념十念의 하나. 수행하는 법칙으로, 부처님의 가르침을 진심으로 생각함.

(Yeombeop) Recollection of Dharma or the teachings of Buddha: One of the ten recollections.

염법 染法 정법淨法의 반대로 염오법染汚法의 준말. 착하고 깨끗한 마음을 혼탁케 하는 미망迷妄의 제법諸法을 말함.

(Yeombeop) All the delusive defiling things that tarnish the pure nature of our mind.

염부제 閻浮提 악업을 지은 자들이 사는 곳으로 수미사주須彌四洲의 하나. 남염부제라고도 말함. 수미산의 남쪽에 있으며, 염부閻浮나무가 무성한 나라라는 뜻.

(Yeombuje) Jamvudvipa: The continent lying to the south of Mt. Sumeru, the continent of the Jambu trees: One of the four continents that make up a world. It is populated by the people with bad karma.

염불 念佛 부처님의 모습을 관觀하면서 그 공덕을 생각하거나, 입으로 아미타불을 지성으로 부르는 것. 그러나 우리는 모두 본래 부처이니, 자성청정심自性淸淨心을 염念함을 의미하기도 함. 염불에는 크게 세 가지가 있다.

1) 칭명염불稱名念佛(입으로 부처님의 이름을 부르는 것)
2) 관상염불 觀想念佛(마음으로 부처님의 상호相好나 공덕을 생각하는 것)
3) 실상염불 實相念佛(법신法身의 비유비공非有非空한 중도실상中道實相의 이치를 관조하는 것)

(Yeombul) Buddha chanting, recollecting, or calling upon Amitabha : As we are all inborn Buddhas, it could also mean the recollection of our immaculate Buddha-nature. There are three kinds:

1) Chanting the name of Buddha.
2) Contemplating the marks of Buddha or His merit and virtues.
3) Contemplating the Dharma-body which is neither existence nor non-existence--the true reality of the Middle Path.

염불공덕 念佛功德 염불을 함으로서 얻는 공덕功德.

(Yeombul gongdeuk) The merits of reciting the name of Buddha.

염불문 念佛門 염불을 통하여 극락세계에 왕생하는 것을 가르치는 법문.

(Yeombulmun) The path of reciting the name of Buddha to be reborn in the Realm of Utmost Bliss.

염불삼매 念佛三昧 부처님의 명호를 지성으로 염하여 적멸의 경지에 들어감을 말하며, 두 가지가 있다.

1) 인행삼매因行三昧 (일심一心으로 부처님의 이름을 부르거나, 아니면 일심으로 부처님의 상호相好를 관하던가, 아니면 일심으로 법신法身의 실상을 관조하는 수행을 말함)
2) 과성삼매果成三昧 (염불일심念佛一心으로 마음이 선정禪定에 드는 것을 말함. 염불의 지극한 경지를 '염불이 염불 한다'라고도 말함)

(Yeombul Sammae) The Buddha-recollection samadhi: Complete absorption in samadhi. There are two kinds:

1) Attaining samadhi either by chanting the name of Buddha, or contemplating the marks of Buddha, or contemplating the true nature of the Dharma-body.
2) Attaining samadhi by concentration of invoking the name of Buddha.

염불선 念佛禪 염불과 선禪을 함께 수행하는 것을 말함. 학술적인 용어로는 선정쌍수禪淨雙修라고 말함. 선禪은 선정禪定의 준말이고, 정淨은 정토淨土의 준말. 중국 선승禪僧 영명연수永明延壽 (904-975) 선사禪師에 의해 시작됨. 한국에서는 태안사泰安寺 조실祖室 청화淸華스님이 염불선을 행하셨으며, 다섯 권의 훌륭한 법문집法門集을 남기셨다. 그 중 『가장 행복한 공부』와 『마음의 고향: 純禪安心啄磨法門』은 문중門中의 부탁으로 본 편자에 의해 2008년과 2009년에 각각 영문으로 출판됨.

(Yeombulseon) Chanting meditation: It is the practice of combination of chanting the name of Buddha and meditation to be reborn in the Pure Land, which was initiated by Ch'an Master Yongming Yanshou (904-975). In Korea, the Great Master Cheonghwa (1912-2003) at Taean Monastery was the great priest who practiced chanting meditation.

There are two volumes of English translations of the Master's Dharma discourses by the compiler of this Dictionary: *The Most Joyful Study (2008), and the Native Home of Our Mind: Dharma Talks for the*

Cultivation of Pure Seon for Peaceful Mind (2009).

염불왕생 念佛往生 아미타 부처님의 이름을 지성으로 부름으로써 극락왕생을 염원念願하는 것.

(Yeombul Wangsaeng) Rebirth in the Pure Land by chanting the name of Amitabha.

염불적 念佛的 (필경 畢竟) 시수 是誰 '염불을 하는 나는 도대체 누구인가'라는 화두.

(Yeombuljeok Pilgyeong Sisu) Who is (after all) the man that is reciting the Buddha's name? This is the Buddha invocation-keyword for meditation.

염불종 念佛宗 아미타불의 명호를 불러서 극락세계에 왕생하기를 원하는 교문教門, 또는 염불을 권하는 종지宗旨의 총칭.

(Yeombuljong) The Buddha Recollection Sect, which emphasizes the chanting of the name of Amitabha Buddha to be reborn in the Land of Utmost Bliss in the West. *Cf. (Jeongtojong)* The Pure Land Sect.

염송 念誦 염불송경念佛誦經의 준말. 마음속으로 부처님을 생각하면서 부처님의 이름을 부르든가 아니면 경문經文을 외우는 것. 그러나 염송에도 밀교密教와 선종禪宗에서 하는 두 가지가 있으니, 밀교密教에서는 본존本尊의 진언眞言을 관하면서 부르고, 본존과 자기가 신身 · 구口· 의意의 작용에 의해 일체가 되므로 즉시 성불하고자 하는 염송念誦을 말함.

그러나 여기에는 다시 정염송正念誦과 산염송散念誦의 두 가지가 있다. 정염송正念誦은 본존의 진언眞言을 염송하고, 산염송散念誦은 본존뿐만 아니라, 자신과 관계가 있는 여러 부처님의 진언眞言을 염송하는 것. 그러나 선종禪宗에서는 청정법신 비로자나불, 또는 원만보신 노사나불 등, 열 분의 부처님들 이름을 부르는 것을 염송念誦이라 말함. 다라니 참조.

(Yeomsong) Reciting the sutra in silence thinking of the Buddha at the same time, or just reciting the name of Buddha: However there are two types of reciting the name of Buddha; one for the Esoteric Sect, and one for Seon or Zen Buddhism.

In Esoteric Buddhism, the followers recite Buddha's name with the insight of the mantra of the main Buddha, with the ardent wish that the unification of the mental activities of the body, speech, and mind with the main Buddha will enable them to attain the Buddhahood. However, in this process, it is again divided into right recitation and diversified recitation. Right recitation means reciting the name of the main Buddha only, while the diversified recitation means reciting the names of Buddha one prefers besides the main Buddha.

On the other hand, in Seon or Zen Buddhism, recitation of Buddha's name means reciting the names of ten Buddhas including the names of Holy Dharmakaya or the Buddha of Cosmic Energy and Sambhogakaya or the Body of Pure Light. *Cf.* Dharani.

염심 染心 번뇌로 인하여 일어나는 더러운 마음.

(Yeomsim) The tainted mind arising from defilement.

염염무상 염염무위 즉시불 念念無相 念念無爲 卽是佛 생각마다 상相이 없고 생각마다 함(爲)이 없으면, 이것이 곧 부처. 우선 일체의 분별심과 상을 놓을 것. 이것이 깨달음의 지름길.

(Yeomyeom Musang, Yeomyeom Muwi, Jeuksibul) Every thought free of form, and every thought uncompounded or free of manipulation--this is the Buddha and enlightenment: It is nothing special. Just drop your discriminating mind and marks or forms.

염염보리심 처처안락국 念念菩提心 處處安樂國 지혜롭게 사는 사람에겐 어느 곳이나 극락極樂 아닌 곳이 없다.

(Yeomyeom Borisim Cheocheo Anrak-kuk) For those wise and enlightened one, every place is the Land of Bliss.

염염상속 念念相續 숨쉴 사이도 없이 일어나는 생각.

(Yeomyeom Sangsok) From ksana to ksana, or from thought-moment to thought-moment: Constant rising of thought from one thought-moment to another without break.

염오 染汚 오염된 더러운 것으로, 번뇌의 다른 이름. 번뇌는 그 자체가 정결하지 못하기 때문에 이렇게 말함.

(Yeomo) Contamination or pollution: Another name for defilement.

염의 染衣 출가자의 옷. 출가한 자는 화려하지 않은 흐린 빛깔로 물들인 옷을 입는데서 연유함.

(Yeomui) The dyed robe: The simple robe of monastic dyed with

dark color to distinguish it from the white garments of common people.

염정 念定 이때 염念은 정념正念, 정定은 정정正定을 말하며, 정념은 참된 지혜로 정도正道를 생각하여 삿된 생각이 없는 것. 정정正定은 참된 지혜로 산란한 생각을 지운다음 몸과 마음을 고요히 하여 진리를 증득證得하는 것.

(Yeomjeong) Right mindfulness and meditation or concentration.

염정 染淨 염染은 더럽히는 것으로 번뇌, 정淨은 번뇌를 떠난 청정한 것. 때로는 선악과 같은 뜻으로 사용하기도 함.

(Yeomjeong) Impurity and purity, or good and evil or defilement.

염주 念珠 불보살佛菩薩에게 예배할 때 손에 걸고, 또는 주문呪文을 외울 때 수를 세는 데 사용하는 구슬. 108개의 염주 알은 108번뇌를 의미하며, 염주 한 알을 굴릴 때마다 번뇌가 끊어짐을 상징하므로, 일념으로 염주를 돌리면 부처님의 광명이 충만해지고 죄업이 소멸된다는 의미를 갖는다.

(Yeomju) The Buddhist rosary: A string of beads that is used for counting the recitation of mantras, dharanies, and the names of Buddha or Bodhisattva. 108 beads represent 108 defilements, and it is believed that every time one counts the beads, a defilement and sin escapes. That is why they keep counting the beads for hours and hours when they chant the name of Buddha or Bodhisattva to cleanse the mind of all their sins and defilements.

염주 念呪 마음속으로 늘 기원함.

(Yeomju) Praying or repeating mantra or dharani in silence.

염주 念住 염처念處와 같은 말.

(Yeomju) An alternate name for *(Yeomcheo)* The mindful base, or the abode of mindfulness.

염지불 念持佛 사실私室에 안치하거나 몸에 지녀 항상 숭경崇敬하는 불상佛像을 말함. 지불持佛, 내불內佛이라고도 하고, 그것을 안치하는 집을 지불당持佛堂이라고 함.

(Yeomjibul) A Buddha image either set up in a private room or carried with a person for veneration and worship.

염착 染着 마음의 번뇌와 집착.

(Yeomchak) Defilement and grasping.

염처 念處 염주念住라고도 번역함. 지혜를 가지고 대경對境, 곧 사물事物을 잘 살펴서 기기에 마음을 머물게 하는 것으로, 그 대표적인 것이 사념처四念處이다. 삼염처三

念處와 육염처六念處 참조.

(Yeomcheo) The mindful base, or the abode of mindfulness: This is the base of mindfulness one abides for careful investigation of percepts or sense-objects. A good example is *Sanyeomcho,* four foundations of mindfulness. *Cf. (Samnyeomcheo)* Three abodes or foundations of equanimity or mindfulness, and *(Yuknyeomcheo)* Six abodes or foundations of mindfulness.

염천 念天 십념十念의 하나. 사천왕천四天王天으로부터 타화자재천他化自在天까지의 과보가 청정하여 일체를 편리하게 하는 것이라고 생각하는 것.

(Yeomcheon) Recollection of the heavenly realms: Recollection of the comfort in the heavenly realms from the world of four heavenly devas to the heaven of free enjoyment of other's emanations.

염파 念波 기도의 파장, 곧 간절한 기도는 상대방에게 그 원력이 전달되어 소원성취를 이루게 된다는 것.

(Yeompa) The mind-wave: The earnest prayer or invocation delivers an energy and enables one to attain one's wish.

염향 拈香 염拈은 태운다는 뜻도 있으나, 손으로 집는다는 뜻으로 본다. 따라서 향을 들어서 향로에 피우는 것. 소향燒香이라고도 말함.

(Yeomhyang) Burning or offering the incense in the incense burner.

염화미소 拈花微笑 석가모니 부처님께서 가섭迦葉에게 말없이 마음으로 불법佛法을 전한 것을 의미하는 선적禪的인 표현. 염拈은 태우다, 또는 손으로 잡는다는 뜻. 이심전심以心傳心 참조.

(Yeomhwamiso) A subtle smile to the holding of a flower: The way Sakyamuni Buddha transmitted the Dharma to Kasyapa before the whole congregation on Vulture Peak Mountain.

염화실 拈花室 주지스님의 거처.

(Yeomhwasil) An abbot's residence or room.

염휴식 念休息 십념十念의 하나. 고요한 장소에서 온갖 인연을 멀리하고, 거기에서 성도聖道를 닦을 것을 생각함.

(Yeomhyusik) Recollection of peace: Thinking of retiring to a quiet place to rest all the worldly concerns for cultivation of the Way. It is the seventh of the Ten Recollections.

영가 靈駕 총지종總持宗에서는 영식靈識이라고도 말하며, 영혼과 같은 사람의 모든 정신적 활동의 근원.

(Yeongga) The departed spirit, or the spirit of a person, something like a soul.

영가현각 永嘉玄覺 (665-713) 중국의 대선사大禪師. 유명한 증도가證道歌의 저자.

(Yeongga Hyeongak) Yongjia Xuanjue (665-713): A great Chinese Ch'an master and the author of the Song of Enlightenment.

영각 靈覺 중생이 본래 갖추고 있는 깨달음의 품성品性.

(Yeonggak) Innate gnostic enlightenment of sentient beings.

영겁 永劫 무한이 긴 영원한 시간.

(Yeonggeop) Infinitely long period of time.

영기 靈氣 신명神明스럽고 영묘靈妙하게 느껴지는 기운.

(Yeonggi) A divine spiritual awareness and energy.

영단 靈壇 망인亡人의 위패를 모시는 단.

(Yeongdan) The altar or platform of the spirit of the deceased.

영당 影堂 개산조開山祖나 고승高僧들의 화상畵像을 모시는 곳.

(Yeongdang) The hall or shrine where the portrait of founding patriarch of the temple or the venerable priest is enshrined.

영묘 靈妙 사유思惟 세계를 초월한 신령스럽고 기묘함.

(Yeongmyo) Ethereal, non-conceptual, inexplicable, or self-gnostic.

영묘 靈廟 장려壯麗한 또는 호화스런 능陵.

(Yeongmyo) The mausoleum, or a magnificent grave.

영산 靈山 영취산靈鷲山의 준말.

(Yeongsan) An abbreviation of the term Yeongchusan--Vulture Peak Mountain.

영산재 靈山齋 부처님께서 영산회상靈山會上에서 제자들에게 설법한 것을 기리는 날. 이날 전통음악과 범패梵唄노리가 펼쳐진다.

(Yeongsanjae) The Virture Peak ceremony: Celebration of Buddha's sermon on Vulture Peak Mountain with traditional music and monastic dance. In Korea, they celebrate with traditional Buddhist music and dance on this day.

영산회상 靈山會上 부처님께서 영취산靈鷲山에서 제자들에 법화경을 설하신 법회.

(Yeongsan Hoisang) The Vulture Peak assembly, or the congregation on Vulture Peak where Sakyamuni Buddha expounded the Lotus Sutra to a congregation of his disciples.

영원불멸 永遠不滅 본무자성本無自性의 자리는 집착하고자 해도 집착할 것이 없고, 집착을 파破할래야 파破할 것이 없는 고로 영원불멸永遠不滅이다. 다시 말해 태어남과 죽음이 없으니 불생불멸이며 영원불멸이라는 것.

(Yeongweon Bulmyeol) Everlasting: There is no way to crave or destroy the original selfless nature. Hence no birth and no death, and everlasting.

영원회귀 永遠回歸 무시무종無始無終으로 영원히 돌고 도는 우주의 이치理致.

(Yeongweon Hoigwi) The principle of eternal cosmic cycle or evolution without end.

영정 影幀 화상畵像을 그린 족자.

(Yeongjeong) A portrait scroll.

영지 靈智 영묘靈妙하고 불가사의한 신령스러운 지혜. 반야般若와 같은 뜻.

(Yeongji) Gnosis, or the subtle and numinous wisdom. *Cf.* *(Banya(ji)* Prajna or transcendental wisdom.

영찬 影讚 초상화의 위에 쓰는 찬탄의 글.

(Yeongchan) An eulogium written on the portrait.

영취산 靈鷲山 중인도 마갈타국 왕사성王舍城 부근에 있는 산으로 부처님께서 설법을 하신 곳. 영산靈山, 취두鷲頭, 또는 취봉鷲峰 또는 기사굴산이라고도 말함.

(Yeongchwisan) Vulture Peak Mountain near Rajagriha, the capital of the ancient kingdom of Magadha, where Sakyamuni Buddha delivered many of his most important sermons. It is also called Spirit Mountain, Vulture Head, or Vulture Peak.

영험 靈驗 사람의 기원祈願에 대한 신이나 부처님의 영묘靈妙한 보람.

(Yeongheom) An inspirational experience.

영혼 靈魂 불교에서는 서구적 개념의 영혼을 말하지 않는다. 부처님은 확인할 수 없는 것은 말씀하시지 않았다.

(Yeonghon) Soul: There is no talk about the Western conception of soul in Buddhism. Sakyamuni Buddha never talked about things that cannot be verified.

예 禮 불보살佛菩薩, 존자尊者, 어른 또는 불탑佛塔 등에 대해 경의敬意를 나타내는 행위로, 예배禮拜 또는 배拜라고도 말함. 배拜 참조.

(Ye) Decorum, propriety, courtesy, proper formality, an obeisance, the ritual, or paying a homage or respect to the Buddha, Bodhisattvas, or sages. *Cf. (Bae)* Bowing or prostration.

예경 禮敬 성현聖賢에게 예배함을 뜻함.

(Yegyeong) Veneration, or paying homage or respect to the sages.

예류(과) 預流(果) 수다원須陀洹이라 음역하며, 사과四果 중의 첫 번째. 이것은 순전히 지적인 특징을 가지고 있으며, 완벽한 깨달음인 아라한과阿羅漢果에 이르는 첫 단계에 도달한 것을 말한다. 다음 단계가 보다 고차원적인 속박을 풀음으로써 얻어지는 일래一來 및 불환不還의 두 단계를 거쳐 아라한阿羅漢, 곧 진정한 깨달음에 도달한다.

(Yeru(gwa) Stream-entrant: The first stage of the four stages of fruitful awakening in the Hinayana School. It is regarded as a stage of pure intellectual development. The next three stages are the fruit of a Once-returner, the fruit of a Never-returner, and the last stage of Arhat, the stage of complete awakening.

예배 禮拜 공경하는 마음으로 경배하고 절함.

(Yebae) Ceremonial obeisance, or paying homage with reverence and a bow.

예불 禮佛 부처님께 경배함. 조/석 예불 (03:00-04-00 / 18:00-19:00시) 및 사시巳時 (낮) 예불 (10:30-11:00) 참조)

(Yebul) Prayer chanting, chanting ceremonies, or the prayer service: Predawn or morning (03:00-04:00), noon (10:30-11:00), and evening (18:00-19:00).

예수재 預修齋 죽은 후에 행할 불사를 살아서 미리 하는 재齋.

(Yesujae) Life time ceremony: Performing the ceremony for the rebirth in the Buddha-land while in life, not after death.

예시 例示 예를 들어 보임.

(Yesi) An enumeration.

예식 禮式 예법에 의하여 행하는 식式.

(Yesik) Rite or ceremony.

예악 禮樂 예절과 음악으로 중요한 유교사상의 하나. 공자孔子의 논어論語 참조.

(Ye-ak) Ritual and music: The important concepts of Confucianism. *Cf.* Confucius: The Analects.

예의 禮儀 사람이 행하여야 할 올바른 예禮와 도리道理. 다시 말해 상대에게 예를 나타내는 말투와 몸가짐 그리고 행동 따위의 총칭.

(Yeui) The rules of propriety, courtesy, or decorum, and distinctions of right and wrong.

예절 예절 예의禮儀에 관한 범절凡節, 곧 일상생활에 있어서의 법도에 맞는 모든 질서나 절차.

(Yejeol) General propriety, etiquette, manners, politeness, or decorum in the daily life.

예지 叡智 사리事理에 통한 깊고 맑은 지혜.

(Yeji) Supreme intelligence or wisdom.

예찬 禮讚 부처님에게 절하고 그 공덕을 찬양함.

(Yechan) Worship and praise of a Buddha: Ceremonial praise of a Buddha with adoration of his virtue and merit.

예참 禮懺 불보살 앞에 예배하고 죄를 뉘우침.

(Yecham) Ceremonial repentance before the Buddha and Bodhisattva with adoration.

예토 穢土 더러운 국토라는 뜻으로 '이승,' 곧 속세俗世를 달리 일컫는 말.

(Yeto) The relative evil world in contrast to the Blissful Land of Amitabha.

예하 猊下 종정宗正에 대한 높임말. 성하聖下라고도 말함.

(Yeha) An honorific title attached to the name of a priest of high rank: For example--Your/His Highness.

오가칠종 五家七宗 중국 남종선南宗禪 분파分派의 총칭.

1) 임제종臨濟宗 2) 위앙종潙仰宗 3) 조동종曹洞宗 4) 운문종雲門宗 5) 법안종法眼宗 6) 양기파楊岐派 7) 황룡파黃龍派. 앞의 다섯을 오가五家라 말하고, 양기파楊岐派와 황룡파黃龍 派는 임제종에서 파생한 것. 선문禪門 참조)

(Ogachiljong) Five Houses and Seven Schools: The general terms for the Seven Schools of Ch'an or Zen during the Tang period in China. The first five of the following are Five Houses, and the last two Schools

stem from the Linji School: 1) Linjii School. 2) Weiyang School. 3) Caodong School. 4) Yunmen School. 5) Fayen School. 6) the Yangqi-pai or branch 7) the Huanglung-pai or branch. *Cf. (Seonmun)* The Seon Monastery or School, and *(Seonmun Ojong)* Five Seon or Ch'an gates or schools.

오개 五蓋 오장五障이라고도 말함. 심성心性을 가려 참선을 방해하는 다섯 가지 덮개, 곧 번뇌 1) 탐욕개貪慾蓋 (오욕에 집착하므로 심성을 가리움) 2) 진에개瞋恚蓋 (성내는 것으로 심성을 가리움) 3) 혼면개惛眠蓋 (마음이 흐리고 몸이 무거워짐으로 심성을 가리움) 4) 도회개掉悔蓋 (마음이 흔들리고 근심하므로 심성을 가리움) 5) 의개疑蓋 (의심이 깊은 것).

(Ogae) The five coverings, veils, obstructions, or defilements: Five mental impediments that hinder meditation. 1) Greed and desire. 2) Anger or malice. 3) Sloth, torpor and depression. 4) Agitation, restlessness and remorse. 5) Doubt and perplexity.

오견 五見 오악견五惡見, 오리사五利使라고도 말하며, 다섯 가지의 잘못된 견해.

1) 신견身見 (나라고 할 것도 없는 줄 알지 못하고 내가 실로 있는 것이라고 집착하는 아견我見 또는 아소견我所見)
2) 변견邊見 (나라는 집착을 일으킨 위에, 내가 죽은 후에 영원히 존재하거나, 아주 사타져 없어지는 어느 한쪽으로 치우는 견해)
3) 사견邪見 (도덕상의 인과를 부정하여 선의 가치를 인정하지 않고 악의 두려움도 돌아보지 않는 잘못된 견해)
4) 견취견見取見 (자기 소견을 고집한다는 뜻으로, 온갖 삿된 견해를 일으키면서도 이를 훌륭한 견해라고 고집하는 망견妄見)
5) 계금취견戒禁取見 (삿된 길을 고집하면서 천당에 태어나는 인因이나 열반의 인因이라고 생각하는 잘못된 소견)

(Ogyeon) Five afflicted or deluded views:

1) The deluded view of self as real, or attachment to self and things belonging to him as his own property.
2) The extreme views of annihilation and eternalism.
3) The deluded moral views denying the cause and retribution of evil deeds.
4) The obsession with one's lopsided views to be right.

5) The obsession of a deluded view on the rebirth in Heaven and Nirvana on top of violation of precepts.

오경 五經 유학儒學의 기본적인 문헌인 다섯 가지 경서經書. 곧 시경詩經, 서경書經, 주역周易, 예기禮記, 춘추春秋.

(Ogyeong) Five Confucian Classics: Poetry, History, I Ching, Rites, and the Spring and Autumn.

오경 五更 두 가지 뜻이 있다. 1) 하룻밤을 다섯으로 나눈 시각의 총칭. 곧 초경初更에서 오경五更까지. 2) 하룻밤을 다섯으로 나누었을 때의 다섯째 부분인 오경五更. 지금의 새벽 3시에서 다섯시까지에 해당함)

(Ogyeong) Five periods: There are two meanings to the term. 1) One night divided into five periods from 8 o'clock in the evening to 5 o'clock in the morning. 2) The last of the five periods from 3 o'clock in the morning to 5 o'clock.

오경 五境 오진五塵이라고도 말하며, 오근五根의 대상이 되고, 오식五識에 의하여 알게 되는 오종五種의 바깥 경계境界. 곧 색·성·향·미·촉色聲香味觸을 말함.

(Ogyeong) The five sense-data: It is also called the five dusts or thieves. Rupa or form, sabda or sound, gandha or fragrance, rasa or taste, and sparsa or touch.

오계 五戒 (모든 사람이 지켜야 할 다섯 가지 기본 계율戒律)

1) 불살생不殺生 (산 목숨 죽이지 말 것)

2) 불투도不偸盜 (남의 것을 훔치지 말 것)

3) 불사음不邪淫 (간음하지 말 것)

4) 불망어不妄語 (거짓말 하지 말 것)

5) 불음주不飮酒 (술을 마시지 말 것)

그러나 스님들에게는 세 가지에서 다섯 가지가 금지사항이 추가 된다: 향수의 사용, 화장, 고약膏藥, 화환花環, 높은 자리, 오후식午後食.

(Ogye) The five basic precepts, or the five moral rules:

1) Not killing, or refraining from injury to all living things.

2) Not stealing, or refraining from taking that which is not given.

3) Chastity, or refraining from sexual immorality.

4) Not lying, refraining from falsehood.

5) Avoiding intoxicants, or refraining from liquors which engender

slothfulness.

For monks, however, there are three or five more: Avoidance of such things as perfume, makeup, ointments, garlands, high beds, and afternoon meals.

오과 五過 오종과실五種過失의 준말로, 여기에는 두 가지가 있다.

1. 파계破戒를 함으로써 오는 다섯 가지 과실: 1) 스스로 자기 몸을 해침 2) 지혜 있는 이에게 꾸중을 받음. 3) 나쁜 이름이 유포됨 4) 죽을 때에 후회함. 5) 죽어서 지옥 등의 악도에 떨어짐.
2. 부처님의 가르침에 대한 바른 견해를 갖지 못하므로 얻는 다섯 가지 과실: 1) 바른 믿음을 갖지 못함. 2) 용맹심이 떨어지게 됨. 3) 남을 속이게 됨. 4) 정법正法을 비방하게 됨. 5) 부처님의 거룩한 가르침을 가벼이 여기게 됨)

(Ogwa) The effects of five misconducts: There are two kinds.

1. The retribution of breaking precepts: 1) Harms himself. 2) Will be reprimanded by the wise. 3) Evil reputation. 4) Will regret on his death bed. 5) Will be cast into Hell or the evil realm.
2. The retribution arising from not having the right understanding of the Buddha-dharma: 1) Unable to have a right faith. 2) Lose courage or dauntlessness. 3) Deceive people. 4) Abusive of the right Dharma. 5) Take a light view of the illusive teaching of the Buddha.

오과 五果 소승小乘에서 육인六因 및 사연四緣과 함께 이야기 하는 과보果報

1) 증상과增上果 (어떤 현상이 나타날 때, 자기 이외의 다른 일체법이 직접 힘을 주거나 또는 방해하지 않거나 하여 도와주는 관계로 나타나게 하는 것. 다시 말해 다른 일체의 것이 직접 또는 간접적인 원인이 되어, 그로 인해 증대增大된 힘에 의하여 나타난 결과를 말함)
2) 사용과士用果 (사士는 사대부士大夫와 같은 능력이 있고 힘 깨나 쓰는 사람을, 용用은 쓰임새를 뜻함. 따라서 사용과士用果는 능력 있는 사람이 자신의 능력을 발휘하여 무슨 일을 성취하는 것을 말함)
3) 등류과等流果 (육인六因 중에서 동류인同類因과 변행인遍行因으로 인해 나타나는 결과. 다시 말해, 인과관계에 있어서 인因이 선하면 과果도 선하고, 인因이 악하면 과果도 악하다는 것을 말함)
4) 이숙과異熟果 (이숙인異熟因으로 받는 과보. 선악의 인因으로 인하여 시간을 달리하여 그 성질과 종류가 다르게 성숙한 과보果報를 말함)

5) 이계과離繫果 (번뇌의 속박에서 벗어나 얻는 택멸무위擇滅無爲, 곧 열반을 말함)

(Ogwa) The fivefold fruit or aspect of retribution: The doctrine of Hinayana, which is related with six causes and four conditions.

1) The fruit of either direct or indirect causal factors of empowering condition.
2) The fruit of the ability or power of an able man.
3) The fruit of corresponding to the cause, either good or evil, of the kamic action.
4) The retribution of either good or evil in different forms and different times.
5) Liberation from the fetters of defilement and attaining Nirvana. Cf. (Yukin) Six causes.

오관 五官 사람의 다섯 가지 감각기관으로, 곧 시각, 청각, 후각, 미각, 촉각. 이것을 불교에서는 오근五根 또는 감각이 들락날락하는 문이라 하여 오입五入이라고도 말함. 따라서 문단속을 잘해야 함. 그렇지 않을 경우 온갖 번뇌가 여기에서 일어난다.

(Ogwan) The five sense organs, roots, or gates: The five sense-medias of eyes, ears, nose, tongue, and body or touch. They are the primary roots of all defilements.

오관게 五觀偈 식사할 때 비구가 생각하는 다섯 가지 관문觀門. 오관五觀 또는 오관상념게五觀想 念偈라고도 말함. 공양게송供養偈頌 참조)

(Ogwange) Five stanzas of insight: Five prayers at meal. *Cf. (Gongyanggesong)* The gatha for the pre-meal chant.

오교 五敎 신라불교가 한창 성하였을 대에 경교經敎를 공부하는 종파가 5파로 버러진 것. 1) 열반종涅槃宗, 남산종南山宗 (율종), 화엄종華嚴宗, 법상종法相宗, 법성종法性宗)

(Ogyo) The five schools that flourished during the Silla dynasty: The Nirvana School, the Southern Mountain School (the Vinaya Order), the Huayen School, the Dharma Character School, and the Dharma Nature School.

오교 五敎 화엄오교華嚴五敎라고도 말함. 화엄종에서 불교 교리의 얕고 높음에 따라 우열을 판단하는 오교십종五敎十宗 중, 오교五敎는 교상敎相의 분류로서 소승교,

대승시교大乘始教, 종교終教, 돈교, 원교를 말함.

1) 소승교小乘教 (사제四諦 십이인연十二因緣을 설한 아함경의 가르침)
2) 대승시교大乘始教 (모든 것은 실체가 없고 공空이라고 설하는 반야경과 해심밀경解心密經 등의 가르침)
3) 대승종교大乘終教 (실교實教라고도 하며, 모든 중생이 성불할 수 있다고 설하는 능가경楞伽經이나 기신론起信論의 가르침)
4) 돈교頓教 (문득 이성理性을 버릴 것을 설하는 유마경의 가르침)
5) 원교圓教 (원만하고 완벽한 일승一乘을 설하는 화엄경의 가르침)

(Ogyo) The classification of the five doctrinal teachings according to their low and high levels by the Flower Garland School:

1) Hinayana: Teachings of the Four Noble Truths, and the Twelve Links of Dependent Origination in the Agama.
2) The early teaching of Mahayana: Teachings of emptiness in the Prajnaparamita Sutra and the Unveiling Thought Sutra.
3) The final teaching of Mahayana: The teaching of the inborn Buddha-nature of every sentient being in the Lankavatara Sutra and the Awakening of Mahayana Faith.
4) The Sudden Enlightenment School: The teaching of sudden enlightenment in the Holy Teachings of Vimalakirti.
5) The perfect teachings: The complete teachings of the One or Buddha Vehicle in the Flower Garland Sutra.

오교십종 五教十宗 화엄종에서 불교의 교리를 오교五教와 십종十宗으로 분류 비판한 교판教判. 五教와 十宗 참조.

(Ogyo Sipjong) Five teachings and ten schools: The doctrine of Huayen, or Flower Garland School. *Cf. (Ogyo)* Five teachings, and *(Sipjong)* Ten schools.

오근 五根 오근五根에는 두 가지가 있다. 첫째는 번뇌의 뿌리 또는 근원인 안이비설신眼耳鼻舌身의 다섯 가지 감각기관. 감각이 들락날락한다고 하여 오입五入이라고도 말함. 다른 하나는 삼십칠도품三十七道品의 하나로, 신근信根, 정진근精進勤, 염근念根, 정근定根, 혜근慧根. 이들은 번뇌를 누르고 올바른 깨달음의 도道에 나가게 하는데 대해 뛰어난 작용이 있기에 근根이라 함.

(Ogeun) There are two types of five roots or mental faculties: One is the five sense organs or roots of defilement and passion: The eyes, ears, nose, tongue, and body or touch. It is also called o-ip, five entrances or doors, or five sensory windows through which the five sense faculties function.

Another type is five spiritual faculties. They are called "faculties" by analogy, as they are considered as capacities to be developed: The spiritual faculties for faith, effort, mindfulness, concentration, and wisdom. These are included in the thirty-seven aids to enlightenment.

오근본번뇌 五根本煩惱 반드시 떨쳐버려야 할 다섯 가지 근본번뇌.

1) 사견邪見 (삿된 생각)
2) 탐욕貪慾 (사물을 지나치게 탐내는 욕심)
3) 집취상執取相 (망상妄想이 아니라 마치 실재인 것처럼 온갖 상에 집착하는 것)
4) 집취공상執取空相 (공空에 빠져 이것이 마치 실재인양 집착하는 것)
5) 무명無明 (사제四諦의 진리인 불교의 근본 교리를 깨닫지 못한 어리석음)

(Ogeunbon Beonnoi) The five basic or fundamental conditions of the passions and delusions:

1) The wrong view, which is common to ordinary beings.
2) Clinging or attachment to the world of desire.
3) Clinging or attachment to the world of form or mark.
4) Clinging or attachment to the formless world or emptiness.
5) The state of unenlightenment or ignorance of common people, which is the root-cause of all distressful delusions.

오근오처 五根五處 안이비설신眼耳鼻舌身, 곧 보고, 듣고, 맡고, 맛보고, 접촉하는 것과, 색성향미촉色聲香味觸, 곧 빛, 소리, 냄새, 맛, 느낌. 그런데 문제는 이들의 만남에서 일체의 번뇌와 고통이 일어난다는 것을 모르고 중생들은 이들을 평생 죽도록 쫓다가 허망한 생을 마친다는 것.

그래서 나온 수행방법 중의 하나가 백골관白骨觀. 열반이라는 것을 어렵게 생각할 필요 없다. 아지랑이와 같은 이들을 모두 떨쳐버리고 청정한 우리의 본래 면목인 자성自性으로 돌아가면 된다. 참선이란 이러한 깨달음을 실천하여 확철대오廓撤大悟는 아니더라도 체질화시키는 것.

(Ogeun Ocheo) Five roots, or sense-faculties and five sense-objects:

Five sensory organs of the eyes, ears, nose, tongue, and physical body; and form, sound, smell, taste, and touch.

There is nothing wrong with them for being what they are, but the great problems arise when they associate with each other, which is the fundamental cause of all conflicts and sufferings.

In truth, they are none other than delusions, mirages, bubbles, dreams, and lightning that remain for an instant and then disappear. We must realize that our body is decaying every moment and the final destination of our life is the grave. Hence the practice of observing the skull to realize the evanescence of our life.

It is not a pessimistic view of life. It is the vital truth, and realizing this truth is the extinction of all sufferings and the attainment of enlightenment and Nirvana, which is the everlasting peace.

오대 五大 만유萬有의 근본인 사대四大, 즉 지수화풍地水火風에 공空을 더한 것.

(Odae) Five great elements: Addition of void to the four great elements: The earth, water, fire, and wind.

오덕 五德 오덕五德에는 몇 가지가 있다. 1) 정定에 머물러 보살이 처음으로 얻는 다섯 가지 덕익德益. 2) 자자거죄自恣擧罪 등에서 말하는 오덕五德. 3) 비구오덕比丘五德. 4) 간병오덕看病五德.

(Odeok) Five virtues: There are a several kinds: 1) Five virtues attained by the Bodhisattva through meditation. 2) Five virtues attained through contrition ceremony after the summer and winter retreats. 3) Five virtues of monastics. 4) Five virtues attained through nursing by various means.

오도 五道 오취五聚 또는 오악도五惡道라고도 말함. 육도六道에서 아수라를 뺀 것. 지옥, 축생, 귀신, 미망의 인간세계, 천상. 육도 참조.

(Odo) Five karmic realms or existences, exclusion of Asura from *Yukdo,* six karmic realms or existences. These refer to the categories of living beings, more often divided into six: hell denizen, ghost, beast, human, titan or asura, and deity or deva.

오도 悟道 불도佛道의 진리를 깨달음.

(Odo) Enlightenment: Realization of the truth of the Buddha-way.

오도송 悟道頌 고승高僧들이 부처의 도를 깨닫고 지은 시가詩歌. 다음은 한국 조계종曹溪宗 초대 종정宗正을 지내신 효봉曉峰스님의 오도송悟道頌.

바다 밑 제비집에서는 사슴이 알을 품고
불속 거미집에서는 물고기가 차를 끓이네.
이 두 집안 소식을 누가 능히 알 수 있으리오.
흰 구름 서쪽으로 가고 달은 동쪽으로 흐르네.

(Odosong) The gatha or the hymn of enlightenment: The following is the enlightenment song of the Venerable Hyobong (1888-1966), the First Supreme Patriarch of the Jogye Order of Korean Buddhism:

A deer in the abode of swallow under the sea is hatching its eggs,
And the fish in the abode of spider in the fire is boiling the tea.
Who could ever conceive the stories of the two households?
The white cloud is heading for the West, and the moon, for the East.

오력 五力 오근五根 이라고도 말함. 이때 근根은 힘이라는 뜻. 다섯 가지 힘, 또는 수행과정에 있어서의 정신력. 오력五力에는 두 가지가 있다.

1. 수행에 필요한 다섯 가지 덕목德目 또는 힘:
   1) 신력信力 (불법을 믿고 다른 것을 믿지 않는 신심信心)
   2) 진력進力 (선을 짓고 악을 멀리함에 게으름이 없는 끈기)
   3) 염력念力 (생각을 바로 가지고 사특한 생각을 버리는 것)
   4) 정력定力 (선정禪定을 닦아 어지러운 생각을 버리는 것)
   5) 혜력慧力 (지혜를 닦아 불교의 진리인 사제四諦를 깨닫는 것)
2. 오근 五根의 힘이 실체화된 상태로, 불가사의한 작용이 있는 다섯 가지 힘:
   1) 정력定力 (온갖 선정禪定의 힘)
   2) 통력通力 (일체 신통력神通力의 힘)
   3) 차식력借識力 (이선천二禪天 이상에는 오식五識이 없으므로 필요하면 신통으로 자유롭게 초선初禪에서 오식五識을 일으키는 것)
   4) 원력願力 (부처님과 보살의 큰 원력의 힘)
   5) 법위덕력法威德力 (부처님의 가르침이 갖는 위엄과 덕망의 힘)

(Oryeok) Five Powers: These are the same as the five spiritual faculties, at a further stage of development. There are two different types:

1. Five powers required to attain enlightenment:
   1) The power of faith, or firm belief in the Buddha and Buddhism.
   2) The power of exertion or effort, or constant application of great effort.
   3) The power of mindfulness or recollection, which keeps away false thoughts.
   4) The power of samadhi or concentration, which keeps away distracting thoughts.
   5) The power of wisdom to comprehend the Four Noble Truths.
2. Five mysterious powers:
   1) The power of samadhi or meditation.
   2) All kinds of psychic power.
   3) The non-hindrance power of the five organs.
   4) The power of the great vows of Buddha and Bodhisattva.
   5) The power of dignity and virtue of Dharma.

오망상 五妄想 색수상행식色受想行識의 오온五蘊은 망상 위에 있는 것으로 실유實有가 아니라는 것.

(Omangsang) Five delusions: Five aggregates (form, feelings, perceptions, mental formations, and consciousness) are not real substances. They are a kind of non-substantial delusions,

오매불망 寤寐不忘 자나깨나 화두를 놓치지 않음을 말함. 오매일여寤寐一如 참조.

(Omae Bulmang) Not losing the hwadu or a Cyclopean doubt whether one is awake or in sleep. *Cf. (Omaeilyeo)* Samadhi whether one is awake or in sleep.

오매일여 寤寐一如 깨어있을 때나 잠에 빠져있을 때나 항시 삼매가 유지됨을 말함. 이 상태를 오매불망寤寐不忘 또는 불퇴전不退轉이라고도 말함. 그런데 오매일여란 그 정도로 자나 깨나 한결같이 참구하라는 뜻이지 잠에서도 깨어있을 때처럼 삼매를 놓치지 말라는 뜻은 아니라는 해석이 있다. 사실은 자면서도 낮에 골똘히 하던 일을 꿈속에서 하는 일이 있다. 그러나 그것은 어디까지나 꿈이지 깨어있을 때와 같은 맑은 정신에서 하는 일은 아니다. 그렇다면 반론을 제기한 쪽의 이론이 보다 현실적이고 합리적인 것 같기도 하다.

(Omaeilyeo) Deep in samadhi, or concentration whether one is awake or in sleep: This is called no-regression. But there is another interpretation of samadhi in sleep. Its main argument is that it is not that we should not lose samadhi in sleep, which is impracticable, but to meditate day and night with all our heart.

오무간업 五無間業 오역죄五逆罪 참조.

(Omuganeop) *Cf.* *(Oyeokjoi)* Five cardinal or deadly sins.

오바라밀 五波羅密 육바라밀 중에서 마지막 반야바라밀을 뺀 것.

(Obaramil) Five Paramitas, or five perfections. Omission of incomparable wisdom of the last of Six Paramitas.

오방 五方 동서남북東西南北과 중앙中央. 곧 사방四方과 중앙.

(Obang) Five directions: Four cardinal directions (the east, west, south, and north) and the center.

오방오지 五方五智 밀교密敎에서 오방 오불五方 五佛에 오지五智를 배당한 것.

1) 동방東方 아촉불阿閦佛은 대원경지大圓鏡智 (사물에 대해 집착하거나 거부하지 않고 거울처럼 차별없이 그대로 비추어 지각하는 지혜).
2) 남방南方 보생불寶生佛은 평등성지平等性智 (일체의 현상에 대한 절대적 실체가 공함을 깨닫는 지혜).
3) 서방西方 아미타불阿彌陀佛은 묘관찰지妙觀察智 (육식六識을 바꾸어 얻은 지혜. 곧 모든 사물을 관찰하여 정확히 깨달은 다음, 중생의 근기에 따라 법을 설하여 의심을 끊게 하는 지혜)
4) 북방北方 불공여래不空如來는 성소작지成所作智 (불과佛果에 올라 전오식前五識과 그 상응심품相應心品을 뒤집어 갖가지 변화를 성취하는 지혜)
5) 법계체성지法界體性智 (오지五智의 첫째로, 제 구식九識, 곧 진여식眞如識을 굴려 얻은 지혜로서 육대六大 가운에 공대空大에 해당함)

(Obang Oji) Five cardinal directions and five wisdoms: Allocation of five wisdoms to the four Buddhas of four directions and the Great Buddha Vairochana in the center of the universe.

1) The perfect mirror-wisdom of Akshobhya who reigns over the Eastern Paradise: The wisdom that reflects the Dharma as they are reflected on the clear mirror without attachment or rejection.
2) The wisdom of Jewel-born One who reigns over the Southern Paradise: The wisdom of essential equanimity of emptiness of

absolute reality of all phenomena.

3) The marvelous discerning wisdom of Amitabha Buddha who reigns over the Western Paradise: The wisdom attained from the transformation of six consciousnesses, the wisdom that enables for the sentient beings to cut off all their doubts according to their capability.

4) The wisdom of Non-emptiness Buddha who reigns over the Northern Paradise: The wisdom attained through cultivation of the five basic sense organs after attaining the Buddhahood.

5) The wisdom of the Dharma-realm of the Great Buddha Vairochana in the center of the great cosmos: The wisdom that can be attained only through the ninth consciousness, or the consciousness of true-suchness.

오법자성 五法自性 줄여서 오법五法 또는 오사五事라고도 말함. 온갖 법의 자성을 분별하여 다섯 가지로 나눈 것. 앞의 세 가지는 미迷, 뒤의 두 가지는 오悟의 법法 1) 명名 (거짓으로 세운 만상萬象의 이름). 2) 상相 (삼라만상의 허망한 모양). 3) 분별分別 (망상妄想이라고도 하며, 모양과 이름의 근본이 되는 허망한 마음). 4) 정지正智 (허망분별을 여의고 온갖 법의 자성이 없는 진리를 아는 바른 지혜). 5) 여여如如 (진여라고도 함. 올바른 지혜로 증득하는 제법의 본체)

(Obeop Jaseong) The self-nature of five Dharmas: The first three are delusions, and the last two are true awakening. 1) False name of things. 2) False form or illusive appearance of things. 3) Deluded discrimination of thing. 4) Right knowledge of the emptiness of things. 5) True-suchness or true reality of things, which can be realized only through incomparable wisdom.

오변행심소 五遍行心所 심소心所, 곧 마음 작용의 하나로 온갖 마음의 현상에 반드시 따라 일어나는 다섯 가지 심리작용). 1) 촉觸 (감촉을 뜻하며, 선호選好를 나타내는 요인). 2) 작의作意 (마음에 대상을 취하는 요인). 3) 수受 (사물에 대한 느낌의 의식). 4) 상想 (변별심辨別心). 5) 사思 (마음의 움직임 또는 관심)

(Obyeonhaeng Simso) Five universal mental formations or aspects: 1) Contact which distinguishes the object as attractive or unattractive. 2) Mental engagement of objects, the factor that receives the object to the mind. 3) The feeling of pleasure, pain, and neither pleasure nor pain aroused by objects. 4) Discrimination of objects. 5) Intention or attention which moves the mind to the object.

오별경심소 五別境心所 심소心所, 곧 마음작용에 따라 따로 따로 일어나는 다섯 가지 심리작용. 별경別境이란 마음이 작용하는 경계 또는 대상이 각기 다르므로 이르는 말. 1) 욕구欲求 (희망하고 바라는 마음). 2) 승해勝解 (이는 인간관계에 의해 유혹되거나 환경에 의해 흔들리지 않음을 뜻함). 3) 정려靜慮 (이는 과거의 경계에 대해 매우 분명하게 기억하여 결코 망실되지 않음을 뜻함). 4) 정定 (정定은 일종의 지관止觀으로써 하나의 일에 몰입함을 뜻함). 5) 혜慧 (이는 눈앞의 경계에 대해 이해하고 선택하는 지혜를 뜻함)

(Obyeolgyeong Simso) Five particular or different mental formations according to the function of the mind: 1) Aspiration and longing. 2) Determination and steadfastness without disturbance by temptation or circumstances in the human relationship. 3) Mindfulness which is to hold objects of the past in mind. 4) Samadhi or complete absorption. 5) Wisdom or knowledge to analyze and select objects.

오분법신 五分法身 부처님과 아라한이 갖추어 가진 다섯 가지 공덕. 계신戒身, 정신定身, 혜신慧身, 해탈신解脫身, 해탈지견신解脫智見身.

(Obun Beopsin) The fivefold merit of Buddha and Arhat: Precepts, meditation, wisdom, enlightenment, and the knowledge of emancipation, or experience of Nirvana.

오분법신향 五分法身香 부처님께 올리는 다섯 가지 분향焚香.

1) 계향戒香 (마음 가운데 그름이 없고, 악함이 없고, 질투가 없고, 탐심貪心과 진심嗔心이 없고, 끝없는 해害가 없는 것을 계향이라 함)

2) 정향定香 (모든 좋고 나쁜 경계境界를 보되, 제 마음이 어지럽지 않음을 정향定香이라 함)

3) 혜향慧香 (제 마음에 걸림이 없어서 항상 지혜로써 성품을 비춰보고 모든 악을 짓지 않음을 말함)

4) 해탈향解脫香 (제 마음에 반연攀緣이 없어 선善도 생각하지 않고 악惡도 생각하지 않으며, 자유자재하여 걸림이 없음을 해탈향이라 함)

5) 해탈지견향解脫知見香 (제 마음이 이미 선과 악에 걸림이 없으나, 공空에 빠져서 고요함만을 지키면 옳지 않으니, 모름지기 널리 배우고 많이 듣되, 제 본심을 알고 부처님의 이치를 통달함을 말함)

(Obun Beopsinhyang) The five kinds of incense of the Dharmakaya or Dharma-body:

1) The sila incense: It means that our mind is free from taints of misdeeds, evil, jealousy, avarice, anger, pillage, and hatred.
2) The samadhi incense: It means that our mind is unperturbed in all circumstances, favorable or unfavorable.
3) The prajna incense: It means that our mind is free from all impediments, that we constantly introspect our essence of mind with wisdom, that we refrain from doing all kinds of evil deeds.
4) The incense of liberation: It means that our mind is in such an absolutely free state that it clings to nothing and concerns itself neither with good nor evil.
5) The incense of knowledge obtained on the attainment of liberation: When our mind clings to neither good nor evil, we should take care not to let it dwell upon vacuity, or remain in a state of inertia.

오분향 五分香 오분법신五分法身을 향香에 비유함. 계향戒香, 정향定香, 혜향慧香, 해탈향解脫香, 해탈지견향解脫知見香을 가리킴.

(Obunhyang) Five kinds of incense (offering): Incense of precepts, concentration, wisdom, liberation, and knowledge. *Cf. (Obun Beopsinhyang)* Five kinds of incense of Dharmakaya.

오불 五佛 오지불五智佛 또는 오지여래五智如來, 오성불五聖佛이라고도 말하며, 진언종眞言宗의 법신불法身佛, 곧 대일여래大日如來와 그로부터 나온 네 부처 1) 대일여래大日如來. 2) 아촉불阿閦佛. 3) 보생불寶生佛. 4) 아미타불阿彌陀佛. 5) 불공성취불不空成就佛.

(Obul) The five great Buddhas of the True-word Sect: Mahavirochana Buddha and four other Buddhas. 1) The Great Buddha Vairochana, or the Buddha of Cosmic Energy. 2) The Great Buddha Ashobhya. 3) The Great Buddha Rotnasambhava. 4) The Great Buddha Amitabha. 5) The Great Buddha Amoghasiddhi.

오불번 五不翻 불경 한역佛經 漢譯 때 번역하지 않기로 한 다섯 가지 원칙 1) 비교秘敎적인 것. 2) 다의多義적인 것. 3) 중국에는 없는 것. 4) 이미 정착된 것과 일치시키기 위해. 5) 건전성과 경외심敬畏心을 높이기 위해.

(Obulbeon) Five principles of not translating the original Buddhist terms into Chinese: 1) The esoteric teaching. 2) Words having multiple meanings. 3) Words not existing in Chinese. 4) Words that have already established in the Chinese soil. 5) To maintain wholesomeness and reverence.

오비구 五比丘 부처님께서 깨치신 후 사제四諦, 팔정도八正道를 처음 설법한 다섯 비구: 곤다나, 아사지, 바디야, 밥파, 마하나마.

(Obigu) Five bhikkus: The first five of Sakyamuni Buddha's converts: Kondanna, Assaji, Bhaddiya, Vappa, and Mahanama.

오사견 五邪見 다섯 가지 삿된 견해. 오리편五利便이라고도 말함. 1) 신견身見 (오온五蘊에 의해 이루어진 허깨비 같은 나를 본래 존재하는 것으로 보는 견해) 2) 변견邊見 (극단적인 상견常見과 단견斷見) 3) 사견邪見 (이설異說을 정설正說로 보는 견해) 4) 견치견見癡見 (잘못된 윤리관과 행동을 옳다고 보는 견해) 5) 계금치견戒禁癡見 (실제로 존재하는 것을 부정하거나 존재하지 않는 것을 존재한다고 보는 견해)

(Osagyeon) The five wrong or deluded views: 1) Wrong view of the transitory aggregates of self as inherently existent. 2) Extreme views of eternalism and annihilation. 3) Evil view of heterodox for orthodox. 4) Wrong moral view of conduct. 5) Wrong view of insisting on existence and non-existence.

오사명 五邪命 비구比丘로서 행할 수 없는 일을 하여 생활하는 것을 사명이라 한함.

1) 사현이상詐現異相 (세속 사람들을 속이고, 이상한 모양을 나타내어 이양利養을 취하는 것.
2) 자설공능自說功能 (자기 자신의 공덕功德을 자랑하여 이양利養을 취하는 것)
3) 점상길흉占相吉凶 (점성술占星術을 배워 인간의 길흉吉凶을 말하여 이양 利養을 취하는 것)
4) 고성현위高聲現威 (큰 소리로 위세威勢를 가장하여 이양利養을 취하는 것)
5) 설소득이이동인심說所得利以動人心 (저곳에서 이양利養을 얻으면 이곳에서 칭찬하고, 이 곳에서 이양利養을 얻으면 저곳에서 칭찬하여 이양利養을 취하는 것)

(Osamyeong) The five wicked livelihood of bhikkus:

1) Deceiving the people for seeking after a personal profit for one's

easy livelihood by assuming a strange aspect.
2) Seeking after a personal profit for one's easy livelihood by bragging about one's merit.
3) Seeking after a personal profit for one's easy livelihood by fortune telling.
4) Seeking after a personal profit for one's easy livelihood by domineering the people in a loud voice in deceit.
5) Flattering here and there after obtaining a personal profit for one's easy livelihood.

오상 五常 유교儒敎에서 말하는 사람이 항상 지켜야할 다섯 가지 덕목인 인의예지신仁義禮智信을 말하며, 이것을 불교의 오계五戒와 거의 같은 것으로 보기도 함.

(Osang) Five cardinal moral virtues of Confucianism: Humanity, justice, courtesy, wisdom, and fidelity. They are sometimes regarded very similar to the five basic precepts in Buddhism.

오상아 吾喪我 내가 나를 여윔. 장자莊子에 나오는 말. 수행을 통해 완전히 나를 잊으므로 황홀경에 이르는 것. 그러나 이것이 깨침은 아니다.

(Osang-a) The abnegation or extinction of self: Body outside of the body, or attaining the state of oblivion or ecstasy practiced in Daoism. It is very similar to mindfulness practiced in Buddhist mediation.

오색 五色 청 · 황 · 적 · 백 · 흑의 오색을 불교의 오정색五正色이라 말함.

(Osaek) The five (Buddhist) colours: Blue, yellow, red, white and black. These are called five orthodox colours.

오선 五善 오계五戒와 같은 뜻으로, 재가불자在家佛子가 지켜야 할 다섯 가지 계戒. 오계五戒 참조. 그러나 이는 또 유가儒家에서 말하는 오상五常, 곧 인의예지신仁義禮智信을 가리키기도 함.

(Oseon) Five good conducts and virtues: It is another name for ogye, five precepts, the precepts which must be observed by the laity. However, it also means five cardinal moral virtues of Confucianism: humanity, justice, courtesy, wisdom, and fidelity.

오선근 五善根 다섯 가지 착한 품성稟性 1) 삼보三寶와 사성제四聖諦에 대한 믿음. 2) 선행善行을 위한 노력. 3) 진실한 법에 대한 바른 생각. 4) 집중 또는 선정禪定. 5) 존재의 진정한 본질에 대한 통찰洞察.

(Oseongeun) Five wholesome roots of goodness and virtue: 1) Faith in the Three Refuges and the Four Noble Truths. 2) Making efforts to do good. 3) Being mindful of the true Dharma. 4) Concentration or meditation. 5) Insight into the true nature of existence.

오성 五性 오성각별五性各別 또는 오종성五種性 이라고도 말하며, 유식종唯識宗에서 주장하는 중생의 다섯 가지 타고난 성품性品.

1) 보살정성菩薩定性 (본래부터 부처가 될 무루無漏 종자를 갖춘 중생)
2) 연각정성緣覺定性 (벽지불辟支佛이 될 무루無漏 종자를 갖춘 중생)
3) 성문정성聲聞定性 (아라한이 될 무루無漏 종자를 갖춘 중생)
4) 삼승부정성三乘不定性 (두 가지 종자나 세 가지 종자를 갖춘 중생. 이것은 다시 네 가지로 분류된다)
5) 무성유정無性有情 (성문, 연각, 보살의 무루無漏 종자는 없고, 다만 오계五戒나 십선계十善戒를 닦으므로 인승人乘이나 천승天乘이 될 유루有漏 종자를 갖춘 중생)

(Oseong) The five different inborn natures of sentient beings: The doctrine of the Mind-only School.

1) Bodhisattva nature: One who is born with the undefiled Buddha-nature.
2) Pratyeka-buddha nature: One who is born with the undefiled nature of independently-awakened Buddha.
3) Shravaka nature: One who is born with the undefiled nature of the Sound-hearing Arhat.
4) Undefined nature of two or three vehicles: One who is born with either of the two or three vehicles.
5) No Buddha-nature of sentient beings: One who is born with no hope of attaining supreme enlightenment. Yet there still is a hope of reborn as a human or a heavenly being through cultivation of the five basic precepts and ten good conducts.

오쇠 五衰 천인오쇠天人五衰 참조.

(Osoi) Five symptoms of decay. *Cf. (Cheonsin Osoi)* Five decays of heavenly beings and humans.

오수 五受 외계外界와의 접촉에 의해 쾌락과 고통을 일으키는 것을 수受라 하고,

이것을 고락우희사苦樂憂喜捨의 다섯 종류로 나눈 것을 말함. 이때 사捨란 앞의 네 가지와 같은 치우친 감각이 아니라 그 중간인 즐겁지도 괴롭지도 않은 감각 상태를 말함.

(Osu) Five kinds of sensation arising from the contact of sense object--the pain, pleasure, melancholy, happiness, and neutral.

오승 五乘 해탈에 이르는 다섯 종류. 인승人乘, 천승天乘, 성문승聲聞乘, 연각승緣覺乘, 보살승菩薩乘.

(Oseung) The five vehicles: The five vehicles to attain enlightenment. The human-vehicle, the Deva-vehicle, the Sound-hearing or Disciple-vehicle, the Solitary-sage vehicle, and the Bodhisattva vehicle.

오시팔교 五時八教 천태종의 교판教判으로 천태종 개조開祖 지의智顗의 설. 부처님의 일대一代 설법을 법화경을 설하기 위한 준비라 보는 동시에 법화경을 가장 높은 것이라 하여 불교 전체를 조직적으로 체계화시킨 것.

오시五時 (오시五時는 50년간의 부처님의 설법을 시간적으로 판단한 것)

1) 화엄시華嚴時 (성도成道 후 최초의 21일 동안에 화엄경을 설한 시기)
2) 아함시阿含時 (그 다음 12년간 녹야원에서 아함경을 설한 시기)
3) 방등시方等時 (다음의 8년간 유마경, 금광명경, 능가경, 승망경, 무량수경 등 방등부의 여러 경전을 설한 시기)
4) 반야시般若時 (다음의 22년 동안 반야경의 공사상을 설한 시기)
5) 법화열반시法華涅槃時 (최후의 8년간 법화경을 설하고, 입멸入滅시에 열반경을 설한 시기)

팔교八教 (팔교는 화의사교化儀四教, 곧 교화教化하는 형식에서 불교를 분류한 돈교頓教, 점교漸教, 비밀교秘密教, 부정교不定教의 넷과; 화법化法의 사교四教, 곧 교리教理의 내용에서 분류한 장교藏教, 통교通教, 별교別教, 원교圓教의 넷을 말한다.

(Osipalgyo) Five periods and eight teachings: It is the doctrine of the Tientai Sect designed by Ch'an Master Zhiyi, the founder of Tientai Sect, an attempt to systematize and explain the teachings of Buddha and to explain through a division in terms of chronology and content within Buddhism of different doctrines and ways of solving metaphysical problems.

1) The period of the Flower Garland Sutra (21 days of preaching

right after attaining enlightenment).

2) The period of the Agamas (12 years of preaching after the first period).

3) The period of the Vaipulya Sturas, or the first stage of Mahayana (8 years of preaching after the second period).

4) The period of the Prajnaparamita Sutra and the doctrine of emptiness (22 years of preaching after the third period).

5) The period of the Lotus Sutra and the Mahaparanirvana Sutra (the final 8 years of preaching after the fourth period).

The eight doctrines or teachings: Four categories from the point of view of method: 1) The sudden method. 2) The gradual method. 3) The secret or esoteric method. 4) The pervasive or indeterminate method.

The categories from the point of view of content: 1) The teachings of Hinayana. 2) The general teaching, which is common to Hinayana and Mahayana. 3) The special teaching for Bodhisattvas. 4) The complete and consummate teaching, that of the Middle Way of mutual identification.

오식 五識 다섯 가지 심식心識, 즉 안식眼識, 이식耳識, 비식鼻識, 설식舌識, 신식身識.

(Osik) The five sense-consciousnesses: The consciousnesses of eyes, ears, nose, tongue, and body or touch.

오신채 五辛菜 수행자가 먹지 않아야 할 다섯 가지 자극성이 있는 채소, 즉 마늘, 부추, 파, 달래, 홍거. 그러나 홍거는 중국과 우리나라에 없다.

(Osinchae) The five pungent vegetables: Five kinds of spices which ascetic practitioners should avoid. They are garlic, wild leeks, Welsh onion, allium, and asafetida which does not grow in Korea and China.

오신통 五神通 무애자재無礙自在한 초인간적인 불가사의한 작용, 곧 천안통天眼通, 천이통天耳通, 타심통他心通, 숙명통宿命通, 신족통神足通의 다섯 가지를 말함. 육신통 참조.

(Osintong) Five super knowledges, or five subtle powers: Divine eye or vision, divine hearing, telepathy, knowledge of former (and future) lives, knowledge of magical operations. *Cf. (Yuksintong)* Six

Super Knowledges or Powers.

오심 五心 어떤 대상을 향해서 마음이 일어나는 작용을 순차적으로 다섯 가지 종류로 나눈 것.

1) 솔이심率爾心 (처음 경계에 작용하는 찰나의 마음)
2) 심구심尋求心 (대상이 무엇임을 알려고 추구하는 마음)
3) 결정심決定心 (대상이 어떤 것임을 결정하는 마음)
4) 염정심染淨心 (대상을 결정한 후에 원한이 있는 이에게는 악심을, 친한 이에게는 선심을, 원한도 친함도 없는 이에게는 사심捨心을 내는 것과 같은 마음)
5) 등류심等流心 (염심染心과 정심淨心이 시시각각으로 상속하여, 앞에 마음과 같은 것이 계속하는 마음)

(Osim) Five kinds of mind: The instant sequential function of the mind when the mind perceives an object.

1) An instantaneous mind when the mind first perceives an object.
2) A searching mind to find out the nature of an object.
3) Deciding mind what the object is.
4) Arousing either of an evil mind when the person one perceives had given him a resentment, or kind mind if the person one perceives had been friendly, or arousing neither of the mind when the person one perceives had shown neither resentment nor friendly attitude.
5) Succession of arising the mind of the fourth category.

오십삼 선지식 五十三 善知識 선재동자善財童子가 문수보살의 법문을 듣고, 남방으로 향하여 차례로 찾아가서 법문을 들은 선지식들. 수행자의 좋은 본보기.

(Osipsam Seonjisik) Fifty-three great enlightened masters: Priestling Sudhana visits these fifty-three great enlightened masters in order to listen to their teachings. A good example of an earnest practitioner.

오십이위 五十二位 보살이 묘각妙覺에 이르는 52 단계. 여기에 불지佛地를 합하면 53위位가 된다. 믿음이 온전해지고[十信], 깨달음과 이해가 온전해지고[十住/解], 행이 온전해지고[十行], 회향이 온전해지고[十廻向], 그런 다음 등각等覺을 거쳐 묘각妙覺에 이르게 된다. 불지佛地는 부처님의 자리. 각 위位에 대한 자세한 설명은 각 항목을 참조.

(Osip-i-wi) Fifty-two stages of Bodhisattva leading to marvelous enlightenment: If the stage of Buddha is added to this number, the total will be fifty-three. They are: Ten kinds of reliance or faith; Ten abodes or understanding of Bodhisattva; Ten practices of Bodhisattva; Ten kinds of transference of one's merit; Ten grounds of Bodhisattva; Supreme enlightenment and equanimity; Marvelous enlightenment. For a detailed explanation of each stage of the group, see each separate category.

오십일심소 五十一心所 오십일五十一 정신작용. 구사종俱舍宗에서는 46, 유식종唯識宗에서는 51법을 세움. 1) 오변행심소五遍行心所. 2) 오별경심소五別境心所. 3) 십일선심소十一善心所. 4) 육근본번뇌六根本煩惱. 5) 이십지말번뇌二十枝末煩惱. 6) 사부정심소四不定心所. 보다 자세 한 내용은 별도 각 항목 참조.

(Osip-il Simso) Fifty-one mental factors: 1) Five omnipresent factors. 2) Five determining factors. 3) Eleven virtuous factors. 4) Six root afflictions. 5) Twenty secondary afflictions. 6) Four changable factors. For further detailed information, see each independent category.

오악 五惡 다음 다섯 가지 오계五戒를 어기는 것: 1) 불살생. 2) 불투도不偸盜. 3) 不邪淫. 4) 불망어不忘語. 5) 불음주.

(O-ak) Five great offences: Violation of the basic five precepts: 1) Not to kill. 2) Not to steal. 3) Not to commit sexual misconduct. 4) Not to lie. 5) Not to take intoxicants.

오안 五眼 수행을 통하여 도道를 이루어 가는 다섯 가지 차례.

1) 육안肉眼 (육신의 눈, 즉 장애물 너머의 사물은 보지 못하는 눈)
2) 천안天眼 (미세한 사물까지도 멀리 볼 수 있으며, 중생들의 미래의 생사의 모양도 볼 수 있는 눈)
3) 혜안慧眼 (차별과 망집妄執의 생각을 버리고 우주의 진리를 통찰하는 눈)
4) 법안法眼 (일체 법을 분명하게 비추어보는 눈)
5) 불안佛眼 (모든 법계의 참모습을 확연히 깨달아 보시는 부처님의 눈)

(O-an) The five eyes: Five progressive stages of eyes for the attainment of Bodhisattva, consisting of five different faculties of vision:

1) The fleshly or physical eye: The eye that cannot even see what is behind the obstacle.
2) The divine eye: The eye that is not only able to see a tiny particle in the distance but the future mode of life of sentient beings as

well.

3) The wisdom eye: The eye with an insight into the truth of the universe free from delusion and grasping.

4) The Dharma-eye: The eye with an insight into the ultimate truth of Dharma.

5) The Buddha-eye: The eye that sees all and is omniscient.

오언율 五言律 오언팔구 五言사구四句 또는 八句로 된 한시漢詩.

(Oeonyul) A verse with five words in each line composed of four or eight lines in Chinese characters.

오언절구 五言絶句 다섯 자字로 한 구句를 이룬 한시漢詩.

(Oeon Jeolgu) A quatrain with five Chinese characters in each line.

오역죄 五逆罪 곧장 지옥에 떨어지는 다섯 가지 극악무도한 중죄重罪. 소승의 오역五逆과 대승의 오역五逆이 있다.

소승의 오역죄: 1-2) 부모살해. 3) 불가佛家의 화합을 깨뜨림. 4) 아라한을 살해. 5) 부처에 피를 냄.

대승大乘의 오역죄:

1) 탑사塔寺를 파괴하여 경상經像을 불태우고 삼보三寶의 물건을 빼앗거나 혹은 그와 같은 짓을 사람에게 시키거나 또는 그 행위를 보고 기뻐하는 것.
2) 성문聲聞, 연각緣覺, 그리고 대승大乘의 법法을 비방하는 것.
3) 출가자出家者가 불법佛法닦는 것을 방해하거나 혹은 그를 살해하는 것.
4) 소승小乘의 오역五逆중 한 가지를 범하는 것.
5) 모든 업보業報는 없다고 생각하여 십불선업十不善業을 행하여 후세後世를 두려워하지 않고 또 사람에게 그런 것들을 가르치는 것을 말함.

(Oyeokjoi) Five deadly or cardinal sins of immediate retribution in hell of the Theravada and the Mahayana: Five deadly sins of the Theravada: 1) Patricide. 2) Matricide. 3) Breaking up the Sangha. 4) Killing an Arhat. 5) Causing, with evil intent, the Buddha to bleed. Five deadly sins of the Mahayana:

1) Destroying a pagoda and the temple, or burning the sutra and the Buddha statue, stealing the Tripitaka, or instigating such things or rejoicing at such incidents.
2) Abusing the Sound-hearer, the Solitary-awakened one, and the

doctrine of the Mahayana.

3) Interrupting the cultivation of the Buddha-Dharma, or killing the practitioner.

4) Committing one of the five grave sins of the Theravada.

5) Not believing the karmic retribution and accordingly committing evil deeds without fearing the effect in the next life, or even instigating such things to others.

오염문 五念門 세친世親이 세운 정토론淨土論. 아미타불의 정토淨土에 나기 위한 다섯 가지 행行과, 그 결과로 얻어지는 덕德을 오공덕문五功德門 또는 오과문五果門이라고 말함.

1) 예배문禮拜門 (몸으로 아미타불을 공경하여 예배하고)

2) 찬탄문讚嘆門 (입으로 부처님의 이름을 불러서 불타의 덕을 칭찬하고)

3) 작원문作願門 (마음에 일심으로 극락왕생을 기원하고)

4) 관찰문觀察門 (마음을 가라앉혀 불보살佛菩薩이나 정토淨土의 모습을 떠올려 생각하고)

5) 회향문廻向門 (그것에 의하여 얻는 덕德을 모든 중생에게 베푸는 것)

(Onyeommun) The five gates of recollection or mindfulness to be reborn in the Pure Land: The theory of Vasubandhu (316-396), younger brother of Asanga. The merits of the recollection is called *(Ogongdeokmun)* Five doors of merit.

1) Devotion: Pay homage to the image of Amitabha Buddha.

2) Glorification: Praise the virtue and merit of the Buddha by chanting the names of the Buddha.

3) Supplication: Vow to be reborn in the Pure Land of Amitabha Buddha.

Attention: With a quietude of mind, think of the image of Amitabha Buddha or the Pure Land in the mind.

5) Dedication of merit: Return all the merits attained from the supplication to all living beings.

오온/음 五蘊/陰 오음五陰이라고도 말하며, '온蘊'은 '집합' 또는 '뭉친 덩어리'라는 뜻으로, 색수상행식色受想行識을 말하는 동시에 불교의 근본 철학중의 하나로, 소위 우리가 말하는 '나'라는 것을 구성하고 있는 다섯 가지 물질적 또는 정신적 오음소五陰素. 여기에서 일체의 번뇌 망상이 전개 된다.

그러나 '나'라는 것을 구성하고 있는 이 다섯 가지 기본 구성 요소를 반야심경의 첫 머리에서 관자재보살은 '오온개공五蘊皆空'이라는 한 마디로 부정하고 있으며, 이것이 곧 깨침의 첫 관문인 동시에 이것은 또 무아와 연기 또는 공과 열반으로 이어지게 된다.

1) 색온色蘊 (생멸변화生滅變化하는 육신 또는 물질세계. 나머지 수상행식은 정신세계)
2) 수온受蘊 (감정感情, 곧 경계境界에 대하여 사물을 받아들이는 작용이니, 고락사苦樂捨의 삼수三受, 곧 세 가지 감각이 있다)
3) 상온想蘊 (지각知覺, 곧 사물을 알아차리는 작용)
4) 행온行蘊 (선악善惡에 관한 일체의 의지적 작용)
5) 식온識蘊 (이것은 눈, 코, 귀 등 육근六根의 감각 그리고 마음 자체를 통하여 알아차린 대상을 분별, 인식하는 마음 작용. 그러나 이 마음이란 잠시도 머무는 바가 없음을 또 알아야 한다)

(O-on/eum) Five skandhas, aggregates, piles, heaps, or bundles: A collection of parts constituting a whole, or what is generally known as personality; the five components of intelligent beings; the components of the so-called "self." Yet they are basically all empty and non-existent.

The original Sanskrit skandha means a "pile" or a "heap," which has the connotation of utter lack of internal structure or self-nature, a pile of things. This is what is made of our ego or self, the basis of non-self, dependent origination, emptiness, and Nirvana. They are:

1) Rupa: Form or material qualities.
2) Vedana: Feelings or sensations.
3) Sanna: Ideas or perception.
4) Sankhara: Karmic actions or predispositions.
5) Vijnana: It is variously translated as consciousness, or cognitive consciousness: mind, and mental powers, including the mental, moral, and physical predispositions. Yet it is never the same for a single moment, being in a constant state of flux and mutation.

오온개공 五蘊皆空 몸과 마음은 모두 오온으로 이루어진 것으로 일정한 본체가 없어 무아無我인 것을 말함.

(O-on Gaegong) The five aggregates have no substance: A sentient being who is produced by the combination of five aggregates is selfless and has no substance and empty.

오욕 五慾 다섯 가지 감각기관 (안眼 · 이耳 · 비鼻 · 설舌 · 신身)과 그 대상과의 접촉에서 일어나는 욕망, 또는 다섯 가지 세속적 욕망, 곧 재욕財欲, 색욕色慾, 명예욕, 수면睡眠, 식욕食慾.

'보살은 재물이 있어도 항상 무상함을 알아 진실로 탐착하는 일이 없습니다. 또 보살은 아름다운 여자가 있어도 정적靜寂에 머물러 오욕五慾의 진흙탕에서 멀리 합니다.' --유마경--

(Oyok) The five desires or avarice: The five sensory desires that arise from the contact of the five sense organs with each of their five corresponding sense objects. The five desires also mean the human desires for material wealth, sexual desires, the desires for fame, sleep, and food.

"Bodhisattva may follow the way of the rich, yet he is without acquisitiveness and often reflects upon the notion of impermanence. He may show himself engaged in beautiful girls, yet he cleaves to solitude, having crossed the swamp of five desires."

--From the Holy Teaching of Vimalakirti--

오위 五位 유가행파瑜伽行派에서는 아비달마 이래의 수행방법을 계승하여, 번뇌의 제거 정도에 따라 다섯 단계를 설정하고 있다.

1) 자량위資糧位 (보리菩提, 곧 깨침을 성취하기 위한 준비과정)
2) 가행위加行位 (진리에 대한 인식이 점차 성숙해 가는 단계)
3) 통달위通達位 (이 단계에서 처음으로 번뇌가 제거되는 견도見道, 곧 깨달음의 단계)
4) 수습위修習位 (통달위에서 제거되지 않은 정서적 번뇌를 반복관찰을 통해 제거해 나가는 무분별지無分別智의 단계)
5) 구경위究竟位 (일체의 번뇌가 남김없이 제거된 열반의 상태)
   그런가 하면 보살행菩薩行에 있어서의 십주十住, 십행十行, 십회향 十廻向, 십지十地, 그리고 십일지十一地를 뜻하기도 함.

(Owi) The five stages of spiritual development: The doctrine practiced by the Yogacara or the Yogic Practice School.

1) The initial stage of developing intellectual understanding.
2) The second stage of progressive development of perception.
3) The third stage of eradication of defilement and realization of the Way.
4) The fourth stage of steady meditation to cleanse habitual defilement.
5) The final stage of complete enlightenment.

It also refers to Bodhisattva's progressive practices of Ten abodes, Ten path or action, Ten kinds of dedication of one's merit for others's benefit, Ten grounds, and the Eleventh ground.

오위 五位 유위有爲 및 무위無爲의 일체 제법을 오위五位, 곧 다섯 가지 종류로 나눈 것 1) 색법色法 (물질 및 모든 인연소생因緣所生) 2) 심법心法 (일체의 정신세계) 3) 심소법心所法 (심법心法에 따라 일어나는 정신작용) 4) 불상응법不相應法 (심법心法에 따르지 않는 것) 5) 무위법無爲法 (인과관계를 여의어 상주불변하는 법)

(Owi) Five groups: The classification of the dharma into five groups: 1) Material, or all the phenomena that are produced by causality. 2) The mind, or all the mental faculties or factors. 3) All the mental functions or actions. 4) Dissociation of the Buddha- Dharma, or not responding to the mental function. 5) Unconditioned, or uncompounded everlasting Dharma.

오음 五陰 오온五蘊 참조.

(Oeum) Another name for *(O-on)* The five skandhas or aggregates.

오음성고 五陰盛苦 중생을 만들어놓은 오음五陰이 더욱 치성하여 나타나는 고통.

(O-eum Seonggo) Aggravating pain caused by the five aggregates of sentient beings.

오인 五忍 보살이 법리法理를 깨달아 마음이 편안히 머무는 정도에 따라 세운 계위階位.

1) 복인伏忍 (번뇌를 제복制伏했으나 아직 단멸하지 못한 십지 보살도十地 菩薩道 이전 삼현三賢의 자리)
2) 신인信忍 (무루無漏의 믿음을 얻은 십지보살도十地菩薩道의 첫 이지 二地와 삼지三地)
3) 순인順忍 (이理, 곧 진리에 순응하여 무생無生의 깨달음을 지향하는 사지四地에서 육지六地까지를 말함)
4) 무생인無生忍 (제법무생諸法無生의 진리를 깨달아 이를 인정하고 안주하는

칠지七地에서 구지九地까지를 말함)

5) 적멸인寂滅忍 (모든 미혹을 끊고 적정寂靜의 깨달음에 안주하는 제 십지十地 및 불과佛果를 말함)

(O-in) The five tolerances: Five stages or levels of abiding in enlightenment according to the degrees of realization of the ultimate principle of the Buddha-dharma.

1) Subjugation or control of defilement: The stage of the three sages, who are yet to strive for a complete cessation of defilement.

2) The tolerance of faith: Stages of the second and third grounds of the Bodhisattva way, where one attains complete faith.

3) The tolerances of adaptation: Stages from the fourth to sixth ground of the Bodhisattva way, where one strives to attain the wisdom of non-birth.

4) The tolerance of non-birth: Stages from the seventh to ninth ground of the Bodhisattva way, where one attains the truth of non-birth of all Dharmas or things.

5) The tolerance of dispassionate tranquility: Stages of the tenth ground of the Bodhisattva way and Buddhahood, where one abides in enlightenment of serenity and quietude without any defilement.

오입 悟入 진리를 깨달아 실상實相의 이치에 계합契合해 들어가는 것, 또는 깨닫는 것.

(Oip) Attaining enlightenment, or realization of the essence or true aspect of reality.

오장 五障 오개五蓋 참조.

(Ojang) Cf. (Ogae) Five impediments or obstructions.

오정심관 五停心觀 오도관문五度觀門, 오관五觀, 오념五念이라고도 말함. 마음의 다섯 가지 허물을 정지시키는 다섯 가지 관법觀法 1) 부정관不淨觀. 2) 자비관慈悲觀. 3) 인연관因緣觀. 4) 계분별관界分別觀. 5) 수식관數息觀.

(Ojeongsimgwan) Five types of mindfulness or insight to regulate five types of infirmity: 1) Insight into impurity of body. 2) Insight of loving kindness. 3) Insight of causal conditions. 4) Insight of distinguishing the three spheres, the world of desire, form, and

formlessness. 5) Insight of contemplating the counting of breath.

오종락 五種樂 다섯 가지의 즐거움.

1) 출가락出家樂 (출가해서 번뇌와 부정不淨한 행위를 않는 즐거움)
2) 원리락遠離樂 (색계초선色界初禪에서의 즐거움)
3) 적정락寂靜樂 (색계이선色界二禪에서의 즐거움)
4) 보리락菩提樂 (무상無上의 불도佛道를 닦는 즐거움)
5) 열반락涅槃樂 (무여열반無餘涅槃에 들어간 구극究極의 즐거움)

(Ojongrak) The five kinds of joy:

1) Joy of taking ordination: Joy of staying away from defilements and impure activities.
2) Joy of staying far away from obstructions to the Buddha-way: Joy of the first stage of meditation in the realm of form.
3) Joy of serenity and calm: Joy of the second stage of meditation in the realm of form.
4) Joy of enlightenment: Joy of cultivating the unsurpassed Buddha-way.
5) Joy of nirvana: The supreme joy of having entered complete nirvana without residue.

오종반야 五種般若 법계法界를 비추어보고 진리에 도달하는 다섯 가지 반야. 보다 자세한 설명은 별도의 각 항목을 참조할 것 1) 실상반야實相般若. 2) 관조반야觀照般若. 3) 문자반야文字般若. 4) 경계반야境界般若. 5) 권속반야眷屬般若.

(Ojongbanya) The five kinds of Prajna, or transcendental wisdom: For further information, see each separate entry. 1) *(Silsang Banya)* Wisdom of true reality. 2) *(Gwanjo Banya)* Wisdom of insight. 3) *(Munja Banya)* Wisdom of letters. 4) (Gyeonggye Banya) Wisdom of mind-object. 5) *(Gwonsok Banya)* A retinue of all wisdom.

오종법신 五種法身 부처님의 법신을 다섯 가지로 나눈 것.

1) 법성생신法性生身 (법성은 만유의 본체인 진여법성에서 난 몸이라는 뜻)
2) 공덕법신功德法身 (법신은 여러 공덕을 이루는 것이란 뜻)
3) 변화법신變化法身 (법신은 시기에 응하여 변현變現한다는 뜻)
4) 허공법신虛空法身 (법신은 허공에 가득하여 만유를 포용한다는 뜻)
5) 실상법신實相法身 (법신은 허망함을 여읜 진여 자체이며, 나지도 않고 멸하지도

않는다는 뜻)

(Ojongbeopsin) The fivefold Dharmakaya or Dharma-body:

1) Birth of the body of Dharma-nature: True-suchness of the Dharma-nature is the source of the nature of all things.
2) Dharma-body of great virtue: Dharma-body is the source of all virtues.
3) Dharma-body of transformation: Dharma-body transforms itself according to time.
4) Dharma-body of empty space: Dharma-body embraces all things, because it pervades the whole universe.
5) Dharma-body of true reality: Dharma-body is beyond birth and death, because it is the true-suchness itself.

오종비량 五種比量 다섯 종류의 추량법推量法, 곧 추리推理하는 방법으로, 비량比量이라 함은, 이미 알고 있는 사실의 하나에 의하여 다른 것을 미루어 아는 것을 말함.

1) 상비량相比量 (보는 모양에 따라 다른 것을 추리함. 예를 들어 연기가 나는 것을 보고 불이 있는 것을 아는 것)
2) 체비량體比量 (현재의 자체自體를 보고 과거, 미래의 자체를 알며, 일부분을 보고 전체의 체體를 추리함)
3) 업비량業比量 (행동에 의하여 업이 지어짐을 추리함. 곧 나무의 흔들림을 보고 바람이 부는 것을 아는 것)
4) 법비량法比量 (어떤 사실에 의하여 다른 이치를 추구함. 무상無常을 보고 고苦를 알며, 생生을 보고 사死를 아는 따위)
5) 인과비량因果比量 (인因을 보고 과果를 추측하여, 과果를 보모고 인因을 추측하는 것)

(Ojong Biryang) The five kinds of supposition or presumption:

1) Presumption of form or mark: Presumption of fire through seeing the smoke.
2) Presumption of substance: Presumption of the past and future substance, or presumption of the overall substance through cognition of the present quality of substance.
3) Presumption of karma: Presumption of the effect of karma, such

as moving branches caused by the wind.

4) Presumption of the principle of the law: Tolerance of suffering through realization of impermanence, or tolerance of death by realization of birth. In other words, where there is birth, there must be death.

5) Presumption of cause and effect: Presumption that there must be an effect when there is a cause, and there must be a cause when there is an effect.

오종선 五種禪 다섯 가지 선禪. 중국 규봉 종밀 선사圭峯 宗密 禪師에 의해 분류된 중요한 선禪의 범주範疇.

1) 범부선凡夫禪 (평범한 중생들이 추구하는 것을 말함. 곧 선행을 하면 그 공덕으로 천상에 태어나고, 악행을 하면 그 과보로 지옥에 떨어짐을 믿으며, 정신적 또는 육체적 건강 증진을 위한 것과 같이, 종교적 동기 없이 하는 훈련 유형)

2) 외도선外道禪 (쉽게 이야기해, 고대 인도의 육사외도六師外道의 수행 방법을 외도선이라 말한다. 이들의 수행법은 모두 요가가 중심이 되어 있으며, 사상적으로 불교와 달랐기 때문에 비판적 관점에서 외도선이라 불렀다. 따라서 넓은 의미에선, 불교 밖의 가르침을 따르는 선禪의 유형을 외도선이라고 말할 수도 있다)

3) 소승선小乘禪 (소승불교를 받들고 그 가르침을 실천하는 것으로, 자기 자신이 내적 평화를 얻기 위한 수행을 말함. 소승불교는 제행무상과 제법무아를 깨닫는 동시에 무상관을 닦는 선이다. 그리고 이는 중생구제보다 자기 자신의 내적 평화를 얻기 위한 수행이라는 이유로, 대승불교에서 붙인 이름)

4) 대승선大乘禪 (대승선은 소승과는 달리, 나와 일체의 경계가 모두 공 空임을 깨닫는 것. 그리고 또 소승과는 달리, 대승선은 깨달음과 대도 大道의 실현을 통해 일체 중생의 구제에 목적이 있음이 그 특징)

5) 조사선祖師禪 (가장 높은 선수행禪修行의 형태로, 그 방법과 길이 하나로 만난다. 이 단계에서 참선參禪은 깨달음을 얻는 수단으로써가 아니라, 모든 존재 안에 잠재된 불성佛性의 깨달음으로 이해된다. 묵조선默照禪 참조)

(Ojongseon) The five types of meditation classified by Ch'an Master Guifeng Zongmi:

1) The common people meditation: A type of meditation practiced for a rebirth in the heavenly realm in requital for their good conduct

in the present life, or for better health and mental state without an ardent religious motivation.

2) The Outside-way meditation: The meditation that follows the teachings that are outside the Buddhist teaching. *Cf.* Six heretical teachers at the time of Sakyamuni Buddha and Yoga, which was their chief mode of meditation practice.

3) The Small-vehicle meditation: It is so called by Mahayana Buddhism, because it is directed only toward the attainment of one's own inner peace based on the doctrine of impermanence of all things and selflessness of all Dharmas.

4) The Great-vehicle meditation: It is the realization of emptiness of all things including self. Unlike the Small-vehicle, its ultimate objective is the deliverance of all beings by self realization and the actualization of the great Way.

5) The Patriarchal meditation: It is the supreme mode of meditation practice. Meditation itself is the form of awakening, or the realization of the Buddha-nature. not the method of awakening. *Cf.* (Mukjo Seon) Silent contemplation meditation.

오종정육 五種淨肉 비구가 병으로 인해 불가피한 사정으로 먹는 것을 용서할 수 있는 다섯 가지 종류의 고기. 삼종정육三種淨肉 외에 다음 두 가지:

1) 새나 짐승이 수명이 다하여 스스로 죽은 것.

2) 독수리와 솔개 등이 먹다가 남긴 것 등이다.

(Ojong Jeongyuk) Five kinds of meat which may be eaten by a monk without fear of violating the precepts. They are following additional two kinds of meat to the three kinds of 'clean' meat which may be eaten by a monk without fear of violating the precepts:

1) Meat of an animal which died a natural death.

2) Meat of an animal which birds of prey left behind.

오종종성 五種種性 다섯 가지 다른 종류의 성품 또는 깨침 1) 무종성無種性 (통찰이 불가능한 사람) 2) 성문聲門 (성문승에 속하는 통찰을 가진 사람) 3) 연각緣覺 (연각승에 속하는 통찰을 가진 사람) 4) 부정성不定性 (성품이 아직 일정하게 결정되지 않은 사람) 5) 보살성菩薩性 (여래승如來乘에 속하는 통찰을 가진 사람)

(Ojongjongseong) Five different natures of people or enlightenment: 1) People with no insight for enlightenment. 2) People with the insight of the Sound-hearing vehicle, who understands the Four Noble Truths for entering Nirvana. 3) People with the insight of the Solitary-vehicle, who attained independent enlightenment. 4) People with no definite nature for insight. 5) People with the insight of Bodhisattva, who belong to the Buddha-vehicle.

오주지번뇌 五住地煩惱 오주지번뇌에서 무명주지無明住地가 빠진 것이 四住地煩惱이다. 사주지번뇌四住地煩惱 참조.

(Ojuji Beonnoi) Five stages of conditions, or the five fundamental delusions of misleading views and desires. *Cf. (Sajuji Beonnoi)* The four stages of conditions, or the four fundamental delusions of misleading views and desires, which lack only the state or condition of ignorance of *Ojuji Beonnoi*.

오중 五衆 불제자佛弟子중에서 출가한 자를 다섯 종류로 나누어, 비구, 비구니, 식차마나式叉摩那, 사미, 그리고 사미니로 구별한 것, 또는 오온五蘊의 구역舊譯으로 중衆은 화집和集의 뜻.

(Ojung) The five classes of monastics and practitioners: The Buddhist monk and nun, the male and female observers of the minor precepts or commandments, and the female candidate for the full ordination. It is also another name for the five skandhas with the skandhas meaning a group of harmony or unity.

오중도행론 五中道行論 한국불교대학 회주 無一 우학 스님의 십종수행론十種修行論.

1) 수이불유受而不留 (받아들이되 머물지 않는다)
2) 생이부지生而不持 (만들되 가지지 않는다)
3) 개이불편開而不偏 (열어놓되 치우치지 않는다)
4) 통이불구統而不拘 (다스리되 구속하지 않는다)
5) 락이불착樂而不着 (즐기되 집착하지 않는다)

(O-jungdohaengron) A theory of five middle paths or ways of practice:

1) Accomodate but do not abide by.
2) Create but do not keep.
3) Leave open but no partiality.

4) Control yet with no restriction.
5) Enjoy yet with no attachment.

오지 五智 밀교密敎에서 부처님 지혜의 내용을 다섯 가지로 나눈 것.
1) 법계체성지法界體性智 (제9식을 굴리어 얻은 지혜로, 법계의 실체 성품에 대한 지혜)
2) 대원경지大圓鏡智 (제8식을 뒤쳐서 얻은 무루無漏의 지혜로, 둥근 거울에 만물의 그림자가 비치듯, 세상 만법을 비추는 지혜)
3) 평등성지平等性智 (제7식을 바꾸어 얻은 무루無漏의 지혜로, 일체 현상의 절대적 실체가 공空함을 깨닫는 지혜)
4) 묘관찰지妙觀察智 (제6식을 바꾸어 얻은 지혜로, 일체법의 공통점과 차이점을 걸림 없이 알아차리는 지혜)
5) 성소작지成所作智 (전오식前五識을 뒤치어 얻은 지혜로, 감각기관을 닦아서 얻는 지혜. 다시 말해 육근六根 가운데 어떤 것을 받아들일 때, 이를 바르게 받아들여 차별상이 없이 갖가지 변화를 성취하는 지혜)

(Oji) Buddha's five great wisdoms classified by Esoteric Buddhism:
1) Wisdom of the essential nature of the Dharma-realm, or wisdom of the embodied nature of Dharma-realm derived from pure consciousness.
2) Wisdom of the great round mirror, or the great mirror-like wisdom, reflecting all things, derived from the eighth consciousness.
3) Wisdom of equanimity of all things, derived from the knowledge of the emptiness of things.
4) Wisdom of profound insight and discrimination, or the marvelous discerning wisdom, derived from the sixth consciousness.
5) Wisdom of cultivating the six basic sense faculties without discrimination for the benefit of diverse metamorphosis.

오진 五塵 오경五境 참조.

(Ojin) Five dusts. *Cf. (Ogyeong)* Five sense-objects.

오처 五處 색성향미촉色聲香味觸 오관五官 (눈, 귀, 코, 혀, 몸)의 대상.

(Ocheo) Five sense-objects or sensual-bonds of eyes, ears, the nose, the tongue, and the body or touch:

오체투지 五体投地 절하는 방법의 하나. 먼저 두 무릎을 땅에 꿇고, 두 팔을 땅에

짚은 다음 머리가 땅에 닿도록 절을 함.

(Ochetuji) Full bowing or prostration with five parts of the body: Two knees, two elbows, and forehead. "The King humbly prostrated before the Buddha."

오층석탑 五層石塔 다섯층으로 된 석탑石塔.

(Ocheung Seoktap) The five-tired stone stupa.

오탁악세 五濁惡世 다섯 가지 더러움으로 가득한 혼탁한 세상. 속칭 말세를 일컫는 말 1) 명탁命濁 (사람의 목숨이 짧아서 100년을 채우기 어려움) 2) 중생탁衆生濁 (중생의 죄업이 두터워 올바른 도리를 알지 못함) 3) 번뇌탁煩惱濁 (애욕을 탐하여 마음을 어지럽히고 여러 가지 죄를 범함) 4) 견탁見濁 (말법末法 시대에 이르러 나쁜 견해, 나쁜 교법敎法이 무성하여 선善을 닦는 사람이 없고 세상이 어지러워짐) 5) 겁탁劫濁 (기근饑饉과 괴질怪疾과 전쟁 등이 연달아 일어남)

(Otak-akse) The evil time of five turbidities or corruptions, the five negative attributes of a perturbed age, or the time of the five corruptions: 1) The turbidity of life, longevity, or life span. 2) The turbidity of moral degradation of sentient beings. 3) The turbidity of affliction or worldly passion and crimes. 4) The turbidity of view and doctrine. 5) The turbidity of kalpa or cosmic era with hunger, strange maladies, and war.

오행 五行 불교에서는 보시, 지계, 인욕, 정진, 그리고 지관止觀을 의미함. 그러나 유교儒敎에서 말하는 오행五行은 우주 만물을 형성하는 다섯 가지 원기元氣 (금목수화토金木水火土)를 뜻함.

(Ohaeng) The five practices of the Bodhisattva: In Buddhism they are almsgiving, precepts, tolerance, exertion, and tranquility and insight. But in the Confucian philosophy, it means five vital elements that create the universe: Iron, wood, water, fire, and soil.

오혹 五惑 중생의 마음을 유혹하여 정도正道의 장애가 되는 다섯 가지. 탐貪, 진瞋, 치癡, 만慢, 의疑.

(Ohok) Five delusions that obstruct the right path: Desire, anger, ignorance, pride, and doubt.

오회 五悔 다섯 가지 뉘우침. 죄를 벗거나 탕감받기 위해 행하는 다섯 가지 행위. 천태종에서는 1) 참회 (죄를 뉘우치고 용서를 구함). 2) 권청勸請 (법을 설하여 중생을 구원하기 위해 부처님께 가르침을 청함). 3) 수희隨喜 (다른 사람이 행한 선행善行을 같이 기뻐함). 4) 회향回向 (착한 행위를 깨달음을 위해 다른 사람에게 돌림). 5) 발원發願 (깨달음을 향한 마음을 일으킴). 그런가 하면, 진언종眞言宗에서는 금강계법金剛界法을 닦을 때에 외우는 오장五章의 게송偈頌을 말함. 곧 귀명歸命, 참회, 수희隨喜, 권청勸請, 회향回向)

(Ohoi) The five kinds of contrition: In Tientai Sect, they are: 1) Asking for forgiveness by repenting the sins. 2) Imploring the discourse to the Buddha so that one may deliver sentient beings who are in the dark. 3) Rejoicing with others for their good conducts. 4) Dedication or transference of merits for the benefit of other beings. 5) Great aspiration for attaining enlightenment.

However, in the True Word Sect, Five Kinds of Contrition means recitation of five sections of stanza when they practice teachings of the Diamond Realm or Mandala: obeisance to the Buddha, repentance, rejoicing with others for their good conducts, imploring the discourse to the Buddha, and dedication of merits for the benefit of other beings.

옥개석 屋蓋石 돌로 된 탑塔의 지붕.

(Okgaeseok) The stone roof of stupa.

옥개탑 屋蓋塔 옥개석屋蓋石을 얹은 탑.

(Okgaetap) A stupa with a stone roof.

옥황상제 玉皇上帝 도가道家에서 하느님을 일컫는 말로, 천지와 인간 그리고 신명神明들을 지배하는 천상의 통치자.

(Okhwang Sangje) Jade Emperor Heaven: A formal title for God the Ruler, who governs heaven, earth, humanity, and spirits.

온 蘊 범어梵語 skandha의 번역. 구역舊譯에서는 음陰이라 번역. 쌓아 모여짐의 뜻으로 많은 것을 유별類別하여 한 무더기로 모아놓은 것으로, 온갖 존재를 구성하는 유위법有爲法을 의미함. 오온五蘊 참조.

(On) Skandha (Skt), khandha (P): It literally means group, aggregates, heap. A collection of parts forming a whole. The elements of existence. The components of the so-called "self," being *rupa. Cf. (O-on)* Five skandhas.

옴 우주의 소리. 힌두교에서 유래. 금강경 32장 끝 진언眞言에도 나오는 AUM의

A는 소리의 시작, U는 지속, M은 소리의 끝으로서, 우주의 탄생과 지속 그리고 소멸을 다 함축한다. 곧 '옴'은 우주 안에 머금고 있는 창조의 근원 소리.

'신이여, 그의 상징인 옴은 전지전능하신 하느님이나니, 그는 태어나지 않았으며, 죽도 않느니라. 그는 원인과 결과가 없도다. 이 원초적인 하느님은 태어나지 않았으니 불멸이며 영원하도다. 더욱이 그의 육신이 부서진다 해도 그를 죽이지는 못할지니라.

가장 작은 것보다 더 작고, 가장 위대한 것보다 더 위대한, 이 신은 영원히 모든 것의 심장에 있나니, 사람이 욕망에서 벗어나 그의 마음과 감정이 순결하게 되었을 때, 그는 신의 영광을 보게 되며, 슬픔은 사라지리라.'

--우파니샤드, 제 1장 카타 --

AUM/OM: Mantric syllable from Hinduism: It is a manifestation of spiritual power or symbol, or the sound of the universe from its creation to extinction. "A" stands for the initiation of the sound; "U" stands for the continuation of the sound; "M" stands for the end of the sound that contains the creation, continuation, and extinction of the universe.

"God, Aum is the symbol and heart of the omniscient Almighty. He is beyond birth and death. There is neither cause nor effect in Him.

As He was never born, He is immortal and everlasting. Even if one can destroy His body, he can never kill him. God who is smaller than a tiniest particle is greater than any great being. He abides in everyone's heart, and if anyone who can maintain his mind and heart pure will meet the glory of the God and be free from all grief."

-- Upanishad, Ch. I, Katha --

옴마니반메훔 라마교 신자가 부르는 주문. 이것은 자비에 대한 기본적 태도의 표현으로 일체 중생을 위한 염송念誦. 이는 곧 '온 우주에 충만한 지혜와 자비가 지상의 모든 존재에게 그대로 실현되게 하소서.'라는 뜻. 그러나 범어梵語의 원뜻은 '오! 보석 연꽃이여!'라고 함. 육자대명주六字大明呪 참조.

(Om mani padme hum) Lit. "Om, jewel in the lotus, hum." The most important mantra recited by the True-word Sect. It is an expression of the basic attitude of compassion and the recitation for the sake of all living beings. *Cf. (Yukja Daemyeongju)* Six-syllable great mantra.

와구 臥具 잠잘 때 쓰는 침상寢牀이나 이부자리.

(Wagu) Bedding.

와법 臥法 옆으로 눕는 방법. 오른편 옆구리를 아래로 하고, 누어서 발을 포개고, 다음엔 가사로 몸을 덮은 다음 바른 일을 생각하는 것.

(Wabeop) The manner of lying down: First lie down on your right side, place your feet together, put your top robe on your body, and then think about what is right.

와선 臥禪 누워서 하는 참선. 마음만 집중할 수 있다면, 행주좌와行住坐臥와 어묵동정語默動靜을 가릴 필요 없다.

(Waseon) Lying-down meditation: It does not necessarily have to be in a sitting position or any other position. Any posture will do whether it is walking, standing, sitting, lying down, speaking, being silent, moving, or being still, if you could only concentrate your mind.

왕사 王師 임금의 스승.

(Wangsa) A royal teacher.

왕사성 王舍城 중인도 마갈타국 고대의 수도로 부처님께서 한 때 설법을 하신 곳.

(Wangsaseong) Rajagriha: The capital of the ancient kingdom of Magadha where Buddha once preached.

왕상회향 往相迴向 줄여서 왕상往相이라고도 말하며, 자신의 공덕을 일체 중생에게 베풀어 모두 극락정토 왕생할 것을 원하는 것을 뜻함.

(Wangsang Hoihyang) Transference of merit toward the goal of rebirth in the Pure Land: It means the charitable act of transferring one's own merit to other people so that all may attain rebirth in the Pure Land.

왕생 往生 목숨이 다하여 다른 세계에 가서 태어나는 것. 극락왕생, 시방왕생十方往生, 그리고 도솔왕생兜率往生 등이 있다. 극락왕생은 아미타불의 서방정토에 태어나는 것을 말하며, 시방왕생은 아미타불 이외의 제불의 정토에 태어나는 것을 말하며, 도솔왕생은 미륵보살이 현존하는 도솔천에 태어나는 것을 말함. 그리고 왕생의 방법에는 염불왕생 (부처님의 이름을 부름으로 인하여 왕생하는 것)과 제행왕생諸行往生 (염불 이외의 착한 행위를 해서 왕생함) 등이 있다.

(Wangsaeng) Rebirth in the other world: There are three types of rebirth. The first is the rebirth in the Pure Land of Amitabha in the

West. The second is the rebirth in the Pure Land in the Ten Directions other than the Pure Land of Amitabha.

The third is the rebirth in the Tushita Heaven where Maitreya is abiding at present. There are several other ways of rebirth, and two of them are by reciting the names of Buddha, and by performing good deeds other than reciting the names of Buddha.

외각 外覺 제법諸法이 공空하다는 진실을 깨닫는 것. 내각內覺 참조.

(Oigak) Understanding of the law of things: Understanding the truth that all Dharmas or things are empty. *Cf. (Naegak)* Understanding of the mind.

외공 外空 십팔공十八空의 하나. 육근六根의 대경對境인 색성향미촉법色聲香味觸法은 실체가 없는 공임을 뜻함.

(Oigong) External emptiness: Emptiness of six sense objects (form or mark, sound, smell, taste, touch, and things or being). *Cf. (Sippalgong)* Eighteen kinds of emptiness.

외도 外道 불교 이외의 모든 가르침, 또는 이들의 추종자.

(Oido) An outside way or doctrine: A non-Buddhist way, or its teaching, or a non-Buddhist.

외도선 外道禪 오종선五種禪 참조.

(Oido Seon) The outside Way or path meditation. *Cf. (Ojong Seon)* Five types of meditation.

외연 外緣 안이비설신眼耳鼻舌身의 오식五識이 바깥 대상을 인식하여 마음을 일으키는 것을 말함.

(Oiyeon) External conditions: It is also called external causes, the external conditions that help create things through consciousness of five sense faculties or media.

외전 外典 불교 이외의 책을 가리킴.

(Oijeon) Non-Buddhist scriptures and books.

외호 外護 삼보三寶를 밖으로 보호함.

(Oiho) Protection of the Three Jewels (the Buddha, the Dharma, the Sangha) from outside.

요가 힌두교에서 요가는 절대자 또는 우주에 편재한 이법理法과의 결합을 의미함.

'호흡과 마음, 그리고 감각의 통일. / 행위와 존재의 모든 인연과의 단절, 이것을 요가라 부른다.' 그렇다면 참선도 정신집중이라는 점에서는 있어서는 여기에서 크게 벗어나지 않는다고 본다. 요가 수행에는 모두 일곱 가지가 있다.
1) 감정순화에 의한 헌신적 박티 요가.
2) 이성개발에 의한 지혜인 즈냐나 요가.
3) 심리적 통제에 의한 심신과학의 라자 요가.
4) 사회생활에 대한 행위와 관련된 카르마요가.
5) 감정통제에 의한 육신해방을 위한 탄트라 요가.
6) 음양조화에 의한 심신조화의 하타 요가.
7) 신 경력을 개발하는 큰달리니 요가. 불교에서 말하는 유가瑜伽 참조.

Yoga: In Hinduism, it means union of the self with the supreme being or ultimate principle of the universe: "The oneness of the breath, the mind, and likewise of the senses, / The abandonment of all conditions of existence, this is designated Yoga." If so, there is no big difference between Yoga and Buddhist meditation practice from the view of mental concentration. There are seven styles of practice:
1) Bhakti-yoga for devotion.
2) Jnana-yoga for the path of abstract knowledge or wisdom.
3) Raja or king-yoga of psycho-physical science by mental control.
4) Karma-yoga of selfless action.
5) Tantra-yoga for release of body and mind by emotional control.
6) Hatha-yoga for harmony of body and mind by breathing exercise, or harmony of positive and negative forces.
7) Kundalini-yoga for the development of psychic power. *Cf. (Yuga)* Union or yoking.

요가 수행자 요가를 수행하는 수도자修道者.

(Yoga Suhaengja) Yoga practitioner: Yogin (male), Yogini (female).

요간 料簡 요간料揀, 양간量簡, 요견料見이라고도 말함. 해석을 말하는 것으로, 뜻과 이치를 헤아려 간택簡擇, 즉 골라 선택함을 말함. 문답問答을 세워서 해석하는 것은 문답요간. 이때 료料는 사량思量을 뜻함.

(Ryogan) A careful deliberation and decision of the meaning and principle.

요달 了達 해요통달解了通達이라는 뜻. 즉 사리事理를 완전히 이해하여 이에 정통함.
(Yodal) A complete understanding.

요발 鐃鈸 법회法會 때 쓰는 금속 악기. 발鈸이라고도 말한다.
(Yobal) A musical instrument made of brass used at the Buddhist service, something like cymbals.

요별 了別 살펴 헤아림. 어려운 말로는 견분見分의 인식작용. 요了란 각각의 대상을 인식하는 것을 말하며, 별別이란 대상을 인식할 때에 감각기관, 곧 안眼 · 이耳 · 비鼻 · 설舌 · 신身 · 의意에 따른 차별을 의미함.
(Yobyeol) Discriminative perception of the eyes, ears, nose, tongue, body, and thought.

요별(경)식 了別(境)識 제 육식六識을 말함. 일체의 식識이 모두 대경對境을 了別, 곧 인식하는 작용이 있는데, 색깔, 냄새와 같은 감각기관의 대상을 거칠게 인식하여 구별한다는 의미에서 요별了別이라고 한다. 감각기관에 기초한 의식, 즉 5식은 현재에만 관련되지만, 제6식은 과거와 미래에 대한 관념을 가진다.
(Yobyeol(gyeong)sik) Perception of the external realm: The sixth consciousness, perception, or an analytical discriminating mind. It includes psychological processes such as knowing, conceiving, judging color, smelling, etc. However, it should be distinguished from the fifth consciousness, which is only the physical response without any discrimination to the perceived or the sense-objects

요사채 寮舍寨 스님들의 일상생활을 위해 지어진 절 집. 여기에는 선방이나 승방은 물론 곳간, 부엌도 포함된다.
(Yosachae) Living quarters of monks: It usually consists of a living room, meditation hall, kitchen, refectory, and the storehouses, etc.

요심여환시불요 了心如幻是佛了 마음이란 허깨비와 같음을 깨닫는 것이 부처님의 깨달음.
(Yosimyeohwan Sibulyo) The realization that the mind is like illusion is the Buddha's realization.

요의 要義 가르침의 핵심, 또는 요체要諦.
(Youi) The essential point of teaching.

요의 了義 불법의 이치를 말하여 다한 것, 곧 불법佛法의 궁극적 가르침.
(Youi) The definitive or ultimate meaning of the Dharma.

요의경 了義經 진실하고 극진한 뜻을 분명히 밝힌 경전. 대승大乘에서 보면 소승小乘은 다 '불요의경不了義經'이라 말할 수 있으며, 대승 경전에도 그중엔 요의了義와 불요의不了義가 있다.

(Youigyeong) The stura of ultimate truth: Mahayana Buddhism sees the teachings of Theravada to be superficial and interpretative not ultimate and definite. Yet not all the Mahayana scriptures are the ultimate teachings of definite meaning.

요의교 了義敎 방편 교설敎說이 아닌, 진실한 이치를 분명하게 밝힌 부처님의 위없는 가르침. 원측圓測에 의하면, 삼시교三時敎에서의 첫째 가르침은 공空을 숨기고 유有를 설했고, 둘째 가르침 은 유有를 숨기고 공空을 설했으며, 셋째 가르침은 공과 유의 도리를 모두 완전히 드러내었으므로 요의了義라고 한다고 한다. 그러나 중생을 구제하고자 하는 부처님의 근본 가르침에는 차이가 없다는 것.

(Youigyo) The distinct teachings of the ultimate meaning of Buddha-dharma: According to Venerable Weoncheuk (613-696), at the first of three periods of teaching, Buddha taught, for the sake of expediency, the reality of concealing the emptiness of reality; at the second period, Buddha taught emptiness concealing the reality of being; at the third period, Buddha taught both reality and emptiness for the consummation of his teaching. On the surface, they differ, but in essence, they are not different.

요익중생 饒益衆生 중생들을 위한 부족함이 없는 좋은 일.

(Yoik Jungsaeng) Abundant benefit for all living beings.

요절 要節 문장에 있어서 요긴한 마디 또는 구절.

(Yojeol) The essential passages.

요지일체법 자성무소유 了知一切法 自性無所有 일단 일체 현상의 법을 알게 되면 불변의 나라는 존재는 설 곳이 없다.

(Yojiilchebeop Jaseongmusoyu) Once all Dharma is completely comprehended, / There is no place for Self-nature.

요체 要諦 가장 중요한 핵심.

(Yoche) Important or primary point.

요혜 了慧 완전히 깨달아 마침.

(Yohye) A complete wisdom.

욕계 欲界 육욕천六欲天의 총칭. 삼계三界의 하나. 성적 욕망 등 온갖 욕망들이 지배하는 지옥, 아귀, 축생, 아수라, 인간, 천상계天上界의 총칭. 육도六道와 함께 아래 맥베스의 욕망에 의한 비참한 최후의 장면 참조.

왕王을 시해弑害하고 왕관을 탈취한 맥베스는 장검長劍으로 자결을 하고, 남편에게 왕의 살해를 교사教唆한 완비王妃는 미친 다음 바다에 뛰어들어 자살을 한다. 이것이 사람의 탐욕이 가져온 비참한 종말.

내일, 또 내일, 그리고 또 내일,
하루하루는 덧없는 시간의 최후 순간까지
보잘 것 없는 걸음으로 기어들고
우리의 모든 지난날은 바보들에게 한 줌의 흙으로
돌아가는 길을 비추어 주었지.

--셰익스피어, 『맥베스』, 5막 5장--

(Yokgye) Kama-dhatu: The world of sensuous desire or passion. The spheres of existence of hell beings, humans, animals, the six classes of gods, asuras, where all kinds of sensuous desire predominate. *Cf. (Yukdo)* Six ways of reincarnation. The following is the pitiful dying scene of Macbeth.

By the instigation of his wicked wife, Macbeth kills the King and usurps the throne, but eventually he kills himself, and wife, the Queen, becomes insane and drowns herself in the sea. This was the tragedy of the greedy mind.

Tomorrow, and tomorrow, and tomorrow,
Creeps in this petty pace from day to day,
To the last syllable of recorded time;
And all our yesterdays have lighted fools
The way to dusty death.

--W. Shakespeare, *Macbeth*, V. v.--

욕계오취 欲界五趣 욕계오취欲界五趣란, 욕계欲界 안에 섞여 사는 지옥, 아귀 餓鬼, 축생, 인간, 천상天上을 말함. 오취五趣는 오악취五惡趣, 오도五道, 오유五有라고도 말함. 취趣는 업業의 원인에 의하여 나아간다는 뜻. 이들의 인과는 서로 다르나, 욕계 안에서 서로 섞여 살며 윤회한다.

(Yokgye Ochwi) The five karmic realms or existences of sensuous desire or passion: The spheres of existence of hell beings, humans, animals, the six classes of gods, asuras, where all kinds of sensuous desire predominate. Each of their cause and effects are different, but they all live together in the same atmosphere in their course of transmigration.

욕계육천 欲界六天 육욕천六欲天 또는 육천六天이라고도 말함. 삼계三界 중 욕계欲界에 딸린 여섯 종류의 하늘. 사왕천四王天, 도리천忉利天, 야마천夜摩天, 도솔천兜率天, 화락천化樂天, 타화자재천他化自在天. 이들 하늘 사람들은 모두 욕락欲樂이 있으므로 욕천欲天이라 말함.

(Yokgye Yukcheon) Six heavenly realms or spheres of desire: One of the three different worlds or spheres that constitute samsara, and within which the cycle of existence of all beings in six modes of existence takes place.

They are the heaven of the four heavenly guardians; the heaven of the thirty-three gods; the second of the six heavens in the world of desire; the palace of the Suyama heaven; the Tushita heaven, the heaven of enjoyment of emanations; and the heaven of free enjoyment of manifestations by others, the sixth and highest heaven in the realm of desire.

용 用 쓰임새. 작용作用의 준말. 물건에 갖추어진 기능을 말함. 무위법無爲法에는 작용이 없고, 또 유위법有爲法의 경우에도 현재법에서만이 작용이 있고, 과거, 미래의 법에는 작용이 없다.

(Yong) Application, function, or the function of activity: It applies only to the present conditioned things, not to non-conditioned things, nor to the things of the past and future.

용궁 龍宮 용왕龍王의 궁전. 물 속에나 물 위에 있으며, 현세의 불법佛法이 쇠퇴할 때 용왕이 용궁에서 경전經典을 수호한다고 함.

(Yonggung) The dragon palace: It is generally believed to be located under the sea or on the ocean, filled with great treasures and beautiful adornments. It is also believed that the Dragon King will protect the Buddhist scriptures when the era of decline of the illustrious doctrine comes.

용마루 지붕 위의 마루.

(Yongmalu) The ridge of a (tilted) roof.

용맹심 勇猛心 두려움을 모르는 매서운 마음.

(Yongmaengsim) Fearless or dauntless mind.

용맹정진 勇猛精進 온 몸과 마음을 바쳐 행하는 수행. 7일 또는 21일 밤을 자지 않고 불철주야 정진하는 것.

(Yongmaeng Jeongjin) Ardent exertion, enthusiastic practice, or rigorous self-discipline for 7 days and night, sometimes even 21 days and nights without sleeping or stopping.

용분신삼매 龍奮迅三昧 삼매의 힘이 용의 모습과 같다는 것으로 용맹한 위세를 나타내는 것.

(Yongbunsin Sammae) A powerful samadhi, or the mental state of concentration that resembles the look of a dragon.

용삼위일 用三爲一 삼승三乘의 가르침을 활용하여 일승一乘의 용用을 발휘하도록 한다는 뜻. 회삼귀일會三歸一과 비슷한 이야기.

(Yongsamwiil) Utilization of Threefold-vehicles to accommodate One-vehicle, or the Buddha-vehicle.

용상 龍象 대덕大德스님과 학식이 높은 스님을 용상龍象이라고 부르는 것은, 바다고기와 뭍짐승의 왕에 비유한 것.

(Yongsang) The Dragon-elephant: A metaphor of the lords of the sea and land, which refers to the venerable masters.

용상방 龍象榜 우리나라 절에서 큰일을 치를 때에 대중大衆이 맡을 소임所任을 정하여 방榜을 붙이는 것. 자그마치 33가지가 있다.

(Yongsangbang) A list of duties for an event at the temple. There are no less than 33 positions.

용수 龍樹 나가르즈나 참조.

(Yongsu) *Cf.* *(Nagarjuna)* Nagarjuna.

용신허공 하화자분 踊身虛空 化火自焚 허공虛空으로 솟아올라 화화삼매化火三昧에 들어 스스로 몸을 불사르다. 도인道人들이 열반에 드는 신통력.

(Yongsin Heogong Hwahwajabun) Self-cremation in the fire of samathi: Vault one's body into space, change into fire and self-cremate in samadhi, a psychic power of some masters

용주사 龍珠寺 경기도 화성군 안룡면 송산리에 있는 절로, 조계종 제2 교구본사. 1790년에 창건. 비명에 가신 정조대왕의 부친인 사도세자思悼世子를 받들어 모시는 효행사찰로 유명함.

(Yongjusa) Yongjusa Temple: The 2nd District Head Temple of the Jogye Order of Korean Buddhism. It was established in 1790, and is famous as the temple of filial piety. The temple is dedicated to the King Jeongjo's father Sado Seja.

용화 龍華 미륵보살이 성불한 후 중생을 제도하는 법회. 용화삼회龍華三會라고도 말함. 미륵은 56억 7천만년 후에 세상에 나타나 용화나무 밑에서 성불하고 세 차례의 설법을 한다고 함.

(Yonghwa) The Dharma assembly of Maitreya: It is believed that Maitreya will attain Buddhahood under the Yonghwa tree post fifty six billion and seven hundred million years of Buddha's parinirvana, and preach three times to deliver all sentient beings. It is also called "Three Assemblies of Yonghwa," and "Yonghwa" literally means "the lotus flower of dragon."

용화삼회 龍華三會 석가모니 부처님께서 입멸하신 56억 7천만년이 지난 후 미륵보살이 용화수龍華樹 아래에서 정각正覺을 이룬 후 중생을 제도하는 세 차례의 법회를 말함. 첫 번의 설법에서 깨달음을 얻은 자가 96억, 두 번째 설법에서 깨달음을 얻은 자가 94억, 세 번째 설법에서 깨달음을 얻은 자가 92억이었다고 말함.

(Yonghwa Samhoi) Three assemblies of Yonghwa: It is believed that Maitreya will attain Buddhahood under the Yonghwa or enlightenment tree post fifty six billion and seven hundred million years of Buddha's parinirvana, and preach three times to deliver sentient beings.
The number of people will attain enlightenment after hearing the discourse at the first assembly is 9.2 billion; at the second assembly, there will be 9.4 billion; and at the third assembly, there will be 9.2 billion people who attain enlightenment.

용화수 龍華樹 용화보리수龍華菩提樹라고도 말함. 용화龍華는 범어梵語 naga-puspa의 번역. 미륵불이 이 나무 밑에서 정각을 얻음.

(Yonghwasu) The bodhi or enlightenment tree under which Maitreya attained the Buddhahood. Lit. "the dragon flower tree."

우담바라 3000년에 한 번 핀다는 꽃으로 아주 희귀한 일에 비유. 이것을 선전하는 사찰도 있다.

Udumbara: The name of a legendary flower that blossoms once every three thousand years.

우두종 牛頭宗 우두선牛頭禪이라고도 말함. 중국 선종禪宗의 일파. 달마 사대四代 법손法孫인 도신道信의 문하門下 우두 법융牛頭 法融이 종조宗祖. 일체개공一切皆空, 곧 필경공畢竟空을 종지宗旨로 삼는다.

(Udujong) The Ox-head School: It was founded by Udu Beopyung, a disciple of Daoxing (580-651), the Fourth Patriarch of Chinese Ch'an Buddhism. Its tenet is the ultimate emptiness of all phenomena.

우란분재 盂蘭盆齋 조상의 넋에 공양을 하고, 아울러 부처, 스님, 중생에게 공양하여 부모의 은혜에 보답함을 일컬음. 목련 존자가 죽은 어머니의 고통을 구하던 일에서 유래. 음력 7월 15일.

(Uranbunjae) A ceremony for dead ancestors, and also for the Buddha, priests, and sentient beings to show gratitude for their benevolence, which was originated by the Bodhisattva of Moudgalyana to save his dead mother from suffering. It falls on the fifteenth day of the seventh moon by the lunar calendar.

우문우답 愚問愚答 보기에 우문愚問같아도 현명하게 대답하면 현문賢問이 되나니, 말에 걸려들지 말 것.

(Umun-udap) A foolish answer to the foolish question: If one answers with a discerning eye, the foolish question would turn out to be a wise question. What would the wise answer be? One should not be caught up with the words. Just empty your speculating mind and try to see the essence of things--the Void.

우바리 優婆離 부처님의 십대제자十大弟子 중의 하나로 지계제일持戒第一. 그러나 그는 인도의 사성 계급 중 가장 천한 수트라 출신이며, 석가족釋迦族의 이발사였다. 출가할 왕자들의 머리를 깎으면서 자기도 출가하고 싶었으나, 천한 신분으로 감히 생각지도 못함이 슬픔에 잠겨있는 것을 아르신 부처님께서 출가를 허락하셨다. 이것은 사성제도四姓制度가 엄연한 그 당시로서는 혁명적인 것이었다는 것은 짐작하고도 남음이 있다.

(Ubari) Upali: He is one of Buddha's ten major disciples known as the foremost in the precepts. He was born a Sudra, a Hindu of the lowest caste. He was a barber of the Shakya clan, and when he was shaving the hair of the princes who had decided to become monks, he also wished to become a monk, but that was out of the question as a Sudra. Perceiving the mind of the barber, the Buddha allowed him to become a monk, which was a revolutionary decision at that time in India.

우바새 優婆塞 속가俗家에 있으면서 삼보三寶에 귀의하여 불교를 믿는 남자 신도. 청신사淸信士, 처사處士라고도 말함.

(Ubasae) Upasaka: A male laity, an adherent or devotee of the Buddha.

우바이 優婆夷 속가俗家에 있으면서 삼보三寶에 귀의하여 불교를 믿는 여자 신도. 청신녀淸信女라고도 말함.

(Ubai) Upasika: A female laity, an adherent or devotee of the Buddha.

우슬착지 右膝着地 인도의 예법禮法. 부처님께 예경禮敬하는 자세로, 오른쪽 무릎을 땅에 붙이고 발끝은 땅을 버티게 하며, 왼쪽 무릎을 세우고 발은 땅을 밟고 있는 자세.

(Useulchakji) Kneeling upon one's right knee: Indian custom or courtesy. Put your right knee down to the ground. The left knee should stand straight with the sole touching the ground with palms joined together.

우왕 牛王 부처님의 덕德이 모든 사람 가운데 가장 훌륭함에 비유한 말. 소는 불교에서 마음을 상징함. 심우도尋牛圖 참조.

(Uwang) The King of Ox: It is a figurative expression of the illustrious Buddha. The ox in Buddhism symbolizes the mind. *Cf. (Simudo)* The ten ox-herding pictures.

우치 愚癡 범어梵語 moha의 번역. 어리석고 미욱함. 진리에 대한 무지. 마음이 어두어 일체의 도리를 분별할 지혜가 없는 것으로 근본 삼독의 하나.

(Uchi) Ignorance and stupidity: One who is in the dark unable to distinguish right from wrong. It is one of the three fundamental poisons.

우파니샤드 범어梵語 Upanishads. 한역漢譯은 우파니사담優婆尼沙曇 또는 우파니사토優婆尼沙土로 음역. 고대 인도의 철학서. 바라문교의 성전聖典 베다에 속하며, 시기 및 철학적으로 그 마지막 부분을 형성하고 있기 때문에 베단타 (베다의 말미 및 극치)라고도 말함. 전체를 꿰뚫는 근본사상은, 우주의 본체인 브라만과, 개인의 본질인 아트만이 일체임을 논하는 범아일여梵我一如의 사상이라 말할 수 있다.

Upanishads: The philosophical postscripts to the earlier segments of scripture embodied the fountainhead of Indian philosophy of the Vedas. They represent a development beyond that of the Vedas, abandoning the Vedic pantheon and having as their principal message the unity of Brahman, the essential body of the universe, and atman, the attribute of an individual.

운문문언 雲門文偃 (864-949) 운문종雲門宗의 개조開祖.

(Unmun Muneon) Yunmen Wenyan (864-949), the founder of Yunmen Sect of Chinese Ch'an School.

운문사 雲門寺 우리나라에서 가장 큰 비구니 사찰. 비구니 승가대학으로도 유명. 경상북도 청도군 운문면 호거산虎踞山에 있는 천년 고찰. 560년 (신라 진흥왕 21년)에 창건하였고 608년에 원광국사圓光國師가 중건하였다.)

(Unmunsa) Unmunsa Monastery: The largest Bhikkuni monastery in Korea. It also runs the largest Bhikkuni Sangha School or Academy in Korea. It was established in 560 C.E. (the 21st year of King Jinheun of the Silla Dynasty), and renovated in 608 by National Teacher Weongwang. It is located at the foot of Hogeo (sitting tiger) Mountain in Unmunmyeon, Cheongdo County, North Gyeongsang Province.

운수납자 雲水衲子 운수雲水는 행운유수行雲流水의 약자. 운수승雲水僧, 즉 탁발승을 달리 일컫는 말. 구름처럼, 흐르는 물처럼 수행을 위해 떠돌아다니는 수행자 또는 승려. 운납雲衲, 운수도인雲水道人, 또는 청풍납자淸風衲子라고도 말함.

(Unsunapja) A rambling mendicant or practitioner who roves over the country like the flowing water or floating clouds in the sky without any hindrance in search of truth of self-nature that has neither name nor form. Unsu means "cloud and water," and napja, a monastic.

운수행각 雲水行脚 운수행각이란 자기가 안거安居 동안 공부한 것을 가지고 여기저기 훌륭한 스승을 찾아다니면서 점검을 받는 것을 말함. 운수납자雲水衲子 참조.

(Unsuhaenggak) Roving practice or pilgrimage: A type of practice roving over the country like floating clouds in the sky, or flowing

water visiting great masters for examination of one's study after the three-month summer and winter intensive retreats. *Cf. (Unsunapja)* A rambling mendicant or practitioner.

운판 雲板 운판은 청동을 재료로 구름모양으로 만들어진 판으로, 대중에게 끼니를 알리기 위해 울리는 기구. 거기에 '옴마니반매훔' 의 진언이나 용의 문양이 새겨져 있다. 그리고 이 소리는 허공의 중생, 즉 날짐승들을 제도한다고 함.

(Unpan) Cloud-shaped gong: A cloud-shaped bronze plate with the letter of a six-syllable mantra or a design of dragon on its body. It is usually struck to signal meal time, but it is also believed that the sound of this brass will awaken and save the birds in the air.

울력 運力 여러 사람들이 힘을 합하여 하는 공동 작업. 그러나 이것은 단순한 육체노동이 아니라 또 하나의 마음 수련. 백장회해百丈懷海의 일일부작 일일불식一日不作一日不食 참조.

(Ulryeok) Communal work: There is a catchword in Seon tradition: "A day without work is a day without food." But nowadays, they seldom perform hard labor. They usually sweep the temple grounds after breakfast. Yet it should not be regarded as a mere physical labor or excercise. It is another way of cultivating the mind.

원각 圓覺 부처님의 원만하고 위없는 깨달음.

(Weon-gak) The perfect and unsurpassed enlightenment of Buddha.

원각대지 圓覺大智 위없는 깨달음의 큰 지혜.

(Weon-gak Daeji) The all-discerning wisdom, or the mirror-like wisdom.

원각묘심 圓覺妙心 뚜렷이 깨친 묘한 마음.

(Weon-gak Myosim) A completely awakened wondrous mind.

원광 圓光 (?-630) 신라의 큰 스님. 스님은 신라통일의 바탕이 된 화랑도花郎道의 세속오계世俗五戒로도 유명하다: 1) 충성으로 임금을 섬기라. 2) 효도로 어버이를 섬기라. 3) 믿음으로 벗을 사귀라. 4) 전쟁에서 물러서지 말라. 5) 가려서 살생하라.

(Won-gwang) (?-630) A venerable priest of the Silla dynasty. The following are his famous secular five precepts, which became the basic principles of Hwarangdo, or the code of discipline or conduct of the military cadet, which eventually helped the unification of the Silla

Kingdom: 1) Royalty to the King 2) Filial piety to the parents. 3) Faith in association of friends. 4) No retreat in battle. 5) Selective in case of killing.

원교 圓敎 원만한 교법이라는 뜻. 모든 경전의 내용을 체계화하여 비판 분류하는 교상판석敎相判釋의 가르침을 원교圓敎라 한다. 그런가 하면 북위北魏의 혜광慧光은 이를 점漸, 동頓, 원圓의 삼교三敎로 나누어 화엄경을 원교圓敎로 분류함.

(Weon-gyo) The perfect, unsurpassed, or comprehensive teaching: Its aim is to analyze the higher and lower quality of all doctrines. On the other hand, Huigang of Beiwei or North Wei classified all the teachings of Buddha into three categories: gradual, sudden, and perfect or unsurpassed, and then classified the perfect or unsurpassed teaching as the doctrine of the Flower Garland Sutra. *Cf. (Gyosang Panseok)* The particular teaching of a sect and critical interpretation.

원교사문 圓敎四門 천태종天台宗의 교의敎義로 유문有門, 공문空門, 역유역공문亦有亦空門, 비유비공문非有非空門을 말함.

(Weon-gyo Samun) Four paths of perfect or universal teaching: They are the path of existence, the path of emptiness, the path of non-dualistic Middle Way view of being and non-being or emptiness, and the path of non-dualistic Middle Way view of neither being nor non-being of things.

원극일과 圓極一果 원만하고 지극한 하나의 결과.

(Weon-geuk Ilgwa) The one ultimate fruit of harmony.

원당 願堂 죽은 사람의 화상畫像이나 위패를 모시고 그 원주願主의 명복을 빌던 법당. 대궐안의 원당은 내원당內願堂이라 말함. 그러나 그 폐해가 심해 조선조朝鮮朝에는 금지되었다.

(Wndang) The Dharma Hall where a portrait or a tablet of the deceased is enshrined to pray for the repose of the spirit. The Hall in the royal palace is called the Inner Hall. It was prohibited during the Joseon Dynasty because of the abuse of the practice.

원돈 圓頓 원만돈족圓滿頓足의 뜻. 곧 모든 사물을 원만히 결함 없이 갖추어 단번에 깨달음에 이르는 것을 말 하는 것으로 천태종의 수행법이기도 함.

(Weondon) Perfect and immediate: The Mahayana teaching which enables one to attain enlightenment in an instant. It is also the state of enlightenment practiced by the Tientai Sect.

원돈계 圓頓戒 법화경의 묘지妙旨에 따라 범망경梵網經의 십중계十重戒와 사십팔계四十八戒를 이렇게 말함. 이를 좀 더 구체적으로 말하면, 소승小乘의 계戒는 오직 자리행自利行에 그치는데 반해, 대승계大乘戒는 오직 이타利他를 근간으로 함을 말함.

(Weondon-gye) The precept of complete and spontaneous: It means ten grave precepts and the forty-eight precepts of the Sutra of the Net of Brahman, the characteristics of which are the practice of benefit for others according to the doctrine of the Mahayana in contrast to the Hinayana practice of precepts for the individual benefit.

원돈교 圓頓教 원圓이 곧 돈頓이라는 가르침으로 천태天台의 별칭인 동시에 교법. 다시 말해 원교인 동시에 돈교라는 뜻.

(Weondongyo) Complete and spontaneous teaching: The doctrine and another name for the Tientai Sect.

원돈문 圓頓門 원만돈족圓滿頓足의 뜻으로 천태종의 용어. 모든 사물을 빠짐없이 원만하게 갖추고 즉시 깨달아 성불한다는 뜻. 천태종에서는 법화경法華經을 원돈교圓頓教, 천태종을 원돈종圓頓宗, 그리고 그 계戒를 원돈계圓頓戒라 말함.

(Weondonmun) The gate or teaching of complete and spontaneous enlightenment: The doctrine of the Tiantai Sect, the chief tenet of which is the complete innate Buddha-nature of all beings and spontaneous enlightenment.

The Tientai Sect also classifies the Lotus Sutra as the doctrine of complete and sudden enlightenment, the Tientai Sect as the complete and Spontaneous Sect, and its precepts as the precepts of complete and spontaneous precepts. *Cf. (Weondongyo)* The Perfect and Spontaneous Sect and *(Weondongye)* The complete and spontaneous precepts.

원돈성불 圓頓成佛 모든 사물에 대한 이치를 원만히 갖추어 단번에 깨달음에 이르러 성불함을 말함.

(Weondon Seongbul) Complete and sudden attainment of Buddhahood.

원돈종 圓頓宗 천태종天台宗을 말함.

(Weondonjong) The Complete and Spontaneous Sect: Another name for the Tientai Sect.

원돈지관 圓頓止觀 삼종지관三種止觀의 하나이며, 마하지관摩訶止觀의 다른 이름. 순서를 밟지 않고 바로 순일純一한 실상實相을 관함.

(Weondon Jigwan) Complete and spontaneous tranquility and insight: A direct insight into the true nature of things without the stages of practice. One of the three kinds of tranquility and insight, *Samjong Jigwan.*

원두 園頭 절에서 채소밭을 관리하는 스님.

(Weondu) The gardener at the monastery.

원락공문사속도 願樂空門捨俗徒 공문空門, 곧 부처님의 길을 좋아하여 세속의 길 또는 무리를 버리다.

(Wonrakgongmun Sasokdo) I vow to delight in the gate of emptiness (the Buddha-way) and abandon the way of the secular crowd.

원력 願力 본원력本願力 또는 대원업력大願業力이라고도 말함. 부처님께서 보살이실 때 세운 본원을, 정토신앙淨土信仰에서는 아미타불의 구제력救濟力을 말하며, 지장보살이 중생의 구제를 위해 세운 48대서원大誓願과 같은 힘.

(Weolryeok) The power of vow or aspiration: A great power of vow such as the one made by Sakymuni Buddha when he was a Bodhisattva in the former life, or Amitabha Buddha's power of deliverance in the Land of Ultimate Bliss, or the power of forty-eight great vows made by the Earth Treasury King of Great Vow Bodhisattva to save all sentient beings in Hell.

원만구족 圓滿俱足 본래부터 갖추어져있어 부족함이 없는 충만함.

(Weonman Gujok) Complete and one-wholeness of original self-nature.

원만보신 圓滿報身 모자람이 없이 두루 충족한 보신불報身佛.

(Weonman Bosin) The complete and blissful body of Sambhogakaya, or the Body of Pure Light.

원불 願佛 우리나라에서는 자기가 일생 동안 모시고 예경禮敬하는 불상佛像을 말함.

(Weonbul) A Buddha of the vow: One who poses through the eight forms of an incarnate Buddha, or the Buddha statue one worships for one's whole life.

원불 圓佛 원교圓敎서 말하는 부처님. 원교법신불圓敎法身佛, 곧 비로자나불毘盧舍那佛을 말하며, 또 십계원융불十界圓融佛을 가리키기도 함.

(Weonbul) The Buddha of the Perfect School: The perfect pan-Buddha embracing all things in every direction, the Dharmakaya, or Vairocana Buddha identified with Sakyamuni.

원불교 圓佛敎 한국 불교 종파의 하나. 1916년 박중빈朴重彬이 전라북도 익산군에 총본산總本山을 두고 개창開創. 우주의 근본원리인 일원상一圓相의 진리를 신앙의 대상과 수행의 표본으로 삼는 종교. 교리는 법신불法身佛인 일원상一圓相을 최고의 종지로 삼는다.

(Weonbulgyo) A new Korean Buddhist sect founded by Pak Jung-bin (1891-1943) in 1916. Its basic tenet is the Dharma-body, the ultimate reality characterized by a great circle.

원생 願生 원왕생願往生과 같은 뜻. 곧 아미타불의 서방정토西方淨土에 태어나기를 바라는 것.

(Wonsaeng) An ardent desire to be reborn in the Pure Land of Amitabha Buddha in the West.

원성실성 圓成實性 원성실성은 원만, 구경究竟, 진실의 의미로서 불성, 법성, 진여, 법신 등을 구족한 자성 自性을 말함. 원성실성이란 또 의타기성依他起性에서 분별심을 일으키지 않으면 원성실성이고, 분별을 일으키면 변계소집遍計所執이 됨을 뜻하기도 함.

(Weonseong Silseong) The complete and perfect real nature or reality: The ultimate emptiness of the imagined and relative truths. It is also the alternate name for Buddha-nature, Dharma-nature, the true-suchness, etc.

In other words, if you do not arouse a discriminating mind with an interdependent nature of things, that is what absolute true-nature is. That means we should never arouse the mind to discriminating things, which is called manipulation of the mind or mental construction and attachment.

원시불교 原始佛敎 근본불교라고도 말하며, 옛 불교라는 뜻으로 대승사상이 발달하기 이전의 불교. 중심 교리는 연기설과 사성제 및 팔정도. 모든 수행에 있어서, 부처님 당시의 가르침에 충실하고자 하는 근본불교에서는 일체의 힌두교적인 요소와 윤회설을 부정하는 것이 특징.

(Weonsi Bulgyo) Original or fundamental Buddhism: Buddhism from the time of Sakyamuni Buddha to the advent of Mahayana Buddhism. The chief tenets are the Twelve Links of Dependent Arising, the Four Noble Truths and the Eightfold Noble Path or Truth. It especially denies the elements of Hinduism in Buddhism including transmigration or rebirth in another world.

원시종교 原始宗教 원시사회 또는 현존하는 미개사회에서의 애니미즘, 토템이즘 등을 가리킴.

(Weonsi Jonggyo) Animism or totemism in a primitive society.

원오극근 圓悟克勤 (1063-1135) 중국 임제종 승려. 수행자들을 위해 설두雪竇의 송고백칙頌古百則을 제창提唱, 곧 촌평寸評을 가한 다음 이를 엮어 벽암록碧巖錄을 편찬함.

(Weono Geukgeun) Yuanwu Keqin (1063-1135) One of the great Linji monks, who compiled, with Xuedou Zhongxian, the Blue Cliff Record with his own short commentary and criticism to the brief explication in verses of the essence of koan of the Record.

원융 圓融 융融은 융통과 융화融和의 뜻으로, 차별상을 떠나 무애無礙한 것을 말하며, 불교에서는 일체의 법法이 구별없이 널리 융통하여 하나가 됨을 뜻함.

(Weonyung) Perfect unification, harmony, or infusion of subject and object, this and that: Complete accommodation, non-hindrance, non-discrimination, nondifferentiation, or all-embracing unity without any obstruction, which is the unique teaching of Buddhism.

원융무애 圓融無礙 온 법계法界가 미세한 티끌 속에 걸림없이 들어가니, 이것을 가리켜 원융무애라 한다. 법계가 미세한 티끌 속에 들어간다 함은, 하나의 미세한 티끌이 온 우주를 머금고 있음이니, 이를 가리켜 하나의 미세한 티끌에 온 법계를 보며 걸림이 없다는 것. 그리고 이것은 또 양量은 곧 비양非量이며, 수미산에서 티끌을 보고, 티끌에서 수미산을 보는 이치. 인드라망이라는 것도 사실 이 진리를 상징화한 것. 화엄의 법계연기華嚴 法界緣起 참조.

(Weonyung Muae) Complete unobstructed interfusion of things: The unified and seamless whole without any hindrance, or complete, harmonious, non-obstructive totality. The entire universe can be contained in a tiny particle without any discomposure.

In other words, we may see a tiny particle in Sumeru, and Sumeru in a tiny particle. So is everything else. Everything is a part of the whole universe, and the whole universe, a part of a tiny particle. This is the theory of the measure of non-measure. This is also the Buddha-realm and the symbolic meaning of the Lord Indra's net, every square with a precious stone each illuminating the others. *Cf. (Hwaeombeopgye Yeongi)* Dependent arising of the Dharma-realm of the Buddha-garland.

원융삼제 圓融三諦 천태 교학의 근본. 다른 교학에서는 삼제三諦가 각각 실재實在를 말함에 대하여, 이 삼제三諦는 삼三과 일一이 융통하여 상즉무애相卽無礙함을 말함. 이를 구체적으로 설명하면 다음과 같다.

1) 공제空諦 (공제空諦에서 삼체三諦를 원만히 갖춤을 즉공卽空이라 하고)
2) 가제假諦 (가제假諦에서 공가제空假諦의 세 뜻을 원만히 갖추어 가제假諦 그대로가 공가중空假中의 삼제三諦인 것을 즉가卽假라 말하며)
3) 중제中諦 (중제中諦가 그 당체當體에서 삼제三諦의 뜻을 원만히 갖춘 것을 즉중卽中이라 말함)

(Weonyung Samje) Accommodation of threefold truth: This is the fundamental tenet of the Tientai Sect. Other denominations or sects see these three fundamental truths as separate norms of ultimate realities, yet the Tientai Sect sees these threefold truth as an integral part of the whole, not separate norms, interfusing with one another without any hindrance.

1) The truth of emptiness: It is the fulfillment of the threefold truth of accommodating emptiness as a part of the whole just as it is.
2) Deceptive truth: It is the fulfillment of the threefold truth of accommodating the deceptive truth as a part of the whole just as it is.
3) The truth of the Middle Path: It is the fulfillment of the threefold truth of accommodating the middle path as a part of the whole just as it is.

원융회통 圓融會通 한데 통하여 아무런 구별이 없음. 화쟁사상和諍思想 참조.

(Weonyung Hoitong) Complete accommodation and unification. *Cf. (Hwajaeng Sasang)* The philosophy of reconciliation and harmony.

원음 圓音 짐승을 포함한 모든 존재들이 알아들을 수 있는 부처님의 말씀.

(Weoneum) The perfect universal voice: The voice of Buddha which is understood by all beings including animals.

원적 圓寂 원래는 모든 무지와 번뇌 그리고 고통을 여의고 깨닫는다는 뜻이었으나, 후에 승려의 죽음을 뜻하는 말이 되었다. 열반 또는 입적入寂과 같은 뜻으로, 특히 고승의 죽음을 말함.

(Weonjeok) Perfect rest, calm extinction, complete quiescence, or parinirvana: It, a Chinese transliteration of Nirvana, originally meant the perfection of all virtues and elimination of all evils, or release from all ignorance, defilement, and sufferings, but it is now understood as a death of a great priests. *Cf. (Yeolban)* Nirvana.

원전 原典 기준이 되는 본데의 고전古典.

(Weonjeon) The original text of a classic.

원종 圓宗 진실하고 원융한 교리를 설하는 종파. 화엄종과 천태종을 일컫는 말.

(Weonjong) The Perfect Sect, or All Embracing Consummate Sect: The sect that teaches the doctrine of unmitigated non-obstructive and all-embracing truth, or unification: It is the chief tenet of the Flower Garland School and Tientai Sect.

원주 院主 사원寺院의 집사執事. 절의 전체 살림을 맡아보는 총무스님.

(Weonju) Prior, the head monk: The chief administrator of a temple.

원주 願主 삼보三寶를 위하여 탑과 불상佛像을 조성하거나 경전經典을 서사書寫하고자 발원하는 사람.

(Weonju) A devote patron: A person who vows to erect a stupa and a Buddha statute, or copy a sutra.

원증회고 怨憎會苦 팔고八苦의 하나. 원하지 않는 사람을 만나는 괴로움.

(Weonjeung Hoigo) Suffering caused by meeting those you do not wish to see or do not like. One of the eight sufferings.

원찰 願刹 궁중에서는 원당願堂이라고도 말함. 죽은 사람의 화상畵像이나 위패를 모시고 그 원주願主의 명복을 빌던 법당.

(Weonchal) The vow temple or shrine: A temple or shrine where a portrait or a tablet of the deceased is enshrined to pray for their heavenly bliss in the other world. It is also called *weondang* in the royal palace.

원측 圓測 (613-696) 신라의 큰스님으로 왕족. 어려서 출가하여, 당나라에 가서 현장법사玄奘法師 밑에서 법을 배우다. 경전經典과 논서論書에 관한 많은 주석서註釋書를 남겼으며, 신라에 돌아오지 않고 중국에서 돌아가시다.

(Weoncheuk) (613-696) A venerable priest of the Silla Dynasty: He was a member of the royal family, yet decided to become a monk at an early age. He studied under the great Master Xuanzang, left many great annotations and commentaries on sutras and treatises, and died in China never returning to his mother country.

원통 圓通 주원융통周圓融通의 준말로, 두루 걸림이 없다는 뜻으로 지혜에 의해 깨달은 진여眞如의 이치.

(Weontong) Perfect penetration, or universally penetrating: The wisdom of enlightenment, which penetrates to the ultimate essence of existence. The great principle of true-suchness attained by wisdom, not by the intellect.

원통문 圓通門 일주문一柱門 자리에 원통문圓通門을 세운 사찰도 있다. 일주문一柱門과 같은 뜻으로, 두루 걸림이 없으며, 따라서 우주와 우리의 마음이 하나라는 뜻.

(Weontongmun) Non-obstructive gate: The main entrance gate of the temple in place of the ordinary One-pillar gage.

원통불교 圓通佛敎 원통이란 두루 걸림이 없다는 뜻으로, 한 종파에만 국한하지 않고 불교 전체에 통하는 교리를 말함. 통불교通佛敎 참조.

(Wontong Bulgyo) The non-sectarian Buddhism: The Buddhist doctrine that transcends the tenets of diverse sects. *Cf. Tongbulgyo,* which is an abbreviation of the term *Wontong Bulgyo.*

원행 願行 어떤 일을 바라고 반드시 이를 성취하려는 간절한 서원과, 그 서원에 도달하려고 노력하는 수행. 행원行願 참조.

(Weonhaeng) A vow and practice: A sincere wish and constant effort to achieve one's aspiration or vow.

원행지 遠行地 십지보살十地菩薩의 일곱 번째 자리. 여기서부터 보살은 지혜와 방편을 얻어 중생을 그 능력에 맞게 깨달음의 길로 인도함.

(Weonhaengji) The far-reaching land: It is the seventh stage of the Ten Grounds of the Bodhisattva way. At this stage the Bodhisattva has attained knowledge and skillful means, which enable the practitioners to lead sentient beings on the way to enlightenment according to their abilities.

원형이정 元亨利貞 역학易學에서 말하는 천도天道의 네 가지 원리. 즉 만물이 생겨나서 자라고 성장하고 완성된다는 뜻으로, 하늘이 갖추고 있는 네 가지 덕을 일컫는 말. 즉 원元은 봄, 형亨은 여름, 이利는 가을, 그리고 정貞은 겨울을 가리킴. 그런가 하면, 이는 인간과 만물의 근본이 되는 도리道理와 덕목을 가리키기도 함.

(Wonhyeongijeong) Four fundamental principles of the way of heaven from I Ching, or the Book of Change: Origination or birth, proliferation or growth, benefit or fruition, and firmness or rest, which is the will and virtue of heaven.

They also represent spring, summer, autumn, and winter. However, they also signify the fundamental principles and virtues of myriad things including human.

원효 元曉 (617-686) 신라新羅의 큰 스님. 귀중한 많은 저술을 남기셨으며, 국내뿐만 아니라 중국에서도 해동海東의 생불生佛이라 칭찬을 아끼지 않을 정도로 한국의 자랑스러운 스님이시었다.

(Wonhyo) (617-686) A great priest of the Silla dynasty. He left a great many important Buddhist treatises and commentaries, and was highly revered in his life time even in China as a living Buddha of Haedong (Korea).

월륜삼매 月輪三昧 달의 밝고 은은함에 자신의 마음을 비유한 삼매.

(Weollyun Sammae) The moon-orb samadhi: A meditative concentration in which one views one's own mind as the bright round moon.

월륜상 月輪相 이는 불성佛性을 상징하는 일원상一圓相을 해맑은 보름달에 비유한 것.

(Weollyunsang) The orb of the moon: It is a metaphor of the Great-

circle which symbolizes the Buddha-nature and the Dharma-body, or the ultimate reality that has neither name nor form.

월인천강지곡 月印千江之曲 세종29년 (1447)에 왕명에 따라 수양대군首陽大君이 소헌왕후昭憲王后의 명복을 빌기 위하여 석보상절釋譜詳節을 지어 올리자, 세종이 석가釋迦의 공덕을 칭송하여 지은 노래. 이 책은 세종31년 (1449)에 상 · 중 · 하 세권으로 간행됨.

(Weolin Cheongangjigok) The Song of the Moon in the Thousand Rivers: This is the song composed and published in three volumes in 1449 by the decree of King Sejong, the Third King of the Joseon Dynasty, to pray for the heavenly bliss of the deceased wife of the King. It praises the virtue and merit of Sakyamuni Buddha.

월정사 月精寺 강원도 평창군 진부명 동산리 오대산에 있는 절로, 대한조계종 제5교구 본사. 신라 선덕여왕 때에 자장 율사가 개산. 국보 (233호) 팔각 구층 석탑이 대웅전 앞에 있다.

(Woljeongsa) Woljeongsa Temple: Established by Precepts Master Jajang during the reign of Queen Seondeok of the Silla dynasty (643-646 C.E.). The strikingly artistic nine storied and eight sided pagoda in front of the Main Buddha Hall is designated as National Treasure 48.

위덕 威德 사람을 심복心腹시키는 위엄威嚴과 덕망德望.

(Wideok) The auspicious sign and virtue that arouse the respect and devotion of the people.

위경 僞經 거짓 경전이라는 뜻. 곧 인도에서 전래傳來된 것이 아닌, 중국에서 조작된 경전, 또는 불설佛說이 아닌 경전을 일컫는 말.

(Wigyeong) The fabricated sutra: The sutra fabricated in China, not transmitted from India, or the sutra that is not the true teaching of Buddha.

위빠사나 비바사나毘婆舍那 참조.

Cf. (Bibasana) Vipassana.

위산영우 潙山靈祐 (771-853) 백장회해百丈懷海의 법제자이며 위앙종潙仰宗의 초조初祖.

(Wisan Yeong-u) Weishan Lingyu (771-853): The Dharma heir of Ch'an Master Baizhang and the founding Patriarch of the Guishan Sect of Chinese Ch'an Buddhism.

위신력 威神力 부처님과 보살이 갖춘 존엄하고 측량할 수 없는 불가사의不可思議한 힘.

(Wisinryeok) The awesome and mysterious spiritual power of Buddha and Bodhisattvas.

위의 威儀 예법에 맞는 몸가짐, 곧 규율規律에 맞는 기거동작起居動作. 위엄威嚴이 있는 모습, 또는 태도로 행주좌와行住坐臥의 사위의四威儀가 있다. 그러나 불교에서는 계율을 달리 일컫는 말.

(Wiui) Dignity, or the rules of deportment and demeanor in any circumstance: walking, standing, sitting, and lying down. It also means the precepts of conduct for the bhikkus and bhikkunis.

위의교화 威儀敎化 상호설법相好說法이라고도 말함. 언어를 사용하지 않고 위엄 있는 모습으로 상대에게 감화를 주어 마음을 일깨워주는 방법. 예를 들어 앙굴리마라가 저지르는 살인행각을 부처님께서 나타나시어 한마디 말없이, 당당하게 중지시킨 것과 같은 것.

(Wiuigyohwa) The dignified deportment of non-verbal instruction: A good example is Buddha's stopping Angulimala's killing spree by Buddha's mere presence before him.

위패 位牌 죽은 사람의 이름 또는 계명戒名과 기진忌辰 (제삿날)을 써서 단壇, 묘廟 등에 모셔 두는 나무 패牌. 그러나 우리나라에서는 나무 대신 종이를 접어 만들기도 한다.

(Wipae) The spirit tablet: A tablet, usually made of wood or folded paper that bears the name of a deceased person, used to solicit the presence of spirit. It is placed on the altar of theDharma Hall or shrine behind the arrangement of food offering for the memorial rites.

유 有 범어 bhava의 번역으로, 유정有情으로서의 존재 또는 생존을 뜻하며, 공空과 무無의 반대 개념. 유有에는 실재론적 실유實有, 연기론緣起論적 가유假有, 유식唯識에서 말하는 진공묘유眞空妙有의 세 가지가 있다. 이것 이외에도 여러 가지로 분류되며, 그중 하나를 예로 든다면, 삼유三有로, 이는 삼계三界의 욕유欲有, 색유色有, 무색유無色有를 뜻함. (유위법有爲法 참조)

(Yu) Bhava: Being, or existence, the opposite to non-being, or non-existence. There is nothing that is more anxious and worrisome

than to exist. Hence Nirvana is to be free from all the anxieties of life. There are three different beings or existences:

1) True existence: Every kind of being in the three spheres (being in the realm of desire, being in the realm of non-desire, and being in the formless spiritual realm).
2) Provisional existence: Every being as deceptive, conditioned or phenomenal, not real, the doctrine of the Awakening of Mahayana Faith.
3) Ultimate existence: Every being as neither existent nor non-existent, which is called "the wondrous being of true emptiness," the doctrine of the Consciousness-only School. *Cf.* (Yuwi(beop) All compounded things.

유가 瑜伽 유가는 요가를 뜻하며, 상응相應, 결합, 제어制御, 집중의 뜻으로, 인도에서부터 전해오는 심신心身 단련법의 하나. 호흡의 억제와 감관感官의 통어統御, 선정禪定, 정신 통일, 삼매三昧 등에 의하여 초자연적 힘을 얻는 수행법. 모두 일곱 가지 종류가 있다. 요가 참조.

요가수행은 대상의 모양(이미지)에 초점을 맞춘다. 그러나 위빠사나의 싸띠 수행에서는 대상의 고유한 특성에 초점을 맞춘다. 그렇게 해야 대상의 실재實在를 볼 수 있기 때문이다. 이들에 대해 간화선看話禪에서는 화두話頭와 내가 하나가 되어 모든 생각의 작용이나 판단을 단칼에 베어 우리를 생각이 끊어진 자리로 인도하여 부처의 자리를 보게 해준다.

이렇듯 요가나 위빠사나가 마음을 어느 한 대상에 집중하여 차례차례 깊이 관찰해 들어간다면, 간화선은 돈오頓悟, 곧 단박에 마음의 본바탕으로 들어가는 것이 특징. 돈오頓悟 참조.

(Yuga) Yoga: It literally means "union," or "yoking (with godhead)." A complex of techniques for achieving mental and physical control with a view for spiritual release or realization. There are seven types of Yoga. *Cf. Yoga.*

The differences among Yoga, Vipassana, and hwadu or word-contemplation meditation are: While Yoga and Vipassana concentrate mind on a certain sense object or image and the movement or function of the mind, hwadu meditation is complete cessation of thought so as to realize directly the true nature of mind or the Buddha-nature by holding a hwadu. *Cf. (Dono)* Sudden enlightenment.

유가교 喻伽敎 밀교密敎의 통칭. 밀교는 삼밀三密의 유가喩伽를 종지宗旨로 삼는고로 유가교喩伽敎라 말함. 삼밀三密과 삼밀유가三密喩伽 참조.

(Yugagyo) Teachings of Yuga or Yogacara: It actually means esoteric Buddhism or the True-word Sect based on the doctrine of three secret functions of our body, speech and mind in association with those of the Buddhas. *Cf. (Sammil)* Association of three secrets and *(Sammil Yuga)* Three functions of body. speech, and mind.

유가파 瑜伽派 유가행瑜伽行을 중요시하므로 유가행파瑜伽行派라고도 말함. 중관파와 더불어 인도 대승불교를 형성한 학파. 그런가 하면 유식사상을 발전시켰으므로 유식학파라고도 말함. 유부有部와 같이 일체의 법을 조직적으로 분류하여 정밀한 인식론을 구성했다. 개조開祖는 미륵이며, 제 2조 무착無着이 대성한 다음 그의 동생 세친世親에 의하여 확장되었다. 이 파의 초기 경전은 해심밀경解深密經과 대승아비달마경大乘阿毘達磨經이다.

(Yugapa) The Yogacara School, or the Way of Yoga or unity: It is also variously called by names such as the Consciousness-only, or the Mind-only School, the Way of Consciousness, or the Mere Ideation School. It was founded by Maitreya and developed by the Aryasanga brothers. It is a school of Indian Mahayana Buddhist philosophy emphasizing the phenomenology of meditation.

This school classifies the mind into eight consciousnesses (five sensory, and three mental) including the foundation of consciousness. Its chief texts are Samdhinirmocana Sutra, or Explication of Underlying Meaning and Mahayana Abhidharma Sutra.

유골 遺骨 무덤 속에서 나오거나 화장하고 남은 뼈, 또는 성인들의 성골聖骨.

(Yugol) Relics, or the holy relics: The remains of a part of the body of a saint, and bones unearthed from the grave, or the remaining bones after the cremation.

유공법 有空法 18공空의 하나. 인연이 서로 화합하여 생긴 물심物心의 모든 현상의 자성이 공함을 말함.

(Yugongbeop) Phenomenal and noumenal: The manyfold forms of things exist, but things, being constructed of elements, have no ultimate reality and, therefore, are empty.

유공불이 有空不二 유상有相이 공성空性이요, 공성이 곧 유상임을 말함. 이것이 곧 중도中道의 불이법不二法.

(Yugongburi) The phenomenal and the noumenal are identical, the phenomenal expresses the noumenal and the noumenal contains the phenomenon. This is the principle of the Middle Path of non-duality.

유교 有敎 법상종法相宗에서 아함경阿含經 등은 모든 존재는 인연에 의해 성립된 것으로 실제는 없지만, 그것을 구성하는 요소는 있다고 하므로 이것을 유교有敎라 말함. 삼시교三時敎 참조.

(Yugyo) The phenomenal teaching: Teaching that everything is real. The teaching of the Existence School that although all existence that arises from the causes and conditions is unreal and empty, the composites of the things are real. *Cf.* The doctrines of emptiness and the Middle Way, and *(Samsigyo)* Three different periods of Buddha's teaching.

유구 有句 유有·무無의 뜻을 네 가지로 구별함. 곧 분별심을 일으켜 유무를 따지지 말라는 뜻 1) 유구有句 (유有이고 무無가 아니다) 2) 무구無句 (무無이고 유有가 아니다) 3) 쌍역구雙亦句 (있기도 하고 없기도 하다) 4) 쌍비구雙非句 (유有도 아니고 무無도 아니다)

(Yugu) Classification of being: It distinguishes being and non-being into four categories, which is actually a warning not to give rise any discriminating mind. 1) Existence: Recognition of existence against non-existence. 2) Non-existence: Recognition of non-existence against existence. 3) A dual view: Recognition of both existence and non-existence. 4) A double negative view: Neither existence nor non-existence.

유나 維那 도유나都維那라고도 말하며, 총림에서 스님들의 수행을 독려, 지도하는 직책.

(Yuna) Rector: An official title given to the monk who is in charge of instruction and discipline in a Seon monastery.

유념 有念 무념無念의 반대 개념으로, 쉽게 이야기해 번뇌 망상에 대한 다른 표현으로 유루有漏와 같은 뜻. 다시 말해 구체적인 어떤 모습을 염두에 두고 산란한 생각을 따라 마음을 닦는 것을 유념有念이라 말하고, 마음을 하나로 가라앉혀 닦는 것을 무념無念이라 함.

(Yunyeom) Thought or a defiled mind: An antithesis to mindfulness or thoughtlessness. The cultivation of mind with restlessness arising from the idea of form in one's consciousness. *Cf. (Munyeom)* Mindfulness or thoughtlessness.

유도집허 唯道集虛 도道는 오로지 빈곳에 머무는 법. 이것을 사무쳐 알면 그것이 곧 깨침. 나머지 할 일은 마음 다스리는 참선.

(Yudojipheo) Dao or Truth abides only in emptiness: If you truly believe it, that is enlightenment, and if you have awakened, then cultivate your mind through meditation.

유록화홍 柳綠花紅 버들은 푸르고 꽃은 붉구나. 어리석은 인간들과는 달리, 나무나 꽃은 시기하지도 않고 분별하지도 않으며 본래면목本來面目 그대로이다. 그리고 이것이 곧 진여眞如의 참된 경지이며 열반涅槃. 열반을 다른 곳에서 찾지 말 것.

(Yurok Hwahong) The willow is green, and the flowers are red: Unlike foolish human beings who are always jealous of others and discriminate between things, trees and flowers are always serene and composed without any jealousy, hatred, or discriminations.

This is our original-face and true-suchness. The sure way to attain perfect enlightenment is looking into our original-self, immaculate and serene without any discrimination.

유루 有漏 누漏는 흐르다 또는 샌다다는 뜻으로 번뇌를 말함. 따라서 번뇌를 떠난 무루無漏 참조.

(Yuru) Lit. "outflow," "discharge," or "leaking": What it actually means is defilement, distress, pain, or affliction. All things are of this nature. Whatever is in the stream of birth and death, or samsara is of this nature as well. *Cf. (Muru)* Non-defilement, or no-leaking.

유루과 有漏果 유루有漏의 번뇌나 업業을 인因으로 하여 생긴 과보果報.

(Yurugwa) Karmic rewards which lead to rebirth in the six modes of existence.

유루선 有漏善 근본번뇌를 여의지 않은 상대적 선善 또는 세간世間적인 선업善業.

쉽게 이야기 해, 지금 행위는 선이지만, 마음 밑바닥에 있는 근본번뇌가 없어지지 않은 한 어느 순간 번뇌가 다시 일어나는 것과 같다.

(Yuruseon) The defiled or relative good conduct, not absolute: The present act is very laudable, but as the basic or fundamental afflictions or passions are not cut off completely, the dormant state of defilement or passion will awake when conditions arise.

유루선 有漏禪 번뇌나 삿된 생각을 아직 여의지 않은 상태에서 하는 참선.

(Yuruseon) Meditation in which there are still false perceptions or impure thought.

유루세계 有漏世界 삼계三界 (욕계欲界, 색계色界, 무색계無色界), 곧 일체의 미혹으로 가득 찬 중생의 세계.

(Yurusegye) The triple world (the world of sensuous desire, the world of form, and the world of formlessness) of sentient beings full of delusions.

유루식 有漏識 번뇌를 동반한 식識.

(Yulusik) Defiled consciousness.

유루심 有漏心 번뇌에 속박된 마음.

(Yurusim) The defiled mind, or the mind confined or bound in defilement.

유루업 有漏業 번뇌를 일으키는 의지에 의한 심신心身의 행위.

(Yurueop) The wilful action or karma that arouses all kinds of defilement, internal and external.

유루지 有漏智 세속지世俗智라고도 말하며, 번뇌를 완전히 여의지 않은 상태이므로, 잘못된 이치의 번뇌를 끊을 수 있는 힘이 없는 지혜를 말함. 따라서 이러한 세속적인 지혜로선 아무리 노력해도 번뇌를 끊을 수 없다고 함.

(Yuruji) The defiled, commonplace, or relative wisdom: As his fundamental passion is not cut off completely, one is powerless to cope with defilement. No matter how hard one may try, with the defiled or commonplace wisdom, one will never be free from defilement.

유리관음 琉璃觀音 33관음觀音의 하나. 향관음香觀音이라고도 말함. 한 송이의 연꽃을 타고 물 위에 떠서 두 손으로 향로를 받든 관음觀音.

(Yurigwaneum) The Emerald or Incense Bodhisattva of Great

Compassion: She is holding an incense burner in her hand standing on a floating lotus flower. She is one of the 33 manifestations of the Bodhisattva of Great Compassion.

유마거사 維摩居士 유마거사는 병을 핑계 삼아 부처님의 10대 제자들의 문병을 받게 되는 데, 자기는 온 중생이 다 성불하기 전에는 성불하지 않겠다고 말한다. 부처님의 10대 제자들이 거사 앞에서 당혹스러워하는 것이 어느 면에선 참신해 보인다. 그리고 불이법不二法에 대한 유마거사의 양구良久는 너무나 유명하다.

(Yuma Geosa) Householder Vimalakirti: He feigns illness to instruct great disciples of Sakyamuni Buddha, saying that his illness would not be healed unless all living beings are treated of their sickness; that is, until they attain enlightenment. The highlight of his great discourse seems to be his "noble silence" to the question of non-duality by Sariputra.

유명계 幽冥界 삼악도三惡道로 진리의 빛이 없는 곳. 즉 명토冥土를 뜻함.

(Yumyeonggye) Darkness of the three evil paths of the nether world.

유명 幽明 어둠과 밝음, 이승과 저승, 이 세상과 저 세상.

(Yumyeong) Darkness and light: This world and the netherworld.

유명무실 有名無實 이름만일 뿐 영구히 변치 않는 실체가 없음을 말함. 불교의 근본 교의教義.

(Yumyeongmusil) Only in name with no substance: There is no everlasting substance in the universe to be named, which is the essence of the teaching of Buddhism.

유명비대도 有名非大道 '말할 수 있는 도道는 큰 도道가 아니다.' 노장老莊 사상과 선불교禪佛教 사이에는 통하는 점이 분명히 있다.

(Yumyeong Bidaedo) "Where there is a name, there is no truth." The quote is from the Dao De Jing.

유무 有無 유有는 일반적으로 존재한다는 뜻으로 공空과 무無의 반대개념으로 생각하나, 원효대사는 연기론적인 차원에서 이를 좀 더 구체적으로 설명하고 있다. 즉 '인因과 연緣이 계합契合한 것을 유有라 한다. 현실적으로 있는 것을 유有라고 하는 것이 아니다. 인因과 연緣이 흩어지므로 무無라고 한다. 현실적으로 무無가 있다고 하는 것이 아니다.' 원효 스님답게 설명이 명쾌하고 빈틈이 없다.
다음은 입능가경入愣伽經에 나오는 말: '유무有無는 이변二邊이요 또 심소행心所行

(마음의 경계)이니, 저 심소행心所行을 깨끗이 없애면, 평등한 마음은 적멸寂滅하리라.'

(Yumu) Existence and non-existence: *Yu* 有 is usually interpreted as "being or becoming" and *mu* 無 as "non-being, non-existence, or nothingness," but Venerable Wonhyo interprets them more to the point in view of dependent origination.

"'Being or becoming' means it is arisen from a combination of causes and conditions, not that something called 'being' or 'becoming' actually exists; and 'non-being' or 'non-existence' means that the combination of causes and conditions is dissolved, not that there is something that is called 'non-being' or 'non-existence'" exists.

The following quotation is from the Lankavatara Sutra: "Existence and non-existence are two extremes, and also the objects of the mind. If the objects of the mind are cleared away, equanimity of the mind will bring calm extinction."

유무개공 有無皆空 있고 없음이 모두 실체가 없음을 말함.

(Yumu Gaegong) Emptiness of both being and non-being.

유무사견 有無邪見 있고 없음이란 모두 사견邪見이라는 것으로, 단견斷見과 상견常見과 같은 말. 그리고 이것은 외도外道의 잘못된 생각이라는 것.

(Yumu Sagyeon) Two deluded extreme views of eternalism and nihilism, or existence and non-existence.

유무상생 有無相生 있음과 없음, 곧 온갖 현상과 현상의 공함이 서로 어긋나지 않고 서로를 떠받고 있다는 뜻. 이것이 또 불이문不二門이며 중도中道의 이치.

(Yumu Sangsaeng) Mutual support of *is* and is *not*, or all the phenomenal world and emptiness of things: This is what they call symbiosis, not mutual exclusiveness. It is, in fact, the principle of non-duality and the Middle Way.

유무이변 有無二邊 '있다' 또는 '없다'고 하는 상대적 견해에 대한 삿된 집착. 따라서 이를 영변兩邊에 치우친 변견邊見이라 말함.

(Yumu Ibyeon) The two extremes of existence and non-existence: Delusive attachment to two sorts of relative extremism, existence and non-existence, absolutism and nihilism, or a self-existent entity and

the voidness of things.

유문 有門 사문四門의 하나. 만유萬有를 존재하는 쪽으로 보아 말한 가르침.

(Yumun) The door or teaching of existence: A teaching from the point of view of existence. *Cf. (Gongmun)* The gate or teaching of emptiness.

유물 遺物 사람이 죽은 후에 남긴 물건, 또는 고대인의 유적遺跡에서 출토된 물건.

(Yumul) Remains of the deceased, or the articles unearthed from excavation.

유발상자 有髮上資 '머리를 기른' 출가하지 않은 제자.

(Yubalsangja) The lay disciple. *Yubul* literally means "unshaven hair." Hence "unshaven lay disciple."

유법공 有法空 18 공空의 하나. 인연의 화합으로 생긴 일체의 사물을 유법이라 한다. 그러나 유법의 실성實性은 공空한 것. 이것이라도 알고 참선을 할 것.

(Yubeop Gong) Emptiness of all forms or things: One of the eighteen aspects of non-substantiality. All forms of existence produced by combination of various causes are non-substantial.

유부 有部 설일체유부說一切有部의 약칭. 소승小乘 20부파 중의 하나.

(Yubu) Short for *(Seol Ilcheyubu)* Sarvastivadins or the Existence School, one of the twenty Theravada Schools.

유부무기 有覆無記 유부심有覆心이라고도 말함. 성질이 선에도 악에도 속하지 아니하며, 따라서 선악의 어떤 결과도 불러올 힘이 없는 것을 무기無記라고 함. 그러나 거기에는 수행에 방해가 되는 경우가 있는가 하면, 방해가 되지 않는 경우가 있다. 전자를 유부무기有覆無記라 하고, 후자를 무부무기無覆無記라 말함.

(Yubumugi) Indeterminate and veiled, or defiled and indeterminate, or that which in its nature is neutral: The nature that is neither good nor evil does not bring a karmic retribution. Yet it sometimes obstructs meditation. When it does, it is called *Yubumugi*, and when it does not, it is called *(Mubumugi)* Indeterminate and unveiled.

유사종교 類似宗教 정통正統이 아닌 가짜 종교.

(Yusa Jonggyo) A quasi religion: Not orthodox.

유상 有相 형상이나 모습이 있는 것. 유상有相은 유형有形으로, 다른 것과 구별할 수 있기 때문에 일반적으로 생멸변화生滅變化하는 것, 곧 유위법有爲法을 가리킴.

(Yusang) To have form, or which has form: Whatever that has form, whether ideal or real, it can be distinguished by being subject to birth-death and mutation. Hence it is called the conditioned.

유훈인 柔順忍 실상實相의 이치에 거슬리지 않는 것을 유순柔順이라 하며, 유순柔順안에 안주安住하는 것을 인忍이라 함.

(Yusun) Submission and peaceful abiding: Submission means following the principles of reality, and peacefulness means abiding in the stae of submission.

유식(론) 唯識(論) 유식唯識이란 일체의 삼라만상이 오직 마음의 작용에 의하여 나타나며 그 무엇도 심식心識을 떠나 존재할 수 없다는 것. 이를 달리 말하면, '마음뿐'이라는 말은, 같은 대상이라도 인식하는 사람에 따라, 또는 인식하는 사람의 마음 또는 편견에 따라 달리 나타날 수 있다는 말도 된다. 이것이 현대과학에서 이야기하는 불확정성 이론.

유식唯識은 대승불교의 기본 철학과 상통하나 유식론은 공空 사상과 궁극적 실체에 대한 해석에 있어서 차이를 보이고 있다. 그러나 진공묘유眞空妙有를 내세우는 유식唯識은 공空 사상을 설하는 반야般若와 함께 대승불교의 가장 기초가 되는 두 기둥. 형제 사이인 인도의 무착無着과 세친世親이 세운 학설. 식識에 대해 유식삼십송唯識三十頌에서는 다음과 같이 말하고 있다: '모든 식識은 전변轉變하기 때문에 분별과 소분별所分別이 있으며, 차此와 피彼가 모두 존재하지 않으므로 일체유식一切唯識이라 한다.' 유식소현唯識所現과 진공묘유眞空妙有 참조.

(Yusik(non)) The doctrine of Consciousness-only: The Manifestation -only School, or the Way of Consciousness founded by the Maitreya and Aryasanga brothers. Its main contention is that every phenomenon, physical or mental, is a manifes- tation of the mind. In other words, almost every individual has a different perception of the same object, which is called indetermination principle in modern philosophy.

It shares most of the philosophical tenets of Mahayana, while differing on the interpretation of the profound meaning of voidness, or the ultimate reality. Yet with the doctrine of prajna, it is one of the two pillars of Mahayana Buddhism.

The following is a quote from the Thirty Songs on Consciousness: "Discrimination and the object of discrimination arise from ever changing consciousness, yet as there is neither this and that, everything is the mind-only." *Cf. (Jin-gongmyoyu)* Wondrous being of true emptiness.

유식사지 唯識四智 유식唯識에서 내세우는 네 가지 지혜.

1) 대원경지大圓鏡智 (둥근 거울에 만물의 그림자가 비치듯, 세상 만법을 비치는 지혜)
2) 평등성지平等性智 (일체 현상의 절대적 실재가 공空함을 깨닫는 지혜)
3) 묘관찰지妙觀察智 (일체 법法의 공통점과 차이점을 걸림 없이 알아차리는 지혜)
4) 성소작지成所作智 (다섯 가지 감각 기관을 닦아 얻는 지혜)

(Yusiksaji) Four wisdoms of the Mind-only School:

1) The complete illuminating wisdom: Buddha's wisdom that reflects everything as it is reflected in the mirror.
2) The wisdom of equanimity to realize the ultimate emptiness of every phenomenon.
3) The marvelous observing wisdom, or the sublime wisdom that transcends the discrimination of things.
4) Wisdom attained by cultivation of sense organs, or accepting the perceptions through six sense organs without dual discrimination.

유식소현/변 唯識所現/變 삼라만상은 모두 아뢰야식으로부터 변출變出한 것이라는 것으로. 모든 현상은 마음의 거울에 비친 환영이라는 유심소현唯心所現과는 다소 차이가 있다.

(Yusiksohyeon/byeon) Manifestation or transformation of consciousness : All the phenomena in the universe are nothing but the manifestation of the storehouse of consciousness, or the eighth consciousness. *Cf. (Yusimsohyeon)* Manifestation of the mind.

유신견 有身見 육체가 실제로 존재한다는 집착, 또는 다른 물건에 대해 이것이 나의 것이라고 집착을 일으키는 잘못된 생각.

(Yusingyeon) Obsession with body and thing: A view that this mortal body really exists, or obsession to things as mine.

유신론 有神論 일반적으로는 무신론에 대하여 신의 존재를 믿는 종교 및 철학 이론. 불교에선 인격적人格的 신을 논하지 않는다.

(Yusinnon) Theism: The belief that a personal God exists. Buddhism

does not talk about the personified God or a transcendental being.

유심 唯心 유식唯識과 같은 뜻으로, 우주의 궁극적 실체는 마음뿐이며 모든 현상은 모두 마음의 변현變顯이라는 것. 또 이는 오직 정신만이 존재한다고 생각하는 유식唯識과 화엄경의 중심사상 이기도 함. 모든 현상은 사실 거울에 비친 사물처럼 우리들 마음의 투사에 지나지 않다. 마음이 일어나면 만상이 일어나고, 마음이 가라앉으면 만상 역시 사라진다. 모든 것은 마음이 만들어낸 것. 그리고 우리의 존재라는 것도 사실은 우리들 생각의 영상影像.

(Yusim) Mind-only: The doctrine of the Consciousness-only School that everything is the projection of the mind. Every existence or phenomenon, internal and external, arises from the function of the mind. When the mind is disturbed, the multiplicity of things is produced, but when the mind is at rest, the multiplicity of things disappears. All is mind. All that we are is the speculation of our thoughts, made up of our thoughts. This is also the nucleus of the Flower Garland Sutra.

유심소현 唯心所現 온갖 삼라만상은 오직 마음의 소치일 뿐이라는 것. 삼라만상은 모두 아뢰야식의 변출현상變出現狀이라는 유식소변唯識所變 참조.

(Yusimsohyeon) Manifestation of the mind: The nature of the external world is nothing but the manifestation of the mind. *Cf. (Yusiksohyeon)* Manifestation of the storehouse of consciousness.

유심식관 唯心識觀 모든 현상이 마음에서 이루어진다고 하여 마음의 근원을 관하는 수행. 진여실관眞如實觀 참조.

(Yusimsikgwan) The insight that everything is only the mind and consciousness: Cultivation of the mind by seeing all things as the manifestation of the mind. *Cf. (Jinyeosilgwan)* The insight of true-suchness as it is, or seeing all things as one true-suchness as they are.

유심연기 唯心緣起 만법은 한 마음으로 나타내는 것이라는 연기설. 이와는 다소 설명이 다른 뢰야연기賴耶緣起와 진여연기眞如緣起 및 법계연기法界緣起 참조.

(Yusimyeon-gi) Interdependent arising of the mind: The Consciousness-only School sees every external phenomenon as the manifestation

or projection of the mind. *Cf.* *(Roiyayeon-gi)* The causative condition of the storehouse consciousness, *(Jinyeoyeon-gi)* The absolute causative condition of true-suchness, and *(Beopgyeyeon-gi)* The causative condition of the Dharma-realm.

유심정토 唯心淨土 자성미타 유심정토自性彌陀 唯心淨土라하여, 내 마음 밖에는 따로 아미타불도 정토도 없다는 것. 자성미타 유심정토 참조.

(Yusimjeongto) The pure land of the immaculate mind: Outside the mind, there is neither pure land nor Amitabha Buddha. *Cf.* *(Jaseongmita Yusimjeongto)* Self-nature is Amitabah and mind is the pure land, or the pure land of Amitabha in the self-nature.

유여 有餘 끝까지 궁구窮究하지 못하였음을 말함.

(Yuyeo) Residue, or the remainder: There is yet something to be pursued.

유여열반 有餘涅槃 인연법의 여지가 남아있는 열반. 다시 말해 수행인으로서 미망의 번뇌는 여의었지만 타고난 몸의 오온五蘊은 아직 남아있으며, 이러한 타고난 몸을 가지고 열반을 얻었기에 유여열반이라고 함. 다시 말해 미망의 번뇌는 여의었지만, 육신으로 인한 굶주림이나 갈증 또는 질병 등과 같은 고통으로부터는 자유로울 수 없다는 것. 무여열반無餘涅槃 참조.

(Yuyeo Yeolban) Nirvana with residue, remnant, or incomplete Nirvana: Nirvana with residue or remainder means cessation of all defilements (klesa) while the personality aggregates (skansha, or aggregates) remain.

In other words, it is free from all sufferings that would be due to one's own evolving perceptions, but is not free from sufferings that would be due to being alive such as result from hunger, thirst, sickness, etc. *Cf.* *(Muyeo Yeolban)* Nirvana without residue, or complete Nirvana.

유연 有緣 관계가 있음을 말하나, 특히 불법과 인연이 있음을 말함. 곧 불보살佛菩薩이 중생을 제도함에 있어 인연이 있어야 함을 말함. 인연이 없으면 교화하기가 어렵다고 함.

(Yuyeon) Relationship or causality, especially a chance of meeting the Buddha and Bodhisattva, or the illustrious teachings of Buddha, without which it is almost impossible to attain enlightenment.

유위 有爲 위작爲作 또는 조작造作의 뜻으로 유위법有爲法 또는 유작有作이라고도 말함. 인과법과 같은 말. 인연에 따라 생주이멸生住異滅하는 일체의 현상계現象界. 곧 시간의 제약을 받는 모든 유한한 존재. 따라서 영구불변의 절대적 존재인 무위無爲의 상대 개념. 무위無爲 참조.

(Yuwi) Sankhara: The finite dimensions that which is made, active, functioning, causative, or phenomenal: All that is produced by causation, causes and conditions, the phenomenal, or the world of particulars, the process resulting from the law of karma.

It is another name for samsara and dependent arising. All constructed finite things, or all the compounded or conditioned things that arise, abide, crumble, and then cease to be; all the phenomena that are conditioned by time and space. *Cf. (Muwi)* Non-action, or the unconditioned Dharma or Nirvana.

유위공 有爲空 18공의 하나. 인연으로 생긴 모든 현상, 곧 유위有爲는 모두 그 실체가 없기 때문에 공하다는 것.

(Yuwigong) Conditional non-substantiality, or emptiness of the conditioned: All conditioned Dharmas or things are without any substantiality or self entity.

유위과 有爲果 인연으로 인하여 생긴 결과. 오과五果 중에서 마지막 이계과離繫果를 제외한 나머지 사과四果.

(Yuwigwa) The all conditioned fruits. *Cf. (Ogwa)* Five fruits.

유위무루 有爲無漏 무루유위無漏有爲라고도 말함. 생멸하는 유위법으로서의 무루無漏. 사제四諦 중, 고제苦諦와 집제集諦는 유위유루有爲有漏, 멸제滅諦는 무위무루無爲無漏. 도제道諦만은 유위무루법有爲無漏法이니, 유위법을 수행한 만큼 무루법無漏法을 성취하기 때문이다.

(Yuwimulu) The conditioned and non-conditioned: The non-conditioned that is conditioned in the process of birth and destruction at the same time. Of the Four Noble Truths, the first two, the truth of suffering and the truth of the origin of suffering, or clinging, are both the conditioned and defiled while the truth of cessation is non-conditioned and undefiled.

On the other hand, the truth of the path, the last of the Four Noble

Truths, is classified as the conditioned and non-conditioned, because one may attain the law of non-conditioned as much as the achievement of non-conditioned by cultivation.

유위묵조선 有爲默照禪 이는 선정후혜先定後慧, 곧 먼저 선정禪定을 닦은 다음 단박에 깨치는 돈오선법頓悟禪法을 말함. 간화선과의 차이는 우선 이는 화두를 들지 않으며, 또 정혜쌍수定慧雙修라는데 그 차이가 있다.

(Yuwi Mukjoseon) Phenomenal silent illumination meditation: The characteristic of this style of meditation is, instead of holding a hwadu, practice silent meditation prior to attaining sudden enlightenment, which is called the simultaneous cultivation of concentration and wisdom.

유위법 有爲法 인연법에 의해 위작爲作 또는 조작造作되는 일체 현상, 곧 유한한 진리. 이러한 허상虛像에서벗어나는 것이 곧 깨침.

(Yuwibeop) Dharmas: All the conditioned, compounded, or fabricated things, or phenomena, both internal and external, which arise and fall. Enlightenment is none other than to be free from attachment to such illusive phantoms, or conditioned truth.

유위사상 有爲四相 모든 삼라만상의 변화하는 모습을 생주이멸生住異滅로 파악하는 것을 유위사상有爲四相이라 말하며, 모든 유정有情도 마찬가지로 항상 변하는 근본 모습을 생로변사生老病死로 보고 이것을 유정사상有情四相이라 말함.

(Yuwi Sasang) The four aspects of all conditioned things or existences: Coming into existence, abiding, changing, and then extinction. The similar transmutational process is the four aspects of all sentient beings, which go through the four aspects of birth, age, sickness, and death.

유위열반 有爲涅槃 대승에서는 상락아정常樂我淨의 사덕四德을 갖추지 않은 소승小乘의 열반을 유위열반이라고 말함.

(Yuwi Yeolban) The conditioned Nirvana: It refers to the Small-vehicle Nirvana which is devoid of the Four Virtues of Nirvana, the doctrine of Mahayana Buddhism.

유위전변 有爲轉變 변화무쌍한 모든 현상. 이것이 자연의 이치. 다시 말해 인연으로 나타났다가 생멸변화生滅變化하는 모든 물심物心 현상. 이렇듯 모든 존재는, 그것이 하나의 미물인 땅속의 두더지 또는 수미산과 같은 거대한 영산이든, 아니면 하나의 스쳐가는 생각 또는 하나의 찬란한 제국帝國이든, 모두 무상하고 변한다는 것이 우리가 꼭 알아야 할 유위법의 첫째 요건.

(Yuwibyeonjeon) Ever fluctuating mutations of the phenomenal world: This is the principle of nature and the universe. In other words, the first fact of existence is the law of change or impermanence. All that exists, from a mole to a mountain, from a single thought to an empire, passes through the same cycle of existence, i.e., birth, growth, decay and death.

유위해탈 有爲解脫 이종해탈二種解脫의 하나. 번뇌를 여의므로 인하여 온갖 대경對境에 대해 자유로운 깨달음. 무위해탈無爲解脫 참조.

(Yuwihaetal) Emancipation attained by the freedom from defilement arising from sense-objects. *Cf. (Ijonghaetal)* Two types or class of emancipation, and *(Muwihaetal)* Non-doing emancipation.

유유자적 悠悠自適 속세를 떠나 그 무엇에도 속박됨이 없이 여유롭게 담담히 지내는 것.

(Yuyujajeok) Living in comfortable retirement or free from worldly cares, or self-sufficing life of bliss in solitude.

유재본처 猶在本處 여전히 제자리를 지키고 있어 한 걸음도 나아가지 못함을 뜻함.

(Yujaeboncheo) Sticking to the original stance without advancing forward.

유적비 遺蹟碑 인류문화의 흔적을 기리는 비석.

(Yujeokbi) The stone monument of the historical relics.

유전문 流轉門 끝없는 옛적부터 무명의 번뇌로 말미암아 선악의 업業을 지어 육도六道를 윤회함을 말함. 환멸문還滅門 참조.

(Yujeonmun) The doctrine of transmigration: The ever turning wheel of karmic retribution in the six modes of existence. *Cf. (Hwanmyeolmun)* The gate of returning to the original abode of Nirvana.

유정 有情 감성感性이 있는 모든 생물 또는 중생. 이의 상대적 개념인 보살, 각유정覺有情, 도심 중생道心衆生 참조.

(Yujeong) Sattva: Sensate existence, all sentient beings, all beings that have feeling, or all beings in the Six Realms. *Cf. (Bosal)* Bodhisattva, the antithesis of Sattva.

유정사상 有情四相 모든 유정有情의 변하는 네 가지 모습, 곧 생로병사生老病死. 유위사상有爲四相 참조. 저서로 사명대사 어록四溟大師 語錄과 사명대사 난중어록 四溟大師 亂中語錄이 있다.

(Yujeong Sasang) The four aspects of sentient beings. *Cf.* (Yuwi sasang) The four aspects of all conditioined things. The Master lest two volumes of book: The Records of the Great Master Samyeong and the War Records of the Great Master Samyeong.

유정 惟政 (1544-1610) 사명대사四溟大師. 조선조의 큰 스님으로 임진왜란 때 서산대사의 휘하에서 의승군義僧軍을 이끌고 큰 공을 세움.

(Yujeong) (1544-1610): A venerable priest of the Joseon Dynasty: He led the volunteer Sangha Army against the Japanese invasion of Korea (1592-1598) to victory under the command of the Venerable Priest Seosan.

유정계 有情界 행위와 번뇌의 세력에 의하여 생生을 받는 생명들이 사는 세계로, 지옥, 아귀, 축생, 아수라, 인간, 하늘의 여섯 종류가 있다.

(Yujeonggye) The world of sentient beings: It is another name for the worlds of hell, hungry ghosts, animals, the asura, the human, and the heaven being. Sentient beings will be reborn in one of these worlds according to their karma.

유정천 有頂天 줄여서 유정有頂이라고도 말함. 비상비비상천非想非非想天의 다른 이름. 무색계無色界의 최상이므로 유有의 정상이라는 뜻. 다시 말해 무색계無色界 사천四天의 제 사천四天으로, 이 하늘은 삼계三界의 맨 위에 있으므로 유정천有頂天이라고 함. 비상비비상처非想非非想處 참조.

(Yujeongcheon) Akanistha: The highest heaven or peak of existence in the realm of formlessness. It is another name for the heavenly realm of neither perception nor non-perception. It is also the fourth and the final stage of the sphere of formlessness where perception is not completely cut off whereof it is still subject to the cycle of transmigration.

유통분 流通分 경전經典의 내용을 서분序分 (서론), 정종분正宗分 (본론), 유통분流通分 (부처님의 가르침을 널리 유포流布시킬 것을 부촉咐囑하는 부분)으로 나누었을 때의 마지막 결론부분.

(Yutongbun) The propagation chapter: The third and concluding chapter of a sutra, which is divided into three chapters of introduction, the main body, and conclusion, dedicated to the dissemination of the illustrious teaching.

유학 有學 더 이상 배울 것이 없는 무학無學의 반대. 즉 이미 불교의 진리인 사성제四聖諦의 이치는 알고 있으나, 번뇌를 다 끊지 못하여 계정혜의 삼학三學을 수학하는 사람을 말함. 따라서 번뇌가 다한 경계인 아라한의 자리에는 아직 오르지 못한 상태. 이에 반해 더 이상 배울 것이 없는 아라한을 무학無學이라 말함.

(Yuhak) One who needs further religious training. Opposite is Arhat, "no more learning." He has mastered the principle of the Four Noble Truths, but has not yet got rid of defilements, and is studying the Three Learning: sila or precepts, samadhi or concentration, and prajna or transcendental wisdom.

유형문화재 有形文化財 건조물, 회하, 조각, 공예품, 서적, 전적典籍, 고문서 등, 유형의 문화적 소산 또는 예술적 가치가 있는 것. 무형 문화재 참조.

(Yuhyeong Munhwajae) A tangible cultural and artistic asset or property. *Cf. (Muhyeong Munhwajae)* An intangible cultural and artistic asset or property.

육경 六境 육식六識의 대상이 되는 여섯 경계境界 (색色, 성聲, 향香, 미味, 촉觸, 법法). 이들에 의해 마음이 더럽혀짐으로 이들을 '티끌' 또는 '도적'이라 말함. 육처六處, 육진六塵, 육적六賊 참조.

(Yukgyeong) The six fields of the senses, or the six objects of cognition corresponding to the six sense-organs: They are also called six spheres of sense, sense-objects, dusts, or thieves, i.e., color or shape, sound, smell, taste, touch or sensation, and percepts; or the objects of sight, sound, smell, taste, touch, and dharma; the chief causes of defilement and affliction called "dusts" and "thieves."

육계 肉髻 32상相의 하나. 불정佛頂 또는 정계頂髻라고도 말함. 부처님의 정수리가 솟아 상투 모양의 모습을 이룬 것.

(Yukgye) A fleshy protuberance on the crown of the Buddha: One of the 32 remarkable physical marks of the Buddha.

육관음 六觀音 육도六道의 중생을 교화하는 여섯 가지 관세음보살. 육관음 중, 성관음聖

觀音이 본신本身이고 다른 것은 보문시현普門示現의 화신化身. 보문시현 참조
1) 성관음聖觀音 (정관음正觀音이라고도 말함. 아귀도에 빠진 중생들을 구제하며 번뇌 망상을 제거해줌)
2) 천수관음千手觀音 (온 몸이 황금색으로 27면에 천수천안이 있는 관세음보살. 특히 지옥의 고통을 해탈케 하여 모든 원을 성취하게 한다함)
3) 마두관음馬頭觀音 (머리에 말의 머리를 이고 있으므로 마두관음 또는 마두명왕馬頭明王이라 함. 주로 축생들을 교화하여 이롭게 한다고 함)
4) 십일면 관음十一面 觀音 (대광보조관음大光普照觀音이라고도함. 머리 위에 11가지의 얼굴이 있으며, 아수라에 있는 중생들을 구제하는 보살)
5) 준제 관음准提觀音 (천인장부天人丈夫 관음이라고도 함. 준제准提는 청정淸淨이라 번역, 곧 심성의 청정함을 찬탄하는 이름. 중생계의 업을 소멸하고 항상 인류를 교화하는 보살)
6) 여의륜관음如意輪觀音 (여의如意는 여의보주如意寶珠. 륜輪은 법륜法輪. 여의보주의 삼매에 들어 설법하여 육도六道 중생의 고통을 덜어주고 세간과 출세간에 이익을 주는 보살)

(Yukgwaneum) Six Bodhisattvas of Great Compassion: The Holy Bodhisattva is the original or permanent, and others are the transformational Bodhisattvas. *Cf. (Bomunsihyeon)* The universal manifestation.
1) Bodhisattva Arya-avalokiteshvara: Holy Bodhisattva who saves all beings in the realm of six evil ways.
2) Bodhisattva Sahasrabhuja: The Bodhisattva of a Thousand Eyes and Hands in gold who saves all beings in Hell and helps them achieve their wishes.
3) Bodhisattva Hayagriva: The Horse Head Bodhisattva who especially saves all animals.
4) Bodhisattva Ekadasamukha: The Bodhisattva with eleven faces who saves all beings in the realm of jealous Gods.
5) Bodhisattva Candi: The Bodhisattva of Purity who saves all beings with bad karmic actions.
6) Bodhisattva Cintamani-cakra: The Bodhisattva who expounds the Buddha's teaching and saves all beings in the realm of six evil

ways.

육근 六根 육문六門 또는 육입六入이라고도 말함. 안眼 · 이耳 · 비鼻 · 설舌 · 신身 · 의意. 육식六識의 근인根因이 되며, 번뇌의 근본이 되는 여섯 가지 뿌리 또는 감각. 육문六門 또는六入이라함은, 외계外界의 자극이 이들을 통하여 들어오기 때문에 그렇게 부름. 그래서 보조국사는 『진심직설』에서 이들에 자물쇠를 채우라 하셨다. 문단속을 잘할 것.

(Yukgeun) Six sense organs, gates, roots, or faculties of sensation: Eyes, ears, nose, tongue, body, and mind or thought. These are the sources of all defilements and sufferings. Hence one should either manage them with discretion, or lock them up.

육근정혜향풍인 六根定慧香風引 육근六根의 선정禪定과 지혜를 향기로운 바람이 이끌다.

(Yukgeun Jeonghye Hyangpung-in) The samadhi and insight of the six faculties are led by the fragrant breeze.

육나한 六羅漢 석존釋尊이 성도成道하신 후 녹야원鹿野園에 최초로 교화教化한 다섯 비구比丘와 자신을 말함.

(Yuknahan) The six Arhats: Sakyamuni Buddha and his first five disciples, to whom he first discoursed after attaining the incomparable truth.

육난 六難 여섯 가지 종류의 어려운 일 1) 부처님 만나기 어렵고. 2) 바른 법法 만나기 어렵고. 3) 착한 마음을 내기 어렵고. 4) 문명文明한 나라에 태어나기 어렵고. 5) 사람의 몸을 받기 어렵고. 6) 모든 근根을 구족하기 어려움.

(Yuknan) Six kinds of difficulty: 1) Difficulty of meeting the Buddha. 2) Difficulty of meeting Buddha's incomparable teaching. 3) Difficulty of producing a kind mind. 4) Difficulty to be born in a civilized country. 5) Difficulty to be born a human. 6) Difficulty to be born with a wholesome body.

육념처 六念處 열반에 이르는 여섯 가지 수행법으로, 육념법六念法 또는 육수념六隋念 이라고도 말함. 이들 여섯 가지 기도祈禱를 지성으로 닦으면 마음에 선정을 얻어 열반에 든다고 함.

1) 염불念佛 (나도 부처와 같이 되겠다고 지성으로 염원함)

2) 염법念法 (부처님의 법을 증득하여 중생에게 베풀겠다고 염원함)

3) 염승念僧 (나도 스님들처럼 계정혜戒定慧를 닦아 세간의 복전福田이 되겠다고 염원함)
4) 염계念戒 (나도 정진精進하여 계戒를 지키겠다고 염원함)
5) 염시念施 (나도 보시布施를 통해 중생을 섭수攝受하겠다고 염원함)
6) 염천念天 (나도 공덕을 쌓아 저 천상天上에 나겠다고 염원함)

(Yuknyeomcheo) Six modes of mindfulness, remembrances, or six things to keep in mind: The Buddha, the Dharma, the Sangha, morality, generosity, and deities. It is believed that if anyone prays earnestly, one will attain not only tranquility but Nirvana as well.

1) Mindful of Buddha's name with a firm resolution to attain the Buddhhood.
2) Mindful of the Dharma to attain enlightenment for the deliverance of all living beings.
3) Mindful of the Sangha to practice as the priests so that one can be beneficial to all living beings.
4) Mindful of precepts to observe them without negligence.
5) Mindful of the offering to be generous to all living beings.
6) Mindful of the heaven with an earnest desire to be born there.

육대 六大 육계六界라고도 말함. 만유萬有를 생성生成하는 원소로 지수화풍공식地水火風空識을 말함. 대大는 넓고 크다는 뜻.

(Yukdae) The six great elements: Earth, water, fire, air, space, and consciousness, which constitute the whole universe.

육대보살심론 六大菩提心論 여섯 가지 크나큰 보살심.

1) 찬탄讚歎 (감사합니다)
2) 참회懺悔 (미안합니다)
3) 회향廻向 (덕분입니다)
4) 희생犧牲 (제가 하겠습니다)
5) 긍정肯定 (예, 그렇습니다)
6) 자비慈悲 (사랑합니다)

(Yukdae Bosalsimron) Six great principles it aspiration for enlightenment.

1) Laudation (Thank you)

2) Repentance (I'm sorry)
3) Dedication (I'm much obliged)
4) Sacrifice (I'll do that)
5) Affirmation (Yes, you're right)
6) Compassion (I love you)

육대연기 六大緣起 밀교에서 주장하는 학설로, 법계연기法界緣起설을 보다 간단히 설명한 것. 곧 지수화풍공식地水火風空識의 육대六大가 우주 법계에 두루 가득하여 만유제법萬有諸法을 연기緣起함을 말함.

(Yukdae Yeon-gi) Dependent arising of the six great elements: The doctrine of the Esoteric Buddhism, which explains more simply the dependent origination of the Dharma-realm with the six great elements: earth, water, fire, air, space, and consciousness.

육도 六度 육바라밀六波羅密 참조.

(Yukdo) Another name for the six paramitas--the six things that ferry one beyond the sea of sufferings to Nirvana. *Cf. (Yukbaramil)* The six paramitas.

육도 六道 육취六趣 또는 육도윤회六道輪廻라고도 말함. 중생이 업인業因에 따라 필연적으로 이르게 되는 여섯 가지 나쁜 길 또는 생존방식. 삼선도三善道라 말하는 1-3은, 4-6의 삼악도三惡道보다는 다소 수승하여 그렇게 부름. 그리고 천상계天上界도 인간 세계보다는 좋은 곳이지만, 그렇다고 깨침의 극락정토는 아니며, 거기에도 역시 육도六道의 윤회가 존재한다.

1) 천天 (천상 세계) 2) 인人 (미망의 인간 세계) 3) 수라修羅 (아수라, 곧 싸움을 잘하는 귀신 의 이름) 4) 축생畜生 (전생의 죄업으로 죽은 뒤에 짐승의 형체가 되어 괴로움을 받는다는 세계) 5) 아귀餓鬼 (계율을 지키지 않고 악업을 저질러 아귀도에 떨어진 귀신. 목구멍이 바늘구멍 같아서 음식을 먹을 수 없어 앙상하게 마르고 굶주려 있는 귀신) 6) 지옥地獄 (십계十界의 하나)

(Yukdo) The six ways or realms of reincarnation, or the six states of karmic existence: The six worlds in which the spirits of living beings transmigrate from one to another. One will be born in one of these modes of existence according to one's karma.

However, in Buddhism the heavenly existence or realm is not a Paradise in the common understanding of the term. It is a pleasant place to live in, but it is not entirely free from the wheel of transmigration. It is not complete enlightenment and Nirvana.

Six realms of karmic existence are: 1) The heavenly realm. 2) The human realm. 3) The realm of Asura or malevolent spirits. 4) The animal realm. 5) The realm of the hungry ghosts or spirits. 6) The realm of hell.

육도만행 六度萬行 불보살佛菩薩이 여섯 가지 바라밀을 온갖 방법을 통해 완전히 수행하는 것.

(Yukdo Manhang) The Six Paramitas and myriad practices: Accomplishment of Six Paramitas by Buddha and Bodhisattvas through all kinds of means.

육도윤회 六道輪廻 금생에 지은 업에 의해 다음 세상에 태어나는 세계. 곧 지옥, 아귀, 축생, 수라, 인간, 그리고 천상세계.

(Yukdo Yunhoi) Transmigration, or rebirth in the six realms of existence: Hell, the worlds of hungry ghosts or spirits, animals, asuras, human, and heaven.

육두수 六頭首 선원禪院에서는 모든 승직을 동서東西의 두 반班으로 나누어, 서쪽 반班의 소임은 두수頭首라 하고, 동쪽 반班의 소임은 지사知事라고 불렀다. 두수頭首는 지사知事 다음으로 중요한 소임으로, 감사監査, 유나維那, 전좌典座 등을 지사知事 또는 주사主事라 부르고; 수좌首座(교육), 서기書記(문서 담당), 장주藏主(장경각 관리), 지객知客(손님접대), 지욕知浴(욕실 관리), 지전知殿(대웅전 관리) 등을 육두수六頭首라 불렀다. 육지사六知事 참조.

(Yukdusu) The six officers or directors of a Seon monastery: Duties of the monks in the Seon monastery are divided into two houses, the West and the East. The duties of the West house are called dusu, consisting of six head monks: the secretary, Tripitaka manager or librarian, the registar of guests, the supervisor of the bathhouse, and the supervisor of the Dharma Hall such as lighting the incense.

The duties of the East house are called Jisa or directors of affairs or deacons, consisting of assistant abbot, the deacon in charge of discipline, the chief cook, the supervisor of rituals, the deputy abbot, and the estate manager. However, these titles and roles vary over time. *Cf. (Yukjisa)* Six directors of affairs.

육륜 六輪 천태종天台宗의 교리로, 원교圓敎의 육위六位를 육륜六輪에 대비한 것. 다음은 보살이 묘각妙覺에 이르는 52단계 순서와 기물器物. 철륜鐵輪 (십신十信, 1-10위), 동륜銅輪 (십주十住, 11-20위), 은륜銀輪 (십행十 行, 21-30위), 금륜金輪 (십회향十廻向, 30-40위), 유리륜琉璃輪 (십지十地, 40-50위), 마니륜摩尼輪 (등각等覺, 51위, 묘각妙覺, 52위). 륜輪은 깨뜨린다는 뜻으로 여러 지위에서 번뇌를 끊는 것을 의미함.

(Yukryun) Six wheels: It is the formula of the Tientai Sect of graded progress toward the final fifty-second stage of marvelous enlightenment. The "wheel" symbolizes the power that cuts off defilements in the progress toward Buddhahood.

The progress is in the following order: The iron wheel: Ten kinds of reliance or faith (1-10 stages). The brass wheel: Ten abodes or understanding (11-20 stages). The silver wheel: Ten actions of practice (21-30 stages). The golden wheel: Ten kinds of dedication and transformation of one's merit to others benefit (31-40 stages). The emerald wheel: Ten grounds or lands of Bodhisattva (41-50 stages). The Mani wheel (the 51st stage of unsurpassed enlightenment of equanimity), and the final 52nd stage of marvelous enlightenment.

육무위 六無爲 유식종唯識宗에서 무위법無爲法이 어떤 것인가를 설명하기 위하여 가설假說로 세운 것. 무위無爲는 열반과 같은 뜻.

1) 허공무위虛空無爲 (걸림 없음을 성품으로 하여 다른 것을 장애하거나 다른 것에 장애됨이 없이 허공과 같은 무위, 또는 진여眞如를 뜻하기도 함)
2) 택멸무위擇滅無爲 (지혜로 간택簡擇·판단判斷하는 힘에 의해 얻는 무위)
3) 비택멸무위非擇滅無爲 (지혜의 힘에 의하지 않고 나타나는 무위)
4) 부동무위不動無爲 (제 사선第四禪에 들어가 선정禪定의 장애를 여읜 흔들림 없는 무위)
5) 상수멸무위想受滅無爲 (멸진정滅盡定에 들어 생각과 느낌이 멸한 곳에 나타나는 무위)
6) 진여무위眞如無爲 (진여眞如가 곧 무위無爲임을 말함)

(Yukmuwi) The six non-actions, or Nirvana: The hypothesis set up by the Yogacara or the Mind-only School to interpret Nirvana:

1) Non-action of emptiness without any hindrance, like great space. Another name for true-suchness.
2) Non-action of deliberative wisdom and discerning judgement.
3) Non-action of non-deliberative wisdom, or natural outcome of the law of extinction of phenomena.
4) Non-action of samadhi, or concentration without any disturbance.
5) Non-action of cessation of thinking and feeling.
6) Non-action of true-suchness or Nirvana.

육물 六物 비구육물比丘六物이라고도 말하며, 비구가 반듯이 소지하지 않으면 안 되는 6종의 생활용품으로 소승小乘에서 규정한 것: 승가리僧伽梨 (대의大衣), 울다라승鬱多羅僧 (상의上衣), 안타회安陀會 (하의下衣)의 삼의三衣와, 발우鉢盂, 좌구坐具, 녹수낭漉水囊 (물을 거르는 포제布製의 부대浮袋) 등을 말함.

(Yukmul) The six things personal to a monk: Sanghati, the patched robe; uttara sanghati, the shawl of seven pieces; antara vasaka, the skirt or inner garments; patra, begging bowl; nisidna, a stool; and a water-strainer.

육바라밀 六波羅密 육도六度라고도 말함. 저 언덕에 이르는 여섯 가지 공덕. 바라밀=피도안彼到岸=완성=열반涅槃. 깨달음에 이르는 무한한 지혜와 청정한 여섯 가지 완성의 길 六完成行이라고도 말함) 1) 보시布施 바라밀. 2) 지계持戒 바라밀. 3) 인욕忍辱 바리밀. 4) 정진精進 바라밀. 5) 선정禪定 바라밀. 6) 지혜智慧 바라밀. 소승불교의 특징으로 무상無常과 부정관不淨觀 그리고 무아無我를 들 수 있다면, 육바라밀은 대승불교를 한 눈에 볼 수 있는 실천덕목들이다.

(Yukbaramil) The Six Paramitas, the six perfections or transcendences: They are the six practices that ferry one across the ocean of bitter sufferings to the other shore of Nirvana. 1) Dana or perfection of charity or generosity. 2) Sila or perfection of precepts or righteousness. 3) Kshanti or perfection of forbearance or patience. 4) Virya or perfection of exertion or effort. 5) Dhyana or perfection of samadhi or intensive meditation. 6) Prajna or perfection of wisdom, or the realization of transcendental wisdom.

If the three main insights of Hinayana Buddhism are insight into impermanence, insight into impurity, and insight into non-self, these are practical guides for the views of Mahayana Buddhism.

육번뇌 六煩惱 근본번뇌라고 하는 탐貪, 진瞋, 치痴, 만慢, 의疑, 악견惡見.

(Yukbeonnoi) Six fundamental defilements: Grasping, anger, ignorance, sloth, doubt, and evil view.

육범사성 六凡四聖 천태종의 십계十界 중, 앞의 지옥, 아귀餓鬼, 축생, 수라修羅, 인간, 그리고 천상天上을 육범六凡이라 하고, 뒤의 성문聲聞, 연각緣覺, 보살菩薩 그리고 부처를 사성四聖이라 함.

(Yukbeom Saseong) Six commoners and four saints: Six commoners are: the hell beings, the hungry ghosts, animals, Titans, or the jealous gods, humans, and the heavenly beings; and the four saints are: the Sound-hearers, the Solitary-awakened ones, Bodhisattvas, and Buddha.

육법공양 六法供養 부처님께 공양供養하는 여섯 가지 물건: 등燈, 향香, 차茶, 꽃, 과일, 쌀.

(Yukbeop Gongyang) Six offerings to the Buddha: Lanterns, incense, tea, flowers, fruit, and rice.

육불 六佛 과거 칠불七佛 중에서 석존釋尊을 제외한 부처님.

(Yukbul) Six Buddhas: Seven ancient Buddhas with the exception of Sakyamuni Buddha.

육사외도 六師外道 부처님 당시 베다 전통을 공개적으로 비판하면서 인도 사회의 전통적 질서인 브라만의 권위에 도전한 여섯 명의 사상가.

1) 부란나가섭 (선악과 같은 업의 결과를 부정한 사람)
2) 말가리구사리자 (인과를 부정하고 우연의 이론을 가르친 사람)
3) 산사야비라지자 (일체에 대한 견해를 주장하기 위해서 불가지론을 거부한 사람)
4) 아기다시사흠바라 (살인자와 살인을 당한 자와 같은 것은 없고, 오직 요소의 변형만이 있을 뿐이라고 가르친 유물론자)
5) 가라구타가전연 (사대四大의 요소만을 인정하고, 모든 것에 대해 극단적인 허무주의를 가르친 사람)
6) 니건타야데자 (자이나교의 창시자 마하비라로 알려져 있으며, 일체를 '글쎄'라는 말로 관찰하는 비결정론을 가르친 사람)

(Yuksa Oido) Six heterodox teachers who criticized the Vedic

tradition and challenged Brahman authority of the Indian social order at the time of Sakyamuni Buddha.

1) Purana Kasyapa, who negated the effects of action, good or evil.
2) Masharin Gosaliputra, who taught a theory of randomness, negating causality.
3) Samjayin Vairatiputra, who was agnostic in refusing to maintain any opinion about anything.
4) Kakuda Katyayana, who taught a materialism in which there was no such thing as killer or killed, but only transformations of elements.
5) Ajita Kesakambala, who taught a more extreme nihilism regarding everything except the four main elements.
6) Nirgrantba Jnatiputra, otherwise known as Mahavira, the founder of Jainism, who taught the doctrine of indeterminism, considering all things in terms of "maybe."

육상 六相 화엄종의 교의敎義로서 만유萬有의 모든 법에 여섯 가지의 모양이 있음을 말함.

1) 총상總相 (만유萬有의 모든 법을 체體로 잡아 전체적으로 관찰하는 평등적 시각)
2) 별상別相 (부분적으로 관찰하는 차별적 시각)
3) 동상同相 (낱낱 차별이 동일한 목적을 향하여, 서로 협력 조화하는 통일적 시각)
4) 이상異相 (낱낱이 제각기 본위本位를 지켜 피차의 고유한 상태를 잃지 않고 서로 다른 점이 있는 것)
5) 성상成相 (낱낱이 서로 의지하여 동일체同一體의 관계를 이룬 것)
6) 괴상壞相 (낱낱이 어떤 일체적인 관계를 가졌으나, 오히려 각자의 본위本位를 잃지 않는 것)

(Yuksang) Six basic or fundamental marks, characteristics or attributes of being or things (based on the doctrine of the Flower Garland Sutra).

1) A holistic view: An equal and total view of all phenomena issuing from a single essence.
2) A particular or separate view: A partial and discriminating view

of things.

3) A unified view: Each separate being cooperating with each other in harmony for the common objective.
4) A distinctive view: Each being maintaining its own characteristic.
5) A constructive view: Each being relying on one another for the relationship of totality.
6) An independent view: Maintaining its characteristic in the relationship of totality.

육상원융 六相圓融 모든 존재가 다 이 육상六相을 갖추고 있으면서도 서로 다른 것을 장애하지 않고 전체와 부분, 부분과 부분이 일체가 되어 원만히 융합하는 것을 말함. 육상六相 참조.

(Yuksang Weonyung) Complete unobstructed interpenetration of six marks or attributes: Every mark or existence is composed of six marks or attributes, namely the mark of organic totality, the mark of particularity, the mark of selfsameness, the mark of difference, the mark of becoming, and the mark of destruction, yet they all interpenetrate without any obstruction, between organic totality and parts, and among parts. *Cf. (Yuksang)* Six basic marks or attributes of being or things.

육쇠 六衰 색色 등 육진六塵이 능히 사람의 진성眞性을 쇠퇴시키기 때문에 육쇠六衰라 한다. 육경六境과 육적六賊과 같은 말.

(Yuksoi) Six senile decays: They refer to the six dusts, thieves or six sense objects, because they are the chief causes of age and infirmity by obstructing our true nature.

육수 六受 육수신六受身 또는 육수법六受法이라고도 말함. 여섯 가지의 감수 작용. 그런가 하면 육식六識이 육경六境에 대하여 일으키는 고苦, 락樂, 사捨의 삼수三受를 말함.

(Yuksu) Six sensations arising from the stimulation of the six roots: eyes, ears, nose, tongue, skin, and the subsequent mental process. It also means the reaction of the six consciousnesses against the six sense objects: suffering, pleasure, and indifference or renunciation.

육시(예불) 六時(禮佛) 일주야一晝夜를 여섯으로 나눈 것. 다시 말해 하루를 여섯 시간대로 나누어 신행信行과 예불禮佛을 행함.
1) 신조晨朝 (이른 아침). 2) 일중日中 (대낮). 3) 일몰日沒 (해질 무렵). 4) 초야初夜 (초저녁). 5) 야반夜半 (한밤중). 6) 계명鷄鳴 (새벽에 닭이 울 무렵.)

(Yuksi(Yebul)) Six periods (of worship): Division of twenty-four hours into six periods for devotion and prayer chanting: 1) Early morning. 2) Midday. 3) Sunset. 4) Early evening. 5) Midnight. 6) Before dawn. People practice their faith or perform prayer chanting during these periods.

육식 六識 육근六根. 곧 눈, 귀, 코, 혀, 몸, 의식의 여섯 가지 감각기관이 색, 성, 향, 미, 촉, 법을 받아 들여 그것으로 인해 감각, 지각, 번뇌 등을 일으키는 여섯 가지 마음 작용. 이렇듯 육식은 경계를 요별了別하는 것이 그들의 본분이며 또 이들의 행하는 모습. 따라서 제 육식六識이 우리의 의지작용이라고 한다면, 좋다 또는 나쁘다는 분별심分別心을 일으키는 제 칠식七識은 감정적인 것이라 말할 수 있다.

(Yuksik) The six aspects of consciousness or sense-data passing through the six gates, roots, or sense organs (eyes, ears, nose, tongue, touch, and thought) in relation to six sense-objects. This is the primary function of the sixth consciousness. If the sixth consciousness is our volitional consciousness, the seventh consciousness is our emotional consciousness that discriminates things, such as like and dislike.

육신 肉身 부모에게서 받은 몸. '여러분, 이 몸이란 덧없어 늘 건강한 것이 아니고, 힘이 있는 것도 아니고, 견고한 것도 아니고, 빨리 노쇠하니 믿을 것이 못됩니다. 고통스럽고, 각가지 병이 모인 것으로 무상한 것입니다. 따라서 여러분, 이와 같은 몸은 지혜가 밝은 사람이 의지할 것이 못됩니다.
'이 몸은 실답지 못하니 지수화풍의 사대四大로 지은 집이며, 이 몸은 공空한 것이니 나와 내 것을 떠난 것입니다. 이 몸은 스스로 앎이 없어 초목이나 깨진 기와 조각이나 돌맹이와 조금도 다를 바가 없습니다.' --유마경 방편품--

(Yuksin Bosal) A physical body: "Friends, this body is so impermanent, fragile, unworthy of confidence, and feeble. It is so insubstantial, perishable, short-lived, painful, filled with diseases, and subject to changes. Thus, my friends, as this body is only a vessel of many sicknesses, wise men do not rely on it.

"This body is unreal, being a collection of the four gret elements. It is void, not existing as self or as self-possessed. It is inanimate, being like grass, trees, broken roof tiles, and stones."

--Ch. Ⅱ, The Holy Teaching of Vimalakirti--

육신보살 肉身菩薩 중생을 제도濟度하기 위해 육신을 받아 환생한 보살, 또는 생신보살生身菩薩과 같은 뜻으로, 부모가 낳은 몸으로 보살의 지위에 이른 사람.

(Yuksin Bosal) The Bodhisattva incarnate who is helping all living beings to attain enlightenment, or the one who attained the level or stage of Bodhisattva with the present body given by one's parent.

육신외육신 肉身外肉身 이것은 우리의 마음 또는 의식意識이 수행修行을 통해 무한대로 팽창해 소아小我적인 개인의 차원을 넘어 허공虛空처럼 우주와 합일된 대아大我의 상태를 가리킴. 삼매三昧 참조.

(Yuksin-oi Yuksin) Body outside the body: A stage of practice when the consciousness has expanded beyond the personal individuality to merge, spacelike, with the universe which becomes as it were the greater body. *Cf. (Sammae)* Samadhi.

육신통 六神通 줄여서 육통六通이라고도 말함. 신통神通은 선정禪定을 닦아 얻어지는 초인간적인 불가사의한 능력으로, 신神은 불가사의, 통通은 무애無礙를 뜻함.

1) 신족통/신여의통神足通/身如意通 (능히 대지를 움직이며, 산과 절벽, 나무를 걸림 없이 통과하며, 한 몸을 변화하여 무수한 몸을 드러내고, 물 위를 마치 땅처럼 걸으며, 허공을 새처럼 나는 등 신통을 부리는 능력)
2) 천안통天眼通 (거리에 관계없이 우주법계의 현상을 낱낱이 보는 초능력)
3) 천이통天耳通 (세간의 일체 멀고 가까운 말과, 짐승과 귀신의 말에 이르기까지 듣지 못하는 것이 없는 신통력을 말함)
4) 타심통他心通 (타인의 마음속에서 생각하고 있는 선악을 모두 알 수 있는 신통력)
5) 숙명통宿命通 (일체 세상 사람들의 전생의 일을 아는 신통력)
6) 누진통漏盡通 (번뇌의 끊음이 자유자재하여 일체의 번뇌가 소멸된 상태로 사제四諦의 이치理致를 깨달아 다시 삼계三界에 빠지지 않는 불가사의한 능력)

(Yuksintong) The six super-knowledges, or six transcendental, or magical powers of Buddha, Bodhisattva, and Arhat:

1) The supernatural or psychic power to travel freely without any

obstruction, or to transform oneself and objects at will.
2) The supernatural or psychic power of the heavenly eye to see all kinds of things regardless of distance.
3) The supernatural or psychic power of the ear to hear any speech of living beings including animals and evil spirits.
4) The supernatural or psychic power to read the minds of living beings, or the minds of other people.
5) The supernatural or psychic power with regard to the past lives of living beings.
6) The mysterious supernatural or psychic power of the extinction or termination of defilement, which prevents one from falling into the triple world of desire, form, and formlessness.

육십이견 六十二見 육십이六十二의 잘못된 견해. 곧 자기 및 세계에 관하여 불교의 정도正道에서 벗어난 삿된 견해의 총칭으로, 부처님 당시에 주장한 외도外道들의 사상을 모은 것. 다시 말해 이들은 모두 무아無我의 도리에서 벗어난 극단적 양변兩邊의 유위법有爲法 또는 허무주의에 빠져 있다.

(Yuksip-i-gyeon) Sixty-two false views or convictions: A total number of heretical views about oneself and the world at the time of Sakyamuni Buddha. They consist of all views other than the "right view" of selflessness. All sixty-two fall into either one of the two categories known as the two extremes: eternalism and nihilism.

육여 六如 육유六喩와 같은 뜻.

(Yukyeo) It is another term for *(Yuk-yu)* Six metaphors of emptiness and impermanence of phenomena in the sutra.

육욕 六欲 범부의 이성異性에 대한 여섯 가지 욕망, 또는 안이비설신의眼耳鼻舌身意의 여섯 가지 감각 기관에서 생기는 가지가지 욕망 1) 색욕色慾 (남녀간의 정욕情慾, 곧 성욕性慾) 2) 형모욕形貌慾 (미모美貌에 대한 탐욕) 3) 위의자태욕威儀姿態慾 (걸음 걷고 앉고 웃고 하는 등의 애교愛嬌에 대한 탐욕) 4) 언어음성욕言語音聲慾 (말, 소리, 노래에 대한 탐욕) 5) 세활욕細滑慾 (이성異性의 부드러운 살결에 대한 탐욕) 6) 인상욕人相慾 (남녀의 사랑스러운 인상과 모습에 대한 탐욕)

(Yukyok) Six desires or pleasures in connection with the opposite sex, or six desires arising from the stimulation of the eyes, ears, nose, tongue, skin, and the subsequent mental process: 1) Covetousness for sensual or sexual desire. 2) Covetousness for good looks. 3)Covetousness for charmingness. 4) Covetousness for speech, voice, and singing. 5) Covetousness for the tender skin of the opposite sex. 6) Covetousness for impression and appearances.

육욕천 六慾天 욕계육천欲界六天 참조.

(Yukyokcheon) The six heavens of desire. *Cf. (Yokgye Yukcheon)* The six heavenly realms of desire.

육욕천음상 六慾天淫相 육욕천六慾天은 모두 음욕을 여의지 못하였을 뿐만 아니라 각기 음상淫相을 달리 한다. 다시 말해 음행淫行하는 형식이 여섯 가지로 각기 다르다.

1) 사왕천四王天 (인간의 음행과 같음)
2) 도리천忉利天 (인간의 음행과 같음)
3) 야마천夜摩天 (서로 포옹만 함)
4) 도솔천 兜率天 (손만 잡음)
5) 낙변화천樂變化天 (서로 웃기만 함)
6) 타화자재천他化自在天 (남녀가 서로 쳐다보기만 해도 음행이 성립된다고 함)

(Yukyokcheon Eumsang) The six modes of lustful desires in the Six Heavens in the Realm of Desire:

1) The Heaven of the Four Guardian Kings: It is just like human beings.
2) The Heaven of the Thirty-three Gods: It is just like human beings.
3) Yama Heavens: They simply embrace each other.
4) Tusita Heavens: They simply hold hands together.
5) Joyous Heavens: They simply smile at each other.
6) The Heaven of Free Enjoyment of Manifestation by Others: Their lustful desires are fulfilled simply by looking at each other.

육위 六位 보살이 수행하는 계위階位를 십신위十信位, 십주위十住位, 십행위十行位, 십회향위十迴向位, 십지위十地位, 불지위佛地位 여섯으로 나눈 것. 보다 자세한 것은 각 항목 참조.

(Yukwi) Six stages: Six progressive stages of Bodhisattva to achieve the Buddhahood. For further information, see each individual entry. 1) Ten kinds of reliance. 2) Ten abodes of Bodhisattva. 3) Ten kinds of practices. 4) Ten kinds of transference of merit of Bodhisattva to other beings. 5) Ten grounds of Bodhisattva 6) The Buddhahood.

육유 六喩 경전經典에 나오는 만법萬法의 공空함과 무상無常함에 대한 여섯 가지 비유比喩.

1) 반야경般若經에 나오는 여섯 가지 비유 (꿈夢, 요술幻, 물거품泡, 그림자影, 이슬露, 번개電)

2) 정명경淨名經에 나오는 여섯 가지 비유 (요술幻, 번개電, 꿈夢, 아지랑이炎, 물 속의 달그림자水中月, 거울 속의 영상鏡中像)

(Yuk-yu) Six metaphors of emptiness and impermanence of phenomena in the sutras:

1) The Prajuna Sutra: Dream, illusion, bubble, shadow, dew, lightning.

2) The Vimalakirti Sutra: Illusion, lightning, dream, mirage, the moon in water, an image in the mirror.

육유반야 六喩般若 금강반야경金剛般若經을 말함. 이 경經은 꿈夢, 요술幻, 물거품泡, 그림자影, 이슬露, 번개電의 여섯 가지 비유로 일체 만법의 공하고 무상함을 말한 까닭.

(Yukyubanya) Six metaphors of Prajuna: It refers to the Diamond Sutra because the Diamond Sutra expounds the voidness and impermanence of all phenomena in the universe through metaphors of dreams, illusions, bubbles, shadow, dew, and lightning. *Cf.* The last chapter of the Diamond Sutra.

육인 六忍 보살菩薩의 지위에 대하여 여섯 가지의 법인法忍을 세운 것.

1) 신인信忍 (별교 보살別教 菩薩이 십주위十住位에서 공관空觀을 닦아 일체법이 공적空寂함을 인가함)

2) 법인法忍 (십행위十行位에서 가관假觀을 닦아 일체 법法이 가假라고 인가함)

3) 수인修忍 (십회향위十迴向位에서 중관中觀을 닦아 일체 법法이 중도中道라는 이치를 인가함)

4) 정인正忍 (십지위十地位에서 무명혹無明惑을 깨뜨리고 중도中道의 이치를 인가함)

5) 무구인無垢忍 (등각위等覺位에서 무명번뇌의 습기習氣를 끊고 무구無垢한 자성청정심自性清淨心을 인가함)

6) 일체지인一切智忍 (묘각妙覺의 과불果佛이 일체 번뇌를 끊고, 중도실상中道實相

의 이치를 인가함)

(Yuk-in) Six tolerances: Six tolerances established for the six stages of Bodhisattva for enlightenment.

1) Tolerance of faith: Having practiced the law of voidness at the stage of Ten Kinds of Abode, the Bodhisattva of differentiated teaching tolerates all the phenomena as empty and serene.
2) Tolerance of the Dharma: Having practiced the insight of insubstantiality of the material at the stage of Ten Kinds of Practices, the Bodhisattva of differentiated teaching tolerates the unreality of the material world.
3) Tolerance of practice: Having practiced the insight of non-partiality at the stage of Ten Kinds of Transference of Merits, the Bodhisattva of differentiated teaching tolerates the truth of the Middle Way.
4) Tolerance of right view: Having awakened from the delusion of ignorance at the stage of Ten Kinds of Ground, the Bodhisattva of differentiated teaching tolerates the truth of Middle Way.
5) Tolerance of immaculateness: Having attained freedom from the habit of defiled ignorance, the Bodhisattva of differentiated teaching tolerates the immaculateness of pure mind and self-nature.
6) Tolerance of perfect or Buddha knowledge: Having attained freedom from all kinds of defilement, the Bodhisattva of marvelous enlightenment tolerates the truth of the ultimate reality of the Middle Way.

육인 六因 모든 원인을 여섯 가지로 분류한 것. 육인六因에는 몇 가지 종류가 있으며, 다음은 그 중 두 가지.

첫째: (보살이 불과佛果에 이르는 수행의 여섯 가지 인因 또는 계위 階位) 1) (십신十信. 2) 십주十住. 3) 십행十行. 4) 십회향十廻向. 5) 십지十地. 6) 등각等覺.

둘째: (능생能生의 원인을 여섯 종류로 나눈 것. 능能은 능동적으로 동작하는 것)

1) 능작인能作因 (그렇게 하게 하는 인因이라는 것. 모든 만물이 태어날 때, 그 자체의 탄생 원인을 말함. 이 경우에는 여력與力과 불장不障의 두 가지가 있다)
2) 구유인俱有因 (인과因果가 서로 인因이 되고 과果가 되는 것)

3) 동류인同類因 (습인習因이라고도 말함. 선인선과善因善果와 악인악과惡因惡果, 곧 인과관계에서 원인이 그 결과와 동류인 것을 말함)
4) 상응인相應因 (심心과 심소법心所法, 곧 그 작용이 서로 어울리는 것을 말함)
5) 변행인遍行因 (변행遍行은 두루 통한다는 뜻으로, 일체의 번뇌를 내는 것)
6) 이숙인異熟因 (선인락과善因樂果와 악인고과惡因苦果를 말함)

(Yuk-in) Six causes: There are several kinds, and two of them are as follows:
First: The six causes or stages for attaining the Buddhahood:
1) Ten kinds of reliance. 2) Ten kinds of abode. 3) Ten kinds of action. 4) Ten kinds of transference of merit. 5) Ten kinds of ground. 6) Ten kinds of unsurpassed enlightenment and equanimity.
Second: The six causes of arising or origination:
1) The cause of becoming things of themselves, direct and indirect.
2) The coexistent cause for mutual cause and effect.
3) The homogeneous cause of similars causing similars, such as habitual conditions.
4) The associate cause, or co-existence of similars, such as the mind and mental activities.
5) The all-pervading cause, such as the causality exerted by latent evil proclivities.
6) The karma resultant cause, which covers all wholesome and unwholesome Dharmas with outflows or defilement, because it is their nature to lead to a karma-result.

육입 六入 정신활동이 그것을 통하여 일어나는 여섯 가지 영역. 대상으로 포착할 수 있는 여섯 가지 장場. 마음과 눈, 귀, 코, 혀, 몸, 뜻 등의 안쪽 영역은 육근六根을 의미하고, 빛깔, 소리, 냄새, 맛, 접촉, 사물 등 바깥 영역은 육경六境을 의미하며, 이들을 합한 것을 십이입十二入 또는 십이처十二處라고 말함.

(Yuk-ip) The six entrances, or the six media of sense, both the organ and sensations--eyes, ears, nose, tongue, body, and mind; sight, hearing, smell, taste, touch, and perception: It is a variant expression for *Yukgeun,* the six roots, the six sense organs or faculties, and the six sense-media, or sense-objects. Combination of all these is called

the twelve sense realms, fields, or media. *Cf. (Yukcheo)* Six spheres, fields, or the six media of sense.

육자대명주 六字大名呪 라마교도가 외우는 '옴마니반메훔'이라는 관세음보살의 보호寶號. '옴마니반메훔' 참조.

(Yukja Daemyeongju) The six syllable great mantra: Om ma-ni pad-me hum, which is chanted especially by the devotees of Esoteric Buddhism.

육자명호 六字名號 나무아미타불南無阿彌陀佛의 육자六字. 육자진언六字眞言이라고도 말함.

(Yukja Myeongho) The six syllable mantra: Na-mu-a-mi-ta-bul. It means "I take refuge in Amitabha Buddha."

육재일 六齋日 매달 음력 8, 14, 15, 23, 29, 30일의 6일을 말함. 이들 6일은 사천왕四天王이 천하를 순행巡行하면서 사람들의 선악善惡을 살피는 날. 또 이 날은 악귀惡鬼가 사람들의 짬을 보는 날. 따라서 이날들에는 모두들 몸을 조심하고 마음을 깨끗이 하여 계戒를 각별히 지켜야 함.

(Yukjaeil) The six monthly posadha, or fast days: The 8th, 14th, 15th, 23rd, 29th, and 30th days by the lunar calendar. Practitioners must take special care about their actions, mentality, and practices, because the Four Heavenly Kings take an inspection tour of sentient beings about their good or evil doings especially on those particular days. Evil spirits also spy on the sentient beings on those days to seduce them. Practitioners also should not eat after noon, hence the "fast."

육적 六賊 육경六境과 같은 뜻.

(Yukjeok) The six thieves: Another term for *yukgyeong*, six sense-objects.

육정 六情 구역舊譯 (현장역玄莊譯)에서는 흔히 육근六根을 육정六情이라 말함. 그 이유는 근根에는 정식情識이 있는 까닭.

(Yukjeong) Six feelings or emotions: It is another name for six roots, or six sense organs or media: eyes, ears, nose, tongue, touch, and thought.

육조가사 六條袈裟 여섯 쪽의 천을 이어서 만든 스님의 가사袈裟. 가사袈裟 참조.

(Yukjo Gasa) Kasaya or the Dharma robe made with six patches of cloth. *Cf. (Gasa)* Kasaya.

육종계 六種戒 보살菩薩이 받아 지니는 여섯 가지 계율戒律.

1) 회향계廻向戒 (큰 깨달음으로 회향하는 것)
2) 광박계廣博戒 (온갖 배운 바를 섭수攝受, 즉 받아들이는 것)
3) 무죄환희처계無罪歡喜處戒 (탐착貪着과 욕락欲樂 등을 멀리 여의는 것)
4) 항상계恒常戒 (목숨이 다하여도 배운 바를 버리지 않는 것)
5) 견고계堅固戒 (보살이 계율을 지닐 때에 무엇으로 유혹을 하여도 움직이지 않는 것)
6) 시라장엄구상응계尸羅莊嚴具相應戒 (모든 계戒의 장엄莊嚴을 구족具足하는 것)

(Yukjonggye) The six types of precept for Bodhisattvas to retain and observe:

1) Transcending to great enlightenment.
2) Absorbing all learning.
3) Cutting off all defilements of grasping, greed, and pleasure.
4) Not abandoning all learning at the stake of one's life.
5) Never disturbed by any temptation.
6) Grand fulfillment of all precepts

육종고행외도 六種苦行外道 외도外道의 고행苦行에 여섯 가지가 있다.

1) 자아외도自餓外道 (음식을 끊고 허기를 참는 것)
2) 투연외도投淵外道 (추울 때에 연못에 들어가 어는 고통을 참는 것)
3) 부화외도赴火外道 (불에 몸을 태우며 뜨거움을 참는 것)
4) 자좌외도自坐外道 (나체로 맨땅에 앉아서 차고 더움을 참는 것)
5) 적묵외도寂默外道 (무덤사이에 있으면서 잠자코 말을 하지 않는 것)
6) 우구외도牛狗外道 (소나 개의 흉내를 내어서 천상에 나기를 기약하는 것)

(Yukjong Gohaengoido) The six ascetic practices of non-Buddhist or the outside way:

1) Fasting to endure hunger.
2) Going into the pond in cold weather to endure freezing pain.
3) Scorching the body to endure the pain of burning.
4) Sitting on the ground naked to endure the heat and cold.
5) Remain in silence between graves.
6) Imitating a cow and a dog to be reborn in the heavenly realm.

육종공양 六種供養 부처님께 공양하는 여섯 가지 공양供養. 물, 바르는 향, 꽃, 사르는 향, 음식, 등불.

(Yukjong Gongyang) The six kinds of offering to the Buddha: Water, perfume, flower, incense, food, and lantern.

육종교방편 六種巧方便 중생제도를 위한 보살菩薩의 여섯 가지 방편.

1) 수순교방편隨順巧方便 (차례차례 교화하여 신심信心을 내게 한 다음, 깊은 법문을 쉽게 이해할 수 있게 함)
2) 입요교방편立要巧方便 (중생이 요구하는 논, 밭, 집, 재물 등을 주기로 서원한 다음, 차례로 선법禪法을 행하게 함)
3) 이상교방편異相巧方便 (부모를 공경하고 계戒를 지키도록 교화한 다음, 듣지 아니하면 성내고 꾸중하는 기색을 보여 무섭게 함)
4) 핍박교방편逼迫巧方便 (계戒를 범하는 등, 나쁜 짓을 하였을 때에는, 도움을 중단하고 엄벌을 한다고 말하여 악을 여의게 함)
5) 보은교방편報恩巧方便 (중생에게 재물을 준 다음, 중생으로 하여금 은혜를 갚으려는 마음을 낼 때에 도道를 행하게 함)
6) 청정교방편淸淨巧方便 (천상天上에서 내려와 출가 · 성도하여 중생으로 하여금 믿고 따르도록 하므로 일체의 어리석음과 번뇌를 청정하게 함)

(Yukjonggyo Bangpeon) The six types of artful liberative techniques of Bodhisattva for the deliverance of sentient beings:

1) The graded instructions of sentient beings to promote faith in their hearts, and then teach the profound teachings of Buddha so that they can follow without much difficulty.
2) Make a vow to provide sentient beings with rice paddies, farm land, houses, and property to guide them to the practice of meditation.
3) Instruct sentient beings to respect their parents as well as observing the precepts, and when they do not follow the instructions, pretend unsatisfaction at their efforts to correct their manners.
4) When sentient beings violate precepts and commit evil doings, stop helping them and then threaten them with severe punishment in order for them to stop doing evil things.
5) Provide sentient beings with property, and when they feel grateful for the favor, guide them to practice the true Way.

6) Descend from the heavenly realm, take ordination, and then after attaining enlightenment, guide sentient beings to follow the example to cleanse all the delusions and conflicts from their mind.

육즉 六卽 천태종에서 원교圓敎의 수도하는 모습을 여섯 단계로 나눈 것.

1) 이즉理卽 (근본이 진리와 일체一體인 것에서 시작하여)
2) 명자즉名字卽 (그것을 말을 통해서 알고)
3) 관행즉觀行卽 (그런 다음 마음으로 관하는 것)
4) 상사즉相似卽 (이렇게 해서 미혹을 여의어 깨달음의 경지에 접근함)
5) 분진즉分眞卽 (다시 미혹의 근본이 완전히 사라져서 진리의 일부분이 깨달음이 되어 몸에 나타남)
6) 구경즉究竟卽 (최후로 진리가 완전히 깨달음으로 실증되는 것)

(Yukjeuk) The six stages on the way to enlightenment to be passed by Bodhisattvas in Mahayana Buddhism, as defined by Tientai Sect:

1) They do no yet know the truth that all beings have the Buddha-nature.
2) They see the above truth through words.
3) They begin to practice through insight.
4) They approach to enlightenment by renouncing the illusion.
5) They begin attain partial enlightenment by complete negation of illusion.
6) They then attain complete enlightenment.

육즉불 六卽佛 천태종에서 내세우는 교리로, 부처님에 대하여 체體 그 자체는 부처와 중생이 같으나, 그 수행 단계에 있어서 차이가 있다는 것.

1) 이불理佛 (불성을 갖추고 있으면서도 그것을 알지 못하고 아무런 수행을 하지 않으므로 생사에 윤회하는 자리. 다시 말해 단지 불성만 갖춘 것을 말함)
2) 명자불名字佛 (일체가 모두 부처인 것을 분명히 가르쳐 주었는데도, 내 몸이 곧 부처라는 것을 이름으로만 아는 자리)
3) 관행불觀行佛 (십승관법十乘觀法을 닦으면서 겸행육도兼行六度와 정행육도正行六度 등의 수행으로 원묘圓妙한 이치와 상응하는 자리로 오품위五品位에 해당함)
4) 상사불相似佛 (수행의 공을 쌓아서 참된 지혜와 비슷한 지혜를 내는 자리)
5) 분증불分證佛 (분진즉위分眞卽位의 부처. 일부분씩 무명을 파하고, 일부분씩 본유本有의 불성을 증현證顯하는 자리로 四十一 품위에 해당)

6) 구경불究境佛 (묘각妙覺의 자리에서 도道를 깨달아 구경究竟의 자리에 이른 사람)

(Yukjeukbul) The six grades of practice in the Buddhahood: This is the doctrine of the Tientai Sect. We are all inborn Buddhas, yet there is a difference in the grade of practice between Buddha and sentient beings.

1) The Buddha only in principle: We are all inborn Buddhas, but if there is anyone who does not know the truth and neglects study, he can never be free from the eternal cycle of birth and death.
2) The Buddha only in name: One has heard about the Buddha, but he does not know anything about the true Buddha. If we do not practice hard, just listening to the teachings of Buddha will be to no avail.
3) The contemplation and practice: It is the fifth stage of Bodhisattva way that can be attained by strenuous practice of contemplation, the Buddha chanting, and Six Paramitas.
4) The semblance Buddha: Attainment of only the semblance wisdom by the merit of his constant practice.
5) Step by step practice: Realization of the inborn Buddha-nature, the forty-first stage of the Bodhisattva way attainable by constant practice of breaking defilement.
6) Attainment of sublime enlightenment: It is the stage of anuttra sammyak sambodhi, or the consummation of incomparable enlighten -ment:

육지사 六知事 지사知事를 주사主事라고도 말함. 선사禪寺에서 말하는 도사都寺(서무), 감사監寺(업무 감독), 부사副寺(재무), 유나維那(규율), 전좌典座(주방과 창고), 직세直歲건물관리)의 여섯 가지 소임. 두수頭首 참조.

(Yukjisa) The six officers or directors of a Seon monastery, next below the abbot, who are the head of general affairs, or superintendent, deputy abbot, assistant abbot, provost, director of living quarters and kitchen, and assistant accountant. *Cf. (Dusu)* The head of monks.

육진 六塵 육진경계六塵境界의 준말로, 육경六境 또는 육적六賊과 같은 말. 심성心性을 더럽히는 육식六識의 대상들.

(Yukjin) Six gunas: The six types of dust, the six sense-data, or the six sense-objects: They are sight, sound, scent or smell, taste, touch or sensation, and dharma that defile the mind. Sometimes, they are also called the six sense-data, or six thieves.

육진삼매 六塵三昧 육진경계六塵境界에 매달려 집착만 하지 않는다면, 육진경계가 곧 삼매라는 것. 다시 말해 마음에 동요만 없다면, 보는 것도 사실은 안보는 것과 같다.

(Yukjin Sammae) The six dusts-samadhi: The six dusts, or sense-objects themselves are samadhi, or concentration of complete mental equanimity if you could hold your mind undisturbed. When the mind is unmoved, seeing is not seeing.

육진심식본래공 六塵心識本來空 육진六塵과 마음 그리고 육식六識은 본래 본체가 없는 공空한 것임을 깨닫는 것이 깨달음에 이르는 첫 관문.

(Yukjin Simsik Bollaegong) Original emptiness of six dusts (percepts), mind, and cognition or consciousness: It is imperative to realize these truths to attain enlightenment.

육처 六處 십이인연十二因緣의 하나. 육입六入이라고도 말하며, 안眼 · 이耳 · 비鼻 · 설舌 · 신身 · 의意의 육근六根을 말함. 처處는 십이처十二處의 처處로, 육근六根과 육경六境을 통칭하는 말. 근根과 경境은 식識을 낳는 의처依處가 되므로 처處라고 말함. 꼭 기억할 것.

(Yukcheo) The six entrances, abodes, spheres, fields, or media of perception or sensation: They refer to the six sense organs--eyes, ears, nose, tongue, body or touch, and thought. Yet cheo or the sphere applies both to the six sense organs and the six sense objects. *Cf. (Yukgyeong)* Six sense-objects.

육추 六麤 진여眞如가 근본무명根本無明의 망심 妄心에 의하여 처음으로 흔들리는 시초를 무명업상無明業相이라 말하고, 이에 따라 일어나는 주관적 마음 작용을 능견상能見相이라 말한다면, 이에 따라 동시에 나타나는 객관적 대상을 경계상境界相이라 말한다. 이로부터 다시 더욱 미세한 미망迷妄의 모양이 나타나게 되니, 이러한 미망의 모양을 자세하게 밝힌 것을 육추六麤라 말하니, 이는 아래와 같다. 이때 추麤란 추하게 나타난 번뇌. 설명은 길으나 뜻이 분명하다.

1) 지상智相 (여기에서 지상智相의 지智는 지혜롭다는 뜻이 아니라, 무명, 행行, 식識의 식識을 말함. 곧 주관적 마음작용인 능견상能見相이 객관적 대상인 경계상境界相에 이끌리게 되는데, 그때 그 경계상의 실성實性을 알지 못하고, 그것이 마음 밖에 다른 존재인 줄로 착각하여 집착하고 시비와 선악의 판단을 내려 집착하는 모양)
2) 상속상相續相 (시비와 함께 사랑하고 미워하는 망념妄念이 계속 일어남을 말함)
3) 집취상執取相 (망령된 상각이 대상에 계속 집착하는 모양)
4) 계명자상計名字相 (대경對境에 대한 선악의 분별뿐만 아니라, 이에 다시 이름을 붙이고 그 이름에 잡착하여 온갖 번뇌를 일으키는 모양)
5) 기업상起業相 (이름에 집착하게 되면 반드시 행위가 따르는 것. 이 집착하는 생각으로 짓는 모든 언행言行을 기업상起業相이라 말한다)
6) 업계고상業繫苦相 (온갖 언행言行으로 지은 업인業因에 속박되어 받게 되는 어리석음에 대한 과보果報)

(Yukchu) The six coarse or unsightly aspects of delusion: Mental action of ignorance arises from the disturbance of true-suchness by the delusion of fundamental ignorance, then subsequently follow the subject and object parts of seeing or the mind. Then they are followed again by sub-categorized of six karmic actions, and then they are again followed by six small unsightly delusions.

1) The aspect of knowledge: The subject part of the mind is attracted to the outer or sense objects without realizing the ultimate true nature of the things, which causes all kinds of discrimination and attachment.
2) The aspect of persistent arising of the mind: Persistent arising of a discriminating mind of good or bad, likes and dislikes.
3) The aspect of persistent grasping: Consistent obsessive mind toward sense objects.
4) The aspect of rendering the names to the things: In addition to the consistent discriminating mind to the sense objects, it labels names to the things and gets attached to them arousing all kinds of defilement.
5) The aspect of rising karma both in speech and conduct: When one

gets attached to things, follow inevitable actions.

6) The ultimate fruits or consequences: Then finally the bondage of suffering and retribution arising from ignorance and all kinds of karmic action, either good or bad, follow.

육취 六趣 육도六道와 같은 말.

(Yukchwi) Another name for *Yukdo,* six modes of existence.

육친 六親 가까운 여섯 친족, 곧 부, 모, 형, 제, 처, 자. 친족親族이라고도 말함.

(Yukchin) The six immediate family relations: Father, mother, wife and child, elder and younger brothers.

육합 六合 천지天地와 사방四方, 곧 동서남북의 온 우주를 말함.

(Yukhap) The universe of six compositions: Heaven and earth, and the four cardinal points or quarters of East, West, North, and South.

육행 六行 육바라밀 참고.

(Yukhaeng) The practice of the Six Paramitas. *Cf. (Yukbaramil)* The Six Paramitas.

육현관 六現觀 유식론唯識論에서 세운 교설敎說. 지혜가 나타남에 진리를 관하는 여섯 가지 관찰 방법, 또는 눈앞의 경계를 분명하게 관하는 여섯 가지 방법.

1) 사현관思現觀 (마음으로 모든 사물을 관찰하여 현관現觀의 지혜를 따로 나타내는 것)
2) 신현관信現觀 (삼보三寶에 대한 흔들림 없는 정갈한 믿음이 현관現觀의 지혜를 도와서 물러서지 않게 하는 것)
3) 계현관戒現觀 (무루無漏의 도공계道共戒와 파계破戒의 때를 없애므로 관지觀智를 더욱 밝게 하는 것)
4) 현관지제현관現觀智諦現觀 (바른 현관現觀을 하는 지제智諦를 말함. 곧 견도見道와 수도修道를 함에 있어 진여의 체體를 관觀하는 무루無漏의 지혜)
5) 현관변지제현관現觀邊諦現觀 (진여의 체體를 바르게 관한 후에 다시 진여의 상相을 관하는 견도見道)
6) 구경현관究竟現觀 (구경위究竟位, 곧 무학도無學道의 일체 지혜를 일컬음)

(Yukhyeongwan) The six immediate comprehensions: The six ways of perceiving the appearance of wisdom, the doctrine of the Consciousness-only School.

1) Comprehension of immediate things by thought to understand the

wisdom of the manifestation of things.

2) Comprehension of immediate things with the help of firm belief in the Triple-Jewels to resist regression of cultivation.

3) Comprehension of brighter insight by abandoning the distinctions between breaking the precepts and the immaculate moral precepts.

4) Comprehension of the pure wisdom of right insight into the comprehension of immediate things in the cultivation of the truth by looking into the essence of things.

5) Comprehension of truths in the knowledge that borders on the essence and the marks.

6) The ultimate comprehension of complete wisdom of no-more-learning or Arhat.

육환장 六環丈 여섯 개의 둥근 고리가 달린 큰 지팡이. 석장錫杖, 성장聲杖, 명장鳴丈, 또는 지장智杖이라고도 말하며, 여섯 개의 고리는 육도중생의 구제를 상징하며, 걸어 다닐 때 이것으로 땅을 두들기어 소리를 내는 것은, 길가의 미물들을 밟아 살생하지 않기 위한 하나의 경고.

(Yukhwanjang) The six-ring staff: A huge staff with six metal rings on its top so as to rattle. The six rings signify deliverance of the six modes of lives in Hades, and the reason the monk strikes the ground with it when he is on the road is to warn the living creatures on the ground so as not to step on them.

윤달 閏月 음양력陰陽曆에 있어서, 날짜가 계절과 일 개월의 차가 생길 때, 그것을 조절을 하기 위하여 두 번 거듭되는 달.

(Yundal) A leap or intercalary month in the lunar calendar.

윤장대 輪藏臺 경전經典을 쌓은 책장에 기축機軸을 달아 회전하도록 만든 나무 책궤冊軌. 이것을 돌리기만 하면 경전을 읽지 않아도 공덕이 크다고 함. 전륜장轉輪藏이라고도 말함. 티베트 사원에서 많이 볼 수 있다.

(Yunjangdae) Turning wheel of a bookcase that is stacked with Buddhist scriptures: It is believed that if one turns it, one will attain great merit without studying scriptures. You will see many of them at Tibetan monasteries but not in Korea.

윤회 輪廻 유전流轉이라고도 말함. 사람은 이승에서 행한 선악의 행위에 따라 내생에 행복한 혹은 불행한 상태로 끝없이 거듭 태어난다는 교설教說. 그런데 어떤 종교는 천당 아니면 지옥, 구원 아니면 멸망에서 모든 것이 영원히 끝난다. 다시 말해 불교의 윤회설에 의하면, 중생은 자신의 선행 공덕 여하에 따라 내생에 다시 좋은 과보를 받을 수 있으나, 특히 예정설을 주장하는 어떤 종교에선 자신의 노력에 의한 그러한 재생의 기회가 전혀 없다는 것. 다시 말해 사람의 운명은 그 사람이 태어나기 이전에 이미 정해져있다는 것이 캘빈의 예정론.

(Yunhoi) Samsara: The cycle of transmigration, the wheel of life, or the cycle of rebirth, or birth and death, determined by the operation of karma, an antitheses to deathless nirvana. However, the wheel of rebirth means there still is a chance to redeem one's bad karma and be reborn in a better state of being in the next life, but what about the everlasting damnation and predestination?

윤회즉열반 輪廻卽涅槃 열반과 윤회는 깨친 사람에 있어선 단지 이름과 양변兩邊의 일면일 뿐이다. 양변, 곧 양극을 떠난 초월적 경지에서만이 진리를 깨달을 수 있다. 진실로 깨치고 보면 사실 깨쳤다고 하여 얻을 것이란 하나도 없다는 것을 알게 된다. 왜냐하면 본래 깨칠 존재라는 것이 없기 때문이다. 따라서 성불이라는 것도 알고 보면 성불이라고 할 것도 없다. 왜냐하면 공空, 곧 연기緣起의 견지에서 보면 성불할 주체가 없기 때문이다.

이렇듯 궁극적인 진여의 경지에서 볼 때, 부처와 부처가 아닌 사람 사이엔 아무런 차이가 없다. 단지 깨친 사람은 자신이 본래 부처라는 것을 아는데 반하여, 깨치지 못한 사람은 자신이 본래 부처라는 것을 모를 뿐이다. 이때 부처라는 것은 우주 법계의 진여, 곧 공성空性을 말한다. 불교는 다른 종교와는 달리, 어디까지나 논리적이고 심지어는 과학적이며, 또 이것이 현재 불교가 참선과 함께 서구인들에게 주는 매력이다. 번뇌 즉 보리菩提와 생사 즉 열반 참조.

(Yunhoi Jeuk Yeolban) Samsara itself is Nirvana: Nirvana and samsara are, for the enlightened, merely names of a pair of opposites. Only on the transcendental plane, beyond the domain of opposites, is truth realizable. Nothing is really acquired by attaining enlightenment. There are, in truth, no beings to liberate, for there are, in the ultimate sense, no beings. Therefore, the attaining of Buddhahood is, in fact, not attaining anything.

Thus, there is no fundamental difference between one who is and one who is not a Buddha. A Buddha knows, and the unenlightened does not know that he is a Buddha. That is all. Such rationalistic and scientific view of things, along with non-violence and meditation practice, must be an attractive side of Buddhism to the Westerners. *Cf.* *(Beonnoi Jeuk Bori)* Defilement itself is enlightenment, and *(Saensa Jeuk Yeolban)* Birth-death itself is Nirvana.

율 律 부처님께서 정하신 불교의 금계禁戒. 조복調伏, 이행離行 화도化度 등 여러 가지 이름이 있다.

(Yul) Vinaya: The rules of discipline set forth for the monks and nuns by the Buddha.

율사 律師 십법十法를 갖추고, 계율을 잘 지키는 계율의 사범師範인 고승 高僧.

(Yulsa) The precepts master or teacher.

율원 律院 선원禪院과 강원講院에 대칭되는 말로, 계율戒律을 전문적으로 학습하는 사원을 말함.

(Yulwon) Vinaya or Precepts School or Center in contrast to the Seon or Meditation Hall or Center and the Sutra School.

율장 律藏 삼장三藏의 하나. 부처님이 제정한 계율의 조례條例를 모은 교전 教典.

(Yuljang) Vinaya Pitaka, or the Basket of Discipline: One of the three Pitakas, or "Baskets," of the Buddhist canon; the one dealing specifically with the code of the monastic discipline.

은덕 恩德 은혜와 덕, 또는 은혜를 입은 신세.

(Eundeok) Favour, benefit, or a debt of gratitude.

은덕 隱德 남이 알지 못하는 숨은 덕행德行.

(Eundeok) Inconspicuous virtue, a secret act of charity or virtue, or good done by stealth.

은둔 수행자 隱遁 修行者 속세를 멀리 떠나 오로지 수행에 혼신을 바치는 구도자求道者.

(Eundun Suhaengja) A recluse practicing away from the mundane world in search of truth.

은사 恩師 배움을 받은 은혜가 깊은 스승.

(Eunsa) A teacher to whom one is greatly indebted.

은산철벽 銀山鐵壁 간화선看話禪에서 화두를 가리키는 말로, 손을 대어 볼 수 없고, 이도 들어가지 않는다는 뜻. 참선을 통해 이것을 타파해야 깨침을 얻을 수 있다.

그런데 그것이 쉽지 않으니 우선 성불하겠다는 생각부터 비울 것.

(Eunsan Cheolbyeok) The silver mountain and iron wall: It means the impenetrable wall of hwadu which must be broken through to attain enlightenment. Yet mere sitting does not help much. Rather one must put down the idea of attaining enlightenment before starting meditation.

은상자 恩上資 행자行者를 데려다가 승려僧侶로 만든 제자.

(Eunsnagja) A favored disciple: The disciple who has been especially indebted to the teacher since his status of postulant.

은전 恩田 사랑과 자비로 길러주시고 가르쳐주신 부모와 스승의 은혜를 말함.

(Eunjeon) The field of gratitude: The term refers to one's to parents and teachers, who raised and taught with great love and compassion.

은정 恩情 은혜롭게 사랑하는 정, 또는 인정스러운 마음.

(Eunjeong) The feeling of compassion and love.

은해사 銀海寺 경상북도 영천군 청통면 팔공상에 있는 절로, 대한조계종 제10교구본사. 신라 헌덕왕憲德王 1년 (809) 혜철국사惠哲國師 창건.

(Eunhaesa) Eunhaesa Temple: The 10th District Head or Main Temple of the Jogye Order of Korean Buddhism. It was established in 809 C.E. by National Teacher Hyecheol.

은혜 恩惠 베풀어주는 혜택 또는 고마움.

(Eunhye) Grace, kindness, or a favour.

음양설 陰陽說 역易 사상에 기초하여 음양 이원陰陽 二元의 소장消張에 의하여 우주 만물의 생성변화生成變化를 말하는 설.

(Eumyangseol) The Daoist theory of cosmic dual force of Yin-Yang (non-action and action; passive, dark and feminine; and positive, bright and masculine), which is the basis of all creation and transmutation.

음역 音譯 소리 나는 대로 문자를 옮기는 것.

(Eumyeok) The phonetic transliteration, or phonetic translation.

응공 應供 부처님의 10호 중의 하나. 범어梵語의 아라한阿羅漢을 번역한 말. 중생들로부터 공양을 받을만한 덕이 있는 분이라는 뜻.

(Eunggong) Arhat: Worthy of worship, one of the ten names or titles of Buddha.

응무소주이생기심 應無所住而生其心 '마땅히 그 어디에도 머무름 없이 그 마음을 일으켜야 하느니라.' 이것이 일자무식인 시골 나무꾼 육조 혜능彗能이 문득 깨친 구절. 그러나 그것은 상근기의 경우이고, 이 말을 '한 생각이 일어나거든 마땅히 거기에 머물지 말라'는 뜻으로 해석할 수도 있다는 주장도 있다.

그런데 그것은 그렇고, 우리는 평생 화두를 들고 앉아 있어도 깨치지 못하니 무엇이 잘못되어도 한참 잘못된 것 같다. 그래도 스님들은 오로지 화두를 놓치지 말라고만 하신다. 그런데 화두란 마음 비우는 것. 그래서 깨침이란 세수할 때, 코 만지기보다 쉽다고 했다. 따라서 화두가 하나의 집착이 되면 그것도 망상. 그래서 참선을 영어로는 단지 마음 집중, 곧 "concentration"이라고도 말한다. 잘못 '이뭣고?'에 매달리면 '이뭣고?'에 빠질 수도 있다. 그리고 만사가 다 그렇지만, 특히 깨침이란 무엇보다도 간절한 마음이 있어야 한다고 보며, 그것이 바로 화두가 아닌가 생각한다. 그런데 진정 화두란 무엇인가? 화두참구 참조.

(Eungmusoju Yisaenggisim) A Bodhisattva should produce a mind which alights upon no thing whatsoever, or cherish thoughts that are dwelling on nothing whatsoever: In other words, a Bodhisattva should not be attached to any thoughts that arise in the mind, or the mind should be kept independent of any thoughts which arise within it. It is the phrase upon hearing of which the Sixth Patriarch Huineng, a illiterate young woodcutter, attained sudden enlightenment.

응병여약 應病與藥 병의 성질과 증상에 따라 적절한 약을 주는 것처럼, 부처가 중생의 근기에 따라 법을 설하는 것을 말함. 대기설법對機說法 참조.

(Eungbyeong Yeoyak) Prescribing medicine according to the illness: The Buddha's mode of teaching according to the capability or tolerance of the sentient beings as the doctor prescribes the medicine according to the nature and symptom of the disease. *Cf.* (Daegi Seolbeop) Temperamental discourse.

응보 應報 우리들이 지은 선악의 행위에 대하여 응당 받아야 할 고락苦樂의 과보果報.

(Eungbo) Compensation: The unavoidable fruits or retribution of karma or action of the individual either good or bad.

응신(불) 應身(佛) 삼신三身 중의 하나인化身의 다른 말로, 중생을 교화하고자 부처님이 중생의 몸으로 나타나심을 뜻함.

(Eungsin(bul) Buddha of transformation: Another name for the transformation-body of Buddha, or Nirmanakaya, one of the Triple-body of Buddha, who came to the world to deliver sentient beings in human form.

응화신 應化身 중생을 교하하기 위하여 부처님이 중생과 같은 몸으로 나타나심을 뜻함.

(Eunghwasin) The transformation of the Buddha in the form of a sentient being for the deliverance of them from the sea of sufferings.

의 意 의식意識의 준말로 사량思量하는 정신의 본체. 해석에 여러 가지가 있다. 구사론俱舍論에서는 마음[心]을 心 · 意 · 識으로 나누어, 물건을 思量하는 작용을 意라 함. 그러나 唯識論과 起信論에서는 다소 이와 달리 설명하고 있으니 이들을 참고할 것. 그런데 장자莊子는 "사량심思量心보다 더 무서운 흉기는 없다"고 경고하고 있다. 심心 · 의意 · 식識 참조.

(Ui) Manas: Consciousness, or mind-mirror: There are many different interpretations of the term according to the sect. The most common interpretations are thinking, measuring, idea or intellection, mind, cognition, perception and volition or will. However, Jangji warns that "There is no deadlier weapon than the will." *Cf. (Simuisik)* The mind (citta), thinking (manas), and perception (vinnana).

의궤 儀軌 밀교密教의 근본 경전에서 말한 불보살佛菩薩과 제천신諸天神을 염송念誦하고 공양하는 의식궤측儀式軌則을 말함.

(Uigwe) Protocols or ritual manuals of Esoteric Buddhism of chanting the names of Buddha, Bodhisattva, and heavenly gods with offerings.

의근 意根 육근六根의 하나. 마음 작용의 뿌리.

(Uigeun) The mind-sense, or mental faculty, the sixth of the senses. *Cf.* The six roots, or the six sense faculties.

의단 意斷 뜻을 던진 단진斷盡, 곧 뜻을 완전히 끊는 것.

(Uidan) Complete cessation of consciousness or the mind.

의단 疑團 늘 풀리지 않고 남아있는 큰 의심. 곧 화두 또는 공안참구 중에 일어나는 의문덩어리. 그러나 화두선話頭禪에서 도道를 구하는 의단은 일반적인 뜻의 큰 의심과는 차별되어야 한다. 다시 말해 이때의 의단은 곧 '의단意斷' 곧 '풀리지 않는' 그 무엇을 풀려고 하는 의심이 아니라, 그 의심덩어리에 초점을 맞추어 정신을 집중함으로서 마음을 비워 우리의 본 면목을 찾아 불심佛心으로 돌아가는 것으로 보아야 한다는 것.

다시 말해 이때의 의단은 달을 가리키는 손가락처럼 목적이 아니라 하나의 수단이라는 것. 이때 의단을 통해 어떤 의심을 풀려고 한다면 평생을 다리 꼬고 앉아 참선을 해도 얻는 것이 없을 것이라는 것.

(Uidan) A lump of doubt, a ball of doubt, or a Cyclopean doubt: However, especially in hwadu or word contemplation meditation, if anyone tries to solve any problem through "a great doubt," there would be no profit, no matter how long and hard one practices.

On the contrary, in hwadu meditation, "a great doubt" is a means or a device to concentrate one's mind to empty one's mind to achieve the complete release, the ultimate reality of true-suchness, or the Buddha-mind.

의례 儀禮 의식을 차리는 예법.

(Euirye) A formal courtesy or protocol.

의리선 義理禪 여래선如來禪의 다른 이름으로, 의리선義理禪이란 선禪에 대한 지적 또는 논리적 이해를 말한다. 예를 들어 반야심경에 '색즉시공 공즉시색' 이라는 말이 있다. 이것이 곧 의리선이며, 이를 마치 진흙에 도장을 찍으면 그 무늬가 분명하게 드러나 남아 있는 것[印泥]과 같은 것이라 폄하하기도 함. 여래선如來禪과 조사선祖師禪 참조.

(Uiliseon) Theoretical or intellectual meditation: A good example is the following quotation from the Heart Sutra: "Matter itself is volidness; voidness it self is matter." However, it is sometimes degraded as "stamping the seal on the mud to show its mode." *Cf.(Yeolaeseon)* Tathagata meditation.

의무애해 義無碍解 일체법의 의미를 장애 없이 알아 통달함을 뜻함.

(Uimuaehae) Complete understanding of the meaning of all the phenomena without hindrance.

의발 衣鉢 가사袈裟와 바리때. 그러나 선종禪宗에서는 법法을 전하는 표시로 스승으로부터 전수傳受한 불교의 오의奧義의 뜻으로도 불림. 다음은 오조홍인五祖弘仁이 무지렁이 혜능慧能에게 의발衣鉢을 전하면서 전한 게송偈頌: '뜻이 있는 곳에 씨가 내리어 / 원인되는 곳에 과果가 도로 나네. / 뜻이 없으면 씨도 없나니 / 성품이 없으므로 남도 없느니라.'

(Uibal) Robe and alms-bowl: Symbolically they are also the insignias

of transmission of the Dharma from a master to a disciple. The following is the Fifth Patriarch Hongren's Dharma transmission stanza to his successor Huineng: "Sentient beings who sow the seeds of enlightenment / In the field of causation will reap the fruit of Buddhahood. / Inanimate objects void of Buddha-nature / Sow not and reap not."

의보 依報 과거의 업業의 갚음으로 얻는 유정有情, 곧 중생의 몸을 정보正報라 하고, 그 몸이 의지하고 있는 환경, 곧 기세간器世間을 의보依報라고 함. 이들은 함께 자기의 과거의 업業에 의해서 정해지는 것이므로 다 함께 보報라고 함.

(Uibo) Dependent recompense: The recompense of the birth of sentient beings for the repayment of the past karma is called the right recompense, while the circumstance for one's being is called dependent recompense. The reason both are called recompense is because both are decided by the past karma.

의상 義湘 (625-702) 신라의 큰 스님. 속성俗姓은 김씨. 20세에 황복사皇福寺에서 승려가 되다. 신라 중기의 고승으로 해동海東, 곧 우리나라 화엄종華嚴宗의 시조이다. 대표적인 저술로 법성게法性偈가 있다.

(Uisang) (625-702): A venerable priest of Silla Dynasty, and the founder of the Avatamsaka, or the Flower Garland Sect of Korea. The venerable priest is also the author of the Song of Dharma Nature.

의생 意生 마음으로 사량思量하는 작용作用.

(Uisaeng) The function of thinking or thought without recourse to any media.

의생신 意生身 의성신意成身이라고도 말하며, 부모에게서 받은 육신肉身이 나니라 뜻(意), 곧 오직 마음에 의해 생겨난 몸으로 중유中有의 몸 등이 이것이다. 타고난 육신의 몸도 문제이지만, 온갖 망상을 일으키는 이 마음이라는 놈도 문제.

(Uisaengsin) The will-body, a body mentally produced, or a contrived body with consciousness or mind, not the body born of parents such as an interim body, or a wandering spirit before the rebirth after death: Sometimes, consciousness or mind is harder to control than the body, because consciousness or mind can create just about everything without any hindrance.

의승군 義僧軍 나라와 사찰을 지키기 위해 전쟁에 참가하던 승려僧侶 또는 그 군대. 불교 역사에 있어서 흔치 않은 일. 그러나 나라와 백성을 지키기 위해서 스님들은 분연히 일어났던 것이다. 임진왜란 때 (1592-1598)에 처음 서산대사西山大師에 의해 승군이 조직 되었으며, 사명대사四溟大師에 얽힌 용맹과 애국심은 너무나 유명하다.

(Uiseunggun) The volunteer Sangha army: It was organized by the Venerable Priest Seosan to protect the country and Sangha during the Japanese invasion of the country (1592-1598). A very rare case in the history of Buddhism. The bravery and patriotism of the Venerable Priest Samyeong, the Deputy Commanding General of the Volunteer Sangha Army, was truly remarkable.

의식 意識 육식六識 또는 팔식八識의 하나. 의근意根에 의한 식識이라는 뜻으로, 물심物心의 모든 현상을 요별了別, 곧 인식함이 그 기능.

(Uisik) The thought-consciousness, the conscious mind, ideation, or the faculty of mind: This is the sixth of the six and eight consciousnesses. Its function depends upon the mental faculty to perceive the phenomena of the world, within and without.

의식 儀式 제사祭祀나 경사慶事 때 갖추는 법식法式이나 작법作法을 말함.

(Uisik) Worship, ritual, rites, or ceremony: A religious service, or a formality for happy event.

의심즉차 擬心卽差 마음으로 무엇인가를 헤아리려 한다면 곧 어긋난다는 뜻. 참선도 따지고 보면 우선 마음을 잠재우는 수행.

(Uisimjeukcha) Doubting mind itself is the cause of disparity: It is another way of warning the intellection. What is meditation is for? It is first to rest the mind.

의지 依止 힘과 덕德이 있는 곳에 의지하여 머무름을 말함.

(Uiji) Relying on the power and virtue to abide.

의지 依地 선정禪定을 말함. 자기가 의지하여 오도悟道에 들려는 소의지所依止이므로 선정禪定을 의지라 말함.

(Uiji) The relying ground: It is synonymous with concentration or samadhi by which one attains enlightenment. If there is no ground to rely on, how can we stand or sit? In other words, without meditation,

there is no way to attain enlightenment.

의천 義天 (1055-1101) 고려의 큰 스님으로 문종의 넷째 아들. 고려 천태종의 중시조中始祖. 시호諡號는 대각국사大覺國師.

(Uicheon) (1055-1101): The fourth son of King Munjong, and a venerable priest of Koryeo dynasty, who studied in China and restored the Tientai Sect of Korea from its decline. His posthumous title granted by King is Daegak (the great awakening) National Preceptor.

의타기상 依他起相 다른 것과의 인연, 곧 아뢰야식 가운데 있는 종자. 이 종자가 일어나는 모든 인식과 법法, 곧 모든 존재를 말함.

(Uitagisang) The other-dependent character: Dependent origination or arising of all phenomena, which arise from the seed of eighth consciousness or the storehouse of consciousness.

의타기성 依他起性 유식삼성唯識三性의 하나로, 인연법因緣法에 대한 다른 표현. 다시 말해 그 어느 것도 자기의 원인만으로는 나기 어렵고 반드시 다른 연緣에 의하여 일어나는 것을 말함. 삼성설三性說 참조.

(Uitagiseong) Interdependent nature of things, or interdependent existence of things: The second of *(Samseongseol)* The theory of three types of nature of phenomena. Without conditional relations of other beings or things, nothing can be produced or exist. *Cf. (Yeon-gi)* Dependent origination or arising.

의해 義解 글 뜻을 밝힌 풀이. 선가禪家에서 금기시禁忌視 하는 것.

(Uihae) Exposition of meaning, which is regarded as a taboo in Zen Buddhism.

이 理 이理는 진리와 이성을 뜻하며 또 보편·평등의 진여眞如를 뜻함. 이사理事 참조.

(Yi) Fundamental law or principle: The absolute or essential element, or the universal principle of true-suchness. *Cf. (Isa)* Reality or principle and appearance or particulars.

이각 二覺 1) 본각本覺과 시각始覺. 자각自覺과 타각他覺. 3) 등각等覺 (51위의 보살, 곧 일생보처보살)과 묘각妙覺 (제 52위의 구경각究竟覺). 4) 불佛의 대각大覺과 보살의 수분각隨分覺.

(Igak) Two types of enlightenment: 1) Original enlightenment and initial enlightenment. 2) Self-enlightenment and enlightening others.

3) The highest two stages of the fifty-two stages of Bodhisattva-hood, 51 stage and 52 stage. 4) Buddha's great enlightenment and proportional enlightenment of Bodhisattva.

이견 異見 불법佛法이 아닌 외도外道의 견해.

(Igyeon) The heterodox view: The view of outside way.

이견 二見 두 종의 견해와 소견, 또는 주의主義와 사상思想을 가리킴. 예를 들어 단견斷見과 상견常見.

(Igyeon) Two views or opinions, doctrine or an idea: However, in Buddhism, it usually means the nihilistic view of annihilation and the doctrine of eternalism.

이계 理界 계界는 차별의 뜻. 이理와 지智의 두 가지를 차별하여 이계理界와 지계智界라 말한다.

(Igye) The principle and the world of differentiation, or the world of principle: This is to distinguish principle from wisdom.

이계 離繫 이멸離滅이라고도 번역함. 계박繫縛, 곧 속박束縛에서 떠난다는 뜻으로, 해탈과 같은 뜻으로 사용함.

(Igye) Leaving or free from fetters: It is synonymous with release or enlightenment.

이고득락 離苦得樂 고통(duhkha)과 괴로움으로부터의 해방. 이것이 부처님께서 출가하시게 된 근본 동기. 그런데 이때 '득락'을 '행복을 얻는 것'으로 생각하게 되면 문제가 달라진다. 어떤 사람들은 '행복'이 마치 불교를 믿는 궁극적인 목적인 듯, '행복'이란 말을 자주 쓰는 경우가 있는데, 이런 것은 조심해야하지 않을지? 왜냐하면 불교를 믿는 것은 깨치기 위한 것이지 세속의 행복을 추구하기 위한 것은 아니기 때문이다. 그렇다면 깨침이라는 것은 무엇인가? 쉽게 이야기해 그것은 일체의 형상은, 그것이 내적이든 외적이든, 실상이 없으며 따라서 무상한 것이며, 무상하다는 것은 공空을 의미하며, 공은 곧 무아無我이기 때문에 행복이 붙을 곳이 없다. 이 진리를 깨닫는 것이 행복 아닌 행복이며, 또 열반이란 행복과 욕망을 포함한 일체의 상相에 대한 불이 꺼진 상태를 말한다면, 무아無我에다 불이 꺼진 상태에서 무슨 행복을 얻는다는 것인지? 따라서 '이고득락'에서, '득락'을 굳이 '행복'이라는 표현을 써야할지 잘 모르겠다.

(Igodeuknak) Emancipation from pain and afflictions to attain happiness: It was the primary reason and motive of Sakyamuni Buddha's great renunciation, that is, leaving the palace to seek the truth to liberate sentient beings from suffering--dhukha.

이공 二空 아공我空 또는 인공人空과 법공法空으로, 아공이란 중생은 오온五蘊이 화합한 것이드로 아我라고 할 실체가 없다는 것이며, 법공法空이란 오온의 자성自性 역시 공하다는 것. 이는 또 단공但空과 불단공不但空, 그런가하면 성공性空과 상공相空을 뜻하기도 함. 이 도리를 아는 것이 곧 위없는 지혜.

(Igong) Two kinds of sunyata or non-substantiality: Emptiness of self and emptiness of Dharma. It also means attachment to emptiness and non-attachment to emptiness, and selflessness and formlessness, realization of which is called transcendental wisdom.

이공관 二空觀 아공我空과 법공法空의 도리道理를 관하는 것.

(Igonggwan) Two kinds of meditation: Meditation on non-self, and meditation on non-Dharma.

이관 二觀 사관事觀 (이관理觀의 반대로, 인연 따라 일어나는 현상적인 사상事相을 관하는 것)과, 이관理觀 (만법萬法의 실성實性 또는 실상實相을 관하는 것)

(Igwan) Two kinds of view or perceptive: The phenomenal view of all things that arise and cease according to causality, and the insight into the true nature of all things.

이교도 異教徒 자기의 종교와 다른 가르침을 믿는 사람. 그러나 불교에서는 '이교도'라는 거친 말을 사용하지 않고 외도外道 (다른 사람들의 길 또는 가르침)라 말한다.

(Igyodo) Other religionist. a heathen, or the outside way followers: Buddhism avoids using the term "heretic."

이구 理俱 이구理具는 본구本具, 성구性具, 또는 성덕性德이라고도 말하며, 본래 있는 그대로의 본성으로서 선천적으로 갖추어 있다는 뜻.

(Igu) The innate attribute, the original nature of things, wholly noumenal, or all things as aspects of the absolute. There are a few more alternate names for the term in Chinese besides *igu* 理俱.

이구 離垢 구垢는 번뇌의 다른 이름이니, 곧 번뇌의 때를 여읜다는 뜻.

(Igu) Undefiled, or cutting off, or release from defilement or stain.

이구자 二句字 두 마디 또는 군말. 이것은 알음알이와 분별심을 가리키는 것으로, 미개구착未開口錯과 같은 뜻. 진리란 본래 말이나 문자로 표현할 수 없다는 뜻. 이것을 달리 말하면, 일구一句가 부처님이 깨달은 경지를 곧바로 가리킨 말없는 말이라면, 말이 입 밖으로 나오면 그것이 곧 이구二句, 곧 고작해야 설명을 위한 하나의 방편 밖에 되지 못한다. 이때 자字는 조사助詞로 별다른 뜻이 없다. 삼자구三句字와 임제삼구臨濟三句 참조.

(Iguja) The two phrases or words: Two phrases, words, or utterances mean corruption of truth which is beyond words and expressions. It is better to be silent and look into one's mind, the mindless mind, than arouse one's mind and discriminate things.
All the words and conceptions are, in fact, discriminations, far from the ultimate truth which is beyond utterances and words. *Cf. (Ilguja)* A phrase and *(Samguja)* Three phrases or words of the Linji Sect.

이구지 離垢地 보살수행위의 10지十地 가운데 제2위位. 수혹修惑을 끊고 더러움을 제거하여 몸을 깨끗하게 하는 지위地位.

(Iguji) The land of purity: The second stage of the Ten Grounds or Lands of Bodhisattva. One can attain this stage by eradicating the latent delusions such as greed, anger, and ignorance by practice.

이근인주시해탈 利根人晝時解脫 근기根機가 예리한 사람은 한나절에 해탈한다는 뜻.

(Igeunin Jusihaetal) Sharp-witted people are emancipated in the space of a day.

이념상자 등허공계 離念相者 等虛空界 생각을 떠난 상相이란 어떠한 것? 생각을 떠난 상相이란 곧 허공계와 같은 것.

(Inyeomsangja Deungheogonggye) What is the look of form divorced from thought? The form of divorce from thought is just like the realm of empty space.

이력 履歷 우리나라에서 승려가 강원講院에서 경經·론論 공부하는 것을 이력을 본다고 함. 과정은 1) 사미과沙彌科, 1-2년. 2) 사집과四集科, 2년. 3) 사교과四教科, 4년. 4) 대교과大教科, 3년

(Iryeok) The academic course of monks and nuns at the Sutra School in Korea. It is composed of four stages: 1) Preparatory course for 1-2 years. 2) Intermediate course for two years. 3) Advanced course for four years. 4) Graduate course for three years.

이무기 二無記 무기성無記性을 유부무기有覆無記와 무부무기無覆無記로 나눈 것. 이들

각 항목 참조.

(Imugi) Two kinds of neither good nor evil. *Cf. (Yubumugi)* Indeterminate and veiled and *(Mubumugi)* Indeterminate and unveiled.

이무명 二無明 유부有部와 유식종唯識宗에서는 무명을 상응무명相應無明과 불공무명不共無明 또는 독두무명獨頭無明의 두 가지로 나눈다. 전자가 탐진치貪瞋癡 등의 육근본번뇌六根本煩惱 와 상응相應하여 같이 일어나는 것이라면, 후자는 이런 것들과 상응하지 않고 독자적으로 일어나는 것을 말함.

(Imumyeong) Two kinds of ignorance: Sativadins or the Existence School and the Mind-only School classifies ignorance into two categories of associative ignorance and non-associative or isolated ignorance. The former is the ignorance arising from simultaneous association of ignorance with six fundamental afflictions, while the latter is the ignorance arising independently without association of any kind.

이무심정 二無心定 심왕心王과 심소心所의 작용이 끊어진 경계. 곧 주관과 객관의 상대적 차원을 초월한 두 가지 선정이란 뜻. 여기서는 무상정無想定과 멸진정滅盡定을 가리킴.

(Yimusimjeong) Two mindless concentrations: They refer to non-conceptual samadhi, and samadhi of extinction. Both are the states of samadhi or concentrations where the associative function of the mind and sense-objects are completely cut off.

이무아 二無我 인무아人無我와 법무아法無我를 가리킴. 사람을 포함한 만법萬法은 본래 자성이 없음을 확실히 알아야 함.

(Imua) Two non-self, or Non-self and non-dharma: The non-existence of personal as well as phenomenal self. In the ultimate reality, there is neither self nor Dharma. Every conditioned thing has no self-nature and is empty.

이뭣고? 시심마?是甚麽의 우리말 번역. 의단疑團 참조.

(Imueogo?) "What is this One-thing?" It is one of the most popular hwadus, and a Korean rendering of *Sisimma* 是甚麽? *Cf. (Uidan)* A Cyclopean doubt.

이무애 理無碍 이치理致에 걸림이 없는 경지. 이사무애理事無碍 참조.

(Imuae) Non-hindrance in the cosmic law. *Cf. (Isamuae)* Non-hindrance between the world of phenomena and the cosmic law.

이문 二門 이종二種의 교문敎門이라는 뜻으로, 여기에는 여러 가지가 있다. 그중 하나만을 소개하면, 진여문眞如門과 생멸문生滅門.

1) 진여문이란 여래장如來藏의 일심一心을 말하며, 그 체성體性은 평등일미平等一味이어서 차별상을 여읜 진실여상眞實如常을 말함. 다시 말해 불변진여로서 무명無明의 연緣에 합하지 않는 진여.

2) 생멸문이란 역시 여래장의 일심一心으로 연緣을 따라 생멸生滅하는 차별상差別相을 일으키는 것

(Imun) Two doors, gates, or entrances: There are a quite a few sets of these doors, and the following is one of them.

1) The gate of true-suchness or enlightenment: It is the one-mind of Tathagatagarbha or Tathagata's womb, whose everlasting one-taste of equanimity is never disturbed by conditions far from collaborating with ignorance.

2) The gate of birth and death or production and annihilation: In contrast to the one-taste of the door of true-suchness, it falls into discriminating aspects of birth and death by following the conditions.

이박 二縛 견혹見惑과 수혹修惑을 가리킴. 우리의 마음을 속박하여 자재自在하지 못하게 하는 두 가지로, 번뇌가 대경對境을 반연攀緣하는데서 나타나는 속박. 견혹見惑과 수혹修惑 참조.

(Ibak) Two kinds of fetters: Defilements aroused by objects through perception and latent delusion. *Cf. (Gyeonhok)* Deluded view, and *(Suhok)* Latent delusion.

이법 二法 일체의 법法을 둘로 나눈 것. 심법心法과 색법色法, 염법染法과 정법淨法, 사법邪法과 정법正法, 유루법有漏法과 무루법無漏法, 세간법과世間法, 출세간법出世間法 등등等等.

(Ibeop) All kinds of two opposing views: Views on mind and matter, views on taint and purity, false and true Dharmas, defilement and without defilement, mundane world and supra mundane world, etc.

이법 理法 원리와 우주의 법칙. 사법四法 참조.

(Ibeop) The principle, law, or the order of nature and cosmic universe.

Cf. *(Sabeop)* Four aspects of the law.

이법계 理法界 사법계四法界의 하나. 제법만유諸法萬有의 차별을 본체평등계本體平等界의 차원에서 파악한 화엄종의 우주관.

(Ibeopgye) The world of absolute reality, the realm of the noumenal principle, or the world of cosmic law: The second of the four Dharma realms of the Tientai Sect cosmology. A view of different aspects of myriad things of the world from the principle of equality in the substance of the universe.

이법집 二法執 구생법집俱生法執과 분별법집分別法執을 말함.

1) 구생법집俱生法執 (끝없는 옛적부터 훈습성薰習性이 있어서 중생의 몸이 날때부터 함께 나타나 온갖 법에 대하여 실로 있다는 견해를 내는 집착. 심리학에서 말하는 집단무의식集團無意識 참조)
2) 분별법집分別法執 (삿된 스승과 삿된 가르침, 그리고 삿된 사유思惟에 의하여 일어나는 후천적 법집)

(Ibeopjip) Two kinds of obsession to the Dharma: The latent, and postnatal or habitual obsessions.

1) Inborn obsession to the Dharma: This obsession comes from the inborn or latent habit accumulated for a long period of time. *Cf.* Collective unconscious.
2) The postnatal or secondary habit formulated by the evil influence of the teacher, the evil doctrine, and evil speculations.

이변 二邊 극단적 두 변. 진여의 경지에서 본다면, 이항 대립적 이분법과 양극이라는 것이 부질없는 것이라는 것을 알게 된다. 이것이 이분법二分法 또는 이항 대립적 서구 문명의 역사. 언젠가는 그 한계가 올 것이다. 아니 이미 와 있다고 보아도 좋을 것이다.

(Ibyeon) The two extreme views: The two polar opposition of affirmation and negation, annihilation and immortality, is and not is, etc. This has been the basis of Western civilization of dualism--Heaven and Hell, good and evil, and you and me, etc.

이분법 二分法 이것과 저것, 나와 너와 같은 서로 배타적 구분 방법. 이것은 불교의 불이법과 공사상에 배치되는 논리이며, 온갖 번뇌의 근원인 이 차별상을 극복하지 못하면 불이不二의 세계인 진여眞如를 보지 못한다.

(Ibunbeop) Dualism: It is the doctrine of polar opposition of this and that, you and me, which is contrary to the doctrines of emptiness and non-duality of Buddhism. Without overcoming such dualistic discrimination, which is the fundamental cause of all sufferings, there will be no way to perceive the true-suchness of non-duality.

이불 理佛 법신法身에 대한 다른 이름. 부처님의 삼신三身 중에서, 보신報身과 화신化身을 사불事佛이라 말하고, 법신法身을 우주의 근본이라는 뜻에서 이불理佛이라 말함.

(Ibul) The cosmic Buddha: Of the Trikaya or Threefold body of a Buddha, the Sambhogagakaya, or the Body of Pure Light, and Nirmanakaya, or the Body of Transformation, are called the manifestation Buddhas while Dharmakaya, or the Body of Pure Being, is called the cosmic Buddha.

이사 理事 이理와 사事를 아울러 일컫는 말. 이理는 절대 평등의 우주 본체이고, 사事는 상대적 차별의 현상. 그러나 진여라는 궁극적 차원에서 볼 때, 이들 둘에는 차이가 없다. 다시 말해 둘이면서 하나이고, 하나이면서 둘이다, 마치 바다와 파도의 관계처럼. 바다 없이 파도가 존재할 수 없으며, 바다 또한 파도 없이 존재할 수 없다. 현상은 진여의 겉모습, 곧 진여의 현현顯現이며, 진여는 현상의 본체.

(Isa) Noumena and phenomena, essence or principle and appearance or particulars, absolute and relative, etc: "i 理" is the absolute universality or principle, and "sa 事" is the particulars, or all the phenomena of the world.

But in the ultimate sense of emptiness, or true-suchness, there is no difference between them. In other words, reality is nothing at all apart from appearance. Reality appears in its appearance, and they are its revelation.

Thus two elements, or reality and appearance, though they are both necessary aspects of the one being, cannot, in truth, be separated entities, just like the relation between the sea and the wave.

이사무애 理事無碍 이理, 곧 우주의 본체인 공空과, 사事, 곧 현상세계의 물질에 다 같이 걸림이 없는 깨달음의 경지. 다시 말해 구경지究竟地인 진여眞如의 차원에서 보면, 이들은 둘이 아니며, 번뇌가 곧 깨침이라는 번뇌즉각煩惱卽覺이라는 말도 따지고 보면 이와 같은 뜻. 사사무애事事無碍 참조.

(Isamuae) The unimpeded interfusion of the principle and the particulars: The world in which phenomena and the absolute are not divided. "i 理" is the principle, the absolute, reason, the abstract, the totality, while "sa 事" is things, events, the concrete and particular. "i" is non-discrimination, non-distinction, and "sa" is discrimination. "i" equates with *sunyata*, the Plenum-Void, while "sa" equates with *rupam*, form. Yet they are mutually in a perpetual state of "suchness," just as "defilement itself is enlightenment."*Cf. (Sasamuae)* The unimpeded interfusion of all particulars.

이사불이 理事不二 이치[理]와 현상[事]이 둘이 아니라는 뜻으로, 참부처는 이렇듯 항상 여여如如하다는 것. 다시 말해 이들은 하나이면서 둘이며 둘이면서 하나라는 것. 이사무애理事無碍 참조.

(Isaburi) Principle or essence and particulars are not two: They are identical. This is the view of the Buddha. They are the One in two, and two in the One. *Cf. (Isamuae)* The fundamental interfusion of the principle and the particulars.

이상 二相 논서論書에 따라 여러 가지 뜻이 있으나, 우선 대립적 이분법 二分法을 말함.

(Isang) There are a few different meanings according to the treatises, but the primary meaning of the term is the two opposing view of things or marks.

이상 異相 사상四相의하나. 사물事物이 생겨나서 괴멸을 향해 변해가는 모양, 또는 서로 다른 모양을 말함.

(Isang) The distinctive features: The diversity of the nature of things. One of the four phases of life or marks: arising, subsistence, decay, and dissolution. It also means two different or distinctive aspects of things.

이상 離相 온갖 차별상을 떠난 자리. 모양을 떠났기 때문에 더럽지도 않고 깨끗하지도 않으며[不垢不淨], 원인도 아니고 결과도 아니며[非因非果], 하나도 아니고 다르지도 않으며[不一不異], 있는 것도 아니고 없는 것도 아니다[非有非無]. 깨달음? 열반? 우선 온갖 모양을 내려놓고 볼 일이다. 깨달음을 너무 어렵게만 생각할 필요 없다고 본다.

매일 4시간씩 참선한다는 보살님을 보았다. 그런데 문제는 잘 안 된다는 것이다. 그러면 화두를 놓치지 말고 더 열심히 하라고 하겠지. 그런 이야기는 누구나 할 수 있다. 깨침 공부 잘못하면 큰 병통이 될 수 있으며, 그래서 지혜를 길러주는 다소의 교리공부는 필요한 것.

(Isang) Renunciation of form or mark: Yes, that is the first step towards enlightenment, leaving the forms, both inside and outside, behind, not just sitting like a dummy gazing the wall. The ultimate objective of meditation is, in fact, just what it says--leaving the form or mark forever and ever to attain enlightenment and Nirvana.

이상이성 離相離性 모양과 성품을 떠난 것이 곧 대열반.

(Isang Iseong) Absence of form and nature: This is the great extinction, or Parinirvana.

이생 異生 가지가지의 견해와 번뇌에 의해 여러 가지의 과果를 받고 여러 세계에 태어나는 중생이라는 뜻.

(Isaeng) An ordinary man or being: Its literal meaning is "different being," i.e., different from enlightened one. They are born of diverse ideas and passions into corresponding diverse worlds as their resultants, and are subject to transmigration in the five spheres of existence.

이생멸 離生滅 생자필멸生者必滅이니, 인연법과 공의 이치를 깨달아 생멸을 떠나는 것. 이것이 깨침이며 열반. 어려울 것 없다. 그리고 이러한 이치를 깨달았으면 참선을 통해 마음을 정화시켜 자성自性을 찾으면 된다. 다시 말해, 불교에 대한 올바른 이치도 잘 모르면서 벽만 바라보고 앉아있는 것은, 비효율적일수도 있다는 것.

(Isaengmyeol) A release from birth and death: Realization of this truth, the truth of causality and emptiness of things, is enlightenment and Nirvana. Then why worry? The next step? Meditation practice for your peace of mind, and then realize one's original pure self-nature. Just sit tight facing the wall could be unprofitable without wisdom.

이생희락 離生喜樂 삼계구지三界九地의 하나. 이때 생이란 인간의 욕망과 사악함 그리고 이에 따른 모든 번뇌를 뜻하니, 이생희락이란 이들을 모두 떠난 견도위見道

位, 곧 성도聖道를 말함.

(Isaenghuirak) Joyful and blissful state attained from leaving desire, evil, and all kinds of defilement. This is the first stage to the path of insight and the holy way.

이숙 異熟 과보果報라고도 번역함. 선 또는 악의 업인業因에 의해 이것과 성질이 다른 무기無記 (비선비악非善非惡)인 결과를 산출하는 것, 또는 그 결과를 말함. 이해하기 쉽지 않은 이야기. 이숙식異熟識 참조.

(Isuk) Neutral karmic resultant: Another name for retribution for good or evil deeds, *gwabo* 果報. A cause may be good or evil, but its effect is always morally neutral. Thus evil deeds are responsible for rebirth in hell, but hell is in itself not of an evil nature. Such an effect is called neutral karmic resultant. *Cf. (Isuksik)* Vipaka.

이숙식 異熟識 아뢰야식에 대한 많은 이름중의 하나. 사람의 일체 행위, 곧 업業은 전생과 금생 그리고 내생으로 윤회하면서 선악의 여러 가지 원인에 의해 성숙하여 다른 과보를 받게 하는 기능을 가지고 있으므로 이를 이숙식 異熟識이라고 말함. 이를 좀 더 쉽게 이야기 하면, 이숙異熟이란 말 그대로 시간에 따라서(異) 과일처럼 익어간다[熟]는 뜻이다. 유식학唯識學에 들어가면 길 잃기 십상이며, 같은 책을 최소한 열 번은 더 읽어야 한다. 아뢰야식阿賴耶識 참조.

(Isuksik) Vipaka: Potential different karmic retribution: One of the many names of the eighth consciousness, or the storehouse consciousness. When the fruit of one's action is ripe and incubates itself in one's consciousness, it takes effect in one way or other on the action in this life, or even in a later rebirth when similar conditions arise. It is easy to get lost when one gets into the Mind-only School, but the experience will be worthwhile. *Cf. (Aroiyasik)* Alaya, or the storehouse -consciousness.

이승 二乘 이종二種의 교법이란 뜻, 또는 번뇌煩惱로부터의 자유와 개인적인 깨달음에 초점을 둔 성문승聲聞乘과 연각승緣覺乘을 가리킴. 그러나 대개는 일승一乘 또는 일불승一佛乘이야말로 진실한 가르침이며, 이승二乘과 삼승三乘 또는 보리승菩提乘은 중생의 근기에 따라 일불승에 이르게 하여 성불하게 하는 방편이라는 것이 법화경法華經의 취지.

(Iseung) Two vehicles: The two lesser-vehicles, the vehicles of the disciples and the self-enlightened, which focus on emancipation from passion and becoming an Arhat. They are, however, generally regarded, including the Bodhisattva Vehicle, as a means to attain the Buddhahood according to the capability or temperament of sentient beings with a view that the One-vehicle, or the Buddha-vehicle is the true vehicle. *Cf.* *(Ilseung)* The One-vehicle or *(Bulseung)* the Buddha-vehicle.

이식 二食 두 가지 식사. 1) 하나는 부처님의 법을 배우는 기쁨. 2) 또 하나는 참선에서 얻는 축복.

(Isik) The two kinds of food: 1) The joy of the Law. 2) The bliss of meditation.

이신론 理神論 신神을 세계의 창조자로 인정하지만, 이를 세상일에 관여하거나 계시啓示하는 것과 같은 인격적인 존재로는 생각하지 않고, 독자적 법칙에 따라 움직인다고 하는 종교론. 따라서 기적 또는 계시啓示의 존재를 부정함. 그러나 불교에서는 이 모든 것을 인정하지 않는다.

(Isinron) Theism: It is a religious doctrine that acknowledges the God as a creator of the world, but denies it as a personal God who meddles with the affairs of the world or reveals in the world. It has its own way of being. Hence it denies miracle as well as revelation. However, Buddhism denies all these ideas and arguments.

이심 二心 진심眞心, 곧 중생 본래의 여래장심如來藏心과 망심妄心, 곧 번뇌에 오염된 마음.

(Isim) The two aspects of the mind: The mind as tathagatagarbha, and the mind in its defiled, phenomenal aspect covered by illusion.

이심전심 以心傳心 문자를 떠난 마음에서 마음으로 전하는 불법전수佛法傳授. 삼처전심三處傳心 참조.

(Isim Jeonsim) The mind-to-mind transmission of the Buddha-dharma from heart to heart: *Cf.* (Samcho Jeonsim) Three occasions of transmission of mind-to-mind from the Buddha to Mahakasyapa.

이십오조 二十五條 법의法衣 또는 가사袈裟의 일종. 큰 법의法衣 가운데 가장 큰 것으로 스물다섯 조각의 베를 가로로 나란히 연결하여 만든 법의法衣. 또 한 조각마다 네 개의 긴 것과 하나의 짧은 것을 서로 연결되도록 함.

(Isip-ojo) A Dharma robe of twenty-five patches: It is the largest

Dharma robe made with twenty-five long and short patches of cloth. One short piece goes along with every four long pieces in the horizontal wise.

이십지말번뇌 二十枝末煩惱 십근본번뇌十根本煩惱에 따라서 일어나는 종속적인 번뇌. 1) 분忿. 2) 한恨. 3) 부覆. 4) 뇌惱. 5) 질嫉. 6) 인색吝嗇. 7) 아첨阿諂. 8) 속임. 9) 교만驕慢. 10) 해악害惡. 11) 무참無慚. 12) 무괴無愧. 13) 혼침昏沈. 14) 도거掉擧. 15) 불신不信. 16) 해태懈怠. 17) 방일放逸. 18) 실념失念. 19) 부정지不正知 . 20) 산란散亂.

(Isip Jimal Beonnoi) Twenty secondary afflictions arising from ten fundamental afflictions: 1) Belligerence. 2) Resentment. 3) Concealment of faults. 4) Verbal spite. 5) Jealousy. 6) Stinginess 7) Deceit. 8) Dissimulation. 9) Haughtiness. 10) Harmfulness. 11) Shamelessness. 12) Non-embarrassment. 13) Lethargy. 14) Restlessness. 15) Faithlessness. 16) Laziness. 17) Non-conscientiousness. 18) Forgetfulness. 19) Non-introspection. 20) Distraction.

이십팔부중 二十八部衆 천수관음千手觀音을 따라다니는 선신善神. 곧 천수관음의 광대원만무애대비심대다라니 신주神呪를 받들어 외우는 불자를 특히 보호한다고 함.

(Isippalbujung) The twenty-eight attendant deities of Thousand Eyes and Hands Bodhisattva. It is believed that they protect those who recite his dharani.

이양 利養 이익利益을 구하여 육신肉身을 기르는 것을 이양利養이라 함. 곧 재리財利를 탐하고 명문名聞을 구하는 것을 말함.

(Iyang) Seeking a profit to support oneself: It means the greedy mind for riches and fame.

이욕지 離欲地 십지十地 가운데 제 육지六地로, 애욕을 끊고 오신통五神通을 얻는 지위地位. 십지十地 참조.

(Iyokji) The land of complete absence of delight in sense-objects: The sixth stage of the Ten Grounds or Lands of Bodhisattva. *Cf. (Sipji)* The Ten Grounds of Bodhisattva.

이원론 二元論 세계는 두 개의 서로 독립된 근본 요소로 이루어져 있다고 하는 사고방식.

특히 영혼과 육신, 정신과 물질 등의 두 대립적 요소로 보는 견해. 불교는 이런 관념론에 대해 관심이 없다. 불이법문不二法門 참조.

(Iweonnon) Dualism: The dualism of body and soul, matter and spirit, body and mind, etc. Buddhism has no interest in such an abstract idealism. *Cf. (Bulibeopmun)* The Dharma-door of non-duality.

이의 二義 두 가지 뜻. 변하지 않는 것(불변不變)은 성품의 이치인 동시에 진여眞如 자체이며, 인연에 따라 변하는 것은 현상이며 작용.

(Iui) Twofold or double meaning: The thing that never changes is called substance, or true-suchness, and the thing that changes according to conditions is called form or function.

이이불이 二而不二 둘이되 둘이 아님. 이것이 중도中道의 이치. 진속이제眞俗二諦(진속眞俗과 이제二諦)는 이이불이二而不二 (둘이되 둘이 아니다.)

(I-iburi) It is two yet it is not two: The doctrine of the Middle Way does not allow any polar opposition or dualism. Everything is neither existence nor non-existence; neither emptiness nor non-emptiness. "There are two truths, ultimate and relative; / Yet two is not two."

이이일야 二而一也 둘이 곧 하나.

(I-i-irya) Two is one; one is two.

이일체제상 즉명제불 離一切諸相 卽名諸佛 일체의 상을 떠남이 곧 부처라 한다. 화두 참구도 따지고 보면 이 진리를 깨치는 데 있다고 볼 수 있으며, 금강경의 모든 말씀이 이 한마디에 들어 있다고 본다. 내적 외적 온갖 상을 떠나는 것.

(I-ilchejesang Jeukmyeong Jebul) Those who have left behind every phenomenal distinction are called Buddhas all: In other words, Buddha is none other than leaving every form or mark behind, internal and external, material and conceptual.

이입 二入 이입理入과 행입行入을 말함. 이입理入은 이치 또는 진리에 들어맞는 것, 또는 진리에 들어가는 것을 말하고, 행입行入은 부처님의 가르침에 따라 행을 일으키고, 행에 의해 이理에 들어가는 것을 말함. 이입사행론二入四行論 참조.

(I-ip) The twofold entrance to the way or truth: One is the entranceby reason, i.e., the realization of the spirit or teachings of Buddhism. The other is entrance by means of practice according to the truth. *Cf. (I-ip Sahaengnon)* The twofold entrance to the way and four ways of practice.

이입 理入 이입二入의 하나. 범부와 성인이 본래 하나라는 것을 깊이 믿는 것. 그리고 이입理入에 의해 수행을 하는 것을 행입行入이라 말하며, 또 보다 구체적으로는 부처님과 조사들의 종지宗旨를 깨달아 이에 들어가는 것.

(I-ip) One of the double entrance *(I-ip 二入)*. It is a great faith in equality of the common people and the saint, and entering into action means practicing according to the principle or truth, more specifically entering into truth according to the teachings of the Buddha and patriarchs.

이입사행론 二入四行論 선종禪宗의 승려가 깨달음을 얻기 위해 관조하고 실천하는 가장 근본적인 가르침. 그리고 이입二入이란 이입理入과 행입行入을 합한 것을 말함. 사행四行에는 다음 네 가지가 있다.

1) 보원행報怨行 (이것은 쉽게 이야기해 전생에 지은 죄에 대한 빚 갚는 수행이다. 다시 말해 모든 불행을 전생에 지은 죄의 탓으로 돌리는 것. 그러면 마음이 편하다. 누구를 원망할 것도 없다. 모든 것은 자업자득自業自得)
2) 수연행隨緣行 (이것은 자연의 이치를 따라 인연을 따르는 것. 모든 것은 공하니 기쁜 일이든 슬픈 일이든 언젠가는 사라질 것이라고 생각하면 마음이 편하다)
3) 무소구행無所求行 (이것은 구하는 바가 없는 수행. 무엇이든 구하는 것이 있으면 구하는 만큼 괴로움이 따른다. 행복이란 별다른 것이 아니다. 곧 탐욕을 버리고 구함을 쉬는 것)
4) 칭법행稱法行 (이것은 진리에 합당한 수행을 말한다. 곧 우주의 이치대로 사는 것을 말하며 그것이 곧 지혜)

(I-ip Sahaengnon) The Treatise on the Twofold Entrance to the Way and Four Ways of Practice: *(I-ip)* The twofold entrance means combination of reason and practice, and four ways of practice are:

1) Requital for the sins committed in the former life: Everything is one's own earning, either happiness or suffering. Everything is the natural consequence of one's own deed.
2) Following the way of nature: One should not defy the law of nature. As everything is fundamentally empty, everything will settle as it should.
3) Practice of non-desire: Every suffering comes from desire and

grasping. No desire, no suffering, which is the wisdom of happiness with less.

4) Practice with the principle of the universe: It is the unsurpassed wisdom.

이자삼점 伊字三點 불교의 법신과 반야와 해탈의 세 가지 가르침이 불가분의 관계에 있다는 뜻을 나타내는 범어梵語의 ∴이라는 글자. 이것을 열반삼사涅槃三事 또는 三德이라고도 말하며, 또 이것은 선종禪宗의 표지인 동시에, 속칭으로는 원이삼점圓伊三點이라고도 말함. 三德 참조.

(Ijasamjeom) Three triangular dots of the letter symbolizing the three essential elements of nirvana--the Dharma-body, transcendent wisdom, and enlightenment, the three props or pillars of Buddhism. *Cf. (Samdeok)* Three virtues.

이자성상 二自性相 이자성상二自性相이란 망계자성상妄計自性相과 연기자성상緣起自性相을 말함. 다음은 능가경愣伽經에 나오는 말씀:

'명名 · 상相 분별은 이자성상二自性相 이고 / 정지正智와 진여眞如는 원성자성상圓成自性相이니라.'

(Ijaseongsang) The marks of two self-nature: It means self-nature of delusive manipulation and self-nature of dependent origination. "The marks of two self-nature are discriminations of name and form, / And True-suchness is the self-nature of complete self-nature."

--The Lankavatara Sutra--

이자타 利自他 자타自他를 모두 이롭게 하는 것.

(Ijata) Profit for both self and others.

이장 理障 이장二障의 하나. 근본무명으로 정지견正知見을 장애하는 번뇌라는 뜻.

(Ijang) The hindrance caused by wrong views of truth by the fundamental ignorance.

이장 二障 혹장惑障, 곧 미혹의 장애를 두 가지로 나눈 것. 대표적인 이론으로 유식론唯識論과 원각경圓覺經이 있다.

1) 유식론唯識論에서는 번뇌장煩惱障과 소지장所知障을 말함. 다시 말해 어리석음과 지식이 다같이 마음공부엔 장애가 된다는 것.

2) 그러나 원각경圓覺經에서는 이장理障과 사장事障을 말하며. 이장理障은 사물의 바른 인식에 장애를 일으키고, 현상現象에 얽매이는 사장事障은 윤회를 벗어나

지 못하게 된다고 말한다.

(Ijang) The two hindrances or obstructions: Two major views are the Mind-only School and the view of the Complete Enlightenment Sutra:

1) The mind-only School: Passionate obstructions, or obstructions of afflictions or defilement; and objective obstructions of knowledge, or the intellectual hindrance.
2) The Complete Enlightenment Sutra: The Sutra classifies the obstruction into hindrances of principle which obstruct correct cognition; and the hindrances of phenomena which invite the cycle of rebirth.

이장능소법상 二障能所法相 법상法相의 주관과 객관적 두 주 장애양상障碍樣相.

(Ijangneungso Beopsang) Two subjective and objective hindrances of the Dharma-characteristics.

이제 二諦 이것은 상대적 진리의 속제俗諦와 절대적 진리의 진제眞諦를 말함.

(Ije) The twofold truth or reality: Conventional relative truth and absolute truth.

이제 二際 열반제涅槃際와 생사제生死際. 제際는 계界와 같은 뜻. 생사와 열반의 세계가 다르다고 보는 것은 소승小乘의 견해이며, 대승大乘은 궁극적인 면에선 생사生死가 곧 열반으로 둘 사이에 어떤 차이와 경계가 없다고 보는 것.

(Ije) The two realms: The realm of Nirvana and the realm of birth and death. According to Theravada Buddhism, they are different from each other, while Mahayana maintains they are one in essence.

이종갈마 二種羯磨 두 가지 다른 유형類型의 갈마羯磨.

1) 계율戒律을 범한 승려僧侶를 벌하는 것과, 앞으로는 착한 일을 하겠다는 맹서와 함께 자신의 죄를 참회하는 것.
2) 자신의 악행惡行을 참회하지 않으므로 승적을 박탈하는 것과, 같은 악행을 다시는 범하지 않겠다는 맹서와 함께 참회하는 것.

(Ijong Karma) To types of karma in two categories:

1) Punishing a monk who has broken the precepts; and confession by a monk who has broken the precepts with a vow to do good in the future.
2) Banishing a monk who has not repented his wrong-doing; and

confession by a monk who has broken the precepts, accompanied by a vow that he will never commit the same offence again.

이종공양 二種供養 재공양財供養과 법공양法供養.

(Ijong Gongyang) Two kinds of offering: Goods and Buddha-dharma, or Buddha's teaching.

이종관법 二種觀法 이것은 유식관唯識觀, 곧 신 구의 삼업三業의 소작, 즉 업業과 일체의 차별의 외경外境은 유심唯心의 소작所作이라는 것과, 실상관 實相觀, 곧 분별의 상념想念을 여의고 삼매三昧에 들어가 여실如實한 이치 理致를 관하는 것을 말함.

(Ijonggwanbeop) Two types of insight: The mind-only view and the ultimate view of reality. The mind-only view means that all the different modes of percepts are only the karmic actions of body, speech, and thought, while the ultimate view of reality is to see the true principle of reality through samadhi by renouncing discriminating thoughts.

이종근본 二種根本 무엇이 이종근본? 첫째는 무시이래無始以來부터 내려오는 우리들의 생사生死에 관한 근본문제이다. 즉 모든 중생들이 인식하는 대상의 세계는 자기 마음의 그림자이지 실재하는 법이 아님을 모르고 그것에 집착하는 것을 말한다.

두 번째는 중생들이 전도된 견해로 생사에 유전한다 해도, 그 자성 自性은 무시이래 無始以來로 원래 청정 그 자체인 진여열반眞如涅槃의 상태라는 것. 다시 말해 진여가 생멸하는 인연을 따르나 그 자체는 항상 변치 않는다는 것.

(Ijong Geunbon) Two kinds of quintessence: The first is the fundamental problem of birth and death since the primordial time of beginningless beginning, i.e., all the perceptual worlds of sentient beings are only the shadows of their mind, yet the ignorant people cling to them without knowing that they are in truth non-existence. The second is that even if the sentient beings evolve in the endless cycle of transmigration in the darkness of their deluded mind, their self-nature is originally immaculate true-suchness of nirvana from the primordial time of beginningless beginning. In other words, although the true-suchness follows the affinity of birth and death, its substance intact and never change.

이종무지 二種無知 염오무지染汚無知와 불염오무지不染汚無知, 즉 사성제四聖諦와 공空의 이치에 대한 무지와, 제법諸法에 대한 차별도 모르는 무식에서 오는 단순한 무지.

(Ijongmuji) The two kinds of ignorance: Defiled ignorance which refers to ignorance of the Four Noble Truths and the concept of Sunyata, and undefiled ignorance which refers tro simple lack of knowledge of facts.

이종시 二種施 재시財施와 법시法施를 말함. 재시財施는 재물을 베풀어 가난한 사람을 구하는 것이고, 법시法施는 법法을 설하여 다른 사람들을 제도하는 것.

(Ijongsi) Two types of offering: Offering of goods to help the poor, and offering of Buddha's teaching to deliver sentient beings.

이종참회 二種懺悔 사참事懺과와 이참理懺. 각 항목 참조.

(Ijong chamhoi) Two kinds of repentance. *Cf.* *(Sacham)* Repentance by means of prayer chanting or reciting the sutra, and *(Icham)* Repentance of one's sin by realizing the principle of fundamental reality of emptiness of sin.

이종해탈 二種解脫 무위해탈無爲解脫과 유위해탈有爲解脫을 말함. 각 항목 참조.

(Ijong Haetal) Twofold emancipation. *Cf.* *(Muwihaetal)* Non-doing emancipation, and *(Yuwihaetal)* Emancipation attained by the freedom from sense-objects.

이중 二衆 도중道衆, 곧 출가하여 계戒를 지키면서 도道를 닦는 이들과, 속중俗衆, 곧 속세에 있으면서 법에 귀의하여 오계五戒를 지키는 사람들.

(Ijung) Buddhist monks and the laity: An assembly of monks who observe he moral precepts for monks, and an assembly of lay followers who observe the five basic moral precepts for lay-devotees.

이중자량 二重資糧 불과佛果를 증득하려고 수행하는 것을 돕는 두 가지 자량資糧(필수품)이란 복덕福德과 지덕智德을 말함.

(Ijung Jaryang) Twofold capability or necessity for attaining the Buddhahood: They are virtues of good fortune and wisdom.

이즉불 理卽佛 이즉理卽이라고 줄여서 말하기도 함. 이는 일체 중생이 다 불성을 갖춘 것을 이理라 하고, 불과佛果가 둘이 아닌 것을 즉卽이라 함. 천태종天台宗에서 수행하는 차위次位의 하나. 아직 원교圓敎가 무엇인지 알지 못하는 사람이, 불성과 진여의 이치를 갖추고도 이러한 줄을 알지 못하여 수행하지 아니하고 생사에 윤회하는 자리.

(Ijeukbul) The underlying truth of all things is Buddha: It is the doctrine of the Tientai Sect that we are all inborn Buddhas. If one is ignorant of this truth and neglects practice, there is no way to be free from the eternal wheel of birth and death, or samsara.

이즉이비 시즉비즉 離卽離非 是卽非卽 진여문眞如門에서 보면 만법萬法은 다 똑같다. 이것을 가리켜 즉卽, 곧 '같다'고 말한다. 그러나 차별문差別門에서 보면, 삼라만상森羅萬象의 모습이 제각기 다르다. 이것을 비非, 곧 '아니다' 또는 '다르다'고 말한다. 그러나 본래 하나도 없는 것이 기 때문에 진여문과 차별문이 둘이 아닌 동시에 하나도 아니며, 다른 동시에 곧 같은 것이다. 따라서 차별이 곧 평등이며 모순이 곧 조화인 동시에 이것을 가리켜 쌍차쌍조雙遮雙照라고 말함. 기가 막힌 논리. 이래도 깨치지 못하면 별 도리가 없다.

(Ijeuk-ibi Sijeuk-bijeuk) Not same but the same, the same but not same: In the ultimate reality of true-suchness, everything is the same, but in the door of differentiation, everything is not the same, and each has its characteristic or an individual mark. But in the ultimate reality of emptiness, there cannot be either is or not is.

Everything is the same and not the same at the same time, each illuminating each other, just like the Lord Indra's net. This is the true equanimity in differentiation, differentiation in equanimity; and contradiction in harmony, and harmony in contradiction. One should read it once more to appreciate its logic.

이지 理智 이理는 관觀할 바 대상인 도리道理. 지智는 관하는 주체적 지혜. 이 둘의 완전한 결합을 이지명합理智冥合이라 말함.

(Iji) Noumenal principle and transcendental wisdom: While principle is the object part of insight, wisdom is the subject part of perceiving the principle. Combination of these two is called a gnostic agreement of principle and wisdom.

이차돈 異次頓 (506-527) 불도를 위한 신라의 순교자. 법흥왕法興王 15년 (528) 21세의 젊은 나이에 부처님의 가르침을 증명하기 위해 순교를 자청하였다. 이런 성인聖人이 다시 나와야 한국 불교가 산다.

(Ichadon) (506-527) A Buddhist martyr and saint who volunteered to sacrifice his life to prove the truth of Buddha's teaching at the age of twenty one in the 15th year (E.C. 528) of reign of King Beopheung of the Silla dynasty.

이참 理懺 이치로 참회하는 것. 다시 말해 실상實相의 도리를 관하여 여러 가지 허물을 뉘우치고 마음을 바로잡는 참회. 죄란 비난받아 마땅하지만, 그것도 알고 보면 본래 자성이 없음을 깨달아 마음을 비워 다시는 망상 분별이 일어나지 않도록 하는 것. 이것이 사참事懺과는 그 차원이 다른 이참理懺.

(Icham) Rational repentance: Repentance of one's sin by realizing the principle of ultimate reality of emptiness of sin: Sin must be avoided but we must know that it has no true substance; must know that it all comes from the mind of grasping, anger, and ignorance. *Cf. (Sacham)* A physical repentance by means of prayer chanting or reciting the sutra, and *(Yecham)* The ceremonial repentance before the Buddha.

이체 理體 만유萬有의 본질 또는 제법諸法의 이성理性을 말함.

(Iche) The fundamental substance or body of all things.

이취 二取 견취見取와 계취戒取를 말함. 자기 소견을 고집한다는 뜻으로, 온갖 삿된 견해를 일으키면서도 이를 훌륭한 견해라고 고집하는 망견妄見과, 삿된 길을 고집하면서 천당에 태어나는 인因이나 열반의 인因이라고 생각하는 잘못된 소견. 오견五見 참조.

(Ichwi) Two kinds of obsession: The obsession with one's lopsided views to be right, and obsession of deluded view on the rebirth in heaven and nirvana on top of violation of precepts. *Cf. (Ogyeon)* Five afflicted or deluded views.

이타행 利他行 자기보다 남의 이익을 먼저 생각하는 보살행.

(Itahaeng) Bodhisattva's practice or action for others' benefit, or taking burdens upon oneself for the benefit of others.

이판(승) 理判(僧) 불경의 연구와 참선에만 전심하는 스님. 사판(승)事判(僧) 참조.

(Ipan(seung) The priest who only studies sutras and practises meditation. *Cf. (Sapan(seung))* A clerical monk.

이합천심 以合天心 하늘의 뜻에 합치하다.

(Ihap Cheonsim) Accord with the mind or will of Heaven.

이해박 離解縛 생멸의 모습에 집착하는 것이 속박이고, 생멸의 모습을 얻을 수 없음을 바로 깨치는 것이 풀림, 곧 깨달음이라 함.

(Ihaebak) Emancipation from fetters: Attachment to the form of birth and death is called a restraint or a yoke, while to know unavailability of seeing the form of birth and death is called the release from yoke or awakening.

이해탈 二解脫 지혜로 일체의 번뇌장을 여의어서 열반을 깨닫는 혜해탈慧解脫과, 심식心識이 일체의 장애를 여의어서 멸진정滅盡定에 들어가는 심해탈心解脫을 말함. 이들 대칭적 해탈에는 몇 가지가 있다. 이들에 대한 보다 자세한 것은 각 항목 참조.

1) 혜해탈慧解脫과 심해탈心解脫 (번뇌의 더러움이 없는 참된 지혜의 경지와, 탐욕을 끊은 결과로 애욕을 여의고 마음이 자유롭게 노닐 수 있는 경지. 구해탈俱解脫 참조)
2) 성정해탈性淨解脫과 장진해탈障盡解脫 (중생의 본성이 청정하여 번뇌의 속박에서 벗어나 때가 묻지 않은 상태와, 우리의 수행을 어지럽히는 번뇌를 모두 끊고 자유로운 경지에 이른 상태)
3) 유위해탈有爲解脫과 무위해탈無爲解脫 (번뇌를 여의어 온갖 대경對境에 대하여 자유로운 깨달음과, 유위해탈과는 달리, 함이 없음으로 일체의 경계에 걸림이 없는 해탈)
4) 대시해탈待時解脫과 불시해탈不時解脫 (좋은 인연을 만나지 못해 아직 멸진정滅盡定에 들어가지 못하였기 때문에 기다리고 있는 상태와, 근기가 수승하여 좋은 시절인연을 기다리지 않고도 언제나 선정에 들어가 해탈을 증득하는 것)

(Ihaetal) Twofold emancipation by means of wisdom and insight: There are four contrasting categories of their kind. See individual category for further information.

1) (Hyehaetal) Discerning emancipation and (Simhaetal) Mind emancipation.
2) (Seongjeong Haetal) Immaculate emancipation and (Jangjin Haetal) Emancipation by cessation of defilements.
3) (Yuwihatal) Conditioned emancipation and (Muwihaetal) Non-conditioned emancipation.

4) (Daesihatal) Suspended emancipation and (Bulsihaetal) Instantaneous emancipation.

이행도 易行道 타력他力에 의해 수행하기 쉽고, 또 깨닫는 경계에 쉽게 도달하거나 서방정토에 태어날 수 있는 행법行法.

(Ihaengdo) The easy practice, or easy path to enlightenment: The doctrine of attaining enlightenment or rebirth in the Pure Land by relying on "the other power," such as the vow of Amitabha Buddha.

이혹 理惑 사제四諦의 이치에 미혹迷惑하는 아견我見과 변견邊見 등의 견혹見惑, 또는 근본무명의 번뇌가 중도의 도리를 덮어 나타나지 못하게 하는 것.

(Ihok) Illusion in regard to fundamental truth: For example, the reality of the ego and things, deluded and extreme views arising from the ignorance of the four noble truths, or the delusion that prevents the principle of the middle path from manifestation by covering it.

이혹 二惑 미혹迷惑의 장애障碍를 두 가지로 나눈 것.

1) 견혹見惑 (불도佛道를 수행함에 있어 우선 견도見道, 곧 사제四諦의 이치理致를 깨달음으로써 제거하는 번뇌煩惱)
2) 수혹修惑 (사혹思惑이라고도 말하며, 탐진치貪瞋痴와 같은 타고날 때부터 갖는 번뇌. 도道를 닦음으로써 이들을 끊을 수 있음으로 이를 수혹修惑이라 말함)

(Ihok) The two kinds or aspects of illusion: Classification of illusion and obstruction into two groups.

1) The deluded view: Perplexities or illusions arising from false views or theories. It can be overcome by understanding the truth of reality, i.e., the true meanings of the Four Noble Truths.
2) The latent or conceptual delusion: It can be overcome by cultivation of the way or mind.

인 因 협의狹義로는 어떤 결과를 가져오는 직접적인 내적內的 원인을 인因, 곧 내인內因이라 하고, 이것을 외부에서 도우는 간접적인 원인을 연緣, 곧 외연外緣이라 하지만, 광의廣義로는 두 가지를 합하여 인因 또는 연緣이라고 함. 엄밀히 따지면 이들을 서로 상관관계에 있으며, 또 쌍방통행이라 말할 수도 있다. 다시 말해 인이 연이 되고, 연이 인이 될 수도 있다는 것. 인과 참조.

(In) Hetu: Cause (and condition). In a narrow sense, a certain effect brought about by the direct internal factor is called "cause," while

a certain effect brought about by the indirect external factor is called "condition." However, in a broad sense, there is no distinction between the "cause" and "condition," and combination of the two is sometimes called simply either "cause" or "condition." *Cf. (Ingwa)* Causality, or cause and effect.

인 忍 인욕忍辱, 인내忍耐, 감인堪忍, 인허認許, 인가認可 또는 안인安忍 등의 뜻. 모든 굴욕과 박해를 받아도 참고 견디어 성내지 않고 진리를 깨달아 마음을 편안히 하는 것.

(In) Patience, endurance, tolerance, or sometimes permission in adverse circumstances: There are various forms of patience, repression, forbearance, or perseverance of the saints to maintain equanimity and the peace of mind.

인 仁 공자孔子가 주장한 유교의 도덕적 이념理念. 오상五常 (仁義禮智信을 말함)의 하나로 모든 덕德의 기초로서 공자는 이것을 극기복예克己復禮 (과도한 욕망을 누르고 예절을 지킴)라고 설명하고, 일반적으로는 사랑 또는 박애博愛 그 내용으로 됨.

(In) Humanity, benevolence, kindness, loved of man, true manhood, or virtue: The first of five Confucian basic moral conducts (humanity, justice, obeisance, wisdom, credence).

인가 印可 사승師僧이 제자의 득법得法 또는 설법 등을 증명하고 인가함.

(In-ga) The seal of approval, sanction, or confirmation: Indication by the Seon master that his disciple has gained enlightenment.

인가 忍可 사제四諦의 도리道理를 확실히 인정하여 받아들이는 것.

(In-ga) Approval: The legitimate seal of ratification that authentic enlightenment, or the wisdom of the Four Noble Truths has been clearly realized.

인간 人間 인간이란 자연적 존재이며 오래된 부품으로 구성된 일상적인 존재이다. 표현이 멋있다.

(Ingan) Human being: Human being is just a natural existence of an ordinary being composed of old parts. A nice way to put it.

인격신 人格神 신神을 사람처럼 인격화 시키는 것. 하나님이 인간을 하나님 형상대로 창조했다고 하나, 사실은 인간이 인간의 모습으로 하나님을 창조한 것. 불교에서는 부처님을 신격화하지 않는다. 부처님께서는 자신의 우상화를 거부하시고, 단지 길 안내자와 나룻배 사공임을 자처하셨을 뿐이다. 불교는 무신론無神論.

(Ingyeoksin) The personified God: The God was created after the image of man, not man after the image of God. Buddhism is far from such a myth. Buddha refused blind worship and called himself a pathfinder and a ferry master. There is no personal God in Buddhism.

인경 印經 경판經板에 새긴 경전을 먹물로 문질러 뜨는 것.

(In-gyeong) Wood block printings from the Tripitaka by rubbing them with Chinese ink.

인고 忍苦 괴로움을 참음. 이것이 수행자의 길.

(In-go) Perseverance: It is the way of a monastic.

인공 人空 아공我空 또는 생공生空과 같은 말.

(In-gong) Emptiness or non-substantiality of self and birth: Variant expression for *(Agong)* and *(Saenggong)* Emptiness of self and birth.

인과 因果 선악善惡의 업業에 의하여 그에 대한 과보果報를 초래하는 것, 또는 그 법칙성法則性. 이것이 콩 심은데 콩 나고, 팥 심은데 팥 난다는 불교의 기본 원리. 그러나 불교적인 인과법은 '인'과 '과'가 항상 가변적이며, '과'가 다시 '인'이 되고, '인'이 다시 '과'가 되어 끝없이 서로 이어지는 영원한 고리 역할을 하고 있다는 것이다.

다시 말해 인연법이란 '인'과 '과'가 원죄처럼 일회성一回性으로 끝나는 것이 아니라는 것이며, 찰나적 인과의 선상에서 본다면 이들은 둘이면서 하나이며, 하나이면서 둘이라는 양면성을 가지고 있다는 것. 그리고 무엇보다 업이나 인과는 자성自性이 없다는 것을 잊지 말아야 하며, 일체중생 실유불성은 바로 이를 두고 하는 말이다. 따라서 불도佛道에 의한 구원의 길은 항상 열려있다고 볼 수 있다. 비결? 각자가 선정禪定을 통해 자성을 깨달으면 된다. 어려울 것 없다.

(In-gwa) Causality or cause and effect: Every action which is a cause will have an effect. The law of cause and effect is a fundamental concept of Buddhism governing all situations. But in Buddhism, causality is not deterministic. An effect in turn becomes a cause, and a cause again an effect. In other words, every single thing we ever experience is the effect of some cause, and this effect causes some other effect, which in turn becomes a cause.

Unlike the Original Sin, there is no finality of this chain of causality in Buddhism. Cause and effect are one, though we see the two sides of the coin in the relative illusion of time. Most of all, we should not forget that we are all inborn Buddhas, and neither karma nor causality has substance or the everlasting self-nature.

Hence the doctrine of cause and effect in Buddhism is always open to the deliverance of self. This may be called "the harmony of causes and conditions" proposed by Nagarjuna.

인과율 因果律 일체의 사물은 원인이 있어 생기며, 또 원인은 필연적으로 결과를 낳는다는 법칙으로 그 응보는 피할 길이 없다. 이것을 쉬운 말로는 자업자득自業自得이라고도 말함.

(In-gwayul) The law or theory of causation, or cause and effect: The law of cause and effect is universal. Each man must carry his own burden of sin and accept its retribution.

인과응보 因果應報 착한 인因에는 착한 과果, 악한 인因에는 악한 과果가 반듯이 있다는 것. 이를 줄여서 과보果報라고도 말함.

(In-gwaeungbo) Causal action and retribution: A good cause has a good effect, and a bad cause, a bad one without exception.

인드라 베다에 나오는 주신主神으로 후에 힌두교의 신이 됨. 범신梵神이라 번역. 그러나 불교에서는 불법을 수호하는 도리천忉利天 왕인 제석천帝釋天을 말함.

(Indra) A major God in the Vedic pantheon, and then a god of Hinduism with diminished status. However, he was reinstated in Buddhist scriptures as the King of the gods and as a disciple of the Buddha and protector of the Dharma and its practitioners.

인드라망 제망찰해帝網刹海 참조.

(Indramang) The Lord Indra's net. *Cf. (Jemang Chalhae)* The Lord Indra's net.

인등 引燈 부처님 앞에 등불을 켜는 것.

(Indeung) Lighting the candle to the Buddha.

인명 因明 인도의 논리학으로, 오명五明의 하나. 인因은 원인 또는 이유. 명明은 학문의 뜻. 이유를 밝혀서 논증을 행하는 논리학을 말함.

(Inmyeong) Logic: Indian logic, one of the five branches of Indian science. "In 因" means cause or reason, and "myeong 明" means scholarship. It is a scholastic demonstration to prove the cause of a certain problem.

인무아 人無我 중생무아衆生無我, 생공生空, 인공人空, 아공我空이라고도 말함. 실체實體로서의 아我가 존재하지 않는다는 것. 법무아法無我와 오온五蘊 참조.

(Ilmua) The absence of self or egolessness of the person: Emptiness of self and birth. *Cf. (Beopmua)* The absence of Dharma or phenomena and *(O-on)* The five skandhas or aggregates.

인법 忍法 고집멸도苦集滅道 사제四諦의 도리를 인정하여 받아들임을 말함.

(Inbeop) Acknowledgement of the truth of the Four Noble Truths.

인사 人師 사람을 옳은 길로 인도하는 스승.

(Insa) A leader or teacher of men, who leads the people to the right path.

인사불성 人事不省 무의식 상태를 말함.

(Insabulseong) Unconsciousness, loss of consciousness, or insensibility.

인상 人相 사상四相의 하나로 사람이라는 뜻. 곧 사람이 축생보다 뛰어나다는 관념. 이것이 점차 발전하여 생사를 초월하여 존재하는 영원불멸이라는 의미로 발전.

(Insang) Ego: One of the four marks. A personality, a mark of separated individuality, or a vain conception of human being different from animals or other living creatures. *Cf. (Sasang)* Four marks.

인생 人生 무엇이 인생? 사전에는 '목숨을 가진 사람의 존재'라 쓰여 있다. 영국의 문호 셰익스피어의 인생관을 들어보는 것도 나쁘지 않을 것 같다.

인생이란 어설픈 형상 없는 그림자
뽐내고 안달하다 곧 사라지는
한낱 가설무대 위의 광대.

--셰익스피어, 『맥베스』, 5막 5장--

(Insaeng) Life: What is life? Let's see what Shakespeare says:

Life's but a walking shadow; a poor player,
That struts and frets his hour upon the stage,
And then heard no more:

--Shakespeare, *Macbeth*, V. v--

인순정 印順定 유식唯識에서 가행위 사선근加行位 四善根을 근본으로 세우는 사정四定의 셋째 자리. 이것을 좀 더 자세히 설명하면, 인위忍位에서 격이 낮은 여실지如實智를 일으켜 소취所取의 경계인 명名, 의義, 자성自性, 차별差別의 네 가지는, 내 마음의 변한바로서 가유실무假有實無한 것이라 인정하고, 또 능취能取의 알아차림 가운데 있는 명名, 의義, 자성自性 차별差別 역시 공무空無한 것이라 인정하는 선정禪定을 이렇게 말함. 약간 어려운 설명 다시 읽어볼 것. 영문설명이 더 쉬울지도 모름.

(Insunjeong) The mindful contemplation of thoughts: Samadhi of confirming and accommodation. It is the third stage of the fourfold mindfulness or meditation, which is the basis of the stage of added effort.

In other words, it is the confirmation and accommodation of names, meanings, self-nature, and discriminations to be unreal and empty in the cases of both subject and object part of view of things on the lower knowledge of true reality.

인승 人乘 오승五乘의 하나. 오계五戒의 가르침을 말함. 이것을 타고서 인취人趣, 곧 인간세계에 태어나는 것을 말함.

(Inseung) Human vehicle, or the vehicle of humanity: One of the five vehicles. It actually means the basic five precepts, keeping by which one may be reborn in the human realm.

인아 人我 오온五蘊으로 이루어진 나라는 실체가 있다고 생각하는 견해. 인아견人我見, 아견我見이라고도 하며, 또 다른 사람과 나라는 뜻도 있음. 법아法我 참조.

(Ina) Selfhood, ego, or personality: The false view which holds that personal self or entity is substantial and possesses a real nature of its own opposed to non-self, non-self-entity, or non-selfhood, or a view of self and other person. *Cf. (Beop-a)* The selfhood of Dharma.

인아상 人我相 인人(남)과 아我(나)를 구분하여 보는 상.

(Inasang) Differentiating marks of self and others.

인업 因業 온갖 업의 원인.

(Ineop) The cause of all kinds of karma.

인연 因緣 연기라고도 말함. 일반적인 뜻의 서로의 연분緣分, 또는 불교적 의미의 인因과 연緣, 곧 어떤 결과를 낳게 하는 직접적인 원인[因]과, 그 원인과 어우러져 결과를 낳게 하는 간접적 고리가 되는 조건[緣].

(In-yeon) Hetu-pratyaya: Cause and conditions, bond between people and things, or a causal relation or affinity. The first syllable *in* 因 is the direct cause by which the result occurs, while the second syllable *yeon* 緣 means the indirect or the secondary one.

인연관 因緣觀 오정심관五停心觀의 하나로 연기관緣起觀이라고도 말함. 어리석고 우매한 사람이 닦는 관법觀法으로, 십이인연十二因緣이 삼세三世에 인과상속因果相續하는 도리를 관하여 어리석음을 깨치게 하는 관법.

(Inyeongwan) An insight into causality: It is an expedient method of attaining enlightenment of the lower-minded by looking into the truth of twelvefold dependent co-arising which extends to three period of time, the past, the present, and the future.

인연법 因緣法 연기緣起와 같음. 인연因緣의 도리道理. 십이인연十二因緣의 가르침.

(Inyeonbeop) The law of causality or causation: An alternate name for *yeongibeop*. The teaching of twelve interdependent origination.

인연생 因緣生 연생緣生이라고도 말함. 만유제법萬有諸法, 곧 모든 현상은 자기를 친히 내는 인因과, 이것을 돕는 연緣에 의하여 나는 것을 말함. 대승大乘의 기본교리. 연기緣起가 곧 공 空, 공이 곧 연기라는 것만이라도 확실히 알아야 한다. 이것만 알아도 확실한 발전. 그런데 불신자들은 이것도 모른다. '인연소생법因緣所生法(인연으로 생긴 법들), 아설즉시공我說卽是空 (그것을 나는 공이라 설한다.' 이것은 부처님 말씀)

(Inyeonsaeng) The things that arise from conditions, or the factors of cause and conditions: Everything, without exception, arises dependent on causes and conditions. One must truly understand that dependent origination is emptiness, and emptiness, dependent origination. This is the essence of Mahayana Buddhism. "The thing, internal and external, / Arisen from dependent origination; / I call it emptiness," the Buddha said.

인연즉공리 因緣卽空理 인연법因緣法이 곧 공空이며, 공 즉 인연법. 현상세계에 대한 공리空理. 만법萬法은 하나같이 인연법에 의해 생멸이 있으나, 실성實性 또는 궁극적 실상實相은 생멸이 없으니, 인연법因緣法이 곧 공空이요, 공空이 곧 인연법이라는 것.

(Inyeonjeuk Gongri) Dependent origination itself is sunyata: The theory of the voidness of the phenomenal world. Every being in the world is conditioned by the rule of cause and effect and appears to be born and die according to the same rule. However, in reality neither birth nor death exist as fixed concepts. The law of birth and death is none other than sunyata or the void.

인연출세 因緣出世 일대사인연一大事因緣과 같은 뜻.

(Inyeon Chulse) The aim or object of Buddha's incarnation in this world. It is another expression for *Ildaesa Inyeon*.

인욕 忍辱 인忍 또는 안인安忍이라고도 번역. 육바라밀과 십바라밀의 하나로 욕됨을 참고 어려움을 견딜 뿐만 아니라 이를 모두 수용하여 마음을 편안히 가라앉지는 지혜.

(Inyok) Ksanti: Forbearing patience, or accommodation of all kinds of abuse and reproach. This is the true wisdom and the sure way of attaining the peace of mind. It is the third of the Six Paramitas.

인욕바리밀 忍辱波羅密 육바라밀의 하나. 인바라밀忍波羅密, 또는 인도忍度라고 줄여서 말하기도 함. 온갖 치욕을 받고도 복수하려는 마음이 없고, 마음을 안주하게 하는 수행. 이것은 열반의 피안에 도달하는 도度의 하나이므로 인바라밀이라 함.

(Inyokbaramil) Perfection of tolerance: The capacity to receive, tolerate, and transform all kinds of unbearable pains without any thought of vengeance. The reward is the quietude of mind and attainment of enlightenment and Nirvana, whereas it is called the perfection of tolerance.

인원 因願 여래如來가 성불하기 전 인위因位에서 일으킨 본원本願.

(Inweon) The original great vow made by Sakyamuni Buddha during the time of his practice to attain enlightenment and become Buddha.

인위 因位 부처가 되려고 수행하는 기간 또는 자리. 그 결과인 과위果位 참조. 그러나 수행이라는 것도 깨치고 보면 본래의 부처가 깨달아 부처가 되는 것이지 중생이 수행을 통해 변하여 부처가 되는 것은 아니라는 것을 알아야 한다.

(Inwi) The causal state: The period or state of cultivation to attain the Buddhahood. However, we should never forget that we are all originally Buddhas, and attaining the Buddhahood is not transforming

the sentient beings by cultivation. All we have to do is the realization of this truth and dropping the greedy mind and attachment. *Cf. (Gwawi)* The resultant position.

인위 忍位 사선근四善根의 제3. 구사종俱舍宗에서는 사제四諦의 이理를 인가忍可하여 물러나는 일이 없는 자리. 그러나 유식唯識에서는 보살이 인순정印順定으로부터 하품下品의 여실지如實智를 내어 능취能取 없음을 관하여 인가결정認可決定하는 자리를 말함. 역시 다소 어려운 설명.

(Inwi) The stage of patience, fortitude, or forbearance: The third of the four wholesome roots. The doctrine of acknowledgement of the Four Noble Truth and non-regression of Abhidharmakosa or the Existence School. But the Mind-only School sees it as acknowledgement and determination arising from the stage of true wisdom of the samadhi of confirming and accommodation.

인의예지신 仁義禮智信 사람의 기본 도리인 유교儒教의 오덕五德.

(Inuiyeji) The five Confucian virtues: Benevolence or human-heartedness, righteousness or justice, courtesy or propriety, wisdom, and faithfulness.

인중 因中 수행 중에 있음을 뜻함. 이래서 한자권漢字圈의 불교가 어렵다.

(Injung) It refers to one who is absorbed in practice.

인지 因地 부처님의 지위를 과지果地 또는 과토果土라 함에 대하여, 성불하려고 수행하는 지위를 인위因位 또는 인지因地라 말함.

(Inji) Another name for *inwi*, the causal state, or the period or stage of cultivation to become a Buddha.

인천 人天 육도六道 또는 육취六趣에서 인간계와 천상계天上界의 중생을 말함. 육도六道 참조.

(Incheon) Human and heavenly beings or devas in the realm of six modes of existence. *Cf. (Yukdo)* Six modes of transmigration-- the realms of heaven, human, asura, hell, devil, and animal.

인천교 人天敎 오교五教의 하나로 인천승人天乘이라고도 말함. 부처님이 성도成道하신 다음 처음에 가르치신 것으로, 오계五戒와 중품中品의 십선十善을 행하면 인간으로 태어나고, 상품上品의 십선十善을 행하면 천상에 난다고 가르친 교법教法. 이것은 불교의 깊은 이치라기보다는 불교에 들어오게 하기 위한 하나의 방편의 교설로, 종교적 해탈을 위한 것이 아닌 세속적인 가르침.

(Incheongyo) Teachings of human and heavenly beings: One of the five teachings *ogyo*. After having attained enlightenment, Sakyamuni Buddha preached first that if one observes five basic precepts and perform ten intermediate good works, one would be reborn a human; and if one performs ten higher good deeds, one will be reborn in the heavenly realm. In the strict sense, it is not a discourse aimed at religious emancipation but an expedient moral code to bring sentient beings to a religious life.

인천승 人天乘 인천교人天敎라고도 말함. 인승人乘과 천승天乘. 곧 인간의 도道와 하늘의 도道로 오승五乘 중의 둘.

(Incheonseung) Human and deva vehicles: Two of the five vehicles. The ways or the vehicles to be reborn in the human realm or in the heavenly realm. It is also called *(Incheongyo)* Teachings of human and heavenly beings.

인토 忍土 사바세계娑婆世界를 뜻하며, 참고 견디어 내야할 세상이라 하여 감인토堪忍土라고도 말함.

(Into) Another name for the mundane world full of suffering that must be overcome or endured.

인행 因行 부처가 되기 위한 수행.

(Inhaeng) Cultivation to become a Buddha.

인행염불 因行念佛 부처가 되기 위한 염불念佛.

(Inhaeng Yeombul) Invocation of Buddha to attain enlightenment or Buddhahood.

인허 隣虛 인허진隣虛塵을 가리키며, 극미極微, 곧 원자를 말함. 색법色法의 가장 작은 물질. 외도外道와 소승小乘의 유부종有部宗에서는 극미를 실유實有라 하나, 이것도 인연으로 된 것으로 업력業力이 다하면 극미極微도 없어져서 무상생멸無常生滅한다고 함.

(Inheo) An infinitesimal particle or dust next to emptiness: Another expression for an atom. The outside ways and Sarvastivadins claim it to be an ultimate reality and substantial existence, but Mahayana Buddhism sees it to be impermanent subject to production and annihilation according to "the power of karmic action." When its power comes to an end, it will also decompose and return to the void.

인화 人和 여러 사람이 서로 마음이 통하여 화합함.

(Inhwa) The union or harmony arising from the accord of people.

일경삼제 一境三諦 천태원교天台圓敎의 교설敎說. 공空, 가假, 중中의 삼제三諦가 일경一境에 융즉融卽, 곧 원만히 어우러져 있다는 뜻. 이때 경境은 이理를 말함. 일심삼관一心三觀 참조.

(Ilgyeong Samje) Harmonious association or unity of void or emptiness; unreal or deceptive phenomena; and mean or the Middle Path in the absolute, or in the universal principle of true-suchness. *Cf. (Ilsim Samgwan)* Three meditations of one mind.

일구도득 一句道得 견성오도見性悟道를 말함. 그러나 여기에서 말하는 일구一句는 격외格外를 뜻하는 것으로, 상대적 언어言語의 뜻이 아니라, 언어를 떠난 활구活句를 말함. 활구活句와 일구자一句字 참조.

(Ilgu Dodeuk) Attaining the Way by a phrase: An alternate expression for "attaining the Way through realization of self-nature." However "a phrase" here does not mean the ordinary relative meaning of a phrase. It is what is called a "live phrase," a phrase beyond conceptual meaning of phrase, an ultimate truth beyond expression. *Cf. (Hwalgu)* A live phrase and *(Iljagu)* A phrase.

일구자 一句字 소리 이전 궁극의 뜻. 일구一句는 일반적으로 한마디의 말이라는 뜻이지만, 선문禪門에서는 주관과 객관 그리고 언어를 초월한 절대경을 가리킨다. 제일구第一句는 제일의제第一義諦, 곧 언어로서 표현할 수 없고 사유로서도 개념 지을 수 없는 최고의 진리를 말함. 그런가 하면 선종 禪宗에서는 공안公案을 가리키기도 함. 자字는 助詞. 이구자二句字 참조.

(Ilguja) A phrase: A magic or esoteric word or phrase. In Seon or Zen Buddhism, it does not mean an ordinary meaning of a phrase. In meditation practice, it means a direct expression of inexpressible ultimate truth itself, truth beyond words and expression.

일념 一念 아주 짧은 순간적 생각, 또는 한 가지만을 생각하거나 부처님을 일심으로 생각하는 마음. 일념삼천一念三千 참조.

(Ilnyeom) The moment of a single thought, a concentration of mind,

one-pointedness of ardent mind, or ardent invocation of the Buddha. *Cf. (Ilnyeom Samcheon)* Three thousand Dharmas in a thought.

일념내생전 一念來生前 한 생각 일어나기 전의 생각. 이것이 곧 무념無念이고 무심無心, 깨침 그리고 열반.

(Ilnyeom Naesaengjeon) Thinking before production of a thought: This is no-thought, no-mind, mindless mind, serenity, enlightenment, and Nirvana.

일념만년 一念萬年 우리의 한 마음은 본래 처음도 나중도 없어서 일념一念이란 짧은 것도 아니고 긴 것도 아니다. 따라서 일념一念 가운데에 무량겁無量劫과, 일념一念이 하나이므로, 일념一念 즉 만년萬年이라 한 것.

(Ilneom Manyeon) Ten thousand years in a single thought: A thought-moment has neither beginning nor end from the beginning. As it is neither long nor short, there is no difference between a thought-moment and ten thousand years. They are the same, ten thousand years in a thought-moment, and a thought-moment in ten thousand years.

일념망심 一念妄心 한 순간에 일어나는 허망한 분별하는 마음.

(Ilnyeom Mangsim) A deluded mind arising from a momentary thought.

일념삼천 一念三千 천태종의 근본교의根本敎義. 우리들 일상日常의 한 생각에 삼천의 제법諸法이 내포되어 있다는 뜻.

(Ilnyeom Samchon) Three thousand realms are contained in a single thought, or one thought fills immensity: A fundamental doctrine of the Tientai Sect that all phenomena in this world are in a thought which human beings think in their daily lives.

일념상응 一念相應 무간도無間道와 상응하는 지혜로 오직 한 찰나가 된다.

(Ilnyeom Sangeung) Association or response in a thought-moment: It lasts only for a moment.

일념성각 一念成覺 한 생각 사이에 깨달음을 얻어 성불한다는 뜻.

(Ilnyeom Seonggak) Attainment of Buddhahood in one ardent thought-moment.

일념신 一念信 한결같은 신심信心.

(Ilnyeomsin) Never swerving constant faith.

일념염불 一念念佛 한결같은 마음으로 부처님의 모습과 공덕을 생각하면서 나무아미타불을 부르는 것.

(Ilnyeom Yeombul) Invocation of the Buddha, or chanting the name of the Buddha with one-pointed mind.

일념왕생 一念往生 일념으로 아미타불을 부르면 극락에 간다는 뜻으로, 염불의 공덕이 이렇게 크다는 것을 알 필요가 있다. 한국불교를 지탱해오고 있는 노 보살님들의 공덕.

(Ilnyeom Wangsaeng) Ardent recitation or invocation of the name of Amitabah Buddha for the rebirth in the Land of Utmost Bliss: It is believed that just one sincere calling of the name of Amitabha at the deathbed will deliver a sinner from hell.

일념즉시무량겁 一念卽是無量劫 한순간의 찰나가 끝도 없는 겁劫.

(Ilnyeom Jeuksi Muryanggeop) One moment is the same as numberless kalpas, or numberless kalpas are but a fleeting moment.

일대교 一代敎 일대시교一代時敎라고도 말하며, 부처님께서 보리수 아래에서 깨치신 후부터 사라쌍수 아래에서 입멸入滅하실 때 까지 일생동안 설하신 가르침. 이때 시時란 부처님의 설법시대를 구분한 것으로, 1) 화엄시: 화엄설법시대, 2) 아함시: 아함阿含 설법시대, 3) 방등시: 방등方等 설법시대, 4) 반야시: 반야般若 설법시대, 5) 화엄·열반시: 화엄 및 열반 설법시를 가리킴. 오시팔교五時八敎 참조

(Ildaegyo) Sakyamuni Buddha's lifelong teachings divided into five periods and eight doctrinal teachings since the Lord Buddha's enlightenment under the bodhi tree until his great extinction. The five periods are: 1) Avatamsaka period, 2) Agama period, 3) Vaipulya or Mahayana period, 4) Prajna period, 5) Avatamsaka and Nirvana period. *Cf. (Osi Palgyo)*

일대사인연 一大事因緣 중생을 제도하기 위하여 부처님께서 인연을 맺어 세상에 나타나시어 교화敎化하신 일. 이보다 더 큰일은 없다하여 일대사一大事라 말함. 법화경 방편품에 나오는 말.

(Ildaesa Inyeon) The sole object of the Buddha's appearance in this world: Deliverance of sentient beings was the primary reason for the Buddha's incarnation in this world. *Cf.* The Lotus Sutra, the Section, Expediency.

일득무심편도정 一得無心便道情 한 번 무심을 얻으면 그대로가 도道의 뜻.

(Ildeukmusim Pyeondojeong) Once attained, the no-mind is the Way.

일래(과) 一來(果) 성문 사과聲聞 四果의 하나. 사다함斯陀含과 사과四果 참조.

(Ilrae(gwa) Once-to-be-reborn: Only one more return to mortality. *Cf. (Sadaham)* Sakadagamin, or Once-returner, and *(Sagwa)* Four stages of fruitful awakening.

일문 一門 불가佛家에서는 생사生死를 벗어나는 도道를 뜻함.

(Ilmun) A single-gate: In Buddhism, it symbolizes the gateway to the transcendental truth beyond birth and death.

일물 一物 주역周易에 처음 나오는 말로, '어떤 것'이라는 뜻이나, 유식唯識에서는 진공묘유眞空妙有, 곧 이름 붙일 수 없는 우주의 본체를 가리키는 것으로서, 유가儒家에서는 태극太極이라 하고, 도가道家에서는 천하모天下母, 그리고 불가佛家에서는 일물一物, 마음 또는 본래면목本來面目이라고도 말하나, 말이란 달을 가리키는 손가락이라는 것을 알아야 한다. 따라서 서산대사는 이를 ○으로 표시했다. 金剛經五家解 序說에 자세히 나온다. 참고할 것.

(Ilmul) The one thing: The essence or the ultimate reality of the universe which is beyond expression and name. Confucianism calls it *taegeuk*, or the Great Whole, Daoist calls it *cheonhamo*, or the Mother of the Universe, and Buddhism calls it the original-face, the wondrous being of true emptiness, or the One-thing with a circle for its symbol. But we must never forget that words are but the finger that points to the moon. *Cf.* An introduction chapter to Combined Commentaries of Five Masters on the Diamond Sutra for detailed explication.

일미 一味 한 가지 맛. 절대의 입장에서 보면, 모든 것은 동일하고 평등하고 차별이 없다는 것. 대개 불법佛法을 가리키는 동시에 불이不二와 진여眞如와 같은 뜻. 부처님의 교설敎說을 외면적으로 관하면 다종다양한 듯하나, 모든 강물은 결국 모두 바다로 흘러들어가듯, 그 뜻은 하나라는 것.

(Ilmi) The one flavor, or the Dharma of one flavor: Non-duality of all things, or true-suchness, the truth of the oneness of divergent teachings of Buddha as all the rivers flow into the great sea.

일미선 一味禪 여래선如來禪이라고도 말하며, 순일純一, 곧 맑고 걸림이 없는 최상승의 最上乘의 선禪.

(Ilmiseon) One or single taste meditation: Another name for the pristine Tathagata meditation, or the supreme vehicle meditation.

일미진 一微塵 일진一塵이라고도 말함. 지극히 미세한 분자分子, 곧 물질의 가장 작은 것.

(Ilmijin) The tiniest particle or molecule of matter: It is also called simply *mijin*.

일미진중함시방 일체진중역여시 一微塵中含十方 一切塵中亦如是 하나의 지극히 미세한 티끌 속에 온 우주가 들어 있고, 온 우주 속에서 하나의 티끌이 들어있으며, 일체의 티끌도 이와 같다는 뜻으로, 만물의 평등함과 공성空性을 뜻함. 그리고 이것이 곧 우주의 실상實相인 동시에 분별심을 여읜 깨달음의 경지. 『장자莊子』에서도 이와 비슷한 말이 있다: (도추道樞의 견지에서 보면), '천지도 하나의 손가락이고, 만물 또한 한 마리의 말이니라.' 상즉상입相卽相入 참조.

(Ilmijinjung Hamsibang Ilchejinjung Yeokyeosi) "The whole world is in a tiny particle, and so it is with every particle": It means there is no distinction between a tiny particle and the whole universe in the ultimate reality of emptiness. Chuang-tzu also says, "Heaven and Earth is nothing but a finger, and ten thousand things is nothing but a horse."

Enlightenment is none other than realization of this true nature of things without discrimination, and the interdependence of things, or the law of dependent arising. *Cf. (Sangjeuk Sangip)* Mutual interfusion or penetration of things without hindrance.

일법계 一法界 유일절대唯一絶對의 세계. 이는 곧 인법무아人法無我의 진여를 말함.

(Ilbeopgye) The realm of absolute One: It is another name for true-suchness beyond the world of phenomena and discrimination. *Cf. (Inbeopmua)* The absence of Dharma and ego.

일불승 一佛乘 법화경의 소설所說로, 부처를 이룰 수 있는 유일한 교법敎法. 삼승三乘은 방편일 뿐 일불승一佛乘만이 참이라는 주장. 일승一乘 참조.

(Ilbulseung) The One Buddha-vehicle: The doctrine the Tientai Sect that it is the only way to become Buddha, and claims that the Three-vehicles are just expedient means, not the true or ultimate Way. *Cf. (Ilseung)* The One-vehicle.

일삼매 一三昧 일행삼매一行三昧에서 변한 말. 생각을 한 일에만 두고 다른 것을 돌아보지 않는 삼매.

(Ilsammae) A single-mind samadhi: One-pointed mind, or concentration of the mind upon a specific mode or action.

일상 一相 차별과 대립이 없는 절대평등을 말하며, 하나의 모습으로 진여眞如의 상相을 말함. 그런가 하면 일체는 다만 하나의 물질적인 이理에서 생긴다는 견해를 말하기도 함.

(Ilsang) A single form or nature: An absolute equanimity without any discrimination, such as true-suchness. It also refers to the theory that everything arises from one essential material principle.

일상문 一相門 어떠한 차별이나 대립이 없는 평등한 가르침.

(Ilsangmun) One-form gate or teaching: A teaching of non-duality, equanimity, and true-suchness, origination of all creation, without any discrimination.

일상삼매 一相三昧 진여삼매眞如三昧, 일행삼매一行三昧, 또는 일상장엄삼매一相莊嚴三昧라고도 말함. 그러나 이들과 굳이 차별한다면, 일상삼매란, 비유적으로 말해 마치 고양이가 쥐를 노리듯, 정신을 집중하여 전 우주의 온갖 물심物心의 현상은 평등하고 한 모양인 줄을 관하는 삼매三昧.

(Ilsang sammae) Samadhi of specific object or form: An insight of seeing all the phenomena in the universe, internal and external, as equal and one with intent concentration of mind just like a cat catching a mouse.

일생보처 一生補處 줄여서 보처補處라고도 말함. 다음 생에는 정각正覺을 이루어 부처가 될 수 있는 등각等覺의 지위를 말함. 미륵보살 참고.

(Ilsaeng Bocheo) A Bodhisattva who will become a Buddha in his next life: The stage of becoming a Buddha after one more rebirth, or one who is at the stage of one lifetime away from Buddhahood. *Cf.* Maitreya the future Buddha.

일성한안려장천 一聲寒鴈唳長天 추운 겨울 긴긴 하늘에 울려 퍼지는 애처로운 기러기의 일성. 이것이 아마도 여러분의 마지막 이승의 긴 여행이 될 것, 만약에 금생에 깨치지 못한다면. 물론 이것은 아무런 생각 없이 하나의 그림으로 볼 수도 있다.

(Ilseonghan Anryeo Jancheon) A single cry of the cold-weather geese

fills the extensive sky: Such will be the last journey to the unknown world if you do not awaken in this life. It can be, of course, seen as a simple picture without any premeditation.

일수사견 一水四見 일경사심一境四心 또는 일처사견一處四見이라고도 말함. 같은 대상이라도 보는 사람에 따라 틀리는 것. 현대 물리학에서 말하는 불확정성 이론과 거의 같은 이야기.

(Ilsusagyeon) Four appearance of water, or four views of the same water: The same water may be perceived in four different ways by four different viewers. *Cf.* Heisenberg's uncertainty principle.

일순간 一瞬間 아주 짧은 시간. 이런 것도 영어로 말하라면 쉽지 않다.

(Ilsungan) In a single instant, in a fraction of a second, or in a split second.

일승 一乘 일불승一佛乘, 또는 불승佛乘이라고도 말함. 부처님은 중생의 근기와 필요에 맞추어 성문, 연각, 보살승의 여러 가지 방편을 보이시지만, 유유일승법 무이무삼唯有一乘法 無二無三 일뿐 이라는 것. 다시 말해 일승즉법신一乘卽法身으로써, 불교의 참된 교법敎法은 궁극적으로 이승二乘도 아니고 三乘도 아닌 오직 일심一心과 일승一乘, 곧 佛乘 하나뿐이며, 이것이 위없는 진실 한 공空의 이치라는 것. 법화경의 핵심 교리. 일승해一乘海와 회삼귀일會三歸一 참조.

(Ilseung) The One-vehicle, or the One Buddha-vehicle: It is also called the supreme-vehicle of emptiness, the One-mind, or the Buddha-vehicle. In Mahayana Buddhism, the five vehicles are established to facilitate sentient beings to understand the reality of Buddhahood. But the teaching of the One Buddha-vehicle is the ultimate, perfect and complete truth of Buddha, which is inconceivable and beyond words. This thought is most emphatically stressed in the Lotus Sutra. *Cf.* *(Ilseunghae)* The sea of One-vehicle, and *(Hoisam Gwiil)* The threefold-vehicles return to One-vehicle.

일승경 一乘經 일승一乘의 법문을 말한 까닭으로 법화경法華經을 일승경一乘經이라 말함.

(Ilseung Gyeong) The One-vehicle Sutra: It refers to the Lotus Sutra, because the chief tenet of the Sutra is the One-vehicle.

일승도 一乘道 참된 일승대도一乘大道의 가르침, 또는 유일한 실천법實踐法.

(Ilseungdo) One true vehicle path, or the one true practical path.

일승만교 一乘滿敎 화엄경華嚴經을 가리킴. 여래장如來藏 사상의 경전들이 오직 인간의 마음에 관해 주로 이야기 하는데 비해, 화엄경에서는 우주와 자연에 관해 이야기 하고 있음에 비추어 한 말. 다시 말해 전자가 사람들의 마음 바탕이 일승一乘이라고 말하는 데 비해, 화엄경에서는 사람들의 마음과 우주의 생명력이 한통이 되는 것을 일승一乘이라 말함.

(Ilseungman-gyo) The complete and consummate teaching of the One-vehicle, the doctrine of the Flower Garland Sutra: While the philosophy of Tathagata Garba emphasizes the One-mind-vehicle, the Flower Garland Sutra upholds the Cosmic-mind-vehicle of the entire universe. Hence the incomparable consummate teaching.

일승묘법 一乘妙法 법화경法華經에서 논하는 공空의 진리, 곧 우주의 통일적 진리에 대한 적극적 표현.

(Ilseung Myobeop) The marvelous law of the One-vehicle: It is the emphatic expression of the excellence of the One-vehicle expounded in the Lotus Sutra on emptiness.

일승법 一乘法 모든 것이 다 부처가 된다는 법문法門. 일불승一佛僧 참조.

(Ilseungbeop) The teaching of the one vehicle: The discourse of the universality of enlightenment regardless of the nature of things. *Cf.* *(Ilbulseung)* The One Buddha-vehicle.

일승법계도 一乘法界圖 화엄일승법계도華嚴一乘法界圖의 약칭으로 의상義湘스님이 지은 법성게法性偈를 말함.

(Ilseung Beopgyedo) The One-vehicle dharmadhatu or Buddha realm diagram: It is a simplified term of the chart of the dharma-realm of the Buddha-garland, another name for the Song of the Dharma Nature by the Venerable Master Uisang.

일승해 一乘海 이것은 삼승三乘 (성각승, 연각승, 보살승)과 일승一乘에 대한 비유적인 말로, 삼승三乘이 여러 강이라 하면, 일승一乘은 큰 바다와 같다는 뜻. 즉, 삼승三乘은 마침내 일승인 바다에 들어가 하나가 된다는 것으로, 모든 수행이 궁극에는 성불로 가는 것임을 뜻함.

(Ilseunghae) The ocean of One-vehicle: The three-vehicles, which are likened to rivers will eventually flow into the great ocean of the

One-vehicle, or the Buddha-vehicle and all become One.

일신론 一神論 유일신론唯一神論과 같은 말로, 단 하나 밖에 없는 유일한 신. 종교전쟁과 지구상의 모든 분쟁의 불씨.

(Ilsinnon) Monotheism: The primary cause of all the religious strifes and wars.

일심 一心 불교의 역사는 마음의 탐구로부터 시작되었다는 말도 있는가 하면, 일심一心이란 간절한 마음으로 우주심宇宙心이라고도 말하며, 크게 나누어 세 가지로 설명할 수 있다:

1) 우주의 근본자리 또는 우주심宇宙心. 만유의 실체인 진여眞如, 불성佛性, 본각本覺, 원각圓覺 등 여러 가지로 지칭된다. 그런가 하면 기신론起信論에서는 일심을 세워 만유萬有의 본체인 진여의 모양과, 만유가 전개하는 생멸이 없는 상태를 설명하며, 화엄경에서는 삼계三界가 별다른 것이 아니라 오직 일심一心으로 된 것이라 말함. 곧 심외무법心外無法.

   모든 것은 마음이 짓는 것. 일심 이외에 도무지 다른 것이 없다는 것. 그래서 '일체유심조' 一切唯心造라는 말이 나오며, 또 이 모든 것이 대승大乘의 일체법이 각기 자체가 있다는 소승小乘과 다른 점. 그런데 마음이란 억지로 붙인 이름일 뿐 모양이 없다. '하나도 있는 바가 없는데 무엇을 마음이라 하는가? 이러한 도리는 말을 여의고 생각이 끊어진 자리니, 무엇이라고 지목할 수 없어 억지로 이름 붙여 일심一心이라 한다.'

2) 유일唯一의 근본식根本識. 곧 온갖 것을 변현變現시키는 마음으로써의 아뢰야식. 성유식론成唯識論에서는 이 의미에 따라 일심一心이라 함.

3) 오로지 하나의 대상에 마음을 집중하여 생각을 어지럽게 하지 않는 마음. 잡념을 떠나 일심으로 바르게 부처님을 염念하는 것을 일심정념一心正念이라고 하고, 정토교淨土敎에서는 일심一心으로 아미타 부처님을 염念하는 것을 중요시 함.

   마음을 여의면 육진六塵의 경계가 사라지며, 육진의 경계가 사라지면 번뇌가 발붙일 곳을 잃게 되고, 번뇌가 발붙일 곳을 잃게 되면 그것이 다름 아닌 열반. 이렇듯 대승불교에서 말하는 일심一心은 일승一乘, 법신法身 진여眞如 이외의 다른 것이 아니므로, 이들은 넷이면서 하나인 우주법계宇宙法界의 진리. 이를 서산대사西山大師는 선가귀감禪家龜鑑에서 동그라미를 그려놓고 모양도 없는 한 물건 (일물一物)이라 말했다)

(Ilsim) The singleness of mind, moment-to-moment mind, or the

earnest cosmic mind: In a sense, the history of Buddhism can be called an investigation of the mind, and it can be classified into three categories:

1) One mind or heart: A single thought of no-thought, or the cosmic mind that pervades the whole universe, or ultimate reality that can neither be named nor described. One may call it a Buddha-nature, emptiness, true-suchness, one-thing or whatever that comes into one's mind.

   Names do not count. They are just conventions, tools, and fingers pointing to the moon. "The truths that can be named are not the eternal truth. The names that can be named are not the eternal name." Yet it is only when this nameless One-mind is reached that one has enlightenment, the inner awareness of ultimate reality.

2) A unique and fundamental consciousness, the storehouse consciousness, or the eighth consciousness that transforms all phenomena. It is especially the doctrine of the Treatise Demonstrating Consciousness Only.

3) Absorption or concentration of the mind to be free from distractions, such as calling the name of Buddha, or reciting the name of Amitabha to be reborn in the Pure Land. How then to achieve this oneness of the mind? Very simple. Empty your mind, the nameless mind. If you can put down your discriminating shapeless mind, the six dusts--sight, sound, smell, taste, body, and idea--would fall back by their own account, and when these six dusts retire, no defilements can get their foothold to disturb the nameless mind.

   Venerable Seosan drew in the opening of his book a circle and called it One-thing which cannot be named or described, which is like infinite space, formless yet contains the whole universe.

일심법계 一心法界 온 우주가 내 한 마음에 있다는 것. 일승一乘, 일심一心, 일물一物 참조.

(Ilsimbeopgye) The One-mind encompassing the whole universe. *Cf. (Ilseung)* The One-vehicle, *(Ilsim)* One-mind, and *(Ilmul)* One-thing.

일심삼관 一心三觀 천태종의 관법觀法. 일심一心을 대상으로 하고, 공空, 가假, 중中의 삼제원융三諦圓融을 관하여 삼관상三觀相이 일심一心중에 성립하는 것으로 관함. 잘 새겨본 다음 일경삼제一境三諦 참조.

(Ilsim Samgwan) Three view points in a single thought, or three meditations of one mind: It is also known as three inconceivable meditations, which is one of the practices of the Tientai Sect. According to the Master Tientai, all existence in the universe consists of three truths, namely, void, unreal and mean.

These three truths are co-existent and interactive, integrated, and interrelated. Hence if one can meditate this concept with the one mind simultaneously within the same instant of thought, it is called one harmonious whole in a single Buddha-mind. *Cf. (Ilgyeong Samje)* Triple truth in an object.

일심정념 一心正念 일심으로 아미타불의 제도濟度를 믿고 오로지 나무아미타불을 부름.

(Ilsim Jeongngyeom) Chanting or reciting the name of Amitabha Buddha with a firm belief in his deliverance.

일심정례 一心頂禮 한 마음으로 머리가 부처님의 발에 닿도록 절하는 것.

(Ilsimjeongye) Bowing to the Buddha with an ardent mind, the forehead touching the foot of the Buddha.

일여 一如 일一은 절대유일絶對唯一, 여如는 꼭 같다는 뜻. 차별 없이 평등한 것을 말함. 진여眞如 참조.

(Ilyeo) Thus-as-it-is: Ultimate suchness or complete equanimity. The absolute as the norm and essence of life. *Cf. (Jinyeo)* True-suchness.

일연 一然 (1206-89) 고려의 큰 스님. 불후 不朽의 삼국유사三國遺事를 집필함.

(Ilyeon) (1206-89): A venerable priest of the Koryeo dynasty, and the author of the great work of Reminiscence of the Three Kingdoms.

일원론 一元論 오직 하나의 원리가 모든 사물의 기초라고 하는 견해 또는 이론. 양자역학 및 연기론과 비교해 볼 것. 불교적인 입장에서 볼 때, 일원론이나 이원론이나, 모두 상대적인 것으로 그것이 그것.

(Ilweonnon) Monism: A theory that there is only one basic substance

or principle as the ground of reality. *Cf.* The doctrines of dependent arising, quantum theory, uncertainty principle, and the Buddhist theory of emptiness.

일원상 一圓相 이것이 이름도 모양도 붙일 수 없는 법계 또는 진리의 세계, 곧 우리들의 본래면목本來面目.

(Ilweonsang) The mark of a great-circle: The symbol of Buddha-nature, the Dharma-body, or the fundamental form of the whole universe that has neither name nor form. So is our original face and mind.

일일당당 一一當當 이 우주 공간에 그 어느 것도 무의미한 것은 없다. 그 어떤 미물도 당당한 우주의 일원一員이다. 티끌이 없으면 우주도 존재할 수 없다. 그런데 어리석은 인간들은 스스로 만물의 영장靈長이라 교만을 부린다.

(Ilil Dangdang) One by one, each thing or being is complete: Everything in the whole universe, even a speck of dust, has its right to exist equal to human beings who brag and deceive themselves to be the lord of all creatures. Without a speck of dust, a full-fledged member of the cosmos, no universe can stand.

일일불작 일일불식 一日不作 一日不食 하루 일하지 않으면 하루 먹지 않는다. 백장대선사百丈大 禪師의 유명한 청규淸規.

(Ililbuljak Ililbulsik) A day without work is a day without food: A famous maxim of the Great Chan Master Baizhang Huaihai (720-814).

일일시호일 日日是好日 매일이 한결같이 좋은 날. 그러나 이때 '호일好日'의 원뜻은 '좋은 날'이 아니라 '생일날'을 뜻하는 것이라고도 말함. 하기는 생일날이 곧 좋은 날이기는 하지만.

(Ililsiho-il) Everyday is a nice day: However, the original meaning of "nice day 好日" is "birthday," which is, of course, "a nice day."

일일일식 一日一食 하루에 한 끼만 먹는 것. 이것이 어려우면, 최소한 음식만이라도 탓하지 말 것.

(Illilsik) Only one meal a day, or eating only once a day: If it is not easy to practice, you can at least stop complaining the food.

일자불설 一字不說 한자도 설한바가 없다는 것은, 부처님이 증득한 경지는 부처와 부처의 경지만이 아는 경계이고, 우리들의 언설과 문자를 통해서는 표현할 수 없다는 것, 또는 부처님 말씀에도 집착하지 말라는 뜻. 부처님의 가르침 역시 달을 가리키는 하나의 손가락일 뿐.

(Iljabulseol) Lit. "Not a word was delivered." What it really means is that what the Buddha has attained is beyond expression of words and letters for sentient beings to understand, or a warning not to be a slave of even the words of the Buddha. What the Buddha preached all his life was the fingers pointing to the moon, not the moon itself, which is beyond expression.

일자삼예 一字三禮 경전을 한자 사경寫經할 때 마다 세 번 예를 갖춤.

(Ilja Sammae) Three homages at every word one copies of the sutra.

일종식 一種食 하루에 한 끼만 공양하는 것. 부처님 시대의 철저한 계행戒行 중의 하나.

(Iljongsik) One meal a day: It was a strict rule at the time of Sakyamuni Buddha.

일중일체다중일 일즉일체다즉일 一中一切多中一 一卽一切多卽一 화엄경의 핵심 교리로 의상대사義湘大師의 법성게法性偈에 나오는 말. 하나 속에 일체가 들어있고, 일체 속에 하나가 들어있으며, 따라서 하나가 곧 일체요 일체가 곧 하나라는 뜻으로, 이것이 곧 우주의 실상인 동시에 진리. 그뿐만이 아니다. 영원한 우주적 인과의 법칙에 의하면, 하나의 돌이 유기물有機物이 될 수 있으며, 또 유기물이 짐승과 인간 그리고 부처가 될 수도 있다는 사실이다.

(Iljungilche Dajungil Iljeukilche Dajeukil) "All is in the One, and the One is in All; the One is All, and All is the One": The unity of all parts with the whole, and the wholeness in all parts; or the unity in diversity, and diversity in the unity. This is the ultimate aspects of the true reality of the universe.

It is a passage from the Song of Dharma Nature by Uisang, which is the principal doctrine of the Flower Garland Sutra. However, we also must understand the truth that in the eternal cosmic cycle of causation, a stone may turn out to be a plant, an animal, a human or even a Buddha.

일즉일체 일체즉일 一卽一切 一切卽一 화엄종의 용어用語. 일一과 다多가 융합하여 하나 가운데 우주의 모든 활동을 포용하여 융통무애融通無礙한 것을 말함. 만유萬有

의 하나하나의 실체는 차별적 존재 같으나, 그 체體는 본래 떨어져 있는 것이 아니므로 하나하나가 모두 절대이면서 만유와 서로 융통하는 것이, 마치 한 방울의 바닷물에서 큰 바닷물의 짠맛을 알 수 있는 것과 같은 따위. 이를 달리 말하면, 이 우주 공간의 모든 현상은 온갖 형태로 서로 상호침투 또는 서로 얽혀있다는 것.

(Iljeuk Ilche) The basic tenet of the Tientai Sect. One is all, and all is One: One and all are identified without hindrance. It means the essential unity of all things. All the marks or forms in the world seem independent and separate from all other beings, but in the essential body of the universe, they are all the same and one. In other words, they all belong to each other. They are all interwoven, inter-locked, and intertwined in a thousand ways.

일진법계 一眞法界 경계境界와 그 경계를 바라보는 마음마저 없는 본래의 참다운 법계法界인 우주의 실상.

(Iljinbeopgye) A single true Dharma-realm: The realm of emptiness without emptiness. The realm where there is neither percept nor the mind that perceives the percept.

일진법계 一塵法界 하나의 작은 티끌이 곧 온 우주임을 뜻함. 일중일체 다중일一中一切多中一 참조.

(Iljinbeopgye) The entire universe in a tiny particle: The same element of all the phenomena in the whole universe. *Cf. (Iljungilche Dajungil)* The One is in the many, and the many are in the One.

일착자 一着子 참마음을 의미하며, 착자着子는 주인공主人公, 곧 우리들의 본래 마음자리를 가리킴.

(Ilchakja) The master of our mind: It means our original true mind or nature, which has neither a name nor form.

일천제가 一闡提迦 아천제阿闡提 또는 천제闡提라고도 말함. 부처님의 가르침을 믿지 않아 성불할 성품이 없는 사람. 그러나 열반경에 보면, 부처님께선 이런 사람도 버리지 않고 있다. 아직 깨닫지 못했을 뿐 이런 사람도 타고난 불성이 없는 것은 아니기 때문이다. 단선斷善, 단선근斷善根 또는 신불구족信不俱足이라 번역. 어떤 종교에서처럼, 불교에는 사탄의 자식이나 씨알이 없다.

(Ilcheonjega) Icchantika: This is a technical term for beings who lack the potential for Buddhahood. They are, by definition, bereft of Buddha-nature, or an unbelievers who are unfit to attain Buddhahood, but Buddha did not forsake them because they too possess the pure Buddha nature like anyone else. There is no seed or the sons of devil in Buddhism.

일체 一體 사물의 외형은 각각 다르지만, 그 체성體性으로 말하면 하나인 것.

(Ilche) One quintessence: One substance with diverse outer appearances.

일체개고 一切皆苦 모든 것은 고苦라는 사법인四法印의 하나로, 불교 핵심교리 중의 하나. 그러나 불교에서 말하는 고苦는 정신과 육체적으로 겪는 고통만을 말하는 것이 아니라, 존재하는 모든 현상은 불완전하고 불안한 상태에 있으며, 따라서 이러한 상태를 일정하게 유지하기 위해 갖는, 다시 말해 생존을 위한 힘든 노력을 의미하기도 함.

(Ilchegaego) All is duhkha or suffering: All compounded things are the cause of suffering. It is one of the Four Dharma-seals, one of the cardinal doctrines of the Buddhism. However, in Buddhism it does not mean only the physical and mental sufferings. It also means the suffering arising from the desperate efforts of all compounded things for their survival.

일체개공 一切皆空 일체의 공성空性이 불교의 핵심 교리.

(Ilchegaegong) All is empty: This is the nucleus of Buddhism. There is nothing in the whole universe that has self-entity and is everlasting.

일체경계 一切境界 온갖 의식 세계. 그러나 이것은 모두가 한여름 밤의 꿈과 같은 허망한 것이라는 것을 알아야하며, 절대로 이에 매달리지 말 것.

(Ilche Gyeongye) All sense-realms: Yet we must know that they are all illusions just like a midsummer night's dream.

일체만법 불이자성 一切萬法 不離自性 일체 만법은 자성의 현현顯現 아닌 것이 없으나 자성엔 모양이 없다.

(Ilchemanbeop Bulijaseong) Everything is the manifestation of self-nature: But what is self-nature? Emptiness with no form, within and without. That is the true nature of all the phenomena in the whole universe.

일체무불사 一切無佛事 모든 것이 부처님 일이 아닌 것이 없다는 뜻.

(Ilchemubulsa) There is nothing that is not the work of Buddha.

일체무애인 一切無礙人 일체에 걸림이 없는 일대 자유인一大 自由人.

(Ilchemuaein) A man of complete freedom without any hindrance, discrimination, and defilement.

일체물기념 一切勿起念 일체의 생각을 일으키지 말라는 뜻. 이것이 참선의 첫 단계.

(Ilchemul Ginyeom) Do not give rise to thoughts with regard to anything: This is the first step of entering meditation.

일체번뇌 一切煩惱 중생의 세계엔 번뇌 아닌 것이 없다. 그러나 깨친 눈에는 만법이 모두 부처 아닌 것이 없다.

(Ilchebeonnoi) All is klesa, or passions: For the unenlightened, there is nothing that is not affliction and defilement. But to the enlightened, there is nothing in the whole universe that is not the Buddha just as they are.

일체법무성 一切法無性 일체의 현상은 스스로의 성품이 없다는 뜻. 유식삼십송唯識三十頌 23에 나오는 말.

(Ilchebeop Museong) Non-self-nature of all phenomena: Everything in the whole universe that is conditioned has no self-nature. *Cf. (Yeon-gi)* Dependent arising, and *(Yusik Samsipsong)* Thirty Verses on the Manifestation of Consciousness, Ch. 23.

일체법 여실각 一切法 如實覺 일체에 대한 있는 그대로의 깨달음, 곧 무자성과 인연법 그리고 이에 따른 공空에 대한 깨달음.

(Ilchebeop Yeosilgak) Enlightenment of all things just as they really are, that is, non-self-entity and emptiness.

일체법유심 심즉시불 심즉시법 一切法唯心 心卽是佛 心卽是法 모든 법이 오직 마음이니 마음이 부처요 마음이 곧 법이니라.

(Ilchebeopyusim Simjeuksibul Simjeuksibeop) All the Dharma or phenomena is but the mind; the mind is the Buddha, and the mind, the Dharma.

일체삼신자성불 一體三身自性佛 우리들의 색신色身중의 법法 · 보報 · 화化의 삼신三身에 귀의하는 것을 말함. 1) 제 색신 色身에 있어서 청정법신불 淸淨法身佛께 귀의하며합니다. 2) 제 色身에 있어서 원만보신불 圓滿報身佛께 귀의합니다. 3) 제 색신

色身에 있어서 천백억 화신불千百億 化身佛께 귀의합니다.

(Ilchesamsin Jaseongbul) The Trikaya (three bodies) of the Buddha of our self-nature: 1) With our physical body, we take refuge in the Pure Dharmakaya of Buddha. 2) With our physical body, we take refuge in the Perfect Sambhogakaya (Manifestation body) of Buddha. 3) With our physical body, we take refuge in the Myriad Nirmanakaya (Incarnation-bodies) of Buddha.

일체선 一切禪 자신과 모든 사람을 위한 참선수행參禪修行. 이 수행법은 세 가지로 나뉜다:

1) 자신의 심신心身을 편안하게 해주는 동시에 행복감을 자져다 주는 참선수행參禪修行.
2) 공덕功德을 가져다주는 참선수행參禪修行.
3) 법法을 설할 수 있는 능력을 가져다줄 뿐만 아니라, 중생들을 깨달음에 이끌게 해주는 참선수행參禪修行.

(Ilcheseon) Meditation for all: One of the nine types of meditation, meditation which is both for one's own benefit and the benefit of others. It is divided into three types:

1) Meditation which puts one's mind and body at rest and gives one a sense of bliss.
2) Meditation which brings about merit.
3) Meditation which enables one to preach dharma and lead people to enlightenment.

일체유심조 一切唯心造 화엄경에 나오는 말로, 심외무물心外無物과 같은 뜻. 곧 바깥 경계는 오직 마음뿐이라는 뜻으로 일체가 마음의 거울. 경계를 인식하는 것은 마음이기 때문에 마음만 움직이지 않는다면, 경계야 있건 없건 상관없다. 그렇다면 허망한 경계에 매달릴 이유가 없으며 또 이것이 곧 진정한 깨달음. 그런데 마음이란 또 무엇? 이것 역시 이름일 뿐 하나의 경계로서 형상과 실체가 없음을 알아야 한다. 따라서 불교는 다름 아닌 허공과 같은 청정한 마음 비움 공부. 신神이나 초월자超越者에 대한 공부가 아닌.

(Ilche Yusimjo) All things are created by the mind alone: The mind is the forerunner of everything. In other words, everything is only the product of the mind. Everything, including the whole universe, is the creation of the mind. Hence we call Buddhism a study of the mind, the mind-less mind, or emptying the mind, not a study of God, or a transcendental Being who is also the creation of the mind.

일체유위법 一切有爲法 우주간의 온갖 물심적 物心的인 여러 현상과 모든 현상의 법칙을 오온五蘊이라 한다. 다시 말해 인연으로 생긴 모든 현상세계를 말하며, 이들은 모두 실체가 없는 하나의 꿈, 환상, 거품, 그리고 그림자로 보라는 것이 금강경의 요지.

(Ilcheyuwibeop) All compounded or conditioned Dharma or things: All appearances or phenomena in the whole universe, inside and outside, are, in fact, the manifestations of five aggregates. Hence one should perceive them as a dream, a phantom, a bubble, or a reflection. This is the Buddha's teaching in the Diamond Sutra.

일체제상즉시비상 一切諸相卽是非相 일체의 형상形相은 곧 형상이 아니다.

(Ilchejesang Jeuksi Bisang) All characteristics are, in fact, not characteristics.

일체종식 一切種識 제팔식第八識의 별명. 우리들이 평소에 몸과 입 그리고 마음으로 짓는 모든 행위는 그냥 소멸하지 않고 반드시 장래의 결과를 불러올 종자를 제 8식 가운데 훈습하여 둠으로 이렇게 부름. 따라서 이를 장식藏識이라고도 말함. 아뢰야식 참조.

(Ilchejongsik) The holder of all seeds: It is another name for the eighth consciousness, and it is so called because all karmic actions of body, mouth, and the mind will be stored in the storehouse of consciousness until a similar future karmic action arouses it to surface or manifest again. *Cf. (Aroiyasik)* The storehouse of consciousness.

일체종지 一切種智 삼지三智의 하나. 일체만법의 서로 다른 상을 낱낱이 아는 부처님의 지혜.

(Ilchejongji) All-knowing or omniscient knowledge of Buddha: Buddha's wisdom which discerns every different characteristics of things.

일체중생실유불성 一切衆生悉有佛性 일체유정一切有情, 곧 모든 생명체는 그 무엇이나 성불할 수 있는 타고난 성품이 있다는 것. 기독교의 원죄론原罪論 참조.

(Ilchejungsaeng Silyubulseong) Within every being is the innate

Buddha-seed: The innate Buddha-nature of every living being, or the universality of Buddha-nature of every sentient being. *Cf.* The Original Sin of Christianity.

일체즉일 일즉일체 一切卽一 一卽一切 일체가 곧 하나이며, 하나가 곧 일체. 이것이 곧 화엄법계華嚴法界와 우주의 이치.

(Ilchejeukil Iljeukilche) All is the One, and the One is All. This is the principle of the cosmos and the Dharmadhatu, or the Dharma-realm of the Flower Garland Sutra.

일체지 一切智 삼지三智의 하나. 모든 존재의 총상總相을 객관적으로 아는 지혜. 그러나 천태종에서는 성문·연각의 지혜를 말하고, 구사론俱舍論에서는 부처님의 지혜를 말함.

(Ilcheji) Omniscient wisdom, perfect knowledge, Buddha- wisdom, or total understanding of all things: However, there are two different views. The Tientai Sect sees it as the wisdom of the Sound-hearing Arhat and the Independently-awakened Buddha, while the Manifestation-only School sees it as the wisdom of Buddha. *Cf. (Samji)* Three types of wisdom.

일할 一喝 임제종臨濟宗의 특징으로, 선사禪師가 제자를 깨우치기 위해 고함을 지르는 것.

(Ilhal) One shout: A Seon or Zen master gives to a disciple to awaken him. Regarded as one of the characteristics of the Linji Sect.

일합상 一合相 여러 인연으로 인하여 티끌이 모여서 물질계物質界를 조성하거나 가합假合하여 하나의 형상을 이루는 것. 따라서 우주의 모든 형상은 다 일합상一合相이다.

(Ilhapsang) The integral principle of things: Every phenomenon, or any combined form that consists of the material world is, in fact, aggregation of particles.

일행 一行 오로지 하나의 수행에 전념하는 것. 특히 왕생정토往生淨土를 위한 염불수행을 말함.

(Ilhaeng) A single-minded practice: Especially the single-minded invocation of rebirth in the Pure Land of Utmost Bliss.

일행삼매 一行三昧 일상삼매一相三昧, 또는 진여삼매眞如三昧라고도 말함. 마음을 고요히 하고 오로지 불타를 생각에 떠올리는 염불삼매와 같은 것. 다시 말해, 마치 어미 닭이 계란을 품어 새끼를 까듯 마음을 하나의 행行에 고정시켜 닦는 삼매. 이것을 위없는 근본지根本智라고도 말함.

(Ilhaeng Sammae) Samadhi of specific mode or action: A state of samadhi in which the mind reaches an undivided state, or concentration of the mind like that of the mother hen hatching her eggs, or sitting quietly without letting any idea arise in the mind being anchored in calm and quiet. Another good example is the samadhi of intent reciting the Buddha's name to be reborn in the Pure Land. It also refers to unsurpassed innate, original, or fundamental wisdom. *Cf. (Ilsang sammae)* Samadhi of specific object, and *(Jinyeo Sammae)* Samadhi of true-suchness.

일향 一向 일향전염一向專念의 준말. 오직 한 가지 일에 전념專念함.

(Ilhyang) The one direction: Constancy of resolution with a single mind, or the one-pointed mind.

일화개오엽 一花開五葉 꽃 한 송이에 다섯 잎이 피어나리라. 달마대사가 혜가慧可에게 법을 전할 때 한 마지막 게송偈頌. 이때 오엽五葉이란 중국 선종禪宗의 오가五家를 말함.

(Ilhwagae Oyeop) One flower opened up into five petals: It is the gatha of the transmission of the Buddha-dharma by Bodhidharma to Huike, the Second Patriarch of Ch'an Buddhism. The five petals indicate five houses or five major Chinese Ch'an Schools.

임마 恁麽 어느 것을 가리키거나, 긍정 또는 의문의 뜻을 나타낼 때 쓰는 말. 어떤, 이런, 그런 등의 뜻.

(Imma) A determiner, an indicative pronoun such as this and that.

임마견취 恁麽見取 '이같이 생각한다'는 뜻.

(Imma Gyeongchwi) It means, "I think thus."

임마사 恁麽事 임마恁麽는 여시如是의 속어俗語. 사事는 일대사一大事. 따라서 이는 불가 일대사佛家 一大事를 말함.

(Immasa) A great event in a Buddhist household or community.

임마인 恁麽人 진정한 불자佛子, 또는 크게 깨친 사람.

(Immain) A true Buddhist, or a greatly awakened one.

임운무공용 任運無功用 자연에 맡기어 억지로 힘을 더하지 않는 것. 쉽게 이야기해 쓸데없이 안달하지 않고 운명을 자연에 맡기는 것. 임운무작任運無作 또는 자연운임自然運任이라고도 말함.

(Unim Mugongyong) To follow things according to natural laws without any manipulation or resistance.

임장 林葬 사장四葬의 하나. 시체를 숲 속에나 들에 내버려 새나 짐승들이 먹게 하는 것.

(Imjang) The forest burial: Casting the dead corpse in the bush or in the field for the birds or the beasts to consume.

임제삼구 臨濟三句 달마조사 이후부터 내려오는 선가禪家의 전통으로, 학인들을 제접提接, 곧 지도하는 차별적 방법. 거기에서 거론되고 있는 것으로는 삼구三句 외에, 서로 상관관계를 갖는 다소 복잡한 구조의 삼현三玄, 삼요三要, 그리고 할喝, 봉棒 등 여러 가지가 있다. 선가귀감 제 79장 참조.

(Imjesamgu) The three phrases or words of Linji: It is the traditional way of instructing or testing the students according to their capabilities in Seon Buddhism since Bodhidharma. Topics of the Linji School include the elaborated interrelationship of the three profound teachings, the three principles, "Hal!" and rod, etc., in addition to three phrases. *Cf.* The Mirror of Seon or Zen, Chapter 79 by Venerable Seosan.

임제의현 臨濟義玄 (?-867) 임제종臨濟宗의 개조開祖.

(Uihyeon) Linji Yixuan (?-867): A Chinese Ch'an Master and the founding Patriarch of the Linji Sect.

임제진인 臨濟眞人 '똥치는 마른 막대기.' 임제선사臨濟禪師가 학인學人이 묻는 말에, '진인眞人이란 곧 똥치는 마른 막대기'라고 한데서 나온 말.

(Imje Jinin) The sage of Linji: When his pupil asked the Master what is the true sage, his reply was "a dry shit stick."

임제할 臨濟喝 덕산봉德山棒 임제할臨濟喝 참고.

(Imjehal) Linji's "Shout!" or Katz!: *Cf. (Deoksanbong and Imjehal)* Deshan's rod and Linji's "Hal!" or Shout!

임종래영 臨終來迎 염불 수행한 사람이 숨을 걷을 때 불보살이 그 앞에 나타나서 극락세계로 영접하여 감을 뜻함. 죽는 법을 알아야 사는 법을 알 수 있다.

(Imjong Raeyeong) Welcoming at the time of one's death by the Buddha

and Bodhisattvas to lead it to the Land of the Utmost Bliss. You must know how die to know how to live.

입 入 진리를 깨닫는 것, 또는 사물을 이해하는 것. 다시 말해 근根과 경계境界가 서로 만나 식識이 생기는 것.

(Ip) Entering or initiation: Realization of truth or understanding the nature of things at the encountering of the sense faculties and percepts.

입도 入道 무루無漏의 성도聖道에 깨달아 들어간다는 뜻. 이것이 변하여 출가出家하여 불도佛道에 들어간 사람을 말함.

(Ipdo) It first referred to mean entering into the pristine holy Way. However, it has changed to mean becoming a monastic by renouncing the world.

입멸 入滅 열반과 같은 말로 입열반入涅槃을 뜻함. 곧 생사의 바다를 벗어나 열반의 증과證果에 드는 것.

(Immyeol) The great extinction or parinirvana: Entering into Nirvana leaving the sea of sufferings and samsara, or the world of birth and death, behind.

입문 入門 불문佛門에 들어와 불교신자가 되다.

(Ipmun) Initiation into Buddhism and become a follower of Buddha's teaching.

입산 入山 출가하여 스님이 됨을 뜻함.

(Ipsan) Taking ordination, becoming a Sunim or a monk: Lit. "enter into the mountain."

입선 入禪 선당禪堂에서 좌선을 시작하는 것을 입선入禪, 끝나는 것을 방선放禪 이라 말함. 시작할 때와 끝날 때는 죽비를 치거나 종을 치기도 함.

(Ipseon) The start or announcement of meditation by clapping a bamboo stick, or striking a bell. *Cf. (Bangseon)* Termination of meditation.

입승 入繩 절의 요사寮舍에서 기강을 잡는 소임.

(Ipseung) An exemplary monk who is in charge of discipline at the living quaters in a Seon monastery.

입신양명 立身揚名 출세하여 세상에 이름을 드날림.

(Ipsin Yangmyeong) Rising in the world and gaining fame.

입실 入室 선종禪宗에서 제자가 스승의 방에 들어가 도道를 묻는 것.

(Ipsil) Entering the room or chamber: In Seon Buddhism, it means entering the master's room for instruction on the Way or truth, or for a private interview.

입아아입 入我我入 부처와 중생의 완전한 융합融合 또는 합일合一. 다시 말해 이것은 밀교密敎의 교리로서, 부처님의 삼밀三密과 중생들의 신身·구口·의意 삼업三業이 부처님의 가피加被에 의해 서로 상통하므로 일체一體가 되는 것을 말함. 삼밀가지三密加持 참조.

(Ip-a A-ip) The interfusion of the Buddha and the individual: In the view of esoteric Buddhism, the three secrets of the Buddha and the three karmas, that is, body, speech and mind, of the individual are perfectly merged. *Cf. (Sammil Gaji)* The three empowerment of body, speech or mantra, and mind.

입열반 入涅槃 열반, 곧 불생불멸不生不滅의 법신法身이 되는 것으로 입멸入滅을 뜻함.

(Ipyeolban) Enter into nirvana: Becoming a Dharma-body, or the Buddha-essence of all reality, a figurative expression of great extinction or death.

입재 入齋 재齋를 시작함. 곧 정결한 마음으로 기도에 들어간다는 뜻 재齋와 재계齋戒 참조.

(Ipjae) An initiation or opening of a ritual, ceremony, or discipline. *Cf. (Jae)* The ritual, and *(Jaegye)* Purification of body and mind before performing the ritual.

입적 入寂 원적圓寂이라고도 말하며, 스님들이 열반에 듦을 말함. 이들 이외에도 여러 가지 표현이 있다.

(Ipjeok) Parinirvana, enter into quietude, rest, or Nirvana: There are many alternate names and expressions.

입전수수 入鄽垂手 선종에서의 깨달음의 극치를 말함. 전鄽은 골목. '골목에 들어가 손을 드리운다는 것은(垂手),' 구극究極의 진리를 체득한 승려가, 중생을 구원하고자 하는 자비의 마음에서, 고요한 수행의 장소를 버리고 시끄러운 저잣거리에 들어가, 육도六道에서 헤매는 미迷한 사람들과 같이 살면서 이들을 인도하는 것을 말함. 심우도尋牛圖 제 10 참조.

(Ipjeoksusu) After having attained incomparable enlightenment, going into the market place out of compassion, not abiding in a quiet place, to deliver sentient beings who are wandering in the realm of the six modes of life. This is the supreme achievement of a Zen practitioner. *Cf.* The last scene of *(Simudo)* Ten Ox-herding pictures.

입정 入定 선정禪定에 들어가는 것. 마음을 한 곳에 모아 신구의身口意 삼업三業을 그치게 하는 것, 법문을 듣기 직전에 순서상 잠시 마음을 한 경계에 집중하고 고요히 생각함. 그런가 하면 입멸入滅과 같은 뜻으로 성자聖子의 사거死去를 뜻함.

(Ipjeong) Entering into samadhi or meditation with the cessation of the function of the body, speech, and mind, or concentrating the mind for a silent sitting for a few minutes before listening to the Dharma discourse. It also means the decease of a saint or a venerable master.

입정불 入定佛 육신불肉身佛, 즉신불卽身佛, 그런가 하면 단순히 육신肉身, 진신眞身이라고도 말함. 이는 육신肉身이 선정禪定에 든 채 좌탈입망坐脫立亡 성불하여 부패하지 않은 상태로 모셔진 육신보살상肉身菩薩相 또는 전신사리全身舍利를 말함.

(Ipjeongbul) The genuine-body sarira: Lit. "the body of Buddha in samadhi." The image of the entire body of a dead master in the state of samadhi in a sitting or standing position, which does not decay without any chemical treatment.

입차문내 막존지해 入此門內 莫存知解 '이 문 안에 들어오는 자는 마땅히 안다는 생각을 버릴지어다.' 이것이 수행의 첫 관문.

(Ipchamunnae Makjonjihae) "Leave all your intellectual knowledge behind before entering this gate." This is the first step towards enlightenment, emptying one's mind.

입참 入懺 참회懺悔 기도에 들어감.

(Ipcham) Entering into the prayer of contrition.

입처 入處 오입처悟入處의 준말. 진리를 깨닫고 실상實相의 이치에 계합契合해 들어가는 것, 이해하는 것, 또는 깨닫는 것을 뜻함.

(Ipcheo) Gaining an entry into the truth of reality, or attaining enlightenment.

입출이문 入出二門 입문入門과 출문出門을 말함. 무착無着의 아우 인도 승려僧侶 세친世親 (316-396)의 정토론淨土論에 나오는 말. 입문入門은 극락정토極樂淨土

에 들어가는 문은 말하는 동시에 자신을 위한 자리自利를 뜻하며, 출문出門은 극락에 왕생한 보살이 고苦에 시달리는 중생을 자비심으로 구제하기 위해 극락極樂에서 나와 현상세계現象世界로 돌아오는 것을 말하며 따라서 이타利他를 뜻함.

(Ipchul Imun) The two gates of entering and leaving: This is the term appearing in the Treatise on the Pure Land by Indian monk Vasubandhu (316-396), the younger brother of Asangha. The gate of entering refers to the gate of leading to the Pure Land, and belongs to the category of self benefit; and the gate of leaving refers to the return from the Pure Land to this world as a Bodhisattva to lead with great compassion to deliver sentient beings from suffering to the Pure Land, whereas it belongs to the category of the benefit of others.

【 ㅈ 】

자 字 사람의 이름을 소중히 여겨 본명 외에 편리하게 부르기 위해 지은 이름.

(Ja) Alias: A familiar adulthood name of a person besides a formal or legal name. However, it should be distinguished from nickname or pen name.

자가보장 自家寶藏 자기 집에 있는 보물창고. 곧 누구나가 지니고 있는 불성佛性. 따라서 집에 있는 보물을 버리고 딴 곳에서 보물을 찾지 말라는 뜻.

(Jagabojang) The treasure house of one's own home: It means our inborn Buddha-nature. If so, we don't have to look for the treasure anywhere else. It is already in ourselves.

자각 自覺 삼각三覺의 하나. 남의 힘에 의한 타각他覺에 대해 중생이 자신의 미혹함을 스스로 돌이켜 깨닫는 것, 또는 자신의 깨달음을 지혜로 전환하는 것. 불교는 자기 스스로의 구원임을 알아야 함.

(Jagak) Self-awareness, or transformation of knowledge into wisdom for the deliverance of self. *Cf. (Samgak)* Three types of enlightenment.

자기가불 自己家佛 해탈한 자기 자신을 말함. 자기 집, 곧 자기 몸뚱어리 자체가 부처라는 뜻. 표현이 멋있다. 돈오라는 것도 깨치고 보면 별 것 아닌 것. 혜능慧能도 응무소주이생기심應無所住而生起心 한 구절에 문득 깨친 바 있다. 문제는 자기가 이미 부처라는 것과 이에 대한 간절한 마음.

(Jagigabul) The house of this body itself is the Buddha: Excellent! Everyone should get enlightenment. Think about Huineng, the Sixth Patriarch, and how he attained enlightenment.

자기연민 명상 自己憐憫 瞑想 심리치료에서, 자신의 괴로움의 증인이 되어 친절과 이해로 대응하는 명상으로, 모든 정서적 치유의 토대로 봄. 다시 말해, 자기연민이란 우리가 사랑하는 사람을 대할 때와 똑같이 우리자신을 돌보는 것을 말함.

(Jagi Yeonmin Myongsang) Self-compassion meditation: In psycho-therapy, it means bearing witness to one's own suffering and responding with kindness and understanding, which is the ground of all emotional healing. Self-compassion meditation also means taking care of ourselves just as we would treat someone we dearly love.

자등명 법등명 自燈明 法燈明 '마음의 등불과 법, 곧 진리의 등불을 밝혀 네 자신에 의지하고 법法에 의지하라!' 이것이 부처님께서 제자들에 하신 마지막 말씀.

(Jadeungmyeong Beopdeungmyeong) Lit. "Light your own and Dharma candles." Make of yourself a light; make the illustrious Law your light. Rely on yourself and Dharma or truth, not on anything else. Be an island unto yourself, and take refuge in Dharma, not in anything else. It was the last teaching or testament of the Buddha.

자량 資糧 보리菩提와 열반에 이르기 위해 여러 가지 선근공덕善根功德을 모은다는 뜻. 이를 좀 더 쉽게 이야기하면, 깨달음을 향해 나아가는데 있어서 밑천이 되는 필수품, 또는 먼 길을 가는 사람의 노자路資 돈.

(Jaryang) Accumulation of supply or virtue and merit for attaining wisdom and Nirvana.

자량위 資糧位 보살 수행의 순서인 오위五位의 첫 번째 자리. 오위五位 참조.

(Jaryangwi) The stage of accumulating the supply or virtue: The first stage for the way of wisdom and enlightenment of Bodhisattva. *Cf. (Owi)* Five stages of spiritual development.

자력 自力 자신의 수행 공덕으로 깨달음에 이르는 힘. 자신의 구원을 위해 불보살의 가피에 의지 하는 타력他力 신앙의 정토종淨土宗 참조.

(Jaryeok) Self-power, or one's own power: Emancipation or salvation by self-effort as distinguished from *taryeok*, the way of emancipation by "other-power," or an external Savior. *Cf. (Taryeok)* Other-power, or relying on others for emancipation, or salvation by other-power as in the Pure Land School.

자리 自利 스스로 이롭게 함. 곧 스스로 노력하고 정진하여 수도修道의 공을 쌓는 것. 대승적인 자리리타自利利他 참조.

(Jari) Self-benefit: Seeking enlightenment for one's own sake or benefit, or accumulation of merit by self-effort for one's enlightenment. The Mahayana regards the Theravada teachings as "self-benefit. The opposite is "others-benefit" of the Mahayana teaching.

자리리타 自利利他 남에게 베푸는 것이 곧 나에게 베푸는 것. 이 진리를 알아야 한다. 이것이 대승의 가르침. 그런데 이때 베푼다는 생각을 내서는 안 되며, 이것이 곧 무주상보시無住相布施.

(Jari-ita) The perfecting of self for perfecting others, or for the

benefit of others; or perfecting of others is perfecting of oneself. This is the Mahayana teaching.

자리행 自利行 남보다 자신의 이익을 먼저 생각하는 행위.

(Jarihaeng) Practice for self-benefit, or selfish acts.

자만 自慢 자기 스스로 우쭐댐. 자기 스스로 오만傲慢하게 자랑함. 불교에서 특히 중요시하는 하심下心의 반대.

(Jaman) Self-conceit, pride, or vanity, contrary to *Hasim,* lowering one's mind, or modesty.

자분행 自分行 자기 자신이 실천 수행하는 것.

(Jabunhaeng) The voluntary cultivation and practice.

자비 慈悲 고통 받고 있는 중생들에 대한 공감共感과 애달파하는 마음이 더 없이 지극함. 지혜와 함께 대승불교의 두 핵심교리. 동체대비同體大悲 참조. 진리에는 동서東西가 없다고 생각합니다.

자비는 이중의 축복을 받는다오.
자비를 주는 자를 축복하며, 또 자비는 받는 자를 축복합니다.
자비야 말로 최고의 권력자가 지니는 가장 강력한 힘이요,
제왕을 제왕답게 하는 것은 그의 왕관이라기보다는 바로 이 자비심이라오.
--셰익스피어, 『베니스의 상인』, 4막 1장--

(Jabi) Maitri-karuna: Loving kindness and compassion toward all living beings who are in misfortune or suffering. With Prajna or transcendental wisdom, one of the two pillars of the Mahayana. *Cf. (Dongche Daebi)* The great compassion of One-body. Now let's take a short break. Mercy is twice blest;

It blesseth him that gives, and him that takes.
Tis mightiest in the mightiest; it becomes
The throned monarch better than his crown.
--Shakespeare, *The Merchant of Venice*, Ⅳ, i.--

자비관 慈悲觀 오정심관五停心觀의 하나이며, 비빠사나의 수행법으로, 내가 원하는 것을 다른 사람들도 그렇게 되기를 바라고, 내가 원하지 않는 것은, 내가 그렇게 되지 않기를 바랄뿐만 아니라, 다른 사람들도 그렇게 되지 않기를 바라는 마음. 그 공덕功德으로 얻어지는 11가지 복덕福德: 1) 잠을 편안하게 자고. 2) 편안하게 깨어 있고. 3) 악몽을 꾸지 않고. 4) 사람들에게 사랑 받고. 5) 사람이 아닌 존재들에

게서도 사랑받고. 6) 신들의 보호를 받고. 7) 불, 독약, 무기 등에 의한 해침을 받지 않고. 8) 마음이 쉽게 집중되고. 9) 얼굴빛이 밝아지고. 10) 담담히 죽음을 맞이하게 되고. 11) 출세간出世間에 나아가든가 아니면 천상天上에 태어난다.

(Jabigwan) Compassionate meditation, or loving kindness meditation: Meditation practice of Vipassana. Earnest desire for others to achieve what I want to achieve, and earnest desire for others to avoid what I want to avoid.

Eleven merits of compassionate meditation: 1) Sleeps well. 2) Stays awake in peace. 3) No nightmares. 4) Loved by others. 5) Loved even by other beings besides fellow human beings. 6) Protected by gods. 7) Will not be harmed by fire, poison, or harmful instruments. 8) Easy to concentrate. 9) Achieve healthy and illuminating face. 10) Die in peace. 11) Either advance to the state of Nirvana, or will be reborn in the heavenly realm.

자비광명 慈悲光明 부처님 자비의 무한한 광명.

(Jabigwangmyeong) The illumination of Buddha's great compassion.

자상 自相 일체법에서 다른 법과 공통하지 않고 그 자체만이 가지는 체상體相. 곧 불의 뜨거움, 물의 차가움 등과 같은 것.

(Jasang) A characteristic which is peculiar to something and not found anywhere else, or self-mark, self-nature of the thing-in-itself, or the own unique character of things, such as hotness of fire and coolness of fresh water.

자성 自性 성품性品 또는 본래면목本來面目이라고도 말함. 구사종俱舍宗에서는 자상自相이라고도 말하며, 모든 번뇌를 떠난 중생의 본래 마음, 곧 만유제법萬有諸法의 체성體性 또는 본체本體를 말하며, 본래부터 이들에 갖추어져 있는 허공과 같은 청정한 참된 성품. 이는 또 자심自心, 심성心性, 불성佛性, 여래장如來藏과 같은 뜻. 그런데 용수龍樹는 심지어 여래如來와 우주 자체의 자성을 부정한다. 이것이 불교의 연기론이며 공사상인 동시에 중도中道. 龍樹, 『中觀論』, 제 XXII 장, 16 참조.

스스로 또는 다른 것으로부터
또는 이들의 결합에 의해
또는 원인 없이 존재하는 것은

그것이 무엇이든 존재할 수 없다.

--龍樹, 『中觀論』, 제 I 장, 1--

(Jaseong) Svabhava: Self-nature, self-entity, true-nature, original nature, original-face, the essential self-existence, the essence of all beings, the essence of mind, the Buddha-nature, or Tathagata-garbha, the seed of enlightenment (bodhi). Pure emptiness is our original nature and the nature of the whole universe beyond objectivity and subjectivity. In other words, "identity" is a part of our contrivance.

Thus, when we realize the ultimate absence of identity of all beings and things, it is easy to identify what is supposedly absent. Nagarjuna even denies the self-nature of the Tathagata and the universe itself. This is the Buddhist doctrine of dependent arising, emptiness, and the Middle Way.

No existents whatsoever are evident anywhere
That are arisen from themselves,
From another, from both,
Or from a non-cause.

--Nagarjuna, The Philosophy of the Middle Way, Ch. I. 1--

자성공덕 自性功德 우리들 성품이 스스로 갖추고 있는 선한 공덕.

(Jaseong Gongdeuk) The goodness inherent in our self-nature, or the essence of mind.

자성공적 自性空寂 모든 존재의 본성은 본래 그 실체가 없으며 고요하다는 뜻.

(Jaseong Gonjeok) The essential nature of all existing things is originally void and tranquil.

자성문 自性門 자신의 청정한 성품을 밝히는 것. 돈오문頓悟門과 같은 상근기上根機를 위한 가르침. 수상문隨相門 참조.

(Jaseongmun) The self-nature door or gate: A teaching for the superior-minded, or the spontaneous enlightenment door. *Cf. (Susangmun)* The form-pursuer's door.

자성미타 유심정토 自性彌陀 唯心淨土 자기 마음 가운데 본래 갖추어 있는 성품이 부처와 다르지 않아, 미迷하면 범부凡夫가 되고 깨달으면 부처가 되는 것으로,

아미타불이나 극락정토가 먼 곳에 있는 것이 아니라 오직 자기 마음 가운데 있다는 것. 선종禪宗, 화엄종, 천태종에서 하는 말로, 일체가 유심조라는 원리에 따라 세운 교의敎義. 기독교의 원죄와 최후의 심판 참조.

(Jaseongmita Yusimjyeongto) The Pure-land of Amitabha Buddha in self-nature and mind: One should never forget that the ultimate bliss in the Pure Land of Amitabha Buddha in the West is in one's own pure self-nature and heart. The one who is in the dark is called the lesser-minded, and the one who is awakened is called the Buddha. It is the doctrine of Zen Buddhism, Huayen and Tientai Sects based on the theory that mind is everything. *Cf.* The Original Sin and God's judgement.

자성반야 自性般若 본래 갖추어 있는 위없는 지혜. 분별심만 버리면 된다.

(Jaseong Banya) The inherent nature of transcendental wisdom: All one has to do is leave the discriminating mind.

자성법신 自性法身 중생이 본래 갖추고 있는 불성. 자신 밖에서 부처를 찾지 말 것. 참선도 좋지만 우선 믿음을 가질 것.

(Jaseong Beopsin) The Dharma-body of self-nature: Innate Buddha-nature of sentient beings. We are already Buddhas, and all we have to do is to have faith and realize the truth through meditation.

자성불 自性佛 자성본불自性本佛과 같은 뜻으로, 자성自性이 곧 부처라는 뜻. 다른 곳에서 부처를 찾을 필요가 없다. 탐욕과 집착을 버리고 허공처럼 마음을 비우기만 하면 된다.

(Jaseongbul) The Buddha of our self-nature, or our self-nature is the original Buddha: We don't have to find the Buddha anywhere else. All we have to do is drop the greedy mind and attachment and become like empty space.

자성삼보 自性三寶 육조 혜능六祖 慧能의 혁명적 주장으로, 자성自性의 각覺을 불佛이라 하고, 자성의 정正을 법法이라 하며, 자성의 정淨을 승僧이라 한다. 이를 달리 말하면, 성품性品이 스스로 영각靈覺하므로 귀의불양족존歸依佛兩足尊 (불보佛寶)이며, 성품이 본래 적멸寂滅하므로 귀의법이욕존 歸依法離欲尊 (법보法寶)이며, 성품이 어긋나고 다툼이 없으므로 귀의승중중존 歸依僧衆中尊 (승보僧寶)라는 것.

(Jaseong Sambo) Three-Gems of our self-nature, or the essence of mind: Realization of self-nature is the Buddha; righteousness of self-nature is the Law or Orthodoxy; and purity of self-nature is the Sangha. We can also put it in this way: We take enlightenment or Buddha as our guide, because it is the culmination of both merit and wisdom.

We take orthodoxy or Dharma as our guide, because it is the best way to get rid of desire. We take purity and no strife of Sangha as our guide, because it is the noblest quality of mankind. This is the discourse of Huieng, the Sixth Patriarch of Chinese Ch'an Buddhism.

자성선 自性善 사종선四種善의 하나. 본질적으로 그 자체가 선한 것. 무탐無貪, 무진無瞋, 무치無痴의 삼선근三善根과, 무괴無愧와 무참無慚의 이선二善을 말함.

(Jaseongseon) Goodness of self-nature: One of the four kinds of goodness. The inherent goodness of self-nature, i.e., non-greedy mind, non-indignation, and non-ignorance; and non-shamelessness and non-lack-of-consciousness.

자성선 自性禪 구종대선九種大禪의 하나. 선禪을 닦음에 있어, 마음의 실상을 관하여 객관적인데서 구하지 아니하므로 자성선自性禪이라 말함.

(Jaseongseon) Meditation on one's own self-nature, or self-nature meditation: It is so called because when one practices meditation, one concentrates on one's true nature of mind, not seeking it from outside.

자성(성)불 自性(成)佛 나의 본래 성품이 곧 부처라는 뜻. 자성自性을 볼 수 있다면 이미 성불成佛한 것.

(Jaseong (Seong)bul) The original Buddha-nature: We are all inborn Buddhas. The only thing we have to do is to realize it.

자성실재론 自性實在論 이것은 설일체유부說一切有部의 주장으로, 현상적으로는 일체가 무아이고 찰나적 생멸을 거듭하지만, 이들을 이루고 있는 이면의 본체적 다르마(Dharma)들, 곧 자성들은 영원하며 항상 실재한다는 것. 이것을 비판하고 나선 것이 제 이의 붓다라고 추앙받는 용수龍樹의 연기설에 따른 공空과 중관사상中觀思想.

(Jaseung Siljaeron) The reality of self-nature: The doctrine that even though phenomenal thing have no self-nature, the Dharma that

constitutes the things retains self entities and is everlasting, a kind of eternalism, which is refuted by Nagarjuna in terms of the doctrine of causality, emptiness and the Middle Path.

자성열반 自性涅槃 누구나가 본래부터 갖추어져 있는 청정한 열반.

(Jaseong Yeolban) Nirvana of original pure, clear self-nature of individual sentient beings.

자성염불 自性念佛 나의 본래 성품이 곧 부처라는 것을 살피는 염불, 복을 구하는 것이 아닌.

(Jaseong Yeombul) Recollection of Buddha with the insight of one's original Buddha-nature: This is the true Buddha-chanting, not asking for a favor.

자성유심 自性唯心 마음 밖에 법이 따로 없고 일체만유가 오직 자기의 본성으로서의 마음뿐이라는 뜻.

(Jaseong Yusim) All existence is identical with the Tathata, and all Dharma is nothing but one's own mind.

자성청정심 自性淸淨心 티 없이 깨끗한 마음의 본성, 곧 불성佛性.

(Jajeong Cheongjeongsim) The true nature of the innate pure mind, the self-nature, or the Buddha-nature: How shall we to attain it? By non-attachment and emptying one's mind.

자성청정 열반 自性淸淨 涅槃 사종열반四種涅槃의 하나. 현상세계의 법성진여法性眞如나 우리들 마음의 심성心性도 본래 청정해 법성과 심성이 그대로 열반이라는 뜻. 허망한 마음을 일으키지 않으면 그것이 그대로 열반. 법화경에서 말하는 제법실상諸法實相 참조.

(Jaseung Cheongjeong Yeolban) Immaculate Nirvana of pure self-nature: The true-suchness of Dharma-nature in the phenomenal world and our pure self-nature are themselves true Nirvana. All that one has to do is not to disturb them. *Cf. (Jebeop Silsang)* True reality of things.

자성해탈 自性解脫 중생의 본성이 청정하여 번뇌의 속박과 부정不淨에 오염되지 않은 상태.

(Jaseong Haetal) The original enlightenment of unbound and pristine state of sentient beings.

자소증 自所證 스스로 깨닫는 것. 자소득自所得이라고도 말함.

(Jasodeuk) Attaining enlightenment all by oneself.

자씨불 慈氏佛 자비의 미륵보살彌勒菩薩을 말함. 비슷한 것으로, 한국 스님들은 법명 앞에 석가모니釋迦牟尼 부처님의 석釋자를 붙여 부처님의 제자임을 표시한다.

(Jasibul) Compassionate Maitreya Bodhisattva: The free translation for Maitreya. "si 氏" denotes the family name in Korea.

자신불 自身佛 즉신불卽身佛, 자신즉불自身卽佛과 같은 뜻. 다시 말해 부모님에게서 타고난 이 몸 그대로가 부처가 될 수 있다는 도리.

(Jasinbul) Myself is the Bddha: The Buddha-nature of all beings just as they are. In other words, this body of mine itself given by the parents is the Buddha.

자심 自心 자기 마음, 자기의 생각, 또는 보리심菩提心을 말함.

(Jasim) One's own mind, one's own thinking: But it also means Buddhicitta, or the enlightened mind.

자아 自我 자신을 실재하는 것으로 생각하는 착각. 불교에서는 자아를 외형적인 개체에 대한 관념적 이름으로 볼 뿐이며, 또 실재에 있어서 실체가 없는 가상假相적 개체는 순간순간 변하는 물리적 또는 정신적 요소로 구성된 것으로 봄.

따라서 불교에서는 사람들의 집착의 대상인 나라는 개체나 영혼의 존재를 인정하지 않는다. 다시 말하건데 여기에서 조심할 것은, 우리의 청정한 본래면목인 허공과 같은 자성自性과, 오온五蘊과 사대四大의 집합체에 지나지 않은 허깨비 같은 자아自我를 혼동해서는 안 된다는 것.

'자아自我라는 오온五蘊이란 단지 허깨비일 뿐 / 허깨비에 어찌 실체가 있으리.' 이것은 육조단경에六祖檀經에 나오는 말. 역시 선사禪師다운 일갈一喝. 그런데 인도의 정신적 스승인 라마나 마하리쉬는 이를 다음과 같이 표현하고 있다: '자아탐구自我探究가 깨달음에 이르는 최상의 길. 이 길을 따라가기가 어려우면 헌신獻身(devotion)의 길을 가라. 영적 수행의 진정한 목표는 '나'의 소멸이다. '육체와 감각 그리고 생각하는 마음과 내면에 잠재해 있는 무의식조차 내가 아니다'라고 부정한 후 남는 각성覺醒이 바로 '나'이다.

(Ja-a) Atta or atman: The substantial self or ego, or an ego-self, a separate selfhood, a self-existing ego-personality, an immortal ego-hood. Buddhism denies all these. If we were to see our true pure nature, we must see beyond "ego," a collection of five skandhas (form

or matter, feelings, perceptions, impulses and consciousness), and beyond our body composed of the four elements (earth, wind, fire, and water).

"The self is nothing but a phantasm created by the union of five skandhas, / And phantasm has nothing to do with absolute reality." It is a quote from the Platform Sutra. The following is the words of Ramana Maharish, an Indian spiritual master: "Investigation of self is the supreme way to enlightenment. But if it is not easy for you, try devotion. The true object of spiritual practice is extinction of self. If you can extinguish the thought of your body, sensation, thinking, even a tiny trace of unconsciousness in your mind, that is awakening and you will attain the true self."

자애 自愛 제 몸을 아끼고 사랑함. 그러나 심리치료에서는, 이것을 이기적인 뜻이 아닌 자신 또는 다른 사람이 행복하기를 바라는 마음을 뜻함.

(Ja-ae) Self-love, or self-full-ness: However, in psychotherapy, it means loving kindness. In other words, it means wishing happiness for both oneself and others, a positive view of "self-love," or a way to be released from depression and self-denial in psychotherapy.

자업자득 自業自得 모든 것은 자신의 소치所致, 누구를 원망하리? 불교에는 심판자가 없으며, 행위자인 자신이 스스로 심판자가 될 수밖에 없다. 그래서 어려우며 게을러서는 안 된다. 그러나 이것은 또 어떤 종교와는 달리, 결정적인 것이 아니라, 수행에 의해 업력業力으로부터 스스로 벗어날 수 있는 길이 항상 열려 있음을 의미하기도 한다.

(Jaeopjadeuk) He acts and he himself reaps the consequence: As one does one receives. Everything is the retribution of one's own doing. Whatsoever a man reaps, that has he also sown, whether it is good or evil. In Buddhism, there is no transcendental being to judge the people.

Everyone is the molder and the sole creator of his/her life to come. Herein lies the great responsibility of every individual. But in Buddhism, penalty or retribution is not final. There always is a way out from the wheel of bad karma by means of practice or cultivation of the mind.

자연 自然 '스스로 그렇게 드러낸 모습.' 인위적인 조작이 없는 스스로 그러함이라는 의미의 자연은 바로 불교에서 말하는 진여眞如와 어느 의미에서는 같은 말이며, 여래如來라는 말도 스스로 그러하게[如] 오고감을 말함. 열반涅槃? 열반이 따로 없다. 여여如如가 바로 열반.

(Jayeon) Natural manifestation of suchness: It literally means "self-so." So is true-suchness, the ultimate reality as it is, and Tathagata, "thus come," or "thus gone," who leaves no trace of himself in coming and going, just like great empty space. Nirvana? Nirvana is nothing special. It is in your own pure heart, just as it is.

자의식 自意識 자기 자신에 관한 의식.

(Jauisik) Self-consciousness.

자이나교 힌두교의 카스트 제도와 범신론에 반발하여 불교와 거의 같은 시기에 나타난 극단적 금욕주의 종교. 자이나 교도들은 윤회로부터의 해방은 고통과 죄의 근원인 육신을 버리는 데 있다고 생각함. 이에 따라 머리만 내놓고 온 몸을 땅에 묻거나 나체로 거리를 활보하기도 함. 나체를 드러냄으로 몸뚱이로부터의 역설적 해방. 그러나 수행에 의한 이들의 불살생에 대한 계율은 특히 유명하다.

(Jainagyo) Jainism: An extremely ascetic religion founded in the 6th century B.C.E., about the same time of the rise of Buddhism in India as a revolt against the caste system and the vague world spirits of Hinduism.

They sometimes bury their entire body in the ground below the neck, or walk around naked to be free of their defiled body. They are well known for the hard practice of absolutely refusing to kill any living being, even insects.

자자 自恣 여름 안거의 마지막 날, 같이 공부하던 스님들이 모여, 서로 견見, 문聞, 의疑의 삼사三事를 가지고, 그 동안 지은 죄를 고백하고 참회하는 작법作法.

(Jaja) **Pavarana**: A ceremony at the end of the rainy retreat at which one confesses any transgression of the rules of conduct committed during the retreat, or mutual confession and reflection. A confessional ceremony performed at the end of three month summer intensive retreat for the wrong doings committed through the eyes, ears, and doubt.

자장율사 慈藏律師 (590-658) 신라 진덕왕眞德王 때의 큰 스님. 선덕여왕이 정승을 삼으려 부르자, '하루 계戒를 지키다 죽을지언정 계를 파하고 백년 살기를 원하지 않노라'라고 하였다 함.

(Jajang Yulsa) (590-658): The Venerable Precepts Master of the Silla dynasty. It is said that when he was asked by the Queen to be Prime Minister, he declined the offer saying, "I would rather die keeping precepts for a day than live to be a hundred years breaking precepts."

자재(무애) 自在(無碍) 속박이나 장애가 없이 자유로우며, 내외의 모든 경계와 인과를 떠나 불변의 영원한 변화 속에 스스로 고요히 상주常住하는 진여眞如를 일컬음. 따라서 부처님을 자재인自在人이라고도 말함.

(Jajae(muae) Self-manifestation: Self-possessed and dispassionate, or independent self existence without hindrance. When perfect quiescence is achieved, all the signs of action, within and without, will cease, and every trace and mark of things and conditions will vanish, which is another way of expressing the Buddha and the ever-changing changeless true-suchness.

자재왕 自在王 대일여래大日如來를 높여 일컫는 말. 대일여래大日如來 참조.

(Jajaewang) The self-existent King: An elevated name for the Great Buddha Vairochana, or the Buddha of Cosmic Energy, the main Buddha of the True-word Sect, or Esoteric Buddhism.

자재천 自在天 욕계欲界의 존재들이 스스로의 감각을 발산하여 즐기는 천상 天上.

(Jajaecheon) The Heaven of Enjoyment of Emanation: The heavenly realm of desire where the inhabitants amuse themselves by emanating sense experiences.

자증 自證 남에게 의지하여 얻는 것이 아니라, 스스로 깨달아 아는 것. 즉 제불諸佛의 증오證悟는 구경究竟의 깨달음으로서 남이 깨닫게 해줄 수 있는 것이 아님을 강조한 것. 이것은 또 깨달음에 대한 확신을 뜻할 수도 있다. 좌망坐忘과 심재心齋 참조.

(Jajeung) Self-realization or enlightenment: Realization of a spiritual truth through one's own effort. Realization of the ultimate truth is not something that can be attained by way of someone else. *Cf. (Jwamang)* Sit and forget the self, and *(Simjae)* Cleansing the mind.

자증분 自證分 법상종法相宗에서 세운 교의敎義. 우리의 인식내용을 구성하는 식識의 요소에 사분의四分位가 있는데, 그 세 번째가 자증분 또는 자체분自體分. 주관에 의해 인식되는 객관의 현상을 견분見分이라 하는데 대해, 자증분은 우리의 주관적인 인식이 대상 경계에 부딪히는 순간 일어난 인식이 대상경계를 선험적으로 분별없이 그대로 인식하는 경우를 말함.

(Jajeungbun) Self-authenticating nature of consciousness of the external thing or realm, or spontaneous self-knowing transcendental consciousness of phenomena without any subjective consciousness or discrimination. The doctrine of the Dharma-character School, and the third of the four divisions of consciousness.

자증삼매 自證三昧 자수용삼매自受用三昧 또는 삼매왕삼매三昧王三昧라고도 말함. 선종禪宗에서는 이를 불조佛祖가 전하는 안목眼目이라고 하며, 보리菩提를 증득證得하는 묘방편妙方便이라 말한다. 그 이유는 타수용他受用이 아니라 자수용自受用이기 때문이다.

(Jajeung Sammae) Self-realized samadhi: Samadhi attained or realized without help from the outside. It is also called self-earned samadhi, or the King of samadhi.

자지 自知 행동하기 전에 먼저 일어난 의도나 존재를 파생시킨 원인을 알아차림하거나 이해하는 개념. 예를 들어, 짜증을 알아차림 하면서 짜증이란 포장지 밑에 존재하는 실재를 있는 그대로 통찰하는 것을 자지自知 또는 쌈빠지나라고 말함.

(Jaji) Sampajana: An insight that perceives the motive or cause of an action before it takes place. For example, a penetrating insight that perceives the hidden cause or motive underneath, which will arouse an action.

자책감 自責感 자신의 잘못을 제 자신이 스스로 책망함.

(Jachaekgam) Self reproach, condemnation, or accusation.

자타 自他 자기와 남, 자력自力과 타력他力.

(Jata) The I and the not-I, or others, or the self-power and the other-power.

자타불이 自他不二 나와 남이 둘이 아니라는 것. 이것은 또 궁극적으로는 공空인 인연법을 뜻하며, 여기에서 동체대비同體大悲라는 불교 특유의 자비관이 나오는 동시에 일반적인 개념의 사랑과 구별된다. 다시 말해 자타불이自他不二는 곧 자타불이自他不異 또는 주객불이主客不二인 동시에 우주의 법칙을 말함. 일반적인 개념의 사랑은 대개 인본주의 사상에 그 바탕을 두고 있는 덕행德行으로, 불교의 동체대비 사상이 뜻하는 우주적 개념이 내포되어 있지 않다.

(Jatabuli) Non-duality or non-discrimination of the I and the not-I, this and that, you and me, the view that sees the whole universe as One: Hence the great compassion of One-root or One-body, not just humanitarian love or compassion. *Cf. (Bulibeop)* Non-duality, *(Yeon-gi)* Dependent origination or arising.

작가 作家 재능이 뛰어난 선승禪僧을 말함. 당唐과 송대宋代의 선사禪師들이 시문詩文을 통해 선풍禪風을 크게 선양했기 때문에 이렇게 부르게 됨.

(Jakga) Literally "a writer": A refined or accomplished Seon master. This name derives from the fact that during the Tang and Sung dynasties, many Ch'an masters were well accomplished in literature by means of which they spread the Buddha-dharma far and wide.

작법 作法 불자佛者들이 지켜야할 의식儀式, 법칙 또는 방법.

(Jakbeop) The rules of conduct among Buddhists: Formality and rule, or a method of practice and ritual.

작예 作禮 예禮를 갖추어 인사를 올리다.

(Jakye) Make a ceremonial obeisance, pay or tender a courtesy or homage.

작의 作意 마음 작용 또는 마음을 일깨워 바깥 대상을 향하여 발동하게 하는 정신작용을 말함.

(Jakui) The mental tendency or faculty of arousing the mind: Its activity is that of directing the mind to the outer percepts or phenomena.

작인 作因 어떠한 원인을 유발하는 매체.

(Jakin) The causal agency.

잡신 雜神 온갖 잡귀雜鬼 또는 귀신鬼神.

(Japsin) All kinds of evil spirits.

장 藏 범어梵語 pitaka의 번역. 용기容器, 저축 또는 포함한다는 뜻이 있으며, 불교에서는 경전을 유별類別하여 수장한다는 뜻.

(Jang) Pitaka: Treasury, or an assortment of the scriptures.

장경 藏經 대장경大藏經의 준말.

(Janggyeong) It is abbreviation of Daejanggyeong, the Buddhist tripitaka.

장경전 藏經殿 팔만대장경판大藏經板을 보존하는 전각殿閣. 장경각藏經閣이라고도 말함.

(Janggyeongjeon) The Hall of Woodblock Tripitaka: The hall where the woodblock tripitaka is preserved. It is also called *Janggyeonggak*.

장경판 藏經板 부처님의 가르침을 새겨놓은 경판經板.

(Janggyeongpan) The woodblock tripitaka.

장교 藏敎 화법사교化法四教의 하나로 경經 · 율律 · 논論의 삼장교三藏教 의 준말로 삼장三藏의 가르침을 말하며, 또 이는 소승교를 가리키는 말이기도 함. 즉 사아함경四阿含經의 가르침에 따라 공空의 도리를 분석적으로 밝힘으로써 생멸문生滅門을 깨달아 무여열반에 이르게 하는 소승교를 가리키는 말. 돈오돈수頓悟頓修 참조.

(Janggyo) Textual teaching of Tripitaka, the sutra, precepts, and treatises: Learning the emptiness of things and the truth of birth and death through textual analysis. The teachings of Hinayana based on the four Agamas. *Cf. (Dono donsu)* Sudden enlightenment and sudden cultivation.

장군죽비 將軍竹篦 절에서 대중방 문설주에 거는 장척長尺, 곧 끝이 넓적한 긴 작대기. 대중의 행좌行坐와 위열位列을 바르게 정돈하는 데 쓰는 도구. 세속에서 이것이 대형 죽비竹篦로 잘못 오해하는 경우가 있다.

(Janggun Jukbi) Lit. "General bamboo clapper": However, it is not a substitution of a small bamboo clapper. It is a long stick with an flat end which is used to regulate the sitting position and line of the practitioners in the large community room in the temple.

장궤 張跪 수계受戒시에 무릎을 꿇는 자세로, 흔히 호계 합장護戒 合掌이라고도 말함. 두 무릎을 꿇되 무릎부터 머리끝까지 상체가 수직이 되도록 몸을 세우고 두 발끝으로 땅을 버티는 자세.

(Janggue) Kneeling position with both knees to the floor or ground: Your back must be straight with your palms joined, and the tips of your feet supporting your body. This is the position for receiving the precepts.

장로 長老 상좌上座, 상수上首, 수좌首座, 노숙老宿이라고도 말함. 학덕이 높고 불도에 들어 온지 오래되어 대중의 존경을 받는 이를 일컫는 말. 그런가 하면 나이 많은 스님에 대한 존칭으로도 쓰임.

(Jangno) An elder: An honorific title or respect for a monk of wisdom and virtue who has been in the priesthood for many years. A honorific title of respect for a Seon master, especially the head of a big temple.

장명등 長明燈 밤새도록 불을 켜두는 등불.

(Jangmyeongdeung) The lantern that illuminates all night.

장삼 長衫 검은 베로 길이가 길고, 품과 소매가 넓은 스님의 웃옷.

(Jangsam) A ceremonial dharma robe: The long and loose gray outer robe of a monk.

장승 長丞 이수里數를 표시하거나, 마을의 수호신으로 동네어귀나 길에 세운 사람 모양의 형상. 보통 남녀로 한 쌍을 세움.

(Jangseung) A totem pole: A set of male and female forms carved in wood, usually standing at the entrance to a village, or by the road, used usually as a symbol of the protector of the village, or a milepost.

장식 藏識 아뢰야식을 장藏이라고 하며, 일체의 종자를 함장含藏했다고 하여 장식藏識이라고도 말함. 이를 좀 더 구체적으로 설명하면, 진제삼장眞諦三藏은 이 식識이 중생의 심식心識으로 결코 없어지거나 잃어지는 것이 아니라는 뜻에서 몰의식沒意識이라 번역하고, 현장玄藏은 능식能識, 소장所藏, 또는 집장執藏의 세 뜻이 있으므로 장식藏識이라 번역함.

이를 좀 더 쉽게 이해하기 위해, 조심스럽지만 일단 칼 융 (C. G. Yung)의 심리학에서 주장하는 개인과 종족의 무의식 속에 함장되어 연연히 흐르고 있는 '집단 또는 보편적 무의식'과 유사하다고 생각하면 다소 참고가 될지 모른다. 아뢰야식 참조.

(Jangsik) The storehouse of consciousness: It is so called because it contains all the seeds of consciousness. The term "the storehouse of consciousness" is coined by Xuancan for alaya-vijnana or the eighth consciousness in the sense that the involuntary collective unconscious of an individual as well as a culture never disappear, while Tripitaka of Zhendi translated it the unconscious.

We must be very careful, but it could be understood as a similar theory in Jungian psychology of racially/culturally inherited psychic material present in the individual unconscious, which is commonly known as "collective unconscious." *Cf. (Aroiyasik)* The eighth consciousness.

장애 障碍 수행과 깨침에 방해가 되는 번뇌.

(Jang-ae) A laya: Hindrance or obstruction to attaining enlightenment and Nirvana.

장엄 莊嚴 위엄을 갖추기 위해 아름다운 것으로 꾸미는 것.

(Jang-eom) Setting forth majestic ornamentation: Adorn or set forth with all kinds of flowers, jewels, and paintings, or other auspicious implements for sublimity and grandeur.

장엄겁 莊嚴劫 과거의 주겁住劫. 현겁賢劫 참조.

(Jangeomgeop) The sublime eon (the past abiding eon). *Cf. (Heongeop)* The fortunate eon (the current abiding eon).

장엄구 莊嚴具 장식과 위엄을 나타내기 위한 아름다운 도구.

(Jangeomgu) All kinds of majestic articles, instrument, or utensils for ornamentation, grandeur, and sublimity.

장엄등 莊嚴燈 부처님께 올리기 위해 아름답게 꾸민 각종 모양의 등. 법당을 꾸미거나 연등 행렬 또는 각종 행사 때 많이 쓰인다.

(Jangeomdeung) The majestic or sublime lantern with all kinds of shapes and colors, usually displayed to decorate the Dharma Hall. They are also used for lantern parades and for all kinds of great Buddhist ceremonies.

장자 長者 인도에서 좋은 집안에 태어나 많은 재산을 가지고 덕을 갖춘 사람을 말함.

(Jangja) An elder, or a virtuous noble man from a good family of wealth in India.

장자 莊子 (369-286 B.C.E.) 노장老莊이란 쉽게 이야기 해 무위자연과 세속을 떠난 초월적 삶에 대한 철학이다. 따라서 이를 모르고는 동양사상을 논할 수 없으며, 또 이는 불교를 이해하는데도 많은 도움이 되리라 믿는다.

(Jangja) Zhuangzi (369-286 B.C.E.): Besides Buddha's teaching, everyone should read Laozi and Zhuangzi, the philosophy of mystical oneness with nature. One might find some analogies between the two philosophies and Buddhism.

장좌불와 長坐不臥 오랫동안 눕지 않고 하루에 한 끼의 식사를 하면서 행하는 고도의 수행. 그러나 욕심을 버리고 깨치겠다는 마음부터 비울 것. 잘못하면 기왓장을 가지고 거울을 만드는 격이 된다.

(Jangjwa Bulwa) A long sitting without lying down: An intensive meditation in the form of sitting up for a long period of time, never lying down, eating only one meal a day. One should empty one's mind of greed, and especially the thought of attaining enlightenment first.

장주 藏主 지장知藏이라고도 말하며, 대장경大藏經을 보관한 창고를 관리하는 소임.

(Jangju) The custodian of the repository of Tripitaka, a complete collection of Buddhist sutras, precepts, and treatises.

장진해탈 障盡解脫 이해탈二解脫의 하나. 우리의 수행을 어지럽히는 번뇌를 모두 끊고 해탈의 경지에 이름을 말함.

(Jangjinhaetal) Emancipation by cessation of defilements in contrast to the immaculate emancipation. *Cf. (Ihaetal)* Two kinds of emancipation.

장처 長處 좋은 점. 곧 장점長點, 장소長所라고도 말함.

(Jangcheo) Merit or a good point.

재 齋 재齋의 본뜻은 신구의身口意 삼업三業을 청정하게 하여 악업을 짓지 아니함을 말함. 그런가 하면 정오正午를 지나면 먹지 않는 것을 재齋라고도 하며, 따라서 올바른 때의 식사를 의미 한다. 그런데 이런 뜻이 달라져서 부처님께 공양하거나, 성대하게 불공하는 것, 또는 죽은 사람을 위하여 천도遷度하는 법회, 곧 죽은 자의 명복을 빌기 위하여 불전에 공양하는 것을 재齋라고도 함.

(Jae) It originally referred to purification of body, speech, and mind to prevent evil actions or conducts. It also meant regular meal time, or abstention from taking the meal after meridian. However, it is now commonly understood as an offering to the Buddha, or having a great celebration of offering on the alter to pray for a better rebirth of the deceased in the next life.

재가 在家 속가俗家에 있으면서 삼보三寶에 귀의하고 오계五戒를 받아 불교를 믿는 선남자善男子 (우바새優婆塞)와 선신녀善信女 (우바이優婆夷). 이에 대해 출가出家는 세속의 티끌을 여의는 것이므로 출진出塵이라고도 말하며, 또 머리를 깎고 물든 옷을 입으므로 낙발영의落髮染衣 체발염의剃髮染衣, 또는 줄여서 낙염落染 또는 체염剃染이라고도 말함.

(Jaega) Upasaka or layman, and upasika or laywoman living in their home: The observers of the basic five precepts with the obeisance to the Three Jewels living in their homes. Contrary to this is "the homeless brothers or sisters," who left their homes and families abandoning all social ties to become monks or nuns, who have on dyed robes with shaven hair.

재가신자 在家信者 재가불자, 곧 처자가 있고 세상일에 종사하는 신자.

(Jaegasinja) Lay Buddhists, lay people, the laity, or lay followers.

재계 齋戒 팔재계八齋戒의 준말로, 재齋는 정오가 지나면 식사를 하지 않는 것을 말하고, 계戒는 불살생 등의 7계戒를 지키는 것. 이를 쉽게 이야기 하면, 식사와 몸 그리고 마음가짐을 조심하고 삼가는 것.

(Jaegye) Precepts of taking a meal: It is a simplified term of the eight precepts. One should not take a meal after midday, and should always keep the body and mind clean and pure abstaining from evil conduct.

재당 齋堂 선사禪寺의 식당을 일컫는 말. 본래는 승당僧堂과 식당이 하나였는데 뒤에 이를 구별하여 말함.

(Jaedang) A dining hall in the Seon or Zen monastery: In the ancient time, the meditation hall was combined with the dining hall. However, they are now separated.

재물 齋物 재齋를 올리는데 필요한 물건.

(Jaemul) The articles or goods for the Buddhist service.

재배 再拜 두 번 절하는 것을 말함.

(Jaebae) Two Bows.

재법 齋法 정오正午 이후에 먹지 않는 법.

(Jaebeop) The rule that forbids taking a meal after noon.

재시 齋時 정오正午 전에 먹는 식사. 곧 새벽부터 정오正午에 이르는 사이를 말함. 이때 식사를 놓치면 다음날 새벽까지 기다려 흰 죽 한 그릇을 얻어먹게 된다.

(Jaesi) Meal time: The regular meal time at the temple between daybreak and noon, about 10 o'clock. The monks at the temple are allowed to eat only before noon; otherwise they must wait until dawn of the next day for a bowl of rice portage.

재식 齋食 정오正午 전에 먹는 식사.

(Jaesik) Taking the meal before midday.

재식 齋式 재齋를 올리는 의식.

(Jaesik) The ceremony of observing a Buddhist service.

재실 齋室 무덤이나 사당祠堂 옆에 제사를 지내기 위해 지은 집.

(Jaesil) The memorial house: A house built for the ancestral memorial service by the grave or the memorial house.

재일 齋日 재가인在家人이 팔재계八齋戒를 지키고 선업善業을 행하는 날, 또는 일정한 단식일. 육재일六齋日과 십재일十齋日 참조.

(Jaeil) A purifying day, or a day set aside for lay people to perform good conducts with keeping the eight precepts. It also means a day set aside for fasting. *Cf. (Yukjaeil)* Six fast days, and *(Sipjaeil)* Ten fast days.

재회 齋會 음식을 차려 대중스님들과 일체 영가靈駕에 공양하는 법회.

(Jaehoi) The celebration for the priests and the spirits of the deceased with food.

저승 사람이 죽은 뒤 그 혼령이 산다고 하는 세상. 곧 극락과 지옥.

(Jeoseung) The other world, or the hereafter: The worlds of departed spirits such as the Land of Bliss or the nether world.

저승 사자 使者 사람이 죽을 때 저승에서 사자使者가 와서 데려간다는 귀신.

(Jeoseungsaja) The demonic messenger: The ghost who waits on the dying man to take him either to the nether world or to the Land of Bliss.

적 寂 일어남과 스러짐이 없는 열반涅槃에 대한 다른 이름.

(Jeok) Complete serenity: Another name for Nirvana.

적광토 寂光土 상적광토常寂光土의 준말. 천태종에서 세운 교의教義로 상常은 법신法身, 적寂은 해탈, 광光은 반야般若를 뜻함.

(Jeokgwangto) The land of eternally tranquil light: The doctrine of the Tientai Sect, and it is abbreviation of *Sangjeokgwangto*, the land of eternally tranquil light of the Dharma-body. The first syllable sang stands for the Dharma-body, the second syllable *jeok* stands for emancipation, and the third syllable gwang stands for prajna or wisdom.

적멸 寂滅 미혹迷惑과 생사의 인과를 떠난 경계로 열반과 해탈을 뜻함.

(Jeokmyeol) Calm extinction: Perfect peace or serenity and cessation of samsara, or extinction of delusion and conditions of birth and death, which is equivalent to true enlightenment and nirvana.

적멸법 寂滅法 적멸의 법法, 곧 적멸의 가르침이란 뜻, 또는 그 경계.

(Jeokmyeolbeop) The way to great peace and complete tranquility.

적멸위락 寂滅爲樂 적멸寂滅은 열반과 같은 뜻으로, 생사의 고苦에 대해 열반을 락樂으로 삼는 것을 말함. 다시 말해 열반을 성취하면 그것이 최상의 락樂이란 뜻.

(Jeokmyeolwirak) The bliss of dispassionate tranquility, or the pleasure of holy quietude and Nirvana.

적문 迹門 본적이문本迹二門의 하나. 중생을 제도하기 위해 이 세상에 탄생한 적불迹佛, 곧 화신 불化身佛의 법문을 적문迹門이라 함. 본문本門 참조.

(Jeokmun) The gate or the teaching of the Buddhas of transformation in various forms for the deliverance of sentient beings. *Cf. (Bonmun)* The original true Buddha who attained Buddhahood eons before.

적문개현 迹門開顯 천태종에서 법화경 이전의 절반을 적문迹門, 그 이후의 절반을 本門이라하고, 迹門의 부처, 곧 보리수 아래에서 성도成道하신 석가모니 부처님께서 법화경 이전에 말씀하신 삼승교三乘敎는 방편교方便敎라 하고, 법화경만을 일승진실교一乘眞實敎라 하여 이를 열어 나타내시어 들어가게 함을 말함. 회삼귀일 會三歸一 참조.

(Jeokmun Gaehyeon) The expedient teaching or gate as a means of revealing the true teaching: It is the doctrine of the Tientai Sect that the teachings prior to the Lotus Sutra are the expedient teachings to open the way to the ultimate teaching of the Lotus Sutra, the true teaching of the One-vehicle, or the Buddha-vehicle.

In other words, all the Buddha's teaching prior to the Lotus Sutra, which is called the teachings of Three-vehicles, are the expedient teachings leading to the true teaching of the One-vehicle. *Cf. (Hoisam Gwiil)* Threefold-vehicles returns to the One-vehicle.

적본삼유 迹本三喩 적문迹門이란, 진실을 위해 방편方便을 베풀고(위실시권 爲實施權); 방편을 열어 진실을 내타내고(개권현실開權顯實); 방편을 닫고 진실을 세움(폐

권입실廢權立實)을 말함. 또 본문本門이란, 본本으로부터 적迹을 드리우고(종본수적從本垂迹); 적迹을 열어 본本을 드러내고(개적견본開迹顯本); 적迹을 닫고 본本을 세움(폐적입본廢迹立本)을 말함.

(Jeokbon Samyu) Three metaphors of essence or truth and its expedient method: The expedient teaching is to set up an expedient method for finding the essence or truth; open the method to reveal the essence or truth; remove the method to establish the essence or truth.

The true or authentic teaching is to cover the truth with an expedient method; then use the expediency to reveal the essence or truth; remove the expediency, leaving nothing but the truth.

적선 積善 착한 일을 많이 함을 뜻함. 보살행이란 곧 적선을 많이 함으로써 중생의 고통을 덜어줌과 동시에 궁극적으로는 이들을 모두 열반으로 인도하는 것이라 말할 수 있다.

(Jeokseon) All accumulated roots of virtue, or accumulation of the store of virtue and merit, which can be channeled in love toward the well-being and ultimate deliverance of all living beings.

적정 寂靜 우리의 마음 가운데 일어나는 망념을 쉬고 마음을 한 곳에 머무는 것. 곧 번뇌를 떠나 고苦를 멸한 편안한 무념무상無念無想의 경지.

(Jeokjeong) Samatha: Serenity and quietude, or equanimity without any discriminating thought. *Cf. (Munyeom Musang)* Mindfulness and non- perception.

적토 寂土 진리와 지혜로 각자覺者가 사는 세계, 곧 법신불法身佛의 세계를 말함.

(Jeokto) The realm of the Dharmakakaya: The world where the enlightened one dwells with truth and wisdom.

전념불생 즉심 후념불멸 즉불 前念不生 卽心 後念不滅 卽佛 '이전以前 생각이 일어나지 않는 것이 곧 마음이요, 이후以後 생각이 멸하지 않는 것이 곧 부처이니라.' 육조단경六祖壇經에 나오는 말.

(Jeonhyeom Bulsaeng Jeuksim Hoonyeom Bulmyeol Jeukbul) "To let not a passing thought rise up is mind. To let not the coming thought be annihilated is Buddha." The quote is from the Sutra of Hui Neing.

전도 傳道 도리道理 또는 교지敎旨를 세상에 널리 전함. 즉 종교를 믿지 않는 사람들에게 교지敎旨를 전하여 믿게 하는 포교布敎. 특히 교회敎會에서 즐겨 쓰는 용어. 불교에서는 전도傳道라는 말 대신, 포교布敎, 홍포弘布, 홍화弘化라는 표현을 쓴다.

(Jeondo) Evangelical work: Propagation of truth or illustrious teaching to the unbelievers, the term especially loved by Church.

전도몽상 轉到夢想 진실이 뒤바뀐 허황된 생각.

(Jeondo Mongsang) The false concept, inverted fancy, or delusive thought.

전등 傳燈 전법傳法과 같은 뜻. 등燈은 어두움을 밝혀주기 때문에 어리석음을 깨쳐주는 지혜에 비유되며, 전등傳燈은 스승과 제자가 불법의 법맥法脈을 주고받는 의식을 말하기도 함.

(Jeondeung) Transmission of a lamp to light the world, or transmission of Dharma from the master to disciple.

전륜성왕 轉輪聖王 정법正法을 가지고 온 세계를 다스릴 것이라는 인도 신화의 이상적 왕.

(Jeonryun Seongwang) The Wheel-turning Monarch: The Indian ideal of a universal monarch who rules the world with the wheel with which he is endowed at his enthronement.

전미개오 轉迷開悟 미迷한 것을 돌이켜 깨달음을 얻음. 곧 번뇌를 끊고 불교의 이상인 깨달음과 열반을 증득함.

(Jeonmi Gae-o) Turning from ignorance to enlightenment by cessation of defilement, or rejecting the illusion of the worlds of birth and death and entering into enlightenment.

전범입성 轉凡入聖 범인凡人을 교화시켜 성인聖人의 경지로 이끄는 것.

(Jeonbeom Ipseong) Converting commoners into noble ones: Anyone can attain enlightenment and become a Buddha, if one is blessed with meeting a right teacher.

전법 傳法 교법敎法을 전하는 일. 전발傳鉢이라고도 말함. 사실 길에서 태어나 길에서 열반에 드신 부처님의 일생은 오로지 중생제도에 있었으며, 다음은 녹야원에서 비구들에게 부촉하신 유명한 전법 선언이다.

"비구들이여! 인간 세상으로 나아가 많은 사람들을 제도하라. 많은 사람들의 이익과 행복을 위하여 인천人天의 이익과 안락을 위하여. 그리고 두 사람이 같은 길을 가지 말고, 홀로 길을 가라. 나도 지금 우루벨라 촌으로 향하여 인간 세상에 나아가리라."

(Jeonbeop) Transmission of the Dharma or Buddha's illustrious teaching. It is also called transmission of an alms-bowl. or Buddha's illustrious teaching. It is also called transmission of an alms-bowl. The following is Buddha's renowned declaration of transmission of the dharma to the bhikkus at the Deer Park:

"Bhikkus! Go forth to the world and deliver all sentient beings for their benefit and happiness. No two bhikkus should take the same direction. You should go forth all alone. I shall also set out to the world in the direction of Uruvilva."

전법게 傳法偈 법을 전할 때 지은 게송偈頌. 다음은 만공滿空 스님의 법제자法弟子인 전강 영신선사田岡 永信禪師의 전법게傳法偈:

불조미증전佛祖未曾傳 (불조도 전한 바 없어)
아역무소득我亦無所得 (나 또한 받은 바 없음이여)
차일추색막此日秋色暮 (가을빛 저물어 가는 날에)
원소재후봉猿嘯在後峰 (뒷산의 원숭이가 울고 있네)

(Jeonbeopge) The gatha of dharma transmission: The following is the gatha of dharma transmission of Seon Master Jeonggang Yeongshin:

There was no transmission of dharma by the Buddha.
How could then I receive it?
A monkey is crying on the hill behind the village
In the beam of late autumn evening.

전법도생 傳法度生 법을 전하여 중생을 제도, 곧 교화한다는 듯. 이에 대한 게송偈頌 한 수: '가령 부처님의 말씀을 머리에 이고 모시기를 미진수겁微塵數劫을 지나고 / 내 몸을 바꾸어 의자를 만들어 삼천대천세계의 모든 부처님을 모신다 해도 / 만약 부처님의 법을 전해 중생을 제도하지 못하면 / 필경에는 부처님 은혜를 갚을 길이 없네.'

(Jeonbeop Dosaeng) Deliverance of sentient beings by dissemination of the Dharma: A stanza for the dissemination of the Law: "Even if you uphold the Buddha's teaching in your heart for eons, / Or wait on countless Buddhas from all directions of the universe by constructing chairs by transforming one's body, / If you neglect deliverance of

sentient beings by dissemination of Buddha's teaching, / You will never be able to repay the love and grace of Buddha."

전법륜 轉法輪 부처님의 교법敎法을 법륜法輪이라 하고, 교법敎法을 설하는 것을 전법륜이라 말한다. 다시 말해, 법문法門을 굴리는 일. 곧 부처님이 설법說法하시는 일을 마치 전륜성왕轉輪 聖王이 보배스러운 수레바퀴를 굴리는 것에 비유한 것.

(Jeonbeopryun) Turning the wheel of the great Dharma: A metaphorical expression of the teaching of the Buddha to the wheel-turning king.

전법륜인 轉法輪印 수인手印 참조.

(Jeonbeopnyunin) The mudra, or hand seal of the wheel of the great Dharma. *Cf. (Suin)* The mudra, or hand seal.

전법승 傳法僧 불법佛法을 널리 전하는 승려.

(Jeonbeopseung) A missionary, or a monk disseminating the Buddha-Dharma.

전변 轉變 전화변이轉化變異의 뜻으로 전이轉異라고도 말함. 의식의 전환, 또는 일반적인 뜻의 만유萬有의 생멸변화生滅變化를 말함.

(Jeonbyeon) Transformation of consciousness, or mutability of birth and death, or things.

전변설 轉變說 인도 철학에서 주장하는 우주론의 하나. 우주의 모든 것은 일원一元의 실재가 스스로 전개 변화하여 생성된다는 것.

(Jeonbyeonseol) Theory of self-begetting mutation: A cosmology of Indian philosophy, a kind of monism which claims that there is only one basic substance or principle as the ground of all the phenomena of the universe.

전삼삼후삼삼 前三三後三三 전후前後 또는 피차彼此의 사정이 같다는 뜻.

(Jeonsamsam Husamsam) Similarity between the former and the latter, or between the two.

전생 前生 삼생三生의 하나. 이 세상에 태어나기 전의 세상. 과거세過去世, 숙세宿世, 전세前世, 전겁前劫이라고도 말함.

(Jeonsaeng) The previous life: The world before we were born in this world. It is also called the previous kalpa, or one's former state of existence or life.

전생 轉生 이 세상에 다시 태어나는 것. 전세轉世와 같은 뜻.

(Jeonsaeng) Rebirth in this world. It is same as jeonse, or tramsmigration of the world.

전생선업 前生善業 전생에 지은 착한 공덕功德. 숙세선업宿世善業이라고도 말함.

(Jeonsaeng Seoneop) The good karma, or good conduct of the former life.

전생인연 前生因緣 전생에서 이미 맺어진 연분.

(Jeonsaengyeon) The causes and conditions of former lives.

전세 轉世 이 세상에 다시 태어나는 것. 전생轉生라고도 말함.

(Jeonsaeng) Rebirth in the mundane world: It is also called *jeonse*.

전수 傳授 스승에서 제자에게 차례로 전해 받음.

(Jeonsu) Handing down of the teaching: Transmission of teaching from master to disciple.

전식 轉識 근본식根本識, 곧 아뢰야식에 의지하는 모든 의식意識을 전식轉識이라 함. 이를 좀 더 자세히 설명하면, 팔식八識에서 아뢰야식을 제외한 안이·비·설·신·의 眼耳鼻舌身意와 말나末那 등의 칠식七識을 가리키며, 이들 칠식七識은 아뢰야식으로부터 전생轉生하여 그 모습을 달리 나타내는 것이므로 전식轉識이라 하나, 경우에 따라서는 아뢰야식을 뜻하는 경우도 있다.

그러나 또 알아야 할 것은, 무명의 전식轉識은 육도윤회六道輪廻를 일으키나, 반대로 본각本覺으로의 전식轉識은, 열반을 증득證得하게 한다는 것. 다시 말해 이것은 양방행兩方行이라는 것. 어느 방향으로 가느냐는 것은 전적으로 핸들을 잡은 사람에 달려있다. 전식득지轉識得智 참조.

(Jeonsik) Evolving consciousness, or transforming consciousness: Six types of consciousness (eyes, ears, nose, tongue, body, and mind) in addition to the seventh consciousness, or manas, intellectual function of consciousness, and the basis for all mental functioning and acts as controller of the first five bases of consciousness. These mental faculties are born from the storehouse consciousness in various forms and are always subject to shifting back and forth, upward or downward.

Hence the name of evolving or transformational consciousness, which is the basis of the six modes of existence (the human realm, the animal realm, the hell, the realm of the hungry ghosts, the realm of the jealous

Gods, and Devas). However, as primal awakening, or the immaculate original nature of mind, it sometimes means the eighth consciousness, or the storehouse of consciousness, the container of consciousness, or a depository of all kinds of karma-seeds, good as well as evil, whereas it depends entirely on the master of the mind which way to turn, to Hell or to the Land of Utmost Bliss.

Usually this term is understood to mean the transformed consciousness, i.e., the first seven consciousnesses, so designated because they are transformed from seeds held in the eighth consciousness. *Cf. (Jonssik Deukji)* Turning the deluded mind to wisdom and enlightenment.

전식득지 轉識得智 유식사상唯識思想의 핵심. 번뇌로 인하여 오염된 망식妄識을 수행修行의 힘으로 정화하고 이를 다시 전환하여 지혜를 증득하는 것.

(Jeonsik Deukji) Turning the deluded mind into wisdom and enlighten-ment: The essential doctrine of the Consciousness-only School.

전신 轉身 미망迷妄에서 깨어나 깨달음의 경지에 든 것.

(Jeonsin) Transformation into the stage of enlightenment after awakening from delusion.

전신사리 全身舍利 온 몸이 그대로 사리舍利인 것을 말함.

(Jeonsinsari) The genuine-body sarira, not small articles collected from the ash of cremation.

전오식 前五識 색성향미촉色聲香味觸을 인식하는 안식眼識, 이식耳識, 비식鼻識, 설식舌識, 신식身識의 다섯 가지 심식心識. 이들 전오식前五識은 비판하고 분별함 없이 외계外界의 사상事象을 사진 찍듯이 그대로 받아들이는 것으로, 현량現量이라고도 말함.

(Jeonosik) The first five consciousnesses: The consciousness of eyes, ears, nose, tongue, and body or touch without any criticism or discrimination. It is like a camera taking pictures without any criticism or discrimination.

전육식 前六識 전오식前五識에 마지막 의식意識이 추가된 것.

(Jeonyuksik) The first six consciousnesses: An addition of mind to the first five consciousnesses.

전의 傳衣 선종禪宗에서 법을 전수傳受한 신표信標로 전해 받는 법의法衣를 말함.

(Jeonui) The robe-transmission: Receiving the Dharma robe from the master as a sanction of the transmission of Dharma.

전의 轉依 불순한 번뇌의 종자를 버리고, 보리菩提의 종자를 증대시켜 열반을 증득하게 하는 것. 이때 전轉은 전사轉捨와 전득轉得을, 의依는 소의所依, 곧 온갖 아뢰야식阿賴耶識을 뜻함.

(Jeonui) Turning that which the sentient beings depend upon: Eradication of the seed of defilement to foster the seed of wisdom to attain enlightenment. However, the term "turning" has a dual meaning: turning away, i.e., getting rid of (defilement), and turning toward, i.e., gaining (enlightenment). And "depending upon" indicates the eighth consciousness, or storehouse of consciousness.

전의법 轉意法 대기설법對機說法과 함께 부처님의 독특한 설법중의 하나. 상대의 견해를 처음부터 부정하지 않고 그 형식을 긍정하되, 그 내용을 바꾸어 새로운 의미를 갖게 하는 설법. 예를 들어, 생천설生天說을 부정하지 않고 하늘에 태어나기 위해 기도하는 것보다는, 공덕을 쌓는 것이 더 좋다고 설득하는 것과 같은 것.

(Jeonuibeop) Transmutation of the meaning without denying the intent of the speaker, such as persuading a person to perform good conduct rather than praying to be reborn in the heavenly realm. A typical discourse of the Buddha along with his temperamental discourse.

전적 典籍 책 또는 기록.

(Jeonjeok) A book or record.

전좌 典座 선원禪원에서 대중의 잠자리와 침구 및 음식 등의 사무를 맡은 소임으로, 원주院主나 감원監院을 가리키며, 오늘날의 주방장과 같은 소임.

(Jeonjwa) Chief of the kitchen: The chief cook whose duty is to manage the living quarters, bedding, food, etc. at a monastery.

전탑 塼塔 흙벽돌로 쌓은 탑. 주로 중국에 많다.

(Jeontap) The brick pagoda: You may find many of these in China but very few in Korea where good quality of granite is abundant everywhere.

절구 絶句 사구四句로 된 한시漢詩, 또는 사행시四行詩. 일구一句가 오언五言 또는 육언六言으로 되어있다.

(Jeonlgu) Quatrains with five or six Chinese characters in a line.

절복 折伏 나쁜 사람 또는 나쁜 교법을 꺾어 굴복시킴.

(Jeolbok) Subjection of an evil man, or an evil doctrine.

절학무우 絶學無憂 '아는 것을 버리면 근심이 없다.' 노자老子의 말. 『노자 도덕경』, 제20장. 식자우환識字憂患 참조.

(Jeolhakmuwu) "Put down your learning, and there will be no worries." The wisdom of Laozi. Dao De Jing, Ch. 20. *Cf. (Sikjauhwan)* Ignorance is bliss.

점다 點茶 차茶를 대접하는 것.

(Jeomda) Offering of tea.

점두 點頭 승낙하거나 옳다는 뜻으로 머리를 약간 끄떡임.

(Jeomdu) Nodding the head as a sign for approval or consent.

점수 漸修 중국 선禪에서 남종선南宗禪의 특징인 돈오頓悟에 대비되는 북종선北宗禪의 점진적 닦음인 점오漸悟. 다음은 중국 위앙종潙仰宗의 개조開祖 위산영우潙山靈佑 조사祖師의 뒤를 이어 종지宗旨를 크게 떨친 앙산혜적仰山慧寂의 돈오頓悟에 대한 일침一針. 이에 대해 고집 센 우리나라 성철 性撤 스님은 무어라 말씀하실지? '일반적으로 초심자初心者가 인연 따라 돈오頓悟를 얻게 되었다 하더라도, 거기에는 아직도 단번에 청산될 수 없는 옛 부터 형성되어온 타성惰性의 찌꺼기가 남아 있게 마련이다. 이 정제淨除 작업을 수修라고 한다.'

(Jeomsu) Gradual cultivation of the Northern Ch'an School in contrast to the Southern Ch'an School of sudden enlightenment. The following is the saying of Yangshan Huiji, a disciple of Weishan Lingyu, the founder of Weiyang School, about the sudden and gradual cultivation: "Even if a beginner has attained enlightenment through a favorable causal relation, in ordinary case, there still remains some residues which cannot be get rid of all at once due to accumulated old habits. This cleansing work is called 'gradual cultivation.'"

점수돈오 漸修頓悟 점차적으로 닦은 다음, 문득 깨침. 이것은 중국의 규봉 종밀선사圭峰 宗密禪師 (780-841)께서 선문사료간禪門四料簡을 통해 수행자의 근기를 중심으로 하신 말씀.

(Jeomsu Dono) Gradual or progressive cultivation and sudden

enlightenment: This theory, designed for lesser minded practitioners, is ascribed to the Chinese Ch'an Master Gueifeng Zongmi (780-841). *Cf. (Saryogan)* Four contemplations and choices.

점수문 漸修門 점차로 깨닫는 문 또는 가르침. 그런데 돈오돈수頓悟頓修와 돈오점수頓悟漸修에 대한 논쟁이 만만치 않다. 돈오돈수. 말은 좋은데 중생들의 근기를 무시하고 너무 고집부리지 않았으면 좋겠다. 혜능 慧能 선사와 앙산仰山 스님의 충고와 함께 다음과 같은 논리도 참고할 것.
이성理性에 의한 합리적 이해가 더욱 깊어지고 오묘하게 될 때 마음은 스스로 원숙하고 밝게 되어 결코 미혹에 빠지지 않게 된다는 것. 특히 한국불교의 세계화를 위해서는 귀담아들어야할 귀한 말씀.

(Jeomsumun) The gate, path, or teaching of gradual cultivation and enlightenment. Sometimes we find heated arguments about sudden and gradual enlightenments. However supreme a method may be, it should be reasonable, and we should also take account of the advices of Master Huineng and Yangshan Huiji and capability of individual in practice of meditation.

점시 點示 일일이 지적하여 표시하거나 가리킴.

(Jeomsi) Pointing out one by one to mark them.

점심 點心 세속世俗에서는 낮에 먹는 가벼운 식사를 말하나, 선가禪家에서는 소식小食이라 하여 아침식사를 말함.

(Jeomsim) Appetizer: In Seon monastery, it means simple appetizers taken before dinner. However, it means a midday-meal or lunch in the secular world.

점안 點眼 불상佛像을 그리거나 조성하고 나서 잡귀를 막기 위해, 주문을 외우며 불상의 눈에 점을 찍어 눈을 뜨게 함.

(Jeoman) Dotting of the eyes on the painting of a Buddha or on a Buddha statue while chanting a dharani to open the eyes of the Buddha so as to chase the evil spirits away.

정 定 음사音寫로는 삼매三昧라 말함. 선종禪宗의 지관止觀으로 정신집중. 선정禪定, 곧 마음을 한 대상에 집중시켜 동요를 가라앉히고 평온하게 안정시키는 것. 비슷한 말로 요가瑜伽, 선禪, 삼마지三摩地 그리고 정려靜慮가 있다.

(Jeong) Samadhi: One-pointedness of mind, concentration of the mind, on a single object, or absorption without any distraction. *Cf.* *(Seonjeong)* Dhyana and *(Sammae)* Samadhi.

정 情 식정識情을 말함. 범부의 미혹한 마음에 의한 견해 또는 마음의 움직임.

(Jeong) Sentiment, feelings, or emotion: The foundation of all deluded minds of sentient beings.

정각 正覺 청정한 본래 마음의 바른 깨달음. 대각大覺, 삼보리三菩提, 정등각正等覺 또는 등정각等正覺이라고도 함.

(Jeonggak) Maha-bodhi, or right or true awakening: Complete or supreme enlightenment of the original pure mind, or the Buddha's righteous wisdom which sees everything in the world. There are a few other alternate names in Sino-Korean including *Jeongdeunggak,* unexcelled perfect enlightenment.

정견 正見 팔정도八正道의 첫째 덕목이며 불교공부의 시작. 집착과 분별심을 일으키지 않는 바른 이해. 이를 달리 말하면 인연법에 따른 제행무상과 제법무아를 깨달아 공空의 이치를 아는 것. 이것을 모르면 불교공부를 한다고 말할 수 없다. 불공佛供을 올리는 것이 다가 아니다.

(Jeonggyeon) Right view or understanding: The first Eightfold Noble Path and the first stage of studying Buddhism. Right view means an insight to see impermanence of all things and their ultimate emptiness without cringing and discrimination.

정과인 正果因 왕생往生 또는 성불하는 결과를 얻는데 있어서 정당한 인종因種, 곧 직접적인 원인과 그 소행所行.

(Jeongin) The correct or right outcome of the cause for attaining the rebirth in the blessed world and the Buddhahood.

정관 靜觀 자기관찰. 비바사나 수행법. 비바사나毘婆舍那 참고.

(Jeonggwan) The contemplation practiced in Vipassana, or penetrative insight *Cf.* *(Bibasana)* Penetrative insight.

정교 正敎 사교邪敎에 대해 올바른 종교를 뜻함.

(Jeonggyo) Orthodox Buddhist teaching opposed to the heretical teaching.

정구업진언 淨口業眞言 천수경千手經 맨 앞에 나오는 진언眞言으로, 입으로 지은 구업口業을 깨끗이 한다는 뜻.

(Jeonggueop Jineon) Mantra for purifying the karma of the mouth or speech: Mantra that cleanses away all the bad karma created by foul words or speech.

정근 正勤 선법을 더욱 자라게 하고 악법을 멀리 여의려고 부지런히 수행하는 것을 말함.

(Jeonggeun) Ceaseless efforts, or cultivation of wholesome Dharmas and virtuous ways to eradicate evil things.

정근 定根 마음을 한 곳에 머물러 안 밖이 없어 산란하지 않게 하는 선정禪定. 근根은 온갖 선근공덕善根功德을 발생케 하는 근원이라는 뜻.

(Jeonggeun) Meditation as the root of all virtues: It literally means the root cf samadhi, and is another expression for concentration of the mind without any distraction, which is the basis for the wholesome roots and merit for the benefit of other beings.

정근 精勤 부처님이나 보살의 이름을 한결같은 마음으로 쉬지 않고 계속 기도드리는 염송念誦. 21일, 100일, 또는 1,000일 기도가 있다. 발음이 같은 正勤, 定根, 精勤과 혼동하지 않도록. 正勤은 四正勤을 참조.

(Jeonggeun) Fervent prayer or chanting: Reciting the name of Buddha or Bodhisattvas sometimes for 21, 100, or 1,000 days.

정근 正根 육근六根의 뿌리가 근실勤實함을 뜻함.

(Jeonggeun) The wholesome roots, or sense faculties.

정기 正氣 공명정대公明正大한 기운氣運, 또는 만물의 근원이 되는 바른 기풍氣風.

(Jeonggi) Sane energy: The primal, unconditioned energy of the mind of Dao, "sane" in the sense of being whole, aligned with the celestial design of reality and not enslaved by the demands of the ego.

정념 正念 팔정도八正道의 하나. 삿된 생각을 버리고 제법諸法의 성상性相에 대한 부단한 정신 집중과 올바른 알아차림. '정념이란 오직 마음뿐 바깥 경계가 없으며, 또 이 마음은 제 모습마저도 없어서 생각 생각에 얻을 것이 없구나.' 이것은 『진심직설』에 나오는 보조국사의 말씀. 그런가 하면, 한역漢譯 경전에서는 사띠 (sati)를 정념正念이라 번역하기도 함.

(Jeongnyeom) Samma-sati: The seventh of the Eightfold Noble Path, and right mindfulness or concentration, which is the beginning of the final stage. At this stage, one must empty one's mind first with the

right understanding of the true nature of reality or things. "No matter how hard you try, there is nothing to gain from right mindfulness that has neither form nor perception." This is a quote from the Direct Talk on True-mind by the National Teacher Bojo.

정념 情念 감정에서 생기는 생각. '털끝만큼이라도 범부와 성인의 정념情念이 남아 있다면, 당나귀의 태胎나 말의 뱃속에 들어가는 것을 면할 수 없다'라고 분주선사汾州禪師는 말하고 있다.

(Jeongnyeom) The emotional thought for feeling: "If the minutest emotional thought of commoner or saint is not completely cut off, you will not escape entering the womb of an ass or the belly of a horse," Ch'an Master Fenzhou said.

정념자 무념야 正念者 無念也 정념正念, 곧 바른 생각이 곧 무념無念이니 곧바로 헛된 생각을 없앤다는 뜻. 그리고 이것이 곧 팔정도八正道의 첫 번째인 정견正見.

(Jeongnyeomja Munyeomya) The right thought is no thought: If your mind is in the right place, or penetrate into the true reality of things, no deluded thought would arise. You don't even have to cut them off. *Cf. (Jeonggyeon)* The right view, the first of the Eightfold Noble Path or Truth.

정두 淨頭 선원禪院에서 변소를 청소하는 소임을 맡은 스님.

(Jeongdu) The priest who is responsible for cleaning the lavatory at the Seon monastery.

정등정각 正等正覺 위없는 바른 깨달음. 곧 각覺은 일체법을 깨달아 아는 지혜를, 그 지혜가 삿된 것이 아님을 정正이라 말하며, 또 하나만을 알고 다른 것을 모르는 편협된 지혜가 아님을 등等 또는 정등각正等覺이라 말함. 무상정등적각無上正等正覺 참조.

(Jeongdeung Jeonggak) Gate, gate, paragate, parasamgate, bodhi svaha!: Incomparable enlightenment, or unexcelled perfect enlightenment. *Cf. (Musang Jeongdeung Jeonggak)* Sanskrit anuttara samyak sambodhi: The utmost, right and perfect enlightenment, or consummation of incomparable enlightenment. It can be literally translated as, "Gone, gone, gone completely beyond, awakened svaha!" "Svaha" is similar in use to an excited "amen," and literally means

"well-said."

정려 靜慮 선정禪定의 다른 이름. 고요히 생각함 또는 그 마음.

(Jeongryeo) Another name for samadhi, or concentration of the mind.

정례 頂禮 상대방의 앞에 나아가 존경하는 마음으로 머리가 그의 발 또는 땅에 닿도록 하는 인도의 옛 절하는 법.

(Jeongrye) Prostration, or worshiping with one's head touching the foot of the Buddha or the ground, the highest form of respect, which was originated in ancient India.

정명 淨名 깨끗한 명예라는 뜻으로 유마거사維摩居士를 한역한 말. 따라서 유마경維摩經을 정명경淨名經이라고도 말함.

(Jeongmyeong) Chinese rendering of Vimalakirti, which means immaculate honor.

정명 淨命 오덕五德의 하나. 비구比丘가 깨끗한 마음으로 청정한 생활을 영위하는 것.

(Jeongmyeong) The pure livelihood of the monk with unadulterated mind. One of the five virtues.

정명 正命 팔정도八正道의 하나. 신구의身口意 삼업三業으로 악업惡業을 짓지 않고 바른 생활수단에 의해 오사명五邪命을 짓지 않는 것.

(Jeongmyeong) Right livelihood: The fifth of the Noble Eightfold Path. It consists in following a trade or occupation that is not involved in violating the five wicked livelihoods through abstaining from any of the forbidden modes of living through three karmic actions.

정반왕 淨飯王 중인도 가비라국의 임금으로 석가모니 부처님의 아버지.

(Jeongbanwang) Pure Rice Prince: A king of Kapilavastu in Central India. The crown prince of Simbabanu and the father of Sakiyamuni.

정법 正法 두 가지 뜻이 있다. 하나는 부처님의 올바른 가르침. 다른 하나는 정正, 상像, 말末 삼시三時 중 첫 번째인 정시正時. 그런데 무엇이 부처님의 올바른 가르침? 그것은 곧 불교의 근본인 연기법을 말한다.

(Jeongbeop) The orthodox dharma or teaching: There are two kinds: The Buddha's unsurpassed illustrious doctrine, and the first of the three different periods of Buddha's teaching. By the way, what is then Buddha's unsurpassed illustrious doctrine? It is the law of causality,

the foremost principle of Buddhism.

정법묘심 正法妙心 정법안장正法眼藏과 열반묘심涅槃妙心의 준말.

(Jeongbeop Myosim) It is the abbreviation of the eye treasury of the right Dharma and the marvelous mind of nirvana.

정법시대 正法時代 500년간의 교법敎法, 수행修行, 증과證果가 모두 완전한 시대. 삼시三時 참조.

(Jeongbeop Sidae) The period of illustrious doctrine of the Buddha's teaching, practice, and realization of enlightenment, which will last for 500 years after Buddha's passing. *Cf. (Samsi)* The three periods of time of Buddha's teaching.

정법안장 正法眼藏 진리를 볼 수 있는 지혜의 눈[正法眼]으로 깨달은 비밀의 법[藏]이란 뜻. 다시 말해 진리에 대한 바른 안목과 부처님께서 깨달으신 지극한 묘리妙理. 좀 더 쉽게 이야기 하면 진리를 볼 수 있는 지혜의 눈으로 깨달은 비밀의 안목眼目을 간직하고 있음을 뜻하며, 정법묘심正法妙心 또는 열반묘심涅槃妙心이라고도 말함.

(Jeongbeop Anjang) The eye and treasure of the true Law, the treasury of the eye of right Dharma, the eye treasury of right Dharma, the supreme treasury of the Dharma, the womb of the orthodox Dharma, or the storehouse of the true Dharma-eye: Right view on truth and the sublime meaning of illustrious enlightenment of the Buddha, the Tathagata's Great Dharma, or the pure and spotless Dharma-eye.

정변지 正遍知 정변각正遍覺이라고도 말하며 부처님 10호 중의 하나. 등정각等正覺, 정등각正等覺, 등각等覺, 정각正覺이라고도 번역. 부처님은 모든 지혜를 갖추어 온갖 우주간의 마음과 사물의 현상에 대하여 알지 못하는 것이 없다는 뜻.

(Jeongbyeonji) Complete enlightenment and all embracing knowledge and wisdom of Buddha: One of the ten names or titles of Buddha.

정보 正報 과거에 지은 업인業因에 의해, 그 갚음으로 얻어진 유정有情 (중생)의 몸을 정보正報라 말함. 의보依報 참조.

(Jeongbo) Right retribution: Retribution of receiving a human body for the karma of a former life. *Cf. (Uibo)* Dependent recompense.

정사 正士 보살菩薩의 번역. 미迷한 집착과 삿된 소견을 여의고 법의 이치를 바로 보는 사람이라는 뜻.

(Jeongsa) Another name for a Bodhisattva who is able to discern the right principle of the Dharma free from delusive opinions.

정사 精舍 정려精廬라고도 말함. 승려가 불도를 닦는 곳으로 승원僧院을 뜻하며, 정련행자精鍊行者의 옥사屋舍라는 뜻으로, 스님들이 불도佛道를 닦는 도량道場.

(Jeongsa) Vihara: A temple, monastery, or a residence for monks/nuns where they study and practice meditation.

정사유 正思惟 팔정도八正道의 두 번째. 바른 생각. 곧 사제四諦의 이치를 깨닫고 반야와 공도리空道理 그리고 중도실상中道實相의 이치를 깨닫는 것.

(Jeongsayu) Right thinking or thought: The second of the Noble Eightfold Path or Truth. What is right thinking? It is true understanding of the Four Noble Truths, prajna or transcendental wisdom, non-substantiality of things, and the true nature of the Middle Way or Path.

정상 頂相 선종禪宗에서 쓰는 용어로 고승高僧의 초상화. 상반신상上半身像과 전신상全身像이 있으며, 사실적으로 자찬自讚의 상상화가 많음.

(Jeongsang) A realistic portrait of a Seon master with a little imaginative exaggeration.

정설 正說 결정적으로 인정된 설로, 정론定論과 같은 뜻.

(Jeongseol) Illustrious or authentic teaching.

정식 情識 감각적 인식, 곧 육식六識을 말함.

(Jeongsik) Sensory cognition or consciousness. *Cf. (Yuksik)* Six consciousness, or the consciousness of the six sense faculties.

정신일도 하사불성 精神一到 何事不成 강인한 정신력 앞에는 이루지 못할 일이 없다는 뜻.

(Jeongsinildo Hasabulseong) Where there is a will, there is a way: Lit. "There is nothing that cannot be done with concentration of the mind."

정신착란 精神錯亂과 환상 幻想 제정신이 아닌 헛된 망상. 종교인들에 이런 사람들이 가끔 있다.

(Jeongsin Chaknan) Hallucinations of a deranged mind: A symptom of some religionists.

정심 正心 정심正心이란 곧 부처님 마음.

(Jeongsim) The unswerving upright, Buddha-mind.

정심 定心 산만散漫한 마음의 반대 개념. 의식을 통일하여 한 곳에 고정 집중시키는 마음.

(Jyeongsim) Absorption, a fixed-mind, or a one-pointed mind.

정안 正眼 깨달음의 눈 또는 바른 안목眼目.

(Jeong-an) The enlightened correct eye.

정안 定眼 안과 밖이 없는 일종의 내관內觀.

(Jeong-an) The undistracted peaceful mind: A kind of unruffled introspection.

정어 正語 팔정도八正道의 하나. 사재四諦의 진리를 알아서 정견正見에 어긋나는 삿된 말과 악구惡口에 속하는 말을 피하고 정견正見에 맞는 바른 말만을 하는 것.

(Jeong-eo) Right speech: The third of the Eightfold Noble Path or Truth. Its essence is to control our every word and speech to be courteous, considerate and true with right understanding of the Four Noble Truths.

정언야반 正言若反 도道에 맞는 바른 말이 세속적인 상식과는 반대되는 것 같을 때가 있다는 뜻. 화두와 선문답 참조.

(Jeong-eon Yaban) The true words that appear to be a contradiction of what they truly are: True words that sometimes seem out of sense or contradictory to common people. *Cf. (Hwadu)* Word-head, or koan and Seon dialogue.

정업 正業 팔정도八正道의 하나. 사제四諦의 진리에 맞는 정견正見과 정사유正思惟에 입각한 신구의身口意, 특히 신업身業의 행위를 말함.

(Jeong-eop) Right action or karma: The fourth of the Eightfold Noble Path, and the keynote of the Eightfold Path according to the Right Views and the Right thought or thinking, especially the right action of body.

정위 正位 열반을 증득하는 자리, 곧 소승小乘에서 말하는 열반으로, 이것을 정위正位에 든다고 말함.

(Jeongwi) The absolute state, or the state of Nirvana, the term favored by the Lesser-vehicle.

정위 頂位 정법頂法이라고도 말함. 사선근四善根의 두 번째 자리. 이 자리에서 앞으로 나아가면 인위忍位에 들게 되며, 물러서면 난위煖位에 떨어지는 이 위치가, 마치 산 정상에 있는 것 같다 하여 비유적으로 이렇게 말함.

(Jeongwi) The summit stage: The second stage of Four Aids or Wholesome Roots, which is in between the first stage of Heat and the third stage of Recognition, a precarious position as if it is hanging on the summit of a mountain.

정인 正因 정토淨土에 왕생往生하는 직접적인 원인과 행위.

(Jeongin) The direct cause and conduct of the rebirth in the Pure Land.

정재 淨財 깨끗한 재물이란 뜻으로, 사찰寺刹 또는 자선慈善을 위하여 기부하는 깨끗한 물건을 말 함.

(Jyeongjae) The untainted money earned through right means, or goods for the offering to the monastery or to a charity.

정전 正典 공인公認된 전적典籍.

(Jeongjeon) The canonical text.

정정 正定 팔정도八正道의 하나. 산란한 생각을 떨어버린 안정된 마음. 곧 본래의 마음자리.

(Jeongjeong) Samma-samadhi: Right meditation, perfect concentration, or the original mind of quietude. The last of the Noble Eightfold Path or Truth.

정정진 正精進 팔정도八正道의 하나. 사제四諦의 정견正見으로 선행善行을 위해 바르게 노력하는 것.

(Jeongjeongjin) Right effort: Right zeal of the Noble Eightfold Path, which is a necessary step between the level so far reached and the heights yet to be won according to the right modes of living based on the Four Noble Truths.

정정취 正定聚 불교에서 사람의 성질을 셋으로 나눈 삼취三聚의 하나로, 항상 진실하여 기필코 성불할 종류. 삼취三聚 참조.

(Jeongjeongchwi) Those who are resolute for attaining enlightenment: One of the three groups of individual nature. *Cf. (Samchwi)* The three groups of individual nature.

정종분 正宗分 삼분법三分法 (서분序分, 정종분正宗分, 유통분流通分)의 하나로, 경전이나 논서의 본론에 해당함.

(Jeongjeongbun) The main body of a treatise or sutra.

정좌 正坐 몸을 똑바로 하고 앉음.

(Jeongjwa) Upright silent sitting.

정좌간심 淨坐看心 조용히 앉아 호흡을 고르고 마음을 관하는 것으로, 선수후오先修後悟 (먼저 닦고 다음에 깨침)의 초기 묵조선初期 默照禪을 말함. 이러한 선법禪法은 깨침보다는 깨치는 과정을 중요시 하고, 어떤 특정한 근기를 위함보다는 누구나 할 수 있는 육조 혜능 이전의 수행법. 묵조선默照禪 및 돈오돈수頓悟頓修 참조.

(Jeongjwa Gansim) Silent sitting and mind watching: Sit quietly, regulate breath, and then watch your mind. This type of meditation emphasizes the stages for enlightenment rather than enlightenment itself. It is the prior cultivation before awakening, and the early stage of silent contemplation meditation before the advent of sudden enlightenment advocated by the Sixth Patriarch Huineng.

This style of meditation is not for a specific person of certain capability but for everyone, easy to practice. *Cf. (Mukjoseon)* The silent contemplation meditation, and *(Dono Donsu)* Sudden enlightenment and sudden cultivation.

정좌법 靜坐法 선법禪法과 같은 말. 정좌靜坐하고 앉아서 호흡을 조정하고 심기心氣를 가라앉히며 정신을 통일시킴으로써 정신수양과 신체의 건강을 꾀하는 심신수련법의 하나.

(Jeongjwabeop) The training mode of quiet sitting: It is synonymous with meditation. Sit upright and then control your breath and mind with calming down your feeling for your health, body and mind.

정지 正智 범어梵語 samyak-jnana의 변역으로 진리를 바로 보는 바른 지혜라는 뜻. 사띠[正念] 참조.

(Jeongji) Samyak-jnana, or right view of ultimate wisdom. *Sati,* mindfulness, or the way or method of practicing Vipassana.

정진 精進 팔정도八正道의 여섯 번째. 속된 생각을 버리고 선행을 닦아 오로지 불도佛道에만 열중 하는 것. 정진을 일반정진 (8-10시간), 가행정진加行精進 (12-14시간), 용맹정진勇猛精進 (18시간 이상), 무문관정진無門關精進 (몇 개월 동안 독방정진)

등으로 구분하기도 함.

(Jeongjin) Viriya: Great striving or endeavor, zealous practice, rigorous self-discipline, great devotion, exertion, zeal, unfaltering endeavor. The sixth of the Noble Eightfold Path or Truth. There are several grades of exertion: 1) Ordinary (8-10 hours), 2) Progressive (12-14 hours), 3) Ferocious (18 hours or more), 4) Locking oneself in a small room, never coming out of the room for months, and taking food only through a small hole in the door.

정집 定執 격정激情적인, 물러섬과 타협이 없는 집착 또는 고집. 원효의 화쟁론和諍論 참조.

(Jeongjip) Bigotry, unregressive, uncompromising, or adamantine obsession or attachment. *Cf. (Hwajangnon)* The theory of reconciliation of disputation and harmony of Venerable Wonhyo.

정집 情執 감정적인 생각에 집착하는 것.

(Jeongjip) The emotional attachment.

정토 淨土 번뇌의 속박에서 벗어난 부처님이 계시는 청정한 국토로 성불을 의미하는 대승불교의 이상향. 그러나 이를 좀 더 구체적으로 설명하면, 정토에는 타방정토他方淨土와 시방정토十方淨土 그리고 유심정토唯心淨土가 있다. 이때 타방정토他方淨土란 아미타 부처님이 계시는 서방정토처럼 일정한 고정된 장소를 가리키며, 시방정토十方淨土란 일정한 장소에 극한 되지 않고 온 우주에 편재해 있는 것을 말하며, 유심정토唯心淨土란 청정한 마음이 곧 극락정토라는 것을 뜻한다. 극락정토, 유심정토, 및 자성미타 참조.

(Jeongto) The pure land: The pure land without any bondage in contrast to the mundane world of suffering. However, it is usually classified into three categories: the pure land limited to a certain location such as the Pure Land in the West where Amitabha Buddha is preaching to deliver sentient beings; the pure land that pervades in the every quarter of the universe; and the pure land of the immaculate mind. *Cf. (Geuknak Jeongto)* The Bliss of the Pure Land, *(Yusim Jeongto)* The pure land of the immaculate mind, and *(Jaseongmita Yusimjeongto)* The pure land of Amitabha in self-nature.

정토문 淨土門 현세에서 수행하여 증오證悟하는 성도문聖道門과는 달리, 아미타불을 믿음으로써 극락세계에 태어나 거기에서 성불할 것을 가르치는 교설敎說.

(Jeongtomun) The path of Pure Land: The teaching that one may be reborn in the Pure-land by chanting the name of Amitabha Buddha.

정토신앙 淨土信仰 대승불교의 흥기와 더불어 일부 불교도들 사이에는 현세는 괴로운 예토穢土이나 괴로움이 없는 피안의 세계인 정토淨土가 있다고 생각, 그 정토에 있는 부처님을 염불함으로써 내세에 그곳에 왕생往生하기를 기원하는 신앙이 생겼다. 이것을 역행문易行門, 즉 쉬운 길이 라고도 말하며, 이들 정토의 세계가 바로 아촉불阿閦佛이 계시는 동방의 묘희국妙喜國, 미륵보살이 계시는 도솔천兜率天, 아미타 부처님이 계시다는 서방 극락정토이다.

(Jeongto Sinang) Belief in the Pure Land: The idea was originated during the great advancement of Mahayana Buddhism in India with the idea that there must be a blissful land beyond this mundane world of suffering.

However, instead of one great God, Mahayana Buddhism proposes three such wonderful worlds: one attended by Amitabha Buddha, the Infinite Life, in the West; one attended by Akshobhya Buddha in the East; and one attended by Maitreya, the future Buddha, in the Tushita Heaven.

A more interesting fact is that all you have to do to be reborn in these wonderful worlds is to call or recite the name of the Buddha. Then you will be heard and will be reborn there. This belief is very popular in China, Korea, and especially in Japan.

정편지 正遍知 바르게 두루 깨달은 지혜.

(Jeongpyeonji) All-embracing right knowledge or wisdom.

정행 正行 정행正行이란 부처님의 가르침에 의한 바른 행위란 뜻. 그러나 정토종淨土宗에서는 독송讀誦, 관상觀像, 예배禮拜, 칭명염불稱名念佛과 찬탄讚嘆 공양을 오행五行이라 하는데, 이 중에서 칭명稱名을 정행正行이라 하고 다른 것을 잡행雜行이라 함.

(Jeonghaeng) Right action or practice: It means right action according to the teachings of Buddha, but in the Pure Land Sect, it has different meaning. There are five ways of practice in the Pure Land Sect: Reciting sutras, contemplation of the Buddha image, invocation of the Buddha's

name, admiration and offerings to the Buddha. Of these five practices, only invocation of the Buddha's name is regarded as right practice in the Pure Land Sect, others being miscellaneous.

정향 定香 오분법신향五分法身香의 하나. 여러 가지 경계境界나 대상에 대하여 마음이 조금도 움직이지 않는 것을 말함. 오분법신향 참조.

(Jeonghyang) The samadhi incense: Immovable incense of the mind towards percepts: One of the five kinds of incense of the Dharmakaya. *Cf. (Obun Beopsinhyang)* The kinds of incense of the Dharmakaya.

정혜 定慧 정定은 마음을 한 곳에 머물게 함으로써 흩어짐이 없는 상태를 뜻하며, 혜慧는 마음의 밝은 작용이니, 정定의 경지가 깊을수록 그 마음의 작용인 혜慧도 영묘靈妙해진다. 그러나 이들이 필경에는 한 마음의 상태이므로 정혜定慧는 둘이면서 하나인 깨침과 열반에 이르는 두 기둥.

(Jeonghae) Samadhi and transcendental wisdom: Samadhi is the quintessence of Prajna, while Prajna is the function of samadhi. They are two inseparable fundamental pillars leading to supreme enlightenment. In other words, in name they are two, but in substance they are one and the same.

정혜쌍수 定慧雙修 선정禪定과 지혜를 두 기둥 또는 쌍둥이처럼 보조를 맞추어 함께 닦음.

(Jeonghae Ssangsu) Simultaneous, or balanced cultivation of meditation and transcendental wisdom like twin brothers, or two supporting pillars. In practicing prajna and samadhi, let each keep pace with the other.

정혜일여 定慧一如 선정禪定과 지혜가 하늘을 떠받고 있는 두 기둥처럼, 둘이 아니라 하나임을 말함. 정혜쌍수定慧雙修 참조.

(Jeonghyeilyeo) The oneness, or unity of meditation and wisdom: It is like two pillars supporting the heaven. *Cf. (Jeonhye Ssangsu)* The simultaneous or balanced cultivation of meditation and wisdom.

제 諦 진실한 도리道理. 불변의 진리 등으로 번역. 유일한 진리를 일제一諦라 하며, 또 진속眞俗의 이제二諦, 공가중空假中의 삼제三諦, 그리고 고집멸도苦集滅道의 사제四諦 등이 있다.

(Je) The ultimate everlasting truth: It is further classified into the ultimate truth; a twofold truth of relative and absolute; a triple truth

of emptiness, fabrication, and the Middle Path; and a fourfold truth of the Four Noble Truths.

제기 祭器 제사 때 쓰는 그릇.

(Jegi) A sacrificial vessel.

제단 祭檀 제물을 바치기 위하여 다른 곳과 구별하여 신성화 한 곳.

(Jedan) The sacred altar, or platform for offering ritual.

제도 濟度 미혹의 세계에서 헤매는 중생을 인도하여 깨달음을 얻어 안락의 피안에 이르도록 구해주는 것.

(Jedo) Deliverance of sentient or living beings from the world of delusion, and leading them to the other shore of bliss.

제등행열 提燈行列 부처님을 축원하기 위해 등불을 들고 화려한 공연과 함께 시가市街를 행진하는 축제.

(Jedeung Hangyeol) Lotus lantern festival: Marching the street with the lotus lantern in hands with other joyful performances.

제례 祭禮 제사祭祀의 예식禮式 또는 예절禮節.

(Jerye) Religious rites: Ritual or decorum for the sacrificial rite.

제망찰해 帝網刹海 제帝는 도리천忉利天에 있는 제석천帝釋天을 말하고, 망網은 헤아릴 수 없이 많은 아름다운 보석으로 얽혀 서로를 비추어 주고 있는 그물. 따라서 제망帝網을 보망寶網이라고도 함. 이때 '보석'이란 이 우주 안에 살아 숨 쉬고 있는 모든 존재, 곧 생명체를 뜻하며, 또 이 모든 소중한 존재가 하나가 되어 서로를 '비추어주고 있다' 함은, 불교에서 말하는 연기론緣起論과 상의상대相依相待, 곧 서로간의 의타依他관계를 뜻하며, 의상대사義湘大師는 법성게法性 偈에서, '일중일체다중일一中一切 多中一, 일미진중함시방一微塵中含十方'이라 쉽게 말씀하셨다. 찰해刹海는 바다와 육지라는 뜻으로, 넓은 바다처럼 깔려 있다는 뜻.

이를 좀 더 쉽게 이야기하면, 이 가없는 무한대한 우주는, 우리 몸 안에 있는 눈에 보이지 않는 수십억의 세포처럼, 아승지겁阿僧祇劫의 살아 숨쉬고 있는 생명체로 구성되었다는 것이다. 이들 생명체는 하나의 작은 날파리나, 한 알의 작은 모래 속에도 똑같이 들어 숨 쉬고 있으며, 또 이것을 다시 쉽게 이야기하면, 우리가 모두 익혀 아는 연기법을 뜻하며, 부처님께서 보리수나무 아래에서 깨치신 진리. 그리고 이것을 불교에서는 편의상 법성法性 또는 불성佛性이라 말함. 깨침, 행복, 전쟁 없는 세계와 인류평화? 그것은 바로 이 부처님의 진리를 우리 모두가 깨닫는 것. 화엄법계華嚴法界 참조.

(Jemangchalhae) Lord Indra's splendid net with countless brilliant jewels illuminating one another, which covers the whole universe: "The countless brilliant jewels" mean all the living life-force in the universe, and "illuminating one another" means they are all dependent upon one another, not separate entities. This is what we call, "*That* being present, this exists; and this being present, that exists. All in the One, and the One in all."

We can also explain this cosmic principle in terms of our body. Our body consists of a countless number of microscopic living cells, every tiny cell dependent on others. This is the miniature of Lord Indra's net, each tiny particle illuminating one another. This is our body, life, and the universe. In Buddhism, we call it the Dharma-dhatu, or Buddha-nature.

Enlightenment, happiness, the world peace and happiness of human kind without war and strife? We must first think about the brotherhood of all mankind. *Cf. (Hwaeom Beopgye)* The Dharma-dhatu, or the Dharma-realm of the Flower Adornment Sutra.

제물 祭物 제수祭需와 같은 뜻으로 제사祭祀 때 쓰이는 음식.

(Jemul) Sacrificial offerings: Sacrificial food for offerings.

제방 諸方 여러 방면, 모든 방향, 또는 여러 곳.

(Jebang) Diverse fields, all directions or quarters, and various places.

제법 諸法 만법萬法과 같은 말. 우주에 있는 유형무형有形無形의 모든 사물事物. 제유諸有, 제행諸行 참조.

(Jebeop) Diverse particularity: All the variety of things or phenomena, internal and external, in the whole universe. *Cf. (Manbeop)* The myriad things, *(Jehaeng)* All the phenomenal mutations.

제법개공 諸法皆空 제법諸法은 물질적인 것이든 정신적인 것이든 영원한 것이 아니므로 모두 공적空寂으로 돌아간다는 것. 다시 말해 인연으로 생긴 것은 실재성을 가지고 있지 않기 때문에 이들의 당체當體가 그대로 공하다는 것으로, 무자성無自性과 공空이 곧 제법의 본성이라는 것.

이에 대해 화엄경에서는 다음과 같이 말하고 있다: '사람들은 제법諸法이 모두 공한 것을 보지 못하고 항상 괴로움을 받고 있습니다. 그리고 그것은 정법正法에

대한 청정한 눈을 완성하지 못하고 있기 때문입니다.'

(Jebeop Gaegong) All forms of existence of the world are non-substantial, or emptiness of every Dharma in the whole universe: It is their own essential nature that all things are not something definite and real. Their true nature is a no-nature, and their no-nature is their true nature which is called the Void.

Let's see what the Flower Garland Sutra says: "People suffer from ignorance about the emptiness of all things, and it is due to their lack of the eyes of pure mind for the right Dharma."

제법공상 諸法空相 제법무상과 같은 뜻으로, 제법에 어떤 특징이 있다면 그것은 자성이 없다는 것.

(Jebeop Gongsang) All things are void, or all forms are marked with emptiness: Emptiness of all forms or particulars with no exception.

제법무상 諸法無相 제법은 그 실상이 없다는 것을 깨달으면 우주의 본체인 법신의 실상을 볼 수 있으며 또 이것을 구경각究竟覺이라 말함.

(Jebeop Musang) Absence of form of all phenomena: If anyone sees that no form has its true form or everlasting intrinsic entity, or self-nature, he/she will see the true nature of the Dharma-body and attain supreme enlightenment.

제법무아 諸法無我 삼법인三法印의 하나로, 만유萬有의 모든 법은 인연으로 생긴 것으로 실다운 자아自我의 실체가 없다는 것. 그러나 이것은 단지 불교적인 교의敎義가 아니라, 우주의 법칙인 동시에 부정할 수 없는 현대과학의 진리이기도 함. 창조설? 글쎄요?

(Jebeopmua) **All is anatta**: All Dharmas lack self-nature, or inherent existence: In other words, all phenomenal things are in existence only by conditions. Negation or absence of self-entity in all forms or phenomena. There is nothing in the whole universe that has a permanent self-entity or self-nature. It is also the universal and scientific truth. *Cf.* Dependent arising, emptiness, and quantum theory.

제법본래적멸 諸法本來寂滅 모든 형상은 본래 고요하고 비어있음을 말함.

(Jebeop Bolrae Jeokmyeol) All Dharmas or phenomena are originally quiet and void cut off from delusion and conditions.

제법본래적 諸法本來寂 모든 법, 곧 우주의 모든 유형무형의 현상은 본래 말이 없고 고요하며, 비어 있으면서도 충만하다. 소란을 피우는 것은 사람들의 미혹한 마음.

(Jebeop Bolraejeok) The all Dharmas or the phenomena in the universe are originally peaceful and quiet: It is our deluded mind that disturbs itself.

제법부동본래적 諸法不動本來寂 일체의 법이 변함이 없어 본래부터 고요함을 뜻함. 의상대사義湘大師의 법성게法性偈 맨 앞에 나오는 말.

(Jebeop Budong Bollaejeok) All the manifold Dharmas are unmoving and fundamentally still or quiet: The opening line of the Song of Dharma Nature by the Venerable Uisang (625-702).

제법상즉 諸法相卽 현상계現象界는 일체一切가 서로 공空・유有간에 모두 일체화一切化되어있는 원리를 말함. 다시 말해 하나가 없으면 전체가 없으며, 전체가 없으면 하나가 없음을 말함. 상즉相卽 참조.

(Jebeop Sangjeuk) Identity of all phenomena with one another: It means the principle that all phenomena is identical in emptiness and existence as the wave is with the water and water with the wave. *Cf. (Sangjeuk)* Identity of all phenomena with one another.

제법실상/실성 諸法實相/實性 우주간宇宙間의 모든 사물의 진실한 그 자체의 모습. 인간들이 븐별심을 가지고 보는 것이 문제. 그런데 무엇이 진실한 그 자체? 궁극적인 뜻은 같지만, 경전經典에 따라 이에 대한 시각과 설명이 다소 다르다. 반야경般若經에선 제법諸法이 곧 空이며 진여眞如라 말한다. 그런가 하면 화엄경華嚴經과 열반경涅槃經 그리고 기신론起信論에서는 삼계三界를 유심唯心, 곧 마음이 주主가 되고 색色을 종從으로 보는가 하면, 법화경法華經에서는 현상의 차별 그대로가 본체일상本體一相이라는 뜻에서 색심色心 어느 것에도 편벽偏僻한 차별을 두지 않음으로써 색심실상色心實相의 원융圓融을 주장한다.

(Jebeop Silsang/Silseong) The real state of all elements, or the true reality or aspect of all phenomena: All things are the truth by themselves. Although all their meanings are ultimately the same, interpretation differs slightly according to sutras and shastras or treatises.

The Prajnaparamita Sutras sees it as non-self-entity, ultimate emptiness or true-suchness; the Flower Garland Sutra, the Parinirvana

Sutra and the Awakening of Mahayana Faith see it as the Mind-only; while the Lotus Flower Sutra sees it as representation of both phenomena and the mind, distinguishing no difference between the form and the mind, and sees the true nature of form and mind just as they are.

제사 祭祀 조상祖上 또는 신령神靈에게 정성을 들어 올리는 의식儀式.

(Jesa) An ancestrial memorial rite: A memorial rite or services for the spirits of the dead or God.

제상 諸相 온갖 형상形相, 또는 일체 차별적 형상인 사물事物.

(Jesang) All kinds of things, forms, and phenomena: All the differentiating characteristics of things, all the phenomenal distinctions or characteristics, or all the varieties of aspects and things.

제상무상 諸相無相 인연으로 생긴 온갖 형상은 사실 실상實相이 있다고 말할 수 없다는 것. 이 점에 있어선 만물의 영장靈長이라는 인간도 마찬가지.

(Jesang Musang) All conditioned things, marks, or characteristics are, in truth, not characteristics: In this respect, so are the human beings, who obtrusively call themselves the lord of all creation.

제색 諸色 모든 사물事物을 말함.

(Jesaek) All kinds of matters or things.

제석천 帝釋天 불법佛法을 지키는 신. 제帝는 범어 인드라 (Indra)의 번역. 석釋은 석가釋迦의 음역. 한문과 범어를 함께 어우른 이름. 수미산 정상에 있는 도리천忉利天의 왕.

(Jeseokcheon) King Sakra or Indra: the King of the gods and the ruler of eight gods that guard the Buddha-Dharma.

제수 祭需 제물祭物 참조.

(Jesu) Cf. (Jemul) Sacrificial offerings.

제악막작 諸惡莫作 일체의 악을 행하지 말라는 뜻.

(Je-akmakjak) One should never commit any evil acts.

제이두 第二頭 두 번째 자리.

(Je-idu) The second position.

제이의 第二義 진여眞如가 아닌 속제俗諦 또는 가제假諦와 같은 뜻으로, 중생구제를 위한 상대적 진리로 일종의 방편. 삼제三諦 참조.

(Je-iui) The conventional truth, or the relative truth of the phenomenal world as opposed to the ultimate truth established as expediency for the deliverance of sentient beings. *Cf. (Samje)* The Threefold truth of the Tientai Sect.

제일 祭日 조상에게 제사祭祀를 올리는 날. 재일齋日과 혼동하지 않도록.

(Jeil) Day of sacrificial rite for the ancestors.

제일의 第一義 제일의제第一義諦, 승의제勝義諦라고도 하며, 이는 곧 진여眞如를 가리킴.

(Jyeilui) The primal, or absolute truth: An alternate name for the ultimate truth or true-suchness.

제일아공 第一我空 아상我相과 일체의 미혹이 사라진 절대의 경지인 진여 眞如.

(Jeil Agong) The first principle void: Absolute or ultimate state of egolessness, or emptiness of self.

제일의공 第一義空 체상승最上乘의 참된 공空으로 진여眞如의 다름 이름. 진실공眞實空이라고도 말하며, 공한 것까지도 공한 중도실상中道實相의 공空이기 때문에 제일의공第一義空이라 말함.

(Jeiluigong) The ultimate truth of emptiness, or transcendental non-substantiality: It is synonymous with voidness of void, which is another name for true-suchness and the Middle Way.

제일의적멸 第一義寂滅 실상의 묘리妙理가 법法 가운데 가장 뛰어나므로 제일第一이고, 일체의 언어와 사고思考의 경계를 초탈했으므로 적멸이라 함.

(Jeilui Jeokmyeol) The topmost tranquility: It is topmost because the sublime principle of reality excels all Dharmas, and it is tranquil because it transcends the realm of all languages and thinking.

제일의제 第一義諦 이제二諦의 하나. 세속제世俗諦에 대한 승의제勝義諦를 가리킴.

(Jeiluije) The truth of the first principle: One of the two aspects of truth, the other being the secular truth or relative, worldly truth.

제일좌 第一座 수좌首座라고도 말하며, 선원禪院의 고참古參 또는 수석首席 선승禪僧.

(Jeiljwa) The senior monk at a Seon monastery.

제접 提接 스승이 학승學僧을 맞아 문답을 통해 가르치고 지도함을 말함.

(Jejeop) A student's interview with the master for instruction through dialogue.

제행 諸行 생멸 · 변화하는 물심物心의 모든 현상, 또는 여러 가지 행업行業.

(Jehaeng) All conduct or action: All constructions, all formative activity, all phenomenal aspects of mutations, or all karmic actions, internal and external.

제행무상 諸行無常 삼법인三法印의 하나. 불교의 근본 사상으로, 허무주의가 아닌 물심物心의 모든 형상은 시시각각으로 생멸 변화하여 항상 변천하는 것을 말하는 것으로 이는 우주의 법칙. 그리고 제행무상과 제법무아의 경우, 제법이 우주만유의 공간적 비실체성을 의미한다면, 제행은 시간적 무상함을 뜻함.

(Jehaeng Musang) Whatever is phenomenal is impermanent, or all formations or conditioned things are impermanent: Transience, impermanence, and illusiveness of all mental and physical actions, forms, and phenomena, not pessimism. The first of the Three Dharma Seals, or Three Great Truths.

조견자심 照見自心 자기 마음을 비추어 밝혀보다. 자심自心이란 자기 마음이 곧 부처임을 말하며, 또 부처란 우주의 실체를 말함. 따라서 참선이든 염불이든, 또는 간경看經이든 송주誦呪이든, 모든 부처님 공부란 곧 이것을 말하는 것이니, 나와 나의 마음, 나의 마음과 부처, 곧 나의 마음과 우주의 실체인 부처와 하나가 되는 것이 곧 마음공부이며 해탈.

(Jogyeon Jasim) Reflection or introspection of one's own mind: What is one's own mind? It is the Buddha in your own mind. What is Buddha? It is true-suchness or the ultimate reality of the universe. All the learning and practice of Buddhism, whether they are meditation, studying the sutras, recitation of the Buddha's name, or recitation of a dharani, lies in this one word--observing or realizing the Buddha in one's own mind.

조계사 曹溪寺 서울특별시 종로구 수송동 44번지에 있는 절로, 대한조계종을 대표할 뿐만 아니라 서울지구 교구본사이기도 함.

(Jogyesa) Jogyesa Temple: Seoul Special District Main Temple. This is the main temple for the whole of the Jogye Order as well as for the Seoul area.

조계종 중앙신도회 曹溪宗 中央信徒會

(Jogyejong Jungang Sindohoi) The Central Council of the Laity, the

Jogye Order of Korean Buddhism.

조고 照顧 관조고려觀照顧慮의 준말로, 뒤를 돌아보고 잘 살피라는 뜻으로, 조고각하照顧脚下, 간각하看脚下와 같은 말.

(Jogo) Look back and watch carefully, or watch beneath one's feet. *Cf. (Jogogakha)* Watch your step.

조고각하 照顧脚下 조고照顧는 관조고려觀照顧慮의 준말로, 조고각하는 각자의 발밑을 잘 살피라는 뜻이나, 사실은 자기의 행업行業을 살피라는 뜻. 그뿐만 아니라 신발을 벗어 놓을 때도 아무렇게나 벗어 놓지 말고 신발 앞머리를 밖으로 나란히 돌려놓아야 한다. 보기에도 아주 좋으며, 우리 마음도 항상 이러해야 한다. 이것이 선가禪家에서 배우는 첫 번째 예법禮法과 수행修行.

(Jogogakha) Watch your step: It literally means, "Watch carefully underneath your step." But it actually means to be very careful of one's own practice and all karmic actions. Every action, deportment, and cultivation must be careful.

For example, when you take off your shoes, you should arrange them neatly, the front of the shoes facing outward. This is the first etiquette one learns at the monastery--the right deportment and mind cultivation.

조당집 祖堂集 조사祖師들이 남긴 어록語錄.

(Jodangjip) The records of Patriarchs.

조복 調伏 조화제복調和制伏의 뜻으로, 내적으로는 자기의 심신心身을 제어制御하여 악덕을 떨치고, 외적으로는 적의敵意를 가진 사람을 교화하여 나쁜 마음을 버리게 하는 것을 말함. 이를 좀더 쉽게 이야기 하면, 신구의身口意, 곧 몸, 입, 뜻의 삼업三業을 다스려 모든 악행을 굴복시키는 것.

(Jobok) Subjugation, control, moral training or conquest of the passions: It means subjugation of all evil doings by controlling the three evil karmic actions--the physical, verbal, and mental.

조문 弔問 상주喪主된 사람에게 애도哀悼의 뜻을 표하기 위해 위문慰問함.

(Jomun) A call of condolence: Calling the house of mourning to pay consolation to the chief mourner.

조사 弔辭 애도의 뜻을 표하는 글.

(Josa) A eulogy, or a memorial address.

조사/종조 祖師/宗祖 한 종파宗派를 세우고, 그 종지宗旨를 열어 주장한 사람을 높여 일컫는 말.

(Josa/Jongjo) The spiritual patriarch, or the founder of a sect.

조사관 祖師關 깨치기 위해 뚫어야 할 조사祖師스님들의 관문關門. 다시 말해 언어나 문자, 또는 지식과 논리를 초월하는 관문으로, 화두話頭와 공안公案을 뜻함.

(Josagwan) The barrier gate of hwadu, or koans of the Patriarchs, which are beyond words or speech and intellectual manipulation, and which must be broken through to attain enlightenment.

조사서래의 祖師西來意 그 많은 화두중의 하나. 달마대사가 전한 불법佛法의 참 뜻. 다시 말해 불법佛法의 대의大意가 무엇이냐는 것으로, 그것은 불립문자不立文字와 함께 직지인심直指人心 견성성불見性成佛을 말함.

(Josa Seoraeui) The intent of the Patriarch's (Bodhidharma's) coming from the west (India): It is one of the most well known hwadus. Its true meaning is an inquiry into the essence of Buddhism, which is attaining the Buddhahood through directly pointing to our mind and seeing our pure true nature without depending on words and letters.

조사선 祖師禪 쉽게 이야기 해 이는 여래선如來禪과 대칭對稱되는 말로, 불립문자不立文字를 내세우는 조조전래祖祖傳來의 선禪을 말함. 조사선祖師禪에서 조사祖師라는 말은 달마대사를 가리키나, 역사적으로 보면 달마대사와는 큰 관련이 없으며, 이는 간화선看話禪과 같은 말이었다. 그러나 지금은 아직도 의해義解와 명상名相에 걸려 달마대사의 참된 도리道理에 이르지 못함을 여래선如來禪이라 함에 대하여, 조사선은 문자와 의해義解에 걸림이 없이 곧바로 법法을 마음에서 마음으로 전하는 것이 아무런 흔적이 없어 마치 허공에 도장을 찍는 것[印空]과 같다고 한다. 따라서 조사선은 경전經典보다 육조 혜능六祖 慧能 등 역대 선종禪宗의 조사祖師들의 말씀과 어록語錄을 중시함. 그런데 조사선이 간화선과 다른 점은, 조사선은 화두를 들지 않는다는 것. 화두 없이 묵묵히 좌선을 통해 마음을 쉬어 자기 자신이 본래 깨달은 존재, 즉 부처임을 자각하는 점이 특징. 여래선如來禪 참조.

(Josaseon) Patriarchal meditation: Patriarch here means Bodhidharma, but from the historical point of view, he has no direct connection with the term Patriarchal meditation. It stresses the direct path to the mind, and its characteristic is to realize our original Buddha-nature while disregarding any sign of words or letters in attaining enlightenment. It is like stamping a seal in the empty sky.

I leaves no trace.

The difference between Patriarchal meditation and ganhwa or hwadu meditation is that Patriarchal meditation does not hold hwadu/koans. It only involves sitting quietly while contemplating our innate Buddha-nature. *Cf. (Yeoraeseon)* Immaculate Tathagata meditation.

조서 詔書 임금이 뜻을 백성에게 알릴 목적으로 적은 문서.

(Joseo) Edict: An official decree of the King.

조식 調息 좌선을 할 때 호흡을 잘 조절하는 것. 많은 연습과 기술이 필요하다.

(Josik) Regulation of breath, or breath control: An important part of meditation, which requires skill and practice.

조실 祖室 조실은 조사祖師가 머무는 방[室]이라는 뜻이며, 부처님으로부터 4대 조사祖師인 우파국 아존자가 수행자를 지도할 때, 수행자가 도과道果를 얻을 때마다 산 나뭇가지를 꺾어 방안에 두었다하여, 후세에 수행을 지도하는 사람을 방장方丈이라 하고, 그가 머무는 곳을 조실祖室이라 불렀다. 따라서 조사祖師, 조실祖室, 방장方丈은 본래 같은 뜻에서 나온 것으로 볼 수 있다.

(Josil) The spiritual or temple master: Lit. "the living quarters of a Master or Patriarch." The elder or head master of a Seon Monastery. The titles of *Josil* 祖室, *Josa* 祖師 and Bangjang 方丈 were originally all synonymous.

조주종심 趙州從諗 (778-897) 중국 스님. 임제종 남전보원南泉普願 (748-835)의 법제자. 법호法號 조주趙州는 그가 주석하던 지역의 이름.

(Joju Jongsim) Zhaozhou Congshen (778-897): A Chinese Ch'an Master and the Dharma disciple of Nanquan Puyuan (748-835). His ordination name Zhaozhou is the name of the region where he abided.

조찰 照察 깊이 돌이켜 살피는 통찰력.

(Jochal) Deep and introspective insight.

조참 早參 조참朝參이라고도 말하며, 아침식사 후에 하는 참선을 말함.

(Jocham) Meditation practice in the early morning, or after breakfast.

족보 族譜 한 족속族屬의 계보系譜에 관계되는 것을 적은 책. 세계 다른 나라에서는 찾아보기 힘든 한국 고유의 전통.

(Jokbo) The family lineage record: Most noble families keep it in their homes, which is a unique traditional custom in Korea.

족자 簇子 글씨나 그림 등을 꾸며서 만든 것. 기둥이나 벽에 걸어 늘이기도 하고, 아니면 도루마리처럼 말아 두기도 함.

(Jokja) A hanging scroll of calligraphy or painting on a scroll.

존자 尊者 성자聖者와 현자賢者와 같은 뜻.

(Jonja) A noble one, a saint, a sage, a master, or a venerable one.

존재론적 진리 存在論的 眞理 존재 그 자체, 곧 존재하는 것의 일반적 구조와 그 최종 근거의 근본 문제를 고찰하는 학문. 그런데 무엇이 궁극적 존재? 불교에서는 이를 억지로 공空이라 말하며, 그 구성 요소로서의 현상세계의 무자성無自性을 이야기 함. 그리고 불교란 어느 의미에서는 존재론적 탐구라고 말할 수도 있다.

(Jonjaeronjeok Jinri) Ontological truth: The oneness of the totality of all things (the void) is the real, yet its components have no ultimate intrinsic reality. In a sense, Buddhism is an ontological study of substance and cosmology.

종가입공관 從假入空觀 천태종에서세운 차제삼관次第三觀의 하나로, 현상계가 가유假有임을 관파觀破하고 일체개공一切皆空의 이치에 들어가는 길을 말함.

(Jonggaip Gonggwan) To turn from the view that each thing has its own existence and adopt the view that everything is void, or that nothing is independent of another thing or being.

종경 宗鏡 종宗은 이 세상에서 그 무엇보다 소중한 부처님의 마음이고, 경鏡은 이 세상 모든 것을 비추어 주는 부처님의 마음을 겨울에 비유한 것. 그런데 어떻게 하면 부처님의 마음과 같이 될 수 있느냐고요? 그것은 간단하다. 단부동일심 부주제법但不動一心 不住諸法이라 했다. 곧 다만 움직이지 않는 한 마음으로 온갖 법에 집착하지 않으면 된다.

(Jonggyeong) The mirror of the Law, or the fundamental truth: Figuratively speaking, the mirror is the reflection of the mind of Buddha, the primordial truth. How to attain the mind of Buddha? It is very easy. All you have to do is to maintain your mind in stillness and leave all mental attachments behind.

종고 宗杲 (1088-1163) 자字는 대혜大慧이며 호는 묘희妙喜. 중국 송나라의 스님. 우리나라 강원에서 배우는 사집과四集科의 하나인 서장書狀으로 알려진 대혜서大慧書의 저자.

(Jonggo) Dahui Zonggao (1088-1163): A great Ch'an master of the

Sung Dynasty and the author of the Collection of Epistle *(Seojang)*, a required text in the Sangha School in Korea.

종공가입관 從空假入觀 천태종 별교別教의 관법觀法. 줄여서 가관假觀 또는 평등관平等觀이라고도 말함. 보살이 단순한 공리空理에만 그치지 않고, 다시 나아가 중생의 교화를 위해 가유假有의 이치를 관하는 관법.

(Jonggong Gaipgwan) An insight that Bodhisattvas must enter into the simulated false world for the sake of sentient beings and not abide in the principle emptiness: It is the doctrine of "differentiated teaching" of the Flower Garland School.

종단 宗團 하나의 종교 집단으로, 한 종파의 대표기관.

(Jongdan) A monastic order, or an organization of a Sect.

종론 宗論 종파宗派의 논지論旨.

(Jongnon) The doctrine of a sect.

종묘 宗廟 왕과 왕비의 위패位牌를 모시는 왕실王室의 사당祠堂.

(Jongmyo) The royal or ancestral shrine where memorial tablets of the King and Queen are enshrined.

종무실 宗務室 사찰 일을 보는 사무실.

(Jongmusil) Temple administration office.

종문 宗門 선종禪宗을 특별히 종문宗門이라 한다. 이에 대해 교종教宗을 교문教門이라 했으니, 선종이 곧 불법佛法의 종지宗旨를 전하는 문이라는 뜻.

(Jongmun) It was originally the common term for "sects". However, it was later appropriated to itself by the Ch'an school refers to the other schools as teaching sects, i.e., schools which rely on words and texts rather than on intuition or the inner light.

종밀규봉 宗密圭峰 (780-841) 중국 당나라 스님. 선교일치禪教一致를 주창함. 화엄종의 5대 조사祖師.

(Jonmil Gyubong) Zongmi Gueifeng (780-841): The Fifth Patriarch of the Huayen Sect. He spent most of his life mediating between the claims of Seon and doctrinal Buddhist schools.

종사 宗師 부처님의 정법을 전하며 다른 사람에게 존경을 받는 선종禪宗의 스님, 또는 종파의 조사祖師.

(Jongsa) A great Seon master, or the Patriarch of a sect.

종송 鍾頌 새벽과 저녁으로 절에서 종을 울리면서 게송偈頌을 읊어 지옥중생을 구제하고자 발원發願하는 의식.

(Jongsong) The bell-chanting gatha: Performed in the early morning and the evening, it is the chanting of the gatha accompanied by the sounding of a great bell in order to deliver sentient being from hell.

종연멸 從緣滅 인연에 의해 생긴 것은 역시 인연에 의해 멸함이 자연의 이치.

(Jong Inyeonmyeol) Extinction through conditions: Those things which have arisen due to certain conditions will also cease to exists through conditions, just as they arose.

종연무자성 縱緣無自性 인연으로 생긴 것은 무엇이나 그 자체로는 본래의 체體가 없다는 것.

(Jongyeon Mujaseong) Without exception, everything that has arisen from conditions has no self-nature.

종연오달 從緣悟達 머리가 아닌 인연에 의한 깨달음. 가장 확실한 깨달음. 절대로 퇴락頹落은 없을 것.

(Jongyeon Odal) Enlightenment through affinity or conditions which is not of the mind: It is the surest way of attaining enlightenment, and there will be no regression.

종요 宗要 종지宗旨의 요의要義, 곧 종문宗門의 요체要諦 또는 핵심.

(Jongyo) The fundamental tenets of a sect: The important elements, or main principle.

종자 種子 유식종唯識宗에서는 만유萬有의 물심현상物心現象은 아뢰야식阿賴耶識에서 발생하고 전개된다고 주장하면서, 여기에는 선천적으로 존재하는 본유종자本有種子와, 후천적으로 현행의 제법諸法에 의해 훈부熏附된 신훈종자新熏種子가 있어서, 이 두 가지 종자가 합하여 모든 현상을 낸다고 함.

이를 달리 말하면, 이숙異熟에서 점차로 익어가 행위의 결과로 나타나는 잠재적인 힘을 종자種子라고 부른다. 이것은 반복된 행위의 원인이 되거나 혹은 그 결과로 나타난 기운이기 때문에 습기習氣라고도 말함. 그런가 하면, 아뢰야식은 체體, 종자는 용用, 혹은 아뢰야식은 과果, 종자는 인因이라고도 말하며, 그 관계는 불일불이不一不二라고 말함.

이를 다시 쉽게 설명하면, 종자種子는 습기習氣의 별명으로, 일체중생이 선악의 업을 지을 때, 그 습기가 팔식八識에 훈습薰習하여 선악의 종자가 그 안에 심어진 다음, 일정한 훈습시간을 경과한 후에 성숙된 다음 외연外緣, 곧 어떤 비슷한 외적 조건을 만나면, 다시 현실로 나타난다는 것. 아뢰야식 참조.

(Jongja) Seeds: These seeds are held by the eighth consciousness, and when activated, they produce the manifestations which collectively appear to the unenlightened man as the external world of phenomena. There are two types of seeds. The primordial seed and the newly formed or imprinted habitual seed. All phenomena is but the manifestation of the combination of these two seeds, which is called neither one nor two.

In other words, it is another expression for the imprinted habitual energy, or the memory of karmic actions of sentient beings, which will be stored in the eighth consciousness, or the storehouse of consciousness until it is aroused by a new similar condition from outside after a certain period of time for maturation. *Cf. (Aroiyasik)* The storehouse of consciousness.

종자 從者 수종隨從하여 따라다니는 사람. 이것은 순수한 불교 용어는 아니지만, 경전에 왕이나 왕비가 등장하면 으fp 종자들이 따라 나오게 된다.

(Jongja) A retinue, an attendant, or a vassal.

종자식 種子識 유식종唯識宗에서 말하는 제 팔식八識인 아뢰야식阿賴耶識. 만유萬有를 발현發顯하는 원인이 될 종자를 가지고 있는 식識이라는 뜻.

(Jongjasik) The seed of or the storehouse of consciousness: Another name for the eighth consciousness. It is so called because it has the latent potential to manifest all the phenomena in the universe.

종자육의 種子六義 유식종唯識宗에서 세운 교의教義로, 우주만유가 아뢰야식을 종자種子로 하여 나타난 것인데, 종자의 뜻에 다음 여섯 가지가 있음을 말한 것.

1) 찰나멸의刹那滅義 (안眼 · 이耳 · 비鼻 · 설舌 · 신身 · 의意 등의 모든 종자는, 찰나에 생기는 그 순간부터 멸하여 계속 정지하지 않고 변이變異하는 것을 말함)
2) 과구유의果俱有義 (이는 예를 들어 과果는 식識과 근根을 뜻하며, 이 둘이 동시에 일어나서 작용하는 것을 말함)
3) 항수전의恒隨轉義 (식識이 일어날 때 종자도 또한 따라서 상전상속相轉相續, 곧 서로 어우러져 변전變轉하는 것. 다시 말해 안근眼根이 어떤 대상에 비칠

때, 그 종자가 잠시도 떨어지지 않고 상속하는 것과 같다)

4) 성결정의性決定義 (온갖 식識이 온갖 선, 악, 무기無記의 삼성三性에 대해 무원칙하지 않다는 것. 다시 말해, 안식眼識이 악경惡境을 따라가면, 악법을 이루게 되어 선법善法을 이루지 못하는 것과 같다)

5) 대중연의待衆緣義 (식識은 한 가지 원인으로 인해 생하지 않고 반듯이 여러 가지 원인을 빌려서 성취하는 것. 예컨대, 안식眼識의 종자가 공空, 명明, 근根, 경境 등의 인연을 만나 나타난다는 것)

6) 인자과의引自果義 (온갖 식識이 각각 자체의 결과와 기능을 이끌어 끌어당겨 나타냄에 있어, 색심色心이 서로 교차하여 이루는 것이 아니라, 안근眼根이 사물事物을 비추어 볼 때에, 안식眼識이 객관의 대상을 반영하는 것처럼 이룬다는 것)

(Jongjayukui) The six characteristics of seeds of the eighth consciousness: The doctrine of the Consciousness-only School.

1) Instantaneous creation and extinction of the seeds of the six roots (the eyes, ears, nose, tongue, body, and mind).
2) Simultaneous existence of the seed and its effects; that is, the fruit refers to both the root and its consciousness.
3) Seeds always abide in a stream of simultaneous fluctuation of consciousness and seeds.
4) The nature of seeds is determinate; that is, no good fruit is expected from a bad cause.
5) Seeds require multiple conditions; that is, the seeds of consciousness arise from the meeting of the consciousness of eyes with emptiness, wisdom, the sense faculty, the sense-object, etc.
6) Seeds attract their own results; that is, they do not arise from the conjugation of the form and consciousness but from the reflection of the consciousness of the eyes upon matter.

종정 宗正 종단宗團의 가장 큰 어른.

(Jongjeong) The Supreme Patriarch of an Order.

종조 宗祖 한 종파宗派를 세운 조사祖師.

(Jongjo) The founder of a sect or school

종종상 種種相 이는 시작도 끝도 없이 거듭 존재하는 나의 실상과, 일체만법이 상대적인 인과법칙에 의해 존재하는 모습의 온갖 형태를 말함.

(Jongjongsang) The endless multi-transmutation of true-self, and all kinds of relative existences brought about by the law of causality.

종종지 種種智 근본지根本智가 아닌 여러 가지 차별상을 아는 후득지後得智.

(Jongjongji) Not the fundamental but the expedient secondary wisdom that can distinguish all the different aspecs of things.

종지 宗旨 종취宗趣라고도 말함. 한 종문宗門의 근본 취지, 또는 어떤 근본이 되는 중요한 뜻.

(Jongji) The fundamental doctrine, teaching, main meaning or point, keynote, cr tenet of a sect.

종지 種智 일체종지一切種智의 줄임말로 위없는 부처님의 지혜.

(Jongji) An abbreviated term for *ilchejongji*. The all-knowing knowledge of Buddha, or the complete and fundamental wisdom of Buddha.

종찰 宗刹 한 종파의 본찰本刹.

(Jongchal) The main temple of a sect.

종통 宗統 한 종파宗派의 혈통血統과 권한.

(Jongtong) The lineage and authority of a Sect or Order.

종파 宗派 교의敎義의 선포 및 의식儀式의 집행을 목적으로 한 종교 단체. 쉽게 이야기해 종교의 갈라진 갈래로, 교파라고도 말함. 다음은 불교의 주요 종파宗派.

(Jongpa) A sect or school of religious Order: The following are the major Buddhist sects:

구사종 俱舍宗 무착無着의 아우 세친世親의 저서 구사론俱舍論을 근본 종지宗旨로 하여 세운 종파宗派. 소승불교에 속하는 설일체유부종說一切有部宗의 일파一派.

(Gusajong) The Abhidharmakosa School: It represents the doctrine of the Theravada. Its chief text is the Abhidharmakosa Shastra by Vasubandhu (316-396), younger brother of Asanga. It also belongs to Sarvastivadins, or the Existence School, the school that claims that whatever exists has an ultimate entity or identity, contrary to the teaching of emptiness of Mahayana Buddhism.

법상종 法相宗 유식종唯識宗, 응리원실종應理圓實宗, 유식중도종唯識中道宗, 또는 규기窺基스님이 자은사慈恩寺에 계셨다하여 자은종慈恩宗이라고도 말함. 소의경전所依經典으로는 해심밀경解深密經, 성유식론成唯識論, 유가사지론瑜伽師地論 등이 있음. 인도에서는 무착無着과 세친世親이 세우고, 중국에서는 현장법사玄奘法師가 세우고 제자인 규기窺基가 발전시킴.

법상종의 가장 두드러진 교의教義의 특징은, 우주 만유의 본체보다도 현상을 세밀히 분류 설명함으로써, 모든 존재란 허상에 불과하며 마음의 작용인 식識이 연기하여 나타난 현상에 지나지 않는다고 봄으로 법상종이라 말하며, 유식종唯識宗이라함은, 만유萬有는 오직 식識에 불과하다는 것을 의미함.

(Beopsangjong) The Dharma-character School: An important school of Chinese Buddhism which follows the teaching of the Yogachara based on the writings of Vasubandhu and Asanga. In China, it was founded by Xuanzang (602-664), and his disciple Kuiji (638-682), who further systematized the doctrine.

The chief texts of the school are the Sutra on Understanding Profound and Esoteric Doctrine, the Discourse on the Theory of Consciousness-only, and the Discourse on the Stages of Concentration Practice. The most salient characteristic of this school is its detailed analysis of the phenomena as illusion instead of investigating the ultimate truth of reality whereby it earned its name. It also sees all the phenomena as the manifestations of the mind or perception, whereas it is also known as the Consciousness-only, the Mind-only, or the Manifestation-only School.

법안종 法眼宗 선종오가禪宗五家의 하나. 대법안선사大法眼禪師 문익文益(885-958)이 개조開祖. 우리나라에서는 신라말新羅末 지종智宗이 전하고, 중국에서는 당唐나라 말기부터 송宋나라 초기까지 종풍宗風을 크게 떨치다.

(Beopanjong) The Fayen School: It is one of the Five Houses and Seven Schools, founded by the Great Seon or Chan Master Fayen (885-958), and introduced to Korea by Seon Master Jijong in the late period of the Silla dynasty of Korea. It flourished greatly from the later period of Tang of China to the early period of Sung dynasty of China.

삼론종 三論宗 인도 중관학中觀學의 중국형태. 주로 중론中論, 십이문론十二門論, 백론百論 등의 삼론三論에 의하여 종宗을 세운 까닭에 삼론三論이라 말하며, 성종性

宗, 공종空宗 또는 파상종破相宗이라고도 말함. 중국에서는 크게 번성하다가 선종禪宗이 들어오면서 점점 쇠퇴하였다. 우리나라에서는 원효스님이 삼론三論의 종요宗要를 쓰시다.

(Samnonjong) The Sanlun or Three-treatise School: The Chinese version of the Indian Madhyamaka or the Middle Way School. It is also called the Empty-nature Sect. It is in a sense the subversion of the Dharma-character School. Its chief texts are the Madhyamika Shastra by Nagarjuna, the Sata-shastra of Aryadeva, and the Dvadasa-nikaya Shastra by Nagarjuna. In China, it started to decline after Ch'an or Seon Buddhism was introduced to China. In Korea, Wonhyo Sunim wrote on the essential thoughts of its doctrine.

선종 禪宗 불심종佛心宗이라고도 말함. 달마대사가 인도로부터 와서 전한 수행법. 교외별전敎外別傳을 종지宗旨로 하고, 좌선坐禪으로써 내관자성內觀自省하여 자성自性을 철저히 깨달아 자증삼매自證三昧의 묘경妙境을 얻는 것을 목적으로 하는 종파. 그러나 선종은 부처님의 삼처전심三處傳心에서 그 근원을 찾아 볼 수도 있다.

(Seonjong) Dhyana, Seon, or Zen Buddhism: It is attributed to Bodhidharma, and was established in about 527. It is also called the Buddha-mind Sect. Its main tenet is the special transmission of enlightenment independent of doctrine, or the transmission of the Buddha-dharma from heart-to-heart and then experiencing samadhi by introspection of one's self-nature through meditation.

섭론종 攝論宗 중국 십삼종十三宗의 하나. 무착보살無着菩薩이 지은 섭대승론攝大乘論을 근본경전으로 하는 종파.

(Seopnonjong) The Samparigraha School, or the Summary of Mahayana Treatise Sect: It is based on the doctrine of the Mahayana-samparigraha Shastra, or the Summary of the Great Vehicle by Asanga.

성실종 成實宗 성실론成實論을 종지宗旨로 하는 종파. 성실종成實宗의 교의敎義는 아공我空뿐만 아니라 법공法空을 논함으로써 이공관二空觀을 명확히 함.

(Seongsiljong) The Satyasiddhi School, or the Sect of the Perfection of Truth: It is based on the Satyasiddhi Shastra, translated into Chinese

by Kumarajiva. Its chief tenet is the emptiness of both self and Dharma.

열반종 涅槃宗 대승불교의 열반경涅槃經을 소의경전所依經典으로 하는 종파로 중국 십삼종十三宗의 하나.

(Yeolbanjong) The Nirvana School: It is based on the Mahaparinirvana Sutra translated into Chinese by Dharmaks in 423. It is one of the thirteen major Buddhist sects in China.

율종 律宗 율법을 지키는 종파라는 뜻. 율律은 부처님께서 일시에 제정하신 것이 아니라, 필요에 따라 그때그때의 상황과 중생들의 근기에 따라 정하셨다.

(Yuljong) The Vinaya or Discipline Order or School: Disciplines are not established all at once, but over time, according to the needs of sentient beings and circumstances.

정토종 淨土宗 아미타불을 신앙의 주불主佛로 하고, 아미타불의 본원력本願力을 믿고 그 힘에 의지하여 극락정토에 왕생하고자 하는 종파. 정토삼부경淨土三部經과 세친世親의 왕생론往生論을 소의경전所依經典으로 함. 중국 정토종의 초조初祖는 혜원慧遠 (523-592)

(Jongtojong) The Pure Land School: It was founded in China by Huiyuan. Its chief tenet is rebirth in the Pure Land in the West through faith in Amitabha and the power of his original vow. Its chief texts are the Three Pure Land Sutras and the Treatise of Rebirth in the Pure Land written by Vasubandhu (316-396), younger brother of Asanga.

지론종 地論宗 십지론十地論을 소의학론所依學論으로 삼는 종단이므로 이렇게 부른다.

(Jironjong) The Dasabhunmika School, or the Sect of the Treatise on the Bhumis: It is so called because it is based on the doctrine of the Ten Stages of the Bodhisattva's Path to Buddhahood.

진언종 眞言宗 밀종密宗, 비밀종秘密宗이라고도 말하며, 진언眞言이란 말은 삼밀三密 (신밀身密, 어밀語密 또는 구밀口密, 의밀意密)중 어밀語密을 뜻하며, 이에 의하여 종명宗名이 생겼다.

(Jineonjong) The True-word School: It is also called Esoteric Buddhism, the Apocalyptic Vehicle, the Diamond Vehicle, Tantrism, and the Secret Sect. The "true word" means the secret speech of the "three secrets" (the secret of body, speech, and mind), wherefrom the sect attained its name.

천태종 天台宗 천태법화종天台法華宗이라고도 말함. 중국 수隋나라 때의 지의智顗(538-597)를 개조開祖로 하는 대승불교의 한 파. 법화경法華經을 근본 경전經典으로 하며, 선禪을 지관止觀이라는 이름으로 표방하는 동시에 간화선 보다 선정禪定과 지혜의 조화를 종지宗旨로 함. 지관止觀 그리고 묵조선默照禪 참조.

(Cheontaejong) The Tientai School, or the Celestial Platform Sect: One of the ten great sects in Chinese Buddhism. It was promoted greatly by its founder Zhiyi (538-597) during the Sui Dynasty. Its chief text is the Dharma Flower Sutra, or the Lotus Sutra, and its tenet is silent meditative contemplation with the emphasis on harmony and the attainment of samatha, or a single-pointed meditation and wisdom, different from patriarchal meditation, or word-contemplation meditation.

태고종 太古宗 석가모니불을 교조敎祖로 하며, 태고太古 보우국사普愚國師(1301-82)를 종조宗祖로 하는 한국 불교 종단.

(Taegojong) The Great Ancient School: This indigenous Korean Buddhist sect was established with National Preceptor Taego Bou (1301-82) as its founding Patriarch. Its chief texts are the Diamond Sutra and the Flower Garland Sutra.

화엄종 華嚴宗 화엄경華嚴經을 근본 경전으로 하여 세운 종파. 초조初祖에 관해서는 여러 설이 있으나, 전통적으로 두순杜順을 초조로 보며, 제 이조二祖 지엄智儼을 거쳐 제 삼조三祖 법장 현수法藏 賢首에 이르러 크게 이루어 놓았다.

(Hwa-eomjong) The Avatamsaka or Flower Garland School: It is based on the Avartansaja or Flower Garland Sutra. There are many different views regarding the founding Patriarch of the sect. But traditionally the Great Master Dushun (557-640) is recognized as the first Patriarch of the sect, succeeded by Zhiyan (600-668) and Fachang Xianshou (643-712). It was during the time of Xianshou that this sect flourished greatly.

종파의식 宗派意識 종파를 생각하는 마음.

(Jongpauisik) The sectarian mind.

종풍 宗風 한 종파의 전통과 특성.

(Jongpung) The customs, traditions, or characteristics of a sect.

종헌 宗憲 종파의 기본법.

(Jongheon) The charter of a sect.

좌구 坐具 앉을 때 밑에 까는 방석.

(Jwagu) A sitting mat or cushion.

좌단 左袒 상대방에 대한 존경의 뜻으로 옷의 왼쪽 어깨를 벗는 것.

(Jwadan) Revealing the left shoulder as a sign of respect to the other.

좌단 座旦 까는 방석.

(Jwadan) A sitting mat or cushion.

좌당 坐堂 법사法師의 설법을 기다리는 동안 대중이 법당에 모여 조용히 좌선하는 것.

(Jwadang) Meditation in the Dharma Hall while waiting for the Dharma discourse of a Buddhist priest.

좌대 座臺 좌석의 받침대.

(Jwadae) The base of sitting platform.

좌망 坐亡 선정禪定의 상태에서 앉아 숨을 거둠.

(Jwamang) "The body outside the body": Taking the last breath in sitting position in the state of samadhi.

좌망 坐忘 앉은 채 잡념을 떠나 무아無我의 경지에 들어감. 공자孔子님의 수제자인 안회顔回가 공자님을 놀라게 한 일화.

'손발이나 몸이라는 것을 잊고 / 귀나 눈의 작용을 물리쳐서 / 형체를 떠나 지식을 버리고 / 저 위대한 도 道와 하나가 되는 것, / 이것을 좌망이라 합니다.' (『장자莊子』 第六章 大宗師)

(Jwamang) Sit and forget the self, or empty and forget the self: A term synonymous with samadhi, which comes from the dialogue between Yenhui, the favorite disciple of Confucius, and his Master:

It is to free oneself from the bodily form / And to disregard hearing and seeing. / Through the transcendence of the bodily form / And the elimination of sensations / One identifies oneself with the Infinite. / This is what I mean by forgetting myself while sitting." Chunag Tzu Book, Ch. VI, the Great Patriarch.

좌선 坐禪 정좌正坐한 자세로 일체의 생각을 쉬는 것, 곧 앉아서 참선한다는 말. 그러나 좌선 또는 참선이란 비유적으로 마음을 쉬고 몸으로 생각하는 것이라고 말할 수 있다. 그리고 좌선은 의식 이전의 행동을 중요시한다는 것도 알아야 한다.

선禪은 선나禪那 (범어梵語 dhyana)의 음약音略으로 정려靜慮라 번역함. 대개 결가부좌結跏趺坐하고 사려분별思慮分別을 쉬는 수행으로, 마음을 하나의 대상에 집중하는 것을 쉽게 말해 좌선이라고 함. 좌선에 대한 육조혜능六祖慧能의 이야기를 들어보도록 하자:

'원돈견성문圓頓見性門의 좌선은, 원래 마음을 잡거나 조촐함을 잡음도 아니며, 또한 움직임이 아님도 아니니, 만약 마음을 잡는 것이라면, 마음이란 원래 망념된 것이라서 알고 보면 이는 허깨비와 같아 잡을 곳이 없느니라.' 그러나 진정 좌선이란 무엇인가? 혜능慧能은 이어 말한다: '밖으로는 일체의 선악경계에 마음과 생각이 일어나지 않음이 좌坐이며, 안으로는 자성을 비추어 보아 움직이지 않는 것이 선禪이니라.' 참선 참조.

(Jwaseon) Sitting in meditation, or simply "sitting meditation": Sitting cross-legged in quietude and in deep contemplation or absorption. It should be distinguished from mere contemplation for quietude or a peaceful mind, because true Seon meditation requires a sharp concentration of the mind on a certain object such as hwadu or koan. In other words, the mere physical act of sitting quietly is not true Seon meditation, which requires concentration of the mind.

Let's see what the Sixth Patriarch Huineng says: "In our system of meditation, we neither dwell upon the mind nor upon purity. Nor do we approve of non-activity. As to dwelling upon the mind, the mind is primarily delusive; and when we realize that it is only a phantasm there is no need to dwell upon it." He then goes on to say: "What is sitting for meditation? To sit means to gain absolute freedom and to be mentally unperturbed in all outward circumstances, be they good or otherwise. To meditate means to realize inwardly the imperturbability of the essence of mind." *Cf. (Chamseon)* Meditation practice or discipline.

좌선관행 坐禪觀行 좌선을 통해 마음의 부처를 관하는 것. 묵조선默照禪 참조.

(Jwaseon Gwanhaeng) Contemplating the Buddha-mind by sitting in meditation. *Cf. (Mukjoseon)* Silent contemplation meditation.

좌선명 坐禪銘 좌선에 대한 글, 또는 금석문金石文.

(Jwaseon Myeong) An article, or an inscription about sitting meditation.

좌주 座主 선가禪家에서 주로 경론經論을 강설講說하는 스님을 말함.

(Jwaju) The lecturer: The monk who gives lectures on the sutras and treatises at the Seon or Zen monastery.

좌차 坐次 식사를 하면서 앉는 순서도 다 정해져 있다. 방장 스님이 제일 상석이고, 그 아래 소임所任과 법랍法臘, 그리고 나이를 고려해서 좌석 순서가 정해진다. 식사를 배분할 때도 이 순서대로 한다.

(Jwacha) Sunims' sitting order of meal in the temple: The upper seat of honor is reserved for the Spiritual Master. Next seats are reserved in the order of staffs of the temple, the religious age of a monk, then the secular age of a monk. Distribution of meal also follows in this order.

좌참 坐參 좌당坐堂이라고도 말함. 조반朝飯 후에 참선하는 것을 조참早參, 오후 4시 이후에 염송念誦하는 것을 만참晩參, 만참 전의 참선을 좌참坐參이라 한다. 그리고 법사法師의 설법을 기다리는 동안, 대중이 법당에 모여 좌선을 하면서 마음을 맑게 하는 것도 좌참이라 한다.

(Jwacham) Meditation after the morning meal is called *jocham*, or early meditation, reciting the sutra after 4 o'clock is called *mancham*, or late meditation, and meditation before *mancham* is called jwacham, or sitting meditation. *Jwacham* also refers to meditation in the Dharma Hall to clear the mind while waiting for the discourse of the Dharma teacher or master.

좌탈입망 座脫立亡 앉은 채 또는 선 채 입멸入滅함을 뜻하며, 이는 선정禪定의 힘을 말한다. 곧 선정을 충실히 닦으면 육신의 생사를 고승들이나 방거사龐居士의 가족처럼 자유로이 할 수 있다, 마치 물에 들어갈 때 옷을 벗듯이. 방거사龐居士 참조.

(Jwatal Immang) Entering Nirvana (departing this world) in sitting or standing position: The way some great enlightened masters and sages took leave of this mundane world just like removing one's clothes off before entering the water. It comes from the power of dhyana

and samadhi. *Cf. (Banggeosa)* Layman Pang.

죄무자성종심기 罪無自性從心起 죄라는 것은 본래 그 뿌리가 없으니 오로지 마음이 일으키는 것. 다음은 유마경 제3장 제자품弟子品에 나오는 유마힐維摩詰과 우바리와의 대화: '죄의 본성은 마음속에 있는 것도 아니고 밖에 있는 것도 아니며 중간에 있는 것도 아닙니다.

부처님이 말씀사신 바와 같이 마음이 더러우므로 중생이 더러운 것이요, 마음이 깨끗하므로 중생이 깨끗한 것입니다. 그리고 또 마음이란 안에 있는 것도 아니고 밖에 있는 것도 아니며 중간에 있는 것도 아닙니다. 마음이 그러하듯 죄의 더러움도 또한 그러하며 모든 법도 또한 그러하여 진여眞如를 벗어나지 않는 것입니다.'

(Joimujaseong Jongsimgi) Sin has no self-nature; it arises when the mind is disturbed: So does everything. The following is the dialogue between Vimalakirti and Upali: "Reverend Upali, sin is not to be apprehended within, or without, or between the two. Why?

The Buddha has said, 'Living beings are afflicted by the passions of thought, and they are purified by the purification of thought.' Reverend Upali, the mind is neither within nor without, nor is it to be apprehended between the two. Sin is just the same as the mind, and all things are just the same as sin. They do not escape this same reality, (or true-suchness)."

죄의식 罪意識 죄를 저지른 데에 대한 뉘우침.

(Joiuisik) Guilty conscience: Having or showing a sense of guilt.

죄책감 罪責感 죄를 저지른 데에 대해 스스로 책임감을 느끼는 것.

(Jeochaekgam) Self-reproach: Blame or censure with one's own conscience.

주객불이 主客不二 대상을 받아들이되 대상이 집착이 없는 대상이기 때문에 주객이 둘이 아니라 하나가 되는 반야般若의 지혜. 그러나 사실은 주主도 객客도 실재實在가 없으니 이들은 단지 이름일 뿐.

(Jugaekburi) Non-duality of subject (perception, "the master of the house") and object (percept, "the guest"): The non-subject-object perception of transcendental wisdom. It means the acceptance of an object without attachment. In the ultimate reality of emptiness, neither object nor subject exists--they are just names.

주겁 住劫 사겁四劫의 하나. 인류가 세계에 안주하여 사는 기간. 다시 말해 세계가 성립되었다가 파괴되어 공으로 돌아가는 동안의 오랜 시기를 넷으로 나눈 것 중의 두 번째.

(Jugeop) The eons of continuance, or of life and growth: The second of the four kalpas at the end of which a time of destruction or decay will follow and all will return to the void.

주관 主觀 자기 생각, 또는 인식과 행위 등을 행하는 의지를 가진 주체 또는 자아.

(Jugwan) Subjectivity or ego: The filter of the mind that creates images of objects.

주(문) 呪(文) 영험靈驗을 위해 외우는 일정한 글귀. 범어 만트라를 번역한 것. 다라니陀羅尼, 진언眞言, 또는 총지摠持라고도 말하며, 음역은 만다라曼荼羅.

(Ju(mun)) Mantra, a charm, or a spell: A verbal formula used as an incantation in the magic of sound. *Cf.* Dharani.

주력 呪力 간절한 주문呪文, 곧 진언眞言 또는 다라니에 의해 나타나는 초자연적 힘.

(Juryeok) The power of the earnest chanting of mantra or dharani.

주련 柱聯 사찰 기둥에 판각하여 거는 부처님의 가르침에 관한 연구聯句.

(Juryeon) The long vertical boards or plaques hanging on the columns of temple buildings on which a phrase of verse from the Buddhist scriptures is carved.

주렴 珠簾 구슬을 꿰어 만든 발.

(Juryeom) A beaded blind or curtain.

주사 主事 지사知事라고도 말함. 지사知事와 두수頭首 참조.

(Jusa) Another name for jisa 知事. *Cf.* *(Jisa)* The director of affairs, and *(Dusu)* Head monks.

주석 駐錫 선종禪宗에서 승려가 입산안주入山安住하는 일, 또는 승려가 포교를 위해 어떤 지역에 한때 머무르는 일.

(Juseok) Abiding at a temple for a quiet life, or staying at a certain place for a while to teach the Buddha-Dharma.

주술 呪術 주문呪文으로 사람을 죽이고 살리는 힘과 물질을 변화시키는 묘술이 있다하여 주술. 呪術이라 한다.

(Jusul) Incantation, sorcery, or esoteric sciences: It is believed that

it has the miraculous power of either letting a man die or live, or changing things at will.

주인공 主人公 주인옹主人翁이라고도 말하며, 우리의 본래면목인 청정무구淸淨無垢한 자성自性 또는 본성本性을 가리키는 것으로, 이는 또 우리의 불성佛性을 의미하기도 한다. 따라서 다른 곳에서 주인공과 부처를 찾지 말 것. 그런데 어떤 스님이 귀공公자 대신, 빌 공空자를 쓰신 것을 보았는데, 멋있는 발상이라고 생각했다. 主人公 대신 主人空. 비어있는 주인. 아무리 생각해도 멋있다. 육조혜능六祖 慧能이 금강경의 한 구절에 확철대오廓徹大悟한 것도 이와 비슷한 경우가 아니었는지.

그런데 일본의 저명한 불교학자 D. T. Suzuki는 주인공을 "subject"라 번역했는데, 가슴에 와 닫지 않는다. 주인공을 客觀 또는 境界라는 뜻의 "object"에 대응하는 主觀 또는 主體라는 뜻으로 "subject"라는 낱말을 선택했는지 모르지만, 그렇다 해도 "subject"라는 낱말에는 "dependent, subordinate," 신하臣下 또는 "slave"라는 뜻도 있어, 원래의 주인공主人公, 주인옹主人翁, 즉 우리들 본래의 자성自性이라는 뜻과는 너무나 거리가 멀어 오해의 소지가 있다.

다음은 조주趙洲 스님의 주인공主人公에 대한 말씀. 좀 길지만 인용하도록 하겠다: "천만 사람이 단지 부처를 찾아 헤매 일 뿐 단 한 사람도 진정한 도인道人은 아니다. 세계가 존재하기 전에도 자성自性은 있었으며 세계가 파멸된 이후에도 이 자성만은 그대로 남는다.

여러분이 이 늙은 중을 만나 보았다고 해서 여러분이 갑자기 다른 어떤 사람이 되는 것이 아니다. 여러분 스스로가 바로 주인공主人公이다. 그렇다면 바깥으로 다른 것을 찾아 헤맬 필요가 있겠는가? 내가 듣기 싫어하는 한 마디가 있다면 부처라는 말이다."

조주趙洲 스님의 견해는 마조馬祖나 남전南泉과 마찬가지로, 도道, 즉 진여眞如라고 하는 것은, 마음도 아니고 부처도 아니며, 또한 물건도 아니라는 것이다. 그것은 시간과 공간을 초월하며 또한 일체만물에 편재해 있다는 것. 그러니 너무 마음이다, 부처다, 주인공과 깨침에 매달리지 말 것. 허공과 같은 마음과 삿된 집착을 여의는 것이 곧 깨침. 깨침?

(Juin-gong) One's own pristine inner-self or self-nature; an old master, the overall controller, or the governor of self: Mind is the master of self, our original face. It also means our Buddha-nature. But what about "emptiness of master 主人空" as opposed to "a noble master 主人公," both of which are pronounced the same in Korean?

As we all know, the Great Master Huineng, the Sixth Patriarch, attained sudden enlightenment upon hearing a phrase in the Diamond Sutra recited by a wandering monk. What about "emptiness of master 主人空?" Isn't it a bright idea?

Zen Master D. T. Suzuki interpreted "master of the mind 主人公" as "subject," perhaps, as opposed to "object" or external percepts. However, to my understanding, "subject" for "master of the mind 主人公" could mislead the students, because the word "subject" has many other meanings such as dependent, subordinate, person owing allegiance, and even "slave."

Let's see what the Ch'an Master Zhaozhou Congshen (778-897) has to say about "master of the mind 主人公": "Countless people is seeking the Buddha but none of them has enlightened. Our original face or self-nature existed before the creation of the universe, and it will abide even after the destruction of the universe as it is.

It will be a great mistake if you ever think that you will be a different person all of a sudden just because you have met this old man. Your own self is 'the master of the mind 主人公.' Why do you then look for it outside of yourself? . . . There is a word that I abhor the most. That is the word 'Buddha.'"

What Zhaozhou said is the same idea of Mazu Daoyi (709-788) and Nanquan Puyuan (748-834), the Dharma heir of Mazu Daoyi that the great Way or true-suchness is neither the mind, Buddha, nor the material quality. The great Way is beyond time and space, yet it embraces all the phenomena in the world. If so, we shouldn't cling to the mind, Buddha, nor to "the master of the mind 主人公 nor to enlightenment. Instead, we should empty our mind and leave grasping behind to attain enlightenment. Enlightenment?

주장자 拄杖子 스님이 설법할 때, 또는 말로 전할 수 없는 이치를 전하려할 때 사용하는 지팡이. 그러나 이것은 마음의 중심을 상징하기도 함.

(Jujangja) A Dharma staff: The staff monks use when they want to deliver the truth which transcends words. It also means the center of the mind for concentration.

주지 住持 절에 상주하면서 그 재산과 스님들을 보호 관리한다는 뜻으로 이렇게 부른다. 원래는 세간世間에 안주安住하여 불법을 보존 유지한다는 뜻. 이것이 후에 한 사찰을 관장管掌하는 주지직住持職이 됨.

(Juji) Abbot or abbess: The monk who is responsible for the protection of the Buddha-dharma and maintenance of a temple. He is legally entrusted with the temple's administration and property rights and is thus responsible for all temple management and operations.

죽림정사 竹林精舍 중인도 마갈타국 왕사성 王舍城 북쪽에 있는 절. 부처님께서 성도 成道하신 후 가란타 장자가 부처님께 귀의하여 죽림원 竹林園을 바치고, 빔비사라왕이 그 곳에 부처님과 그 제자들을 위하여 큰 정사 精舍를 지었으니, 이것이 불교 최초의 절인 죽림정사이다.

(Jukrim Jeongsa) Venuvana: The Bamboo Grove Monastery, the first Buddhist monastery built for Sakyamuni Buddha by King Bimbisara in the bamboo grove donated to the Buddha by the Elder Kalandaka. It is north of the city of Rajagaha, the capital of the ancient kingdom of Magadha in central India.

죽비 竹篦 불사佛事 때 스님이 손바닥 위를 쳐서 소리를 내어 불사의 시작과 끝뿐만 아니라 모든 의식儀式의 진행을 알리는 대나무를 쪼개 만든 기구.

(Jukbi) A bamboo clapper, or a split bamboo stick: It is a widely-used Buddhist instrument which signals the start and end of meditation and all kinds of Buddhist ceremonies. It makes a sound when struck against the palm.

준제관음 准提觀音 육관음六觀音 중의 하나. 준지准胝라고도 쓰며, 준제准提는 청정清淨의 뜻으로 심성心性의 청정함을 찬탄하는 이름으로, 중생계의 업을 소멸하고 항상 중생을 위해 나투어 구제하며, 인류를 교화하시는 분. 마두관음馬頭觀音이 남성적인데 비해 준제관음은 여성적이다. 형상은 여덟 개의 손이 있으며 청정을 나타냄.

(Junje Gwaneum) Junje Bodhisattva: One of the six and the best loved transformations of the Bodhisattva of Great Compassion, usually in a female form. She is also called Junji, and is the symbol of purity and has eight arms.

줄탁 啐啄 병아리가 부화하려할 때 알 속에서 우는 소리를 내는 것을 줄이라 하고, 어미닭이 병아리를 까려고 껍질을 쪼는 것을 탁啄이라 함. 이때 줄은 참선을 할 때 스승에 의지하는 학인學人을, 탁啄은 학인을 이끌어주는 선승禪僧에 비유한 것.

(Jultak) Simultaneous actions of the peeping of a chick from inside the eggshell and the mother hen pecking on the eggshell from outside when a chick hatches from the egg: It is a metaphor describing the mutual role or effort between practitioners and Seon master in meditation practice.

중강 中講 불경佛經을 공부하는 사람들이 스승에게 묻기 전에 둘러앉아서, 글 뜻을 미리 토론하여 밝힐 때에 그 질문을 받아주는 사람.

(Junggang) A teaching assistant who leads the round of discussion with students about the questions they are going to ask to the instructor.

중관 中觀 삼제三諦 (正假中)의 하나로 중제中諦의 진리로 관 하는 것. 그러나 종파에 따라 다소 그 해석이 다르다.

(Junggwan) Insight of the Middle Path: An insight into the ultimate reality and truth of Dharma according to the truth of the Middle Path. But interpretation differs slightly according to the sect.

중관학파 中觀學派 용수龍樹에 의해 창시되었으며, 반야경般若經과 공空 사상에 기초를 두고 있다.

(Junggwan Hakpa) The Madhyamika School, or the Middle Way School founded by an Indian priest Nagarjuna (c. 2-3 B.C.E.), who is sometimes called the second Buddha. This school emphasizes the voidness of all existences.

중기 中機 근기根機가 약간 떨어지는 중근기中根機의 약칭.

(Junggi) A middling, or the intermediate-minded: One who is intermediate in personal capability or ability.

중도 中道 불교에서 말하는 중도는, 유무有無의 양 극단을 떠난 것으로 궁극적으로는 불교의 핵심 교리인 연기법과 공 空사상, 그리고 무자성과 불이법不二法에 대한 다른 이름에 지나지 않는다. 이를 좀 더 쉽게 이야기 하면, 있음과 없음을 떠난 것을 중도中道라고 말하나, 이것도 사실은 억지로 붙인 이름에 지나지 않다는 것을 알아야 한다.

다음은 일본의 저명한 선승禪僧 D. T. Suzuki의 중도中道에 대한 정의定義: '중도中道라는 것은 중간도 아니요 양변兩邊도 아니다. 만약에 경계境界에 끄달리게 되면, 일변一邊이 나타나며, 만약에 마음에 동요가 나타나면, 또 다른 일변一邊이 나타난다. 만약에 이들 두 변이 나타나지 않는다면, 중간도 존재하지 않으며, 이것이 곧 중도中道이다.'

따라서 서구에서 말하는 중용中庸 (moderation, golden mean)과 유교에서 말하는 부족함과 넘침이 없는 과불급過不及과 같은 이분법을 바탕으로 한 상대적 개념은 불교에서 말하는 언설을 초월한 구극究極의 진리인 중도中道와 구별되어야 한다. 중도실상中道實相과 용수龍樹의 중론中論 및 팔불중도八不中道 참조.

(Jungdo) The Middle Way or Path: The principle of non-duality. It is synonymous with emptiness or non-substantiality; the Buddhist description of the path lying between all extremes. It is called the Middle Way because its theory lies logically between annihilationism which holds that nothing is real, and cosmological realism which holds that everything is real substantially as it appears in the realm of ordinary experience.

The following is a quote from Zen Master D. T. Suzuki on the Middle Way: "The middle way is where there is neither middle nor two sides. When you are fettered by the objective world, you have one side; when you are disturbed in your mind, you have the other side. When neither of these exists, there is no middle part, and this is the middle way."

Thus, it should be distinguished from the Confucian thought of "the mean" or "moderation" and "the golden mean" of the Western thought. The Buddhist view of the Middle Way is above and beyond such a dualistic view or conception of things. *Cf. (Palbul Jungdo)* Eight Negative Categories of the Middle Way and the Madhyamika Karinka, or the Philosophy of the Middle Way by Nagarjuna.

중도실상 中道實相 만유萬有의 실상實相은 유有도 아니고 무無도 아닌 비유비공非有非空의 중도中道임을 말한 것. 다시 말해 현상세계란 궁극적인 의미에선 하나의 가상假相으로 실재 존재 하는 것은 아니지만, 그렇다고 존재하지 않는 것도 아니라는 것. 마치 파도는 인정하되 그 실체는 안정하지 않는 것과 같은 논리. 따라서 대승불교에서 말하는 중도란 실재 현상은 인정하되 그 절대적 실체는 인정하지 않는 것을 말함. 그러나 종파에 따라 구체적인 해석에 있어선 다소의 차이가 있다.

(Jungdo Silsang) The true nature of the Middle Way or Path: The Mahayana holds a middle position regarding the nature of the phenomenal world. It is neither real nor unreal. It affirms that it actually exists, but denies its absolute reality. For example, waves exist, but not absolutely. Interpretations of the meaning of the term vary within sects.

중도제일의 中道第一義 천태삼관天台三觀의 하나. 일체의 법이 중도中道에서 벗어나지 않기 때문에 중도를 제일의第一義 또는 승의제勝義諦(곧 상대적 가치를 넘어선 진리)라고 함. 삼제三諦 참조.

(Jungdo Jeilui) The utmost truth of the Middle Way: As every Dharma derives from the Middle Way, it is called the utmost truth of all truths. *Cf. (Samje)* Threefold truth of Tientai Sect.

중사 中士 성문聲聞과 연각緣覺을 말함. 곧 스스로는 깨침을 얻을 수 있으나 다른 사람들을 깨달음에 인도하지 못하는 사람. 한자漢字의 표기가 재미있다. 그러나 그래서 한자권漢字圈의 불교가 어렵다는 말이 나오며, 또 이렇듯 어렵게 배운 스님들의 권위의식이 무의식 속에 나오는지도 모르겠다. 그런데 이것을 또 영어로 옮겨?

(Jungsa) The middling, moderate, or intermediate disciples: Sravaka, or the Sound-hearing Arhat and Pratyeka-buddha, or the Self-enlightened, who attained emancipation for themselves, but cannot lead others to attain enlightenment.

중생 衆生 불교에서 인간을 위시하여 생명을 가진 사바세계娑婆世界의 모든 존재를 가리키는 말. 생을 거듭하면서 살아가는 생명. 곧 윤회하는 존재. 유정有情이라고도 번역함. 온갖 인연에 의해 태어나 존재하는 유형무형의 모든 생명체 또는 이들의 허상虛像. 그런데 중생에 대해 육조 혜능六祖 慧能은, '부처의 성품을 보지 못한 이가 중생이다'라고 말하기도 한다라고 하는가 하면, 유마거사는 중생에 대해 다음과 같이 시적詩的으로 말한다: '보살은 중생을 이렇게 봅니다. 물에 비친 달그림자, 거울 속의 자기 모습, 한낮의 아지랑이, 하늘에 뜬 구름, 물 위에 뜬 거품, 또는 번갯불과 같다고.'

(Jungsaeng) Sattva or living beings: The unenlightened multitude, common people, or all living or sentient beings in the deluded world of samsara: How should one regard them? The Great Chan Master Huineng calls sentient beings to be "the ones who haven't realized the Buddha-nature," while the great householder Vimalakirti says: "One should regard them as being like a reflection of the moon in the water; as being like a face in a mirror; like a mass of clouds in the sky; like the appearance and disappearance of a bubble; like a flash of lightning."

중생견 衆生見 아견我見이라고도 말함. 내가 실유實有라고 고집하고 집착하는 중생의 어리석은 견해.

(Jungsaenggyeon) Common-people's view: It is also called atma-drishti, or the view of self, ego, or the erroneous view that "one exists" or has a self, person, being, soul, or substance.

중생계 衆生界 유정有情인 중생들이 사는 사바세계娑婆世界. 이의 반대가 진여의 허공계虛空界.

(Jungsaenggye) The realm of sentient beings: Its antithesis is the great empty space, or the realm of true-suchness.

중생교화 衆生敎化 중생을 가르쳐 옳은 길로 인도함.

(Jungsaeng Gyohwa) Instruction and deliverance of sentient beings.

중생상 衆生相 사상四相의 하나. 중생의 몸은 오온五蘊이 모여 생겨난 것이라고 생각하는 것.

(Jungsaengsang) The mark of a sentient being: The conception that all living beings are, in truth, the manifestation of the five aggregates. *Cf. (Sasang)* Four marks of ego.

중생심 衆生心 기신론起信論에서는, 중생이 본래 갖추고 있는 진여眞如의 심성心性, 불성佛性, 자성청정심自性淸淨心, 여래장如來藏 또는 일심一心이라고도 말함. 중생심이라고 하여 형편없는 것으로만 착각해서는 안 되며, 일체중생 실유불성一切衆生悉有佛性은 이것을 두고 한 말. 그러나 천태종天台宗에서는 중생심을 우리가 일상생활에서 일으키는 어리석은 마음으로 보며, 유식종唯識宗에서는 아뢰야식이라 말함. 그러나 분명한 것은 우리의 망심妄心인 탐진치 삼독과 분별심을 놓으면 그것이 곧 부처라는 것.

(Jungsaengsim) The mind of sentient beings: The Awakening of Mahayana Faith sees the mind of sentient beings as originally pure and immaculate, but the Tientai Sect sees it as deluded, and the Mind-only School sees it as the eighth consciousness, or the storehouse of consciousness, which is free or devoid of good and evil. Whatever the case, all one has to do is to cultivate and to discard all attachments and three poisons (greed, anger, and ignorance).

중생제도 衆生濟度 부처와 보살이 중생을 미혹迷惑의 고해苦海로부터 건져내어 불과佛果를 얻게 하는 일. 문수보살과의 대화에서 유마거사는 중생제도에 대해 다음과 같이 이야기 한다.

문수 : 보살이 여래의 공덕의 힘에 의지하려면 마땅히 어디에 머물러야 합니까?

유마 : 보살이 여래의 힘에 의지하려면 마땅히 모든 중생을 제도함에 머물러야 합니다.

문수 : 중생을 제도하려면 무엇을 제거해야 합니까?

유마 : 중생을 제도하려면 그들의 번뇌를 제거해야 합니다.

(Jungsaengjedo) Liberation of sentient beings, or emancipation of sentient beings from the worldly conditioned existence: A dialogue between Manjusri and Vimalakirti on the deliverance of living beings goes:

Manjusri : "Where should he who wishes to stand in equanimity toward all living beings take his stand?"

Vimalakirti : "He should live for the liberation of all living beings."

Manjusri : "What should he who wishes to liberate all living beings do?"

Vimalakirti : "He should liberate them from their passions."

중생즉시불 불즉시중생 衆生卽是佛 佛卽是衆生 중생이 곧 부처이고 부처가 곧 중생. 이것은 조주록趙州錄에 나오는 말. 닦거나 안 닦거나, 깨치거나 못 깨치거나 중생은 원래 그대로 부처. 그것을 아는 것과 모르는 것은 별개의 문제이지만, 이것을 모른다면 모두가 헛수고.

(Jungsaeng Jeuksibul Buljeuk Sijungsaeng) Sentient beings are Buddhas just as they are, and Buddha is a sentient being just as he is: In other words, there is basically no difference between the Buddha and sentient

beings in their ultimate Buddha-nature. However, awareness of this truth is another thing.

중생지견 衆生智見 중생들의 어리석은 견해. 불지견佛智見, 각지견覺智見, 아견我見, 중생견衆生見 참조.

(Junsaeng Jigyeon) Common people's view and knowledge: The fallacious knowledge and view of common people. *Cf. (Buljigyeon)* Buddha's view and wisdom, *(Gakjigyeon)* The illustrious wisdom of Buddha, *(Agyeon)* A view of self, and *(Junsaenggyeon)* The view of common people.

중송 重頌 산문散文으로 된 경문經文의 뜻을 간결하게 묶어서 운문韻文으로 보인 것.

(Jungsong) The summary verse: A verse which recapitulates the idea previously expressed in prose, or a simple verse attached to the foregoing prose scripture as a kind of summation.

중앙승가대학 中央僧伽大學 대한조계종 종립 대학.

(Jungang Seungga Daehak) Jung-Ang Sangha University: The university established by the Jogye Order of Korean Buddhism.

중앙종회 中央宗會 종단宗團의 최고 의결기관.

(Jungang Jonghoi) The Central Council of a sect.

중용 中庸 동양 철학의 기본이며 사서四書의 하나인 중용『中庸』에서 말한 도덕론道德論. 곧 극단에 치우치지 않고 과불급過不及이 없는 평범한 곳에 진실이 있다고 함. 중도中道 참조.

(Jungyong) The Doctrine of the Mean, one of Four Books of ancient China: One should distinguish the Confucian meaning of "the mean" from the Buddhist term of the Middle Way or Path, which means ultimate truth, dependent origination and emptiness, not the relative meaning of something in between. *Cf. (Jungdo)* The Middle Way.

중음 中陰 중유中有와 중온中蘊과 같은 뜻. 사람이 죽음 다음, 다음 세상에서 생을 받는 순간까지의 중간 시기에 있어서의 존재로 세속적인 표현을 빌린다면 연옥煉獄 또는 영혼靈魂의 몸이라고 할 수 있는 것. 사유四有 참조.

(Jungeum) An intermediate state of the dead spirit between heaven and hell, something like a limbo or a pugatory: The interim state of

existence between death and before rebirth in another world. It is one of the *sayu*, the four modes of existence, and another name for *Jung-yu* in Sino-Korean. *Cf. (Sayu)* Four modes of existence.

중중무애 重重無碍 법계연기法界緣起의 다른 표현. 거듭거듭 걸림이 없음.

(Jungjung Muae) The endless chain of non-hindrance: Another expression for the principle of causality of the universe.

중중무진 重重無盡 우주만유의 일체가 서로 무한한 관계를 가지고 하나가 되어 작용하고 있음을 말함. 상즉상입相卽相入 및 일중일체다중일一中一切多中一 참조.

(Jungjung Mujin) Endless chain of interrelation of all things in the whole universe. *Cf. (Sangjeuk Sang-ip)* Mutual identity and causality and *(Iljungilche Dajungil)* The One in many, and many in the One.

즉 卽 두 가지가 하나로 융합함. 곧 두 개의 사상事象이 융합하여 무차별의 일체가 되는 것. 상즉相卽이라고도 말함. 예를 들면, 번뇌 즉 보리煩惱卽菩提, 생사 즉 열반生死卽涅槃 등으로 사용하며, 그 뜻은 여러 가지로 이해할 수 있다. 천태종에서는 이에 대해 다음과 같이 이에 대해 설명하고 있다. 'A가 B의 상태가 같으며, A와 B는 둘이 아니다.' 그리고 여기에는 다시 세 가지 다소 다른 뜻이 있다.

1) 이물상합二物相合 (본래 하나가 아닌 것을 하나로 합쳐진 '즉卽.'
2) 배면상번背面相翻 (겉으로는 두 가지처럼 보이나, 본래는 하나인 뜻으로 손바닥과 손등과 같은 '즉卽.'
3) 당체전시當體全是 (한 물건의 체體 그대로가 다른 물건인 뜻으로 말하는 '즉卽.' 다시 말해 물이 물결과 같은 경우)

(Jeuk) Identity, unity, sameness, mutual association, or interfusion: Merging or unifying two things into one without any hindrance or difference. For example, defilement is bodhi or enlightenment, birth and death are one, or birth-death is Nirvana, etc. Let's see what the doctrine of the Tientai Sect has to say: "The state in which A is identical with B, A and B not being two." The following are the three classifications:

1) Merging of the original two different things into one.
2) Something that is originally one, yet seems to be two in its appearance, such as the palm and the back of a hand.
3) The ultimate reality that is in other things, such as the sea and

the wave, one in two, and two in one.

즉가 卽假 이 우주 공간에 한 물건도 실재實在한 것이 아니지만, 모든 현상은 역시 분명하게 있으므로 가제假諦라 말함. 공가중空假中 참조.

(Jeukga) Self-evidence of provisional or deceptive reality: There is nothing in the whole universe that has self-nature or ever lasting substance of its own, yet at the same time we cannot deny the actual mark or appearance of the phenomena. This is what we call the provisional or deceptive reality. *Cf. (Gonggajung)* Emptiness, false, and the Middle Path.

즉공 卽空 삼제三諦 가운데 공제空諦를 말함. 일체법이 멸각滅却, 곧 사라진 후에 비로소 공한 것이 아니라, 일체의 법이 체體가 없이 공적空寂이므로 즉공卽空이라 함. 이를 반야심경에서는 색즉시공色卽是空이라 말함.

(Jeukgong) Identity and emptiness: One of the threefold truth, or samje. Primordial emptiness, true emptiness, or complete emptiness and serenity without any substance, not emptiness from exhaustion or lack of something. "Matter or form itself is emptiness," the Heart Sutra says.

즉비 卽非 불이不異를 즉卽이라 하고, 불일不一을 비非라 함. 곧 두 사물이 다르지 아니함을 즉卽이라 하고, 같지 않은 것을 비非라 함.

(Jeukbi) Identity and difference, or sameness and separateness: Things that are not different are called the same, and the things that are not the same are called separate.

즉사이진 卽事而眞 눈앞에 나타나 있는 사사물물事事物物 그대로가 진리라는 뜻으로, 체體와 용用이 다르지 않고 하나라는 진리관眞理觀을 말하며 이것이 곧 진여眞如.

(Jeuksaijin) Everything is true just as it is: All things or phenomena are identical and true. What it means is that there is no difference between essence and function, or substance and appearance in the ultimate reality. They are two in the One, and the One in two.

즉상즉심 卽相卽心 정토문淨土門의 주장으로, 상相은 자기 마음 밖에 있는 것이 아니므로 자기를 떠나서는 따로 정토淨土도 없고 아미타불도 없다는 것.

(Jeuksang Jeuksim) Form or mark is mind itself: It is the doctrine of the Pure Land School that there is neither the Pure Land nor Amitabha

outside the mind.

즉색명심 卽色明心 현실의 모든 현상이나 사물에 근거하여 절대의 심성心性을 밝히는 것.

(Jeuksaek Myeongsim) Clarifying the ultimate nature of mind on the basis of the myriad things or phenomena.

즉신 卽身 천태종에서는 즉심卽心의 뜻을 말하는데 대해, 진언종眞言宗에서는 즉신卽身을 말함. 곧 즉심성불卽心成佛은 이理에 속하고, 즉신성불卽身成佛은 사실事實에 속한다고 하는 것과 같은 말.

(Jeuksin) This body itself: The Tientai Sect (based on the absolute) upholds the mind itself as the Buddha, while the True-word Sect (based on the actual fact) upholds the body itself as the Buddha.

즉신보리 卽身菩提 즉신성불卽身成佛과 같은 말로, 이 몸에서 보리를 깨닫는 것. 곧 이 몸이 그대로가 부처라는 것.

(Jeuksinbori) This body itself is bodhi or enlightenment: One should realize the wisdom that this body itself is enlightenment and Buddha. *Cf. (Jeuksin Seongbul)* This body itself is the Buddha.

즉신성불 卽身成佛 즉신보리卽身菩提, 현신성불現身成佛, 현생성불現生成佛, 또는 당체성불當體成佛이라고도 말함. 보리심菩提心을 일으켜 아승지겁阿僧祇劫의 오랜 수행과정을 거쳐 부처가 되는 것이 아니라, 현재 이 몸 그대로 부처가 되는 것. 진언종眞言宗에선 특히 즉신성불을 강조하면서, 부모로부터 받은 육신肉身 그대로를 가지고 부처님의 궁극적인 깨달음의 자리로 들어간다고 말하며, 이것이 밀교密敎에서의 수행의 최종 목적.

(Jeuksin Seongbul) This body itself is Buddha: Attaining enlightenment and Buddhahood, not through cultivation, but with our present body by realization of our inborn Buddha-nature in this present life. This is especially the ultimate objective of the True-word Sect and Esoteric Buddhism.

즉심 卽心 일체 만물이 곧 마음에서 떠나지 않는 것.

(Jeuksim) Identity and mind: Everything is the mind itself. Nothing ever exists apart from the mind.

즉심명혜 즉불내정 卽心名慧 卽佛乃定 '마음에서 떠나지 않는 것을 일컬어 지혜라 하고, 부처에서 떠나지 않는 것을 선정禪定이라 하느니라.' 육조단경六祖壇經에 있는 말.

(Jeuksim Myeonghye Jeukbul Naejeong) "Prajna is what mind is, and Samadhi is what Buddha is." The quote is from the Sutra of Hui Neng.

즉심시불 卽心是佛 즉심즉불卽心卽佛과 같은 뜻으로 마음이 곧 부처라는 뜻.

(Jeuksimsibul) Cf. (Jeuksim Jeukbul) This mind itself is the Buddha, and the Buddha himself, the mind.

즉심염불 卽心念佛 내 마음이 미타彌陀이고 내 몸이 정토淨土라고 관觀하며 자기 마음속의 부처를 염하는 것을 말함. 마음은 무변법계無邊法界에 충만한 것으로, 예컨대 미타彌陀는 10만억 불토佛土를 지나서 있다고 말하지만, 그것은 우리의 마음이 무명과 번뇌에 가려 있음을 말할 뿐, 그것은 오히려 우리의 마음에 있는 부처의 나타남이라고 함. 그래서 관무량수경觀無量壽經에서는 시심작불是心作佛 (부처란 곧 마음이 만드는 것), 시심시불是心是佛 (마음이 곧 부처)이라고 말한다.

(Jeuksimyeombul) The mind itself is Amitabha Buddha, and Amitabha Buddha, the mind: The insight of the truth that our mind itself is Amitabha and our body, the Pure Land of Amitabha in the West. In other words, our mind pervades the whole universe, and the Buddha is within our mind, not in the Land of Utmost Joy eons and eons away. This is also the true meaning of "Our mind creates Buddha," and "This mind is the Buddha," expounded in the Sutra on the Buddha of Infinite Life.

즉심즉불 卽心卽佛 깨닫기만 한다면 마음 그대로가 곧 부처. 시심시불是心是佛 참고.

(Jeuksim Jeukbul) The mind itself is the Buddha: If you awaken to the truth, you will realize that the mind itself is the Buddha, and the Buddha, the mind.

즉여여불 卽如如佛 이 모양 바로 그대로가 곧 부처.

(Jeuk Yeoyeobul) Just-as-this is Buddha: We are already Buddha just as we are.

즉입멸진삼매 卽入滅盡三昧 곧바로 멸진삼매에 들다.

(Jeukip Myeoljin Sammae) The instantaneous samadhi of passing into Nirvana.

즉입열반 화화자분 卽入涅槃 化火自焚 곧바로 열반에 든 다음 화화삼매에 들어 스스로 몸을 사르다.

(Jeukipyeolban Hwahwajabun) Instantaneous Nirvana and entering into the fire of samadhi and self-cremation.

증 證 부처님의 정법正法에 따라 여실하게 진리를 체득體得하여 깨달음에 드는 것.

(Jeung) Realization of the truth and enlightenment by cultivation according to the illustrious law of the Buddha.

증과 證果 줄여서 증證이라고도 말함. 부처님의 경지를 깨닫는 것인 동시에, 수행한 결과로 얻는 과보果報. 최종의 과보는 열반과 성불.

(Jeunggwa) The fruit of realization of the Buddha-Dharma, and the ultimate reward will be attaining enlightenment and Buddhahood.

증도방편 證道方便 깨달음과 방편: 분별을 버리고 직접 깨달음에 들어가는 것.

(Jeungdo Bangpyeon) Enlightenment and expediency: Casting aside all discriminations and entering directly into the Way, or attaining enlightenment.

증득 證得 바른 지혜로 진리를 깨달아 얻음을 말함.

(Jeungdeuk) Abhigama: Enlightenment through realization of truth.

증명법사 證明法師 법회의 여법如法함을 증명하는 법사法師.

(Jeungmyeong Beopsa) The monk who testifies to the lawfulness of a Dharma assembly.

증불 證佛 부처의 경지를 깨닫는 것.

(Jeungbul) Realization of a stage of Buddhahood.

증상 增上 증진增進과 같은 뜻으로, 힘을 더하는 작용이 조장 진전助長 進展되어 강대하게 되는 것을 말하며, 또 이에 따라 다른 활동을 크게 돕는 것을 증상연增上緣이라 말함.

(Jeungsang) A force which accelerates, promotes, or assists; a catalytic force: It also means assisting other activities to be more operative by application of power. *Cf. (Jeungsangyeon)* Promotion of condition.

증상과 增上果 증상연增上緣에 의해서 생기는 것. 유위법有爲法이 일어날 때, 주체적인 것 이외에 다른 일체법一切法으로부터 힘을 얻거나 또는 방해를 받지 않거나 하여 결과적으로 도와줌을 힘입어 생기게 됨을 말함.

(Jeungsanggwa) The fruit or result of an assisting force: When things get assistance from things outside of themselves at their emergence

or are not hindered, that is called an accelerated result.

증상만 增上慢 칠만七慢의 하나. 아직 올바르게 깨닫지 못하였음에도 깨달았다고 생각하는 교간.

(Jeungsangman) A great conceit or arrogance about enlightenment without having truly awakened: One of the seven arrogances.

증상심 增上心 강성强盛한 마음. 정심 定心을 일컬음. 선정심禪定心이 강성함으로 이렇게 말함.

(Jeungsangsim) The hearty, empowering, or predominant mind: It also refers to the power of the meditative mind.

증상연 增上緣 사연四緣의 하나. 자기가 아닌 어떤 다른 것이 나타날 때, 그것에 힘을 실어주어 돕는 여력증상연與力增上緣과, 다른 어떤 것이 나타날 때 그것을 방해하지 않는 부장증상연不障增上緣의 두 가지가 있다. 예를 들어 곡식에 비를 내려주는 것은 전자前者이고, 폭풍이 불지 않아 피해가 없는 것은 후자後者의 경우.

(Jeungsangyeon) The predominant condition: The direct or indirect causal factors of empowering conditions, or decisive reason for the emergence of a seed which will produce something. For instance, the rain that falls and helps crops grow is a direct empowering condition, and the clear sky with no thunderstorm is an indirect empowering condition.

증오 證悟 올바른 지혜로 진리를 증득하여 깨달음. 해오解悟 참조.

(Jeung-o) Realization of enlightenment through correct wisdom. *Cf. (Haeo)* Complete understanding of the truth.

증입 證入 참다운 지혜로 진리를 깨달아 얻음.

(Jeung-ip) Realization of truth through unsurpassed wisdom.

증장 增長 횡橫, 곧 옆으로 커지고 종縱, 곧 세로 자라는 것. 다음은 이에 대한 능가경楞伽經에 나오는 게송偈頌.

> 중생을 조복調伏하고 거두어
> 계戒로써 모든 악 항복시키고
> 지혜로써 모든 소견所見 없애면
> 해탈解脫이 증장增長하리.

(Jeungjang) Increase and expansion: Increase in sideways and

expansion in lengthwise. The following is a gatha from the Lankavatara Sutra:

When sentient beings are all delivered
With subjugation of myriad demons,
And when one is free from all convictions of percepts,
Enlightenment will increase and expand in double.

증지 證智 지혜를 체득하여 깨닫는 것.

(Jeungji) Actual experience or validation of wisdom.

증지소지비여경 證智所知非餘境 깨친 지혜로 알뿐 다른 경계로는 알 수 없네. 법성게法性偈에 있는 말.

(Jeungjisoji Biyeogyeong) This is a quote from the Song of Dharma Nature which says, "This is understood only through enlightened wisdom, not through any other means."

증험 證驗 체득體得한 지혜. 단순한 지식에 반대되는 개념. 냉수는 마셔봐야 그 시원한 맛을 안다.

(Jeungheom) Wisdom of actual experience: Empirical wisdom in contrast to a conceptual knowledge. You must drink the fresh water to know how cool or hot it is.

지 止 적정寂靜과 같은 뜻. 사념망상邪念妄想이 일어남을 막고 마음을 한 곳에 머물게 하는 것.

(Ji) Samatha or tranquility: Mental quiescence, or "trance," the meditation practice of calming the mind in order to attain serenity and quietude free from evil-mindedness and delusion.

지 至 목적지에 도달한다는 뜻도 있으나, 최상最上, 곧 극極이라는 뜻.

(Ji) The utmost, supreme, or extreme: It also means arriving at one's destination.

지각 知覺 몇 가지 뜻이 있다. 첫째는 일반적인 뜻의 알아서 깨닫는 능력. 다음은 감각기관을 통하여 외계外界의 사물을 인지하는 기능 또는 인지認知 반응. 또 하나는 분별하는 사고방식.

(Jigak) Perception: It can be explained in several ways: the simple perceptive capability; the cognitive function of perceiving things through mental faculty; and the discriminating power of thought.

지객 知客 지빈知嬪 또는 전객典客이라고도 말함. 절에서 오고가는 손님의 접대와 응답을 맡는 소임 또는 그러한 소임을 맡은 스님. 두수頭首 참조.

(Jigaek) The registar of a monastery: The position or the monk who attends to the guests visiting the monastery; also called *jibin* or *jeongaek*. *Cf.* *(Dusu)* Head of the senior monks.

지견 智見 정지견正智見 또는 지견知見이라고도 말함. 사실과 이치를 꿰뚫어 보는 안목. 의식意識에 의해 아는 것을 지智, 안식眼識에 의해 아는 것을 견見이라 함. 그러나 선禪에서는 알음알이와 분별심을 뜻하는 경우도 있음.

(Jigyeon) Right view and wisdom: Wisdom or insight based on reason, or the insight or intuitive knowledge that penetrates reality and its law. However, in Zen Buddhism and meditation practice, it is sometimes regarded as intellection, intellectual knowledge and a discriminating mind.

지경 持經 경전經典을 몸소 지니고 항상 독송하는 것. 교법敎法을 널리 펴고 전하기 위해 지경의 공덕을 경經에서 설하고 있다.

(Jigyeong) Holding or carrying the sutra all the time to recite it; or devotion to chanting a sutra: The sutras recommend this practice for propagation of the Buddha's illustrious teaching far and wide.

지계 持戒 육바라밀의 하나. 계율戒律을 받들어 지키는 것.

(Jigye) Upholding or observing precepts, or taking precepts: The second of the Six Paramitas:

지계청정 持戒淸淨 계율을 지켜 몸과 마음을 청정하게 함.

(Jigye Cheongjeong) Observance of the precepts to keep the mind and body from impurity.

지고 知庫 선사禪寺에서 창고의 관리를 맡은 소임. 그런데 그것이 변하여 금전 출납을 맡은 재무의 소임. 고두庫頭라고도 말함.

(Jigo) The bursar of a monastery: It originally meant the director of a storehouse.

지관 止觀 사마타와 위빠사나: 대승大乘과 소승小乘에 관계없이 모든 수행법은 여기에서 벗어나지 않는다. 천태종天台宗에서는 특히 '지止'는 모든 번뇌를 그침이요[定], '관觀'은 자기의 청정한 마음을 알아차리는 것으로, 산란한 온갖 망념을 그치고 고요한 맑은 슬기로써 만법을 비추어 보는 것[慧]. 그러나 이들 둘 사이에 큰 차이는 없으며, 오히려 이들을 동시에 조화롭게 닦는 것이 바람직함. 묵조선默照禪 참고.

(Jigwan) Samadha-vipassana: Concentration and meditation, tranquility in meditation, or concentration and insight: A mode of meditation commonly practiced in Tientai Sect. It is similar to the meditation of looking into the mind, or silent-illumination meditation. There are two processes, but no priority for cultivation or practice is given to either.

They should rather be cultivated simultaneously. *Cf.* (*Mukjoseon*) Silent contemplation meditation, *Ji* (止/ 定) a Sino-Korean character which means fixing the mind or concentration, and *Gwan* (觀/慧) which means insight or contemplation and the wisdom of looking into the underlying reality of all things.

지관타좌 只管打坐 선종禪宗에서 쓰는 말로 조동종曹洞宗의 묵조선默照禪을 말함. 지관只管은 전일專一, '다만', '오로지' 또는 '한결같이'를 뜻하며, 타打는 강조의 뜻이고, 좌坐는 좌선坐禪을 뜻함. 일체의 사유思惟를 떠나 오직 묵묵히 앉아 성성적적惺惺寂寂한 맑은 정신으로 좌선하는 것.

다시 말해 간화선看話禪처럼 화두를 들지 않는 조동종曹洞宗의 지관타좌는, 이미 깨달아 있음으로 '오직 앉아있을 뿐' 그 무엇을 구하거나 의지 하지 않는다. 그러나 그것이 도리어 참된 경지가 된다는 것. 따라서 지관타자가 단순한 멍한 무심상태가 아닌, 열반의 경지와 같은 깨여있는 성성적적惺惺寂寂을 의미하며, 화두만을 고집스럽게 고집할 필요는 없다고 본다. 수증불이와 묵조선 참조.

(Jigwantajwa) Themeless meditation: Silent illumination meditation, meditation without a koan or hwadu. Immovable sitting in meditation, siting without any thought or movement, yet with a luminous clear mind and serenity without focusing on a hwadu.

This is the meditation practice of the Caodong School. It is another name for Nirvana, our original pure mind and the Buddha-nature. Is Ganwha-Seon, or word contemplation the only way of meditation? *Cf.* *(Mukjoseon)* Silent illumination meditation.

지권인 智拳印 금강계金剛界의 대일여래大日如來가 만드는 인상印相. 따라서 이 수인手印은 비로자나불만이 할 수 있다. 요령은 두 손으로 각각 금강권金剛拳을 만들고,

왼손의 집게손가락을 펴서 바른 주먹 속에 놓고, 바른손의 엄지손가락과 왼손의 집게손가락을 마주 대는 것. 이때 바른 손은 불계佛界를 상징하고, 왼손은 중생계衆生界를 상징하는 것으로, 이 결인結印으로 중생과 부처가 둘이 아니고, 미迷와 오悟가 하나라는 깊은 뜻을 나타낸다. 금강권金剛拳 참조.

(Jigweonin) The mudra or hand seal/gesture of the wisdom of Virochana: Hold your left index finger with the four fingers of your right hand, and then let the tip of the left index finger touch with the right thumb. The right hand symbolizes the Buddha-land while the left hand symbolizes the mundane world.

This mudra or hand seal symbolizes the unity of Buddha and sentient beings and also enlightenment and delusion--no difference between them. They are all one in the ultimate reality of emptiness and Nirvana. *Cf. (Geumganggweonin)* The hand sign of Virochana Buddha.

지대방 支待房 수행 중 틈틈이 쉬는 큰 방에 딸린 작은 스님들의 휴게실. 이 이름은 '벽에 기댈 수 있는 방'에서 유래했다는 것이 통설.

(Jidaebang) A resting room: A small room next to a large one where practitioners can take a rest during Buddhist practice.

지도 智度 육도六度의 하나로 반야바라밀을 말함.

(Jido) Prajna paramita: The sixth of the six paramitas, the transcendental wisdom which brings people to Nirvana.

지도무난 至道無難 '지극한 도는 어렵지 않나니, 버릴 것은 오직 간택揀擇일 뿐.' 승찬대사僧璨大師의 신심명信心銘 서두에 나오는 말. 이 말을 우리는 믿어야 한다. 문제는 우리들의 집착과 분별심이다.

(Jidomunan) "Attaining the Way or truth is not difficult. It is only the problem of a discriminating mind," that is, "this and that," "you and me," "likes and dislikes," and "Heaven and Hell." This is the opening line of the Gateway to Faithful Mind by Sengcan, the Third Patriarch of Chinese Ch'an Buddhism.

지도무소득 智都無所得 이때의 지智는 무분별지니, 주관과 객관적인 두 가지 얻음이 모두 허깨비와 같은 공임을 깨달아 마음과 경계를 모두 여의면 한 가지도 얻을 것이 없으니, 이것을 가리켜 '도무지 얻을 것이 없다都無所得'라고 말하며, 또 이것을 가리켜 근본지根本智라 말함.

(Jido Musodeuk) Wisdom of total negation of any gain: When both subjective and objective matters are non-existent, how can there be any gain? This is the wisdom of total negation of any gain either in material or spiritual wisdom. Everything returns to the voidness of the vital energy, which is called Nirvana or the Buddha-nature.

지말번뇌 枝末煩惱 근본번뇌根本煩惱, 곧 십번뇌十煩惱에 따라서 일어나는 종속적 번뇌.

(Jimalbeonnoi) The secondary or subordinate afflictions as opposed to the ten basic or fundamental afflictions.

지방문화재 地方文化財 지방 행정기관에서 지정한 문화재. 이것은 불교용어가 아니지만, 불교의 경우 국보나 문화재 아닌 것이 거의 없다.

(Jibang Munhwajae) A local cultural property or asset: Cultural asset designated by the local government.

지복 至福 그 위에 더 비할 때 없는 행복.

(Jibok) Beatitude, bliss, felicity, or unsurpassed happiness.

지부지상 부지지병 知不知上 不知知病 알고 있어도 알지 못한다고 생각하는 것이 최상이요, 알지 못하면서도 안다고 하는 것이 병이니라.

(Jibujisang Bujijibyeong) It is best to think he does not know even if he really knows; Illness is to pretend to know when he does not really know.

지불즉이 知不卽而 지혜라는 것은 이치理致와 같지 않다. 다시 말해 지혜라는 것은 이치와 그 성격이 같지 않다는 것.

(Jibuljeuki) Wisdom is not equivalent to reason or principle: They are not quite the same.

지사 知事 주사主事와 같은 말로, 절의 사무를 맡아 본다는 뜻으로 쓰는 선사禪寺의 소임. 도사都寺, 감사監寺, 부사副寺, 유나維那, 전좌典座, 직세直歲의 여섯 소임. 두수頭首 참조.

(Jisa) Karmadana: The six directors or officers in a Seon monastery, next below the abbot. They are the head of general affairs, or superintendent, deputy abbot, assistant abbot, provost, director of living quarters, the kitchen, and assistant accountant. They are also called *jusa* 主事. *Cf. (Dusu)* The head of the monks.

지성심 至誠心 간절하며 지극한 마음.

(Jiseongsim) Sincere, ardent, or wholehearted mind.

지식 知識 지적知的 이해理解 또는 알음알이. 수행과 마음 닦음에 있어서의 가장 큰 마구니.

(Jisik) Intellectual knowledge, head or brain knowledge, which is the biggest obstacle in the meditation practice and cultivation of the mind.

지신 智身 밝은 지혜로써 불신佛身이 되는 것.

(Jisin) Buddhakaya: The Buddha-body attained through bright wisdom.

지심귀명예 至心歸命禮 지극한 마음으로 목숨 바쳐 경배하나이다.

(Jisim Gwimyeong-ye) Pay homage to the Buddha with all one's heart and mind.

지옥 地獄 오취五趣, 육취六趣, 오도五道, 육도六道, 칠유七有, 십계十界의 하나. 지옥에는 주로 세 가지 문이 있으니 그것은 다른 것이 아니라 탐貪 · 진瞋 · 치痴. 이들 문이 주로 인간을 파멸로 몰아넣는다. 따라서 어떻게 해서든 이들을 피해야 한다. 이들 어두운 문들을 피할 수 있을 때 그는 열반을 얻으리라.

(Jiok) Hell is one of the five and six modes of life, seven modes of existence, and ten spheres. Chiefly hell has three doors: Greed, rage, and ignorance. These lead to man's ruin. Therefore he must avoid them all. He who passes by these three dark doors has achieved his own salvation.

지음 知音 부처님의 지혜.

(Jieum) The wisdom of Buddha.

지의 智顗 (538-597) 중국 수隋나라 스님으로 천태종天台宗의 실질적 개조開祖.

(Jiui) Zhiyi (538-597) The actual founder of the Tientai Sect of Chinese Buddhism.

지인 至人 도인道人, 진인眞人, 성인聖人과 같은 뜻으로 덕德이 극치에 달하고 진리에 통달한 격이 높은 사람.

지인至人은 망상이 텅 빈 마음으로 그윽히 관조하여
진여眞如의 이치를 통달하지 않음이 없다.
그 까닭은 우주를 가슴속에 품었으나 신령한 조감照鑑은 여유가 있으니 만유萬有를 마음에서 비추지만 그 정신은 항상 텅 비었기 때문.

--조론肇論, 제7장 <반야무명론般若無明論>--

(Ji-in) Man of the Way: Another name for the saint or sage.

A sage is the one who contemplates with an empty mind, void of delusion.

Yet he still understands the principle of true-suchness;

It is because he maintains a leisurely mind in his divine Illumination and embracement of the universe.

He perceives the myriads of phenomena, yet his mind is still empty.

--The Treatise of Sengzhao, Ch. Ⅶ--

지자조작개공 智者造作皆空 지혜로운 사람이 하는 일은 모두가 공한 법. 그런데 중생들은?

(Jijajojak Gaegong) What the wise do is all empty: What about common people?

지장 智障 지적 장애障碍. 소지장所知障 참조.

(Jijang) Obstacles of knowledge. *Cf. (Sojijang)* Cognitive hindrances.

지장재일 地藏齋日 매월 음력 18일 절에서 돌아가신 분을 위해 기도와 함께 천도하는 날.

(Jijangjaeil) The Earth Treasury King of the Great Vow day: Buddhist service day to help with prayer the spirit of the deceased attain rebirth in the Pure Land on every 18th by the lunar calendar in the temple.

지장정근 地藏精勤 지장보살의 명호를 계속 영송하는 것.

(Jijang Jeonggeun) Ceaseless chanting or invoking the name of the Earth Treasury King of Great Vow Bodhisattva.

지전 知殿 전주殿主라고도 말함. 선사禪寺에서 불전佛殿에 대한 청결, 향, 또는 등燈 등의 일체를 맡은 소임. 대웅전이나 다른 법당을 맡은 이를 노전爐殿이라 하며, 큰 방 불단佛壇을 불전佛殿 ('부전'이라 발음함)과 구별한다.

(Jijeon) Warden of a temple: An officer who is in charge of cleaning the Dharma Hall, offering incense, lighting the lamp, etc. This position is different from *nojeon* 爐殿, who is in charge of the other Buddha halls.

지족 知足 만족할 줄을 알아서 자기의 분에 편안하게 머무는 것. 욕망은 온갖 악업의 근원이 될 수 있으나, 진실로 자족自足할 수 있는 사람은 어떤 상황에서도 행복할 수 있다.

(Jijok) The wisdom of knowing contentment and sufficiency: One should know the limit of one's ability and be content with what one has. Greed can lead to all kinds of unfavorable karma, but unflinching contentment provides with happiness regardless of circumstances.

지촉 紙燭 지속紙束 또는 지촉脂燭이라고도 말함. 종이를 말아서 노끈처럼 꼰 다음 이것을 촛농에 담갔다가 초 대용代用으로 쓰던 큰 심지모양의 횃불.

(Jichok) A paper lantern: A lantern made with a strip of paper soaked in melted candle wax.

지해 知解 개념적으로 터득한 지식과 분별지分別智, 곧 알음 말이. 생각으로 이렇게 저렇게 따져서 아는 것은 진정으로 깨친 것이 아니다. 참선이란 이러한 알음알이를 제거하는 수행. 입차문내 막존지해入此門內 莫存知解 참조.

(Jihae) Knowledge attained by understanding: Meditation is to remove such conceptual knowledge. *Cf. (Ipchamunnae Makjonjihae)* Leave all your intellectual knowledge behind before entering this gate.

지혜 智慧 육바라밀六波羅密의 하나. 일체는 공하다는 제법諸法의 이치理致에 통달한 위없는 마음작용. 곧 상대적인 주관과 객관을 초월하여 실상을 곧바로 비추어보는 인연법에 대한 깨달음. 그리고 꼭 알아야 할 것은, 지해智解는 언어로 전달할 수 있어도 구경지는究竟智는 언어를 초월한 것이며 오직 침묵이 있을 뿐.

(Jihye) Prajna (Skt), Panna (P): Transcendental wisdom (the Sixth Paramita), insight, or the realization of dependent arising, non-self, and the emptiness of all things or entities, not intellection or knowledge. Knowledge can be communicated, but not transcendental wisdom. It is beyond words and letters. Only silence remains.

지혜광명 智慧光明 불보살佛菩薩들이 내는 지혜의 밝은 빛.

(Jihye Gwangmyeong) Bright and illuminating hue of the wisdom of the Buddha and Bodhisattvas.

지화 持話 화두話頭를 드는 것을 말함.

(Jihwa) Holding a hwadu.

직관 直觀 사물의 본질이나 알고자 하는 대상을 직접 파악하는 혜안慧眼.

(Jikgwan) An insight, intuition, or a direct penetrating wisdom into the reality of things.

직세 直歲 직直은 무슨 일을 맡는다는 뜻. 절에서 일 년 동안의 모든 일을 맡아 보는 소임.

(Jikse) General manager who looks after almost all the affairs in a Seon monastery.

직심 直心 진여眞如를 미루어 헤아리는 마음. 곧바로 불도를 향한 마음. 또는 비뚤어지지 않은 바른 마음.

(Jiksim) The true mind that aspires for true-suchness, straight-forwardness, or the straight forward mind.

직절 直截 즉각적으로 분별하여 앎.

(Jikjeol) Instantaneous understanding with clear discernment.

직지사 直指寺 대한조계종 제8교구본사. 경상북도 금능군 대항면 운수리 황악산에 있는 절로 대한 조계종 제8교구본사. 신라 눌지왕 2년 (418 C.E.) 묵호자墨胡子가 창건한 것으로 전해 내려옴.

(Jikjisa) Jikjisa Temple: The 8th District Head Temple of the Jogye Order of Korean Buddhism. It is believed to have been established by a Chinese monk Mohuzi in 418 C.E.

직지인심 直指人心 교리敎理에 대한 생각과 모든 계행戒行을 떠나 직접 사람의 마음을 다스려 불과佛果를 이루게 하는 것.

(Jikji Insim) Direct pointing to the mind, or pointing directly to the mind: Enlightenment without recourse to conceptual thought or letters, a characteristic of sudden enlightenment and Patriarchal meditation.

직하 直下 지체 없이 단박에.

(Jikha) Without delay, immediately, or on the spot.

진 瞋 빨리어 dosa의 번역으로, 진에瞋恚 또는 노怒라고도 번역. 심소心所 (마음의 활동)의 이름. 유정有情 (산 존재)에 대해 미워하고 성내는 것으로, 삼독三毒의 하나.

(Jin) Pratigha (Skt), dosa (P): The mental function which drives one to wrath, indignation, or anger. It is also one of the three kinds of poison (desire, or greed, anger, and ignorance).

진 塵 범어梵語 artha 또는 visaya의 구역舊譯. 신역新譯에서는 경境 또는 경계境界라 말함. 육근六根, 곧 감각기관과 마음에 따라 일어나는 대상 또는 대경對境 의 여섯 가지 (색성향미촉법)를 말하며, 그 중에서도 특히 색향미촉色香味觸을 사진四塵이라 말함.

(Jin) Dust, percept, outer objects, or sense-data: There are six forms of sense-data, but four of them are especially known as "four dusts": form or mark, smell or scent, taste, and touch.

진공 眞空 진여眞如의 이성理性은 일체의 미혹한 생각으로 보는 상相을 여의었으므로 진공. 그리고 유有 아닌 유有를 묘유妙有라 함에 대해, 공空 아닌 공空을 진공眞空이라 하니, 이것이 대승적 지극至極의 진공眞空.

(Jin-gong) The true emptiness: The absolute void, or the voidness of non-void, not ordinary sense of void as being nothingness or vacuum. It is void because it lacks forms perceived by the illusive mind. *Cf. (Jingong Myoyu)* Wondrous being of true emptiness.

진공묘유 眞空妙有 있으면서 없고, 없으면서 있는, 그런가하면 작용은 있으되 흔적은 없는 묘한 이치의 불이법不二法, 곧 유有와 무無의 두 극단을 떠난 모든 사물의 실상實相을 깨닫는 것을 진공묘유眞空妙有 또는 중도中道라고 함. 따라서 진공과 묘유는 따로따로의 별개의 것이 아니다. 다시 말해 소승小乘에서 말하는 한쪽에 치우친 단공但空이 아닌 것을 진공眞空이라 하고, 비유非有의 유有로서 범부의 그릇된 실유實有가 아니므로 묘유妙有라 한다.

(Jin-gong Myoyu) Wondrous being of true emptiness, or sublime being of true emptiness of neither being nor non-being: True non-existence, yet mysteriously existing, the true nature of reality beyond existence and non-existence, or the middle way or path. In other words, the emptiness of emptiness in contrast to the extreme view of absolute emptiness of things of Hinayana's extreme view of the absolute emptiness of things, and the non-existence of existence in contrast to the common people's view of the existence as true existence.

진공삼매 眞空三昧 공空과 유有의 대립 개념을 초월한 궁극의 경지.

(Jin-gong Sammae) The samadhi of true emptiness beyond the extreme ideas of emptiness and the conditional world.

진공실상 眞空實相 진공은 온갖 헛된 집착을 떠나 더 이상 머리로 생각하거나 분별을 떠난 불가득 불가설의 반야般若, 곧 묘유妙有를 말하며, 실상實相은 사물의 있는 그대로의 진실한 모습, 곧 무자성無自性을 말함.

(Jin-gong Silsang) The true emptiness and the mark of reality: "The true emptiness" is the wondrous beingness of things free from all discriminating mind and attachment, and the true form of reality means the true aspects of phenomena without self-nature.

진로 塵勞 번뇌와 같은 뜻. 마음을 더럽히고 피로하게 한다는 뜻.

(Jinlo) Dust and labor: Another name for the defilement or passion, which wear down the practitioner.

진리 眞理 솔직히 말해 절대적 진리라는 것은 유한한 존재로서는 알 수도 말할 수도 없는 것이 사실이다. 따라서 불교에서는 진제眞諦, 승의제勝義諦, 제일의제第一義諦와 상대적 가치인 속제俗諦를 내세운다.

(Jilri) Truth: It is self-evident that absolute truth or reality is inconceivable and, therefore, inexpressible. The finite mind can never know the infinite, which is beyond human ken. Hence Buddhism acknowledges for convenience's sake an absolute, which is beyond conception and utterance, and a relative truth.

진리본무명 眞理本無名 진리는 본래 이름이 없는 법.

(Jinri Bonmumyeong) The true principle or truth originally has no name.

진면목 眞面目 본래 그대로의 참모습.

(Jinmyeonmok) True character, or the original true nature of mind.

진부진해탈법문 盡不盡解脫法門 다하는 것에도 다하지 않는 것에도 장애를 받지 않는 가르침. '다 하는 것'이란 인연에 의해서 화합한 유위법有爲法을 말하며, '다하지 않는 것'이란 인연에 의해서 만들어진 것이 아닌 무위법無爲法을 말함. 그러나 보살은 인연에 의해서 만들어진 것도 버리지 않고, 인연에 의해서 만들어진 것이 아닌 것에도 머물지 않는다. 왜냐하면, 보살菩薩은 유위법有爲法을 버려서도 안 될 뿐만 아니라, 무위법無爲法에 안주해서도 안 되며, 또 보살은 자신만을 위해 생사의 바다를 건너지도 않을 뿐만 아니라, 소승小乘과 같은 격格이 낮은 열반涅槃을 추구하지도 않기 때문이다.

(Jinbujin Haetalbeopmun) The teaching of the liberation of the destructible and the indestructible: Destructible refers to compounded things, while indestructible refers to the uncompounded. But the

Bodhisattva should neither abandon the compounded things nor abide in the uncompounded. That is, the Bodhisattva does not put an end to samsara for himself alone, nor does he seek ultimate repose in the lesser Nirvana of Hinayana.

진불무형 眞佛無形 진여는 특별한 형상을 취하는 일이 없으며, 따라서 모든 것이 부처라는 것.

(Jinbul Muhyeong) True Buddha has no form: As true-suchness assumes no form, there is nothing that is not Buddha.

진사 塵砂 셀 수 없이 많은 것을 먼지와 모래에 비유한 것, 또는 삼혹三惑의 하나인 진사혹塵沙惑을 말함.

(Jinsa) Dust and sand: A metaphorical expression for the countless dusts and defilements. It is also one of the three defilements, *Samhok*.

진산식 晋山式 신임 주지住持가 취임하는 것을 말함.

(Jinsansik) Inauguration ceremony of a new abbot.

진속 眞俗 여기에는 몇 가지 뜻이 있다. 1) 진제평등眞諦平等의 이치와 속체차별俗諦差別의 이치. 2) 불법佛法과 세법世法. 3) 승려僧侶와 속인俗人. 4) 참된 것과 속된 것. 5) 사리事理의 다른 이름으로 인연이 생生하는 사리事理를 속俗이라 하고, 불생불멸의 이성理性을 진眞이라 함.

(Jinsok) Truth and convention, the true view and the ordinary, or reality and appearance: There are several different sets of meaning: 1) The equality of ultimate truth and the partiality of the relative truth. 2) The Buddha-Dharma and the secular law. 3) The priest and the laity. 4) The refined and the vulgar. 5) The particulars that arise from conditions and the absolute principle of no birth and no death.

진속이제 眞俗二諦 세속적인 상대적 진리와 궁극적인 절대적 두 진리.

(Jinsok-ijye) Two truths, or dual truth: The relative and absolute aspects of truth, or the secular and ultimate aspects of truth.

진습 塵習 여러 생을 거치면서 익혀온 번뇌의 습기習氣를 말함.

(Jinseup) The contaminants of one's habits from countless previous lives.

진신사리 眞身舍利 부처님의 유골로 신앙의 대상.

(Jinsinsari) The genuine or holy sarira or relics of Sakyamuni Buddha:

The object of worship.

진실미묘법 眞實微妙法 참되고 헤아릴 수 없이 영묘靈妙한 가르침.

(Jinsil Mimyobeop) True and sublime teaching which is beyond expression.

진심 眞心 진여眞如의 다른 말로, 대립을 초월한 거짓이 없는 참된 본 마음.

(Jinsim) True-mind: The essence of mind, or true-suchness without any falsity.

진아 眞我 외도外道와 범부凡夫의 허망한 망아妄我에 대해, 열반의 아덕我德, 곧 부처를 말함. 사덕四德 참조.

(Jina) Atta: True or substantial self, or the transcendental ego as contrasted with the illusory or temporal ego of sentient beings, or the followers of the outside doctrine. It indicates the non-obstructive independent being, which actually means the Buddha. *Cf. (Sadeok)* The four virtues of Nirvana.

진언 眞言 범어梵語 mantra의 번역으로 만다라曼怛羅라 음역하며, 주呪, 밀주密呪, 또는 신비로운 것이라 하여 신주神呪 등으로 번역되며, 이는 진실하여 거짓이 없는 말이란 뜻. 그런가 하면 모든 이치가 다 갖추어져 있다하여 총지總持라는 뜻에서 다라니라고도 말함. 이것은 번역하지 않고 범음梵音 그대로 왼다.

(Jineon) Mantra: The true word. An embodiment in sound of a power which can affect spiritual and sometimes temporal outcomes. Occasionally it is also called dharani and regarded as a diety embodied in sound. Mantra is not translated and chant in original Sankrit.

진언문 眞言門 진언眞言의 가르침. 곧 진언을 열심히 외우므로 깨달음을 얻는 것.

(Jineonmun) The teachings of mantra: Attaining enlightenment through the invocation of mantras.

진언승 眞言乘 밀교를 가리켜 진언승眞言乘, 금강승金剛乘 또는 다라니 승이라고도 말함. 금강승金剛乘과 총지摠持 참조.

(Jineonseung) Mantrayana, or the True-word vehicle: Another name for *(Geumgangseung)* The Diamond-vehicle. It is also called the Dharani-vehicle. *Cf. (Chongji)* Dharani.

진에 瞋恚 삼독의 하나로 분노憤怒.

(Jinae) Anger: One of the three poisons: greed, anger, and ignorance.

진여 眞如 대승불교의 이상적 개념의 하나. 우주 만유萬有의 실체 또는 본성으로서 인간의 사상과 개념으로는 미칠 수 없는 상주불변의 절대적 진리, 또는 끊임없이 변하는 현상現象인 가상假相에 대하여 말하기도 함. 곧 역설적으로 가상假相이 실체이며 진여眞如라는 뜻. 도道, 여여如如, 법성法性, 실상實相, 여래장如來藏, 법신法身, 불성佛性, 자성청정심自性淸淨心이라고도 말함.

(Jinyeo) Tathata: Thusness, suchness, true-suchness, the true form of things, ultimate reality, truth as it is, or the great emptiness which is beyond human ken. It is an ideal concept of Mahayana Buddhism, and there are about a half dozen other names for it, such as Tathagatagarbha, Dharma-nature, Dharma-body, Buddha-nature, etc. However, it could also mean a deceptive mark or appearance, because paradoxically speaking, a deceptive mark or appearance is also true-suchness.

진여당체 眞如當體 바로 진여 그 자체.

(Jinyeo Dangche) True-suchness itself.

진여무위 眞如無爲 육무위六無爲의 하나. 진여眞如가 곧 무위無爲임을 말함.

(Jinyeomuwi) True-suchness and non-action: One of the six non-actions. It refers to the sameness of the two: true-suchness and non-action.

진여문 眞如門 기신론起信論에서 여래장如來藏의 일심一心을 진여문과 생멸문의 이문二門으로 나눈 것의 하나. 다시 말해 一心의 본체인 진여를 불변 不變과 수연隨緣의 두 뜻으로 나눈 것. 진여眞如의 체성體性이 차별상을 여의어 진실하고 변함이 없는 것을 眞如門이라 하고, 연緣을 따라 생멸하고 차별의 상을 일으키는 것을 생멸문生滅門이라 한다. 또 진여眞如는 깨달음을 여는 문이으로 진여문眞如門이라고도 함.

(Jinyeomun) The gate of true-suchness, or the pure aspect of existence: The Awakening of Mahayana Faith classifies the One-mind, true- suchness, or the ultimate reality into two types: one that is constant and never changing; and one that mutates in consort with conditions such as birth and death. The reason it is also called the gate or door of enlightenment is because it is the gate that leads to enlightenment.

진여법계 眞如法界 삼라만상森羅萬象의 여실如實한 모습.

(Jinyeo Beopgye) The Dharma-realm of thusness, or true-suchness of the phenomenal world.

진여법신 眞如法身 영원한 우주만유宇宙萬有의 본체.

(Jinyeo Beopsin) The everlasting true-suchness and Dharma-body.

진여불성 眞如佛性 영원불변한 불성佛性을 말함.

(Jinyeo Bulseong) The everlasting true-suchness of the Buddha-nature.

진여삼매 眞如三昧 일행삼매一行三昧라고도 말함. 온갖 망상이 완전히 사라진 상태의 명상. 곧 마음을 고요히 하고, 진여무상眞如無相의 진리를 관觀하여 망감忘感을 없애는 선정禪定을 말함.

(Jinyeo Sammae) Samadhi of true-suchness: The meditation in which all phenomena are eliminated. Quieten your mind quiet first, then contemplate the truth of no mark of true-suchness to eradicate the deluded mind. It is sometimes called samadhi of specific action or mode, or samadhi of specific object or mark.

진여상 眞如相 진여의 참모습. 곧 있는 그대로의 모습.

(Jinyeosang) The mark of True-suchness: The true aspect of mark as it is, or the essential characteristic of true-suchness.

진여수연 眞如隨緣 진여眞如가 무명 번뇌의 연緣을 따라 법계法界 차별의 모든 현상을 내는 것.

(Jinyeosuyeon) Conditional true-suchness: True-suchness manifested in the phenomenal world through conditions of unknown defilements.

진여실관 眞如實觀 중생의 시비분별이 다 떨어져 모든 것이 진여眞如로서 '나'와 '경계'라는 분별이 없어 한 덩어리가 된 마음자리를 관하는 수행. 유심식관唯心識觀 참조.

(Jinyeosilgwan) The insight of true-suchness as it is: The all-embracing cultivation of the mind by seeing things as a great whole without any discrimination and dualistic views, such as "this and that," "you and me," etc. *Cf. (Yusimsikgwan)* The insight of mind-only consciousness.

진여실상 眞如實相 진여眞如의 여실한 모양, 곧 진여와 실상은 동체이명同體異名.

(Jinyeo Silsang) The essential characteristic of reality and true-suchness: They are the same with two different names--true-suchness and reality.

진여연기 眞如緣起 여래장연기如來藏緣起라고도 말하며, 일체의 현상은 인연에 의하여 진여眞如로부터 나타남을 말함.

(Jinyeo Yeon-gi) Dependent arising of True-suchness: Creation from the true-suchness through the action of causation. In the ultimate sense, everything arises from true-suchness--the Void. It is another name for *Yeoraejang Yeon-gi,* dependent origination of Tathagatagarbha.

진여자성 眞如自性 우주만유의 실체로서 스스로 갖추어져 있는 영원한 품성品性.

(Jinyeojaseong) True-suchness of self-nature, the essence of mind or Tathata, or the truth of self-nature as it is.

진연 塵緣 이 세상의 번거로운 인연, 곧 이 세상과의 연분.

(Jinyeon) Affinity with the dust or sensory-data of the world.

진영 眞影 고승이나 선지식善知識의 초상肖像.

(Jinyeong) A portrait or a picture of a priest or a great enlightened master.

진인 眞人 사제四諦의 진리를 깨달은 분으로 아라한阿羅漢을 말함.

(Jinin) A true sage who embodies the Four Noble Truths, an Arhat, a Buddha.

진제 眞諦 단적으로 말해, 사물의 실상이 공空함을 깨닫는 것. 승의제勝義諦, 제일의제第一義諦라고도 말함. 제諦는 구경究竟 또는 진리. 이와 대비되는 세속적인 진리인 속제俗諦 참조.

(Jinje) The absolute or ultimate truth of emptiness without differentiation. *Cf. (Sokje)* The conventional or relative truth.

진제 眞際 진실제眞實際의 준말. 제際는 구경究竟의 뜻. 오온五蘊의 제법 諸法에 대한 객관적 미집迷執과, 오온五蘊으로 조성된 아我에 대한 주관적 미집迷執이 사라질 때에 나타나는 진여眞如.

(Jinje) The true-limit, the ultimate truth, or true-suchness free from the delusive objective attachment of the five aggregates to the all phenomena, and also to the ego or self.

진지 盡智 십지十智의 하나. 온갖 번뇌를 모두 끊었을 때에, 내가 이미 고苦에 대한 집착을 끊었으며, 멸滅을 증득하려고 도道를 수행하였음을 아는 지혜.

(Jinji) Wisdom and knowledge of the dissolution of forms and the achievement of practice for truth. *Cf. (Sipji)* The ten insight knowledges.

진진삼매 塵塵三昧 하나의 미세한 티끌 속에 일체의 삼매三昧가 들어있는 것을 말함. 기가 막힌 이야기. 수고롭게 엉뚱한 곳에서 헤매지 말 것. 모든 것은 한 생각 돌리기에 달려있다.

(Jinjin Sammae) The samadhi in every tiny particle: Do not be surprised. It is true. It is all up to you.

진토 塵土 예토穢土라고도 말함. 먼지와 같은 부정不淨한 국토國土, 또는 티끌과 흙.

(Jinto) Another name for yeto, the evil world in contrast to the Blissful Land of Amitabha.

집단적무의식 集團的無意識 스위스의 정신병 학자 융 (C. G. Yung)의 이론. 우리들의 마음 심층부에는 개인이 경험한 것 이외의 것이 숨어 있다고 함. 이와 같이 집단적으로 마음의 심층부에 잠재해 있는 것을 집단적 무의식이라 한다. 그런데 주의할 것은 이 무의식이라는 말은 단순히 의식이 없다는 의미가 아니라, 마음의 심층부에 있는 넓고 뚜렷하며 비록 모양은 없으나 창조적인 영역을 가리키는 것을 의미한다는 것. 이러한 융의 이론을 불교의 아뢰야식과 비교 연구해보는 것도 재미있을 것 같다.

(Jipdanjeok Mueuisik) Collective unconscious: The racially inherited psychic material present in the individual unconscious. However "unconscious" in Jungian psychology does not mean that there is no consciousness at all.

On the contrary, it is an active as well as creative functional power immersed in the depths of our mental faculty and without form. It would be very interesting as well as stimulating to investigate it in the study of the eighth consciousness, or the storehouse of consciousness of Mahayana Buddhism.

집수 執受 바깥 경계를 접촉할 때, 그것을 받아들여 놓지 않고 고락苦樂 등의 감각을 내는 것.

(Jipsu) The grasping mind of which arouses all kinds of sensation of pleasure and suffering when it meets the outer percepts.

집식 執識 제칠식第七識인 말나식末那識과 같은 말로, 끊임없는 사량思量과 집착을 뜻함.

(Jipsik) Endless intellection and infatuation: An alternate name for the seventh consciousness, manas, or the sense-mind of a constantly discriminating mind.

집인 集因 번뇌와 괴로움 그리고 그 원인. 집集은 번뇌를 뜻함. 사성제四聖諦 참조.

(Jip-in) The cause of defilement and suffering. *Jip* 集 means defilement.

집중 集中 참선과 거의 같은 뜻으로, 주의注意를 안정시키고 고요함을 위해 하나의 대상에 초점을 맞춘 알아차림.

(Jipjung) Concentration: Single-focus awareness or meditation for stabilizing attention and calming of the mind.

집착 執着 모든 번뇌煩惱의 근본 원인인 끄달림. 고로 만유萬有의 공성空性을 깨달아 집착을 놓는 것이 깨달음과 열반의 지름길.

(Jipchak) Upadana: Attachment, passionate self-identification, or clinging to sense-data: The root of all defilements and worldly passions. Leaving all attachment and fixation is the key to emancipation and entry into Nirvana; and obsession ceases within the context of the emptiness of things.

집취 執取 움켜쥐고 놓지 않음. 집착의 다른 모습.

(Jipchwi) Grasping: A desperate act of holding onto something.

짚신 볏짚으로 만든 신발. 짚신을 신어봐야 살맛을 안다.

(Jipsin) A straw sandal or shoe: The old Korean traditional footwear.

【 ㅊ 】

차수 叉手 절집에서 하는 예법의 하나. 유가儒家의 공수拱手와 같다. 왼손을 위에, 오른손을 밑으로 하여 마주 잡아 배꼽 아래에 놓는다. 가슴에 대는 경우도 있다.

(Chasu) Crossing hands (not interlacing fingers): A posture of respect and humility. Place lightly the palm of the left hand on the top of the right, and then hold the hands across the breast, or place both hands below the navel. *Chasu* is a common posture and practice while standing at the temple. It is called *gongsu* 拱手 in Confucianism.

차안 此岸 이 언덕. 열반을 저 언덕[彼岸]이라고 말하는데 대하여, 생사와 번뇌에 쌓인 이 세상인 사바세계娑婆世界를 가리킴.

(Cha-an) This shore: Samsara, or the world of birth-death and afflictions. *Cf. (Pian)* The Other shore, or Nirvana.

차운 次韻 다른 사람이 지은 시의 운자韻字를 그대로 달고, 앞뒤의 차례도 원작대로 따라 시를 짓는 것.

(Chaun) Recapitulation of rhyme: Recapitulation of the rhyme word of the original work of other person in composing a poem including the sequence of the rhyme order.

차제 次第 차례次例, 순차順次와 같은 뜻.

(Chaje) Order, sequence, or regular succession.

차제걸식 次第乞食 걸식을 할 때 마을이나 집을 골라 건너뛰지 않고 차례로 걸식하는 것.

(Chaje Geolsik) Alms begging without skipping any town or the house: Begging from door to door in order or sequence.

차조 遮照 선정禪定과 지혜智慧. 일체의 법法을 피하고 공空에 들어가는 것을 차遮라 하고, 부처님의 법法에 의하여 의義를 관觀함을 조照라 함.

(Chajo) Samadhi and enlightenment: What it means is to enter into emptiness avoiding the marks, and an insightful looking into the truth.

차죄 遮罪 그 일 자체는 죄악이 아니나, 그 일로 인하여 다른 죄악을 저지르게 되어 부처님께서 금한 것. 예를 들자면 술 마시거나 마약에 손을 대는 것 등. 이에 반해 성죄性罪는 그 행위 자체가 죄가 되는 것. 예를 들면 살인과 같은 것.

(Chajoi) A secondary sin: Drinking alcoholic beverages itself is not

a sin, but it could be the cause of some evil or unfortunate outcome, such as drunk driving or fighting. *Cf. (Seongjoi)* A fundamental sin such as killing.

착멸 着滅 집착과 단멸. 이들은 다 같이 중도中道를 벗어난 행위.

(Chakmyeol) Attachment and annihilation: One should rather keep the Middle Path.

착어 着語 하어下語라고도 말하며, 고칙古則 또는 공안公案의 글귀 밑에 짤막한 촌평寸評을 내리는 것.

(Chakeo) Pivot words: Short critical commentaries on a koan or hwadu.

찬 讚 게송偈頌으로 행업行業 또는 공덕功德등을 찬탄하는 시적인 문장.

(Chan) A verse lauding or praising the good conduct and virtue.

찬불가 讚佛歌 부처님의 덕을 찬양하는 노래.

(Chanbulga) A Buddhist hymn, a song of praising the Buddha.

찬탄 讚嘆 말로서 덕을 칭찬함.

(Chantan) To admire, think or speak highly of virtue.

찰간 刹竿 큰 절 앞에 세운 깃대 비슷한 물건. 당간幢竿 참조.

(Chalgan) A pole in front of a large temple. *Cf. (Danggan)* A flag pole, usually standing in front of the temple.

찰나 刹那 한 생각을 일으키는 순간.

(Chalna) Ksana: An instant. As a measure of time, equal to one seventy-fifth of a second.

찰나멸 刹那滅 한 찰나 사이에 구백 생멸生滅, 곧 태어남과 소멸이 있다고 함.

(Chalnamyeol) Instant dissolution or destruction, or the ceaseless birth and death in the flash of a second.

찰나무상 刹那無常 찰나 동안에 생生 · 주住 · 이異 · 멸滅의 사상四相을 갖춘 것으로, 만물이 생멸하거나 변화함이 무상하다는 것. 그러나 이것은 자연의 법칙이며 과학적인 진실인 동시에 2,600년에 부처님께서 설파하신 진리.

(Chalnamusang) Evanescence of a moment: Every existence goes through four phases of form: coming into existence, abiding, changing, and then extinction in a moment. This is the natural law and scientific truth that Buddha expounded 26,000 years before.

찰나삼매 刹那三昧 일찰나一刹那 사이에 삼매三昧에 드는 것.

(Chalna Sammae) Instantaneous samadhi: Entering into samadhi in the blink of an eye.

찰나생멸 刹那生滅 성실론成實論 설說. 일찰나의 가장 짧은 시간 중에 생멸하는 것을 말함. 만물이 한라에 생하고 찰나에 멸하는 것을 말함. 그러나 이것은 우주의 섭리이니 슬퍼할 것도 없다. 이것이 일종의 진정한 깨달음. 그렇다면 그 무엇에 지나치게 집착할 필요가 없다고 생각한다.

(Chalna Saengmyeol) Instantaneous arising and destruction, or birth and death: The doctrine of the Treatise on the Perfection of Truth. As the term says, everything arises and ceases to be in a second, and it is the law of the nature and the universe. Hence there is nothing to be sad about and nothing to be too greedy and cling to.

찰중 察衆 대중大衆의 허물을 규탄하여 자세히 살피거나, 그러한 일을 맡은 사람.

(Chaljung) Denouncing the wrong doings of monks and investigating them closely, and a person who carries out such duty.

찰해 刹海 바다와 육지라는 뜻으로, 광활한 육지와 바다처럼 널리 퍼져있다는 뜻.

(Chalhae) The land and sea: An expansive space like the boundless land and sea.

참 參 선종禪宗에서 주지가 대중을 모아 설법하는 것, 제자가 스승을 뵙고 묻는 일, 또는 좌선하는 것을 말함. 그러나 이들 왜에도 다른 뜻들이 있다. 이런 것이 전형적인 일반인들이 알기 어려운 한자 불교용어.

(Cham) The Dharma talk of an abbot to an assembly, or visiting the master to ask questions. It also means practicing meditation. There are a few other meanings, and it is a typical example of why lay Buddhists have difficulty in understanding Sino-Korean Buddhist terms.

참괴 慙愧 허물을 부끄러워하는 것.

(Chamgoi) Humiliation or self mortification.

참구 參究 참구의 일반적인 뜻은 참고하여 탐구한다는 뜻이나, 불교에서는 참선을 통한 진리탐구를 말함. 그러나 분석적이거나 합리적인 것이 아니라, 그와는 반대로 무분별적, 곧 직관적 방법으로 탐구하는 것. 다시 말해 의단疑團을 들되, 그 문제를 풀려고 하는 것이 아니라, 그 의단 자체에 정신을 집중하여 마음을 비워 우리들의 본래면목을 깨닫는 것.

흔히 의단을 '타파'한다는 말을 쓰는데, 이 말에 현혹되지 않도록. '타파'는 부순다는 뜻이며, 부순다는 것은 엄청난 의지적 행위로, 선정을 위한 마음집중과 비운다는 것과는 정반대. 그리고 일부 수행자들이 왜 간화선을 등지고 위빠사나 쪽으로 발길을 돌리는지도 한 번 생각해볼 것.

(Chamgu) Investigation of truth by practicing meditation: Concentration of mind on a problem or question through the intensive practice of meditation, not an analytical or logical investigation to solve a problem or question.

참문 參問 선지식善知識을 찾아가 도道를 묻는 것.

(Chammun) To consult with the eminent masters about the Way or truth.

참방 參訪 찾아가 뵘.

(Chambang) To call on, or visit someone.

참배 參拜 신이나 부처에 예배함.

(Chambae) To worship or pay homage to Buddha or other Buddhist deities.

참법 懺法 경전을 읽으므로 죄상을 참회하는 법회. 따라서 법화경으로 하는 것을 법화참법, 아미타경으로 하는 것을 아미타참법이라 함.

(Chambeop) A mode of confession of one's sins: An assembly of worship for repentance by reading the sutra. If the assembly reads the Lotus Sutra, it is called the Lotus Sutra reading repentance, and if the assembly reads the Amitabha Sutra, it is called Amitabha reading repentance.

참선 參禪 참선이란 선禪의 참구參究 또는 선에 들어간다는 뜻으로, 스스로 선법禪法을 닦는 것을 말함. 그러나 선법을 닦는다는 것은, 곧 망상을 재우고 사물의 진실과 우리의 참성품을 참구하는 것임을 알아야 함. 간화선看話禪 참조.

(Chamseon) Seon meditation, meditation practice, or investigation of dhyana or meditation: True meditation practice is to break through the bounds of conditioned subjectivity and acquiring a new viewpoint for looking into the essence of things and our true self or mind. *Cf. (Ganwhaseon)* Contemplation meditation on the hwadue.

참선곡 參禪曲 참선하는 방법과 공덕을 노래로 만든 것. 『경허집鏡虛集』에 나오는 경허선사鏡虛 禪師의 멋있는 참선곡을 참조할 것. 조계종 출판부에서 출간한 본 편자가 번역한 영문번역도 있다.

(Chamseongok) The song of true meditation. Cf. English translation of the Collected Writings of Gyeongheo: A Collection of Poetry, Vol. II, pp. 177-182 by present compiler. You will love it.

참선공덕 參禪功德 깨침을 떠나 참선을 통해 얻을 수 있는 좋은 점.

1) 몸가짐이 정숙해지고 맑은 마음이 현저하게 나타난다.
2) 마음이 경계를 대하면 자비심이 생기고 남을 해롭게 하는 마음이 사라진다.
3) 몸과 마음이 고요해지는 동시에 욕심과 성내는 마음 그리고 일체의 번뇌가 일어나지 않는다.
4) 몸과 마음이 경계에 부딪쳐도 동하지 않고 물들지 않는다.
5) 참선에 의해 힘을 얻게 되면 그 힘으로 음식에 대한 애착이 멀어진다.
6) 마음이 일념으로 나아가 고요해지면, 모든 산란한 마음이 사라져 애욕의 경계에 물들지 않는다.
7) 참선의 공덕을 얻고 진공의 진리를 깨달아 공空에 떨어지지 않는다.
8) 일체 마구니들의 그물에서 벗어날 뿐만 아니라, 모든 번뇌 망상의 속박에서 해방된다.
9) 무량한 지혜를 계발하고 깊은 법의法義를 통달하여 부처님의 경계에 머물게 된다.
10) 해탈이 성숙하여 일체의 악업이 요동할 수 없게 되고 걸림 없는 해탈을 원만히 얻게 된다.
11) 인생을 살아감에 있어서 모든 기억력이 좋아지고 경거망동 하는 일이 없어진다.
12) 지나친 애착이 없어지고 사람의 몸에 병고가 사라진다.
13) 삿된 마음이 바른 마음으로 변하고 모든 일에 인내심이 생긴다.
14) 사대육신의 동작이 순서를 얻고 얼굴에 생기가 돋게 된다.
15) 잡된 생각이 없으면 마음이 항상 안락하여진다.
16) 마음에 생멸심生滅心과 몸이 나고 죽는 일로부터 자유로워진다.

(Chamseon Gongdeok) The advantages or merits of meditation practice apart from or regardless of attaining enlightenment:

1) Upright deportment and a clear mind.
2) Arising of a compassionate mind and recession of a mischievous mind.

3) The serenity of mind and body in addition to the freedom from anger and all kinds of defilement.
4) Emancipation of mind and body from conditions and defilements.
5) Power of abstention from food.
6) Power of restrain from sexual desire.
7) Prevention of falling into the idea of a blank emptiness of things when attaining a true meaning of emptiness.
8) Emancipation from the fetters of the Devil as well as from the fetters of conflicts.
9) Abiding in the Buddha-land with the infinite wisdom and complete understanding of the law of the universe.
10) Attaining complete enlightenment free from all evil doings.
11) Attaining the power of memory and abstention from rash actions.
12) Emancipation from attachment and sickness.
13) Transformation of an evil mind to a virtuous mind as well as development of patience.
14) Proper deportment of body and the improvement of physical health.
15) A peaceful and quiet mind without any deluded thoughts.
16) Emancipation from the thoughts of arising and annihilation, or birth and death.

참선문 參禪門 선법禪法을 참구參究하거나 스스로 좌선한다는 뜻으로, 의식적인 마음 닦음 공부에 들어감을 의미한다. 그러나 마음을 닦아 허공과 같은 고통과 죽음이 없는 적멸의 경지에 들기 위해서는, 우선 알음알이를 내려놓고 마음을 비워야 한다. 그러나 진정한 참선이란 또 바라는 바가 없어야 한다.

바라는 바가 있다면, 그 참선은 이미 삿된 길로 빠진 것이며, 곧장 지옥에 떨어질 것 이다. 깨치겠다는 마음부터 비울 것. 참선은 두 가지로 나눌 수 있으니, 하나는 좌선坐禪이요, 다른 하나는 행선行禪. 그러나 행주좌와行住坐臥를 가리지 않는 것이 참선이라고도 말함.

(Chamseonmun) The path of meditation practice, or sitting in meditation: *Chamseon* means entering into concentration, or being lost in meditation. To develop one's mind and find our true self-nature, one must first purify and empty one's mind to be awakened, which is also called entering Nirvana, a state of incomparable bliss like an infinite space where there is neither pain nor death.

True meditation practice also means not wanting anything to come out of meditation. When you practice with a wanting mind, your practice is already heading in the wrong direction, and will drag you straight to hell. Meditation practice is generally divided into two types, sitting and walking meditation. But there is no distinction among walking, abiding, sitting, and lying down in the mode of meditation.

참선인 일용중점검 參禪人 日用中點檢 수행인이 매일 챙겨야 할 신행 점검. 서산대사의 『선가귀감』 제 22장에 나옴.

1) 무릇 참선하는 자 네 가지 은혜 깊고 두터운 것을 아는가? (네 가지 은혜란 부모, 스승, 임금, 그리고 시주施主에 대한 은혜)
2) 사대四大로 이루어진 더러운 이 몸뚱이 순간순간 썩어가는 것을 아는가?
3) 사람의 목숨 날숨 들숨에 달린 것을 아는가?
4) 살아오는 동안 부처님과 조사祖師 한번이라도 만나 뵌 적 있는가?
5) 위없는 법문을 들을 때 큰마음이 생기던가?
6) 수도자의 거처를 떠나지 않고 수도자다운 절개 지키는가?
7) 주위 사람들과 더불어 부질없이 잡담이나 하지 않는가?
8) 거리낌 없이 시비나 일삼고 있지 않는가?
9) 화두는 항상 또렷이 들고 있는가?
10) 남과 이야기 할 때도 화두를 끊임없이 들고 있는가?
11) 보고 듣고 알아차릴 때 한 자락이라도 깨쳐 이루었는가?
12) 자신을 돌아볼 때 부처와 조사를 붙잡을 만한가?
13) 금생에 기필코 부처님의 밝은 지혜 깨칠 수 있겠는가?
14) 금생에 받은 이 몸 결단코 윤회를 벗어날 수 있겠는가?
15) 여덟 가지 세상의 풍파를 만났을 때 마음이 움직이지는 않는가?
16) 앉고 눕는 일상 가운데 지옥 고통을 생각해보았는가?

이것이 바로 참선하는 사람이 생활 속에서 점검해야 할 도리니라.

(Chamseonin Ilyongjung Jeongeom) A daily check list for Buddhist practitioners: It comes the Mirror of Seon, Chapter 22 by the Great Seon Master Seosan (1520-1604).

1) Do you know how deeply you are indebted to the four benefactors

(parents, teachers, the King, and other benefactors)?
2) Do you know that the four great elements (earth, water, fire, and wind) of this foul body are decaying every moment?
3) Do you know that our life hangs perpetually on our every breath?
4) Have you ever met a Buddha or a patriarch during your entire life even for a moment?
5) Have you ever felt great joy when you heard an incomparable Dharma discourse?
6) Are you faithful as a practitioner without leaving the abode of a practitioner?
7) Have you not gossiped about trivial things with friends?
8) Have you not picked a needless argument with friends without any conscience?
9) Is your hwadu bright and illuminating at all time?
10) Is your hwadu alive even during your talk with others?
11) Have you ever achieved even a tiny bit of enlightenment during your sensory activities?
12) Do you think you can catch up to Buddha or the patriarchs?
13) Can you be sure that you will be able to achieve the incomparable wisdom of Buddha in this life?
14) Do you think you can be free from the transmigration of cyclical karma in this life?
15) Have you ever been disturbed when you were faced with the eight winds of adversities?
16) Have you ever thought about the sufferings of Hell during your daily life? This is the daily checklist of a Buddhist practitioner.

참성품 우리들의 본래면목本來面目, 곧 불성佛性을 말함.

(Chamseongpum) The true nature: It means our original true-nature, which is another name for our original-face and the Buddha-nature.

참여불교 參與佛教 현실적 사회문제에 적극 개입하는 운동.

(Chamyeo Bulgyo) Engaged Buddhism: Active participation in the important social issues.

참좋은 공동체 육훈 共同體 六訓 공동체를 위한 여섯 가지 좋은 가르침. 분명한 주인정신을 가지고 항상 깨어있는 지성으로 즐겁고 재미있게 봉사하자.

(Cham Joheun Gongdongche Yukhun) Six good instructions for the community: Let's serve with a joyful mind, intellect, and form integrity.

참학 參學 불도佛道를 닦고 공부하는 것, 또는 공부하는 사람.

(Chamhak) Cultivating and studying the Buddha-way, or a student studying the truth.

참현인 參玄人 현玄은 깊고 깊은 진리이므로, 참현인參玄人이란 깊은 진리를 찾아 공부하는 사람을 말함.

(Chamhyeonin) A seeker of profound truth: It refers to practitioners who seek the essence of meditation.

참회 懺悔 스스로 범한 허물을 뉘우쳐 용서를 구하는 것. 참회는 그 방법과 성질에 따라 포살布薩, 자자自恣, 삼종 참법懺法 등이 있으나, 일반적인 경우, 이참理懺과 사참事懺이 있다. 그러나 이미 지은 허물에 대해 참회하는 것도 중요하지만, 앞으로 다시는 죄를 짓지 않겠다는 다짐이 더 중요

1) 이참理懺이란 이치적으로 참회하는 것을 말함. 곧 만유萬有 실상의 이치를 깨달아 마음을 비워 진리 자체와 하나가 되는 것. 이것이 일반적인 개념의 참회와 다른 이참의 특징.

2) 사참事懺이란 몸과 마음을 다하여 참회하는 모습을 보이는 것. 곧 마음을 낮추고 비우면서 부처님께 반성하는 고백을 하기도 하고, 수 없이 예배를 하며 참회하기도 하고, 혹독한 수행을 통하여 죄업을 반성하기도 한다.

(Chamhoi) Repentance: There are several kinds of repentance according to the occasion and method, but most common repentances are rational and actual repentances.

1) Rational repentance means realization of the ultimate reality and becoming one with the truth itself by emptying one's mind. This is the unique contrition of the Buddhist rational repentance.

2) Actual repentance means physical or verbal repentance, such as bowing to the Buddha, citing the sins one has committed, or doing penance.

참회게 懺悔偈 참회를 위한 게송偈頌. 이참理懺 참조.

죄무자성罪無自性 (죄라는 것은 본래 뿌리가 없으니)

종심기從心起 (그것은 마음 따라 문득 일어난 것일 뿐)
필약멸시心若滅時 (그 망심 쓰러지면)
죄역망罪亦亡 (죄업 또한 사라지는 것)
죄망필멸罪亡心滅 (죄업 사라지고 망심妄心이 쓰러지면)
양구공兩俱空 (거기엔 아무런 흔적도 없으니)
즉시측명위진참회是則名爲眞懺悔 (이를 일러 진정한 참회라 하느니라).

(Chamhoige) The verse of penitence. *Cf. (Icham)* Rational repentance.
As sin originally has no foundation,
It is but an illusion of the mind.
When mind disappears, sin also disappears.
When both sin and mind disappear,
There remains no trace of anything.
Such is called true repentance.

참회상자 懺悔上資 선자禪資라고도 말함. 우리나라에만 있는 제도로, 가까운 인연을 맺기 위하여 선禪을 전해준 제자.

(Chamhoi Sangja) A disciple who has been conferred precepts by a teacher allowing for a special relationship between the teacher and student.

참회진언 懺悔眞言 옴 살바 못자 모지 사바하.

(Chamhoi Jineon) Repentance mantra:
Om-Salba-Motja-Moji-Sabaha.

채공 菜供 채두菜頭라고도 말하며, 선종禪宗에서 부식물에 쓰는 야채를 재배하거나 반찬을 만드는 소임.

(Chaegong) The gardener who tends all the vegetables in a Seon monastery, or a monk who prepares side dishes at the kitchen.

채로 菜露 절에서 국 끓이는 일을 맡은 소임.

(Chaero) Soup master at the monastery.

처사 處士 居士와 같은 말로, 세파世波의 표면에 나서지 않고 조용히 야野에 파묻혀 사는 선비.

(Cheosa) A lay person who has no ambition for celebrity and wealth. *Cf. (Geosa)* Householder.

천 天 한문으로는 두 가지 뜻이 있다. 하나는 상제上帝, 곧 천신天神. 다른 하나는 인간세계보다 수승한 과보를 받는 좋은 곳. 곧 욕계천欲界天, 색계천色界天, 무색계천無色界天의 천상세계. 이는 또 천도天道를 뜻하기도 하며, 도가道家, 특히 주역周易의 우주관에 구체적으로 잘 나타나 있다.

도가道家에서는 하늘을 우주창조의 근원인 동시에 그 운행 방향을 제시해주는 것으로 보고 있다. 따라서 도가道家의 주 관심사는 천도天道에 관한 기계론機械論이라 말할 수 있다. 다시 말해 도가道家에서 말하는 도道는 천도天道를 따라 그 섭리攝理, 곧 하늘의 뜻과 조화를 이루는 것으로 이해되고 있다.

그러고 보면, 도가道家와 주역周易 그리고 힌두교의 범아일여梵我一如 사상과 불교의 연기법緣起法은 그 근본에 있어 유사점이 많다고 말할 수 있으며, 불교가 노장사상老莊思想을 바탕으로 한 중국 풍토風土에 쉽게 전파 될 수 있었으며, 특히 선불교禪佛教가 그 위세를 나타낼 수 있었던 것도 이러한 점에 있었지 않았을까 하는 생각을 해본다.

(Cheon) Heaven: It has two meanings. One is the deva, or the heavenly God, and the other is the world of three heavenly realms: the heavenly realm of desire, the heavenly realm of form, and the heavenly realm of formlessness.

However, it sometimes refers to the Way of Heaven, and this concept is well expressed in Daoism especially in the cosmic theory of I Ching. Heaven commonly refers to the source of creation and direction of the universe, and the celestial mechanism, or workings of Heaven is a central concept in Daoist thought.

The Way of Heaven is the body of universal principle underlying all manifestations. Thus the Way of Daoism was sometimes expressed in terms of following the Way of Heaven and harmonizing with its design.

In this respect, it seems that there is a common ground about the Way of Heaven among the philosophy of Daoism and I Ching, the unity of Brahman and Atman in Hinduism, and the Law of relativity of Buddhism. And it was perhaps this common interest in cosmology between Daoism and Buddhism that helped the spread of Buddhism, especially the growth of splendid Ch'an or Zen Buddhism in China.

천개 天蓋 줄여서 개蓋라고도 말함. 법당 안에 있는 법좌 위를 덮도록 만든 닫집 또는 불상을 덮은 해 가리개.

(Cheon-gae) A canopy which hangs over the image of Buddha or a Bodhisattva in the Dharma Hall, or the canopy that shields the Buddha satue from the sunlight.

천계 天界 육도六道의 하나로 천상계天上界라고도 말하며, 하늘 위에 있는 상상의 세계. 그러나 일반적인 개념의 천당과는 달리, 불교에서는 욕계천欲界天과, 색계천色界天과, 무색계천無色界天에 대한 총칭을 뜻함.

(Cheon-gye) The heavenly realm, or the imaginary heavenly realm of devas or gods: It is the highest realm of the six modes or spheres of existence (the heavenly realm of desire, the heavenly realm of form or material qualities, and the heavenly realm of formlessness), yet it is not he ordinary sense of heavenly paradise. The passage of time and decay still exist there.

천기 天機 천지조화天地造化의 기밀.

(Cheon-gi) The profound secrets of nature.

천녀 天女 욕계 육천欲界 六天에 사는 여성. 색계色界 이상의 하늘에는 음욕이 없으며, 따라서 남녀의 구별이 없다.

(Chennyeo) The heavenly maiden or goddess in the Six Heavenly Realms: But as there is no sexual desire above the realm of desire, there is no distinction between male and female.

천도 薦度 죽은 사람의 명복을 빌기 위하여 불보살에게 재齋를 올려 영혼들로 하여금 정토淨土나 천계天界에 태어나도록 기원하는 법식法式.

(Cheondo) The Buddhist ritual or service to help the spirit of the deceased attain rebirth in the Pure Land or in the heavenly realm by redemption of their sin.

천도재 薦度齋 죽은 사람의 넋을 부처와 인연을 맺어주어 극락세계로 인도함. 가장 대표적인 것이 49재齋. 그런데 영혼체靈魂體를 인정하지 않으면서 죽은 사람의 넋을 구한다는데 교리상의 모순이 있다. 물론 지극한 효심에 의해 부모의 천도재를 지내는 것은 갸륵하며 나무랄 것이 없다하겠으나, 절에서는 왜 돈을 받고, 그것도 적지 않은 돈을 받고 지내주느냐는 것이다. 다시 말해 아무리 사찰 운영이 어렵다 하더라도, 장삿속이 아니라 형편에 따라 정성을 들여 지내주는 것이 진정한 부처님의 자비가 아니냐는 것. 불교의 발상지인 남방불교에는 아예 이런 불사佛事가 없는 줄 안다.

(Cheondojae) The Buddhist ceremony for the spirit of the dead: A transforming celebration to help the spirit of the deceased attain a higher spiritual realm or rebirth in the Land of Bliss by the grace of Buddha. The most common celebration of this type is *(Sasipgujae)* The forty-nine days of memorial ceremony for the spirit of the dead.

천리 天理 천지天地와 자연自然의 이치, 또는 하늘의 바른 도리.

(Chenri) The heavenly principle: The principles or the truths of the heaven and earth.

천명 天命 타고난 수명, 운명, 또는 하늘의 뜻. 그러나 노자老子는 하늘의 뜻이란 곧 만물이 각기 그 뿌리로 돌아가는 것 (각귀기근各歸其根)이라 말하며, 만물이 그 뿌리로 돌아간다는 것은 곧 정靜을 의미하며, 정은 곧 하늘의 뜻에 따르는 것 (복명復命)을 뜻하며, 복명이라 함은 곧 영원불변의 상常을 뜻하며, 이는 또 도道를 의미하는 것이라 말하니, 이것을 불교적으로 말하면 자성自性이며 진여법성眞如法性이라 말할 수 있다.

(Cheonmyeong) One's natural life span, the Heaven's will, or the Heavenly mandate: However, according to Lao Tzu, the Heaven's will means returning all things to their roots or origin; returning all things to their origin means tranquility; returning to tranquility means returning to the basic nature of things, or to the Heaven's will; returning to the basic nature of things means constancy or the everlasting principle of nature; and returning to the everlasting principle of nature means returning to Dao or Truth, which is called the self-nature, the everlasting true-suchness of the Dharma-nature in Buddhism.

천불 千佛 과거, 현재, 미래의 삼겁三劫에 각각 1천 부처씩 나타나는 가운데 현재 겁劫의 1 천 부처.

(Cheonbul) The thousand Buddhas of the present kalpa of the threefold kalpas, the past, the present, and the future.

천사 天使 염마왕閻魔王의 사자使者란 뜻.

(Cheonsa) Divine messengers: Especially those of Yama.

천산만수 千山萬水 천개의 산과 만 갈래의 물결.

(Cheonsan Mansu) Thousands of mountains and the myriad of waters.

천상천하유아독존 天上天下唯我獨尊 부처님께서 어머님의 오른쪽 옆구리에서 탄생하자마자 일곱 발짝을 떼어놓으신 후 하신 첫 말씀. 이 우주 간에 나보다 더 존귀한 사람이 없다고 하신 말씀. 그러나 이는 자신의 참 성품을 깨달으면 그 이상 더 귀한 것이 없으며, 나아가 모든 중생들의 본래 성품이 존엄하다는 것을 가리키는 말.

(Cheonsang Cheonha Yuadokjon) "In the Heavens above and earth beneath, I alone am the Honored One." The first words attributed to Sakyamuni after his first seven steps when he was born from his mother's right side. However, it also refers to the nobility of our inborn Buddha nature.

천성 天性 본래 타고난 성질. 이것을 좀 더 달리 말하면, 사람이 세상에 태어나 세속의 환경과 조건에 의해 굳어지기 전의 인간 본연의 성질.

(Cheonseong) Natural disposition or temperament: It also refers to celestial decree, or the fundamental human nature before it is shaped by tempcral conditioning into fixed personality and temperament.

천수경 千手經 천수천안관자재보살광대원만무애대비심다라니경千手千眼觀自在菩薩廣大圓滿無碍大 悲心陀羅尼經의 준말. 모두 팔십이구八十二句로 되어있으며, 이것이 현재 모든 종파에서 유통되고 있는 대비주大悲呪.

(Cheonsugyeong) The Thousand Eyes and Hands Sutra: It is also called the Great Compassionate Dharani, and is composed of eighty-two phrases. It is chanted by all denominations of Buddhism.

천수관음 千手觀音 육관음六觀音의 하나. 대비관음이라고도 말하며, 대개 천수상千手像은 두 눈과 두 손 외에, 양쪽에 각각 20수手가 다시 있고, 손바닥마다 눈이 하나씩 있다.

(Cheonsu Gwaneum) The Thousand Eyes and Hands Bodhisattva: In addition to the normal two hands and two eyes, it has 20 additional hands on both sides, and each of these hands has an eye on the palm.

천수다라니 千手陀羅尼 천수진언千手眞言, 대비심다라니大悲心陀羅尼 또는 대비주大悲呪라고도 말함. 이 주呪를 외우면 시방十方의 불보살들이 와서 증명하여 온갖 죄업이 소멸한다고 함. 특히 밀종密宗과 선종禪宗에서 많이 지송持誦하고 있다.

(Cheonsu Dharani) The Thousand Eyes and Hands Bodhisattva Dharani: It is believed that if you keep chanting this dharani, all the

Buddhas and Bodhisattvas from the ten directions will come to verify, and all your sins will be eradicated. It is especially chanted by Esoteric and Zen Buddhism.

천승 天乘 오승五乘의 하나. 하늘에 태어 날 수 있게 하는 법法의 수레라는 뜻. 십선十善은 욕계천欲界天에 나는 인因이 되고, 사선四禪과 팔정八定등은 색계천色界天과 무색계천無色界天에 태어나는 인因이 되므로 이 교법을 천승天乘이라 말함.

(Cheonseung) The deva or heavenly vehicle: One of the five vehicles. It is believed that by observing the ten precepts or pure paths of action, one may be reborn in the Six Heavenly Realms of Desire; and by observing the four dhyanas or mindfulness, and the eight samadhis or concentration of the mind, one may be reborn in the Heavenly Realm of Formlessness.

천시 天時 하늘의 도움이 있는 시기, 또는 하늘이 내린 시기.

(Cheonsi) Opportunities of time vouchsafed by Heaven.

천신 天神 산스크리트어 devata, 곧 범천梵天과 제석천帝釋天 등을 가리킴.

(Cheonsin) Devata or deva: The general term for all sorts of gods, deities, or celestial spirits, such as Brahma or King Sakra, or the King of Devas.

천안 天眼 오안五眼의 하나. 색계色界의 천인天人들이 타고난 신안神眼, 또는 수행修行한 사람이 깊은 선정禪定 가운데서 이것을 얻기도 하며, 먼 곳에 있는 것을 볼 수 있는 신통력을 가지고 있다.

(Cheonan) Heavenly or divine eyes: One of the five eyes. The innate divine eyes of the heavenly beings in the rupa-dhatu or the sphere of form in heaven, or the eyes of meditation practitioners who are in deep samadhi. This divine eyes enable one to see things in a great distance.

천인 天人 천상의 유정有情들, 곧 비천飛天. 비천飛天이란 천상의 유정들로서 허공을 날아다니며 음악을 하고 하늘 꽃을 흩기도 하며 항상 즐거운 경계에 있지만, 그 복이 다하면 죽을 때 다섯 가지의 쇠약衰弱한 괴로움이 생긴다고 함.

(Cheonin) The heavenly beings, or the flying heavenly beings, who alway play music or scatter heavenly flowers in the bliss of happiness, but(본래 타고난 성질) when their time in heavenly realm comes to an end, they also suffer from five kinds of decaying symptoms.

천인사 天人師 부처님 10호 중의 하나. 천상과 인간의 스승이라는 뜻.

(Cheoninsa) The teacher of devas and humans: It is one of the ten names of Sakyamuni Buddha.

천인오쇠 天人五衰 천인天人의 복락福樂이 다하여 죽음이 다가왔을 때에 나타나는 다섯 가지의 쇠약衰弱하여지는 모습. 그러나 이들이 경經·논論에 따라 같지 않다. 열반경涅槃經에 의하면, 1) 옷에 때가 묻어 더러워지고, 2) 머리 위에 꽃이 시들어지고, 3) 몸에서 더러운 냄새가 나고, 4) 겨드랑이에 땀이 베고, 5) 제자리가 즐겁지 않다고 한다.

(Cheonin Osoi) The five decaying symptoms of heavenly beings when they come to die: Yet explanations vary according to the sutras and treatises. According to the Nirvana Sutra, the symptoms are: 1) Robes getting dirty or stained. 2) Flowers on their head wilting. 3) Stinking odors from their body. 4) Sweating in their armpit. 5) Loss of enjoyment in their original status.

천일기도 千日祈禱 천일千日을 작정한 다음, 어떤 목적을 가지고 지성으로 드리는 기도.

(Cheonilgido) One thousand days prayer: One thousand days of devout prayer for the fulfillment of wishes.

천제 天帝 제석천帝釋天과 같은 말.

(Cheonje) King Sakra, or the King of Devas: Indra in Sanskrit. Another name for *(Jeseokcheon)* King Sakra, or Indra.

천제 闡提 일천제가一闡提迦의 준말. 진리의 존재를 믿지 않는 사람. 다시 말해 둔재 둔재로 자신이 완벽한 부처임을 거부하는 지혜의 반대 개념.

(Cheonje) Icchantika: Abbreviated form of *Ilchenjega,* Icchantika who does not believe the truth. In other words, a lesser minded who does not believe the inborn Buddha-nature of all beings.

천지개벽 天地開闢 천지天地가 처음으로 열림을 말함.

(Cheonji Gaebyeok) The dawn, or primordial creation of the heaven and the earth.

천지신명 天地神明 천지조화天地遭禍를 주재하는 온갖 신령神靈, 곧 천신天神과 지신地神.

(Cheonji Sinmyeong) The gods of heaven and earth, who control the calamities of heaven and earth.

천지여아동근 天地與我同根 천지天地가 나와 같은 뿌리라는 뜻. 이것이 다른 종교와 다른 불교의 우주관.

(Cheonjiyeo Adonggeun) Heaven and earth and I have the same root, or the same roots of the heaven, the earth and I: It is the typical Buddhist cosmology that we do not find in the Western religions.

천진불 天眞佛 법신불法身佛의 다른 이름. 법신은 불변의 진리이며 우주의 본체이므로 그렇게 일컫는 말.

(Cheonjinbul) Immaculate Buddha: Another name for Dharmakaya or the Dharma-body, the ultimate reality and truth of the universe.

천차만별 千差萬別 여러 가지 사람들이 제각기 서로 차이와 구별이 많음을 말함.

(Cheoncha Manbyeol) Infinite variety, or the ten thousand subtle distinctions and differences.

천태만상 千態萬象 온갖 형태와 양상.

(Mantae Mansang) A great diversity in form and figures.

천태사교 天台四敎 천태종에서 불교 전체를 조직적으로 체계화하기 위하여 부처님이 설법 교화하신 형식과, 내용에 따라 나눈 화의사교化儀四教와 화법사교化法四教를 가리킴.

(Cheontae Sagyo) The four teachings of the Tientai Sect: There are two groups according to the form and contents: *Hwabeop Sagyo,* four kinds of teaching according to the form of truth, and *Hwaui Sagyo,* four modes of teaching.

천태삼관 天台三觀 천태종의 공관空觀, 가관假觀, 중관中觀, 곧 밝은 지혜로 공체空諦, 가체假諦, 중체中諦의 이치를 관하는 관법觀法. 원융삼제圓融三諦 참조.

(Cheontae Samgwan) The three insights of the Tientai Sect: Insight of emptiness, insight of unreality, insight of the Middle Way. *Cf. (Weonyung Samje)* Three supreme truths of non-obstruction.

천태지의 天台智顗 (538-597) 중국 불교 천태종의 실제 창건자로 이의 4대 조사祖師이다.

(Cheontae Jiui) Tientai Zhiyi: The actual founder of the Tientai Sect of Chinese Ch'an Buddhism.

천화 遷化 큰스님들의 죽음을 이렇게도 말함. 이를 좀 더 구체적으로 설명하면, 이 사바세계의 중생들의 교화할 인연이 끝났으므로 다른 세계의 중생들을 교화하기 위해 세상을 떠났다는 뜻.

(Cheonhwa) Transfiguration: It is another way of expressing the passing of the great masters, who, having finished their task of the deliverance of sentient beings in this mundane world, have transformed their bodies to save sentient beings in the other realms.

철불 鐵佛 쇠로 만든 불상佛像.

(Cheolbul) An iron Buddha image or statue.

철야정진 徹夜精進 속된 생각을 버리고 밤을 새워가며 하는 참선 수행.

(Cheolya Jeongjin) All night vigilant exertion, or all night vigorous meditation.

청규 淸規 총림叢林에서 쓰는 규칙 또는 규약, 곧 수행자가 의지하고 지켜야할 법도法度. 곧 청정한 삶의 규범.

(Cheonggyu) The pristine monastic codes: The holy or pure rules of discipline, which must be observed by every practitioner at the Seon or Zen monastery and in everyday life.

청법가 請法歌 법을 청하는 노래.

(Cheongbeopga) Song for beseeching or inviting the Dharma talk.

청사 請詞 부처나 보살을 청하거나, 죽은 이의 영혼을 부르는 글. 청문請文이라고도 말함.

(Cheongsa) To beseech or call upon the Buddha or Bodhisattvas, or a letter invoking the spirit of the dead.

청신남 淸信男 산스크리트어 upasaka (우바새優婆塞)의 번역. 삼보三寶에 귀의하여 오계五戒를 받아 지키는 세속 남자.

(Cheongsinnam) Upasaka: A male devotee who took refuge in the Three Jewels of Buddhism and received the five basic precepts.

청신녀 淸信女 산스크리트어 upasika (우바이優婆夷)의 번역. 삼보三寶에 귀의하여 오계五戒를 받아 지키는 세속 여자.

(Cheongsinnyeo) Upasika: A female devotee who took refuge in the Three Jewels of Buddhism and received the five basic precepts.

청원행사 靑原行思 (660?-740) 육조 혜능六祖 慧能에게 법을 받고 상수제자上首弟子

가 되다.

(Cheonweon Haengsa) Qingyuan Zingsi (660-740): The chief disciple of the Sixth Patriarch Huineng.

청정 淸淨 나쁜 짓으로 지은 허물이나 번뇌의 더러움에서 벗어난 깨끗함, 또는 계행戒行이 아주 조촐함.

(Cheonjeong) Purity, undefiled, free from evil doings, or perfect in observing the precepts.

청정도량 淸淨道場 번뇌의 더러움에서 벗어난 신성한 곳.

(Cheongjeong Doryang) The pure Buddha-mandala, or a hallowed place for the practice of Buddhism and attaining enlightenment.

청정무구 淸淨無垢 티 하나 없이 깨끗하여 속되고 더러움이 없음.

(Cheongjeong Mugu) Purity without a particle of dust and vulgarity.

청정법계 淸淨法界 부처님이 깨치신 우주의 청정한 본래의 실체.

(Cheongjeong Beopgye) The original pure realms of Dharma that Sakyamuni Buddha realized.

청정법신 淸淨法身 청정무구淸淨無垢하여 진여법계眞如法界의 이理와 일치한 부처님의 진신眞身을 말함.

(Cheongjeong Beopsin) Immaculate Dharmakaya: Another name for the Dharma-body and the Vairochana Buddha who is the universal Buddha-essence as immaculate absolute reality.

청정수 淸淨水 옥수玉水라고도 말하며, 다시茶器에 담아 불전佛前에 올리는 물.

(Cheongjeongsu) The immaculate clean water: It is also called crystal water. The water is offered before the Buddha statue on the artar in a tea cup.

청정심 淸淨心 망념妄念을 깨끗이 버린 맑은 마음. 곧 맑은 허공처럼 버릴 것도 얻을 것도 없는 것이 청정淸淨한 마음.

(Cheongjeongsim) The pure and lucid mind without any delusion: But what is the mind? In the ultimate sense, there is no such thing as a mind, let alone delusion

청풍루 淸風樓 시원한 바람이 부는 경치 좋은 누각.

(Cheongpunglu) A pavilion with beautiful scenery and a refreshing breeze.

체 體 성性이라고도 번역. 만물의 일정불변一定不變하는 본래 모양. 다시 말해 일체 차별 현상 이전의 근본. 그런데 그 차별 현상 이전의 영원히 변치 않는 본 모양이 무엇? 생각을 놓을 것.

(Che) The essence of becoming and cessation: The ultimate substance or nature of things that stays forever and ever never changing.

체공관 體空觀 삼라만상의 존재가 그대로 하나의 환상이며 공하다고 보는 것.

(Chegonggwan) A view of the substantial emptiness of all phenomena: Meditation in which the real nature of all forms of existence is seen as illusory and non-substantial.

체달 體達 만유萬有의 진상眞相에 통달함.

(Chedal) The complete and true understanding of the ultimate truth of reality.

체대 體大 삼대三大의 하나. 만유萬有의 본체로 우주에 변만遍滿하여 있으므로 대大라 함.

(Chedae) The great element or substance: One of the three elements, the element of essence, the element of form or mark, the elements of function.

체득 體得 몸소 경험하여 얻거나 깨달음.

(Chedeuk) Actual experience, or the realization of enlightenment.

체법 體法 천태종天台宗에서 통교通教 사람은, 장교藏教 사람처럼 모든 법을 분석하여 비로소 공空이 된다는 석공析空이 아니고, 당체當體 그대로가 공하다고 체달體達하여 진공眞空에 들어가므로 이것을 체법이라 한다.

(Chebeop) Direct realization of the truth of emptiness not through the analytical study of texts; the doctrine of the Tientai Sect.

체상 體相 본체本體의 모습. 본질에 의하여 밖으로 나타나는 모양을 상相이라 말함. 그러나 체體는 하나이고, 상相은 하나가 아니며, 체는 절대적이고, 상은 상대적이며, 체는 무한이고 상은 유한이다.

(Chesang) Ultimate substance and form: The former is the basis of every tiny thing, and all forms are manifestations of the ultimate substance. Their differences are: ultimate substance is undividable while countless numbers are the forms; substance is absolute while

form is relative; substance is infinite while form is finite.

체상용 體相用 이를 삼대三大라고도 말함. 한 물건의 본체와 속성 그리고 작용이 절대絶大라는 것. 다시 말해 체대體大는 불변의 실체. 상대相大는 진여가 형상으로 나타나는 것을 말하며, 용대用大는 성능공덕性能功德이 현실에 나타나는 것.

(Chesangyong) Substance, phenomena or characteristics, and function: It is also known as the "three great fundamentals," because the great substance is the basis of infinite reality; the great form, the manifestation of true-suchness; and the great function, the capability and virtue of true-suchness. *Cf. (Samdae)* Three great elements.

체성 體性 사물事物의 본질을 체體라 하고, 체體가 변치 않는 것을 성性이라 하니, 체體가 곧 성性.

(Cheseong) Substance and nature: The essence devoid of trans-mutation is called nature. Hence nature is essence, and the essence is nature.

체실성이망심 體實性而妄心 궁극적인 큰 깨달음이라는 것은 다름 아닌 우리의 본성을 체득한 다음 마음을 잊는 것. 어려울 것 없다. 노장사상老莊思想을 엿듣는 것 같으나, 소승小乘과 같은 그들의 철학에는 보리심과 보살행에 대한 강조가 없다.

(Chesilseong-i Mangsim) Realization of the true nature of things and the appeasement of the mind: This is the ultimate enlightenment and Nirvana.

체용 體用 사물의 본체와 그 작용, 또는 나타나지 않는 근본과 나타난 그 구체적 현상. 그러나 선법禪法의 일념一念 중에는 이들에 차별이 없다고 봄. 그것은 모두 마음 작용일 뿐이라는 것.

(Cheyong) Substance and function: But in Zen Buddhism, they see these essence and function as one with no difference between them. The function is the manifestation of essence which is beyond perception. They see them as only the workings of the mind.

체중현 體中玄 이것은 진공眞空의 이치를 보는 것으로, 설혹 학인學人이 이 이치를 보았다 하더라도, 신위信位를 여의지 못하였으면 완전히 깨쳤다고 말할 수 없다고 함. 삼현三玄 참조.

(Chejunghyeon) Sublimity of essence: It is the understanding of ultimate emptiness. Hence it is beyond the understanding of the student even one who may have glimpsed it. *Cf. (Samhyeon)* Three sublime teachings of truth and expediencies.

체지 體智 진공眞空을 깨달은 지혜.

(Cheji) The wisdom of realizing the ultimate essence and voidness of things.

채녀 采女 천녀天女 또는 궁중의 시녀侍女를 말함.

(Chaenyeo) A heavenly maid, or a maid serving in the royal palace.

초록 抄錄 필요한 내용만을 뽑아서 적음, 또는 그 기록. 줄여서 초抄라고도 말함. 요절要節 참조.

(Chorok) An abstract, an extract, digested records, a summary, or an excerpt. It is also called cho 抄 for short. *Cf. (Yojeol)* Essential passages.

초발심 初發心 보리심을 처음으로 일으킴을 뜻함. 그러나 천태종에서는 십주위十住位의 초위初位, 화엄종에서는 십신위十信位의 마지막 자리를 말함. 그런가 하면 초발심이 곧 구경각究竟覺, 곧 위없는 깨침이라고도 말한다.

(Chobalsim) Conception or initiation of the spirit of enlightenment, or an inception of enlightenment: However, in the Tientai Sect, it refers to the first ground or land of the Ten Abodes of Bodhisattvas, and in the Huayen School, it refers to the last stage of the Ten Kinds of Reliance, *Cf. (Chobal Simsi Byeong Jeonggak)* below.

초발심시변정각 初發心時便正覺 초발심을 낼 때가 곧 바른 깨달음. 말로만 뇌까리지 말 것.

(Chobalsimsi Byeonjeonggak) The incipient earnest aspiration for enlightenment itself is the true awakening: A good encouragement.

초발심자 初發心者 불교의 진리를 깨달아 처음으로 불문에 들어가기로 결심한자.

(Chobalsimja) An initiate, or unlearned person, who resolved to practice the teaching of the Buddha.

초심 初心 처음에 가진 마음. 초발심初發心 참조.

(Chosim) The initial mind for enlightenment. *Cf.(Chobalsim)* The initial aspiration for enlightenment.

초심자 初心者 처음으로 배우는 사람.

(Chosimja) A beginner, an initiate, or a novice.

초암 草庵 스님들이 거주하는 임시로 지은 집. 초당草堂이라고도 말함.

(Choam) A straw hermitage, or a small grass hut for the intensive practice of a monastic. It is also called *chodang*.

초야 初夜 전날 밤중부터 다음날 아침까지를 말함.

(Choya) The first watch: From midnight till next morning.

초의선사 草衣禪師 (1786-1866) 법명은 의순意恂. 초의草衣는 호號로 조선 시대 승려. 저서로 초의집草衣集 2권, 동다송東茶禪, 일지암유고一枝庵遺稿, 선문사변만어禪門四辨漫語 등이 있으며, 다산 정약용茶山 丁若鏞과 추사 김정희秋史 金正喜 등 명사들과 친히 사귀었다.

(Choui Seonsa) Seon Master Choui (1786-1866): An eminent Seon Master and poet. His precept name is Uisun, and he left the following writings: The Collected Writings of Choui, Vol. I-II, the Korean Meditation and Tea, The Posthumous Works of Ilji Monastery, the Four Apologies and Rambling Talks on Zen Buddhism. He is also well known for associating with eminent Confucian scholars such as Dasan Jeong Yakyong and Chusa Kim Jeonghui.

초전법륜 初轉法輪 부처님께서 깨치신 후 오비구五比丘들에게 처음 법을 설함을 가리킴. 쾌락과 고행의 두 극단의 길을 버리고 중도中道의 옳은 길을 설하시니 그것이 바로 팔정도八正道와 사성제四聖諦, 제행무상諸行無常과 제법무아諸法無我 그리고 연기법緣起法이었다.

그리고 말씀하시기를, '비구들이여, 그대들은 이제 모든 굴레로부터 벗어났다. 그러나 중생들은 아직도 고통 속에서 헤매고 있다. 이제 너희가 그들을 정법正法으로 제도濟度하라. 어서 떠나거라. 둘이서 가지 말고 홀로 가라.' 이로써 불교와 승가僧伽가 탄생하게 되었으니 2,600년 전의 일이다.

(Chojeon Beopryun) The first turning of the wheel of the illustrious Law: The Buddha's first discourse to the five bhikkus at Deer Park in Baranes after attaining enlightenment. The Lord Buddha first preached to the five bhikkus about the way to the Middle Path by abandoning the pursuit of pleasure and asceticism.

He then discoursed on the Noble Eightfold Path, the Four Holy Truths, the impermanence of all things, the absence of a self in all things, and then the twelve links of dependent origination.

The Lord Buddha then bid them to set out alone and separately and to propagate the illustrious doctrine far and wide to deliver sentient beings who are still in the fetters of suffering. This was the birth of Buddhism and the Sangha 2,600 years ago.

초지 初地 보살이 수행하는 단계인 50위位 중 십지위十地位의 첫 단계인 환희지歡喜地를 말함. 이 지위地位에서 보살은 마땅히 보시바라밀布施波羅密을 닦는다. 십지十地와 오십이위五十二位 참조.

(Choji) The first land of extreme joy: The first stage of the 10 grounds of 50 stages at which a Bodhisattva experiences exhilaration. At this stage, the Bodhisattva starts practicing the Six Paramitas. *Cf. (Sipji)* Ten grounds or lands and *(Osip-i-wi)* Fifty-two stages of Bodhisattva.

촉 觸 근根과 경境 그리고 식識 세 가지의 접촉에 의하여 생기는 정신작용으로, 주관과 객관의 접촉 감각.

(Chok) The mental contact, touch, or texture: It refers to the contact between a sense organ and the corresponding sense object along with the participation of consciousness.

촉목보리 觸目菩提 눈에 보이는 것마다 모두가 보리菩提, 곧 진리[道]와 지혜[智]와 깨달음[覺]. 이것은 도道의 편재성遍在性을 가리키며, 중생이 할 일은 단지 집착과 분별심을 떠리고 마음을 비우는 것. 그러고 보면 도道를 너무 어렵게 생각하는 것이 탈. 냉수마시는 것도 깨달음, 마음만 비어 있다면. 무심시도無心是道, 평상심시도平常心是道 참고.

(Chokmokbori) Whatever strikes the eye is bodhi: Everything seen by the eye is the Way, wisdom, and enlightenment. It means the ubiquity or the omnipresence of the Way or truth, wisdom and enlightenment. All one has to do is to empty one's mind, leaving every attachment and discrimination behind. One may attain enlightenment while drinking fresh water if one's mind is empty. *Cf. (Musimsido)* Empty mind is the Way or *(Pyeongsangsim Sido)* Everyday mind is the Way.

촛대 촛불을 켜서 꽂아놓는 제구祭具.

(Chotdae) A candlestand or candlestick.

총간주지 塚間住支 총간주지는 납골당이나 무덤 근처에서 지내는 수행. 이것은 시체의 변화를 보며 부정관不淨觀을 닦게 해 준다.

(Chongganjuji) Practicing in the charnel house or near the grave yard: It has the advantage of witnessing the impurity and impermanence of body and our life.

총림 叢林 단림檀林이라고도 말함. 많은 스님들이 함께 수행하며 안거安居하는 사찰을 말하며, 많은 승려들이 모인 것을 나무가 우거진 수풀에 비유한 것. 그러나 현재 한국에서는 참선 전문 도량인 선원과, 경전 교육기관인 강원, 그리고 계율 전문 교육기관인 율원律院 등을 모두 갖춘 사찰을 지칭하며, 총림을 이끄는 주지를 방장方丈이라 말함. 현재 한국에는 오대五大 총림이 있다. 덕숭 총림德崇叢林 (수덕사修德寺), 조계총림曹溪叢林 (송광사松廣寺), 해인총림海印叢林 (해인사海印寺), 영축총림靈鷲叢林 (통도사通度寺), 고불총림古佛叢林 (백양사白羊寺).

(Chongnim) Comprehensive Seon monastery or complex: It literally means "a great assemblage of mendicants, or monks," a thickly populated monastery. It is usually consist of a sutra school, Seon meditation center, and vinaya or precept center. A comprehensive monastic training system, or the monastic educational complex. The head of the monastery is called "Bangjang" the spiritual master.

Currently there are five such monastic complexes in Korea. They are: Deukseung Monastic Complex (Sudeuksa Temple), Jogye Monastic Complex (Songgwangsa Temple), Haein Monastic Complex (Haeinsa Temple), Yeongchuk Monastic Complex (Tongdosa Temple), Gobul Monastic Complex (Baekyangsa Temple).

총무원 總務院 종단宗團의 살림을 총괄하는 본부.

(Chongmuweon) Administrative Headquarters of a Buddhist Order.

총무원장 總務院長 종단의 살림을 총괄하는 책임자.

(Chongmu Weonjang) Executive Director of Administration of the Order.

총섭 總攝 크게 어우름. 그러나 승통僧統을 총섭總攝이라고도 말함.

(Chongseop) A great adaptation or accommodation: It is also another name for *(Seungtong)* The Supreme Patriarch of the Sangha Army.

총지 摠持 범어梵語 dharani (다라니陀羅尼)를 번역한 말로, 선법善法을 갖추어 악법을 막는다는 뜻으로, 능지能持 또는 능차能遮라고도 말함. 마음속에 간직하여 잊어버리지 않는다는 뜻으로, 여래如來의 무량공덕을 총섭總攝하여 지닌다는 총섭임지總攝任持의 준말.

그런가 하면 총지總持가 진언眞言을 뜻하기도 하며, 산스크리트를 번역하지 않고 음音 그대로 적어서 외우는 것으로, 밀교에서는 주다라니呪陀羅尼라 하며, 재난을 없애는 힘이 있다고 보고 있다. 일반적으로 산스크리트문의 짧은 구절句節은 진언眞言 또는 주呪라하고, 긴 구절인 것은 다라니 또는 대주大呪라고 말한다. 진언眞言 참조.

(Chongji) The Sino-Korean term for dharani, mantra, or incantation. It is believed to have the power of preventing the evil deeds, and keeping all the merits of the Buddha. The literal meaning of the term is to "keep in mind not to forget."

It also sometimes means True-word or mantra. They don't translate it, and it is always chanted in Sanskrit. When the phrase is long, it is called dharani or great mantra, and when the phrase is short, it is called mantra or lesser mantra. *Cf. (Jineon)* The true-word.

최상승 最上乘 위없는 부처님의 가르침 또는 그러한 능력을 갖춘 수행자.

(Choisangseung) The Supreme-vehicle or teaching, or a man of the highest vehicle, the highest minded, a supreme mental disposition.

최상승법 最上乘法 위없는 부처님의 가르침.

(Choisangseunbeop) The unsurpassed teaching of the Buddha, or the teaching of the Supreme-vehicle.

최상승선 最上乘禪 일반적으로 간화선看話禪을 말함.

(Choisangseung Seon) The Supreme-vehicle meditation: It usually refers to Ganhwa Seon, or word-contemplation meditation.

추녀 처마 네 귀의 기둥 위에 걸리는 네모지고 긴 끝이 번쩍 들린 큰 서까래. 이런 용어도 영어로 전통사찰을 설명할 때 필요하다.

(Chunyeo) The protruding corners of Korean style eaves.

추념식 追念式 추도식追悼式과 같은 말. 지나간 일을 돌이켜 생각함, 또는 추도追悼의 뜻으로 죽은 사람에 대해 애도哀悼를 표시함.

(Chunyeomsik) A memorial ceremony.

추도사 追悼辭 애도하는 말.

(Chudosa) A memorial address.

추분 秋分 24절후節候의 16번째로, 춘분春分처럼 낮과 밤의 길이가 같은 날. 양력으로 9월 20일 경.

(Chubun) The autumnal equinox day of the year: It falls around the twentieth day of September by the solar calendar. As it is with the spring equinox day, it is the day when the lengths of the daylight and night are equal.

축원 祝願 원하는 대로 되기를 마음으로 바라거나, 부처님 앞에서 자기의 소원을 아뢰고 그것을 이룰 수 있도록 비는 것.

(Chukweon) Praying, supplication, or invocation for one's wish fulfillment before the Buddha.

축원문 祝願文 부처님 앞에 축원하는 뜻을 적은 글.

(Chukweonmun) A letter of prayer or supplication.

춘래초자생 春來草自生 봄이 돌아오면 풀은 저절로 자란다네. 그런데 평생 헛수고만 하는 욕심 많고 어리석은 인간들.

(Chunrae Chojasaeng) When spring comes or returns, grass grows by itself: This is the natural course of regeneration, and the most foolish creature in the whole universe is the greedy human being who toils all his life in vain.

춘분 春分 24절후節候의 넷째. 일 년 중 낮과 밤의 길이가 같은 날. 양력으로 3월 21일 경.

(Chunbun) The spring equinox day of the year, the day when the lengths of the daylight and night are the same. It falls around the twenty-first day of March by the solar calendar.

춘추시대 春秋時代 중국의 주周나라로부터 그 후 조趙나라의 건국에 이르는 기원전 770-403 시기의 전국시대戰國時代를 가리킴.

(Chunchu Sidae) The period of warring states in ancient China from the Zhou dynasty to the Chao dynasty (770-403 B.C.E.).

출가 出家 세속의 집을 영원히 버리고 불도佛道의 수행에 들어가 삭발하고 계戒를 받는 것.

(Chulga) Renunciation of the lay life to become a monk, or cut one's hair and leave home for good to join the Order.

출가자 出家者 출가하여 구족계具足戒를 받은 사람이란 뜻.

(Chulgaja) One who has renounced the lay life and received the full precepts.

출가재 出家齋 부처님께서 중생 구제를 위해 출가하심을 공양하는 법회. 음력 2월 8일.

(Chulgajae) Celebration of the great worldly renunciation of the Buddha. The eighth day of the second moon by the lunar calendar.

출리 出離 미혹의 세계, 곧 생사를 여의고 해탈의 경지에 이르는 것을 말함.

(Chulli) Emancipation from delusion and samsara and entrance into the realm of enlightenment.

출세 出世 불가佛家에선 두 가지 뜻이 있다. 하나는 세속을 버리고 불도佛道 수행에 들어가는 것이며, 다른 하나는 속세俗世에 나가 세상 사람들을 교화敎化하는 것.

(Chulse) There are three meanings: Leaving the secular world, or coming into the secular world; leaving home or the mundane world to become a monk or nun; appearing in the mundane world to teach and deliver sentient beings.

출세간 出世間 일체 생사의 법을 세간이라 하고, 출세간出世間은 생멸 변화하는 미혹迷惑한 세상을 벗어나 해탈의 경지로 들어감을 뜻함.

(Chulsegan) The supra-mundane world or realm: All that is bound by the law of birth and death is called the mundane, and all that is directed toward the attainment of Nirvana is regarded as supra-mundane, or the world severed from ego and attachment, the sources of all defilements.

출세간법 出世間法 삼승三乘에서 수행하는 사제四諦와 십이인연十二因緣, 그리고 육도六道 등의 행법行法.

(Chulseganbeop) The supra-mundane path or practice: The practices of the Fourfold Noble Truth, the Twelve Causal Conditions, and the Six Modes of Existence.

출세간지 出世間智 세간世間, 곧 속세俗世를 떠난 사성제四聖諦와 인연법因緣法에 대한 부처님의 참 지혜.

(Chulseganji) The supra-mundane or transcendental wisdom of the Four Noble Truths and the Buddhist doctrine of causality.

출장식 出長息 참선할 때의 호흡법으로, 숨을 내쉴 때 천천히 길게 숨을 쉬는 것.

그래야 정신적 스트레스와 육체적 긴장을 효과적으로 완화시켜준다고 한다. 그리고 흉식호흡胸式呼吸보다는 복식호흡腹式呼吸, 복식호흡보다는 단전호흡丹田呼吸이 더 효과적이라고 전문가들은 말한다.

(Chuljangsik) Long exhaling breathing method: Slow and prolonged exhaling breath when practicing meditation. Specialists say that belly breathing is better than breast breathing, yet abdominal breathing is much more effective than belly breathing.

출정 出定 입정入定의 반대. 참선을 끝낸 다음 자세를 푸는 것으로, 방선放禪과 같은 뜻. 이때 호흡과 동작은 천천히.

(Chuljeong) Untying one's posture at the end of meditation: Every movement should be very slow including breathing.

출출세 出出世 삼계三界의 미혹을 떠난 위에 다시 삼계외三界外의 미혹마저 떠나는 것을 말함.

(Chulchulse) Freedom from the three worlds of desire, form, and formlessness, and then even freedom from that realm which is beyond illusion.

출출세간 出出世間 보살의 십지十地 중 팔지八地 이상을 가리킴. 다시 말해 삼지三地까지를 세간世間, 사지四地에서 칠지七地까지를 출세간出世間이라 함.

(Chulchulsegan) The supra-supra-mundane: It means the Bodhisattva ground from the eighth stage to the tenth stage, the stages from the first to the third being the mundane world, and the stages from the fourth to the seventh being the supra-mundane world.

충효 忠孝 충성忠誠과 효도孝道를 아울러 일컫는 말.

(Chunghyo) Loyalty and filial piety: The foremost duty in the philosophy of Confucianism.

취 取 십이연기十二緣起의 하나. 애착愛着에서 일어나는 집착을 뜻하며 번뇌에 대한 총칭.

(Chwi) Grasping: A general or common term for passion, and one of the twelve links of dependent origination, which is the fundamental source of all defilements and afflictions.

취 趣 범어梵語 gati의 번역으로 도道라고도 번역함. 중생이 번뇌에 의하여 업보를 만들고, 그 업보로 인하여 끌려가서 사는 곳. 따라서 육도六道와 육취六趣는 같은 말.

(Chwi) The world, sphere, or realm of karmic existence which one is destined to fall into according to one's karma. *Cf. Yukdo* and *Yukchwi*, the alternate names for this word.

취모검 吹毛劍 선가禪家에서 깨침에 관해 이야기할 때 즐겨 쓰는 말. 입으로 분 머리카락이 칼날에 닫기만 해도 잘린다는 날카로운 칼. 그러나 이것은 온갖 번뇌를 단칼에 날려버릴 수 있는 마음 또는 지혜에 비유하기도 함.

(Chwimogeom) The hair-removing sword: The expression favored by Zen masters in the explanation of sudden enlightenment. The sword is so sharp that a hair blown across its blade will be cut in twain. It also refers to a sharp mind or wisdom that can dispell any defilement.

취사 取捨 취하고 버리는 것으로, 분별심分別心과 집착에 대한 다른 말.

(Chwisa) Discrimination, or grasping and rejecting: Another expression for likes and dislikes.

취온 取蘊 취取는 번뇌의 이명異名이니 번뇌로부터 온蘊을 취하고, 오온五蘊으로부터 번뇌를 내므로 취온取蘊이라 한 것. 유루有漏의 다른 이름.

(Chwion) The defiled, the conditioned, or defilement: All conditioned things are of this nature. Defilements instigate skandha or aggregates, and aggregates in turn instigate defilement.

측간 廁間 뒷간 또는 변소. 사찰에서 변소는 대개 동쪽에 지으므로 동정東淨이라고도 말함. 그러나 방향과 관계없이 모든 뒷간을 도사東司라고도 말함. 뒷간을 동쪽 방향에 짓는 것은 풍수설風水說 때문. 해우소解憂所 참조.

(Cheukgan) The outdoor latrine at a temple: Other more interesting names are: Dongsa 東司 and Dongjeong 東淨. "Dong 東" means the East, and "Sa 司" and "Jeong 淨" mean the house and clean or immaculate respectively. These variations imply "the clean house in the East." Why East? They usually build the outdoor latrine in the direction of the East from the house for configurational reasons. *Cf. (Haeuso)* The latrine, or "the place for emptying worries."

측은지심 惻隱之心 불쌍하고 가엾이 여기는 마음으로 사람의 근본 바탕.

(Ceugeun Jisim) The feeling of commiseration of pity, the essential substance of man.

측천무후 測天武后 중국 당나라 고종高宗의 황후王后 (623-705)로 도첩제度牒제를 실시하다.

(Cheukcheon Muhu) Empress Wu (623-705) of the Tang Dynasty, who established the system for the royal court to issue licences for monks.

치 癡 삼독三毒과 근본번뇌根本煩惱의 하나. 현상現狀과 도리道理에 대해 마음이 어두운 것. 불교에서는 인생의 모든 고통과 번뇌의 근본을 치癡라 말하며, 사물事物의 실상을 밝히 알지 못하므로 미迷하다고 봄.

(Chi) Moha or delusion: The primary cause of all sufferings and defilements, which arise from the ignorance of the true reality of things and of universal principles--the voidness and the law of dependent origination.

치구심 馳求心 치구심馳求心이란 달마대사達磨大師의 말씀으로, 무엇을 추구하려는 마음. 인연법을 깨달아 형상을 좇지 말고 이것을 놓는 것이 평상심이며 번뇌로부터의 해탈. 해탈이라고 하여 어렵게 생각할 필요 없다. 화두를 들고 평생을 앉아있어도 이 치구심을 놓지 못하면 모두 허사.

(Chigusim) The grasping mind: The term comes from Bodhidharma, the first Patriarch of the Chinese Ch'an School. With the realization of the truth of dependent origination and the ultimate emptiness of the whole universe, just let go of your grasping mind, and you will surely attain enlightenment and Nirvana which is free from defilement and suffering.

치답 置答 범부凡夫가 두려워할까봐 들어내어 직답直答을 하지 아니함을 말함.

(Chidap) An irrelevant answer: It is offered when one thinks a common man might be afraid to hear the truth of a direct answer. *Cf. (Seonmundap)* Seon dialogue between the master and practitioner.

치망 癡網 새가 그물에 걸려있는 것처럼, 중생이 온통 어리석은 마음에 걸려있는 있음을 말함.

(Chimang) The net of ignorance: The birds are an easy target of a net. So are sentient beings to the great net of ignorance.

치문 緇門 두 가지 뜻이 있다. 1) 치緇는 출가出家의 도道란 뜻이며, 치문緇門이란 물든 옷을 입은 사람들의 세계라는 뜻으로, 승려僧侶에 대한 다른 이름. 특히 남방불교의 승복僧服 색깔은 무소유를 상징함. 2) 치문경훈緇門警訓, 곧 출가한 학인學人이 처음 배우는 책.

(Chimun) The door of monasticism: It has two meanings. 1) Another name for the priest, or the community of people who wear dyed clothes, especially the dark brown color, which symbolizes non-possession or worldly renunciation. 2) The name of a textbook the students learn when they first enter the monastic life.

치성 致誠 불보살佛菩薩님께 정성을 드림, 곧 있는 정성을 다함.

(Chiseong) Utmost devotion or ceremonial ritual to the Buddha and Bodhisattvas.

치유활력 12법칙 治癒活力 十二法則 병을 치유하는데 활력을 불어넣어주는 12가지 법칙.

1) 삭삭미소數數微笑 (혼자 있을 때, 거울 볼 때, 스스로 자주 '싱긋' 웃자)
2) 작작공양嚼嚼供養 (음식은 오래 꼭꼭 씹으면서 맛있게 먹자)
3) 칭칭관음稱稱觀音 (노는 입에 틈나는 대로 '관세음보살' 명호를 외우자)
4) 표표길억表表吉憶 (과거 좋았던 추억만을 떠올리자)
5) 낙락서가樂樂書歌 (좋은 책은 많이 읽고, 허밍으로 노래하자)
6) 사사원망捨捨怨望 (원망하는 마음은 버리고 마음속 깊이 용서하라)
7) 동동사대動動四大 (가볍게 걷고 운동하자)
8) 명명대면明明對面 (만나는 사람마다 환한 얼굴로 먼저 인사하자)
9) 용용선심用用善心 (언제든지 마음을 밝고 좋게 쓰자)
10) 안안수면安安睡眠 (편안한 마음으로 잠을 푹 자자)
11) 화화호사話話好事 (건전한 대화를 많이 나누자)
12) 임임불타任任佛陀 (부처님께 모든 것을 맡기고 밝은 미래를 상상하자)

(Chiyu Hwallyeok Sip-i Beopchik) 12 principles of vitality for healing illness:

1) Let's make sweet smiles when we are alone, or when we look our face in the mirror.
2) Let's chew food many times and enjoy it.
3) Let's recite the name of Gwanseumbosal when the mouth has no work to do.
4) Let's recall the good memories of the past.

5) Let's read the books all the time and sing a song in a humming tone.
6) Let's forget about resentment, and forgive them from the deep of our mind.
7) Let's take a light walk and do some exercise.
8) Let's greet the people first with a bright face.
9) Let's always keep our mind bright for the good.
10) Let's have a sound sleep with ease of the mind.
11) Let's have a wholesome dialogue as often as possible.
12) Let's leave everything to Buddha and dream a bright future.

치의 緇衣 승려가 입는 검고 빛나는 옷. 괴색壞色이라고 하여, 아주 검은 색도 아니고 붉은 색도 아닌 회색灰色에 가까운 빛깔이므로 괴색이라 하며, 비정색非正色이라 함.

(Chiui) A Dharma robe of a dark color between black and red, or close to ash color, which is also called "non-standard color."

친견 親見 직접 보거나 뵙는 영예를 얻거나 가르침을 받는 것.

(Chingyeon) Having the honor of a private interview or audience with an eminent personage, having consultation with, or receiving instructions from the master.

친소연연 親所緣緣 유식종唯識宗에서 마음의 대경對境을 소연所緣이라 하고, 대경對境은 마음에 대한 연緣이 되어 마음에 작용을 일으키므로 소연연所緣緣이라 말함. 그리고 이 생각함으로 아는 마음의 작용인 견분見分에 대하여, 그 친근親近 대경對境인 상분相分을 친소연연親所緣緣이라 말함. 열 번만 곰 새겨볼 것. 뜻이 확연히 들어난다. 영문설명과 소소연연疎所緣緣 참조.

(Chinso Yeonyeon) Proximate objective condition: The doctrine of the Mind-only School. The objective realm of things arouses the mind by means of condition, and this close relationship is called the proximate objective condition. *Cf. (Sosoyeonyeon)* The mutual condition of the subject and object.

칠각지/분 七覺支/分 깨달음의 지혜를 얻게 해주는 일곱 가지 방법. 각지覺支/分은 깨달음의 수단이라는 뜻.

1) 택법각분擇法覺支 (지혜로 법을 바르게 선택함)

2) 정진각분精進覺支 (진실한 법에 따라 정진함)
3) 희각분喜覺支 (참된 법法의 기쁨을 얻음)
4) 경안각분輕安覺支 (몸과 마음을 가볍고 편안하게 함)
5) 사각분捨覺支 (온갖 허망한 생각을 놓음)
6) 염각분念覺支 (마음을 집중하여 흐트러지지 않게 함)
7) 선정분禪定支 (선정禪定을 항상 즐김)

(Chilgakji/bun) Seven enlightenment factors, or methods of wisdom:
1) Right discrimination or distinguishing right and wrong in accordance with the Buddha's teaching.
2) Great effort or perseverance for meditation practice.
3) Joyous zest, or joy concerning the view of the Buddha's teaching.
4) Equanimity of body and mind through overcoming passions.
5) Freedom from delusion or attachment.
6) Concentration or tranquility through overcoming the passion.
7) Tranquility and the sustained enjoyment of mindfulness.

칠대 七大 우주와 인생 그리고 만유萬有의 체성體性을 7종으로 본 것. 곧 지대地大, 수대水大, 화대火大, 풍대風大, 공대空大, 견대見大, 식대識大. 다시 말해 사대四大인 지수화풍地水火風에다 空大, 見大 그리고 識大를 추가한 것. 이때 空大란 성품이 두루하여 장애가 없음을, 見大란 삼라만상이 우주에 가득함과 같이, 견 見의 성품도 법계法界에 가득 차 있으므로 見大라 하고, 識大 역시 깨달음이 그대로 우주에 편재함을 뜻함. 사대四大 참조.

(Childae) Seven primary or great elements: Earth, water, fire, air or wind, space, perception, and consciousness. It is actually an addition of the last three elements to the four primary elements--earth, water, fire, and air. The additional primary elements of space, perception, and consciousness contain the greatr nature of the substantial elements which pervade the whole universe. *Cf. (Sadae)* Four great elements.

칠만 七慢 자기가 잘난 줄로 믿어 남을 업신여기는 일곱 가지 교만한 마음. 이것을 우리말로는 봐줄 수 없다는 뜻으로 꼴불견이라 말한다.
1) 만慢 (자기보다 못한 사람에 대해 우월감을 품는 교만)
2) 아만我慢 (자기의 실력만을 믿고 다른 사람을 업신여기는 교만)
3) 과만過慢 (자기와 같은 사람에 대해 우월감을 나타내는 교만)

4) 만과만慢過慢 (자기보다 나은 이에 대해 우월감을 나타내는 교만)
5) 증상만增上慢 (아직 깨달음을 얻지 못하였음에도 깨달았다고 생각하는 교만)
6) 비만卑慢 (자신을 낮추는 듯 하나, 사실은 속으로 아만을 부리는 교만)
7) 사만邪慢 (아무것도 베푼 것이 없으면서도 베풀었다고 생각하는 삿된 교만)

(Chilman) Seven categories of pretension or arrogance: The most foolish thing one can ever do.

1) Arrogance or pride in feeling superior to inferiors.
2) Arrogance due to false estimation of oneself.
3) Arrogance in feeling superior to equals.
4) Arrogance of self-confidence over the higher minded.
5) Arrogance due to false enlightenment, or high opinion of oneself.
6) Arrogance due to deceptive civility, false modesty or pride in thinking oneself inferior.
7) Arrogance of deceptive benevolence.

칠보 七寶 일곱 가지의 보배. 칠진七珍이라고도 말하며, 그 종류에 다소 차이는 있지만 대개 다음을 말함. 금金, 은銀, 유리琉璃, 수정水晶, 백산호白珊瑚, 적진주赤眞珠, 마노瑪瑙.

(Chilbo) Seven precious jewels: The list varies, but it is usually given as the follows: Gold, silver, lapis lazuli, crystal, agate, rubies or red pearls, and carnelian.

칠불 七佛 과거에 나타난 일곱 부처. 그러나 이들은 역사적 사실이라기보다는 부처님의 정통성을 뒷받침하기 위한 하나의 방편으로 보는 것이 좋을 것이다.

1) 비바시불毘婆尸佛. 2) 시기불尸棄佛. 3) 비사부불毘舍浮佛. 4) 구류손불拘留孫佛. 5) 구나함모니불枸那含牟尼佛. 6) 가섭불迦葉佛. 7) 석가모니불釋迦牟尼佛.

(Chilbul) The seven ancient Buddhas: Yet they should be regarded as imaginary expedients which support the authenticity of Sakyamuni Buddha: 1) Vipasyin Buddha. 2) Sikhin Buddha. 3) Visvabhu Buddha. 4) Krakucchanda Buddha. 5) Kanaka Buddha. 6) Kasyapa Buddha. 7) Sakyamuni Buddha.

칠불가피 七不可避 칠법불가피七法不可避라고도 말함. 생로병사죄복인연生老病死罪福因緣은 중생들이 피할 수 없는 것이므로 이렇게 말함.

(Chilbulgapi) Seven inevitabilities: Birth, old age, sickness, death, sin, fortune, and causality.

칠지 七地 보살菩薩 십지十地중의 제칠지第七地인 원행지遠行地를 말함. 수혹修惑을 끊고 대비심 大悲心을 일으켜 광대무변한 진리의 세계에 이르는 지위. 십지十地 참조.

(Chilji) The seventh stage: The land of far-reaching in the ten stages of the Bodhisattva way. This is the stage of the Bodhisattva way to enlightenment where one should remove the latent or conceptual delusions, such as greed, anger, and ignorance and then raise great compassion for sentient beings to attain the infinite land of truth.

칠불통계게 七佛通誡偈 과거의 칠불七佛이 한결같이 가르쳤다는 게송偈頌.

제악막작諸惡莫作 (모든 악이란 악은 다 행하지 말고)
중선봉행衆善奉行 (모든 선은 다 받들어 행하며)
자정기의自淨其意 (각자 자기의 마음을 깨끗이 하라)
시제불교是諸佛敎 (이것이 모든 부처님의 가르침 이니라)

(Chilbultong Gyege) A common refrain of the gatha of seven ancient Buddhas:

Do not commit evil.
Try to be good to all beings.
Keep your mind pure all the time.
This is the teaching of all the Buddhas.

칠상 七想 일곱 가지 지각知覺. 1) 무상상無常想 (덧없다는 생각) 2) 무아상無我想 (내가 과연 존재하는 가에 대한 생각) 3) 부정상不淨想 (몸은 정결치 못하다는 데에 대한 생각) 4) 고상苦想 (온갖 신체의 고통에 대한 생각) 5) 사리상捨離想 (단념에 대한 생각) 6) 이정상離情想 (정情을 떨치는 데에 대한 생각) 7) 멸상滅想 (단멸에 대한 생각)

(Chilsang) Seven perceptions: 1) Perception of impermanence. 2) Perception of egolessness or non-self. 3) Perception of impurity of body. 4) Perception of wretchedness of body. 5) Perception of relinquishment. 6) Perception of dispassion. 7) Perception of cessation.

칠식 七識 법상종法相宗에서 우리의 심식心識을 여덟 가지로 나눈 가운데 제 칠 말나식末那識과 제 육식六識 그리고 전 오식前五識을 말함. 그런가하면 제 칠식七識, 곧 사량식思量識만을 말하기도 함.

그러나 부처님은 능가경愣伽經에서 意識, 곧 분별식에 대해 다음과 같이 분명히 말씀하심: '경계境界에 대한 분별식이 멸하는 것, / 이것이 곧 열반이라 말하네.' 말나식末那識 참조.

(Chilsik) The seven consciousnesses: An addition of a seventh and sixth consciousness to the prior or basic five consciousnesses. Sometimes it also refers to the seventh consciousness.
However, Buddha gives a clear definition of consciousness as follows in the Surangama Sutra: "Extinction of discriminative percepts, / That is what we call Nirvana." *Cf. (Mallasik)* The seventh consciousness.

칠십오법 七十五法 설일체유부說一切有部 또는 구사종俱舍宗에서, 우주 만유萬有의 실체를 75가지의 범주 아래, 색법色法, 심법心法, 심소유법心所有法, 심불상응법心不相應法, 무위법無爲法의 다섯 부류로 분류한 것.

(Chilsip-obeop) The seventy-five Dharmas: Abidharmakosa classified all phenomena under seventy-five categories or elements, and then subdivided them again into five groups: material, mind, mental qualities, non-mental, unconditioned Dharma or Nirvana.

칠언율 七言律 칠언팔구七言八句로 된 한시漢詩.

(Chileonyul) A verse with seven words in each line composed of eight lines in Chinese characters.

칠언절구 七言絶句 한 구句가 일곱 자字로 된 한시漢詩.

(Chileon Jeolgu) A quatrain with seven Chinese characters in each line.

칠재보 七財寶 성과聖果, 곧 깨침과 열반을 얻기 위한 일곱 가지 귀한 보배 1) 신재信財 (바른 가르침을 믿는 것) 2) 계재戒財 (계戒를 지키는 것) 3) 참재慚財 (스스로 부끄러워하는 것) 4) 괴재愧財 (남에게 부끄러워하는 것) 5) 문재聞財 (바른 가르침을 많이 듣는 것) 6) 사재捨財 (모든 것을 버려 보시하는 것) 7) 혜재慧財 (진실한 지혜를 얻는 것)

(Chiljaebo) Seven treasures of Dharma to help attain enlightenment and Nirvana: 1) Faith in the Dharma. 2) Keeping the precept. 3) Humility 4) Self-reproof or contrition. 5) Listening to the teachings of Buddha. 6) Offering or charity. 7) A wealth of wide knowledge and wisdom.

칠전도 七顚倒 삼전도三顚倒와 사전도四顚倒를 합친 것.

(Chiljeondo) Seven misconceptions, or perverted notions: It is the combination of the three and four misconceptions.

칠정 七情 사람의 일곱 가지 정서情緖, 기쁨喜, 노여움怒, 근심憂, 두려움懼, 사랑愛, 증오憎惡, 욕망欲望.

(Chiljeong) The seven basic emotions: Pleasure, anger, sorrow, fear, love, hatred, and desire.

칠정 七淨 일곱 가지 청정淸淨. 첫 번째는 계율에 해당되고, 두 번째는 선정禪定, 나머지 다섯 단계는 지혜의 측면에 해당됨. 그리고 또 이들 일곱 단계는 전후로 서로 연관이 되어 발전적으로 앞쪽 것이 뒤에 따라오는 것을 돕는 형식으로 구성되어 있다.

1) 계청정戒淸淨 (말과 몸가짐을 정갈히 하고)
2) 심청정心淸淨 (마음을 깨끗이 닦고)
3) 견청정見淸淨 (눈을 정갈히 하고)
4) 단의청정斷疑淸淨 (의심을 말끔히 씻고)
5) 분별청정分別淸淨 (분별심을 깨끗이 여의고)
6) 행청정行淸淨 (행동거지를 정갈히 하여)
7) 열반청정涅槃淸淨 (청정한 열반을 이루는 것)

(Chiljeong) Seven kinds of purification, the sevenfold purification, or seven stages of purification: The first is about precepts, the second is about samadhi, and the rest are about wisdom. Each stage is to be attained in sequence, each stage supporting for the one that follows.

1) Purification of body and speech, or purity in observance of precepts or morality.
2) Purification of consciousness, or purity in mind.
3) Purification of view, or pure perceptions.
4) Purification of overcoming doubt, or purity in the resolution of doubts.
5) Purification by knowledge and vision of what the path is and what is not the path, or purity in discernment of paths.
6) Purification by knowledge and vision of the way, or purity in knowledge and insight into bondage.
7) Attainment of purity in Nirvana and ultimate bliss.

칠중 七衆 부처님의 교단敎團을 구성하는 불제자佛弟子를 말함. 비구比丘, 비구니比丘

尼, 사미沙彌, 사미니沙彌尼, 식차마나式叉摩那 (사미니가 비구니가 되기 직전 이년二年간, 곧 학법녀學法女) 우바새優婆塞, 우바이優婆夷.

(Chiljung) Sevenfold community or assembly of the Buddhist religious body: Bhikku, Bhikkuni, male Buddhist novice, female Buddhist novice, Siksamana, or an apprentice female Buddhist novice, layman, and laywoman.

칠진여 七眞如 진여眞如는 본래 차별이 없고 평등한 것이지만, 다른 여러 가지 방면으로 보아 칠종으로 나눈 것.

1) 유전진여流轉眞如 (생멸변화하는 것들의 실성實性으로서의 진여)
2) 실상진여實相眞如 (아집我執과 법집法執을 끊은 자리에 나타나는 진여)
3) 유식진여唯識眞如 (유식唯識의 실성實性으로서의 진여)
4) 안립진여安立眞如 (사제四諦 가운데 고제苦諦의 실성實性으로서의 진여)
5) 사행진여邪行眞如 (사제四諦 가운데 집제集諦의 실성實性으로서의 진여)
6) 청정진여淸淨眞如 (사제四諦 가운데 멸제滅諦의 실성實性으로서의 진여)
7) 정행진여正行眞如 (사제四諦 가운데 도제道諦의 실성實性으로서의 진여)

(Chiljinyeo) Sevenfold true-suchness: True-suchness is originally beyond categorization but for convenience's sake, it is classified into seven types.

1) True-suchness of transmigration.
2) True-suchness of the reality of things free from attachment of self and Dharma.
3) True-suchness of consciousness only.
4) True-suchness of suffering, the first of the Four Noble Truths.
5) True-suchness of grasping, the second of the four Noble Truths.
6) True-suchness of purity, a complete cessation of defilements, the third of the Four Noble Truths.
7) True-suchness of the right path, the fourth of the Four Noble Truths.

칠칠기일 七七忌日 칠일마다 망인亡人을 위해 49일 동안 지내는 제일祭日.

(Chilchilgiil) Weekly memorial days for a deceased person: Weekly memorial days are observed for the intermediate state (limbo) of a deceased person for seven weeks.

칭념/구칭 稱念/口稱 입으로 '나무아미타불'을 부르고 마음으로 아미타불을 생각함.

(Chingnyeom) Chanting and thinking: Simultaneous action of chanting "Namu-ami-tabul" and thinking of Amitabha Buddha in mind.

칭명/구칭 稱名/口稱 염불念佛과 같은 뜻으로, 입으로 부처님의 이름을 부르는 것.

(Chingmyeong (Yeombul)) Invoking the name of Amidabha Buddha (while meditating upon him).

칭송 稱頌 공덕功德을 찬양하여 일컬음.

(Chingsong) Praising or lauding the merits or virtuous deeds.

칭법 稱法 칭성稱性 이라고도 말함. 진여眞如에 맞는 가르침이라는 뜻. 이래서 불교가 어렵다는 말이 나온다.

(Chingbeop) The teaching that accord with the true-suchness. This is one of the typical difficult Buddhist terms.

【 ㅋ 】

카르마 요가 범어梵語 Karma-yoga. 인간으로서 해야 할 본분의 수행이 곧 해탈로 이어진다는 것.

(Karma-yoga) This is the meditation which all humans should practice to attain complete liberation and enlightenment.

카필라 범어梵語 Kapila의 음역으로 부처님이 탄생하신 곳. 현재 네팔의 Tarai 지방.

(Kapila) It is where Buddha was born. It is present Tarai in Nepal.

칸타카 부처님이 카필라성을 빠져나올 때 타고나온 말의 이름.

(Kanthaka) The name of the horse on which the Buddha was mounted when he left his home to renounce the world.

쾌락 快樂 감성적感性的 만족. 다시 말해 감각적 욕망의 충족에서 오는 쾌감. 접촉에서 오는 쾌락이란 슬픔의 원천이며, 또 오래 가지 못하는 법. 따라서 분별 있는 사람은 이에 탐닉하지 않는다.

(Kwaerak) The carnal or sensory pleasures or gratification: Whatever pleasures are born of contacts are only sources of sorrow; they have a beginning and an end. No wise man delights in them.

【 ㅌ 】

타계 他界 자기에게 속하지 않는 다른 세계. 그런가 하면 죽음에 대한 완곡한 표현이기도 함.

(Tagye) The other world that does not belong to oneself. It is also a euphemism for dying.

타력 他力 아미타 부처님이나 관세음보살에 의탁하듯, 다른 불보살佛菩薩의 자비에 의해 구제되기를 바라는 것. 다시 말해 화두선話頭禪을 자력신앙自力信仰이라 말하고, 염불선念佛禪을 타력신앙他力信仰이라고 말하나 그것은 단순 논리이다. 염불선念佛禪에도 여러 가지가 있음을 알아야 하며, 수행의 궁극적인 목적이 강을 건너는 것이라면, 헤엄을 쳐서 건너가든 뗏목을 타고 건너가던 그것은 그리 중요하지 않다고도 말한다. 다시 말해 화두선 만을 고집하는 것도 하나의 법집法執 이라는 것.

(Taryeok) Other-power: Emancipation by faith in other's power such as relying on Amitabha in the Pure Land of Bliss. Some people think that hwadu meditation is self-power and that chanting the name of the Buddh is other-power.

However, we must know that there are a few different modes of Buddha chanting, and it is not fair to label them all as the practice of other-power of lesser-minded. We must also know that there are many ways to reach the other shore of enlightenment according to the capability of the individual.

타분행 他分行 남을 위해 실천 수행하는 것.

(Tabunhaeng) Cultivation and practice others.

타성일편 打成一片 화두가 자기가 되고 자기가 화두가 되는 경지. 일체의 감정과 계교計巧를 버리고 천차만별의 사물事物이 하나로 되는 것, 마치 대장간에서 벌겋게 다른 쇠를 두들겨 연장을 만드는 것처럼. 선종禪宗에서 즐겨 쓰는 표현.

(Taseong Ilpyeon) Strike hard and all become one: The complete unity of oneself and hwadu. Strike everything to make a single piece of mind without any discrimination, sentiment, or manipulation, just like a blacksmith striking a hot piece of metal to make a tool, a term favored by Seon Buddhism. It is another way of expressing a great exertion

and concentration.

타좌 打坐 좌선에 대한 강한 표현. 곧 말뚝처럼 꼼짝하지 않고 앉아 정신 집중을 하는 것.

(Tajwa) Sit still like a post without the slightest movement like a post for meditation or concentration of the mind.

타화자재천 他化自在天 타화천他化天 또는 제육천第六天이라고도 말함. 육욕천六欲天의 하나로 욕계의 가장 높은 곳에 있는 하늘로, 욕계천欲界天의 마왕魔王이 있는 곳.

(Tahwa Jajaecheon) The heaven of free enjoyment of other's manifestations, or the heaven of free enjoyment of others' emanations: The sixth and highest heaven in the realm of desire, which is the abode of the King of Mara.

탁마 琢磨 옥을 다듬듯 마음과 몸을 갈고 닦음.

(Takma) Refinement or polishing: Cultivating the mind and body as though cutting and polishing a precious stone.

탁발 托鉢 걸식乞食, 행걸行乞이라 번역. 수도修道하는 스님이 경문經文을 외우면서 집집마다 다니며 동냥하는 일. 그러나 이것은 단순한 구걸이 아니라 중생의 복전福田이 되고 이들에게 착한 인연을 심는 보살행. 이것은 또 무소유 사상을 의미하기도 함.

(Takbal) Mendicity: Begging for alms, going about begging in the village, or an act of showing the way of compassion and humility to lead sentient beings to enlightenment. It is also based on the philosophy of non-possession.

탁발승 托鉢僧 운수납자雲水衲子라고도 말함. 탁발을 하며 수행하는 스님.

(Takbalseung) A mendicant: It is also called a wandering mendicant.

탁발안행 托鉢雁行 남방에서 스님들이 기러기가 질서정연하게 열을 지어 나르듯 열을 지어 탁발하는 것.

(Takbal Anhaeng) Monks begging for food while walking in a V-formation like flying geese. This may be seen in the Theravada Buddhism in the South-eastern countries, but not in the countries of Mahayana Buddhism.

탁본 拓本 목판木板이나 금석金石에 새긴 글이나 그림을 종이에 그대로 문질러 박아냄.

(Takbon) An "ink rubbing" made by placing paper over the carved inscriptions on a board or stone slab and rubbing with Chinese ink.

탄트라 부처님의 비밀스런 가르침과 수행을 가리킴. 탄트라 불교와 밀교 참조.

Tantra: General meaning of "method" in general. In Buddhism it refers to the esoteric teachings and practice of the Buddha. *Cf.* Tantric Buddhism and *(Milgyo)* Esoteric cult or Buddhism.

탄트라 불교 7-8세기에 출현한 순수밀교는 대승불교의 이념을 종교적 의례儀禮에 의해 표현하려 하였으나, 후에 힌두교의 요소가 차츰 섞여 들어왔다. 대승大乘과 소승小乘에 대해 금강승金剛乘으로 불리기도 함.

(Tantra Bulgyo) Tantric Buddhism: The path to awakening that relies upon the esoteric or tantric teachings of the Buddha. But it came to be influenced by the elements of Hinduism in its development. *Cf.* *(Geumgang Seung)* Tantra or the Diamond-vehicle.

탈춤 얼굴에 탈을 쓰고 추는 춤.

(Talchum) A mask dance.

탐 貪 범어梵語 연소라는 뜻인 raga의 번역. 심소心所의 이름으로, 삼독三毒의 첫 번째로 온갖 번뇌와 고통의 우두머리. 이는 또 육근본번뇌六根本煩惱의 하나이기도 함. 일반적으로 탐貪을 없애는 데는 부정관不淨觀을 닦음을 요한다.

다음은 법구경法句經에 나오는 말씀: '탐하지 않으면 죽지 않고 / 도道를 잃으면 스스로 죽느니라.'

(Tam) Raga: Craving, or cupidity, the first of the three poisons, craving, anger, and ignorance. It is also the first of the six fundamental afflictions: craving anger, ignorance, pride, doubt, and false view. Its nature is that of defiled attachment to existence and its causes, and it is the primary cause all defilements and sufferings. The common way of eradicating greed is practicing contemplation on impurity.

The following is a verse from the Dhammapada, or the Way of Virtue: "You will never die if you can control craving, / But you will surely die if lose the Dao."

탐애 貪愛 색色 · 성聲 · 향香 · 미味 · 촉觸의 오경五境을 탐하여 애착하는 것.

(Tamae) Craving: Attachment to the five percepts of form, sound, smell, taste, and touch.

탐욕 貪慾 삼독의 하나. 탐애貪愛, 탐착貪着이라고도 말함. 자기의 뜻에 맞는 일이나 물건을 애착하여 탐내고 만족할 줄을 모르는 것을 말함.

(Tamyok) Raga: Greed or avarice, the first of the three poisons, and the foremost cause of all sufferings.

탐익 耽溺 어떤 일을 몹시 즐겨서 거기에 지나치게 홀리어 빠짐.

(Tamik) Indulgence or addiction: The fall into gratification of desire.

탐진치 貪瞋痴 사람의 착한 마음에 해독害毒을 끼치는 세 가지 번뇌煩惱인 욕심, 성냄, 그리고 어리석음. 그런데 이때 꼭 알아야 할 것은, 욕심이란 온갖 고통과 불행의 근본 원인이며, 특히 어리석음이란, 단순한 무지無知를 가리키는 것이 아니라, 정확히 말해 부처님께서 6년의 고행 끝에 보리수 아래에서 깨치신 연기법에 대한 무지를 의미한다는 것을 알아야 한다. 만약에 이 두 가지 불교의 핵심 교리를 모른다면, 모두가 겉치레이며 허사가 될 수 있다.

(Tamjinchi) The three poisonous elements: Craving or greed, anger or hatred, and ignorance or illusion. However, we must understand that greed is the fundamental cause of all suffering, and that ignorance is not just lack of knowledge but the ignorance of the law of causality which Sakyamuni Buddha realized under the bodhi tree after six years of ascetic practice and meditation.

탐착 貪着 탐욕과 집착은 깨달음에 이르는 길의 가장 큰 두 장애물.

(Tamchak) Craving, or greedy attachment: The greatest obstacle to enlightenment.

탑 塔 부처님의 유골과 유물을 안치하고 공양하기 위하여 세운, 좁고 높다란 구조물.

(Tap) Pagoda or stupa where ashes and remains or relics of the Buddha are enshrined to pay homage.

탑돌이 부처님의 공덕을 생각하면서 탑 둘레를 오른쪽으로 세 번 도는 것을 말하며, 경전을 머리에 얹고 하는 경우도 있다. 오른쪽 어깨는 존경의 표시.

(Tapdori) Circumambulation: Passing around a stupa/pagoda three times in a clockwise direction and keeping it on one's right side while keeping palms pressed together, sometimes with a sutra on one's head, to pay homage to the Buddha. The right shoulder signifies respect.

탑명 塔銘 탑塔에 새겨진 망자亡者의 업적을 찬양하는 글.

(Tapmyeong) Inscription on the body of stupa: An inscription praising the merit of the deceased.

탑묘 塔廟 탑塔과 같은 뜻으로, 탑塔은 산스크리트어 탑파塔婆 (stupa)의 준말, 묘廟는 그 번역. 따라서 탑묘塔廟는 산스크리트어와 한문을 아울러 든 것.

(Tapmyo) The mausoleum, or stupa: This term combining the two names for stupa in Sanskrit and Chinese, "tap" being the abbreviation of "tappa 塔婆," Chinese for "stupa," and "myo 廟," another rendering for stupa in Chinese.

탑신 塔身 탑의 몸체.

(Tapsin) The main structure of a stupa.

탑주 塔主 묘탑廟塔을 관리하는 스님.

(Tapju) The priest who is in charge of maintaining the stupa.

탕탕무애 蕩蕩無碍 일체에 걸림이 없는 무한한 자유.

(Tangtang Muae) A complete and boundless freedom from hindrance.

태극 太極 역학易學에서 우주 만물이 생긴 근원이라고 보는 본체. 하늘과 땅이 아직 나누어지기 전, 세상 만물이 생성되는 근인이 되는 것.

(Taegeuk) The Great Whole or Void: The ultimate reality of the universe in the art of Confucian divination. A name for the whole of reality, including both the natural order of things and whatever realms of being may be regarded as transcending that order.

태자 太子 황위皇位를 계승할 황자皇子. 동궁東宮이라도 말함.

(Taeja) The crown prince, or the heir-apparent of the emperor.

태장계 胎藏界 금강계金剛界와 함께 밀교의 이대二大 교의教義로, 어머니의 태안에는 오장육부五臟六腑 등 몸의 모든 중요한 기관이 있듯이, 일체 중생에게는 본래 평등하게 대일여래大日如來의 이성理性을 갖추고 있음을 비유한 것.

(Taejanggye) The realm of garbhadhatu or womb, or the storehouse of the womb world: Along with the realm of diamond, one of the two major doctrines of Esoteric Buddhism. It is a metaphorical way of expressing that just as there are all kinds of vital organs in the womb of the mother, likewise we are all equiped with all the essential natures of Mahavairochana Buddha.

태장계만다라 胎藏界曼荼羅 원래의 이름은 대비태장생만다라大悲胎藏生曼荼羅이며, 밀교의 두 대표적인 진언 중의 하나로, 대일경大日經에 근거하여 그려진 것. 모태母

胎, 곧 여성원리인 모성세계의 표현. 여성의 자궁 내부에서 생명의 종자가 집을 지어 점차 성장해가는 모습을 비유한 것. 금강계만다라金剛界曼荼羅 참조.

(Taejanggye Mandala) Garbhadhatu mandala, or womb mandala: One of the two major mandalas of Esoteric Buddhism. It symbolizes the matrix of all things or phenomena, and represents the principle of maternity and the static aspect of the cosmos based on the Mahavairochana Sutra, or the Sutra of the Great Radiant One. *Cf. (Geumganggye Mandala)* Vajradhatu mandala or the mandala of the diamond realm.

태허 太虛 분화分化 이전 우주의 참모습인 동시에 우주의 본 모습. '태공 太空', 그러나 여기에서 허공이 분화分化하여 온 우주의 삼라만상森羅萬象의 모습을 드러낸다. 창조설???

(Taeheo) The primordial void: The true face of the universe before the formulation of the cosmos, or "the great-whole emptiness."

택멸 擇滅 열반에 대한 다른 이름. 열반은 지혜의 간택簡擇과 판단의 힘으로 번뇌를 끊은 자리에 나타나는 것이므로 택멸擇滅이라 말함.

(Taekmyeol) Wise choice of cessation: Another name for Nirvana because Nirvana is attained only through the cessation of defilement by the wisdom of right discrimination and judgement.

택멸무위 擇滅無爲 간택簡擇의 힘으로 여러 가지 잡념을 멸하여 구경究竟의 진리를 얻는 까닭에 擇滅無爲라고 말함. 여기에서 간택이란 현명한 판단, 곧 선택을 뜻하며, 무위無爲란 열반을 뜻함.

(Taekmyeol Muwi) Nirvana attained by the wise judgement to release all worldly passions.

탱화 幀畵 대개 불상 뒤에 걸어두는 불보살佛菩薩과 성현들의 초상을 그린 불화佛畵. 따라서 조사祖師들의 진영眞影과 정상頂相과는 다르다.

(Taenghwa) A Buddhist scroll painting featuring the Buddha, Bodhisattva and saints, usually hung directly behind statues of the Buddha or the Bodhisattvas in the Dharma Hall. It should be distinguished from a portrait or picture of the patriarchs.

토굴 土窟 스님들이 혼자서 수행하기 위해 산중에 시설한 허름한 집.

(Togul) Kuti : A small makeshift hermitage, or a solitary hut in the

deep mountains where the priest practices alone for days and nights, or sometimes even for months and years. It literally means a "dugout."

토끼뿔 허공의 꽃과 같이 있지도 않는 억지 주장.

(Tokipul) Hare's horn: Something that does not or cannot exist just like a flower in empty space.

토속신 土俗神 전통적으로 섬겨온 전래적傳來的 신神.

(Tosoksin) The spirit of the traditional folk religion.

토속신앙 土俗信仰 전통적으로 민간에 이어 내려오는 고유 신앙.

(Tosoksinang) The traditional folk religion, or the indigenous belief.

토우 土偶 흙으로 만든 우상偶像 또는 여러 가지 형상.

(Tou) An earthen idol, or various earthen figures)

토지신 土地神 땅의 신령神靈.

(Tojisin) The spirit of the land or ground.

통견 通肩 불상이나 승려의 옷 모양새 가운데 양어깨를 모두 덮은 경우를 말하며, 통양견通兩肩이라고도 말함. 우견편단右肩偏袒 참조.

(Tongyeon) The manner of wearing the Dharma robe to cover both shoulders. *Cf. (Ugyeon Pyeondan)* Reveling the right shoulder.

통교 通敎 천태종天台宗의 교화법敎化法으로, 성문, 연각, 보살의 삼승三乘이 같이 배우는 법. 다시 말해 사람의 근기가 영리하고 둔함에 따라 얕게도 해석하고, 깊게도 해석할 수 있는 교법. 근기가 둔한 사람이 이 교를 얕게 해석하면 장교藏敎와 같은 결과를 얻게 되고, 영리한 사람이 이 교법을 높이 해석하면 별교別敎와 원교圓敎에 통해 들어갈 수 있게 된다. 이렇듯 여러 갈래로 통할 수 있기 때문에 통교通敎라 부름. 화법사교化法四敎 참조.

(Tonggyo) The integrated, intermediate, or shared teaching of the Tientai Sect, the teaching that is common to the three vehicles, which embodies both Hinayana and Mahayana doctrines. This teaching method could be applied to either the practitioner of lesser capability or superior capability with concordant effect. That is, if the practitioner is lower minded, he will receive the benefit of the textual teaching, and if the practitioner is higher minded, he will receive the benefit of either differentiated, or perfect and unsurpassed teaching according to his capability.

This is the reason why it is called intermediate teaching. *Cf. (Hwabeop Sagyo)* Four kinds of teaching of the content of the truth according to the capability of the practitioner, and *(Hwabeop Sagyo)* Four kinds of teaching according to the form of truth.

통교사문 通敎四門 이 교敎는 비록 같이 여환즉공如幻卽空의 뜻을 세우나, 네 사람의 관법觀法, 곧 관찰하는 방법이 네 가지로 서로 같지가 않다.

첫째는 유문有門 또는 실문實門. 이는 여환즉공如幻卽空이란 유즉공有卽空이며 공즉유空卽有로, 이 중 공즉유空卽有로써 도道에 들어가는 것을 말함.

둘째는 공문空門 또는 부실문不實門으로, 유즉공有卽空으로써 도道에 들어가는 것.

셋째는 역유역공문亦有亦空門 또는 역실역부실문亦實亦不實門으로, 공空과 유有를 서로 비추어 도道에 들어가는 것.

마지막은 비유비공문非有非空門 또는 역실역부실문亦實亦不實門으로, 환유幻有도 환공幻空도 얻지 못하므로 공空과 유有를 다 버림으로써 도道에 들어가는 것을 말함.

(Tongyo Samun) The four gates of pervasive teachings: The four gates accord in principle with the theory that all the phenomena in the whole universe is but the emptiness of illusion, yet each of their four approaches varies in the achievement of the Way.

The first view is the door of reality or existence. It argues that "illusion itself is emptiness" means existence itself is emptiness, and emptiness itself is existence. However it takes the stand on the side of the latter, "emptiness itself is existence," to enter the Way.

The second view is the door of non-reality, and claims that the theory of "existence itself is emptiness," contrary to the first door, is the true way to enter the Way.

The third view is the intermediate middle ground of accepting both existence and non-existence or emptiness to examine the both doors to enter the Way.

The fourth view is the negation of both existence and non-existence or emptiness, contrary to the third view, to enter the Way, both being unattainable.

통달위 通達位 유식唯識에서 말하는 수도 오위修道 五位 중에서 제 3으로, 비로소 무루지無漏智를 얻어 진여의 진리를 체득하는 자리.

(Tongdalwi) The stage of no-leaking, undefiled, or unimpeded: The third of the five stages of spiritual development of the doctrine of the Mind-only School for attainment of the truth of true-suchness.

통도사 通度寺 대한조계종 제15교구본사로, 경상남도 양산군 영취산靈鷲山에 있는 불보사찰佛寶寺刹. 신라 선덕왕善德王 15년 (646)에 자장율사慈藏律師가 창건. 부처님의 진신사리眞身舍利가 모셔져 있다.

(Tongdosa) Tongdosa Temple: The 15th District Head Temple of the Jogye Order of Korean Buddhism, and the first of the Tri-Gem Temples (the Buddha, the Dharma, and the Sangha) in Korea. It is established by Preceptor Jajang in 646 C.E. during the reign of King Seondeok of the Silla Dynasty. The temple enshrines the genuine sarira of Sakyamuni Buddha.

통불교 通佛敎 어느 한 종파宗派에 치우치지 않고 불교 전반에 통하는 교리. 한국불교의 특징인 동시에 원효대사元曉大師의 한결같은 주장.

(Tongbulgyo) The universal all-reaching Buddhism: Non-sectarian, or all-embracing Buddhist doctrine without predilection to any school or sect, which is a characteristic of the Korean Buddhism.

통염불 通念佛 삼세三世 부처님들의 명호를 통틀어 일컬음. 별염불別念佛 참조.

(Tongyeombul) Chanting the name of all the Buddhas of the three periods, the past, the present and the future. *Cf. (Byeoll Yeombul)* Chanting or invocation of a specific Buddha.

통장 通障 하나의 장애 요소가 다양한 장애의 요인이 될 수 있다는 것.

(Tongjang) Shared obstructions: This occurs when a single mental disturbance obstructs multiple positive factors.

통찰 洞察 두루 살핌, 또는 전체를 훤하게 내다봄. 통찰이 되어 모든 존재의 무상함을 알게 되는 지혜가 생기면 저절로 자비와 연민이 생긴다.

(Tongchal) Insight: An insight into the essence of things. If one sees the emptiness and impermanence of things with the wisdom of insight, one will be able to see things with compassion and love.

통한 痛恨 매우 한탄함.

(Tonghan) Mortification, deep regret, or bitter grief.

퇴굴 退屈 불도佛道 수행의 어려움에 굴복함을 뜻함.

(Toigul) Surrender, or retrogression from the hard training of the Buddha's way.

퇴방 退房 선방禪房에서 쫓겨나는 것.

(Toibang) Being kicked from the Seon or Zen monastery.

퇴속 退俗 속세俗世로 돌아가는 것. 환속還俗 참조.

(Toisok) Disrobe: *Cf. (Hwansok)* Returning to the lay life of a monk.

퇴전 退轉 선정禪定에서 물러서다.

(Toijeon) Stepping back from samatha or meditation practice.

투탈 透脫 빠져나간다는 뜻으로, 깨달음과 해탈을 뜻함. 벽암록碧巖錄 참조.

(Tutal) Attaining enlightenment and Buddhahood: It literally means "escape," "dropping out," or get free from bondage.

티끌 (塵) 심성心性을 더럽히므로 먼지 또는 티끌이라 하며, 이는 또 번뇌를 말함. 진사塵砂 참조.

(Tikeul) Dust: Another name for defilement, the sense-object, or sense-data. *Cf. (Jinsa)* A speck of dust.

틱낫한 베트남 승려로 시인詩人이며 평화 운동가이고 실용불교로 잘 알려져 있다. 프랑스에서 운영하고 있는 명상센터인 플럼빌리지로 유명하다.

Thich Nhat Hanh (1926-): Vietnamese monk, poet, peace activist, and proponent of "engaged Buddhism." His meditation center, which is called the Plum Village in France, is well known worldwide.

【 ㅍ 】

파계 破戒 계戒를 받은 사람이 계법戒法을 어기는 일.

(Pagye) Breaking or violating the Buddhist precepts.

파바 波婆 부처님이 입멸하시기 전 순타純陀의 공양을 받은 지명. 지금의 파드라마.

(Paba) Pava: The name of the place where Tathagata took the last meal offered by Chunda.

파벌불교 派閥佛敎 파벌을 만들어 서로 경쟁하는 것. 불교가 망하는 길?

(Pabeol Bulbyo) Sectarian Buddhism: Competing with each other by forming a sect.

파사현정 破邪顯正 삿된 길을 파척破斥, 곧 쳐부수고 정법正法, 곧 올바른 부처님 법을 세움.

(Pasahyeonjeong) Abolish or extirpate the evil way or erroneousness, and then establish the Buddha's illustrious teaching, or the refutation of heterodox views and the elucidation of right views or teachings: The doctrine of the Tientai Sect.

파삼입일 破三立一 천태종의 교리로, 삼승三乘의 고집을 파破하여 일승一乘의 진리를 드러냄. 회삼귀일會三歸一 참조.

(Pasam-ip-il) Break up the three and create the One: Break up the headiness of the Three-vehicles and assimilate them all into the One-vehicle, or the Buddha-vehicle.

파설 破說 진실 된 부처님의 가르침을 그르칠 수 있는 이단적 논쟁.

(Paseol) Destructive argumentation: The heretical argumentation which might subvert the truth of Buddha's teaching.

파순 波旬 욕계육천欲界六天의 임금인 마왕魔王의 이름.

(Pasun) Papiyan: The great evil or mara, a demon king or an evil tempter residing in the Sixth Heaven of the realm of desire.

파주방행 把住放行 선종禪宗 용어. 수도자修道者를 지도함에 있어서 붙잡아 머물게 하는 향상向上의 방법을 파주把住라 말하고, 풀어서 자유로이 하는 향하向下의 방법을 방행放行이라 말함.

(Paju Banghaeng) It is the Buddhist term used in Seon or Zen Buddhism. Retaining a practitioner during the instruction of practice is called

the method of way upward or advancement, while releasing a practitioner to be free is called the method of way downward or retrogression.

파지 把持 움키어 가짐, 곧 정확히 깨달음.

(Paji) Grabbing: Grasping or understanding the essential point.

판각 板刻 그림이나 글씨를 나무판에 새김, 또는 새인 것.

(Pan-gak) Wood engraving, or engraving on the wooden plate or board.

판각본 板刻本 목판木板에 새긴 경전經典을 인쇄한 것.

(Pan-gakbon) The block-print edition of the sutra.

판소리 서민들이 창극唱劇에 붙여 부르는 노래.

(Pansori) A traditional Korean folk dramas of the common people told in song.

팔경계 八敬戒 석가모니 부처님을 키워주신 어머니가 교단에 들어오는 것을 허락받았을 때 부처님께서 주셨다는 여덟 가지 계율戒律.

1) 백세의 비구니라도 젊은 비구에게 예를 표하고 자리를 양보해야 한다.
2) 비구니는 비구를 흉보거나 꾸지람 하지 않는다.
3) 비구니는 비구의 잘못을 지적하거나 허물을 말하지 않는다.
4) 비구니는 대중 스님들을 따라 대계大戒받기를 청해야 한다.
5) 비구니가 무거운 죄를 지었을 때는 이를 대중 앞에서 참회해야 한다.
6) 비구니는 비구 대중 가운데서 가르쳐줄 사람을 구해야 한다.
7) 비구와 여름 안거를 함께 나지 않는다.
8) 여름 안거를 마친 후 비구니는 지도받을 비구를 구해야 한다.

(Palgyeonggye) The eight commandments given by the Buddha to his foster mother when she was admitted to the order, and which remain as commandments for all bhikkunis (Buddhist nuns):

1) A nun even at the age of one hundred years must pay respect to a monk, however young, and offer her seat to him.
2) Must never scold a bhikku.
3) Must never accuse or speak of bhikku's misdeeds.
4) Must be received into the order by a bhikku.
5) Must confess her sins before an assembly of monks.

6) Must find a teacher among the monks.

7) Never share the same summer retreat with monks.

8) After the summer retreat, she must report and ask for a responsible confessor.

팔계 八戒 팔관재계八關齋戒, 팔재계八齋戒, 또는 팔계재八戒齋라고도 말함. 오계五戒에 다음 세 가지를 추가한 것. 관關은 금지한다는 뜻 1) 높거나 큰 자리에 앉지 말 것. 2) 꽃이나 다른 장신구를 몸에 달거나 가무와 놀이를 배우거나 보지 말 것. 3) 때 아닌 때 음식을 먹지 말 것.

(Palgye) The eight precepts of purity, or commandments: The following are additional precepts to the basic five precepts: 1) One should not sit on the large and lofty seat. 2) One should not adorn themselves with flowers and other ornaments, nor sing nor listen to singing, nor dance nor watch other amusements. 3) One should not eat when it is not the meal time, i.e., after meridian.

팔고 八苦 사람이 태어나면 겪어야 할 여덟 가지 고통.

1-4) 생로병사生老病死 (태어남과 늙음과 병과 죽음의 네 가지 고통)

5) 애별리愛別離 (사랑하는 사람들과의 이별의 고통)

6) 원증회怨憎會 (원한과 증오와 같은 마음의 고통)

7) 구부득求不得 (갖고 싶은 것을 갖지 못하는 소유욕으로 인한 고통)

8) 오취온五取蘊 (오온에 따른 인간의 제 조건을 취함으로 인한 고통)

(Palgo) The eight kinds of distress or suffering:

1-4) Four basic human sufferings of birth, old age, sickness, and death.

5) Sufferings arising from parting with beloved ones.

6) Sufferings arising from meeting with what we hate.

7) Sufferings arising from not getting things we want to have.

8) Sufferings arising from the five aggregates (form or mark, feeling or sensations, perceptions, mental formations, and consciousness). These five aggregates constitute the personality of a man.

팔괘 八卦 고대 중국인들이 주역周易에서 사용하던 여덟 가지의 괘卦.

(Palgwae) The eight trigrams for divination used in the I Ching, or the Book of Changes.

팔교 八敎 천태종에서 세운 팔교八敎인 화엄시華嚴時에서부터 법화열반시法華涅

槃時까시 오시五時에서 설한 화법사교化法四教인 삼장교三藏教, 통교通教, 별교別教, 원교圓教와 화의사교化儀四教인 돈교頓教, 점교漸教, 비밀교秘密教, 부정교不定教를 말함.

(Palgyo) The eight Tientai classifications of Buddha's teaching from the Avatamsaka to the Lotus and Nirvana Sutras, divided into the two sections: Four kinds of teaching of the content of the truth according to the capacity of Buddha's disciples; and four modes of instructions: 1) The Tripitaka or Hinayana teaching. 2) The intermediate teaching which contained Hinayana and Mahayana doctrines. 3) The differentiated or separate bodhisattva teaching, definitely Mahayana. 4) The final, perfect, and universal teaching as preached in the Lotus and Nirvana Sutras. 5) The direct or sudden enlightenment teaching without reserve of the whole truth. 6) The gradual or graduated enlightenment teaching. 7) The esoteric teaching, only understood by special members of the assembly. 8) The general or intermediate teaching, from which each hearer would derive benefit according to his interpretation.

팔난 八難 불법佛法을 듣고 배우는데 장애가 되는 여덟 가지.

1) 지옥地獄 (삼도三道, 삼악도三惡道, 그리고 육도六道의 하나)
2) 축생畜生 (이들은 삼악도三惡道라 하여 언제나 괴로움에 시달림으로 불법佛法을 들을 수 없음)
3) 아귀餓鬼 (전생에 악업을 짓고, 탐욕을 부린 자가 아귀로 태어나 항상 기갈에 괴로워함)
4) 삼계三界 (색계色界, 무색계無色界 등의 수명이 긴 장수천長壽天도 이와 같음)
5) 북구로주北俱盧洲 (수미산 북쪽에 있는 사대주四大洲의 하나로 즐거움만 있고 괴로움이 없어 해탈의 가르침을 들으려 하지 않음)
6) 장님, 귀머거리, 벙어리는 가르침을 들으려 하지 않음. (이것은 비유적인 말씀)
7) 세속적인 지혜가 총명하고 말재주가 있는 자.
8) 부처님이 세상에 나시기 전과 부처님이 멸도滅度하신 후에는 가르침을 들을 수 없음.

(Palnan) Eight adversities or circumstances where one is unable to see the Buddha or to listen to the Dharma:

1) Rebirth in Hell.
2) Rebirth in the brute-world.
3) Rebirth in the ghost-world.
4) Rebirth among the long-lived gods of the three realms of the cosmos, the material, the sensual, and the formless worlds.
5) Rebirth in the realm of joy where one neglects practice.
6) Rebirth with the deficient faculties (deaf, blind, and mute) who will not listen to the Buddha's teaching. (This is a figurative way of expression.)
7) The life of complacency among the worldly wisdom and eloquence.
8) Life in the realms before the birth of Buddha or after his demise wherein there is way to listen to the Buddha-dharma.

팔념 八念 마음의 공포와 스산함을 제거하는 여덟 가지 염법念法. 십념十念 참조.
1) 염불念佛 (부처님의 상호相好를 관찰하면서 그 공덕을 생각함)
2) 염법念法 (수행하는 법칙인 부처님의 교법을 진심으로 생각함)
3) 염승念僧 (부처님의 법을 전하는 승가僧家를 생각함)
4) 염계念戒 (계戒는 번뇌와 악업을 그치게 하고 성스러운 진리를 성취하는 것이라고 생각함)
5) 염사念捨 (모든 것은 내 것이 아니라고 생각함)
6) 염천念天 (천왕천天王天으로부터 타화자재천他化自在天까지의 과보가 청정하여 일체를 안락하게 하는 것이라고 생각함)
7) 염출염식念出念息 (일체의 생각을 여의고 일념으로 숨을 고루도록 함)
8) 염사念死 (사람의 몸은 항상 죽음 속에 있다는 것을 잊지 않음)

(Palnyeom) Eight recollections to remove fear and agitation:
1) Recollection of the marks and virtues of Buddha.
2) Recollection of the Dharma to practice them all.
3) Recollection of the sangha who disseminates the Buddha-dharma.
4) Recollection of the precepts which prevents us from committing evil deeds.
5) Recollection of renouncing the things not worth craving after.
6) Recollection of the heavenly realm where happiness abounds.
7) Recollection of the cessation of thought along with the regulation

of breath.

8) Recollection of death which never leaves us.

팔만대장경 八萬大藏經 대개 고려대장경高麗大藏經을 일컬음.

(Palman Daejanggyeong) The Complete Collection of Eighty Thousand Buddhist Sutras, Laws, and Treatises: It usually refers to the Tripitaka Koreana.

팔만대장경판 八萬大藏經板 합천 해인사에 있는 고려 대장경판大藏經經板. 8만 1천 장에 앞뒤로 새겨져 16만장이 되며, 8만 4천의 법法이 수록되어 있으므로 이렇게 부름. 2007년 유네스코에 의해 세계기록유산으로 등재됨.

(Palman Daejanggyeongpan) The Eighty Thousand Printing Wood blocks of the Tripitaka Koreana in Haeinsa Temple on Mt. Gaya, Hapcheon, South Gyeongsang Province. It was designated as a part of Memory of the World Program by UNESCO in 2007.

팔만사천 八萬四千 많은 수를 모두 나타내는 말. 팔만八萬이라고도 말함. 따라서 번뇌의 종류가 많은 것을 팔만사천 번뇌 또는 팔만사천 진노塵勞라 말하고, 불타가 설한 가르침 및 그 뜻이 많은 것을 팔만사천법문이라 말함.

(Palman Sacheon) Eighty-four thousands: This number refers to the infinite number of defilement, or the infinite number of meanings of the illustrious teaching.

팔만사천법문 八萬四千法門 팔만사천교문八萬四千教門, 팔만사천법장八萬四千法藏이라고도 말함. 부처님의 일대 교법을 통틀어 일컫는 말. 중생에게 8만 4천의 번뇌가 있으므로, 이것을 대치對治, 곧 일대일一對一로 퇴치하기 위하여 8만 4천의 법을 말씀하신 것을 말함.

(Palman Sacheon Beopmun) Eighty-four thousand doctrines or teachings: It is the totality of the Buddha's lifelong teaching, and each one is the extent of doctrine sufficing to counteract each of the 84,000 defilements.

팔방 八棒 조사祖師들의 방망이에도 여덟 가지가 있다. 그 첫째가 명령을 내려서 이치에 돌아가게 하는 것과, 삿된 견해를 닥치는 대로 쓸어버림으로써 바르게 하는 것과, 이치도 내버리고 바른 것도 때려 부수는 것과, 몹시 꾸짖는데 쓰는 것들은 벌주는 방망이.

이에 반하여 종지宗旨에 맞도록 하는 것은 상주는 방망이니, 속을 비우기도

하고 가득 차게 하기도 하여 속이 보이도록 하는 것은 가려내는 방망이이며, 마구잡이로 쓰는 것은 눈먼 방망이며, 범부와 성인을 함께 쓸어버리는 것은 바른 방망이라고 함.

(Palbang) Eight blows or sticks: There are eight kinds of blows from a stick either to correct or laude the practitioners. The first is to correct the mistakes of the student; the second is to remove the deluded mind of the student; the third is a blow to every one of the students regardless of their right or wrong; the fourth is a reprimanding blow; the fifth is a rewarding blow for the student who is in accord with the principle of the sect; The sixth reveals the intent of the teacher to see the capability of the student; the seventh is the whimsical blow which is called the blind blow; and the eighth is a hard blow to all the practitioners regardless of whether they are saints or ordinary people, which is called the right blow.

팔법 八法 보살菩薩이 다음 여덟 가지 행을 성취하게 되면, 그 언행에 과실이 없어 정토淨土에 태어나게 된다.

1) 중생에게 혜택을 준다 해도 보살은 보답을 바라지 않는 것.
2) 모든 중생을 대신하여 온갖 고뇌를 받아 그로 인해 지은 공덕은 모두 일체 중생에게 베푸는 것.
3) 중생과 함께 마음을 같이하여 겸손하고 거리낌이 없는 것.
4) 모든 보살을 대할 때는 부처님을 대하듯 하는 것.
5) 듣지 못하던 경전을 듣되 의심하지 않으며, 성문과 더불어 서로 어긋나지 아니하는 것.
6) 남이 받는 공양을 시기하지 않고, 자기가 얻은 이익이라 하더라도 자랑하지 않는 것.
7) 그러한 가운데에서도 자기의 마음을 억제하여 항상 자신의 잘못을 반성하며, 남의 단점을 지적하지 않는 것.
8) 항상 변함없는 마음으로 온갖 공덕을 구하는 것. 이러한 여덟 가지 일에 과실이 없으면 정토에 태어나게 된다.

(Palbeop) The eight Dharmas, methods, or qualities: A Bodhisattva must have eight qualities to reach the pure Buddha-land safe and sound. He must resolve to himself:

1) I must benefit all living beings without seeking even the slightest benefit for myself.
2) I must bear all the miseries of all living beings and give all my accumulated roots of virtue to all living beings.
3) I must have no resentment toward any living being.
4) I must rejoice in all Bodhisattvas as if they were the Buddha.
5) I must not neglect any teachings, whether or not I have heard them before.
6) I must control my mind, without coveting the gains of others, and without taking pride in gains of my own.
7) I must examine my own faults and not blame others for their faults.
8) I must take pleasure in being consciously aware and must truly undertake all virtues. If a Bodhisattva has these eight qualities, when he transmigrates at death away from the Saha universe, he will go safe and sound to the pure Buddha-land.

팔부신중 八部神衆 팔부중八部衆 또는 천룡팔부天龍八部라고도 말함. 불법佛法을 수호하는 여러 신장神將. 천天, 용龍, 야차夜叉, 아수라阿修羅, 가루라迦樓羅, 건달바乾達婆, 긴나라緊那羅, 그리고 마후라가摩睺羅伽.

(Palbusinjung) Eight supernatural guardians of the Buddha- dharma: Deva, Nega, Yaksa, Asura, Garuda, Candharva, Kimnara, and Mahoraga.

팔부정견 八不正見 바른 이치에 어근 나는 여덟 가지 견해.

1) 아견我見 (참으로 아我가 있다고 생각하는 미迷한 소견).
2) 중생견衆生見 (오온五蘊이 화합하여 된 것이 중생이라는 미迷한 소견)
3) 수명견壽命見 (길고 짧은 수명이 실지로 있다는 미迷한 소견)
4) 사부견士夫見 (중생에 진정 장부다운 능력이 있어 일체의 업業을 짓는다는 미迷한 소견)
5) 상견常見 (내 몸은 이 세상에서 다음 세상으로 상속相續되어 없어지지 않는다는 미迷한 소견)
6) 단견斷見 (내 몸은 이 세상에서 죽으면 다시는 태어나지 않고 아주 없어진다는 미迷한 소견)
7) 유견有見 (모든 법이 참으로 있는 것이라고 하는 미迷한 소견)
8) 무견無見 (모든 법은 자성이 없고 실체가 없어서 공무空無하다는 미迷한 소견)

(Pal Bujeong Gwan) Eight deluded views:

1) The deluded view that self or ego really exists.
2) The deluded view that sentient beings are born of five aggregates.
3) The deluded view that there really exists long and short lives.
4) The deluded view that sentient beings really posses a manly capability to create all kinds of karmic action.
5) The deluded view that our life continues from this world to the next withou ending.
6) The deluded view that our life ends when we die and will never be born again.
7) The deluded view that all dharma or things really exist.
8) The deluded view that all dharma lack self-nature and therefore empty.

팔불 八不 삼론종三論宗에서 일체 법의 실상을 표현하는 데 쓰는 말 불생不生, 불멸不滅, 불거不去, 불래不來, 불일不一, 불이不異, 부단不斷, 부상不常.

(Palbul) The eight negations: The doctrine of the Sanlun Sect, or the Three Treatises Sect. Non-birth, non-extinction, non-coming, and non-going, non-uniformity, non-diversity, non-cessation, non-permanence.

팔불정관 八不正觀 여덟 가지 바르지 못한 견해를 바로잡는 정관正觀. 팔불중도八不中道의 관법. 모든 법의 참모습은 생도 아니고 멸도 아니며, 과거도 아니고 미래도 아니며, 같은 것[一]도 아니 고 다른 것[異]도 아니며, 단斷도 아니고 상常도 아니어서, 유有를 여의지 않고, 무無에 떨어 지지 않는 중도中道. 팔부중도八不中道 참조.

(Palbul Jeonggwan) Right insight of the eight negations: Neither elimination nor production; neither annihilation nor permanent; neither unity nor manifoldness or distinction; neither arriving nor departing. This is the philosophy of the Middle Way. *Cf. (Palbul Jungdo)* Eightfold Negation of the Middle Way by Nagarjuna (c. 2-3 B.C.E.).

팔불중도 八不中道 삼론종三論宗에서 일체 번뇌의 실상을 표현하는데 쓰는 말로, 네 짝으로 된 여덟 가지 얻을 수 없는 중도의 이치.

1-2) 불생불멸不生不滅 (나고 소멸됨이 없으며)

3-4) 불거부래不去不來 (오고 감이 없으며)
5-6) 부단불상不斷不常 (끊고 항상 함이 없으며)
7-8) 불일불이不一不異 (같지도 않고 다르지도 않음.)

(Palbul Jungdo) The eightfold negation of the Middle Path: This doctrine by Nagarjuna, founder of Madhyamika or the Middle Way School, is one of the important concepts of the Middle Way, the ultimate truth of Buddhism and the ultimate character of all Dharma.

1-2) The non-arising and the non-ceasing, or neither birth nor death.
3-4) The non-appearance and the non-disappearance, or neither coming nor going.
5-6) The non-annihilation and the non-permanence, or neither cessation nor permanence.
7-8) The non-identity and the non-difference, or neither identity nor difference.

팔사(행) 八邪(行) 팔미八迷라고도 함. 팔정도八正道의 정반대.
사견邪見, 사사유邪思惟, 사어邪語, 사업邪業, 사명邪命, 邪方便 또는 사정진邪精進, 사념邪念, 사정邪定을 말함.

(Palsa(haeng) Eight delusions, or eight evil paths: These consist of the exact opposites of the Eight Noble Paths: Evil view, evil thinking, evil speech, evil karmic action, evil livelihood, evil expediency or exertion, evil mindfulness, and evil samadhi or absorption.

팔상도 八相圖 중생 구제를 위해 나타내신 부처님의 여덟 가지 생의 모습.
1) 도솔내의상毘藍降生相 (마야부인의 태몽 꿈에 관한 상)
2) 비람강생상兜率來儀相 (룸비니 동산에서의 부처님의 탄생상)
3) 사문유관상四門遊觀相 (태자님이 궁궐 사문 밖에서 목격한 노인과 병자, 시체, 고행자상)
4) 유성출가상踰城出家相 (궁궐 성을 넘어 집을 떠나는 상)
5) 설산수도상雪山修道相 (설산雪山에서의 수도하는 상)
6) 수하항마상樹下降魔相 (보리수 아래서 마구니를 항복받는 상)
7) 녹원전법상鹿園傳法相 (녹야원에서 다섯 비구에게 설법하는 상)
8) 쌍림열반상雙林涅槃相 (사라쌍수 아래에서의 열반에 드는 상)

(Palsangdo) Eight scenes from the life of the Buddha who came to this world to deliver all living beings:

1) Depiction of Maya's pregnancy-foretelling dream, or the announcement of Buddha's imminent birth.
2) The birth of Buddha in the Lumbini grove.
3) His four scenes of human existence (aging, sickness, dead body, and asceticism).
4) His great renunciation (leaving the palace in search of Truth).
5) His ascetic practice on a snowy mountain.
6) His temptation and enlightenment under the bodhi tree.
7) His first turning of the wheel of the Dharma at the Deer Park in Baranes.
8) His entering parinirvana under the twin sara tree.

팔식 八識 유식사상唯識思想에서는 우리의 마음을 여덟 가지 종류로 나누어 설명함. 거기에다 부처님의 경지境地인 진여성眞如性, 곧 아마라식阿摩羅識을 추가하면 모두 아홉 가지가 된다.

1) 안식眼識 (이것은 눈을 통해 물질적 대상을 구별하는 인식)
2) 이식耳識 (이것은 귀를 통해 소리의 대상을 듣는 인식)
3) 비식鼻識 (이것은 코를 통해 냄새를 맡는 인식)
4) 설식舌識 (이것은 혀를 통해 맛을 식별하는 인식)
5) 신식身識 (이것은 촉감을 통해 느낌을 식별하는 인식)
6) 의식意識 (이것은 마음의 뿌리에 의지해 유형무형의 삼라만상을 구별하는 인식. 이것의 특징은, 앞의 오식五識이 육체로 성립된 기관에 의지하는데 반해, 순수한 정신적 기관인 마음의 뿌리에 의지하여 객관적 바깥 경계뿐만 아니라 내면의 경계까지도 인식한다는 것)
7) 말라식末羅識 (이것은 제육식第六識의 의지처인 의근意根의 역할을 하면서 자체와 아뢰야식에 의지하여 활동하는 식이다. 말나식은 사량식思量識이라고도 말하며, 평등하고 지혜로운 무아의 마음자리를 착각하여 아집과 법집法執 등 사량분별의 근본번뇌를 끊임없이 일으킴으로써 윤회의 원인이 됨)
8) 아뢰야식阿賴耶識 (이것은 말라식의 뿌리와 같은 역할을 하므로 근본식根本識, 장식藏識 또는 일체종식一切種識이라고도 말함. 또 이 팔식八識의 특징은 본래 선악의 바탕이 아니기 때문에, 제칠식第七識인 말라식의 근본 번뇌가 수행과 인연을 만나 정화될 때까지 이를 거두어 보관하는 역할을 할 뿐이다.

(Palsik) Eight kinds of cognition, perception, or consciousness: The Consciousness-only School classifies perception of the mind into the following eight categories. If the final category of the perception of Buddha claimed by some sects is added to this classification, the total number will be nine. The first five are all sense perceptions, i.e., seeing, hearing, smelling, tasting, and touch:

1) Visual perception: Discrimination of visual perception.
2) Audio perception: Discrimination of audial perception.
3) Olfactory perception: Discrimination of olfactory perception.
4) Savory perception: Discrimination of savory perception.
5) Tactile perception: Discrimination of tactile perception.
6) Mental faculty or the sixth perception: Discrimination of mental faculty.
7) Will or karmic consciousness, or the seventh perception: Discrimination of karmic consciousness.
8) The storehouse of consciousness, or the eighth consciousness : The eighth consciousness does not make discrimination. It just holds the perception received from the seventh consciousness until it is aroused by the seventh consciousness.

팔십종호 八十種好 부처님의 몸에 갖추어진 미묘한 표시로서, 32상에 따르는 80종류의 잘생긴 모양이라는 뜻으로 팔십수형호八十隨形好라고도 말하며, 경론經論에 따라 꼭 같지가 않다.

(Palsip Jongho) The eighty distinctive bodily marks of Sakyamuni Buddha along with the thirty two physical attributes of excellence. They differ slightly between scriptures and treatises.

팔작지붕 八作지붕 네 귀마다 추녀를 달아서 지은 집 또는 사찰 지붕.

(Paljak Jibung) A house or building constructed with the roof with four protruding corners and Korean style eaves.

팔재계 八齋戒 팔계八戒 참조.

(Paljaegye) Eight precepts of purity. *Cf. (Palgye)* Eight precepts of purity, or commandment.

팔재환 八災患 여덟 가지 선정禪定의 방해요소. 곧 우憂, 희喜, 고苦, 락樂, 심尋,

사伺, 출식出息, 입식入息을 말함. 화火, 수水, 풍風의 삼재三災를 외환外患이라 하고, 이들 여덟 가지를 내환內患이라 말함.

(Paljaehwan) Eight calamities: Eight obstacles to meditation. They are dejection, happiness, pain, joy, investigation of recent harsh karmic actions, investigation of imperceptible karmic actions of the former lives, exhalation, and inhalation. These are called internal obstacles. Three other calamities of fire, water, and wind are called the external calamities or obstacles.

팔전도 八顚倒 세간世間에는 상락아정常樂我淨이 없고, 열반에는 상락아정이 있다는 것이 곧 팔행八行이 되며, 이것이 아닌 것을 팔전도八顚倒라 말함.

(Paljeondo) Eight perverted views, or eight upside-down notions: Contrary to the doctrine that there is no permanence, joy, self, and purity in the mundane world while all these are in the bliss of Nirvana is called eight perverted views.

팔정 八定 색계色界의 사선정四禪定과, 무색계無色界의 공무변처空無邊處, 식무변처識無邊處, 무소유처無所有處, 그리고 비상비비상처非想非非想處의 사선정四禪定을 합한 것. 보다 자세한 것은 각 개별 항목 참조.

(Paljeong) Eight kinds of absorption: This term combines the fourfold meditation of the realm of form; and the fourfold meditation of the formless realm of the infinite realm of space or heaven, the infinite realm of consciousness, the heavenly realm of non-possession, and the heavenly realm of neither perception nor non-perception. For further information, see each individual entry.

팔정도 八正道 깨달음과 열반涅槃을 위해 지켜야 할 여덟 가지 길. 그러나 이것은 단순한 도덕적인 윤리체계가 아니라 깨달음과 열반에 이르는 정도正道인 동시에 확실한 지침서指針書.

1) 바른 견해正見 (팔정도의 기본으로, 사성제四聖諦의 도리를 바르게 관찰하는 동시에 사물의 본질을 올바로 보는 것)
2) 바른 생각正思 (사성제四聖諦의 도리를 바르게 사유思惟, 곧 생각하는 것)
3) 바른 말正語 (정견과 정사유正思惟에 따라 허황된 말과 삿된 말을 하지 않는 것)
4) 바른 행위正業 (정견과 정사유에 따라 올바른 행동을 하는 것)

5) 바른 생활正命 (신구의身口意 삼업을 청결하게 지니고 바른 이법理法에 따라 생활하는 것)
6) 바른 노력正精進 (수행을 게을리 하지 않는 것)
7) 바른 집중正念 (삿된 생각을 떠난 정신집중)
8) 바른 수행正定 (산란한 생각을 떠난 마음의 안정)

(Paljeongdo) The Noble Eightfold Path or Truth, or Eight Branches of the Holy Path: It is far more than just a code of morality or conduct. It is the right path and the Buddhist manual to self-enlightenment.
1) Right views or understanding according to the Four Noble Truths.
2) Right thought or thinking according to the Four Noble Truths.
3) Right speech according to the right view and thinking.
4) Right action or karma according to the right view and thinking.
5) Right means of livelihood according to the right dispositions.
6) Right endeavor or exertion without cessation of practice.
7) Right mindfulness, or all-attention without any delusion in seeking mind's pure essence.
8) Right meditation or samadhi, or fully unified concentration.

팔풍 八風 여덟 가지 흔들림. 이들에 흔들리면 안 된다: 1) 칭찬. 2) 비웃음. 3) 고통苦痛. 4) 행복. 5) 이익利益. 6) 파괴破壞. 7) 소득所得. 8) 손실損失.

(Palpung) The eight kinds of wind (distractions): Most people are usually swayed by these eight kinds of distraction. 1) Praise. 2) Ridicule. 3) Suffering. 4) Happiness. 5) Benefit. 6) Defamation. 7) Gain. 8) Loss.

팔해탈 八解脫 팔배사八背捨라고도 말하며, 여덟 단계의 관념觀念, 곧 마음 집중을 통해 탐착심貪着心을 버려 이루어지는 해탈. 이 마음집중을 통해 오욕五慾의 경계를 여의고, 탐하고 고집하는 마음을 버림으로 배사背捨라고 말하며, 또 이것으로 말미암아 삼계 三界의 번뇌를 끊고 아라한과를 증득하므로 해탈이라고 말함. 1-3단계는 특정한 일반적 물질세계와 관련이 있으며, 4-7단계는 선정禪定에 관한 내용이며, 마지막 8단계는 최상의 깨달음을 뜻함.
1) 내유색상관외색해탈內有色想觀外色解脫 (내심內心에 색욕色慾에 대한 생각이 있어 이를 제거하기 위하여 밖에 있는 부정관不淨觀을 닦음)
2) 내무색상관외색해탈內無色想觀外色解脫 (내심內心에 색욕色慾은 사라졌으나 다시 이것을 확실히 하기 위하여 밖에 있는 부정관을 닦음)

3) 정해탈신작증구족淨解脫身作證俱足 (신체적으로 즐거우며 청정한 해탈에 안정하게 머무름)
4) 공무변처해탈空無邊處解脫 (물질적인 상相을 모두 멸하여 허공과 같은 가의 없는 선정禪定에 들어가는 것)
5) 식무변처해탈識無邊處解脫 (의식을 떠난 가의 없는 해탈에 들어가는 것)
6) 무소유처해탈無所有處解脫 (가진 것이 없는 해탈로 무소유와 바람이 없는 세계에 들어가는 것)
7) 비상비비상처해탈非想非非想處解脫 (무색계無色界의 사천四天인 생각도 아니고 생각 아님도 아닌 해탈에 들어가는 것)
8) 멸수상정해탈滅受想定解脫 (생각과 느낌의 작용이 완전히 사라진 위없는 경계의 해탈에 들어가는 것)

(Palhaetal) Eight kinds of meditation to free one from attachments: Progressive meditation practices that move through eight stages of concentration as aids to overcoming all clinging to corporeal and non-corporeal factors. The first three liberations form specific links to the ordinary perceptual world; the fourth through seventh equals to the four absorptions; and the eighth represent the highest attainment.
1) Cultivation of the mind to awareness of the impurity of things to eradicate the carnal desire within.
2) Cultivation of the mind to the impurity of things to maintain the absence of the carnal desire within.
3) Abiding in the immaculate enlightenment, or the physical realization of pleasant liberation and its successful consolidation.
4) Entering into the mindfulness of infinite space leaving all the material distinctions behind, or the full entrance to the infinity of space by transcending all conceptions of matter.
5) Abiding in the boundless enlightenment with no consciousness, or complete entrance into the infinity of consciousness, having transcended the infinity of space.
6) Abiding in the enlightenment of non-possession, or the full entrance into the sphere of nothingness. having transcended the sphere of the infinite consciousness.

7) Abiding in the enlightenment of neither perception nor non-perception, or complete entrance into sphere of neither consciousness nor unconsciousness, having transcended the sphere of nothingness.

8) Abiding in the enlightenment of the cessation of thought and feeling, or the perfect cessation of suffering, having transcended the sphere of neither consciousness nor unconsciousness.

패엽경 貝葉經 종려棕櫚와 비슷한 패다라 나무 잎에 새기어 쓴 경전經典.

(Paeyeopgyeong) A sutra scribed on the pattra leaf.

편단우견 偏袒右肩 약하여 편단偏袒이라고도 말함. 상대편에게 공경의 뜻을 나타내는 예법의 하나. 왼쪽 어깨는 옷을 걸치고 오른쪽 어깨는 드러냄.

(Pyeondan Ugyeon) Uncovering the right shoulder as seen in some images of the Buddha and Buddhist monks: It is a sign of respect to the other person. Sometimes abbreviated to *pyeondan*.

편액 扁額 그림이나 글씨가 들어있는 액자額子.

(Pyeonaek) A plaque, a framed picture or text.

편유편공 偏有偏空 만법萬法이 있다고 하는 유有, 또는 만법은 모두 공空이라는 그 어느 한편에 치우치는 것. 중도中道 참조.

(Pyeonyu Pyeongong) Clinging to one of the two extreme views: The eternalness of the existence of things or the annihilationlism of the emptiness of things.

편지 偏知 이는 달리 말해 통달지通達知를 뜻하는 것으로, 완전히 알았다는 것을 말함. 이는 또 사성제四聖諦 (불교의 네 가지 진리: 고苦 · 집集 · 멸滅 · 도道)의 진리를 완전히 깨달은 것을 뜻함)

(Pyeonji) Complete understanding: Complete understanding of the Four Noble Truths of Buddha's teaching: suffering, the origin of suffering, cessation of suffering, and the path that leads to the cessation of suffering.

편진 偏眞 편공偏空이라고도 말하며, 진제眞諦의 공하다는 이치에만 치우쳐, 속제俗諦의 가유假有를 배척하는 것.

(Pyeonjin) Prejudice of the ultimate truth of emptiness: Rejection of the empirical or expedient truth of unreal or deceptive reality.

평등성지 平等性智 유식사지唯識四智 또는 오지五智의 하나. 평등성지란 마음에 병이 없는 것으로, 일체의 현상은 성품이 없고, 형상이 없으며, 나고 멸함이 없음을 깨달아 만유의 공함을 깨닫는 것. 다시 말해 모든 존재는 실체가 없으므로 평등하며, 서로 다름이 없으며, 따라서 이들을 대상화해서 바라보지도 않고, 어떤 존재도 결코 차별해서 보지 않는 것. 그리고 이것이 곧 동체대비同體大悲라는 모든 중생에 대한 자비심의 근원임을 알아야 한다.

(Pyeongdeung Seongji) The wisdom of equanimity: It releases the mind from all impediments, and enables us to see everything as having non-self-entity, as emptiness, as neither arising nor ceasing, without any discrimination.

This is the law of "All is within the One, and the One is within All," which is the fundamental basis of the great compassion arising from the One-common-root, or "One-great-body of compassion 同體大悲." *Cf. (Yusiksaji)* Four knowledges of the Mind-only School and *(Oji)* Buddha's five great wisdoms.

평등심 平等心 불이법不二法과 만유萬有의 진리를 깨달아 모든 것에 차별을 두지 않고 한결같이 사랑하는 마음, 또는 사고思考 이전 부모미생전父母未生前의 마음.

(Pyeongdeungsim) The mind of non-differentiation: An impartial mind of equanimity of myriad things, the mind before thinking, or the mind before one's conception in a mother's womb.

평상심시도 平常心是道 조주趙州가 남전南泉에게 묻기를, '어떤 것이 도입니까' 하니, 남전이, '평상시의 마음이 도道이니라'하고 대답한 것. 평상심과 평등심, 불이不二, 무착無着, 깨침은 모두 같은 뜻. 또 道라는 것이 별다른 것이 아니다. 탐욕과 집착 그리고 분별심만 놓을 수 있다면, 자고 먹고 화장실 가는 것이 곧 도道라고 한다. 그리고 구경지究竟地에 가서는 단지 침묵만이 있을 뿐.

후에 스승의 법통을 전수받은 중국의 큰 스님이, '한 물건이라 해도 맞지 않습니다'를 깨치는 데 8년이 걸렸다니, 무슨 이야기인지 잘 모르겠다. 어떤 스님은 평생을 눕지 않고 또 산문山門을 나가지 않은 것을 자랑한다. 이런 이야기들이 하나의 사표師表로서 상징적인 의미는 있겠지만, 그러한 수행들이 원효대사元曉大師의 무애가無碍歌와 한국불교의 세계화와는 어떠한 함수관계가 있는지?

(Pyeongsangsimsido) Everyday mind is the Way: This is the subject of the dialogue that took place between Zhaoazhou and Nanquan. The

Way, enlightenment, Nirvana, and the Buddha-mind are none other than the everyday mind, or the mind of everyday or ordinary life free of attachment, craving and discrimination.

The Buddha-mind is nothing special. Just leave your thoughts and discriminations behind. When you are hungry, eat. When you are sleepy, go to bed. That is "the everyday mind," the everyday mind of the life of all creatures under the sun or in the universe.

평신도 平信徒 승려僧侶에 대칭되는 일반신도를 가리킴.

(Peongsindo) Laity: Lay people as distinguished from the monk.

평창 評唱 평론제창評論提唱의 준말로, 고칙古則이나 공안公案에 대한 비평과 해설. 벽암록碧巖錄에서는 착어着語, 곧 촌평寸評과 함께 중요한 구성을 이루고 있다.

(Pyeongchang) Criticism, or an explication of koans: Together with "chakeo" (a short commentary), it is a very important literary device in the Blue Cliff Record.

포교 布敎 부처님의 가르침을 널리 폄. 우뜸가는 보시는 법보시法布施. 다음은 부처님께서 제자들에 이르신 유명한 전도 선언傳道 宣言.

'나는 이미 천상天上과 인간의 모든 인연과 속박에서 벗어났다. 너희들 또한 그러한 속박의 밧줄로부터 벗어났다. 이제 너희들은 세상으로 나가라. 그리하여 세상의 행복과 모든 사람들의 이익을 위하여 설법하라. 세상으로 나갈 때는 두 사람이 한길로 가지 말고 따로따로 다녀라. 이제 나도 우루벨라의 세나니가마로 가리라.'

(Pogyo) Missionary work: Dissemination, propagation, or spreading the Buddha-dharma far and wide, which is the foremost offering. The following is Buddha's famous proclamation of missionary work to His disciples:

"I am already released from the affinity and bond in heaven and humanity. You also have released from such bond of chain. Now you all go forth to the world, and spread the Dharma for the happiness of the world and the profit of the people. When you go out into the world to spread the Dharma, two person should not set out in the same direction. Go forth separately. I am also going to Uruvilva-grama to preach."

포교당 布敎堂 부처님의 가르침을 널리 펴는 곳.

(Pogyodang) The Dharma propagation hall or center.

포교사 布敎師 불교의 가르침을 펴는 사람.

(Pogyosa) A missionary who spreads the teaching of the Buddha.

포교원 布敎院 부처님의 전법傳法을 관장하는 부서.

(Pogyoweon) Bureau of Missionary Activities.

포교원장 布敎院長 종단 포교布敎의 총책임자.

(Pogyoweonjang) Director of Missionary Activities.

포대화상 布袋和尙 10세기에 중국 스타일로 묘사된 계차契此 스님의 미륵불彌勒佛. 뚱뚱한 몸집에 큰 포대를 짊어지고 있으며, 늘 웃음을 띠고 있는데, 그 포대에는 중생들이 원하는 모든 것들이 들어있다고 함.

(Podae Hwasang) An eccentric laughing Buddha with big belly and a huge burlap sack on his back: The Chinese style of depicting Maitreya modeled on the Master Xieci in the 10th century. It is believed that the sack carries all kinds of thing that people wish to have.

포살 布薩 석가모니 부처님 때부터 행한 의식儀式으로, 한 달에 두 번씩 모여 스님들이 서로 계戒를 설하고, 자신들이 범한 죄를 참회함으로써 승가僧家를 정화淨化하는 일. 재가在家의 경우는 일정한 날에 팔재계八齋戒를 베풂과 동시에 선善을 기르고 악惡을 제거하는 의식.

(Posal) Confessional ceremony and repentance held twice monthly at the Seon monasteries. Lay people, instead, hold an assembly of observing the Eight Precepts on a certain day and vow to conduct themselves properly.

포탈라궁 중국 티베트 자치지구 라사 포탈라산 마프포리 (붉은 언덕) 경사면에 있는 달라이라마의 궁전. 포탈라란 관세음보살이 사는 곳에 대한 와음訛音이다.

Potala: The palace of the Dalai Lama, the spiritual leader of Tibet. The original meaning of Potala was the abode of Avalokiteshvara, or the Bodhisattva of Great Compassion.

표상 表象 감각을 추상적인 심적心的 요소로 보고, 이들을 결합해서 성립하는 심적 복합체.

(Pyosang) Projection of the feeling of the mind into an image.

품성 品性 품격品格과 성질性質.

(Pumseong) Character and refinement.

품성 稟性 천성天性으로 타고난 성품性品.

(Pumseong) The inborn or natural disposition or character.

풍경 風磬 사찰 처마 끝에 다는 경쇠. 바람에 의해 스스로 울리게 되어있다.

(Punggyeong) The wind bell or chime: It is hung from the eaves of the Buddha Hall or pagodas and rings at the will of the wind.

풍광 風光 아름다운 경치景致.

(Punggwang) Beautiful scenery with wind and light.

풍류 風流 풍치가 있고 멋스럽게 노는 것.

(Pungryu) Noble taste and refinement in the enjoyment of life.

풍물 風物 한국 전통 농악農樂에 쓰는 모든 악기, 곧 꽹과리, 날라리, 소고小鼓, 북, 장구, 징 따위.

(Pungmul) Traditional Korean music instruments used in the farmer's music performance, such as a small gong, a kind of clarinet, a small drum, a large drum, and a double-headed drum, etc.

풍물 風物 놀이 온갖 풍물風物을 가지고 농부들이 신나게 노는 한국의 오랜 전통 노리. 이것은 일종의 제식祭式이었으며, 이 노리에는 음악뿐만이 아니라 춤과 멋진 곡예曲藝까지 동원된다. 외국인을 위한 관광 상품으로 더없는 좋은 놀이.

(Pungmulnoli) Performance of traditional Korean music and dance: "Pung-" (風 wind) represents spirits; "-mul" (物 thing) refers to musical instruments. It has been popular among the Korean people since ancient times. This musical art performance combines rituals, music, dance, and acrobatics.

풍수설 風水說 음양오행陰陽五行에 기초하여 집과 무덤 같은 것의 방위方位와 지형 등의 좋고 나쁨이 사람의 화복禍福에 절대적인 영향을 미친다는 학설. 한국 산중山中 사찰치고 명당 아닌 곳이 없으니, 풍수설에 대해 알아두는 것도 나쁘지 않다.

(Pungsuseol) Theory of cosmic dual force and the geographical configuration: This theory claims that the selection of location for the house or the grave has a decisive influence on bringing good or evil fortune and on the posterity of the house owners.

풍악 風樂 옛부터 전해 내려오는 신명나는 우리나라 고유 음악.

(Pung-ak) The native Korean traditional music: Lit. "wind and music."

피도안 彼到岸 수행을 통해 생사의 바다를 건너 건너편 열반의 세계에 이르는 것.

그러나 마음이 닫혀있으면 저 언덕이 고해苦海의 이 언덕이며, 집착을 벗어나 마음이 열려있으면 이 언덕이 곧 깨침과 열반의 저 언덕임을 알아야 한다.

(Pidoan) Crossing over the sea of suffering or existence to the other shore of Nirvana through cultivation of the mind. However, we should never forget that if the mind is closed, the opposite shore is this shore of delusion and sufferings, and if the mind is open without any greed and attachment, this shore is the opposite shore of enlightenment and Nirvana.

피차 彼此 차此는 능전변能轉變(의식전환)인 모든 식識을 말하고, 또 식識의 체體(주체/주인)이기도 하다. 이에 비해 피被는 소전변所轉變(인식의 대상의 전환)인 아我와 법法을 말한 것으로, 일체만법一切萬法을 말한다. 이러한 상대적 만남에서 번뇌의 근원인 모든 분별심分別心이 나오며, 이를 가리켜 일체유식一切唯識이라 말한다. 이것은 인도의 학승 세친世親의 유식삼십송唯識三十頌, 제17송에 나오는 말.

(Picha) That and this, you and I, objects and subject, percepts and perception, all phenomena and consciousness: Such association of mental activity is the fundamental cause of all afflictions and the basis of the theory of "everything is the manifestation of consciousness. This is the subject of the 17th Gatha of the Thirty Verses of Consciousness-only by Indian scholar monk Vasubandhu (316-396).

필경각 畢竟覺 그 무엇에도 견줄 수 없는 위없는 부처님의 깨달음을 말함.

(Pilgyeonggak) The ultimate and incomparable enlightenment.

필경공 畢竟空 모든 법뿐만 아니라, 방편 또한 공한 것으로 부처님께서 마지막으로 들어내고자 하시는 절대부정의 실상實相.

(Pilgyeonggong) Absolute non-substantiality or Void: The Buddha's complete negation of everything including the expedient discourses.

필사본 筆寫本 손으로 베끼어 쓴 책.

(Pilsabon) A hand-copied edition of any text.

【 ㅎ 】

하근기 下根機 도道를 닦음에 있어 견디어 낼 재능과 끈기가 부족한 사람.

(Hageun-gi) The lesser-minded, or the slow-witted devotees or people.

하심 下心 자신을 낮추는 자비의 마음. 하심下心하면 아무런 장애가 없다는 것이 부처님의 가르침이다. 주역周易으로 보면, 자기를 낮추는 하심下心이란 하늘과 땅을 상징하는 건곤乾坤 중 땅을 상징하는 곤괘坤卦에 해당되며, 주역周易에 나오는 '겸수익 만초손謙受益 滿招損'을 풀이하면, '겸손은 더함을 얻고, 교만은 잃음을 부른다.'라는 말이 된다. 그리고 예수님께서도, '마음이 가난한 자에 복이 있다'고 말씀하셨다.

그런가 하면 노자老子는 '곡신불사谷神不死'라 말했다. 여기에서 말하는 '골자구니'라는 '谷'은 항상 비어있으며 차는 일이 없다. 또 가장 낮은 자리에 있어 모든 것이 그곳으로 모여든다. 그래서 노자老子는 이것을 신격화神格化하여 '곡신谷神'이라 하고 이것을 도道라 말했다.

그런가 하면, 영어로 겸손이라는 뜻의 "humility"와 "humble"은, 라틴어 "humus"에서 나온 말이며, "humus"란 가장 낮은 위치에서 자신을 썩히어 만물에 자양이 되는 대지大地를 뜻한다. 인간과 인간성 그리고 인간애라는 "human," "humanity"라는 말도 모두 이 겸손, 곧 하심下心이라는 뜻의 "humus"에서 파생된 말들.

이의 반대가 인간의 기고만장氣高萬丈한 아만我慢인 "hubris." 이의 상징적인 인물이 트로이 전쟁의 영웅 아킬레스 (Achilles)이다. 불사신不死神이었든 그는, 그의 유일한 치명적 결함인 그의 뒤꿈치(아킬레스의 건腱)에 화살을 맞아 죽으니, 그것이 곧 지나친 아만我慢 (hubris)의 상징이이였든 것이다. 다시 말해 아만我慢은 불사신不死身도 구하지 못한다는 뜻. 따라서 희랍신화에서는 이 "hubris"가 기독교의 원죄와 불교의 무명無明처럼, 모든 불행과 사악邪惡함의 대명사代名詞와 근본으로 본다.

그러고 보니 현대 한국불교의 고승高僧이시며 항상 말이 없고 인자하셨던 석주昔珠스님 (1909-2004)의 '하심下心이 곧 부처'라는 말씀이 다시 생각난다. "높은 곳으로부터 낮은 곳으로 흐르는 물은 항상 맑고 깨끗하다." 이것은 탈무드에 나오는 말. 『노자 도덕경』 제6장 <곡신谷神> 참조.

(Hasim) Humility, or the humble-mind: Literally, it 下心 means "lowering the mind." There is a maxim in the Book of Changes, "Modesty brings gain when pride invites loss." In the Taoist I Ching, humility or modesty stands for "earth," and the earth is feminine and submissive, and it stands for receptive humility. Jesus Christ also said, "The blessed are those who are poor in heart."

On the other hand, Lao-tzu said, "The spirit of the valley does not die, and is called Mysterious Female. / The door of the Mysterious Female is called the root of heaven and earth." 'Mysterious' here refers to heaven. 'Female' refers to earth. The 'valley' or 'Female,' which always lies on the lowest part of the earth and embraces everything that flows into it, also can be likened to the vacuity, empty yet not empty, which is to speak of the primordial source of all creation in the universe. This is the reason that Lao-tzu personified the valley as 'spirit' or God, and called it the Truth.

In the West, the English words "humble," "humility," "human," and "humanity" all originate from the Latin "humus," which means "earth" or "ground," the lower part of atmosphere, and the dark organic material in soils, produced by the decomposition of vegetable or animal matter and essential to the fertility of the earth. This is the Buddhist meaning of *hasim*, "lowering the mind."

Achilles, the greatest Greek warrior in the Trojan War, was killed when Paris wounded him in the heel, his one vulnerable spot, which was the symbol of his hubris. Hubris could not save even the life of the greatest warrior.

Thus there is a common significance of the "fatal tendons" of the Original Sin in Christianity, ignorance of Buddhism, and "hubris" of the Greek mythology. The saving grace? It reminds us of the favorite maxim of the Venerable Seokju Sunim (1909-2004): "Humility is the Buddha." Talmud also says, "The water flowing from the lofty place to the lower region is always bright and clean." *Cf.* also "The Spirit of the Valley," Ch. XI, Tao-teh Ching.

하어 下語 사승師僧이 제자를 가르치기 위해 보이는 말. 짧은 촌평寸評을 더하는 착어着語라는 뜻도 있다.

(Ha-eo) Master's short comment: Master's short comment to teach his students. It also refers to a short commentary on a koan, which is called *chakeo* 着語.

하지 夏至 24절후節侯의 하나. 해가 황도黃道 위의 하지점夏至點을 통과하는 날로, 일년 중 해가 가장 긴 날. 양력 6월 21일 경.

(Haji) The summer solstice, the longest day of the year. It falls around the twenty-first of June by the solar calendar.

하택신회 荷澤神會 (685-760) 중국의 대선사大禪師. 육조 혜능慧能에게 여러 해 사사師事하면서 그 선지禪旨를 물려받음. 저서로 현종기顯宗記가 있다.

(Hataek Sinhoi) (685-760) A Great Ch'an Master Shen-hui who studied under the Sixth Patriarch Huineng for years inheriting his great teachings. He left a treatise called An Explicit Treatise on Dhyana.

하화중생 下化衆生 보살이 네 가지 큰 서원을 일으켜, 위로 깨달음을 구하고 아래로는 중생을 제도하는 것을 말함.

(Hawha Jungsaeng) Emancipation of sentient beings from suffering: Bodhisattvas elevate themselves on the one hand to attain enlightenment, but on the other, they also descend to the level of sentient beings to liberate them.

학림 學林 불법佛法을 강의하고 연구하는 승려僧侶학교.

(Hakrim) Dharma school where they teach and study.

학림 鶴林 부처님께서 열반하신 사라쌍수의 숲. 그런데 사라쌍수 숲을 학림이라 부르는 이유는, 부처님께서 이 숲에서 입멸하실 때에, 이 숲의 나무와 잎이 모두 흰빛으로 변하여 마치 흰 학들이 모여 있는 것 같이 되었다고 전하므로 후세에 이 숲을 학림이라 부르게 되었다고 함.

(Hakrim) The Crane Grove: It is so called because it is said that the sala trees and their leaves turned as white as the feathers of the crane when the Buddha died in the Sala Grove.

학수 鶴樹 부처님이 그 아래에서 입멸하신 사라쌍수를 말함.

(Haksu) Chinese rendering of "twin sala tree," which literally means "a (noble) crane tree," under which Sakyamuni Buddha entered parinirvana.

한국불교역사문화기념관 韓國佛敎歷史文化紀念館 서울시 종로구 견지동 대한불교 조계종 본사인 조계사曹溪寺와 같은 경내에 있음.

(Hangukbulgyo Yeoksa Munhwa Ginyeomgwan) The Memorial Hall of Korean Buddhist History and Culture. It is colocated within the same compound of Jogye Monastery in Gyeonji-dong, Jongro-gu, Seoul.

한국불교종단협의회 韓國佛敎宗團協議會 한국 불교의 각종 종단이 같이 협의하는 단체.

(Hanguk Bulgyojongdan Hyeopeuihoi) The Association of Korean Buddhist Orders.

학도인 學道人 도道를 배우려는 학인學人.

(Hakdoin) A student of the Way.

한도인 閑道人 깨달아야 할 것도 수행해야할 것도 없는 한가한 사람. 그렇다고 할 일이 없는 것이 아니라 바깥일에 매달리지 않음을 의미하며, 따라서 그 마음 밝음은 거울이나 고요한 물과 같아 움직임이 없다. 다시 말해 함이 없이 하는 도인道人 (무위이작無爲而作). 무사인無事人 참조.

(Hando-in) A free man, or a sage who has attained complete freedom through enlightenment, and now has nothing to awaken or cultivate. Hence he is completely free from grasping, within and without. His mind is bright and calm like a bright mirror.

한림 寒林 범어梵語 Sitavana. 시다바나尸多婆那라 음역하며 시다림尸陀林이라 번역. 중인도 마갈타국 왕사성의 근처에 있는 많은 송장을 장사지내던 곳. 이 숲은 깊숙하고 추운 기운이 도는 까닭에 이렇게 부름.

(Hanlim) Sitavana: Lit. "a cold grove." It is a cemetery in the suburbs of Rajagrin in Magadha. The place is called "a cold grove" because the grove is deep and gives a touch of cold.

한 생각 단순한 생각이 아닌 고정관념 또는 집착을 뜻함. 이 '한 생각'을 돌려야 함. 부처님 공부에 있어 '생각'이란 역시 좋지 않은 것. 수행자는 모든 번뇌의 근원인 알음알이와 마음을 비워야 함. 한 소식 참조.

(Hansaenggak) An arbitrary concept: In Buddhism, it means an obsessive or inflexible, or indomitable mind and attachment. One must lose it to attain enlightenment.

한 소식 消息 이것도 단순한 '소식'이 아닌 '깨닫다,' 공안公案을 타파하다, 곧 견성見性을 말함. 한 생각 참조.

(Hansosik) Attaining enlightenment: It literally means "a news." *Cf. (Hansaenggak)* An arbitrary concept.

한주 閑主 잠시 소임所任을 맡고 있지 않은 큰스님.

(Hanju) A Buddhist master who is temporarily relieved of duty or assignment.

한암 漢巖 (1876-1951) 한국 근대의 승려. 속성은 방方. 법호法號는 중원重遠. 19세에 출가함. 1926년 오대산五臺山에 들어가 종풍宗風을 천양闡揚하였고, 대한불교 조계종의 제2대 종정宗正을 지냄.

(Hanam) (1876-1951) A venerable priest of the modern age of Korea. His lay family name was Bang, and his precept name was Jungwon. He took ordination at the age of 19, and went to Odae Mountain and spread the tradition of the Order far and wide. He served as the Second Supreme Patriarch of the Jegye Order of Korean Buddhism.

할 喝 선종禪宗에서 진리를 문답하는데 쓰는 독특한 수단. 보통 속음俗音의 '갈'로 발음하지 않는다. 어느 의미에서 그 행동은 정 반대이나, 부처님이나 유마거사의 침묵과 상통하는 바가 있다.

(Hal!) Shout!, or Katz!: A kind of soul busting exclamation to either silence the discriminating mind of the student and awaken him, or to show inexpressible ultimate truth. It is regarded as one of the characteristics of the Rinzai Sect.
Its purpose may be regarded as similar to "a great silence" with which Sakyamuni Buddha and great masters responded to the questions of the students though these two actions are dialectically opposite.

함령 含靈 함식含識이라고도 말하며 중생을 말함. 곧 중생은 누구나 심령 心靈과 분별심分別心을 지니고 있으므로 이렇게 말함.

(Hamryeong) Possession of spirit or consciousness: It actually means the sentient being who is still possessed with spirit and discriminating mind.

합장 合掌 두 손바닥을 가볍게 합하여 가슴 앞에 두며, 마음이 한결같음을 나타내는 예법禮法으로 인사, 감사한 마음, 존경, 또는 기원祈願 등을 의미하며, 특히 동양문화권에서 널리 행해지고 있음. 그러나 이는 또 우주와 내가 하나라는 뜻도 있음. 그리고 밀교에서는 특히 그 공덕이 광대무량하다고 함.

(Hapjang) Pressing one's palms together: Mudra made by joining one's palms and putting them in front of the breast as a sign of reverence. Both palms are put lightly together in front of the chest. It is a traditional Buddhist gesture of greeting, gratitude, veneration, supplication, or constancy of the mind, a common practice throughout the Asian countries. However, it also symbolizes the unification of the mind with the universe and the Buddha. In Esoteric Buddhism, it is regarded as boundless merit.

항마 降魔 악마를 항복시키는 것. 마魔에는 마음속의 번뇌마煩惱魔와 마음 밖의 천마天魔가 있다. 어느 것이나 불도佛道 수행을 방해하는 것으로, 수행자는 선정禪定에 들어가 그들을 지혜의 힘으로 항복시켜야 한다.

(Hangma) Subjugation or conquest of the demon ("Mara"): There are two types of devil, afflictive devils within our mind, and devils in the heavenly realm. They are equally obstructive in the practice of the Buddha-way, and should be conquered by the wisdom of meditation.

항마좌 降魔坐 먼저 바른발로 왼 다리를 누르고, 다음에 왼발로 바른 다리를 누르고 앉는 자세.

(Hangmajwa) Postgure for the subjugation of Mara: First place your right foot on your left thigh, and then place your left foot on your right thigh in a full lotus position.

항마촉지인 降魔觸地印 수인手印 참조.

(Hangma Chokjiin) The mudra or the hand seal of touching the earth, or the subjugation of the Evil One. *Cf. (Suin)* A hand seal, or mudra.

항하 恒河 인도의 히말라야에서 시작하는 갠지스 강을 말함.

(Hangha) The Ganges River that originates in the Himalaya Mountains.

해공 解空 지혜로서 만유제법萬有諸法이 모두 공하다는 이치를 깨달음.

(Haegong) Realization of emptiness of all phenomena through wisdom.

해동 海東 옛날 중국 사람들이 우리나라가 바다건너 중국의 동쪽에 위치했다고 하여 일컬은 말.

(Haedong) East of the sea, or the Korean shore: In ancient times, Chinese people called Korea "East of the sea," because Korea lies to the east of mainland China across the Yellow Sea.

해설/설법 解說/說法 교법을 말하여 남을 가르치거나, 어떤 문제를 풀어서 알기 쉽게 설명함.

(Haeseol/Seolbeop) Exposition, expounding, discourse, or preaching: "Never have I heard such an exposition since in old my eye of wisdom first opened," someone said.

해섭문 該攝門 분별문分別門의 반대. 여러 가지를 차별적으로 보지 않고 절대 유일한 것으로 통섭統攝하는 것.

(Haeseopmun) The path of unique and ultimate union and consolidation: The adverse notion of discriminating relative interpretation or particularization.

해오 解悟 요해각오了解覺悟의 준말. 도리道理를 이치로 까달아 아는 것. 그러나 이것이 곧 깨침과 열반은 아니다. 여기에서 다시 닦고 닦아 증오證悟를 얻어야 진정한 깨침이라 할 수 있다. 종경록 삼십육宗鏡錄 三十六에는, '만약 깨달음으로 인하여 닦는다면 이는 곧 해오解悟요, 닦음으로 인하여 깨닫는다면 이는 곧 증오證悟다'라고 말하고 있다.

(Hae-o) A complete understanding of the truth, or the attaining of liberation through enlightenment: But rational understanding is not true enlightenment. True enlightenment comes only from realization of the truth through incessant practice. "If one cultivates after attaining enlightenment, it is called a complete understanding of the truth, and if one attains enlightenment by cultivation of the mind, it is called realization of the truth." --From the Record of the Mirror of Orthodoxy--

해우소 解憂所 사찰의 재래식 뒷간. 이름이 멋있으며, 깨침에는 장소가 따로 없다. 이외에도 뒷간에 대한 몇 가지 재미있는 명칭이 있다. 측간厠間 참조.

(Haeuso) The outdoor latrine at the temple: Lit. "a place for emptying or solving worries." A nice place to attain enlightenment. There are a few more interesting names for the outdoor temple latrine in Korean.

Cf. (Cheukgan) The outdoor latrine.

해원 解寃 원통한 마음을 속 시원히 풀어버리는 일.

(Haewoen) Relief of grudge and bitterness, or pay off old scores.

해인사 海印寺 대한조계종 제12교구본사로, 경상남도 합천군 가야산에 있는 삼보사찰三寶寺刹 중의 하나. 신라 애장왕哀莊王 3년 (802 C.E.) 순응順應과 이정理貞 두 스님이 창건. 국보인 팔만대장경판이 모셔져 있다. 유네스코 세계 기록유산記錄遺産.

(Haeinsa) Haeinsa Temple: The second of the Tri-Gem Temples (the Buddha, the Dharma, and the Sangha) in Korea. The 12th District Head Temple of the Jogye Order of Korean Buddhism, established by two priests, Suneung and Yijeong in 802 C.E. the third year of the reign of King Aejang. It enshrines Tripitka Koreana, the eighty thousand Buddhist sutras carved onto wooden printing blocks during the Goryeo Dynasty in Korea.

해인삼매 海印三昧 해인정海印定이라고도 말하며 이것이 또 대원각大圓覺. 석가모니 부처님이 깨달음을 얻으신 후 화엄경華嚴經을 설하실 때 들어가신 바다와 같은 선정禪定. 다시 말해 이는 마치 깊은 바다 속 밑바닥의 절대적 안정에 닻을 내린 것과 같다는 것. 이 적멸寂滅의 상태에선 그 어떤 심한 파도도 고요한 마음의 안정을 해치지 못할 것이다.

(Haein Sammae) The ocean-seal samadhi or concentration: Absolute samadhi, or the unsurpassed concentration as tranquil as the great sea. It is the samadhi that Sakyamuni Buddha attained when he was expounding the Flower Garland Sutra after he had attained supreme enlightenment. In other words, it is like having dropped an anchor at the bottom of the deep sea. No turbulent waves or hurricane can disturb the complete quietude of the mind.

해저니우함월주 海底泥牛啣月走 바다 밑에 진흙소가 달을 삼키고 달아나다. 사량분별思量分別을 단칼에 뿌리 채 날리는 말이며 선불교와 화두의 매력. 더 이상 무슨 군말이 필요하리. 버들가지 푸르고 꽃은 붉구나.

(Haejeonu-u Hamweolju) "The mud-cow under the sea runs away with the moon in its mouth": It is a metaphor showing how all conceptual thinking can be cut off in one stroke. This is a good example of hwadu practice and also refers to sudden enlightenment. There is nothing complicated. Just rest your thoughts and find your nameless mind and formless self.

해제 解制 3개월 동안 행한 여름과 겨울의 안거安居의 제한을 푸는 것.

(Haeje) Sojourning or closing of the three month intensive summer and winter meditation retreats.

해탈 解脫 불교의 궁극적 목적으로, 일체의 집착과 번뇌煩惱의 속박에서 벗어나 걸림이 없는 대자유인 영원한 열반涅槃에 도달하는 것. 그러나 해탈에 매달리면 그것은 또 하나의 번뇌. 다시 말해 무착無着이 해탈이라는 것을 잊지 않도록. 다음은 임제스님의 말씀: '불법은 특별한 것이 아닙니다. 그저 일상 그대로 아무런 일이 없으면 됩니다. 똥 싸고 오줌 누고 옷 입으며 피곤하면 누워 쉬면됩니다. 옛 사람이 말하기를, 밖에 나가 공부한다고 하는 사람은 모두 어리석은 사람이니라. 하였습니다.' '이뭣고?' 어떤 큰 스님은 이것을 보고, '공갈치지 말라.' 하신 일이 있습니다. 평상심시도平常心是道 참고.

(Haetal) Enlightenment, awakening, inconceivable liberation, or a release from samsara, or the cycle of birth and death, which is the ultimate goal of Buddhism. However, remember! Non-attachment is the true release from the enclosure of mundane conditioning.
The following is a saying of the Master Linji: "Enlightenment is nothing special. The daily lives of taking shit, putting clothes on, lying down when one gets tired; that is a true emancipation--non-attachment." One more thing! Everyday mind is the Way or Buddha.

해탈문 解脫門 공空, 무상無相, 무원無願 등 세 가지의 선정禪定을 말하며, 이들은 다같이 열반에 들어가는 문이기 때문에 이렇게 말함.

(Haetalmun) The entrance into emancipation or nirvana: Meditations of emptiness, no-mark or form, and non-desire, through which one may attain Nirvana.

해탈지견 解脫知見 줄여서 해지견解知見이라고도 말함. 번뇌가 다하여 생사를 벗어나 모양 없는 해탈을 증득證得한 경지.

(Haetal Jigyeon) Insight of emancipation: The gnosis and vision of emancipation, or the wisdom and realization of formless Nirvana.

해태 懈怠 선善을 닦는데 소극적이며 게으른 마음 상태. 그러나 유식종唯識宗에서는 수번뇌隨煩惱의 하나로 간주함.

(Haetae) Indolence: Its nature is that of reluctance to the cultivation of good and the elimination of evil. However, the Manifestation-only School regards it as one of the concomitant passions.

해행 解行 지해와 수행을 아울러 일컫는 말.

(Haehaeng) Wisdom and discipline, practice, or cultivation, both of which must go hand in hand.

행 行 오온五蘊과 십이인연十二因緣의 하나. 일체의 유위법有爲法을 말함. 신구의身口意 세 가지 업業으로 지은 선악善惡 일체의 원천적 행위.

(Hang) Samskara: Volitional or wilful action: Every karmic action, either good or evil, by either body, words, conception, will or volition. One of the five skandhas or aggregates and Twelve Links of Dependent Origination.

행각 行脚 안거 安居를 마치고 해제 解制기에 선지식善知識을 찾아 여러 곳을 돌아다니며 수행함을 뜻함. 만행萬行 참조.

(Haengak) A roving pilgrimage: Patch-robe monks wandering or roving arcund the country visiting great masters for cultivation of the mind during the release periods after the summer and winter retreats. *Cf. (Manhaeng)* All kinds of practice traveling over the country.

행각승 行脚僧 여러 지방을 바람처럼 돌아다니면서 선지식善知識을 찾아 수행을 하는 승려.

(Haenggak Seung) An itinerant monk, a wandering monk, or a monastic roving around the country visiting the enlightened masters in search of truth just like the wind in his coming and going.

행고 行苦 삼고三苦의 하나. 행行은 천류遷流, 곧 생멸의 유전과 변화를 말하며, 이것을 의지하여 일어나는 고통. 곧 사랑하는 자식의 죽음으로 인하여 받는 괴로움 따위. '모든 것은 유전한다'는 유명한 희랍 철학자 헤라클레이토스의 격언 참조.

(Haenggo) The suffering of the karmic forces or impermanence: The suffering arising from impermanence such as the death of a beloved child. One of *(Samgo)* The three sufferings.

행과 行果 행업行業과 과보果報. 수행과 그것으로 인하여 불러오는 과보果報. 과보는 반드시 그 행업에 의하여 이루어지기 때문에 행과行果라고 말함.

(Haenggwa) Karma and retribution: The inevitable sequence of action result. Retribution always arises in concert with a karmic action.

행다법 行茶法 차를 손님에게 대접하는 예법禮法. 아주 섬세하고 우아하다. 다선일미茶禪一味 참조.

(Haengdabeop) The manner or process of serving the tea: It is very delicate and graceful at the same time. *Cf. (Dadoilmi)* The single taste or flavor of meditation and tea.

행도 行道 보살도菩薩道, 곧 육바라밀六波羅密의 실천을 말함.

(Haengdo) Follow the Buddha-way: Practice of Six Paramitas, or the ways of Bodhisattva.

행법 行法 사법四法의 하나. 부처님 경지에 이르기 위해 수행하는 방법, 또는 닦음과 실행. 그러나 밀교密教에서는 수법修法 또는 밀법密法과 같은 뜻으로 사용.

(Haengbeop) The way of practice to attain the Buddhahood: One of the four aspects of Buddha-dharma. However, in Esoteric Buddhism, it is regarded as an esoteric practice.

행복 幸福 진정한 행복은 모든 존재가 인연 따라 유전流轉한다는 것을 깨닫는 지혜. 이것을 각지락覺知樂, 보리락菩提樂이라 말하며, 역설적으로 진정한 행복이란 인위적 추구에 의한 어떤 성취에 있는 것이 아니라, 무위無爲와 도道와의 합일에 진정한 락樂이 있다는 것을 알아야 한다. 그런데 중생들은 모두가 너나 할 것 없이 돈과 명예 그리고 물질적 풍요가 행복이라고 생각한다.

그러나 진정으로 깨치고자 한다면, 깨치겠다는 생각부터 버려야 하듯, 진정으로 행복하고 싶다면 행복이라는 생각부터 머리에서 지워야 한다. 왜냐하면 그것도 하나의 유위법有爲法이며 집착이 되기 때문이다. 허공에도 행복이 있는지? 이고득락離苦得樂이 곧 행복?

'행복'이라는 말 자체가 과연 불교다운 표현인지 한 번 생각해볼 필요가 있을 것 같다. 다시 말해 부처님께서 세속적인 행복을 추구하기 위해 출가하여 깨달음을 얻은 것은 아니지 않느냐는 것이다. 이고득락離苦得樂 참조.

(Haengbok) Happiness: True happiness is to realize the wisdom of enlightenment that there is nothing that is permanent and everlasting, and to realize that enlightenment is not in material gain, mammon, or social prestige.

"Perfect happiness is without happiness," an ancient sage said. You never find happiness until you stop craving for it. It is what we call non-doing and true-suchness. The best way to be truly happy is to put down the idea of happiness and to be one with the breath of nature, which is another voicing for cessation of thought and Nirvana. *Cf. (Igodeuknak)* Emancipation from pain and suffering.

행복 行福 복을 행하는 것으로, 행선行善이라고도 말함. 삼복三福 참조.

(Haengbok) The practice of happiness, felicity, or the practice of goodness. *Cf. (Sambok)* Three felicities.

행복인생 12문 幸福人生 十二門 열두 가지 행복한 인생의 길.

1) 불택우 무이직 不擇友 無以直 (벗을 가리지 않으면 곧을 수 없다)
2) 불경사 므이학 不敬師 無以學 (스승을 공경하지 않으면 배울 수 없다)
3) 불효친 무이량 不孝親 無以良 (효도하지 않으면 잘 될 수 없다)
4) 불관인 무이교 不寬人 無以交 (너그럽지 않으면 사귈 수 없다)
5) 부집사 무이통 不集思 無以通 (집중하지 않으면 통할 수 없다)
6) 불극기 무이성 不克己 無以成 (자신을 이기지 못하면 성공할 수 없다)
7) 불근책 구이총 不近冊 無以聰 (책을 가까이 하지 않으면 총명할 수 없다)
8) 불근사 무이진 不勤事 無以進 (끈기 있게 하지 않으면 진척이 없다)
9) 불서원 무이각 不誓願 無以覺 (서원을 세우지 않으면 깨달을 수 없다)
10) 불비례 무이호 不備禮 無以好 (예를 갖추지 않으면 호감을 살 수 없다)
11) 불초재 무이미 不超財 無以美 (재물에 초연하지 않으면 아름다울 수 없다)
12) 불신사 무이화 不愼辭 無以和 (말을 조심하지 않으면 화평할 수 없다)

(Hang-bok Insaeng Sip-i-mun) 12 ways for the happiness of life:

1) You cannot be upright if you are not careful in choosing friends.
2) You may not learn, if you have no respect for the teacher.
3) You may not prosper if you are not obedient to your parents.
4) You may not be sociable if you are not generous.
5) You may not have a clear mind, if you don't know how to concentrate your mind.
6) You may not succeed if you don't know how to overcome yourself.
7) You may not be bright if you don't know how to love books.
8) You may not progress, if you don't know how to persevere.
9) Without a great vow, there will be no great awakening.

10) Without propriety, you will not be loved by people.
11) You may not look beautiful if you don't know to transcend property.
12) You may not be harmonious with others, if you don't watch your speech.

행사 行捨 행사에는 불고불락不苦不樂하여 방하放下하는 것과, 허둥대지 않고 적정경계寂靜境界에 머무는 것이 있으니, 이들을 가리켜 사捨라 함. 그러나 단순히 사捨할 뿐 아니라 사捨로써 행하기 때문에 행사行捨라 함.

(Haengsa) Renunciation and action, or action followed by renunciation: There are two meanings. One is the state of mind of equanimity and peace without agitation, and the other is the indifferent mental state of neither pain nor pleasure attained by renunciation.

행사의 行四依 근기根機가 수승한 수행인이 반드시 지녀야 할 네 가지 법 1) 분소의糞掃依를 입는다. 2) 항상 걸식한다. 3) 나무 밑에 앉아 수행한다. 4) 똥과 오줌을 약으로 사용한다.

(Haengsaui) Four rules to be observed by the high-minded ardent practitioner: 1) Wear a tattered robe. 2) Live by begging for alms. 3) Practice meditation under the tree. 4) Use urine and nigh-soil as medicine.

행상 行相 소승小乘에서는 주관主觀의 인식 대상, 곧 객관의 사물이 주관인 마음 위에 비친 영상影像을 말하고, 대승大乘에서는 주관의 인지認知하는 작용을 말하니, 곧 마음에 비친 객관의 영상을 인식하는 주관의 작용을 말함.

(Haengsang) Mental aspect, or the state of activity of mind and mental functions toward their objects: In the Hinayana, it means the mental aspect of activity, character, or a conditioned sign or image, but in the Mahayana, it means the subjective function of cognition, or the reflection of an object's image in the consciousness.

행선 行禪 걸으면서 행하는 참선. 포행步行이라고도 말함. 비빠사나 참조.

(Haengseon) Walking while meditating, or walking meditation. *Cf.* Vipassana.

행업 行業 고락苦樂의 과보果報를 받을 선악善惡의 행위.

(Haengeop) The activities of thought, word, or deed--karma: Karmic action that will reap a result, either good or evil.

행원 行願 중생 구제救濟라는 이타利他의 원願과 그 실천수행, 또는 원행願行, 곧 칭명염불稱名念佛과 정토왕생淨土往生을 원하는 마음.

(Haengwon) Action and vow, or to act on one's vows: A sincere aspiration and action for the deliverance of living beings. It also refers to an ardent wish for rebirth in the Pure Land by reciting the name of the Buddha.

행입 行入 이입二入의 하나. 이理에 의하여 행行을 일으키고, 행에 의하여 이理에 드는 것. 이입二入 참조.

(Haeng-ip) Enter into action: Practice according to principle, and enter into principle by practice. *Cf. (I-ip)* Double entrance.

행자 行子 스님이 되기 위해 출가했으나 아직 계戒를 받지 못한 사람을 말함. 사미계沙彌戒를 받으려면 대개 1-3년이 소요된다. 그러나 선종禪宗에서는 방장方丈을 돕는 상좌上佐를 이르기도 함. 그런가 하면 불도佛道를 수행하는 사람을 말하기도 함.

(Haengja) Postulant: 1) An aspirant apprentice, novice, or lay brother or sister who has not yet ordained, or a novice who waits on a spiritual master. This is regarded as a training period usually taking between one and three years. 2) An abbot's attendant, a helper who does odd jobs in a Seon or Zen monastery. 3) It also means a Buddhist ascetic, one who practices the discipline, or an itinerant monk in pursuit of enlightenment.

행장 行狀 사람이 죽은 뒤에 그가 평생 지낸 행적을 적은 글.

(Haengjang) A brief personal record of a person who has passed away.

행주좌와 行住坐臥 두 가지 뜻이 있다. 첫째는 사위의四威儀와 같은 뜻으로, 인간의 행동거지行動擧止 모두를 가리키는 것이고, 또 하나는 행주좌와行住坐臥 어느 때든 가리지 않는다는 뜻.

(Haengjujawa) Walking, standing, sitting, and lying: However, it has two meanings. One refers to the four proper deportments, and the other means ardent meditation practice regardless of time and place.

행증 行證 수행과 증오證悟. 불도佛道의 수행에 의해 이치를 깨닫는 것. 행行은 인因이고 증證은 과果이다.

(Haengjeung) Practice of the Buddha-way and realization of the truth:

Practice is the cause and realization is the fruit.

행직 行直 곧은 행실.

(Haengjik) Upright behavior, deportment, or manner.

행화 行化 행화는 중생을 깨달음으로 이끄는 교화敎化를 의미함.

(Haenghwa) Another Buddhist term for the instruction or edification of sentient beings for their enlightenment. *Cf. (Gyohwa)* Edification.

향대 香臺 향로를 놓아두는 받침대.

(Hyangdae) An incense stand.

향로 香爐 향을 살아 분향하는 그릇.

(Hyangno) A censer, or an incense burner.

향상 向上 위로 향하여 올라간다는 뜻이나, 무차별, 곧 평등이란 뜻인 동시에 절대무한絶對無限과 이치의 극점極點을 뜻하며, 부처님의 경계인 동시에 깨달음의 극치極致.

(Hyangsang) The way upward or advancement: But in Zen Buddhism, it means equanimity, non-discrimination, ultimate truth and enlightenment without bound, which is the incomparable wisdom of Buddha.

향상사 向上事 부처가 되는 일, 깨닫는 일, 또는 돈오頓悟.

(Hyangsangsa) The action or practice of attaining enlightenment, the Buddhahood, or sudden enlightenment.

향상일관 向上一關 향상일로向上一路 또는 향상사向上事와 같은 말. 언어와 생각이 미치지 못하는 지상至上의 진리, 또는 공부가 끝나는 마지막 진리를 말함. 향상向上 참조.

(Hyangsang Ilgwan) The upward gate of way upward, advancement, or incomparable truth beyond thought and words. *Cf. (Hyangsang)* The way upward.

향상일구 向上一句 깨달음이 지극한 일구一句 또는 부처님의 지혜.

(Hyangsang Ilgu) A phrase of incomparable enlightenment, or the wisdom of Buddha: "A phrase" refers to "a transcendental truth beyond comprehension or human ken, or the realm of true-suchness."

향상일로 向上一路 절대적인 하나의 길, 부처가 되는 한 길, 또는 선禪의 극처極處.

(Hyangsang Illo) Advancing along the road that leads upward to enlightenment: A way upward, or onward march. An ultimate path,

a strait path to the Buddhahood, or an ultimate base or point of meditation beyond description.

향시 香匙 향香을 집는 부젓가락.

(Hyangsi) The incense tongs.

향전 香典 향존香尊, 향전香錢, 향전香田, 향자香資, 향의香儀, 향료香料라고도 말함. 향을 대신하는 물건이라는 뜻. 곧 불사佛事할 때에 영전靈前에 놓는 돈. 향존香尊할 때 존尊은 올린다는 뜻.

(Hyangjeon) A money offering in leu of offering incense on the altar before the spirit of the deceased.

향하 向下 퇴보 또는 자신의 품위를 떨어뜨리는 행위, 곧 향상向上의 반대.

(Hyangha) Downward: Regression or degradation of self in contrast to the "way upward" or advancement.

향화 香華 육종六種 공양의 하나. 향과 꽃 그리고 다茶 등을 부처님께 올리는 것.

(Hyanghwa) Offering the incense, flowers, and tea to the Buddha: One of the six offerings.

향화 香火 제사祭祀를 올릴 때는 언제나 향을 피운다는 뜻에서 제사祭祀를 일컬음.

(Hyanghwa) Lit. "burning the incense." But as we always offer, or burn incense at the religious service, it came to bear the meaning of any religious service, or a sacrificial rite.

향화 向火 선가禪家에서 쓰는 말. 화롯가에서 단정히 불을 쪼이는 것을 말함.

(Hyanghwa) Warming the body by the fire place with a proper posture.

허공 虛空 온갖 물체를 여의고 아무 것도 없는 곳. 곧 공계空界. 그러나 허공虛空과 공계空界의 다른 점은, 허공이 비색非色, 무견無見, 무대無對, 무루無漏, 무위無爲임에 대해, 공계空界는 시색是色, 유견有見, 유대有對, 유루有漏, 유위有爲라는 것.

(Heogong) Empty space: Space as a non-created element which embraces everything in itself and hinders nothing. A sphere of emptiness where there are no material qualities or elements. Yet the difference between "empty space 虛空" and "empty sphere 空界" is that in "empty space," there is no material elements, no conceptions or ideas, no comparisons; it is undefiled, pure, and non-doing. "Empty sphere" is the world of form or mark, conception and mental activity, comparison, defilement, and phenomena and conditioned.

허공계 虛空界 우리의 눈에 보이는 텅 빈 허공. 그러나 불교에서는 진여眞如를 말함. 빛도 없고 모양도 없으면서 일체 만유를 휩싸고 있는 것이 마치 허공과 같으므로 이렇게 부름. 이 진여의 반대가 중생계衆生界.

(Heogonggye) The realm of boundless, empty space, or the realm of true-suchness which has neither color nor form yet embraces the whole universe. *Cf. (Sabasegye)* The world of sentient beings full of suffering.

허공무위 虛空無爲 허공과 같은 무위 또는 진여眞如. 육무위六無爲 참조.

(Heogongmuwi) Non-doing of emptiness, or true-suchness. *Cf. (Yukmuwi)* Six non-actions.

허공정 虛空定 허공을 관觀하는 허공무변정虛空無邊定을 말함.

(Heogongjeong) Samadhi or absorption into the boundless empty space.

허공화 虛空華 미혹에 의한 환영幻影의 하나. 사물事物의 실체가 없는 것에 대한 비유를 말함.

(Heogonghwa) The flower in empty space: A metaphorical expression for the non-substantiality of things like an illusion or phantom.

허망 虛妄 실實이 아닌 것을 허虛, 진眞, 곧 참됨이 아닌 것을 망妄이라 함.

(Heomang) Not real: Falsehood and hollowness of illusion.

허망본무체 虛妄本無體 허망虛妄함도 본래 본체本體가 없는 법. 법法도 그러할 진대 허망虛妄이야 말하여 무엇하리. 일체가 마음 비움만 못하리.

(Heomang Bonmuche) Falsity or delusion originally has no substance: When even the Dharma has no substance, it is vain to talk about the substance of falsity or delusion. Empty your mind; that is the key to ultimate enlightenment.

허망분별 虛妄分別 현상現象인 사事와 본체인 이理의 참모습을 깨닫지 못하고 망상을 피우는 차별심.

(Heomang Bunbyeol) A discriminating deluded mind that cannot distinguish phenomena from ultimate reality which is also empty.

헌당 獻堂 법당法堂을 지어 부처님께 바침.

(Heondang) Dedication of the Dharma hall to the Buddha.

헌식 獻食 대중이 식사를 할 때에 밥을 조금씩 떠서 한데 모아 아귀餓鬼에게 주는 것.

(Heonsik) The formality of offering a small portion of food to the hungry ghosts before starting the meal.

헌향 獻香 부처님께 향을 올림. 이것은 또 내 마음을 사라 올리는 것이기도 함.

(Heonhyang) Incense offering: In a sense, it is an offering of our heart and devotion.

현 玄 깊고 신비함.

(Hyeon) Mysterious and profound.

현겁 賢劫 범어梵語 bhadra-kalpa. 삼겁三劫의 하나로, 현시분賢時分 또는 선시분善時分이라 번역. 과거의 주겁住劫을 장엄겁莊嚴劫, 미래의 주겁住劫을 성숙겁星宿劫, 현재의 주겁住劫을 현겁賢劫이라 한다.

(Hyeongeop) The current abiding eon of humankind in the universe: The past abiding eon is called *Jangeomgeop* (the sublime eon); the future abiding eon is called *Seongsukgeop* (the starry abiding eon); and the current abiding eon is called *Hyeongeop* (the fortunate eon).

현견 現見 이것은 현실적으로 볼 수 있는 것이라는 뜻. 이렇듯 불교의 특징은 그 근본이 다튼 종교와 달리, 내세 지향적이라기보다는 현세적, 하나님 중심이라기보다는 인간중심, 추상적이라기보다는 실증적, 관념적이라기보다는 논리적이고 과학적이라는 것. 다시 말해 부처님의 가르침은 현실적으로 증명되는 것, 시간을 격하지 않고 과보果報가 있는 것, 와서 보라고 말할 수 있는 것, 능히 열반에 인도할 수 있는 것이라는 것.

(Hyeonggyeon) Something that can be verified: Thus, Buddhism is centered on the present life rather than the afterlife; homo centric rather than theocentric; positive rather than fanciful, logical and scientific rather than abstractive.

In other words, all Buddha's teachings are something that can be proven, something that brings results in the present life not in the afterlife, something that can invite people to see and verify, something that can lead to Nirvana in this life without fail.

현관 現觀 현전現前에서 직접 명료明了하게 관하는 것.

(Hyeongwan) Immediate and distinct comprehension of various forms of phenomena.

현관변지제현관 現觀邊智諦現觀 진여眞如의 체體를 관하는 세간世間과 출세간의 지혜. 다시 말해 진여의 체體를 바르게 관觀한 다음, 다시 진여의 상相을 관하는 견도見道와 수도修道의 지제智諦를 말함. 육현관六現觀의 하나.

(Hyeongwan Byeonjije Hyeongwan) Insight of perceiving the essence of true-thusness and then perceiving the form or mark of true-thusness: The wisdom of perceiving the truth and cultivation. One of the six immediate comprehensions.

현교 顯敎 밀교密敎와 대칭되는 말로, 비밀 없이 사량思量, 설명, 해석할 수 있는 가르침.

(Hyeon-gyo) Exoteric, illustrative, or expository teaching or doctrine in contrast to the esoteric teaching. *Cf. (Milgyo)* Esoteric Buddhism.

현능 賢能 현명하고 재능才能이 있는 사람.

(Hyeonneung) A man of great ability and wisdom.

현덕 玄德 신령神靈한 높은 덕德.

(Hyeondeok) Mysterious or profound integrity or virtue.

현량 現量 현실을 양지量知하는 것. 곧 비판하고 분별함을 떠나서 외계外界의 사상事象을 마치 맑은 거울이 모든 형상을 있는 그대로 비치는 것처럼 그대로 깨달아 아는 것.

(Hyeonryang) Reasoning or measuring from the manifest: Direct perception of external things without discrimination or criticism just like the reflection of things in a clear mirror.

현묘 玄妙 심원深遠하고 헤아릴 수 없이 미묘한 이치 또는 가르침.

(Hyeonmyo) The deep, occult, and marvelous principle or teaching.

현문 玄門 불교를 말함. 불교의 교리는 깊고 묘하므로 현玄, 그리고 불교는 또 열반에 들어가는 길이므로 문門.

(Hyeonmun) The sublime doctrine of Buddhism and its gate leading to Nirvana.

현문우답 賢問愚答 현명한 물음에 대한 엉뚱한 대답. 우문우답愚問愚答 참조.

(Hyeonmun Udap) A nonsensical answer to a sensible question. *Cf. (Umunudap)* A foolish answer to a foolish question.

현보 現報 현재 지은 선악善惡의 행위에 대해 지금 이 세상에서 이 몸으로 과보를 받는 것.

(Hyeonbo) Present-life recompense for good or evil done in the present life.

현상세계 現象世界 현상세계라는 것은 영원성과 실체가 없는 언젠가는 무너질 아지랑이와 같은 일시적 현상인 가상假相에 지나지 않는다.

(Hyeonsang Segye) The phenomenal world: The world of empirical appearance, the ultimate of which is emptiness, non- substantiality, non-self and non-existence.

현소 玄疏 깊은 뜻의 해설. 묘현妙玄 묘소妙疏라고도 말함.

(Hyeonso) Explication or commentary of the profound and sublime teachings of Buddha.

현시 顯示 부처님께서 말씀으로 분명히 나타내 보이신 것을 말함.

(Hyeonsi) Distinct revelation of the Buddha by means of direct instruction.

현식 顯識 현식現識이라고도 말하며, 제 팔식八識인 아뢰야식을 말함. 아뢰야식은 근본심식根本心識으로, 물심物心의 모든 현상을 나타내므로 현식顯識이라 말함.

(Hyeonsik) Manifestation of consciousness: The eighth consciousness, or the fundamental consciousness which manifests all the phenomena, internal and external.

현식 現識 경계境界를 나타내는 식識이라는 뜻. 다시 말해 아뢰야식이 온갖 세계의 모든 현상을 나나타냄을 말함.

(Hyeonsik) Exposing consciousness, or perception of all outer objects of the storehouse consciousness, or the eighth consciousness.

현신변 現神變 신통변화神通變化를 일으키다.

(Hyeonsinbyeon) Manifest a divine or miraculous transformation.

현애살수 懸崖撒水 벼랑 끝에 매달려 손을 놓다. 관념을 부수라는 뜻. 백척간두진일보百尺竿頭 進一步 참조.

(Hyeongae Salsu) Letting go of the precipice: It means to break conceptional thought and attachment. *Cf. (Baekcheok Gandu Jinilbo)* A step forward from the top of a hundred-foot pole.

현업 現業 현재의 행위에 의해 나타나는 업.

(Hyeoneop) Karma of present conduct or action.

현요 玄要 현요玄要는 종사宗師의 눈을 말하며, 또 이때 현玄은 불법 또는 불법의 근본 취지를 말함. 임제종臨濟宗의 삼현삼요三玄三要에 나오는 말.

(Hyeonyo) The eye or insight of a patriarch: It actually means the profound teaching of the Buddha, the doctrine of the Linji Sect.

현의 玄義 깊은 뜻. 천태 지의대사天台 智顗大師는 여러 경經을 해석할 때, 먼저 그 낱낱의 글귀를 따르지 않고, 그 경經의 글 뒤에 숨어있는 참뜻을 찾아내어 논했다고 함.

(Hueonui) The profound meaning: It is believed that the Great Master Tientai Zhiyi tried to uncover the profound meaning behind the words when he was interpreting the sutras instead of a literal word by word interpretation.

현장법사 玄奘法師 (602-664) 중국 당나라 때 승려. 인도와 서역西域의 대여행가일 뿐만 아니라, 불전佛典 번역사상 새 계기를 기록한 대가로 많은 산스크리트어로 된 불경佛經을 한문으로 번역한 사대四大 역경가譯經家 가운데 한 사람이며, 그의 불경번역은 구마라집鳩摩羅什의 구역舊譯과 구별하여 신역新譯으로 불리운다. 여러 스승의 이설異說이 따를 만한 것이 없음을 한탄한 그는 원전原典에 관한 연구를 위하여 인도 여행을 결심. 육로로 서역西域을 거쳐 635년 중인도 나란타사에 이르러 스승 계현戒賢 밑에서 유가瑜伽, 파사婆娑, 구사俱舍 및 호법護法 등의 유식설唯識說을 배우다.

17년간을 두루 다니다가 645년에 범어梵語 경전經典 657부와 불상佛像 그리고 부처님의 진신사리眞身舍利를 가지고 장안長安에 돌아와 태종太宗의 후한 영접을 받았다. 646년 여행 견문기見聞記인 대당서역기大唐西域記 12권을 썼다. 중국 법상종法相宗과 심지어는 구사종俱舍宗의 개조開祖로 추앙받음. 구법승求法僧 참조.

(Hyeonjang Beopsa) Preceptor Xuanzang (602-664): A great Chinese monk of the Tang dynasty and one of the four great translators who translated Sanskrit Buddhist scriptures into Chinese, and his translations are called new translations in contrast to the old translation of Kuramajiva. In order to get original Sanskrit text, he started from China in 629 for India via Central Asia and Afghanistan.

In 645, he returned to China with the manuscripts of six hundred and fifty-seven Sanskrit texts and many Buddhist-images, as well as some of the Sakyamuni Buddha's relics. After that, he translated one thousand three hundred and thirty fascicles of scripture into Chinese.

He also wrote an extensive record of his travels in India titled the Record of Travels to Western Lands, which is the most comprehensive reference work in the field of Indian history. He established a new epoch in the history of translation of Buddhist sutras, and his translations are called new translations. He himself belonged to the Yogakara School and is sometimes regarded as the founder of the Dharma Character Sect and even the Abhidharmakosa Sect.

현전 現前 현재전現在前이라고도 말하며, 현재 눈앞에 나타나는 것. 또는 눈앞에 존재하는 것.

(Hyeonjeon) Immediate presence: Something that is in front of oneself, or right before one's eyes.

현전수기 現前授記 부처님께서 바로 그 자리에서 어느 때 성불하리라는 기별記別을 주시는 것.

(Hyeonjeon Sugi) The foretelling of one's Buddhahood by the Buddha right there and then in front of a person.

현전지 現前地 십지보살十地菩薩의 여섯 번째 자리로, 불도佛道를 닦아 부처님 앞에 지금 와있다는 말. 진여의 청정함과 최상의 반야가 나타나는 지위. 이욕지離欲地, 현전삼매現前三昧 또는 반주삼매般舟三昧라고도 말함.

(Hyeonjeonji) The stage of the presence of Buddha: The sixth stage of the Ten Grounds, or the lands of Bodhisattva's way to the Buddhahood, the stage of the ultimate purity and wisdom.

현전화 現前化 타력신앙 他力信仰에 의한 극락왕생과 같은 유토피아적인 내세관이 아니라, 그러한 이상적인 불국토를 현세에 구현하고자하는 합리적 사고 또는 양자의 융합 사상.

(Hyeonjeonhwa) The practical view of Paradise: Actualization of the bliss of the ideal Buddha-land in this mundane world by way of reason, or by combination of a reasonable way and a utopian ideal rather than wishing to be reborn in Paradise by relying on "other-power" (the power of another).

현종 玄宗 현묘한 종지宗旨. 곧 불교의 통명通名.

(Hyeonjong) The profound tenet or doctrine: It refers to the common denomination of Buddhism.

현중현 玄中玄 용중현用中玄이라고도 말하며 사事, 곧 일체의 차별상에 걸림이 없는 묘유妙有를 말함. 삼현三玄 참조.

(Hyeonjunghyeon) Sublimity of sublimity, or the mystery in the mystery: The non-obstructive phenomenal world of wondrous being. *Cf. (Samhyeon)* Three sublime teachings of truth and function.

현지 玄旨 말로는 표현할 수 없는 심오한 가르침.

(Hyeonji) The inexpressible profound teaching.

현통 玄通 심오한 사물의 이치에 통달하다.

(Hyeontong) Complete understanding of the profound and mysterious essence or principles of things.

현판 懸板 글이나 그림을 새겨 벽이나 문 위에 다는 널조각.

(Hyeonpan) A hanging sign board.

현풍 玄風 현묘玄妙한 진리의 가풍家風 (법도法度), 또는 노장사상老莊思想을 말하기도 함.

(Hyeonpung) The profound and mysterious tradition of a house or order: It also refers to the great thoughts of Daoism.

현현 顯現 명백하게 나타나거나 나타냄. 이의 반대가 명冥 또는 유명幽冥, 곧 견문見聞으로 알 수 없는 것. 그러나 유식론唯識論에서는 인식되는 대상과 인식하는 주체와의 관계를 나타내는 개념을 뜻함.

(Hyeonhyeon) Manifestation: The opposite is darkness that can neither be seen nor heard. But in the Mind-only School, it refers to the relationship of the cognition between the subject and the object.

현화 現化 불보살佛菩薩이 교화하려는 상대에 맞추어 몸을 변해 나타내는 것. 곧 화신化身.

(Hyeonhwa) Manifestation of a transformed body: An incarnation of Buddha or Bodhisattva which suits the capability of the listeners of the teachings.

혈맥 血脈 여러 종파宗派에는 각기 그 조사祖師로부터 전하여 오는 종지宗旨가 있다. 이것을 부모와 자식간의 핏줄에 비유한 말.

(Hyeolmaek) The genealogy of the Patriarchs, or the bloodstream

or lineage of the Patriarchs: Every Buddhist sect has its tenets and tradition originating from the founder of the sect, and they are transmitted to the Dharma heirs just like the bloodstreams in a family's genealogical tree.

협시불 協侍佛 좌우에서 주불主佛을 모시는 불보살. 보처補處 또는 보처존補處尊이라고도 말함. 그러나 본존불本尊佛에 따라 아주 다양하다.

1) 석가모니불釋迦牟尼佛의 경우 (문수 · 보현 / 가섭 · 아난 / 정광여래 · 미륵보살 등의 세 가지 종류가 있다)
2) 아미타불阿彌陀佛의 경우 (관세음보살과 대세지보살, 또는 관세음보살과 지장보살을 좌우에 모신다)
3) 비로자나불毘盧遮那佛의 경우 (노사나불과 석가모니불, 또는 관세음보살과 약사여래를 좌우 에 모신다)
4) 미륵불彌勒佛의 경우 (법화림보살法花林菩薩과 대묘상보살大妙相菩薩을 좌우에 모신다.)
5) 약사여래藥師如來의 경우 (약왕보살藥王菩薩 또는 일광보살과 월광보살을 좌우에 모신다)

(Hyeopsibul) Attendant Buddha or Bodhisattvas on both sides of the main Buddha. But they vary greatly according to the main Buddha and between different sects.

1) If the main Buddha is Sakyamuni Buddha, the attendants will be one of the following pairs: Manjushri Bodhisattva and the Bodhisattva of Great Wisdom; Kassapa and Ananda; and Dipankara Buddha and Maitreya.
2) If the main Buddha is Amitabha Buddha, the attendants will be the Bodhisattva of Great Compassion and the Bodhisattva of Great Power cf Wisdom.
3) If the main Buddha is Virochana Buddha, the attendants will be one of the following pairs: Sambhogakaya or the Body of Pure Light and Sakyamuni Buddha, or the Bodhisattva of Great Compassion and the Medicine Buddha.
4) If the main Buddha is Maitreya Buddha, theattendants will be the Grove of Dharma Garland Bodhisattva and the Bodhisattva of the

Great and Marvelous Mark.

5) If the main Buddha is Medicine or Healing Buddha, the attendants will be Bodhisattva Bhaisajyaraja, or the Bodhisattva of the Sunlight and the Bodhisattva of the Moonlight.

형상 形相 모양과 형체. 온갖 형상과 집착에서 벗어남이 곧 깨침.

(Hyeongsang) Shapes and forms or appearances: Release from attachment to all shapes and forms is true awakening.

형통 亨通 온갖 일이 뜻대로 잘 되어가는 것을 말함.

(Hyeongtong) Non-impediment: Successful in every way without any hindrance.

혜가 慧可 (487-593 달마達摩의 법맥法脈을 이은 중국 선종禪宗의 이조二祖.

(Hyega) Huike (487-593) The Second Patriarch of the Chinese Ch'an School, who succeeded the patriarchate of Bodhidharma.

혜능 慧能 (683-713) 중국 선종禪宗의 육조六祖. 저술로 육조단경六祖壇經이 있다. 다음은 육조六祖가 임종 직전에 제자들에 전한 마지막 교시敎示: '나의 마음이 스스로 존재하는 부처요 스스로의 부처가 이 참 부처니라. 스스로 부처의 마음이 없다면 어느 곳에서 참 부처를 구할 것인가? 너희들 스스로의 마음이 부처이니 다시는 여우같은 의심을 내지 말지니라. 밖으로는 한 물건도 능히 세울 수 없나니 모두가 다 본심이 일으킨 만 가지 법法들이니라. 고로 경經에 이르기를 '마음이 일어나니 가지가지 법法이 일어나고 마음이 사라지니 온갖 법法도 사라지는구나.'

(Hyeneung) Huineng (683-713) The Sixth Patriarch of the Chinese Ch'an Buddhism, the author of the Sutra of Huineng, or the Platform Sutra. The following is the Patriarch's last injunction to his disciples right before his death:

"Within our mind there is a Buddha, and that Buddha within is the real Buddha. If Buddha is not to be sought within our mind, where shall we find the real Buddha? Doubt not that Buddha is within your mind, apart from which nothing can exist.

Since all things of phenomena are the production of our mind, the sutra says, 'When mental activity begins, things come into being; when mental activity ceases, they too cease to exist.'"

혜명 慧命 부처님의 정법正法, 또는 부처님의 지혜를 생명과 같은 소중함에 비유한 것인 동시에 불교의 명맥을 뜻하기도 함.

(Hyemyeong) Lit. "wisdom-life": The supreme and incomparable wisdom of Buddha: The term also has a figurative meaning that Buddha's wisdom is as precious as life.

혜안관시 지옥공 慧眼觀是 地獄空 혜안으로 본다고 생각할 때는 지옥도 공하여 없는 법. 지옥이란 중생의 어두운 눈에나 나타나는 것.

(Hyean Gwansi Jiokgong) If you see with the eye of wisdom, there is no such thing as hell: Hell appears only to the deluded mind or eye.

혜초 慧超 (704-787) 신라의 승려. 723년 (성덕왕善德王 22) 16세 때, 당나라 광주廣州에 가서 금강지金剛智의 제자가 된 후, 스승의 권유로 720년 뱃길로 8년의 인도 성지순례의 길에 나선 다음, 여러 나라를 거쳐, 이번엔 육로陸路로 728년 당나라 장안長安에 돌아와, 그의 여행기 왕오천축국전往五天竺國傳을 남기고 고국에 돌아오지 못하고 이국에서 열반에 들다.

왕오천축국전은 1908년 프랑스의 동양학자 Pelliot에 의해 중국 돈황敦煌에서 발견되어 현지 프랑스 박물관에 전해지고 있다. 다음은 우리의 자랑스러운 혜초 스님의 왕오천축국전往五天竺國傳에 나오는 눈물겨운 시구詩句:

'그대는 서역 길이 먼 것을 한탄하나, 나는 동방으로 가는 길이 먼 것을 한탄하니, 길은 거칠고 눈을 산마루에 쌓였는데, 험한 골짜기에는 도적 떼가 우글거린다. 새는 깎아지른 멧부리에 놀라고 사람은 좁은 외나무다리 건너기가 아슬아슬하구나. 평생에 눈물 한 번 뿌려본 적이 없지만 오늘은 천 줄기나 비 오듯 하는구나.'

(Hyecho) (704-787) A priest of Silla Dynasty of Korea. He went to China at the age of 16 in 720, and became the student of Jingang-zhi. At his Master's suggestion, he set out for the pilgrimage to India by sea and returned to Changan by land in 728.

The record of his travels, the Pilgrimage to the Five States of India was found at the grotto of Dunhuang in 1908 by a Frenchman named Pelliot, an Oriental specialist. Hyecho entered Nirvana in the foreign land of China, never returning home. The following is a stanza from the celebrated work he wrote about his pilgrimage to India to obtain the holy Buddhist scriptures:

"You are lamenting about the long journey to the Western region

(India), yet I am lamenting about the long journey to the Eastern region (returning to China). The route is extremely rough with the snow-capped mountains.

The deep valley below is the haunt of bandits. The birds are frightened by the sharp edges of mountain-tops, when pilgrims are scared of passing the narrow path of the bridge. I have never shed a tear in my life, yet I see a thousand streaks of tears falling down like torrents of rain."

혜해탈 慧解脫 아라한의 하나로 이종해탈二種解脫의 하나. 번뇌의 더러움이 없는 참 지혜로써 번뇌의 장애를 끊고 얻는 경계境界.

(Hyehaetal) Discerning emancipation: One of the Arhats. Enlightenment by immaculate wisdom without any defilement. *Cf. (Ijonghaetal)* Two kinds of emancipation.

호 號 본 이름 외에 허물없이 쓰기 위해 지은 이름.

(Ho) A pen name, or an honorific name or title informal use among friends.

호계원 護戒院 불법佛法을 수호하고 종단의 징계문제를 관장하는 부서.

(Hogyeweon) The Board of Adjudication a legal administrative organ.

호국불교 護國佛敎 나라가 위급할 때 불교가 필요하다면 무기를 들고 앞장서서 나라를 지키는 것을 뜻함. 이것이 한국 호국불교의 특징이며, 그 좋은 예가 임진왜란 때의 휴정 서산대사休靜 西山大師와 그의 휘하麾下 참모인 유정 사명대사惟政 四溟大師가 이끈 의승군義僧軍의 승리이다.

(Hoguk Bulgyo) National defence Buddhism: Buddhism that protects the nation in the crisis of a country, even with arms if it is required. A good example is the victory of the Volunteer Sangha Army, commanded by Venerable Seosan and his Deputy Commander Samyeong, during the Japanese invasion of Korea, which lasted seven years from 1592 to 1598.

호념 護念 가지加持 또는 염호念護라고도 말함. 항상 불보살佛菩薩을 마음속에 품고 선행을 닦으면, 부처님과 보살 그리고 하늘과 귀신들이 여러 가지 장애로부터 중생을 보살펴준다는 뜻.

(Honyeom) The mindfulness of patronage, or the protection of incantation: Always be mindful of Buddhas and Bodhisattvas and practice good conduct, and you will get the patronage of all the Buddhas, Bodhisattvas, heaven, and even by ghosts

호마 護摩 이것은 범어梵語 homa의 음역. 소공양燒供養의 뜻. 화제사법火祭祀法이라 번역. 불을 피우며 불속에 물건을 던져 넣어 공양하고 기원함을 말함. 가장 흔한 밀교의 수행법.

(Homa) Burnt offering: Casting the offering into the fire with prayer, the most common ritual in Esoteric Buddhism.

호법 護法 불법佛法을 지키는 일.

(Hobeop) Upholding the Doctrine: The protection of the Buddha-dharma.

혹 惑 깨달음을 장애하는 미혹한 마음. 이 미혹한 마음은 번뇌를 낳고, 또 번뇌는 사물의 실상을 보는 눈을 가려 업을 짓게 한다.

(Hok) Illusion: Defilement or perplexity which obstructs our mind and causes us to become bewildered in perceiving objects and confused in understanding the reality of things.

혹업고 惑業苦 우매함과 업業 그리고 이에 대한 과보果報. 우매함의 인과를 나타내는 말. 정도正道에 장애가 되는 마음의 이끌림에 의해 업業을 짓게 되고, 또 그 업에 의해 고통을 받게 되는 인과의 법칙.

(Hokeopgo) Delusion, karma, and suffering: The Three aspects of karmic retribution, or cause and effect.

혹장 惑障 사장四障의 하나. 중생이 탐진치貪瞋癡 등의 미혹으로 말미암아 심성心性을 더럽히고 바른 도道를 장애하는 것.

(Hokjang) The obstruction of delusory passion: The obstruction arising from the delusive passion of the three poisons that defile the pure self-nature. One of the four delusory obstruction.

혼신 魂神 심식心識의 다른 이름. 소승小乘에서는 육식六識을 뜻하며, 대승大乘에서는 팔식八識을 뜻함. 이들 육식과 팔식은 육체에 대하여 혼신魂神이라 말하며, 속가俗家에서는 영혼靈魂이라 말함.

(Honsin) The spirit: Another name for mind or cognition: In the Theravada, it refers to the 6th consciousness, while in the Mahayana, it refers to the 8th consciousness in contrast with a physical body.

However, in the secular world, it refers to "the soul."

혼침 惛沈 정신이 아주 몽롱하고 희미하여 까무러짐. 수마睡魔와 함께 참선의 가장 큰 장애물.

(Honchim) Torpid and slumber, or the confused mind: Together with sleepiness, the biggest obstacle in the practice of meditation.

홍법 弘法 교법을 널리 폄. 포교와 같은 말.

(Hongbeop) Propagation of the Buddha-dharma far and wide. *Cf. (Pogyo)* Dissemination of the Dharma.

홍원 弘願 넓고 큰 서원, 곧 아미타불의 사십팔원四十八願을 말함. 대원大願 참조.

(Hongweon) The great vows: It actually refers to forty-eight great vows of Amitabha Buddha. *Cf. (Daewon)* A great aspiration or vow.

홍인 弘忍 (602-675) 중국 선종禪宗의 오조五祖이며 육조 혜능六祖 慧能의 스승.

(Hong-in) Hongren (602-675) The Fifth Patriarch of the Chinese Ch'an School, and the Master of Huineng, the Sixth Patriarch.

화광동진 和光同塵 불보살이 중생을 구제하기 위한 하나의 방편으로, 깨달음과 지혜의 모습을 잠시 숨기고 번뇌오탁煩惱汚濁의 세속과 어울려 중생들을 깨달음의 길로 인도하는 것. 진塵은 세속을 뜻하며, 따라서 이를 쉽게 이야기 하면 중생과 함께 함을 뜻함.

(Hwagwang Dongjin) Abiding with sentient beings: To become familiar with sentient beings by moderating the glorious light of holiness. As a means of expediency, an enlightened one interacts with the sentient beings in the mundane world to lead them to enlightenment while hiding his/her identity.

화광삼매 火光三昧 화삼매火三昧 또는 火光定이라고도 말하며, 몸에서 불을 내는 선정禪定. 아난은 허공에 올라가 화광정火光定에 들어가 몸에서 불을 일으켜 적멸寂滅에 들어갔다고 함.

(Hwagwang Sammae) The fire samadhi: Self-cremation in the fire of samadhi. Ananda vaulted into the sky, burned himself with the fire issuing from his own body and passed into tranquil extinction.

화도 化度 중생을 교화敎化하여 제도濟度하는 것.

(Hwado) Instructing sentient beings to lead them to enlightenment.

화도 化道 중생을 교화敎化하는 길.

(Hwado) The way or method of instructing sentient beings.

화두 火頭 선사禪寺에서 밥을 짓는 소임. 우리나라에서는 공양주 또는 반두飯頭라 말함. 그런가 하면 유두油頭라고도 하여, 선사禪寺에서 등불을 켜고 끄는 것을 담당하는 직책을 가리키기도 함.

(Hwadu) A cook who boils rice in a Seon monastery: However, in Korea we call him *kongyangju* or *bandu* instead of *hwadu*. However, it also refers to the custodian of lamps, one who takes care of the lamps in a Seon monastery.

화두 話頭 말 이전의 세계인 화두란 선禪의 진리를 푸는 열쇠이며 암호. 참선參禪을 할 때 참구參究하는 단어나 글귀. 다시 말해 선문답 가운데의 핵심 문구. 화두를 다른 말로는 공안公案 또는 고칙古則이라고도 말함. 그러나 이때 문답의 전채 내용이 공안公案이라면, 화두는 '개에도 불성이 있습니까?'라는 학인의 물음에 대한 조주스님의 대답인 '무無'와 같은 선문답의 핵심 단어 또는 문구로, 화두란 쉽게 이야기해 언어 이전의, 부모의 몸에서 태어나기 이전의 우리의 본래면목을 증득하기 위해 자기 성찰을 채근하는 채찍.

그리고 화두는 글자 안에 답이 있지 않다는 것을 우선 알아야 한다. 다시 말해 화두란 하나의 '신호탄'에 지나지 않는다는 것을 알아야 한다는 것. 또 화두에는 빗장이 쳐있어 치고 나가기가 매우 어렵다. 따라서 이것을 의단疑團과 함께 뚫고 나아가 몸과 마음과 화두가 하나가 되어야 한다. 이때 가장 조심해야 할 것은 앞에서 말한 것처럼, 이 의단을 지해知解, 곧 알음알이로 풀려고 해서는 안 된다는 것. 사실은 화두에 몰입해 선정禪定에 들어가 우리의 본래면목을 찾자는 것이 화두참구의 궁극적 목적. 화두의 '화話'는 '말'이나 '대화對話,' '두頭'는 어조사語助辭로 별 뜻이 없다. 공안公案과 화두를 들지 않는 묵조선默照禪 참조.

(Hwadu) Whadu: A single koan, a key-word, another name or term for ganhwa and koan. Ordinary meaning of *hwa* 話 is the "speech or spoken phrase" while *du* 頭, or "head" is that which precedes speech. In other words, it refers to "keyword," or phrase that is isolated for constant investigation throughout one's waking moments during meditation," i.e., turning inward to self-illumination with unremitting singularity.

It is also translated as a "critical phrase," a "true-word of no-word," a "sign post," a "Cyclopean doubt," or a "lash" demanding for an immediate answer, a technical term of Seon or Zen dialogue, which cannot be solved by the intellect.

In other words, the answer does not consist of words or intellection. Literally, hwadu refers to the source of a word before it is uttered, or the inexpressible ultimate truth of a "live phrase." It is a method or a device employed in Seon dialogue between the master and student to arouse a doubt about the "keyword" to shut off all possible avenues of rationalization to find our original face, or true self-nature, to unite with the universe, the Buddha-nature, or the true-suchness.

It is also a kind of nonsensical question to a student for which an immediate answer is demanded, yet one should not arouse a thought or rely on reasoning. It is commonly known as koan in Japan. The difference between koan and hwadu is that if koan represents the entire dialogue itself, hwadu consists of a key word or phrase.

As mentioned above, the first syllable "hwa-" of hwadu 話頭 means speech, and the second syllable "-du" or "head" is a particle in classical Chinese and has no specific meaning. *Cf. (Mukjoseon)* Silent illumination meditation and *(Gongan)* Koan.

화두삼매 話頭三昧 말과 생각이 끊어진 수행으로, 화두가 익으면 너와 내가 없는 삼매에 들어 화두와 삼매가 하나가 됨을 말함.

(Hwadu Sammae) Hwadu-samadhi: When hwadu practice is going well, the practitioner and the hwadu become one in the pure and calm state of mind without any disturbance, and that is called hwadu-samadhi.

화두선 話頭禪 간화선看話禪 참조.

(Hwaduseon) Key-word meditation. *Cf. (Ganhwa Seon)* Ganhwa contemplation meditation.

화두참구 話頭參究 간화선看話禪은 곧 화두참구話頭參究를 말하며, 화두참구란 곧 활구참구活句參究를 말한다. 따라서 엄격한 의미에서 화두참구는 활구참구活句參究라고 말해야 맞는다고 말하기도 한다. 왜냐하면 화두참구란 곧 해답이 없는 '활구,' 곧 일구자一句字 탐구探究에 있기 때문이라는 것이다. 그런데 참선 때 스님들은 간절한 마음으로 화두를 놓치지 말라고만 하지, '활구참구'와 일구자一句字에 대한 말씀은 별로 하지 않는다. 따라서 수행자들은 자기가 지금 무엇을 참구하는지도 잘 모른 채 화두참구 한답시고 앉아있는 경우가 많다.

그렇다면 '활구참구'란 정확히 무엇을 말하는가? 그것은 쉽게 이야기해 '암호풀이'와 같다고 말한다. 그런데 문제는 열쇠가 없는 암호풀이라는 것이다. 따라서 화두참구를 할 때는 이를 푼다든가 '타파打破'하겠다는 생각부터 버려야 한다. 왜냐하면 그럴 경우 그것이 곧 집착의 대상이 될 수 있기 때문이며, 여기에 화두참구 지도의 문제가 있는 것이 아닌가 생각한다. 참선이란 쉽게 이야기해 '타파'가 아니라 큰 의단疑團을 통한 정신집중이며, 화두란 이를 위한 하나의 도구일 뿐이다.

다시 말해 화두참구란 의단疑團의 '타파,' 곧 '쳐부수는 것'이 아니라, 일체의 생각과 집착을 말끔히 비운 다음, 바로 그 빈자리에 마음을 집중시켜 자신의 본성인 진여불성眞如佛性, 곧 우주의 실체와 하나가 되는 것을 말한다. 따라서 이것을 '망아忘我' 또는 '좌망坐忘'이라고도 말한다. 그런데 본성이란 또 무엇인가?

이것 역시 '활구'와 '일구자一句字'처럼 말로는 무엇이라 표현할 길이 없는 것(言語道斷)으로, 깨쳤다 하더라도 깨쳤다고 할 것도 없는 것을 알아야 한다. 만약에 '화두참구'를 통해 얻는 것이 있다면, 그것은 하나의 증험證驗으로 마치 찬란한 해가 뜨기 전의 고요한 여명과도 같은 것으로, 우리는 그것을 해탈 또는 열반이라 말한다. 활구活句 및 일구자一句字와 이자구二字句 참조.

(Hwadu Chamgu) Investigation of hwadu, a key word or phrase: What exactly is the hwadu investigation? It is an investigation of "a live phrase or word" (an alternate name for hwadu), which is beyond conception or investigation just like great empty space, or a kind of investigation of a password that has no key.

What it means is that when you are holding a hwadu in meditation practice with a great doubt about the hwadu you are holding, you should never try to solve it by reasoning, because it has no answer just like infinite space or a password that has no key.

When we reflect or concentrate on a certain thing, our minds open gradually in an ever widening sphere. "If we adhere rigorously to this process, we soon find ourselves lost in the stars, as it were, with less and less security about ever having started from anywhere." In this process the hwadu you are holding will melt like a mound of butter in a hot broth.

Nevertheless, you should not cling to anything, which is the greatest taboo in meditation practice. Just drop your intellection and concentrate your mind in that empty spot to be with your original face, pure self-nature, the Buddha-nature of thusness, or the true reality of the universe that has neither name nor form.

This is what we call mindfulness, "losing oneself," falling into a kind of oblivion, trance, or experiencing the state of which is like a daybreak, calm and bright, which is the way to be with your original face or the primordial universe itself, which is commonly called great emancipation, enlightenment and Nirvana. *Cf. (Hwalgu)* A live phrase or word, and *(Ilguja)* A phrase.

화락천 化樂天 화자재천化自在天, 화자락천化自樂天, 또는 낙변화천樂變化天이라고도 번역. 육욕천六欲天의 하나. 이 하늘에 나면 자기의 대경對境을 변화시켜 오락의 경계로 삼는다 하여 이렇게 부름. 도솔천兜率天의 위, 타화자재천他化自在天의 아래에 있음.

(Hwarakcheon) The Heaven of Enjoying Emanations: All the outer percepts could be transformed to suit one's enjoyment. The fifth of the Six Desire Heavens, and is located above Tushita Heaven, and below the Heaven of Free Enjoyment of Manifestations by Others.

화법 化法 부처님께서 세운 중생을 가르쳐 인도하는 법문.

(Hwabeop) The rules or methods established by the Buddha for transforming truth or the Dharma.

화법사교 化法四敎 천태사교天台四教의 하나로, 부처님의 가르침을 장교藏教, 통교通教, 별교別教, 원교圓教로 분류한 것. 각 항목項目과 화의사교化儀四教 참조.

(Hwabeopsagyo) Four kinds of doctrinal teaching according to the form of truth: *Janggyo,* textual or doctrinal teaching; *Tonggyo,* the pervasive or intermediate teaching; *Byeolgyo,* the differentiated teaching; *Won-gyo,* the final or perfect teaching. This is one of the two four teachings of Tientai Sect. See each separate entry for further explanations and *(Hwauisagyo)* Four teachings according to the contents.

화불 化佛 중생제도를 위해 화현化現하신 부처님.

(Hwabul) An incarnate, or metamorphosed Buddha: Buddhas and

Bodhisattvas have universal and unlimited powers of transformation to save sentient beings.

화상 和尙 본래는 수계사授戒師. 그러나 지금은 덕德이 높은 스님을 높이는 말, 또는 가까이 모시고 공부할 만한 훌륭한 법사法師.

(Hwasang) Preceptor: Originally, it was the title of a preceptor who conferred precepts, but it is now regarded as a title of respect for a virtuous monk or an eminent dharma instructor.

화신 化身 변화신變化身의 준말로 응신應身이라고도 말하며, 법신法身, 보신報身, 화신化身인 삼신三神의 하나로, 부처님께서 온 중생을 그들의 성향과 능력에 따라 구제하시기 위하여 부처님 형상이 아닌 다른 여러 가지 형상으로 이 세상에 나타나신 화현化現 또는 변현變現을 뜻함.

(Hwasin) Nirmanakaya: The transformation-body of Buddha, or the historical embodiment of the Buddha, one of the Threefold bodies of Buddha. It literally means "the body of transformation," i.e., the manifestation of the universal Buddha-essence, or Dharmakaya in various forms in the realm of ordinary experience to save all living beings according to their natures and capacities.

화신공양 火身供養 신체의 일부 또는 전신을 불에 태워 믿음의 징표로 부처님께 희생으로 올림을 뜻함.

(Hwasin Gongyang) Self-immolation: Sacrificing a part of one's body or the entire body with fire as an offering to the Buddha.

화신보살 化神菩薩 중생을 교화하기 위하여 나타난 보살.

(Hwasin Bosal) The Incarnation-Bodhisattva who manifested himself to teach living beings.

화신불 化神佛 부처님의 삼신三身의 하나. 중생을 교화하기 위하여 나타나신 부처님.

(Hwasinbul) Nirmanakaya or the Buddha of transformation: The Incarnation-Buddha who manifested himself to teach living beings.

화엄법계 華嚴法界 화엄경에서 펼쳐지는 우주관은, 사사무애事事無碍의 법계연기 사상에 근거하고 있으며, 화엄법계에서는 처음부터 끝까지 우주의 본체, 곧 우주의 이치를 밝힌 다음 이를 아래와 같은 네 종류로 나눈다. 곧 삼라만상은 모두가 서로 연관되어 있어 걸림이 없으며, 풀 한포기, 나무 한 그루 가운데 온 누리가 나타나 있고, 한 순간 한 찰나 속에 영원이 담겨있다는 것. 이것이 법성게法性偈에서 말하는 일중일체다중일一中一切多中一 무량원겁즉일념無量遠劫卽一念이다. 화엄 법계를 크게 분류하면 다음과 같다.

1) 사법계事法界 (차별적인 현상 또는 경험세계) 2) 이법계理法界 (우주 만유의 근본 원리인 무차별성과 보편성) 3) 이사무애법계理事無碍法界 (물질세계인 현상과 이법理法의 세계인 우주의 본체는 서로 독립되어 관계가 없는 것이 아니라, 서로 융통하여 걸림이 없으므로 현상이 곧 실체라는 것) 4) 사사무애법계事事無碍法界 (현상과 이법의 세계가 서로 걸림 없이 융통할 뿐만 아니라, 현상과 현상 또한 서로 융합하여 걸림이 없음을 말함)

(Hwaeom Beopgye) The Dharmadhatu, or the Dharma-realm of the Flower Garland Sutra: It is divided into four categories, and their essence is well expressed in the following quotation, "The many are within the One, and the One is within many. Numberless kalpas are but a fleeting moment, and a fleeting moment, numberless kalpas."

The four major cosmic realms are as follows: 1) The material world of phenomenal distinction, or experimental world. 2) The universal cosmic law of non-discrimination. 3) Non-hindrance between the world of phenomena and the cosmic law. 4) Unhindered mutual interfusion of phenomena or things.

화엄사 華嚴寺 전라남도 구례군 마산면 지리산에 있는 절. 544년 (신라 진흥왕 5년) 연기화상緣起和尙에 의해 창건. 화엄 10대 사찰의 으뜸. 일곱 개의 국보國寶가 모셔져 있다: 제63, 151, 215, 216, 378, 454, 그리고 455이다.

(Hwaeomsa) Hwaeomsa Temple: The 19th District Head Temple of the Jogye Order of Korean Buddhism. It is the largest and most distinguished temple of the Avalokitesvara Order. There are seven national treasures (No. 63, No. 151, No. 215, No. 216, No. 378, No. 454, and No. 455. It was established by Preceptor Yeon-gi in 544, and became one of the foremost monasteries of the Flower Garland School in Korea. It is on Mt. Jiri, Masanmyeon, Gure County, South Jeolla Province.

화엄삼매 華嚴三昧 보현보살이 법을 설하기 전에 들어가는 삼매경인 동시에, 우주의 일체가 서로 어우러져 있어 모두가 하나라는 우주 법칙에 대한 통찰로서 만행萬行의 근본 의지처가 되는 최상의 선정禪定을 말함.

(Hwaeom Sammae) Buddha-garland samadhi, or supreme concentration: Samadhi which Samantabhadra or the Bodhisattva of Great Action entered before his Dharma discourse. It is regarded as the basic refuge for all modes of meditation practice.

화엄일승법계도 華嚴一乘法界圖 화엄사상의 핵심인 우주 법계의 일승一乘을 도표로 그린 것. 법성게法性偈 참조.

(Hwaeomilseung Beopgyedo) The chart of the Dharma-realm of the One-vehicle of the Huanyan, or the Buddha-garland. *Cf. (Beopseongge)* The Song of Dharma Nature.

화의 化儀 사람을 가르쳐 인도하는 의식儀式. 부처님이 중생을 가르쳐 인도하기 위하여 교敎를 설하는 형식과 방법을 말함.

(Hwaui) The rules or methods established by the Buddha for the emancipation of sentient beings.

화의사교 化儀四敎 천태사교天台四敎의 하나. 부처님의 가르침을 돈교頓敎, 점교漸敎, 비밀교秘密敎, 부정교不定敎로 분류한 것. 이들 각 항목과 화법사교化法四敎 참조.

(Hwaui Sagyo) Buddga's four modes of teaching: The Tientai Sect's classification of Buddha's lifelong teaching into four categories according to form. *Cf. (Don-gyo)* Sudden enlightenment; *(Jeomgyo)* Gradual enlightenment; *(Bimilgyo)* Esoteric teaching; and *(Bujeonggyo)* Unfixed teaching. *Cf.* See each individual item for further explication and *(Hwabeop Sagyo)* Four teachings according to form.

화인 化人 불보살 佛菩薩이 중생을 교화하기 위해 근기에 맞추어 일부러 모양을 바꾸어 사람의 몸을 나타내는 것. 화인 化人 자체는 감각이 없으므로 교화가 끝나면 곧 사라진다.

(Hwain) Incarnation, or personification: The Buddha transformed into human shape. The Buddha has many forms of transfiguration and incarnation, and can manifest himself in manifold ways according to the capability of each person.

In other words, the transformation of Buddha or Bodhisattva into a form appropriate to the abilities and instruction needs of sentient beings for their deliverance. As it has no innate capability of sense, it disappears as soon as its mission is accomplished.

화장세계 華藏世界 연화장蓮華藏 참조.

(Hwajang Segye) Cf. (Yeonhwajang) The Blissful Land of Vairochana Buddha.

화쟁사상 和諍思想 원효대사元曉大師가 각 종파의 다른 교리와 해석의 차이점을 용납하고 통합 화해를 도모하고자 한 독특한 사상. 이를 높이 치하하여 후에 고려 숙종肅宗이 대성화쟁국사大聖和諍國師라는 시호諡號를 내림.

(Hwajaeng Sasang) The philosophy of reconciliation of dispute and harmony: It is the philosophy of the Great Master Wonhyo (617-6860) of the Silla Dynasty, a recognition of the differences of interpretation and doctrine of the other sects. In recognition of the merit, King Sukjong (r. 1093-1106) of the Goryeo Dynasty conferred on him the posthumous title of the Great Saint and National Teacher of Reconciliation.

화쟁회통 和爭會通 다툼을 멈춘 다음 화해와 함께 서로 사이좋게 통래通來하는 것.

(Hwajaeng Hoitong) Mutual reconciliation and communication: The champion of this doctrine was the Most Venerable Wonhyo (617-686) of the Silla Dynasty.

화저 火筯 부젓가락.

(Hwajeo) The fire tongues.

화주 化主 세상을 교화하는 주인. 곧 부처님을 말하나, 일반적으로는 가방화주 街坊化主, 또는 가방 공양주街坊 供養主를 말함. 다시 말해 거리에 나가서 여러 사람들에게 시물施物을 얻으면서 사람들로 하여금 부처님과의 인연을 맺게 하는 동시에, 그 절에서 쓰는 비용을 마련하는 스님을 말함.

(Hwaju) The lord of transformation, or conversion, i.e., a Buddha who is the teacher of all sentient beings: But it usually refers to the priest who begs for alms on the street preaching the Buddha-dharma to the people. He also has the duty of providing the means for the management of the temple.

화타 化他 다른 사람을 교화하여 악惡을 여의고 선善으로 향하게 함.

(Hwata) Transforming an evil doer and then leading the man to the right way.

화탕지옥 火湯地獄 쇳물이 들끓는 지옥.

(Hwatangjiok) The hell filled with boiling metal.

화택 火宅 사바세계娑婆世界인 속세의 번뇌와 고苦를 불로, 삼계三界를 집으로, 곧 이 세상을 화재에 비유한 말.

(Hwataek) The house engulfed in burning fire: The parable of the burning house of greed, anger, and ignorance in the triple world of sensuous desire, form, and formlessness.

확철대오 廓徹大悟 단박에 크게 깨침. 돈오頓悟와 같은 말.

(Hwakcheoldaeo) Sudden and complete enlightenment: The great enlightenment of extended penetration.

환 幻 실체가 아닌 가상假相을 가리킴. 일체의 사상事相은 인연으로 얽혀 있을 뿐, 마술사의 속임수처럼 실체가 없음을 말함.

(Hwan) Maya: Illusion, hallucination, a conjurer's trick, a mirage, a false view of things which have no ultimate substance.

환경보호 環境保護 자연과 인간이 같이 사는 길. 환경과 관련됐을 경우, 보호를 protect라 하지 않고 preserve라 말한다. 물을 아낀다고 말할 때도 preserve. 어느 경우든 실무경험이 없을 때 이상한 번역이 나온다.

(Hwangyeong Boho) Preservation of the environment.

환경오염 環境汚染 자연환경을 더럽히는 것.

(Hwangyeong Oyeom) Contamination of environment.

환멸문 還滅門 적멸寂滅에 들어가는 문이라는 뜻. 수행한 공덕으로 번뇌를 끊고 생사의 고통에서 벗어나 열반의 본원本源으로 돌아감을 말함. 이와 반대의 유전문流轉門 참조.

(Hwanmyeolmun) The gate of Nirvana, or returning to the original abode of Nirvana: Homecoming of practitioners to the original home of equanimity as a reward for earnest practice while leaving all their defilements behind. *Cf. (Yujeonmun)* The gate of ever turning karmic retribution in the six modes of existence.

환생 還生 부처님의 계율을 지키지 않아 곧 불법상佛法上으로 송장이 되었던 사람이 참회하고 부처님의 참생명으로 다시 태어남.

(Hwansaeng) Rebirth or reincarnation from the death of a body of a sinner into the true life of the Buddha.

환속 還俗 퇴속退俗이라고도 말하며, 스님이 다시 속인俗人으로 돌아감을 말함.

(Hwansok) Disrobe: Returning to the lay life of a monk.

환신 幻身 신체가 없는 몸.

(Hwansin) The illusory body.

환화 幻化 실체가 없는 것을 현재에 있는 것처럼 환술幻術로 만들어 내는 것. 환幻은 마술사가 만든 것이고, 화化는 불보살佛菩薩의 신통력에 의해 변화한 것.

(Hwanwha) An illusion produced by a magician, or a creation brought about by the supernatural power of a Buddha or Bodhisattva.

환희심 歡喜心 부처님의 가르침이나 명호名號를 들을 때 일어나는 기쁨. 환歡은 몸의 즐거움이고 회喜는 마음의 즐거움. 법열法悅 참조.

(Hwanhuisim) Ecstasy, utmost delight, or a transport of great joy. *Cf. (Beopyeol)* Religious exultation one experiences through listening the Buddha's teaching or reciting the name of the Buddha.

환희지 歡喜地 보살수행의 계위階位인 52위 가운데 십지十地의 첫 단계인 초지初地의 이름. 보살이 부처가 되는 수행의 제 일 단계로, 번뇌를 끊고 이제, 자리리타自利利他의 보살행을 하게 된 데 대해 마음속에 환희심을 일으키는 경지.

(Hwanhuiji) The land of joy: The stage of extreme joy, the first of the Ten Grounds of the Bodhisattva way. In this stage the Bodhisattva is full of joy for having entered the path of Buddhahood, because therein one first attains the ability to benefit both self and others.

활구 活句 활구活句란 쉽게 이야기해, 알음알이가 묻지 않은 살아있는 말로, 문자해석만으로는 그 참뜻을 알 수 없는 것을 말하며, 이에 반해 사구死句란 문자풀이만으로도 충분히 그 뜻을 알 수 있는 것을 말함. 이에 대해 덕산연밀 德山緣密은 다음과 같이 정확히 표현하고 있다: '語中無語 名爲活句 (말 가운데 말이 없는 것을 활구라 하고) / 語中有語 名爲死句 (말 가운에 말이 있는 것을 사구死句라 한다)' 다시 말해 의미가 통하는 알음알이는 사구死句. 의미가 통하지 않고 의미를 알 수 없는 말은 역설적으로 살아있는 활구活句라는 뜻.

그런데 이 활구活句라는 것이 수행자를 골탕 먹인다. 왜냐하면 이 활구라는 것이 항상 말도 되지 않는 뚱딴지같은 말이기 때문이기 때문이다. 그러나 수행자는 거기에 목숨을 걸고 '한 소식'이 나타날 때까지 매달리지 않으면 않된다. 방편은 있으되 정답은 없으며, 궁극적인 진리는 언설言說이나 문자를 초월한 것. 언설을 배격하는 선종禪宗의 역설적 특징과 매력.

탄허呑虛 스님은 활구 활구를 가리켜, '조사祖師의 1,700 공안公案 이 이것이다.' 라고 말씀하심. 사구死句, 미개구착未開口錯. 치답置答, 반어反語, 화두話頭 그리고 화두참구話頭參究 참조.

(Hwalgu) A living or live phrase or word: A literal phrase or a speculative thinking is regarded as meaningless, while a figurative phrase that does not make any sense is regarded as meaningful, a typical koan or hwadu meditation practice that rejects reasoning, words, and letters. It implies that the ultimate truth is beyond expression and human ken.

The following quote by Master Deshan Yuanmi illustrates it succinctly: "A word with no meaning, we call it a live word; / A word with meaning, we call it a dead word." This is what sometimes frustrates the practitioners. Yet you must cling to the Cyclopean "live phrase" until attain enlightenment. *Cf. (Sagu)* A dead phrase, *(Hwadu)* Key-word, *(Hwadu Chamgu)* An investigation of hwadu.

활안 活眼 활안청活眼睛이라고도 말함. 능히 사물의 도리道理를 밝게 관찰하는 눈.

(Hwalan) The bright penetrating eyes that perceive the principle of things.

활인검 活人劍 검劍은 지혜에 대한 비유. 진성眞性을 부활시키는 기용機用을 말함.

(Hwalingeom) The wisdom reviving sword: The functional expediency that enables the practitioner to revive one's true self-nature. The sword symbolizes wisdom.

활자본 活字本 활자活字로 된 인쇄본印刷本.

(Hwaljabon) A text printed with metal type, or the type-printed text.

황벽 희운 黃蘗 希運 (?-850) 중국 스님. 백장회해百丈懷海의 법통을 이었으며 임제의현臨濟 義玄의 스승.

(Hwangbyeok Huiyun) Huangbo Ziyun (?-850) The Dharma heir of the Ch'an Master Baizhang and the teacher of the Great Maser Linji.

회광반조 廻光返照 줄여서 반조返照라고도 말하며, 선종禪宗에서 즐겨 쓰는 말. 언어문자에 의지하지 않고, '빛을 돌이켜 거꾸로 비춤.' 곧 밖으로 향하는 마음을 안으로 돌이켜 내 심성心性을 바로 비추어 보는 것. 다시 말해, 불법佛法은 밖으로 내달으면서 이해하려고 하지 않고 안에서 찾아야 하며, 따라서 한 생각이 일어나면 곧 일어나는 곳을 돌이켜 살펴야 한다는 것.

(Hoigwang Banjo) Introspection, or self-contemplation: Look within

and perceive mind's true light. Lit. "return the light to reflect upon the thing it originally came from"--the immaculate mind, the self-nature, or the Buddha-nature.

It is the term favored by Seon or Zen Buddhism, which means seeing one's true nature, or the Buddha-nature by reflecting upon one's own pure mind without recourse to any word or thought, or without using anything outside of the mind. Its abbreviated form is *banjo,* reflection.

회삼귀일 會三歸一 부처님께서 법화경 이전에 말씀하신 삼승三乘은 방편이므로 타개打開하는 동시에, 삼승三乘은 일승一乘에서 나누어 말씀하신 것이므로, 일승一乘 밖에 삼승三乘이 없고, 삼승 밖에 일승一乘이 따로 없다는 천태종에서 말하는 법화경의 융회融會적 가르침. 그런데 귀일歸一의 일一이란 무엇인가? 그것은 삼라만상의 우주가 하나일 뿐만 아니라, 인간도 이와 하나이니, 이것이 곧 경經에서 말하는 다즉일多卽一이라는 것. 마치 강물이 바다에 흘러들어가 하나가 되듯이. 만법귀일萬法歸一과 일승해一乘海 참조.

(Hoisamgwiil) The Threefold-vehicle returns to the One-vehicle, or unification of three vehicles into the One-vehicle: The One-vehicle, or the Buddha-vehicle, is the principal body of the Threefold-vehicle. In other words, the Threefold-vehicle is the way leading to the final stage of enlightenment of the One-vehicle.

As all rivers flow into the great sea from where they originated, the Threefold-vehicle eventually merges into the One-vehicle. This is also the theory of "many in the One, and the One in many." *Cf. (Manbeopgwi-il)* Every Dharma returns to the One, and *(Ilseunghae)* The sea of One-vehicle.

회상 會上 대중大衆이 모인 법회法會.

(Hoisang) Congregation, or assembly of the Dharma discourse.

회심곡 回心曲 스님이 집집을 돌아다니면서 금전이나 쌀의 시주를 바랄 때, 꽹과리를 치면서 축원이나 덕담을 하고 선심공덕善心功德하라는 긴 내용의 소리. 서산대사西山大師가 지은 노래가 있다.

(Hoisimgok) Song of regeneration: A lengthy prayer for the virtue of the kind hearts of benefactors which is sung by a mendicant, accompanied by the striking of a small brass gong.

회자정리 會者定離 서로 만난 사람은 반듯이 서로 이별하게 된다는 뜻. 그리고 인생이라는 것도 뜬구름 같다는 것도 알 필요가 있다.

(Hoija Jeongri) Those who meet must part: This is the way of life. There is nothing to be sad about in his mundane world.

회주 會主 법회法會를 주관하는 스님이라는 뜻으로, 방장方丈이나 조실祖室을 모시지 않는 사찰의 가장 큰스님.

(Hoiju) The elder master of a temple: The head or spiritual master at the monastery (not including Seon monasteries and their educational complex). *Hoiju* (the elder of a monastery), *Bangjang* (the spiritual master at the monastic, educational complex), and *Josil* (the spiritual master at the Seon or Zen monastery) were originally all synonymous.

회중 會衆 많이 모인 대중을 말함.

(Hoijung) A great congregation or assembly.

회통 會通 화해소통和解疏通의 뜻으로, 언뜻 보기에 모순되는 듯한 여러 주장을 모아 서로 맞추어 일치점을 발견하는 것. 원효대사의 회통불교 참조. 고려 숙종肅宗 6년 대성화쟁국사大聖和諍國師라 시호諡號.

(Hoitong) Conciliation or harmony of diverse opinions: Its chief arbiter was the Venerable Korean Priest Wonhyo (617-686).

회통불교 會通佛敎 언뜻 보기에 모순되어 보이는 여러 가지 교리와 수행의 다양성을 모와 상통하도록 해석하는 일종의 통합불교. 원효대사의 한결같은 주장.

(Hoitong Bulgyo) All-embracing universal Buddhism: A unique feature of Korean Buddhism that tries to encompass or accommodate all the seeming different sectarian doctrines and practices into one fundamental teaching of Buddha as an expedient by recognizing the different aspects Buddhism. The foremost arbiter was the Venerable Master Wonhyo (617-686) of the Silla Dynasty of Korea.

회향 廻向 회전취향廻轉趣向의 뜻. 자기가 닦은 선근공덕善根功德을 다른 중생이나 자기의 불과佛果에 돌림을 말함. 회향에는 세 가지가 있다.

1) 중생회향衆生廻向 (자기가 지은 선근공덕을 다른 중생의 이익을 위하여 이들에게 돌림)
2) 보리회향菩提廻向 (자기가 지은 선근공덕을 불도佛道를 향해 돌림)
3) 왕생회향往生廻向 (자신의 선근공덕을 중생의 정토왕생淨土往生을 위하여 돌림)

(Hoihyang) Parivarta: Mahayana doctrine of "turning over acquired merit for the benefit of others, or simply transferring one's merit to others. There are three variants:

1) Dedication of or transferring one's merit to other living beings for their benefit.
2) Dedication of or transferring one's merit for the sake of teaching the Buddha-dharma, or the Buddha-way.
3) Dedication of or transferring one's merit to all living beings for the sake of their attaining rebirth in the Pure Land.

회향식 廻向式 일의 갈무리 의식.

(Hoihyangsik) A closing ceremony.

회호 回互 이것과 저것이 서로 얽힘이 없이 번갈아 섞이어 넘나드는 것. 우주 삼라만상의 존재는 각기 독립적인 개체이면서도 하나로 통일되는 유기적 전체성을 가지고 있음을 뜻함. 화엄교리華嚴 敎理에서 말하는 사사무애事事無碍 이사무애와理事無碍 참조.

(Hoiho) Mutual inter-penetration of things without hindrance: Totality or unity of all the phenomena in the universe despite their unique characteristics. *Cf. (Sasamuae)* Unimpeded inter-penetration of all things or phenomena, and *(Isamuae)* Non-hindrance between the world of phenomena and the cosmic law.

효경 孝經 공자孔子와 그이 제자 증자曾子가 효도孝道에 대하여 논한 것을 증자의 문인門人들이 기록한 책.

(Hyogyeong) The Hsiao Ching, or Classic of Filial Piety by Zengzi, a disciple of Confucius, and recorded by disciples of the author.

효봉 曉峰 (1888-1966) 법명은 학눌學訥. 성은 李씨. 1910년대에 평양에서 판사로 근무한 적이 있다. 1925년 금강산 신계사神溪寺에서 임석두林石頭 스님에게 출가하다. 1962년 조계종 통합 종단 초대 종정宗正을 지냄.

(Hyobong) (1888-1966) Hyobong iwashis pen name, and his ordination name was Haknul. He once served as a courtroom judge in the 1910s. He took ordination in 1925 under the guidance of the Great Master Seokdu at Singyesa Monastery on Diamond Mountain. He served as the First Consolidated Supreme Patriarch of the Jogye

Order of Korean Buddhism.

후광 後光 불보살상佛菩薩像의 뒤에 비치는 광명. 크게 두 종류로 나눈다.

1) 원광圓光 또는 두광頭光 (불상의 목 뒤에 둥그렇게 나타는 빛의 모양)

2) 거신광擧身光 또는 신광身光 (불상佛像의 온 몸에서 나타나는 빛의 모양)

(Hugwang) Halo, aureole, or aura: It takes two forms:

1) The circular illumination behind the head of a statue of Buddha or a Bodhisattva.

2) The illumination emanating from the entire body of the statue.

후득지 後得智 근본지根本智의 반대로, 여량지如量智, 권지權智, 또는 속지俗智라고도 말함. 근 본지에 의하여 깨달은 후, 다시 분별하는 마음을 일으켜 의타기성依他起性에 의해 깨달아 아는 지혜.

(Hudeukji) The secondary, expedient, or detailed or specific wisdom, the opposit of fundamental wisdom: The wisdom attained dependent upon the other nature of things after attaining enlightenment by innate or fundamental wisdom of knowledge.

후불 後佛 내세來世에 오시는 부처님으로 미륵불 등을 말함. 석가모니 부처님이 입멸하신 후 56억 7천 만년을 지나서 미륵불이 사바세계에 오셔 성불한다고 함. 그런가 하면 불상佛像 뒤에 모시는 부처님의 탱화撑畵를 말하기도 함.

(Hubul) The future Buddha: A Buddha such as Maitreya who will appear in the mundane world and attain enlightenment fifty billion and six hundred thousand years after Sakyamuni Buddha's passing into Nirvana. *Hubul* can also refer to a Buddhist painting hanging behind the main Buddha statue in the Dharma Hall.

후불탱화 後佛撑畵 법당 안 불·보살의 상像 뒤에 걸어놓은 불화佛畵.

(Hubultaenghwa) A Buddhist painting hanging behind the main Buddha statue in the Dharma Hall.

후생연 後生緣 현재는 나타나지 않으나 후에 나타나는 인연.

(Husaengyeon) The post-nascent conditions.

훈습 薰習 우리의 몸과 입으로 표현하는 말이나 행동 또는 행각行脚 등이 이러나는 즉시 사라지는 것이 아니라 반드시 어떠한 인상이나 힘을 자기의 마음 바탕에 저장해 두는 작용. 이는 마치 향 香이 옷에 배어드는 것 같은 것에 비유한 것. 이러한 잠재 상태에 있던 흔적이 어떤 인연을 만나게 되면, 다시 표면에 어떤 과보로 나타난다.

(Hunseup) Hume or imprints: Permeation, ingrained mental habit patterns, or the influence of karmic seeds upon one's consciousness just as the fragrance of incense permeates one's clothes. It is stored in the eighth consciousness, and when these imprints encounter the related conditions, they manifest as effects of the original karma. *Cf. (Seupgi)* Habitual energy or disposition.

훈습종자 薰習種子 칠식七識이 선악의 업인業因을 지어 팔식八識을 훈습하여 깊이 저장했다가 반듯이 보응報應을 받기 때문에 이를 훈습종자라 말함.

(Hunseup Jongja) The imprinted or permiated seed: All the karmic acts, good and evil, are stored or imprinted in the eighth consciousness until they are aroused by similar karmic actions, which will in turn bring due rewards or retributions.

휴식만사 休息萬事 온갖 일을 놓는 것. 무위無爲와 같은 뜻으로 깨침의 지름길. 깨침을 어렵게만 생각할 필요 없으며, 열반이라는 것도 특별한 것이 아니다. 왜냐하면 열반을 포함하여 그 어떤 것도 자성이란 없기 때문이다. 온갖 것과 함께 마음을 비우는 자가 모든 것을 얻는다고 했다.

(Hyusikmansa) Putting down or putting to rest the myriad particulars: It is another way of expressing non-action, unconditioned, and Nirvana. By letting go of everything, one gains all.

휴정 休靜 (1520-1604) 서산대사西山大師는 별호 別號, 호는 청허淸虛. 개경開京의 서쪽에 있는 묘향산妙香山에 오래 계셨으므로 서산대사라 한다. 금강산 백화암白華庵에 오래 있었던 관계로 백화도인白華道人, 또는 벼슬자리에서 물러났다하여 퇴은退隱이라고도 말함. 임진왜란 때 사명대사四溟大師와 함께 의승군義僧軍을 이끌고 왜군을 무찌르다. 대표적인 저서로 선가귀감禪家龜鑑이 있으며, 이는 또 본 편찬자의 영-한 대역본對譯本이 있다. 법어집法語集으로는 서산대사어록西山大師語錄이 있다.

(Hyujeong) (1520-1604) A great priest of Joseon Dynasty. His pen name was Seosan, which refers to the name of the mountain (the western mountain) where he resided for a long time before passing into Nirvana. He also had two other pen names, Baekhwa Doin (a sage of Baekhwa Monastery) and Toieun (a retired hermit). He led the Volunteer Sangha Army against the Japanese invasion of Korea (1592-1598) to victory.

His major work is the Mirror of Seon, and there is an English translation by the complier of this dictionary.

희론 戲論 불도佛道를 수행하는데 전혀 도움이 되지 않는 부질없는 말. 이런 경우 부처님께서는 대개 침묵을 지키셨다.

(Huiron) A useless or meaningless argument, or vain or nonsensical talk that is not profitable for the practice of the Way. In such occasions, Buddha usually kept silent.

희유 稀有 아주 드물고 진귀한 것. 곧 그와 같은 예가 없는 것.

(Huiyu) Rare, singular, or the most wondrous thing.

흰죽 사찰에서는 대개 아침 식사를 흰죽으로 간단히 때운다. 발우공양鉢盂供養도 그렇게 검소할 수가 없다. 음식이란 육신을 보존하기 위한 이상도 이하도 아니다. 그렇다면 맛있는 음식을 너무 탐하는 것도 부질없는 일. 그런데 세상 사람들은 음식에 대해 왜 그렇게 난리를 피우는지 모르겠다.

(Huinjuk) Rice gruel: Priests at a monastery usually eat this for breakfast in keeping with a simple life. Food is for maintaining life, no more no less. Sumptuous tasty food?

힌두교 인도의 대표적 종교. 일종의 해탈을 목적으로 하는 힌두교는 베다, 우파니샤드 그리고 바가바드기타 등에서 발전한 것으로, 초기 아리안 정착민들의 신앙에 그 바탕을 두고 있다. 중요한 교리로는 범아일여梵我一如와 윤회사상 그리고 카스트 제도를 들 수 있다. 불교와 자이나교는 힌두교의 전통에서 벗어나지만, 힌두교와 무관하지 않은 것으로 보고 있다.

(Hindugyo) Hinduism: A philosophy of liberation from the material world and a common religion of India based upon the religion of the original Aryan settlers as expounded and evolved in the Vedas, the Upanishads, and the Bhagavad-Gita. Its characteristics are: Brahman is a creator-God who is also the universe itself, karma, and the caste system. Buddhism and Jainism are outside the Hindu tradition but are regarded as related religions.

Ⅶ. 부록1

헌신 요가

깨침과 함께하는 명상은 기계적인 의식이나 기도보다 수승하다.
신에 대한 헌신과 함께 그와 항상 같이하며 하나가 될 수 있다면
그것은 명상보다 더욱 수승하다.
그러나 모든 것을 놓을 수 있다면 즉각적인 마음의 평안을 얻을 수 있다.
사람은 산목숨을 미워해서는 안 된다.
모든 산 생명과 사이좋게 지내고 자비를 베풀어라.
그리고 '나'와 '내 것' 이라는 환상을 버려라.
그리고 기쁨과 고통을 다 같이 평등하게 받아들여라.
즐거움을 추구하거나 기뻐하지 마라.
혐오스러운 것에 대해서도 놀라거나 슬퍼하지 마라.
그리고 선악에 대해 흔들리지 마라.
그런 사람을 나는 사랑하느니라.

The Yoga of Devotion

Concentration which is practiced with discernment
Is certainly better than the mechanicl repetition of a ritual or a prayer.
Absorption in God--to live with Him and be one with Him always--
Is even better than concentration.
But renunciation brings instant peace to the spirit.
A man should not hate any living creatures.
Let him be friendly and compassionate to all.
He must free himself from the delusion of "I", "my", "me".
He must accept pleasure and pain with equal tranquility.
He does not desire or rejoice in what is pleasant.
He does not dread what is unpleasant, or grieve over it.
He remains unmoved by good or evil fortune.
Such a devotee is dear to me.

단멸 요가

자기 밖의 것에 대한
감각을 끊고
미간에
정신을 집중하라.
들숨과 날숨을
조절하고
감각과
생각을 멈추어
마음에 흔들림이
없도록 하라.
마음의 평안을 추구하는 자는
두려움과
노여움을 버리고
욕심을 놓아라.
그러면 진정 그는
영원한 평안을 얻으리.

The Yoga of Renunciation

Shutting off sense
From what is outward,
Fixing the gaze
At the root of the eyebrows,
Checking the breath-stream
In and outgoing
Within the nostrils,
Holding the senses,
Holding the intellect,
Holding the mind fast;
He who seeks freedom,
Thrusts fear aside,
Thrusts aside anger
And puts off desire;
Truly that man
Is made free forever.

인생송人生頌[1]

공에서 와서 공으로 돌아가는 것이 인생 (空手來 空手去 是人生)
그런데 우리는 어데서 와서 어디로 가는 것인지? (生從何處來 死向何處去)
인생이란 마치 하늘에 잠시 나타났다가 사라지는 뜬 그름
(生也一片浮雲起 死也一片浮雲滅)
그러나 뜬구름이란 본래 있는 것이 아니며 (浮雲自體本無實)
탄생과 죽음 그리고 오고 감도 역시 그와 같은 것. (生死去來亦如然)
그러나 분명히 항상恒常한 한 물건이 있으니 (獨有一物常獨露)
그것은 맑고 청정무구淸淨無垢하여 생사生死를 뛰어넘었으니 (湛然不隨於生死)
그렇다면 그것은 도대체 무엇인가? (謨然這一物麽)

옴唵[2]

마음이 곧 부처요 부처가 곧 마음이니라. (心卽佛 佛卽心)
나무 석가모니불! (南無釋迦牟尼佛!)
나무 석가모니불! (南無釋迦牟尼佛!)
나무시아본사 석가모니불! (南無是我本師 釋迦牟尼佛!)

1 이 게송偈頌의 끝부분을 제외한 본체부분은, 숭산崇山 큰스님이 쓰시고 현각 스님이 영문으로 번역한 *The Compass of Zen*에서 인용한 것임을 밝힘.

2 이것은 우주宇宙의 소리로, 힌두교에서 유래. 금강경 32장 끝에도 나오는 AUM의 A는, 소리의 시작. U는 지속. M은 소리의 끝으로, 우주의 탄생과 지속 그리고 소멸을 다 함축한 소리.

The Song of Life [1]

Coming empty-handed, going empty-handed--that is human.
When you were born, where did you come from?
When you die, where do you go?
Life is like a floating cloud that appears;
Death is like a floating cloud that disappears.
The floating cloud itself originally does not exists.
Life and death, coming and going, are also like that.
But there is one thing that always remains clear.
It is pure and clear, not depending on life and death.
Then what is the one pure and clear thing?

AUM! [2]

Mind is Buddha, and Buddha is mind.
I faithfully bow and depend on Sakyamuni Buddha to guide me!
I faithfully bow and depend on Sakyamuni Buddha
Who is my venerable original teacher!

1 The main part of this song except AUM! and the closing invocation at the end is a quotation from The Compass of Zen by Venerable Seon Master Seung Sahn and compiled edited by Hyon Gak Sunim.

2 AUM is a mantric syllable from Hinduism. It is a manifestation of spiritual power or symbol, or the sound of the universe from its creation to extinction. "A" stands for the initiation of the sound; "U" stands for the continuation of the sound; "M" stands for the end of the sound that contains the creation, continuation, and extinction of the universe.

우주론宇宙論

우주론이란 우주의 생성과 구조 그리고 변화 등을 연구하는 학문이다. 그러나 우리는 부처님께서 깨달으신 우주의 진리에 대한 연구와 생각 없이 불교를 논할 수 없다고 생각한다. 그 이유는 우주의 진리가 곧 부처님께서 깨달으신 불교의 진리이며, 특히 현 우주시대에 있어서 그 무엇과도 비할 수 없는 부처님께서 깨달으신 지혜이기 때문이다.

고대 인도와 희랍 철인哲人들은 그들 나름대로 우주의 구조와 기원 그리고 그 한계에 관해 사색을 한 바 있다. 기원전 6 세기에 살았던 희랍의 철인 아낙시만더는 무진수의 세계가 가없는 허공계에서 끊임없이 나타났다가 사라지는 것으로 생각한 바 있다.

약 1세기 후에 무수한 원자와 가없는 허공의 존재에 대한 가설을 내세운 희랍의 원자론자인 루시퍼스와 데모크리터스는, 온 허공계에 나타났다가 살아지는 세계들에 대해 생각했다. 이러한 고찰들은 상상과 이성의 산물로서, 사실은 태양과 달 그리고 별들과 같은 지구와 천체天體에 대한 재구성에 지나지 않았다.

부처님 이전 희랍 철인들의 동시대 인도 사람들의 사색思索 역시, 그들의 주장의 일부가 정신적이며 직관적이라는 것과, 따라서 그들의 견해가 희랍 철인들의 생각들보다 다양한 면이 있었다는 것 이외에는, 이들 희랍 철인들과 별로 큰 차이가 없었다.

그런데 본격적인 우주론에 대해 논하기 전에 간단히 살펴보아야 할 것은 중세말까지 보편화되었던 재미있는 우주관이다. 서구에 있어서의 중세 말까지의 우주관은, 아리스토텔레스에 그 근원을 둔 지구가 우주의 중심이라는 지구중심주의였다(geocentric). 다시 말해 우주는 지구를 중심으로 고정되어있다는 것이었다. 지금 생각하면 초등학교 학생의 수준도 안 되는 것이었다.

이러한 고정된 지구중심의 우주관은, 후에 기독교의 정통 교리로 자리 잡아, 이에 이견異見을 제시하는 것은 곧장 이단異端으로 몰렸다. 이는 결국 코페르니쿠스의 지동설을 낳게 했으며, 또 그 유명한 갈릴레오의 '그래도 지구는 돈다' 라는 이야기로 이어지게 된다. 그 후에 다시 태양이 우주의 중심이라는 태양계설太陽系 (solar system)설이 나오나, 지금 생각하면 이 역시 유치한 단계에 지나지 않다.

우주의 생성과 운행은 그렇다하고, 지구와 우주의 종말은 어떻게 되나? 지구와 우주의 존재와 불확실성에 관해 부처님은 아주 사실적으로 다음과 같이 묘사하고 있다. '엄청난 세월이 흐른 다음, 비가 내리지 않게 되면 지구의 모든 초목과 동물들의 생명이 파멸하게 될 것이다.'

부처님은 또 말씀하시기를, '일곱 개의 태양이 나타나게 되면, 지구는 그 요지부동의 거대한 태산泰山을 포함하여 한줌의 재도 남김없이 살아지고 말 것이다.' 그리고 또 부처님은 실제로 목격이나 하신 듯 다음과 같이 말씀하시기도 했다: '지구가 불에 타서 사라진다는 것을 실제 보지 않고는 어떻게 그것을 믿을 수가 있겠는가?'

(K.N. Jayatilleke, Facets of Buddhist Thoughts, 1986).

이것은 부처님께서 보리수나무 아래에서 깨달으신 연기설緣起說과 함께, 우리가 알고 있는 현대 천문학과 비교될 수 있는 의미 있는 역사적 우주관이다. 그리고 더욱 놀라운 사실은, 이러한 현대 천문학과에 비유될만한 탁견卓見이 동서를 막론하고 고대나 중세에서는 지금까지 전혀 찾아볼 수 없었다는 사실이다. 설명이 좀 길어졌는데, 세계적으로 저명한 영국 불교학자이며 *Buddhism (Penguin Book, 1951)*의 저자인 Christmas Humphreys의 글로 불교와 현대우주론의 이야기를 맺고자 한다:

'세계종교 중에 오로지 불교만은 두 서구사상으로부터 아무런 두려움을 느낄 필요가 없다고 생각한다. 그 두 두려움이란 무엇인가? 그것은 곧 넓은 의미의 전근대적인 고루한 사상과 자칭 권위주의에 대한 합리성을 추구하는 '고등비평高等批評(Higher Criticism)' 과 과학을 의미한다.

첫 번째 문제에 대해 말한다면, 만법萬法, 즉 온갖 형상세계와 이에 대한 불교의 가르침은, 항상 현대 과학자들의 시각과 같았다. 불교는 모든 사물과 현상에 대해 선입견 없이 냉정하고 객관적이며 분석을 통해 검토하라고 가르쳤으며, 그것이 신도들에 대한 불교의 명령命令 (injunction)이었다. [이를 쉽게 이야기하면 불교는 언제나 과학적이고 합리적이며 객관적이었다는 것이다. 편자의 부연설명]

오늘날의 서구 과학은 개념상 급속히 '유심唯心 (mind-only)' 쪽으로 접근하고 있으며, 물리학에 바탕을 둔 최근의 놀라운 변화 현상은, 이들이 발견하는 새로운 용어用語 자체가 2,000년 전의 불교경전에서 사용한 용어들과 차이가 없다는 사실이다. 진정으로 불교는 현대 서구 과학으로부터 두려움을 느낄 필요가 없으며, 오히려 서구과학은 정신과학의 총아寵兒인 심리학을 포함한 정신세계에 대해 아직까지 서구사회가 알지 못한 것들에 대해 불교로부터 배울 것이 많다고 생각한다.'

이것이 바로 불교이며, 불교야말로 아인슈타인이, 미래의 종교는 곧 불교라고 말한 것처럼, 이 지구상의 그 어느 종교보다 과학적이고 합리적이다: '미래의 종교는 우주종교가 될 것이다. 그리고 미래의 종교는 인격적 신神을 뛰어넘는 동시에 극단적 교리와 [중세적中世的] 신학神學을 뛰어넘어서야할 것이다. 만약에 이와 같은 현대과학의 요구에 대응할 수 있는 종교가 있다면 그것은 불교일 것이다.'

따라서 우리는 현대 첨단과학에 앞서 2,600년 전에 이미 설파하신 부처님의 위없는 가르침에 대해 긍지와 자부심을 가질 필요가 있다고 생각한다. 그러나 절대로 이웃 종교처럼 자만해서는 안 되며, 옛날 유식파唯識派와 선불교禪佛敎가 새로운 부처님의 세계를 개척한 것처럼, 우주시대에 부응할 수 있는 불교가 되어야 하리라 생각하며, 특히 세계화를 지향하고 있는 한국불교는 불사佛事에만 안주安住하지 말고, 보다 거시적인 인류의 행복과 평화를 위해 환골탈태換骨奪胎의 심정으로, 명실공히 우주불교를 향해 매진해야 하리라고 감히 생각한다.

Cosmology

We cannot talk or think about Buddhism without studying the Buddhist view of cosmology, because Buddhism is fundamentally based on the truth of the universe acquired by Sakyamuni Buddha, whereas we call Buddhism the religion of science, cosmology, and unsurpassed wisdom, which has, in this respect, no rival, especially, in the modern age of science and cosmology.

The early Indians and Greeks speculated about the nature, origin, and extent of the universe. Anaximander, a Greek thinker of the 6th century B. C. is supposed to have contemplated the possibility of innumerable worlds successively coming out from and passing away into an indefinite substance.

About a century later, the Greek atomists, Leucippus and Demokcritus, who postulated the existence of innumerable atoms and an infinite void, conceived of worlds coming-into-be and passing away throughout the void. These speculations were the product of imagination and reason and the worlds they talked of were reproductions of the earth and the heavenly bodies such as the sun, moon and the stars.

The contemporary Indian speculations prior to Buddhism were on the same lines, except for the fact that some of them were claimed to be based on extrasensory perception as well, which made them a wider variety of views than to be found among the Greeks.

The conception of the universe in the West until the end of the medieval period was geocentric. It was mainly Aristotelian in origin. The earth was deemed to be the fixed center of the universe. The universe was also finite in spatial extent. This finite geocentric universe was later considered to be the orthodox theological view of the cosmos and attempts on the part of thinkers to change it were clamped down as heresy. A change came with Copernicus, and the universe became the solar system. However, from the modern point of view, it is still the infant stage of cosmology.

The Buddha said that there comes a time after a lapse of hundreds of thousands of years, when it would cease to rain and vegetable and animal life in the planet would be destroyed. Buddha also spoke of times when seven suns would appear and the earth including the biggest of mountains which appears so stable would go up in smoke without leaving any ashes at all. He spoke as though He has witnessed some of these phenomena. He said: "Who would think or believe that this earth . . . would burn up and be destroyed except on the evidence of sight" (K. N. Jayatilleke, *Facets of Buddhist Thoughts,* 1986).

"It is with original Buddhism that we get for the first time in the history of thought a conception of the universe, which can in any way be meaningfully compared with the modern picture of the universe as we know it in contemporary astronomy. This is all the more remarkable when we find no other such conception, which foreshadowed or forestalled modern discoveries in ancient or medieval thought of the East or West" *(Ibid).*

"Alone of world's religions, Buddhism has nothing to fear from two activities of the modern Western mind, namely, the 'Higher Criticism' of previous ideas and alleged authorities, and science, using the term in its largest scope. As to the first, the Buddhist attitude to all phenomena and to all teaching about it has ever been that of the modern scientist. Let all things be examined dispassionately, objectively, assuming nothing, testing all, for such was the Buddha's own injunction to his followers.

Western science to-day is rapidly approaching the conception of Mind-only, and a remarkable feature of the recent change in the basis of physics is that the very terminology of its new discoveries might be paralleled in Buddhist scriptures compiled 2,000 years ago. Truly, Buddhism has nothing to fear from Western science, and in the world of mind, including that cinderella of mental science, psychology, the West has more to learn from Buddhism than as yet it knows." (Christmas Humphreys, *Buddhism* (Penguin Books, 1951, p. 223))

This is Buddhism, which Einstein spoke highly of as a religion of future, and we should be proud of Buddhism as a religion of modern science and cosmology, expounded by Sakyamuni Buddha 2,600 years ago. It is significant that Albert Einstein, the greatest of the twentieth century said of Buddhism: "The religion of the future will be a cosmic religion. It should transcend a personal God and avoid dogmas and theology. If there is any religion that could cope with modern scientific needs, it would be Buddhism."

불교의 십이 원칙十二原則*

1. 자기 구원이라는 것은 누구에게 있어서나 다급한 문제이다. 만약에 어떤 사람이 화살에 맞아 누워있다면, 그는 누가 활을 쏘았느냐, 아니면 그 화살의 길이와 모양 등 쓸데없는 질문을 함으로써 화살을 뽑아내는 일을 지연시키지는 않을 것이다. 부처님의 정도正道를 따라 걸어감에 있어서, 우리는 끝없는 가르침을 만나게 되겠지만, 그동안 삶의 현장에 있어서 우리는 항상 직접적인 개인의 체험을 통해서 배워야 할 것이다.
2. 존재에 대한 첫 번째 중요한 사실은 변화, 곧 무상無常의 법칙이다. 두더지로부터 거대한 태산泰山, 그리고 한 생각으로부터 하나의 거대한 제국에 이르는 모든 존재는 생로병사生老病死라는 같은 순환과정을 거치도록 되어있다. 생명만이 새로운 형태 속에 부단히 자신의 존재를 표현하려는 노력이 지속될 뿐이다. '생명이라는 것은 하나의 다리, 곧 매개체이다. 따라서 그 위에 집을 짓지 않는다.' 생명은 하나의 흐름의 과정이다. 따라서 누구든 형상에 집착하는 사람은, 그것이 아무리 훌륭한 것이라 해도, 자연의 흐름에 저항함으로서 고통을 받게 된다.
3. 변화, 곧 무상無常의 법칙은 '영혼'에도 똑같이 적용된다. 개인에 있어서 영원하며 또 변치 않는 원칙이란 없다. 오로지 '이름 지울 수 없는' 궁극의 진리, 곧 궁극적 실체만이 변화를 뛰어넘는다, 그리고 인간을 포함한 모든 생명체는 이 '실체'의 현현顯現에 지나지 않는다. 그 무엇도 자기 안에 흐르고 있는 생명을 소유할 수는 없다, 마치 빛을 발하는 전류를 전구가 소유할 수 없는 것처럼.
4. 우주라는 것은 자연법칙의 표현이다. 모든 결과는 그 원인을 가지고 있다. 그리고 인간의 영혼 또는 성격은, 앞생각과 행동의 총체적 소산所産이다. 행동과 그 반작용을 의미하는 업業은 모든 존재를 지배하며, 인간만이 이에 대한 그의 환경과 그 반작용, 그리고 자신의 미래의 조건과 그의 궁극적 운명의 창조자이다. 그러나 인간은 바른 생각과 바른 행동으로 점차적으로 자신의 내면세계를 정화해나갈 수 있다. 그 과정은 지상에서의 오랜 환생의 세월을 요한다. 그러나 모든 생명체는 언젠가는 기필코 깨달음을 얻게 된다.
5. 생명은 하나뿐이며 나눌 수가 없다. 비록 그 변화무쌍한 형상은 끝도 없이 나타났다 사라지지만. 그런데 모든 형상은 언젠가는 사라지지만, 사실인즉 죽음이라는 것은

존재하지 않는다는 것이다. 생명의 불변성에 대한 이해에서 사실은 동체대비同體大悲라는 자비심이 나타나고 또 다른 형상과의 만물동근萬物同根이라는 동일성에 대해 이해하게 된다. 자비는 '영원한 조화로서 법 중의 법' 으로 설명되고 있다. 그리고 그 누구든 이 생명의 조화를 어기는 사람은 그에 따라 고통을 받게 되고 자신의 깨달음을 지연시키게 될 것이다.

6. 생명은 하나이기 때문에, 그 관심분야 역시 전체적인 차원에서 이루어져야 할 것이다. 그런데 어리석은 인간은 자신의 이해관계를 성공적으로 성취할 수 있다고 생각하며, 이러한 잘못된 이기주의가 고통을 불러온다. 그러나 그는 자신의 고통을 줄이는 방법을 배우게 되고 마침내 그 고통의 원인을 제거하게 된다. 부처님께서는 이에 대해 사성제四聖諦를 가르쳐 주셨다:
   1) 고성제苦聖諦 (세상의 과보果報를 모두 고苦로 돌리는 것)
   2) 집성제集聖諦 (고 고는 집착에서 온다는 것)
   3) 멸성제滅聖諦 (아집我執과 현상에 대한 집착에 대한 소멸)
   4) 도선제道聖諦 (깨달음에 이르는 길, 곧 팔정도八正道)

7. 팔정도八正道는 다음 여덟 가지로 구성되어있다:
   1) 정견正見 (팔정도의 기본으로, 사성제의 도리를 바르게 관찰하는 것)
   2) 정사유正思惟 (사성제의 도리를 바르게 생각하는 것)
   3) 정어正語 (허황된 말과 삿된 말을 하지 않는 것)
   4) 정업正業 (정견正見과 정사유正思惟에 따라 올바른 행동을 하는 것)
   5) 정명正命 (바른 이법理法에 따라 생활하는 것)
   6) 정정진正精進 (수행을 게을리 하지 않는 것)
   7) 정념正念 (삿된 생각을 떠난 정신집중)
   8) 정정正定 (산란한 생각을 떠난 마음의 안정)

   불교란 단순한 이론이 아니라 하나의 생활 방식이기 때문에, 이 팔정도를 지킨다는 것은 자신의 구원과 깨달음에 있어서 필수이다. '악행을 끊고 선행을 행하라, 그리고 마음을 청결하게 하라.' 이것이 부처님의 가르침이다.

8. 궁극적 실체는 언어로 표현할 수 없으며, 따라서 인격적 신이라는 것은 궁극적 실체가 아니다. 그러나 신이 아닌 인간이신 부처님께서는 온 우주를 포용하는 존재가 되셨으며, 인생의 목적은 깨달음의 성취에 있었다. 자아의 한계가 소멸된 이 의식 상태, 곧 열반은 사후死後가 아닌 이 지상에서 성취할 수 있는 것이기도

하다. 모든 인간뿐만 아니라 모든 생명체는 깨달음의 자질을 지니고 있으며, 따라서 그 성취의 과정은 자기가 누구인가에 달려있다. '내면을 들여다 보아라. 당신이 곧 부처이니라.'

9. 잠재적 가능성으로부터 실제적 깨달음 사이에 중도中道가 있으며, 또 욕망으로부터 안락에 이르는 팔정도八正道가 있는가 하면, 양 대립적 관계 사이에서 모든 극단을 피하면서 이루는 스스로의 발전이 있다. 부처님께서는 평생 이 길을 걸으셨다.
   그리고 불교에서 요구하는 유일한 믿음은, 단지 지극히 합리적인 것으로 부처님께서 걸으신 길은 믿고 따라갈 수 있다는 것뿐이다. 그 길은 또 거룩한 사람들만이 아니라, 모든 사람들이 본받아 따라갈 수 있는 길이기도 하며, 이 부처님의 길을 따라 우리는 마음과 심성을 다 같이 닦아야 할 것이다. 이렇듯 부처님께서는 지극히 자비로우실 뿐만 아니라 무상정각無上正覺을 이루신 분이셨다.

10. 불교에서는 내적인 정신집중과 명상을 강조한다. 그리고 그것은 마침내 내적인 정신적 기능을 개발시켜준다. 내적 생활은 일상생활 못지않게 중요하며, 내적 활동의 정적靜寂은 균형 잡힌 생활에 있어서 아주 필수적이다. 불자들은 정신적이나 정서적으로 허망한 현상에 집착하지 말고 평정한 마음을 간직해야 하며, 또 주체성을 잃지 말아야 한다. 자신의 마음이 만들어낸 것에 지나지 않는 주변상황에 대한 경계警戒는, 이들 외적 상항을 통제하는데 항상 도움이 된다.

11. 부처님께서는 다음과 같이 말씀하셨다: '게으르지 말고 스스로 구원의 길을 닦아라.' 불교는 진리에 대한 권위는 개개인의 직관 이외는 그 어느 것도 인정할 수 없음을 알고 있으며, 그것은 또 자신만이 가지고 있는 권한이기도 하다. 각자는 자신의 행위에 대한 과보果報로 고통을 받는다. 그리고 거기에서 다른 사람들을 구원의 길로 인도함이 곧 자신의 구원이라는 교훈을 얻는다. 그리고 또 부처님이나 그 어느 신에게 드리는 기도가 그 결과의 원인을 방해할 수 없다는 것도 알고 있다. 스님들은 단지 스승이고 타의 모범일 뿐 그 어느 의미에서도 궁극적 실체와 개개인 사이에 끼어들어 관여하지 않는다. 그리고 또 불교는 모든 다른 종교와 철학에 대해 지극한 관용을 베푼다. 그 이유는 그 누구도 이웃의 궁극적 목적을 향한 여정에 간섭할 권리가 없기 때문이다.

12. 불교는 염세주의가 아니며 또 도피주의도 아니다. 그리고 또 이들에 대해 그 나름대로의 의미를 부여하기는 하지만, 신神이나 영혼의 존재를 부인하지도 않는

다. 이들을 부정하기보다는 이들을 합리적이고 실용적이며 포용적인 하나의 사고방식, 하나의 종교, 하나의 정신과학과 인생에 대한 방법이라고 생각한다. 그 이유는 2,0C0년 이상 그것은 지구의 1/3 이상 사람들의 영혼의 갈증을 풀어주었기 때문이다.

그리고 불교가 서구사회에 인기가 있는 것은, 불교에는 독단적인 교리가 없으며, 따라서 이성과 정서를 다 같이 충족시켜주는 동시에 다른 사람들의 견해에 대한 존중과 함께 다른 어떤 절대자가 아닌 자신에 대한 신뢰를 강조하며, 과학과 종교, 철학, 심리학, 윤리 그리고 예술 등을 모두 포용하며, 인간만이 현재 자신의 인생의 창조자이며 유일한 자신의 운명의 설계자라는 것을 분명히 하고 있기 때문이다.

*Christmas Humphryes, *Buddhism*, Ch. IV, p. 74 (Penguin Books, 1951). 크리스마스 험프리즈 경은 일찍이 1924년 젊은 나이에 불교에 대해 깊은 관심을 가지고 있었으며, 세계에서 가장 오래되고 또 현재 서구사회에선 가장 규모가 큰 런던에 있는 불교협회를 창설하였다.

1945년에 이제는 유명하게 된 '불교의 십이 원칙' 이라는 교지敎旨에 대한 합의를 표명한 바 있으며, 이것은 이미 14개국 언어로 번역되었으며, 세계불교의 근간으로 수용되고 있는 과정에 있다. 그는 1962년에 티베트 협회의 부위원장으로 선출되었으며, 또 인도 왕실협회와 파키스탄 그리고 세이론 협회의 공동부위원장으로 선출된 바 있다.

Twelve Principles of Buddhism*

1. Self-salvation is for any man the immediate task. If a man lay wounded by poisoned arrow, he would not delay extraction by demanding details of the man who shot it, or the length and make of the arrow. There will be time for ever-increasing under-standing of the Teaching during the treading of the Way. Mean-while, begin now by facing life, as it is, learning always by direct and personal experience.
2. The first fact of existence is the law of change or impermanence. All that exist, from a mole to a mountain, from a thought toan empire, passes through the same cycle of existence--i.e., birth, growth, decay and death. Life alone is continuous, ever seeking self-expression in new forms. "Life is a bridge; therefore build no house on it." Life is a process of flow, and he who clings to any form, however splendid, will suffer by resisting the flow.
3. The law of change applies equally to the 'soul'. There is no principle in an individual which is immortal and unchanging. Only the 'Namelessness,' the ultimate Reality, is beyond change, and all forms of life, including man, are manifestations of this Reality. No one owns the life which flows in him anymore than the electric light bulb owns the current which gives light.
4. The universe is the expression of law. All effects have causes,and man's soul or character is the sum total of his previous thoughts and acts. Karma, meaning action-reaction, governs all existence, and man is the sole creator of his circumstances and his reaction to them, his future condition, and his final destiny.
   By right thought and action, he can gradually purify his inner nature. The process covers great period of time, involving life after life on earth, but ultimately every form of life will reach

Enlightenment.

5. Life is one and indivisible, though its ever-changing forms are innumerable and perishable. There is, in truth, no death, though every form must die. From an understanding of life's unity arises compassion, a sense of identity with the life in other forms. Compassion is described as 'the Law of laws--eternal harmony', and he who breaks this harmony of life will suffer accordingly and delay his own Enlightenment.
6. Life being One, the interests of the part should be those of the whole. In his ignorance, man thinks he can successfully strive for his own interests, and this wrongly-directed energy of selfishness produces suffering. He learns from his suffering to reduce and finally eliminate its cause. The Buddha taught the Four Noble Truths: a) The omnipresence of suffering; b) its cause, wrongly directed desire; c) its cure, the removal of the cause; and d) the Noble Eighfold Path of self-development which leads to end of suffering.
7. The Noble Eighfold Path consists in Right (or perfect) Views or preliminary understanding, Right Aims or Motive, Right Speech, Right Acts, Right Livelihood, Right Effort, Right Concentration or mind-development, and, finally, Right Samadhi, leading to full Enlightenment. As Buddhism is a way of living, not merely a theory of life, the treading of his path is essential to self-deliverance. "Cease to do evil, learn to do good, cleanse your own heart; this is the Teaching of the Buddhas."
8. Reality is indescribable, and a God with attributes is not the final Reality. But the Buddha, a human being, became the All-Enlightened One, and the purpose of life is attaining Enlightenment. This state of Con-sciousness, Nirvana, the extinction of the limitations of self-hood, is attainable on earth. All men and all other forms of life contain the potentiality of Enlightenment, and

the process therefore consists in becoming what you are. "Look within: thou art Buddha."

9. From potential to actual Enlightenment, there lies the Middle Way, the Eightfold Path, 'from desire to peace', a process of self-development between the 'opposites', avoiding all extremes. The Buddha trod this Way to the end, and the only faith required in Buddhism is the reasonable belief that where a Guide has trodden is worth our while to tread. The Way must be trodden by the whole man, not merely the best of him, and heart and mind must be developed equally. The Buddha was the all-Compassionate as well as the All-Enlightened One.
10. Buddhism lays great stress on the need of inward concentration and meditation, which leads in time to the development of the inner spiritual faculties. The subjective life is as important as the daily round, and periods of quietude for inner activity are essential for a balanced life. The Buddhist should at all times be 'mindful and self-possessed', refraining from mental and emotional attachment to 'the passing show. This increasingly watchful attitude to circumstances, which he knows to be his own creation, helps him to keep his reaction to it always under control.
11. The Buddha said: "Work out your own salvation with diligence." Buddhism knows no authority for truth save the intuition of the individual, and that is authority for himself alone. Each man suffers the consequences of his own acts, and learns thereby, while helping his fellow men to the same deliverance; nor will prayer to the Buddha or to any God prevent an effect from following its cause.

Buddhist monks are teachers and exemplars, and in no sense intermediates between Reality and the individual. The utmost tolerance is practised towards all other religions and philosophies, for no man has the right to interfere in his neighbour's journey to the Goal.

12. Buddhism is neither pessimistic nor escapist, nor does it deny the existence of God or soul, though it places its own meaning on these terms. I is, on the contrary, a system of thought, a religion, a spiritual science and a way of life, which is reasonable, practical and all-embracing. For over two thousand years, it has satisfied the spiritual needs of nearly one-third of mankind. It appeals to the West because it has no dogmas, satisfies the reason and the heart alike, insists on self-reliance coupled with tolerance for other points of view, embraces science, religion, philosophy, psychology, ethics and art, and points to man alone as the creator of his present life and sole designer of his destiny.

*Christmas Humphreys, Buddhism, Ch., IV, p. 74 (Penguin Books, 1951). Christmas Humphreys was interested in Buddhism at an early age in 1924, and founded the Buddhist Society, London, which is now the oldest and largest Buddhist organization in Europe.

In 1945 he expressed the consensus of doctrine in the now famous 'Twelve Principes of Buddhism' which, already translated into fourteen languages, are in process of being accepted as the basis of world Buddhism. In 1962 he was made Vice-President of the Tibet Society, and Joint Vice-Chairman of the Royal India, Pakistan and Ceylon Society.

Ⅷ. 부록2

無一 우학 스님의
십종수행론 十種修行論

십종수행론十種修行論*

1. 5중도행론五中道行論

1) 受而不留수이불류 받아들이되 머물지 않는다.
2) 生而不持생이부지 만들되 가지지 않는다.
3) 開而不偏개이불편 열어놓되 치우치지 않는다.
4) 統而不拘통이불구 다스리되 구속하지 않는다.
5) 樂而不着락이불착 즐기되 집착하지 않는다.

2. 4수행론四修行論

1) 無信不應무신불응 믿음 없으면 응답 없다.
2) 無學不解무학불해 배우지 않으며 알 수 없다.
3) 無作不福무작불복 짓지 않으면 얻을 게 없다.
4) 無修不證무수부증 닦지 않으면 증득할 수 없다.

3. 6대 보살심론六大菩薩心論

1) 찬탄讚歎 감사합니다.
2) 참회懺悔 미안합니다.
3) 회향廻向 덕분입니다.
4) 희생犧牲 제가 하겠습니다.
5) 긍정肯定 예, 그렇습니다.
6) 자비慈悲 사랑합니다.

4. 군자 7처세법君子 七處世法

1) 獨而不孤독이불고 衆而不沒중이불몰
   혼자 있으나 외롭지 않고, 군중 속에 있으나 매몰되지 않는다.
2) 절이불린 유이불랑 節而不吝 裕而不浪
   아껴서 살지만 인색하지 않고, 넉넉하지만 낭비하지 않는다.)
3) 근이불역 원이불소 近而不逆 遠而不疏
   가까이 하지만 버릇없지 않고, 멀리 있지만 소홀하지 않는다.

Ten Ways of Cultivating the Mind*

1. Principle of the Five Middle Path Practice

1) Accomodate but do not abide by.
2) Create but do not keep.
3) Leave open but no partiality.
4) Control yet with no restriction.
5) Enjoy yet with no attachment.

2. Four Ways of Practice

1) No faith, no response or return.
2) No learning, no intellectual power.
3) No work, no gain or fruit.
4) No cultivation, no realization of truth.

3. The Six Great Bodhisattva Mind

1) Laudation (Thank you.)
2) Repentance (I'm sorry.)
3) Dedication (I'm much obliged.)
4) Sacrifice (I'll do that.)
5) Affirmation (Yes, you're right.)
6) Compassion (I love you.)

4. Noble Man's Seven Modes of Life

1) He is alone but feels no loneliness; he is among the multitude, yet he does not lose his sense.
2) He manages a frugal life, but he is not stingy; he is well off, but he is not wasteful.
3) He is intimate, but he is not insolent; he abides far away, but he is always mindful of others.

4) 묵이불매 변이불사 默而不昧 辯而不捨
말없이 있으나 생각 없지 않고, 많은 말을 하나 버릴 게 없다.
5) 한이불태 망이불란 閑而不怠 忙而不亂
한가하지만 게으르지 않고, 바쁘지만 허둥대지 않는다.
6) 은이불우 표이불상 隱而不愚 表而不相
조용히 사나 어리석지 않고, 드러내나 잘난 체 하지 않는다.
7) 순이불만 오이부담 順而不慢 誤而不憾
잘 된다 해서 자만하지 않고, 그르친다 해서 근심하지 않는다.

5. 4진리론四眞理論

1) 명상불여심상命相不如心相 -선천적 운명의 모습은 현재 마음속의 모습만 못하다.
2) 학식불여덕행學識不如德行 -학문적 지식은 인격적 덕행만 못하다.
3) 신교불여각교神教不如覺教 -맹목적 신의 종교는 진리적 자각의 종교만 못하다.
4) 계행불여자비戒行不如慈悲 -건조한 계의 행위는 촉촉한 자비행만 못하다.

6. 행복인생 12문幸福人生 十二門

1) 불택우 무이직不擇友 無以直 - (벗을 가리지 않으면 곧을 수 없다.)
2) 불경사 무이학不敬師 無以學 - (스승을 공경하지 않으면 배울 수 없다.)
3) 불효친 무이량不孝親 無以良 - (효도하지 않으면 잘 될 수 없다.)
4) 불관인 무이교不寬人 無以交 - (너그럽지 않으면 사귈 수 없다.)
5) 부집사 무이통不集思 無以通 - (집중하지 않으면 통할 수 없다.)
6) 불극기 무이성不克己 無以成 - (자신을 이기지 못하면 성공할 수 없다.)
7) 불근책 무이총不近冊 無以聰 - (책을 가까이 하지 않으면 총명할 수 없다.)
8) 불근사 무이진不勤事 無以進 - (끈기있게 하지 않으면 진척이 없다.)
9) 불서원 무이각不誓願 無以覺 - (서원을 세우지 않으면 깨달을 수 없다.)
10) 불비례 무이호不備禮 無以好 - (예를 갖추지 않으면 호감을 살 수 없다.)
11) 불초재 무이미不超財 無以美 - (재물에 초연하지 못하면 아름다울 수 없다.)

4) He is silent, but that does not mean that he has no thought; he talks a lot, but there is nothing to throw away.
5) He enjoys leisure hours, but he is never idle; he is always busy, but he does not jump around.
6) He lives his quiet life, but he is not foolish; he reveals himself, but he does not show off.
7) He is not boastful even when things go well; he is not anxious about things even when something go wrong.

5. The Four Truths

1) The innate destiny is less important than the present life of our mind.
2) A virtuous personality is more important then academic knowledge.
3) A religion of enlightenment is better than the religion of blind faith.
4) A warm practice of compassion is better than dry observation of precepts.

6. 12 ways for the happiness of life

1) You cannot be upright if you are not careful in choosing friends.
2) You may not learn, if you have no respect for the teacher.
3) You may not prosper if you are not obedient to your parents.
4) You may not be sociable if you are not generous.
5) You may not have a clear mind, if you don't know how to concentrate your mind.
6) You may not succeed if you don't know how to overcome yourself.
7) You may not be bright if you don't know how to love books.
8) You may not progress, if you don't know how to persevere.
9) Without a great vow, there will be no great awakening.
10) Without propriety, you will not be loved by people.
11) You may not look beautiful if you don't know how to transcend property.

12) 불신사 무이화不愼辭 無以和 -말을 조심하지 않으면 화평할 수 없다.

7. 금강신이론金剛身理論

1) 소언다학小言多學 - (말은 적게, 배움은 많이)
2) 소뇌다선小惱多禪 - (망상은 적게, 참선은 많이)
3) 소진다소小嗔多笑 - (화는 적게, 웃음은 많이)
4) 소탐다시小貪多施 - (탐심은 적게, 보시는 많이)
5) 소통다근小通多勤 - (통화는 적게, 기도는 많이)
6) 소영다독小映多讀 - (TV는 적게, 독서는 많이)
7) 소식다동小食多動 - (음식은 적게, 움직임은 많이)
8) 소자다과小刺多果 - (자극적인 음식은 적게, 과일은 많이)
9) 소주다수小酒多水 - (술은 적게, 물은 많이)
10) 소육다채小肉多菜 - (육식은 적게, 채식은 많이)

8. 치유활력 12법칙治癒活力 十二法則

1) 삭삭미소數數微笑 - (혼자 있을 때, 거울 볼 때, 스스로 자주 '싱긋' 웃자.)
2) 작작공양嚼嚼供養 - (음식은 오래 꼭꼭 씹으면서 맛있게 먹자.)
3) 칭칭관음稱稱觀音 - (노는 입에 틈나는 대로 '관세음보살' 명호를 외우자.)
4) 표표길억表表吉憶 - (과거 좋았던 추억만을 떠올리자.)
5) 낙락서가樂樂書歌 - (좋은 책을 많이 읽고, 허밍으로 노래하자.)
6) 사사원망捨捨怨望 - (원망하는 마음을 버리고 마음속 깊이 용서하자.)
7) 동동사대動動四大 - (가볍게 걷고 운동하자.)
8) 명명대면明明對面 - (만나는 사람마다 환한 얼굴로 먼저 인사하자.)
9) 용용선심用用善心 - (언제든지 마음을 밝고 좋게 쓰자.)
10) 안안수면安安睡眠 - (편안한 마음으로 잠을 푹 자자.)
11) 화화호사話話好事 - (건전한 대화를 많이 나누자.)
12) 임임불타任任佛陀 - (부처님께 모든 것을 맡기고 밝은 미래를 상상하자.)

12) You may not be harmonious with others, if you don't watch your speech.

7. The Principle of the Body of Diamond

1) Less talk and ceaseless learning.
2) Less fancy thoughts and rigorous meditation.
3) Less indignation and more laughing.
4) Less greedy mind and bountiful alms.
5) Less talking on the phone and more prayer.
6) Less watching TV and more reading books.
7) Less food and more walking.
8) Less spicy food and more fruit.
9) Less alcohol and more water.
10) Less meat and more vegetables.

8. The Twelve Points to Stay Healthy

1) Let's make sweet smiles when we are alone, or when we look our face in the mirror.
2) Let's chew food many times and enjoy it.
3) Let's recite the name of Gwanseumbosal when the mouth has no work to do.
4) Let's recall the good memories of the past.
5) Let's read the books all the time and sing a song in a humming tone.
6) Let's forget about resentment, and forgive them from the deep of our mind.
7) Let's take a light walk and do some exercise.
8) Let's greet the people first with a bright face.
9) Let's always keep our mind bright for the good.
10) Let's have a sound sleep with ease of the mind.
11) Let's have a wholesome dialogue as often as possible.
12) Let's leave everything to Buddha and dream a bright future.

9. 11가지 공부 잘하는 비결

1) 상상성공想像成功 - (성취를 상상하라.)
2) 자락공부自樂工夫 - (공부를 즐겨라.)
3) 자신능력自信能力 - (자신감을 가져라.)
4) 지금몰입只今沒入 - (순간 완전 연소하라.)
5) 정진최종精進最終 - (집요하게 나아가라.)
6) 기력집중氣力集中 - (에너지를 모아라.)
7) 생활단조生活單調 - (단조롭게 생활하라.)
8) 반복학습反復學習 - (아는 것도 반복하라.)
9) 건강관리健康管理 - (몸 관리를 잘하라.)
10) 명상관음冥想觀音 - (항상 관세음보살을 명상하라.)
11) 일일각오日日覺悟 - ('공부만이 살길이다'라고 각오하라.)

10. 참 좋은 공동체 육훈共同體 六訓

분명한 주인 정신을 가지고 항상 깨어있는 지성으로 즐겁고 재미있게 봉사하자. 그리고 기도, 보살심을 바탕으로 언제나 친절하고 화합하면서 타성에 젖지 말고 부지런하자.

* 한국불교대학 大관음사의 회주이신 無一 우학又學 스님의 『불교 명언명구명名言名句』에서 발취한 것임을 밝힙니다.

9. Eleven secret ways of study

1) Imagine the accomplishment.
2) Enjoy your study.
3) Have confidence.
4) Burn the moment completely.
5) Try to be persistent to the last.
6) Concentrate your energy.
7) Simplify your life.
8) Review those you already know.
9) Take good care of your health.
10) Always meditate Gwanseumbosal (Avalokitesvara).
11) Resolve yourself that "study is the only way to survive."

10. Six Precepts for the Ideal Community

Let's serve with a joyful mind, intellect, and firm integrity.
Let's also be kind, harmonious, and diligent without falling into a habitual inertia.

* It is a selection from A Collection of Buddhist Golden Sayings and Phrases by the Spiritual Master Muil Woohak of Korea Buddhist College and Great Avalokitesvara Monastery.

참선수행의 체계 : 선관쌍수禪觀雙修*

마음 닦는 일체 수련은 다 참선이다. 그런데 이 참선의 방법이 다기망양 多岐亡羊한 관계로 초심자들에게는 상당한 혼란이 초래된다. 때문에 참선이 오히려 마음을 방황하게 하는 경우가 많다. 따라서 참선의 비효율성 문제가 흔하게 대두되는 것이 사실이다. 고로 참선 수행의 객관적 체계는 너무나 중요하고 절박하다. 참선수행의 체계 확립은 한 개인의 바른 마음수련은 물론 참선의 대중적 보급과 세계화에도 반드시 필요하다. 이 새로운 참선수행의 방법은 다음 4단계로 나뉜다.

불이득력不二得力 단계,
관불삼매觀佛三昧 단계,
오온법신五蘊法身 단계,
선관쌍수禪觀雙修 단계가 그것이다.

불이득력 수행不二得力 修行

이것은 둘이 아닌 힘을 얻는 단계이다. 참선수행의 첫 단계로서 아주 기초적이면서도 원론적이다. 들뜬 흥분상태를 우선 임시 진정시킬 수 있는 수행이다. 예를 들면, 극단적 분노를 가라앉힌다거나, 허망한 탐심의 발동을 억제한다거나, 깊은 터널 속의 망상에서 빠져나오는데 아주 좋은 수행이다.
이 수행의 가장 좋은 소재는 '신묘장구대다라니'다. 물론 일반 경전도 다 소재가 될 수 있으나, 뜻풀이가 필요치 않고 외울 수 있는 다라니 형의 종류가 좋은데, 그 길이 또한 '신묘장구대다라니'가 적당하다. '신묘장구대다라니' 1편을 적어도 1분 이내에 읽어야 한다. 빨리 읽을수록 좋다. 그래서 다라니를 끊임없이 반복해 가는데, 횟수를 정해놓고 독송하든가 아니면 시간을 정해놓고 독송하면 된다. 이 불이득력不二得力의 요채는 몰입沒入이다.

다시 말해 완전한 몰입, 완전한 선정禪定에 들도록 수련해야 한다. 그래서 다라니도 없고 수행자도 없는, 즉 다라니와 독송자讀誦者가 완전히 하나가 된 자타합일自他合一의 경지에 들어가야 한다. 그리하여 위에서 열거한 과도한 진심嗔心, 탐심貪心, 그리고 치심癡心이 수련 시간만이라도 억제 또는 쉬도록 해야 한다. 불이득력不二得力의 수행은 남방에서 일컫는 사마타이며, 참선수행의 기본이다.

관불삼매 수행觀佛三昧 修行

이것은 부처님을 관觀함으로서 얻는 삼매三昧의 단계이다. 참선수행의 두 번째 단계로서 아주 실용적이면서도 현실적이다. 산란한 마음을 잠들게 해서 극히 현재적인 자기 위치로 돌아가게 하는 수행이다. 관觀, 즉 비파사나 수행은 부처님 당시부터 있어왔던 참선방법인데, 그 종류 또한 아주 다양하다. 남방지방에서 행해지는 부정관不淨觀에서부터 수식관數息觀, 그리고 요즘 유행하고 있는 도보관徒步觀 등이 나름대로의 특징이 있고 다 중요한 것임에 틀림없다. 이 관觀의 수련은, 욕망에 반응하지도 않고 욕망에 구속되지도 않는 힘을 기른다. 말 그대로 '알아차림'이 지속되는 한, 욕망이 개입할 여지가 전혀 없다. 무의식적 본능을 억지로 통제하려는 의지조차 갈 곳 없게 하는 수련이 이 관법觀法이다. 그저 볼 뿐이다. 또렷이 살아있는 의식으로 봐 버리면 그뿐이다. 그러면 모든 삼독심三毒心이 저절로 사라진다.

이것이 자연스럽고 수월해지려면, 앞 단계의 불이득력不二得力의 수련이 필수이다. 흔히 이야기하는 정혜쌍수定慧雙修에 있어서 정학定學이 불이득력不二得力의 수행이라면, 혜학慧學은 관불삼매觀佛三昧의 수행이다. 그리고 일체 관수행觀修行의 결론이 관불삼매觀佛三昧이다. 즉 관불삼매란 부처님을 관해서 삼매에 들어간다는 의미이다. 법당마다 모셔진 부처님들이다. 이 관불삼매의 수행 장치라는 것을 알지 않으면 안 된다. 그러나 관불삼매에 등장하는 부처님은, 가능하면 자비로운 상호가 좋다. 선문禪門에서 정관 淨觀이란 말을 많이 쓰는데, 부처님을 친견親見하는 지침으로 새겨듣지 않으면 안 된다.

오온법신 수행五蘊法身 修行

오온五蘊을 법심法身으로 관하는 단계이다. 참선수행의 세 번째 단계로서 아주 긍정적이면서도 구체적이다. 참선수행에 있어서 가장 큰 조건은, 자신에 대한 무한한 긍정이다. 자신이 자신을 무시하고서는 그 어떤 성취도 있을 수 없다. 그 성취가 지금 구체적으로 드러나게 하는 수행이 바로 오온법신五蘊法身 수행이다.

전단계의 관불삼매의 수행은, 반드시 대상으로서의 부처님이 필요하였다. 그런데 여기 오온법신수행은 자기 자신의 모습에서 부처님의 상호를 관하는 것이므로 쉬우나, 쉬운 것 같으면서도 실제는 만만치 않다. 그러므로 여러 가지 방편적 도움이 필요한데, 그 가운데 하나가 염주의 지참이다. 염주와 함께 지극정성으로 관세음보살을 외우면서 자기 얼굴의 윤곽에서 관세음보살의 상호를 찾아낼 수 있어야 한다.

오온법신의 수행은 절을 할 때나, 걸음을 걸을 때나, 앉아서나 서서나, 누워서나, 언제 어디서고, 때와 장소를 가리지 않고 할 수 있다. 제1단계와 제2단계의 수행이 익지 않으면, 여기 제3단계의 수행이 어렵다는 것을 분명히 알아야 한다. 선문禪門에서 흔히 쓰는 성성적적惺惺寂寂이란 말은, 오온법신의 수련에 아주 잘 들어맞는다. 성성惺惺하면서도 적적寂寂한 상태가 염염상속念念相續, 곧 끊임없이 지속되어야 한다. 현재 자기 자신의 사대四大 육신에서 관세음보살의 법신法身을 발견하여 그것을 똑바로 관해야 한다. 그리하면 자기 자신이 관세음보살이요 부처임을 확신할 수 있게 된다. 이쯤 되면 모든 부정적 에너지는 소멸되고 삶은 지금 상태 그대로 살맛 나게 된다. 그리고 이 수련이 익어 가면, 부처와 함께 잠자리에 들게 되고, 부처와 잠자리에서 일어나며, 부처와 함께 활동하는 차원을 넘어서서, 부처가 잠자리에 들고 부처가 잠자리에서 일어나며, 부처가 활동함을 시시각각 느낄 수 있게 된다.

선관쌍수禪觀雙修

선禪과 간觀을 동시에 닦아가는 마음공부로 참선수행의 마지막 단계이다. 선관쌍수 단계는 총체적이면서도 결론적이다. 지금까지 수련하여 온 앞 3단계가 여기에서 큰 결실을 맺는다. 종래의 참선수행 발달과정을 살펴보면, 화두선이 맨 끝에 등장한다. 이 사실은 화두선, 즉 간화선看話禪이 제일 난이도가 높다는 말이기도 하다.

한국불교에 있어서 전통의 맥을 잇고 있는 선풍禪風이 화두선인데, 이 화두선이 세계적이지 못하다는 평을 받는 것은 세상 사람들의 수준이 이 화두선을 소화해내지 못하는 근기根機에 있다고 보아야한다. 그런데 이 간화선의 알파요 오메가는 당연히 시심마是甚麽 화두이다. 그리고 시심마 화두의 요체는, '나는 무엇인가?'이다. 모든 화두가 궁극적으로 통하는 길은 시심마에 있다. 이것만 해결되면 다른 모든 화두는 다 저절로 풀린다.

내가 자신을 알아버렸는데 다른 또 무슨 구구한 설명이 필요하겠는가. 나를 아는 것은 우주를 아는 것이고 진리를 아는 것이다. 화두가 1,700가지나 된다고 하나, 사실 실지로 참구할 만한 화두는 몇 가지가 되지 않는다. 거의 대부분의 화두는 공부가 된 상태를 점검하는 소재로만 쓰일 것들이다. 그런 반면, 시심마는 실참實參할만한 화두로서 아주 중요하다.

'시심마,' '이뭣고,' '이 무엇인가,' '나는 무엇인가?' 참으로 중요한 인생의 숙제가 아닐 수 없다. 그런데 이러한 중요성을 갖고 있으면서도 '시심마' 화두는 좀 막연한 감이 없지 않다. 이것은 구체성이 없다는 말이기도 하다. 그런데 선관쌍수禪觀雙修는 이 점을 고려한 수행이다. 다시 말해, 제3단계의 오온법신 수행, 즉 제 자신을 법신法身으로 관하면서 '이 관하는 나는 과연 무엇인가' 하고 궁구窮究해가는 수행이 여기 제4단계의 선관쌍수의 수행이다.

이 수행은 대상으로서의 부처를 보고 있으면서 아울러 부처를 보는 주재자, 곧 주인공이 무엇인가를 함께 찾는 고도의 정신수련이다. 이것은 우리에게 알려진 염불선念佛禪과는 판이하게 다르다. 그리고 이미 언급한 것처럼, 막연한 '시심마' 화두와도 차원이 다르다. 선관쌍수의 수행은 그만큼 진입하기가 어렵다. 그렇지만 그 결과는 위대할 것이다.

공부의 정도, 즉 정신수행의 정도를 가늠하는 것은 대단히 중요하다. 이는 곧 세속의 시험과도 같다. 선가禪家에서는 주로 점검이라는 말을 사용한다. 이 점검은 수준 있는 선지식의 판단에 의해서 이루어지는 것이 보편적이나, 만일 마땅한 선지식을 만나지 못했을 경우에는, 무문관無門關의 48칙則을 가지고 스스로 체크해보면 된다. 만일 무문관에 소개된 화두를 점검하는 과정에서 모두 투득透得하였을 경우에는 참선공부가 끝나겠지만, 만일 하나라도 걸림이 있을 경우에는, 선관쌍수의 수행을 끊임없이 반복해가야 한다. 마지막 단계인 선관쌍수의 수행이 여의치 않을 경우에는 앞의 3단계 수행 모두를 계속 더 해야 할 것은 말할 필요도 없다. 참선공부도 일반 사회 공부와 마찬가지로 체계를 밟아야 빨리 갈 수 있고 또 바르게 갈 수 있다.

*이것은 한국불교대학 대관음사 회주이신 無一 우학又學 스님의 저서 『완벽한 참선법』을 요약한 것임을 밝힙니다.

Combination Practice of Dhyana and Vipassana: A Systematic Study of Meditation*

All the cultivation of the mind is, in a sense, meditation practice. However, there are so many ways of meditation that it is very confusing for the beginners and make their mind wander around in a maze, which makes the people, in fact, wonder the effect of meditation. What we need, therefore, is a systematic as well as objective and practical way of meditation.

A new method of meditation practice is not only aimed for individual practitioners but also for the popularization of the practice, and this new method of meditation practice is divided into four stages: attaining the single power of contemplation, practicing the samadhi through contemplating the Buddha, practicing the Dharmakaya of five skandhas, and finally a combination practice of Dhyana and Vipassana.

1. The First Stage: Attaining the Single Power of Contemplation

This is the stage where attaining an undivided single power of energy. This is not only the basis but also the fundamental stage of the new method to steady tentatively the agitation of the excited mind. For example, this is a good way of practice to stabilize the anger, resist the deceptive greedy mind, or escape from the dark labyrinth of illusion.

The best material for this practice is the Great Dharani, a mystic great mantra-dharani. Of course other sutras can also be used, but a dharani which is short and easy to read or memorize and does not require interpretation is best like the Great Dharani. Once you have chosen a text, you should repeat reading or reciting the dharani or sutra without stopping, with a pre-established number of reading or time.

The main point of this practice is immersion in thoughtlessness or concentration of the mind. In other works, it is the meditation practice to enter into the state of samadhi, or deep tranquility free from all attachment to the external objects. In this state of mind, there will be neither dharani nor the practitioner. It is called the unity of the subject and object, which will chase out three poisons, viz, anger, avarice, and ignorance. This practice can be regarded similar to samatha in the Hinayana practice, which is the basic requirement in meditation practice.

2. The Second Stage: Practicing the Samadhi of Contemplating the Buddha

This is the second stage of meditation to enter into samadhi through contemplating the image of Buddha. One of the characteristics of this stage is that it is both practical and realistic. It is to return to one's actual present state of mind through quieting the agitating mind. Vipassana or contemplation was practiced as early as at the time of Sakyamuni Buddha, and it also has various forms of practice.

In the Hinayana School, it includes contemplation on impurity, ana-panasati or the meditation of counting breaths, and walking meditation, which all have their own merit. The main point of this stage of practice is to be free from desire through not responding to the greedy mind.

As long as your sati or contemplation is active, there is no chance for the greedy mind to arise. In this stage, there is even no way to find the will to resist or control the instinctive unconscious mind. What you do is just look at or contemplate an object, whatever that may be. All you have to do is to stay awake. If you do, all three poisons will disappear.

To be successful without any difficulty in this practice, the mastery of the foregoing first stage of practice is indispensible. If the 'meditation' of the first part of 'simultaneous cultivation of meditation and trans-cendental wisdom' is equal to the first stage of this practice, 'the trans-cendental wisdom' of the second part equals exactly to this stage of practice, viz., 'practicing the samadhi of contemplating the Buddha.'

Above all, the samadhi of contemplating the Buddha is the essence of all practice of Vipassana. In short, what it means is to enter into the state of samadhi through contemplating the image of Buddha. We must realize that the Buddha Hall where all the Buddha statues are is the place of practicing the samadhi of contemplating the Buddha. However, it is better or effective to have a compassionate image of Buddha to contemplate than otherwise. In this practice, we also should not forget the common term 'penetrative insight' used in Seon or Zen Buddhism.

3. The Third Stage: Practicing the Dharmakaya of Five Skandhas

This stage is contemplation of the five skandhas or aggregates of our body as Dharmakaya, or the Dharma-body. The one of the characteristics of this stage is that it is both affirmative and concrete. One condition in meditation practice is boundless affirmation of self. Without affirmation of self, nothing can be achieved. Concrete achievement of practice is the practicing the Dharmakaya of five skandhas.

In the foregoing stage, we needed a Buddha as an object of meditation. However, in this stage, we don't need a Buddha to contemplate, because we see our image in the Buddha. It seems very easy to practice but, in fact, it is not so easy as we think. Therefore, we need an expedient means to help us, such as a rosary to concentrate our mind. You must watch the outline of your own image in the image of Buddha while reciting the mantra with rolling the beads in your hand.

You can practice this style of meditation in any posture and place: when you are making prostrations, or when you are walking; in a sitting, standing, or lying position. However, you must understand that it will not be easy if you have not mastered the first and the second stages of practice. This stage of practice is quite similar to what they call in Seon Buddhism, 'the luminous transparency of the void and serenity.' The 'the luminous transparency' and 'serenity' must continue from moment to moment without stopping.

You must find the Buddha in your own image of four great elements (the earth, water, fire, and wind) without fail. If you do, you may be sure of yourself as the Buddha and Gwanseumbosal, or the Bodhisattva of Great Compassion. In this state of meditation, all the negative energy will disappear and you can enjoy your life just as it is. And when the practice grows further on, you may go to bed with Buddha, wake up with Buddha, and then you will even find the Buddha going to bed and wake up, and feel the Buddha working moment after moment.

4. The Fourth Stage: Combination Practice of Dhyana and Vipassana

This is the last stage of combination practice of Dhyana and Vipassana. This stage is both overall and conclusion of the practice. In other words, this stage is the fruit and consummation of the foregoing three stages of practice. Through the development of meditation practice, we can see that hwadu practice is the last, which means it is the most difficult style of meditation.

Hwadu practice is the most important style of meditation in the tradition of Korean Buddhism, which can be traced back to hundreds of years. However, it hasn't been known widely in the world arena. It is, perhaps, due to both difficulty of the style of meditation and the level of the practitioners.

The most important factor of ganhwa Seon or hwadu meditation is the question sisimma? or "What is it?" or "Who am I?" If you can solve this question, all other hwadus can be solved without any difficulty just like you can open any door with a master key. There will be no problem of solving any question if you have solved the question of yourself, "Who am I?"

Understanding the true identity of oneself means understanding the secret and the truth of the great universe. There are supposed to be 1,700 hwadus, but in truth there are very few that can be used for the actual practice. Most of them are used for checking the practitioners of their practice.

Sisimma? "Who am I?" "What is this One thing?" "What am I?" All these are the most grave questions in our life. However, these questions are somewhat vague and not to the point just like trying to grab the air with your hand, which has no concrete picture.

This is where the combination practice of Dhyana and Vipassana is trying to chip in to solve the difficult problem. In other words, we practiced in the third stage to find our true-self in the image of the Buddha, and in the same manner, we can ask ourselves who is this man that is asking who am I? This is the fourth and the last stage of this revised meditation practice of ganhwa Seon or hwadu meditation.

In other words, this is the fourth stage of the most difficult high class spiritual practice of asking the identity of the master of the questioner who is contemplating the Buddha as an object of his meditation. It is entirely different from chanting-Buddha meditation.

It is also different, as mentioned above, from the traditional sisimma or hwadu ("Who am I?") meditation. It may not be easy, but the result will be great and worth trying.

It is very important to evaluate the degree of study, or the capability of the spiritual training of a practitioner. It is like an examination of a student in school. In Seon or Zen Buddhism, the term 'checking' or 'catechism' is used for this type of examination. It is usually performed by a venerable enlightened master, but when it is not easy to find a master, one can check himself with the 'old rules' of the Gateless Gate, a collection of 48 hwadus compiled during the Sung dynasty (960–1126) in China. If one gets complete enlightenment through self-examination, he may regard himself to have finished his practice, but if not, he must return to study again from the first stage through the third stage of the combination practice of Dhyana and Vipassana. As it is with any study, a systematic study is very important for quick and correct way of study.

*It is an abstract of the Combination Practice of Dhyana and Vipassana: A Systematic Study of Meditation by the Spiritual Master of Korea Buddhist College and Avarakitesvara Monastery.

Ⅸ. 후기

서평, 후기 및 편저자 약력

서평

가난한 사람의 정원에 묻혀있는 황금 보물

〈이 글은 본 사전의 영문교정을 본 원어민이 느낀 소감을 적은 것이다〉

진리란 궁극적으로 말로 표현할 수 있는 경계를 초월한 것이라 말할 수 있다. 그러나 한국불교는 천 년이 넘도록 전통적으로 전해 내려오는 부처님의 자비광명을 참선과 함께 언어를 방편삼아 무명에 가리어 자신들의 본성을 깨닫지 못하고 있는 중생들을 깨우쳐왔다. 그렇다하더라도 인간들이 자신들의 본성을 찾기 위한 하나의 세간의 방편이든 또는 궁극적인 진리에 대한 하나의 반조返照로서든, 부처님의 깊은 진리를 단지 하나의 표현이나 관점으로는 표현할 수 없다.

박 교수는 전통적으로 내려오는 불교의 이러한 심오하면서도 난해한 불교용어들을 설명함에 있어서, 현대 독자들을 위해 완벽하면서도 자상하게 밝히고 있다. 복이 많아 한국에 태어난 사람들에게 있어서 이 사전은 본래 모두가 당당히 갖추고 있는 자신들의 보물을 꿰뚫어 볼 수 있는 하나의 관문이 될 수 있을 것이다. 불교는 공부를 하면 할수록, 그리고 그것을 일상생활에 적용하면 할수록 그 뜻이 깊고 경이로운 하나의 종교일 뿐만 아니라 철학이며 하나의 삶의 지침이라고 생각한다.

부처님께서는 우리들의 본성을 가난한 사람의 정원에 묻혀있는 황금 보물에 비유한 바 있다. 그런데 어리석은 사람은 자기 정원에 보물이 묻혀있는 것을 모르고 있다. 이 사전에 수록되어 있는 표제어表題語가 지니고 있는 지혜들은, 우리들 각자의 몫인 숨겨진 보물들을 찾는데 좋은 열쇠가 되어줄 것이다. 그리고 그 보물의 발견은 단지 발견자에게 이로움을 줄 뿐만 아니라 온 세상의 중생들에게도 그 복이 돌아갈 것이다. 이 사전의 교정을 봄에 있어서 그것은 나에게 하나의 큰 기쁨이었으며, 모든 분들도 나와 같이 이 사전을 통해 보다 정확한 부처님의 가르침을 발견하게 될 것이다.

2010년 9월

애니 엔 샤피로

A Book Review

A Golden Treasure Buried in a Poor Person's Garden

The Truth may be ultimately ineffable, but the compassionate light of Buddhist lineages, preserved in Korea for centuries, have lighted a path through means of words and speech for all people who are ignorant of their own nature. Both as a relative vehicle for human beings to find their own nature and as a reflection of ultimate Truth, Buddhism cannot be described simply from one perspective.

Dr. Park has compassionately and thoroughly illuminated all the words used to describe the rich heritage of Buddhism, and compiled them for the modern reader. For those who are fortunate to have been born into the Korean culture, this dictionary is a gateway into seeing the cultural treasure that is rightfully theirs. It is an amazing religion, philosophy and way of living, which only becomes deeper and more wonderful the more we study its teachings and apply them to our lives.

Buddha likened our own true nature to a golden treasure buried in a poor person s garden. The person is not aware that the gold is even there. This collected wisdom will surely give us a clue as to where our share of treasure is concealed. Uncovering it will benefit not only ourselves, but also all beings in the world. Reading the English translation of this dictionary has been a pleasure, and I am sure people will discover a more complete view of Buddhist teachings, as I have.

September 2010
Annie N. Shapiro

후 기

편저자의 개인적인 바람이 하나 있다면, 이 책이 한국불교의 세계화와 더불어 현대화와 지성화에 다소나마 도움이 되었으면 하는 것이다. 서양 사람들은 합리성을 선호하기 때문에, 이들에게 포교를 하려면 간화선도 중요하지만, 우선 부처님의 진리를 논리정연하게 설명할 수 있어야 한다. 명상 지도에 관한 정신분석학적 책자도 나와 있는 것으로 알며, 불교는 과학이라는 말이 있는데 그것은 사실이다. 그것도 첨단 우주과학, 그리고 진리에 관한 한 불교와 논쟁하지 말라는 어느 마음이 트인 이웃 종교 사제司祭의 말을 들은 일이 있다. 이분의 표현을 빌리면, 백전백패百戰百敗라는 것이다. 정말 맞는 이야기다. 그런데도 부처님께 공양하는 것만 알지 이것을 잘 모르는 사람들이 너무나 많다. 특히 불신자들은 불교를 부처님께 절이나 하는 종교로 밖에 생각하지 않는 것이 현실이다. 기독교가 현재 선진 서구사회에서 퇴락하고 있는 것은 그 비과학적이고 비논리성에 있다고 본다. 물론 종교를 논리적으로만 설명할 수 있는 것은 아니지만. 그렇다고 자기 신을 믿지 않으면 모두 지옥 간다는 식은 이제 통할 수 없는 시대라는 것이다. 그리고 간화선에서는 문자를 놓고 화두참구에만 매달리라고 하지만, 문자에 집착만 하지 않는다면, 공부해서 나쁠 것은 없다고 생각한다.

참선과 염불도 불교의 핵심 교리를 조금이라도 알고 하면 그 만큼 더 효과적이 아닐까 하는 것이 편자의 생각이다. 다시 말해 깊은 강을 건너는데 있어 실력 있는 사람은 헤엄쳐 가는 것이 좋겠지만, 그만한 실력이 없는 사람의 경우, 만약에 도움이 된다면 굳이 뗏목을 기피할 이유가 없지 않겠냐는 것이다. 참선과 교학을 갈라놓지 않았으면 좋겠다는 것이 편자의 생각이다. 선교쌍수禪敎雙修가 특히 일반 신자들에게 있어 무엇이 나쁜지 알 수가 없다. 육조 혜능은 일자무식이었다고 하나, 그것을 믿을 사람은 하나도 없다. 만약에 그것을 글자 그대로 믿는 사람이 있다면, 그 사람은 부처님과 조사祖師를 다 같이 비방하는 것이라 생각한다.

지식이 깨침이 아닌 것은 사실이나, 그렇다고 문자를 놓고 오로지 화두에 매달리는 것도 하나의 집착이 아닌지? 정 定이 마음 닦음이라면 혜慧는 지혜이다. 지혜 없이 어떻게 깨치겠다는 것인지 알 수가 없다. 삼매三昧를 영어로 "trance" (곧 황홀,

망연茫然)이라고 번역하는 학자들도 있다. 물론 그것이 맞는 번역은 아니지만, 잘못하면 그렇게 될 수 있는 것도 사실이다. 참선이 마음과 지혜를 여는 것이라면, 부처님의 법法을 배우는 것은 마음과 지혜를 펴는 것이라고도 말한다. 벽만 바라보고 앉아있어도 깨칠 수 있다면, 부처님은 무엇 때문에 평생 설법을 하셨으며, 역대 조사祖師들은 무엇 때문에 그 많은 어록을 남겼으며, 또 스님들은 무엇 때문에 그렇게 열심히 경전을 읽고 법문을 하시는지?

낯선 땅을 여행을 할 때 안내자 또는 지도는 필수이다. 참선이 제대로 안 되거나 선병禪病에 걸리는 사람들은 자세나 화두 드는 요령의 문제라기보다 근기가 약하고 지혜가 부족해 그런 것이 아닌지? 인삼 녹용도 체질에 맞지 않거나 허약한 사람에게는 부작용이 따르고 오히려 건강을 해칠 수도 있다는 것을 우리는 모두 안다. 그리고 가장 큰 보시가 법보시라고 하는데, 무엇을 알아야 면장도 할 수 있다는 옛말처럼, 부처님 말씀을 전하는데 있어서 불교의 기본 교리를 조금이라도 알아서 나쁠 것은 없다고 본다. 그리고 기왕 알려면 똑바로 알아야 한다. 독경과 사경도 그 뜻과 기본 교리를 확실히 알면 그만큼 효과적일 것이다.

이 사전의 표제어表題語는 정선精選된 것들로 약 4,500개가 되며, 학문적인 것이 아니라 내외의 일반 학습자와 신자들을 위한 사전이기 때문에, 일단 이 정도에서 끝내기로 했으며, 책의 출판과 함께 이를 모두 인터넷에 올릴까 한다. 한국불교의 현대화와 국제화를 위해 이 책이 조금이나마 도움이 되었으면 하며, 아무리 열심히 공부를 했다하더라도, 출가자나 불교학자가 아닌 영문학자로서 여러 가지로 부족한 점이 많지만, 많은 분들의 격려와 사랑 그리고 이용이 있기를 바라는 바이다.

그런데 이 사전이 특히 초심자들이 공부하기 쉬운 점이 있다면, "머리말"에서 언급한 것처럼, 학습자의 눈높이에 맞추어 간결하면서도 풍자적이며 부드럽고 쉽게 설명하려 노력하였기 때문일 것이라고 생각한다. 머리에다 욱여넣는 식의 권위적이고 어려운 일방적 설명보다, 가려운 곳을 자상하게 잘 긁어주는 것이 보다 훌륭한 교수방법이라고 생각한다. 그리고 영어 설명도 누구나 쉽게 이해할 수 있도록 최선을 다했음을 거듭 말씀드리며 영어설명을 꼭 읽어주시기 바란다. 아마도 놀랄 것이다. 우리말로 읽는 것과, 같은 내용이라도 영어로 읽는 맛은 전혀 다르다. 나에게 정말 하나의 소원이 있다면, 이 辭典 아닌 辭典과 함께, 편자가 영어로 번역한 그 많은 것 중 특히 普照國師의 眞心直說, 達磨大師의 血脈論, 그리고 大韓佛教曹溪宗 韓國傳統

思想叢書 譯註 第九卷 精選詩選集 (고려 大覺國師에서 시작하여 鏡虛禪師에 이르는 26명의 한국고승들의 주옥같은 선시 500여 편이 수록되어 있음)을 세계평화와 한국불교의 세계화를 위해 주한 외국 대사들과 UN 본부의 각국 대사들에게 보시하고 싶은 것이다.

그런데 한 가지 양해를 구하고 싶은 것은, 유교儒敎와 노장사상 또는 주역周易에 나오는 중요한 용어와 음양오행陰陽五行과 간지干支, 풍수風水, 그리고 당산제堂山祭 등, 엄격한 의미에서 불교용어가 아닌 것들이 가끔 수록되어있다는 것이다. 그 이유는 직간접적으로 불교와 인연이 있거나 아니면 자랑스러운 한국과 동양 고유의 전통사상 및 문화와 관련이 있는 이들 용어들을 이 기회에 배우는 것도 통역을 할 때나 외국인들이 한국 불교와 문화를 이해하는데 도움이 되지 않을까 하는 생각에서였다. 그런가 하면 경전이나 고승들뿐만 아니라 영국의 문호 셰익스피어와 같은 동서고금에 등장하는 성인들의 게송偈頌과 같은 짧은 주옥같은 시 또는 인용문이 송고頌古처럼 용어 설명 끝에 자주 나오는데, 이런 것들 역시 한국사람 뿐만 아니라, 특히 외국인들이 부처님 공부를 함에 있어 어려운 부처님의 가르침에 대한 이해를 돕는 동시에, 이심전심以心傳心으로 감동을 주기 위해서였다. 이 사전의 이름 앞에 실용實用이라는 말을 붙인 것도 이러한 여러 가지 이유에서였다.

불교의 세계화에 있어 이제는 심리학을 포함해 첨단 과학이론도 요구되는 시대이다. 남방불교의 비빠사나 수행법이 한국에 상륙한 것은 이미 오래일 뿐만 아니라 현재 나날이 성행을 더해가고 있으며, 언젠가는 불교가 미국에서 역수입되는 날이 올지도 모르며, 또 젊은이들 사이에 타종교로 개종하는 수가 늘고 있다는 우려가 나오는 현실에서, 이 기회를 통해 불교를 보다 폭넓게 이해하고 또 한국불교의 현대화와 세계화에 도움이 되었으면 하는 외람된 생각도 해보며 여러분들의 깊은 이해가 있기를 바란다.

마지막으로 이 책을 쓰면서 도움을 받았던 동국대학 역경원의 『불교사전』과, 도서출판 홍법원의 『불교학대사전』, 불광사의 『한영불교사전』과, 1924년에 창립한 The Buddhist Society, London의 창립자 Christmas Humphreys의 *Buddhism,* 세계적인 정신분석학자인 Carl Jung의 긴 序文이 실린 D. T. Suzuki의 *An Introduction to Zen Buddhism,* Stuart C. Hackett의 *Oriental Philosophy: A Westerner's Guide to Eastern Thought,* Alex and Hideko Wayman의

영역 승만부인 *The Lion's Roar of Queeen Srimala,* A. F. Price와 Wong Mou Lam의 共譯인 금강경과 육조단경 *The Diamond Sutra and the Sutra of Hui Neng,* John Jorgensen이 번역한 直指 *The Essential Passages Directly Pointing at the Essence of the Mind,* 그리고 Seoul International Zen Center의 Chanting with English Translations and Temple Rules에 대해 감사를 드린다. 특히 Robert A. F. Thurman이 번역한 維摩經 *The Holy Teaching of Vimalakirti* 와, 이 譯書 뒤에 있는 친절한 주석과 용어해설, 그리고 David J. Kalupahana가 번역한 龍樹의 中觀論 *Nagarjuna: The Philosophy of the Middle Way*에 힘입은 바가 크다는 것도 아울러 말씀드리고 싶다. 이들 외에도 Swami Prabhavananda와 Christopher Isherwood가 영어로 번역하고 세계적으로 유명한 영국 소설가 Aldous Huxley가 서문을 쓴 힌두교의 聖典인 *The Song of God: Bhagavad-Gita,* 英文版 周易과 老子, 莊子 그리고 四書三經을 포함해 도움을 받았던 그 많은 책들과 註釋書들을 일일이 소개하고 감사의 말씀을 드리지 못함에 대해 죄송하게 생각하며 넓은 양해가 있기를 삼가 바라는 바이다.

편저자 曉山 박영의 합장

Postscript

I sincerely wish that this dictionary may serve as a stepping stone for modernization as well as propagation of Korean Buddhism to the Western countries. The main stream of the traditional Korean Buddhism has been Ganwha Seon, or word contemplation meditation for centuries. However, I think we should not be obsessed with the old tradition if we were to reach out to the four quarters of the world. We must, I think, transform ourselves, no matter how precious the tradition of our Buddhism may be, if we were to embrace the people of the world and their culture.

Another thing I should like to point out is that we should not discriminate or degrade other modes of Buddhist practice and doctrines. That is not Buddha's teaching. That is, I think, the foremost crime one can ever commit against Buddha's teaching. In other words, what is wrong with the Buddha chanting, and simultaneous studying of doctrine and practice of meditation? There is a beautiful word, "A single flower of the world." This is the Buddha-land, the utmost bliss of the world, where there is no strife and war among the tribes, culture, and nationalities.

As I mentioned in the "Preface," this dictionary is not aimed for scholars and theoretical studies but for lay people who are interested in Buddhism, and for their daily study and practice. For this purpose, I have taken many practical Buddhist terms and important phrases from sutras, treatises, and collection of Dharma talks, which you may not find in the Buddhist dictionary, such as "Ten ways of study for emptying the mindless-mind," "Merits of meditation practice," "A daily check list of a practitioner," "Ten great aspirations or vows of Queen Srimala, etc. You will also find quite a few non-Buddhist terms I have taken from the works of Daoism, Confucianism, and even from the traditional Korean folk tales and beliefs, all of which are related with the Buddhist teaching one way or another, so that the Westerners may study and enjoy the old Eastern culture, philosophy, and tradition.

Lastly, I would like to express my sincere gratitudes for the books I have consulted while I was working on my dictionary. They were: *The [Korean] Buddhist Dictionary* published by Institute for Translation of the Buddhist Scriptures, Dongguk University, *The Great [Korean] Dictionary of Buddhist Study* published by Hongbeop Publishing, *The Korean-English Buddhist Dictionary* complied by Seogwang Sunim, Chanting with English Translations and Temple Rules by Seoul International Zen Center, *Buddhism* by Christmas Humphreys, the founder of The Buddhist Society in London established in 1924, *An Introduction to Zen Buddhism* by D. T. Suzuki, *Oriental Philosophy: A Westerners's Guide to Eastern Thought* by Stuart C. Hackett, *Creativity and Taoism: A Study of Chinese Philosophy, Art, and Poetry* by Chang Chung-yuan; and English translations of *The Lion's Roar of Queen Srimala* by Alex and Hideko Wayman, *The Diamond Sutra and the Sutra of HuiNeng* by A. F. Price and Wong Mou Lam, *The Holy Teaching of Vimalakirti* by A. F. Thurman, *Nagarjuna: The Philosphy of the Middle Way* by David J. Kalupahana, *The Taoist I Ching* by Thomas Cleary, *Lao-Tzu* by Tam C. Gibbs, *The Way of Chuang Tzu* by Thomas Merton, *The Chinese Classics: Confucian Analects, the Great Learning, the Doctrine of the Mean,˙ the Works of Mencius* by James Legge, D.D., LL.D., *The Song of God: Bhagavad-Gita* by Swami Prabhavananda and Christopher Isherwood, and so many other Buddhist books and commentaries.

編著者

曉山 박 영 의 문학박사
충남대학교 인문대학 영어영문학과 명예교수
두 번의 미국 국무성 장학금 The Fulbright Grant로
미국 펜실베이니아 주립대학과 존스 홉킨스 대학에서 수학
부산 弘法寺 국제포교연구원 원장
한국 International Journal of Buddhist Thought & Culture 편집 자문위원
한국 불교영어번역연구원 고문

佛書 英文飜譯 및 著書

- Finding Our Mind 『마음 찾기』(한-영 대역) 불교 創作英詩 I-III.
- Finding Our Mind 『마음 찾기』 (한-영 대역) IV.
  金剛經 (요약) / 般若心經 / 法性偈 / 四十二章經 / 發心修行章 / 自警文 / 寶王三昧論 / 無常偈 / 〈마음〉 寶積經 迦葉品 / 〈마음이 곧 부처〉 黃檗傳心法要 / 〈모든 것은 자성이 없다〉 蓮嚴經 菩薩明難品 / 僧肇 物不遷論 / 〈길앞잡이〉 / 發願文.
- Finding Our Mind 『마음 찾기』 (한-영 대역) V.
  普照國師 修心訣 / 眞心直說 / 華嚴論節要序.
- Finding Our Mind 『마음 찾기』(한-영 대역) VI. 休靜 西山大師 禪家龜鑑
- Finding Our Mind 『마음 찾기 (한-영 대역) VII.
  達磨大師 血脈論 / 觀心論 / 二入四行論 / 僧璨大師 信心銘 / 永嘉大師 證道歌.
- A Brief History of Jogye Order of Korean Buddhism 『大韓曹溪宗 略史』 (曹溪宗)
- An Introduction to Ganhwa Seon 『看話禪 入門』 (曹溪宗)
- The Collected Writings of Gyeonghyeo, Vol. I-II. 鏡虛禪師 『鏡虛集』, I-II. (曹溪宗)

- The Most Joyful Study. The Dharma Talks of Cheonghwa Sunim 『가장 행복한 공부』 清華스님 법문집.
- The Native Home of Our Mind: The Cultivation of Pure Seon for Peaceful Mind. Dharma Talks of Cheonghwa Sunim. 『마음의 고향: 純禪安心琢磨法門』 (한-영 대역) 清華스님 법문집.
- Happiness Technology: Dharma Talks of Seongdam Sunim 『행복기술』(한-영 대역) 성담스님 법문집.
- Happiness 119: Dharma Talks of Seongdam Sunim. 『행복 119』. (한-영 대역) 성담스님 법문집.
- The Essence of Diamond Sutra: Dharma Talks of Mui Muhak Sunim. 『금강경 핵심강의』. 無二 又學 스님.
- The Consummation of Meditation Practice. Mui Woohak Sunim. 『완벽한 參禪法: 禪觀雙修』 無二 又學 스님.
- Don't You Eat Meat All the Time? Vol. I-II. Mui Woohak Sunim. 『저거는 맨날 고기 묵고』, I-II. 無二 又學 스님.

- Seon Poems: Selected Seon Poetry, Vol. IX of Collected Works of Korean Buddhism. 대한불교 조계종 韓國傳統思想叢書 譯註 (총 13권 중 第九卷) 精選詩選集 (漢-英 대역) (曹溪宗)
- Editing and translation of bibliographical explication of Goryeo Tripitaka Koreana (100 fascicles K701-K800) 高麗八萬大藏經 英文解題 監修 및 飜譯 (K701-K800) (海印寺)

e-mail : pyu6411@yahoo.co.kr/ cell phone: 82-010-8386-6412

The Compiler

Park Young-eui, Professor Emeritus, the Department of English at Chungnam National University. A two time recipient of the Fulbright Grant, and studied at Pennsylvania State University and Johns Hopkins. Taught English and American Literature and English Literary Criticism for more than thirty years at Chungnam National University.

Major publications

Nathaniel Hawthorne: His View of Sin and Morality (1982).
A Buddhist and Oriental Study of Herman Melville's Works (1986)
Journalism English. (1997)
FLEFE English 3000 (2003)
Finding Our Mind, Vol. I-III. (English-Korean) (2012)

English translations of Buddhist texts

Finding Our Mind, Vol. IV (English-Korean). The Diamond Sutra (An Abstract) / The Heart Sutra / The Song on Dharma Nature by Uisang / The Sutra in Forty-Two Sections / Initial Resolution and Ascetic Practice by Wonhyo / The Study on Self Discipline / The Golden Rules of the King of Great Treasure / The Poems on Impermanence / "The Mind" in the Sutra of Accumulation of Great Treasure / "The Mind Itself Is the Buddha" in the Essence of the Transmission of the Mind by Huangbo Ziyun / "Nothing Has the Self-nature" in The Yeoneom Sutra / No Transmutation of Dharma: How the Reality of Things Should Be Perceived by Sengzhao / "The Guidelines to the Right Path" by Seongdam Sunim / A Letter of Great Vow /

Finding Our Mind, Vol. V. (English-Korean) The Great Teaching on Cultivating the Mind / Direct Talks on True Mind / Preface from

Condensation of the Exposition of the Avatamsaka Sutra by Chinul.

Finding Our Mind, Vol. VI. (English-Korean) The Mirror of Seon by Hujeong.

Finding Our Mind, Vol. VII. (English-Korean) The Blood Lineage / On Mind Watching / Two Entrances and Four Ways of Practice by Bodhidharma / The Gateway to Faithful Mind by Sengcan / The Song of Enlightenment by Xuanjune

The Collected Writings of Seon Master Gyeonheo, I-II.

The Most Joyful Study: The Dharma Talks of Cheonghwa Sunim.

The Native Home of Our Mind: The Cultivation of Pure Seon for Peaceful Mind by Cheonghwa Sunim.

Happiness Technology: Dharma Talks by Seongdam Sunim.

Happiness 119: Dharma Talks by Seongdam Sunim.

The Essence of Diamond Sutra by Mui Woohak Sunim.

The Consummation of Meditation Practice: Combination of Meditation and Vipassana by Mui Woohak Sunim.

Don't You Eat Meat Aall the Time? Vol. I-II. Mui Woohak Sunim.

A Brief History of the Jegye Order of Korean Buddhism.

An Introduction to Ganhwa Seon by the Jogye Order of Korean Buddhism.

Seon Poems: Selected Seon Poetry, Vol. IX of Collected Works of Korean Buddhism.

Editing and translation of bibliographical explication of Goryeo Tripitaka Koreana (100 fascicles K701-K800)

e-mail: pyu6411@yahoo.co.kr
Mobile phone: +82-010-8386-6412

실용 한-영 불교용어사전

The Practical Dictionary of Korean-English
Buddhist Terms

초판인쇄 2012년 12월 15일
초판발행 2012년 12월 30일

편저자 **박 영 의**
펴낸곳 **도서출판 좋은인연** book.tvbuddha.org
편집 김현미 김소애 손영희 모상미
등록 제4-88호
주소 대구광역시 남구 봉덕3동 1301-20
전화 053.475.3707~6

ISBN 978-89-93040-40-1(03220)
정가 36,000원

03220
9 788993 040401